湖北省学术著作出版专项资金资助项目

中国科举文化通志　主编　陈文新

贡举志五种（上）

鲁小俊　江俊伟　校注

武汉大学出版社
WUHAN UNIVERSITY PRESS

图书在版编目(CIP)数据

贡举志五种.上/鲁小俊,江俊伟校注. —武汉：武汉大学出版社,2015.10
中国科举文化通志/陈文新主编
　ISBN 978-7-307-16507-6

　Ⅰ.贡⋯　Ⅱ.①鲁⋯　②江⋯　Ⅲ.科举制度—研究—中国—明清时代
Ⅳ.D691.3

中国版本图书馆 CIP 数据核字(2015)第 186868 号

责任编辑:李　琼　　责任校对:刘　欣　　版式设计:马　佳

出版发行:**武汉大学出版社**　　(430072　武昌　珞珈山)
　　　　(电子邮件：cbs22@whu.edu.cn　网址：www.wdp.com.cn)
印刷:武汉中远印务有限公司
开本:787×1092　1/16　印张:60　字数:1309 千字　插页:4
版次:2015 年 10 月第 1 版　　2015 年 10 月第 1 次印刷
ISBN 978-7-307-16507-6　　定价:705.00 元(全 2 册)

《中国科举文化通志》编纂委员会

顾 问 （按姓氏笔画排序）

卞孝萱

邓绍基

冯其庸

傅璇琮

主 编 陈文新

编 委 （按姓氏笔画排序）

刘海峰	刘爱松	陈文新	陈水云
张思齐	罗积勇	周 群	赵伯陶
陶佳珞	黄 强	詹杭伦	霍有明

《中国科举文化通志》总序

陈文新

（一）

科举是中国古代最为健全的文官制度。它渊源于汉，始创于隋，确立于唐，完备于宋，兴盛于明、清两代。如果从隋大业元年（605）的进士科算起，到清光绪三十一年（1905）被废除，科举制度在中国有整整 1300 年的历史。科举制度还曾"出口"越南、朝鲜等国，扩大了汉文化的影响。始于 19 世纪的西方文官考试制度，其创立也与中国科举的启发相关。孙中山在《五权宪法》等演讲中反复强调：中国的科举制度是世界各国中所用以拔取真才之最古最好的制度。胡适也说："中国文官制度影响之大，及其价值之被人看重"，"是我们中国对世界文化贡献的一件可以自夸的事"。①

科举制度具有如此强大的生命力，其原因在于，它在保证"程序的公正"方面具有空前的优越性。官员选拔的理想境界是"实质的公正"，即将所有优秀的人才选拔到最合适的岗位上。但这个境界人类至今未达到过。不得已而求其次，"程序的公正"就成为优先选择。"中国古代独特的社会结构是家族宗法制，家长统治、任人唯亲、帮派活动、裙带关系皆为家族宗法制的派生物，在重人情与关系的社会文化背景下，若没有可以操作的客观标准，任何立意美妙的选举制度都会被异化为植党营私、任人唯亲的工具，汉代的察举推荐和魏晋南北朝的九品官人法走向求才的死胡同便是明证。""古往今来科举考试一再起死回生的历史说明：自古以来，中国就是一个人情社会，人情与关系在社会生活中起着重要的作用，为了防止人情的泛滥，使社会不至于陷入无序的状态，中国人发明了考试，以考试作为维护社会公平和社会秩序的调节阀。悠久的科举历史与普遍的考试现实一再雄辩地证明，考试选才具有恒久的价值。"② 从这一角度看，科举制度不但在诞生之初有着巨大的进步意义，而且在整个中国历史和世界历史上，都是一个了不起的创造。较之前代的选官制度，如汉代的察举、征辟制和魏文帝时开始推行的九品中正制等，科举制度都更加公正合理。

---

① 胡适：《考试与教育》，《胡适文集》第 12 册，北京大学出版社 1998 年版，第 508 页。

② 刘海峰：《科举学导论》，华中师范大学出版社 2005 年版，第 113、136 页。

作为一项从整体上影响国民生活的官员选拔制度，科举制度对于维护我们这个幅员辽阔的多民族国家的统一稳定，其作用是无论怎样估计也不会过高的。胡适这位新文化运动的领袖，虽然一再愤愤不平地说到中国文化的种种不是，但在《考试与教育》一文中，他也毫不含糊地指出：在古代那种交通极为不便的情形下，中央可以不用武力来维持国家的统一是由于考试制度的公开和公平。胡适所说的公平，包括三种含义：一是公开考选，标准客观。二是顾及各地的文化水准，录取的人员，并不偏于一方或一省，而是遍及全国。三是实行回避制度，"就是本省的人不能任本省的官吏，而必须派往其他省份服务。有时候江南的人，派到西北去，有时候西北的人派到东南来。这种公道的办法，大家没有理由可以反对抵制。所以政府不用靠兵力和其他工具来统治地方，这是考试制度影响的结果"①。这些话出于胡适之口，足以说明，即使是文化激进主义者，只要具有清明的理性，也不难看出科举制度的合理性。

作为一项从整体上影响国民生活的官员选拔制度，科举制度不仅具有历史研究的价值，而且有助于我们思考当今人事制度的改革问题。2005 年，任继愈曾在《古代中国科举考试制度值得借鉴》一文中提出设立"国家博士"学位的设想。其立论前提是：我国目前由各高校授予的博士学位缺少权威性和公正性。之所以不够权威和公正，不外下述几个原因。其一，"各校有自己的土标准，执行起来宽严标准不一，取得学位后，它的头衔在社会上流通价值都是同等的"，这当然不公平。其二，研究生入学后，第一年大部分时间用在外语上，第二年大部分时间忙于在规定的某种等级的刊物上发论文，第三年忙于找工作，这样的情形，怎么可能培养出货真价实的博士？其三，几乎所有名牌大学都招收"在职博士生"，有的博士研究生派秘书代他上课，甚至不上课而拿文凭，这样的博士能说是名副其实的吗？只有设立"国家博士"学位，采用统一标准选拔人才，这样的"博士学位"才具有权威性和公正性。而国家在高级人才的选拔方面统一把关，不仅可以避免"跑"博士点和博士生扩招带来的许多弊病，有助于社会风气的改善，而且，由于只管考而不必太多地管教，还可以节省大量开支。就这一点而言，中国古代的科举制度的确是值得参考借鉴的。任继愈的这篇文章现已收入《皓首学术随笔·任继愈卷》（中华书局 2006 年版），有心的读者不妨一阅。

与任继愈的呼吁相得益彰，早在 1951 年，钱穆就发表了《中国历史上的考试制度》一文。针对民国年间（1911—1949）人事管理腐败混乱的状况，他痛心疾首地指出：科举制"因有种种缺点，种种流弊，自该随时变通，但清末人却一意想变法，把此制度也连根拔去。民国以来，政府用人，便全无标准，人事奔竞，派系倾轧，结党营私，偏枯偏荣，种种病象，指不胜屈。不可不说我们把历史看轻了，认为以前一切要不得，才聚九州铁铸成大错"②。钱穆的意思是明确的：参考借鉴科举制度，有助于人事管理的规范化和公正性。1955 年，他在《中国历代政治得失》一书中进一步指出："无

---

① 胡适：《胡适文集》第 12 册，北京大学出版社 1998 年版，第 506 页。
② 钱穆：《国史新论》，东大图书公司 1984 年版，第 114～115 页。

论如何，考试制度，是中国政治制度中一项比较重要的制度，又且由唐迄清绵历了一千年以上的长时期。中间递有改革，递有演变，在历史进程中逐渐发展，这绝不是偶然的。直到晚清，西方人还知采用此制度来弥缝他们政党选举之偏陷，而我们却对以往考试制度在历史上有过上千年以上根柢的，一口气吐弃了，不再重视，抑且不再留丝毫顾惜之余地。那真是一件可诧怪的事。"① 现代中国的人事管理理应借鉴源远流长的科举制度，这是毫无疑问的。至于如何借鉴，则是我们需要认真思考的问题。

（二）

作为一项从整体上影响国民生活的官员选拔制度，科举制度以其"程序的公正"为国家选拔了大量行政官员，在提高全民族的文化水准和维护我们这个多民族国家的统一稳定方面，发挥了直接而巨大的作用，这是其显而易见的功能；它还有其他不那么显著却同样值得重视的功能，即意识形态功能和人文教育功能：科举制度以其对社会的整体影响力将儒家经典维持世道人心的作用发挥到极致。我们试就此略作讨论。

明清时代有一项重要规定：科举以《四书》《五经》为基本考试内容。这一规定是耐人寻味的。《论语》《孟子》等儒家经典是秦汉以来中国传统社会维系人心、培育道德感的主要读物。我们经常表彰"中国的脊梁"，一个毋庸置疑的事实是，秦汉以降，"中国的脊梁"大多是在儒家经典的教育下成长起来的。以文天祥为例，这位南宋末年的民族英雄，曾在《过零丁洋》诗中说："人生自古谁无死？留取丹心照汗青。""丹心"，就是蕴蓄着崇高的道德感的心灵。他还有一首《正气歌》，开头一段是："天地有正气，杂然赋流形。下则为河岳，上则为日星。于人曰浩然，沛乎塞苍冥。皇路当清夷，含和吐明庭。时穷节乃见，一一垂丹青。"身在治世，正气表现为安邦定国的情志；身在乱世，则表现为忠贞坚毅的气节。即文天祥所说："当其贯日月，生死安足论。"1282 年，他在元大都（今属北京）英勇就义，事前他在衣带中写下了这样的话："孔曰'成仁'，孟曰'取义'。惟其义尽，所以仁至。读圣贤书，所学何事？而今而后，庶几无愧。"《四书》《五经》的教诲，确乎是他的立身之本。

文天祥是宝祐四年（1256）状元。这是一个值得关注的事实。它表明：进士阶层在实践儒家的人格理想方面，其自觉性远远高于社会的平均水平。宋代如此，明代如此，甚至连元代也是如此。清代史学家赵翼曾论及"元末殉难者多进士"这一现象："元代不重儒术，延祐中始设科取士，顺帝时又停二科始复。其时所谓进士者，已属积轻之势矣，然末年仗节死义者，乃多在进士出身之人。"（赵翼《廿二史劄记》卷三十《元末殉难者多进士》）接下来，赵翼列举了余阙、泰不华、李齐、李黼、王士元、赵琏、周镗、聂炳元、刘耕孙、丑闾、彭庭坚、普颜不花、月鲁不花、迈里古思等死难进

① 钱穆：《中国历代政治得失》，三联书店 2001 年版，第 89 页。

士，最后归结说："诸人可谓不负科名者哉，而国家设科取士亦不徒矣。"① 在元末殉难的进士中，余阙（1303—1358）是最早战死的封疆大臣。他的朋友蒋良，一次和他谈起国难，余阙推心置腹地说："余荷国恩，以进士及第，历省居馆阁，每愧无报。今国家多难，授予兵戎重寄，岂余所堪。然古人有言：'为子死孝，为臣死忠。'万一不幸，吾知尽吾忠而已。"余阙殉难后，蒋良作《余忠宣公死节记》，开篇即强调说："有元设科取士，中外文武著功社稷之臣历历可纪。至正辛卯，兵起淮、颍，城邑尽废，江、汉之间能捍御大郡、全尽名节者，守豫帅余公廷心一人而已。"② 在余阙"擢高科"的履历与他忠勇殉节的人格境界之间，人们确认有其内在联系。无独有偶，《元史·泰不华传》在记叙元末另一著名的死节之臣泰不华（1305—1352）时，也着重指出：其人生信念的基本依据是他作为"书生"所受的儒家经典教育。在与方国珍决战前夕，泰不华曾对部从说过一番词气慷慨的话："吾以书生登显要，诚虑负所学。今守海隅，贼甫招徕，又复为变。君辈助我击之，其克则汝众功也，不克则我尽死以报国耳。""书生""所学"与捐躯"报国"之间关系如此密切，足见以《四书》《五经》作为基本考试教材的科举制度，它在维持世道人心方面的作用的确是巨大而深远的。

儒家经典维持世道人心的功能不仅泽及宋元，泽及明清，甚至泽及已经废除了科举制度的现代。其实这并不令人感到奇怪。原因在于，不少现代名流的少年时光是在科举时代度过的，他们系统地受过这种教育，耳濡目染，其人生观在早年即已确立并足以支配一生。儒家经典的生命力由此可见。科举制度的余泽亦由此可见。

这里我想特别提及五四新文化运动的领袖胡适，并有意多引他的言论。之所以关注他，是因为，世人眼中的胡适，只是一个文化激进主义者，以高倡"打倒孔家店"著称。人们很少注意到，胡适在表面上高呼"打倒孔家店"，但在内心里仍对孔子和儒家保留了足够的敬意，是儒家人生哲学的虔诚信奉者和实行者。唐德刚编译《胡适口述自传》，第二章有胡适的如下自白："有许多人认为我是反孔非儒的。在许多方面，我对那经过长期发展的儒教的批判是很严厉的。但是就全体来说，我在我的一切著述上，对孔子和早期的'仲尼之徒'如孟子，都是相当尊崇的。我对十二世纪'新儒学'（Neo-Confucianism）（'理学'）的开山宗师的朱熹，也是十分崇敬的。""在这场伟大的'新儒学'（理学）的运动里，对那（道德、知识；也就是《中庸》里面所说的'诚则明矣，明则诚矣'的）两股思潮，最好的表达，便是程颐所说的：'涵养须用敬，进学则在致知。'后世学者都认为'理学'的真谛，此一语足以道破。"同一章还有唐德刚的一段插话："'要提高你的道德标准，你一定要在"敬"字上下功夫；要学识上有长进，你一定要扩展你的知识到最大极限。'适之先生对这两句话最为服膺，他老人家不断向我传教的也是这两句。一次我替他照相，要他在录音机边作说话状，他说的便是这两句。所以胡适之先生骨子里实在是位理学家。他反对佛教、道教乃至基督教，都

---

　　① 赵翼著，王树民校证：《廿二史劄记校证》，中华书局1984年版，第706页。
　　② 杨讷等编：《元代农民战争史料汇编》中编第一分册，中华书局1985年版，第268页。

是从'理学'这条道理上出发的。他开口闭口什么实验主义的，在笔者看来，都是些表面账。吾人如用胡先生自己的学术分期来说，则胡适之便是他自己所说的'现代期'的最后一人。"① 胡适是在少年时代接受儒家经典教育的，在经历了废止科举、"打倒孔家店"等种种变故后，儒家的人生哲学仍能贯彻其生命的始终，由此不难想见，在中国传统社会尤其是科举时代，儒家经典对社会精神风貌的塑造可以发挥多么强大的功能。虽然生活中确有教育目标与实际状况两歧的情形，但正面的成效仍是不容忽视的。

"精神文明"是中国人常用的一个概念。"精神文明"是相对物质文明而言的，就个人而言，需要长期的修养，就民族而言，需要长期的培育。中国古人对这一点体会很深，所以常常强调"潜移默化"，经由耳濡目染的长期熏陶，价值内化，成为一种道德规范。如果这种道德规范大体近于人情，既"止乎礼义"而又"发乎性情"，它对社会的稳定，对人类精神境界的提升，都将发挥重要作用。这就是文化的功能。目前教育界所说的"深厚的人文知识素养，有助于塑造高尚的精神世界，提高健康的审美能力"，与这个意思是相通的。《四书》《五经》作为科举时代的基本读物，人文教育功能是其不容抹杀的价值，并因制度的保障而得到了充分的发挥。

美国学者罗兹曼认为：科举制在中国传统社会结构中居于中心的地位，是维系儒家意识形态和儒家价值体系正统地位的根本手段。科举制在 1905 年被废止，从而使这一年成为新旧中国的分水岭：它标志着一个时代的结束和另一个时代的开始，其划时代的重要性甚至超过辛亥革命；就其现实和象征性的意义而言，科举革废代表着中国已与过去一刀两断，这种转折大致相当于 1861 年沙俄废奴和 1868 年的日本明治维新后不久的废藩。② 罗兹曼的意见也许是对的。而我想要补充的问题是：在科举制废止之后，如何保证《四书》《五经》的人文教育功能继续得到发挥？

（三）

科举制度曾经有过辉煌的历史，科举制度对现代中国的发展更有足资借鉴的意义。整理与研究历代科举文献，其意义也需要从历史与现实两个角度加以说明：一方面是传承文化，传承文明，让这份丰厚的遗产充分发挥塑造民族精神的作用，另一方面是去粗取精，古为今用，让它在现实的中国社会重放异彩，成为人事制度改革的重要智力资源。这是我们编纂出版《中国科举文化通志》的初衷，也是我们不辞劳苦从事这一学术工作的动力。

《中国科举文化通志》重点包括下述内容：

1. 整理、研究反映科举制度沿革、影响及历代登科情形的文献。

---

① 胡适：《胡适文集》第 1 册，北京大学出版社 1998 年版，第 418、433 页。

② ［美］吉尔伯特·罗曼兹主编，国家社会科学基金"比较现代化"课题组译：《中国的现代化》中译本，江苏人民出版社 1988 年版，第 335、635 页。

从《新唐书》开始，历代正史多有《选举志》。历代《会要》、《实录》、《纪事本末》等史传、政书之中，相当一部分是关于科举制度沿革的资料。还有黄佐《翰林记》、陆深《科场条贯》、张朝瑞《明贡举考》、冯梦祯《历代贡举志》、董其昌《学科考略》、陶福履《常谈》等一批专书。历代《登科录》和杂录类书籍，也保存了大量关于科举的材料。唐代登科记多已散失亡佚，有清代徐松的《登科记考》可供参考。宋元登科记保存稍多，明清有关文献尤为繁富。

2. 整理、研究与历代考试文体相关的教材、试卷、程文及论著等。

八股文是最引人注目的考试文体。八股文集有选本、稿本之分。重要的选本，明代有艾南英编《明文定》、《明文待》，杨廷枢编《同文录》，马世奇编《澹宁居文集》，黎淳编《国朝试录》等；清朝有纪昀《房行书精华》，王步青编《八法集》；还有《百二十名家集》，选文3000篇，以明代为主；《钦定四书文》，明文4集，选文480余篇，清文1集，选文290余篇。稿本为个人文集。明清著名的八股大家，如明代的王鏊、钱福、唐顺之、归有光、艾南英，清代的刘子壮、熊伯龙、李光地、方苞、王步青、袁枚、翁方纲等人，均有稿本传世。相关著述数量也不少。清梁章钜《制义丛话》等，是研究八股文的重要论著。其他考试文体，如试策、试律等，也在我们关注的范围之内。这些科举文献，一般读者不易见到，或只能零零星星地见到一些，或虽然见到了也难以读懂，亟待系统地整理出版，以供研究和阅读。

《中国科举文化通志》包括以下数种：《历代制举史料汇编》、《历代律赋校注》、《唐代试律试策校注》、《八股文总论八种》、《七史选举志校注》、《四书大全校注》、《游戏八股文集成》、《明代科举与文学编年》、《明代状元史料汇编》、《钦定四书文校注》、《翰林掌故五种》、《贡举志五种》、《〈游艺塾文规〉正续编》、《钦定学政全书校注》、《梁章钜科举文献二种校注》、《〈清实录〉科举史料汇编》、《二十世纪科举研究论文选编》、《明代科举与文学编年》、《〈礼部韵略〉与宋代科举》、《元明科举与文学考论》、《游戏八股文研究》、《明代八股文选家考论》、《唐代科举与试赋》、《〈儒林外史〉的现代误读》、《科举废止前后的晚清社会与文学》等。我们这套《中国科举文化通志》，以涵盖面广和分量厚重为显著特征，可以从多方面满足阅读和研究之需。而在整理、研究方面投入的心力之多，更是有目共睹。我们的目的是为推进学术作出力所能及的贡献。

《中国科举文化通志》是一项规模宏大、任务艰巨、意义深远的大型出版文化工程。编纂任务主要由武汉大学专家承担，并根据需要从中国人民大学、南京大学、中国艺术研究院、厦门大学、华中师范大学、陕西师范大学、扬州大学、中南民族大学、中南财经政法大学等高校或科研院所聘请了若干学者。南京大学卞孝萱先生、中华书局傅璇琮先生、中国社会科学院邓绍基先生等在学术上给我们提供了若干指导；参与这一工程的各位专家不辞辛苦，努力工作，保证了编纂进度和质量；武汉大学出版社鼎力支持《中国科举文化通志》的出版；所有这些，我们将永远铭记在心。

2015 年 4 月 13 日

于武汉大学

目　录

上　卷

前　言

　　《贡举志五种》凡《历代贡举志》一卷、《皇明贡举考》九卷附《贡举纪略》一卷、《皇明三元考》十四卷、《增补贡举考略》六卷(《明贡举考略》二卷《国朝贡举考略》四卷)、《国朝贡举年表》三卷。其中第一种记载历代贡举制度的沿革，后四种为题名性质的明清科举文献。现将各书的基本情况略述如下。

一

　　《历代贡举志》一卷，明冯梦祯撰。冯梦祯（1548—1605）字开之，浙江秀水（今嘉兴）人。隆庆四年（1570）举于乡，万历五年（1577）举会试第一，选翰林院庶吉士，授编修。以事谪官，里居十年。后复官，累迁至南京国子监祭酒。《历代贡举志》之外，又有《快雪堂集》六十四卷、《快雪堂漫录》一卷，《四库全书总目》著录。生平事迹见钱谦益《南京国子监祭酒冯公墓志铭》（《牧斋初学集》卷五十一）。
　　《四库全书总目》卷八三"历代贡举志一卷"提要云："是书叙历代贡举之制。如叙周官，而于大司徒、乡老、大宰、内史选士之法不详。叙汉制，而误以董仲舒之举贤良在建元之初。魏、晋以降，中正九品之法盛行，辽、金、元亦有进士科及荐举制科，载于各史志者甚悉。梦祯一概略之，未免过简，不足以资考证也。"这个评价是恰当的。即如叙明代"进士科特重"，只云：

> 其会试中式士，天子御正朝，制策策焉。又明日，上具皮弁服，御正朝，文武群臣具朝服班侍胪传，赐进士及第、出身、同进士出身，各有差。事讫，群臣前拜贺，辞曰"天开文运，贤俊登庸"，即六卿宣宣制，无是也，故进士科特重。

　　相比之下，《皇明贡举考》卷一《殿试事例》的记载，单字数就是它的十多倍，其"资考证"的价值也高很多。不过，《历代贡举志》亦有简明扼要之胜，它可以让我们对历代贡举制度的沿革有一个粗略的了解，因而还是有一些价值的。
　　《历代贡举志》有四库存目丛书本（史部第 270 册）和丛书集成初编本（第 896

册），二者的底本皆为清道光十一年（1831）六安晁氏木活字学海类编本。区别在于，前者系据涵芬楼影印本再影印，后者为排印本。我们这次整理，以四库存目丛书本为底本，参以丛书集成初编本。

二

《皇明贡举考》九卷附《贡举纪略》一卷，明张朝瑞撰①。张朝瑞（1536—1603）字子祯，江苏海州（今连云港）人。嘉靖四十年（1561）举应天乡试，隆庆二年（1568）成进士。历官安丘、鹿邑知县，金华知府，南京府丞，鸿胪寺卿，有政声。《皇明贡举考》之外，又有《忠节录》、《孔门传道录》、《禹贡本末》、《南国贤书》、《宋登科录》、《鹿邑县括地志》、《两邑节爱录》、《金华荒政志》、《崇正书院志》、《邹鲁水利记》、《常平仓纪》以及文集、奏疏、族谱等。生平事迹见焦竑《中宪大夫南京鸿胪寺卿张公朝瑞墓表》（《国朝献徵录》卷七十六）。

万历六年田一俊为此书作序，称"是书凡八卷"。这个八卷本刻于万历六年，起洪武三年庚戌，止于万历五年丁丑。今中国科学院图书馆藏有一部②。此后续刻过两次，今北京大学图书馆所藏九卷本第九卷为万历七年己卯乡试、万历八年庚辰会试、万历十年壬午乡试、万历十一年癸未会试，目录与正文内容相同，"刷印于万历十四年以前也"，"当为第一次续刻，其笔迹已与前八卷不同"，"卷内有'独冯主人'、'教忠堂'、'北海冯氏家藏'等印记"③，前有田一俊序（万历六年）、陈文烛序（万历元年）、李桢序。《四库全书总目》卷八十三"明贡举考九卷"提要称此书"二卷以下，则起洪武三年庚戌迄万历十七年己丑，其目录止于万历癸未，盖丙戌以后，又以次而增也"，则《四库全书总目》存目著录本当为第二次续刻本，今已佚。

关于此书的内容，卷首《凡例》有具体说明，《四库全书总目》概括并评价道："是书专考明代科举之制。首为场屋事例一卷，于沿革之故，言之颇详。附以贡举纪略，不入卷数。""每科载会试考官、试题及所刻程文之目。殿试之榜首尾全录，会试之榜则惟录前五人，乡试之榜则惟录各省第一人。其有名臣、硕儒足传于后者，皆附注于制策之末。名姓、籍贯之异同，亦附注焉。其考据颇为详核。"其征引之富、考证之详，我们可以由此书注明的征引文献略知一二。书中明确提到使用过明初诸科会试录、登科录，这是第一手资料，其史料价值自不待言。如卷一《乡试取士之数》：

---

① 该书各卷卷首皆题"海州张朝瑞辑"，唯卷六题"赐同进士出身河南归德府鹿邑县知县海州张朝瑞辑。鹿邑县教谕清丰陈熙雍，训导陇西孙怀、汉川尹衣阅。鹿邑县生员霍九成、马骥才、郑时行、张信度、崔应春、李太和、操策、梁继志、李龙门、陈良辅同阅"。
② 《中国科学院图书馆藏中文古籍善本书目》，科学出版社 1994 年版，第 120 页。
③ 王重民：《中国善本书提要》，上海古籍出版社 1983 年版，第 159 页。

十七年三月，令举人不拘额数，从实充贡。按：自此以后，乡试取士甚多，今虽不能详考，然阅《进士登科录》，如永乐九年进士何楚英中湖广乡试第一百六十名，十年进士黄翰中应天府一百九十五名，何贤中陕西一百十六名，十三年进士倪益中广东一百五十六名，刘凤中福建一百二十七名，陈卤中山东一百四十一名，李从智中四川一百六十五名，丁铉中江西一百九十四名，陈资茂中浙江一百六十五名，杨宁中山西一百三十九名，天顺八年进士瞿瑄中顺天府二百三十六名，则各乡试取数之多，可以概见，故后定取士额数。

卷一《赐宴》：

洪武四年，锡宴于中书省。永乐九年，赐宴于会同馆。十三年，赐宴于北京留守行后军都督府。宣德五年，赐宴于行在中军都督府。八年，赐宴于礼部，遂为例。（俱《登科录》）

卷二"辛未 洪武二十四年会试"：

按：《会试录》有胡泰、林惟和、李容、李仪、黄濬、陈观、贾闵、王观八名，而《登科录》无；《登科录》有相振、教得、刘文、黄仲声、杨安仁、柴子远、樊镇、陈宠八名，而《会试录》无。不知何故。

除了会试录、登科录外，嘉靖时期俞宪的《皇明进士登科考》亦是主要参考资料。此外又有《理学名臣录》、《名臣录》、《名臣记》、《宪章录》、《逊国臣记》、《一统志》、《谥苑》、《河南志》、《皇明通纪》、《宪章录》、《吾学编》、《诸司职掌》、《衍义补》、《会典》、《双槐岁抄》、《嘉靖新例》、《水东日记》、《状元考》、《孤树裒谈》、《殿阁词林续记》、《吏部职掌》、《野记》、《长语》、《襄阳志》、《琐缀录》、《临江先哲录》、《列卿年表》、《苏州志》、《天顺日录》、《山东志》、《南畿志》等。陈文烛序称张朝瑞"博学善藏书"，于此亦可见一斑。

《皇明贡举考》的文献价值主要体现在两个方面。一是解元和进士题名，这是此书的主体内容，也使得此书成为明清时期最著名的科举题名文献之一。不过其中也存在不少疏漏和错讹。如永乐十六年戊戌科的题名次序，以二甲前三十名为例，《皇明贡举考》作：

周叙，黄润，董璘，周得琳，杨珙，龚璧，褚思敬，蔡壋，尹凤岐，郭廉，秦初，陈纪，陈询，朱孟得，罗坤泰，林柰（柰一曰森），邬逊，沈理，谢泽，邓敬，徐律，倪鼎，周懋昭，辛寔，邹凤，袁芳，王宪，张震，董稣，冯敬

《明清历科进士题名碑录》作:

> 周叙，董璘，杨珙，褚思敬，尹凤岐，秦初，陈询，罗坤泰，邹逊，谢泽，徐律，周懋昭，邹凤，王宪，董穌，朱瑛，严贞，周礼，舒本谦，胡文善，陈善，王暹，刘英，习嘉言，刘仪，万韬辉，黄裳，吴源，刘礼让，程钫

二者之中，《皇明贡举考》的次序有误，当系刻写过程中看错上下左右关系所致。且一误百误，是科名次全部错乱。邱进春先生曾统计出《皇明贡举考》中有地名错误71处，地名脱字63处，人名错误36处，人名脱字90处。他又以洪武十八年榜为例进行统计分析，发现《皇明贡举考》的可信度远低于俞宪的《皇明进士登科考》。① 因此我们在使用这部书的时候，有必要与其他文献互相参证。

二是场屋事例、会试考官、会试试题、殿试制策、人物小传、科场轶闻等。这些内容虽然多取自其他文献，属于二三手资料，但亦自有其价值。如"会试题目全录，惟策问颇长，录其大都。廷试制策全录，重王言也"（《凡例》），较之于清黄崇兰《明贡举考略》只收四书题，张朝瑞此书显然更有史料价值。又如人物小传，虽然比较简略，但由于它以科举功名为主题，内容就较为集中。例如书中有关姓名与科名的几则小传材料，便为我们展示了一种特殊的科场生态:

> 永乐十三年:初，陈循当第一，考官梁潜以乡曲避嫌，欲首林文秸，又以秸字罕见，遂首洪英，曰:"此洪武中英才也。"
>
> 永乐二十二年:初拟孙曰恭第一，上谓曰恭乃一暴字也。及见邢宽二字，甚喜，擢为第一。
>
> 天顺四年:读卷官先定祁顺为第一，以其姓名近御讳，传胪不便，乃以一夔卷易之，而置顺二甲第二。
>
> 弘治九年:拆卷得朱希周姓名，举朝相庆，以朱为帝室之姓，周家历年八百，此国祚绵远之兆。

更重要的是，此书对所录人物有自己的评价标准。虽然这是一部登巍科、跻朊仕之人的名录，但作者之作此书，不是要表达对功名的艳羡，而是别有深厚的用心。例如建文二年庚辰科状元胡靖小传之后，作者写道:"以瑞言之，建文君亲擢胡靖为状元，恩幸无比，而靖弃之若弁髦焉。胡濙亦建文君亲擢士也，不死旧君，亦已矣，又从而踪迹之者十数年，倘获建文君，果北面而君父之耶? 抑南面而俘囚之耶? 果从之而去耶? 抑执之而归耶? 殆有难处难言者矣。诸不死难者，犹可原也。二臣忍心如此，列之名臣，何以垂世教哉?"其意旨，也就是李祯序所揭示的:"某也贤，某也不肖，某也不愧科

---

① 邱进春:《明代江西进士考证》，浙江大学 2006 年博士论文，第 10~11 页。

名，某也玷妨仕路，灿然指掌，诚备二百年来人士奋迹之实录，其心良苦且勤矣。”

《皇明贡举考》的通行本为四库存目丛书本（史部第 269 册）和续修四库全书本（第 828 册），二者皆据北京大学图书馆所藏万历间刊刻的九卷本影印。我们这次整理，即以此二书为底本。

三

《皇明三元考》十四卷，明张弘道、张凝道撰。张弘道字成孺，号元岳；张凝道字明孺，号修庵，江苏常州晋陵（今武进）人。此书之外，两人又撰有《科名盛事录》七卷。

前人有关科举的论著中提及“三元”，常指一人而中几次考试（通常为乡试、会试和殿试）第一名的情况。如清赵翼《陔余丛考》卷二十八《三元》、赵绍祖《读书偶记》卷六《三元考》、陆以湉《冷庐杂识》卷八《三元》、王之春《椒生随笔》卷六《三元》等，考证唐张又新、崔元翰，宋孙何、王曾、宋庠、冯京、杨寘、王岩叟，金孟宗献，元王宗哲，明商辂，清陈榮、陈继昌等人为“三元”，其中有人还是“四元”。“连中三元”，是科举时代百年难遇的荣耀，自然也是人们百谈不厌的佳话。

《皇明三元考》所考录的远不止明代“连中三元”的人，它包括解元、会元、状元，以及榜眼、探花、乡会试官、名臣、入阁等。其体例大致是：乡试列两京主试官（万历十三年乙酉科之后亦列他省主试官）、各省解元；会试列主试官、会元、状元、榜眼、探花、解元中式、兄弟同榜、少年进士、庶吉士、名臣、入阁、一品、二品等。亦即《四库全书总目》所谓：“其书专纪明代乡、会、殿试之元魁鼎甲，或非元魁而后至贵显，及一门科名极盛者，亦咸载焉。”其时间起讫，始于“洪武三年庚戌科乡试”，下限标示为“万历四十六年戊午科”，而实际上止于万历四十七年己未科会试，只是没有注明“万历四十七年己未科大魁”而已①。又，“万历二十三年乙未科大魁”称“何宗彦，四十八年由礼部尚书入东阁。刘一燝，四十八年由礼部尚书入东阁”，“万历十一年癸未科大魁”又有“朱国祚，泰昌元年由礼部尚书入东阁”之语②。泰昌元年与

---

① 《四库全书总目提要》卷八三称该书“终于万历四十七年己未会试”，是。王重民《中国善本书提要》称该书明万历间刻本“止于万历四十六年戊午，较《存目》著录本少一年。不知原本刻于何年？止于何年？”（上海古籍出版社 1983 年版，第 160 页）似据“万历四十六年戊午科”的标题判断，没有注意到后面无标题的四十七年己未会试。

② 王重民《中国善本书提要》又云：“此本万历二十三年乙未科孙如游名下，补刻‘泰昌元年由礼部尚书入东阁’小注，因知原本必刻于万历矣。”（第 160 页）钱茂伟《国家、科举与社会——以明代为中心的考察》亦称：“万历二十三年乙未科孙如游条下，有‘泰昌元年由礼部尚书入东阁’一语。”（北京图书馆出版社 2004 年版，第 234 页）然而翻检该书，发现万历二十三年乙未科孙如游条下仅注：“礼部尚书。”万历十一年癸未科入阁朱国祚条下则注：“泰昌元年由礼部尚书入东阁。”疑王氏误记，钱氏因之。

万历四十八年为同一年，这是书中所出现的时间下限。

《皇明三元考》的价值也主要体现在两个方面。一是它广泛采集各种文献，对明代乡试、会试、殿试的"元魁鼎甲"及其他相关人物题名做了颇为详实的考证。书中明确提到的参考和征引文献有《抚州志》、《正德九年会试录序》、《临江先哲录》、《洪武辛亥会试录序》、《弇州别集》、《临川志》、《殿阁词林续记》、《状元考》、《弇州笔记》、《九江府志》、《显忠录》、《池州府志》、《皇明通纪》、《登科考》、《一统志》、《福州府志》、《陵县志》等。与《皇明贡举考》相比，《皇明三元考》没有收录会试"五魁"，也没有收录全部进士名单，但在解元中式、庶吉士、名臣、入阁、一品、二品等方面考证尤详，二书可以互为补充。这两部书体例相同的部分主要是会元、鼎甲和解元题名，其中有一些不同之处，特别是解元题名。例如宣德元年丙午科乡试，《皇明贡举考》考出浙江、河南、山西、陕西、广东五省解元，《皇明三元考》考出应天、浙江、江西、福建、湖广、河南、陕西、广东、广西九省解元，其中只有河南解元二书著录相同。《四库全书总目》称《皇明三元考》"大致与张朝瑞书互相出入"，当不仅就体例而言，也包括具体题名。

二是收录了大量人物小传和科举掌故。这方面，《皇明贡举考》和《皇明三元考》也各有特点：一、《皇明三元考》的人物小传特别多。《皇明贡举考》主要收录会元和状元的小传，而《皇明三元考》对于书中的人物几乎是有传必录，因此它在人物传记资料方面提供的信息更为丰富。二、《皇明贡举考》的表述相对严谨一些。如卷一"殿试事例"，特注明"见《大明会典》，通论弘治十五年以前事"，避免了学术著作中常见的"泛历史化"的倾向。又如叙景泰二年辛未科王越之事，只云："廷试时风尘蔽天，飙王越卷去，监试陈御史为请，得再给卷。"比较合乎常理。而《皇明三元考》云："廷试时卷为风飞去，堕于朝鲜，次年送还。"就有些小说意味。又如成化十一年乙未科会元王鏊未能成状元一事，《皇明三元考》曰"或云"，《皇明贡举考》曰"《琐缀录》云"；二书弘治九年丙辰科皆叙"王文恪公试士南宫，专尚经术，险丽奇衺者一切屏去，弘治间文体一变，士习稍端，公有力焉"，《皇明贡举考》注明此系"郑氏晓曰"；二书皆载嘉靖十一年壬辰科林大钦以破格之文中状元一事，《皇明贡举考》注明"田汝成记云"。凡此皆可见《皇明贡举考》比《皇明三元考》合乎"学术规范"一些。

《中国古籍善本书目·史部（上）》著录的《皇明三元考》的版本情况如下：

《皇明三元考》十四卷《科名盛事录》七卷，明书林何敬塘刻本；
《皇明三元考》十四卷《科名盛事录》七卷，明聚奎楼刻本；
《皇明三元考》十四卷《科名盛事录》七卷，明刻本；

《皇明三元考》十四卷，明刻本，清丁丙跋。①

现有三个通行本，即明代传记丛刊本（明文书局，未注明据何本影印）、北京图书馆古籍珍本丛刊本（书目文献出版社，据明书林何敬塘刻本影印）、四库存目丛书本（齐鲁书社，据故宫博物院图书馆藏明刻本影印）。其中前两种书所用的是相同的底本，而四库存目丛书所用的底本，修正了一些刊刻的错误，有多处明显的挖改的痕迹，当为重印本。兹列表举例说明如下（分别简称传记本、北图本、存目本）：

科年／条目	传记本、北图本	存目本
洪武二十一年／状元任亨泰	一卯应天举人	乙卯应天举人
正统四年／状元施槃	施应声曰："朝霞似锦，晚霞似锦，东川锦。"铎固长者，即俾与子同学，给其资费	施应声曰："朝霞似锦，晚霞似锦，东川锦，西川锦。"铎即俾与子同学，给其资费
正统十三年／状元彭时	亦隐然一伐人望云	亦隐然一代人望云
景泰二年／名臣秦纮	为为时名臣	为时名臣
天顺元年／名臣彭韶	始终无站	始终无玷
天顺七年／二月会试	伤屋灾	场屋灾
成化二年／名臣熊绣	江西丰城大	江西丰城人
成化十四年／入阁杨廷和	十年丁夏	十年丁忧
成化十六年／浙江李旻	治治《易》	治《易》
成化十七年／名臣孙交	青标奇德	清标奇德
弘治十二年／名臣伍文定	集诸兵同□南昌	集诸兵同赴南昌
弘治十七年／两京主试官	必以京朝官为工考	必以京朝官为主考
正德三年／状元吕柟	号经野	号泾野
正德五年／浙江戴颙	喝令母哭	喝令毋哭
嘉靖四年／应天	袁袠	袁袠
嘉靖二十五年／贵州孙应鳌	改庶吉士，擢□□	改庶吉士，擢编修
嘉靖四十三年／顺天章礼	交章伦冒籍生员章礼等五人	交章论冒籍生员章礼等五人
万历五年／二品	孙伟	孙玮

---

① 《中国古籍善本书目》，上海古籍出版社 1991 年版，第 632 页。又，据相关检索，国家图书馆、无锡市图书馆、天一阁文物保管所藏有"明书林何敬塘刻本"，重庆市图书馆藏有"明聚奎楼刻本"，中国科学院图书馆、故宫博物院图书馆、上海图书馆、吉林大学图书馆、浙江图书馆藏有"明刻本"，南京图书馆藏有"明刻本，清丁丙跋"。

科年 / 条目	传记本、北图本	存目本
万历二十年 / 榜眼史继偕	见任东阁大学士、礼部尚书士	见任东阁大学士、礼部尚书
万历二十年 / 入阁	史继阶	史继偕
万历二十九年 / 主试官	曾朝楫	曾朝节
万历四十一年 / 庶吉士曾楚卿	蒲田	莆田

由上面列举的例子可以看出，四库存目丛书所用的底本优于其他两种底本。当然，这个底本并没有改正所有的错误。如正德八年相邻的"河南李濂"、"山东陈文昭"下皆云"孙孺宁，万历丙子举人"，嘉靖七年相邻的"河南陈大壮"、"山东葛守礼"下皆云"祖智卫"，显然是刊刻之误。万历二十九年主试官"曾朝楫"，存目本改为"曾朝节"，但该年庶吉士教习"曾朝楫"，存目本却未予改正。又如，成化十年"浙江谢迁"小传云：

> 初入翰林，闭门力学，避远权势。弘治中，充经筵讲官。李广怙宠干政，公进讲，意存讽谏。上退，诏左右曰："讲官云云，意指若曹也。"后广败，大臣多被污，公独不与。戚畹寿宁侯，与公有姻，绝不与通，岁时问遗，辄麾去。或以为过，公曰："昔万循吉攀附昭德，吾尝耻之，乃今自附寿宁耶？"

这段文字当为上一条"应天王鏊"小传中语，刻工误入谢迁小传也。这个错误，亦同时存在于三个通行本中。

我们这次整理，以明代传记丛刊本为底本，以四库存目丛书本作校勘。

四

《增补贡举考略》六卷（《明贡举考略》二卷《国朝贡举考略》四卷），清黄崇兰等撰。

黄崇兰（？—1812或1813），号缃庭，安徽怀宁人。乾隆三十六年（1771）乡试中式，嘉庆六年（1801）任泾县教谕，卒于官①。据这两部书的卷首自序，《国朝贡举

---

① 嘉庆《泾县志》卷首《泾县志纂修姓氏》校阅者名单、卷十三《职官表》，道光《泾县续志》卷二《职官表》，民国三年泾县瞿氏影印本；民国《怀宁县志》卷十五《选举表》，民国四年铅印本。又，民国《怀宁县志》卷十八《仕业》有传："黄崇兰，字学存。家贫，从师读书，同舍生助以举爨。夜乏膏火，默坐听他生诵，能尽记其文。乾隆辛卯举人，任蒙城训导。居恒以矩矱自检，终日端坐，不妄言笑。教学徒，敦尚行实，(傅)[傅]经义，切劘为文章，士风丕变。兴修学舍，并建立庄子祠。丁母艰，改泾县教谕，诱诲不倦，一如在蒙城时。所得修俸，买田数十亩，尽以付诸弟。尝劝戒族人曰：'处亲戚乡里，莫善于忍气吃亏而已。'有同里某病，将死，召家人至前，批其颊曰：'汝教我欺谩黄君，黄君长者，是使我茹憾地下也。'著《缃庭诗文钞》四卷。又《贡举考略》四卷，采辑详核，后凡记有明及国朝科目故实者因之。子鼎，字汉年，副贡生，任太和教谕，廉俊有文名。"黄崇兰又有《历科典试考官试题录》四卷（饶玉成续增）、《历科典试题名鼎甲录》前明二卷国朝一卷。

考略》编撰于乾隆四十九年（1784）至五十六年（1791）。后人都见到法式善的《清秘述闻》、《槐厅载笔》，自惭孤陋，只因抄辑既久，不忍遽弃，于是取法式善的书详加校对，自补所阙。嘉庆元年（1796）自都门归时，《国朝贡举考略》已经手抄成帙。三年（1798）掌教山桑（即蒙城），又据《明史·选举志》、陆深《科场条贯》、王世贞《弇洲史料》、张朝瑞《皇明贡举考》等书，撰成《明贡举考略》正德、嘉靖以前的部分。至泾县后，又获得《隆万十八科进士履历考》一书，参互校订，完成了《明贡举考略》。

《明贡举考略》二卷，起于洪武三年庚戌科乡试，止于崇祯十六年癸未科会试。《国朝贡举考略》卷一、卷二，起于顺治二年乙酉科乡试，止于乾隆六十年乙卯恩科会试、乡试。以上皆为黄崇兰所撰。《国朝贡举考略》卷三题"怀宁黄崇兰先生辑，泾县赵学曾续编"，起于嘉庆元年丙辰恩科会试，止于道光二十七年丁未会试（亦有版本止于道光十二年壬辰恩科会试，详后），为赵学曾所撰。赵学曾字用桨，号沂门，安徽泾县人，嘉庆二十一年（1816）举人①。卷四不题撰人，起于道光二十九年己酉科乡试，或止于光绪二年丙子科乡试，或止于光绪六年庚辰科会试。这部分为何人所撰，尚待考证。

《明贡举考略》、《国朝贡举考略》皆首列"科场盛事"，如三试皆元者几人、会元登状元者几人、登榜眼者几人。后列乡试各省主考、解元题名和试题，会试总裁、会元、鼎甲题名和试题，题名多标出官职、表字、籍贯、科分。此外科场掌故、中式人数、兄弟同登等亦多有收载。这种以题名为主要内容的科举著作的价值，邓云乡先生有一段关于《清秘述闻》的论述可作参考，迻录如下：

> 科举考试制度不只是一种选拔人才的手段，而且是一种维系政治组织力量、保持政治力量平衡与团结的重要手段。这里必须从其师生、辈分、同年等等关系说起。（略）这种师生关系、同年关系，完全不同于现在的师生关系、同学关系。其最大不同，简单地说，就是一种极重要的"政治和权势同盟关系"。对于考官和得中者都有极现实的利害关系的。因为正、副主考及同考官不像现在主持高考的那些无权无势的穷教授，他们都是掌握着各种实权的官吏和即将作官的人。（略）（《清秘述闻》）看上去只是一些枯燥的人名、出身、官衔，远没有一些讲掌故佚闻的笔记书看起来有趣，但就是这些人名，却织成一个清代二百六十多年的政治关系网。就当时来说，这固是一种十分重要的书，对今天研究清史来说，也是一种十分方便重要的文献。②

《明贡举考略》、《国朝贡举考略》的体例与《清秘述闻》（乡会考官类）基本相同，因

---

① 道光《泾县续志》卷首《泾县续志纂修姓氏》分纂者名单、卷二《选举表》。

② 邓云乡：《〈清秘述闻三种〉读后》，见氏著《水流云在书话》，上海书店1996年版。

而我们也可以从中窥见明清时期"政治关系网"之一斑。

黄崇兰在《国朝贡举考略弁言》中说自己曾取《清秘述闻》诸书"再四校兑，自补所阙"。今以《清秘述闻》和《国朝贡举考略》（以下或分别简称《清秘》和《考略》）比照，可以发现两书虽然体例相同，但内容仍有一些差异，可知《考略》没有照搬《清秘》，而是保留了不少原创成果。那么这些差异之处，谁的可信度更高呢？试以顺治朝有关人物的科分为例，两书的不同处如下表所示：

科年／条目	《清秘》	《考略》
二年乙酉科乡试／河南解元邢若鹏	丁亥进士	丙戌
五年戊子科乡试／顺天试官李呈祥	癸未进士	癸亥
八年辛卯科乡试／浙江试官李人龙	己卯举人	丁亥
八年辛卯科乡试／山东试官杜笃祜	丙子举人	丙戌
八年辛卯科乡试／广西试官刘光斗	乙丑进士	己丑
十一年甲午科乡试／河南解元王纪昭	丁未进士	乙未
十一年甲午科乡试／山西试官黄自起	己丑进士	己未
十四年丁酉科乡试／江南试官钱开宗	壬辰进士	庚辰
十四年丁酉科乡试／广东试官黄象雍	己丑进士	壬辰
十七年庚子科乡试／江西试官周明新	壬辰进士	壬戌
十七年庚子科乡试／江西解元曾寅	辛丑进士	庚戌
十七年庚子科乡试／山东解元李嗣真	丁未进士	甲辰

按《考略》体例，凡最高科名为举人者，标出"举人"或"某某举人"，为进士者则不标"进士"二字，故上表《考略》一栏皆为成进士之年份。查《明清进士题名碑录索引》①、《清朝进士题名录》② 等书可知，上表12项中，"李人龙"条两书皆是，"曾寅"条两书皆误（曾寅为康熙癸丑进士），其余10项，皆为《清秘》是而《考略》误。

此外如人物表字，两书亦间有不同，其中又以《考略》之误为多。仍以顺治朝为例，十一年甲午科乡试河南主考张苗，《清秘》作"文葭"，《考略》作"文霞"。按《诗经·召南·驺虞》有"彼茁者葭"，故《清秘》是，《考略》误；十四年丁酉科乡试浙江主考张瑞徵，《清秘》作"华平"，《考略》作"革平"。按华平为传说中的瑞草，与"瑞徵"之名相合，故《清秘》是，《考略》误；十七年庚子科乡试江南解元申毂，《清秘》作"叔旆"，《考略》作"叔长"。按《诗经·大雅·生民》有"荏菽旆

① 朱保炯、谢沛霖：《明清进士题名碑录索引》，上海古籍出版社1980年版。
② 江庆柏：《清朝进士题名录》，中华书局2007年版。

施，禾役毿毿"，故《清秘》是，《考略》误。诸如此类的错讹都是我们在阅读和利用《考略》时应当注意的。

《明贡举考略》、《国朝贡举考略》的版本较多，兹就我们所见湖北省图书馆的藏本介绍如下：

1. 道光五年（1825）本《明贡举考略》。封面右栏题"道光五年重镌"，左栏题"明洪武开科起国朝己丑科止"、"金阊经义堂藏板"，中间大字题"贡举考略"。此书只有《明贡举考略》二卷，未见《国朝贡举考略》。

2. 道光十二年（1832）本《国朝贡举考略》。无封面，无《国朝贡举考略弁言》。三卷，止于道光十二年（1832）壬辰恩科会试。卷三最后八叶为手写体，其他皆为宋体。三卷以后版心标注"补"，起于道光十二年（1832）壬辰科乡试，止于道光二十五年（1845）乙巳恩科会试。此本初次刊刻当在道光十二年，故名。

3. 道光二十四年（1844）本《明贡举考略》、《国朝贡举考略》。封面右栏题"道光甲辰重镌"，左栏题"泾邑双桂斋藏板"，中间大字题"增补贡举考略"。《明贡举考略》二卷，《国朝贡举考略》三卷，止于道光二十七年丁未（1847）会试。续修四库全书第830、第831册《增补贡举考略》，系据"北京图书馆藏道光双桂斋刻本"影印，与此本为同一版本。只是湖北省图书馆的藏本没有校注，而续修四库全书本（北京图书馆藏本）有多处校注。由卷一第二叶眉批中"慈铭案"、第三叶眉批中"慈案"、第五叶眉批中"慈铭"等语可知，校注者即晚清著名学者李慈铭①。

4. 光绪五年（1879）本《明贡举考略》、《国朝贡举考略》。封面右栏题"光绪五年重镌"，左栏题"金陵文英堂藏板"，中间大字题"增补贡举考略"。《明贡举考略》二卷，《国朝贡举考略》四卷。《国朝贡举考略》卷四为"道光二十九年己酉科乡试"至"光绪二年丙子科乡试"。湖北省图书馆所藏本书卷四最后一叶即第二十一叶只有半叶，未知后半叶是否原缺。第三卷最后一叶只有半叶，为"道光二十七年丁未会试"，略占过半的篇幅。第四卷起始处无标识，惟版心标注"国朝贡举考略卷四"而已，又重出"道光二十七年丁未会试"，且与"道光二十九年己酉科乡试"处于同一半叶。又，各卷卷首皆钤"士"、"铎"、"汪士铎印"，正文部分间有少量墨笔校注，疑校注

<hr>

① 李慈铭（1830—1894），初名模，字式侯，后改今名，字炁伯，号莼客，晚室名越缦堂，浙江会稽（今绍兴）人。道光三十年（1850）补县学生员，次年补廪。凡十一次应南北乡试，同治九年（1870）中式。五应礼部试，光绪六年（1880）成进士，补户部江南司资郎。十五年（1889）改试御史，次年补山西道监察御史，转掌山西道巡视北城督理街道。光绪二十年（1894）中日甲午战争爆发，败讯传来，感愤扼腕，咯血益剧，郁郁而卒。著有《越缦堂诗集》、《文集》、《诗话》、《读史札记》等多种，以《越缦堂日记》最负盛名。生平事迹见平步青《掌山西道监察御史督理街道李君莼客传》（《碑传集补》卷一○）、《清史稿》本传。

者即汪士铎①。

5. 光绪八年（1882）本《明贡举考略》、《国朝贡举考略》。封面右栏题"光绪八年重镌"，左栏题"金陵文英堂藏板"，中间大字题"增补贡举考略"。《明贡举考略》二卷，《国朝贡举考略》四卷。《国朝贡举考略》卷四为"道光二十九年己酉科乡试"至"光绪六年庚辰会试"。版型与光绪五年（1879）本相同，第四卷起始处亦无标识，惟版心标注"国朝贡举考略卷四"而已，"道光二十七年丁未会试"亦与"道光二十九年己酉科乡试"处于同一半叶。但无第三卷末只半叶的"道光二十七年丁未会试"。湖北省图书馆所藏本书卷四自"同治六年丁卯科乡试"起，间有少量朱笔校注。此校注者系何人，尚待考证。又，此本有一处明显的装订错误，即卷一的第二十八叶订在第二卷中，以致卷一无第二十八叶，卷二有两个第二十八叶。

以上几个版本之间，内容相同的地方其版式也基本相同，但有少数叶的字迹不同，当是原版有缺，后来补刻。补刻的过程中亦出现了一些错误。如《国朝贡举考略》卷二第二十三叶，广西解元拱翊勋的籍贯，道光二十四年本作"兴安"，是。光绪五年本、光绪八年本皆作"典安"，误。又如卷三第七叶，山东考官鲍桂星的号，道光二十四年本作"生觉"，李慈铭改为"觉生"，是。光绪五年本、光绪八年本皆作"主觉"，沿袭原本两字倒置的错误，又将"生"误刻为"主"。此外，光绪五年本《国朝贡举考略》卷二第八叶、第十叶有严重错误。第八叶当为"雍正十年壬子科乡试"顺天、江南、江西、浙江、福建、湖北、湖南、河南、山东、山西、陕西的相关信息，然而只有"解元"一栏是对的，"考官"、"试题"皆误。第十叶当为"雍正十三年乙卯科乡试"江南、江西、浙江、福建、湖北、湖南、河南、山东、山西、陕西、四川、广东的相关信息，亦只有"解元"一栏是对的，"考官"、"试题"皆误。光绪八年本显然注意到这个错误，虽然亦用"金陵文英堂藏板"，但已经全部纠正过来。

本次整理，以续修四库全书本（即李慈铭校注的道光二十四年本）为底本，参光绪五年（1879）本、光绪八年（1882）本增补。具体做法如下：

1. 原书为表格形式，由于需要收录李慈铭等人在书上做的多处校注，再用表格形式整理此书可能会眉目不清，因此我们改为文本形式。[试官]、[试题]、[会元]、[鼎甲]、[解元]这五种标识为原书所无，系我们所加。

2. 《明贡举考略》二卷、《国朝贡举考略》卷一至卷三，以续修四库全书本为底本。《国朝贡举考略》卷四"道光二十七年丁未会试"至"光绪二年丙子恩科会试"以光绪五年本为底本。（其中"道光二十七年丁未会试"与卷三"道光二十七年丁未会试"重复，因校注略有不同，故仍照录。）卷四"光绪二年丙子科乡试"之后以光绪八

① 汪士铎（1802—1889），原名鳌，字振庵，又字梅村，号悔翁，江苏江宁（今南京）人。道光二十年（1840）举人。胡林翼抚鄂，聘入幕府，所论议多稗时局。旋归金陵，筑屋曰砖丘，隐居以终。光绪十一年（1885）授国子监助教衔。工诗，初治三礼，后通舆地学。著有《汪梅村先生集》、《悔翁诗钞》、《悔翁笔记》、《水经注图》等。生平事迹见汪士铎《汪悔翁自书纪年》（北京图书馆藏珍本年谱丛刊第151册）、缪荃孙《汪士铎传》（《续碑传集》卷七四）。

年本为底本。

3. 《明贡举考略》二卷、《国朝贡举考略》卷一至卷三，李慈铭的校注以正文形式出现，用【】标示，光绪五年本校注者（疑为汪士铎）的校注以脚注形式出现。

4. 《国朝贡举考略》卷四"道光二十七年丁未会试"至"光绪二年丙子恩科会试"，光绪五年本校注者（疑为汪士铎）的校注以正文形式出现，用【】标示。光绪八年本校注者的校注以脚注形式出现。

5. 《国朝贡举考略》卷四"光绪二年丙子科乡试"之后，光绪八年本校注者的校注以正文形式出现，用〔〕标示。

6. 三位校注者的校注，一般写在原刊文字的旁侧或天头、地脚等处，并不覆盖原文，对此我们径直迻录。如："侍讲王傅【传】"，表示原文作"侍讲王傅"，李慈铭于讹字"傅"旁校正为"传"。也有校注者直接改动而覆盖原文的情况，我们核查其他版本后，在正文中标出改动后的文字，而以脚注标出原文。如："【礼】尚张廷玉"，脚注："原作'吏'"。表示原文为"吏尚张廷玉"，李慈铭径改"吏"为"礼"。

五

《国朝贡举年表》三卷，清陈国霖、顾锡中撰。陈国霖字雨人，江苏泰兴人，廪贡，安徽候补县丞①。顾锡中字肖香，江苏泰州人，光绪十一年（1885）乙酉科府学拔贡②。

此书有两个版本。一为申江袖海山房石印本，不题撰人。起于顺治二年乙酉乡试，止于光绪十八年壬辰会试。台北文海出版社《近代中国史料丛刊》第14辑第135号据以影印，扉页署"佚名编"（以下简称袖海本）。一为光绪十四年上海积山书局石印本，各卷卷首皆署"泰兴陈国霖雨人、泰州顾锡中肖香仝编"。起于顺治二年乙酉乡试，止于光绪十二年丙戌会试。国家图书馆、上海图书馆、南京图书馆藏有此本（以下简称积山本）。《清史稿·艺文志》著录"国朝贡举年表三卷，陈国霖、顾锡中同撰"，当为积山本。

此书卷一为所谓"制科盛事"，包括典试得谥考、典试由鸿博考、连典乡试、连典礼部试等。卷二、卷三的主体内容，如卷首《凡例》所言，"乡试以省分为提纲，前主司，后首二三题，末举首一人。至会试则略变其例，首列总裁，次列首二三题、会元，又次则鼎甲三人"。其体制与《国朝贡举考略》相近而更为简略，题名不再列表字、科

---

① 宣统《泰兴县志续》卷八《选举表》，《中国地方志集成·江苏府县志辑》第51册据民国二十二年（1933）刻本影印。

② 民国《续纂泰州志》卷十四《选举表上》，《中国地方志集成·江苏府县志辑》第50册据抄本影印。

分，试题也未列诗题。但时间下限有所延伸，多出光绪"八年壬午乡试"至"十八年壬辰会试"的部分。

此书（以下简称《年表》）《凡例》称："是表虽因黄崇兰先生《考略》成书，然体例增删，正是补缺，则皆独出心裁，纵不敢谓为积薪，而要不愧为《考略》功成。"积山本卷二按语亦有"爰因《考略》诸书，变其例，正其讹，搜遗补缺"云云。综观《年表》全书，确有后来居上之处。如《考略》付诸阙如①而《年表》考出的解元有：嘉庆十二年丁卯云南万华、贵州黄宪中，嘉庆十八年癸酉云南杨峻，道光十七年丁酉河南赵诚，咸丰元年辛亥福建孟曾毂、山西张士达，同治元年壬戌福建王彬、广东钟觉黎②，同治三年甲子浙江张祥椿、福建郭尚品，同治六年丁卯顺天刘世骏、湖北亢长青③、贵州李嗣槐，同治九年庚午浙江蒋崇礼、山西王庆铺、贵州颜嗣徽，同治十二年癸酉河南郑思宾等。

又，《考略》中的一些讹误，在《年表》中得到了修正，如下表所列数例：

科年／条目	《考略》	《年表》
康熙五十九年／广东解元谢学圣	揭扬	揭阳
乾隆十七年／山西解元	史傅远	史传远
乾隆二十五年／湖北试题	拱把梓桐	拱把之桐
乾隆二十五年／湖南解元李材	沣州	澧州
乾隆三十九年／浙江解元	翁元昕	翁元圻
乾隆五十一年／顺天解元孙鹏越	沣润	丰润
嘉庆九年／陕西试官	李宗明	李宗昉
嘉庆十六年／鼎甲王毓吴	改名敏英	改名毓英
嘉庆十八年／广西解元	陈守垫	陈守耉
道光十四年／顺天试题	徙善不足	徙善不足
道光二十年／广西试官	林杨祖	林扬祖
同治三年／江南试题	弃公问政	叶公问政
同治三年／湖南试官	祈世长	祁世长
同治十三年／鼎甲	谭宗凌	谭宗浚
光绪元年／云南试官	王采琯	王荣琯
光绪五年／山东试题	周公未鲁公曰	周公谓鲁公曰

---

① 此处所举《国朝贡举考略》各例，以原刊本为准。可以肯定陈国霖、顾锡中未曾见过李慈铭等人的校注本，故《国朝贡举年表》所作补正虽有与李慈铭等人的校注相同者，仍可视为原创成果。

② "黎"或作"藜"。

③ "青"或作"清"。

又，《年表》收录了不少掌故资料，对于《考略》亦有补阙之功。例如雍正二年甲辰补行癸卯正科乡试，《考略》只云"湖南、湖北乡试分闱"，此书则对分闱考试的原因有简洁明了的说明："湖南向无贡院。元年奉上谕，湖南赴湖北必由洞庭，六七月间风浪尤险，著分两闱。从此湖南多士无秋风涉险之虞。"又如乾隆九年甲子科乡试："舒少司马赫德上废科目疏，其略云科举不足得士者四。奉旨饬议。时鄂文端为首相，力驳其议，科目之不废，文端公之力也。"嘉庆二十二年丁丑科会试："上谕：向来朝考以论、诏、疏、诗四项命题，其诏题多系拟古，朕思士子试以论、疏、诗，其优劣已见，著裁去诏一道，以论、疏、诗三项命题，著为令。"道光十四年甲午科乡试："十三年十一月丙申，定湖南苗生乡试隔别号舍例。"凡此皆为《考略》所无，《年表》收录，可资考证。

但是，与上述成绩相比，《年表》的不足之处更为明显。即以掌故资料而言，《年表》对一些小说家言津津乐道，这对于一部考证著作显然是没有多大意义的。例如康熙二十七年戊辰会试，记查嗣韩"五色云中第二人"之梦；三十三年甲戌会试，记状元胡任舆"手弄双丸天下小"之梦；康熙四十二年癸未会试，有所谓"三元亦前定矣"；康熙四十八年己丑会试，记状元赵熊诏出生前一夕乃祖之梦；乾隆十八年癸酉乡试，记陈大经分校乡闱，梦送天榜；乾隆四十六年辛丑会试，记会元、状元钱棨梦五色云中苍龙；乾隆五十八年癸丑会试，记状元潘世恩生前一日，其祖梦玉麒麟化为婴儿；乾隆五十九年甲寅恩科乡试，记四川解元黄多益场前梦人示题。这些也许属于《凡例》所说的"独出心裁"之笔，但《考略》没有这些"独出心裁"，反而显得严谨许多。

更为严重的问题在于《年表》中存在不少错讹。本来，题名性质的科举文献由于涉及的人物众多，有一些错讹在所难免。但《年表》作为《考略》的后起之作，沿袭《考略》的错讹之处，远远多于修正之处，这就不能不使它的价值大打折扣。例如康熙十四年乙卯科乡试，《考略》中出现"赵文照"和"赵文暖"各一次。此实为同一人，"照"为"暖"之讹。《年表》不察，亦在相应处各作"赵文照"和"赵文暖"。又如《考略》中"柏俊"（咸丰元年辛亥恩科乡试、咸丰八年戊午乡试）和"柏葰"（道光十七年丁酉科乡试、道光二十六年丙午科乡试）各出现两次，实为同一人，"俊"为"葰"之讹。《年表》亦未审察，仍在相应处各作"柏俊"和"柏葰"。又如《考略》中"张日暄"（嘉庆十五年庚午科乡试）和"张日晸"（道光五年乙酉科乡试、道光八年戊子科乡试）分别出现一次和两次，实为同一人，"暄"为"晸"之讹。《年表》无论正讹，皆照录不动。又如乾隆五十七年壬子乡试，河南副主考当为章煦，山西副主考当为邱庭潍，《考略》误作河南邱庭潍、山西章煦，《年表》因之。《考略》的有些错讹，在校注本中得到了修正，而《年表》的作者未见校注本，继续沿袭《考略》原刊本的错误，还可看下表所列各例（《考略》的三种校注统一用 [ ] 标示）：

科年／条目	《考略》原刊本	《考略》校注本	《年表》
康熙二十三年／陕西试官	李振玉	李振[裕]	李振玉
康熙五十六年／江西试官	泰道然	[秦]道然	泰道然
雍正七年／顺天解元	杨季	杨[秀]	杨季
雍正七年／浙江试官	王俊	王[峻]	王俊
雍正七年／福建解元	陆祖与	陆祖[新]	陆祖与
雍正十一年／鼎甲	沈文高	沈文[镐]	沈文高
乾隆十八年／山东试官	张玉莘	张[裕]莘	张玉莘
乾隆二十一年／山东试官	李中节	李中[简]	李中节
乾隆二十四年／湖南解元	陈本敬	[宋]本敬	陈本敬
乾隆二十四年／云南解元	李嵩龄	李[松]龄	李嵩龄
乾隆二十七年／山东试官	卫萧	卫[肃]	卫萧
乾隆四十五年／浙江试官	温常缓	温常[绶]	温常缓
乾隆五十一年／广西试官	刘环之	刘[种]之	刘环之
乾隆五十九年／山西试官	卢荫蒲	卢荫[溥]	卢荫蒲
嘉庆六年／陕西试官	勒文锐	[靳]文锐	勒文锐
嘉庆九年／山西试官	人公	[狄梦松]	人公
嘉庆九年／四川试官	陈国仁	[程]国仁	陈国仁
嘉庆十四年／鼎甲张岳崧	安定	[定安]	安定
嘉庆二十一年／浙江试官	李振铺	李振[庸]	李振铺
嘉庆二十三年／四川试官	颜伯涛	颜伯[焘]	颜伯涛
嘉庆二十四年／贵州试官	吴镇域	吴[振棫]	吴镇域
道光元年／贵州试官	谬玉铭	[缪]玉铭	谬玉铭
道光八年／江南解元	潘德与	潘德[舆]	潘德与
道光八年／山东解元	李左贤	李[佐]贤	李左贤
道光十四年／云南试官	李嘉瑞	李嘉[端]	李嘉瑞
道光十七年／福建试官张廷选	道州	[狄]道州	道州
道光十九年／贵州试官	何贵清	何[桂]清	何贵清
道光二十年／山东试官	杨殿光	杨殿[邦]	杨殿光
道光二十七年／鼎甲	袁续懋	袁[绩]懋	袁续懋
咸丰九年／浙江试官	汪承先	汪承[元]	汪承先
咸丰九年／湖北试官	薛书常	薛书[堂]	薛书常

科年／条目	《考略》原刊本	《考略》校注本	《年表》
同治十年／鼎甲	高岳崧	高〔岳崧〕	高岳崧
同治十年／鼎甲	郁昆	郁〔崑〕	郁昆
光绪元年／福建试官	慕容幹	慕〔荣〕幹	慕容幹
光绪元年／山东解元	攸灿章	〔佟〕灿章	攸灿章
光绪元年／广东解元	彭进仪	彭〔骏〕仪	彭进仪

又，《考略》校注本未予修正而《年表》因袭的错讹如下表：

科年／条目	误：《考略》、《年表》	正
康熙二十六年／山东解元	刘炎	刘琰
康熙三十八年／顺天解元	王兆凤	贾兆凤
康熙四十四年／福建试官	董屺	董玘
雍正十三年／江西解元黄冈竹	卢陵	庐陵
乾隆九年／河南试官	叶西	叶西
乾隆十二年／广西解元	胡德球	胡德琳
乾隆二十一年／四川试官刘湘	通州	涿州
乾隆二十一年／四川解元李藩	绵作	绵竹
乾隆二十四年／山西解元	冯文正	冯文止
乾隆三十年／河南解元	周世勋	周世绩
乾隆三十三年／福建试官	郭元隆	郭元瀗
乾隆三十三年／广东解元	王应瑜	王应遇
乾隆三十五年／湖北试官	冯暎榴	冯应榴
乾隆三十五年／云南试官	沈士炜	沈世炜
乾隆三十六年／广东试官	平乐	乐平
乾隆三十六年／云南试官	陈廷学	陈庭学
乾隆五十三年／云南试官张德懋	满洲	满城
道光十一年／四川试官谌厚光	平逮	平远
道光二十六年／云南试官	潘会莹	潘曾莹
光绪五年／广西试官李联芳	本利	平利

此外，《年表》还出现了一些新的错讹，以乾隆朝为例：十七年广西解元"洪翊勋"，"洪"为"拱"之讹；十八年湖南试官"李承端"，"端"为"瑞"之讹；二十一年江南解元"柳芳"，"芳"为"蓁"之讹；湖北试官"编修叶观光"，"光"为"国"之讹；二十五年广东试官"罗生春"，"生"为"暹"之讹；三十年陕西试官"左卫"，"卫"为"衢"之讹；三十三年福建解元"翁汝霖"，"汝"为"霆"之讹；广东试官"杨先甲"，"杨"为"汤"之讹；三十六年云南试官"叶观光"，"光"为"国"之讹；三十七年"贾策安、治安兄弟同登"，"治安"为"策治"之讹；三十九年福建试官"杨先甲"，"杨"为"汤"之讹；贵州解元"周锡源，雍安"，"雍"为"瓮"之讹；四十年鼎甲"汪塘"，"塘"为"镛"之讹；等等。

《年表》中的诸多错讹，责任不能全部记在作者的身上，也有的是刊刻之误。袖海本和积山本，虽然袖海本刊刻在后，且因《近代中国史料丛刊》的影印而成为通行本，但其刊刻质量却远逊于积山本。其中的文字错误且不论，光是条目错乱就有十多处。如顺治十七年庚子乡试，陕西、四川，试题、解元互窜；康熙二十年辛酉乡试，山东、山西，试题、解元互窜；三十二年癸酉乡试，云南、贵州解元互窜；四十一年壬午乡试，云南、贵州，试题、解元互窜；五十六年丁酉乡试，山西、陕西第二主考互窜。这些错误，积山本中没有。

我们这次整理，以通行的袖海本为底本，以积山本作校勘。原书为表格形式，我们改为文本形式。[试官]、[试题]、[会元]、[鼎甲]、[解元]这五种标识为原书所无，系我们所加。

最后有几点说明：

一、本书正文照录各贡举志之原文，若有不同版本的异文，或原文有误，以脚注的形式注明。间以他书如《明清进士题名碑录索引》（简称《索引》）、《清秘述闻三种》等作对勘。至于书中"钱唐"与"钱塘"、"商丘"与"商邱"、"弘治"与"宏治"、"厢白（黄、蓝等）"与"镶白（黄、蓝等）"、"灵壁"与"灵璧"等不同写法，概从原文，不再出注。

二、试题部分的标点符号，依原文格式。如《皇明贡举考》嘉靖二十年会试《诗》题："坎坎伐檀兮，不素餐兮。""永锡尔极时万时亿。"前题原文有空格，故用逗号；后题原文无空格，故不用逗号。又如《增补贡举考略》同治元年会试试题："此谓惟仁至（恶人）。""恶人"原文用小字，故加括号。

三、原文若有不甚要紧之脱字，径补，加中括号表示。如："邹守益，江西安福县[人]。"表示"人"为本书所加。

历代贡举志一卷

[明] 秀水冯梦祯开之著

　　贡举之有科目，盖未之前闻也。虽周曰三物，曰四术，曰九年大成，试之似有定涂；曰选士，曰俊士，曰造士，曰进士，取之似有定序；曰论定，曰任官，曰位定，用之似有定制。大都极其详慎若此。而宾兴，而拜受，又极其隆重若此。初未以一定科目，薄试于始，厚任于终，贱视于先，尊显于后，若今兹也。

　　秦称虏用其士，而仕进之涂，辟田胜敌之外，无多寄径焉。

　　汉初，诏贤士大夫，既与我定有天下，而不与吾共安利之，可乎？郡守身自劝遣，嗣是诏孝悌复一身，置官二千石。建元初，诏天下举贤良方正、直言极谏之士。以董仲舒请，令郡国岁举孝廉，限以四科：一曰德行高妙、志节清白，二曰学通行修、经中博士，三曰明习法令、足以决疑、能按章覆、文中御史，四曰刚毅多略、遭事不惑、明足决断、材任三辅县令。元光五年，征吏人有明当世之务、习先圣之术者，县次给食，令与计偕。元朔初，天下谨法，莫敢谬举，而贡士盖鲜。故又诏中二千石及礼官博士议不举者罪，郡国乃于属僚部人之贤，举为秀才廉吏，贡于王庭，多拜为郎，居三署，无常员，而公车征起者悉在焉。元封五年，诏州县察吏人有茂材异等，可为将相及使绝国者。元朔①五年，诏二千石谨察可者，常与计偕。诣太常，得受业如弟子，其高第可以为郎中者，太常籍奏。始元初，遣王平辈持节郡国，举贤良。本始后，王吉请明选求贤，除任子弟之令。永光初，诏丞相御史，举质朴重厚、退逊有行者。光禄岁，以此科第郎从官。

　　王莽时，太常岁课，甲科为郎中，乙科为太子舍人，丙科为文学掌故。

　　后汉建武间，诏举茂才廉吏，三公而下，其数有差，于时进用，加以岁月先后之次，且卒焉持②拜，不复简试。故谤议纷起，良以士多矫饰也。建初初，复用故事，以四科辟士。永建后，又增甲乙科。左雄议改察举之制，胡广辈不能驳其议，张衡辈不能复其试。得③黄琼为尚书令，乃以雄所上孝廉之选，专用儒学文史。于取士之术，犹有

---

① 元朔当在元封之前。
② 丛书集成初编本作"特"。
③ 丛书集成初编本按："得"疑"后"之讹。

所遗，乃奏增孝悌及能从政者为四科。建和、永寿间，试用诸生，大率以占第上下，通经多寡，限以三互，自生留阂。建宁间，试甲乙科，争第高下，中有贿赂，改兰台漆书之经，以合其私文者。则诏诸儒雠定五经，蔡邕篆隶镌石于太学，谓之石经，有以也。科目昉于汉者若此。然士之出，犹多以乡人劝勉，而耻急于自进焉。

汉以降，魏虽有除限年之制，令郡国贡举，勿拘老幼，儒通经术，吏达文法，则皆试用。古虽有除九品之请，复古乡举里选之法，祛今八损三难之弊。萧齐取盈于五通，元魏求多于三清。卒之增年矫貌，扳援奔竞，浸浸成风，不可遏抑。良以贡举者循名遗实，而应举者务华绝根也。

隋初，以志行修谨、清平干济之科举人。至炀帝，好文词，始置进士科，专诗赋取士，不复阂行能。贡举之弊，弊无以复矣。

唐仍隋，上郡岁举三人，中郡二人，下郡一人，有才能者无常数。其由学馆贡者曰生徒，由州县举者曰乡贡，皆升于考功而进退之。其科之目，曰秀才，曰明经，曰进士，曰明德，曰书，曰算，各依所习业，举选以为常。其天子自策举之，曰制举，以待非常之士。诸乡贡怀牒自列于州县，试已，取文优者，长吏以乡饮酒礼，会属僚，陈俎豆，备管弦，牲用少牢，歌鹿鸣之诗，与耆艾叙长幼，宾兴焉。于是疏名列结，通保上户部。户部集阅而阂考功，考功员外郎试其贡举校试之失者，皆有罚。初，秀才科最高试策五条，有上上、上中、上下、中上，凡四等，后废。而进士科特重，然专之文辞。他制科名，如道侔伊吕、才膺管乐、志烈秋霜、文经邦国、辞标文苑、临难不顾、徇节宁邦、长才广度、沈迹下僚、乐道安贫，及贤良方正、博学宏辞等科，兔丝燕麦，徒拥空名而已。

贞观间，诏加进士试读经史一部。调露间，奏加帖经，兼通《老子》、《孝经》。永隆间，诏试文两篇，识文律，然后试策。载初初，以策问贡人，数日方了，改试殿前，自此始。长寿间，令举人献岁元会，列于方物前，以备充庭，又制臣轨两篇，贡举习业，停《老子》。神龙间，贡举人仍习《老子》，停臣轨。

开元间，司业李元瓘言，《三礼》、《三传》及《毛诗》、《尚书》、《周易》诸经，并圣贤微旨，生人教业。《周礼》，经邦之轨则；《仪礼》，庄敬之楷模；《公羊》、《穀梁》，历代崇习。今两监及州县以独学无友，四经殆绝，请令学生量配作业，贡人参试。又新注《老子》成，诏贡士减《尚书》、《论语》策，而加《老子》。会考功员外郎不称，为士所诋诃，朝议以郎官地轻，移知贡举于礼部侍郎。礼部选士，自此始。

天宝中，帝欲尽官天下材，命通一艺以上咸诣京师，策之。相李林甫专恣，患草野士倔侮，得斥言其奸，请令尚书省先试，无一人及第者，而林甫以野无遗贤表贺。时中丞倚得幸帝，侍郎宋遥、苗晋卿欲附之，以倚子奭为举首，群议沸腾。帝召面试，奭手试卷，终日不成一字。遥、晋卿坐贬官。其后有司钩校，争苛切为公。水炭、脂炬、饔飧，皆士人自将。罗棘遮截，始唱名入列，坐庑下，士益浮贱。

礼部侍郎杨绾患之，上贡举议。大都以举人幼而就学，止诵当代之诗；长而博文，不过诸家之集。遂相党与，用宏虚声，六经二史，皆同挂壁，投刺干谒，驰骛要津。无论孔门君子之儒，非所仿佛；即汉之贤良方正，必不出此。请依古侧席之求，罢今将牒之举。县令察孝廉，审举其有孝弟忠信礼仪之行，加以经业才堪策试者，以孝廉为名，荐之州。州刺史礼侍之，试其所通之经学，通者上第，上之省，皆毋得辄自陈牒。其所习经，《周易》、《毛诗》、《仪礼》、《周礼》、《礼记》、《左氏》、《公》、《穀》，任科一经。务取深义奥旨、通诸家之学者，至京，遣诸司官有儒学者主试。每经问义十条，已，对策，策三问，问古之治体及时务所施行者。全通为上第，付吏部授官；经通八、策通二，为中第，与出身；下第罢归。诸明经帖括非古制，请与进士并停。其国子、举人类此。左丞贾至议，大都以晋后衣冠迁徙，人多侨寓，于所在占籍，必举之乡，不足以尽材。请增国子博士员，十道及诸大州各设学，致生徒。其在桑梓者，乡里举之；在流寓者，庠序推焉。然终未俞行。丞相郑覃请罢进士之科，李德裕稍杀进士之礼。盖唐末进士科浮薄滋甚，诚如舒元舆言，进士科，公卿大夫皆由此涂出，今有司坐举子于寒庑冷地，比仆隶已下，非所以征贤之意也；施棘围以截遮，是疑之以贼奸徒党，非所以示忠直之节也；试甲赋律诗，是待之以雕虫小技，非所以观人文化成之道也。恐贤人君子远去，不肯污辱为国家用矣。贡举委地，弊且不可收拾也。

宋初，一时风气椎朴，人不知学问，不愿仕宦。太祖置贤良，若经学，若吏理，凡三科，不限资，而郡县无应令者。又许诣阙自荐，对制策，不称。又诏察孝弟力田，若奇异，若文武，可任使者，具送阙召试，无可采。乃而后复重科举，科制大都同唐，而进士科亦特重。又定诸①州贡举条法及殿最之式。而川蜀所贡士，令县次往还续食，以示优。开宝初，进士及第中有学士縠子邧，命中书覆卷试，且诏自今关食禄之家得举者，悉以闻中书覆试。其后学士昉知贡举，黜武济川者，以召问语失次，且知为昉乡人也。昉亦以亲试诸进士落第者数十人坐黜。始定进士廷试，本于唐载初之改殿试也。

太宗时，天下稍习文，帝欲大兴文治，每谓侍臣曰："朕欲博求俊彦于制科，非敢望拔十得五，但得一二焉，可矣。"首设科，张齐贤在试中，顾不得第。于是并吕蒙正以下，并赐及第，赐宴袍笏，赐《礼记·儒行》篇，命各以优等授官，而进士恩礼之重，不可上也。其后举多覆试。衰②十举以上者，特赐出身，曰特奏名。八年，始分甲，赐宴琼林苑。雍熙二年，诏今有以文学往复与吏为奸者，真之于法；以经义相教者，元出科场。又御试得梁颢等，并唱名及第。淳化三年，知贡举苏易简始命糊名。

真宗二年，以温仲舒言，封印卷首，仍当日入院。又定廷试考第为五等，上二等曰及第，三等曰出身，四五等曰同进士出身。八年，始禁秉烛，并制誊录院易书。天禧间，举人郭匦缌麻丧，殿三举，同保殿一举。祥符间，以贡院举人解衣阅视，虑挟藏书册，谓失士体，欲止之，而挟书扶出者最多，得不为禁乎？

仁宗时，天下承平，进士额广，士骛浮文。仲淹条议，举人皆舍大方而趋小道，虽济济盈庭，而才识学行之士十无一二。请立州郡学，举通经有道之士，专教授，俾务于

---

① 丛书集成初编本作"诸"，当是。

② 丛书集成初编本作"衰"，当是。

兴行明理，使人不溺于华藻。又请外郡科解，必履行无玷、艺业及等者，方许解荐，更不弥封试卷。其南省考试之人，已经本乡询考，方用弥封。于时所禁有七，而假户、冒名，其二也。宋祁上议，诏州县立学，须在学三百日，乃听预乡试。试三场，先策，次论，次诗赋，通考为去取，而罢墨义。张方平知贡举，又上言，设科选士以文辞者，诚谓其怀道义于中而英华外溢，叩其外而中之所蕴可质也。言而不度，将何观焉？迩文格日失，其荐各出新意以相胜，朝廷屡下书戒敕，而学者罕能自还。今赋或八百字，论或千余字，策或置所问而妄肆胸臆，驱扇浮薄，用亏雅俗，非取贤敛才备治具之意。学士修知贡举，亦大以为患也。请宽期日试士，试先策，择其芜鄙不通者罢去，留者就试，已，乃定其去留。其后御迩英，讲《周礼》三年大比州里赞乡大夫废兴，喟然曰：古选士如是，今率四五岁一下诏，士有抑而不得进者。令间岁一贡举，进士诸科减解额之半，增明经科。已复制科，如贤能方正、能正言极谏科，博通坟典、明与教化科，才识兼茂、明于体用科，详明吏理、可使从政科，识洞韬略、运筹帷幄科，军谋宏远、材任边寄科，又置高蹈邱园、沈沦草泽、茂材异等科，以待布衣之被举者。

治平中，议者以间岁岁贡士，法不便，使士奔走道路无休息，而不得游意于学。诏三岁一贡举，定天下解额，取未行间岁法前四之三为率，明经诸科毋过贡士之数。

神宗初，王安石柄国，益厌唐诗赋取士之陋，欲一之于经术，乃言：欲一道德，在修学校，欲修学校，在审贡举，而贡举之法不可以不变。今议进士科多得士，非其科法善也，士外此无縻进故，其中岂容无正直之贤士。少壮时，正当讲求天下之义理以经世，乃闭门学作诗赋，縻日月于空言。及其入官，于世务了无谙解，此科法败坏，人才致不如古也。于是罢明经诸科，而进士科罢诗赋，各占治《诗》、《书》、《易》、《周礼》、《礼记》，兼以《论语》、《孟子》，每试四场，初大经，次兼经大义十道，次论一首，次策三道，礼部试增二道，中书撰义式颁行，为经义取士之始，视诗赋稍近实主理义。而举士不于乡，不先于制行，士终禄利为心，莫能反其本也。

哲宗初，司马光柄国，慨然欲尽官天下之材，乃请自今设十科以举士。已又言神宗专用经义论论①策取士，复先王令典，但王安石不当以其一家私学，尽废前闻而锢之，乃立经义、诗赋两科进士，于《易》、《诗》、《书》、《周礼》、《礼记》、《春秋》内，听习一经。初试经，次试赋试诗，次论策，末试子史时务。凡专经进士，须兼习两经，以四场通科其高下。又请升朝官岁各荐州郡经明行修士一人以闻，其预荐者不试州郡。礼部试不第，准特奏名，得廷试出身。其登第者，得升甲。风天下以敦士行，不专于文辞。正言刘安世又以祖宗重馆阁，不轻授举进士高第。及大臣荐举，乃储之禁密右地，博之古今典籍，优其廪饩，而不责之吏事，所以滋长德器，育成其辅弼之具也。望明诏执政，详求文学行谊可长育者，召试以充，毋滥及非人。知贡举苏轼、孔文仲以特奏名命官者，垂老无他望，布列州县，惟务黩货，无一思自奋而有闻于时者，愿更加考选，仍限名额，毋使积弊。皆从之。

---

① 疑衍一"论"字。

4

于时积一治①，而绍圣、崇宁尽焚毁以快忿。而其时达官贵胄多得第，上书献赋颂者又得第，阉梁师成用事，隶其家为使臣为小吏者，毕赐第，芜滥至甚。初，祥符张士逊请主司亲戚在进士中，明当引试，愿出避嫌。诏自今举人与试官有亲嫌者，移试别头。景祐贾昌朝请随侍远地，宜令运司类试，乃诏诸路有别头试。

咸平中，取士甚多。祥符中，取士甚少。嘉祐间，进士殿试不落一人。治平间，进士分四等，定三岁一举贡举。畴不谓曲尽其制，而不知弊至于宋，洶滔天而不可涯测矣。大抵自汉至隋，惟孝廉、秀才之科。自隋唐至宋，惟进士、明经之科。熙宁后，安石以经义试进士，则明经科废而进士科独行矣。进士轻于唐，重于宋，故今时称宋进士为将相科，有以也。□②不知操觚末技得以阶荣进之路，则上所程者惟词章，下所习者亦惟口耳。古选贤与能之意，无复存焉者矣。间有张九龄之刚直，吸嘘云雨，颜真卿之忠义，对越神明，陆贽之论谏，裴度之明哲，苏易简、王禹偁之知名，李沆、王曾之雅望，寇准之峭直，张咏之干济，蔡齐之威仪，韩琦、杨寘、范镇之著节立身，固皆不愧科名，然韩愈名儒，何蕃义士，程颐理学，石延年豪举，谓盖代名流不第者又不胜识。洶科主程词，本同射覆，贤不肖亦惟所中也。彼举科场条贯投地而不取者，不有以哉！

我高皇帝设科，广求天下之贤，应文举者，察言行观德，考经术观业，试书算观能，策经史时务观干济。洪武元年，下求贤诏。三年，下开科诏。六年，诏科举取士。终浮文，罢不设。十七年，设科举法，命礼部颁科举新式行焉。已诏各布政司府州县官，举秀才人材，盖科荐并行也。十九年，诏郡国经明行修之士，轮旌束帛，交驰于四方。初定金陵，辟儒士范祖干、叶仪，既至，访道，祖干手《大学》以进，曰具不出此书。克婺州，置行中书省，召儒士许元、胡翰等日会食，其中轮二人讲经史治道。克处州，以书币征宿儒宋濂、刘基、章溢、叶深以来，命有司创礼贤馆处焉。晚征耆儒崇德鲍恂、上海全思诚、安吉余诠、高邮张长年，命坐顾问，命为文华殿大学士，恂等固辞，乃赐敕礼遣之。时孝廉人材及郡县所贡士皆得见，见称旨，即擢不次。而国子生奉命巡列郡廉官方吏治，问民所疾苦，还称旨，即擢用为行省参政、佥事、知府等官，至有擢金都御史者。已制科举，诸民③经、宏词等科并革，存进士科举，与荐举、岁贡为三途，以并用，三年大比而宾兴之。其会试中式士，天子御正朝，制策策焉。又明日，上具皮弁服，御正朝，文武群臣具朝服班侍胪传，赐进士及第、出身、同进士出身，各有差。事讫，群臣前拜贺，辞曰"天开文运，贤俊登庸"，即六卿宣宣④制，无是也，故进士科特重。其会试不中式者，送国子监肄业，俟又举。

文皇帝言，国惟求贤，以资治理，宵旰遑遑，急于饥渴。其令内外诸司，于群臣百姓中堪重任而沈滞下僚，堪剧烦而优游散地，抱道怀才而隐田野者，各举所知，以名

---

① 丛书集成初编本按：句疑有脱误。

② 原缺。

③ 丛书集成初编本按："民"疑"明"之讹。

④ 丛书集成初编本按：下"宣"字疑衍。

闻，毋媢嫉，毋蔽贤，毋徇私监①举。

　　昭皇帝首申重举官之令，谓天下之广，岂无皋、夔、颜、曾之徒，诚得一人，可胜千百，宜悉心访之。已命国子生有学行者十六人，俾翰林严试，拔其尤，试六科，寻擢为给事中。郑府审理俞建辅言，通宾兴率驰骛于空文，真才鲜少，有年未弱冠，即登第入官，必有率意任情而民受其弊者。令诸有司先审访博古通今、行止端重、年二十五而上者，方许入试。比试，则务选其典雅切实者进之，会试益加重慎。大学士杨士奇言，北人文学远不逮南人，然自古国家兼用南北士，请自今卷首书南北二字，如一科百人，南取其六，北取其四，则南北士皆登用矣。议定而上宾。宣德初，乃奏行著令。

　　章皇帝践祚，下求贤诏，出御制《漪兰操》、《招隐诗》，赐大臣以风。大臣奏举贤能官者，上为降辞色慰藉。廷臣选懦无举荐，降敕责。而司府州县官亦各得举贤良方正一人，上之部。已合临御来三科进士试文华殿，拔其尤，授修撰、编修、评事等官，进学文渊阁，优待之。

　　睿皇帝复辟，诏处士中有学贯天人、才堪经济、隐居尚志、不求闻达者，具以闻。

　　肃皇帝入承大统，首言祖宗朝虽定科举、岁贡之法，而荐举尤重，以并列于三途。自科举法行，进士偏重，举人无九卿之望，岁贡限方面之升，田野绝保举之路，以致人尚浮辞，不修实行，宜真才之不可见也。务复科举、岁贡、辟荐之旧，敕进士科文体毋浮冗，必古雅精确，制策往往亲制。知人哲于放勋，吁俊勤于神禹，收揽人才，不啻拔十得五。

　　其初政粹乎无议矣，后或倦勤，故崔铣有覆举议曰：昔成周之世，联之以比闾族党，教之以德行道艺，正之司徒，升之司寇，六德为本，六行为辅，六艺为翼，无奇衺岐其心。蕞尔之国，必有贤哲，教之效也。国家造士，专用经术，业易能，不假深造，仕易得，不俟大成，故士业经求仕，鲜以提身。旧法，里老保其行，试而升之学，再保其行，试而升之省，是犹里选之遗也，而久弃为具文。是上凭科举，曰付至公，故试而得士，若博之中呼，其取之失人，若奕②之遭负。何则？非有参验之详观考之素可赖也。督学使者，数岁一至，事烦日寡，无裕于施教，故士以益荒。宜岁令县令察举民年十五以上，能通四书及占一经，性行淳谨者，上之守而登之学。其轻狡者，虽才不右，督学官考校黜升之法，必本之性行，责之大③守，审验当否，而惩奖施焉。间有幸举者，不延矣。陈建又言，项安世云，举天下之才而一之于科目，入是科者，虽饕餮、梼杌必用，出是科者，虽周公、孔子必弃，宜朱子以为教愈详，取弥精，澄汰再三，而其具不越乎无用之空言，愈弊无益也。夫致治以贤才为本，求才以兴廉察孝为先。经曰：居家理故治可移于官。传曰：求忠臣于孝子之门。此务本论也。李克曰：穷视其所不为，贫视其所不取，此察廉方也。苏轼顾诽之曰：上取孝，则勇者割股，怯者庐墓；上

---

①　"监"疑为"滥"之讹。

②　丛书集成初编本作"弈"，当是。

③　丛书集成初编本作"太"，当是。

察廉，则敝车羸马，恶衣菲食。苟可以中上者，无不用。夫上贤好德，人之秉懿，上好下甚，王治之大几也。上诚敦笃尚行，为天下先，而执此之政，如金石四时，坚久不易，则天下之士争相刮磨。举人者，求无负于知人；举于人者，求无负于所举。纵其有好名徇私之流，殆其鲜矣。况好名而矫于善，不犹愈于①好名而肆于恶耶？且天下固未有无弊之法也。然荐举之取士也，择而后用，其失也一二；科举之取士也，用而后择，其失也八九。谓宜特设孝廉一科，取行著乡闾，学通经史，博访严试，优遇隆礼，并居词科之上，庶乎人笃自修，而国有真才之用也。嗟乎！议者不乏，行者最尟，贡举弊于今，殆甚于委地而滔天者矣，曷不率由旧章哉！

---

① 疑脱"不"字。

皇明贡举考九卷附贡举纪略一卷

[明] 张朝瑞辑

皇明贡举考叙

是书凡八卷，凤梧张君之所手辑也。辑既成，寄余山中问叙。余不佞，受而读之，叙曰：张君者，海州人，盖与余同举戊辰进士云。张君书语大较具先后进士录中，兹不叙，叙厥书旨。明兴来二百余年矣，士每三岁率一录，录荐之天府，副在有司，亡论偏都下邑，目不睹《大全》，乃充笥兼两，荐绅大夫难之矣。书宜一。今学士家职持文墨议论，言官、言府、言堂、言室，则人人能矣。下至裨史野乘、山经水志，靡不有述，此可不谓宏巨重事哉？即士致身何阶，且所与易海内者谁也？而阙国家大典弗载，废累朝弘奖优崇之意弗录？书宜一。士业在屈首受书，视齐民中十而一，其以文章充赋、匹材薪樵比琛庭实者百而一，又进于天子之轩墀者千而一，中间斸为时栋、光贡籍、烛来兹者十千而一，迹其所以始终显荣，及所自绌辱，后有好事者得以览观焉，亦当代人士得失之林也。书宜一。嗟乎，嗟乎！先正氏有言曰："选士以行，如券之责偿；观士以文，如博之中呼。故得鸟以一目，一目不足以得鸟；知味以一脔，一脔不足以知味。"斯亦笃论已，然大要重之士乎？有皎皎之行者，光赫赫之辰；负濯濯之誉者，副翘翘之望。士或以贤豪自命，而卒以非夫，唯群子能，非是书意也。张君雅以文行重，且业已著声仕籍，效才谞于县官，犹然罔罗放轶，撦拾旧闻，毕力于是书。高山仰止，景行行止，九原可作，吾其谁与归也，意在斯乎，意在斯乎！余辱与张君交，获以谀谀附名氏于张君籍中，又辱俾执笔为之叙。叙成，良以自愧，亦以自勖。万历戊寅岁九月初吉，赐进士出身、翰林院侍读、承德郎、纂修国史会典兼管理诰敕、经筵官大田田一俊谨书。

皇明贡举考叙

海州进士张先生子祯，博学善藏书，缉《贡举考》，上下二百年来，凡昭代取士之制，可览而知也。一日以示余。嗟乎，周之士贵，秦之士贱，皆上得而贵贱之故。耕野钓滨之夫，起而相天下，乃游谈日盛，逐客户下，主臣相弃，始如脱蹦矣。汉兴，广延天下方闻之士，策贤良文学，其言至今诵之。嗣后贞观太平二代间渐用科目，士之由此途进者，名卿大儒，声名籍甚。若其人有遗行，即巍科崇爵，千载之下，咸得而弹射之，曾不得与韦布之贱，深自藏匿也。士何可不自贵哉！历观往事，虽百世可知也。披阅兹录，户慕古者，有周汉之思云。若作考之意，纪述之详，子祯用心斯亦勤矣。明万历改元夏日，前进士沔阳陈文烛撰。

皇明贡举考叙

士挟策以赴功名之会者，诵言至人之登巍科、跻胝仕，辄兴思以羡曰："大丈夫当如是，吾何独不然？"嗟乎，此果国家贡举人士意哉？而士之自待，亦凉眇矣。夫士之达也有二，有达以利者矣，有达以善者矣。以利达者，筮进莫若元，而宦成以台鼎为最，固村童巷叟之所却步环视，汗颜而喘伏者也，故希世取宠者尚之。以善达者，身与德进，位与业显，不温饱之志，而惟君民之休，固世道之所凭翼，而胥利赖焉者也，故君子纪之。张君《贡举考》一书，文该事核，纲举目张，俾学者因卷以求制，因科以论人，某也贤，某也不肖，某也不愧科名，某也玷妨仕路，灿然指掌，诚备二百年来人士奋迹之实录，其心良苦且勤矣。书成，来谂叙于余。余何叙哉，余窃有感于古今仕学之辨焉。古之学也，学而仕；今之学也，仕而学。古者上有教化，庠叙学校之中，士皆实学，一授以政，如泻匮之珠、剖璞之玉，错落圭璋，胥济实用。今非不学也，非不名臣间出也，然大都有司所进，与父兄师友所授受，程墨之外，无闻焉。及服厥官政，又举平生熟绎者，特敞寻视之，致君泽民之术，开泰亨屯之方，茫无措手。遇一官，敩一官，从一政，敩一政。甚有家食数岁而一出偾辕者矣，甚有养名荐绅而敷叩跌步者矣。此非不学也，此非不以文名世也，学非实学，而素腴之道阙焉耳。此古之仕学合而一，今之仕学析而二。人材之升降，而世运随之以隆替也已。嗟乎，苟非豪杰之才挺然兴起于袭习之外，以利达之心，无以易学术之陋，而苟且以便一时之趋售焉，纵名冠多士而位极人臣，亦途人者埒耳，奚贵哉？而国家贡举人士之意亦徒矣，抑非张君《贡举考》之美意也。赐同进士出身、承德郎、礼部祠祭清吏司主事北郡李祯序。

皇明贡举考凡例

一、科举常行事体，及历年朝廷颁降臣下奏准事例，俱分类录于首卷。其乡试、会试科场偶然事体未必为例者，俱附录于后。各科之下，有当互见者，则首卷各科两书之，但详略不同耳。

一、儒先论奏有可以发明科举事例者，依类附之。间有己意，亦窃附焉。

一、会试题目全录，惟策问颇长，录其大都。廷试制策全录，重王言也。

一、乡试中式举人不能尽录，止录解元。其不登进士为名臣者，附书之。如一榜得元三人、名臣三人以上，后虽列名进士科，此亦附书之，昭乡试之得人也。

一、会试止录考官及中式举人之魁五经者。至廷试，进士依次全录，然中式举人亦在其中矣。

一、会试、廷试题目后各有附录。先叙科举时事，次叙会、状履历，终叙是科人物，其会试人物则总叙于廷试之后。

一、凡诸榜首文行有关世教者，瑞不揣庸陋，亦采而录之。然遗者尚多，实以穷乡下邑，无从考得，非敢有去取也。至近时诸名公，学术事功，俱不敢录，以俟后之君子。

一、录榜首履历，多略于政行而详于文学者，为举子业设也。

一、凡载《理学名臣录》者，称理学名臣。载《名臣录》、《名臣记》及《宪章录》等书者，称名臣。载《名臣记》附录及《宪章录》等书，所称不甚显著者，称有名。载《逊国臣记》等书者，称死难。其封赠侯伯者，亦据实录之。瑞非敢有褒贬也。

一、父子兄弟同登者，录之。其伯叔侄、从兄弟、翁婿、舅甥等同登者，不能尽录。

一、进士更名者，录其原名，注其更名，凡有称谓，俱依所更之名。复姓者亦如之。

一、引用先儒议论，俱称名者，盖君前臣名之义。不知其名者，以书名冠之。

皇明贡举考目录（附贡举纪略）

第一卷

入会试之人

乡试考试官

会试考试官

乡试执事官

会试执事官

试卷

文字回避

墨红青笔

怀挟

席舍

给烛

揭晓

不第喧闹之禁

匿名文书之禁

殿试

殿试在丧①

殿试免黜落

赐进士

赐宴

上表谢恩

释菜

立石题名

五魁

三元

一甲进士选格

二三甲进士选格

进士考庶吉士

进士观政

进士开选

进士守部

进士依亲

进士读律

进士理刑

---

① 据正文，"殿试在丧"之前，"殿试"之后，当有"殿试事例（见《大明会典》，通论弘治十五年以前事）"。

第二卷

太祖高皇帝　洪武起戊申①三十一年

---

① "戊申"为"庚戌"之讹。

革除建文起己卯四年

建文元年己卯乡试

建文二年庚辰会试吴溥等　廷试胡靖等

建文四年壬午乡试

成祖文皇帝　永乐起癸未二十二年

永乐元年癸未乡试

永乐二年甲申会试杨相等　廷试曾棨等

永乐三年乙酉乡试

永乐四年丙戌会试朱缙等　廷试林环等

永乐六年戊子乡试

永乐七年己丑会试陈璲等

永乐九年辛卯三月　廷试萧时中等　八月乡试

永乐十年壬辰会试林志等　廷试马铎等

第三卷

永乐十二年甲子乡试

永乐十三年乙未会试洪英等　廷试陈循等

永乐十五年丁酉乡试

永乐十六年戊戌会试董璘等　廷试李骐等

永乐十八年庚子乡试

永乐十九年辛丑会试陈中等　廷试曾鹤龄等

永乐二十一年癸卯乡试

永乐二十二年甲辰会试叶恩等　廷试邢宽等

仁宗昭皇帝　洪熙乙巳一年　未遇科举

宣宗章皇帝　宣德起丙午十年

宣德元年丙午乡试

宣德二年丁未会试赵鼎等　廷试马愉等

宣德四年己酉乡试

宣德五年庚戌会试陈诏等　廷试林震等

宣德七年壬子乡试

宣德八年癸丑会试刘哲等　廷试曹鼐等

宣德十年乙卯乡试

英宗睿皇帝　正统起丙辰十四年

正统元年丙辰会试刘定之等　廷试周旋等

正统三年戊午乡试

正统四年己未会试杨鼎等　廷试施槃等

正统六年辛酉乡试

正统七年壬戌会试姚夔　廷试刘俨等

第四卷

正统九年甲子乡试

正统十年乙丑会试商辂等　廷试商辂等

正统十二年丁卯乡试

正统十三年戊辰会试岳正等　廷试彭时等

景皇帝　景泰起庚午七年

景泰元年庚午乡试

景泰二年辛未会试吴汇等　廷试柯潜等

景泰四年癸酉乡试

景泰五年甲戌会试彭华等　廷试孙贤等

景泰七年丙子乡试

英宗复辟　天顺起丁丑八年

天顺元年丁丑会试夏积等　廷试黎淳等

天顺三年己卯乡试

天顺四年庚辰会试陈选等　廷试王一夔等

天顺六年壬午乡试

天顺七年癸未会试吴钺等

天顺八年甲申 廷试彭教等

宪宗纯皇帝　成化起乙酉二十三年

成化元年乙酉乡试

成化二年丙戌会试章懋等　廷试罗伦等

成化四年戊子乡试

成化五年己丑会试费闿等　廷试张昇等

成化七年辛卯乡试

成化八年壬辰会试吴宽等　廷试吴宽等

第五卷

成化十年甲午乡试

成化十一年乙未会试王鏊等　廷试谢迁等

成化十三年丁酉乡试

成化十四年戊戌会试梁储等　廷试曾彦等

成化十六年庚子乡试

成化十七年辛丑会试赵宽等　廷试王华等

成化十九年癸卯乡试

成化二十年甲辰会试储巏等　廷试李旻等

成化二十二年丙午乡试

成化二十三年丁未会试程楷等　廷试费宏等

孝宗敬皇帝　弘治起戊申十八年

弘治二年己酉乡试

弘治三年庚戌会试钱福等　廷试钱福等

弘治五年壬子乡试

弘治六年癸丑会试汪俊等　廷试毛澄等

弘治八年乙卯乡试

弘治九年丙辰会试陈澜等　廷试朱希周等

弘治十一年戊午乡试

弘治十二年己未会试伦文叙等　　廷试伦文叙等

弘治十四年辛酉乡试

弘治十五年壬戌会试鲁铎等　廷试康海等

第六卷

弘治十七年甲子乡试

弘治十八年乙丑会试董玘等　廷试顾鼎臣等

武宗毅皇帝　正德起丙寅十六年

正德二年丁卯乡试

正德三年戊辰会试邵锐等　廷试吕柟等

正德五年庚午乡试

正德六年辛未会试邹守益等　廷试杨慎等

正德八年癸酉乡试

正德九年甲戌会试霍韬等　廷试唐皋等

正德十一年丙子乡试

正德十二年丁丑会试伦以训等　廷试舒芬等

正德十四年己卯乡试

正德十五年庚辰会试张治等

正德十六年辛巳　廷试杨维聪等

世宗肃皇帝　嘉靖起壬午四十五年

嘉靖元年壬午乡试

嘉靖二年癸未会试李舜臣等　廷试姚涞等

嘉靖四年乙酉乡试

嘉靖五年丙戌会试赵时春等　廷试龚用卿等

嘉靖七年戊子乡试

嘉靖八年己丑会试唐顺之等　廷试罗洪先等

嘉靖十年辛卯乡试

嘉靖十一年壬辰会试林春等　廷试林大钦等

第七卷

嘉靖十三年甲午乡试

嘉靖十四年乙未会试许毂等　廷试韩应龙等

嘉靖十六年丁酉乡试

嘉靖十七年戊戌会试袁炜等　廷试茅瓒等

嘉靖十九年庚子乡试

嘉靖二十年辛丑会试林树声等　廷试沈坤等

嘉靖二十二年癸卯乡试

嘉靖二十三年甲辰会试瞿景淳等　廷试秦鸣雷等

嘉靖二十五年丙午乡试

嘉靖二十六年丁未会试胡正蒙等　廷试李春芳等

嘉靖二十八年己酉乡试

嘉靖二十九年庚戌会试傅夏器等　廷试唐汝楫等

嘉靖三十一年壬子乡试

嘉靖三十二年癸丑会试曹大章等　廷试陈谨等

嘉靖三十四年乙卯乡试

嘉靖三十五年丙辰会试金达等　廷试诸大绶等

嘉靖三十七年戊午乡试

嘉靖三十八年己未会试蔡茂春等　廷试丁士美等

嘉靖四十年辛酉乡试

嘉靖四十一年壬戌会试王锡爵等　廷试徐时行等

第八卷

嘉靖四十三年甲子乡试

嘉靖四十四年乙丑会试陈栋等　廷试范应期等

穆宗庄皇帝　隆庆起丁卯六年

隆庆元年丁卯乡试

隆庆二年戊辰会试田一俊等　廷试罗万化等

隆庆四年庚午乡试

隆庆五年辛未会试邓以锃①等　廷试张元忭等

今上起癸酉

万历元年癸酉乡试

万历二年甲戌会试孙铛等　廷试孙继皋等

万历四年丙子乡试

万历五年丁丑会试冯梦祯等　廷试沈懋学等

第九卷

万历七年己卯乡试

万历八年庚辰会试萧良有等　廷试张懋修等

万历十年壬午乡试

万历十一年癸未会试李廷机等　廷试朱国祚等

贡举纪略

三试皆元

　　商辂。

会元登状元

　　黄观。吴宽，戊子应天第三。钱福。伦文叙。

解元登状元

　　一本载李骐解元，又本载林环永乐乙酉、萧时中戊子、柯潜正统丁卯，俱解元。查《登科录》，乡试时中第二，潜第三十一，环、骐未及考。

　　吴伯宗。陈循，会试第二。彭教，会试第二。谢迁，会试第三。李旻。杨维聪。

解元中会元

　　一本载黄子澄洪武甲子、洪英永乐甲午，俱解元。查《登科录》，英乡试第三，子澄未及考。

　　施显。陈璲。林志，廷试第二。杨鼎，廷试第二。姚夔。王鏊，廷试第三。储巏。汪俊。李廷机，廷试第二。

---

① 后文作"邓以赞"。

□□①**大魁**（除吴、陈、彭、谢、林、杨、王、李八人见前外）

花纶，乡试第一，会试、廷试俱第三。

尹昌隆，乡试第一，会试、廷试俱第二。

杨守阯，乡试第一，会试第四，廷试第二。

靳贵，乡试第一，会试第二，廷试第三。

陈澜，乡试第二（乙卯顺天），会试第一，廷试第三。

董玘，乡试第二（辛酉浙江），会试第一，廷试第二。

谢丕，乡试第一，会试第四，廷试第三。

杨慎，乡试第三，会试第二，廷试第一。

唐皋，乡试第二（癸酉应天），会试第四，廷试第一。

袁炜，乡试第二（丁酉浙江），会试第一，廷试第三。

金达，乡试（丙午江西）、廷试俱第三，会试第一。

王锡爵，乡试第四（戊午应天），会试第一，廷试第二。

状元早达

费宏，二十。

林大歆，二十二。

施槃，二十三。

朱希周、杨慎，俱二十四。

孙继皋、张懋修、朱国祚，俱二十五。

胡广、彭教、张昇、龚用卿、罗洪先，俱二十六。谢迁、秦鸣雷，俱二十七。

丁显、康海、申时行，俱二十八。

萧时中、陈循、柯潜、陈谨，俱二十九。

会元早达

赵时春，十八。

伦以训，二十。

邹守益，二十一。

彭华、董玘、唐顺之，俱二十三。

陈澜，二十四。

陆钶、赵宽、李舜臣，俱二十五。

洪英、王鏊、汪俊，俱二十六。

陈璲、刘定之、梁储、储巏、邵锐、霍韬，俱二十八。

姚夔、王锡爵、陈栋、田一俊，俱二十九。

状元晚达

唐皋，四十六。刘俨，四十九。曾彦，五十四。

---

① 此二字模糊难辨。

会元晚达

金达，五十八。

五世甲科

仁和江参政玭，玭子尚书澜，澜子侍郎晓，晓子提学佥事圻，圻子主事铎，凡五世甲科。

父子巍科

伦文叙，会元、状元。子以谅，解元；以训，会元、榜眼。

谢迁，解元、会魁、状元。子丕，解元、会魁、探花。

王华，状元。子守仁，会魁。

秦文，解元。子鸣雷，状元。

孙陞，榜眼。子鑨，解元；铤，会元。

白圭，会魁。子钺，解元、榜眼。

丰熙，榜眼。子坊，解元。

杨守陈，解元。子茂元，会魁。

王交，解元。子莒，会魁。

陈言，子经邦，俱会魁。

史俊，子道；黄乾亨，子如金；毛纪，子渠；张志淳，子合；李学思，子永培：俱解元。

父子同登

陶大顺，子允淳，俱嘉靖乙丑科。

父后子登

成化戊戌科杨廷和，父春，辛丑科。

嘉靖丙辰科包柽芳，父汴，己未科。曾省吾，父璠，壬戌科。

万历庚辰科董嗣成，父道醇，癸未科。

兄弟巍科（除伦、孙兄弟见前外）

杨维杰，榜眼。弟维聪，解元、状元。

张嗣修，榜眼。弟懋修，状元。

王锡爵，会元、榜眼。弟鼎爵，会魁。

杨守陈，解元。弟守阯，解元、会魁、榜眼。

刘春，解元、榜眼。弟台，解元。

陆铨，会魁。弟钛，榜眼。

江晓，弟晖，俱会魁。

王鸿儒，弟鸿渐，俱解元。

祖孙巍科

曾鹤龄，状元。孙追，探花。

邹守益，会元、探花。孙德溥，会魁。

陈璲，解元、会元。曾孙器，解元。

洪英，会元。曾孙世迁，解元。

陶谐，解元。孙大临，榜眼。

黄寿生，曾孙乾亨，玄孙如金；葛守礼，孙曦：俱解元。

三代尚书

南京兵部尚书林瀚，太子太保、工部尚书子庭㭿，南京礼部尚书子庭机，庭机子燫如父官。

父子尚书（除林氏父子尚书见前外）

太子太保、吏部尚书何文渊，刑部尚书子乔新。

少保、吏部尚书、谨身殿大学士王文，南京礼部尚书子宗彝。

南京刑部尚书耿九畴，太子太保、吏部尚书子裕。

南京刑部尚书周瑄，太子太保、礼部尚书子经。

南京礼部尚书倪谦，太子少保、吏部尚书子岳。

南京刑部尚书施礼，礼部尚书掌鸿胪寺事子纯。

太子少保、兵部尚书白圭，太子少保、礼部尚书子钺。

太子太保、吏部尚书王恕，南京户部尚书子承裕。

南京兵部尚书侯瓒，户部尚书子观。

太子少保、吏部尚书许进，南京户部尚书子诰，少傅、吏部尚书、文渊阁大学士子赞，太子太保、兵部尚书子论。

南京吏部尚书王华，新建伯、兵部尚书子守仁。

南京刑部尚书吴洪，刑部尚书子山。

户部尚书李瓒，太子宾客、户部尚书子廷相。

太子少保、刑部尚书刘璟，刑部尚书子𡵻。

南京工部尚书何诏，刑部尚书子鳌。

（父子尚书俱不由科目者，不录。）

兄弟尚书（除林、许二氏兄弟尚书见前外）

南京户部尚书蒋昇，少傅、户部尚书、谨身殿大学士弟冕。

太子少保、户部尚书石玠，少保、吏部尚书、武英殿大学士弟珤。

祖孙尚书（除林氏祖孙尚书见前外）

工部尚书薛祥（元末归附），南京兵部尚书孙远。

兵部尚书孙原贞，南京吏部尚书孙需。

户部尚书刘中敷（洪武末生员），太子少保、吏部尚书孙机。

父子赐谥

邹文敏，济，永乐初荐举少詹事。子康靖，干。

王毅愍，文。子安简，宗彝。

周庄懿，瑄。子文端，经。

耿清惠，九畴。子文恪，裕。

白恭敏，圭。子文裕，钺①。

倪文僖，谦。子文毅，岳。

王端毅，恕。子康僖，承裕。

许襄毅，进。子庄靖，诰②；文简，赞。

林文安，瀚。子康懿，庭㭑。

孙忠烈，燧。子文恪，陞。

杨康惠，志学。子恪愍，守谦。

（父子赐谥俱不由科目者，不录。）

兄弟赐谥（除许氏兄弟赐谥见前外）

周僖敏，季麟。弟康惠，季凤。

祖孙赐谥

陶庄敏，谐。孙文僖，大临。

乡科胲仕

直内阁

胡俨，江西南昌人，洪武丁卯科。

张瑛，直隶邢台人，洪武丙子科。

陈山，福建沙县人，洪武癸酉科。

官一品

夏原吉，湖广湘阴人，洪武庚午科，少保。

黄福，山东昌邑人，洪武甲子科，少保。

石璞，河南临漳人，永乐辛卯科，太子太保。

官二品

吕震，陕西临潼人，洪武甲子科，太子少师。

俞山，浙江秀水人，永乐癸卯科，太子少傅。

马昂，直隶沧州人，永乐癸卯科，太子少保。

贾俊，直隶束鹿人，景泰庚午科，太子少保。

李锡，陕西咸宁人，永乐戊子科，太子少保。

张度，广东增城人，洪武壬子科，吏部尚书。

赵新，浙江富阳人，永乐乙酉科，淮南巡抚、吏部尚书。

魏骥，浙江萧山人，永乐乙酉科，南京吏部尚书。

陈山，户部尚书。

茹大素，山西泽州人，洪武庚戌科，户部尚书。

---

① 《皇明三元考》谓白钺谥文恪。

② 《皇明三元考》谓许诰谥庄敏。

郭敦，山东堂邑人，洪武癸酉科，户部尚书。

王佐，山东海丰人，永乐戊子科，户部尚书。

沈固，南直隶丹阳人，永乐乙酉科，户部尚书。

年富，南直隶怀远人，永乐丁酉科，户部尚书。

李昶，陕西泾阳人，洪武丙子科，户部尚书。

李敏，直隶新安人，永乐丁酉科，户部尚书。

王质，南直隶太和人，永乐甲午科，户部尚书，未任。

储懋，南直隶丹徒人，永乐甲午科，南京户部尚书。

张瑛，礼部尚书。

许廓，河南襄城人，建文己卯科，兵部尚书。

柴车，浙江钱塘人，建文己卯科，兵部尚书。

赵羾，河南祥符人，洪武丁卯科，南京刑部尚书。

周瑄，山西阳曲人，宣德乙卯科，南京刑部尚书。

孙显，河南信阳人，洪武丁卯科，工部尚书。

陈恭，应天府江宁人，洪武甲子科，工部尚书。

王永寿，山西太原人，永乐癸卯科，南京工部尚书。

王来，浙江慈溪人，宣德丙午科，南京工部尚书。

王彰，河南郑州人，洪武丁卯科，都御史。

王贤，山东宁阳人，永乐辛卯科，府尹，三考进阶二品。

张信，河南祥符人，建文己卯科，都指挥使，世袭。

张本，山东东阿人，洪武丙子科，兵部尚书。

赐谥

胡文安，俨，太子宾客。

刘文恭，铉，南直隶长洲人，永乐庚子科，少詹事。

魏文靖，骥。

夏忠靖，原吉。

黄忠宣，福。

王忠简，佐。

年恭定，富。

马恭襄，昂。

周庄懿，瑄。

马荣毅，**麟**，陕西高陵人，洪武甲子科，兵部侍郎。

陈敏肃，寿，湖广随州人，洪武甲子科，工部侍郎。

王襄敏，永和，南直隶昆山人，永乐甲午科，工部侍郎。

杨恭惠，僖民，浙江新昌人，永乐庚子科，金都御史。

李文通，奎，江西弋阳人，永乐辛卯科，大理寺少卿。

从祀孔子庙庭一人

陈献章，广东新会人，正统丁卯科，检讨。

甲科胧仕

洪武四年辛亥科

官二品一人：袁泰，都御史。

洪武十八年乙丑科

官一品二人：蹇义，少师，吏部尚书。郭资，太子太师。

官二品十三人：刘观，太子少保。赵勉，户部尚书。郑赐，礼部尚书。沈溍，兵部尚书。齐泰，兵部尚书。刘俊，兵部尚书。暴昭，刑部尚书。秦逵，工部尚书。张廷兰，都御史。解敏，都御史。曹铭，都御史。杨靖，都御史。向宝，南院都御史。

封爵一人：郭资，追封汤阴伯。

赐谥五人：蹇忠定，义。郭忠襄，资。郑文安，赐。刘节愍，俊。马文简，京，行①部侍郎。

洪武二十一年戊辰科

直内阁一人：解缙，春坊大学士。

官二品一人：任亨泰，礼部尚书。

洪武二十四年辛未科

官二品一人：黄观，礼部侍中。

洪武二十七年甲戌科

官二品一人：景清，御史大夫。

洪武三十年丁丑科

春榜

直内阁一人：黄淮。

官一品一人：黄淮，少保。

官二品一人：黄宗载，南吏部尚书。

赐谥一人：黄文简，淮。

夏榜

官二品一人：施礼，南刑部尚书。

革除建文二年庚辰科

直内阁四人：胡广、杨荣、金幼孜、杨溥。

官一品三人：杨荣，少师。胡濙，少傅。杨溥，少保。

官二品二人：金幼孜，太子少保。顾佐，都御史。

赐谥六人：胡文穆，广，文渊阁大学士。杨文敏，荣。金文靖，幼孜。杨文定，溥。胡忠安，濙。顾端肃，佐。

---

① 疑为"刑"之讹。

永乐二年甲申科

官一品一人：王直，少傅、吏部尚书。

官二品二人：王英，南礼部尚书。周忱，工部尚书。

赐谥六人：王文端，直。王文忠，英。周文襄，忱。曾襄敏，荣，少詹事。李忠文，时勉，祭酒。陈文定，敬宗，南监祭酒。

永乐四年丙戌科

官二品四人：王骥，兵部尚书。魏源，刑部尚书。陈智，都御史。陈勉，南院都御史。

封爵一人：王骥，封靖远伯，世袭，追封侯。

赐谥一人：王忠毅，骥。

永乐九年辛卯科①

直内阁一人：苗衷。

官二品三人：苗衷，兵部尚书。邝埜，兵部尚书。熊概②，都御史。

赐谥四人：苗文康，衷。邝忠肃，埜。钱文肃，习礼，礼部侍郎。何忠节，忠，日南州知州。

永乐十年壬辰科

官一品一人：陈镒，太子太保。

官二品一人：罗通，太子少保。

赐谥一人：陈僖敏，镒。

永乐十三年乙未科

直内阁四人：陈循、高榖、张益、许彬。

官一品四人：陈循，少保。高榖，少保。王翱，太子太保、吏部尚书。俞士悦，太子太保。

官二品四人：曹义，南吏部尚书。孙原贞，兵部尚书。徐琦，南兵部尚书。洪英，都御史。

赐谥六人：高文义，榖。张文僖，益，侍讲学士。许襄敏，彬，礼部侍郎。王忠肃，翱。徐贞襄，琦。丁襄愍，铉，刑部侍郎。

永乐十六年戊戌科

直内阁一人：王一宁。

官一品二人：何文渊，太子太保、吏部尚书。金濂，太子太保。

官二品二人：王一宁，太子少师。王暹，都御史。

封爵一人：金濂，追封沐③阳伯。

---

① 是科又称"永乐七年己丑科"。

② 《皇明三元考》是科有二品胡概。查《索引》，有胡概，无熊概。

③ "沐"为"沭"之讹。

赐谥二人：王文通，一宁。金荣襄，濂。

永乐十九年辛丑科

直内阁二人：王文、薛瑄。

官一品二人：王文，少保。于谦，少保。

官二品一人①：张纯，南兵部尚书。

赐谥五人②：王毅愍，文。薛文清，瑄。于肃愍，谦。刘忠愍，球，侍讲。裴纶，《一统志》云山东布政使，《谥苑》云吏部尚书，谥文僖。

从祀孔子庙庭一人：薛瑄。

永乐二十二年甲辰科

官二品三人：刘广衡，刑部尚书。耿九畴，南刑部尚书。轩輗，都御史。

赐谥三人：耿清惠，九畴。邓襄敏，棨，副都御史。贾恭靖，铨，副都御史。

宣德二年丁未科

直内阁二人：马愉、萧镃。

官二品四人：萧镃，太子太师。张凤，南户部尚书。萧暄③，礼部尚书。侯琎，兵部尚书。

赐谥一人：马襄敏，愉，礼部侍郎。

宣德五年庚戌科

直内阁一人：江渊。

官二品六人：江渊，太子少师。萧维祯，太子少保。张睿，户部尚书。沈翼，南户部尚书。杨宁，南刑部尚书。薛希琏，南刑部尚书。

赐谥三人：萧文昭，维祯。廖恭敏，庄，刑部侍郎。林襄敏，文，太常寺少卿。

宣德八年癸丑科

直内阁三人：曹鼐、徐有贞、李贤。

官一品一人：李贤，少保。

官二品三人：石瑁，礼部尚书。徐有贞，兵部尚书。陆瑜，刑部尚书。

封爵一人：徐有贞，封武功伯。

赐谥三人：曹文忠，鼐，吏部侍郎。李文达，贤。陆康僖，瑜。

正统元年丙辰科

直内阁二人：陈文、刘定之。

官二品四人：陈文，太子少保。李秉，吏部尚书。崔恭，吏部尚书。陈翌，南户部尚书。

赐谥四人：陈庄靖，文。刘文安，定之，礼部侍郎。李襄敏，秉。崔庄敏，恭。

---

① "一人"二字原被挖去，径补。
② "五人"二字原被挖去，径补。
③ 《皇明三元考》、《索引》作"萧晅"。

正统四年己未科

官二品八人：杨鼎，太子少保。殷谦，太子少保。邹干，太子少保。林聪，太子少保。钱溥，南吏部尚书。倪谦，南礼部尚书。王竑，兵部尚书。胡拱辰，南工部尚书。

赐谥八人：杨庄敏，鼎。邹康靖，干。林庄敏，聪。钱文通，溥。倪文僖，谦。王庄毅，竑。胡庄懿，拱辰。章恭毅，纶，南礼部侍郎。

正统七年壬戌科

直内阁一人：吕原。

官二品十四人：姚夔，太子少保、吏部尚书。翁世资，太子少保。张文质，太子少保。王复，太子少保。白圭，太子少保。章文，南礼部尚书。陈汝言，兵部尚书。项忠，兵部尚书。程信，南兵部尚书。薛远，南兵部尚书。王概，刑部尚书。张瑄，南刑部尚书。李实，都御史。韩雍，都御史。

赐谥十一人：吕文懿，原，学士。姚文敏，夔。翁襄敏，世资。王庄简，复。白恭敏，圭。项襄毅，忠。程襄敏，信。王恭毅，概。韩襄毅，雍。刘文介，俨，太常寺少卿。邓恭毅，颙，永丰县知县。

正统十年乙丑科

直内阁一人：商辂。

官一品一人：商辂，少保。

官二品八人：周洪谟，太子少保。李宾，太子少保。朱英，太子少保。黄镐，南户部尚书。原杰，南兵部尚书。董方，刑部尚书。杜铭，刑部尚书。刘孜，南刑部尚书。

赐谥八人：商文毅，辂。周文安，洪谟。李襄敏，宾。朱恭简，英。黄襄敏，镐。原襄敏，杰。董襄敏，方。叶文庄，盛，吏部侍郎。

正统十三年戊辰科

直内阁五人：彭时、岳正、万安、刘吉、刘珝。

官一品六人：万安，少师。刘吉，少师。彭时，少保。尹旻，太子太傅、吏部尚书。刘珝，太子太保。王恕，太子太保、吏部尚书。

官二品五人：陈俊，太子少保。潘荣，南户部尚书。李本，南礼部尚书。张鎣，南兵部尚书。黄绂，南院都御史。

赐谥九人：彭文宪，时。岳文肃，正，赞善。万文康，安。刘文穆，吉。刘文和，珝。尹恭简，旻。王端毅，恕。陈康懿，俊。张庄毅，鎣。

景泰二年辛未科

官一品三人：马文昇，少师、吏部尚书。王越，少保。余子俊，太子太保。

官二品十一人：刘昭，太子少保。秦纮，太子少保。张鹏，太子少保。王㑆，南吏部尚书。李衍，户部尚书。童轩，南礼部尚书。郑时，南刑部尚书。程宗，南工部尚书。刘宣，南工部尚书。刘敷，都御史。宋旻，都御史。

封爵一人：王越，封威宁伯。

赐谥十一人：马端肃，文昇。王襄敏，越。余肃敏，子俊。秦襄毅，纮。张懿简，鹏。王文肃，伣。刘文懿，宣。杨文懿，守陈，吏部侍郎。林恭肃，鹗，刑部侍郎。王襄敏，献，太常寺卿。钟恭愍，同，贵州道御史。

景泰五年甲戌科

直内阁四人：彭华、尹直、徐溥、丘濬。

官一品三人：徐溥，少师。丘濬，少保。耿裕，太子太保、吏部尚书。

官二品十人：彭华，太子少保。尹直，太子少保。叶淇，太子少保。李裕，吏部尚书。李敏，户部尚书。刘岌，礼部尚书。谢绶，南礼部尚书。侯瓒，南兵部尚书。何乔新，刑部尚书。邓廷瓒，南院都御史。

赐谥九人：彭文思，华。尹文和，直。徐文靖，溥。丘文庄，濬。耿文恪，裕。李恭靖，敏。何文肃，乔新。邓襄敏，廷瓒。孙襄敏，贤，太常寺卿。

天顺元年丁丑科

官一品三人：白昂，太子太傅。徐琼，太子太保。徐贯，太子太保。

官二品六人：刘璋，太子少保。秦民悦，南户部尚书。黎淳，南礼部尚书。陈钺，兵部尚书。彭韶，刑部尚书。唐珣，都御史。

赐谥五人：白康敏，昂。徐康懿，贯。黎文僖，淳。秦庄简，民悦。彭惠安，韶。

天顺四年庚辰科

直内阁一人：刘健。

官一品二人：刘健，少师。周经，太子太保。

官二品三人：张悦，太子少保。郑纪，南户部尚书。谢一夔，工部尚书。

赐谥六人：刘文靖，健。周文端，经。张庄简，悦。谢文庄，一夔。黄文毅，孔昭，南工部侍郎。陈恭愍，选，广东布政使。

天顺八年甲申科①

直内阁二人：李东阳、焦芳。

官一品五人：李东阳，少师。焦芳，少师、吏部尚书。闵珪，少保。刘大夏，太子太保。王轼，太子太保。

官二品十二人：倪岳，太子少保、吏部尚书。梁璟，南户部尚书。傅瀚，礼部尚书。翟瑄，南刑部尚书。陈道，南刑部尚书。樊莹，南刑部尚书。曾鉴，工部尚书。冯贯，南工部尚书。萧祯，南工部尚书。陈清，南工部尚书。戴珊，都御史。张敷华，都御史。

赐谥十人：李文正，东阳。闵庄懿，珪。刘忠宣，大夏。王襄简，轼。倪文毅，岳。傅文穆，瀚。樊清简，莹。戴恭简，珊。张简肃，敷华。谢文肃，铎，礼部侍郎。

成化二年丙戌科

官一品二人：屠滽，太子太傅、吏部尚书。韩文，太子太保。

官二品十六人：许进，太子少保、吏部尚书。倡钟，户部尚书。张泰，南户部尚

---

① 是科又称"天顺七年癸未科"。

书。李杰，礼部尚书。施纯，礼部尚书。王宗彝，南礼部尚书。章懋，南礼部尚书。王继，南兵部尚书。林瀚，南兵部尚书。潘蕃，南刑部尚书。杨守随，工部尚书。戴缙，南工部尚书。史琳，都御史。李士实，都御史。金泽，南院都御史。熊绣，南院都御史。

赐谥十人：屠襄惠，滽。韩忠定，文。许襄敏，进。李文安，杰。王安简，宗彝。章文懿，懋。林文安，瀚。杨康简，守随。熊庄简，绣。罗文毅，伦，修撰。

成化五年己丑科

官一品三人：张昇，太子太保。何鉴，太子太保。屠勋，太子太保。

官二品九人：顾佐，户部尚书。熊翀，南户部尚书。高铨，南户部尚书。张缙，南户部尚书。雍泰，南户部尚书。韩邦问，刑部尚书。董越，南工部尚书。张淮，都御史。李蕙，都御史。

赐谥四人：张文僖，昇。屠康僖，勋。韩庄僖，邦问。董文僖，越。

成化八年壬辰科

直内阁二人：刘宇、杨一清。

官一品五人：杨一清，少师、吏部尚书。刘宇，少傅、吏部尚书。陈金，少保。李鐩，太子太保。王璟，太子太保。

官二品九人：孙需，南吏部尚书。林泮，南户部尚书。吴文度，南户部尚书。邓庠，南户部尚书。吴宽，礼部尚书。陈寿，南刑部尚书。李孟旸，南工部尚书。余俊①，南工部尚书。张宪，南工部尚书。

赐谥七人：杨文襄，一清。李恭敏，鐩。王恭靖，璟。孙清简，需。吴文定，宽。陈简襄，寿。周僖敏，季麟，副都御史。

成化十一年乙未科

直内阁三人：谢迁、王鏊、曹元。

官一品四人：谢迁，少傅。王鏊，少傅。阎仲宇，太子太保。洪钟，太子太保。

官二品九人：曹元，太子少保。刘璟，太子少保。田景贤，太子少保。元守直，礼部尚书。吴洪，南刑部尚书。戈瑄，南刑部尚书。毕亨，工部尚书。马中锡，都御史。张鼐，南院都御史。

赐谥三人：谢文正，迁。王文恪，鏊。洪襄惠，钟。

成化十四年戊戌科

直内阁三人：杨廷和、刘忠、梁储。

官一品四人：杨廷和，少师。梁储，少师。刘忠，少傅。林俊，太子太保。

官二品十六人：张溙，太子少保。刘机，吏部尚书。杨守阯，南吏部尚书。侯观，户部尚书。王佐，南户部尚书。胡富，南户部尚书。江澜，南礼部尚书。王鉴之，刑部尚书。刘缨，南刑部尚书。才宽，工部尚书。韩重，南工部尚书。李善，南工部尚书。

---

① 《皇明三元考》、《索引》作"俞俊"。

洪远，南工部尚书。周南，都御史。张泰，都御史。刘洪，南院都御史。

赐谥八人：杨文忠，廷和。刘文肃，忠。梁文康，储。林贞肃，俊。胡康惠，富。江文昭，澜。才襄愍，宽。洪恭靖，远。

成化十七年辛丑科

官一品二人：孙交，太子太保。陶琰，太子太保。

官二品八人：王敞，太子少保。黄珣，南吏部尚书。王华，南吏部尚书。刘玑，户部尚书。李瀚，南户部尚书。林廷选，南工部尚书。王鼎，都御史。萧翀，都御史。

赐谥四人：孙荣僖，交。陶恭介，琰。黄文僖，珣。马毅愍，炳然，副都御史。

成化二十年甲辰科

官一品三人：王琼，少师、吏部尚书。乔宇，少保、吏部尚书。张子麟，太子太保。

官二品十一人：白钺，太子少保。李浩，太子少保。朱恩，南礼部尚书。邵宝，南礼部尚书。金献民，兵部尚书。黄珂，南工部尚书。崔文奎，南工部尚书。陈雍，南工部尚书。张纶，都御史。边宪，都御史。王懋中，南院都御史。

赐谥九人：王恭襄，琼。乔庄简，宇。白文裕，钺。李庄简，浩。邵文庄，宝。黄简肃，珂。崔康简，文奎。储文懿，罐，南吏部侍郎。胡康简，韶，刑部侍郎。

成化二十三年丁未科

直内阁四人：费宏、蒋冕、毛纪、石珤。

官一品五人：费宏，少师。蒋冕，少傅。毛纪，少保。石珤，少保、吏部尚书。陆完，少保、吏部尚书。

官二品十八人：石玠，太子少保。俞琳，太子少保。杨潭，户部尚书。郑宗仁，户部尚书。王鸿儒，南户部尚书。邓璋，南户部尚书。蒋昇，南户部尚书。傅珪，礼部尚书。刘春，礼部尚书。李逊学，礼部尚书。吴俨，南礼部尚书。杨廉，南礼部尚书。胡汝砺，兵部尚书。李充嗣，南兵部尚书。赵鉴，刑部尚书。柴昇，南工部尚书。吴廷举，南工部尚书。张嵿，南工部尚书。

赐谥十五人：费文宪，宏。蒋文定，冕。毛文简，纪。石文介，珤。王文庄，鸿儒。傅文毅，珪。刘文简，春。李文简，逊学。吴文肃，俨。杨文恪，廉。李康和，充嗣。赵康敏，鉴。吴清惠，廷举。罗文肃，玘，南吏部侍郎。刘恭襄，丙，工部侍郎。

弘治三年庚戌科

直内阁三人：靳贵、袁宗皋、席书。

官一品五人：席书，少保。廖纪，少保、吏部尚书。彭泽，少保。靳贵，太子太保。王宪，太子太保。

官二品十六人：张彩，太子少保、吏部尚书。刘恺，太子少保。王时中，太子少保。杨旦，吏部尚书。袁宗皋，礼部尚书。沈冬魁，南礼部尚书。颜颐寿，刑部尚书。高友玑，刑部尚书。聂贤，刑部尚书。孟凤，南刑部尚书。方良永，南刑部尚书。赵璜，工部尚书。童瑞，工部尚书。丛兰，南工部尚书。俞谏，都御史。张琮，南院都御史。

赐谥十三人：靳文僖，贵。袁荣襄，宗皋。席文襄，书。廖僖靖，纪。彭襄毅，泽。王康毅，宪。高襄简，友玑。聂恭襄，贤。孟文简，凤。方简肃，良永。赵庄靖，璜。俞庄襄，谏。张恭僖，景明，兴府长史。

弘治六年癸丑科

官一品四人：毛澄，太子太傅。李承勋，太子太保、吏部尚书。秦金，太子太保。胡世宁，太子太保。

官二品十三人：吴一鹏，太子少保。姚镆，太子少保。罗钦顺，吏部尚书。邹文盛，户部尚书。王缜，南户部尚书。王承裕，南户部尚书。汪俊，礼部尚书。顾清，南礼部尚书。杨志学，刑部尚书。胡瓒，南工部尚书。周季凤，都御史。盛应期，都御史。陈玉，南院都御史。

赐谥十六人：毛文简，澄。李康惠，承勋。秦端敏，金。胡端敏，世宁。吴文端，一鹏。罗文庄，钦顺。邹庄简，文盛。王康僖，承裕。汪文庄，俊。顾文僖，清。杨康惠，志学。周康惠，季凤。何文简，孟春，南工部侍郎。孙忠烈，燧，副都御史。范恭惠，镛，副都御史。周节愍，宪，江西副使。

弘治九年丙辰科

直内阁二人：贾咏、许赞。

官一品二人：许赞，少傅。贾咏，少保。

官二品八人：朱希周，南吏部尚书。李瓚，户部尚书。边贡，南户部尚书。李钺，兵部尚书。顾璘，南刑部尚书。刘麟，工部尚书。何诏，南工部尚书。陈凤梧，都御史。

赐谥十人：贾文靖，咏。许文简，赞。朱恭靖，希周。李恭简，钺。刘清惠，麟。王文定，瓒，南礼部侍郎。刘文肃，瑞，南礼部侍郎。陶庄敏，谐，兵部侍郎。刘端毅，玉，刑部侍郎。周忠愍，玺，礼科给事中。

弘治十二年己未科

官一品一人：林庭㭿，太子太保。

官二品十人：梁材，太子少保。李如圭，户部尚书。许诰，南户部尚书。王守仁，兵部尚书。伍文定，兵部尚书。刘龙，南兵部尚书。王轼，南兵部尚书。周伦，南刑部尚书。蒋瑶，工部尚书。马昊，都御史。

封爵一人：王守仁，封新建伯，世袭，追封侯。

从祀孔子庙庭一人：王守仁。

赐谥八人：林康懿，庭㭿。梁端肃，材。许庄敏，诰。王文成，守仁。刘文安，龙。周康僖，伦。蒋恭靖，瑶。唐襄敏，泽，副都御史。

弘治十五年壬戌科

直内阁一人：李时。

官一品三人：李时，少傅。汪铉，太子太保、吏部尚书。王廷相，太子太保。

官二品十二人：周用，太子少保、吏部尚书。温仁和，太子少保。盛端明，太子少保。胡训，太子少保。张润，南吏部尚书。李廷相，户部尚书。张云，户部尚书。徐问，南户部尚书。钱如京，刑部尚书。章拯，工部尚书。何瑭，南院都御史。王炉，南院都御史。

赐谥□□□①：李文康，时。汪荣和，铉。王肃敏，廷相。周恭肃，用。温文恪，仁和。张恭肃，润。李文敏，廷相。徐庄裕，问。章恭惠，拯。何文定，瑭。鲁文恪，铎，祭酒。霍恩，《谥苑》云上蔡县知县谥愍节，《河南志》云赐祠额为愍节。

弘治十八年乙丑科

直内阁四人：翟銮、方献夫、顾鼎臣、严嵩。

官一品六人：严嵩，少师。翟銮，少傅。方献夫，少保、吏部尚书。顾鼎臣，少保。张瓒，少保。闻渊，太子太保、吏部尚书。

官二品八人：万镗，太子少保、吏部尚书。闵楷，南户部尚书。顾可学，礼部尚书。湛若水，南兵部尚书。王尧封，南兵部尚书。张邦奇，南兵部尚书。顾应祥，南刑部尚书。宋景，都御史。

赐谥十四人：翟文懿，銮。方文襄，献夫。顾文康，鼎臣。闻庄简，渊。张恭襄，瓒。湛文简，若水。张文定，邦奇。宋庄清，景。陆文裕②，深，詹事。董文简，玘，吏部侍郎。徐文敏，缙，吏部侍郎。崔文敏，铣，南礼部侍郎。魏恭简，校，太常寺卿。穆文简，孔晖，南太常寺卿。

正德三年戊辰科

官一品三人：唐龙，太子太保、吏部尚书。刘天和，太子太保。毛伯温，太子太保。

官二品九人：夏邦谟，吏部尚书。周金，南户部尚书。王崇庆，南礼部尚书。路迎，兵部尚书。潘鉴，兵部尚书。翟鹏，兵部尚书。韩邦奇，南兵部尚书。周期雍，刑部尚书。吴山，刑部尚书。

赐谥十人：唐文襄，龙。刘庄襄，天和。周襄敏，金。潘襄毅，鉴。韩恭简，邦奇。欧阳恭简，铎，吏部侍郎。吕文简，柟，南礼部侍郎。邵康僖，锐，太仆寺卿。杨忠节，最，太仆寺卿。许忠节，逵，江西副使。

正德六年辛未科

直内阁二人：桂萼、张璧。

官一品五人：桂萼，少保、吏部尚书。费寀，少保。张璧，太子太保。王以旂，太子太保。屠侨，太子太保。

官二品六人：孙承恩，太子少保。杨守礼，太子少保。张潮，礼部尚书。喻茂坚，刑部尚书。周叙，工部尚书。樊继祖，工部尚书。

---

① 原被挖去。
② 《皇明三元考》谓陆深谥"文恪"。

赐谥九人：桂文襄，萼。张文简，璧。费文通，寀。王襄敏，以旂。屠简肃，侨。孙文简，承恩。王文定，道，吏部侍郎。林文修，文俊，南吏部侍郎。邹文庄，守益，南监祭酒。

正德九年甲戌科

官一品一人：熊浃，太子太保、吏部尚书。

官二品十人：王杲，太子少保。霍韬，太子少保。陈经，太子少保。韩士英，户部尚书。戴金，兵部尚书。刘储秀，兵部尚书。王学夔，南兵部尚书。应大猷，刑部尚书。胡松，工部尚书。郑绅，工部尚书。

赐谥四人：熊恭肃，浃。霍文敏，韬。王庄简，学夔。朱端简，裳，副都御史。

正德十二年丁丑科

直内阁一人：夏言。

官一品三人：夏言，少师。欧阳必进，少保、吏部尚书。聂豹，太子太保。

官二品十人：赵锦，太子少保。史道，太子少保。王昺，户部尚书。范鏓，兵部尚书。王邦瑞，兵部尚书。张经，兵部尚书。刘切，刑部尚书。何鳌，刑部尚书。文明，工部尚书。张岳，都御史。

赐谥六人：夏文愍，言。聂贞襄，豹。王襄毅，邦瑞。张襄惠，岳。马文简，汝骥，礼部侍郎。娄庄肃，志德，副都御史。

正德十六年辛巳科

直内阁二人：张孚敬、张治。

官一品三人：张孚敬，少师。张治，太子太保。王用宾，太子太保。

官二品十一人：李默，太子少保、吏部尚书。方钝，户部尚书。张珩，户部尚书。孙应奎，南户部尚书。赵廷瑞，兵部尚书。丁汝夔，兵部尚书。潘潢，南兵部尚书。杨麒，南工部尚书。魏有本，都御史。何栋，都御史。端廷赦，南院都御史。

赐谥七人：张文忠，孚敬。张文毅，治。李肃愍，默。方简肃，钝。张襄敏，珩。潘简肃，潢。黄文裕，佐，少詹事。

皇明贡举考卷之一

海州张朝瑞辑

开科诏令

太祖为吴王之元年丁未（元至正二十七年）三月，定文武科取士之法，令曰：盖闻上古帝王创业之际，用武以安天下；守成之时，讲武以威天下。至于经纶抚治，则在文臣，二者不可偏用也。古者人生八岁学礼乐射御书数之文，十五学修身齐家治国平天下之道。是以周官选举之制曰六德、六行、六艺，文武兼用，贤能并举，此三代治化所以盛隆也。兹欲上稽古制，设文武二科，以广求天下之贤。其应文举者，察之言行以观其德，考之经术以观其业，试之书算骑射以观其能，策以经史时务以观其政事。应武举者，先之以谋略，次之以武艺，俱求实效，不尚虚文。然此二者，必三年有成，有司预为劝谕，民间秀士及智勇之人此时勉学，俟开举之岁，充贡京师，其科目等第各有出身。（《皇明通纪》、《登科考》）

洪武三年庚戌五月，诏设科取士条格。诏曰：朕闻成周之制，取材于贡士，故贤者在职，而其民有士君子之行，是以风俗淳美，国易为治，而教化彰显也。汉唐及宋科举取士，各有定制，然但贵词章之学，而未求六艺之全。至于前元，依古设科，待士甚优，而权豪势要之官，每纳奔竞之人，辛勤岁月，辄窃仕禄，所得资品，或居举人之上。怀材抱德之贤，耻于并进，甘隐山林而不起，风俗之弊，一至于此。今朕统一中国，外抚四夷，与斯民共享升平之治。自虑官非其人，有伤吾民，愿得君子而用之。自洪武三年八月为始，特设科举，以取怀材抱德之士，务在经明行修、博古通今、文质得中、名实相称。其中选者，朕将亲策于廷，观其学识，品其高下，而任之以官。果有材学出众者，待以显擢。使中外文武皆由科举而选，非科举毋得与官，敢有游食奔竞之徒，坐以重罪，以称朕责实求贤之意。所有各行事宜，条列于后。（《登科考》、《宪章录》）

四年辛亥二月，诏各行省连试三年。上谓中书省臣曰：今天下已定，致治之道，在于任贤，既设科取士，令各行省连试三年，庶贤才众多，而官足任使也。自后则三年一举，著为定例。（宋氏濂曰：既诏天下三年一宾兴，凡五百人，复敕有司自壬子至甲寅，三岁连贡三百人，逮于乙卯，始复初制。）（《宪章录》）

六年癸丑二月甲午，罢科举，举贤良。上谕中书省臣曰：朕设科举以求贤，务得经明行修、文质相称之士，以资任用。今有司所取，多后生少年，观其文词亦若可用，及试用之，不能措诸行事。朕以实心求贤，而天下以虚文应朕，非朕责实求贤之意也。今各处科举宜暂停罢，别令有司察举贤才，必以德行为本，文艺次之，庶几天下学者知所向方，士习归于务本。（《宪章录》）

十五年壬戌八月，诏设科取士。（《吾学编》）

丘氏濬曰：乡举里选之法，后世所以不可行者，盖人情日伪，敢于为私以相欺，公于为党以相蔽。苟无试验之方，防察之政，纠举之法，而徒任人而不疑，信言而不惑，则情伪日滋，而贤否不复可辨矣。诚能振举祖宗之法，而加严于学校之教、提调之罚、考试之方，亦足以得人致用也。

董氏玘曰：今取士之法，必以言者，岂以言固足以知人哉？盖世变俗浇，以孝廉则失之谬，以辟署则失之诡，限年失之同，九品失之徇，铨授失之杂，其势不得不一归之科举而考之以言。然谓言不足以知人，亦非也。

何氏洛文曰：昔之诵不朽者，虽左言而右功，然虞以言扬，周用艺兴，庸可废诸？千载而下，窥尹旦经纶之心者，以尹旦之文；遡尼轲计道之心者，以尼轲之文；慕贾董康济之心者，以贾董之文。愚方选才，盛世匡言，是征先资，其奚以焉。

十七年甲子三月，命礼部颁行科举成式。（《宪章录》）

瑞按：洪武三年庚戌初乡试，四年辛亥初会试、殿试，五年再乡试，六年以后盖罢科举者十有一年。至十七年复乡试，十八年复会试、殿试，以后永为定制。此开科之大略也，其详各见后云。

试士之期

洪武三年五月，诏三年一次开试，洪武三年乡试，洪武四年会试。

一、乡试八月初九日第一场，十二日第二场，十五日第三场。会试次年二月初九日第一场，十二日第二场，十五日第三场。殿试三月初三日。（俱《登科考》）

按：此乡会试之月日，遂为定制。

十七年三月定：凡遇子午卯酉年，则乡试；辰戌丑未年会试，毕则殿试。（《诸司职掌》、《衍义补》）

按：乡试、会试、廷试之年，如洪武三年庚戌乡试，四年辛亥会试、廷试，五年壬子复乡试，盖草创之初，规制未定，不为例也。十七年甲子开科以后，子午卯酉乡试，辰戌丑未会试、廷试者，例也。或国有大事，亦变例行之，如永乐二年癸未乡试，三年甲申会试、廷试，并九年辛卯廷试，天顺八年甲申、正德十六年辛巳廷试是也。至廷试之月日，则洪武三年定于三月初三日，四年试以二月十九日，十八年以后试以三月初一日，宣德五年试三月十五日，至今因之。

取士之制

洪武三年五月，诏乡试、会试文字。第一场经义一道，《易》程朱氏注古注疏，《书》蔡氏传古注疏，《诗》朱氏传古注疏，《春秋》左氏公羊穀梁胡氏张洽传，《礼记》古注疏，四书义一道。（《衍义补》云：士各专一经，皆兼《大学》、《论语》、《中庸》、《孟子》四书。）第二场礼乐论一道，诏诰表笺。（《皇明通纪》云：诏诰表笺内科一道。）第三场经史时务策一道。中式者后十日复以骑射书算律五事试之。（俞宪《登科考》载本诏云：第三场毕后十日面试，骑观其驰骤便捷，射观其中数多寡，书观其字画端楷，律观其讲解详审。又云：开设之初，骑射书算未能遍习，除今科免试外，候三年之后，须要全备，方许中选。）殿试时务策一道。（《会典》、《登科考》）

十七年三月，定第一场试四书义三道、本经义四道，未能者许各减一道。四书义主朱子集注（《论语》、《孟子》）、章句（《大学》、《中庸》）。经义《易》专主程朱传义，《诗》专主朱子集传，《书》、《春秋》、《礼记》主如旧。（《会典》自注云：后四书五经主《大全》。）第二场试论一道，诏诰表内科一道，判语五条。第三场试经史时务策五道，未能者许减二道。（《会典》、《衍义补》）

《双槐岁抄》曰：洪武间所出四书题，或《论语》二道、《中庸》一道，而无《孟子》，亦有《中庸》二道者，皆不拘也，人各一经，兼经者听。洪武甲戌会试第三人景清，刻《诗》《书》经义是已。诏诰表内科一道，兼作者听。永乐辛卯福建第一人林志，刻诰及表是已。正统甲子蜀闱解元乃一减场卷，周文安公洪谟也。

瑞按：减场之制，至今未改，但不行已久，士子固不敢从，主司亦未必取矣。

丘氏濬曰：洪武三年、四年所试之文，尚仍元制。至十七年，始定今科试格式。肆我太宗皇帝修《五经》、《四书大全》，《易》、《诗》、《书》如旧，惟《春秋》则宗胡氏，《礼记》则又加以陈澔《集说》焉。本朝试士之制，虽不尽用朱氏分年之议，然各专一经，经必兼四书一。惟主于濂洛关闽之说，以端其本。又必使之兼明子史百家之言、古今政务之要，而以论策试之，考其识见。本末兼该，文质得中，虽不尽如朱氏之说，实得朱氏之意于数百年之后矣。凡前代之科目如制科、秀才之类，一切废绝；前代之制度如诗赋、墨义之类，一切不用。可谓简而要，明而切，真可行于千万年而无弊矣。

又曰：本朝取士之制，本六经《语》《孟》之文，用濂洛关闽之说，即汉人所谓经术，宋人所谓道学者也。

又曰：王安石所谓"士当少壮时，正当讲求天下正理，乃闭门学作诗赋，及其入官，世事皆所不习"，切中今世学者习科举之弊。今世举子所习者，虽是五经濂洛之言，然多不本之义理，发以文采，徒缀缉敷演以应主司之试焉耳。名虽正，理其实与前代所习之诗赋无大相远也。欲革其弊，在择师儒之官，必得人如胡瑗者以教国学；慎主司之选，必得人如欧阳修者以主文柄。则士皆务实用以为学，本义理以为文，而不为无益之空言矣。他日出而为国家用，其为补益，盖亦不小。

王氏鏊曰：国家设科取士之法，其可谓密矣。先之经义以观其穷理之学，次之论表以观其博古之学，终之策问以观其时务之学。士诚穷理也，博古也，识时务也，尚何求哉？其可谓良法矣。然行之百五十年，宜其得人超轶前代，卒未闻有如古之豪杰者出于其间，而文词终有愧于古。虽人才高下系于时，然亦科目之制为之也。夫科目之设，天下之士群趋而奔向之，上意所向，风俗随之。人才之高下，士风之醇漓，率由是出。三代取士之法，吾未暇论。唐宋以来，科有明经，有进士。明经即今经义之谓也，进士则兼以诗赋。当时二科并行，而进士得人为盛，名臣将相皆是焉出。明经虽近正，而士之拙者则为之，谓之学究。诗赋虽近于浮艳，然必博观泛取，出入经史百家，盖非诗赋之得人，而博古之为益于治也。至宋王安石为相，黜诗赋，崇经学，科场以经义论策取士，可谓一扫历代之陋也。然士专一经，白首莫究其余，经史付之度外，谓非己事。其学诚专，其识日陋，其才日下，盖不过当时明经一科耳。后安石言："初意驱学究为进士，不意驱进士为学究。"盖安石亦自悔之矣。今科场虽兼策论，而百年之间，主司所重，唯在经义，士之所习，亦惟经义。以为经既通，则策论可无竢乎习矣。近年颇重策论，而士习既成，亦难猝变。夫古之通经者通其义焉耳，今也割裂装缀，穿凿支离，以希合主司之求，穷年毕力，莫有底止。偶得科目，弃如弁髦，始欲从事于学，而精力竭矣，不复能有进矣。人才之不如古，其实由此也。然则进士之科可无易乎？曰科不竢易也。经义取士，其学正矣，其义精矣。所恨者，其途稍狭，不能尽天下之才耳。愚欲于进士之外，别立一科，如前代制科之类，必兼通诸经、博洽子史词赋乃得预焉。有官无官，皆得应之，其甲授翰林，次科，次道，次部属，而有官者则递升焉。如此天下之士皆将奋争于学，虽有官者，亦翘翘然有兴起之心，无复专经之陋矣。或曰：士子一经俱不能精，如余经何？曰：制科以待非常之士也。以科目收天下之士，以制科收非常之士。如此而后，天下无遗才，故曰科不竦易也。（《吾学编》载王氏鳌于弘治间请科贡之外，略仿前代制科如博学宏词之类，以收异才，六年一举，举不过十余人，其翘然出类者除之翰林，余补科、道、部属、中书，先有官者量材加秩，其选将材亦然。按此与前说相表里。）

二十四年，令科举岁贡，于《大诰》内出题，或策论、判语参试之。洪熙元年四月，郑府审理正俞建辅言："进贤之路莫重于科举，近年宾兴之士，率记诵虚文为出身之阶，其实才十无二三。盖有年未二十者，虽称聪敏，然未尝究心修己治人之道，一旦侥幸挂名科目，而使之临政，往往率意任情，民受其殃。自今各处乡试，乞令有司先行审访，务得博古通今、行止端重、年过二十五者，许令入试。比试则务选其文词典雅、议论切实者进之，会试尤加慎选，庶几士务实学而国家得贤士之用。"上谕礼部臣曰："所言甚当，其即行之。"嘉靖六年奏准，于《周礼》、《仪礼》中出策一道，以导之习于礼学。四十三年，令阅卷虽以经义为重，论策亦不可轻。若经义纯正，而论策复精赡通达者，置之高选；或经义纯疵相半，而论策尤佳者，亦在所取；若经义虽善，而论策空疏者，不得中式。

文体（限字附）

洪武二年三月，上谓学士詹同曰：古人为文，或以明道德，或以通世务，如典谟之言，皆明白易知，无深怪险僻之语，至如诸葛亮《出师表》，亦何尝雕刻为文，而诚意溢出，使人感激。近世文士，不究道德，不达世务，立辞艰深，意实浅近，即使过于相如、杨①雄，何裨实用？自今翰林为文，但取通道理、明世务者，无事浮藻。（《宪章录》）

三年五月，诏五经义不拘旧格，惟务经旨通畅，限五百字以上；四书义限三百字以上；论亦如之；策惟务直述，不尚文藻，限一千字以上；殿试策亦如之。（《登科考》、《宪章录》）

六年九月，诏表笺奏疏毋用四六对偶，悉从典雅，颁韩愈《贺雨表》、柳宗元《代柳公绰谢表》为天下式。（《通纪》）

十七年三月，定四书义每道二百字以上，经义每道三百字以上，论三百字以上，策亦如之。（不及殿试策，疑仍限一千字以上。）（《会典》）

二十四年定文字格式：一、凡对策须参详题意，明白对答。如问钱粮，即言钱粮；

---

① "杨"当为"扬"。

如问水利，即言水利。孰得孰失，务在典实，不许敷衍繁文，遇当写题处，亦止曰"云云"，不必重述。

一、凡作四书经义，破承之下，便入大讲，不许重写官题。（俱《会典》）

俞氏宪曰：国初以文取士，大概辞达为本，三试文式，至今以为定制。

宣德二年三月，上谓翰林儒臣曰：古人取士于乡，其行艺素有定论，至朝廷复辨其官才，所以得人为盛。后世惟考其文学，欲尽得真才，难矣。然文章论议，本乎学识。有实学者，其言多剀切；无实见者，其言多浮靡。唐虞取士，亦尝敷奏以言，况士习视朝廷所尚。朝廷尚典实，则士习日趋于厚；朝廷尚浮华，则士习日趋于薄。此在朝廷激励成就之有道也，尔等其精择之。

成化十三年十二月，少詹事黎淳奏科场出题作文定式，谓洪武年间已常颁降，近年所刊程文纯粹者少，驳杂者多，乞移文所司，将考试官究治，申明科场旧制，颁降学校，永为遵守。奉圣旨，出题校文，并刊录文字，必须合式，依经按传，文理纯正。（俱《宪章录》）

弘治七年，令作文务要纯雅通畅，不许用浮华险怪艰涩之词，答策不许引用谬误杂书，其陈及时务须斟酌得宜，便于实用，不许泛为夸大，及偏执私见，有乖醇厚之风。（《会典》）

嘉靖六年奏准，取士之文，一依国初限字之法，务要平实尔雅，裁约就正。说理者必窥性命之蕴，论事者必通经济之权。判必通律，策必稽古，其有配合缀缉，夸多斗靡者，悉屏不录。

十一年，礼部题为正文体以变士习事内开：近年以来，士大夫学为文章，日趋卑陋，往往剽剟菁拟《左传》、《国语》、《战国策》等书，蹈袭衰乱之文，争相崇尚以自矜眩。究其所归，不过以艰险之词饰浅近之说，用奇僻之字盖庸拙之文。纯正博雅之体、优柔昌大之气荡然不存，有识者盖深忧之。奉圣旨，文运有关国运，所系不细，今后会试文卷，务要醇正典雅、明白通畅的，方许中式。如有仍前钩棘奇僻，痛加黜落，甚则令主考官指名具奏处治。

十七年，令考官，必须醇正典雅，明白通畅，方许中式。其有似前驾空翼伪、艰棘怪诞之文，必加黜落。仍听考试官摘出不写经传本旨，不循体制，及引《庄》、《列》不经之言，悖谬尤甚者，将试卷送出，礼部以凭指实参奏除名，不许再试。

董氏玘曰：宋儒朱熹尝推《易》之理以观人，谓凡阳之类必明，明则易知；凡阴之类必暗，暗则难测。故其人之光明正大、疏畅洞达、无纤芥可疑者，必君子也。渺涩诡怪、闪倏狡狯、不可方物者，必小人也。观人之法固无要于此者，愚以为考之于言也亦然。尝试观古人之文，凡所谓君子者，其为言也，有弗明白正大而畅达者乎？其或反是，则渺涩诡怪、闪倏狡狯之情状形之乎？文亦自有不可掩者，使司考校者执是说而求之，其于因言以知人也，亦何难之有？

四十五年，令论表策场扬确古今事理，务中肯綮，不许滥写旧套。

隆庆元年，令场中经书义每篇止许五百字以上、六百字以下。过六百字者即系违式，不准誊红。更能简洁者，尤当甄录。论策每篇许一千余字，亦不许泛滥不切，如将违式文字誊录取中者，砵墨卷解部查出，定将提调等官参究。明年会试即准此施行。

万历八年正月奏准，经书文字限五百字之内，过多不许誊录。

按：嘉靖中文体屡变，窃有感焉。丁亥之尚简实矫冗长而为之者也，至其弊也，则怪僻从而生焉。戊戌之尚正大矫怪僻而为之者也，至其弊也，则冗长复从而生焉。本以矫弊，适以启弊，所以然者，何哉？以学术不明故耳。不求所以简实，而涉猎《战国策》、《庄》、《列》等书，以为钩章棘句之地；不求所以正大，而记诵无根支蔓时文，以为夸多斗靡之资。学术不明，其流弊相寻，无惑也。学术唯何？孔子所述之六经是已。六经者，理道之源、文学之祖、经济之具也。诚使学者于此识之早，好之笃，诸不在六艺之科、孔子之术者，不以分其心焉，则优而柔之，厌而饫之，六经心迹体用，举而潜会之于一心，随所为文，自然顺理成章，率体要之辞，以发精微之蕴，简实而不流于怪僻，正大而不流于冗长矣。举而措之天下国家，亦何所处而不当哉？颜之推曰：文章者，原出五经。诏诰策檄，生于《书》者也；序述论议，生于《易》者也；歌咏赋颂，生于《诗》者也；祭祀哀诔，生于《礼》者也；书奏箴铭，生于《春秋》者也。噫！通于是说者，举业之文可知矣。

嘉靖癸丑会试录序曰：举业之文，宣德以前，其词简而质；弘治以前，其词雅而畅；至正德间，其词蔚以昌矣。然厌弃师说而流于诡僻，骛于怪奇者，亦间有之。

隆庆庚午应天乡试录序曰：圣祖开科取士，制监于前代，罢博学宏词诗赋诸科，以为虚文不足以得士，而纯用经术。于其时制录所录，率沉浸经旨，意显语质，如太羹玄酒，疏越朱弦，味若音固，有不尽者存也。渐涵百余年以迄弘治、正德之间，质文并茂，发奥衍之英华，含精光于浑厚，郁郁彬彬，盛矣。夷考其人，多嚅咀道真，敦行彝教，淹贯深而蕴藏厚，故其发为文词则美文词，随所任使则胜任使，如此而谓经术取士胜于博学宏词诗赋诸科也，不亶其然乎？顾文胜之极，其势必至于没质。其间豪杰之士，以明道立言自许者固有，而溺于记诵、徇枝叶而忘本根者尤往往见之。甚且崇饰诐淫，阔略践履，虽正文体、端士习之德意屡崖，而黉校之陋风犹故也。夫康庄坦夷而人争趋径者，贪其捷也；正学渊源而士争剿说者，利其便也。彼博学宏词诗赋诚虚文，由后世观之，犹不失为学之博也，词之宏也，诗诗而赋赋也。今日且敝帚视之，后世谓何故？愚校诸士之文，于据理敷章、气伟而采奇者，亟取之，其次则词约而精者，其次则情辨以泽者。而支蔓叛经，即凑泊烂锦，弗顾矣。诚欲因文占蕴，取学有本源者，以追复弘、正之风也。

万历丙子应天乡试录后序曰：尝私诵录文，弘治以前浑厚尔雅，正德以后繁缛崛奇，其大都如此。夫孔子六艺与宋儒发明先进，所尺寸而不敢失者，譬之曰用菽粟布帛也。士为繁缛崛奇，乃稍稍驰骛，浸淫于百家，出入庄老申韩，少者千余言，多者殆万。是口厌菽粟而求海错陆珍，身厌布帛而求蜀锦、秦复陶也。岂不鲜美？非日用养生之常矣。愚为此惧，辄计所以取士者，曰宁拙无巧，宁实无华，宁意不足，无辞有余。即都人士斌斌盛哉，而繁缛崛奇者不可胜录，无宁置之矣。

取士之地

洪武三年五月，诏高丽、安南、占城等国，如有经明行修之士，各就本国乡试，贡赴京师会试，不拘额数选取。(《登科考》)

按：洪武四年会试，高丽国人试者三人，惟金涛中式，登三甲，授东昌府安丘县丞，寻以不通华言，请还本国。诏给道里费送归。

八月，应天府及河南、山东、山西、陕西、北平、福建、江西、浙江、湖广、广东、广西十一行中书省各乡试。(《会典》)

按：国初文运，江西独盛，故时有"翰林多吉水，朝内半江西"之谣。正统乙丑商辂举三元之后，浙省遂盛于天下，江西稍不及矣。成化以后，则南畿与浙江并盛。

五年，乡试增四川行中书省。

按《宪章录》：四年八月，蜀地悉平。

十七年，乡试增云南布政使司。

按《吾学编》：十四年十二月，征南兵克云南。十五年正月，梅思祖掌云南布政司事。《宪章录》：三十年正月，置云南按察司□①。二十七年昆明县李忠已登进士，则知云南设布政司之岁，即育才以待科目矣。

十一月，命辽东立学校。

按《通纪》：四年七月置定辽都指挥使司，一方遂安。《宪章录》：洪武中，建定辽、金、复、海、盖五卫学。洪熙元年，军士冯述始请建三万、潘阳、广宁、义州诸卫学。

永乐元年八月，设云南楚雄府楚雄县儒学。(《宪章录》)

六年六月，安南平，置交趾都、布、按三司，征用交趾人才。(《吾学编》)

按：后宣德二年，交趾叛。十年，革交趾布政使司。然永乐、宣德间，交趾人未有登进士者。至景泰五年，黎庸、阮勤并登进士。岂交趾人愿留中国者欤？

洪熙元年，令贵州愿试者就试湖广。(《会典》)

按：洪武十四年，下普安。十五年，置贵州都指挥使司。永乐十一年，设贵州布政使司及府，想未有愿试者，至此始令就试也。正统四年，赤水卫张谏始登进士。

成化十二年五月，设大同左云川卫、大同右玉林卫、天城镇虏卫、阳和高山卫四儒学。(《宪章录》)

十四年四月，设贵州程番府儒学。(《宪章录》)

十七年十一月，开设广西出州府儒学。(《宪章录》)

二十一年四月，置密云后卫儒学。(《宪章录》)

---

① 此字模糊难辨。

试士之地

洪武二年五月，诏外府州县赴各行省（后试于布政司）、直隶府州县赴应天府乡试，中者送礼部会试。（《登科考》）

洪武四年二月，会试中式者，上亲试于奉天殿。（《登科录》）

永乐三年，令北直隶府、州、县于顺天府乡试。（《会典》）

按：元年二月，改北平府为顺天府，革北平都司、布政司、按察司。

十三年二月，始会试天下举人于北京。（十一年二月，帝巡狩北京。）（《会试录》）

洪熙元年，令贵州就试湖广。

宣德二年，令贵州就试云南。（俱《会典》）

按：辽东正统□①年以后就试山东，嘉靖十年以后就试顺天府。

乡试取士之数

洪武三年五月，诏京师及各行省乡试通选五百名为率，直隶府州县贡额百名，河南、山东、山西、陕西、北平、福建、江西、浙江、湖广各四十名，广西、广东各二十五名（俞宪云：广东四十名），若人才多处，或不及者，不拘额数。（《大明会典》、《登科考》）

十七年三月，令举人不拘额数，从实充贡。

按：自此以后，乡试取士甚多，今虽不能详考，然阅《进士登科录》，如永乐九年进士何楚英中湖广乡试第一百六十名，十年进士黄翰中应天府一百九十五名，何贤中陕西一百十六名，十三年进士倪益中广东一百五十六名，刘凤中福建一百二十七名，陈卣中山东一百四十一名，李从智中四川一百六十五名，丁铉中江西一百九十四名，陈资茂中浙江一百六十五名，杨宁中山西一百三十九名，天顺八年进士翟瑄中顺天府二百三十六名，则各乡试取数之多，可以概见，故后定取士额数。

洪熙元年，定取士额数。南京国子监并南直隶共八十名，北京国子监并北直隶共五十名，江西五十名，浙江、福建各四十五名，湖广、广东各四十名，河南、四川各三十五名，陕西、山西、山东各三十名，广西二十名，云南、交趾各十名，贵州愿试者就试湖广。

宣德二年，令贵州就试云南。

四年，令云南乡试增五名。

七年，令顺天府乡试额取八十名。

正统二年，令开科不拘额数。

---

① 原缺。

五年，复定取士额。顺天府仍八十名，应天府百名，浙江、福建皆六十名，江西六十五名，河南、广东皆五十名，湖广五十五名，山东、四川皆四十五名，陕西、山西皆四十名，广西三十名，云南二十名。

六年，令顺天府乡试增二十名。

景泰元年，令开科不拘额数。

四年，复定取士额。南北直隶各增三十五名，浙江、江西、福建、河南、湖广、山东各增三十名，广东、四川、陕西、山西、广西各增二十五名，云南增十名。

成化三年，令云南乡试复增十名。

十年，又令云南解额复增五名。

弘治七年奏准，云南、贵州乡试进呈录称云贵乡试录，贵州量助钱粮以备云南供给，云贵解额共增五名。（俱《会典》）

嘉靖十四年，令云贵分科试士，云南四十名，贵州二十五名。

十九年，令湖广乡试增五名。

二十五年，令贵州乡试增五名。

隆庆五年，令两京乡试暂增额各十五名。

按：先是，上御极，命天下拔士之秀者，府二人，卫州县各一人，贡之太学，曰恩贡。至是青衿之士，充满贤关，因儒臣增额之请，故有是命，后不为例。

万历元年，令云南乡试增五名。

按：今顺天府、应天府各一百三十五名，江西九十五名，浙江、福建、湖广各九十名，河南八十名，山东七十五名，四川、广东各七十名，山西、陕西各六十五名，广西五十五名，云南四十五名，贵州三十名。三年一乡试，共举人一千一百九十名。

会试取士之数

洪武三年五月，诏会试额取举人百名。

按：诏乡试取五百名，会试取百名，盖五拔其一也。

十七年三月，令举人不拘额数。

洪熙元年奏准，会试取士，临期请旨，不过百名。

正统五年奏准，增额为百五十人。

景泰元年，令会试文字合格者通具中数，临期奏请定夺。

按：会试取士之数，洪武十八年、永乐二年俱四百七十二人，此极多者。洪武二十四年三十一人，此极少者。

南北取士（教北方附）

洪武八年三月，命御史台官选国子生分教北方。

二十年十月，命吏部选南方学官教北方学校。

二十四年六月，命礼部颁书籍于北方学校。

洪熙元年九月，令会试分南北取士。初，仁宗谕大学士杨士奇曰："顷者科举取士往往失人，奈何？"士奇对曰："科举须兼取南北，士长才大器多出北方，第朴钝少文，难与南人并校也。"上曰："糊名入试，何以别之？"对曰："请令举子试卷缄其姓名，外书南北二字，约以百人为准，南取六十，北取四十，则南北人才皆入用矣。"上曰："善，命计议以闻。"会上晏驾，至宣宗嗣位，始奏行之。士奇等复议四川等处举子恐不能概以南卷并校，乃分南北中卷，以百名为率，南北各退五名为中卷。北卷则北直隶、山东、河南、山西、陕西，中卷则四川、广西、云南、贵州及凤阳、庐州、安庆三府、徐、滁、和三州，余皆南卷。（《登科考》）

成化二十二年奏准，会试南北卷复各退二卷为中卷。（《会典》）

弘治三年奏准，南北卷仍照旧例，止各退五名为中卷。（《会典》）

七年，令乡试举人止凭文字高下去取，不得论其地方中式多寡，临时偏徇进黜，以废公论。（《会典》）

入乡试之人（事附）

洪武三年五月，诏：一、凡举，由乡里举保州县，申行省乡试。

一、仕宦已入流品，及曾于前元登科并曾仕宦者，不许应试，其余各色人民并流寓各处者，一体应试。（《登科考》）

四年，令科举凡词理平顺者皆预选列，惟吏胥心术已坏，不许应试。（《会典》）

十七年三月，令应试国子学生、府州县学生员之学成者，儒士之未仕者，官之未入流而无钱粮等项粘带者，皆由有司保举性资敦厚、文行可称者，各具年甲、籍贯、三代、本经。县州申府，府申布政司乡试。其学官及罢闲官吏、娼优之家、隶卒之徒与居父母之丧者，并不许应试。（《会典》）

永乐五年三月，礼部选国子生蒋礼等三十八人，隶翰林院习译书，遇开科，仍令就试。（《宪章录》）

正统九年奏准，各处应试生儒人等，从提学官考送。在京各衙门吏典承差人等，听本衙门保勘，礼部严考，通经无犯者送试，仍行原籍勘实，不许扶同诈冒。（《会典》）

景泰元年，令应试儒士册内原有名籍及各卫官舍军余曾送入学者，许入试。其查无名籍儒士及赘婿义男并文武官舍、军校匠余，悉不许于外郡入试。（《会典》）

天顺二年，令两京天文生、阴阳人及官生子弟许就在京乡试。（《会典》）

八年奏准，依亲监生从提学官考，就本处乡试。（《会典》）

成化七年五月，中书舍人吕憼乞就顺天府乡试，从之。（《宪章录》）

二十一年，令南京监生人等从南京都察院考送应天府乡试。（《会典》）

弘治五年，奏准吏部听选监生给假在家者就许本处乡试，医士医生在册食粮执役者，方许在京应试，其在部未考岁贡，或在监告就教职监生，及不系在任依亲官生，并天文生、阴阳人例不许习他业者，皆不许入试。(《会典》)

弘治七年，令应举生儒人等，不许未熟三场初学之士及外处人冒滥入试，亦不许重冒古今显者姓名，有即改正。(《会典》)

十年，令太医院各官医下子孙弟侄本院册内有名者，照旧乡试。(《会典》)

嘉靖二十二年十一月奏准，历满在家监生、官恩生并纳银生员，许彼处提学官按历地方，与在学生员一概精选入试。(《嘉靖新例》)

四十年，令两京、各省科举俱照原定解额名数，每举人一名，取科举二十五名。

四十五年，令每举人一名，取科举三十名。

隆庆元年，令揭晓之日即将中式举人硃墨卷发出，提学道查验墨卷字迹。与先前考取科举原卷如果出自一手，即令本生于硃墨二卷上亲供脚色，提学官用印钤封，两京送京府，各省送布政司，差人星驰解部。如试录先到而解卷到迟者，定将提调官参究治罪。若验系誊过文卷，而提学官辄为印钤者，一并参治。

又令顺天、应天二府将入试文卷不拘生员、监生、岁贡、杂行人等，俱一体编号弥封，从前皿字等号尽行革去，考官止照文卷优劣定为去取。再照两京乡试，原为畿内士子而设，历年止以三十五名待监生人等，本为限制之意，令无拆卷，填榜之时，如所中监生人等不及原数不论外，若已满三十五名，不得再录。

按：是科两京场中因去皿字号，北京以监生中式者相传七十有六人，主司限于例，止录三十有一人，余悉汰去，故自五十三名而后，无复有监生登录者。南京止录监生八人，以文卷不及生员故也。彼此殊戾，当路者以为不便，及庚午，竟复旧号。

入会试之人（事附）

洪武三年五月，诏凡乡试中者，行省咨中书省判送礼部会试。(《会典》)

十七年三月，令凡乡试中式举人出给公据，官为应付廪给脚力，赴礼部印卷会试，就将乡试文字咨缴本部照验。(《会典》)

十八年，令会试下第举人愿回读书以俟后举者，听。(《会典》)

三十年，令再试寄监下第举人中式者，次其等第，除教授、教谕、训导，不中者为州吏目。(《会典》)

建文二年三月，令礼部，乙榜举人署教谕、训导，年未三十、不愿署教者，听。(《宪章录》)

永乐二年六月，上命礼部曰："会试下第举人既多，其中必尚有可取者。或本有学问，而为文之际，记忆偏差，以致谬误。或本不谬误，而考阅之官神情昏倦，失于详审，以致黜落。此皆可矜。其令翰林院出题更试，择文词优等者以闻。"遂得贡士张宏等六十人以奏。上召见，皆赐冠带，命于国子监进学，以俟后科，且勉之曰："士当立志，志立则工专，工专则业就。尔等于学已有根本，但更当进步。尔后科第一甲者，有不在尔曹乎？其往勉之。"

四年三月，传胪之明日，进所选副榜士临策之，擢周翰等进学翰林，余俱付吏部除学官。(《水东日记》)

俞宪曰：正统后，副榜始不复廷试矣。

七年，令下第举人再试，送国子监进学，其优等者仍赐冠带，或加俸给（给教谕训导俸），后令发回原学进业。(《会典》)

宣德四年四月，上虞县人李志道充楚雄卫军，死而无继，止有孙宗侃，已乡试中式，而卫尤追补军役，有司达于兵部，尚书张本请依洪武中石坚事例，开其军伍，俾读书会试以自效，上从之。(《宪章录》)

七年三月，大通关提举司吏文中自陈："臣广东琼州府儋州昌化县学生，永乐二十一年乡试中式，因病未及会试，继丁母忧，宣德六年八月至部，以违限充吏。切思海外之人，本图光显，今乃谪为吏，伏望圣恩矜念。"上命礼部试验其文，可取，命复举人，候下科会试。(《宪章录》)

天顺八年，令教官由举人署职，任满该升，年四十以下，愿会试者，听。(《会典》)

成化二十三年奏准，举人授教官六年有功迹者，许会试。(《会典》)

弘治初奏定，举人三次不中者，不许会试。四年，大学士刘吉罢，会试禁限亦除。(《宪章录》)

十二年，令署职教官照成化二十三年例，两科准算六年，愿会试者，听。其任满该升，如遇会试将近，不拘年岁，亦许会试。若给假或捏病，久不入选，窥伺会试者，不准。(《会典》)

嘉靖四十三年，令监临、提调等官开榜后，将各生墨卷、硃卷即时封固完密，星夜差人解送礼部备照，其各生赴部，止用文书，不必再录原卷。

万历二年六月，令举人五科不第者授职。（四年冬，此令罢。）

五年二月，令会试考试官将文字合式者除正卷外，将各卷批详，填入副榜。

乡试考试官（同考试官附）

洪武三年五月，诏凡试官不得将弟男子侄亲属徇私取中，违者许赴省台指实陈告。(《登科考》)

十七年，令考试官皆访明经公正之士，于儒官儒士内取用。官出币帛，先期敦聘。主文考试二员，文币各二表里；同考试官四员，文币各一表里。在内应天府请，在外各布政司请。(《会典》)

一、考试官及帘内帘外官，许各将不识字从人一名，不许纵令出入。(《会典》)

二十四年，令凡出题或经或史，所问须要含蓄不显，使答者自详问意，以观才识。(《会典》)

永乐十五年，北京行部及应天府乡试考试官，命翰林院春坊官主考，赐宴于本部及本府。(《会典》)

正统六年，令考官必求文学老成、行止端庄者，不许将六十岁以上及致仕养病(洪武十八年典籍聂铉、宣德八年少保黄淮皆以致仕主考会试)与署事举人并年少新进、学力未至者举用。其出题不许摘裂牵缀及问非所当问，取文务须淳实典雅，不许浮华，违者从风宪官纠劾治罪。(《会典》)

《双槐岁抄》曰：国初主考惟两京用翰林，各省用教官，或郡邑京官之居乡者，亦有贡士、儒士主考，而职官分考者。翰林居乡如余学夔、尹凤岐，尝为广东主考。宣德己酉董璘考浙江，正统丁卯许彬考福建，皆翰林见任者也。

景泰元年，令在京在外乡试同考试官，五经许用五员，专经考试。(《会典》)

三年，令凡科举，布、按二司会同巡按御史，公同推保见任教官，年五十以下三十以上，平日精通文学，持身廉谨者聘充考官。

丘氏濬曰：考试官两京及会试皆出自朝命，各藩乡试则方面官先期访请。洪武以来，惟有学者是用，不问是何官职，虽儒士亦在所聘。后乃有建言专用教官者。其所礼聘，无非方面之亲私，率多新进士，少能持守一，惟监临是听。乞先期聘考试官，必详加询访，不许徇私滥举，许御史纠治，惟有学行誉望者是取，不分有司教职、见任致仕。

天顺三年，令两京乡试，《易》、《书》、《诗》三经各添考试官一员。(《会典》)

成化二年，令考试等官俱于当月初七日入院。(《会典》)

一、每场誊录红卷，送入内帘考试。候三场考试红卷已定，方许吊取墨卷于公堂，比对字号，毋致疏漏。(《会典》)

丘氏濬曰：考试官阅卷去取既定，先将所取中卷用其字号编定名第，一样三本，对号印记，其一留以自备，其二以授提调、监试官。至期比碪墨卷相同，然后拆号，各照所编定字号填榜，不许更易。又于各经各存备卷三五卷，如所取卷有参错，即随经用所备卷依次补之。

十年，令在京每场进题，考试官先行密封，不许进题官与闻，以致露泄。(《会典》)

又奏准：校文须主考官详慎，将同考官落卷并二三场通行检阅，务得积学之士，不许懒慢推托。且两京主考系侍从格心之臣，若引嫌畏避，即内不足者，随当罢黜。(《宪章录》)

十三年，令考试官不许越数多取。(《会典》)

十五年十二月，御史许进言，近各布政司每遇开科，辄徇私情，所聘考官多非其人，以致校阅不精。两京俱命翰林官主考，故所取得人。乞各布政司亦如两京例，命翰林官主考为是。上谕礼部臣曰："科目选贤，国家重事，若聘主司有徇私作弊者，令巡按御史并布、按二司互相纠举，或尔部中详看体访，得出奏来，必重治之。"(《宪章录》)

弘治四年，令各处乡试帘内事不许帘外干预，考官务以礼待，不许二司并御史欺凌斥辱，文章纯驳，悉听去取，不得帘外巧立五经官，以夺其权。如考官不能胜任而取士弗当，刊文有差，连举主坐罪。（《会典》）

又令各处提学官平日巡历地方，将教官考定等第，以备科举聘取。若有不堪，即从彼处提学官于等第内别举，不许徇私。（《会典》）

弘治七年，令考官不许听嘱滥请，各将举主职名咨呈本部。（《会典》）

十四年，侍郎谢铎言各省考官皆御史方面之所辟召，职分既卑，权衡无预，以外帘之官而专去取，关节相通，人图侥进。必差京朝官二员以为主考，庶几革弊而真才可得。疏入，下所司知之。（《宪章录》）

十七年奏准，各藩乡试主考聘用京职。

嘉靖六年奏准，各蕃乡试主考临期务令吏、礼二部查照旧例，访举翰林科部属等官有学行者疏名上请，分命二员以为主考。其在两京乡试简命主考外，添命京官二三员分考，以赞助主考之所不及。其各该御史聘延同考，必采实学，毋徇虚名，必出公言，毋容私荐。

按：嘉靖戊子、辛卯二科以京职为各藩考试官，所录之士，号为得人，且程文雄杰一时，其后罕及焉。

十三年，各藩考试官复不用京职。

四十三年，奏准：一、翰林坊局儒臣为两京考试官者回避原籍，南北互用，系北直隶者不得与北畿之事，系南直隶者不得与南畿之事。

一、两京乡试，礼部会同吏部推选在京部寺诸臣并中书行人等官，由进士出身、学优行端者，《易》、《诗》各二员，《书》、《春秋》、《礼记》各一员，入场，率同教官参互校阅，商讨停当，送主考裁定，其教官裁减五员，以准常数。

一、各省乡试，着监临官公同考官揭书出题，提调、监试等官不得干预，以防漏泄。

四十五年，令后乡试其初场题目止除回避字样外，其余或出全章，或出分截，不拘多寡，随意命题。

隆庆元年，令内阁凡遇请差两京主考，将翰林坊局儒臣详加参酌，惟取学行兼优，不必尽拘次序。

又令两京同考官多取正备卷呈送主考，如有不当，令别房官代为覆校，主考官仍行搜阅落卷。若应天府同考官有不至者，许照顺天府事例，监试、提调官选取文学优长有司官补数。

又令主考官阅卷除初场仍旧分经外，其二三场改发别房，各另品题，呈送主考。查果三场优取者，即置高选。其后场俊异而初场见遗者，务必检出详看，虽未尽纯，亦为收录。若初场虽取，而后场空疏者，不得一概滥中。

丘氏濬曰：祖宗时其所试题目，皆摘取经书中大道理、大制度、关系人伦治道者，然后出以为题。当时题目无甚多，故士子专用心于其大且要者，其用功□①有伦序，又得以余力旁及于他经及诸子史。主司亦易于考校，非三场匀称者不取。近年以来，典文者设心欲窘举子，以所不知，用显己能。其初场出经书题，往往深求隐僻，强裁句读，破碎经文，于所不当连而连，不当断而断，遂使学者无所据依，施功于所不必施之地，顾于纲领体要处反忽略焉。以此初场题目数倍于前，学者竭精神穷日力有所不能给，故于策场所谓古今制度、前代治迹、当世要务，有不暇致力焉者。甚至登名前列者，亦或有不知史册名目、朝代前后、字书偏旁者。可叹也！已然以科额有定数，不得不取以足之，以此士子仿效成风，策学殆废。间有一二有策学者，又以前场不称，略不经目。人才所以不及前者，岂不以是哉？○其所谓主意之说，尤为乖谬。凡其所命之题，专主一说，谓之主意，殊不知圣经深远，非一人之见所能尽。理苟通焉，斯在所取矣，何必惟己之同哉？士子志于必得，谓非合主司之意，不可以取中，往往将圣经贤传之旨旁求曲说，牵缀迁就，以合主司所主之意，此非独坏士习，其为圣经之蠹也甚矣。有司主此以出题，士子主此以为文，今日为士子既以此进身，异日为主司又以此取士，《宋史》所谓缪种流传，今日时文之弊，殆类之也。然此又不但科试为然，而提学宪臣之小试，殆又有甚焉者也。其所至出题，尤为琐碎，用是经书题目愈多，学者资禀有限，工夫不能遍及，此策学所以几废，而科举所得罕博古通今之士也。○今宜敕有司，凡科场条贯必复祖宗之旧，所命题以光明正大、切于人情物理、关于彝伦治道者。○经书题目无甚凶恶字面，不必回避。初场经义四条以通三条，书义三条以通二条为合格，否则不取。五策问目，通以十事为率，非通五以上不在取数。会试则本数不足，取别数足之。乡试则此经不足，足以他经。凡解额惟限之遵，不许过数。苟无足取者，宁欠无足。通场全无，然后短中求长，取以备数。如此则科目所得者，皆通经学古之士而适于世用矣。

会试考试官（同考试官附）

洪武四年二月，会试主文官以礼部尚书陶凯、前翰林院侍讲学士潘廷坚二员，考试官以翰林院侍读学士詹同、国子监司业宋濂、吏部员外郎原本、前贡士鲍恂四员。（《会试录》）

按：主文官后改为考试官，考试官后改为同考试官。

十七年三月，令考试官，礼部敦请主文考试官二员，同考试官八员。

十八年，令会试主考官二员并同考官三员，临期具奏于翰林院官请用，其余同考官五员于在外学官请用。

永乐七年，令会试考官赐宴于礼部。

景泰四年奏准，会试考官翰林、春坊专其事，京官由科第有学行者兼取以充，教官不许。（俱《会典》）

---

① 此字被挖去。

顾氏清曰：有伯乐而后能别盐车之马，有和氏而后能别荆山之璞，多士之文，冀北之群，而万玉之府也，要必待具目而识之。

李氏廷相曰：张方平斥路授而其文遂正，欧阳修黜刘几而其风复雅。

五年，令会试同考官增二员。

天顺元年，令会试官不拘员数，务在得人。

四年，令会试同考官增二员。

成化十七年，令会试同考官《书》、《诗》经各增一人。（俱《会典》）

正德六年，会试《易》、《诗》、《书》各增同考官一员。（《会试录》）

按：今会试同考官十七员，《易》、《书》各四，《诗》五，《春秋》、《礼记》各二，翰林十一员，六科部属行人司六员，去取在同考，参定高下则主考柄之。

乡试执事官

提调官 监试官 印卷官 收掌试卷官 受卷官 弥封官 誊录官 对读官 巡绰官 监门官 搜检官 供给官

洪武十七年三月，令：提调官，在内应天府官一员，在外布政司官一员。监试官，在内监察御史二员，在外按察司官二员。供给官，在内应天府官一员，在外府官一员。收掌试卷官一员。弥封官一员。誊录官一员。书写，于府州县生员人吏内选用。对读官四员。受卷官二员。已上皆选居官清慎者充之。巡绰、监门、搜检怀挟官四员，在内从都督府委官，在外从守御官委官。

一、举人前期在内赴应天府，在外赴布政司，印卷置簿，附写于缝上，用印钤记，仍将印卷官姓名置长条印记用于卷尾，各还举人。

一、试官入院之后，提调官、监试官封钥内外门户，不许私自出入。如送试卷或供给物料，提调、监试官眼同开门点检送入，即便封钥。

一、举人作文毕，送受卷官收受，类送弥封官撰字号封记，送誊录所，誊录毕，送对读官，对读毕，送内院看试，提调、监试官不得干预。

一、搜检怀挟官，凡遇每场举人入院，一一搜检，除印过试卷及笔墨砚外，不得将片纸只字。搜检得出，即记姓名，扶出，仍行本贯，不许再试。

一、巡绰官，凡遇举人入院，并须禁约喧哄。如已入席舍，常川巡绰，不得私相谈论。及觉察帘内外，不得漏泄事务。

一、受卷所，置立文簿，凡遇举人投卷，就于簿上附名交纳，以凭稽数，毋致遗失。

一、弥封所，先将试卷密封举人姓名，用印关防，仍置簿编次三合成字号，照样于试卷上附书，毋致漏泄。

一、誊录所，务依举人原卷字数语句，誊录相同，于上附书某人誊录无差，毋致脱漏添换。

一、对读所，一人读红卷，一人读墨卷，须一字一句，用心对同，于后附书某人对读无差，毋致脱漏。

一、在京及各布政司搭盖试院房舍，并供用笔墨、心红、纸札、饮食之类，皆于官钱支给，咨报户部。

成化二年，定在京科场事宜。

一、巡绰、搜检、看守官军，止于在营差拨，曾差者不许再差。若他人员顶正军人场者，罪之。

一、提调、监试官公同往来巡视，不许私自入号。其巡绰官止于号门外看察，不许入内与举人交接，违者听提调、监试官举问。

一、试场外，照例五城兵马率领火夫弓兵，严加防守，不得违误。

一、誊录、对读等官，取吏部听选官，年四十上下，五品至七品，有行止者充之。

六年，令监临等官不许侵夺考官职掌，若场中有弊，照例举问。

丘氏濬曰：今内外之权悉归御史，凡科场中出题、刻文、阅卷、取人，皆一人专之，所谓弥封、誊录，殆成虚设。谨按科场旧例，分帘内外，以隔绝交通之弊，自帘以内考试官主之，自帘以外监试官主之，而提调官则兼总内外焉，然惟莅其事尔，而取人、刻文皆不得预，所以用巡按御史为监临官者，特以纠察其不如法者耳。○更乞申明旧制，在外乡试俱照会试及两京例，不设监临官。其巡按御史止于科场外严加纠察，士子欲入场者，专委提学宪臣考验，而亦不许他官小试。凡百执事，不许用进士、举人出身人员，恐有夤缘作弊。○仍乞申严帘内帘外之限，不许通融出入。三日一宴之礼，唯送酒肴，不必宴会。

十年，定在京科场事宜。

一、监试官、都察院十日以前，选差公正御史，公同提调官，于至公堂编次号图，提点席舍，审察执役人等，禁约希求考试声誉。

一、生员作文，全场减场者，监试官各用全减关防印记。

一、受卷、供给、巡绰等官入院，监试官搜检铺陈衣箱等物，不许夹带文字、硃红、墨笔，厨役、皂隶人等审实正身供事，不许久惯之徒私替出入。

一、搜检、巡绰取在外都司轮班京操官军，三场调用，把门人等时加更换，不许军人故带文字，装诬生员，勒取财物。

成化十三年，令小录不许开写掌行科举文字吏典，及誊录、对读生员姓名。（《会典》）

嘉靖四十三年，奏准：

一、会试、两京十三省乡试，今后场中誊录，俱取附近州县农民书手用之，其生员止许对读，不得干预书写，以滋奸伪。其弥封、誊录二所，分别东西隔远，不得相通。如有仍前增换易者，许对读官生纠举，知而容隐，一并治罪。

一、两京乡试、会试，每二十日前即差监试御史，以便防范。

四十五年，令顺天、应天二府官员，不拘是否入院供事，弟男人等俱不许朦胧入试，以致夤缘中式。

会试执事官

洪武四年二月，会试知贡举官以中书省右丞相、左丞相二员，掌卷官以吏部侍郎一员，监试官以监察御史二员，提调兼印卷官以礼部尚书一员，同印卷官以中书左司郎中一员，同提调官以礼部侍郎、主事二员，受卷官以吏部主事一员，弥封官以兵部主事一员，誊录官以府学教授一员，对读官以同知制诰、礼部主事二员，监门官以卫镇抚二员，搜检官以卫镇抚一员，巡绰官以卫镇抚一员，供给官以礼部膳部主事一员，掌行科举文字以椽吏人等。（宣德五年，掌行科举文字者，不录。）（《会试录》）

十七年三月，令提调官礼部官一员。（宣德五年，礼部尚书称总提调兼知贡举官。）余同在京乡试。

景泰元年，令会试受卷、弥封、誊录、对读等官，于吏部听选官取用。

成化二年，令礼部官一员提督会试供给。

弘治七年奏准，会试受卷、弥封、誊录、对读官增十六员，誊录等生员照例除在京并通州学外、顺天府所属并邻近学，选拔已冠能书生员七百名。

又令各布政司并应天府，量于本处科举供给余银送部，以备会试供给，云南、两广免送。（俱《会典》）

嘉靖四十四年，令会试增设监试御史二员，两京乡试亦如之。

按：先是，士习稍偷，有代者，有挟册者，有群聚而通者。诏特加严，故增设焉。是科举采获怀挟举人十数名，枷号礼部前，各杖，发原籍为民。

试卷 （笔墨砚附）

洪武十七年三月，令举人试卷及笔墨砚自备，每场草卷、正卷各纸十二幅，首书姓名、年甲、籍贯、三代、本经。（《会典》自注云：会试、殿试同。）

弘治七年，令文字试题上不许加奉试字，真①正卷务依所出题目次第楷书，不许草书及先后错乱。（《会典》）

文字回避

洪武十七年三月，令文字回避御名、庙讳及不许自叙辛苦门地。誊录官检点得出，送提调、监试官阅过，不录。

成化十三年，令举人文字凡遇御名、庙讳，下一字俱要减写点画。

---

① "真"为"其"之讹。

弘治七年，令御名、庙讳及亲王名讳仍依旧制，二名不偏讳，不必缺其点画，违者黜落。（俱《会典》）

墨红青笔

洪武十七年三月，令举人试卷用墨笔，誊录、对读、受卷官皆用红笔，考试官用青笔，其用墨处不许用红，用红处不许用墨，毋许混同。（《会典》）

怀挟（军官、举人、讲问、代冒附）

洪武十七年三月，令每举人用军一人看守，禁讲问代冒。

一、条见搜检官。

成化二年，令举人不许怀挟，并越舍互录，及浼托军匠人等夹带文字。其军匠人等亦不许替代，及纵容怀挟，互录文字。违者各治以罪。（俱《会典》）

十年奏准，在京搜检守号宜用在外都司官军，毋遣京营之人，庶革其传递夹带之弊。（《宪章录》）

弘治十三年奏准，应试生儒、举人、监生，但有怀挟文字银两，并越舍与人换写文字者，俱问发充吏，三考满日为民。若系官吏，就发为民。其官旗军人夫匠人等，受财代替夹带传递，及纵容不举察者，旗军调边卫食粮差操，官罚俸一年，夫匠发口外为民。若冒顶正军入场看守，属军卫者发边卫，属有司者发附近，俱充军。（《会典》）

正统十一年奏准，乡试搜检照会试例，止就身搜检，举巾看视，不必屏脱衣服，剥露体肤，致损士气。其有怀挟文字、银两及换写文字者，从重究治，巡绰、看守官军纵容，一体治罪。

嘉靖四十三年，令入场之时，务要逐名挨次点入，审视其人，细加搜检。入场之后，不时巡行号舍稽察，如有通同传递者，有买求同号生儒凑集文字者，有预将家人僮仆冒顶场中供事人役以图传递者，有将三场文字写成全部蝇头细书方寸小册，或造为假砚而藏匿其中，制为宽博而装缀其内，甚则公然怀挟出诸袖中而抄录者，即便拿送法司究治，务在尽法，不得姑息。邻号知而不举，及搜检、巡绰官役知情容隐者，事发审实，一体连坐。

四十四年二月会试，枷号怀挟举人于礼部前示众。

席舍图

洪武十七年三月，令试前二日图画东西行席舍间数，编排开写某行间系某处举人某人坐。又于间内贴其姓名，出榜晓示。

弘治七年，令席舍照依编定字号，并所治本经，相间入坐，毋得搀越错乱。（俱

《会典》）

嘉靖四十三年，令监场御史贴号之时，公同提调官手自粘贴，不得委之吏书任其派写。

给烛

洪武十七年三月，令试之日黎明，举人入场。黄昏，纳卷。未毕者，给烛三枝。烛尽，文不成者，扶出。

成化二年，令举人试日四更搜入，各就席舍坐待黎明散题。至黄昏，誊正未毕者给烛。

十年，令黄昏全场誊正未毕者给烛，不及数者，扶出。（俱《会典》）

丘氏濬曰：临晚给烛，虽唐宋故事，然今科场代笔换卷，多在昏暮。宜革去给烛，而取减场。瑞按：若然，不独革弊，且可免火灾也。

揭晓

隆庆元年，令揭晓日期场中事苟未完，即于本月内稍缓二三日，亦无不可。

丘氏濬曰：考会试举人，往时入场者，极多不过二千人，今则积多，已逾四千矣。切恐数科之后，日累日多，又不止此数。窃考宋欧阳修作《礼部唱和诗序》，谓宋制考校五十日。今制自初八日入场，至二十日以后揭晓，不过十余日。卷多日少，恐不能无遗才。请下礼部议宽其日限，而移殿试于三月望日，庶几考试者日力有余，得以尽其心力，精详文理，以为国家求才。

不第喧闹之禁

洪武三年五月，诏应举不第之人，不许喧闹，摭拾考官，及擅击登闻鼓，违者究治。

天顺四年，会试揭晓后，有落第举人奏考官校文颠倒者，上问内阁李贤，对曰："此乃私忿考官，实无弊。如臣弟让亦不中，可见其公。"上意始解，乃命礼部会翰林院考前奏者，多不能答题意，因疏其狂妄，命枷号部前以示众。（俱《登科考》）

匿名文书之禁

嘉靖十七年奏准，凡科举入场及开榜之日，如挟私投匿名文书中伤士子者，在内听巡城御史五城兵马司，在外听按察司并应捕人役，缉拿到官，依律治罪。见者即便依律烧毁，不许考试官概以避嫌，妄退文卷。其士子果有作弊事迹，听监试御史纠出重治。

殿试

洪武四年殿试，玉音：总提调官以中书省右丞相、左丞相二员，读卷官以国子监祭酒、前太常寺博士、□①科给事中、翰林院修撰四员，监试官以监察御史二员，掌卷官以工部员外郎一员，受卷官以工部主事一员，弥封官以秘书监监丞一员，对读官以尚宝司司丞、翰林院编修二员，搜检官、监门官、巡绰官各以卫镇抚一员，提调官以礼部尚书二员。

恩荣次第：二月十九日廷试，二十日午门外唱名，张挂黄榜，奉天殿钦听宣谕，同日除授职名，于奉天门谢恩，二十二日赐宴于中书省，二十三日诣先师孔子庙，行释菜礼。（俱《登科录》）

殿试事例（见《大明会典》，通论弘治十五年以前事）

凡殿试，用三月初一日。（《会典》自注云：后或用十五日。）先期，本部奏请读卷并执事等官。其读卷以内阁官及六部、都察院、通政司、大理寺正官、詹事府、翰林院堂上官，提调以礼部尚书、侍郎，监试以监察御史二员，受卷、弥封、掌卷俱以翰林、春坊、司经局、光禄寺、鸿胪寺、尚宝司、六科及制敕房官，巡绰以锦衣、金吾等卫官，印卷以礼部仪制司官，供给以光禄寺、礼部精膳司官。至日早，上御奉天殿，文武百官各具公服，行叩头礼毕，侍立如常仪，礼部官引诸举人至丹墀内东西北向立。上赐策题，序班举策案，由左阶降置中道，赞礼，诸举人行五拜三叩头礼毕，分列序立。礼部等官分题，诸举人各就试案，对策毕，诣东角门纳卷而出。受卷官以试卷送弥封官，弥封讫，送掌卷官，转送东阁读卷官处详定高下。明日（《会典》自注云：今用殿试后二日），读卷官俱诣御前叩头跪。内阁官以取定第一甲三名试卷，以次进读，读讫，俟御笔亲定三名次第。读卷官俱叩头，赐宴，宴毕仍赐钞，退拆第二甲、三甲试卷，填写黄榜。明日清晨，读卷官俱诣华盖殿，内阁官进至御座前，以次拆上所定三卷，面奏第一甲第一名某姓名某贯人，第二、第三名亦如之。司礼监官授制敕房官，填榜毕，开写传胪帖子。尚宝司官将榜用宝讫，内阁官一员捧榜出，至奉天殿，授礼部尚书。制敕房官将帖子授鸿胪寺官，传胪。是日，上具皮弁服，锦衣卫陈设仪仗，教坊司设中和韶乐、大乐于殿上，如常仪，鸿胪寺设案于殿内稍东，置黄榜于上，文武百官各具朝服侍班。诸举人先期赴国子监领进士巾服，至是服之，列班北向。执事官于华盖殿行礼毕，鸿胪寺官奏请升殿。乐作，导驾官前导升座，乐止，序班举榜案于殿中，赞礼。举人四拜讫，传制官跪奏传制，俯伏，兴，由东门出，诣丹陛，东立西向。执事官举榜案，至丹墀御道中置定，称有制，赞礼。举人皆跪，传制曰：某年某月某日，策试下天贡士，

---

① 此字被挖去。

第一甲赐进士及第，第二甲赐进士出身，第三甲赐同进士出身。复传第一甲第一名某，胪传序班递唱讫，序班引出班前跪。传第二名、第三名如之。复传第二甲某等几名，第三甲某等几名，仪并如前，惟不出班赞礼。诸举人俯伏，乐作，四拜，兴，平身。执事官举榜由奉天门左门出，乐止。伞盖鼓乐迎导，诸举人后从，至长安左门外张挂，顺天府官用伞盖仪从送状元归第。是日榜初出，文武百官入班，鸿胪寺官诣丹陛中道，跪致词云："天开文运，贤俊登庸，礼当庆贺。"赞五拜三叩头，礼毕而出。明日，赐状元及进士宴于礼部，命大臣一员待宴，读卷、执事等官皆预，进士并各官皆簪恩荣宴牌花，教坊司承应。宴毕，状元及进士赴鸿胪寺习仪。又明日，赐状元冠带、朝服一袭，诸进士宝钞人五锭。后三日，状元率进士上表谢恩，文武百官仍朝服侍班。先期鸿胪寺设表案于奉天殿门之东，至日，锦衣卫设卤簿，上具皮弁服御华盖殿，执事官行叩头礼毕，鸿胪寺官请升殿，乐作，导驾官导引，如常仪，升座，乐止，鸣鞭，文武官行礼侍班，如常仪。鸿胪寺官引状元及进士入班，赞四拜，兴，平身，赞进表。鸿胪寺官举表案于殿中，赞宣表，宣讫，俯伏，兴，彻案，状元及进士又四拜，兴，平身，礼毕。明日，状元率诸进士诣国子监，谒先师孔子庙，行释菜礼。礼毕，易冠服，礼部奏请，命工部于国子监立石题名。

俞氏宪曰：读卷官，国初用祭酒、修撰等官，正统中犹与其事，其后非执政大臣不得与，而去取之柄，则在内阁。

嘉靖五年奏准，殿试，弥封官不得与送卷事，阅卷官退朝直宿礼部。

俞氏宪曰：先是，举人廷试纳卷之日，弥封官以会试首列数卷潜送内阁，以备一甲之选，或内阁密觇状头仪貌及平昔声望，间有因而为奸者。阅卷官出自东阁，归宿私第，卷未入御览，而消息先播于外。是年，礼部尚书席公书历疏其弊，请乞弥封官不得与送卷事，阅卷官退朝直宿礼部。上从之，嗣是少夤缘之奸，而一甲三人往往拔自末列，不可注拟矣。

殿试在丧

天顺八年三月十五日，殿试恭遇英宗睿皇帝大丧礼。先期本部奏准，事宜从简。是日早，引诸贡士于西角门行五拜三叩头礼，毕，赴奉天殿前丹墀内，俟候策问（不御殿，只传策）。三月十七日早，文武百官素服侍班，上御西角门，鸿胪寺举案置于中，翰林院捧黄榜授礼部，置于案。诸进士服进士衣巾，行五拜三叩头礼，礼部捧黄榜，乐设而不作，导引出长安左门外张挂，状元率诸进士于西角门上表谢恩。（《登科录》）

按：正德十六年五月，殿试遇武宗大丧礼，诸事宜亦如之。

殿试免黜落

洪武二十一年三月，殿试罢对策不称旨者二人。（《登科考》）

按：宋嘉祐二年，亲试举人，凡与殿试者，始免黜落。我朝惟洪武戊辰科黜落二人，其余前后诸科，俱免黜落。

赐进士

举人出身，第一甲三名，第一名从六品，第二名、第三名正七品，赐进士及第。第二甲从七品，赐进士出身。第三甲正八品，赐同进士出身。（《诸司职掌》）

丘氏濬曰：《王制》：命乡论（谓述其德艺而保举之）秀士升之司徒，曰选士（选择而用之也）。司徒论选士之秀者而升之学，曰俊士（才过中人之谓）。升于司徒者不征（征谓徭役）于乡，升于学者不征于司徒，曰造士（造成也）。大乐正论造士之秀者以告于王，而升诸司马，曰进士。司马辩论官材，论进士之贤者以告于王，而定其论。论定然后官之，任官然后爵之，位定然后禄之。此三代乡里选用之法。而所谓进士者，盖以其成材，将进于朝，以用之故耳。后世取士不复此制，而亦以进士名，其原盖出于此，其名虽同，而其所以进之之实，则不同也。

又曰：隋始置进士科，始专试士以文辞，士皆投牒自进，州里无复察举之制矣。

又曰：宋太平兴国九年，进士始分三甲。

又曰：夫进士之名昉于周，而以设科始于隋，至唐宋因之不废，我朝益加重焉。然士岂无声实相副，如唐宋璟、张九龄、裴度、陆贽，宋李沆、王旦、韩琦、范仲淹、司马光、欧阳修诸人者乎？抑岂无静言庸违，文有可观而人无足称者乎？

何氏洛文曰：士既录，骎骎乎向用，有阶亦安可弗自朂邪？朂之在进道，进道在学，学在立诚。夫志孰不薪君子，才孰不薪用世？然若蓬之生麻者盖鲜，而类芷之渐滫者恒多。故可欲斯诱，畏斯蒽，艰斯挫，易斯忽，偏执而弗化斯劘，时可进而务趋斯荡，志眩于中而守移诸外，若是者不闻道也，而生乎弗学。学犹殖也，不进将落。操缦不已，何止安弦；运斤若神，致可斲恶。故应务先明诸心，禔身在纯其德，德纯心明，至道乃生。即艰虞猝踬，智愈精，气愈平，志愈增，性愈凝。以此考衷，内无天损；以此涉世，外无人损。而何言弗根心、行或倍始之有？盖学之益人也如此。然自设科以来，俶傥瑰玮杰然足术者不尠，而暗溼弗彰尚多有之，岂其才具弗若哉？诚弗豫耳。故伯昏之受射，其用视专也；丈人之承蜩，其操心一也。语曰：希骥之马，亦骥之乘。诸士信有希踪夔皋、慕武周召之心，而以贯金石、感鬼神者致行之，即师师之盛虞世、济济之宁文王，岂多让哉！

赐宴（宋太平兴国九年进士始锡宴琼林苑）

洪武四年，锡宴于中书省。

永乐九年，赐宴于会同馆。

十三年，赐宴于北京留守行后军都督府。

宣德五年，赐宴于行在中军都督府。

八年，赐宴于礼部，遂为例。（俱《登科录》）

上表谢恩

状元及第谢表，旧状元代作，亦相传故事，或有自制云者。（《状元考》）

释菜

洪武四年，令进士诣先师孔子庙，行释菜礼。（至今因之。）

《周礼·大胥》：春入学，舍（音释）采（读为菜）合舞。郑玄曰：菜，苹蘩之属。

宋氏濂曰：古者士见师以菜为挚，故始入学者必释菜以礼其先师。

立石题名

洪武十八年，令立进士题名碑于国子监。（《登科考》）

二十一年，立石题名，著为令。

永乐二年三月，命工部建进士题名碑于国子监，命侍读学士王达撰记。（疑题名碑有记始此。）（俱《宪章录》）

十三年，令立石北京国子监。（《登科考》）

五魁

凡乡、会试中前五名者，五经各一，时称五经魁，六名以后不拘经。

《双槐岁抄》曰：国初所取士，五名内或经魁不备，如洪武辛未第一人许观、第五人胡泰，皆治《书》是已。

三元（榜眼、探花附）

世称乡试第一为解元，会试第一为会元，殿试一甲第一为状元，第二为榜眼，第三为探花郎。

《书言》曰：解者，除也。选士才高德厚者而贡之曰解，乡试头名者曰解元。

《诗学》曰：桂三种，红为状元，黄为榜眼，白为探花郎。

《孤树裒谈》曰：状元及第，不问贤否，固已不泯，顾其人何如耳。

一甲进士选格

洪武四年,一甲第一吴伯宗授礼部员外郎,第二郭翀授吏部主事,第三吴公达授户部主事。(《登科考》)

洪武初,翰林院官皆由荐举进,虽设进士科,未有入翰林者。乙丑科以第一甲丁显、练安、黄子澄为修撰,第二甲马京、齐麟等为编修,吴文等为检讨,皆出简用,不由选法,命下,吏部惟铨注而已。至戊辰,以第一人任亨泰为修撰,第二人唐震、第三人卢原质为编修,著为令。建文庚辰,胡靖、王艮、李贯皆修撰,如乙丑之例。自成祖而后,则皆如戊辰之例云。

按:此条见《殿阁词林续记》,内原称洪武丁丑覆试,一甲皆修撰。今考《吾学编》、《宪章录》不然,故削之。

礼部□①送新科进士一甲三人,吏部查照太祖皇帝钦定品级,具题除授。(《吏部职掌》)

射策后惟一甲三名即日拜官,相传以为天选,虽吏部亦无统属,相见则入其后门。(《状元考》)

按:洪武四年,三甲俱同日除授职名。后惟一甲即授官,二甲、三甲观政后方以次授官。

二甲、三甲进士选格

洪武四年,二甲俱授六部主事,惟吴铺授户部司计,三甲俱授县丞。(《登科录》)

二甲进士在内除主事等官,在外除知州。三甲进士在内除评事、太常寺博士、中书舍人、行人等官,在外除推官、知县。

按:景泰五年,进士杨集以复正东宫事为书上当道,王文遂出集知六安州,进士选知州始此。

永乐十六年五月,令原习四夷字秀才中进士者,二甲授翰林院编修,三甲授中书舍人,仍习字。(俱《吏部职掌》)

选进士为庶吉士

凡进士间选为庶吉士,洪武间分置近侍衙门,永乐以后止隶翰林院,命学士等官教之。学业成者除翰林官,其后二甲除编修、三甲除检讨,兼除科道部属等官。(《会典》)

---

① 此字模糊难辨。

洪武十八年三月，初选进士为翰林院、承敕监、六科庶吉士。（《吾学编》）

《宪章录》曰：其在翰林等近侍衙门者，取庶常吉士之意，称为庶吉士，其在六部诸司者仍称进士。

永乐二年，选进士杨相等为翰林庶吉士，并修撰曾棨，编修周述、周孟简，凡二十八人，以应二十八宿，就文渊阁进学。时进士周忱自陈年少亦愿进学，上喜曰："有志之士也。"命增忱为二十九人，以解缙领其事，优礼给赐有加焉。上谕曰："人须立志，志立则功就，未有无志而能建功成事者。尔等拔千百人中为进士，又拔进士中至此，固皆今之英俊，然当立心远大，不可安于小成。为学必造道德之微，具体用之全，为文必并驱班马韩欧，如此立心，日进不已，未有不成者。古人文学岂皆天成，亦积功所致，尔等勉之。朕不任尔以事，文渊阁古今载籍所萃，各食其禄，日就阁中玩索，务实得于己，庶国家将来皆得尔用，不可自怠，负朕期待之意。"（《吾学编》）

三年三月，选庶吉士，法司理刑。（《吾学编》）

宣德八年冬，诏合临御以来三科进士御文华殿亲试之，拔其尤者郑建等二十八人与修撰，马愉等九人同进学文渊阁，其优礼给赐一循永乐甲申之制，仍赐御制诗以示勉励云。

又令内阁考选在外庶官有文学者六十余人，择其优者知县孔友谅，进士胡端祯、廖庄、宋濂，教谕黄纯、徐惟超，训导娄昇七人，上令改进士为庶吉士，与知县、教官俱历事六科以备用。（俱《通纪》）

正统十三年三月，命内阁选进士为庶吉士，止选北方及四川人，万安、刘吉、李泰遂与。（《宪章录》）

成化元年十二月，改庶吉士计礼等观政各衙门。自正统以来所选庶吉士，内阁奏请学士二员于翰林公署教习，与祖宗时文华堂、文渊阁旧规不同，惟拨给灯油笔墨及酒饭等项，循故事耳。内阁按月考试，则诗文各一篇，第其高下，以为去留之地，虽设会簿，多称病不往，将及三年，则邀求散馆，不复以进修为事。至是甲申庶吉士相率入内阁请散馆，计礼言尤抗直，李贤怒，请旨分散各衙门观政，寻授礼南京刑部主事。（或曰各授职，独罚礼刑部观政，寻授主事。）（《通纪》、《宪章录》）

隆庆二年，令每科一选进士为庶吉士。（此例至万历二年复罢。）

凡考选庶吉士，或间科一选，或连科屡选，或数科不选，或合三科同选，或重阅殿试策卷取考，或限三十五岁以下，或不限年，俱御赐题目考试，内阁会同吏、礼二部取中正副卷封进钦定。其应该教书官员，仍由内阁题请。庶吉士读书已经三年，内阁查平日考校先后名次，重加考试，分上中卷封进御览裁定。上卷二甲授翰林院编修，三甲授检讨，中卷授科道部属。如庶吉士丁忧、养病，起送到部，其同馆俱已授职者，仍由内阁查其在馆久近、平日考校名次，题授官职。（《吏部职掌》）

《殿阁续记》曰：翰林官惟第一甲三人即除授，其余进士选为庶吉士者，教养数年而后除，远者八九年，近者四五年，有复除他职者。虽二甲第一人及会元，或选而不与，或预而不留者，盖重其选也。然职清务简，优游自如，世谓之玉堂仙。世之好事者因谓一甲三人为天生仙，余为半路修行仙，亦切喻也。

按：考选庶吉士亦无定数，或二十八人，或并一甲三人为二十八人，或三十人，或十数人，皆临期取旨定夺。所考题目以诗论等篇，博览群籍、攻古文辞者多与焉，盖亦制科之遗意也。

进士观政

洪武十八年三月，上以进士未更事，俾观政诸司。（《宪章录》）

事例

礼部咨送新科进士，其二甲、三甲者，吏部具题，照依钦定，二甲从七品、三甲正八品，支俸拨各衙门办事，照依名序，吏、户、礼、兵、刑、工部、都察院各二员，通政司、大理寺各一员，周而复始，榜末十余员，俱留吏部。（《吏部职掌》）

进士开选

旧例，进士分拨各衙门办事半年，具题取选。先年因旧科二甲进士选除未尽，止三甲应选，内外员缺颇多，办事半年，止题取三甲进士开选。近该弘治十五年、嘉靖二年、十一年、二十六年，因内外缺多，二甲、三甲俱未及半年，于六月开选。及查，亦有至十月以后方开选者，俱临时查缺相应，照前例题请。（《吏部职掌》）

进士守部

一、三甲进士办事已及三年，及查，二甲进士应选各部者名数不多，将三甲进士题准，选除各部主事，临期斟酌人数，系在新科二、四月之后。

一、三甲守部进士未及题选部职之期，旧例，亦酌其年久勤劳，除授在京行人等官。二甲选至半年上下，亦免外选。其有出差、患病等项，选期虽久，照依在后人员所授职事补选。（俱《吏部职掌》）

进士依亲

弘治六年闰五月奏准，取中进士量留甲第在前者，各衙门办事取选，其余放回依亲，一则存省粮储，一则便于各人归省。

嘉靖五年五月，令进士不必放回依亲。

十七年十一月，诏办事进士选期远者，查照旧例，送顺天府给引照回依亲，限一年，以裹赴部。如过违限期一月之上者送问，三月之上者选除外任，三甲该外选者别议选除。如沿途扰索有司，居家干预公事者，听各抚按指实参奏。（俱《吏部职掌》）

进士读律

成化二年三月奏准，进士俱讲读法律。（《吏部职掌》）

进士理刑

正统年间，刑部查得各衙门办事进士谙晓刑名者，题取与见任官金书问刑。半年之上，勤慎谙练者，题送吏部，照依甲第次序，选除刑部主事。

成化八年奏准，进士不许取留问刑。（俱《吏部职掌》）

进士就教

进士奏乞愿就教职者，案候。查有府教授员缺，类题铨授，所有俸级仍照原中甲第品级关支。（《吏部职掌》）

回部进士

旧例，依亲进士起送回部者，文书无碍即与标堂稿，用手本送原拨衙门办事，照甲第取选。近年到部参差，往往下手人员选过再送原拨衙门查选，不便与同给假毕姻、丁忧起复等项到部者说堂，就留本部办事，挨次取选。（《吏部职掌》）

年少进士

永乐十六年，敕进士年二十以下者，遣归本学肄业，皆豫注拟其官于登科录，待阙取用。（《野记》）

按：马况曰："大材当晚成，良工不示人以朴。"诸葛武侯曰："瞻聪慧可爱，嫌其早成，不为重器。"程伊川曰："少年登高科，不幸也。"是故洪熙中，俞建辅有年过二十五者许令入试之疏。今例，进士年二十以下者遣归肄业，年三十以上者方许选科道官，盖皆裁抑成就之意云。

《长语》曰：古称大器晚成，马况所以知朱悖非远到之器也。以我朝诸公论之，少师李东阳五岁能作大字，以神童入禁中，十七登进士；少傅杨一清亦以神童举，亦十七登进士；少师杨廷和十二占乡试；少傅蒋冕十八为解元；少师费宏二十为状元。官皆极品，年寿亦高，则晚成之说殆未盖然也。

坊牌

洪武二十一年，任亨泰状元及第，太祖曰新状元得人，敕有司立坊牌以荣之。故坊上特揭圣旨字，他坊惟恩荣小匾。此我朝天下坊牌之始。（《襄阳志》）

南充韩士英曰：牌坊者，所以表厥宅里，揭名彰善，今尤重之。然出于旧例及题请者，上也；出于当道有司之作兴者，次也；外此达官显宦有所干求，亦非矣。尝阅《菽园杂记》，有曰：《中吴纪闻》载宋蒋侍郎希曾不肯立坊名，昆山郑介庵晚年撤去进士坊牌，云无遗后人笑。呜呼，名者，圣人所不能胜也，况其下者乎？今既不免于从俗，当图其不朽，毋为后人笑，斯可矣。岂徒夸耀一时已乎？

会试录（乡试录大略同）

首会试录序，次考试官、执事官，次三场题目，次中式举人，次举人程文，终后序。

会试录序（洪武四年，称会试纪录题辞）

考试官、执事官

弘治七年，令考试等官各开职名，不许称张公、李公字样。（《会典》）

上书官书名，下双行书某字某处人某出身，由举人出身者惟见永乐十三年会试录，称乡贡进士，各科俱称贡士。

今考试等官俱开职名，惟考试官批程文所称不同。今借学士赵甲别之，永乐十三年会试则称赵学士批云云，正统元年会试以后则称学士赵批云云，惟隆庆五年浙江乡试则称学士赵甲批云云。

三场题目

诸题目俱前后再书，惟五策问目颇长，故前书之，后程文中不再书，止书第一问、第二问、第三问、第四问、第五问，而各以举人对策附之也。

中式举人（第几名某人某处人某经）

举人程文（每篇书举人姓名及考官批语）

洪武二十一年二月，会试录初刻举人程文。

丘氏濬曰：十八年会试，止录士子姓名、乡贯，而未刻程文，录文自二十一年始也。

小录所刻之文谓之程文，特录出为士子程式也，非用是以献上也。文有可为程式者则刻，无则否，或多或寡，不必齐同。

《双槐岁抄》曰：国初刻文，或《中庸》、《孟子》，皆二篇，如正统辛酉广东乡试是已。或有论策重复者，不能悉数。

成化十年正月奏准，试录就刻举人文字，不许主考代作。（《宪章录》）

嘉靖六年奏准，试官凡集录进呈，必用生儒本色文字，间有阔疏，少为润色。毋令尽自己出，邀饰虚名，不惟欺君疑士，且妨校文之功。

丘氏濬曰：正统、景泰以前所刻程文，皆士子亲笔，有司稍加润色耳。近日多是考官代作，甚至举子无一言于其间，殊非设科之本意。

其录出以为程文者，又多萎荣粗浅，拘泥缠绕，不厌士心。录一出，议论纷然。

后序

洪武四年前序，同考试官、司业宋濂撰也，无后序。考试官第一人撰前序，第二人撰后序，遂为故事。如考试官偶有阙，则后序属同考试官第一人。嘉靖甲辰，修撰茅瓒撰后序是也。

进士登科录

首玉音，次恩荣次第，次进士家状，次制策，终进士对策。

玉音

钦命进士出身等第，及读卷官、执事等官，各官上书官书名，下双行书出身。

恩荣次第（见殿试）

进士家状

按：录内有进士家状，自洪武四年始，历年增订尤详。某人，贯某京藩某州县，军、民、灶、匠等籍，或某处人，某府州县学生，或国子生、儒士、官吏等，治某经，字某，行几，年若干，某月日生。曾祖某，或某官，封赠某官，祖、父同之。嫡、继、生母某氏，或封赠夫、淑、恭、宜、安、孺人。以曾祖、祖、父母存亡，分重庆、具庆、严侍、慈侍、永感五款。兄某，弟某，或某官，封赠某官。娶、继娶某氏。某处乡试第几名，会试第几名。瑞意更增某科某处乡试，如前科会试者亦明书之，尤便查考。窃尝论之，国家待始进之士，高其爵，厚其禄，显其名，以及其祖父亲属，举士人平生之深愿而不可必得者，一旦兼取而畀之，厚矣，至矣，无以复加矣。无论天植其性者，即中人之性，亦当感激而图报矣，况得时行道，尤所谓不劳己之力，不费己之财者也。故每有败德隳政以自外于君子之林者，其君之负士耶，其士之负君耶，抑士之自负此生耶？

制策

洪武三年登科录刻制策。（至今因之。）（见《录》）

丘氏濬曰：殿廷试士，始于唐武后时，宋初沿之，然皆诗以诗赋。至神宗熙宁三年，始专试以策，限对者以千字，至今用之。

俞氏宪曰：洪武辛亥、乙丑，皆亲制策问，其后间命翰林拟撰，取自圣裁用之。

进士对策

洪武二十一年登科录初刻进士对策。（《登科考》）

按：对策例刻一甲进士三篇，惟永乐二年、四年、嘉靖十四年兼刻二甲进士对策。若正德三年取二甲、三甲各第一名对策刻之，则逆瑾之行私也。

又按：《状元考》云，永乐二年刻对策各附读卷官批语于后，今举人留十八空行于卷末者，殆谓此也。

《埙缀录》曰：国朝状元对策，皆经阁老笔削或自删润乃入梓。独罗伦一策，未尝改窜。盖一笔写正，不具稿，既掇魁，以外调不及改，然其策亦自详赡。

宣德五年三月，上御奉天门策会试中式举人。上临轩发策毕，退御武英殿，谓翰林儒臣曰："朕于取士，不尚虚文，欲得忠鲠之士为用。其间有若刘贲、苏辙辈，能直言抗论，庶几所望，朕当显庸之。"于是赋策士歌以示诸读卷官云。

丘氏濬曰：宋熙宁三年，亲试进士。时苏轼为编排官，见一时举人所试策，多阿谀顺旨，乃拟一道以进。大略谓科场之文，风俗所系。所收者天下莫不以为法，所弃者天下莫不以为戒。今始以策取士，而士之在甲科者，多以谄①谀得之。天下观望，谁敢不然。风俗一变，不可复返。正人衰微，则国随之噫。观轼兹言，则知朝廷以言试士，虽若虚文，而一时人心之邪正，国势之兴衰，实关于此。识治体者，不可不加之意。

按：宋绍兴二十七年，王十朋御试对策曰："自权臣以身障天下之言路，而庠序之士养谀成风，科举之文不敢以一言及时务。欲士气之振，可乎？臣闻嘉祐间，仁宗以制科取士，时应诏者数人，眉山苏辙之言最为切直，考官以上无失德而辙妄言，欲黜之，独司马光慨然主其事。仁宗曰：'朕以直言求士，其可以直言弃之邪？'擢置异等。此陛下取士之家法也。"王十朋之言如此，大抵临轩策士，固所以品才，亦所以考政资理也。上以诚求之，言无不行；下以诚应之，言无不尽。斯得之矣。古今对策，称上下无负者，汉董仲舒，唐刘蕡，宋苏轼、苏辙，此其章明较著者也。本朝练子宁、罗伦，其殆庶几乎。近世以来，阿谀成风，殆不止于苏氏、王氏之所忧而已。时人雄冒楷书十八行之语，岂无自哉？

皇明贡举考卷之二

海州张朝瑞辑

庚戌　洪武三年京畿十一行省乡试

解元（解元可考者录之，其余举人不可考，亦不能尽录，后科皆同）

应天府。

河南。

山东。

山西：仇敬，曲沃县，《书》，辛亥进士。

陕西：尔朱钦，富平县，《书》，辛亥进士。

北平。

福建：李升②，福清县，《春秋》，辛亥进士。

江西：吴伯宗，金溪县，《书》，辛亥状元。

浙江：何文信，绍兴府，《春秋》，辛亥进士。

湖广。

广东。

---

① "谄"为"谄"之讹。
② 《索引》同，《皇明三元考》作"李昇"。

广西。

辛亥　洪武四年会试

主文官：

嘉议大夫、礼部尚书陶凯，中立。

前翰林院侍讲学士潘廷坚，升闻。

第一场

《易》：

〇法象莫大乎天地，莫大乎圣人。

《书》：

〇日宣三德，庶绩其凝。

《诗》：

〇厘尔圭瓒，天子万年。

《春秋》：

〇盟践土，陈侯如会，朝王所（僖公二十八年）。同盟鸡泽，袁侨如会，豹及盟（襄公三年）。

《礼记》：

〇凡三王教世子，恭敬而温文。

《四书》疑：

〇孟子曰："由尧、舜至于汤，五百有余岁，若禹、皋陶，则见而知之。若汤，则闻而知之。"夫禹、皋陶、汤，于尧、舜之道，其所以见知闻知者，可得而论与？孟子又言："伊尹乐尧、舜之道。"《中庸》言："仲尼祖述尧、舜。"夫伊尹之乐，孔子之祖述，其与见知、闻知者，抑有同异欤？请究其说。

第二场

论：

［〇］射礼论。

诏：

［〇］拟汉光武封功臣为列侯诏（建武一年）。

诰：

拟唐太守以马周为中书令诰（贞观十八年）。

表：

［〇］拟唐魏徵谢除侍中表（贞观七年）。

第三场

策：

［〇］古今立经陈纪（礼乐、政令、学校、农桑、设官、取士、盐铁、漕运）。

先是，京畿乡试中式者七十二人，未及会试，上皆采用之，至有为监察御史者。及是惟十一行中书省及高丽国会试之士一百八十九人，取俞友仁等百二十人，友仁官土①长山县县丞。

中式举人一百二十名。

俞友仁，浙江仁和县人，《易》。

林信孚，福建怀安县人，《书》。

杨自立，江西泰和县人，《春秋》。

杜濬，江西泰和县人，《诗》。

时执亮，山东东阿县人，《礼记》。

此五人俱见后甲第中，以明经之首，故特书之，后各科同。

二月十九日，上御奉天殿策试天下贡士。制曰：盖闻古先帝王之观人，莫不敷奏以言，明试以功。汉之贤良，宋之制举，得人为盛。朕自临御以来，屡诏有司搜罗贤俊，然而杰特犹若罕见，故又特延子大夫于庭而亲策之，以庶几于古先帝王之盛节焉。历代之亲策，往往以敬天勤民为务。古先帝王之敬天勤民者，其孰为可法欤？所谓敬天者，果惟于圜丘郊祀之际致其精一者为敬天欤？抑他有其道欤？所谓勤民者，宜莫如自朝至于日中昃不遑暇食者矣，其所以不遑暇食者，果何为耶？岂勤于庶事之任耶？自昔而观，宜莫急于明伦厚俗。伦何由而可明，俗何由而可厚耶？三代而下，惟东汉之士俗、赵宋之伦理，差少疵议，果何道而致然欤？盖必有可言者矣，宜著于篇，毋泛毋略。

时廷对之士一百二十人，赐吴伯宗等进士及第、出身有差，赐伯宗袍笏冠带。后伯宗上疏论时政，斥胡惟庸罪状，进讲东宫，首陈正心诚意之学。上制十题命赋，伯宗援笔立就，辞语峻洁。上曰伯宗才子，赐织金锦衣。伯宗温厚贞谅而不苟婘娴，屡折而不回，论者以开科第一人名德俱称云。所著有《南宫集》、《使交集》、《成均》、《玉堂》诸集。官至武英殿大学士。是科伯宗为名臣，叶砥有名。

第一甲三名赐进士及第（第一名授礼部员外郎，第二名授吏部主事，第三名授户部主事）

吴伯宗，江西金溪县。

郭翀，山西壶关县。

吴公达，浙江丽水县。

第二甲一十七名赐进士出身（俱授六部主事，惟吴镛授户部司计）

杨自立，江西泰和县。

赵友能，浙江会稽县。

仇敬，山西曲沃县。

---

① "土"字疑衍。

丁辅，江西吉水县。

吴镛，江西鄱阳县。

黄载，江西奉新县。

王敬中，浙江鄞县。

陈信之，福建怀安县。

刘寅，山西崞县。

杜濬，江西泰和县。

王谏，浙江黄岩县。

熊谊，江西丰城县。

卢玑，广西平乐县。

周子谅，江西庐陵县。

毛煜，江西南昌县。

王谊，河南邓州。

赵旅，浙江山阴县。

第三甲一百名赐同进士出身（俱授县丞）

姚宗敬，江西德兴县。

王玄范，福建福清县。

叶孝友，江西贵溪县。

尹宗伊，山西万泉县。

金涛，高丽国延安县。

岑鹏，浙江慈溪县。

李升，福建福清县。

贾敏，山西壶关县。

梁临，广东新会县。

聂铉，江西清江县。

屠养浩，浙江鄞县。

郑廷实，福建永福县。

赵铸，陕西渭南县。

张正一，浙江金华县。

洪烨，浙江天台县。

包莘，浙江鄞县。

危孝先，浙江临海县。

冯麒，浙江仁和县。

刘光先，江西吉安永丰县。

郭邻，山西长子县。

魏云，福建闽县。

魏益，直隶砀山县。

张寿龄，广东保昌县。

林器之，福建侯官县。

赵实中，浙江黄岩县。

俞友仁，浙江仁和县。

王诚，浙江上虞县。

康缙，江西泰和县。

闻伯异，浙江天台县。

童尹，浙江临海县。

林信孚，福建怀安县。

陈执中，福建连江县。

林文寿，福建长乐县。

王夏，陕西郃阳县。

黄绶，福建闽清县。

齐季舒，江西德兴县。

刘杰，北平涞水县。

陈玄，广东东莞县。

郑潜，福建莆田县。

陈章应，福建晋江县。

彭泰，江西吉水县。

严植，江西南城县。

李素，山西壶关县。

李初，江西庐陵县。

陈彝，浙江永嘉县。

胡汝雨，浙江天台县。

管贞，江西宁都县。

吴权，江西进贤县。

张鹤，山西潞城县。

刘伯钦，江西吉水县。

叶砥，浙江上虞县。

林嘉，福建福清县。

刘铸，江西南昌县。

陈拱，浙江永嘉县。

何文信，福建闽县人，寓绍兴府。

傅皓，山东阳谷县。

韩守正，浙江萧山县。

何得举，福建晋江县。

王砥，山西陵川县。

冯本，北平南乐县。

林德亨，福建福安县。

林大同，福建福清县。

尔朱钦，陕西富平县。

伍洪，江西安福县。

邓原忠，福建沙县。

蔡士实，福建福清县。

叶德潜，福建侯官县。

王锡，山西屯留县。

梁安，广东高要县。

杨文，浙江山阴县。

王中，山西沁水县。

胡澄，浙江诸暨县。

时执亮，山东东阿县。

柳汝舟，浙江山阴县。

张堂，河南安阳县。

胡皦，北平容城县。

孙卓，河南荥泽县。

智审，北平元氏县。

喻文龙，浙江山阴县。

黄得润，江西丰城县。

丁时敏，江西丰城县。

董时亮，浙江嵊县。

陈韶，浙江定海县。

胡宗禧，北平霸州。

余集，浙江临海县。

刘中，河南孟津县。

周潼，浙江淳安县。

薛大昉，北平蠡州。

钟霆，浙江上虞县。

刘长辅，江西吉水县。

郑贞仲，福建闽县。

黄钺，江西临川县。

何子海，广东番禺县。

袁泰，山西万泉县。

张必泰，福建福清县。

秦亨，直隶城父县。

晋罡，山西潞州。

郑钧，山东章丘县。

赵斗南，河南巩县。

赵松，陕西渭南县。

壬子　洪武五年京畿十二行省乡试

按：洪武四年辛亥二月，诏各行省连试三年，本年《会试录》宋濂题词云："敕有司自壬子至甲寅三岁连贡三百人。"正德九年《会试录》序云："自洪武三年至五年，每岁皆开科取士。"《临江先哲录》云："洪武五年八月，礼部侍郎曾鲁奉旨考京畿乡试。"合而观之，则五年壬子乡试无疑。近《宪章录》称洪武辛亥八月复开科乡试，盖闻本年连试诏书而附会之耳，曷思濂见知者，其曰自壬子起为可据哉？或又疑辛亥不乡试，序何以云三年至五年每岁开科？不知三年、五年开乡试科，四年开会试科，故云，非谓四年乡试也。迨癸丑二月罢科举，并前诏癸丑、甲寅乡试亦不果行矣，故今止录壬子乡试。

解元

应天府。

河南。

山东。

山西。

陕西。

北平。

福建。

江西。

浙江：郑真，慈溪县。

湖广。

广东。

广西。

四川，见取士之地。

是科江西吉水王省死建文君之难。

甲子　洪武十七年京畿十三藩乡试

九年六月，改行中书省为浙江等十二承宣布政使司。

解元

应天府：齐德，溧水县，乙丑。

河南。

山东。

山西：高铎，绛州，乙丑。

陕西。

北平。

福建。

江西。

浙江：花纶，仁和县，乙丑。

湖广。

广东。

广西。

四川。

云南，见取士之地。

乙丑　洪武十八年会试

考试官：

翰林院待诏朱善，备万，江西丰城县人。

翰林院典籍聂铉，器之，江西清江县人，辛亥进士。

第一场

《四书》义三道，缺。

《易》义三道，缺。

《书》义四道，缺。

《诗》义四道，缺。

《春秋》义四道，缺。

《礼记》义四道，缺。

第二场

论一道，缺。

诏诰表内科一道，缺。

判语五条，缺。

第三场

策五道，缺。

时会试之士□□□□□①，取黄子澄等四百七十二人。子澄少受《易》欧阳贞，《书》周与学，《春秋》梁寅，有文行，负盛名。举礼部第一，官至太常寺卿，预参国政，死建文君之难。文皇族其家，一子走，遇赦，家湖广咸宁。正德辛巳进士黄表，其后也。是录部本缺。

中式举人四百七十名。

黄子澄，江西分宜县人，国子生。

练子宁，江西新淦县人，国子生。

花纶，浙江仁和县。

四名以后缺。

三月初一日，上御奉天殿策试天下贡士。制曰：朕稽古名世者，惟敬事而畏人神，趋事以历知，涉难以立志，日运不息，岁运不已，虽在寝食，未尝忘其所以，由是大辅人君，福臻黎庶，所以名世者为此也。朕自代元统一华夷，官遵古制，律效旧章，孜孜求贤，数用弗当。其有能者，委以心腹，多面从而志异。纯德君子，授以禄位，但能敷古，于事束手。中才下士，廉耻无知，身命弗顾，造罪渊深，永不克己，彰君之恶，若非贞贤至圣，亦莫不被其所惑。若此无己，奈何为治？尔诸文士，虽在建学之秋，未博乎庶典，但能条陈可否，则知利钝，既承朕命，悉乃心力，志根名世，在斯始举，必如朕意。

时廷对之士四百七十二人，赐丁显等进士及第、出身有差。初，读卷官奏花纶第一，上以其年少，抑之，遂首显。练子宁对策言近日朝廷用人，徇名而不求实，小善骤进，小过辄戮，因历陈古人教养任用之道，剀切不顾忌讳，上亲擢第二。显所著有《建阳集》，官止修撰。是科初选进士为庶吉士，后蹇义、郭资、刘俊俱为名臣，资赠汤阴伯，马京、向宝、周丹俱有名，子宁与黄子澄、暴昭、王彬、卓敬、齐泰、徐子权俱死建文君之难。是录部本缺，湖本不全，此据俞振才本录之，二甲缺五名，三甲缺一百八十二名。有以一甲第一为程以善，第三为黄子澄者，恐误。

第一甲三名赐进士及第（俱授修撰）

丁显，福建建阳县。

练子宁，江西新淦县。

花纶，浙江仁和县。

第二甲一百七名赐进士出身

马京，陕西武功县。

齐麟，山西五台县。

吴文，广西临桂县。

_____

① 原缺。

李震。

陈广，湖广茶陵县。

顾观，浙江萧山县。

陈淇，福建建阳县。

程以善，江西南昌县。

张衡，江西万安县。

彭汝器，江西乐平县。

陈迪，直隶丹徒县。

秦逵，直隶宣城县。

夏止善，浙江余杭县。

陈杰，直隶高邮县。

萧子韶，江西泰和县。

戴城，浙江丽水县。

聂敏，河南武陟县。

黄俊，福建莆田县。

侯庸，山东平度县。

徐质，浙江钱塘县。

张礼，直隶华亭县。

沈潜，浙江钱塘县。

朱曾，山东禹城县。

吴谦，河南许州。

张廷兰，湖广澧州。

黄子平，广东茂名县。

王达，山西绛州。

陈绥，广东南海县。

凌辂，直隶句容县。

高安，浙江淳安县。

刘观，北平雄县。

陈至善，浙江仁和县。

董薛，浙江新昌县。

陈仲述，江西泰和县。

徐旭，江西乐平县。

徐应台，浙江象山县。

黄性初，福建莆田县。

倪炯，福建闽县。

王福，福建怀安县。

廖孟瞻，江西临川县。

韩祯，河南共城县。

王瓛，湖广蕲州。

郑赐，福建瓯宁县。

黄惟清，福建晋江县。

陈洵仁，福建长乐县。

戴安，江西鄱阳县。

王朴，陕西同州。

陈逢震，湖广蓝山县。

聂震，山东长山县。

向宝，江西进贤县。

方昇。

□□□

□□□

□□□

□□□

□□□①

李裕，直隶寿州。

项复，浙江余姚县。

谢谦，陕西长安县。

朱懋，河南安阳县。

陈宾，福建永福县。

黄伯珪，福建光泽县。

张士凯，江西吉水县。

陈立，江西南丰县。

王昱，陕西三原县。

魏安仁，河南祥符县。

廖时雨，湖广黔阳县。

李琳，福建连江县。

阳定周，江西宜春县。

陈郁，浙江平阳县。

赵勉，湖广夷陵县。

朱聪，福建永福县。

陈曾，福建闽县。

---

① 以上五人原缺。

葛瑾，山东沂水县。

江观，福建松溪县。

李子清，福建连城县。

王本道，江西兴国县。

郑珇，福建福清县。

周弼，福建莆田县。

王文英，浙江鄞县。

陆镒，直隶吴县。

郭迪，山西临汾县。

邢钜，河南荥泽县。

姚侃，浙江桐庐县。

王肃，浙江会稽县。

魏思敬，浙江余姚县。

蔡玄，浙江钱塘县。

张和，福建瓯宁县。

李增，福建建安县。

高成，福建莆田县。

解敏，河南阳武县。

谭子英，湖广攸县。

张义，湖广孝感县。

王溥，广西临桂县。

吕演，河南延津县。

林龟年，福建连江县。

周同生，福建晋江县。

单桂孙，浙江鄞县。

毛仁，浙江仁和县。

盛安，直隶丹徒县。

唐盛，直隶华亭县。

周文通，福建邵武县。

李骥，山东郯城县。

王逊，直隶昆山县。

严鹗，江西云都县。

劳上宽，广东南海县。

周原，直隶繁昌县。

第三甲三百六十二名赐同进士出身：

危瓛，□□□□①县。

李鸿纲，□□□□②县。

蔡福南，广东海阳县。

杨靖，直隶山阳县。

黄子澄，江西分宜县。

黄耕，山东济阳县。

蹇义，四川巴县。

邹仲实，江西乐平县。

谭惟善，湖广茶陵县。

郭资，河南武安县。

盛思明，直隶丹徒县。

刘俊，湖广江陵县。

仇益，山西汾西县。

朱瞻，山东莒州。

卓闻，福建怀安县。

谭翼，江西大庾县。

林达，浙江定海县。

柏龄，直隶高邮县。

林细，福建怀安县。

陈粹，浙江归安县。

潘岳，浙江新昌县。

李渊，江西上高县。

彭子俊，江西万安县。

冯原智，直隶吴县。

林同，浙江平阳县。

于子仁，湖广武冈州。

孙文义，山东馆陶县。

惠忠，直隶合肥县。

曹文，福建瓯宁县。

梁德远，湖广新化县。

杨居正，浙江归安县。

陈敬宗，直隶贵池县。

李济，陕西朝邑县。

---

① 原缺。

② 原缺。

吴盛，北平景州。

许恒，江西赣县。

李文善，广东高要县。

陈善生，浙江丽水县。

孙仁，直隶寿州。

李瑛，浙江钱塘县。

叶宗，浙江永嘉县。

甘泉，江西宜春县。

方伯礼，浙江象山县。

李□①，山东邹平县。

袁宗弼，山西陵川县。

卫善初，广东四会县。

胡彦成，浙江西安县。

丁坤，福建连江县。

邓文鉴，福建沙县。

张观，广东南海县。

郭弘，河南祥府县。

王思敬，浙江归安县。

吴应隆，湖广安陆州。

缪均，浙江平阳县。

黄敬中，广东曲江县。

文敏，广西兴安县。

崔敬，陕西鄠县。

魏卓，江西新城县。

陈顺成，湖广攸县。

董克昌，河南信阳县。

彭庆，江西乐平县。

曾玉，湖广零陵县。

应宗义，浙江象山县。

徐敏，浙江临安县。

潘存性，浙江余姚县。

苏文洪，山东恩县。

暴昭，山西浮山县。

李行远，河南汝州。

---

① 原缺。据《索引》，当为"仪"。

孙贯，浙江长兴县。

王彬，山东嵫阳县。

卓敬，浙江瑞安县。

曹纯，浙江海盐县。

俞本，直隶芜湖县。

范原，陕西富平县。

蔡英，山东禹城县。

周丹，浙江永嘉县。

潘赐，福建浦城县。

邓志学，湖广沅江县。

陈焕，福建连江县。

刘拯，山东沂水县。

宋辅，陕西高陵县。

施昺，江西南城县。

李耀，江西湖口县。

林昶，广东吴川县。

胡铉，江西南昌县。

阎盛，山东高苑县。

丁永保，福建沙县。

余玱，福建罗源县。

胡宁，浙江永嘉县。

李源深，江西贵溪县。

齐德，更名泰，直隶溧阳县。

□□□

□□□

□□□

□□□

□□□

□□□①

张寿，山东项城县。

张凝，山西陵川县。

刘麟，江西乐平县。

谭彦芳，广东高要县。

---

① 以上七人原缺。

张山，陕西三原县。

王惟道，广西容县。

叶规，福建建阳县。

余钦，江西新城县。

邓伟奇，湖广安仁县。

刘仲廉，湖广武昌县。

杨志铭，浙江鄞县。

甘友信，广东保昌县。

范朗，福建政和县。

郭琳，陕西蒲城县。

金润，湖广安乡县。

林宗浦，广东徐闻县。

叶耀，福建建安县。

夏仲，福建福清县。

方必爵，湖广华容县。

石岳，广西阳朔县。

易大华，江西上高县。

李德遂，浙江临海县。

陈用行，江西临川县。

薛盛，福建福宁县。

唐辉，广西兴安县。

黄仁义，福建南靖县。

徐复，江西鄱阳县。

杨言，直隶寿州。

叶文德，江西上饶县。

郭祥，山西临汾县。

朱革庆，广东南海县。

阎察，山西平定州。

周尚文，广东香山县。

傅汉，山东济阳县。

夏铭，湖广溆浦县。

刘真，湖广均州。

郑辅，福建瓯宁县。

李熙，广西苍梧县。

林瑜，福建连江县。

陈湜，福建长乐县。

陆载，江西赣县。

萧珪，湖广全州。

方必受，湖广巴陵县。

任励，陕西长安县。

刘宗海，湖广浏阳县。

陈迪，广东四会县。

姚观文，广东南海县。

罗知，福建长乐县。

郭子和，湖广益阳县。

周从善，江西吉水县。

罗遑，浙江慈溪县。

水丘曦，浙江临海县。

金敏文，江西吉安永丰县。

沈志远，浙江余姚县。

徐子权，江西新淦县。

胡昱，湖广沅州。

刘让，河南西华县。

刘奉，江西乐平县。

翁公质，福建宁德县。

周成，陕西韩城县。

戴云，广东连州。

王良弼，江西贵溪县。

张文贞，福建瓯宁县。

高景材，福建罗源县。

叶复，福建建安县。

陈权，江西南城县。

刘荣，江西余干县。

赵朗，山西垣曲县。

马魁，河南武陟县。

李溎，福建松溪县。

吴懋，福建仙游县。

毕贵，北平任丘县。

袁矿，浙江奉新县。

俞璟，浙江钱塘县。

邓祐，直隶江都县。

王觏，直隶华亭县。

高铎，山西绛州。

张著，河南原武县。

林逊，广东潮阳县。

周宗起，福建漳浦县。

刘安生，福建安溪县。

王暾，福建福清县。

张安世，湖广蕲州。

张公宣，江西德兴县。

蒋奎，湖广沅州。

钱逊，江西新昌县。

罗寅，福建建阳县。

汪凯，浙江奉化县。

王蒙，浙江黄岩县。

张瑾，山西忻州。

潘侃，浙江平阳县。

丁鳞，浙江海盐县。

范瑾，浙江黄岩县。

徐彦和，江西临川县。

杨友仁，湖广益阳县。

徐宗武，浙江乌程县。

胡信，江西德兴县。

莫兰，广西平乐县。

俞振才本云：右三甲尚多，阙文未补。然视今《登科录》所列名籍，则已详矣。
宜刻之而异其阙文，以俟知者。

补阙：

曹铭，陕西会宁人，都御史。

陈思道，浙江山阴人，礼部侍郎。

张忠，直隶开州人，刑部侍郎。

邵永善，浙江仁和人，工部侍郎。

（俱见《列卿年表》。）

丁卯　洪武二十年京畿十三藩乡试

解元

应天府：施显，常熟县，戊辰。

河南：董恂。

山东。

山西。

陕西。

北平。

福建。

江西：解缙，吉水县，《书》，戊辰。

浙江。

湖广。

广东。

广西。

四川。

云南。

是科江西南昌胡俨为名臣，应天怀宁甘霖死建文君之难。

戊辰　洪武二十一年会试

考试官：

按《双槐岁抄》，洪武戊辰会试以前翰林院编修苏伯衡、翰林院编修李叔荆为考试官，得京闱新解首施显为第一人。

第一场

《四书》，缺。

《易》，缺。

《书》，缺。

《诗》，缺。

《春秋》，缺。

《礼记》，缺。

第二场

论，缺。

诏诰表内科一道，缺。

判语五条，缺。

第三场

策五道，缺。

时会试之士□□□□□①，取施显等九十九人，初刻程文□□②篇。显官至御史。是录部本缺。

---

①　原缺。

②　原缺。

中式举人九十九名。

施显，直隶常熟县。

二名以后缺。

　　三月初一日，临策天下贡士。制曰：事神之道，世人之心，莫不同焉。虽然，始古至今，凡所祀事也，必因所以而乃祀焉。然先圣之制，礼有等杀，所以自天子至于臣民，祭礼之名，分限之定，其来远矣，其主祭者又非一人而已。然而有笃于敬者甚多，有且信且疑者亦广，甚于不信而但应故事者无限。所以昔人有云：能者养之以福，不能者败以取祸。朕未知其必然。尔诸文士，陈其所以，朕将览焉。

　　时廷对之士九十九人，赐任亨泰等九十七人进士及第、出身有差。亨泰条对详切，即以天下为己任，上亲擢为第一。罢对策不称旨者二人，刻制策一篇、对策三篇。上宠遇亨泰，命有司建状元坊以旌之，每诏建议，即赐手诏，书"襄阳任"而不名。顾英称亨泰隆德望于深严之地，完名节于开创之初，要其所学，卒泽于道德，旷如也。所著有《任状元遗稿》。官至礼部尚书。是科解缙为名臣，卢原质死建文君之难。是录部本缺，闽本存，今除黜落二人，尚缺二人。

第一甲三名赐进士及第（第一名授修撰，第二、第三名俱授编修，著为令）

　　任亨泰，湖广襄阳县。

　　唐震，福建闽县。

　　卢原质，浙江宁海县。

第二甲一十四名赐进士出身

　　吴观玄，江西吉安永丰县。

　　吴谦，河南许州。

　　翁华，浙江慈溪县。

　　艾旭，江西宁县。

　　俞士贤，浙江诸暨县。

　　金公允，浙江临海县。

　　郭真，浙江瑞安县。

　　陈讷，浙江平阳县。

　　施显，直隶常熟县。

　　冯伏，福建怀安县。

　　陈时举，浙江上虞县。

　　范敬先，江西新建县。

　　马志远，北平沧州。

　　唐奉先，湖广京山县。

第三甲七十八名赐同进士出身

吴鉴，江西新昌县。

胡隆，福建闽县。

沈霖，浙江钱塘县。

王辛，福建福清县。

董幼颖，福建长泰县。

杨熺，浙江缙云县。

萧敏，直隶合肥县。

丁恒，山东临淄县。

沈玄，浙江钱塘县。

解缙，江西吉水县。

郑义，福建闽清县。

孔敏，浙江黄岩县。

李翼（李一曰王），山东鱼台县。

曾克伟，江西泰和县。

陈昂（昂一曰昴），福建连江县。

邢润，山东诸城县。

任皞，山西介休县。

李盛，湖广江夏县。

安仁，山东高密县。

赵义，陕西商县。

刘学英，江西吉安永丰县。

缪煜，直隶江阴县。

夏铭善，湖广溆浦县。

李继祖，湖广善化县。

米稚（米一曰朱），广东清远县。

吴安生，福建晋江县。

林京，福建福清县。

喻世英，江西新喻县。

邸鹏，北平唐县。

何奎，江西南昌县。

彭贡，福建永福县。

永颖，浙江富阳县。

吴庆，浙江会稽县。

游义生，福建连江县。

徐昇，浙江寿昌县。

冯亮，福建晋江县。

王观达，浙江新昌县。

程士，福建莆田县。

李子容，江西庐陵县。

卢敬贤，浙江永嘉县。

菅谷奇（菅一曰管），湖广沅江县。

林珽，浙江瑞安县。

陈坚，福建福清县。

黄金华，江西吉水县。

高瞻，河南洛阳县。

黄弘，江西新城县。

吴辅，浙江会稽县。

饶增（增一曰智），江西新城县。

王佐，山东宁阳县。

祝渊，直隶舒城县。

张宪，山东临朐县。

周思政，浙江青田县。

陈文铭，直隶临淮县。

李克逊，湖广宁远县。

姚与成，江西泰和县。

潘善应，福建怀安县。

李迪，广西临桂县。

陈泰，湖广衡阳县。

郑云，福建莆田县。

王希增，山西静乐县。

卢义，浙江淳安县。

殷诚，浙江会稽县。

朱懋，河南安阳县。

翁德，福建瓯宁县。

刘海，福建龙溪县。

杨克俭（俭一曰伦），浙江天台县。

解纶，江西吉水县。

李范，江西新喻县。

章荣，浙江缙云县。

张禧，直隶英山县。

聂任，江西南城县。

王广，福建侯官县。

曾寅，福建宁德县。

陈炯，福建龙溪县。

王无将，江西吉水县。

魏敏，河南巩县。

陈逢辰，湖广茶陵县。

谭登，湖广茶陵县。

庚午　洪武二十三年京畿十三藩乡试

解元

应天府。

河南：成仪。

山东。

山西。

陕西。

北平。

福建。

江西。

浙江：王羽，杭州府学生，《春秋》，辛未。

湖广。

广东。

广西。

四川。

云南。

是科湖广湘阴夏原吉为名臣，应天绩溪程通死建文君之难。

辛未　洪武二十四年会试

考试官，缺。

第一场

《四书》，缺。

《易》，缺。

《书》：

○非知之艰，先王成德。刊，余缺。

《诗》，缺。

《春秋》，缺。

《礼记》，缺。

第二场

论，缺。

诏诰表内科一道，缺。

判语五条，缺。

第三场

策，缺。

时会试之士六百五十人，取许观等三十一人，刻程文□□□①篇。部本缺。《显忠录》姓氏存。

按：《会试录》有胡泰、林惟和、李容、李仪、黄潜、陈观、贾闵、王观八名，而《登科录》无；《登科录》有相振、敖得、刘文、黄仲声、杨安仁、柴子远、樊镇、陈宠八名，而《会试录》无。不知何故。

中式举人三十一名。

许观，直隶池州府贵池县人，监生，《书》。

张徽，山西平阳府绛州人，监生，《易》。

蔡祯，四川嘉定州人，监生，《诗》。

王羽，浙江仁和县人，杭州府学生，《春秋》。

胡泰，江西南昌府南昌县人，监生，《书》。

三月初一日，临策天下贡士。制曰：昔列圣之相继，大一统而驭宇，立纲陈纪，礼乐昭明，当垂衣以治。何自弗宁，少壮尽行，内骚华夏，外戍八荒，牝马胎驹于行伍，旌旗连岁于边陲，此果好杀而有此欤？抑蛮貊欲窥而若是欤？观之往事，亦甚艰矣。今欲罢乘机，绝远戍，垂衣以治，又恐蛮貊生齿之繁，不数十年后为中国患。当此之际，似乎失今可乘之机，岂不为恨？今兴止未判，其于乘机绝戍，孰可孰不可？尔诸文士，论之以安内外，朕将亲览焉。

时廷对之士三十一人，赐许观等进士及第、出身有差。观廷对御戎策，大要以天道福善祸淫之机、人事练兵讲武之法为言。上嘉之，遂首擢。观本黄姓，从母家姓许，寻复之。建文二年，官至礼部侍中。四年，奉诏募兵上游，且督诸郡勤王。至安庆，闻建文君避位，朝服东向再拜，投湍流中死，妻翁氏及二女俱死节云。瑞按：观当大事未去则竭力勤王，大事既去则从容就义，且忠贞素笃，妻孥化焉。明之得黄观，犹宋之得文天祥也，真增重科目哉！惜革除间党禁方严，其文章节义之详不尽传于世耳。《显忠录》称观庚午乡试中三十一名，辛未魁天下，年三十三，则诸本称观三元者，误矣。是科观为忠臣，张显宗有名。部本缺，闽本不全，胡本误以韩克忠榜充之，俞振才本姓

———————————————————————

① 原缺。

氏存。

第一甲三名赐进士及第
　　许观，直隶贵池县。
　　张显宗，福建宁化县。
　　吴言信，福建邵武县人，抄钞局副使。
第二甲十二名赐进士出身
　　王羽，浙江仁和县。
　　张徽，山西绛州。
　　龙子钧，江西泰和县。
　　赵良，河南淇县。
　　相振，浙江金华县。
　　丘秬，江西余干县。
　　董恭礼，浙江鄞县。
　　敖得，河南光山县。
　　陈伯颜，浙江西安县。
　　刘文，江西龙泉县。
　　何测，广东文昌县。
　　蔡祯，四川嘉定州。
第三甲十六名赐同进士出身
　　黄仲声，江西萍乡县。
　　徐逊，浙江钱塘县。
　　陈裕，浙江鄞县。
　　杨安仁，河南商水县。
　　张广扬，广东德庆州。
　　丁仁，山东东平州。
　　李谦，山东滋阳县。
　　叶林，浙江萧山县。
　　柴子远，江西龙泉县。
　　杨璧，广东海阳县。
　　贺守真，湖广攸县。
　　李本，北平宁晋县。
　　樊镇，河南考城县。
　　陈宠，浙江平阳县。
　　林义，福建莆田县。
　　李士昌，北平定州。

癸酉　洪武二十六年京畿十三藩乡试

解元

应天府。

河南：蔺从善，磁州。

山东。

山西。

陕西。

北平。

福建。

江西。

浙江。

湖广。

广东。

广西。

四川：李祥，泸州，丁丑。

云南。

甲戌　洪武二十七年会试

考试官，缺。

第一场

《四书》，缺。

《易》，缺。

《书》，缺。

《诗》，缺。

《春秋》，缺。

《礼记》，缺。

第二场

论：

○大德受命。

诏诰表内科一道，缺。

判语，缺。

第三场

策，缺。

时会试之士□□□□□①，取彭德等一百人，刻程文□□②篇。德廷试更名泰，官至侍读。俞振才本二甲末又增彭德名，而缺其贯，或同名，或重出，未详，今因之。部本缺。

中式举人一百名。

彭德，陕西凤翔县。余缺。《吾学编》云：耿清试礼部第三。

三月初一日，临策天下贡士。制曰：昔列圣之驭宇也，其立纲陈纪皆精思远虑，至当无疵，著为典章，垂法万世。夫何历代创业之君，于革命之际，必有损益？果前代立法有未善欤？抑时君乐于更张而有损益欤？尔诸文士，当立志之秋，正宜讲此，其悉陈之，朕将览焉。

时廷对之士百人，赐张信等进士及第、出身有差。信洪武三十年升侍读。是科一甲景清、戴德彝俱死建文君之难。部本缺。

第一甲三名赐进士及第

张信，浙江定海县。

耿清（即景清），陕西贞宁县。

戴德彝，浙江奉化县。

第二甲三十一名赐进士出身

胡嗣宗，浙江萧山县。

吴仲贤，浙江鄞县。

胡成，江西新喻县。

陈滋，浙江永嘉县。

王乔，福建南平县。

石允常，浙江宁海县。

唐泰，福建侯官县。

施谊，浙江仁和县。

项询，浙江鄞县。

蒋资，广东化州。

彭泰，陕西凤翔县。

李思聪，湖广桂阳县。

彭汝舟（舟一曰用），江西安福县。

刘本仁，湖广石首县。

---

① 原缺。

② 原缺。

任勉，直隶华亭县。

　　黄绍烈，江西临川县。

　　郑隆，江西浮梁县。

　　王中，福建晋江县。

　　张宗政，广西柳城县。

　　高泽，福建闽县。

　　夏彦民，江西泰和县。

　　钟亮，湖广宜城县。

　　沈良，浙江仁和县。

　　汤震，河南郏县。

　　周钧，陕西乾州。

　　金桓，浙江金华县。

　　夏遂禄，浙江永嘉县。

　　张真，浙江萧山县。

　　万文昭，江西南昌县。

　　李广祐，福建侯官县。

　　彭德，陕西凤翔县。

第三甲六十六名赐同进士出身

　　戚存心，浙江临海县。

　　谭源（谭一作谈），广东番禺县。

　　郭彧，直隶蒙城县。

　　刘本，北平玉田县。

　　高祯，福建闽县。

　　叶颙，浙江金华县。

　　周铨，江西清江县。

　　尚肃，山东齐河县。

　　周绥，浙江於潜县。

　　喻良，四川高县。

　　喻居善，广西宜山县。

　　郭文昌，福建晋江县。

　　崔裕，陕西华州。

　　张贵，福建瓯宁县。

　　李彬，直隶当涂县。

　　魏翀，河南鄢城县。

　　刘谦，山西浑源县。

　　王斌，浙江会稽县。

林保童，福建宁德县。

周恩，浙江临海县。

张锐，河南兰阳县。

顾恒，直隶华亭县。

周祖政，广西柳城县。

刘季篯，浙江余姚县。

李璪，广东化州。

文道光，四川彭山县。

周伯康，江西玉山县。

孔延，福建怀安县。

李镒，江西南昌县。

李俊，山东寿张县。

董凤，江西鄱阳县。

匡显，江西乐平县。

辛民，河南汲县。

路磇①，河南河内县。

骆士廉，浙江山阴县。

钱古训，浙江余姚县。

张添祐，湖广江夏县。

胡玄，浙江西安县。

应承完，浙江奉化县。

梁熙，广东新兴县。

吴让，山东即墨县。

徐孟恕，江西金溪县。

刘抈谦，山东德州。

武信，直隶滁州。

张守约，陕西同州。

杨砥，山西泽州。

魏珪，河南中牟县。

李忠，云南昆明县。

刘复，福建建安县。

吕祥，直隶华亭县。

杨琏，山东蒲台县。

刘瑜，江西南昌县。

---

① 《索引》作"路碻"。

沈暹，直隶华亭县。

陈贯，河南睢州。

林英，福建连江县。

陈福山，福建同安县。

俞允，直隶江宁县。

林曾，福建莆田县。

卢显，广西平乐县。

夏云，山东沂水县。

林保，浙江龙溪县。

王文贵，四川中江县。

陈诚，江西吉水县。

许遇生，福建莆田县。

陈生，浙江常山县。

童英，福建崇安县。

丙子　洪武二十九年京畿十三藩乡试

解元

应天府：尹昌隆，江西泰和县人，国子生，《书》，丁丑。

河南：刘顺。

山东。

山西。

陕西。

北平。

福建。

江西。

浙江。

湖广。

广东。

广西。

四川：黎德□①。

云南。

是科江西泰和梁潜有名。

_____

① 此字模糊难辨。

丁丑　洪武三十年会试

考试官：

翰林院学士刘三吾，如孙，湖广茶陵人。

安府纪善白信稻。

第一场

《四书》：

○物有本末，则近道矣。刊。

○天下有道，自天子出。刊。

○知者无不知，贤之为务。刊。

《易》，缺。

《书》：

○水曰润下，土爰稼穑。余缺。

《诗》，缺。

《春秋》，缺。

《礼记》，缺。

第二场

论：

○持心操节。

诏诰表内科一道，缺。

判语，缺。

第三场：

策，缺。

时会试之士□□□□□①，取宋琮等五十二人，刻程文□□②篇，北方之士皆黜落。琮永乐十三年以刑部检校同考会试，官至检讨。部本缺。

中式举人五十二名。

宋琮，江西泰和县，《易》。

尹昌隆，江西泰和县，《书》。

余缺。

三月初一日，临策天下贡士。制曰：朕闻之曰，造理之士，务欲助君，志在行道。受君之赐而民供之，所以操此心，固此志，以待时机之来，张君之德，布君之仁，补其

---

① 原缺。

② 原缺。

94

不足而节有余，妥苍生于市野。于斯之士，古至于今，历代有之，载之方册，照如日月，流名千万世不磨。朕自为王为帝三十四年，尚昧于政事，岂不思古而然欤？抑志士之难见欤？诸生敷陈其道，朕亲览焉。

　　时廷对之士五十一人，赐陈䢵等进士及第、出身有差。田汝成本云：䢵精数学，就试之日，谓所亲曰："今岁状头当刑，奈何！"已而身罹之。是榜黄淮为名臣，尹昌隆有名，曾凤韶、陈性善、郑华俱死建文君之难。部本、湖本俱缺，俞振才本详。

第一甲三名赐进士及第
　　陈䢵，福建闽县。
　　尹昌隆，江西泰和县。
　　刘谔，浙江山阴县。
第二甲十三名赐进士出身
　　芮善，江西南城县。
　　王洪，浙江钱塘县。
　　邬修，江西南昌县。
　　盛敬，直隶当涂县。
　　黄淮，浙江永嘉县。
　　宋琮，江西泰和县。
　　姚友直，浙江萧山县。
　　毛胤宗，浙江鄞县。
　　胡泰，江西南昌县。
　　林惟和，福建晋江县。
　　邹进，江西万安县。
　　洪堪，浙江淳安县。
　　曾凤诏，江西庐陵县。
第三甲三十五名赐同进士出身
　　郭子卢，江西泰和县。
　　陈性善，浙江山阴县。
　　黄宗载，江西丰城县。
　　许子谟，江西庐陵县。
　　黄濬，福建瓯宁县。
　　顾晟，浙江仁和县。
　　周铎，江西清江县。
　　朱思平，浙江天台县。
　　王礼，浙江海盐县。
　　唐恕，江西浮梁县。

郑华，浙江临海县。

吕尹旻，浙江会稽县。

贾闵，浙江崇德县。

曾纯，江西吉安永丰县。

陈善方，江西泰和县。

王观，浙江钱塘县。

陈绍平，湖广蓝山县。

张显，浙江仁和县。

程赐，福建建安县。

李祥，四川泸州。

林荣，福建仙游县。

阳庆，云南昆明县。

钱炳，浙江归安县。

戴安，江西鄱阳县。

刘履节，江西庐陵县。

符铭，广东琼山县。

庄谦才，福建晋江县。

李文巽，浙江丽水县。

郭士道，江西万安县。

朱复亨，江西南城县。

陈观，福建永福县。

段树，云南昆明县。

蔡添祥，四川大足县。

林安，福建瓯宁县。

李容，福建同安县。

六月初一日，临策覆试（或曰命题覆试，或曰重阅落卷）贡士。制曰：天生蒸民有欲，必命君以生①之。君奉天命，必明教化以导民。然生齿之繁，人情不一，于是古先哲王设以刑以弼五教，善者旌之，恶者绳之，善恶有所劝惩，治道由斯而兴，历代相因，未尝改也。朕承天命，君主生民，宵衣旰食，三十余年，储思积虑，欲妥安生民。其不循教者，亦有由是不得已施之五刑。今欲民自不犯，抑别有其术欤？尔诸文士陈其所以，朕将览焉。

先二月，中式者少，而北士被黜落者咸言取士不公。上阅所取，皆南士，亦疑之。命儒臣张信、戴彝等及甲首陈䢜再考，下第卷中择其优者取之。或传前考官刘三吾、白

---

① "生"疑为"主"之讹。

信稻至阅卷所，嘱以卷之最陋者进呈。上阅卷验之，果以不堪文字奏进，益怒，命刑部考讯。戴彝无罪，三吾谪戍边，余皆凌迟于市也。乃覆阅，取六十一人，皆山东、山西、北平、河南、陕西、四川士也。至是再赐策问，时与试者六十一人，赐韩克忠等进士及第、出身有差。世称春榜、夏榜，又称南北榜进士，以此。《山东志》称克忠学行淳实，署国学，修明学政，迁河南佥事卒。部本、闽本俱缺，湖本虽存，误充辛未榜缺，今正之。

第一甲三名赐进士及第

　　韩克忠，山东武城县。

　　王恕，山东长清县。

　　焦胜，山西乐平县。

第二甲二十九名赐进士出身

　　蔡或，北平巨鹿县。

　　施礼，北平东安县。

　　冉通，四川万县。

　　李质，山东临淄县。

　　王择善，北平深州。

　　张轫，山东济宁州。

　　卫志，山西曲沃县。

　　苗微，山东临邑县。

　　张朝贵，四川长寿县。

　　王靖，山东博兴县。

　　李弼，河南祥符县。

　　常进，北平元城县。

　　杨睿，河南柘城县。

　　柴本，北平井陉县。

　　罗英，河南临颍县。

　　张俊，山东益都县。

　　李遵义，北平衡水县。

　　马忠，四川仪陇县。

　　梁城，山西稷山县。

　　焦裎，陕西华州。

　　樊敬，山东郓城县。

　　牛斗，河南修武县。

　　宁威，陕西盩厔县。

　　胡泉，山东汶上县。

王逊，北平高阳县。

范恕，河南安阳县。

杨益，山东滕县。

王理，陕西同州。

伏伯安，河南归德州。

第三甲二十九名赐同进士出身

苏文，山东恩县。

张麟，山西垣曲县。

王原，四川阆中县。

曾博，河南洛阳县。

李泰，河南鹿邑县。

王蕡，山西屯留县。

杨焕，山东历城县。

陈丕，河南新蔡县。

张斌，山东汶上县。

张瑞，河南信阳县。

刘芳，山东长清县。

张敏，山东益都县。

林德，河南光山县。

赵玉，河南巩县。

李庸，北平真定县。

屈怡，陕西郃阳县。

陈铿，四川资县。

党理，陕西真宁县。

杜恒，北平永宁县。

田恭，北平交河县。

庞冒，山东博山县。

张玺，四川江安县。

吴尚，北平景州。

方𨐯，山东济阳县。

贺润，陕西宁州。

陈礼，山东济阳县。

马俊，北平丰润县。

张迪，陕西凤翔县。

郤忠，北平行唐县。

己卯　革除建文元年京畿十三藩乡试

解元

应天府：刘政，长洲县，《春秋》。

河南：张信。

山东。

山西。

陕西。

北平。

福建。

江西：王艮，吉水县，庚辰。

浙江。

湖广：杨溥，石首县，庚辰。

广东。

广西。

四川。

云南。

《吾学编》云：是科方孝孺试畿府士，题命《论语》托孤寄命节不可夺章，得长洲刘政卷。孝孺喜曰："此鸟中孤凤，当虚左处子。"举政第一。四年，建文君逊位，杀孝孺，政恸哭不食，死之。《苏州志》亦云。

又按：给事中龚太，义乌人；知府姚善，安陆人。俱由乡举，死建文君之难。然其科分不可考，今总记于此云。

庚辰　建文二年会试

考试官：

礼部侍郎兼学士董伦，安常，山东恩县人。

太常寺少卿兼学士高逊志，士敏，直隶萧县人。

第一场

《四书》（缺二道）：

○孔子之谓集，振之也。

《易》，缺。

《书》，缺。

《诗》，缺。

《春秋》，缺。

《礼记》，缺。

第二场

论：

○春秋大一统。

诏诰表内科一道，缺。

判语，缺。

第三场

策，缺。

时会试之士□□□□□①，取吴溥等一百一十人，刻程文□□②篇。溥官至国子监司业，子与弼为理学名臣。部本缺。

中式举人一百一十名。

吴溥，江西崇仁县。

余缺。

临策天下贡士。制曰：诸生盖闻致治之主，论治道之盛，必以唐虞三代为准，尧舜禹汤文武以数圣人者，其德厚矣。然所以本诸身，发于政事，施泽于民者，其先后始终亦可得而言欤？夫由亲以及疏，笃近而举远，百王之所同也。尧舜之时，黎民于变时雍矣，以亲则有象之傲，臣则有鲧之凶，将圣人之化有所弗及欤？抑为恶之人有不得化者欤？朕绍承大统，每思古先圣帝明主之治，何稽何为而可使家给人足，比屋有可封之□□③何善政而可使囹圄空虚，刑措不用欤？图治莫切于用贤，而思贤才之难致；化民莫先于教学，而患礼乐之难兴。果何由而可使野无遗贤，而民皆乐于为善欤？兹欲使海内皞皞熙熙如唐虞三代时，致之必有其道，施为必有其序。诸生习于圣贤之说久矣，其具著于篇，而朕将亲览焉。

时廷对之士一百一十人，赐胡靖等进士及第、出身有差。王艮对策最优，以貌不扬，且靖对有"亲藩陆梁，人心不摇"之语，称旨，遂易靖第一，艮次之。靖，宋胡忠简公铨十二世孙也，初名广，上更为今名。永乐中复疏名广。为文豪宕，所著有《晃庵集》、《扈从集》。官至文渊阁大学士，谥文穆。是科广与杨荣、金幼孜、杨溥、胡濙、顾佐俱为永乐时名臣，而艮与陈继之、王高、黄钺、刘端俱死建文君之难。以瑞言之，建文君亲擢胡靖为状元，恩幸无比，而靖弃之若弁髦焉。胡濙亦建文君亲擢士也，不死旧君，亦已矣，又从而踪迹之者十数年，倘获建文君，果北面而君父之耶？抑南面而俘囚之耶？果从之而去耶？抑执之而归耶？殆有难处难言者矣。诸不死难者，犹可原也。二臣忍心如此，列之名臣，何以垂世教哉？《吾学编》称刘端南昌人，今据诸

---

① 原缺。

② 原缺。

③ 此二字模糊难辨。

本，南昌无刘端，有刘复，再详。部本缺，湖、闽本俱存。

第一甲三名赐进士及第

　　胡靖（后名广），江西吉水县。

　　王艮，江西吉水县。

　　李贯，江西庐陵县。

第二甲三十七名赐进士出身

　　吴溥，江西崇仁县。

　　朱塔，江西南丰县。

　　杨子荣（更名荣），福建建安县。

　　金幼孜，江西新淦县。

　　刘现，浙江永嘉县。

　　何士让，江西新淦县。

　　曾苣，福建怀安县。

　　郇旃①，直隶沭阳县。

　　方孚，江西乐平县。

　　邓时俊，江西吉安永丰县。

　　梁成，广东信宜县。

　　张礼闻，直隶广德州。

　　陈继之，福建莆田县。

　　吴福，浙江鄞县。

　　李敬，江西新建县。

　　顾斌，直隶高邮县。

　　刘福，直隶通州。

　　杨溥，湖广石首县。

　　黄宗晦，四川邛县。

　　陈道潜，福建莆田县。

　　蒋简，浙江临海县。

　　叶福，福建侯官县。

　　傅行，江西进贤县。

　　冯贵，湖广武陵县。

　　王高，江西南昌县。

　　李时，江西南昌县。

　　邓亮，江西吉水县。

------

　　① 《索引》作"郇旃"。

熊文绶，四川内江县。

商惠，浙江金华县。

朱原质，直隶婺源县。

周铨，直隶怀远县。

陈义生，福建永福县。

黄钺，直隶常熟县。

胡濙，直隶武进县。

宋彦名，江西南昌县。

雷填，福建建安县。

万忠，江西新建县。

第三甲七十名赐同进士出身

李敦，山西太原县。

张聪，福建闽县。

邓淮，湖广蒲圻县。

泰凤，直隶舒城县。

顾详，直隶通州。

应履华，浙江奉化县。

潘文奎，浙江永嘉县。

刘复，江西南昌县。

潘义，浙江余姚县。

何颖，湖广武陵县。

陈献，直隶盐城县。

吴琬，福建建宁县。

林洪，福建莆田县。

黄重，福建莆田县。

黄胤宗，浙江海盐县。

王能，直隶凤阳县。

尹惟忠，直隶海门县。

席恭，山西应州。

王彝，直隶怀宁县。

刘寿愗，浙江余姚县。

熊文成，江西南昌县。

齐政，直隶山阳县。

郭秩，山西祁县。

刘得，福建瓯宁县。

任坛，浙江鄞县。

卢广，直隶寿州。

李瑀，福建瓯宁县。

陈绶，福建瓯宁县。

徐新，浙江黄岩县。

刘虬，江西吉安永丰县。

郑镐，湖广石首县。

翁绶，浙江乌程县。

刘迪简，江西吉水县。

蒋骥，浙江钱塘县。

叶瑄，浙江开化县。

陈宾，河南河内县。

童铨，浙江淳安县。

李寅，山西临汾县。

王郁，直隶灵璧县。

薛东，浙江永嘉县。

唐复，直隶武进县。

俞本，直隶芜湖县。

王政，湖广蕲州。

阎济，山东济宁州。

严升，直隶繁昌县。

曹嗣宗，湖广郴州。

刘纲，河南钧州。

刘永，直隶句容县。

杨渤，江西清江县。

唐吉祥，直隶歙县。

陈善，直隶昆山县。

李谦，山西稷山县。

韩祯，河南项城县。

萧潭，直隶吴江县。

余灏，福建闽县。

耿直，山东章丘县。

石彦成，江西宁县。

黄宜，福建宁德县。

黄琼，浙江永嘉县。

黄思敬，浙江归安县。

孙让，直隶溧水县。

余存谅，广东高要县。

顾佐，河南太康县。

顾谦，直隶仪真县。

孙完，浙江萧山县。

马骧，河南郾城县。

武斌，浙江萧山县。

帅用昌，江西奉新县。

马彝，北平永清县。

李泰，山东齐东县。

壬午　建文四年京畿十二藩乡试

解元

应天府。

河南。

山东。

山西。

陕西。

北平。

福建。

江西。

浙江。

湖广。

广东。

广西。

四川。

云南。

癸未　永乐元年两京十二藩乡试（是年正月，以北平为北京，二月设北京行部。）

《状元考》云：癸未当会试之期，以登极未暇，因命再乡试，以明年甲申会试。《宪章录》云：癸未二月，礼部言科举旧制，应子午卯酉年乡试，去年兵革仓卒，有未及举行者，请以今年秋八月皆补试。制曰，可。初率其词，以为壬午皆未乡试，癸未皆补试也。继玩之，不曰未及举行，而曰有未及举行者，窃意壬午岁建文君逊位在六月十三日，乡试在八月初旬，如川、广、云南之远，既无兵扰，又新诏未到，必举行乡试如故，但近者未及行，而后令未行者补之耳。此说似长，故记于此，以俟知者。

应天府。

北京行部。

河南：张忠，太康县，《诗》，甲申。

山东。

山西。

陕西。

福建。

江西：刘子钦，吉水县，甲申。

浙江。

湖广。

广东：林文亨，海康县，甲申。

广西。

四川。

云南。

甲申　永乐二年会试

考试官：

侍读学士解缙，缙绅，江西吉水县人，戊辰进士。

侍读黄淮，宗豫，浙江永嘉县人，丁丑进士。

第一场

《四书》（缺二道）：

〇禹吾无间然矣，一章。

《易》，缺。

《书》，缺。

《诗》，缺。

《春秋》，缺。

《礼记》，缺。

第二场

论：

〇治国平天下。

诏诰表内科一道，诏诰缺：

〇拟唐国子祭酒孔颖达上五经正义表。刊。

判语，缺。

第三场

策，缺。

时会试之士□□□□□①，取杨相等四百七十二人，遵洪武乙丑例也，刻程文□□②篇。相官至主事。部本缺。

中式举人四百七十二名。

杨相，江西泰和县。

余缺。

三月初一日，临策天下贡士。制曰：朕闻圣人之治天下，明于天之经，察于地之义，周于万物之务，其道贯古今而不易也。是故黄帝、尧、舜统承先圣，垂裳而治，神化宜民，朕惟欲探其精微之蕴。历象、《禹贡》、《洪范》载于《书》，大衍、河图、洛书著于《易》，古今异说，朕惟欲致其合一之归。兴学有法，立贤无方，而古今异制，朕惟欲通其所以教育，参其所以明扬。古者礼乐皆有书，今《仪礼》、《曲礼》、《周礼》仅存，而乐书阙焉，朕惟欲考三礼之文，补乐书之缺，定黄钟之律，极制作之盛，皆圣人治道所当论也。咨尔多方多士，朕承皇考作新余四十年，必知务明体适用之学，敷纳于篇，朕亲考焉。

时廷对之士四百七十人，赐曾棨等进士及第、出身有差。上欲求博闻多识之士，命学士解缙采天文律历、礼乐制度，拟撰为题，意士子必为所窘。及得棨卷，记诵详尽，几万言不属草。上奇其才，擢第一，批云："贯通经史，识达天人，有讲习之学，有忠爱之诚，擢魁天下，昭我文明，尚资启沃，惟良显哉。"其第二、第三亦有御批，前此未有也。周述乃周孟简之兄，初孟简第二，述第三，传胪时，上曰："弟不可以先兄。"遂先述。《登科录》。刻对策十余篇，各附读卷官批语于后。棨素称江南才子，上时召试，迅笔千言立就，理词皆到。上屡摘群书隐僻事问，棨悉能对，以故喜棨。有荐文士者，必问得如曾棨否。棨为文章，如源泉混混，沛然千里，又如园林得春，群芳烂然，兴致所到，笔不停挥，状写之工，极其天趣。工书法，草书雄放，有晋人风，自解胡后独步当世。襟度坦夷而神清洒乐，喜推荐士，平生以及物为心。所著有《巢睫集》。官至詹事府少詹事，谥襄敏。是科选杨相等为庶吉士，并一甲三人，凡二十八人，复增周忱，共二十九人。后王直、周忱、王英、段民、李时勉、陈敬宗俱由庶吉士为名臣，棨与萧省身、张宗琏俱有名。部本缺，闽、湖本俱存。

《天顺日录》云：刘子钦为举子业最工，由省元至会元。将殿试，解缙在翰林会间称之曰："状元属子矣。"子钦自负，略不少逊避。缙少之，密以题意示曾棨。明日廷对，棨策详最，遂为状元。刊十人之后方及子钦，厌其负也。后子钦终于教职，名位竟不显云。按：以子钦为会元，再详。

第一甲三名赐进士及第（以后一甲授官俱遵洪武戊辰例，第一名修撰，第二、第三名

---

① 原缺。
② 原缺。

编修）

曾棨，江西吉安永丰县。

周述，江西吉水县。

周孟简，江西吉水县。

第二甲九十三名赐进士出身

杨相，江西泰和县。

宋子环，江西吉水县。

王训，江西庐陵县。

王直，江西泰和县。

秦政学，浙江慈溪县。

徐安，福建浦城县。

吾绅，浙江开化县。

彭汝器，江西安福县。

独孤乐善，江西泰和县。

周忱，江西吉水县。

陈士启，江西泰和县。

刘子钦，江西吉水县。

周文，浙江仁和县。

余学夔，江西泰和县。

李宁，广东南海县。

张彻，江西新淦县。

章朴，浙江宁海县。

陈满，福建浦城县。

欧阳俊，江西泰和县。

萧清，福建长汀县。

卢翰，江西星子县。

吴旭，江西临川县。

梁任，江西临川县。

萧宽，江西吉水县。

熊直，江西丰城县。

王道，浙江永嘉县。

杨永芳，江西丰城县。

杜钦，直隶宜兴县。

李昌祺，江西庐陵县。

罗汝敬，江西吉水县。

阎真，浙江嘉兴县。

沈升，浙江海宁县。

曹景辉，浙江海宁县。

刘灏，江西清江县。

李永年，江西南城县。

陆孟良，浙江余姚县。

孙子良，浙江海宁县。

萧省身，江西泰和县。

贝秉彝，浙江上虞县。

王彦修，浙江鄞县。

褚让，浙江仁和县。

黄应，福建晋江县。

刘孟铎，江西庐陵县。

柴广敬，浙江余姚县。

张英，直隶江郁①县。

王英，江西金溪县。

吴惇，浙江钱塘县。

林政，直隶江都县。

魏骐，浙江萧山县。

江贞，福建建安县。

刘绍，江西崇仁县。

虞京，浙江开化县。

戴同吉，福建长泰县。

卢遂，福建长泰县。

张宗琏，江西吉水县。

林凤，福建晋江县。

余贞，浙江西安县。

田忠，福建建安县。

余鼎，江西星子县。

李复观，江西安仁县。

汤流，江西泰和县。

张宪，浙江余杭县。

曾与贤，江西泰和县。

蒋敏完，江西龙泉县。

张得中，浙江鄞县。

_____

① "郁"为"都"之讹。

冯吉，浙江余姚县。

洪钟，浙江武义县。

陈贞，福建侯官县。

程春，福建怀安县。

洪顺，福建怀安县。

曾慎，江西宁都县。

周祐，直隶当涂县。

王恺，湖广蒲圻县。

殷哗，直隶吴县。

严光祖，福建闽县。

邵翼，直隶嘉定县。

涂顺，江西新建县。

喻则成，江西玉山县。

谢惠，福建清流县。

仲昌，直隶沭阳县。

孙奉，浙江奉化县。

郑澜，福建闽县。

程文表，浙江开化县。

罗亨信，广东东莞县。

涂敬，江西新城县。

陈宗孟，福建宁德县。

邹惟宗，江西上高县。

张翼，浙江归安县。

刘嵩，浙江慈溪县。

段民，直隶武进县。

花润生，福建邵武县。

王必宁，湖广公安县。

彭辉，江西建昌县。

第三甲三百七十四名赐同进士出身

徐观，浙江临安县。

李贞，江西吉水县。

杨勉，直隶江宁县。

章士浮，浙江新昌县。

曾子荣，福建长汀县。

黄谦，福建莆田县。

叶生，浙江慈溪县。

潘中，浙江钱塘县。

吴廷用，浙江政和县。

白瑜，直隶武进县。

毛肇宗，浙江山阴县。

龚篪，广西苍梧县。

张安，河南郏县。

张永隆，福建清流县。

戴文麟，浙江永嘉县。

容善，广东茂名县。

曹鼎，直隶长洲县。

吴文华，直隶长洲县。

周文源，浙江清田县。

胡忠，江西建昌县。

汪银，浙江开化县。

李约，浙江仁和县。

张侗，浙江仁和县。

谢敏，福建晋江县。

章以善，浙江新昌县。

孔泰初，广东高要县。

陈资善，江西吉水县。

江镇，福建建安县。

钱常，浙江山阴县。

许森，直隶宣城县。

曹润，浙江钱塘县。

章敞，浙江会稽县。

陈纲，江西清江县。

李时勉，江西安福县。

曹彦昌，浙江海宁县。

胡敬，福建侯官县。

黄仲珏，福建龙溪县。

高陪，浙江鄞县。

倪惟善，福建晋江县。

陈旭，江西建昌县。

唐观，江西龙泉县。

湛礼，浙江钱塘县。

胡均，河南光州。

郭守愚，浙江慈溪县。

韩庸，直隶江阴县。

王槐，福建闽县。

沈达，直隶吴县。

钟旭，江西南城县。

刘永贤，福建邵武县。

李显，直隶金坛县。

陈安泰，福建莆田县。

潘性，河南光山县。

金辉，直隶休宁县。

刘隆，福建武平县。

周远，浙江缙云县。

文彬，广西柳城县。

李子英，江西新喻县。

叶贞，浙江西安县。

胡澄，江西奉新县。

李衡，直隶当涂县。

张庸，湖广监利县。

叶士宁，浙江青田县。

王宅，江西上饶县。

韩中，湖广黄梅县。

吴渊，直隶青阳县。

庄观生，福建莆田县。

叶铭臻，浙江慈溪县。

殷继，浙江鄞县。

姜焕，浙江金华县。

袁迹，江西乐平县。

周益，广东茂名县。

黄本固，广东海康县。

曹睦，浙江瑞安县。

张新，江西新建县。

陈阳，江西进贤县。

朱光才，广西柳州府（或曰湖广郴州）。

黄阳，江西乐安县。

陈重器，江西新喻县。

刘志学，直隶五河县。

彭斌，江西宜春县。

杨灿，江西清江县。

李仕华，湖广安乡县。

熊本诚，江西奉新县。

卢坦，湖广巴陵县。

唐舟，广东琼山县。

黄珏，四川安岳县。

范进，直隶句容县。

赵理，直隶江都县。

徐与聆，江西上饶县。

蔡惟溥，福建晋江县。

李让，湖广当阳县。

谢升，广东高要县。

龙仪，江西万载县。

李文凤，广西北流县。

吴福，福建将乐县。

封孜昶，江西临川县。

徐迪，直隶嘉定县。

汪景明，直隶黟县。

叶奇贵，浙江武义县。

马忠，福建福宁县。

赖礼，江西南康县。

何清，湖广沅陵县。

张政，湖广安乡县。

吴同，福建福宁县。

苏谦，山东青城县。

冯高，广东新兴县。

张昌，广东泷水县。

刘鉴，河南宁陵县。

萧荣，四川新津县。

王定，福建邵武县。

吴渊，江西玉山县。

许瑢，福建闽清县。

吴谦，广东海康县。

王哲，江西上饶县。

陈伯恭，江西吉安永丰县。

杨宣，广西苍梧县。

胡钦，湖广道州。

季镡，福建南平县。

刘刚，浙江安吉县。

周冕，直隶繁昌县。

周楫，河南杞县。

倪文质，浙江钱塘县。

陈颖，广东合浦县。

汤以安，江西鄱阳县。

林森，广东合浦县。

张忠，河南太康县。

高晡，浙江临安县。

宦绩，直隶江阴县。

吴铎，直隶当涂县。

史彬，直隶溧水县。

邓时执，江西安福县。

邢郁，直隶繁昌县。

白贲，直隶和州。

朱贵，江西新昌县。

况琛，江西高安县。

吴褆，福建邵武县。

李远，广西平乐县。

高才，浙江仁和县。

冯吉，直隶上海县。

王礼，湖广江夏县。

阳仪凤，江西南昌县。

孟瑄，湖广安化县。

邓谦，江西上高县。

殷序，直隶无锡县。

杨纪，直隶广德县。

魏暹，广西临桂县。

谭原信，江西龙泉县。

黄惟正，直隶江都县。

顾本得，福建莆田县。

林要，福建莆田县。

俞士真，直隶婺源县。

吕文质，江西宜黄县。

俞用，江西星子县。

蔡庸，直隶江阴县。

曾敬，湖广江夏县。

漆霁，江西南昌县。

林泰，福建宁德县。

李贵昌，浙江余姚县。

刘澄，江西吉水县。

傅璇，浙江上虞县。

陈敬宗，浙江慈溪县。

滕友，浙江西安县。

程希偃，江西德兴县。

杨旻，直隶长洲县。

赖生启，江西上犹县。

彭礼，直隶当涂县。

郎庆，浙江建德县。

张敬，山西阳曲县。

刘孔礼，福建晋江县。

张信，直隶当涂县。

李仲芳，广东南海县。

潘帱，广东南海县。

梁致恭，广东高要县。

王仲寿，直隶江宁县。

邢旭，浙江金华县。

陈文友，四川长寿县。

李祐，广东茂名县。

陈昺，江西高安县。

刘子敬，江西庐陵县。

胡谧，浙江鄞县。

丁璿，直隶上元县。

杜秉辉，四川潼川州。

武楫，湖广江夏县。

李学初，湖广湘乡县。

殷瓒，直隶常熟县。

王原，福建龙岩县。

游亨，江西上饶县。

王恪，江西湖口县。
曹福，直隶当涂县。
周贵，湖广大冶县。
方丰，江西建昌县。
蓝道立，湖广江陵县。
董镛，浙江仁和县。
黄直方，山西浑源县。
赵琰，直隶凤阳县。
刘濬，江西崇仁县。
宋蓁，山东高密县。
戴弘寅，浙江仙居县。
黄克修，湖广宜章县。
王昇，福建龙溪县。
邓钺，江西南昌县。
樊静，江西进贤县。
周英，江西建昌县。
戴新，山东平度县。
刘志道，浙江金华县。
黄嘉，广东海阳县。
陈季芳，广东潮阳县。
陈善，江西靖安县。
杜忠，江西新建县。
刘琼，直隶当涂县。
聂籽，四川荣县。
王玭，直隶嘉定县。
胡钊，湖广京山县。
何灏，浙江仁和县。
王中，福建长汀县。
王槐，直隶太平县。
刘庸，直隶上海县。
王观，浙江萧山县。
陈忠，福建罗源县。
胡俊，湖广景陵县。
洪溥，广东澄迈县。
杜宗晦，湖广江夏县。
林现，广东海康县。

曹舆，山西介休县。

舒同，湖广安陆州。

楚鉴，河南杞县。

毛毅，浙江桐庐县。

侯仪，山东历城县。

翟溥福，广东东莞县。

陈河，广西平南县。

潘赐，福建浦城县。

乐用才，浙江定海县。

范彬，直隶吴县。

叶祥，浙江开化县。

邓友，江西新昌县。

张翱，山东单县。

张侃，江西上饶县。

汪渊，山东泰安州。

孙昇，直隶建平县。

刘子渊，江西万安县。

庞埙，四川南充县。

曹广，直隶江宁县。

后敏，直隶当涂县。

祁宁，浙江长兴县。

乌溶，浙江建德县。

王汝霖，江西湖口县。

车清，四川长宁县。

宋兴文，湖广嘉鱼县。

陈佛，福建福清县。

方昶，浙江淳安县。

冯谨，山东邹县。

王韬，山西垣曲县。

周玉，浙江山阴县。

陈立本，福建闽县。

胡智，直隶当涂县。

郑道通，江西玉山县。

曾恕，江西赣县。

张谦，河南祥符县。

熊诚，四川江津县。

姚兼善，浙江鄞县。

赵进，江西高安县。

萧显，福建福安县。

刘阜，山东济阳县。

梁瑶，广东化州。

叶林，山西翼城县。

罗处富，江西庐陵县。

周霖，直隶上海县。

田琼，四川资县。

杨廷芳，湖广蓝山县。

王讷，湖广谷城县。

李纲，山东高密县。

刁鹏，河南祥符县。

颜宝，广东茂名县。

洪清，直隶太和县。

陆普任，广东琼山县。

李鉴，直隶建平县。

贾真，山东泰安州。

辜敏道，福建南安县。

牛肆，河南项城县。

仵钦，河南获嘉县。

刘登，河南巩县。

伍玉，广东茂名县。

田埼，浙江缙云县。

何均平，浙江西安县。

袁舍兴，四川江安县。

张庸，直隶吴县。

王泽，湖广荆门州。

萧绍，四川新津县。

黄锐，福建永福县。

杨璘，河南襄城县。

段永，江西余干县。

徐善庆，浙江丽水县。

杨庸，山西曲沃县。

刘文林，四川大竹县。

陈节，山东益都县。

陈哲，广东曲江县。

徐子玉，浙江东阳县。

汪彦纯，直隶黟县。

周尚义，湖广石首县。

张艺，山西沁水县。

刘荣，直隶桐城县。

李瑄，湖广沔阳州。

朱庄，山东临邑县。

张贵，湖广绥宁县。

李迪，陕西咸宁县。

严润，直隶当涂县。

赵曾，浙江缙云县。

郭景曜，直隶建德县。

杜春，直隶丹徒县。

郭庆，江西星子县。

吴景，江西乐平县。

周英，广东合浦县。

林文亨，广东海康县。

陈文昌，广西北流县。

汪良仕，直隶婺源县。

吴志盛，广东茂名县。

曾希贤，江西宁县。

孙确通，河南通许县。

童寅，湖广随州。

晏文铭，江西上高县。

杨彝，四川达州。

高朗，山东莱芜县。

刘宏，江西永新县。

张贞，广东茂名县。

沈忠，直隶吴县。

吴文郁，直隶黟县。

萧九成，广东高要县。

林良，福建晋江县。

柳昌，湖广随州。

黄堃，福建邵武县。

王秉彝，湖广石首县。

林寿，福建福安县。

袁添禄，湖广衡山县。

查孚，江西星子县。

彭福，福建瓯宁县。

彭尧成，湖广黄冈县。

郭道源，四川万县。

罗弘，湖广蒲圻县。

赵登，河南祥符县。

罗英，广东高要县。

陈兴，江西永新县。

袁杰，四川大昌县。

俞益，浙江临安县。

许祯，湖广蕲水县。

熊进，湖广江夏县。

钱贵，浙江崇德县。

石祐，广东琼山县。

李本，河南延津县。

张循礼，直隶华亭县。

余宾，浙江建德县。

邓汶，广西临桂县。

张文礼，云南晋宁州。

赵濬恭，浙江定海县。

刘英，江西永新县。

赵伯贵，四川通江县。

翟彦荣，广东归善县。

靳勉，山西曲沃县。

聂聪，直隶潜山县。

王用，山东平原县。

赵济，江西南城县。

祝文，江西上高县。

周文郁，直隶长洲县。

邓复荣，四川江安县。

何振，四川庆符县。

杜芳，山西翼城县。

高中，山东高苑县。

王彬，山西绛县。

黄用，直隶如皋县。

俞礼，浙江海宁县。

邓得麟，广东乐昌县。

陈泰，河南睢州。

李勉，江西上高县。

谢芳，直隶武进县。

汪献，直隶休宁县。

乙酉　永乐三年两京十二藩乡试

解元

应天府。

北京行部。

河南：王辉。

山东。

山西。

陕西。

福建：陈用，莆田县，《书》，辛卯。

江西。

浙江：杨复，长兴县，丙戌。

湖广。

广东。

广西。

四川。

云南。

是科浙江萧山魏骥为名臣。

丙戌　永乐四年会试

考试官：

侍读学士王达，达善，直隶无锡县人。

洗马杨溥，弘济，湖广石首县人，庚辰进士。

第一场

《四书》（缺一道）：

○大学之道，至善。

○克己复礼，归仁焉。

《易》，缺。

《书》，缺。

《诗》，缺。

《春秋》，缺。

《礼记》，缺。

第二场

论：

〇礼乐明备。

诏诰表内科一道，缺。

判语，缺。

第三场

策，缺。

时会试之士□□□□□①，取朱缙等二百二十人，刻程文□□②篇。缙官至郎中。部本缺。

中式举人二百二十名。

朱缙，江西吉安永丰县。

三月初一日，临策天下贡士。制曰：朕承皇考太祖圣神文武钦明启运俊德成功统天大孝高皇帝洪业，舆图之广，生齿之繁，从古莫比，故穷发之地，咸为编户，雕题椎结，悉化冠裳。来虽如归，而治虑未浃。朕夙夜惟念，期在雍熙。然十室之邑，人人教之，且有弗及，矧天下之大，兆民之众？夫存诚过化，不见其迹，欲臻其极，谅必有要，不明诸心，曷由达效？唐虞三代之治，其来尚矣，而汉唐宋之治，犹可指而言之。自夔典乐教胄子而学校兴，而汉唐宋之学校有因革，其教化可得而闻。自大司徒以乡三物教万民而科目举，而汉唐宋之科目有异同，其名实可得而议。自小司徒经土地而田制定，而汉唐宋之田制有屯营，其计画可得而言。自校人掌王马之政而马政立，而汉唐宋之畜牧有耗息，其详悉可得而数。之数者有宜于古而合于今，若何施而可以几治？夫政不稽古则无以验今事，不究迹则无以见实。子大夫博古以知今，明体以适用，陈其当否，以著于篇，毋泛毋隐，朕将亲览焉。

时廷对之士二百一十九人，赐林环等进士及第、出身有差。环所著有《絅斋集》，官至侍讲。是科王骥、鲁穆俱为名臣，骥以军功封靖远伯，子孙世袭。部本缺。《水东日记》言甲申、丙戌二甲进士策对皆录刻之，而闽本止载一甲三篇，盖脱略也。

_____

① 原缺。

② 原缺。

第一甲三名赐进士及第

　　　　林环，福建莆田县。

　　　　陈全，福建长乐县。

　　　　刘素，江西吉安永丰县。

第二甲六十五名赐进士出身

　　　　朱缙，江西吉安永丰县。

　　　　王资益，江西临川县。

　　　　谢英，湖广江陵县。

　　　　周炜，江西进贤县。

　　　　江殷，江西吉水县。

　　　　胡启先，江西安福县。

　　　　卢永，江西新淦县。

　　　　谢泚，福建建安县。

　　　　王信功，福建莆田县。

　　　　孙迪，浙江钱塘县。

　　　　张叔豫，江西永新县。

　　　　赵圭，浙江龙泉县。

　　　　郑回，福建怀安县。

　　　　黄所载，江西庐陵县。

　　　　陈孟京，江西泰和县。

　　　　徐廷圭，浙江余姚县。

　　　　刘信同，浙江丽水县。

　　　　解朝夫，江西吉水县。

　　　　黄安，福建闽县。

　　　　梁智，广东德庆州。

　　　　杨端仪，福建晋江县。

　　　　帅①性，江西建昌县。

　　　　蔡彬，江西南康县。

　　　　刘鉴，直隶高邮州。

　　　　叶嵩，浙江开化县。

　　　　李岳闻，江西吉安永丰县。

　　　　周仲举，江西吉水县。

　　　　邓成，江西金溪县。

　　　　陈实，福建莆田县。

---

　　① 《索引》作"师"。

梁彬，浙江永嘉县。

王克义，广东琼山县。

蒋庆，江西新淦县。

刘晖，江西吉安永丰县。

陈孟洁，江西泰和县。

黄建，福建莆田县。

郑杰，湖广荆门州。

郑添，福建福清县。

吴叔闻，江西丰城县。

蔡蕊，福建闽县。

张士选，浙江永嘉县。

汪善，直隶歙县。

邵辉，福建怀安县。

彭谦，湖广湘阴县。

郑复言，浙江鄞县。

张铉，江西吉水县。

盛霈，浙江新昌县。

曾春龄，江西泰和县。

黄献，江西泰和县。

何琮，浙江仁和县。

李斯义，福建晋江县。

吴致文，浙江平阳县。

魏智，河南祥符县。

胡祺，湖广蕲州。

屈伸，江西湖口县。

钱遂志，江西吉水县。

罗仲深，江西泰和县。

殷旦，浙江萧山县。

沈骥，直隶上海县。

郑怡，浙江金华县。

吴春，福建建安县。

谭存礼，湖广澧州。

刘靖，河南祥符县。

张昭，江西奉新县。

王骥，北京束鹿县。

荆政芳，湖广溆浦县。

第三甲一百五十一名赐同进士出身

　　萧福，福建浦城县。

　　杨复，浙江长兴县。

　　李伯尚，江西永新县。

　　李王，直隶吴县。

　　陈彬，广东茂名县。

　　李琳，湖广华容县。

　　胡雅，江西泰和县。

　　陈道同，广东四会县。

　　彭益，江西南丰县。

　　李士辉，江西新昌县。

　　邵彦辉，江西奉新县。

　　陈智，湖广咸宁县。

　　吴祯，浙江仁和县。

　　颜宝，福建龙溪县。

　　梁用嵩，浙江临海县。

　　谢瑾，浙江鄞县。

　　刘本，浙江慈溪县。

　　谢霖，福建宁德县。

　　姚原立，江西贵溪县。

　　蔡子宜，浙江青田县。

　　李昺，广东合浦县。

　　周岐后，广东博罗县。

　　白春，直隶六安州。

　　陆和，浙江江山县。

　　张震，湖广永兴县。

　　韩缙，陕西陇西县。

　　余昱，江西清江县。

　　杨谙，广西宜山县。

　　韩春，河南原武县。

　　王瀹，河南太康县。

　　陈鉴，湖广江陵县。

　　邓试祥，广西平乐县。

　　刘旭，湖广麻城县。

　　刘绍，直隶吴县。

　　余福，福建惠安县。

谢孚，直隶当涂县。

周珏，江西新喻县。

萧昇，湖广黄冈县。

张廉，河南罗山县。

雷韶，江西南昌县。

许铭，江西南昌县。

孙荪，浙江慈溪县。

陈厚，直隶合肥县。

马俊彦，四川蓬州。

韩瑜，山东章丘县。

甘田，江西丰城县。

黄斌，广东曲江县。

叶承宗，直隶嘉定县。

曹闻，湖广江夏县。

陈永昌，广东茂名县。

仇忠，直隶吴县。

乐时逢，江西临川县。

朱铎，福建晋江县。

张尊受，江西上饶县。

裴旻，福建崇安县。

雷迅，福建长汀县。

黄理，河南钧州。

刘坚，山东濮州。

赵中行，福建莆田县。

黄敬，广东琼山县。

汪昌言，江西丰城县。

陈纯，广东化州。

黎常，广东新兴县。

曹常，浙江宁海县。

潜溟，江西高安县。

霍敬，河南洛阳县。

吴中，浙江山阴县。

龙景亨，湖广蒲圻县。

陈勉，江西宁都县。

刘敏，山西太平县。

王辅先，浙江鄞县。

李昴，山东德平县。

方恢，浙江余姚县。

陈闰，福建怀安县。

濮阳恭，直隶当涂县。

徐瑢，直隶金坛县。

林继宗，福建瓯宁县。

王绍，直隶舒城县。

陈达，直隶长洲县。

曹士正，直隶萧县。

冯翼，四川南部县。

张鉴，北京安平县。

余炅，浙江开化县。

陈日新，广东高要县。

陈韶，广西横州。

饶生，福建浦城县。

刘持节，江西吉水县。

刘选，四川大邑县。

霍莘，山西孝义县。

张光，广东茂名县。

林寿，福建侯官县。

李九畴，江西龙泉县。

彭清，浙江钱塘县。

梁谦，四川邛县。

柴兴，浙江江山县。

王志，陕西咸宁县。

钟墉，广东海阳县。

饶赐，福建瓯宁县。

沈箕，浙江金华县。

陈纪，江西上饶县。

吕旦，直隶昆山县。

辛佑，江西铅山县。

赵益，直隶江宁县。

陈思道，湖广蓝山县。

汪璧明，江西贵溪县。

洪熊，浙江武义县。

吕健，四川荣昌县。

吴宗荫，广东茂名县。

甘霖，江西南丰县。

沈钦，浙江海盐县。

李鉴，江西上饶县。

李泽，广东石城县。

陈骥，福建长乐县。

易思义，湖广汉阳县。

吴整，河南永宁县。

蓝必宁，福建长汀县。

朱暹，四川巴县。

王以得，湖广攸县。

鲁穆，浙江天台县。

侯善志，浙江金华县。

叶潜，福建建安县。

崔理，北京交河县。

高式，山东濮州。

卢荣，广东合浦县。

张珂，福建建安县。

郑志，浙江永嘉县。

赵贵和，湖广兴国州。

葛回，福建闽县。

何晟，浙江余姚县。

任旺，河南归德州。

林伯宗，浙江宁海县。

姚璠，河南郾城县。

傅诚，广西临桂县。

郑辰，浙江西安县。

刘良，湖广零陵县。

戈斌，直隶通州。

祝和，浙江西安县。

秦荣祖，湖广咸宁县。

吕奭，江西广信永丰县。

侯福，湖广攸县。

高庸，直隶长洲县。

邵玘，浙江兰溪县。

赵惟恭，山东济宁州。

汪澍，直隶黟县。

赵鉴，四川遂宁县。

薛常生，浙江上虞县。

王春，江西南昌县。

王琮，直隶溧水县。

张安，河南邓州。

魏源，江西建昌县。

吴忠，江西浮梁县。

戊子　永乐六年两京十三藩乡试

解元

应天府：黄寿生，福建莆田县人，国子生，《诗》，辛卯。

北京行部。

河南：郭济，太康县，《春秋》。

山东：刘翀，济宁州，《诗》，壬辰。

山西。

陕西：李锡，咸宁县。

福建：杨慈，莆田县学生，《书》，辛卯。

江西：钱习礼，吉水县学生，《书》，辛卯。

浙江：陈璲，临海县学生，《诗》，辛卯。

湖广：邓真，江夏县学生，《春秋》，辛卯。

广东。

广西。

四川。

云南。

交趾，见取士之地。

己丑　永乐七年会试

考试官，缺。

第一场

　《四书》（缺二道）：

　　〇武王缵太王，子孙保之。刊。

　《易》，缺。

　《书》，缺。

《诗》，缺。

《春秋》，缺。

《礼记》，缺。

第二场

论：

○洪范九畴。

诏诰表内科一道，缺。

判语，缺。

第三场

策，缺。

时会试之士□□□□□①，取陈璲等一百人，刻程文□□②篇。璲由解元为会元，官至按察司佥事。曾孙器亦举解元，正德甲辰进士。部本缺。

中式举人一百名。

陈璲，浙江临海县学生，《诗》。

杨慈，福建莆田县学生，《书》。

陈衡，江西吉安府永丰县人，冠带举人，《易》。

林文澧，福建怀安县人，监生，《春秋》。

杨景春，浙江嘉兴府学生，《书》。

辛卯　永乐九年

三月初一日，临策天下贡士。制曰：朕承广大之基，抚鸿熙之运，临御以来，夙夜惕厉，博求至道，以弘治化。而谈者类曰：礼乐刑政四达而不悖，则王道备矣。又曰：礼乐为国之根本，刑政为国之辅助。稽之于古，伯夷典礼，后夔典乐，见于《书》者尚矣。至于三代损益，缘人情而制礼，谐五音以成乐，至周大备，浩乎其有本，粲乎其有文，可以睹其功德之盛。若夫汉兴，承秦之弊，叔孙习于绵蕝，贾谊草具其仪，因循迁就，止于如此而已。唐因于隋，祖孝孙、房玄龄之流，增益定制，太宗慨慕古典，拳拳于乙夜之读，虽河汾之派，而礼乐之问，汗浃无对，使一代之典，遂为阙文。宋初聂崇义、和岘之徒所定礼乐，大抵沿袭增损，数世相承，考求者非一，然犹恨残缺。制作之方，可谓难矣。汉唐宋之礼乐大概若此，而其刑政犹可得而议。伊欲循古先王之法，以洽和天下，使刑罚清而奸慝革，政事昭而百姓宁，其道何由而可？先儒谓庠序为礼乐之原，其曰立太学以教于国，设庠序以化于邑。今之教化，盖亦若是其备矣，然而事鲜

---

① 原缺。

② 原缺。

大道之归，国靡实材之用，其故何欤？子诸生明先圣之道，博古以知今，具体以适用，于三代汉唐宋礼乐刑政之典，讲闻久矣，疏其得失，别其治否，有可以稗益治道者，其详以敷陈之，毋泛毋隐，朕将亲览焉。

先，己丑会试之二月，值上巡狩北京，诏礼部以陈璲等寄监读书。庚寅十一月，车驾还京，至是乃举廷试。时廷对之士八十四人，赐萧时中等进士及第、出身有差。时中温循谨饬，若不自持，其中则确有定守，虽细行必审检，因灾陈八事，极尽时弊，善导缓讽，上嘉纳焉，卒于修撰。是科钱习礼、邝埜俱为名臣，何忠、陈祚俱有名。

第一甲三名赐进士及第

　　萧时中，江西庐陵县。

　　苗衷，直隶定远县。

　　黄旸，福建莆田县。

第二甲三十二名赐进士出身：

　　杨慈，福建莆田县。

　　刘永清，湖广石首县。

　　洪铉，浙江临安县。

　　河忠，湖广江陵县。

　　王善，福建侯官县。

　　胡概（复姓熊），江西吉水县。

　　陈赏，江西泰和县。

　　臧性，浙江鄞县。

　　邓昌，江西金溪县。

　　周宗保，浙江青田县。

　　金庠，直隶长洲县。

　　陈璲，浙江临海县。

　　吴实，福建长乐县。

　　朱敬，江西浮梁县。

　　周文褒，浙江永嘉县。

　　陈衡，江西吉安永丰县。

　　林衡，福建闽县。

　　陈仪，浙江丽水县。

　　王铉，江西泰和县。

　　何敬，江西万安县。

　　王纲，江西上高县。

　　钟瑛，广东高要县。

　　罗贵素，江西丰城县。

朱与言，江西万安县。

邓义，江西新城县。

张式，江西德兴县。

高溍，福建宁德县。

钱习礼，江西吉水县。

陈子伦，江西进贤县。

盛衍，直隶江宁县。

任敏，四川嘉定州。

戴员保，福建莆田县。

第三甲四十九名赐同进士出身

陈祚，直隶吴县。

李春，山西稷山县。

闻人晟，浙江余姚县。

陈用，福建莆田县。

郭震，直隶临淮县。

俞得儒，浙江鄞县。

王贵庄，江西安福县。

谢善，福建瓯宁县。

谢升，浙江鄞县。

乔良，河南睢州。

贺祖嗣，江西鄱阳县。

林熊，福建莆田县。

涂克敏，江西高安县。

程静，江西乐平县。

张志文，江西上饶县。

张诚，福建建宁县。

叶宗文，浙江兰溪县。

雷吉生，福建建安县。

鲁琛，浙江萧山县。

韩珠，广东石康县。

萧常，江西万安县。

张顺，山东齐河县。

刘添铎，四川卭州。

傅良，江西清江县。

邓真，湖广江夏县。

周健，浙江仁和县。

邝埜，湖广宜章县。

具斌，直隶五河县。

张昱，北京滑县。

弋谦，山西代州。

郭廉，四川富顺县。

朱约，直隶华亭县。

黄寿生，福建莆田县。

邵聪，直隶如皋县。

王彦，江西安福县。

张习，浙江会稽县。

梁轫，江西泰和县。

李文定，浙江临海县。

史安，江西丰城县。

李曰良，江西丰城县。

陈治，浙江定海县。

杜桓，浙江金华县。

杨景春，浙江嘉兴县。

何楚英，湖广攸县。

裘参，浙江天台县。

叶旸，福建同安县。

刘鸣，江西金溪县。

陈善，福建连江县。

马信，四川阆中县。

是年八月两京十三藩乡试

解元

应天府：徐则宁，江西金溪县人，国子生，《书》，壬辰。

北京行部。

河南：郭坚。

山东。

山西。

陕西。

福建：林志，福州府学生，《易》，壬辰。

江西：曾鼎，吉安永丰县学生，《礼记》，壬辰。

浙江。

湖广。

广东：林超，番禺县，《书》，乙未。

广西：贺敬，临桂县，《书》，乙未。

四川：梁承宗，宜宾县，《诗》，乙未。

云南。

交趾。

是科河南临漳石璞、山东海丰王佐，俱有名。

壬辰　永乐十年会试

考试官：

杨士奇，士奇，江西泰和县人，儒士。

金幼孜，幼孜，江西新淦县人，庚辰进士。

第一场

《四书》（缺二道）：

〇故君子不可以，知天。

《易》，缺。

《书》，缺。

《诗》，缺。

《春秋》，缺。

《礼记》，缺。

第二场

论：

〇君子笃恭而天下平。

诏诰表内科一道，缺。

判语，五条，缺。

第三场

策，缺。

时会试之士□□□□□①，取林志等一百人，刻程文□□②篇。《宪章录》云：志乡、会试皆第一，廷试一甲第二，授编修，历谕德，居官十有五年，恭勤恬静，若与世无涉者。部本缺。

中式举人一百名。

———————————

① 原缺。

② 原缺。

林志，福建福州府学生，《易》。

王钰，浙江诸暨县人，监生，《书》。

章溏，浙江处州府学生，《书》。

阳清，直隶应天府学生，《春秋》。

郑阊，福建闽县人，监生，《礼记》。

三月初一日，临策天下贡士。制曰：朕奉承宗社，统御海宇，夙夜祗畏，弗遑底宁，以图至治，于兹十年，未臻其效。虑化未浃矣，谨之以庠序之教；虑养未充矣，先之以足食之政；虑刑未清矣，详之以五覆之奏。求才备荐举之科，考课严黜陟之令。然而厉俗而俗益偷，革弊而弊不寝。若是而欲济世泰和，果何行而可？六经著帝王为治之迹，《易》以道阴阳，专名数者或流而为灾异，尚理致者或沦而为清谈。《书》以道政事，语知行则何以示其端？论经世则何以尽其要？《诗》以道以志也，何以陈之于劝惩黜陟之典？《春秋》以道名分也，何以用之于闭阳纵阴之说？《礼》以道行而《乐》以道和也，何以道同六经而用独为急？夫道本一原，而治有全体。推明六艺，讲议异同，行则美矣，何以一归于杂？雅歌击磬，执经问难，志则勤矣，何以未复乎古？讨论文籍，考定《五经》，可谓劳矣，未足以致大治。更日侍读，质问疑义，可谓伟矣，仅足以成小康。夫五星集奎，文运斯振，儒道光阐，圣经复明，较之往迹，何胜何负？盖为治之道，宽猛相济，各适其宜。太宗宽厚长者，务崇德化，政足尚矣，而言者谓不若中宗之严明。显宗法令分明，幽隐必达，严足尚矣，而言者谓不若肃宗之长者。论治若此，其将孰从？夫博问经学之士，有以应变。子诸生蕴之有素，其于为治之要，时措之宜，悉心以陈，毋徒泛泛，朕将亲览焉。

时廷对之士一百六人，赐马铎等进士及第、出身有差。《东里志》称铎两侍仁宗监国，仁宗屡曰马铎可谓质实无伪者矣。铎临义执言，侃侃无所顾避，不为外饬，自奉俭薄，与人诚信，为文援笔立就，卒于修撰。是科傅玉良、傅玉润兄弟同登。后罗通、陈镒俱为名臣，林志有名。

第一甲三名赐进士及第

马铎，福建长乐县。

林志，福建闽县。

王钰，浙江诸暨县。

第二甲三十九名赐进士出身

戴乾，福建闽县。

饶安，江西崇仁县。

刘翀，山东济宁州。

刘咸，江西泰和县。

郑阊，福建闽县。

杨伸，直隶常熟县。

鲍英，江西南昌县。

陈瑞，浙江平阳县。

孙曦，福建侯官县。

郑阜义，浙江鄞县。

黄泽，福建闽县。

顾巽，浙江慈溪县。

蒋礼，直隶和州。

杨政，江西吉水县。

郭公绪，江西泰和县。

卢质中，福建莆田县。

曾鼎，江西吉安永丰县。

章睿，浙江丽水县。

赵昴，陕西绥德州。

陈原祐，福建建安县。

刘长吾，江西吉安永丰县。

檀凯，直隶建德县。

张思安，直隶无锡县。

江殷，江西贵溪县。

黎恬，江西清江县。

黄翰，直隶华亭县。

徐俊，直隶建德县。

钱述，江西吉水县。

陈琦，福建福安县。

吴赐，直隶贵池县。

黄彦，浙江海盐县。

张璘，湖广黄冈县。

徐则宁，江西金溪县。

何贤，陕西狄道县。

于庭颐，浙江临海县。

陈礼，江西泰和县。

胡守宗，福建晋江县。

杨勋，江西崇仁县。

熊伦，江西吉水县。

第三甲六十四名赐同进士出身

黄常祖，福建莆田县。

鞠祥，直隶和州。

高第，福建瓯宁县。

潘勤，浙江钱塘县。

林文澧，福建怀安县。

吴潜，福建莆田县。

罗惟政，广东程乡县。

赵礼，江西南丰县。

傅启让，湖广石首县。

傅玉润，江西新喻县。

黄裳，河南内乡县。

罗兴，四川崇庆州。

余文，福建莆田县。

杨荣，云南太和县。

颜泽，直隶江阴县。

任用，浙江东阳县。

王嗣先，江西泰和县。

胡敬，浙江仁和县。

林密，广东文昌县。

张观，山西代州。

蔡道隆，浙江永嘉县。

阳清，直隶上元县。

倪良，江西乐平县。

胡琏，江西新喻县。

王观，湖广枣阳县。

史循，直隶江宁县。

周常，直隶定远县。

林硕，福建闽县。

史咏，直隶溧阳县。

张绍，河南汝州。

陶士宗，广西鬱林州。

李祥①，浙江西安县。

王询，江西吉安永丰县。

陈正伦，江西吉水县。

叶俊，浙江永嘉县。

---

① 《索引》作"李庠"。

凌辉，福建德化县。

吴诚，福建莆田县。

马驯，陕西长安县。

王时习，江西南康县。

王璜，山西代州。

崔彦俊，江西新建县。

阮存，浙江永嘉县。

熊自诚，江西临川县。

彭睿，直隶嘉定县。

刘濬，直隶句容县。

杨昺，湖广崇阳县。

徐行，江西进贤县。

谢忱，浙江永康县。

罗通，江西吉水县。

叶宜，福建南平县。

陈镒，直隶吴县。

傅玉良，江西新喻县。

李濬，山西襄垣县。

蒋畴，福建南安县。

陈润，福建连江县。

刘琏，直隶江宁县。

胡让，四川巴县。

陈逊，福建浦城县。

邵暹，湖广沔阳州。

王凯，福建莆田县。

欧阳和，江西泰和县。

米显，陕西永寿县。

施琰，浙江归安县。

方复，直隶潜山县。

皇明贡举考卷之三

海州张朝瑞辑

甲午　永乐十二年两京十三藩乡试

解元

应天府：谢瑶，吴县学生，《春秋》，乙未。

北京行部。

河南：赵冕。

山东。

山西。

陕西。

福建：何琼，怀安县学生，《诗》，乙未。

江西：陈循，泰和县学生，《书》，乙未。

浙江：郑惟桓，慈溪县学生，《书》，乙未。

湖广。

广东：彭森，广州府学生，《书》，乙未。

广西。

四川。

云南。

交趾。

是科浙江新昌杨信民为名臣，仁和王琦有名。

乙未　永乐十三年会试

考试官：

翰林院修撰梁潜，用之，吉安府泰和县人，丙子乡贡进士。

翰林院修撰王洪，希范，杭州府钱塘县人，丁丑进士。

第一场

《四书》：

○老者安之，少者怀之。

○中也者天下，万物育焉。刊。

○故君子不可，不知天。刊。

《易》：

○飞龙在天乃位乎天德。刊。

○九二在师中，怀万邦也。

○同人于野亨，天地之志。

○法象莫大乎，大乎圣人。刊。

《书》：

○询于四岳，达四聪。刊。

○天叙有典，和衷哉。

○王懋昭大德，垂裕后昆。刊。

○二五事一曰，思曰睿。刊。

《诗》：

○蓼彼萧斯，万福攸同。

○文王有声，文王烝哉。刊。

○嵩高维岳极，四方于宣。刊。

○昔有成汤，曰商是常。刊。

《春秋》：

○会北杏（庄十三），会夹谷至（定十）。刊。

○取济西（僖三十一），取汶阳（成二）。

○齐来归田（定十），盟幽（庄十六），盟幽（庄二十七），战城濮败（僖二十八）。

○盟践土（僖二十八），刊。

○会于萧鱼（襄十一）。

《礼记》：

○凡养老有虞，而兼用之。刊。

○及夫礼乐之，而测深厚。

○情深而文明，英华发外。

○仁人之事亲，天如事亲。刊。

第二场

论：

○圣人与天地合德。刊。

诏诰表内科一道：

○拟汉宣帝令郡国举孝弟行义诏。

○拟唐以房玄龄为左仆射诰。

○拟唐韩愈拜国子祭酒谢表。刊。

判语五条：

○官吏下乡。

○私度关津。

○沉匿卷宗。

○冒解军役。

○诡寄田粮。

第三场

策五道：

○君臣同心，以立纲陈纪。刊。

○礼乐情文。刊。

○周邵之图，朱陆之辨。刊。

○学校（成周之制，湖学之法）。刊。

〇文章（司马子长、韩愈、欧阳修、苏轼）。刊二篇。

是岁始会试天下举人于北京，取洪英等三百五十人，刻程文二十二篇。初，陈循当第一，考官梁潜以乡曲避嫌，欲首林文秸，又以秸字罕见，遂首洪英，曰："此洪武中英才也。"上见妃①第三王翱名，喜北京初启会闱，而经魁得一畿甸士，遂以布衣召见，赐酒饭劳之。英官至右都御史，李氏贤称其儒雅君子。以考察浙江庶官，为被黜者谤去。既去，朝论惜之。曾孙世文，嘉靖戊戌进士；世迁，解元。

中式举人三百五十名。

洪英，福建福州府学生，《礼记》。

陈循，江西泰和县学生，《书》。

王翱，北京盐山县人，监生，《书》。

戴礼，江西永新县学生，《易》。

萧仪，江西乐安县儒士，《诗》。

林文秸，福建怀安县儒士，《春秋》。

三月初一日，临策天下贡士。制曰：朕惟帝王之治，本之于道德而见之于事功，道德为致治之本，事功著致治之效。不惟其本，何以为治？不臻其极，何以为效？是故民俗之厚，在于明教化；吏治之举，在于严课试；士风之振，在于兴学校；人材之得，在于慎选举；刑狱之平，在于谨法律。是数者皆为治之先务。唐虞三代之盛，率由于此，而其道德之所施，事功之所成，亦必有其要者矣。三代而下，论治之盛者，曰汉曰唐曰宋。举其概而论之，渊默清净则躬履俭朴矣，约己治人则力于为善矣，恭俭仁恕则修己无为矣，其所以为教化者何如？举殿最而察以六条，考善最而差以九等，著能否而辨以三科，其所以为课试者何如？表章六经而勤学兴礼，锐情经术而文治勃兴，讲学多闻而崇儒重道，其所以为学校者何如？四科四行之辟，六科四事之选，三经十科之制，其所以为选举者何如？三章九章以明其禁，为律令格式以准其法，定刑统编敕以新其制，其所以为法律者何如？夫循名而实可见，究迹而治可推，即道德以较夫事功，其高下优劣，盖亦有可辨者矣。朕祇奉天命，统承太祖高皇帝鸿业，临祚以来，夙夜孳孳，以图至治，亦惟取法于唐虞三代，舍汉唐宋而不为矣。然于是数者，犹未臻其效。子诸生抱经济之学，博古以知今，明体而适用，其敷陈当否，疏其所以化成于天下者，若何而可以臻夫唐虞三代之盛，其详著于篇，朕将亲览焉。

时廷对之士三百五十一人，赐陈循等进士及第、出身有差。循所著有《芳州集》，官至少保，直内阁。是科林文秩、林文秸，刘麒、刘凤，俱兄弟同登。麒、凤虽异籍，实兄弟也。后王翱、高穀俱为名臣。或以乙未未会试，丙申补试者，误。

---

① "妃"字疑衍。

第一甲三名赐进士及第

　　陈循，江西泰和县。

　　李贞，福建南靖县。

　　陈景著，福建闽县。

第二甲九十五名赐进士出身：

　　王翱，北京盐山县。

　　林文秸，福建怀安县。

　　宋魁，江西吉水县。

　　卓有谦，浙江临海县。

　　程鉴，湖广嘉鱼县。

　　陈镛，浙江钱塘县。

　　王懋，浙江钱塘县。

　　桂芝，浙江慈溪县。

　　段礼，陕西韩城县。

　　倪益，江西乐平县人，广东雷州府学。

　　洪英，福建怀安县。

　　郑莹，福建闽县。

　　曹衡，陕西宁夏卫。

　　曾弘，江西泰和县。

　　张邰（邰一作邰），浙江临海县。

　　陈礼，浙江永嘉县。

　　林遒节，福建莆田县。

　　吴士彧，直隶华亭县。

　　邵敏①，河南兰阳县。

　　涂镗，江西靖安县。

　　陈资深，江西吉水县。

　　孙原贞，江西德兴县。

　　黄察，福建莆田县。

　　张宗，福建长泰县。

　　胡瀹，江西吉水县。

　　韩福，山东胶州。

　　王佑，浙江山阴县。

　　章文昭，江西南城县。

　　方庭玉，湖广巴陵县。

---

　　① 《索引》作"邵旻"。

刘麒，直隶江宁县。

郑塾，福建闽县。

谢复进，福建长乐县。

姚昇，山东邹县。

陈彬，福建宁德县。

陈孚，直隶海门县。

胡清，湖广监利县。

罗端，江西庐陵县。

刘智安，江西吉安永丰县。

严珊，浙江开化县。

姚坚，直隶江宁县。

贺敬，广西临桂县。

方勉，直隶歙县。

徐义，江西南昌县。

梁能，广东番禺县。

王瑄，浙江长兴县。

何琼，福建怀安县。

金关，浙江开化县。

俞晒，浙江萧山县。

郑珞，福建侯官县。

刘凤，福建闽县。

林安，福建晋江县。

陈鼎，广东新兴县。

林超，广东番禺县。

袁璞，浙江新城县。

吴应宗，福建南安县。

曾令得，江西吉水县。

曹义，直隶句容县。

徐永，浙江西安县。

张鹏飞，北京完县。

龚英，湖广枝江县。

李学，江西庐陵县。

周崇厚，江西吉水县。

张永，江西吉水县。

林坦，福建莆田县。

章旭，江西新建县。

张彦晒，江西德兴县。

萧仪，江西乐安县。

时永，河南许州。

林时，福建莆田县。

严孟衡，江西分宜县。

陈辉，福建闽县。

蒋勉，四川涪州。

彭麟应，江西安福县。

陈坤奇，福建龙溪县。

汪澄，福建南靖县。

艾广，江西吉安永丰县。

习侃，江西新喻县。

郑雍言，浙江鄞县。

杨黻，江西吉水县。

毕昌，浙江仁和县。

方以正，浙江永嘉县。

李茂弘，浙江黄岩县。

萧奇，江西新淦县。

马骥，河南上蔡县。

刘鼎贯，江西吉水县。

周敏学，江西吉水县人，直隶祁门县学。

曹泓，湖广益阳县。

高志，直隶句容县。

李义，直隶长洲县。

汪克昇，江西乐平县。

牟伦，四川宜宾县。

郑缙，浙江开化县。

严烜，福建怀安县。

吕棠，山东济宁州。

萧文，广西马平县。

第三甲二百五十三名赐同进士出身

余庆，江西金溪县。

余思宽，浙江遂安县。

尹循，江西安福县。

徐得伦，浙江慈溪县。

裴德泽，江西贵溪县。

王珏，陕西泾州。

邬在恭，江西丰城县。

周叔逵，浙江慈溪县。

郭处靖，江西吉水县。

彭勗，江西吉安永丰县。

吴善才，浙江丽水县。

聂循，江西南城县。

田原庆，湖广枝江县。

曹贤，福建长乐县。

李芳，直隶颍上县。

谭寿海，广东泷水县。

李泉，江西乐安县。

张益，直隶江宁县。

胡天麒，江西弋阳县。

黄璿，四川富顺县。

朱益，江西高安县。

李时佐，江西新建县。

黄完，江西临川县。

宋拯，直隶江宁县。

余钦，江西上饶县。

吴预，江西进贤县。

高公望，江西吉安永丰县。

胡凤，湖广桂阳州。

王倞，湖广沔阳州。

吴新，湖广云梦县。

刘棻，浙江慈溪县。

蒋志道，福建龙岩县。

秦良，湖广湘阴县。

梁弼，福建上杭县。

侯轼，河南安阳县。

王增佑，江西贵溪县。

余敬，浙江西安县。

巴镛，江西都昌县。

王缙绅，四川安岳县。

林贲，广东四会县。

皮玙，江西清江县。

王时敏，浙江鄞县。

黄仲芳，福建建安县。

史常，直隶溧阳县。

孙钦，福建连江县。

杨以中，四川威远县。

王瑛，山西猗氏县。

谢瑶，直隶吴县。

王良，福建侯官县。

江胜，江西金溪县。

魏正，四川平夷长官司。

李珏，浙江鄞县。

徐方，直隶吴县。

叶颖，浙江天台县。

章润，福建古田县。

郑行简，直隶歙县。

王士华，浙江鄞县。

王厉，山西夏县。

吴绍生，浙江遂昌县。

周泰亨，江西彭泽县。

王达，河南磁州。

周英，江西南昌县。

陈卤，山东馆陶县。

丁毅，直隶无为州。

刘铎，江西彭泽县。

谭信，江西南丰县。

范循，四川南充县。

郑士庶，广东海阳县。

刘进，山东长清县。

叶政，浙江寿昌县。

王俊得，直隶黟县。

廖谟，江西泰和县。

杨铭，湖广襄阳县。

梁用，山东武城县。

张聪，广东新兴县。

陈罴，浙江上虞县。

张庸，直隶滁州。

郑弘范，浙江黄岩县。

周彝，湖广永明县。

石玉，四川岳池县。

黄敬，江西南城县。

鲍暈，浙江龙泉县。

宋琰，浙江奉化县。

王礼，山东朝城县。

黎民，四川长寿县。

蒋忠谏，江西德兴县。

李立，江西南丰县。

戴禧，福建闽县。

尹宗高，江西泰和县。

童文，直隶上元县。

杨渊，江西分宜县。

马铭，广东南海县。

黄原昌，福建建宁县。

张逊，湖广永兴县。

彭伯炼，江西泰和县。

盛能，直隶颍上县。

徐琦，陕西宁夏卫。

傅沇，福建晋江县。

汪忱，四川南溪县。

徐健，浙江开化县。

梁泂，江西泰和县。

朱㫤，直隶昆山县。

沈福，广东石康县。

赖巽，江西广昌县。

程震，福建侯官县。

万完，浙江仁和县。

陈昶，直隶青阳县。

官驹，福建邵武县。

罗闰，福建晋江县。

范琮，山西汾西县。

谢璘，直隶句容县。

周贵，浙江丽水县。

余耀，福建莆田县。

李从智，四川宜宾县。
易节，江西万载县。
罗以礼，湖广桂阳县。
连智，福建建安县。
曹杰，山东夏津县。
吴泽，浙江东阳县。
郑嵩，河南宁陵县。
柴琏，河南洛阳县。
严贞，广东新兴县。
魏瑢，福建瓯宁县。
王谕，直隶山阳县。
袁初，浙江桐庐县。
方佺，湖广巴陵县。
黄瓛，江西丰城县。
孙日新，河南西平县。
林定，福建侯官县。
刘贞，北京清丰县。
姚文，浙江崇德县。
丁铉，江西丰城县。
沈旸，直隶吴县。
顾珪，直隶华亭县。
冯吉亨，浙江慈溪县。
陈俊，浙江东阳县。
连均，福建建安县。
李重，江西靖安县。
叶瑜，浙江鄞县。
崔矩，山西襄陵县。
叶恕，江西乐平县。
戴礼，江西永新县。
吴扬，江西新淦县。
余谦，江西都昌县。
鲁让，直隶合肥县。
李蕡，直隶长洲县。
樊敩，河南阌乡县。
陈銮，福建连江县。
封库实，陕西略阳县。

黄懋，北京元氏县。

刘全节，江西丰城县。

徐信，浙江山阴县。

詹勋，江西乐安县。

李绍宗，福建泰宁县。

林道，福建闽县。

茅并基，浙江慈溪县。

李忠，湖广衡阳县。

张真，浙江平阳县。

王弼，福建侯官县。

刘涣，江西泰和县。

彭翔，河南项城县。

熊鉴，江西建昌县。

杜淇，浙江东阳县。

陈文璧，直隶华亭县。

陈应良，福建晋江县。

刘苠，江西万载县。

严继先，浙江武义县。

王麟，陕西永寿县。

戴觐，浙江定海县。

邹杰，江西湖口县。

高毅，直隶兴化县。

郭显，江西吉水县。

叶恕，福建浦城县。

徐训，浙江鄞县。

方鼎，福建莆田县。

何卓，江西新淦县。

许彬，山东宁阳县。

唐泰，福建长泰县。

袁旭，江西乐安县。

樊鉴，江西进贤县。

王珣，直隶高邮州。

陈资茂，浙江宁海县。

袁贺，江西吉安永丰县人，清江县学。

管思易，浙江鄞县。

饶政，直隶望江县。

张衡，直隶上海县。

顾侃，浙江慈溪县。

雷诚，江西丰城县。

俞聪，浙江仁和县。

韩弘，福建福清县。

朱胜，福建莆田县。

赵纯，广东番禺县。

陈善，直隶宜兴县。

张琛，北京南和县。

杨润，江西高安县。

徐景安，直隶华亭县。

谈信，直隶广德州。

陈敏，直隶通州。

胡轸，江西丰城县。

石庆，陕西耀州。

熊渊，江西进贤县。

黄振，江西德安县。

沈敬，直隶华亭县。

王制，广东德庆州。

王镛，河南长葛县。

林文秩，福建怀安县。

陈聪，福建长乐县。

曾佛，福建福清县。

张遂，江西乐安县。

曹逊，江西彭泽县。

徐爵，江西余干县。

郑猷，直隶六合县。

杨宁，山西忻州。

彭森，广东南海县。

李昇，直隶上海县。

雷屯，北京永年县。

吴进，直隶当涂县。

诸璞，直隶金华县。

冯俨，山东金乡县。

葛贞，直隶当涂县。

伍宗源，福建宁化县。

孙鼎，浙江钱塘县。

刘昱，江西彭泽县。

张至善，湖广临湘县。

唐哲，直隶华亭县。

张文忠，直隶婺源县。

张嘉会，江西吉安永丰县。

邹良，江西乐安县。

李德全，福建邵武县。

朱惠，广东石康县。

王杰，湖广襄阳县。

姜启隆，江西上饶县。

李纶，福建上杭县。

郑让，浙江慈溪县。

俞士悦，直隶长洲县。

刘敬，湖广江陵县。

郑惟桓，浙江慈溪县。

张守庸，福建同安县。

张坚，直隶芜湖县。

李实，江西丰城县。

洪豫，广东化州。

郑瑛，福建闽县。

陈感，江西清江县。

胡昂，福建松溪县。

李冠禄，广东茂名县。

周安，浙江山阴县。

吴璘，直隶江宁县。

徐孔奇，江西丰城县。

夏忠，河南睢州。

阮瑄，广东海阳县。

周济可，浙江奉化县。

谢晖，直隶合肥县。

梁承宗，四川宜宾县。

丁酉　永乐十五年两京十三藩乡试

解元

应天府。

北京行部。

河南：阎端。

山东。

山西。

陕西。

福建：李马，长乐县，戊戌。

江西：尹凤岐，吉水县，《书》，戊戌。

浙江。

湖广。

广东。

广西。

四川。

云南。

交趾。

是科应天怀远年富为名臣。

戊戌　永乐十六年会试

考试官：

　　侍读学士曾棨，子棨，江西吉安府永丰县人，甲申进士。

　　侍讲王英，时彦，江西金溪县人，甲申进士。

第一场

　　《四书》，缺。

　　《易》，缺。

　　《书》，缺。

　　《诗》，缺。

　　《春秋》，缺。

　　《礼记》，缺。

第二场

　　论：

　　○正谊明道。

　　诏诰表内科一道，缺。

　　判语，缺。

第三场

　　策，缺。

时会试之士□□□□□①，取董璘等二百五十人，刻程文□□②篇。璘官至修撰。部本缺。

中式举人二百五十名。

董璘，直隶高邮州。

余缺。

《南畿志》称孔友谅会魁，裔出阙里。

三月初一日，临策天下贡士。制曰：帝王之治天下，必有要道。昔之圣人，垂衣裳而天下治。唐虞之世，治道彰明，其命官咨牧，载之于《书》，有可见已。成周之官，倍蓰唐虞，备存《周礼》，其详得而数之。《周礼》，周公所作也，何若是之烦钦？较之唐虞之无为，盖有径庭。然其法度纪纲，至为精密，可行于天下后世，何至秦而遂废？汉承秦弊，去周未远，可以复古，何故因仍其旧而不能变钦？唐因于隋，宋因五季，亦皆若是，有可议者。人之恒言，为治之要，在于一道德而同风俗。今天下之广，生齿之繁，彼疆此域之限隔，服食趋向之异宜，道德何由而一，风俗何由而同？子诸生于经史时务讲之熟矣，凡有裨于治道，其详陈之，毋隐而不言，毋言而不切，朕将亲览焉。

时廷对之士二百五十人，赐李骐等进士及第、出身有差。杨文敏志云：骐初名马，上为改之。为人严毅方正，有气节，不肯依随。方病，值成祖升遐，惊悸哀悼，即出临哭，病遂深。终于修撰。是科金濂赠沭阳伯。部本缺。

第一甲三名赐进士及第

李骐，福建长乐县。

刘江，直隶江宁县。

邓珌③，江西吉水县。

第二甲七十五名赐进士出身

周叙，江西吉水县。

黄润④，江西信丰县。

董璘，直隶高邮州。

周得琳，浙江遂昌县。

杨珙，直隶上海县。

龚璧，浙江慈溪县。

褚思敬，浙江天台县。

---

① 原缺。

② 原缺。

③ 《索引》作"邓珍"，"珍"同"珌"。《皇明三元考》作"邓直"。

④ 《索引》作"黄门"。

蔡墢①，福建龙溪县。

尹凤岐，江西吉水县。

郭廉，福建闽县。

秦初，浙江山阴县。

陈纪，河南郑州。

陈询，直隶华亭县。

朱孟得，浙江海盐县。

罗坤泰，江西吉水县。

林奈（奈一曰森），福建连江县。

邬逊，江西余干县。

沈理，浙江海盐县。

谢泽，浙江上虞县。

邓敬，湖广零陵县。

徐律，浙江开化县。

倪鼎，江西乐平县。

周懋昭，江西丰城县。

幸寔②，江西高安县。

邹凤，江西新淦县。

袁芳③，直隶常熟县。

王宪，直隶含山县。

张震，陕西长安县。

董和，福建闽县。

冯敬，直隶华亭县。

朱瑛，浙江新城县。

梁广成，广东番禺县。

严贞，浙江奉化县。

陆坤④，直隶丹徒县。

周礼，江西乐平县。

易锐，江西高安县。

舒本谦，浙江余姚县。

胡文善，浙江兰溪县。

---

① 《索引》作"蔡樰"。
② 《索引》作"幸实"。
③ 《索引》作"袁方"。
④ 《索引》作"陆坦"。

张聚，福建将乐县。

王庆①，四川广安县。

陈善，福建长汀县。

刘永，江西大庾县。

王暹，浙江山阴县。

陈祚，浙江缙云县。

刘英，江西庐陵县。

甄谌，北京束鹿县。

习嘉言，江西新喻县。

刘善，山东掖县。

刘仪，湖广襄阳县。

莫绍贤，江西临川县。

万韫辉，江西南昌县。

栾瑄，山东胶州。

黄裳，江西新建县。

曾泉，江西泰和县。

吴源，福建闽县。

葛昂，浙江上虞县。

刘礼让，江西庐陵县。

邹祥，四川青神县。

程钫，江西玉山县。

何善，浙江萧山县。

方辂，江西临川县。

张政，直隶广德州。

陈蓁，福建怀安县。

曾济，福建晋江县。

郑源，福建闽清县。

范宗渊，浙江上虞县。

夏时，浙江钱塘县。

郑宪，福建闽县。

金诚，广东广州右卫。

李居正，江西吉水县。

刘性，江西新城县。

王靖，广东潮阳县。

---

① 《索引》作"王宾"。

李子恢，江西新喻县。

王琎，浙江定海县。

徐智，直隶青阳县。

第三甲一百七十二名赐同进士出身

雷燧，福建建安县。

方鲤，福建莆田县。

吴泰①，福建南平县。

陈渠，福建莆田县。

张昱，广西贺县。

夏大友，浙江余姚县。

袁才辅，湖广兴宁县。

林得，福建怀安县。

王一宁，浙江仙居县。

梁硕，江西吉水县。

张铭，直隶句容县。

薛预，广东琼山县。

林庭芳，福建莆田县。

严珪，直隶吴县。

夏清，山东昌乐县。

丁城②，四川江油县。

蔡恭，福建惠安县。

沈让，直隶华亭县。

杨衡，江西南昌县。

成敬，陕西耀州。

柴兰，浙江余姚县。

张旭，河南温县。

王伟，福建莆田县。

余深，江西德兴县。

洪诚，云南昆明县。

林茂叔，福建怀安县。

胡永兴，直隶祁门县。

卢璟，直隶庐江县。

撒祥，直隶高邮州。

---

① 《索引》作"吴恭"。
② 《索引》作"丁珹"。

郑镂，浙江寿昌县。

陶圭，江西鄱阳县。

莫珪，直隶吴县。

姚观，浙江仁和县。

高举，河南祥符县。

晏铎，四川富顺县。

孙景名，浙江富阳县。

洪渊，江西吉水县。

廖自强，四川宜宾县。

李礌，北京三河县。

任敬敏，江西泰和县。

车义，直隶临淮县。

文渊，北京大兴县。

许同书，江西临川县。

姚华，直隶吴县。

刘干，江西安福县。

庄约，直隶上元县。

萧进，江西泰和县。

木讷，浙江钱塘县。

喻俊，江西丰城县。

寇厚，山西临汾县。

张辅，河南祥符县。

杨复，河南许州。

张瓒，河南祥符县。

陈绍夔，江西新淦县。

徐荣，直隶上元县。

郭瑛①，广东番禺县。

崔谦，湖广江夏县。

吴会同，江西金溪县。

林真，福建闽县。

续旻，山西翼城县。

刘为政，江西浮梁县。

王辉，福建闽县。

叶道庆，浙江缙云县。

---

① 《索引》作"郭瑛"。

尹源，江西泰和县。

傅敬，广西象州。

林良，福建福宁县。

方册，江西德兴县。

段莓，直隶怀远县。

雷成睿，江西丰城县。

徐资用①，福建莆田县。

苏泰，四川崇庆州。

左常②，江西南城县。

周礼，直隶句容县。

熊翰，江西丰城县。

谢泾，直隶江都县。

韩著，直隶上海县。

范克恭，湖广荆门州。

罗经，福建上杭县。

方正，广东黄冈县。

王弘，陕西河州军民指挥使司。

钱文贵，江西南昌县。

王政，北京开州。

张举，福建怀安县。

刘勉，陕西城固县。

胡远，江西丰城县。

刘童，福建建阳县。

靳宣，河南汤阴县。

吴琛，浙江丽水县。

焦起良，湖广兴宁县。

周镃，直隶长洲县。

吴安，直隶青阳县。

赵礼，河南洛阳县。

赖英③，江西广昌县。

金濂，直隶山阳县。

李偶，江西南昌县。

---

① 《索引》作"徐资"。
② 《索引》作"左瑺"。
③ 《索引》作"赖瑛"。

孔友谅，直隶长洲县。

刘翔，陕西凤翔县。

胡钦，江西新喻县。

刘得初①，浙江慈溪县。

白尚德，福建同安县。

潘正，福建长乐县。

蔡贵，江西乐平县。

杨健，山东淄川县。

陈宪，浙江定海县。

江灿②，浙江开化县。

纪振，北京开州。

杨盛，河南延津县。

程虎，四川泥溪长官司。

陈纯，广东四会县。

康宁，北京井陉县。

周铨，江西玉山县。

许英，直隶溧水县。

陈彝，直隶高邮州。

许鹏，直隶如皋县。

苏洪，河南南阳县。

何文渊，江西广昌县。

孙庆，北京安州。

胡琏，浙江嘉兴县。

王愈，河南修武县。

游奎，江西新昌县。

宋常，江西新淦县。

杨玙，北京涿州。

彭琉，江西安福县。

杨谊，山东济宁州。

萧铠，江西泰和县。

李忠，广东高要县。

陈素，江西泰和县。

杜时，北京深州。

---

① 《索引》作"邹得初"。

② 《索引》作"汪灿"。

谢志道，直隶休宁县。

马良，河南新乡县。

金逊，浙江崇德县。

李敬，四川巴县。

沈文，浙江浦江县。

韩魁，福建连江县。

盛祥，直隶丹徒县。

杨瑛①，直隶溧阳县。

方豫，浙江淳安县。

胡恭，江西靖安县。

曹洪，直隶吴县。

吴得，直录吴县。

江庆，浙江开化县。

徐祥，广东陵水县。

陈孟浩，江西新淦县。

张志，山东益都县。

王宣，浙江钱塘县。

王琏，江西新建县。

周贤，江西上饶县。

王俊，河南睢州。

杨斌，云南太和县。

刘渊，湖广江夏县。

方珏，江西乐平县。

杨仪，江西丰城县。

吴辅②，江西安仁县。

陈道曾，福建晋江县。

李杰，河南辉县。

黄炯，广东海阳县。

李英，湖广嘉鱼县。

刘浩，北京阜城县。

彭程，河南偃师县。

陈哲，山东夏津县。

---

① 《索引》作"杨琰"。

② 《索引》作"吴辀"。

王珪①，直隶黟县。

王彦英，福建晋江县。

唐宽②，广东琼山县。

刘莘，江西鄱阳县。

罗忠，四川阆中县。

刘安定，浙江永嘉县。

曹魁，江西湖口县。

潘恕，河南内乡县。

曹铭，河南新野县。

洪廉，广东揭阳县。

沈善，直隶长洲县。

聂贞，山东泰安州。

庚子　永乐十八年两京十三藩乡试（是年十一月，改京师为南京，北京为京师，除诸司行在二字）

解元

应天府。

北京行部。

河南：薛瑄，山西河津县，辛丑。

山东。

山西。

陕西。

福建。

江西：黎德修，吉水县③。

浙江。

湖广。

广东。

广西。

四川。

云南。

交趾。

---

① 《索引》作"王圭"。

② 《索引》作"唐亮"。

③ 《皇明三元考》谓是科江西解元为徐福。

辛丑　永乐十九年会试

考试官：

左春坊大学士杨士奇，见壬辰。

翰林院侍读周述，江西吉水县，甲申进士。

第一场

《四书》（缺二道）：

○博厚所以载，悠久无疆。刊。

《易》，缺。

《书》，缺。

《诗》，缺。

《春秋》，缺。

《礼记》，缺。

第二场

论：

○经纶大经。

诏诰表内科一道，诏诰缺：

○拟唐秘书少监虞世南上圣德论表。刊。

判语，缺。

第三场

策，缺。

　　时会试之士□□□□□①，取陈中等二百人，刻程文□□②篇。中官至员外郎。部本缺。

　　中式举人二百名。

　　陈中，福建莆田县。

　　三月初一日，临策天下贡士。制曰：帝王之治天下，必有要道，粤自尧、舜，至于文、武，圣圣相传，曰执中，曰建中，曰建极，千万世帝王莫不守此以为天下治。朕自莅祚以来，夙夜祗承，亦惟取法于唐虞三代，然而治效未臻其极者，何欤？意所谓中极之外，抑别有其说欤？且古今论治之盛者，于舜则曰无为，于武王则曰垂拱。稽之于《书》，舜命九官十二牧，敬天勤民，制礼作乐，敷教明刑，皆有事焉，安在其无为？

───────────────

① 原缺。

② 原缺。

武王大告武成之后，列爵分土，简贤任能，修五教，举三事，立信义，行官赏，亦有为矣，安在其垂拱？朕今欲为无为、垂拱而治，舍舜、武将何所取法欤？诸生讲习先圣之道，所以考之于古而宜之于今者，必有所说。朕诚以为非尧、舜无以为道，非文、武无以为法，非无为、垂拱不足以为治。然所以求尽其道，求底其法，求臻其治者，亦尚有可得而言欤？其备陈无泛无略，朕将亲览焉。

时廷对之士二百一人，赐曾鹤龄等进士及第、出身有差。鹤龄方严坦夷，俸入悉以周族里之贫者。文章敛而就实，放而出奇，所著有《松波集》①、《瞿叟集》。官至侍讲学士。子序，宣德丁未；蒙简，正统乙丑，俱进士。孙追，成化戊戌进士第三人。是科薛瑄为理学名臣，从祀孔庙。刘球、于谦俱为名臣。部本缺。

第一甲三名赐进士及第
　　曾鹤龄，江西泰和县。
　　刘矩，直隶开州。
　　裴纶，湖广监利县。
第二甲四十九名赐进士出身
　　陈安，江西清江县。
　　舒敬，江西靖安县。
　　刘玘，广东潮阳县。
　　卢璿，广东化州。
　　郑述，福建莆田县。
　　张铎，江西清江县。
　　陆徵，南直隶华亭县。
　　谭隆，湖广茶陵州。
　　陈炎，浙江丽水县。
　　缪让，南直隶长洲县。
　　韦昭，广西宜山县。
　　张复阳，江西新喻县。
　　陆通，南直隶宣城县。
　　薛瑄，山西河津县。
　　赵琰，河南洛阳县。
　　童孟韬，浙江临海县。
　　王骥，江西吉水县。
　　许忠，广东海阳县。
　　王宪，南直隶合肥县。

---

① 《皇明三元考》作《松坡集》，当是。

黄成，江西丰城县。

周昇，江西南昌县。

游和，江西丰城县。

艾凤翔，江西吉水县。

王璇，南直隶丹阳县。

吴璃①，广东海阳县。

蒋诚，江西大庾县。

张骏，四川泸州。

吴观，福建莆田县。

夏希纯，江西丰城县。

刘谦，江西清江县。

陈璇，南直隶定远县。

洪琠，浙江淳安县。

丁玑，江西丰城县。

郭循，江西庐陵县。

刘球，江西安福县。

任礼，江西丰城县。

郑原，江西上饶县。

焦宏，河南叶县。

陈中，福建莆田县。

聂谦②，江西丰城县。

廖伯于③，福建侯官县。

甄完，浙江新昌县。

张善，福建浦城县。

傅端，江西进贤县。

万观，江西南昌县。

熊昱，江西丰城县。

聂用文，江西丰城县。

康颁④，江西泰和县。

欧阳哲，江西泰和县。

第三甲一百四十九名赐同进士出身

---

① 《索引》作"吴琼"。

② 《索引》作"聂好谦"。

③ 《索引》作"廖伯牛"。

④ 《索引》作"康颊"。

张聪，顺天府漷县。

伍奇，江西庐陵县。

侯春，直隶开州。

姚本，山西大同县。

徐升堂，福建晋江县。

张恕，陕西咸宁县。

张纯，湖广江陵县。

柯季，福建晋江县。

陈毅，江西进贤县。

任祖寿，应天府上元县。

王锡，福建长乐县。

杨鼎，河南扶沟县。

刘庄，江西庐陵县。

罗铨，南直隶山阳县。

陆吕，南直隶江阴县。

范达，南直隶吴县。

崔碧，直隶昌黎县。

朱子福，广东保昌县。

杨颢，江西泰和县。

彭鉴，江西建昌县。

刘琛①，浙江慈溪县。

任纶②，湖广监利县。

王诘③，江西高安县。

徐琳，江西丰城县。

杨夔章，江西吉安永丰县。

曹南，浙江山阴县。

冯诚，江西浮梁县。

徐亮，江西乐平县。

张轫，直隶灵寿县。

沈圭，浙江乌程县。

任雍，直隶获鹿县。

黄卓，江西吉安永丰县。

_____

① 《索引》作"刘璨"。
② 《索引》作"任伦"。
③ 《索引》作"王喆"。

周凤，广西平乐县。

郑安，江西上饶县。

陈邦贞，江西庐陵县。

吴得全，福建长汀县。

卫恕，浙江萧山县。

钱敏，南直隶舒城县。

张莹，山西岳阳县。

韩昫，山东胶州。

程道兴，江西浮梁县。

高昭，南直隶宝应县。

徐达，浙江开化县。

陈京，福建长乐县。

何永芳，浙江常山县。

万硕，河南杞县。

程锗①，江西浮梁县。

吴锜，广东琼山县。

陈信，河南光山县。

江志昂，江西永新县。

李坝，江西进贤县。

张鉴，河南仪封县。

胡智，浙江会稽县。

陈叔刚，福建闽县。

李学，河南祥符县。

刘从善，南直隶东流县。

方义，南直隶怀宁县。

李辂，应天府江宁县。

刘鉴，福建龙岩县。

王强（更名文），直隶束鹿县。

刘伯大，南直隶泾县。

王绂，江西泰和县。

万节，江西安福县。

沈庆，江西进贤县。

郭永清，湖广巴陵县。

解瑢，山西五台县。

---

① 《索引》作"陈锗"。

陈耸，浙江永嘉县。

蔡光亲，浙江乐清县。

李运，直隶唐县。

骆谦，浙江余姚县。

徐铎，江西吉安永丰县。

朱立新，江西吉水县。

张金，江西泰和县。

严士安，南直隶华亭县。

陈爱，浙江丽水县。

郑泰，南直隶舒城县。

刘谦，河南祥符县。

刘整，山西盂县。

张韫，江西新喻县。

朱弼，浙江归安县。

胡新，江西建昌县。

赵宽，河南汝阳县。

舒谟，江西乐平县。

张文魁，四川岳池县。

郑夏，浙江乐清县。

张鉴，江西建昌县。

陈浩，浙江钱塘县。

张士贞，江西临川县。

郑思贤，湖广黄冈县。

郭智，南直隶芜湖县。

陈琏，直隶景州。

于谦，浙江钱塘县。

温良，山西山阴县。

王学敬，江西临川县。

李元凯，江西丰城县。

胡思学，江西新喻县。

王郁，河南祥符县。

高敏，南直隶上海县。

毛伦，江西新昌县。

彭翱，山东滕县。

孔文英，陕西安化县。

朱忠，南直隶上海县。

刘冲，江西庐陵县。

吴文庆，浙江遂昌县。

林元美，福建闽县。

范衷，江西丰城县。

邵明，南直隶吴县。

黄澍，山东益都县。

陈祥，福建上杭县。

周弘，福建上杭县。

施静，江西新喻县。

徐汤，浙江黄岩县。

黄润，广东番禺县。

王佐，湖广监利县。

尹安，江西上饶县。

彭震，江西泰和县（一曰吉水县）。

林厚，广东海阳县。

罗智，江西吉水县。

蒋谦，广西灌阳县。

李晋，四川仁寿县。

上官仪，福建沙县。

张裳，浙江东阳县。

龚遂，广东番禺县。

左高，江西永新县。

黄占，江西吉水县。

王仲实，湖广公安县。

顾童，福建莆田县。

裴诚，江西吉水县。

朱辉，广东南海县。

邓敏，江西进贤县。

林至，福建福清县。

陈融，南直隶长洲县。

胡谧①，四川马湖沐川长官司。

章信宗，浙江会稽县。

吴惠，江西浮梁县。

项昱，浙江青田县。

---

① 《索引》作"胡鉴"。

侯瑞，福建光泽县。

邵嵩，江西都昌县。

吴昌衍，江西临川县。

卢睿，浙江东阳县。

杨义，浙江归安县。

严敬，浙江归安县。

刘敬，湖广武冈县。

曾真保，福建邵武县。

吴邦直，江西临川县。

吴堂，江西乐平县。

韩肃，河南祥符县。

顾源，江西建昌县。

王振，福建龙溪县。

癸卯　永乐二十一年两京十三藩乡试

解元

顺天府。

应天府。

河南：王学。

山东。

山西。

陕西。

福建。

江西：王修，吉水县，《书》。

浙江。

湖广。

广东。

广西。

四川。

云南。

交趾。

甲辰　永乐二十二年会试

考试官：

侍读学士曾棨，见戊辰。

侍讲余鼎，鼎疑即江西星子县人，甲申进士。

第一场

《四书》，缺。

《易》，缺。

《书》，缺。

《诗》，缺。

《春秋》，缺。

《礼记》，缺。

第二场

论：

〇天人一理。

诏诰表内科一道，诏诰缺：

〇拟唐祖孝孙等进唐雅乐表。刊。

判语，五条，缺。

第三场

策五道，缺。

时会试之士□□□□①，取叶恩等一百五十人，刻程文□□②篇。恩官至知府，子廷荣，成化丙戌进士。部本缺。

中式举人一百五十名。

叶恩，浙江临海县。

三月初一日，临策天下贡士。制曰：朕惟圣帝明王之治天下，其大者在祀与戎。稽之方册，冬至祭天于圜丘，夏至祭地于方丘，又云合祀天地于南郊。分祭合祭，果有说欤？《书》称禋于六宗，《祭法》乃云七祀，而《曲礼》又称五事，其言之不同，何欤？古者天子推其祖之所自出而祭之，则谓之禘。夫既有禘而又有所谓祫祭。禘祫之外，复有所谓礿祠烝尝者，果何欤？郊社宗庙之礼备著于经，其仪制制度尚可得而详辩欤？兵始于黄帝，然周设六军，因井田而制军赋，其法可得而闻欤？管子作《内政》以寓军令，抑有合于古否欤？汉置材官于郡国，京师有南北军之屯，唐置府兵弶骑，宋置养兵，又有所谓厢兵、禁兵，其制可得而论欤？粤自三代以及汉唐宋之用兵，有谲有正，有逆有顺，皆可指实而言之欤？古之善用兵者莫如孙子，其言曰：兵者，国之大事，必经之以五事。又曰：治兵不知九变之术，虽知五利，不能得人之用。此其言果何

---

① 原缺。

② 原缺。

所本欤？曰五事，曰九变，曰五利，抑可得而悉数欤？朕自即位以来，于祀戎二者，未尝不致其谨，然其言论之异同，制度之沿革，不可以不考。诸士子博古通今，将有资于世用，其详陈之，无泛无略，朕将亲览焉。

时廷对之士一百四十八人，赐邢宽等进士及第、出身有差。初拟孙曰恭第一，上谓曰恭乃一暴字也。及见邢宽二字，甚喜，擢为第一。永乐中，屡策进士，江北之人占名第一者，惟宽一人，上丹书其名于榜首，以宠异之。国史称宽家居孝友，与人交始终不渝，且处心夷坦，于物无所忤，官至侍讲学士。是科轩輗、耿九畴俱为名臣。部本缺。

第一甲三名赐进士及第

　　邢宽，南直隶无为州。

　　梁禋，顺天府宛平县。

　　孙曰恭，江西丰城县。

第二甲四十七名赐进士出身

　　康琰，江西泰和县。

　　张衍，福建闽县。

　　鲍时，江西安福县。

　　林辉，福建莆田县。

　　刘广衡，江西万安县。

　　方瑛，浙江开化县。

　　殷时，南直隶丹徒县。

　　龚全安，浙江兰溪县。

　　胡疆，浙江诸暨县。

　　徐贤，广西临桂县。

　　张纯，江西乐安县。

　　王珉，浙江钱塘县。

　　陈复，福建怀安县。

　　费敬，浙江崇德县。

　　董敬，南直隶武进县。

　　郑文明，湖广武陵县。

　　陈铉，江西安福县。

　　郑厚，浙江仁和县。

　　周南巽，江西吉水县。

　　林瑛，浙江仁和县。

　　张佑，南直隶含山县。

　　彭谦，江西庐陵县。

　　胡器，江西新淦县。

严恭，浙江仁和县。

顾让，南直隶昆山县。

何志，四川泸州。

杨春，云南太和县。

姚铣，福建侯官县。

王让，江西安福县。

章聪，浙江金华县。

王懋，河南修武县。

陈奎，浙江平阳县。

李范，湖广永兴县。

徐正，江西丰城县。

汪凯，福建龙溪县。

贾铨，直隶邯郸县。

李贤，福建同安县。

陈悌，福建瓯宁县。

郭瑾，江西万载县。

李叙，江西新淦县。

赵雍，福建连江县。

龚琏，浙江嵊县。

揭稽，江西广昌县。

魏淡，江西南昌县。

陈中，浙江鄞县。

叶恩，浙江临海县。

施信，直隶蠡县。

第三甲九十八名赐同进士出身

高举，江西鄱阳县。

舒颛，江西进贤县。

张哲，直隶蠡县。

李在修，江西吉水县。

刘滨，河南信阳州。

熊翼，湖广蕲州。

陈洞，浙江会稽县。

李安，江西浮梁县。

丘俊，广东程乡县。

李贵彰，浙江余姚县。

欧阳洙，江西泰和县。

杜敬，江西丰城县。

胡敬，湖广汉川县。

刘俊，河南新安县。

谢衡，浙江仁和县。

李春，江西吉安永丰县。

杨诚，江西丰城县。

夏瑜，南直隶吴县。

林全，广东四会县。

吴晟，江西进贤县。

邵宏誉，浙江余姚县。

徐文瞻，江西临川县。

李素，广西苍梧县。

李源，南直隶华亭县。

喻义，江西余干县。

吴桐生，浙江归安县。

黄贵，广东海阳县。

侯爵，直隶藁城县。

张祺，应天府江宁县。

尹弼，应天府上元县。

邓棨，江西南城县。

陈佐，广东信宜县。

孙泓，浙江余姚县。

黄寿，南直隶五河县。

李原缙，湖广湘乡县。

丁让，浙江仁和县。

范忠，福建瓯宁县。

林贵，广东海阳县。

金皓，南直隶庐江县。

王琳，应天府溧阳县。

杨瓒，直隶蠡县。

罗泽，福建闽县。

□□□①，福建长乐县。

顾巽，南直隶长洲县。

---

① 原缺。据《索引》，当为黄文政。

172

曾惟琛①，江西吉水县。

吴名，应天府江宁县。

杨钦，广东石城县。

薛理，山东历城县。

宋原端，江西吉安永丰县。

陈玄，广东海阳县。

张楷，浙江慈溪县。

邓崙，湖广武陵县。

李敏，湖广新宁县。

刘仕昌，湖广通城县。

李芳，四川资县。

轩轺，河南鹿邑县。

高信，湖广郴州。

陈资，南直隶上海县。

赵驯，山西蒲州。

达旺，应天府江宁县。

刘海，山西夏县。

汪奎，江西吉水县。

丁亨，南直隶宣城县。

计澄，江西浮梁县。

李信，浙江杭州卫（一曰南直隶江阴县）。

李鉴，四川宜宾县。

尹祥，江西永新县。

杨濂，浙江归安县。

柳芳，江西都昌县。

薛鼎，浙江宁海县。

麦聚，广西横州。

耿九畴，河南卢氏县。

陈缜，广西新兴县。

吴旺，江西都昌县。

陈子童，广东南海县。

毛俊，江西新淦县。

张彦，江西丰城县。

俞本，南直隶华亭县。

---

① 《索引》作"曾惟珍"。"珍"同"琛"。

刘惟彬，江西庐陵县。

蔡英，山西代州。

余宗器，广东化州。

周宁，江西吉安永丰县。

许震，南直隶吴县。

段顺孜，江西庐陵县。

徐晋，应天府句容县。

张经，南直隶昆山县。

艾度昭，江西临川县。

荣顼，湖广澧州。

鱼侃，南直隶常熟县。

朱硕（一曰陈硕），江西吉安永丰县。

张琦，山西盂县。

宋鉴，四川巴县。

王恂，河南祥符县。

葛陵，南直隶庐江县。

丁宁，南直隶五河县。

郑烈，江西余干县。

胡玉，应天府上元县。

邵旻，南直隶通州。

丙午　宣德元年两京十四藩乡试

解元

顺天府。

应天府。

浙江：韩祺，萧山县，《书》，丁丑。

江西。

福建。

湖广附贵州。

河南：房威。

山东。

山西：侯琏，泽州，丁未。

陕西：杨昉，兴平县，《诗》，庚戌。

四川。

广东：区贤，南海县，《诗》，庚戌。

广西。

云南。

交趾。

是科浙江慈溪王来有名。

丁未　宣德二年会试

考试官，缺。

《吾学编》云，曾棨仕三十三年，三考会试，或指戊戌、甲辰并今科也。又云段民宣德二年考会试，或云同考会试。民，直隶武进县人，甲申进士。

第一场

《四书》：

〇子路问成人（一节）。

〇齐明盛服，修身也。刊。

〇天之高也，致也。

《易》，缺。

《书》，缺。

《诗》，缺。

《春秋》，缺。

《礼记》，缺。

第二场

论：

〇圣人之大宝。

诏诰表内科一道，缺。

判语，缺。

第三场

策，缺。

时会试之士□□□□□①，取赵鼎等一百人，刻程文□□②篇。会试分南北中取士，自此科始。鼎官至主事。部本缺。

中式举人一百名。

赵鼎，浙江黄岩县。

---

① 原缺。

② 原缺。

三月初一日，临策天下贡士。制曰：朕惟礼乐之道，原于天地，具于人心，所以治天下国家之大器也。盖以和神人，以辨上下，以厚俗化，皆繇于斯，故圣帝明王咸所重焉。我国家自太祖皇帝暨我皇祖皇考，圣圣相承，功成治定，法古立制，极于盛矣。爰及朕躬，获承鸿绪，永惟海宇之广，生齿之繁，化理之①，躬行为要。肆夙夜饬励，恭己思道，罔敢怠宁。诸生学古有年，究于治理。天②合父子之亲，明长幼之序，以敬四海之内，而兵革不试，五刑不用，百姓无患，此盛治之致也。爰始行之，其事何先？乐由中出，礼自外作，近世大儒又谓其本皆出于一。夫欲安上治民，移风易俗，不考其本，何以施之？知礼乐之情，能作识礼乐之文，能述稽诸往古，畴其当之。昔者圣人制作之盛，极于虞周，况以伯夷、后夔、周公为之辅，仲尼定万世之制，何独取其韶冕欤？夫礼乐之效，致人心之感，则道德一而风俗同，致气和之应，则膏露降而醴泉出，器车马图、凤凰麒麟之物毕至，亦理之所必臻欤？朕虚己图治，冀闻至理，其悉陈之，将亲览焉。

时廷对之士一百一人，赐马愉等进士及第、出身有差。愉，《山东志》称其淳雅宽厚，行谊可式。《国史》称其端重简默，自处淡如。官至礼部右侍郎，直内阁，谥襄敏。部本缺。

第一甲三名赐进士及第
　　马愉，山东临朐县。
　　杜宁，浙江天台县。
　　谢琏，福建龙溪县。
第二甲三十五名赐进士出身
　　江玉琳，江西永新县。
　　赵鼎，浙江黄岩县。
　　王裕，江西金溪县。
　　韦广，广西宜山县。
　　李贵，南直隶定远县。
　　刘准，江西泰和县。
　　周益友，南直隶望江县。
　　李应庚，江西贵溪县。
　　金昭伯，江西新淦县。
　　徐仲麟，江西上饶县。
　　甘瑛，江西丰城县。
　　孔初，江西新淦县。

---

① 脱"方"字。
② "天"为"夫"之讹。

吴显，江西丰城县。

李匡，浙江黄岩县。

刘珪，四川仁寿县。

萧镃，江西泰和县。

刘玑，河南郾城县。

徐琪，浙江钱塘县。

林淮宗，福建连江县。

邢恭，河南郑州。

张凤，直隶安平县。

王佐，江西吉水县。

何自学，江西金溪县。

罗崇本，江西泰和县。

李聪，河南仪封县。

张允忠，河南阳武县。

赵悌，福建闽县。

徐朝宗，浙江分水县。

郭逞，福建莆田县。

刘克彦，江西永新县。

陈顺，福建侯官县。

丁芹，江西新城县。

赵全，河南祥符县。

卢琉①，浙江临海县。

萧启，江西龙泉县。

第三甲六十三名赐同进士出身

萧暄②，江西泰和县。

郝绘，河南洧川县。

杨铭，河南洛阳县。

徐政，顺天府大兴县。

张榘，直隶涞水县。

侯琎，山西泽州。

陈诚，江西吉安永丰县。

欧阳汤，江西泰和县。

章瑛，湖广潜江县。

---

① 《索引》作"卢琓"。

② 《索引》作"萧暅"。

李崇，河南鹿邑县。

李奈，山东蒙阴县。

吴惠，南直隶吴县。

高寅，陕西临潼县。

虞祯，南直隶吴县。

蒋性中，南直隶上海县。

张万中，江西新淦县。

马驯，直隶内黄县。

崔远，江西浮梁县。

马俊，江西新建县。

吾肇，浙江开化县。

萧銮，广东潮阳县。

程通，江西新城县。

桑宏，南直隶舒城县。

曾序，江西泰和县。

杨永，福建闽县。

陈均厚，福建闽县。

徐景，浙江钱塘县。

王理，江西吉水县。

陈鉴，江西高安县。

吴镒，南直隶合肥县。

丁俊，江西丰城县。

方泳，湖广咸宁县。

陈阳，福建闽县。

谭善，四川泸州。

叶蓁，南直隶歙县。

杨茂，四川宜宾县。

李聪，顺天府通州。

吴任，福建莆田县。

马谨，直隶新乐县。

魏清，山东昌邑县。

孙毓，山东商河县。

任凤，浙江永嘉县。

赵缙，河南安阳县。

刘逊，南直隶盱眙县。

汪云，江西乐平县。

王濬，山西蒲州。

张忠，河南洛阳县。

齐整，山东济宁州。

尹禧，山东德州。

邹宜，江西庐陵县。

黄恕，江西新淦县。

叶清，河南信阳州。

李磐，山西稷山县。

黄绍，福建侯官县。

房威，河南洛阳县。

朱昇，河南舞阳县。

傅翯，直隶河间县。

范霖，浙江乐清县。

陈敏政，浙江长兴县。

吴初，福建怀安县。

张庆，江西乐安县。

范鼎，顺天府大兴县。

施庆，四川江津县。

己酉　宣德四年两京十三藩乡试

按《会典》、《通纪》：宣德二年交趾叛，十年革交趾布政使司。

解元

顺天府。

应天府：沈谖，常熟县，《诗》，癸丑。

浙江：范理，天台县学生，《诗》，庚戌。

江西：吴节，安福县学生，《春秋》，庚戌。

福建：李蒲，莆田县学。

湖广。

河南：丘陵。

山东。

山西。

陕西。

四川：冷遂南，铜梁县学生，《易》，庚戌。

广东。

广西。

云南附贵州。

庚戌　宣德五年会试

考试官：

右春坊大学士王英，见戊辰。

翰林院侍读钱习礼，江西吉水县人，辛卯进士。

第一场

《四书》：

〇孔子于乡党，唯谨尔。

〇立则见其参，夫然而行。刊。

〇洋洋乎发育，而后行。刊。

《易》：

〇观天之神道，天下服矣。

〇上九鼎玉铉，刚柔节也。

〇是故法象莫大，大乎富贵。

〇离也者明也，取诸此也。刊。

《书》：

〇允迪厥德谟明弼谐。

〇弼成五服，各迪有功。刊。

〇先王肇修人纪，于尔后嗣。

〇我文考文王，以抚方夏。

《诗》：

〇有斐君子，如圭如璧。

〇上天同云，生我百谷。

〇文王孙子，生此王国。刊。

〇虎拜稽首，洽此四国。

《春秋》：

〇盟柯（庄十三），同盟幽（庄二十七），盟长樗（襄三），会萧鱼（襄十一）。

〇仲孙来（闵二），吴札聘（襄二十九），韩起聘（昭二），会夹谷（定十），隋郈费（定十二）。刊。

〇如齐（僖十），如齐（僖十五），王所王所（僖二十八），如晋（文三），如晋（文十三），如楚（襄二十八），如楚（昭七）。

〇遂伐楚，召陵，至伐（僖四），伐徐，牡丘，次匡，敖救徐，至会（僖十五）。

《礼记》：

〇先王能修礼，顺之实也。

○乐著太始，曰礼乐云。刊。

○夫歌者直已，万物育焉。

○君子隐而显，不言而信。

第二场

论：

○圣人法天立道。刊。

诏诰表内科一道：

○拟汉武帝令礼官劝学诏（元朔五年）。

○拟唐太宗以李世绩为兵部尚书诰（贞观十五年）。

○拟进贺五色庆云见表。刊。

判语五条：

○出使不复命。

○逃避差役。

○私借钱粮。

○监临势要中盐。

○人户亏兑课程。

第三场

策五道：

○孝子仁人（《大诰》首编、《孝顺事实》、《为善阴骘》）。刊。

○祀孔子之礼与从祀之宜。刊。

○心性之辨慎独之功。

○学校之同异，师生之优劣。刊。

○汉唐取士之途不一，诸士贤否之实何如？

时会试之士二千人，取陈诏等一百人，刻程文十二篇。诏官至右佥都御史。中式举人一百名。

陈诏，浙江青田县人，国子生，《书》。

吴节，江西安福县学生，《春秋》。

范理，浙江天台县学生，《诗》。

范宗，浙江诸暨县人，国子生，《易》。

方熙，福建莆田县人，北京国子生，《书》。

陈玑，浙江诸暨县人，国子生，《礼记》。

三月十五日，临策天下贡士。制曰：朕奉天命嗣祖宗大位，期与天下咸跻雍熙。惟帝王之政必有其要，舜绍尧治，申命稷契，夏商周迭兴，授田建学，稽古可见矣。我太祖高皇帝肇造鸿业，太宗文皇帝中兴邦家，仁宗昭皇帝恭己守成，孜孜爱人，三圣一心，重农事，崇学教，其法精备。朕恪谨继述，于兹有年，然田里未皆给足，风俗未底刑措。谓爱民若保赤子也，未尝不致其诚；德化本于躬行也，未尝不慎诸己；为政存乎用人也，牧守之吏，师表之职，未尝不择。何其效之未臻欤？抑别有其道欤？朕砺精图理，诸生体用之学，讲明有素，其有可以行者，举要以对，务归中正，将亲览焉。

时廷对之士一百人，赐林震等进士及第、出身有差。震卒于修撰，是科刘实、寥庄俱为名臣，张清有名。

第一甲三名赐进士及第

林震，福建长泰县。

龚锜，福建建安县。

林文，福建莆田县。

第二甲三十五名赐进士出身

杨宁，浙江钱塘县人，南直隶徽州府学。

萨琦，福建闽县。

林补，浙江永嘉县。

蔡云翰，江西大庾县。

程宪，南直隶婺源县。

郑建，福建怀安县。

陈玑，浙江诸暨县。

胡奥，浙江永嘉县。

卢瑛，南直隶昆山县。

刘武，福建莆田县。

方熙，福建莆田县。

许南杰，浙江余姚县。

熊炼，江西进贤县。

丁伦，江西新淦县。

陈诏，浙江青田县。

陆奇，河南光州。

李若林，广东潮阳县。

吴文，江南崇仁县。

吴节，江西安福县。

区贤，广东南海县。

赖世隆，福建清流县。

刘实，江西安福县。

杨祖，江西崇仁县。

高峻，江西余干县。

叶邋，浙江青田县。

逯端，浙江仁和县人，南直隶武进县学。

毛羽，浙江江山县。

张淑，云南昆明县。

李彬，河南祥符县。

江渊，四川江津县。

夏铭，四川涪州。

罗宁，南直隶安东县。

王偡，浙江临海县。

邓让，江西庐陵县。

王复，南直隶昆山县。

第三甲六十二名赐同进士出身

陈浩，山西吉州。

王复，浙江慈溪县。

陈负韬，浙江临海县。

范镕，江西临川县。

王玉，山东武城县人，直隶易州学。

卫淳，山西曲沃县人，河南□□①州学。

萧维祯，江西庐陵县。

叶锡，浙江永嘉县。

廖庄，江西吉水县。

时纪，河南通许县。

石孟康，浙江天台县。

胡端祯，江西吉水县。

贺宗，湖广湘乡县。

刘昭，山西潞州。

金贵，直隶邯郸县。

陈惠，浙江鄞县。

卢茂，直隶潈县。

吴宁，南直隶歙县。

谢牧，江西安福县。

程敬，四川宜宾县。

元亮，河南汤阴县人，陕西商县学。

虞瑛，陕西南郑县。

---

① 此二字模糊难辨，疑为"临德"。

张清，四川巴县。

叶儒林，浙江宁海县。

柳华，南直隶吴县。

朱良暹，浙江永嘉县。

范理，浙江天台县。

徐璟，河南光山县。

汤鼎，南直隶无为州。

罗绮，河南磁州。

沈翼，南直隶山阳县。

赵忠，南直隶长洲县。

徐铎，四川简县。

张睿，河南鄢陵县。

张祝，南直隶长洲县。

张皙，河南项城县人，直隶开州学。

胡澄，江西乐安县。

薛希琏，浙江丽水县。

李贵，陕西凤翔县。

王通，南直隶山阳县。

牛顺，河南临漳县。

陈立，山东泰安州。

李素，山西安邑县。

毛宗鲁，山东掖县。

宋杰，直隶定兴县。

杨昉，陕西兴平县。

解贯，直隶抚宁县。

张文，福建怀安县。

李瓘，陕西临潼县。

宋琏，江西新淦县人，浙江嘉兴府学。

邓履纯，江西吉水县。

齐整，河南祥符县。

万霁，江西安福县。

李玺，湖广耒阳县。

白琮，河南新野县。

李棠，浙江缙云县。

王振（更名询），湖广公安县。

冯显宗，山西武乡县。

范宗，浙江临海县。

冷遂南，四川铜梁县。

徐忠，四川江油县。

刘清，顺天府宛平县。

壬子　宣德七年两京十三藩乡试

解元

顺天府：宋雍，顺天府学生，《书》，癸丑。

应天府。

浙江：赵象，临海县，《诗》，丙辰。

江西：王鉴，吉水县，《书》，丙辰。

福建。

湖广。

河南：李贤，邓州学生，《礼记》，癸丑。

山东。

山西。

陕西。

四川：张濬，泸州，《书》，丙辰。

广东。

广西。

云南附贵州。

是科九月，御史包德怀等劾奏顺天府乡试关防不严，致有诈冒，请治提调官府尹李庸、监试官御史梁广成等罪。

癸丑　宣德八年会试

考试官：

少保、大学士黄淮，见甲申。

少詹事王直，行俭，江西泰和县人，甲申进士。

第一场

《四书》（缺一道）：

〇庸德之行，慥慥尔。

〇禹之行水也，大矣。

《易》，缺。

《书》，缺。

《诗》，缺。

《春秋》，缺。

《礼记》，缺。

第二场

论：

○圣人以仁育万民。

诏诰表内科一道，缺。

判语，缺。

第三场

策，缺。

时会试之士□□□□□①，取刘哲等一百人，刻程文□□②篇。哲未仕卒。部本缺。

中式举人一百名。

刘哲，江西万安县人，国子生，《易》。

曾翚，江西泰和县人，儒士，《书》。

蒋箴，浙江台州府学生，《诗》。

李绍，江西安福县学生，《春秋》。

郑亮，福建闽县人，儒士，《礼记》。

三月初一日，临策天下贡士。制曰：天启文治之详，伏羲之王也，河出马图而八卦作；夏商之兴也，洛出龟书而九畴叙。其理一原于天而会于圣人之心，故以前民用，以建皇极，万世允赖焉。夫一原于天也，而图与书何以不同？具于圣人之心矣，何必卦因图而作畴，因书而叙说者？又谓洛书可以为《易》，河图亦可以为《范》。《易》、《范》之兴，果何所则？《易》至文王、周公、孔子，《范》至箕子，而后益明且备。夫伏羲与禹之圣作之，何以犹未及备？宋周子作《太极图》、《通书》，所以发《大易》之蕴也，其要义安在？邵子推先天后天以明羲文之易也，其异旨何适？大抵言天者莫深于《易》，而必徵于人；言治者莫详于《范》，而一本于天。朕潜心往圣，究惟至道，诚志乎文治之兴也。诸生讲明有素，其敷陈于篇，将亲览焉。

时廷对之士九十九人，赐曹鼐等进士及第、出身有差。鼐初中乙榜，授代州学训导，上言年少学寡，未堪为人师，愿就太学读书，或授别职自效。改泰和县典史，爱民善治，剧公暇则延师儒讲明理性。尹每诮之曰："可作状元。"鼐曰："不如是未已。"壬子督部工匠，赴阙疏乞入试，果中式，廷对称旨，上亲擢为第一。鼐学瞻行端，内刚

① 原缺。
② 原缺。

外和，识达政体，才智出人。官至吏部左侍郎，直内阁。卒于土木之难，谥文忠。《双槐岁抄》云：宋制，进士先有官者选为状元，必逊寒畯。惟我朝无此例。若曹公鼐以典史遂大魁，天下前代所未有也。是科合临御以来三科进士试之，取郑建等二十八人进学文渊阁。后鼐与李贤俱为名臣，徐有贞以迎复功封武功伯。

第一甲三名赐进士及第
　　曹鼐，直隶宁晋县人，江西泰和县典史。
　　赵恢，福建连江县。
　　钟复，江西吉安永丰县。
第二甲三十五名赐进士出身
　　梁宏，浙江永嘉县。
　　高旭，福建侯官县。
　　苏洪，直隶安平县。
　　舒曈，浙江余姚县。
　　郑亮，福建闽县。
　　马谅，南直隶和州。
　　石瑁，山西应州。
　　林灏，浙江黄岩县。
　　刘益，江西吉水县。
　　刘祯，江西吉水县。
　　蒋铭，江西大庾县。
　　范琮，南直隶吴江县。
　　王弼，江西鄱阳县。
　　李珣，河南项城县。
　　沈谦，南直隶常熟县。
　　林茂，浙江秀水县。
　　王用，浙江慈溪县。
　　黄回祖，福建泰宁县。
　　傅纲，江西临川县。
　　蒋箴，浙江临海县。
　　李贤，河南邓州。
　　卢彬，陕西咸宁县。
　　黄瓒，江西临川县。
　　吴方大，江西新喻县。
　　黄赞①，江西吉水县。
　　张彝，江西清江县。

---

　　①　《索引》作"黄瓒"。

程式，南直隶常熟县。

俞侗，浙江诸暨县。

高奉，山东掖城。

尹昌，江西吉水县。

方迪，福建莆田县。

陆瑜，浙江鄞县。

徐珵（更名有贞），顺天府宛平县。

刘哲，江西万安县。

吴高，广东归善县。

第三甲六十一名赐[1]进士出身

梁亨，陕西咸宁县。

项文曜，浙江淳安县。

侯润，浙江临海县。

邹来学，湖广麻城县。

竺渊，浙江奉化县。

刘纲，山东禹城县。

侯臣，浙江临海县。

陆谦光，浙江鄞县。

鲍辉，浙江平阳县。

王铎，四川岳池县。

宋雍，顺天府宛平县。

李绍，江西安福县。

陆矩，直隶阜城县。

郑悠，江西南城县。

姜洪，江西乐安县。

宋怀，江西吉水县人，顺天府通州学。

张用瀚，河南郏县。

谭溥，山东昌邑县人，直隶大名县学。

苏肆，山东东阿县。

杨铎，河南原武县。

赵智，浙江秀水县。

祝暹，河南祥符县。

赵迪，山东城武县。

何瑄，浙江余姚县。

---

① 脱"同"字。

曾羣，江西泰和县。

张杰，江西吉水县人，顺天府学。

谢璘①，江西吉安永丰县人，湖广新化县学。

卢钦，河南祥符县。

李庭修，福建莆田县。

马嵩，河南陈州。

萧璁，江西泰和县。

潘洪，四川铜梁县。

彭祥，四川峨眉县。

王瑨，河南信阳县。

梅森，应天府上元县。

封祥，四川珙县。

陈金，浙江上虞县。

王亮，顺天府大城县。

赵徽，河南裕州。

倪端，四川仁寿县。

何史训，四川宜宾县人，湖广远安县学。

金辅伯，江西新淦县。

吴昇，南直隶怀宁县。

张固，江西新喻县。

陈睿，直隶开州。

张茂，陕西咸宁县。

汪敬，南直隶婺源县。

张敏，顺天府永清县。

彭彰，山西和顺县。

陈璞，南直隶嘉定县。

廖恂，广东南海县人，湖广通山县学。

唐世良，南直隶武进县。

高耿，福建长乐县。

李亨，四川仁寿县。

马豫，山东临清县。

朱衡，湖广衡阳县。

孟鉴，直隶博野县。

杨玉，河南许州。

---

① 《索引》作"谢磷"。

189

方员，福建永福县。

王颐，山东栖霞县。

高峰，直隶滑县。

乙卯　宣德十年两京十三藩乡试

解元

顺天府：邹冕，河南光山县人，国子监生，《春秋》，丙辰。

应天府。

浙江：商辂，淳安县，《书》，乙丑。

江西：陈文，吉安府学生，《诗》，丙辰。

福建：高冈，福州府学生，《书》，丙辰。

湖广。

河南：李春，郑州学生，《书》，丙辰。

山东：李秉，曹县学生，《书》，丙辰。

山西。

陕西：杨鼎，咸宁县，《易》，己未。

四川。

广东。

广西。

云南附贵州。

是科应天长洲练纲、山西阳曲周瑄俱有名，浙江解元商辂后为会元、状元，同榜周旋又联登状元，浙省人才自此遂盛。

丙辰　正统元年会试

考试官：

少詹事王直，见癸丑。

侍讲学士陈循，德遵，江西泰和县人，乙未进士。

第一场

《四书》：

○尧舜帅天下以仁而民从之。刊。

○克己复礼，由人乎哉。刊。

○凡事豫则立不豫则废。

《易》：

○乾元者，性情也。

○九五显比，邑人不诫吉。刊。

○极天下之赜，存乎辞。刊。

○初率其辞，道不虚行。

《书》：

○德惟善政，九叙惟歌。

○兹率厥典奉若天命。刊。

○天子惟君万邦百官承式。

○冢宰掌邦治，时地利。刊。

《诗》：

○似绩妣祖，爰笑爰语。

○帝谓文王，诞先登于岸。

○嗟嗟保介，迄用康年。刊。

○有客宿宿，以縶其马。刊。

《春秋》：

○郑语盟（桓十四），高子盟（闵二），屈完盟（僖四）。刊。

○盟洮乞盟（僖八），盟葵丘（僖九），会淮（僖十六）。刊。

○季子来归（闵元），赵鞅归晋（定十三）。

○宛归祊（隐八），假许田（桓元），朝王所，朝王所（僖二十八）。

《礼记》：

○修身践言，礼之质也。

○就贤体远，其必由学乎。刊。

○君子无不敬也，敬身为大。

○是故君子眼，君子之德。刊。

第二场

论：

○圣人人伦之至。刊。

诏诰表内科一道：

○拟汉景帝劝农桑诏（后三年）。

○拟唐太宗以魏徵为侍中诰（贞观七年）。

○拟贺瑞麦表。刊。

判语：

○贡举非其人。

○私度关津。

○造作不如法。

○违禁取利。

○官司故入人罪。

第三场

策五道：

○为善获福(《大诰》、《孝顺事实》、《为善阴骘》)。刊。

○尧舜禹汤文开周孔之道。刊。

○帝王以仁义礼智为治，汉文帝以简静为治。刊。

○文事武备贤将才将。刊。

○书有古今将何所取。刊。

时会试之士一千人有奇，取刘定之等一百人，刻程文十九篇。定之自六经子史，下至小说杂技释老之书，无所不窥，终身犹成诵，非他人仿佛记忆者比。其为文数百千言，援笔立就，雄浑高古，变化莫测，然逼真苏氏父子者居多。色温气和，性尤孝友。至居官，据理直言，略无沮忌。所著有《否泰录》、《宋元论断》、《呆斋十科策》。官至礼部侍郎，直内阁。谥文安，为名臣。

中式举人一百名：

刘定之，江西永新县学增广生，《易》。

章陬，浙江黄岩县学增广生，《书》。

赵象，浙江临海县人，冠带举人，《诗》。

秦瑛，浙江绍兴府学生，《春秋》。

韦观，南直隶武进县人，国子监生，《礼记》。

三月初一日，临策天下贡士。制曰：自古帝王肇建国家，图惟宁永，必有典则以贻子孙。考之禹汤文武，概可见矣。继统之君，率由典常，令闻长世，若夏之启，商之中宗、高宗、祖甲，周之成康，盖表表者也。其所以保盈成之运，隆太平之绩者，尚可微欤？汉高帝有天下，次律令，制礼仪，定章程，修军法，史称其规摹弘远矣。传至文景，海内富庶，黎民醇厚，几致刑措，三代而下所仅有也。董仲舒对武帝，乃谓更化则可善治，何欤？当时用其言，果能比隆于古欤？朕钦承大统，仰惟祖宗成宪，即尧舜禹汤文武之道，肆夙夜祗率，期与斯世斯民同跻雍熙，顾行之必有其序。诸生学宗孔孟，明于王道，其详著于篇，朕将亲览焉。

时廷对之士一百人，赐周旋等进士及第、出身有差。初，大学士杨士奇以所取一甲三卷将入殿读之，状头尚未决，问同事者曰："有识周旋否？其人仪表如何？"浙人有误听作周瑄者，对曰："白而伟。"盖问者永嘉周旋，对者淳安周瑄也。遂以旋卷首入，旋貌甚侵，陛见之日，舆论怅然。旋性真尚义，才思雄健，所著有《畏斋集》，官至春坊庶子卒。是科选萧镃等十三人为庶吉士。后刘定之、李秉、崔恭俱为名臣。自此以后，诸科二录部本俱存，而闽本以曹鼐榜为是科取士，误矣。

第一甲三名赐进士及第

周旋，浙江永嘉县。

陈文，江西庐陵县。

刘定之，江西永新县。

第二甲三十五名赐进士出身

王鉴，江西吉水县。

林璧，浙江黄岩县。

袁和，江西泰和县。

戴瑞，江西浮梁县。

王纲，山东黄县。

陶元素，应天府上元县。

龚理，南直隶昆山县。

王澍，河南兰阳县。

刘钺，江西安福县。

李颙，广东博罗县。

陈珹，浙江临海县。

李同仁，江西吉水县。

余忭，浙江奉化县。

章陬，浙江黄岩县。

章瑾，浙江会稽县。

高冈，福建闽县。

李春，河南郑州。

张孚，山东东平州。

梁桼，江西泰和县。

彭贯，江西安福县。

王矩，江西石楼县。

周瑄，浙江淳安县。

黄彦俊，浙江黄岩县。

王高，江西安福县人，直隶青县学。

孙遇，山东福山县。

张濬，四川泸州。

王尚文，山西广灵县人，陕西商县学。

伊侃，南直隶吴县。

李震，顺天府宛平县。

王忠，浙江临海县。

王伟，湖广攸县人，直隶保安州学。

钱夬，浙江鄞县。

韦观，南直隶武进县。

陈钝，浙江乐清县。

徐珪，直隶藁城县。

第三甲六十二名赐同进士出身

龙文，江西泰和县。

陈珪，浙江金华县。

王瑾，河南汲县。

蔡廉，四川嘉定州。

齐汪，浙江天台县。

黄舆，南直隶武进县。

相佐，浙江钱塘县。

柳文，直隶灵寿县。

李秉，山东曹县。

程璇，河南新蔡县。

谢辅，江西乐安县。

李毅，江西临川县。

林兆，福建龙溪县。

秦瑛，浙江山阴县。

关哱，陕西鄠县。

陈韶，河南光山县。

刘福，山东益都县。

黄龀，福建莆田县。

古镛，山西祁县。

王晟，山东郓城县。

邹冕，河南光山县。

谢佑，南直隶桐城县。

陈傅，福建闽县。

李春，南直隶无为州。

陈翌，南直隶虹县。

黄廷仪，福建侯官县。

顾睢，南直隶长洲县。

崔恭，直隶广宗县。

段信，陕西三原县。

杨得敷，江西泰和县。

刘静，江西吉水县。

张溥，顺天府平谷县。

刘文，四川荣县。

黄目春，四川云阳县。

康汝芳，南直隶祁门县。

万旬，山东济宁州。

傅宽，陕西凤翔县。

孟钊，河南泌阳县。

张伟，福建沙县。

龚敩，福建邵武县。

史潜，南直隶金坛县。

赵象，浙江临海县。

孙镛，山东滨州人，浙江昌化县学。

刘罕，浙江慈溪县。

方贵文，南直隶歙县。

程思温，南直隶婺源县。

史仪，河南仪封县。

周杰，福建怀安县。

陈亶，福建漳浦县。

雷复，湖广宁远县。

刘文，山西大同县。

戴相，江西安福县。

陈安，江西新建县。

杨珏，浙江临海县。

杨镛，南直隶怀远县。

周观，南直隶长洲县。

沈淳，浙江嘉兴县。

段复礼，河南舞阳县。

黄平，四川富顺县。

蒋希性，浙江缙云县。

秦观，四川铜梁县。

蒋忠，浙江钱塘县。

戊午　正统三年两京十三藩乡试

解元

顺天府：殷谦，涿州学增广生，《春秋》，己未。

应天府：徐瑄，嘉定县，《易》，乙丑。

浙江：姚夔，桐庐县，《春秋》，壬戌。

江西：刘观，吉水县学生，《易》，己未。

福建。

湖广：鲁文，湘阴县，《礼记》，壬戌。

河南：王宇，祥符县学增广生，《春秋》，己未。

山东：尚达，东平州学生，《书》，己未。

山西：周□□①，平阳府，《春秋》。

陕西。

四川：张云翰，德阳县学生，《易》，壬戌。

广东：王彰，潮州府学生，《春秋》，己未。

广西。

云南附贵州。

是科翰林侍讲学士曾鹤龄主考顺天乡试。初试之夕，场屋火，试卷有残缺者，有司惧罪，不敢以更试为言，惟欲请葺场屋以终后两试。鹤龄曰："必更试，然后涤百弊，以昭至公，不然虽无所私，此心亦欺朝廷，何惜一日之费，不成此盛举哉？"有司具二说以进，命下，悉如鹤龄所言，人皆慑服。是科称得士云。

己未　正统四年会试

考试官：

礼部左侍郎王直，亦见癸丑。

翰林学士蔺从善，有恒，河南磁州人，癸酉乡贡进士。

第一场

《四书》：

〇学如不及犹恐失之。刊。

〇故为政在人，修道以仁。刊。

〇无为其所不为，而已矣。刊。

《易》：

〇乾元用九，乃见天则。

〇九五有孚惠心，大得志也。

〇拟之而后言，成其变化。

〇与人同者物，受之以豫。刊。

《书》：

〇帝曰来禹汝，思日孜孜。

---

① 原缺。

196

○若虞机张，率乃祖攸行。

○无总于货宝，永肩一心。

○爽惟民，冈①迪不适。刊。

《诗》：

○饮御诸友，张仲孝友。

○虞芮质厥成文王蹶厥生。刊。

○慎尔出话，不可为也。

○武王载斾，则莫我敢曷。

《春秋》：

○蔡季归（桓十七），季子归（闵元），庐吴归（昭十三）。

○盟首止，郑逃（僖五），盟平丘不与（昭十二）。

○盟宁母，盟践土（僖二十八）

○侵西，伐北，伐齐（僖二十六），伐北，战鞌（成二），伐北，同围齐（襄十八），伐西（定七），侵齐（定八），夹谷（定十）。

《礼记》：

○主佩倚，则臣佩委。

○言父子君臣，礼之大者也。刊。

○古之圣人，多之为美。

○君子之听音，有所合之也。

第二场

论：

○诚者，圣人之本。

诏诰表内科一道：

○拟汉武帝举茂材异等可为将相及使绝域者诏（元封五年）

○拟唐肃宗以郭子仪为中书令诰（乾元元年）。

○拟贺瑞应麒麟表。刊。

判语：

○贡举非其人。

○秋粮违限。

○枉道驰驿。

○造作不如法。

○官文书稽程。

第三场

策五道：

————————————

① "冈"为"罔"之讹。

○《大诰》、《为善阴骘》、《孝顺事实》。刊。

○孔曾思孟论治无异帝王，汉唐宋为治有异帝王。刊。

○汉唐宋辅相孰为可法。刊。

○训兵养马。刊。

○虞周以仁义而施刑罚，汉唐以刑罚而行仁义。刊。

时会试之士一千有奇，取杨鼎等一百人，刻程文十四篇。主考王直作文以简重为尚，第二人张穆所对兵马策起语云：“兵所以卫民也，非兵无以安。夫民之生马，所以资兵也，非马无以足夫兵之用。”直改云：“兵以卫民，非兵无以安。民生马以资兵，非马无以足兵用。”学者莫不叹服。第策中引《周礼》校人掌六马而云五马，误矣。鼎初发解第一，试礼部下第。时南监祭酒陈敬宗学行动朝野，鼎疏入南监从学，上从之。比至监，清苦力学修行。今果举礼部，亦第一，廷试第二。在翰林迥然自异，及迁户部，亦执法不群。官至户部尚书，谥庄敏。子时畅，成化戊戌进士。

中式举人一百名。

杨鼎，陕西咸宁县人，监生，《易》。

张穆，南直隶昆山县学增广生，《书》。

章纶，浙江温州府学生，《诗》。

钱溥，南直隶松江府学增广生，《春秋》。

王竑，陕西河州卫军生，《礼记》。

三月初一日，临策天下贡士。制曰：帝王之道，具载诸经，孔子纂而成之，肇自唐虞讫于周，以为万世楷范，皆可举而行。爰暨汉唐以来，贤智之君景仰徽猷，遹遵彝典，用图治宁，咸有称述。当时贤人君子出膺世用者，亦莫不献忠效谋，以匡乃辟。考其致治成功，比之《诗》、《书》所称，则有所不及，其故何欤？洪惟我国家列圣相承，敦崇古道，以隆至治，巍巍乎其盛矣。朕嗣大历服，允怀继述，夙夜匪遑，期与臣民咸跻熙皞，深惟谨始图成，必有其要，推行之序，必有其宜。诸大夫以明经登进，其于致君泽民之方，讲之有素，必有实见，明著于篇，毋泛毋隐，朕将亲览焉。

时廷对之士九十九人，赐施槃等进士及第、出身有差。槃以敬学主说，敷阐详明，赐第一，授修撰。日读中秘书，其力学之勤，致行之笃，大为杨文定诸老所重。逾年寻卒，天下伤之，私谥庄僖。是科张和、张穆兄弟同登。后章纶、林聪、王竑俱为名臣，杨鼎、胡拱辰俱有名。

第一甲三名赐进士及第

施槃，南直隶吴县。

杨鼎，陕西咸宁县。

倪谦，应天府上元县。

第二甲三十五名赐进士出身

　　张和，南直隶昆山县。

　　钱溥，南直隶华亭县。

　　章纶，浙江乐清县。

　　刘孚，江西泰和县。

　　祝颢，南直隶长洲县。

　　夏遂，南直隶昆山县。

　　李凤，河南祥符县。

　　陈升，福建仙游县。

　　张勋，陕西会宁县。

　　黄琛，福建将乐县。

　　张瑞，南直隶吴县。

　　刘彧，山东益都县。

　　孟玘，福建闽县。

　　张穆，南直隶昆山县。

　　周贤，南直隶长洲县。

　　周天民，四川长寿县。

　　王彰，广东海阳县。

　　甘敬修，四川富顺县。

　　林聪，福建宁德县。

　　张瑭，浙江慈溪县。

　　殷谦，顺天府涿州。

　　杨瑹，南直隶无锡县。

　　俞铎，浙江新昌县。

　　罗瑛，江西丰城县。

　　王俭，四川铜梁县人，湖广巴东县学。

　　王宇，河南祥符县。

　　张勉，山西应州人，山东聊城县学。

　　章绘，顺天府大兴县。

　　欧文整，四川眉州。

　　王竑，湖广江夏县人，陕西河州卫学。

　　尚达，山东东平州。

　　丰庆，江西瑞昌县。

　　孟瑛，直隶归德卫。

　　姚堂，浙江慈溪县。

　　刘炜，浙江慈溪县。

第三甲六十一赐同进士出身

莫震，南直隶吴江县。

邹干，浙江余杭县人，应天府学。

胡拱辰，浙江淳安县。

毛凤，四川夹江县。

吕囷，南直隶常熟县。

李荣，福建闽县。

刘瀚，四川珙县。

刘晟，山西怀仁县人，顺天府昌平县学。

马经，直隶枣光县。

张钺，河南新安县。

汪浒，陕西成县。

陈价，四川铜梁县。

周濠，浙江奉化县。

刘玭，江西安福县。

李泰，山东郯城县。

刘芳，四川苍溪县。

杨瑛，福建莆田县。

何子聪，直隶吴桥县。

聂智，江西丰城县。

焦宽，河南叶县。

单宇，江西临川县。

李郁，江西丰城县。

秦中，陕西凤翔县。

陈瓒，河南阳武县。

李璨，福建福清县。

方澥，福建莆田县。

张斌，直隶永年县。

刘善庆，江西万安县。

王锐，直隶迁安县。

焦从周，湖广兴宁县。

萧翼，江西永新县。

傅文，河南登封县。

张谏，应天府句容县人，贵州赤水卫学。

王晏，山西高平县人，陕西安定县学。

李茂，江西吉水县。

虞廷玺，陕西南郑县。

李时，直隶真定县。

谢琛，浙江定海县。

王讷，南直隶无锡县。

刘深，湖广沔阳州。

王泽，河南汝州。

杨贡，江西乐安县。

毛祥，河南西平县。

李奈，江西上饶县。

王彧，直隶开州。

李逊，江西南丰县人，湖广岳州府学。

刘同，江西庐陵县人，直隶高阳县学。

郑崇，福建怀安县。

成始终，南直隶无锡县。

李善，陕西岐山县。

刘益，江西贵溪县。

刘训，湖广麻城县。

刘观，江西吉水县。

郭仲南，浙江兰溪县。

尚褫，河南罗山县。

乔瑛，河南睢州。

陈钝，福建侯官县。

牛吉，南直隶徐州。

王信，河南上蔡县。

贾恪，河南通许县。

王璟，南直隶海州。

辛酉　正统六年两京十三藩乡试

解元

顺天府。

应天府：钱博，华亭县学生，《春秋》，乙丑。

浙江：吕原，秀水县学生，《书》，壬戌。

江西：李庸修，吉安府学生，《诗》，乙丑。

福建。

湖广。

河南：熊璘，罗山县学生，《春秋》，壬戌。

山东：张斐，掖县，《诗》，戊辰。

山西：王福，清源县，《诗》，乙丑。

陕西。

四川：黄士俊，富顺县学生，《书》，壬戌。

广东。

广西。

云南附贵州

壬戌　正统七年会试

考试官：

礼部左侍郎王英，亦见戊戌。

翰林院侍讲学士苗衷，秉彝，南直隶定远县人，辛卯进士。

第一场

《四书》：

○隐居以求，以达其道。刊。

○自诚明，谓之教。

○易其田畴，不可胜用也。刊。

《易》：

○六二之动，地道光也。刊。

○大有柔得尊，是以元亨。

○君子安其身，故全也。刊。

○昔者圣人之作易，而倚数。

《书》：

○帝曰咨四岳有能，惟清。刊。

○尔交修予，乃有获。刊。

○惟兹惟德称，罔不是孚。

○申画郊圻，以康四海。

《诗》：

○二之日其同，献豜于公。

○菁菁者莪，锡我百朋。

○经始灵台，于牣鱼跃。刊。

○文王既勤止，维求定。刊。

《春秋》：

○盟蔑，盟宿（隐元），盟石门（隐三），盟瓦屋（隐八），胥命蒲（桓三）。

○献六羽（隐四），祀先公（定八）。

○女叔聘（庄二十五），宁俞聘（文四），婼至晋（昭二十四）。

○盟召陵（僖四），盟葵丘（僖九），齐归田（定十），狩获麟（哀十四）。刊。

《礼记》：

○君命大夫，在朝言朝。刊。

○大学之法禁，所由兴也。

○礼乐皆得谓之有德。

○制度在礼，其在人乎。刊。

第二场

论：

○仁统天下之善。刊。

诏诰表内科一道：

○拟汉文帝除田之租税诏。

○拟唐高宗以褚遂良为吏部尚书同三品诰。

○拟贺正旦五色庆云见表。刊。

判语：

○官文书稽程。

○欺隐田粮。

○收支留难。

○弃亲之任。

○诈冒给路引。

第三场

策五道：

○训人忠君仁民孝亲(《大诰》、《为善阴骘》、《孝顺事实》)。刊。

○邵子论圣人以经法天。刊。

○春秋汉唐宋诸臣荐贤之公。

○武举武学之详，苏范举试之言。刊。

○师道（胡安定、孙明复、石守道）。刊。

时会试之士一千有奇，取姚夔等一百五十人，刻程文十九篇。夔豪俊慷慨，不拘小节，论者谓其类唐杜黄裳云。官至太子少保、吏部尚书，谥文敏，为名臣。子璧，天顺甲申进士。

中式举人一百五十名。

姚夔，浙江桐庐县人，监生，《春秋》。

张澜，四川泸州学增广生，《书》。

骆敏，江西九江府学生，《诗》。

白圭，直隶南宫县学生，《易》。

刘贤，福建侯官县人，监生，《礼记》。

三月十五日，临策天下贡士。制曰：朕惟国家建官，共理天事，以安生民，必求真才实德，用图成绩。论者咸谓培养贵有素，选举贵有方，考课贵严明。今兹三者亦尝修举，而百官有司未能尽得人，何欤？三代以上，稽诸经可见。若汉唐宋，愿治之君皆知以求贤为务，而得人之盛独称虞周，何欤？期于济济多士，秉文之德，九德咸事，俊乂在官，用臻雍熙泰和之治，果何道以致之欤？朕祗承祖宗大统，以安民为心，倦倦于兹久矣。诸生讲明治道，出膺时用，必有定论，其直述以对，无骋夸辞，无摭陈言，朕将采而行之。

时廷对之士一百四十九人，赐刘俨等进士及第、出身有差。俨年十六七，为文根据义理，考圣贤言行之实而力行之。二十四领乡荐，春闱中乙榜，不就，潜心林下二十六年，慨然有魁天下之志。自叹曰："吾道宜可行矣，岂终不遇哉！"至是举春闱，廷对策词简而意剀切，擢第一，时年四十九。俨天性孝友，居乡多义举，在朝守法持正，学有沉潜，文无险塞。所著有《文介集》。官至太常少卿，谥文介。是科俨与吕原、姚夔、王概、项忠、韩雍、程信俱为名臣，薛远有名。

第一甲三名赐进士及第

刘俨，江西吉水县。

吕原，浙江秀水县。

黄谏，陕西兰县。

第二甲五十名赐进士出身

陈宜，江西泰和县。

徐简，浙江黄岩县。

龙澄，江西新淦县。

沈琼，浙江平湖县。

邹允隆，福建泰宁县。

姚夔，浙江桐庐县。

宁瑛，山西稷山县。

朱荣，福建长泰县。

刘曦，江西万安县。

王复，顺天府固安县。

张澜，四川泸州。

解延年，山东栖霞县。

李森，福建长乐县人，都察院吏。

宋儒，浙江鄞县人，陕西宁夏前卫学。

黄裳，江西兴国县人，广东韶州千户所军生。

潘瑛，浙江余姚县。

潘鉴，江西安福县。

余瓒，江西德兴县。

左鼎，江西永新县。

包良佐，浙江兰溪县。

孙振望，江西丰城县。

南昱，江西乐清县人，刑部吏。

沈彬，浙江武康县。

洪纯，浙江青田县。

姚龙，浙江桐庐县。

郑序，福建长乐县。

刘锴，江西泰和县人，云南临安府学。

翟敬，顺天府大兴县。

王概，江西庐陵县。

顾孟乔，福建莆田县。

王英，福建闽县。

胡珉，南直隶舒城县。

刘子钟，山东东平县。

胡渊，南直隶庐江县。

郑清，江西泰和县。

项忠，浙江嘉善县。

萧俨，四川内江县。

叶春，浙江开化县。

卢祥，广东东莞县人，广西全州学。

李正芳，湖广麻城县。

张云翰，四川德阳县。

刘福，福建建安县。

俞鉴，浙江桐庐县。

鲁文，湖广湘阴县。

李鉴，湖广安化县。

熊璘，河南罗山县。

王俨，江西泰和县。

刘华甫，江西丰城县。

干璠，顺天府霸州。

韩雍，顺天府宛平县。

第三甲九十六名赐同进士出身

邓贵，江西吉水县。

秦颙，南直隶武进县人，贵州宣慰使司学。

罗如璠①，江西庐陵县。

周铎，江西万安县。

杨镛，南直隶武进县。

邓颙，广东乐昌县。

甘泽，直隶开州。

罗澄，浙江上虞县。

吴节，浙江余姚县。

章守弘②，浙江天台县。

陈玑，浙江平阳县。

郑温，江西丰城县人，松陵驿丞。

王诏，湖广衡阳县。

田玹，浙江奉化县。

张瑄，应天府江浦县。

杨益，山东临清县。

杨政，广东博罗县。

江渊，浙江奉化县。

朱骥，南直隶常熟县。

闻人褧，浙江余姚县。

吕昌，浙江新昌县。

张纯，浙江黄岩县。

黄钟，山东昌乐县人，云南曲靖军民府学。

高安，江西吉安永丰县。

谢绅，江西万安县。

徐正，南直隶吴江县。

李实，四川合州。

黄士俊，四川富顺县。

王理，江西安福县。

马显，直隶广平县。

张瑛，浙江钱塘县。

马顼，南直隶山阳县。

唐钟，陕西乾州。

---

① 《索引》作"罗如璏"。

② 《索引》作"童守弘"。

徐善，浙江缙云县。

路璧，江西安福县。

尹铉①，四川广安千户所人，巴县学。

王庾，湖广江夏县。

陈浩，南直隶华亭县。

尹礼，江西永新县人，顺天府涿州学。

郎胜，浙江建德县。

章文，浙江临安县。

谢睿，浙江临海县。

毕鸾，直隶井陉县。

翁世资，福建莆田县。

夏裕，福建福清县。

郑敬，福建福清县人，广东东莞县学。

阎宽，山东乐安县。

胡贯，四川眉州。

曾昂，四川铜梁县。

左辅，江西安福县人，陕西金州学。

黄宗，南直隶华亭县。

芮钊，顺天府宝坻县。

辛浩，湖广江夏县。

刘怀，顺天府大兴县。

董昱，顺天府漷县。

骆敏，江西湖口县。

欧阳正，江西吉水县人，新昌县学。

强宏，河南汝阳县。

娄良，河南通许县。

王凯，直隶庆都县。

杨观，四川新都县。

曹祥，河南获嘉县。

郑宁，河南祥符县。

魏贞，南直隶怀远县。

黄祯，江西吉安永丰县。

刘贤，福建侯官县。

任宁，陕西临潼县。

黄鉴，南直隶苏州卫。

_____

① 《索引》作"尹铉"。

杨愈，南直隶当涂县。

丘嵩，江西南城县。

李侃，顺天府东安县。

沈讷，南直隶昆山县。

钱森，浙江慈溪县。

钟成，河南原武县。

张文质，直隶昌黎县。

鄞海，江西吉水县。

王琰，江西乐平县。

王宣，河南淇县。

高谦，陕西乾州。

郝璜，河南光州。

熊文，江西新建县。

陈汝言，直隶潼关卫。

白圭，直隶南宫县。

刘玭，陕西陉阳县人，绥德州学。

陈铨，河南汜水县。

倪让，南直隶全椒县人，陕西庆阳卫学。

刘让，直隶沧州。

薛远，南直隶无为县人，广东儋州学。

李瑶，直隶隆庆州。

张惠，山西吉州。

程信，南直隶休宁县人，直隶河间县学。

常茂，山西交城县。

甘节，江西丰城县。

薛干，直隶临城县。

万祥，江西南昌县。

邵进，河南新郑县。

皇明贡举考卷之四

海州张朝瑞辑

甲子　正统九年两京十三藩乡试

解元

顺天府。

应天府：刘昌，吴县学生，《诗》，乙丑。

浙江：司马恂，山阴县。

江西：陈律，吉安永丰县学生，《书》，乙丑。

福建：黄誉，莆田县学增广生，《书》，戊辰。

湖广。

河南：王廷。

山东：陈瓛，东平州学生，《诗》，乙丑。

山西：乔毅，乐平县，《书》，戊辰。

陕西。

四川：周洪谟，长宁县学增广生，《书》，乙丑。

广东：丘濬，琼山县，《礼记》，甲戌。

广西：陈鼎。

云南附贵州。

《通纪》云：四川周洪谟以减场中解元。

乙丑　正统十年会试

考试官：

学士钱习礼，见庚戌。

侍讲学士马愉，性和，山东临朐县人，丁未进士。

第一场

《四书》：

○有斐君，民之不能忘也。

○德为圣人，必得其寿。刊。

○伯夷圣之清，玉振之也。刊。

《易》：

○临刚浸而长，天之道也。

○刚健笃实，大正也。刊。

○天地相遇，大矣哉。

○说万物者，莫盛乎艮。刊。

《书》：

○任官惟贤才，协于克一。刊。

○人不易物惟德其物。

○君子所其无逸，小人之依。刊。

○不刚不柔厥德允修。

《诗》：

○肃肃兔罝，公侯腹心。刊。

○丰水东注，皇王烝哉。

○其告维何，永锡尔类。

○设业设虡，永观厥成。刊。

《春秋》：

○盟蔑，盟宿（隐元），右门（隐三），瓦屋（隐八），高子盟（闵二），盟贯（僖二），召陵，盟首止（僖五），盟葵丘（僖九）。刊。

○北杏，盟柯（庄十三），会葵丘（僖九），盟牡丘（僖十五）。刊。

○召陵侵楚（定四），归粟于蔡（定五）。

○春王正月（隐元），城楚丘（僖二），狩河阳，朝王所（僖二十八）。刊。

《礼记》：

○是故先王之制礼，多学也。

○比年入学，谓之大成。

○和乐则几于礼，德者得也。

○孝以事亲，无所不行。

第二场

论：

○至诚立天下之大本。刊。

诏诰表内科一道：

○拟汉武帝复高年子孙诏。

○拟唐太宗以房玄龄为左仆射诰。

○拟宋孔宜垄袭封文宣公谢表。刊。

判语五条：

○违禁取利。

○私役弓兵。

○驿使稽程。

○诈欺官私取财。

○因公檀①科敛。

第三场

策五道：

○忠臣孝子仁人（《大诰》、《为善阴骘》、《孝顺事实》）。刊。

○圣贤论性不同。刊。

○中庸天道人道。刊。

○三代汉唐宋之学校。刊。

---

① "檀"疑为"擅"之讹。

〇汉唐宋之贤臣（张良、董仲舒、汲黯、诸葛亮、魏徵、陆贽、范仲淹、韩琦、司马光）。

时会试之士一千二百有奇，取商辂等一百五十人，刻程文十九篇。
中式举人一百五十名。
商辂，浙江淳安县人，监生，《书》。
刘昌，南直隶吴县学生，《诗》。
周宣，福建漳州府学生，《易》。
史敏，南直隶淮安卫军籍，监生，《礼记》。
周鉴，湖广麻城县人，监生，《春秋》。

三月十五日，临策天下贡士。制曰：自昔二帝三王，致理之道，必选任贤才以敷政化，安中国而抚四夷，其见诸载籍，靡不足为后世法也。下迨汉唐宋，贤明之君亦皆锐意于斯，而其人才治效，有可以比隆于古欤？洪惟我太祖高皇帝奉天明命，统一华夷，德威所被，罔不臣服。太宗文皇帝嗣登大宝，制治保邦，光前裕后。列圣相承，咸隆继述，是以群贤汇进，教化旁洽，海内乂宁，夷狄宾服，功德之盛，吻合古昔而无间矣。朕缵承鸿业，仰惟祖宗之彝宪，是训是行，屡诏中外，简拔贤才，亦既得人为用矣。诚欲九德咸事，野无遗贤，举错之法尚有可行者乎？申敕诸司，修明治理，亦既建立事功矣。诚欲百工惟时，庶绩咸熙，督劝之典尚有可举者乎？内而中国生齿之繁，因其性而教养之矣。诚欲使皆阜厚化成，同归于至治，尚何所加乎？外而蛮貊近悦远来，因其俗而怀抚之矣。诚欲使皆讲信修睦，相安于永久，尚何所施乎？夫治道有本而推行有序，不法诸古无以施于今，泥于古而不通于今，亦不足以为治。诸生明于道艺，必讲之有素，悉著于篇，朕将览焉。

时廷对之士一百五十人，赐商辂等进士及第、出身有差。辂三试皆第一，世称三元。在位多所匡益，而有容人之量。为文浑厚雅赡，诗主平淡，所著有《商文毅奏略》等集。官至少保，直内阁，谥文毅。子良臣，成化丙戌进士。是科辂与周洪谟、夏时正、叶盛俱为名臣，原杰、朱英俱有名。

第一甲三名赐进士及第
　　商辂，浙江淳安县。
　　周洪谟，四川长宁县。
　　刘俊，陕西宝鸡县。
第二甲五十名赐进士出身
　　曾蒙简，江西泰和县。
　　夏时正，浙江仁和县。
　　萧彝，江西泰和县。

章纶，南直隶桐城县。

崔玙，顺天府宛平县。

陈律，江西吉安永丰县。

钱博，南直隶华亭县。

全智，南直隶上海县。

张洪，江西安福县。

陈濂，浙江鄞县。

叶武，浙江开化县。

冯维，湖广武陵县。

方杲，南直隶合肥县。

许振，江西吉水县。

黄霖，江西乐安县。

叶冕，浙江上虞县人，顺天府学。

宋琭，南直隶华亭县。

杜铭，四川金堂县。

陈琏，南直隶昆山县。

李梁，福建仙游县。

李庸修，江西吉水县。

刘孜，江西万安县。

林义，广东海阳县。

李宾，顺天府顺义县。

李叔玉，福建长乐县。

张春，直隶真定县。

朱海，湖广桂阳县。

王镇，山东济宁州。

叶盛，南直隶昆山县。

盛俊，南直隶华亭县。

刘斌，江西安福县人，顺天府顺义县学。

项璁，南直隶昆山县。

浦清，南直隶上海县。

钱昕，南直隶常熟县。

金亮，浙江鄞县。

周宣，福建龙溪县。

周旋，江西鄱阳县。

罗绅，南直隶无为州。

刘会，南直隶英山县。

陆厚，山西安东中屯卫。

徐昌，南直隶昆山县人，顺天府大兴县儒士。

徐瑄，南直隶嘉定县。

卞荣，南直隶江阴县。

应颢，浙江淳安县。

刘昌，南直隶吴县。

陈云鹏，浙江余姚县。

陈暄，福建莆田县。

许士逵①，南直隶歙县。

王福，山西清源县。

余恺，南直隶武进县。

第三甲九十七名赐同进士出身

陶铨，山西绛州。

许篪，南直隶无锡县。

沈纲，福建闽县。

刘谕，江西吉水县人，直隶冀州学。

姚恭，浙江临海县。

林时深，福建莆田县。

赵访，湖广麻城县。

吴中，四川眉州。

周鉴，湖广麻城县。

罗篪，江西南昌县。

沈和，浙江仁和县。

胡濬，江西铅山县。

徐彬，浙江黄岩县。

盛琦，浙江宁波县。

袁广，江西泰和县。

杨涣，江西泰和县。

林长清，福建莆田县。

王铉，浙江上虞县。

丁璿，陕西武功县。

李友闻，南直隶祁门县。

王允，山东历城县。

杨礼和，四川江津县。

① 《索引》作"许仕达"。

陈善，河南罗山县。

徐行，山东单县。

赵昂，永清左卫。

童存德，浙江兰溪县。

毛珍，湖广华容县。

张绅，应天府句容县。

卫仪，山西安邑县。

尹恕，江西安福县。

涂谦，江西丰城县。

湖深①，南直隶祁门县。

周莹，福建莆田县。

唐维，南直隶吴县。

陈璃，南直隶华亭县。

楼泽，浙江永康县。

吕正，直隶晋州。

赵永宁，四川定远县。

李奎，河南汲县。

冯时，陕西宁州。

陈方，江西庐陵县。

孙祥，山西大同县。

曹凯，山东益都县。

陈宽，江西丰城县。

宁良，湖广祁阳县。

李锡，山东临清县。

申祐，贵州婺川县。

季骏，浙江会稽县。

陈咏，浙江余姚县人，直隶永宁县学。

王绍，山西屯留县。

王宣，四川长寿县。

林廷举，广东海阳县。

周琦，江西吉水县。

原杰，山西阳城县。

宋玺，陕西咸宁县。

宋钦，陕西乾州。

---

① 《索引》作"胡深"。

史敏，南直隶淮安卫。

张让，南直隶当涂县。

高闰，辽东盖州卫。

田瑮，河南襄城县。

马垸，南直隶丹阳县。

朱缙，浙江余姚县。

庄敏，福建晋江县。

王敞，贵州永宁卫。

陈叔绍，福建闽县。

向敬，四川资县。

柴文显，浙江建德县。

苏霍，福建龙岩县。

董方，顺天府漷县。

严枢，江西万安县。

曹得，浙江萧山县。

刘羽翔，山东单县。

黄镐，福建侯官县。

何琛，四川南充县。

刘琏，顺天府大兴县。

卢中，湖广蒲圻县。

边永，直隶任丘县。

马驯，福建长汀县。

周瑜，广东南海县。

陈瓛，山东东平县。

朱英，湖广桂阳县。

胡端，江西吉水县。

张翰，山东安丘县。

齐让，山西代州。

黄绶，顺天府平谷县。

王瓖，河南襄城县。

高安，直隶威县。

沈纪，顺天府宛平县。

潘伯通，河南光山县。

戴珕，南直隶含山县。

李和，直隶迁安县。

姚哲，浙江海宁县。

曾卓，江西吉安永丰县。

郑瑄，山东济宁州。

潘暄，南直隶嘉定县。

丁本，山东峄县。

萧斌，陕西朝邑县。

丁卯　正统十二年两京十三藩乡试

解元

顺天府：莫灏，宛平县，《诗》，辛未。

应天府：周舆，华亭县，《诗》，辛未。

浙江：沈珲，平湖县，《书》，辛未。

江西：刘洙，贵溪县学生，《书》，戊辰。

福建：陈俊，兴化府学生，《书》，戊辰。

湖广：严诚，京山县，《春秋》，辛未。

河南：郭安，襄城县学增广生，《书》，戊辰。

山东：尹旻，济南府学增广生，《书》，戊辰。

山西：郭纪，大同县，《易》，辛未。

陕西：赵谧，泾阳县，《易》，辛未。

四川。

广东：陈政，番禺县，《易》，甲戌。

广西：张辉，平南县。

云南附贵州：李蕃，澄江府学生，《易》，戊辰。

是科广东新会陈献章为理学名臣。

戊辰　正统十三年会试

考试官：

工部右侍郎兼侍讲学士高穀，世用，南直隶兴化县人，乙未进士。

侍讲杜宁，宗谧，浙江天台县人，丁未进士。

第一场

《四书》：

○才难不其然乎，于斯为盛。刊。

○耕也馁在，禄在其中矣。刊。

○今夫天斯昭昭，货财殖焉。刊。

《易》：

○象曰大人之吉位正当也。

○益动而巽，与时偕行。刊。

○刚柔者立本，贞夫一者也。刊。

○天地设位圣人成能。

《书》：

○三载考绩，分北三苗。刊。

○以厥庶民，王惟邦君。

○公既定宅，敬天之休。刊。

○其惟克用常人。

《诗》：

○吉蠲为饎，遍为尔德。

○戎车既安，万邦为宪。刊。

○亹亹文王，不显亦世。

○自今以始，于胥乐兮。刊。

《春秋》：

○盟石门（隐三），盟瓦屋（隐八），同盟幽（庄十六）。

○侵伐次陉，完盟（僖四），鄢陵，伐郑（成十六），伐郑，伐郑（成十七）。刊。

○侵曹伐卫，入曹执畀，战城濮，盟践土（僖二十八）。

○取济西（僖三十一），取济西（宣元），归济西（宣十），取汶阳（成二），穿言归（成八），齐归田（定十）。刊。

《礼记》：

○以正君臣。

○地载万物，教民美报焉。刊。

○德者性之端也，乐器从之。刊。

（缺一题）

第二场

　　论：

○舜为法于天下。刊。

诏诰表内科一道：

　　诏（缺）。

　　诰（缺）。

拟进贺醴泉出表。刊。

判语五条：

服舍违式，关津留难。

第三场

　　策五道：

○阴骘莫先于仁厚，孝行莫感于感格。刊。

○历代之史。刊。

○律吕（蔡季通作《律吕新书》，司马迁叙《律书》）。刊。

○两汉儒吏之臣仅能致治，周孔仁义之教尤可常行。刊。

○历代占天之书，人主事天之道。刊。

时会试之士一千三百有奇，取岳正等一百五十人，刻程文二十篇。初，同考置正落卷，主考杜宁见之，曰："此我辈中人。"遂首荐。正文章气节，名满海内，抱负经济，概然欲树功业，每与人言，恒自许，再起再废，竟不尽其用。所著有《类博稿》。官至春坊左赞善，直内阁。谥文肃，为名臣。

中式举人一百五十名。

岳正，顺天府漷县人，监生，《书》。

万安，四川眉州人，监生，《诗》。

彭时，江西安福县人，监生，《春秋》。

胡㻞，江西安福县人，监生，《易》。

瞿泰安，南直隶昆山县学生，《礼记》。

三月十五日，临策天下贡士。制曰：自昔君天下之道，莫要于内治之政修，外攘之功举。斯二者，圣人所以跻斯世于雍熙泰和之域也。夫修内治之政，必先于爵赏刑罚，而举外攘之功，必本于选将练兵。且爵所以待有功，必待有功而后爵，则天下有遗善。刑所以待有罪，必待有罪而后刑，则天下有遗恶。古先圣王无遗善，无遗恶，必有不待有功而爵、有罪而刑者矣，其事安在？兹欲人皆迁于善，不待爵赏而自劝，皆远于罪，不待刑罚而自惩，其道何由？凡兵之所统者将，将之所用者卒，卒之所仰者食，而战则资于马。曰将，曰卒，曰食，曰马四者，外攘所不可缺一也。昔之君子以谓：将其卒则选其卒之良，戍其地则用其地之人，战其野则食其野之粟，守其国则乘其国之马，庶几可以百战无殆。不然，则一郡用兵而取给百郡，非善策也。夫众至千万，必有一杰，然智愚混淆，同类忌蔽，何以能知其杰而拔置军旅之上欤？一方之人，有戍有农，然戍非土著，农不知武，何以能作其勇而驱列御卫之间欤？田有肥瘠，岁有丰歉，何以能致其粒而积贮仓廪欤？土地气候产牧各殊，何以能致其息而充溢边鄙欤？朕祗承祖宗大统，惓惓以经国子民为心，而于安内攘外尤加意焉。子诸生学古通今而来，必深于其道矣，其具以对，无骋浮夸，务陈切实，朕将采而用之。

时廷对之士一百五十人，赐彭时等进士及第、出身有差。时当上表谢恩之夕，坐以俟。且隐几不寤，竟失朝。纠仪御史奏令锦衣卫拿，礼部尚书胡濙出班奏："状元彭时不到，合着锦衣卫寻。"上是之。时端谨严密，外和内刚，立朝三十年，公退未尝语子姓朝廷事。每有大政事、大议论，持正居多，虽不立赫赫之名，亦隐然一代人望云。所著有《可斋杂记》。官至少保，直内阁，谥文宪。是科选万安等二十人为庶吉士。后时与岳正、夏寅、刘珝、陈俊、王恕、黄绂俱为名臣。

第一甲三名赐进士及第
  彭时，江西安福县。
  陈鉴，辽东盖州卫籍，南直隶长洲县人。
  岳正，顺天府漷县。
第二甲五十五名赐进士出身
  万安，四川眉州。
  曹鼎，直隶宁晋县。
  毛玉，南直隶武进县。
  陈锜，南直隶昆山县。
  罗俊，江西泰和县。
  夏寅，南直隶华亭县。
  梅伦，南直隶吴江县。
  徐溥，福建邵武县。
  黄溥，江西弋阳县。
  翁世用，福建莆田县。
  胡皞，江西安福县。
  钱澍，南直隶金坛县。
  刘景星，福建侯官县。
  周瑚，江西安福县。
  邢宥，广东文昌县。
  熊瓒，河南弘农卫。
  王常，江西临川县。
  王汝霖，南直隶昆山县。
  康圭，江西泰和县。
  朱厚，江西清江县。
  杨宜，南直隶歙县。
  桂怡，浙江慈溪县。
  刘洙，江西贵溪县。
  刘吉，直隶博野县。
  何陛，浙江淳安县。
  何宜，福建福清县。
  倪敬，南直隶无锡县。
  周琰，福建莆田县。
  孙茂，四川安岳县。

张聪，山西阳曲县。

沈义，武成后卫。

郑显，浙江临海县。

刘珝，山东寿光县。

吴礼，南直隶武进县。

李蕃，云南河阳县。

沈琮，南京旗手卫。

汪回显，南直隶祁门县。

王勤，直隶武邑县。

谢昶，湖广黄冈县。

谢环，南直隶海州千户所。

黄誉，福建莆田县。

谭广，江西都昌县。

白行顺，陕西清涧县。

陆皋，南直隶吴县。

李泰，顺天府香河县。

程昊，南直隶婺源县。

陈兰，南直隶江阴县。

李英，四川合州。

宋弼，山西蔚州。

沈敬，浙江杭州前卫。

第三甲九十七名赐同进士出身

高崇，山东金乡县。

蒋敷，太医院医生。

徐琨，浙江开化县。

戴珉，江西浮梁县。

李珏，江西弋阳县。

朱永宁，南直隶歙县。

曾瓒，湖广邵阳县。

邢让，山西襄陵县。

刘清，南直隶滁州。

谢骞，南直隶当涂县。

车宁，福建闽县。

陈俊，福建莆田县。

焦钝，河南叶县。

王琼，顺天府大兴县。

李本道，湖广善化县。

杨文琳，浙江余姚县。

曹恂，河南光州。

白莹，广东乐昌县。

杨敨，山西忻州。

萧九成，广西义宁县。

秦敬，顺天府涿州。

沈瓛，南直隶华亭县。

乔毅，山西乐平县。

李本，四川富顺县。

方辅，浙江淳安县。

黄节，江西丰城县。

余复，浙江遂安县。

汪甫，燕山前卫小旗。

李镛，山西沁水县。

王恕，陕西三原县。

舒廷谟，浙江奉化县籍，礼部办事官。

孙昱，山东济宁州。

吴淳，南直隶常熟县。

王芳，江西金溪县。

孟祥，山西辽州。

曹辅，四川铜梁县。

郑和，福建龙溪县。

国盛，山东淄川县。

韩敏，南直隶山阳县。

李尚，浙江慈溪县。

彭广，顺天宛平县。

尹旻，山东历城县。

张斐，山东掖县。

王让，顺天府宛平县。

戴昂，顺大府怀柔县。

刘泰，江西安福县。

黄裳，四川眉州。

洪常，浙江鄞县。

叶禄，江西贵溪县。

李赞，南直隶山阳县。

闭悌，广西横州。

李宽，四川叙南县。

张銮，南直隶华亭县。

王正，山西夏县。

王璧，四川合州。

郑文康，南直隶昆山县。

江贞①，南直隶歙县。

华显，顺天府宛平县。

盛纶，南直隶华亭县。

唐漠，福建侯官县。

王育，山东泰安州。

沈祥，南直隶昆山县。

张奎，河南固始县。

谢琚，福建怀安县。

周骙，顺天府大兴县。

潘荣，福建龙溪县。

王玺，南直隶和州。

霍荣，陕西盩厔县。

周翔，浙江慈溪县。

刘济，江西鄱阳县。

王玭，福建南靖县。

黄绂，贵州平越卫。

任孜，南直隶长洲县。

郭安，河南襄城县。

吕铎，江西德化县。

李坚，河南唐县。

越坚，四川合州。

高瑛，山西聚落驿。

张纯，四川铜梁县。

朱瑄，南直隶华亭县。

李琏，广东四会县。

孙琼，南直隶昆山县。

王豪，南直隶金坛县。

瞿泰安，南直隶昆山县。

---

① 《索引》作"江真"。

廖俊，江西乐安县。

叶普亮，福建同安县。

杨进，江西丰城县。

杨绍，福建龙溪县。

欧辉，福建长泰县。

赵蕃，湖广汉阳县。

张瓒，湖广孝感县。

成章，直隶景州。

卢昇，江西乐平县。

杨瓒，山东寿张县。

陈璘，浙江奉化县。

黄德温，江西信丰县。

杨恕，南直隶华亭县。

庚午　景泰元年两京十三藩乡试

解元

顺天府：刘宣，卢龙卫军，《春秋》，辛未。

应天府：章表，常熟县学生，《书》，辛未。

浙江：杨守陈，鄞县学增广生，《易》，辛未。

江西：张业，吉安府学增广生，《书》，辛未。

福建：翁宾。

湖广：董廷圭，华容县学生，《书》，辛未。

河南：罗纲。

山东。

山西：屈铨。

陕西：邢简，咸宁县，《易》，甲戌。

四川：费广，合州，《易》，甲戌。

广东：郑安，海阳县，《春秋》，甲戌。

广西。

云南附贵州。

是科翰林侍讲学士刘铉主考顺天府乡试，及揭晓，第一人刘宣乃卢龙军士也，同事者欲更之，铉争曰："朝廷立贤，无方不可。"乃止。时论韪之。

辛未　景泰二年会试

考试官：

户部右侍郎兼学士江渊，时用，四川江津县人，庚戌进士。

修撰林文，恒简，福建莆田县人，庚戌进士。

第一场

《四书》：

○子曰麻冕礼也，吾从下。

○百世以俟圣人而不惑知人也，则不厌。刊。

○夫徐行者，孝北而已矣。刊。

《易》：

○利有攸往上合志也。刊。

○明出地上，昼日三接也。刊。

○夫茅之为物，其无所失矣。

○爻象动乎内，见乎辞。

《书》：

○织皮昆仑，西戎即叙。

○惟文王之敬忌，民作求。刊。

○予旦以多才，作周孚先。刊。

○尚胥暨顾，罔不在王室。

《诗》：

○二之日凿冰，万寿无疆。

○方叔元老，蛮荆来威。

○作召公考天子万寿。刊。

○时迈其邦，允王保之。刊。

《春秋》：

○年聘（隐七），归祊（隐八），入郑（隐十），入许（隐十一），从王伐郑（桓五），入都（文五），伐郑，椒聘（文九），术聘（文十二），新城（文十四）。刊。

○突救卫（庄六），父救江（文三）。

○会鄄（庄十五），盟幽（庄二十七），会首止（僖五），会葵丘（僖九），盟践土，会温（僖二十八），盟翟泉（僖二十九）。刊。

○豹及侨盟（襄三），会邾陈逃（襄七），伐郑萧鱼（襄十一），会申（昭四）。

《礼记》：

○意论轻重之序，以尽之。刊。

○此六者德音，以舞之。刊。

○愨善不违身，而术省之。

○五法已施故圣人服之。

第二场

论：

○孟子功不在禹下。刊。

诏诰表内科一道：

○拟汉明帝行养老礼诏。

○拟唐以裴度为中书侍郎同平章事诰。

○拟袭封衍圣公谢圣驾释奠先师表。刊。

判语五条：

○那移出纳。

○私卖战马。

○多支廪给。

○滥设官吏。

○出使不复命。

第三场

策五道：

○正伦理（《大诰》三编、《为善阴骘》、《孝顺事实》、《五伦书》）。刊。

○历代知人之事，今日知人之要。刊。

○《四书》言修身治人之道不同。刊。

○欲科目得人如古，在大臣有以倡之。刊。

○选将之要。

时会试之士二千二百有奇，取吴汇等二百人，刻程文十九篇。汇官至国子监司业。
中式举人二百名。

吴汇，江西新喻县人，监生，《诗》。

刘昇，江西永新县人，监生，《易》。

许伦，广东潮阳县人，监生，《书》。

吴福，浙江淳安县人，监生，《春秋》。

许嘉猷，浙江余姚县人，儒士，《礼记》。

三月初一日，临策天下贡士。制曰：朕惟自古王天下之要有三，曰道曰德曰功。然
道莫如伏羲、神农、黄帝，德莫如尧、舜，功莫如禹、汤、文、武，此数圣人者，万世
仰之，不能易也。伏羲、神农、黄帝、尧、舜之事著于《易》，禹、汤、文、武之迹存
乎《书》，其所以为道、为德、为功者，朕欲究其心术之精微，其推以治教养天下，所
尚虽殊，然不出于耕桑、贡赋、学校、礼乐、征伐、刑辟之外。朕欲参其制作之会通，
夫无所酌于古，将何以准于今？朕承祖宗大位，夙夜惓惓于心，亦惟以古圣人之道德功
自期，以今天下之治教养自励。兹欲尽驱天下游谈之惰以事耕桑，使各衣食其力；尽约
天下浮冗之征以归贡赋，使各膏肥其体而无或失所养；尽导天下狠戾之顽以从学校，使
各复还其善；尽陶天下龙郁之陋以由礼乐，使各移易其俗而无或违于教；尽作天下庸怯

之兵以奋征伐，使各销沮其凶；尽化天下争斗之讼以远刑辟，使各崇尚其耻而无或外于治。皆何施而可也？施之有效，民得治教养矣，于古圣人之道德功，有可以庶几乎？伏羲、神农、黄帝曰皇，尧、舜曰帝，禹、汤、文、武曰王，其称号之所以异者，果道德功之所致乎？抑治教养有隆替而然乎？圣人之所以为圣人，一而已矣，何皇降而帝，帝降而王乎？兹欲措天下于隆古之世，使皇帝王之称惟一而无隆杀之别，亦必有其道乎？子大夫习之于师而得之于己，宜无不悉其说者，今兹承有司宾兴而来，其具为陈之，朕将亲览焉。

时廷对之士二百一人，赐柯潜等进士及第、出身有差。廷试时风尘蔽天，飚王越卷去，监试陈御史为请，得再给卷。潜丰神峻整，言动谨饬，人皆以公辅望之。成化间，以少詹事居母忧。值祭酒员缺，上以潜刚方，特起用以厌士论。潜疏乞终制，许之，寻卒。文章严整有法，诗清新微婉。所著有《竹岩集》。是科章表、章格兄弟同登，选吴汇等二十五人为庶吉士。后杨守陈为理学名臣，林鹗、余子俊、高明、秦纮、钟同、马文升俱为名臣，潜与夏埙、盛颙俱有名，王越以军功封威宁伯。

第一甲三名赐进士及第

　　柯潜，福建莆田县。

　　刘昇，江西永新县。

　　王㒜，南直隶武进县。

第二甲七十五名赐进士出身

　　吴汇，江西新喻县。

　　周舆，南直隶华亭县。

　　戚澜，浙江余姚县。

　　王祐，南直隶华亭县。

　　林璟，福建怀安县。

　　宋旻，浙江淳安县。

　　牟俸，四川巴县。

　　吴镒，四川资县。

　　陈杰，南直隶武进县。

　　张永，四川南充县。

　　朱镛，浙江仁和县。

　　吴遵，江西泰和县。

　　袁凯，南直隶华亭县。

　　吴璘，应天府上元县。

　　吴智，福建莆田县。

　　赵谧，陕西泾阳县。

　　桂山，四川成都县。

胡深，四川富顺县。

孙仁，南直隶贵池县。

刘春，锦衣卫镇抚司。

孙民，山东齐东县。

吕晟，江西广信永丰县。

林鹗，浙江黄岩县。

江彤，江西吉水县。

郑宏，广西临桂县。

沈性，浙江会稽县。

盛昶，南直隶吴江县。

余子俊，四川青神县。

唐瑜，南直隶上海县。

陈敬，福建莆田县。

唐泰，浙江仁和县。

黄深，福建莆田县。

李秉彝，顺天府大兴县。

汪浩，湖广石首县。

周监，江西安福县。

王献，浙江仁和县。

张璿，陕西长安县。

李惠，广东海阳县。

刘子肃，江西南昌县。

和维，山西陵川县。

周必兆，江西安福县。

吴福，浙江淳安县。

李观，直隶唐县。

成凯，陕西耀州。

刘宣，直隶卢龙卫军。

朱华，应天府上元县。

李钧，江西永新县。

俞钦，浙江新昌县。

胡钦，江西庐陵县。

王琳，江西吉水县。

相杰，顺天府大兴县。

陈嘉猷，浙江余姚县。

陈偊，南直隶吴县。

杨守陈，浙江鄞县。

张玘，山东齐东县。

陶复，江西南城县。

邓顺，四川泸州。

周逵①，江西安福县。

欧阳复，湖广桂阳县。

夏埙，浙江天台县。

高明，江西贵溪县。

江玭，浙江仁和县。

罗洪，浙江黄岩县。

章格，南直隶常熟县。

周澄，武功中卫。

张海，锦衣卫军余。

陈鸿渐，福建连江县。

顾珣，南直隶吴县。

潘本愚，广东博罗县。

陆昶，南直隶常熟县。

童轩，江西鄱阳县。

童缘，浙江钱塘县。

李毓，南直隶常熟县。

邓明，江西安福县。

陈蕙，江西吉安永丰县。

第三甲一百二十三名赐同进士出身

曹衡，浙江临海县。

李璈，江西丰城县。

彭烈，江西庐陵县。

周钦，南京水军右卫。

王祥，顺天府武清县。

王越，直隶濬县。

吴琛，南直隶繁昌县。

张业，江西安福县。

刘敷，顺天府香河县。

徐安行，浙江永嘉县。

严诚，湖广京山县。

---

① 《索引》作"周达"。

尤瓒，四川内江县。

伍善，四川合州。

汤懋，江西吉安永丰县。

蔡昇，河南祥符县。

陈颢，山东济宁州。

朱锐，顺天府通州。

莫灏，顺天府宛平县。

欧贤，广西苍梧县。

高裡，南直隶华亭县。

刘俭，江西浮梁县。

胡炼，江西庐陵县。

郑林，浙江常山县。

樊冕，锦衣卫镇抚司。

林孔滋，福建怀安县。

游明，江西丰城县。

丁信，河南祥符县。

陈善，福建莆田县。

戚宁，河南新乡县。

郭本，广西融县。

程宗，南直隶常熟县。

吴诚，浙江钱塘县。

刘彝，江西安福县。

杨青，浙江桐乡县。

刘昭，陕西邠州。

阳显嘉，江西吉水县。

严宪，河南扶沟县。

许论①，广东潮阳县。

杨福，直隶永平卫。

刘纪，四川涪州。

王佐，福建侯官县。

丘璿②，河南祥符县。

张鹏，直隶涞水县。

龙需，江西永新县。

---

① 《索引》作"许伦"。

② 《索引》作"岳璿"。

盛颙，南直隶无锡县。

刘观，南直隶武进县。

赵瑛，河南河内县。

阎铎，陕西兴平县。

邵思祥，浙江常山县。

杨琏，山西祁县。

李烨，山东沂州。

欧阳熙，江西泰和县。

李牧，广东四会县。

郭纪，山西大同县。

吴立，江西贵溪县。

郑纮，四川简县。

李胜，直隶永平县。

叶鸾，南直隶舒城县。

吴琛，福建莆田县。

邵能，浙江会稽县。

靳敏，南直隶盱眙县。

罗晟，云南临安卫。

郝渊之，陕西绥德县。

龚谦，南直隶高邮州。

缪樸①，南直隶常熟县。

李直，江西贵溪县。

章亮，浙江仁和县。

杨荣，四川青神县。

张瑄，四川高安县。

娄濆，浙江永嘉县。

张信，湖广江陵县。

李宏，直隶蠡县。

金文，浙江丽水县。

谢㻬，浙江临海县。

钟清，浙江瑞安县。

白良辅，河南洛阳县。

李衍，直隶隆庆州。

---

① 《索引》作"缪朴"。

章规①，浙江鄞县。

田斌，锦衣卫镇抚司。

何汉宗，四川温江县。

杨学，四川江津县。

洪弼，浙江淳安县。

秦纮，山东单县。

辛访，河南襄城县。

王惟善，南京鹰扬卫。

潘镛，应天府上元县。

章表，南直隶常熟县。

杨昶，顺天府大兴县。

项卓，江西龙泉县。

黄晖，江西建昌县。

张瑄，顺天府大兴县。

姚旭，南直隶桐城县。

王仪，南直隶常熟县。

汪清，河南固始县。

王智，四川泸州。

彭信，浙江仁和县。

庄歈，南直隶歈县。

郑佑，顺天府大兴县。

丁玘，山东章丘县。

李人仪，四川荣昌县。

钟同，江西吉安永丰县。

应钦，浙江黄岩县。

庄昇，四川成都县。

郑冕，江西乐平县。

曹景，应天府句容县。

董廷圭，湖广华容县。

马文升，河南钧州。

徐廷章，河南罗山县。

刘泰，浙江海盐县。

江朝宗，四川巴县。

项愫，浙江奉化县。

---

① 《索引》作"章规"。

吴绰，江西永新县。

周清，南直隶无锡县。

邓秀，江西安福县。

张异，南直隶巢县。

左兴，江西永新县。

沈津，浙江平湖县。

叶峦，福建莆田县。

郑时，南直隶舒城县。

黄重，顺天府宛平县。

赵铭，陕西安化县。

张宽，福建南靖县。

周斌，直隶昌黎县。

癸酉 景泰四年两京十三藩乡试

解元

顺天府：罗崇岳，《诗》，丁丑。

应天府：叶琦，祁门县，《春秋》，甲申。

浙江：胡谧，会稽县，《易》，丁丑。

江西：彭序，庐陵县，《诗》，甲申。

福建：许评。

湖广。

河南：于琇，通许县学生，《书》，甲戌。

山东：史兰，济南府学生，《书》，甲戌。

山西：屈铨，潞城县学增广生，《诗》，甲戌。

陕西：蔡震。

四川：王秉彝，内江县，《书》，丁丑。

广东：唐漼伯①。

广西：韦嵩，宜山县，《书》，丁丑。

云南附贵州。

甲戌 景泰五年会试

考试官：

---

① 《皇明三元考》作"唐濂伯"。

兵部左侍郎学士商辂，弘载，浙江淳安县人，乙丑进士。

司经局洗马李绍，克述，江西安福县人，癸丑进士。

第一场

《四书》：

○子在川上曰，不舍昼夜。刊。

○忠恕违道不远，施于人。

○请野九一而助，二十五亩。刊。

《易》：

○君子以成德，见之行也。

○九五观我生，观民也。刊。

○卦有小大，指其所之。

○黄帝尧舜氏作，取诸乾坤。刊。

《书》：

○予违汝弼，钦四邻。刊。

○江汉朝宗于海，梦作乂。

○钦崇天道永保天命。

○禹乃嗣兴，威用六极。刊。

《诗》：

○四牡孔阜，我念之。

○式勿从谓，刘敢多又。刊。

○帝作邦作对自大伯王季。刊。

○敦商之旅，土田附庸。

《春秋》：

○盟幽（庄二十七），盟葵丘（僖九），盟牡丘（僖十五），会淮（僖十六），堕郈，堕费（定十二），筑渊囿，搜比蒲（定十三）。刊。

○高子盟（闵二），屈完盟（僖四），宁俞聘（文四），舍至晋（昭二十四）。刊。

○伐围新城，围许，救至（僖六），会温，河阳，王所，遂围许至（僖二十八）。

○如齐，蒇如京（宣九），庚良夫盟（成三）。

《礼记》：

○圭璋特，士旅之。

○凡侍于君，听乡任左。刊。

○君子以此之为，醢醢以嗣。刊。

○圣立而将之，将以得身也。

第二场

论：

○大舜善与人同。刊。

诏诰表内科一道：

○拟唐张蕴古进大宝箴表。刊。

判语五条：①

第三场

策五道：

○羲禹之八卦、九畴，三圣之《大诰》、《阴骘》、《事实》，《五伦书》。刊。

○《论语》《中庸》疑。刊。

○行大学之道者何人，明大学之道者何人。刊。

○安民知人（教养在用人，用人在考察）。刊。

○历代牧马同异，今宜得地得人。刊。

时会试之士三千有奇，取彭华等三百五十人，刻程文十九篇。华，时从弟，官至太子少保，直内阁，谥文思。

中式举人三百五十名。

彭华，江西安福县学增广生，《春秋》。

尹直，江西泰和县学增广生，《书》。

徐銮，浙江开化县学生，《易》。

卓天锡，福建兴化府学生，《诗》。

赵敬，南直隶武进县人，监生，《礼记》。

三月十五日，临策天下贡士。制曰：朕以眇躬，祗膺天命，缵承祖宗大业，临御兆民。顾惟负荷之艰，莫究弛张之善，肆虚心于宵旰，冀资弼于忠良。固圣贤乐受尽言，在尧舜惟急先务。何则？天下之本，莫有外于家国兵民，朕欲闻其至计何先，切望何最？君心之发，莫有著于礼乐教化，朕欲闻其损益何宜，隆替何系？制治贵于未乱，其方术何良？保邦贵于未危，其谋谟何远？以至为政之宽猛何尚，备边之筹策何长，人材之贤否何田②，刑赏之缓急何可，与凡灾祥感召之机何速，夷狄向背之故何在，皆朕之所欲闻者也。夫事贵乎师古，不稽诸古，固无足以为法于今。而施贵乎合宜，不宜于今，又奚可以徒泥诸古？子大夫明先圣之道，来应宾兴贤能之诏，皆得于古而将以施于今者也，其悉参酌，详著于篇，以俟朕之亲览。

时廷对之士三百四十九人，赐孙贤等进士及第、出身有差。贤所著有《恩荣鸣盛集》，官至太常寺卿，谥襄敏。是科二甲孔公恂乃宣圣五十八世孙，三甲孔镛，今《南畿志》云裔出阙里，不知《登科录》何以不载。选丘濬等十八人为庶吉士。后濬为理学名臣，徐溥、张宁、耿裕、何乔新、杨瑄、邓廷瓒俱为名臣，鲁崇志、伍骥俱有名。

---

① 此处原空二行，未写"缺"字。

② "田"疑为"由"之讹。

234

第一甲三名赐进士及第

　　孙贤，河南杞县。

　　徐溥，南直隶宜兴县。

　　徐辖，南直隶武进县。

第二甲一百二十九名赐进士出身

　　丘濬，广东琼山县。

　　易贵，贵州贵竹长官司。

　　程景云，陕西宁夏卫。

　　胡荣，江西新喻县。

　　陈琳，湖广应城县。

　　康麟，广东顺德县。

　　王铉，浙江临安县。

　　黄谨，福建莆田县。

　　谢绶，江西乐安县。

　　李清，南直隶上海县。

　　王朝远，江西进贤县。

　　高宗本，南直隶太仓州。

　　严端，浙江宁波卫。

　　孔公恂，宣圣孙，山东曲阜县。

　　史瓘，南直隶山阳县。

　　张宁，浙江德清县。

　　耿裕，河南卢氏县。

　　徐鸾，浙江开化县。

　　刘洪，浙江定海县。

　　孙辉，浙江余姚县。

　　彭华，江西安福县。

　　刘钊，江西安福县。

　　陈龙，江西泰和县。

　　杜宥，南直隶江阴县。

　　张畹，南直隶华亭县。

　　黄隆，浙江鄞县。

　　张黼，江西新喻县。

　　张祚，南直隶华亭县。

　　谢士元，福建长乐县。

　　顾瑾，武功左卫。

章瑄，浙江会稽县。

卢秩，江西新淦县。

曾会，直隶盐山县。

浦镛，应天府上元县。

朱伦，南直隶华亭县。

黎永明，湖广京山县。

阎本，陕西邠州。

苗灏，山东德州。

魏铭，湖广蒲圻县。

程鉴，直隶开州。

王毅，四川南溪县。

欧廉，四川眉州。

蒋绂，南直隶常熟县。

陈璧，南直隶常熟县。

李芳，广西融县。

刘瑄，顺天府昌平县。

杨集，南直隶常熟县。

王齐，江西安福县。

宋荣，江西丰城县。

范镛，江西丰城县。

许间，浙江淳安县。

牛纶，顺天府涿州。

林思承，福建莆田县。

孟勋，直隶沧州。

何宗，浙江仁和县。

费广，四川合州。

伍方，浙江嘉兴县。

卓天锡，福建莆田县。

黄会，江西临川县。

吴祯，锦衣卫译字官。

何乔新，江西广昌县。

庄敬，福建闽县。

曾能①，广东新会千户所。

陈瑄，四川眉州。

---

① 《索引》作"鲁能"。

杨纬，云南太和县。

萧青，广东惠州卫。

曾唯，江西庐陵县。

陈云鹗，浙江余姚县。

赵文博，山西代州。

王衡，福建闽县。

邵铜，福建闽县。

黄纪，四川遂宁县。

吴节，南直隶山阳县。

陈云，浙江余姚县。

侯瓒，直隶雄县。

鲁崇志，浙江天台县。

郁文博，南直隶上海县。

马进，锦衣卫。

李曰良，江西弋阳县。

谢省，浙江黄岩县。

高举，顺天府宛平县。

吕益，河南祥符县。

贾奭，四川巴县。

黄绅，湖广兴宁县。

严泫①，福建兴化卫。

涂淮，江西靖安县。

沈富，浙江钱塘县。

赵昌，南直隶泾县。

杨琚，江西泰和县。

董林，浙江鄞县。

叶萱，南直隶华亭县。

宋有文，四川资县。

桂琛，浙江慈溪县。

尹直，江西泰和县。

郑珪，南直隶华亭县。

焦显，山东德州。

杜谦，直隶昌黎县。

屈铨，山西潞城县。

---

① 《索引》题名录同，索引部分作"严淦"。

林时让，福建莆田县。

刘溥，江西庐陵县。

郑瑛，应天府六合县。

李宗学，山东峄县。

吴显，浙江山阴县。

周瑛，贵州兴隆县。

刘伦正，江西安福县。

陈贵，福建莆田县。

傅韶，江西吉安永丰县。

袁润，江西丰城县。

杨恕，江西湖口县。

赵博，南直隶昆山县。

范文，浙江临海县。

郭仲珣，河间卫。

江勋，浙江奉化县。

汪霖，南直隶六安州。

单昂，江西泰和县。

丰载，江西安福县。

龙晋，南京水军右卫。

颜正，南直隶华亭县。

徐海，浙江余姚县。

杨釜，福建长乐县。

周琦，浙江永康县。

刘永通，南直隶当涂县。

郑文奎，广东潮阳县。

李木，山东曹县。

钟珹，南直隶当涂县。

刘璧，江西永新县。

唐彬，浙江山阴县。

李敏，河南襄城县。

钱源，大宁营州卫。

第三甲二百一十七名赐同进士出身

崔忠，直隶新城县。

潘杰，应天府上元县。

胡福，河南仪封县。

徐毅，应天府上元县。

王常，四川平夷长官司。

李褒，江西庐陵县。

徐宗，四川荣昌县。

熊俊，湖广江夏县。

钱俊，大宁营州卫。

张浩，湖广澧州所。

王臣，陕西长安县。

陈政，广东番禺县。

刘显，湖广新化县。

李益，陕西长安县。

宁珍，太医院。

王春，山东济宁州。

胡德盛，江西德兴县。

曾清，直隶德州卫。

翟政，河南安阳县。

方逵，福建莆田县。

钱琎，浙江鄞县。

郑华，福建莆田县。

夏玑，南直隶昆山县。

胡宽，南京天策卫。

蒋昂，南直隶长洲县。

郑同，福建闽县。

正纪①，四川叙南卫。

劳钺，江西德化县。

郑岑，浙江慈溪县。

邹永昌，四川双流县。

林雍，福建龙溪县。

孔镛，南直隶长洲县。

王鉴，山西太原县。

刘恕，江西吉安永丰县。

上泰，湖广江夏县。

梁矩，广东番禺县。

马聪，江西永新县。

刘珂，江西安福县。

---

① 《索引》作"王纪"。

孙璃，南直隶无锡县。

颜夔，湖广攸县。

王豫，河南祥符县。

翁经，四川泸州。

滕佐，陕西兰州。

沈声，浙江崇德县。

孟淮，直隶博野县。

郁纶，山东德州。

黄让，南直隶芜湖县。

汤清，江西永新县。

蒋瑄，河南钧州。

林孔仁，福建怀安县。

刘谟，江西安福县。

黎庸，交阯清威县。

罗淮，应天府江宁县。

王绩，南直隶华亭县。

于琇，河南通许县。

李瓘，河南渑池县。

章律，南直隶常熟县。

杨瑄，江西丰城县。

王重，江西安福县。

金泽，浙江山阴县。

王用，江西泰和县。

谢瑀，福建闽清县。

许颙，河南安阳县。

王鲁，应天府溧水县。

刘济，河南河内县。

林宗，福建怀安县。

李常，广西桂平县。

朱绅，陕西河州卫。

李溥，直隶长垣县。

冯馘，江西浮梁县。

周正，江西南昌县。

桂茂之，四川成都县。

邓廷瓒，湖广巴陵县。

聊让，陕西肃府仪卫司。

李稷，四川合州。

吴瑞，南直隶山阳县。

李巽，顺天府宛平县。

杨绍，陕西咸宁县。

刘寅之，江西永新县。

阮勤，交阯多翼县。

何玘，河南罗山县。

吕恕，直隶故城县。

左源，河南汲县。

蒋敌，太医院。

杨璧，南直隶当涂县。

李景孟，浙江海盐县。

秦玘，顺天府蓟州。

曹隆，湖广兴宁县。

彭盛，江西清江县。

冯定，锦衣卫。

何渊，四川巴县。

吴让，广东南海县。

史珍，江西德化县。

孙忱，浙江慈溪县。

水桓，浙江鄞县。

张岐，直隶兴济县。

董渊，直隶灵寿县。

吴中，江西乐平县。

丁慈，福建建阳县。

康骥，江西泰和县。

王钦，彭城卫。

孙敬，四川成都县。

王珪，南直隶松江千户所。

王瑾，河南陕州。

李田，湖广嘉鱼县。

聂元，江西丰城县。

林杰，广东琼山县。

赵敬，南直隶武进县。

张奎，湖广石首县。

于坦，山西石州。

王稽，江西金溪县。

毛杰，浙江余姚县。

李麟，山东巨野县。

王昇，顺天府密云县。

洪冕，四川成都县。

曹泰，南直隶华亭县。

田济，陕西麟游县。

刘杰，陕西高陵县。

徐观，广东香山县。

毕亨，河南卫。

赵相，山东单县。

戴珙，河南沔池县。

李裕，江西丰城县。

刘季清，江西南昌县。

徐绅，河南杞县。

李嗣，广东南海县。

郑瑞，顺天府大兴县。

裴衷，广东石康县。

李玙，河南祥符县。

夏忠，直隶德州卫。

王庐，福建闽县。

郭舒，福建龙溪县。

杨宣，江西安乐县。

陈孟晟，南直隶铜陵县。

杨琛，南直隶无锡县。

史兰，山东历城县。

茂彪，陕西庆阳卫。

张纲，山东长清县。

张僖，南直隶灵璧县。

龙霖，江西信丰县。

武齐，江西乐安县。

刘瑄，直隶深州。

王璘，南京牺牲所。

吴玘，南直隶华亭县。

刘清，河南洛阳县。

刘孜，福建龙溪县。

冉哲，四川内江县。

吴庚，河南洛阳县。

刘炭，四川涪州。

罗明，江西崇仁县。

田景旸，直隶高阳县。

伍骥，江西安福县。

魏瀚，浙江余姚县。

程泰，南直隶祁门县。

杜庠，南直隶长洲县。

叶颐，广东惠州卫。

金绅，应天府上元县。

李岳，直隶长垣县。

郑安，广东海阳县。

吴节，四川眉州。

黄甄，山东寿光县。

程永，南直隶婺源县。

赵忠，直隶曲周县。

袁恺，河南鲁山县。

叶淇，南直隶淮安府。

李述，江西丰城县。

张赞，四川遂宁县。

毛吉，浙江余姚县。

萧惟昌，锦衣卫。

段坚，陕西肃府仪卫司。

宋澄，福建莆田县。

吕洪，浙江平阳县。

杨懋，顺天府宛平县。

樊英，陕西临潼县。

白侃，山西平定州。

汪振，江西丰城县。

谢廉，锦衣卫。

徐宗，南直隶通州。

邢简，陕西咸宁县。

赵章，直隶清苑县。

刘荫，广东程乡千户所。

娄瑾，福建怀安县。

王宽，四川长寿县。

俞璟，福建福清县。

何经，广东顺德县。

施奇，浙江嘉善县。

张述古，南直隶宜兴县。

毛伦，江西丰城县。

孙珂，山东福山县。

杨宣，直隶新城县。

高亮，武骧左卫。

李昂，浙江仁和县。

刘充，江西安福县。

李文，直隶迁安县。

周蕭（复丘姓），江西贵溪县。

金纯，大宁都司营州卫。

金礼，浙江秀水县。

孙洪，山东昌邑县。

方暕，南直隶歙县。

王聪，顺天府三河县。

夏时，浙江余姚县。

程万钟，四川富顺县。

阎蕭，直隶滦州。

陈俨，顺天府宛平县。

刘瑜，江西安福县。

李志纲，四川内江县。

熊惠，锦衣卫。

韩殷，广东番禺县。

周晟，河南涉县。

周一清，浙江临海县。

王度，江西吉水县。

王诏，顺天府怀柔县。

王上龄，山西浑源县。

牛宣，四川左护卫。

俞纪，四川遂宁县。

沈敳，南直隶华亭县。

沈谡，南直隶合肥县。

丙子　景泰七年两京十三藩乡试

解元

顺天府：徐泰，南直隶江阴县。

应天府。

浙江：陈纲，钱塘县学生，《易》，丁丑。

江西：易居仁，泰和县学增广生，《书》，丁丑。

福建：杨瑛。

湖广。

河南：海辅。

山东。

山西。

陕西。

四川。

广东：梁昉，广州府学增广生，《易》，丁丑。

广西：王璥。

云南附贵州：张正，大理卫，《书》，丙戌。

是年，洗马柯潜奉命主考应天乡试，泊舟淮安，有应试生暮夜投潜，遗以重赂，潜怒，命执付有司治之。

又，顺天乡试，右春坊大学士刘俨、侍讲学士黄谏为考试官，取江阴徐泰居首。时内阁陈循子瑛、王文子伦入试皆不得举，而泰又以富嫌于人，循等摘事奏俨、谏阅卷不公，请如洪武中罪刘三吾等例，重开科试士。上命翰林院覆阅取中试卷。少保高榖惧俨等祸不测，时病，强起力救之。上悟，令前五名即禁中覆试，文成，皆称所第名次，其事遂白。而循、文子特旨钦赐举人，许赴会试，一时异之。先是，癸酉庐陵罗崇岳举顺天第一，以诡籍斥还县学，时人为之语曰："榜有姓名，还是学生；榜无名氏，京闱贡士。"是科崇岳复举江西乡试，登天顺丁丑进士。后伦谪戍，宥还，以字行，为王宗彝，复举成化乙酉乡试，登丙戌进士，俱属异事云。

丁丑　天顺元年会试

考试官：

礼部左侍郎兼学士薛瑄，德温，山西河津县人，辛丑进士。

通政司参议兼侍讲吕原，逢原，浙江秀水县人，壬戌进士。

第一场

《四书》：

〇大学之道，虑而后能得。

○一日克己复礼，非礼勿动。刊。

○仁义礼智，尽其才者也。刊。

《易》：

○六四井甃无咎，大成也。刊。

○是故圣人以通，易以贡。

○易之为书也，中爻不备。刊。

○和顺于道德而理于义。

《书》：

○书用识哉，时而飏之。

○厥田惟下下厥赋下上上错。

○曰雨曰霁曰蒙曰驿曰克。刊。

○拜手稽首后矣，无义民。刊。

《诗》：

○天保定尔，万寿无疆。

○大侯既抗，锡尔纯嘏。刊。

○既见君子，德音孔胶。

○思文后稷，莫匪尔极。刊。

《春秋》：

○盟幽（庄二十七），宁毋（僖七），盟洮乞（僖八）、盟葵丘（僖九），盟咸（定七），曲濮（定八）、安甫（定十）、黄池（哀十三）。刊。

○季子归（闵元），高子盟（闵二），城费（襄七），三军（襄十一），中军（昭五）。

○伐北（僖二十六），围郑（僖二十），夹谷（定十），会郯（哀十二）。刊。

○朝王所，遂围许，襄归围许（僖二十八），翟泉（僖二十九）。

《礼记》：

○生气方盛，布德行惠。刊。

○并纽约用组三寸长齐于带。

○取数多者仁也，可知己矣。刊。

○故明乎其节，而德行立。

第二场

论：

○中正仁义而主静。刊。

诏诰表内科一道：

○拟汉文帝弛利省费以振民诏。

○拟唐以韩愈为国子祭酒诰。

○拟宋吕大防、范纯仁为尚书左右仆射谢表。刊。

判语五条：

○出纳官物有违。

○卑幼私擅用财。

○私越冒度关津。

○公事应行稽程。

○承差转雇寄人。

第三场

策五道：

○经世之典（孔子删述六经，三圣御制四书）。刊。

○诸书不外于性（《六经》、《四书》、《太极图说》、《通书》、《西铭》）。刊。

○帝王汉唐宋治道治法（治法指封建、官制、礼乐、田赋、学校、选举、兵刑）。刊。

○理学疑（天地、日月、河图、洛书、羲之画、易之书、程之传、周之图、张忠定公之言、程张气质之论）。刊。

○颜子孔明学术足以追古王佐。刊。

时会试之士三千有奇，取夏积等三百人，刻程文十九篇。是科时人以同考官多出于权贵所荐引，又以录文谬误，去取徇情，谤议汹汹，无名诗词纷然杂出云。积后官至郎中。

中式举人三百人。

夏积，江西吉水县人，监生，《易》。

雷霖，陕西华阴县人，监生，《书》。

何衷，江西新淦县学增广生，《诗》。

彭彦充，江西安福县学增广生，《春秋》。

袁芳，江西丰城县人，监生，《礼记》。

三月十五日，临策天下贡士。制曰：朕惟帝王之治天下，必以求贤安民为首务，盖古今之所同也。然古之士进以礼，退以义，为上为德，为下为民。今何其立功之志弱而利禄之心胜，奔竞之风未息而廉介之节少著，其失何由？古之民有恒产，有恒心，家给人足，比屋可封。今何其务本者少而逐末者多，偷薄之习寝长而礼让之俗未兴，其弊安在？朕自复位以来，图惟治理，夙夜靡宁，求贤必欲得真才，安民必欲获实效，将使士正其习，民淳其风，庶几唐虞三代之盛，必有其道。子大夫其援经据史，酌古准今，明以条陈，毋曲所学，毋卑所志，务求切志之论，朕将择而行焉。

时廷对之士二百九十四人，赐黎淳等进士及第、出身有差。淳耿介寡合，重伦尚节，居官居乡，俭朴是尚，尤慎形迹，事涉矫托，必暴白之。在吏部，有请属者，笑应之，竟不行。人有玷行，虽所甚爱，必加摧抑。诗文典赡雄伟，成一家言，所著有

《龙峰集》。官至南京礼部尚书，谥文僖。子民表，成化甲辰；民牧，弘治庚戌，俱进士。是科孔宗显乃宣圣六十一世孙，朱稳乃文公九代孙。后彭韶、杨继宗俱为名臣。

第一甲三名赐进士及第

  黎淳，湖广华容县。

  徐琼，江西金溪县。

  陈秉中，浙江乌程县。

第二甲九十七名赐进士出身

  宋瑛，南直隶华亭县。

  徐绮，浙江余杭县。

  张琦，浙江慈溪县。

  罗崇岳，江西庐陵县。

  杨琮，顺天府涿州。

  彭彦充，江西安福县。

  周易同，浙江①石首县。

  李庆，浙江新昌县。

  左赞，江西南城县。

  刘瀚，南直隶长洲县。

  袁芳，江西丰城县。

  许起，山东宁阳县。

  陈伯良，湖广华容县。

  赵熙，浙江临海县。

  何淡，广东顺德县。

  柳瑛，南直隶临淮县。

  路璋，江西安福县。

  石澄，南直隶滁州。

  范纯，南直隶嘉定县。

  夏积，江西吉水县。

  刘伯川，江西广信永丰县。

  刘任治，江西安福县。

  郭澄，四川涪州。

  王瑶，湖广襄阳县。

  庞胜，直隶蓟州卫。

  彭韶，福建莆田县。

---

  ① "浙江"为"湖广"之讹。

杨礼，直隶易州。

陈懋，浙江乐清县。

黄宪，南直隶桐城县。

徐文沛，福建莆田县。

刘澄，湖广蕲州卫。

虞钟，浙江开化县。

黄埙，福建闽县。

孙信，浙江余姚县。

夏澄，浙江天台县。

郑萧，南直隶武进县。

陈瑾，河南光山县。

陈迪，贵州赤水卫。

谢芳，武功中卫。

门相，四川内江县。

潘洪，广东广州右卫。

李佐，彭城卫。

叶华，南直隶怀宁县。

计昌，江西浮梁县。

刘槊，河南新郑县。

杨士倧，福建建安县。

宋讷，南直隶华亭县。

朱贞，南京旗手卫。

叶敏，广东南海县。

曾文，江西吉安永丰县。

展毓，骁骑右卫。

于钦，直隶交河县。

石后，陕西渭南县。

唐珣，南直隶华亭县。

杨冕，四川安岳县。

徐显，江西吉安永丰县。

陈载，福建莆田县。

张瑱，广东番禺县。

王显，江西临川县。

胡深，四川巴县。

刘隆，江西庐陵县。

吴远，江西安福县。

张骞，南直隶长洲县。

夏志明，南直隶当涂县。

冯安，浙江德清县。

万翼，四川眉州。

赵瑛，锦衣卫。

罗训，江西吉水县。

蒋云汉，四川巴县。

袁洁，直隶蒲城县。

刘本，四川富顺县。

杨继宗，山西阳城县。

胡信，南直隶丹徒县。

游浩，江西丰城县。

孟颛，浙江会稽县。

陈纲，浙江钱塘县。

周谟，江西新淦县。

蔡志，顺天府大兴县。

冯敬，直隶元城县。

彭果，四川永宁宣抚司。

陆镛，南直隶昆山县。

郑克和，福建闽县。

严祖兴，四川富顺县。

邹和，应天府上元县。

冯孜，四川南充县。

何衷，江西新淦县。

吴森，福建漳浦县。

杨寿，浙江钱塘县。

端宏，南直隶当涂县。

俞泽，浙江鄞县。

乐章，广西横州。

冯银，浙江临海县。

刘观，江西新建县。

李瑢，浙江黄岩县。

孔宗显，宣圣孙，南直隶武进县。

倪颙，浙江海盐县。

杨完，南直隶定远县。

第三甲一百九十四名赐同进士出身

姚昶，顺天府遵化县。

白昂，南直隶武进县。

王道，河南固始县。

应瀚，浙江奉化县。

谈伦，南直隶上海县。

蔡哲，河南光州。

杨魁，江西吉水县。

徐虔，广东揭阳县。

正竖①，直隶盐山县。

刘铎，永清右卫。

黄金，南直隶桐城县。

李澄，南直隶上海县。

卢茂，四川泸州。

邵震，江西贵溪县。

金酜，河南夏邑县。

王预，河南汝州。

黄彪，广东南海县。

梁昉，广东顺德县。

吴道宏，四川宜宾县。

刘秩，江西安福县。

喻本中，四川眉州。

吴锡，浙江开化县。

陈渤，浙江余姚县。

刘潺，河南安阳县。

王克复，福建福清县。

范奎，湖广湘阴县。

文志贞，陕西兰州。

霍鉴，直隶饶阳县。

刘必贤，南直隶滁州。

吴珵，浙江长兴县。

吉惠，南直隶丹徒县。

庄澈，应天府江宁县。

刘俊，河南新乡县。

朱稳，文公孙，南直隶婺源县。

———————————

① 《索引》作"王竖"。

张鉴，湖广永州卫。

尹进，南直隶江都县。

姜清，河南阌乡县。

杨瓒，福建莆田县。

刘溥，山东武宁州。

王存礼，浙江金华县。

胡谧，浙江会稽县。

崔仪，河南荥阳县。

王冕，顺天府蓟州。

文宜，湖广攸县。

毛弘，浙江鄞县。

杜钛，湖广江夏县。

王道，直隶蠡县。

黎逊，贵州宣慰司。

孙芳，顺天府大兴县。

秦民悦，南直隶舒城县。

林荣，福建莆田县。

徐贯，浙江淳安县。

胡连，直隶元城县。

张本济，湖广潜江县。

乔凤，山东乐平县。

郑勤，义勇中卫。

梁明，山西临汾县。

蔡麟，陕西绥德卫。

赵杰，四川合州。

许聪，陕西咸宁县。

王佐，直隶卢龙县。

于懋，山东莱阳县。

周正，辽东东宁县。

邢表，顺天府文安县。

刘璋，福建南平县。

方朝宗，福建莆田县。

梁材，山东滕县。

方嵩，江西南城县。

宋宾，山西潞州。

张祚，浙江钱塘县。

王渊，浙江山阴县。

李纲，山东长清县。

汤琛，南直隶常熟县。

马驯，顺天府永清县。

韩祺，浙江萧山县。

顾正，顺天府大兴县。

韩文，直隶新城县。

黄观，福建同安县。

李祥，南直隶华亭县。

朱宽，福建莆田县。

王翰，湖广蕲州卫。

霍贵，直隶真定卫。

常宁，河南襄城县。

车振，江西金溪县。

吴忱，南直隶华亭县。

凌文，应天府上元县。

徐源，锦衣卫镇抚司。

卢信，直隶永年县。

薛璘，山西河津县。

顾目山，南直隶常熟县。

魏元，山东朝城县。

张洽，福建莆田县。

谢敬，直隶德州卫。

潘珪，江西广信永丰县。

张纲，广东程乡县。

宋德，山东嘉祥县。

吴浍，广东增城县。

韦嵩，广西宜山县。

吴宁，浙江永康县。

林迪，福建闽县。

左贤，顺天府宛平县。

张诩，山西定襄县。

钟震，南直隶华亭县。

张祥，锦衣卫。

丁璐，江西丰城县。

左明善，四川富顺县。

程万里，湖广华容县。

黄缙，直隶安州。

徐贯，四川渠县。

陈钺，直隶献县。

邢正，广西庆远卫。

周同伯，江西吉水县。

纪逵，河南洛阳县。

吴渊，南直隶武进县。

徐英，四川中江县。

李炯然，山东蒙阴县。

上志，陕西朝邑县。

裴慧，陕西渭南县。

晏文显，四川庐州。

何礼，浙江淳安县。

方中，浙江淳安县。

马体乾，江西永新县。

卢雍，应天府江宁县。

赵文萃，山西平定州。

陈骐，广东南海县。

陶镕，武功中卫。

赵通，河南汝阳县。

张伦，直隶大名县。

曹奇，四川崇庆州。

赖正，锦衣卫镇抚司。

韩恭，浙江余姚县。

崔浩，广东茂名县。

简嘉诰，四川蒲江县。

夏环，江西丰城县。

吴真，南直隶歙县。

罗修，江西安福县。

熊怀，江西丰城县。

李端，湖广兴宁县。

程霓，广东高要县。

胡睿，直隶长垣县。

罗广，河南固始县。

陈亨，福建莆田县。

李森，山东历城县。

王瓒，河南陕州。

周琳，四川忠州。

曾瑄，云南临安卫。

吴琮，直隶高阳县。

张戟，广东南海县。

熊瑞，四川眉州。

陈爵，福建南靖县。

崔珣，山东堂邑县。

吴绎思，福建莆田县。

莫谦，浙江仁和县。

张宾，山东德州。

王秉彝，四川内江县。

潘琴，浙江景宁县。

刘诚，直隶鸡泽县。

易居仁，江西泰和县。

程广，南直隶婺源县。

吴逊，四川夹江县。

沈珤，南直隶山阳县。

郭良，山东馆陶县。

董振，直隶元城县。

陈珍，广东南海县。

周峻，河南洛阳县。

李赞，四川合州。

高橙，福建莆田县。

田瑄，云南前卫。

严萱，南直隶江阴县。

周辙，福建莆田县。

方佑，南直隶桐城县。

段宁，陕西平凉县。

杨孟芳，广东南海县。

高安，江西吉水县。

顾能，辽东定辽前卫。

李翔，四川大足县。

徐茂，河南新野县。

毕玉，南直隶大河卫。

杨大荣，四川鄞都县。

徐贵，江西浮梁县。

顾镜，河南太康县。

章颙，南直隶广德州。

龚鼎，四川双流县。

林孟乔，福建福清县。

钱达，顺天府大兴县。

李麟，顺天府怀柔县。

白凤，河南仪封县。

刘昊，湖广衡阳县。

雷霖，陕西华阴县。

马桓，顺天府通州。

王雯，山西阳城县。

黄钟，湖广宁远县。

屈祥，山东德州。

李和，河南安阳县。

己卯　天顺三年两京十三藩乡试

解元

顺天府。

应天府：张文，泰州学生，《诗》，丙戌。

浙江：沈继先，仁和县，《书》，戊戌。

江西：彭教，吉水县，《书》，甲申。

福建：杨琅，莆田县，《诗》，甲申。

湖广：刘大夏，华容县，《书》，甲申。

河南：刘镒。

山东。

山西：刘道，怀仁县，《诗》，甲申。

陕西：萧谦，长安县，《易》，乙未。

四川。

广东：陈安。

广西。

云南附贵州：杨泞。

是科翰林学士倪谦主考顺天乡试，举子有掇拾谦阴事者，付行事校尉发之，谦谪戍
开平。

庚辰　天顺四年会试

考试官：

　　学士吕原，见丁丑。

　　尚宝少卿兼修撰柯潜，孟时，福建莆田县人，辛未进士。

第一场

　　《四书》：

　　○君子之于天下，义之于比。刊。

　　○知远之近，知微之显。

　　○或劳心，治人者食于人。刊。

　　《易》：

　　○贞固足以干事。刊。

　　○或益之十朋，永贞吉。

　　○继之者善也，谓之知。

　　○是以立天之道，而成卦。刊。

　　《书》：

　　○臣哉邻哉，邻哉臣哉。

　　○官不及私昵，动惟厥时。刊。

　　○王在新邑，周公其后。刊。

　　○我受命无疆惟休亦大惟艰。

　　《诗》：

　　○我焉维驹，周爱咨询。

　　○丰水有芑，武王蒸哉。刊。

　　○维仲山甫，刚亦不吐。

　　○不僭不滥不敢迨遑。刊。

　　《春秋》：

　　○观鱼（隐五），观社（庄二十三），救邢（闵元），伐郑盟戏（襄九）。刊。

　　○阳榖（僖三），侵蔡，伐楚（僖四），宁母（僖七），会盟葵丘（僖九），城濮，执卫，归京（僖二十八），翟泉（僖二十九）。刊。

　　○会首止（僖五）。

　　○伐邾，入邾来（哀七），取谨阐，归邾，归谨阐（哀八），会伐齐（哀十），书伐我（哀十一）。

　　《礼记》：

　　○父慈子孝，谓之人义。

　　○德发扬诩，万物大理物博。

　　○宽而静，直己而陈德也。

○礼者因人之情，民坊者也。刊。

第二场

论：

○心妙性情之德。刊。

诏诰表内科一道：

○拟汉造太初历以正月为岁首诏（太初元年）。刊。

○拟唐以马怀素为左散骑常侍诰（开元元年）。

○拟宋诏太师致仕文彦博平章军国重事谢表（元祐元年）。刊。

判语五条：

○交结近侍官员。

○隐瞒人官家产。

○纵放军人歇役。

○许教诱人犯法。

○织造违禁段疋。

第三场

策五道：

○五常（帝王立教，孔孟立言，太宗《大诰》，宣宗《五伦书》）。刊。

○知人用人（汉唐宋之君，今日之务）。刊。

○古廉介恬退之士，今贪墨奔兢之由。刊。

○修政事在防边、审刑、恤穷、弭盗、通漕、救荒，崇教化在革浮薄、驱异端、率游惰、崇孝爱）。刊。

○经传论敬不同，学者用力何在。

时会试之士三千有奇，取陈选等一百五十人，刊程文二十篇。选父员韬为御史，出巡福建，活沙①贼胁从者万人。选少沉静端悫，立志以圣贤自期，潜修默识，不求人知。文词简古而理致深密。为御史，正色直言。督学南畿、河南，以身为教，抑斥纤怪靡弱之词。终身粗粝，绰有经济，尝曰：“居此官，必尽此职。行此事，必尽此心。”所注《小学》、《孝经》、《冠、祭礼仪》等书行于世。官至广东布政使。南畿、河南、广东皆祀之，谥恭愍。《通纪》云：我朝理学之士，薛文清、陈恭愍为最。

中式举人一百五十名。

陈选，浙江临海县人，监生，《礼记》。

王一夔，江西新建县学生，《书》。

娄芳，浙江会稽县人，监生，《春秋》。

郑环，浙江仁和县人，监生，《易》。

---

① 沙，《皇明三元考》作“流”。

张元祯，江西南昌县学生，《诗》。

三月十五日，临策天下贡士。制曰：朕惟治天下亦多术矣，举而行之，必有其要。《传》谓："礼乐刑政，四达而不悖，则王道备。"然则其要固不出此四者，而行之亦有先后缓急之序欤？唐虞三代所以措天下于雍熙泰和之盛者，率用此道，可历指其实而详言之欤？后之有天下者莫若汉唐宋，其间英君谊辟，亦有用此道者，然而治效不能比隆于唐虞三代，其故何欤？朕嗣承祖宗鸿业，孜孜图治，夙夜不遑，于礼乐刑政亦既备举而并行之矣，而治效犹未极于盛，何欤？兹欲究礼乐之原，求刑政之本，行之以序，而达之不悖，用臻唐虞三代之盛，其道何由？子大夫潜心有年矣，其详著于篇，朕将采而用焉。

时廷对之士一百五十六人，赐王一夔等进士及第、出身有差。读卷官先定祁顺为第一，以其姓名近御讳，传胪不便，乃以一夔卷易之，而置顺二甲第二。初，王得仁为汀州推官，活郑茂七胁从千人，寻战死，汀民奏准，立祠祀之。子一夔及第，人谓阴德之报。后一夔复谢姓，言婉气和，尤笃于友义。所上诸疏，皆切时务。所著有《古源文集》。官至工部尚书，谥文庄。孙麒，弘治癸丑进士。曾孙廷杰，嘉靖己未进士。是科选□□□①等十五人为庶吉士。后张元祯、陈选俱为理学名臣，黄孔昭、刘健、张悦、周经俱为名臣，潘礼有名。

第一甲三名赐进士及第
　　王一夔，江西新建县。
　　李永通，四川长宁县。
　　郑环，浙江仁和县。
第二甲五十名赐进士出身。
　　吴英，江西崇仁县。
　　祁顺，广东东莞县。
　　王徽，南京锦衣卫。
　　潘礼，直隶归德卫。
　　杨铎，云南太和县。
　　黄孔昭，浙江黄岩县。
　　朱贤，南直隶六安州。
　　杨瑛，福建建安县。
　　张元祯，江南南昌县。
　　吕凤，浙江新昌县。
　　陈选，浙江临海县。

---

① 原缺。

张㻞，南直隶江都县。

黄景隆，福建长乐县。

沈晖，南直隶宜兴县。

徐傅，南直隶长洲县。

凌镐，浙江新城县。

阮文英，交阯慈溪①县。

周巽，江西吉水县。

周凤，陕西狄道县。

诸正，浙江余姚县。

吴宣，南直隶丹徒县。

刘恭，直隶乐亭县。

李温，顺天府漷县。

陈峻，锦衣卫。

纪钦，直隶开州。

潘积，南直隶六安州。

徐怀，浙江建德县。

徐鉴，浙江淳安县。

汪谐，浙江仁和县。

林同，福建龙溪县。

张廷纶，广西平南县。

江豫，南直隶当涂县。

王震，南直隶高邮州。

张谨，山东肥城县。

周正方，江西安福县。

沈钟，应天府上元县。

王璠，河南修武县。

王谊，南直隶江阴县。

刘健，河南洛阳县。

司福，山西泽州。

涂观，江西丰城县。

任玺，山西太平县。

张盛，南直隶宜兴县。

李谔，浙江乐清县。

陈表，四川富顺县。

---

① 《索引》作"慈山"。

叶公大，福建闽县。

孙瑜，直隶邢台县。

国泰，直隶武邑县。

黄琛，南直隶全椒县。

姜琏，浙江兰溪县。

第三甲一百三名赐同进士出身

张悦，南直隶华亭县。

曹英，陕西临洮卫。

周经，山西阳曲县。

郭经，南直隶昆山县。

胡泾，江西丰城县。

刘琛，直隶唐县。

张玘，河南修武县。

马孝祖，顺天府昌平县。

李宗羡，直隶武进县。

项澄，福建福清县。

萧凯，直隶武定千户所。

项文泰，浙江淳安县。

余璨①，四川富顺县。

方泌，浙江开化县。

郑纪，福建仙游县。

范锳，江西丰城县。

潘瑄，河南洛阳县。

赵缮，山东临清州。

徐瓒，浙江余姚县。

张子言，湖广石首县。

陈辉，南直隶灵璧县。

常显，山西榆社县。

阎恕，河南荥阳县。

王溍，河南商②水县。

郝冕，河南光州。

周宗智，湖广大冶县。

谢润，南直隶祁门县。

---

① 《索引》作"余璞"。
② "商"为"商"之讹。

王应奎，浙江慈姑县。

郑本端，四川资县。

周铨，云南曲靖卫。

涂棐，江西丰城县。

叶盛，江西余干县。

侯英，直隶开州。

娄芳，浙江会稽县。

孙佐，太医院。

李廷美，福建闽县。

沈熊，浙江归安县。

宋黻，山东莱阳县。

邵宗，浙江仁和县。

刘骥，江西浮梁县。

刘宾，直隶魏县。

张珇，浙江归安县。

杨莹，山西蒲州。

艾福，湖广襄阳护卫。

王范，直隶开州。

王坝，河南许州。

张同，江西永新县。

辜颙，江西安仁县。

丘霁，辽东定辽卫。

陈炜，福建闽县。

铙钦，南直隶祁门县。

李雄，河南许州。

王哲，山西闻喜县。

谈经，南直隶无锡县。

秦夔，南直隶无锡县。

何广，直隶滑县籍，交阯扶宁县人。

胡澄，山东堂邑县。

王聪，顺天府涿县。

冯俊，广西宜山县。

高钊，陕西渭南县。

张溥，南直隶江都县。

张赈，河南祥符县。

汪贯，江西广信永丰县。

戴濬，福建福清县。

盛佽，南直隶吴江县。

谷琰，直隶开州。

徐演，湖广荆州县。

陈相，浙江金华县。

薛世暄，福建福清县。

杨德，河南夏邑县。

郑贤，直隶肥乡县。

林清源，福建闽县。

童璲，浙江永康县。

滕霄，浙江山阴县。

王甫，直隶易州。

金愉，南直隶武进县。

李临安，四川内江县。

刘钊，南直隶当涂县。

闻景辉，浙江余姚县。

张伦，四川遂宁县。

王纶，湖广襄阳县。

陈奎，河南卫辉千户所。

邢琉，河南洛阳县。

刘澄，广东四会县。

韩广，湖广长宁千户所。

刘元，四川仁寿县。

陈维裕，福建长乐县。

范英，陕西岐山县。

张瓒，山西陵川县。

王霁，南直隶上海县。

冯遵，广东南海县。

彭昭，直隶献县。

秦崇，山东单县。

张颐，山西太原卫。

蔡霖，兴武卫。

李锐，陕西凉州卫。

杨廷芳，湖广邵阳县。

赵锐，河南修武县。

刘哲，陕西白水县。

杜亨，云南太和县。

汪宽，顺天府大兴县。

王玺，直隶长垣县。

郭昇，河南颍川卫。

壬午　天顺六年两京十三藩乡试

解元

顺天府：郑宏，浙江鄞县人，监生，《易》，己丑。

应天府：任彦常，江阴卫，《诗》，壬辰。

浙江：卢楷。

江西：计礼，浮梁县学生，《易》，甲申。

福建。

湖广：吴璿①，沔阳州。

河南：杜鸿。

山东：张海，德州，《书》，丙戌。

山西。

陕西：阎仲实，陇州，《书》，己丑。

四川：曹奎。

广东：钟晟，番禺县，《易》，丙戌。

广西。

云南附贵州：段子澄。

癸未　天顺七年会试

考试官：

太常寺少卿兼学士彭时，纯道，江西安福县人，戊辰进士。

侍读学士钱溥，原溥，南直隶华亭县人，己未进士。

第一场

《四书》：

〇仁者先难而后获可谓仁矣。刊。

〇诚身有道，人之道也。刊。

〇何谓善，四之下也。刊。

《易》：

---

① 《皇明三元考》作"吴潘"。

○先天而天弗违，况于人乎。刊。

○六四安节亨，居位中也。刊。

○夫乾其静也专，大生焉。

○唯神也，不行而至。刊。

《书》：

○善无常主，一哉王心。

○用德彰厥善，惟汝众。

○今民将在祗遹，用康保民。

○作德心逸曰休，惟尔不任。刊。

《诗》：

○言私其豵，献豜于公。刊。

○既明且哲，刚亦不吐。

○韩侯入觐，乘马路车。刊。

○既备乃奏，永观厥成。刊。

《春秋》：

○突救卫（庄六），季子归（闵元），完盟（僖四），札聘（襄二十九）。刊。

○盟蔇（庄六），盟扈（文七），溴梁盟（襄十六）。

○会首止（僖五），会葵丘（僖九），会黄池（哀十三）。刊。

○败敔，败箕，伐许（僖三十三），伐卫，会戚（文元），盟垂陇（文二），父救江（文三）。刊。

《礼记》：

○可以居高明，处台榭。刊。

○夫礼先王，以治人之情。

○天高地下，天地官矣。刊。

○是故君子，而置法以民。刊。

第二场

论：

○圣人在天子之位。刊二篇。

诏诰表内科一道：

○拟汉令郡国举孝廉诏（元光元年）。

○拟宋改封孔子后文宣公世愿为衍圣公诰（至和二年）。

○拟宋苏轼进唐陆宣公奏议表。刊。

判语五条：

○无故不朝参公座。

○出使不复命。

○私役部民人匠。

○官马不调习。

○器用布绢不如法。

第三场

策五道：

○圣制（《律令》、《大诰》、《为善阴骘》、《孝顺事实》、《五伦书》）。刊。

○五经疑。刊。

○古今相识，谁合四事（正己、格君、谋国、用人，真西山所谓四事也）。刊。

○昔西汉唐初之备边，今南蛮北虏之弗率。刊。

○守令将校何由得人。刊。

是年二月举会试。值贡院火，监察御史焦显因锁其门，不容出入，举子焚死者九十余人。上怜之，赐死者俱进士，诏移试于八月，而以明年甲申三月赐廷对焉。时与试之士几三千人，取吴钊等二百五十人，刻程文二十六篇。钊后复陆姓，官至太常少卿。

中式举人二百五十名。

吴钊，南直隶太仓卫学民生，《诗》。

彭教，江西吉水县人，监生，《书》。

林玭，福建侯官县人，监生，《易》。

伍希渊，江西安福县学增广生，《春秋》。

叶赞，南直隶山阳县人，监生，《礼记》。

甲申　天顺八年

三月十五日，策试天下贡士。制曰：朕惟临轩策士，乃我祖宗法古求治之盛典也。兹朕茕茕在疚，事虽不敢妨废，而情有不能安然行之者。顾尔多士，游心经史，于治国平天下之道讲之熟矣。朕虽不临轩详问，尔多士其各敷陈所蕴以献，务切时宜，毋泛毋略，朕将采而行之。

时廷对之士二百四十七人，赐彭教等进士及第、出身有差。上以在疚，事宜从简。见首卷。时下制问治国平天下之道，教对以修身为本，以用贤才正风俗为要，擢第一。教耿介有大志，与罗一峰友善。文章奇气逸发，典则森严，所著有《东泷集》。官至翰林侍讲卒。是科选李东阳等十八人为庶吉士。后东阳、张敷华、倪岳、谢铎、刘大夏、戴珊、樊莹俱为名臣。

第一甲三名赐进士及第

彭教，江西吉水县。

吴钊，南直隶昆山县。

罗璟，江西泰和县。

第二甲七十五名赐进士出身

　　李东阳，金吾左卫。

　　刘恒，四川富顺县。

　　陈迁，福建仙游县。

　　钱钺，浙江杭州卫。

　　卢玑，浙江松阳县。

　　尚冕，湖广枣阳县。

　　孙蕃，南直隶江都县。

　　张敷华，江西安福县。

　　周源，应天府上元县。

　　傅实，江西丰城县。

　　李汝嘉，福建晋江县。

　　赵弘，湖广道州。

　　郑铭，直隶邯郸县。

　　敖和，江西高安县。

　　姚璧，浙江桐庐县。

　　郑玉，顺天府大兴县。

　　姚绶，浙江嘉兴县。

　　杨智，福建晋江县。

　　陈稢，广东番禺县。

　　王让，江西上饶县。

　　倪辅，浙江平湖县。

　　左华，南直隶泾县。

　　陈让，南直隶大河卫。

　　戴春，南直隶上海县。

　　李冕，四川剑州。

　　闵珪，浙江乌程县。

　　陈政，江西新昌县。

　　倪岳，应天府上元县。

　　唐盛，广东南海县。

　　刘怀经，四川富顺县。

　　谢铎，浙江黄岩县。

　　萧祯，江西泰和县。

　　高斐，河南偃师县。

　　沈棨，浙江平湖县。

　　周重，江西安福县。

陆广，浙江嘉兴县。

范润，浙江鄞县。

郭玺，山东城武县。

焦芳，河南泌阳县。

赵侃，贵州普定卫。

胡恭，浙江余姚县。

唐仁，四川达州。

孙义，太医院。

许章，浙江嘉兴县。

彭序，江西庐陵县。

赵胜，浙江义乌县。

虞瑶，浙江缙云县。

潘琚，浙江金华县。

陈清，山东益都县。

李迪，锦衣卫。

梁谨，山东城武县。

汪洋，燕山前卫。

丘弘，福建上杭县。

龚膺，福建宁德县。

潘汝辅，福建怀安县。

陈音，福建莆田县。

周瑄，南直隶吴县。

张谨，南直隶定远县。

汪镃，浙江山阴县。

雷泽，山西定襄县。

杜峤，浙江鄞县。

章甫，江西丰城县。

吴源，福建漳浦县。

黄熙，福建长乐县。

俞泽，浙江桐庐县。

余玺，义勇前卫。

郭瑞，江西吉水县。

邓山，四川内江县。

张鸾，江西吉水县。

翟瑄，太医院。

陈壮，留守左卫。

伍希渊，江西安福县。

周鉴，浙江会稽县。

萧彦庄，江西泰和县。

叶琦，南直隶祁门县。

第三甲一百六十九名赐同进士出身

张达，江西泰和县。

李进，直隶清苑县。

计礼，江西浮梁县。

杨琅，福建莆田县。

傅瀚，江西新喻县。

胡深，辽东定辽卫。

王璔，顺天府大兴县。

袁镐，江西建昌县。

王崇，浙江临海县。

洪清，武功前卫。

丁川，浙江新昌县。

王轼，湖广公安县。

吴宏密，福建莆田县。

杨恭，陕西岐山县。

阮玘，江西安福县。

赵刚，山东济宁州。

侯祥，直隶易州。

马曈，浙江平湖县。

段誉，直隶肃宁县。

姜浩，神武左卫。

刘大夏，湖广华容县。

刘时敩，四川内江县。

曾鉴，虎贲右卫。

杨成，福建闽县。

郑恭，山西曲沃县。

李勋，江西安福县。

郑观，福建闽县。

徐志文，浙江新昌县。

陈英，江西新淦县。

郭缉经，江西庐陵县。

樊贵，浙江缙云县。

张玘，锦衣卫。

周宾，江西安福县。

官荣，锦衣卫。

陈仕宝，广东揭阳县。

姜谅，浙江嘉兴县。

朱清，山东济宁州。

王琮，金吾右卫。

陈按，福建莆田县。

张珏，浙江仁和县。

阎佐，陕西商县。

翁信，锦衣卫。

戴玉，顺天府宛平县。

陕茂，湖广公安县。

沈瑄，南直隶常熟县。

姚俊，浙江秀水县。

刘熙劭，湖广石首县。

申安，河南祥符县。

杜懋，河南鄢陵县。

汪杲，南直隶休宁县。

张泰，南直隶太仓卫。

董纶，南直隶上海县。

唐震，湖广醴陵县。

陈道，南直隶盱眙县。

王臣，陕西蒲城县。

张文曜，浙江象山县。

萧鼎，广东海阳县。

陶玺，山西绛州。

李宗达，福建闽县。

刘拱，直隶抚宁县。

傅允，河南仪封县。

王诏，直隶宁靖县。

刘仁，四川合州。

陈达，山东日照县。

刘道，山西怀仁县。

夏景，顺天府大兴县。

陈宾，南直隶无锡县。

李衍，直隶武强县。

张顺，四川夹江县。

马骢，直隶故城县。

陈嘉言，广东东莞县。

梁璟，山西崞县。

聂友良，直隶隆庆州。

周观，南直隶长洲县。

王昭，顺天府遵化县。

张铎，直隶真定县。

吴樾，直隶博野县。

郑淮，福建莆田县。

黄澄，南直隶凤阳县。

庞瑄，山西祁县。

魏容，陕西安定县。

戴珊，江西浮梁县。

陈宏，福建龙溪县。

余志，福建建宁县。

王铨，广东潮阳县。

陈轾，云南曲靖县。

聂蒙昌，江西丰城县。

杨振，山西高平县。

吴伯通，四川广安州。

金忠，浙江云和县。

戴宾，湖广江陵县。

刘钝，江西庐陵县。

冯贯，直隶蠡县。

李芳，湖广公安县。

薛纲，浙江山阴县。

曹卿，四川铜梁县。

毛敤，直隶长垣县。

刘淳，四川巴县人，翰林院译字官。

吕昇，湖广襄阳县。

邓球，湖广宁远县。

萧璠，福建龙溪县。

康玠，江西泰和县。

胡克勤，四川仁寿县。

余谅，广东新会县。
林璧，湖广武冈州。
孙缉，江西丰城县。
石玉，直隶藁城县。
樊莹，浙江常山县。
毛志，河南阳武县。
张九畴，陕西狄道县。
沈源，福建龙溪县。
莫昌，四川铜梁县。
袁汇①，河南祥符县。
武清，山西大同县。
袁晟，浙江山阴县。
王崇之，直隶滑县。
曹铨，直隶满城县。
费臻，直隶安州。
林荣，广东番禺县。
何恂，南直隶桐城县。
官廉，山东平度州。
阎让，山西石州。
邓铉，直隶青县。
袁玘，湖广兴宁县。
洪忹②，湖广攸县。
李琮，锦衣卫。
董龄，山西汾州。
汪进，南直隶婺源县。
夏时，南直隶太仓县。
高冈，辽东义州卫。
马诚，四川内江县。
梁翰，陕西狄道县。
萧器用，江西泰和县。
曹宏，锦衣卫。
薛禩，山西河津县。
叶贽，南直隶山阳县。

---

① 《索引》作“袁江”。
② 《索引》作“洪性”。

龚晟，湖广蒲圻县。
俞荩，浙江桐庐县。
林诚，福建莆田县。
何珣，河南罗山县。
温琮，四川华阳县。
于大节，直隶任丘县。
柳彰，广东海阳县。
张琎，山西安邑县。
李鸣凤，直隶定兴县。
张文昭，山东平山卫。
冯续，山东昌邑县。
陈仲舒，四川巴县。
许盛，浙江平湖县。
王衡，山西稷山县。
邵奎，辽东金州卫。
邢干，云南临安卫。
林玭，福建侯官县。
徐珪，四川安岳县。
谭庆，河南陕州。
陈昭，江西丰城县。
刘濬，湖广上津县。
吴希贤，福建莆田县。
赵文，河南陕州。
马愈，钦天监天文生。
於宽，四川工正所。
史芳，直隶易州。
朱萱，南直隶昆山县。
郑节，江西贵溪县。
刘俊，顺天府顺义县。
江纯，浙江奉化县。
郭鼎，山东武城县。
翁遂，浙江余姚县。
朱谦，贵州赤水卫。

乙酉　成化元年两京十三藩乡试

解元

顺天府：汪洪，顺天府学，《诗》，丙戌。

应天府：陆简，常州府学增广生，《诗》，丙戌。

浙江：杨守阯，鄞县，《易》，戊戌。

江西。

福建：赵珤，泉州府学生，《礼记》，丙戌。

湖广：方昇，岳州府学生，《书》，丙戌。

河南：周冕，安阳县。

山东。

山西：罗元吉，榆次县，《礼记》，己丑。

陕西：樊仪。

四川。

广东：江源，番禺县，《诗》，己丑。

广西：李棠。

云南附贵州：马文荣。

丙戌　成化二年会试

考试官：

太常寺少卿兼侍讲学士刘定之，主静，江西永新县人，丙辰进士。

学士万安，循吉，四川眉州人，戊辰进士。

第一场

《四书》：

〇诗云邦畿千里，止于信。刊。

〇为之难，言之得无切乎。刊。

〇禹恶旨酒，坐以待旦。刊。

《易》：

〇君子行此四德者，故曰乾元亨利贞。

〇进以正可以正邦也。刊。

〇范围天地之化，之道而知。刊。

〇齐乎巽，南方之卦也。刊。

《书》：

〇安汝止惟几惟康。刊。

〇惟皇上帝降衷，惟后。刊。

○我民迪小子，洗腆致用酒。刊。

○我闻在昔成汤，乂王家。

《诗》：

○湛湛露斯，在宗载考。刊。

○无念尔祖，自求多福。刊。

○君子万年，高朗令终。

○侯主侯伯，以洽百礼。刊。

《春秋》：

○输平（隐六）。

○北杏（庄十三），伐宋（庄十四），侵蔡，执涂（僖四），会甲，伐吴（昭四）。刊。

○鄢陵败（成十六），伐郑次邬（襄元），萧鱼（襄十一），午伐郑（襄十八），伐郑（襄二十四），伐郑（襄二十六）。刊。

○平莒郯不肯（宣四），会夹谷（定十）。刊。

《礼记》：

○天子乃鲜羔开冰先荐寝庙。刊。

○人情以为田故人以为奥也。刊。

○一动一静者，礼乐云。

○仁者仁此者也，乐自顺此生。刊。

第二场

论：

○天子建中和之极。刊。

诏诰表内科一道：

○拟汉图画中兴功臣于云台诏。刊。

○拟唐以房玄龄为太子太傅诰。

○拟宋翰林学士真德秀上《大学衍义》表。刊。

判语五条：

○举用有过官吏。

○丁夫差遣不平。

○禁止师巫邪术。

○纵放军人歇役。

○织造违禁段疋。

第三场

策五道：

○《大诰》、《孝顺事实》、《为善阴骘》、《五伦书》所载诸人以何为最。刊。

○孔孟言行异而同。刊。

○忠臣名实（周公、管仲、马援、诸葛亮、徐有功、裴晋公、寇莱公、韩魏公）。刊。

○造士备荒择吏弭盗。刊。

○备边（卫、霍、韩、范之将才，轩辕、孔明之兵法）。刊。

时会试之士三千一百有奇，取章懋等三百五十人，刻程文二十六篇。懋自少读书，不以科举学累。负经济志略，然不自炫露。笃信朱子，不为异说所摇。文章无险棘语，然理胜而味永。平生襟怀坦荡，不修城府，器度宏伟，不见涯涘，望之庞朴，即之和厚，听其言，开心见诚，好贤礼士，乐人为善，包荒藏疾，与物无忤，人与之交则亲，与之言则信，或以不情处之，亦不逆亿也。居常无甚异同，至临大事，决大议，则据经援古，确乎不易。性尤寡欲，衣服饮食宫室器用，随寓而安，百凡嗜好，一不入其心。难进易退之节，世尤高之。尝论学者须大其心胞，盖心大则百物皆通。必有穷理工夫，心才会大。又须心小，必有涵养工夫，心才会小。所著有《枫山语录》、《暗然子集》。官至南京礼部尚书，谥文懿，为理学名臣。

中式举人三百五十名。

章懋，浙江兰溪县人，监生，《易》。

陆渊之，留守中卫军籍，监生，《诗》。

罗伦，江西永丰县人，监生，《书》。

陈清，浙江余姚县人，监生，《礼记》。

王俊，福建闽县人，监生，《春秋》。

三月初一日，临策天下贡士。制曰：朕惟古昔帝王之为治也，其道亦多端矣。然而有纲焉，有目焉，必大纲正而万目举可也。若唐虞之治，大纲固无不正矣，不知万目亦尽举欤？三代之隆，其法寝备，宜乎大纲正而万目举也，可历指其实而言欤？说者谓汉大纲正，唐万目举；宋大纲亦正，万目未尽举。不知未正者何纲，未举者何目？与已正、已举之纲目，可得而悉言欤？我祖宗之为治也，大纲无不正，万目无不举，固无异于古昔帝王之治矣，亦可得而详言欤？朕嗣承大统，夙夜惓惓，惟欲正大纲而举万目，使人伦正于上，风俗厚于下，百姓富庶而无失所之忧，四夷宾服而无梗化之患，薄海内外，熙然泰和，可以增光祖宗，可以匹休帝王，果何行而可，必有其要。诸士子学以待用，其于古今治道讲之熟矣，请明著于篇，毋泛毋略，朕将亲览焉。

时廷对之士三百五十三人，赐罗伦等进士及第、出身有差。伦廷对顷刻万言，不属草，中引程伊川语："人主一日之间，接贤士大夫之时多，亲宦官宫妾之时少。"执政欲截去下句，伦不从。有以程敏政卷字精楷，力赞为第一者，内阁李贤曰："论文不论书。"取伦第一。伦自少励志圣贤之学，尝曰："举业非能坏人，人自坏之耳。"嗜学好古，笃志力行，不视恶色，不听恶声，不耻恶衣恶食，与人子言孝，与人臣言忠，与居官言民所疾苦，避恶若涅，闻善若惊，见一饥寒之人，则倾所有以赈之。大率义之所在，毅然必为，毁誉成败死生皆所不顾也。一时豪杰之士皆称其青天白日，而异者多忌之云。文章滂沛，有关世教。所著有《罗一峰集》。初为修撰三月，即疏内阁起复非礼，落职，明年复官，寻辞疾归，垂十年卒，谥文毅。是科刘本、刘策兄弟同登，选林瀚等二十四人为庶吉士。后伦与章懋、黄仲昭、庄昶俱为理学名臣，林瀚、贺钦、熊绣、许进、韩文俱为名臣，张弼、陆容、张泰俱有名。王氏鏊曰：自有科第以来，唐以韩愈榜为盛，宋以寇准榜得人为多。瑞谓明以罗伦榜为最。

第一甲三名赐进士及第

　　罗伦，江西吉安府永丰县。

　　程敏政，南直隶休宁县籍，翰林院秀才。

　　陆简，南直隶武进县。

第二甲九十八名赐进士出身

　　季琮，浙江仁和县。

　　颜瑄，南直隶江阴县。

　　林瀚，福建闽县。

　　刘钰，直隶天津卫。

　　过璘，浙江平湖县。

　　邝文，广东南海县。

　　张鼎，陕西咸宁县。

　　包文，福建晋江县。

　　张黻，南直隶婺源县。

　　罗明，福建南平县。

　　石渠，南直隶清河县。

　　林克贤，浙江黄岩县。

　　朱铎，顺天府大兴县。

　　娄谦，江西上饶县。

　　张弼，南直隶华亭县。

　　张文，南直隶泰州。

　　章懋，浙江兰溪县。

　　陈雦①，江西泰和县。

　　张琳，浙江余姚县。

　　贺钦，辽东广宁卫。

　　杨廷贵，四川岳池县。

　　鲍克宽，山东兖州护卫。

────────────

　　① 《索引》作"陈鹤"。

舒清，江西德兴县。

毕宗贤，南直隶武进县。

李杰，南直隶常熟县。

王玶①，顺天府大兴县。

钱山，南直隶滁州。

翟瑛，太医院。

徐容（后复陆姓），南直隶昆山县。

杨理，南直隶山阳县。

张渊，锦衣卫。

陈岳，福建莆田县。

江璞，江西贵溪县。

彭善，江西安福县。

柳琰，南直隶仪真县。

俞俊，南直隶扬州卫。

徐完，应天府江宁县。

吴玉，四川内江县。

詹雨，浙江松阳县。

陆渊之，留守卫。

毕用，辽东定辽卫。

林凤，锦衣卫。

李锦，陕西泾阳县。

黄仲昭，福建莆田县。

谢文祥，湖广耒阳县。

戴缙，广东南海县。

叶廷荣，浙江临海县。

林敷，福建莆田县。

郑昱，浙江常山县。

张敏，锦衣卫。

杨溥，直隶德州卫。

徐九思，浙江德清县。

薛为学，南直隶武进县。

李瑢，江西安福县。

诸观，浙江余姚县。

戴僖，江西永新县。

---

① 《索引》作"王坪"。

张诰，南直隶华亭县。

毕瑜，江西贵溪县。

张玉，直隶吴桥县。

邹袭，山东济南卫。

赵琟，福建晋江县。

林孟和，福建莆田县。

魏景钊，顺天府东安县。

庞常，四川泸州。

梅愈，江西湖口县。

刘策，广西桂林中卫。

陈廷琏，湖广攸县。

张岫，山西安邑县。

王宗彝，直隶束鹿县。

朱文环，福建莆田县。

劳玭，浙江崇德县。

宋应奎，江西吉水县。

吴裎，湖广零陵县。

邵有良，浙江余姚县。

吴志，浙江遂昌县。

商良臣，浙江淳安县。

罗信佳，浙江慈溪县。

潘祯，浙江天台县。

陈蕙，南直隶江阴县。

侯恂，陕西白水县。

李元，江西安福县。

郑巳，直隶山海卫。

丘俊，南直隶江都县。

周翰，江西崇仁县。

曾麒，江西乐安县。

万绣，江西安福县。

张海，山东德州。

齐章，燕山卫。

余祈繁，福建莆田县。

金矞，直隶武功卫。

王辅，辽东广宁卫。

谈俊，浙江德清县。

徐庄，浙江寿昌县。

张钝，陕西长安县。

孔举，南直隶舒城县。

高弼，山东武城县。

冯岱，南直隶江都县。

柯燉，福建莆田县。

第三甲二百五十二名赐同进士出身

刘烜，江西安仁县。

张正，云南大理卫。

邵智，广东南海县。

张谦，直隶清苑县。

江孟纶，四川江津县。

邢谨，顺天府三河县。

马震，河南汲县。

魏秉，陕西蒲城县。

傅希说，山东武城县。

陈琦，太医院。

方辂，浙江平湖县。

王进，浙江上虞县。

江沂，福建建安县。

刘镒，江西安福县。

刘瑀，直隶蠡县。

张静，四川彭山县。

魏政，山西太原卫。

何淳，浙江淳安县。

游佐，广东南海县。

胡敬，南直隶歙县。

朱汉，江西高安县。

孙敬，山东安丘县。

萧龙，广东潮阳县。

章镒，顺天府大兴县。

李观，浙江永嘉县。

何纯，江西新淦县。

刘简，四川富顺县。

董旻，江西乐平县。

柳淳，南直隶华亭县。

高崧，河南襄城县。

吴世荣，浙江丽水县。

顾福，顺天府大兴县。

徐恪，南直隶常熟县。

周原学，湖广广济县。

萧谦，直隶永平卫。

崔缙，山西闻喜县。

熊绣，湖广宁远卫。

胡智，河南光山县。

吴俊，浙江钱塘县。

成实，河南光州。

李绅，锦衣卫。

芮畿，南直隶宜兴县。

袁祯，山东曹州。

林正，福建莆田县。

杨祥，直隶永平卫。

龙伯，江西泰和县。

吴润，山东德平县。

薛恭，顺天府蓟州。

郭进，陕西咸宁县。

庄昶，应天府江浦县。

韩镛，福建福清县。

任英，浙江钱塘县。

陈琏，江西进贤县。

赵杲，直隶沧州。

桂廷圭，浙江慈溪县。

万山，湖广麻城县。

李敦，江西浮梁县。

东思忠，陕西华州。

屠滽，浙江鄞县。

吴文元，福建瓯宁县。

董韬，浙江临海县。

谭公望，湖广茶陵县。

管昌，锦衣卫。

张玮，直隶景州。

张泰，广东顺德县。

江弘济，南直隶桐城县。

陆润，南直隶常熟县。

强珍，直隶沧州。

翁晏，福建侯官县。

傅鼐，直隶新河县。

周旋，福建长汀县。

林堉，福建福清县。

刘本，广西桂林卫。

康文，山西石州。

范珠，四川富顺县。

李钊，浙江临海县。

张杰，河南汲县。

张蕙，山西忻州。

黄琏，福建莆田县。

段正，锦衣卫。

尚敬，河南临颍县。

余统，广东新会县。

丘山，福建莆田县。

唐宽，应天府上元县。

谭昇①，云南澜沧卫。

汤涤，浙江嘉兴县。

王宾，浙江淳安县。

黄本，江西乐安县。

李纪，南直隶江都县。

王浩，应天府上元县。

王继，河南祥符县。

王溶，直隶威县。

谢宁，福建惠安县。

曹鼐，南直隶华亭县。

苏盛，直隶元城县。

王相，江西新昌县。

程宏，南直隶祁门县。

陈惠，福建龙溪县。

杨峻，江西进贤县。

---

① 《索引》作"谭昇"。

胡琮，南直隶长洲县。

杨守随，浙江鄞县。

刘璋，河南卫辉千户所。

刘魁，山东高唐州。

钟晟，广东番禺县。

方昇，湖广岳州府。

冯宁，陕西同官县。

钟蕃（本潘姓），留守前卫。

徐英，直隶永年县。

黎福，江西乐平县。

邹儒，江西丰城县。

张进禄，陕西清涧县。

罗睿，陕西兰州卫。

林廷庸，广东兴宁县。

王杲，南直隶灵璧县。

萧苍，江西泰和县。

戴中，江西新淦县。

徐辉，富峪卫。

王俊，福建闽县。

戴用，江西万安县。

翟庭蕙，河南洛阳县。

徐博，南直隶嘉定县。

黄寓，福建闽县。

刘璟，湖广武陵县。

张时谨，江西泰和县。

吕赞，南直隶太湖县。

马纶，四川内江县。

沈海，南直隶常熟县。

陈策，南直隶吴县。

陈潭，福建长乐县。

许进，河南灵宝县。

余金，四川内江县。

吴黼，南直隶华亭县。

李翀，河南安阳县。

刘寅，四川内江县。

胡熙，南直隶武进县。

余康，福建莆田县。

刘乔，江西万安县。

邓杞，四川广安州。

严裕，浙江仁和县。

石淮，应天府江浦县。

李珪，陕西同州。

孙伟，云南曲靖卫。

刘瓒，山东益都县。

张善吉，四川涪州。

王逊，陕西凤翔县。

陈谊，山东德州。

刘让，陕西朝邑县。

端澄，直隶南乐县。

黄伯垓，湖广黄冈县。

萧润，江西泰和县。

文澍，云南金齿卫。

邓琪，福建闽县。

吴璋，南直隶全椒县。

钱珍，浙江余姚县。

刘钺，直隶涞水县。

余瓒，武功中卫。

颜格，福建龙溪县。

南鹏，直隶满城县。

王琮，直隶清苑县。

袁端，河南兰阳县。

刘肃，四川嘉定州。

林符，南直隶吴县。

罗经，江西南丰县。

张凤，山东济宁州。

徐舟，山东曹州。

刘晟，陕西安定县。

刘忠，江西吉安府永丰县。

徐霖，江西金溪县。

李廷章，南直隶石埭县。

邓冕，湖广华容县。

乙瑄，南直隶海州。

陈清，浙江余姚县。

王达，南直隶泾县。

冯锜，浙江慈溪县。

张贲，四川护卫。

白思明，山西平定州。

王璿，四川安岳县。

唐章，直隶献县。

马自然，四川内江县。

张瑊，南直隶泰州。

张廉，山东益都县。

马驹，广东新会县。

李显，河南安阳县。

郭铠，山东恩县。

王俣，浙江长兴县。

汪洪，顺天府大兴县。

华秉彝，南直隶江阴县。

余英，浙江西安县。

李敬，直隶高阳县。

梁镛，山东高堂州。

张介，四川内江县。

刘吉和，直隶容城县。

李昱，河南内乡县。

韩文，山西洪洞县。

郝珙，山西安邑县。

张廉，浙江归安县。

张澍，河南新安县。

陈义，江西乐安县。

李辙，湖广沅陵县。

陈萧，福建莆田县。

戴祐，顺天府大兴县。

王亿，四川铜梁县。

马琴，四川内江县。

李芳，山东利津县。

汪直，南直隶祁门县。

余琰，四川青神县。

杨徽，河南河内县。

蒋昺，山东丘县。

王义，陕西洛川县。

侣钟，山东郓城县。

莫谭，南直隶上海县。

沈浩，锦衣卫。

甄希贤，陕西麟游县。

崔廷珪，广东番禺县。

李文中，四川荣昌县。

汪奎，南直隶婺源县。

罗珣，云南临安卫。

陈鼎，山东曹州。

孙安，浙江钱塘县。

王迪，直隶获鹿县。

刘资厚，江西安福县。

罗鸥，南直隶宿迁县。

王谦，江西高安县。

施纯，顺天府东安县。

李聪，广东顺德县。

柯汉，广东潮阳县。

袁鲁训，江西宜春县。

蔺澄，河南阳武县。

戴琏，江西浮梁县。

何济，广东顺德县。

沃频，浙江定海县。

叶稠，浙江富阳县。

戴仁，应天府句容县。

柳演，浙江平阳县。

魏富，福建龙溪县。

李珊，广东海南卫。

杨荣，四川永川县。

王弼，四川华阴县。

李士实，江西新建县。

杨宣，河南舞阳县。

徐霖，江西襄城县。

赵祯，顺天府大兴县。

刘俊，直隶深州。

张宽，湖广襄阳县。

晏辂，四川巴县。

金泽，应天府江宁县。

李能，直隶内黄县。

区正，广东番禺县。

蒋谊，南京太医院。

王伟，陕西宁州。

陶永淳，南直隶华亭县。

黄杰，河南洧川县。

按：是科灵宝许进仕至太子少保、吏部尚书，谥襄毅。八子六登仕籍：长诏，举乡试；诰，户部尚书，谥庄敏；赞，少保兼文渊阁大学士；诗，工部主事；词，知府；论，太子太保、兵部尚书。孙侗，嘉靖乙丑进士。闽县林瀚仕至兵部尚书，谥文安，其父元美，知府。子庭棉，举会试第五，工部尚书，谥康懿；庭机，礼部尚书。孙炫，通政司参议；炀，知府；燫，见任礼部尚书；烃，见任知府。且瀚、庭机、燫俱由翰林，今闽有三世翰林坊。明兴二百余年，宦业之盛，无如许氏、林氏者。

戊子 成化四年两京十三藩乡试

解元

顺天府：史俊，涿州，《书》，乙未。

应天府：贺恩，吴县。

浙江。

江西：孙糸。

福建：黄文琳，莆田县，《书》，戊戌。

湖广：樊经，澧州学生，《书》，己丑。

河南：刘绅。

山东：刘瑊，济南府学生，《易》，己丑。

山西：赵博，黎城县，《诗》，戊戌。

陕西：梁泽，三原县学生，《易》，己丑。

四川：黎复登，长寿县，《易》，戊戌。

广东。

广西：钟英。

云南附贵州：张翱。

己丑　成化五年会试

考试官：

太常寺卿兼侍读学士刘珝，叔温，山东寿光县人，戊辰进士。

侍读学士刘吉，祐之，直隶博野县人，戊辰进士。

第一场

《四书》：

○老者安之，少者怀之。刊。

○如此者，无为而成。刊。

○仁之实，手之舞之。

《易》：

○大哉乾乎，旁通情也。

○六二鸿渐于磐，不素饱也。

○鼓之以雷霆，坤道成女。刊。

○君子上交，其知几乎。刊。

《书》：

○天命有德五服五章哉。

○凡厥庶民，而邦其昌。刊。

○夙夜罔或不勤。

○察辞于差，其审克之。刊。

《诗》：

○瞻彼淇奥绿竹猗猗，谖兮。刊。

○勉勉我王，纲纪四方。

○丰水东注，皇王烝哉。刊。

○骊骊牡马，思马思徂。

《春秋》：

○聂北救，夷仪，城邢（僖元），会温，河阳，王所（僖二十八）。刊。

○伐北鄙，遂乞师（僖二十六），堕郈，堕费，围成（定十二）。

○如齐，公至，葬如京（宣九），如齐，公至，归济西（宣十）。

○辰陵（宣十一），伐郑（襄元），城虎牢（襄二），鸡泽，侨如会（襄三），次五氏（定九），鞅围卫，会安甫（定十）。刊。

《礼记》：

○故作事不以礼，物之致也。

○啴谐慢易，而民慈爱。刊。

○加于身，动得其宜。刊。

○东方者春，造之产万物者也。

288

第二场

论：

○孔子立万世常行之道。刊。

诏诰表内科一道：

○拟汉章帝令百官各贡忠诚诏（永平十八年）。

○拟唐以姚元之兼紫微令诰（开元二年）。

○拟宋群臣贺孝宗作敬天图表（乾道七年）。刊。

判语五条：

○官员赴任过限。

○术士妄言祸福。

○纵放军人歇役。

○诈欺官私取财。

○出纳官物有违。

第三场

策五道：

○皇极敷言（古《解愠诗》、《几杖书》、《仪凤什》、《戒盈赋》、《金鉴述》、《元良箴》，今三圣《御制四书》）。刊。

○正风俗在君相（厚薄廉贪，恬退奔兢）。刊。

○氏族。

○漕运兵饷民食。刊。

○治民在选有司有法，化民在立师道有方。刊。

时会试之士三千三百有奇，取费闰等二百五十人，刻程文十九篇。《南畿志》谓闰仪度闳伟，善谈论，耻言人过。为祭酒，孝宗幸太学，赐坐讲经，甚见褒异。官至礼部侍郎。

中式举人二百五十名。

费闰，南直隶丹徒县人，监生，《书》。

邵晖，南直隶宜兴县人，监生，《易》。

刘宪，江西余干县人，监生，《春秋》。

沈璐，南直隶上海县人，监生，《诗》。

黄韶，浙江余姚县人，监生，《礼记》。

三月十五日，临策天下贡士。制曰：朕绍承大宝，图底丕平，虽宵旰勤励，然绩效罕著。略举其端，诹尔多士。择材于文以理民，拔功于武以驭兵也。今铨衡涂壅，卫所员溢，奚以疏通之？昔人所谓名利相均，虚实相济，可推广而施欤？岁无常稔者天之道，土有常怀者人之情也。今歉则籴贵，贫则民徙，奚以绥辑之？前代所行，常平有法，均田有制，可稽仿而为欤？夫兼资文武以周一世之用，裁成天地以遂万姓之安，固济时切务也。若乃致治大道，必有至言。古之臣献言于君，或得圣道之经而流于迂，或得圣道之权而流于诈，或辩矣而术不密，或智矣而文不及。今尔多士，陈四者之务必宜于时，矫四臣之偏必合于道，朕将览而资治焉。

时廷对之士二百四十七人，赐张昇等进士及第、出身有差。《南城志》谓昇宦业，凡周祀典，择贤才，禁奢靡，重名器，省供应，可身任者，次第行之。所著有《柏崖集》、官至太子太保，谥文僖。子恩，弘治己未进士。是科选费闇等十五人为庶吉士。后周瑛为理学名臣，雍泰为名臣，李崚有名。

第一甲三名赐三名进士及第
张昇，江西南城县。
丁溥，南直隶华亭县。
董越，江西宁都县。
第二甲七十五名赐进士出身
张璲，山西安邑县。
费闇，南直隶丹徒县。
陈斌，广东顺德县。
张习，南直隶吴县。
李秉衷，应天府江宁县。
舒春，武功中卫。
陈揆，四川铜梁县。
白玢，南直隶武进县。
郑宏，浙江鄞县。
乐宣，湖广宁远县。
萧玙，江西泰和县。
梁泽，陕西三原县。
王缨，南直隶宜兴县。
言芳，山东邹平县。
李延，江西丰城县。
王瑞，南直隶望江县。
阎仲实，陕西陇州。
尹龙，山东历城县。
尚纲，河南睢阳卫。
龚泽，浙江慈溪县。
郝志义，陕西清涧县。
邹儒，浙江余姚县。

冯兰，浙江余姚县。

邵宗，陕西兰州。

郁庠，直隶景州。

徐哗，南直隶嘉定县。

吴珵，顺天府大兴县。

李蕙，南直隶当涂县。

张忱，直隶昌黎县。

毛松龄，江西丰城县。

黄麟，河南密县。

乔维翰，南直隶上海县。

杨光溥，山东沂水县。

张以弘，浙江山阴县。

邓存德，南京钦天监。

徐与宪，河南光山县。

杨遵，贵州平越卫。

冀绮，南直隶宝应县。

张祯叔，四川巴县。

沈锐，浙江仁和县。

周瑛，福建莆田县。

张锦，陕西岷州卫。

蔡晟，河南睢州。

张缙，山西阳曲县。

周孟中，江西庐陵县。

朱绅，锦衣卫。

解宾，直隶高阳县。

侯方，南直隶华亭县。

李元镇，福建莆田县。

赵祥，南直隶丹徒县。

熊景，江西南昌县。

陆奎，南直隶嘉定县。

郭忠，直隶肥乡县。

方守，福建莆田县。

王鼎，南直隶常熟县。

陈纪，福建闽县。

张晟，浙江仁和县。

胡赞，兴州中屯卫。

勒玺，山东曹县。

谢恭，南直隶休宁县。

李介，山东高密县。

王臣，江西庐陵县。

陈勉，江西临川县。

屠勋，浙江平湖县。

崔陛，河南安阳县。

姜英，浙江余姚县。

郑龄，江西弋阳县。

沈璐，南直隶上海县。

刘宪，江西余干县。

邵珪，南直隶宜兴县。

昝诚，山东高密县。

吴琼，浙江乌程县。

吴珉，山西灵石县。

周政，浙江仁和县。

奚昌，南直隶吴县。

第三甲一百六十九名赐同进士出身

张晓，陕西三原县。

李经，山西阳城县。

瞿俊，南直隶常熟县。

高安，河南睢州。

梅江，浙江秀水县。

尹仁，江西安福县。

谢秉中，四川华阳县。

杨惇，南直隶六安州。

李琎，南直隶怀宁县。

刘忠器，浙江新昌县。

杨重，陕西灵台县。

宋经，山西蔚州。

陈耀，福建龙溪县。

刘福，四川巴县。

何舜宾，浙江萧山县。

朱瑄，浙江鄞县。

臧琼，浙江长兴县。

李嵩，陕西临潼县。

王廷，山西蒲州。

谢纲，湖广巴陵县。

尧卿，四川安岳县。

包谦，浙江钱塘县。

庄恭，福建晋江县。

陆珩，直隶阜城县。

金爵，利州卫。

王珣，山东曹县。

张纯，福建闽县。

林璱①，广东海阳县。

邵猷，浙江淳安县。

汪正，南直隶歙县。

许昌，云南广南卫。

梁万钟，四川温江县。

邵新，浙江淳安县。

胡璘，山东济阳县。

张淮，河南襄城县。

韩邦问，四川襄阳县。

李晟，山东濮州。

沈纯，南直隶山阳县。

李景繁，河南仪封县。

宋骥，南直隶舒城县。

李茂，顺天府大兴县。

张和，南直隶山阳县。

陈云凤，浙江余姚县。

赵杲，四川汉州。

廖德徵，福建莆田县。

张锐，南直隶江都县。

雍泰，陕西咸宁县。

马隆，河南巩县。

江源，广东番禺县。

黄景，江西上高县。

邹霭，江西新喻县。

陈寅，福建宁德县。

---

① 《索引》作"林璞"。

何鉴，浙江新昌县。

刘规，四川巴县。

张镛，直隶盐山县。

徐镛，湖广兴国州。

范聪，四川荣昌县。

熊翀，河南光州。

林和，福建莆田县

李鉴，河南河内县。

李谦，山东滋阳县。

方岳，福建莆田县。

郑谅，广东海阳县。

雷升，辽东三万卫。

李昊，应天府上元县。

李延寿，山东新城县。

王俨，湖广华容县。

孙仁，江西新淦县。

王溥，河南内乡县。

王舟，浙江余姚县。

李恭，辽东定辽卫。

高铨，南直隶江都县。

唐绢，广东琼山县。

黄著，南直隶吴江县。

叶亨，福建闽县。

赵艮，浙江永康县。

谈纲，南直隶无锡县。

王京，江西信丰县籍，交阯人。

曹时中，南直隶华亭县。

陈遵毅，江西庐陵县。

杨谧，河南仪封县。

贺霖，江西鄱阳县。

张毅，福建福清县。

李良，南直隶嘉定县。

刘灌，山东济宁州。

孙中，直隶新城县。

林枢，福建福清县。

黄文琰，南直隶祁门县。

陈忠，河南许州。

蔡元美，福建莆田县。

俞禄，应天府六合县。

黄韶，浙江余姚县。

严宾，湖广潜江县。

陈鉴，福建福清县。

邹骐，湖广麻城县。

刘长春，四川泸州。

许楫，四川眉州。

董安，福建龙溪县。

周熊，福建闽县。

王锦，河南襄城县。

戴瑶，河南汝阳县。

李剑，河南洛阳县。

张翊，广东番禺县。

李恭，河南淇县。

周蕃，四川长寿县。

王坦，山东平原县。

刘琼，顺天府顺义县。

蔡肃，福建闽县。

熊佑，山东博兴县。

徐瑁，南直隶永年县。

龚沅，福建建安县。

杨澄，四川射洪县。

陈鲤，福建莆田县。

罗元吉，山西榆次县。

董通，山西临汾县。

陈密，广东南海县。

刘昂，山东海丰县。

奚昊，南直隶华亭县。

李镜，江西弋阳县。

徐谦，羽林前卫。

姜天锡，四川宁川卫。

丁镛，应天府上元县。

李俊，陕西岐山县。

何俊，湖广郴州。

叶祚，武功左卫。

李鸾，河南确山县。

徐瓒，太医院。

柳应辰，湖广巴陵县。

陈凤，四川巴县。

周郁，直隶阜城县。

毛泰，河南兰阳县。

张璁，云南平夷卫。

姚伦，南直隶武进县。

祝澜，江西德兴县。

王玹，直隶盐山县。

李进，山西曲沃县。

鲍麒，浙江平阳县。

樊经，湖广澧州。

朱守孚，湖广桂阳县。

邵晖，南直隶宜兴县。

张衎，南直隶华亭县。

方珪，福建莆田县。

卢瑀，浙江鄞县。

郑宏，河南光山县。

顾竑，南直隶吴县。

吴杰，南直隶江都县。

萧冕，江西泰和县。

徐杰，山东大同县。

顾佐，南直隶临淮县。

李溍，南直隶武进县。

薛珪，直隶临城县。

董荣，浙江临海县。

彭朗，江西安福县。

郭铨，直隶威县。

齐文，燕山左卫。

李瀿，湖广麻城县。

姜宣，河南兰阳县。

刘璪，山东济南卫。

谢显，浙江会稽县。

郑炯，福建闽县。

王问，山东武城县。

张伦，山东黄县。

吴祚，浙江淳安县。

萧定，直隶涿鹿县。

吴坏①，福建漳浦县。

林表，福建漳浦县。

刘源，顺天府宛平县。

赵聪，湖广谷城县。

解敏，山东德州。

辛卯　成化七年两京十三藩乡试

解元

顺天府：姚琛。

应天府：濮晋，常州府学生，《诗》，壬辰。

浙江：杨文卿，鄞县，《书》，戊戌。

江西：彭纲，清江县，《诗》，乙未。

福建。

湖广：章爵。

河南：段应。

山东：敖山，莘县，《易》，戊戌。

山西：周鉴，群牧所，《诗》，辛丑。

陕西：陈祥，甘州中护卫，《易》，乙未。

四川：汪藻，内江县，《易》，戊戌。

广东。

广西：李澄。

云南附贵州：韩昂，云南前卫，《礼记》，戊戌。

壬辰　成化八年会试

考试官：

礼部左侍郎兼学士万安，见丙戌。

司经局洗马江朝宗，东之，四川巴县人，辛未进士。

第一场

---

① 《索引》作"吴环"。

《四书》：

○百工居肆，致其道。刊。

○夫孝者，爱其所亲。刊。

○文王以民力，故能乐也。刊。

《易》：

○至静而德方。

○日月得天，天下化成。

○一阴一阳之，谓之智。刊。

○言出乎身，可不慎乎。刊。

《书》：

○分命羲仲，鸟兽孳尾。刊。

○股肱嘉哉，百工熙哉。

○先知稼穑，小人之依。

○五刑之疑，具严天威。刊。

《诗》：

○我出我车，狃狁于襄。刊。

○戚戚兄弟，或歌或咢。

○文武受命，自召祖命。刊。

○於乎不显文王之德之纯。

《春秋》：

○元年，春王正月（隐元）。刊。

○会首止（僖五），会钟离（成十五），会相（襄十），会向（襄十四）。刊。

○侵陈宋，栗林伐郑，伐郑（宣元），大棘败获（宣二）。

○伐郑盟戏（襄九），伐郑，伐郑贞救（襄十），伐郑亳北，伐郑萧鱼（襄十一），吴奔郑（昭十五），朱奔楚（昭二十一），入郢（定四）。

《礼记》：

○故人者其天，秀气也。刊。

○言则大矣，犹有五起。

○圣人之制行也，有壹也。

○故君子多闻，略而行之。刊。

第二场

论：

○人君为天下民物之主。刊二篇。

诏诰表内科一道：

○拟汉以高密侯禹为太傅东平王仓为骠骑将军诏（中元二年）。

○拟唐以裴充为中书侍郎同平章事诰（元和十年）。

○拟宋以范仲淹为枢密副使谢表（庆历三年）。刊。

判语五条：

○贡举非其人。

○增减官文书。

○诈冒给路引。

○盗田野谷麦。

○不操练军士。

第三场

策五道：

○敬天忠君孝亲（六经孔门之言，太祖《大诰》、《精诚录》）。刊。

○诸儒释论《四书》有异同，朱子羽翼《四书》有定见。刊。

○欲变士风之奔兢，惟在涵养与作兴。刊。

○秦宋兵戎之势，今日西师之方。刊。

○汉唐宋之漕运有□①，通州之陆挽宜浚。刊。

时会试之士三千四百有奇，取吴宽等二百五十人，刻程文二十一篇。

中式举人二百五十名。

吴宽，南直隶长洲县人，监生，《书》。

王禄，福建闽县人，监生，《易》。

周轸，福建莆田县人，监生，《诗》。

吴郁，南直隶徽州府学生，《春秋》。

蒋容，南直隶武进县人，监生，《礼记》。

三月十五日，临策天下贡士。制曰：自古帝王继体守文，克弘先业，致盛治者多矣。而史臣独以成康文景并称，何欤？其致治本末可指言欤？朕光绍祖宗丕图，政令之行，悉遵成宪，期臻至治，比隆前古。然夙夜祇勤，于兹八载，而治效犹未彰著者，何欤？岂世有古今，故效有深浅欤？今天下田野辟矣，而贡赋供于上者，每至匮乏；学校兴矣，而风俗成于下者，益至浮靡；兵屯以制外者谨矣，未能使夷狄畏却而不敢侵；刑法以肃内者严矣，未能使奸顽惩艾而不敢犯。凡若此者，其弊安在？如谓政在用人，则方今百司庶府，文武具足，而科目之选拔，军功之序迁者，又济济其众，何官有余而政不举欤？无乃承平日久，习安逸而事因循者多欤？兹欲严以督之，则人情有不堪；宽以待之，则治理有难成，何处而得其中欤？夫治必上下给足，风俗淳美，外夷服而中国安，底于雍熙泰和之盛，斯朕志也，何施何为而可以臻此，殆必有要道焉。子大夫讲习经济之学久矣，其参酌古今，明著于篇，朕将采而用之。

---

① 此字模糊难辨。

时廷对之士二百五十人，赐吴宽等进士及第、出身有差。宽自少有文行，辈流方务举业，宽独博览群籍，为古文词，下笔有老成风格。屡试不利，以岁资贡入太学。张汝弼见之，曰："天下亦有如此贡士乎？"寻举戊子应天第三，壬辰会试、廷试皆第一。宽忠信宏厚，廉靖方严，遇权势荣利，退避不暇，自少至老，无过举。王氏鏊称其文不事追琢而体裁具存，外若简淡而意味隽永。明兴文士，独推西杨有典则，宽无愧焉。所著有《吴匏庵集》。官至礼部尚书，谥文定。是科林泮、林濬渊，李孟旸、李孟旽俱兄弟同登。后宽与陈寿、杨一清俱为名臣，孙需有名。

第一甲三名赐进士及第
        吴宽，南直隶长洲县。
        刘震，江西安福县。
        李仁杰，福建莆田县。
第二甲七十八名赐进士出身
        邵贤，南直隶宜兴县。
        刘甫，直隶开州。
        张瑾，锦衣卫。
        卞谭，南直隶武进县。
        张祥，江西吉水县。
        吴裕，广东揭阳县。
        张黻，江西吉水县。
        翟通，河南仪封县。
        谢理，南直隶当涂县。
        杨荣，浙江余姚县。
        李镃，河南汤阴县。
        梁方，广东南海县。
        钟镛，锦衣卫镇抚司。
        萧奎，南直隶常熟县。
        马铉，江西永新县。
        潘璋，浙江金华县。
        高昂，福建莆田县。
        金源，应天府上元县。
        阴子淑，四川内江县。
        王参，四川岳池县。
        邓焯，福建闽县。
        彭礼，江西安福县。
        蒋容，南直隶武进县。

叶睦，浙江金华县。

李孟旸，河南睢州。

萧本容，江西泰和县。

陈洵，浙江钱塘县。

张琡，陕西镇原县。

任彦常，南京江阴卫。

董宁，顺天府潮县。

黄东山，四川富顺县。

王宜，江西新淦县。

陈瑗，陕西甘州县。

陈以忠，顺天府宛平县。

彭载，江西南昌县。

方彬，福建莆田县。

简显，江西新喻县。

林壆，福建闽县。

陈谟，浙江余姚县。

林濬渊，福建闽县。

黄荣，福建莆田县。

茅铉，贵州赤水卫。

陈寿，辽东宁远卫。

周轸，福建莆田县。

汤全，南直隶华亭县。

朱本，江西乐平县。

陈哲，浙江山阴县。

顾余庆，南直隶长洲县。

杨泽，浙江天台县。

李震，南直隶宜兴县。

萧显，直隶山海卫。

洪廷臣，浙江淳安县。

孟述，河南泌阳县。

邓林，四川眉州。

周季麟，江西宁县。

达毅，南直隶丹徒县。

瞿明，南直隶常熟县。

赵兰，陕西泾阳县。

范细，浙江天台县。

王宏，留守卫。

杜学，河南登封县。

赵璧，云南昆明县。

沈铠，应天府上元县。

章锐，浙江鄞县。

李翰章，山东滋阳县。

张英，江西德兴县。

马孔惠，直隶东光县。

王禄，福建闽县。

黄谦，应天府江宁县。

闻钲，陕西泾州。

许辅，顺天府东安县。

李序，广西融县。

邵敏，湖广湘阴县。

高敞，南直隶昆山县。

江汉，南直隶旌德县。

濮晋，南直隶武进县。

张宪，江西德兴县。

胡超，浙江汤溪县。

第三甲一百六十九名赐同进士出身

白坦，南直隶武进县。

司马垔，浙江山阴县。

汪山，南直隶歙县。

柳豸，河南睢州。

袁道，江西吉水县。

吴宪，南直隶歙县。

贺元忠，南直隶吴县。

赵润，山东济宁州。

李寅，直隶兴济县。

卫邦，山西泽州。

唐鼐，河南安阳县。

李烨，福建闽县。

俞俊，浙江丽水县。

张佶，南直隶徐州。

王辅，陕西同州。

项旻，浙江瑞安县。

陈孜，山西浮山县。

朱守恕，湖广桂阳县。

褚祚，南直隶常熟县。

吴凯，南直隶合肥县。

陈瑶，广西全州。

饶裕，四川资县。

桂镐，浙江慈溪县。

张晒，南直隶江阴县。

吴文度，应天府江宁县。

张凤骞，山东邹平县。

陈谦，浙江钱塘县。

陈裕，福建莆田县。

陈璧，山西太原卫。

孙弁，江西浮梁县。

顾纯，南直隶华亭县。

谭宗泗，四川蓬溪县。

何钟，湖广道州。

朱钦，福建邵武县。

宋端，山东阳信县。

曾拱辰，福建南平县。

吴溥，山东德平县。

赵文盛，山西阳曲县。

陈轩，广东海阳县。

刘绅，湖广衡阳县。

张稷，南直隶宝应县。

黄荧，福建龙溪县。

兰玉，直隶赵州。

沈环，南直隶宿迁县。

任毅，广西驯象卫。

刘宇，河南钧州。

吴哲，辽东广宁卫。

李瑛，腾骧右卫。

孟瀛，直隶博野县。

张昺，浙江宁波卫。

阎琮，山东蓬莱县。

陈观，直隶广宗县。

周茂，直隶卢龙县。

王雄，山东夏津县。

彭铨，湖广襄阳县。

杨维，湖广武陵县。

钱玉，四川涪州。

许斌，山西阳曲县。

汪篪，太医院。

高昇，辽东定辽卫。

王肃，江西新喻县。

程普，河南临漳县。

冯广，河南郑州。

易鹗，河南固始县。

章武，江西临川县。

吴泰，应天府江浦县。

谢纲，直隶滦州。

文林，南直隶长洲县。

方显，四川江津县。

游兴，福建怀安县。

欧瑄，湖广兴宁县。

陆渊，浙江余姚县。

朱赞，江西进贤县。

陈金，湖广应城县。

朱福，南京光禄寺。

李珉，贵州乌撒卫。

赵英，陕西兰县。

凌昇，四川成都卫。

林泮，福建闽县。

乐宗茂，浙江仁和县。

傅金，广西南丹卫。

崔俊，山西阳曲县。

张瑛，广东新会县。

吴郁，南直隶休宁县。

黄宽，福建晋江县。

刘凤翔，河南光山县。

王璟，山东沂州。

孙需，江西德兴县。

陈英，浙江鄞县。

林清，福建福清县。

何瀞，广东东莞县。

华清，湖广应城县。

李勤，直隶易州。

李谅，山西泽州。

杨一清，湖广巴陵县人，翰林院秀才。

朱仲炘，顺天府大兴县。

胡汉，江西铅山县。

王佐，河南汝州。

俞玑，贵州前卫。

董绂，湖广麻城县。

徐广，山东曹州。

罗赞，河南扶沟县。

张清，直隶大同卫。

陈理，直隶德州卫。

吴琪，福建南平县。

李瀛，顺天府宛平县。

郝隆，直隶涿州。

李孟晊，河南睢州。

张廷纲，直隶永平卫。

乔缙，河南洛阳县。

李复贞，四川泸州。

罗元祥，山西榆次县。

余铎，河南南阳卫。

靳睿，陕西郃阳县。

马鉴，湖广枣阳县。

奚铭，顺天府宛平县。

陈福，湖广汉阳县。

樊金，江西进贤县。

强满，福建侯官县。

揭魁，四川内江县。

胡荣，江西建昌县。

金舜臣，山西平阳卫。

李隆，山西河津县。

冯沉，浙江临海县。

程春震，湖广云梦县。

林贵，广东南海县。

姜昂，南直隶昆山县。

王勉，顺天府宛平县。

陈垲，钦天监。

邝颐，广东南海县。

王绅，陕西安化县。

王弁，湖广襄阳县。

李暹，留守卫。

郑濩，广西石康县。

宋岳，福建莆田县。

徐节，贵州卫。

罗九鼎，四川合州。

管麟，陕西咸宁县。

陈嘉谟，四川巴县。

李云，江西分宜县。

吕炯，浙江鄞县。

马骢，广东顺德县。

董彝，南直隶常熟县。

赵炯，四川永川县。

杨仲伦，云南太和县。

洪汉，山东章丘县。

王经，南直隶长洲县。

王暄，浙江嵊县。

朱庆云，湖广黄陂县。

邓庠，湖广宜章县。

杨纯，四川大竹县。

洪汉，南直隶歙县。

刘懋，湖广江陵县。

胡缙，江西庐陵县。

彭恭，湖广龙阳县。

吴玉荣，福建莆田县。

吴智，浙江余姚县。

张雄，陕西同州。

沈塈，南直隶嘉定县。

张抚，陕西宝鸡县。

薛真，山西大同县①。

吴琳，南直隶长洲县。

倪镛，河南镇平县。

王佐，直隶开州。

国志虞，直隶安肃县。

李宽，陕西兰县。

丘璐，河南兰阳县。

董纲，南直隶泾县。

方全，山西大同卫。

皇明贡举考卷之五

海州张朝瑞辑

甲午　成化十年两京十三藩乡试

解元

顺天府：马中锡，故城县学生，《易》，乙未。

应天府：王鏊，苏州府学生，《诗》，乙未。

浙江：谢迁，余姚县学生，《礼记》，乙未。

江西：黎光大，吉水县。

福建：黄乾亨，兴化府学生，《诗》，乙未。

湖广：李邦宪。

河南：张表，鹿邑县学生，《书》。

山东：陈珍，辽东义州卫学生，《诗》，乙未。

山西：陶琰，绛州，《书》，辛丑。

陕西。

四川：陈绶，泸州学生，《书》，乙未。

广东。

广西。

云南附贵州：杨杰，邓川州学生，《诗》，乙未。

是科左庶子黎淳主考顺天府乡试，初场得一优卷，及观后场，绝不相类，疑有弊。勾稽墨卷，果得誊录生截卷状。移帘外按其事，而取优卷为第一，拆封，乃马中锡，亦一时名士。时学士谢一夔主考应天府乡试，得王鏊为第一。试录五策，皆刻鏊场屋中墨

---

① 《索引》于薛真和吴琳之间有□□□，本书无。

卷，不易一字，一时称得人。明年，中锡登进士，綦会元及第。

乙未　成化十一年会试

考试官：

先命溥与侍读学士彭华为考试官，华以从子入场疏辞，遂改命溍。

少詹事兼侍讲学士徐溥，时用，南直隶宜兴县人，甲戌进士。

侍读学士丘溍，仲深，广东琼山县人，甲戌进士。

第一场

《四书》：

○无为而治者，面而已矣。刊。

○思事亲，不知天。刊。

○周公兼夷狄，百姓宁。刊。

《易》：

○圣人作，而万物睹。刊。

○涣其群元吉光大也。

○天一地二，地十。刊。

○震者动也，受之以渐。

《书》：

○三载考绩，幽明。刊。

○若药弗瞑眩，以康兆民。

○次五曰建用皇极。刊。

○天惟畀矜，大介赉尔。

《诗》：

○跻彼公堂，万寿无疆。

○南有樛木甘，式燕绥之。刊。

○维熊维罴男子之祥。刊。

○至于文武缵，为周室辅。

《春秋》：

○突救卫（庄六）。刊。

○侵蔡溃伐（僖四），伐围新城（僖六），城濮败，围许（僖二十八），自京伐秦（成十三），伐郑（成十六），伐郑，伐郑（成十七）。刊。

○盟首止（僖五），盟葵丘（僖九），会萧鱼（襄十一），盟平丘（昭十二）。

○盟清丘，伐陈卫救（宣十二）。

《礼记》：

○一道德以同俗。刊。

○先王之立礼，无文不行。

○宾牟贾起，象成者也。刊。

○孔子曰安上，此之谓也。

第二场

论

○学以至乎圣人之道。刊。

诏诰表内科一道：

○拟汉令太常使掌故晁错受伏生《尚书》诏。

○拟唐以国子祭酒杨绾为中书侍郎同平章事兼修史诰。

○拟唐平淮西群臣贺表。刊。

判语五条：

○器用布绢不如法。

○牧养生畜不如法。

○养疗瘦病畜产不如法。

○决罚不如法。

○造作不如法。

第三场

策五道：

○《大诰》首君臣同游。刊。

○论性（荀卿、董仲舒、扬雄、韩愈、欧阳、司马、苏氏兄弟、胡氏父子）。刊。

○理财用人（创业之时二者取有余，守成之时二者反不足）。刊。

○欲正风俗在明学术（工文辞如司马迁、韩愈、欧阳修，论政事如刘向、陆贽、范仲淹，谈理道如董生、二程子、朱子）。刊。

○畿辅之要务有四（寓兵于近辅而不调外以卫内，按兵于边境而不出中以防边，耕近地以助军饷而不专仰之于远，顺水性以除民害而又因之以兴利）。刊。

　　时会试之士几四千人，取王鏊等三百人，刻程文二十篇。时士子有慕道学者，或过为诡异之行以徼名，考官丘濬因发策言之，俾士习趋于中正。又士子为文以奇怪相高，或不可句，如嘉兴举子桑悦者，号江南才子，文辞怪诞，傲睨一世，其会试文字有句云："是我去而夫子来也。"又曰："腹中有长剑，日日几回磨。"濬黜之。《通纪》云：丘濬之黜桑悦，无异欧阳修之黜刘几。廖氏道南云：明兴举业尔雅，自文庄公知贡举始。

　　郑氏晓曰：鏊学问赡博有识鉴，为文春容尔雅，议论决畅。茅氏坤曰：鏊所著古文既多天授，其出之为举子业也，独浑然天成，龙翔虎踞。其为文章，宿老历世，宗述有以也。吴公廷举疏鏊高文清节，守道见几，洞庭云卧，望重东山，震泽波澄，名高北海云。所著有《拟皐言》、《守溪长语》、《震泽长语》，中多确论。官至少傅，直内阁。

谥文恪，为名臣。

《琐缀录》云：商阁老三试首榜，及乙未读卷，有应首选者，商嫌并己，遂下其手焉，盖指会元王鏊也。观此则鏊之不为三元有自矣。

中式举人三百名。

王鏊，南直隶苏州府学生，《诗》。

金楷，南直隶嘉定县学生，《书》。

谢迁，浙江余姚县学生，《礼记》。

杨茂元，浙江鄞县人，监生，《易》。

杨仕伟，福建建安县人，监生，《春秋》。

三月初一日，临策天下贡士。制曰：朕惟人君奉天子民，治道所当先者，养与教也。养民莫重于制田里、广树畜，教民莫大于崇学校、明礼义。今兹二者，行之既久，而实效未臻于极，何欤？岂任用未尽得人，而督劝作兴之道有未至欤？唐虞三代，田分井牧之授，学谨庠序之训，当时民有恒产，士有恒心，所以养之教之者备矣。其良法美意，皆后世所当讲者，可历举而言之欤？若汉唐宋愿治之君，未尝不留意于斯，而治效之成卒不逮古，岂分田制产、兴学崇儒之意，视帝王为有间欤？朕承祖宗大统，抚临亿兆，于兹有年，夙夜竞惕，弗遑宁处，期于家给人足，教行刑措，礼乐兴而风俗美，跻斯世于雍熙泰和之盛，果何道以致之欤？子诸生积学待用，必有至当之说，明著于篇，朕将亲览焉。

时廷对之士三百人，赐谢迁等进士及第、出身有差。迁对明白正大，得告君之体。胪传陛引，上见仪貌修洁，气宇凝重，甚喜。公卿以下，皆知其为远大之器。迁甚和易，而严于持己，接物甚恭，而慎于交际。为翰林，声望最重，入内阁，号能持正。疏荐吴文定、王文恪自代，一时恬让之风，感动中外。世宗敕起于家，以郭子仪、裴度、文彦博耄年故事勉之。官至少傅，直内阁，谥文正。是科刘戬、刘信兄弟同登。后迁与王鏊俱为名臣。

第一甲三名赐进士及第

谢迁，浙江余姚县。

刘戬，江西安福县。

王鏊，南直隶吴县。

第二甲九十五名赐进士出身

卜同，南直隶宜兴县。

徐洪，浙江萧山县。

洪钟，浙江钱塘县。

金楷，南直隶嘉定县。

王沂，南直隶武进县。

郭定，山西高平县。

杨茂元，浙江鄞县。

杨仕伟，福建建安县。

刘忠，四川南溪县。

吴倬，浙江淳安县。

张锐，陕西泰州。

华山，南直隶无锡县。

王傅，陕西盩厔县。

仰昇，南直隶无为州。

陈谟，南直隶建德县。

程廷珙，江西浮梁县。

吴钦，顺天府大兴县。

彭经，四川长寿县。

马中锡，直隶故城县。

郑重，浙江慈溪县。

王镃，浙江慈溪县。

伍希闵，江西安福县。

雷士梅①，福建建安县。

童潮，浙江慈溪县。

范吉，浙江天台县。

陈相，南直隶泰州。

左悠，江西南城县。

孙裕，南直隶昆山县。

叶盛，浙江兰溪县。

陈珍，辽东义州卫。

元守直，河南汤阴县。

吴珍，浙江长兴县。

吴诚，浙江淳安县。

吴洪，南直隶吴江县。

苏章，江西余干县。

陈绥，四川泸州。

李哲，浙江鄞县。

杨榮，山东济宁州。

史俊，顺天府涿州。

_____

① 《索引》作"雷士旃"。

马璠，山西安邑县。

曹元，直隶大宁卫。

李云，南直隶宜兴县。

袁宏，南直隶桐城县。

赵鹤龄，四川泸州卫。

王岳，江西庐陵县。

彭纲，江西清江县。

刘绅，陕西邠州。

张本，浙江钱塘县。

毛伦，直隶镇朔卫。

廖中，福建顺昌县。

章玄应，浙江乐清县。

周宏，浙江德清县。

黄铎，福建莆田县。

俞经，南京留守卫。

卢鸿，浙江淳安县。

尹珍，南直隶大河卫。

徐源，南直隶长洲县。

江贵，江西金溪县。

陆远，浙江秀水县。

刘果，直隶长洲县。

和暲，河南河阴县。

任文遂，大宁营州卫。

耿文睿，山西曲沃县。

吴瑞，南直隶昆山县。

诸让，浙江余姚县。

赵恩，河南归德州。

王盛，陕西韩城县。

毕亨，山东新城县。

鲁诚，浙江山阴县。

秦瓛，南直隶昆山县。

朱恺，福建莆田县。

杨奉春，锦衣卫。

王敏，万全宣府前卫。

汪凤，江西弋阳县。

吴愈，南直隶昆山县。

姚昺，南京锦衣卫。

吴嵩，江西临川县。

刘时，江西永新县。

冒政，南直隶泰州。

陆怡，南直隶武进县。

黄钺，湖广湘阴县。

刘定昌，四川綦江县。

周凤，湖广龙阳县。

赵明，福建福州右卫。

潘祺，浙江天台县。

潘洪，南直隶宿迁县。

刘鹏，河南祥符县。

杨杲，四川成都卫。

许弼，顺天府东安县。

童枳，浙江兰溪县。

周盈，江西吉水县。

童兰，府军右卫。

楼东，浙江鄞县。

管达，江西安福县。

王懋，山东沂州。

第三甲二百二名赐同进士出身

张琛，陕西宜川县。

余琦，福建莆田县。

王皋，南直隶华亭县。

俞振才，浙江新昌县。

吴辙，广东新会县

吴仲珠，福建莆田县。

李潚，云南云南卫。

赵泰，陕西咸宁县。

向翀，四川通江县。

宋宣，福建侯官县。

刘瓒，直隶清苑县。

戈瑄，直隶景州。

武清，山西岢岚县。

文瑞，山西介休县。

萧惠，江西庐陵县。

冯衡，四川合州。

黄玹，湖广蒲圻县。

杨玭，河南祥符县。

蓝洪，河南邓州千户所。

曹英，山东寿张县。

曹澜，应天府句容县。

胡英，浙江秀水县。

任泰，浙江嘉善县。

韩明，浙江余姚县。

徐同爱，浙江常山县。

李兴，河南嵩县。

佟珍，辽东定辽卫。

田畊，河南仪封县。

郑琦，浙江兰溪县。

余顺，南直隶安庆卫。

吴纲，浙江仁和县。

郑克昭，福建闽县。

王有恬，福建长乐县。

卢勗，广东东莞县。

孙轲，四川泸州。

田禋，河南祥符县。

堵昇，锦衣卫。

沈振，浙江山阴县。

俞深，浙江新昌县。

周仪，南直隶嘉定县。

陈嵩，四川崇庆州。

乐镛，太医院。

史书，陕西灵台县。

齐廷珪，陕西隆德县。

唐韶，南直隶常熟县。

余镪，浙江临海县。

刘纶，陕西乾州。

董复，浙江会稽县。

杨钰，四川江津县。

潘隆，直隶大同中屯卫。

魏璋，河南鄢陵县。

周宗，河南裕州。

吴福，浙江义乌县。

吴毅，福建莆田县。

凌宋，浙江山阴县。

叶琛，广东东莞县。

郭纶，四川长寿县。

王瑭，浙江临海县。

陈景隆，福建长乐县。

陈经，湖广临武县。

张鼎，府军卫。

孔斌，辽东广宁县。

张宏，龙骧卫。

林淮，福建莆田县。

郑钦，福建莆田县。

刘信，四川南溪县。

李楫，福建上杭县。

陈祥，甘州中护卫。

谢富阳，江西瑞金县。

周木，南直隶常熟县。

郭秩，江西泰和县。

张广，顺天府通州。

施裕，南直隶太仓卫。

陈熊，福建莆田县。

黎经，广西阳朔县。

何珧，广东顺德县。

陆愈，浙江平湖县。

陈琚，河南确山县。

周洪，山东武城县。

王傅，顺天府宝坻县。

孙宾，锦衣卫。

何善，江西新淦县。

李思明，山东济宁州。

蹇霆，四川巴县。

黄乾亨，福建莆田县。

宋德，陕西岐山县。

钱承德，南直隶常熟县。

华忠贤，湖广蕲州。

胡瀛，河南罗山县。

李行，江西新喻县。

李旻，锦衣卫小旗。

王琰，湖广枣阳县。

向荣，江西进贤县。

王举，山东邹县。

朱洪，河南归德州。

纪杰，河南磁州。

阎仲宇，陕西陇州。

郭琪，福建闽县。

陈奂，福建漳浦县。

陈懋源，福建莆田县。

陈忠，山东莒州。

颜泾，南直隶吴县。

方陟，南直隶合肥县。

张瓒，武功中卫。

李琨，南直隶江阴县。

赵年，浙江汤溪县。

汤鼐，应天府句容县。

袁凤，万全蔚州卫。

田孔昭，陕西麟游县。

赵琮，直隶清苑县。

刘傅，南直隶嘉定县。

郭绅，江西宜春县。

唐相，南直隶歙县。

吴珏，浙江临海县。

王嵩，河南汲县。

文贵，辽东广宁卫。

张毅，南直隶上海县。

邹鲁，南直隶当涂县。

秦蕃，南直隶常熟县。

缪樗，应天府溧阳县。

萧谦，陕西长安县。

陈钺，应天府溧阳县。

魏琮，直隶迁安县。

王弼，浙江黄岩县。

张玉林，四川内江县。

袁士凤，广东东莞县。

朱瓒，直隶肃宁县。

何钧，河南灵宝县。

马通，燕山右卫。

张璟，河南临漳县。

冯义，陕西韩城县。

刘恺，南直隶滁州。

张贯，直隶蠡县。

张宾，山东单县。

张西铭，云南宁州。

王戎，广东海阳县。

金章，云南中卫。

胡荣，浙江淳安县。

李尚达，福建闽县。

伦善，广东顺德县。

陈睿，福建惠安县。

滑浩，太医院。

唐昭，河南祥符县。

冯允中，山东茌平县。

吴淑，南直隶宜兴县。

李德恢，顺天府东安县。

李毓，武功中卫。

赵让，浙江桐乡县。

海澄，广东海南卫。

张鼐，山东历城县。

雷目时，河南西平县。

王侨，南直隶昆山县。

曾镂，湖广永兴县。

贺思聪，直隶永平县。

周冕，山东泰安州。

柯忠，南直隶怀宁县。

石塘，浙江余姚县。

张辅，浙江鄞县。

张勋，直隶完县。

李辉，江西吉水县。

张毯，南直隶宝应县。

李逊，山东阳信县。

林元甫，福建莆田县。

刘璟，河南鄢陵县。

黄钥，广东香山县。

徐海，浙江海宁县。

黎鼎，广东南海县。

杨杰，云南邓川县。

唐瑢，云南云南左卫。

赵溥，南直隶武进县。

刘英，锦衣卫。

李参，南直隶江阴县。

陈毅①，浙江山阴县。

吴珍，辽东广宁县。

马昆，浙江平湖县。

林资，浙江秀水县。

郭资，福建上杭县。

王珩，直隶赵州。

毛凤来，河南西平县。

王华，江西南城县。

张雄，山东范县。

费瑄，江西铅山县。

车明理，河南长葛县。

陈让，河南光山县。

陈天元，四川宜宾县。

张超，中都凤阳卫。

白忠，湖广华容县。

李智，直隶柏乡县。

盛德，河南汝州。

王俨，广东海南县。

赵绣，直隶抚宁县。

马铨，直隶南和县。

阎伦，河南息县。

---

① 《索引》作"陈毅"。

李魁，广东高要县。

田景贤，顺天府涿州。

潘盛，顺天府大兴县。

刘清，山东益都县。

张源洁，福建闽县。

秦昇，江西南昌县。

周启，江西安福县。

戚昂，浙江金华县。

陈伦，陕西岐山县。

丁酉　成化十三年两京十三藩乡试

解元

顺天府：宋礼，顺天府学增广生，《易》，戊戌。

应天府。

浙江：黄珣，余姚县，《礼记》，辛丑。

江西。

福建：蔡清，晋江县，《易》，甲辰。

湖广。

河南：李源。

山东：石巍，曹县，《易》，辛丑。

山西：王槐，阳曲县，《书》，辛丑。

陕西：李玺，凤翔县，《诗》，丙辰。

四川：马良玉，成都中卫，《诗》，辛丑。

广东：邓应仁，南海县，《书》，辛丑。

广西。

云南附贵州。

戊戌　成化十四年会试

考试官：

礼部尚书兼学士刘吉，见己丑。

学士彭华，彦实，江西安福县人，甲戌进士。

第一场

《四书》：

〇子温而厉，恭而安。刊。

○道也者不可，非道也。刊。

○善政不如善教，得民心。刊。

《易》：

○乾始能以美，大矣哉。刊。

○有孚维心亨行有尚。

○夫易圣人所，毕法地。

○圣人之情见乎辞。刊。

《书》：

○临下以简，御众以宽。刊。

○俾万姓咸曰，一哉王心。

○明王慎德，服食器用。刊。

○亦惟有若虢，南宫括。

《诗》：

○淑人君子，心如结兮。

○鱼潜在渊或在于渚。刊。

○笃公刘逝彼，君之宗之。刊。

○燕及皇天克昌厥后。

《春秋》：

○盟蔑，盟宿（隐元），盟唐，盟密，石门（隐三），如齐至，蔑如京（宣九），如齐至，归济西（宣十）。

○伐卫（庄五），救卫，入卫，至伐，归俘（庄六）。

○战必败绩（宣十二）。刊。

○如京，自京伐秦（成十三）。刊。

《礼记》：

○故祭帝于郊，本事也。刊。

○天则不言而信，治心者也。刊。

○君之及此言也百姓之德也。

○教顺成俗，谓盛德。

第二场

论：

○君得臣而万化行。刊。

诏诰表内科一道：

○拟汉明帝幸辟雍行大射养老礼诏（永平二年）。

○拟唐加左仆射房玄龄太子少师诰（贞观十三年）。

○拟宋翰林学士欧阳修等进《唐书》表（嘉祐五年）。刊。

判语五条：

○举用有过官吏。

○禁止师巫邪术。

○任所置买田宅。

○边境申索军需。

○修理桥梁道路。

第三场

策五道：

○帝王之治必尚文德，三圣之文必见于《四书》。刊。

○致治在君相之诚（唐康成五不足惧六可畏）。刊。

○史贵信直（孔子、司马迁、姚思廉、魏徵、崔浩、魏收、秦桧）。刊。

○前代制礼明刑之异，我朝礼革刑严之政。刊。

○足食足兵养士择吏。刊。

时会试之士几四千人，取梁储等三百五十人，刻程文二十篇。储世称长者，在武宗朝济难功居多。文章醇厚尔雅，所著有《梁文康公集》。官至少师，直内阁，谥文康。

中式举人三百五十名。

梁储，广东顺德县人，监生，《诗》。

杨文卿，浙江鄞县人，监生，《书》。

陈炷，福建闽县人，监生，《春秋》。

杨守阯，浙江鄞县人，监生，《易》。

邓炏，福建闽县人，儒士，《礼记》。

三月十五日，临策天下贡士。制曰：昔者三代圣王之化成天下，各有所尚，夏忠商质而周文也，享国既久，其迹可指言乎？生民以来，称至治必曰唐虞三代，今止言三代而不及唐虞者，然则唐虞独无所尚乎？史谓三王之道若循环，终而复始。春秋变周之文，从商之质，岂时然乎？质法天，文法地，果然否乎？汉损周之文，用夏之忠，有所据乎？唐宋二代历年亦久，有定尚乎？我太祖高皇帝肇造鸿业，变夷为夏，重修人纪，载整衣冠，有功于天地大矣。太宗文皇帝纂绍大统，中靖家邦，列圣相承，益隆治教。百余年来，海内渐涵仁义之泽厚矣，其所尚可名乎？若名曰忠，民情犹变诈而多讼，非忠也。若名曰质，民用犹奢靡而逾分，非质也。若名曰文，民俗犹粗鄙而鲜礼，非文也。名既不可，然则今之世，其如唐虞之无所尚乎？朕欲移风易俗，去其所谓忠质文之弊，悉囿斯人于皇极之中，行之自何始？子诸生明经待问久矣，兹咸造于廷，详著以献，朕将亲览焉。

时廷对之士三百五十人，赐曾彦等进士及第、出身有差。彦经书子史，穷探力索，必有得而后已，故屡踬场屋，贡升监胄，年几六十，志不少挫。时执政欲矫时弊，救文以质，以彦所对简约，遂置第一。彦质朴坦夷，在馆中年虽已长，退巽如后学。遇葡疹扣阍，论事甚切。官至侍读学士。是科包鼎、包瑚兄弟同登，选梁储等二十八人为庶吉士。后林俊、刘忠、杨廷和俱为名臣。

第一甲三名赐进士及第
　　曾彦，江西泰和县。
　　杨守阯，浙江鄞县。
　　曾追，江西泰和县。
第二甲一百十名赐进士出身
　　梁储，广东顺德县。
　　吴雄，羽林左卫。
　　戴豪，浙江太平县。
　　朱临，江西安福县。
　　沈继光，浙江仁和县。
　　唐敦，江西安福县。
　　傅凯，福建南安县。
　　杨文卿，浙江鄞县。
　　黎复登，四川长寿县。
　　黄翼之，四川眉州。
　　张溁，广西平南县。
　　周璁，江西安仁县。
　　王楫，南直隶虹县。
　　毛科，浙江余姚县。
　　王钦，应天府上元县。
　　周渊，江西庐陵县。
　　陈璃，南直隶长洲县。
　　杨杰，山西平定州。
　　革从时，四川成都后卫。
　　孙衍，南直隶华亭县。
　　蔡相，顺天府大兴县。
　　刘纪，四川绵竹县。
　　刘质，江西临川县。
　　许英，陕西澄城县。
　　戈孜，直隶景州。
　　毕孝，河南河南卫。
　　林俊，福建莆田县。
　　吴昭，福建莆田县。

张纲，南直隶来安县。

敖山，山东莘县。

纪振，直隶内黄县。

徐佑，直隶肃宁县。

刘濂，山东临清县。

蒋泰，浙江建德县。

刘忠，河南陈留县。

刘济，直隶赵州。

伍性，四川荣县。

周鹏，湖广永明县。

伊乘，应天府上元县。

吴纪，湖广衡山县。

孙珪，山东福山县。

陈琬，广西全州。

周纮，山西阳曲县。

于材，湖广宁远县。

赵璧，府军卫。

王珦，南直隶祁门县。

刘允中，江西高安县。

田铎，山西阳城县。

姚绍，广东潮阳县。

李德美，福建莆田县。

陈震，浙江杭州卫。

沈云，南直隶长洲县。

高鉴，河南信阳县。

孙春，河南尉氏县。

冯珏，浙江诸暨县。

张璞，直隶滑县。

李韶，四川富顺县。

陈粟，南直隶上海县。

袁弼，山东章丘县。

杨鼐，江西丰城县。

陈章，南直隶华亭县。

虞臣，南直隶昆山县。

张约，江西乐平县。

林墅，福建闽县。

严永溏，湖广华容县。

张耀，浙江仁和县。

吴裕，南直隶休宁县。

徐鹏，直隶清苑县。

李泰，江西新城县。

刘昭，直隶新安县。

冯忠，浙江慈溪县。

姚伦，河南汝州。

周鹏，江西玉山县。

汪藻，四川内江县。

贾定，河南通许县。

林璿，福建长乐县。

林旻①，福建闽县。

罗安，湖广益阳县。

邓炆，福建闽县。

崔文翰，山东曲阜县。

林霄，浙江太平县。

徐智，锦水卫。

袁清，南直隶邳州卫。

罗鉴，湖广茶陵州。

吴超，福建漳浦县。

黄文琳，福建莆田县。

江澜，浙江仁和县。

缪昌，南直隶无锡县。

孙博，直隶景州人，山东济南府学训导。

张九功，河南陕州。

熊禄，江西进贤县。

周信，福建福清县。

龙腾霄，江西吉水县。

郭宗，辽东辽海卫。

车玺，顺天府宛平县。

宋礼，顺天府大兴县。

赵昂，江西南城县。

刘则和，福建长乐县。

---

① 《索引》作"林昊"。

沙璧，河南商城县。

钱鉴，浙江杭州卫。

包鼎，浙江嘉兴县。

宋明，直隶濬县。

宋琮，陕西陇西县。

周荣，江西乐平县。

张韶，浙江慈溪县。

宗钺，南直隶宜兴县。

李祥，广东南海县。

陈邦瑞，福建莆田县。

马廷用，四川西充县。

林荣，广东合浦县。

第三甲二百三十七名赐同进士出身

朱悌，福建莆田县。

许璘，南直隶华亭县。

林则方，福建长乐县。

葛萱，南直隶高邮州。

萧集，江西泰和县。

曹璘，湖广襄阳县。

余完，福建侯官县。

丁玑，南直隶丹徒县。

荆茂，湖广宁远卫。

王本俭，湖广麻城县。

王建，江西进贤县。

闻人玘，浙江余姚县。

黄钟，四川合州。

吴湜，南直隶歙县。

汪舜民，南直隶婺源县。

沈清，直隶抚宁卫。

赵荣，湖广醴陵县。

刘翔，直隶献县。

刘琬，江西宜春县。

李榘，直隶任丘县。

欧阳复，湖广衡州卫。

丁隆，江西南昌县。

蒲钢，广东南海县。

王宏，锦衣卫镇抚司。

畅亨，山西河津县。

贾锭，河南安阳县。

李华，云南大理卫。

丁佑，江西南昌县。

刘宪，湖广益阳县。

高璁，直隶滦州。

孙玗，南直隶徐州。

邹贤，四川内江县。

丁积，江西宁都县。

丁昶，云南蒙化卫。

周仲芳，湖广江夏县。

钮清，浙江会稽县。

朱昂，湖广沅陵县。

陈宽，直隶新河县。

钟雅，广东归善县。

李德仁，顺天府东安县。

陈绮，浙江太平县。

郑珏，河南归德州。

周南，浙江缙云县。

李政，河南叶县。

管通，直隶东光县。

钱镛，浙江仁和县。

姜洪，南直隶广德州。

刘玗，浙江上虞县。

过鹤，南直隶无锡县。

孙纮，浙江鄞县。

冯瑢，南直隶绩溪县。

陈烓，福建闽县。

连盛，直隶永年县。

张伦，陕西平凉卫。

陈文玉，福建闽县。

徐目贞，山东长山县。

任弘，四川南充县。

何悌，四川合州。

王倬，南直隶昆山县。

吴球，福建莆田县。

顾达，南直隶大河卫。

张继，陕西凤翔县。

胡富，南直隶绩溪县。

郑杰，山西洪洞县。

苏泰，山东历城县。

吕渭，湖广蕲水县。

蒋蕃，江西上饶县。

黄节甫，福建莆田县。

徐纲，四川遂宁县。

赵瑛，神武右卫。

鲁义，辽东定辽卫。

许潜，南直隶贵池县。

刘机，顺天府大兴县。

王屏，南直隶华亭县。

张泽，山西泽州。

胡谅，顺天府腾骧卫。

袁庆祥，江西雩都县。

张冕，直隶长垣县。

杨缙，山西闻喜县。

蒋廷贵，南直隶长洲县。

钟瓛，江西吉安府永丰县。

杜瑄，直隶永年县。

刘缨，南直隶苏州卫。

刘彬，江西吉安府永丰县。

李经，万全都司。

王鲸，河南祥符县。

徐昇①，江西丰城县。

张泰，直隶肃宁县。

李俨，直隶高阳县。

曹玉，应天府江宁县。

林时润，福建长乐县。

张琏，彭城卫。

朱寰，山西都司。

_____

① 《索引》作"涂昇"。

陈崇，福建怀安县。

刘岳，江西安仁县。

郑仁宪，顺天府大兴县。

周洪，南直隶上海县。

陈亮，南直隶广德州。

李瓒，山西临汾县。

陈钺，四川巴县。

茆钦，直隶卢龙县。

管琪，南直隶昆山县。

何文缙，广东南海县。

许坦，福建闽县。

谢文，陕西金州。

王和，直隶迁安县。

张芮，山西安邑县。

王铉，大宁中卫。

才宽，直隶迁安县。

邓概，江西新淦县。

刘廷瓒，河南光州。

包裕，广西桂林卫。

房明，山东长清县。

夏崇文，湖广湘阴县。

萧英，彭城卫。

龚弘，南直隶嘉定县。

倪进贤，南直隶婺源县。

张境，福建永福县人，南直隶山阳县学训导。

熊达，江西南昌县。

李暹，江西吉水县。

王汶，浙江义乌县。

周源，福建同安县。

明经，四川内江县。

宋鉴，山西阳城县。

杨廷和，四川新都县。

牛通，山西大同县。

刘洪，湖广安陆卫。

吴世腾，福建莆田县。

宋汉，山东胶州。

汪宗礼，南直隶繁昌县。

陈瑞，四川忠州。

赵宽，直隶清苑县。

丁炼，江西丰城县。

孙识，山东商①河县。

吕璋，河南许州。

周膺，南直隶武进县。

康厚，河南祥符县。

章忱，浙江会稽县。

李善，陕西陇州。

杨时畅，陕西咸宁县。

王相，河南商水县。

韩镐，河南卢氏县。

杜桓，富峪卫。

吴道宁，河南河内县。

张矗，浙江归安县。

王进，应天府上元县。

董豫，浙江会稽县。

韦斌，南直隶大河卫。

周弁，山东高密县。

杜忠，河南河阴县。

史劢，南直隶山阳县。

褚潭，浙江天台县。

刘逊，江西安福县。

叶应，广东归善县。

施恕，浙江开化县。

夏祚，南直隶当涂县。

武卫，山东沂水县。

马龙，山东齐东县。

翟能，直隶河间县。

李增，直隶新城县。

白瑾，浙江山阴县。

王鉴之，浙江山阴县。

王存礼，陕西阶州千户所。

---

① "商"为"商"之讹。

周濬，江西安福县。

苏锡，福建龙岩县。

吴文，江西庐陵县。

周叙，广东南海县。

高纶，山西蔚州。

蒋钦，江西上饶县。

张经，腾骧右卫。

张翚，云南中卫。

胡溥，河南汤阴县。

谢珪，广东海阳县。

马琇，河南罗山县。

马懋，腾骧右卫。

鲜荣，四川灌县。

徐礼，浙江余杭县。

熊经，湖广麻城县。

史瑛，山西稷山县。

尹陵，湖广京山县。

张晟，山东章丘县。

包蒲，浙江嘉兴县。

黄颐，湖广蒲圻县。

李瑞，河南汲县。

郑达，南直隶歙县。

黄肃，应天府六合县。

杜整，浙江平阳县。

刘芳，广东阳江县。

江贵，南直隶歙县。

谭溥，四川泸州人，山东旧县驿驿丞。

龙德周，江西永新县。

唐恺，山东阳信县。

王宾，四川铜梁县。

王温，山东长清县。

王朝器，福建莆田县。

徐说，南直隶宣城县。

韩昂，云南前卫。

吴秀，江西余干县。

王谦，山西太平县。

方进，南直隶歙县。

谭肃，山东寿张县。

戚庆，河南西平县。

刘清，江西德化县。

刘玑，山东临清州。

张万钟，四川资县。

陈良佐，湖广华容县。

汪滢，南直隶绩溪县。

郑璠，福建闽县。

魏玺，南直隶山阳县。

陈嘉章，四川富顺县。

陈纹，应天府上元县。

尹世昌，直隶定州。

刘聪，直隶蓟州卫。

郑惟桓，顺天府大兴县。

祁司员，浙江山阴县。

姜绾，江西弋阳县。

洪远，南直隶歙县。

侯观，直隶雄县。

杜荣，山西应州。

杜明，河南祥符县。

黄辅政，四川富顺县。

涂畴，江西丰城县。

陈常，四川长寿县。

周文，湖广澧州。

韩绍宗，陕西朝邑县。

吴道宁，河南光山县。

徐宪，河南安阳县。

李时新，浙江余姚县。

韩重，山西绛州。

赵博，山西黎城县。

丁绅，山西朔州卫。

金福，锦衣卫。

凌文献，浙江遂安县。

冯镐，河南信阳县。

古其然，四川永川县。

张鉴，南京府军卫。

王佐，山西和顺县。

庚子　成化十六年两京十三藩乡试

解元（是科□□□①为浙江考官，取李旻第一，王华次之，后相继登状元，可谓知人矣。）

顺天府：白钺，南宫县，《易》，甲辰。

应天府：贡钦，宣城县，《诗》，甲辰。

浙江：李旻，钱塘县，《易》，甲辰。

江西：季源，进贤县，《书》，丁未。

福建。

湖广：何说，郴州学生，《易》，辛丑。

河南：阴缨。

山东：高岳，泰安州，《易》，甲辰。

山西：李瀚，沁水县学生，《诗》，辛丑。

陕西：周凤，长安县学生，《诗》，辛丑。

四川：王嘉庆，洪雅县，《易》，甲辰。

广东：涂瑞，番禺县，《书》，丁未。

广西。

云南附贵州：张志淳，金齿司学生，《书》，甲辰。

辛丑　成化十七年会试

考试官：

太常寺卿兼学士徐溥，见乙未。

少詹事兼学士王献，惟臣，浙江仁和县人，辛未进士。

第一场

《四书》：

○出门如见，大祭。刊。

○执其两端用其中于民。刊。

○君子之所为，不识也。刊。

《易》：

○大亨贞无咎而天下随时。刊。

----

① 原被挖去。

○有孚威如终吉。

○刚柔者立本者也。刊。

○知几其神乎，万夫之望。

《书》：

○明四目，达四聪。

○山川鬼神，咸若。刊。

○其曰我受天命，有殷历年。刊。

○尔有嘉谋，尔后于内。

《诗》：

○彼其之子邦之彦兮。

○夜如何其，鸾声将将。刊。

○有命自天，笃生武王。刊。

○嗟嗟烈祖，汤孙之将。

《春秋》：

○盟首止，郑逃（僖五），伐围新城（僖六），践土，王所，会温，河阳，王所，围许（僖二十八）。刊。

○伐郑书救（成六），伐郑会救马陵（成七）。刊。

○作三军（襄十一），会中军（昭五），伐莒（昭十）。

○召陵侵楚，柏举败绩（定四）。

《礼记》：

○命太史陈诗以观民风。

○使老有所终，幼有所长。

○是故乐在宗庙，和亲。刊。

○是故天子亲耕，齐盛。刊。

第二场

论：

○圣贤道在万世。刊二篇。

诏诰表内科一道：

○拟汉令郡国求遗贤诏。

○拟唐以郭子仪为河中节度等使诰（广德二年）。

○拟经筵儒臣进唐《贞观政要》表。刊。

判语五条：

○出使不复命。

○私借官车船。

○官文书稽程。

○不操练军士。

○造作不如法。

第三场

策五道：

○三诰三书以为教，大明律一书以为政。刊。

○古今之乐，诸儒之论（王朴、李照、范镇、司马光、陈旸、蔡元定）。刊。

○欲教养人才，在躬行心得。刊。

○东南之贡赋何以恒足，东北之兵食何以恒足。刊。

○典兵牧马赋敛漕运之宜。刊。

时会试之士四千人，取赵宽等三百人，刻程文二十一篇。宽官至按察使。

中式举人三百名。

赵宽，南直隶吴江县人，监生，《书》。

孙交，湖广安陆州人，监生，《礼记》。

王敞，应天府学生，《诗》。

陈宣，浙江平阳县人，监生，《易》。

欧阳旦，江西安福县人，监生，《春秋》。

三月十五日，临策天下贡士。制曰：朕祇奉丕图，究惟化理，欲追三代，以底雍熙，不可不求定论焉。夫三代之王天下，必有纪纲法度，然后可以言治，而议者乃谓三代之治，在道不在法，岂法无所用乎？圣王立法，必有名以表实，然后可以传远，而议者乃谓三代之法，贵实不贵名，岂名非所先乎？治不在法，则继以仁政之说似戾；法不贵名，则必也正名之说似迂。二者将何所从也？嗣是称治者，莫过于汉唐宋。汉大纲正，于父子君臣之道盖得矣，而其治何以不能继夫周？七制之君知重道者孰优乎？唐万目举，如田赋兵刑之法近实矣，而其治何以不相远于汉？三宗之内能守法者孰贤乎？至宋则大纲正，万目未尽举，似于唐不及。然又谓其家法有远过汉唐，足以致太平者八事，而并指其君之贤，其说又何所据也？夫法不徒行，名不苟立，古之人必有处乎此者，而后世获效之不同如彼，何也？兹朕于道必欲探其精微之蕴，于法必欲参其制作之详，于所谓名与实者，必欲考求三代之所以相须而治，汉唐宋之所以不相须而治不古若者，庶几取舍明而跻世雍熙可期也。诸生学古通今，出膺时用，必审知之矣，其各殚心以对，毋略毋泛，朕将采而行焉。

时廷对之士二百九十八人，赐王华等进士及第、出身有差。华偶书宋朝家法过汉唐八事于扇，及殿试命是题，敷衍详悉，擢第一。官至南京礼部尚书。子守仁，弘治己未举会试第二，为名臣。是科张吉为理学名臣，宋端仪理学有名，陶琰、艾璞俱有名。

第一甲三名赐进士及第

王华，浙江余姚县。

334

黄珣，浙江余姚县。

张天瑞，山东清平县。

第二甲九十五名赐进士出身

胡玉，南直隶泰州千户所。

程文，广东高要县。

宋端仪，福建莆田县。

郑瑗，福建莆田县。

胡璟，应天府江宁县。

东思诚，陕西华州。

杨奇，山西壶关县。

陈秉彝，南直隶沭阳县。

赵宽，南直隶吴江县。

张瓒，河南汤阴县。

孙交，湖广安陆州。

喻宗府，湖广麻城县。

欧锐，四川眉州。

薛瑛，南直隶长洲县。

魏绅，山东曲阜县。

原洁，河南胙城县。

刘绍玄，湖广通城县。

骆珑，浙江诸暨县。

江潭，江西丰城县。

郭祥鹏，江西泰和县。

沈林，南直隶长洲县。

陈效，南直隶南陵县。

王樾，江西泰和县。

阎江，山东乐安县。

李旦，陕西榆林卫。

张吉，江西余干县。

李思仁，山西阳曲县。

胡瑄，浙江德清县。

陈伦，浙江余姚县。

彭福，江西乐平县。

谈诏，南直隶上海县。

顾雄，南直隶通州。

石巍，山东曹县。

尚缙，河南睢阳卫。

常麟，浙江嘉兴县。

徐宽，浙江海宁所。

晏辙，四川泸州。

陶琰，山西绛州。

艾璞，江西南昌县。

王济，浙江乌程县。

彭程，福建瓯宁县。

王宥，浙江淳安县。

毛宪，浙江余姚县。

饶泗，江西进贤县。

彭甫，福建莆田县。

翁迪，浙江余姚县。

陈周，南直隶无锡县。

范瑶，直隶阜城县。

王玘，浙江遂昌县。

马龙，河南阳武县。

林璜①，福建怀安县。

周凤，陕西西安卫。

冯良辅，广西宜山县。

张廉，云南越州卫。

孙霖，南直隶长洲县。

王瓒，陕西通渭县。

赵仲辉，山西闻喜县。

汤冕，南直隶华亭县。

车霆，山西石州。

王琳，浙江嘉善县。

富玹，浙江萧山县。

陈勏，山东单县。

徐贵，浙江武义县。

章启，武功中卫。

宋旭，浙江奉化县。

孙昰，南直隶金坛县。

娄性，江西上饶县。

---

① 《索引》作"林镄"。

夏英，江西德化县。

庄宥，福建闽县。

刘珏，四川内江县。

胡积学，四川巴县。

赵浑，福建漳浦县。

吕和，四川大竹县。

刘富，义勇前卫。

何说，湖广郴州。

方向，南直隶桐城县。

张铨，浙江钱塘县。

翁岩，福建莆田县。

顾源，南直隶长洲县。

邵诚，浙江太平县。

陈宪，福建闽县。

陈义，福建福清县。

陈宣，浙江平阳县。

康绍宗，永清右卫。

黄俌，浙江太平县。

马体元，陕西秦州。

韩鼎，陕西合水县。

余洪，江西南昌县。

吴彦华，南京留守后卫。

沈庠，应天府上元县。

胡宗道，陕西扶风县。

张铠，顺天府平谷县。

王敞，南京锦衣卫。

侯直，南直隶华亭县。

芮稷，南直隶宜兴县。

第三甲二百名赐同进士出身

张应奎，山东蒲台县。

陈良器，浙江仁和县。

孙琰，山东福山县。

姚隆，江西临川县。

倪戬，南直隶华亭县。

史简，河南洛阳县。

刘让，四川广安州。

许锐，山东登州卫。

谢督，南直隶祁门县。

郭文旭，福建闽县。

冯玘，中都怀远县。

林沂，福建莆田县。

左辅，江西进贤县。

王寅，直隶容城县。

李荣，广西苍梧县。

徐谏，浙江余姚县。

陈良，浙江嘉兴县。

江澂，江西南城县。

王表，河南四平县。

王恩，南直隶华亭县。

李澄，河南西华县。

吴凤鸣，南直隶华亭县。

韩福，陕西西安卫。

张寅，直隶冀州。

郭文，陕西秦州卫。

吴一贯，广东海阳县。

薛承学，南直隶武进县。

王定安，顺天府大兴县。

李玑，右军都督府。

欧阳旦，江西安福县。

王瑶，浙江鄞县。

宋守约，河南河内县。

马炳然，四川内江县。

张祯，山东平度州。

李锐，河南归德州。

陈振，浙江鄞县。

蒋勋，直隶肥乡县。

程文，河南确山县。

侯明，河南洛阳县。

陈崇德，福建长乐县。

李端，湖广枣阳县。

孙治，江西清江县。

胡昂，直隶定兴县。

王旋，直隶长垣县。

汤建，江西吉水县。

黄克守，福建侯官县。

黄琏，山东济阳县。

王鼎，福建福州中卫。

张弘宜，南直隶华亭县。

余濬，浙江慈溪县。

郭纤，浙江临海县。

萧翀，四川内江县。

邓应仁，广东南海县。

李芳，四川宜宾县。

张濬，山西代州。

邹祥，山东德州。

樊廷选，福建长乐县。

吕卣，南直隶无锡县。

刘聚，陕西永寿县。

叶元玉，福建清流县。

杨纶，南直隶丹阳县。

宁贤，直隶定边卫。

张智，直隶巨鹿县。

张凤，江西宜春县。

陈延，南直隶定远县。

叶预，南直隶常熟县。

张烜，福建福清县。

杨炼，河南灵宝县。

赵弼，云南太和县。

刘玑，陕西咸宁县。

张祺，武功中卫。

李厚，直隶任县。

王泰，山西翼城县。

廖铉，四川崇庆州。

汪律，山西乐平县。

傅潮，江西新喻县。

汪儇，江西弋阳县。

黄华，南直隶歙县。

荣华，陕西蓝田县。

常新，河南襄城县。

王槐，山西阳曲县。

韩春，直隶蠡县。

林堪，福建莆田县。

周谧，山西群牧所。

张鸾，陕西咸宁县。

李咨，直隶故城县。

马良玉，四川成都中卫。

梁伟，河南柘城县。

梁巩，广东新会县。

王一言，四川内江县。

张安，陕西环县。

张璠，四川南溪县。

袁㢘，浙江慈溪县。

林塘，福建侯官县。

曹凤，河南新蔡县。

张桓，江西浮梁县。

梅纯，南京京卫。

曾禄，广东博罗县。

张宁，南直隶无为州。

张恕，顺天府霸州。

朱栻，南直隶昆山县。

周应熙，江西安福县。

李瀚，山西沁水县。

姜学夔，浙江嘉兴县。

倪珏，福建闽县。

吴裕，武功中卫。

黄琪，湖广永兴县。

林籥，福建闽县。

蔡暹，湖广江陵县。

刘继，直隶藁城县。

汪瀚，四川开县。

刘涣，湖广江陵县。

何淮，顺天府大兴县。

鲁永清，湖广蕲水县。

刘勋，江西泰和县。

陈铨，湖广永州卫。

姚祥，广东归善县。

龙用升，江西吉水县。

熊宗德，南京锦衣卫。

丘相，湖广孝感县。

贾宗锡，南直隶常熟县。

林世远，广东四会县。

卢格，浙江东阳县。

何文英，广东顺德县。

刘道立，河南杞县。

黄祥，河南罗山县。

杜源，直隶昌黎县。

储材，南直隶宜兴县。

廖纯，江西新喻县。

杨春，四川新都县。

程愈，浙江淳安县。

萧义，江西宜春县。

田渊，陕西洛川县。

李宗泗，四川彭县。

李时，四川成都中卫。

郑轼，江西广信府永丰县。

郑淮，江西吉水县。

刘盛之，山西代州。

徐钦，锦衣卫。

梁文，江西龙泉县。

顾景祥，顺天府大兴县。

梁敬，广东高要县。

吴翯，浙江黄岩县。

陈润，浙江临安县。

杨塛，浙江瑞安县。

余绚，浙江兰溪县。

于凤喈，山东莱阳县。

张敏，南直隶祁门县。

谢缉，江西乐安县。

葛镛，南直隶嘉定县。

王章，陕西肤施县。

王杲，云南临安卫。

叶峦，南直隶常熟县。

张宜珍，福建莆田县。

孙衍，顺天府大兴县。

许节，湖广江夏县。

王岳，南直隶灵璧县。

张隆，山西夏县。

丘天祐，福建莆田县。

莫立之，浙江钱塘县。

窦祥，河南巩县。

张文，河南河南卫。

朱英，直隶博野县。

魏英，浙江慈溪县。

韩庭，直隶晋州。

高云，南直隶山阳县。

佘璘，直隶滦州。

张缙，南直隶华亭县。

周琦，广西马平县。

李振纲，河南封丘县。

常轨，山西沁水县。

赵銮，湖广江陵县。

张阁，浙江会稽县。

汪坚，南直隶婺源县。

张琳，山西大同左卫。

崔瓒，直隶易州。

闻钊，南直隶常熟县。

郑禼，广东海阳县。

黄琪，顺天府大兴县。

孔经，福建邵武县。

张鉴，山东历城县。

赵进，河南郾城县。

李淡，河南祥符县。

崔岩，湖广郴州。

张杲，直隶长垣县。

徐智，山东范县。

曲锐，山东莱阳县。

郭秉昭，湖广桂阳县。

马祥，陕西同州。

郭绪，河南太康县。

王佑，山东肥城县。

温玺，四川华阳县。

崔玙，直隶晋州。

李文安，四川内江县。

蔺琦，山东德平县。

张佐，湖广黄州卫。

王纯，浙江仙居县。

曹佺，湖广永兴县。

耿埰①，河南杞县。

蒋潊，江西上饶县。

癸卯　成化十九年两京十三藩乡试

解元

顺天府：张赞，锦衣卫，《书》，丁未。

应天府：储巏，泰州学生，《诗》，甲辰。

浙江：周泽。

江西：杨廉，丰城县，《易》，丁未。

福建：陈仁，莆田县，《书》，丁未。

湖广：杨纯。

河南：王鸿儒，南阳县，《书》，丁未。

山东：徐崇德。

山西：车相，石州学增广生，《易》，甲辰。

陕西：林廷玉，平凉府学生，《礼记》，甲辰。

四川：刘春，巴县，《礼记》，丁未。

广东：陈经纶，新会县，《易》，丁未。

广西：蒋冕，全州，《书》，丁未。

云南附贵州。

---

① 《索引》作"耿瑛"。

甲辰　成化二十年会试

考试官：

　　詹事兼学士彭华，见戊戌。

　　左庶子刘健，希贤，河南洛阳县人，庚辰进士。

第一场

　　《四书》：

　　○人能弘道非道弘人。刊。

　　○是故君子戒慎，不闻。刊。

　　○物皆然心为甚。刊。

　　《易》：

　　○直方大，所行也。刊。

　　○圣人亨以享，养圣贤。

　　○富有之谓大，盛德。刊。

　　○仰则观象，作八卦。

　　《书》：

　　○帝乃诞敷，有苗格。刊。

　　○各守尔典，朕弗敢蔽。

　　○其作大邑，自时中乂。

　　○昔在文武，咸怀忠良。刊。

　　《诗》：

　　○王在在镐有那其居。刊。

　　○受天之祜，不遐有佐。

　　○夙兴夜寐，用逷蛮方。刊。

　　○敬之敬之，命不易哉。

　　《春秋》：

　　○伐山戎（庄三十），伐楚次，完盟召陵（僖四）。刊。

　　○围宋，盟宋（僖二十七），侵曹伐卫，救卫（僖二十八）。

　　○夏姑围戚（哀三）。

　　○会黄池（哀十三）。刊。

　　《礼记》：

　　○故人者天地，端也。

　　○大学之教也，游焉。刊。

　　○和故百物，皆别。刊。

第二场

　　论：

○文以载道。刊三篇。

诏诰表内科一道：

○诏，缺。

○诰，缺。

○拟诏修阙理①宣圣庙袭封衍圣公谢表。刊。

判语五条：

○私卖战马②。

○伪造宝钞。

○盗决河防。

第三场

策五道：

○前代制作多资继世，太祖典章精密可传。刊。

○公荐举以杜侥倖，明义理以息奔竞。刊。

○朱子辨太极图之非老，程子辨西铭之非墨。刊。

○治西北井田之废，保东南财赋之盛。刊。

○前代御戎有得失，今日御戎在内治。刊。

时会试之士四千有奇，取储巏等三百人，刻程文二十一篇。巏为文简古多思，有晋唐之风。狷介清修，而与物无竞，推引名士，振起阨穷。时公卿奔走逆瑾前，巏愧愤引疾去，屡起屡辞，其淳易恬静，人皆慕之。所著有《柴墟集》。官至南京吏部侍郎，谥文懿，为名臣。

中式举人三百名。

储巏，南直隶泰州学生，《诗》。

姚文灏，江西贵溪县学增广生，《书》。

华福，浙江余姚县人，监生，《易》。

倪纲，应天府句容县人，监生，《春秋》。

黄金，南直隶定远县人，监生，《礼记》。

三月初一日，临策天下贡士。制曰：朕闻治道之要有三，曰立志、责任、求贤。古帝王心法相传，理欲明辩，建官分职，贤俊毕登，于斯三者，无不至矣。其君臣之间所以交相儆畏，与其事功之详，治化之盛，可历言欤？后世愿治之君，孰不以唐虞三代为法，然究其实，不能无疑。石渠讲经，连屏书事，崇儒有论，鉴古有记，立志笃矣，何躬修玄默、质任自然者，治效独优欤？公卿省寺，两府台谏，兼摄有宜，总察有方，责

---

① "理"疑为"里"之讹。

② 此条前原有数字空格，疑为另外两条判语之位置。

任当矣，何日不暇给、役己利物者，功业独胜欤？郡国公府，皆得荐士，四科九品，随材甄擢，举贤博矣，何杖策相从、躬驾枉顾者，得人独异欤？之数君者，其所建立施为，果皆本于儆畏所致，抑亦随其才力所就而然欤？迹其事功治化，视唐虞三代，可能企及否欤？朕嗣守祖宗鸿业，夙夜祗勤，惟恐制治保邦未尽其道，期于大小庶官咸称厥任，穷陬蔀屋罔有遗逸，如古帝王熙皞之世，果何修而致是欤？诸生博古通今之学，明习济时之务，其参酌内外本末，悉心以对，毋徒缪①于见闻而为故常之论，朕将资以裨治焉。

时廷对之士三百人，赐李旻等进士及第、出身有差。陈氏鎏评王华、李旻二状元，王深造诣，李优才致。旻官至礼部左侍郎。是科李赞、李贡兄弟同登。后蔡清为理学名臣，储巏、邵宝、王云凤俱为名臣。

第一甲三名赐进士及第

　　李旻，浙江钱塘县。

　　白钺，直隶南宫县。

　　王敕，山东历城县。

第二甲九十四名赐进士出身

　　储巏，南直隶泰州。

　　王琼，山西太原县。

　　陶嵩，浙江缙云县。

　　张志淳，云南金齿卫。

　　唐锦舟，四川达县。

　　王嘉庆，四川洪雅县。

　　侯泰，直隶雄县。

　　邓鼎，江西泰和县。

　　沈杰，南直隶长洲县。

　　朱文，南直隶昆山县。

　　卢锦，四川长寿县。

　　周东，直隶阜城县。

　　马辂，河南陈留县。

　　崔文奎，山东新泰县。

　　杨循吉，南直隶吴县。

　　贡钦，南直隶宣城县。

　　黄鉴，广东南海县。

　　邵宝，南直隶无锡县。

------

　　①　"缪"疑为"胶"之讹。

牟正初，四川巴县。

罗昕，广东番禺县。

刘概，山东济宁州。

李侃，江西玉山县。

王益谦，南直隶安东县。

朱继祖，江西高安县。

盛洪，南直隶昆山县。

吴瀚，南直隶歙县。

王纶，浙江慈溪县。

郑文镖，浙江临海县。

马璘，南京锦衣卫。

黄金，南直隶定远县。

王爵，江西安福县。

郭玉，山东恩县。

高岳，山东泰安州。

刘棐，江西安福县。

乔宇，山西乐平县。

敖毓元，江西新喻县。

方璋，福建莆田县。

李赞，南直隶芜湖县。

王钺，陕西同州。

臧麟（复孟姓），山东曲阜县。

张楫，江西建昌县。

郑昊，福建长乐县。

李贡，南直隶芜湖县。

何宗贤，陕西泾州。

刘琼，福建怀安县。

许纶，浙江钱塘县。

车相，山西石州。

胡韶，江西鄱阳县。

石璧，福建长乐县。

丘镐，南直隶长洲县。

陈昌，南直隶无锡县。

傅锦，浙江余姚县。

吕大川，浙江新昌县。

宁诜，广东东完①县。

张诩，广东番禺县。

郁容，南直隶常熟县。

杨守隅，浙江鄞县。

祝萃，浙江海宁县。

黄宝，湖广长沙县。

祝伫，江西德兴县。

鲍楠，南直隶歙县。

程崧，江西德兴县。

陈大章，南直隶盱眙县。

吴山，南直隶高邮州。

詹玺，江西贵溪县。

欧信，顺天府蓟州。

施槃，浙江黄岩县。

陈恺，南直隶昆山县。

金祺，浙江丽水县。

莫聪，南直隶无锡县。

傅谧，南直隶崇明县。

胡倬，广西临桂县。

蔡清，福建晋江县。

王云凤，山西和顺县。

王璘，羽林前卫。

舒玠，江西靖安县。

胡瑞，湖广内乡县。

胡询②，福建南安县。

席勤学，陕西邠州。

张朝用，四川泸州。

纪经纶，河南兰阳县。

黄瓒，南直仪真县。

李承恩，湖广嘉鱼县。

王淮，福建福宁州。

郑洪，顺天府大兴县。

张镇，浙江临海县。

----

① "完"为"莞"之讹。

② 《索引》作"胡询"。

胡金，湖广汉阳县。

刘缜，江西安福县。

盛云，浙江余杭县。

黎民表，湖广华容县。

庞泮，浙江天台县。

陈雍，浙江余姚县。

胡荣，四川井研县。

刘宗儒，顺天府霸州。

第三甲二百三名赐同进士出身

吴叙，浙江余姚县。

于茂，山东宁海州。

汪宗器，南直隶繁昌县。

李绍，湖广均州千户所。

赵坤，浙江慈溪县。

安惟学，山西临汾县。

祁仁，浙江山阴县。

王玉，浙江临海县。

刘玮，浙江海盐县。

俞雄，南京留守卫。

张贤，河南祥符县。

刘芳，浙江丽水县。

黄珂，四川遂宁县。

朱璧，贵州贵州卫。

郝天成，山西平定州。

王质，万全都司怀来卫。

王溥，湖广江夏县。

宗彝，湖广随州。

马銮，山西太平县。

王璠，陕西宁远县。

胡孝，南直隶宜兴县。

王溥，四川龙州宣抚司。

朱恩，南直隶华亭县。

吴琏，广东南海县。

龚嵩，四川富顺县。

程玠，南直隶歙县。

姚斌，直隶永年县。

赖世传，福建清流县。

陆宁，浙江会稽县。

吴学，南直隶无锡县。

滕祐，福建建安县。

倪纲，应天府句容县。

周进隆，福建莆田县。

章蕃举，江西临川县。

包羲民，广东合浦县。

毛广，浙江平湖县。

曹昺，南直隶吴县。

杨琏，陕西洛南县。

徐杰，南直隶繁昌县。

张善，山东历城县。

李庭芳，湖广巴陵县。

何琛，四川成都后卫。

孟準，山西辽州。

欧阳晳，江西安福县。

俞振英，浙江新昌县。

杨纶，陕西安化县。

沈华，四川长宁县。

朱希古，南直隶常熟县。

王昂，广东揭阳县。

潘珏，南直隶婺源县。

姚继，福建闽县。

张闻，陕西鄜州。

邢义，山东济阳县。

华烈，南直隶无锡县。

姜清，神武左卫。

张翼，山西介休县。

张敝，山西阳城县。

毛玘，直隶任县。

马骧，陕西朝邑县。

戴同，福建闽县。

马昇，广东河源县。

姚寿，南直隶舒城县。

马碁，直隶德州卫。

杨聪，直隶开州。

陈经，四川成都后卫。

樊瑀，顺天府文安县。

何义，南直隶江阴县。

沈元，浙江慈溪县。

林谨夫，福建闽县。

於珇，浙江嘉善县。

杨季芳，广东番禺县。

屈直，陕西华阴县。

汪宣，湖广江陵县。

黄芸，江西丰城县。

张子麟，直隶藁城县。

邵蕃，浙江余姚县。

沈瀚，南直隶昆山县。

刘显，陕西咸宁县。

吴锵，福建闽县。

祝献，浙江兰溪县。

姚文灏，江西贵溪县。

胡瑛，浙江永康县。

吕献，浙江新昌县。

周津，浙江慈溪县。

范轮，锦衣卫镇抚司。

南镗，陕西商州。

武衢，山东沂水县。

尹嘉言，江西泰和县。

张恺，南直隶无锡县。

王勤，四川遂宁县。

仇仁，直隶密云卫。

燕忠，直隶蓟州卫。

谢景星，直隶邯郸县。

孙怡，南直隶祁门县。

姜绶，江西安仁县。

王中立，江西安福县。

张泽，福建闽县。

蓝章，山东即墨县。

费铠，顺天府大兴县。

赵竑，顺天府大兴县。

吴泰，福建漳浦县。

史俊，顺天府蓟州。

华福，浙江余姚县。

张熊，江西德兴县。

张纶，富峪卫总旗。

王环，山东平阴县。

张文佐，河南西平县。

丘文瀚，广东保昌县。

陈杰，福建漳浦县。

马金，四川西充县。

张天衢，直隶高阳县。

林廷玉，福建侯官县。

张遇，河南项城县。

李宗儒，云南昆明县。

曾望宏，江西泰和县。

邵庄，浙江鄞县。

郑朔，广东海阳县。

赵亮采，山东齐河县。

楚荆瑞，河南荥阳县。

陈琳，辽东广宁卫。

曹祥，南直隶歙县。

崔锦，直隶山海卫。

高平，锦衣卫。

方荣，南直隶歙县。

夏昂，顺天府宛平县。

谢绥，山东朝城县。

程温，湖广祁阳县。

刘永，顺天府固安县。

华珏，南直隶无锡县。

凌山，湖广麻城县。

钱敬，直隶元城县。

阎玺，山西寿阳县。

边宪，直隶任丘县。

陆璱，顺天府大兴县。

邓卿，四川泸州。

郭镛，兴州右屯卫。

姚鸣和，福建莆田县。

税新，四川南溪县。

王肃，直隶滑县。

曾焕，江西吉水县。

孙冕，南直隶金坛县。

贾时，直隶归德卫。

黄广，南直隶颍上县。

郝镒，直隶河间县。

夏暹，云南云南左卫。

杨泽，直隶河间县。

姚珩，广东增城县。

吴槚，陕西三原县。

张镎，锦衣卫。

方荣，锦衣卫。

田彭，山西马邑县。

杨勉，直隶安州。

董时望，江西乐安县。

胡光，南直隶绩溪县。

林焕，福建闽县。

徐贡，江西泰和县。

薛俊，湖广龙阳县。

李希哲，河南郑州。

龚伯宁，湖广崇阳县。

舒昆山，湖广麻城县。

王镣，湖广零陵县。

马骕，陕西武功县。

李显，湖广桃源县。

庄溥，应天府江宁县。

范政，辽东广宁卫。

刘巽，江西丰城县。

李渭，广东新会县。

陈铎，河南阌乡县。

韩焘，直隶平乡县。

张谟，山东蒙阴县。

王琮，山东堂邑县。

黄华，福建莆田县。

张弼，河南鄢陵县。

王寿，江西吉安府永丰县。

丁翊，山东海丰县。

申磐，山西潞城县。

白圻，南直隶武进县。

叶世缨，广东番禺县。

冯允中，湖广永兴县。

李宪，山东临清县。

陈言，应天府上元县。

蔡坤，南直隶常熟县。

李浩，山西曲沃县。

于宣，河南西平县。

董朴，湖广麻城县。

王琰，湖广孝感县。

朱仪，四川成都右卫。

陆里，南直隶宜兴县。

汤珍，顺天府大兴县。

梁玺，山东聊城县。

徐鹏举，四川泸州。

李宗祐，南直隶嘉定县。

卢渊，广东香山县。

丁哲，浙江嵊县。

金献民，四川利州卫。

潘络，南京钦天监。

尹万化，江西泰和县。

林凤，南直隶嘉兴千户所。

危容，南直隶怀宁县。

刘昂，顺天府宛平县。

王铨，陕西隆德县。

黄山，江西高安县。

朱清，山东沂州。

丙午　成化二十二年两京十三藩乡试

解元

顺天府：罗玘，江西南城县人，监生，《诗》，丁未。

应天府：陈镐，应天府学生，《诗》，丁未。

354

浙江。

江西：江潮，贵溪县，《礼记》，己未。

福建：林启。

湖广：华峦，蕲州学生，《书》，己未。

河南：刘绅，汝阳县，《礼记》，庚戌。

山东：毛纪，莱州，《书》，丁未。

山西：张锦。

陕西：阎宇，商州，《书》，丙辰。

四川：邹智，合州学生，《书》，丁未。

广东：张绍龄，番禺县，《易》，丙辰。

广西：刘天麒，桂林右卫，《易》，壬戌。

云南附贵州：夏时。

是科礼部奏天下乡试录文多乖谬，乞将考试官训导黄全等追夺聘礼，令御史究问。

丁未　成化二十三年会试

考试官：

兵部尚书兼学士尹直，正言，江西泰和县人，甲戌进士。

右谕德吴宽，原博，南直隶长洲县人，壬辰进士。

第一场

《四书》：

○先有司赦小过举贤才。刊。

○考诸三王，知人也。刊。

○乐天者保天下。刊。

《易》：

○亨者嘉之会也。刊。

○利见大人亨，利有攸往。

○言出乎身，见乎远。刊。

○精义入神，德之盛也。

《书》：

○肆类于上帝，肆觐东后。刊。

○无偏无党王道荡荡。

○下民祇若万邦咸休。

○今往何监，监于兹祥刑。刊。

《诗》：

○定之方中，作于楚室。

○之子于征，展也大成。刊。

○王在灵囿，于牣鱼跃。

○有娀方将，式于九围。刊。

《春秋》：

○同盟幽（庄二十七）。

○会温，狩河阳（僖二十八），柏举败（定四）。刊。

○会郯，如会陈逃（襄七）。刊。

○会黄父（昭二十五）。

《礼记》：

○天子斋戒，百官斋戒受质。

○故礼达而分定。刊。

○君好之，则民从之。

○是故明君在上则诸臣服从。

第二场

论：

○人主和德于上。刊。

诏诰表内科一道：

○拟汉戒御史察计簿欺谩诏。

○拟唐以宋璟为黄门监苏颋同平章事诰。

○拟宋欧阳修谢赐汉书表。刊。

判语五条：

○事应奏不奏。

○私借官车船。

○僧道拜父母。

○宿卫人兵仗。

○老幼不拷讯。

第三场

策五道：

○制作（羲禹文武祖宗今上）。刊。

○儗孟子（韩昌黎、司马温公、李太伯、郑叔友、余隐之、朱子）。刊。

○官守贵成天下之务，言责贵定邦国之是。刊。

○欲知人才，在定纪纲，刊。

○洽乱不专于夷狄，御夷当先于内治。

时会试之士几四千，取程楷等三百五十人，刻程文二十篇。楷官至翰林院编修。
中式举人三百五十名。

程楷，江西乐平县人，监生，《诗》。

蒋浤，应天府上元县人，监生，《书》。

杨廉，江西丰城县人，监生，《易》。

潘府，浙江上虞县学生，《礼记》。

彭敷，南直隶华亭县人，监生，《春秋》。

三月十五日，临策天下贡士。制曰：自昔帝王创造丕图，必有贻谋，以为长治久安之计。夏商周之迹见于经，汉唐宋之事具于史。朕欲闻其纪纲统体、制度得失之详。迨其嗣世之君，欲保盈成以跻至治，一惟旧典是遵是用，其或久也，不能无偏而不举之处，则亦兴其滞，补其弊，期使斯民得被先王之泽，如夏启、商宗、周宣王是已。而汉唐宋之君，亦有能庶几者乎？朕欲究其奋励有为、功业可称之实。夫事不稽古，固无以证今。然徒泛论古之人，而不求今时之急务，亦非纳言之善也。昔朕太祖高皇帝奄一寰宇，建制垂宪，万世攸崇。太宗文皇帝定鼎两京，洪谟远略，光前裕后。列圣相承，益隆继述，斯民乐育于熙皞之治，已百二十年矣。然治极而弛，理势自然，祖宗良法美意，岂能悉祗承而无弊乎？肆朕倦倦以法祖为念，欲俾内外百司、群工庶职，咸思奋庸熙载，恪守夫典训而慎行之，毋滋偏失不举、名存实爽之议，用期吏称其职，民安其业，中国尊而四夷服，风雨时而嘉祥至，谅必有道矣。尔诸生皆学古通经，有志于世用者，其各直述以对，毋有所隐，朕将亲览焉。

时廷对之士二百五十一人，赐费宏等进士及第、出身有差。宏年十六举于乡，二十魁天下，四十五直内阁，官至少师，六十八终。在位多所匡正。所著有《自渐漫录》、《费文宪公摘稿》。谥文宪。子懋贤，嘉靖丙戌进士。是科石玠、石珤，陈镐、陈钦，蒋昇、蒋冕，俱兄弟同登。选程楷等三十人为庶吉士。后邹智为理学名臣，王鸿儒、傅珪、罗玘、吴廷举、石珤、杨廉俱为名臣，李文祥、杨子器俱有名。

第一甲三名赐进士及第

费宏，江西铅山县。

刘春，四川巴县。

涂瑞，广东番禺县。

第二甲一百一十名赐进士出身

程楷，江西乐平县。

王玺，四川合州。

季源，江西进贤县。

周夔，江西庐陵县。

刘孟，江西安福县。

任伦，河南睢阳县。

陈钦，南京钦天监。

王鸿儒，河南南阳县。

董威，直隶威县。

杨瑛，南直隶嘉定县。

蒋冕，广西全州。

祝瀚，浙江山阴县。

谢通，顺天府大兴县。

陈镐，南京钦天监。

卢亨，山东商河县。

叶绅，南直隶吴江县。

欧钲，四川眉州人，翰林院秀才。

屈伸，直隶任丘县。

蔡钦，浙江余姚县。

涂瑾，广东番禺县。

郑宗仁，直隶任丘县。

王纶，山东滨州。

程昊，南直隶祁门县。

陈经纶，广东新会县。

袁达，四川达州。

李朝阳，四川叙南卫。

滕槟，云南金齿司。

孙孺，南直隶凤阳县。

张赞，锦衣卫镇抚司。

贾澄，湖广辰州卫。

彭昆，福建崇安县。

黄穆，福建莆田县。

范玶，江西浮梁县。

陈玉，直隶涿鹿县。

陈仁，福建莆田县。

陈邦弼，浙江山阴县。

傅珪，直隶清苑县。

万弘璧，四川眉州。

邓琛，广东东莞县。

朱悥，浙江仁和县。

倪阜，应天府上元县。

华峦，湖广蕲州。

王轩，山东宁海州。

万福，江西进贤县。

董杰，南直隶泾县。

吴俨，南直隶宜兴县。

赵全，河南陕州。

马舆，南直隶嘉兴千户所。

涂旦，江西丰城县。

王迪，福建侯官县。

余徵，福建莆田县。

邵棠，南直隶通州。

钱铎，广东东莞县。

刘约，山东东阿县。

姜麟，浙江兰溪县。

李汉，江西丰城县。

李文祥，湖广麻城县。

项经，浙江嘉善县。

王中，浙江宁海县。

杨茂仁，浙江鄞县。

仲粜，南直隶宝应县。

毛实，浙江余姚县。

熊祥，贵州偏桥长官司。

汪濬，南直隶黟县。

杨锦，南直隶嘉定县。

孟逵，顺天府玉田县。

邓公辅，浙江仁和县。

张举，直隶栾城县。

丁凤，直隶蠡县。

方仁，江西弋阳县。

胡伦，四川汉州。

周琰，直隶阜城县。

马子聪，直隶广平县。

房鉴，锦衣卫。

卢濬，浙江天台县。

范庆，直隶隆庆州。

李端澄，河南武陟县。

崔玺，万全都司。

辛礼，万全都司永宁卫。

罗玘，江西南城县。

寿儒，湖广蕲州。

胡汝砺，陕西宁夏卫。

苏葵，广东顺德县。

官昶，江西安仁县。

张景琦，浙江山阴县。

陶缋，南直隶昆山县。

杨潭，锦衣卫。

曾全，湖广永兴县。

徐键，福建建宁卫。

李堂，浙江鄞县。

李鸾，顺天府固安县。

周旋，浙江慈溪县。

汪铉，浙江余姚县。

毛珵，南直隶吴县。

万祥，广西藤县。

胡憙，浙江会稽县。

匡翼之，山东胶州千户所。

许淳，四川成都卫。

谢汝旸，湖广衡阳县。

彭景，福建莆田县。

吴鏊，南直隶吴江县。

史学，应天府溧阳县。

程沂，湖广湘阴县。

仵绅，湖广蒲圻县。

郭珠，四川富顺县。

曾昂，江西吉水县。

陆完，南直隶长洲县。

戴恩，南直隶潜山县。

黎臣，四川长寿县。

张润，山东泰安州。

第三甲二百三十八名赐同进士出身

马景昌，浙江德清县。

刘麟，江西新淦县。

马政，直隶清县。

刘准①，河南罗山县。

曾得之，陕西金州千户所。

吉人，陕西长安县。

韩鼎，南直隶华亭县。

刘良，湖广宁远县。

俞琳，忠义左卫。

魏玒，顺天府大兴县。

王纬，河南祥符县。

袁翱，南直隶华亭县。

彭敷，南直隶华亭县。

沈瓒，顺天府大兴县。

蓝应，福建兴化卫。

鲁昂，应天府江宁县。

周亮采，南直隶吴县。

蔡铎，河南祥符县。

郑炤，福建闽县。

贾钦，河南鲁山县。

李裕中，四川资阳县。

赵缙，直隶晋州。

丁养浩，浙江仁和县。

任汉，四川温江县。

陈瑞，浙江鄞县。

吴浚，江西交城县。

谢瀚，福建闽县。

韩祜，山西交城县。

林长繁，福建莆田县。

李珍，辽东广宁县。

邓璋，顺天府涿州。

余本实，四川遂宁县。

徐文英，河南西平县。

张淳，南直隶合肥县。

徐纪，直隶任丘县。

欧泰，福建莆田县。

黄济，江西临川县。

_____

① 《索引》作"刘淮"。

陈世良，浙江临海县。

高胤先，陕西长安县。

戴初，南直隶建平县。

黄世经，陕西泰州卫。

张掖，陕西凤翔县。

文森，南直隶长洲县。

虞坤，江西鄱阳县。

蒋昇，湖广祁阳县。

白翱，府军前卫。

吴廷举，广西梧州千户所。

许旦，浙江开化县。

李瀚，山西阳曲县。

柴昇，河南内乡县。

朱绶，浙江嘉兴县。

欧阳鹏，江西泰和县。

伍符，江西安福县。

毛诗，河南叶县。

童宽，南直隶泾县。

翁健之，浙江余姚县。

李逊学，河南上蔡县。

朱辅，湖广公安县。

冯杰，南直隶涿鹿左卫。

邓颐，四川泸州。

张黼，南直隶上海县。

王恩，浙江余姚县。

邹智，四川合州。

罗勋，四川永川县。

徐鹗，浙江黄岩县。

李葵，河南颍川卫。

唐祯，南直隶华亭县。

方天然，南直隶扬州卫。

张嵩，浙江萧山县。

罗政，江西新喻县。

邢缨，湖广黄梅县。

李溥，直隶定州。

周钺，陕西西安卫。

王铎，陕西岷州卫。

潘府，浙江上虞县。

向时，四川岳池县。

王济，直隶河间卫。

石珤，直隶藁城县。

郑宗载，湖广石首县。

荣节，河南遂平县。

张津，广东博罗县。

张澜，河南新安县。

张相，四川蓬州。

王珍，南直隶和州。

李充嗣，四川内江县。

弋福，山西代州。

徐九龄，浙江德清县。

石玠，直隶藁城县。

倪天民，武功中卫。

和鹏，山西平定州。

范伸，山东曲阜县。

杜启，南直隶吴县。

丁荣，南直隶怀宁县。

唐希介，山西阳曲县。

郎滋，浙江建德县。

胡承，南直隶镇海卫。

王术，浙江慈溪县。

俞世德，南直隶无锡县。

徐绍先，湖广蕲水县。

祝福，山东济宁州。

陈策，湖广武陵县。

晁尽孝，直隶高阳县。

李良，神武左卫。

陈震，陕西庆阳卫。

丁经，山西岚县。

朱智，河南荥泽县。

李鉴，山东济宁州。

王用，山东安丘县。

刘章，直隶隆庆州。

邵遵道，江西都昌县。

胡镐，江西乐安县。

纪镛，南直隶泰和县。

国瑀，山东滨州。

秦涣，浙江会稽县。

李坓，四川东乡县。

许鹏，山东乐安县。

蔡杲，福建龙溪县。

白鸾，陕西宝鸡县。

陈端，四川垫江县。

黄玄龄，江西建昌县。

叶清，浙江萧山县。

李玺，江西南丰县。

赵文奎，湖广江陵县。

郑弘，陕西渭南县。

胡华，南直隶武进县。

周南，四川井研县。

赵鉴，山东寿光县。

朱应昌，山东夏津县。

夏景和，陕西秦州卫。

周纪，浙江嘉善县。

赵容，南直隶和州。

金洪，浙江鄞县。

杨孟瑛，四川鄠都县。

蒋昇，广西全州。

钱春，浙江嘉善县。

毛纪，山东掖县。

苏奎，南直隶常熟县。

何显，福建闽县。

任鉴，河南临颍县。

彭瓒，山东胶州千户所。

黄昌，江西金溪县。

刘聪，陕西中部县。

方志，浙江鄞县。

林纲，浙江黄岩县。

周楫，四川内江县。

陆昆，南直隶昆山县。

蔡余庆，浙江黄岩县。

樊祉，河南胙城县。

陈恪，浙江归安县。

吴必显，南直隶石埭县。

王资良，四川金堂县。

杨子器，浙江慈溪县。

王洧，直隶濬县。

彭程，江西鄱阳县。

王秩，南直隶昆山县。

谢谘，湖广耒阳县。

蒋恭，四川巴县。

夏镔，浙江天台县。

方溢，广西柳城县。

郝本，山西阳曲县。

萧良宣，江西庐陵县。

王启，浙江黄岩县。

徐诜，江西鄱阳县。

刘丙，江西安福县。

梁廷宾，江西新淦县。

张玮，南直隶苏州卫。

黄印，广东新会县。

韦厚，浙江长兴县。

王玹，山东海丰县。

李岱，山西乐平县。

蒋颙，浙江临海县。

曾逸，福建龙溪县。

吾应麒，河南汝阳县。

朱珏，南直隶无锡县。

曹忠，南直隶江阴县。

华珵，浙江余姚县。

蒋浤，应天府上元县。

支夔，山西闻喜县。

徐璘，山东登州卫。

王贯，锦衣卫。

袁佐，湖广京山县。

沈时，南直隶昆山县。

车份，浙江会稽县。

王珀，南直隶武进县。

唐弼，南直隶歙县。

张廷珍，直隶大同卫。

王约，江西临川县。

陈晦，福建莆田县。

胡显宗，羽林卫。

刘泰，顺天府固安县。

韩普，山东滋阳县。

翁理，广东饶平县。

袁孟悌，浙江鄞县。

任仪，四川阆中县。

阎价，陕西陇州。

姜溥，南直隶广德州。

张拱，四川内江县。

郭廷珪，河南仪封县。

王镮，浙江天台县。

李隆，山西榆社县。

牟道，四川巴县。

杨廉，江西丰城县。

陈怀经，江西新昌县。

谢湖，广东海阳县。

严祯，湖广孝感县。

马浩，应天府江浦县。

朱玑，云南蒙化卫。

王希旦，湖广京山县。

华津，南直隶无锡县。

潘楷，锦衣卫。

王存忠，浙江仙居县。

叶铤，福建闽县。

任良才，山西平遥县。

胡昂，南直隶贵池县。

张时泽，浙江余姚县。

邢霖，山西襄陵县。

张澜，广东德庆州。

王琚，南直隶望江县。

胡经，山东滨州。

石昭，山东滨州。

沈淮，南直隶泾县。

焦韶，四川灌县。

张镆，锦衣卫。

刘浩，江西安福县。

程顼，江西上饶县。

李性明，南直隶萧县。

周昂，江西新淦县。

任继祖，河南项城县。

钱灏，南京留守卫。

刘绅，山东掖县。

邢洪，山西定襄县。

汪侃，南直隶歙县。

蔡辅，江西安仁县。

张瑞，福建莆田县。

屈霖，南直隶江阴县。

徐瑶，浙江嘉兴县。

吕鹏，四川达州。

熊概，河南商城县。

附录

乡举名臣俱随各科附之，其科分不可考者，不敢妄附，今总列于此。

少保黄福，昌邑人，洪武中举人。户部尚书马昂，沧州人，永乐中举人。俱为名臣。

按察使周新，南海人。按察使陈琏，东莞人。俱洪武中举人。兵部尚书柴车，钱塘人。工部侍郎□□①，凤翔人。按察副使陶成，鬱林人。各历任宣德、正统、景泰、天顺、成化间，俱有名。弘治间举人李承箕，嘉鱼人，理学有名。

己酉　弘治二年两京十三藩乡试

解元

顺天府：濮韶，太医院，《诗》，丙辰。

---

① 此二字模糊难辨，疑为"霍瑄"。

应天府：靳贵，丹徒县学生，《易》，庚戌。

浙江：陆淞，平湖县学增广生，《书》，庚戌。

江西：汪俊，弋阳县，《书》，癸丑。

福建：傅鼎。

湖广：曾大有，麻城县，《礼记》，癸丑。

河南：李源，祥符县，《诗》，丙辰。

山东：臧凤，曲阜县学生，《诗》，庚戌。

山西：常赐，沁水县，《礼记》，癸丑。

陕西：童钺，西安府学生，《诗》，壬戌。

四川：宋贤。

广东：区元广。

广西：计宗道，马平县，《易》，己未。

云南附贵州。

庚戌 弘治三年会试

考试官：

礼部尚书兼大学士徐溥，亦见乙未。

少詹事兼侍讲学士汪谐，伯谐，浙江仁和县人，庚辰进士。

第一场

《四书》：

○好仁者，加乎其身。刊。

○诚则形，变则化。刊。

○经正则庶民兴，无邪慝矣。刊。

《易》：

○临元亨利贞。

○是以顺乎天而应乎人。

○神以知来知以藏往。刊。

○物不可以苟合而已故受之以贲。刊。

《书》：

○以闰月定四时成岁。刊。

○以义制事以礼制心。

○谋及乃心，谋及卜筮。

○克知三有，俊心。刊。

《诗》：

○王配于京，孝思维则。刊。

○公车千乘，烝徒增增。刊。

《春秋》：

○盟幽（庄十六），盟幽（庄二十七）。刊。

○入陈（宣十），围郑，灭萧（宣十二）。刊。

○会萧鱼，至会，会来谷至，齐归田，堕郈，堕费。

《礼记》：

○飨帝于庙，寒暑时。刊。

○移风易俗天下皆宁。刊。

○天子者与天地参，得其序。

○仁者右也道者左也。

第二场

论：

○圣学以正心为要。刊二篇。

诏诰表内科一道：

○拟汉议可以佐百姓者诏（后元年）。

○拟唐追谥殷太师比干忠烈诰（贞观十九年）。

○拟纂修宪宗纯皇帝实录成进呈表。刊。

判语五条：

○举用有过官吏。

○捡踏灾伤田粮。

○禁止师巫邪术。

○纵放军人歇役。

○诈欺官私取财。

第三场

策五道：

○大诰之严，祖训之宽。刊。

○国奢当以俭示之，君相当以身先之。刊。

○荐举惟公与明，考课惟资与望，揔不出乎公，本惟在于上。刊。

○为文不拘于一体，论文惟取其载道。刊。

○仁义治戎（武帝、光武之失，汲黯、扬雄之议）。刊。

时会试之士几四千人，取钱福等三百人，刻程文二十一篇。

中式举人三百名。

钱福，南直隶华亭县人，监生，《书》。

靳贵，南直隶丹徒县学生，《易》。

唐贵，南直隶常州府学生，《诗》。

刘璲，湖广麻城县人，监生，《春秋》。

符观，江西临江府学生，《礼记》。

三月十五日，临策天下贡士。制曰：朕惟天子父天母地而为之子，凡天下之民，皆同胞一气，靡所不统，故又曰大君者，吾父母宗子。宗子继承父母，君主天下，其责甚大，必养之有道，教之有方，举天下之民无一不得其所，责斯尽焉。古之君天下者，莫盛于唐尧、虞舜、夏禹、商汤、周武，皆克尽宗子之责，号称至治。其后若汉若唐若宋，英君谊辟，宗子之责或尽或否，而治亦有称。其迹具载经史，可考而论之欤？夫自唐虞而下，诸君宗子之责无不同，当时制度之立、政令之行又无不同，而要其治效之所至，乃有不能同者。此固世道之渐降，然夷考其实，亦尚有可言欤？前贤论儒者之道，每以位天地育万物、参天地赞化育为极至。于是宗子之责，有相关欤？朕膺天命，嗣守祖宗鸿业，宵旰孳孳，思尽宗子之责，比隆古之圣帝明王，其行之之序，自何而始欤？子诸生饱经饫史以待问，必有灼然之见，其详著于篇，朕将亲览焉。

时廷对之士二百九十八人，赐钱福等进士及第、出身有差。《状元考》云：福为文章，雄赡闳阔，藻思层出，人所不足，沛然有余。廷试策三千余言，辞理精确，若宿构然。弥封官以无稿难之，众谓科场必欲其稿者，防代作也，今殿陛间万目所视，何嫌之避？刘阁老健得之，赞不容口，请于上，赐第一。茅氏坤曰：本朝以经书义取士，福当称绝艺，譬之画工，众皆貌眉发，而福独于神解处着力。荆川每与予言，当为本朝第一。吴氏可行曰：福以蒐藻之思，而发之以环玮之词，时有不可为法者。然其操纵阖辟，则如珠走盘而不出乎盘，正昔人所评李北海字，为书中仙手也。官止修撰。是科陶煦、陶照，方良永、方良节，俱兄弟同登。后席书为名臣，方良永、彭泽俱有名，李承芳理学有名。

第一甲三名赐进士及第

　　钱福，南直隶华亭县。

　　刘存业，广东东莞县。

　　靳贵，南直隶丹徒县。

第二甲九十名赐进士出身

　　杨旦，福建建安县。

　　徐纮，南直隶武进县。

　　汪泽，浙江余姚县。

　　彭杰，江西吉水县。

　　唐贵，南直隶武进县。

　　张天爵，南直隶华亭县。

　　李昆，山东高密县。

　　宁举，直隶新城县。

吴世忠，江西金溪县。

王莹，南直隶山阳县。

周统，江西庐陵县。

丁珮，南直隶六安卫。

周序，江西广信府永丰县。

黄昕，南直隶苏州卫。

金冕，云南中卫。

黄绣，旗手卫。

李承祖，山东济宁州。

陈绶，广东顺德县。

相枢，山东博兴县。

罗荣，福建古田县。

崔仪，福建莆田县。

吴纲，福建建宁县。

仲本，太医院。

时中，顺天府大兴县。

张安甫，南直隶昆山县。

龙夔，江西宜春县。

童瑞，四川犍为县。

胡易，江西宁都县。

方良永，福建莆田县。

刘绅，河南汝阳县。

胡仪，浙江山阴县。

徐逵，湖广仪卫司。

张约，南直隶长洲县。

张定，锦衣卫。

韩智，山东滋阳县。

胡拱，南京府军卫。

徐木，河南杞县。

晁必登，四川平夷长官司。

何宗理，陕西泾州。

冯夔，南直隶无锡县。

查焕，浙江海宁县。

彭桓，江西吉水县。

朱稷，南直隶常熟县。

王惠，浙江慈溪县。

郑涞，浙江临安县。

彭泽，陕西兰州卫。

李宗商，直隶乐亭县。

海鲤，湖广江夏县。

邵蕡，浙江余姚县。

尹灏，江西安福县。

黄颙，福建莆田县。

方良节，福建莆田县。

周洪，浙江西安县。

郑轵，江西广信府永丰县。

童琥，浙江兰溪县。

沈衡，浙江海盐县。

张谧，四川眉州。

杨朴，四川南溪县。

曹询，四川崇庆州。

张琮，应天府江宁县。

官贤，山东平度州。

宗佑，浙江鄞县。

林善，广东揭阳县。

沙立，南直隶徐州。

吴晟，江西弋阳县。

廖云腾，福建怀安县。

周炯，南直隶常熟县。

张綵，陕西安定县。

赵璿，福建晋江县。

王彦奇，四川云阳县。

周珮，南直隶华亭县。

陈珂，浙江杭州卫。

吕济，陕西凤翔县。

俞稳，浙江宁海县。

项亨明，浙江黄岩县。

周载，四川富顺县。

唐臣，四川营山县。

赵璜，江西安福县。

刘鉴，河南兰阳县。

林夔，福建莆田县。

陶怿，浙江会稽县。

罗柔，南直隶无锡县。

吕杰，锦衣卫。

赵履祥，南直隶泾县。

王宸，神武右卫。

刘挺，江西万安县。

吴仕伟，浙江宣平县。

李禄，河南汤阴县。

廖纪，直隶东光县。

刘绩，湖广江夏县。

第三甲二百五名赐同进士出身

祝祥，直隶沧州。

李承芳，湖广嘉鱼县。

石禄，南直隶滁州。

王经，浙江山阴县。

尹洪，锦衣卫。

王奎，江西安福县。

王锦，陕西醴泉县。

方宪，福建莆田县。

陆坦，南直隶吴县。

曹玉，山东嘉祥县。

罗列，广东南海县。

崔侃，山西阳曲县。

陈珩，广西全州。

来天球，浙江萧山县。

金山，河南夏邑县。

许翱，四川成都卫。

尹琭，陕西秦州卫。

洪钟，江西崇仁县。

朱华，四川长寿县。

王统，江西临川县。

钟永，顺天府大兴县。

李琳，山西平定州。

汪渊，南直隶歙县。

沈冬魁，直隶阜城县。

马继祖，南直隶如皋县。

包溥，浙江鄞县。

吴潜，江西临川县。

胡江，江西进贤县。

乔恕，河南宁陵县。

杨文，南直隶无锡县。

谭昇，营州中卫。

俞谏，浙江桐庐县。

聂贤，四川长寿县。

郭桂，陕西咸宁县。

宋凤，直隶赵州。

赖先，福建永定县。

杨钺，应天府句容县。

丛兰，山东文登县。

尹颂，江西泰和县。

陆淞，浙江平湖县。

邓明，四川资县。

黄傅，浙江兰溪县。

车梁，山西石州。

袁经，湖广宁乡县。

董钥，浙江鄞县。

王冠，陕西凤翔县。

石玑，锦衣卫。

孙武卿，浙江海宁县。

段敏，南直隶金坛县。

刘璲，湖广麻城县。

张景明，浙江山阴县。

赵钦，应天府句容县。

李廷仪，福建闽县。

袁宗皋，湖广石首县。

刘峣，陕西安定县。

李鲸，四川长宁县。

李应和，四川大竹县。

郑协，浙江常山县。

王钦，顺天府固安县。

赵继宗，浙江慈溪县。

王纶，直隶开州。

徐琟，应天府江宁县。

王时中，山东黄县。

徐钺，湖广兴国州。

郑士忠，广东东莞县。

范瑁，浙江秀水县。

熊伯通，湖广通山县。

符观，江西新喻县。

翁文魁，浙江兰溪县。

邹虞，浙江杭州卫。

王璟，云南建水州。

彭诚，江西鄱阳县。

莫英，湖广道州。

孙郿，南直隶定远县。

蔡炼，浙江余姚县。

丘经，锦衣卫。

董宣，山东曹州。

况璟①，江西高安县。

原秉衷②，陕西蒲城县。

刘凤仪，山西襄垣县。

王俸，南直隶吴县。

茹銮，南直隶无锡县。

徐有，河南罗山县。

孙玺，山东青城县。

曹敬，直隶藁城县。

张钢，南直隶苏州卫。

徐楷，浙江慈溪县。

王钺，浙江临海县。

戴乾，浙江临海县。

王宪，山东东平州。

赵维蕃，直隶元氏县。

陶煦，浙江秀水县。

彭惟方，江西安福县。

赵士元，陕西河州卫。

---

① 《索引》作"况景"。
② 《索引》作"原秉"。

周泽，浙江嘉善县。
吴玭，福建龙溪县。
唐夔，广西全州。
路麟，江西安福县。
黎民牧，湖广华容县。
周冕，南直隶贵池县。
郭濬，直隶平山县。
萧巨源，江西庐陵县。
徐钦，湖广黄梅县。
宋琉，河南光州。
常元庆，陕西乾州。
黄缜，湖广麻城县。
萧渊，山东堂邑县。
王哲，南直隶吴江县。
罗贤，山西清源县。
陈威，江西临川县。
陈大经，浙江上虞县。
周伟，湖广澧州。
于庭春，江西都昌县。
陈文辅，广东番禺县。
常济，山东济宁州。
李瓒，山西崞县。
陈谟，山东历城县。
张瀚，山东博平县。
周爵，河南固始县。
席书，四川遂宁县。
陈禄，广西怀集县。
刘文宠，武骧左卫。
刘棨，山东章丘县。
胡雍，宽河卫。
郭纶，陕西华州。
卢翊，南直隶常熟县。
高崇熙，山西石州。
叶永秀，广东东莞县。
张肃，府军卫。
杜楷，富峪卫。

贾旋，山西汾州。

颜颐寿，湖广巴陵县。

姜实，陕西蒲城县。

吕铠，直隶晋州。

茅光著，浙江慈溪县。

余敬，广东新会县。

铙糖，江西进贤县。

蒙惠，广西苍梧县。

谢玺，山西振武卫。

杜宏，河南临颍县。

孙杰，山西平定州。

范璋，浙江余姚县。

吴瓒，浙江仁和县。

陆徵，应天府溧阳县。

臧凤（后复孟姓），山东曲阜县。

张表，陕西褒城县。

胡希颜，陕西乾州。

邓文质，江西鄱阳县。

王香，陕西朝邑县。

石存礼，山东益都县。

左然，南直隶泾县。

陈曦，锦衣卫。

林廷瓛，广东吴川县。

万璇，湖广武陵县。

伍希齐，江西安福县。

杨滋，直隶定兴县。

刘纲，直隶任丘县。

何胜，南直隶歙县。

李聪，福建晋江县。

孙琏，浙江慈溪县。

秦锐，浙江会稽县。

陈熙，浙江慈溪县。

景佐，山西蒲州。

杨璋，湖广孝感县。

余止，四川富顺县。

陈玉，河南辉县。

彭凤来，湖广黄陂县。

郑瓛，浙江慈溪县。

许庆，南直隶武进县。

王瓒，山东蓬莱县。

汪金恩，浙江开化县。

黄聚，广西藤县。

左璋，江西临川县。

徐钰，湖广兴国州。

李杰，陕西韩城县。

公勉仁，山东蒙阴县。

李师儒，直隶高阳县。

王鼎，直隶巨鹿县。

张辉，南直隶石埭县。

夏昇，广东南海卫。

何洽，浙江富阳县。

陈辅，四川宜宾县。

高友玑，浙江慈溪县。

杨铎，福建莆田县。

张金，南直隶广德州。

刘溥，南直隶怀宁县。

刘瑜，山东文登县。

房瑄，直隶任丘县。

陈澍，山西太原卫。

李敷，湖广宁远县。

丘俊，直隶新河县。

陆广，南直隶无锡县。

翟敬，山西猗氏县。

刘芳，顺天府武清县。

徐浤，江西贵溪县。

杨璲，河南原武县。

谭溥，四川铜梁县。

吕贤，直隶真定县。

刘恺，直隶新安县。

陶照，浙江秀水县。

张銮①，山东安岳县。

贾瓛，陕西宁州。

王序，直隶平山县。

壬子　弘治五年两京十三藩乡试

解元

是科浙江得胡世宁、孙璲、王守仁，后皆举进士。宸濠之变，燧不屈死，世宁谋之于数年之前，守仁灭之于旬月之内。一乡榜得此三人，孰谓科目鲜真才哉？

顺天府：姚学礼，府军前卫军余，《易》，癸丑。

应天府：顾清，华亭县学生，《诗》，癸丑。

浙江：秦文，台州府学生，《诗》，癸丑。

江西：罗钦顺，泰和县儒士，《书》，癸丑。

福建：林文迪，宁德县，《书》，乙丑。

湖广：杨襦，武陵县，《书》，丙辰。

河南：贾咏，临颍县，《诗》，丙辰。

山东：许廷用，堂邑县学生，《礼记》。

山西：张宪，蔚州，《诗》，己未。

陕西：李梦阳，庆阳府增广生，《诗》，癸丑。

四川：刘台，巴县，《春秋》，丙辰。

广东：黄泽，广州府学生，《易》，癸丑。

广西：徐淮，临桂县，《书》，丙辰。

云南附贵州：王应奎，太和县学生，《易》，癸丑。

癸丑　弘治六年会试

考试官：

太常寺少卿兼侍讲学士李东阳，宾之，湖广茶陵州人，甲申进士。

少詹事兼侍讲学士陆简，廉伯，南直隶武进县人，丙戌进士。

第一场

《四书》：

○有德此有人，有用。刊。

○譬诸草木，焉可诬也。刊。

○夫苟好善则，告之以善。刊。

---

① 《索引》作"张鸾"。

《易》：

○时乘六龙，天下平也。刊。

○蒙以养正圣功也。

○易则易知，贤人之业。刊。

○二人同心其利断金。

《书》：

○伯拜稽首让于夔龙。刊。

○后从谏则圣。

○戒尔卿士，弗畏入畏。

○两造具备，正于五过。刊。

《诗》：

○淑人君子正是国人。刊。

○隰桑有阿，何日忘之。

○实墉实壑，赤豹黄罴。

○我其夙夜，于时保之。刊。

《春秋》：

○盟贯（僖二），会阳毂（僖三）。刊。

○战大棘，侵郑（宣二）。

○侵蔡获燮，贞代郑（襄八）。刊。

○作三军（襄十一），舍中军（昭五）。

《礼记》：

○故百姓则君，自显也。刊。

○执虚如执盈入虚如有人。刊。

○地气上齐，百化兴焉。

○故君子问人，则爵之。

第二场

论：

○天下之政出于一。刊二篇。

诏诰表内科一道：

○拟汉封萧何后诏（景帝二年）。

○拟唐以张九龄为中书令诰（开元二十二年）。

○拟唐宰相帅百官贺造忠谏屏风表（元和四年）。刊。

判语五条：

○漏用钞印。

○转解官物。

○见任官辄自立碑。

○公差人员欺陵长官。

○乘驿马赍私物。

第三场

策五道：

○两汉及我太祖诏令。刊。

○庙祀祧祫（昔商周历代之制礼，程朱诸人之论礼，今正德祖庙祀之位，举懿祖奉祧之礼）。刊。

○上下相交（前代得失之由，我朝明良之盛）。刊。

○穷经用经者各有得失。刊。

○古今贡献工役官爵赐赉。刊。

时会试之士几四千人，取汪俊等三百人，刻程文二十二篇。俊官至礼部尚书，谥文庄。

中式举人三百名。

汪俊，江西弋阳县人，监生，《书》。

顾清，南直隶华亭县学生，《诗》。

李麟，浙江鄞县人监生，《易》。

李希颜，南直隶华亭县人，监生，《春秋》。

周玉，浙江临海县人，监生，《礼记》。

三月十五日，临策天下贡士。制曰：朕惟三代而天下，论守成之君，必以汉文帝为首。史称其时海内殷富，兴于礼义，断狱数百，几致刑措。朕尝慕之，不知文帝何修而能得此？考之当时，或赐民田租之半，或尽除之，殷富之效，盖出于此。然贡助彻之法，虽三代亦所常行，而况于汉乎？使除田租，则当时宗庙之祭祀，百官之俸给，四夷之征伐，皆不可已者，将何以给用度乎？仰惟皇祖肇造区夏，罔不臣服，百二十余年以来，生齿益繁，疆域益广，非前代所及。今岁郡县上版籍于户部，其数具存，可谓庶矣。休养生息之余，宜其富而可教也。然闻闾巷田野之间，不免冻馁无聊之叹。且顷因水旱河决之患，尤多流移失业之人，安在其为富也？是以劝谕虽切，而循理者尚少，赦宥虽频，而犯法者愈甚，又安在其为可教也？夫衣食不足则礼义不兴，而民轻犯乎刑辟，亦势之所必至者，其将何以处之？盖古之御天下者，既庶必有富之之术，既富必有教之之方，特患不能举行之耳。朕承祖宗鸿业，图惟治道，每有志于隆古帝王之盛，不但文帝而已。尔诸生抱道而来，将见于用，其于庶富教三者先后本末，凡古人之成效，今日之急务，悉心以陈，朕将亲览焉。

时廷对之士二百九十八人，赐毛澄等进士及第、出身有差。邵氏宝称：澄资性明粹，容止庄洁，平生言行无少伪，犯而不校，遇事正直，不以利害少屈。济物荐贤，恒如不及，而未尝自言。官至太子太傅，谥文简。是科黄铭、黄镳兄弟同登，选顾清等二十人为庶吉士。后澄与胡世宁、李承勋、孙燧俱为名臣，姚镆有名。《通纪》云：罗钦顺宜入理学名臣。

第一甲三名赐进士及第

　　毛澄，南直隶昆山县籍，太仓州人。

　　徐穆，江西吉水县。

　　罗钦顺，江西泰和县。

第二甲九十名赐进士出身

　　顾清，南直隶华亭县。

　　谢朝宣，陕西西安卫。

　　陈婴，江西临川县。

　　郑岳，福建莆田县。

　　刘焕，直隶藁城县。

　　宋恺，南直隶华亭县。

　　方璘，福建莆田县。

　　吴综，浙江长兴县。

　　陆相，浙江余姚县。

　　高江，福建莆田县。

　　汪获麟，腾骧左卫。

　　赵永祯，四川成都卫。

　　赵士贤，湖广石首县。

　　萧柯，江西万安县。

　　赵松，南直隶上海县。

　　沈煮，南直隶长洲县。

　　李梦阳，河南扶沟县。

　　张文，江西新喻县。

　　曹琼，浙江平湖县。

　　钱启宏，南直隶华亭县。

　　冯兰，直隶蠡县。

　　何孟春，湖广郴州。

　　王承裕，陕西三原县。

　　尚缙，河南睢阳卫。

　　周季凤，江西宁县。

　　刘景寅，四川南溪县。

　　吴一鹏，南直隶长洲县。

　　张良弼，山东历城县。

邢珣，南直隶当涂县。

白金，南直隶武进县。

钱荣，南直隶无锡县。

秦金，南直隶无锡县。

陈元，浙江会稽县。

邹文盛，湖广公安县。

李麟，浙江鄞县。

夏从寿，南直隶江阴县。

徐廷用，湖广醴陵县。

高济，南直隶江都县。

杨昇，南直隶吴县。

李宽，江西玉山县。

曹镆，南直隶吴江县。

汪俊，江西弋阳县。

杭济，南直隶宜兴县。

何珊，湖广公安县。

徐守诚，浙江余姚县。

钟渤，广东东莞县。

郑允宣，应天上元县。

徐沂，浙江永康县。

郝海，直隶祁州。

孔琦，陕西长安县。

范祺，应天府溧水县。

刘昭，江西庐陵县。

刘介，陕西清涧县。

张绰，福建龙溪县。

张宦，直隶完县。

罗中，广东东莞县。

冒鸾，南直隶如皋县。

陈策，南直隶无锡县。

陈时先，福建长乐县。

吴英，浙江临安县。

陶廷威，南直隶江阴县。

王大用，南直隶上海县。

黄明，南直隶华亭县。

娄宿，浙江仁和县。

曾镒，广东万州。

夏易，南直隶江都县。

潘子秀，湖广江陵县。

梁辰，广东南海县。

胡澧，广东英德县。

马驭，山西夏县。

林亨，福建福州中卫。

曾介，湖广永兴县。

董俊，湖广辰州卫。

杨寿，顺天府涿州。

杨泮，江西贵溪县。

姚镆，浙江慈溪县。

黄铭，福建晋江县。

王舜夫，四川成都县。

徐蕃，南直隶泰州。

刘弼，河南安阳县。

周玉，浙江临海县。

陆偁，浙江鄞县。

王珣，南直隶无锡县。

卢仪，四川合州。

王翀，四川遂宁县。

黄泽，广东顺德县。

褚圻，南直隶常熟县。

周鲁，江西吉水县。

黄澜，福建莆田县。

周宪，湖广安陆州。

第三甲二百五名赐同进士出身

陈璘，山西阳曲县。

王纯，浙江慈溪县。

曹廉，陕西安定县。

杨二和，江西进贤县。

陈谏，山东蒙阴县。

李实，四川巴县。

于瑁，顺天府霸州。

王应奎，云南太和县。

李元，直隶真定县。

杜旻，锦衣卫。

余廉，江西都昌县。

夏璲，南直隶高邮州。

赵爵，陕西同州。

姜闳，山东黄县。

彭缙，湖广襄阳县。

徐翊，顺天府大兴县。

马陟，锦衣卫。

胡燧，南直隶芜湖县。

常赐，山西沁水县。

东思恭，陕西华州。

邝璠，直隶任丘县。

冯清，顺天府宛平县。

卢瀚，南直隶江都县。

王缜，广东东莞县。

徐瑶，浙江常山县。

郑端，山东临清卫。

何歆，广东博罗县。

胡世宁，浙江昌化县。

徐澜，顺天府武清县。

辛文渊，山西石州。

郑锡文，福建长乐县。

吴鹏，福建莆田县。

张环，山西绛州。

高达，河南扶沟县。

刘瑜，四川成都左卫。

陈缮，广东琼山县。

院宾，府军前卫。

李允，四川忠州。

李鳌，陕西通渭县。

张显，山东济宁州。

雷颙，四川泸州。

武皋，南直隶和州。

庞璁，武功卫。

杨公荣，福建连江县。

夏时，锦衣卫。

程忠显，南直隶歙县。

范希淹，江西弋阳县。

王选，江西安福县。

范镛，陕西巩昌卫。

侯溪，浙江临海县。

王时，广西桂林卫。

蔚春，南直隶合肥县。

刘演，浙江海盐县。

刘兰，陕西清涧县。

郭瑀，和阳卫。

史载德，河南新郑县。

胡瓒，直隶永年县。

宋恺，山西蒙阴县。

杨逊，湖广均州。

任良弼，山西平遥县。

方矩，云南后卫。

王绶，山东滨州。

李情，河南灵宝县。

李举，山西振武卫。

盛应期，南直隶吴江县。

田佑，府军前卫。

杜驯，山西徐沟县。

曹琼，四川富顺县。

高谦，直隶滦州。

王绍，山东曹州。

仰儒，浙江余杭县。

吴舜，浙江山阴县。

杨仪，陕西永寿县。

郑宣，浙江丽水县。

裘壤，浙江慈溪县。

王庆，直隶平山县。

王廷，直隶迁安县。

柯拱北，四川成都卫。

林璋，福建闽县。

王雄，顺天府永清县。

王弘，南京广洋卫。

熊希古，四川新宁县。

翁茂南，福建莆田县。

冯经，南直隶金坛县。

李承勋，湖广嘉鱼县。

刘廷策，江西安福县。

李玑，四川南部县。

刘武臣，四川宜宾县。

王子成，湖广咸宁县。

郭浹，湖广兴国州。

孙徽，湖广襄阳卫。

刘贤，四川射洪县。

林坴，福建闽县。

王昊，湖广衡阳县。

钟文俊，福建长汀县。

李雍，福建晋江县。

韩大章，湖广襄阳县。

徐淮，山东武城县。

胡濂，广东定安县。

王献臣，锦衣卫。

李仪，应天府上元县。

韩纮①，山西阳曲县。

高迁，浙江余姚县。

许天锡，福建闽县。

吴天祐，浙江余姚县。

高选，陕西高陵县。

奚自，顺天府宛平县。

李梦龙，山东蒙阴县。

杨简，浙江余姚县。

间洁，陕西泾州。

胡鳌，山东滨州。

周泉，南直隶华亭县。

许庄，直隶滦州。

吴云，浙江余杭县。

龙越，江西庐陵县。

① "纮"同"弦"，《索引》作"韩纮"。

胡旸，直隶任丘县。

薛格，南直隶江阴县。

施震，浙江平湖县。

李瑾，浙江处州卫。

曾大有，湖广麻城县。

王德，南直隶无锡县。

潘辅，辽东广宁卫。

陈玉，南直隶沂州卫。

李钦，龙骧卫。

郑兴，河南上蔡县。

侯启忠，四川长宁县。

杨奎，直隶武邑县。

潘衍，金吾卫。

陈阳，江西新淦县。

董锐，直隶兴州卫。

冉继志，直隶蠡县。

李金，直隶迁安县。

李天赋，山西交城县。

胡昉，浙江萧山县。

顾守元，南直隶常熟县。

黄荣，福建晋江县。

王良臣，河南陈州。

曹恕，顺天府霸州。

黎尧卿，四川忠州。

姚昊，直隶闽县。

刘琏，江西鄱阳县。

黄信，留守中卫。

王崇文，山东曹县。

胡恩，浙江会稽县。

董绖，湖广麻城县。

谭玉瑞，湖广茶陵州。

马庆，南直隶昆山县。

苏信，福建永安县。

李希颜，南直隶华亭县。

江师古，湖广蒲圻县。

陈熺，福建闽县。

桂诏，浙江慈溪县。

朱塗，广西阳朔县。

王缙，陕西西安卫。

尹雄，直隶濬县。

鲍瑾，山东寿光县。

何垕，江西新城县。

秦文，浙江临海县。

焦泽，直隶永年县。

房瀛，山东费县。

陈霖，浙江长兴县。

张琼，江西新淦县。

郑汝美，福建闽县。

赵俊，四川内江县。

刘汝靖，陕西渭南县。

李岳，南直隶五河县。

姚鼎，陕西咸宁县。

欧阳介，江西安福县。

李濬，南直隶凤阳县。

袁仕，湖广枣阳县。

居达，顺天府大兴县。

陈珀，福建莆田县。

任文献，山东郯城县。

汤佐，四川安岳县。

李祚，江西贵溪县。

孙瑞，顺天府东安县。

廖汉，湖广蒲圻县。

徐永，河南钧州。

姚学礼，府军前卫。

刘衮，江西永新县。

曹玺，山西岚县。

张彧，直隶元氏县。

黄清，武功中卫。

郑怀德，四川新津县。

杨志学，彭城卫。

吕佑，山东德平县。

孙燧，浙江余姚县。

高文达，福建闽县。

程杲，南直隶祁门县。

吴焕，南直隶山阳县。

王用才，四川彭山县。

石确，直隶藁城县。

高台，浙江山阴县。

徐潭，浙江钱塘县。

惠隆，武骧卫。

黄清，江西南城县。

李哲，江西临川县。

田嵩，福建晋江县。

陈腆，福建晋江县。

刘浙，山西辽州。

邹韶，南直隶常熟县。

王汝清，河南中牟县。

李世亨，直隶容城县。

王震，直隶邢台县。

张教，云南大理卫。

乙卯　弘治八年两京十三藩乡试（七年，令云南、贵州乡试录称云贵）

解元

顺天府：张襘，平谷县，《书》，壬戌。

应天府：王㫤，华亭县学生，《诗》，壬戌。

浙江：陶谐，会稽县学生，《春秋》，丙辰。

江西：彭应奎。

福建：宋元瀚。

湖广：陶宝。

河南：罗玹，扶沟县，《书》，己未。

山东：杜珏。

山西。

陕西：张子渭①。

四川：王孝忠，南充县学生，《易》，丙辰。

广东：林高。

---

① 《皇明三元考》作"张子渭"。

广西：舒华。

云贵：陶濂。

丙辰　弘治九年会试

考试官：

　　詹事兼侍读学士谢迁，于乔，浙江余姚县人，乙未进士。

　　侍读学士王鏊，济之，南直隶吴县人，乙未进士。

第一场

　　《四书》：

　　〇百姓足君孰与不足。刊。

　　〇衣锦尚絅，日章。刊。

　　〇责难于君谓之恭。刊。

　　　《易》：

　　〇九五飞龙在天利见大人。

　　〇大亨以正天之命也。

　　〇系辞焉以尽其言。刊。

　　〇君子藏器于身待时而动。

　　　《书》：

　　〇知人则哲能官人。刊。

　　〇予弗克俾，时予之辜。

　　〇五者来备，庶草蕃芜。

　　〇其侍御仆从，厥辟。刊。

　　　《诗》：

　　〇灵雨既零，说于桑田。刊。

　　〇靺鞈有奭以作六师。

　　〇尔土宇昄章亦孔之厚矣。

　　〇不兢不绒，百禄是遒。刊。

　　　《春秋》：

　　〇筑台郎，筑台薛，筑台秦（庄三十一），冬不雨（僖二），春不雨，夏不雨（僖三）。刊。

　　〇城邢（僖元），城楚丘（僖二）。刊。

　　〇遂会救郑（文九）。

　　〇伐莒（宣四），伐莱（宣七），伐邾（宣十），伐莒（宣十一），初税亩（宣十五）。

　　　《礼记》：

○林麓川泽以时入而不禁。刊。

○达有神兴有德也。

○喜则天下和之。

○故长民者，说其上矣。

第二场

论：

○君子之道本诸身。刊。

诏诰表内科一道：

○拟汉复高年子孙诏（建元元年）。

○拟唐以张玄素为银青光禄大夫诰（贞观十四年）。

○拟宋龙图阁学士孙奭上无逸图表（天圣五年）。

判语五条：

○滥设官吏。

○收支留难。

○失占天象。

○优恤军属。

○诈为瑞应。

第三场

策五道：

○古周礼建官为尽善，今诸司职掌宜会通。刊。

○宋儒阐《大学》之义，今上好《大学》之书。刊。

○君贵好谏，臣贵善谏。刊。

○用人（以资格定天下之志，以闻望作天下之气）。

○思患预防易，有事后备难（平籴常平，义仓社仓）。

时会试之士三千五百有奇，取陈澜等三百人，刻程文二十篇。郑氏晓曰：王文恪公试士南宫，专尚经术，险丽奇衺者一切屏去，弘治间文体一变，士习稍端，公有力焉。澜官至修撰。

中式举人三百名。

陈澜，顺天府学生，《易》。

龙霓，南京牧马千户所人，监生，《书》。

华泉，南直隶无锡县人，监生，《诗》。

邹轩，浙江余姚县人，监生，《礼记》。

程琯，南直隶歙县人，监生，《春秋》。

三月十五日，临策天下贡士。制曰：朕惟君人者，必有功德以被天下，阙其一不可以言治。顾于斯二者何先？夫非学则无以成德，非政则无以著功。论者或谓帝王之学不在文义，或谓天子之俭德乃其末节，或谓人主不亲细事，或谓圣王不勤远略。是宜有大于此矣，然则其所当务者何居？二帝三王之德，所学者何事？二帝三王之政，所见者何功？汉唐宋代有令君而功德鲜备，躬行德化者经制或不定，民安吏称者德教或不纯，或四夷服从而大纲不正，或仁厚立国而武略不竞。是学与政容有可议者，其得失何如？我太祖高皇帝、太宗文皇帝神功圣德，冠绝古今，列圣相承，继志述事，各臻其盛，所以致此者何由？朕嗣承大统，图底治平，兹欲守宋臣所进之五规，去唐相所陈之九弊，行汉儒所对之三策，以上追古帝王，庶无愧于我祖宗功德之大，其所为根柢者何在？子诸生学道抱艺而来，皆志于世用，宜有以佐朕者，试悉陈之，朕将体而行之。

时廷对之士二百九十八人，赐朱希周等进士及第、出身有差。拆卷得朱希周姓名，举朝相庆，以朱为帝室之姓，周家历年八百，此国祚绵远之兆。希周父文，出唐孝友先生之后，以进士为御史，巡按八闽。一日薄暮，有汀漳道佥事诣门击鼓叩之，乃报状元之捷。文止收其禀贴，不启门。明晨，三司皆来贺，文曰："吾闻会元天下之才，状元天下之福，吾儿既无天下之才，则天下之福未必有之。"喜不形于色。希周庄重简淡，巍然有守，其中夷易平直，廉不邀名，学惟务实，所著诗文评、史论若干卷，官至南京吏部尚书，谥恭靖。是科董恬、董忱，陆崑、陆嵩俱兄弟同登。有孟春、季春，夏鼎、周鼎，李阁老东阳口占云："孟仲季春惟少仲，夏商周鼎独无商。"天然奇句也。选顾潜等二十人为庶吉士。后陈茂烈为名臣。

第一甲三名赐进士及第

朱希周，南直隶昆山县。

王瓒，浙江永嘉县。

陈澜，顺天府宛平县籍，南直隶山阳县人。

第二甲九十五名赐进士出身

李永敷，湖广永兴县。

李瓒，锦衣卫。

顾潜，南直隶昆山县。

陈凤梧，江西泰和县。

史后，应天府溧阳县。

濮韶，太医院。

陈谘，浙江秀水县。

左唐，南直隶江都县。

蔡栻，顺天府大兴县。

陆冒，南直隶吴县。

胡献，南直隶兴化千户所。

张潜，陕西岷州卫。

邹轩，浙江余姚县。

董天锡，江西宁都县。

张玠，顺天府宛平县。

王荩，锦衣卫。

翁玉，浙江慈溪县。

王朝卿，江西新建县。

皇甫录，南直隶长洲县。

周曾，山西阳曲县。

沈纶，浙江仁和县。

董忱，南直隶上海县。

王宣，四川嘉定州。

周臣，南直隶扬州卫。

赵鹤，南直隶江都县。

刘东，河南洛阳县。

黄相，福建莆田县。

简芳，江西上高县。

张诺，山东滨州。

甘振，广西桂平县。

陈言，南直隶长洲县。

张秀，福建瓯宁县。

严经，南直隶吴县。

吴大有，应天府上元县。

李嘉祥，南直隶贵池县。

张绍龄，广东番禺县。

吴江，浙江德清县。

刘光，浙江定海县。

高节，应天府上元县。

刘乔，浙江慈溪县。

艾洪，山东滨州。

汝泰，南直隶吴江县。

熊伟，万全右卫。

鲍璋，浙江鄞县。

刘祥，江西安福县。

程琯，南直隶歙县。

王朝佐，浙江平阳县。

何诏，浙江山阴县。

周鼎，金吾卫。

胡键，直隶长垣县。

孙禄，山东栖霞县。

龙霓，南京牧马千户所。

曹琚，湖广桂阳县。

华杲，南直隶无锡县。

谢杰，福建龙溪县。

李珪，江西永新县。

胡玺，锦衣卫。

尚衡，陕西同州。

吕元夫，南直隶无锡县。

刘用中，四川富顺县。

董恬，南直隶上海县。

宋毓，直隶德州卫。

张邦瑞，南直隶宜兴县。

陈霁，南直隶吴县。

刘思贤，湖广石首县。

戴敏，南直隶婺源县。

汪璧，河南商城县。

包泽，浙江鄞县。

谢麒，江西新建县。

杨裾，湖广武陵县。

叶德，浙江丽水县。

耿明，山东馆陶县。

黄昭，南直隶江阴县。

沈文华，湖广安陆卫。

李诚，湖广黄陂县。

邓洹，南直隶无锡县。

张凤豇，四川夹江县。

李源，河南祥符县。

王子言，浙江淳安县。

罗璋，山东历城县。

陈言，南直隶常熟县。

王寿，南直隶婺源县。

蔡中孚，浙江德清县。

韩俊，广东文昌县。

李钺，河南祥符县。

陈洪谟，湖广武陵县。

孟春，山西泽州。

彭夔，江西安福县。

杨学礼，山东武定州。

黄衷，广东南海县。

戴达，南直隶灵壁县。

李达，顺天府固安县。

季春，山西振武卫。

贾咏，河南临颍县。

何俊，顺天府大兴县。

第三甲二百名赐同进士出身

汪伟，江西弋阳县。

傅习，羽林卫。

徐联，长淮卫。

田瑛，四川合州。

胡洪，浙江余姚县。

黎凤，江西新喻县。

庄典，广东揭阳县。

许承芳，山西阳曲县。

郭郊，直隶肥乡县。

叶天爵，南直隶婺源县。

王锬，福建晋江县。

张伟，四川内江县。

张鸣凤，山东清平县。

邵坤，浙江余姚县。

余正，湖广汉阳县。

何天衢，湖广道州。

刘台，四川巴县。

王孝忠，四川南充县。

金达，浙江鄞县。

李玺，陕西凤翔县。

邵有道，江西都昌县。

汤沐，南直隶江阴县。

欧阳琼，江西铅山县。

林珹，福建晋江县。

赵士俊，湖广石首县。

郭东山，山东掖城。

汪循，南直隶休宁县。

陈茂烈，福建兴化卫。

王崇献，山东曹县。

汤溢，南直隶武进县。

张鸣凤，南直隶上海县。

萧敏，江西宁都县。

王春，辽东广宁卫。

费愚，浙江山阴县。

弓元，应天府江浦县。

王九思，陕西鄠县。

邢昭，顺天府三河县。

徐朝元，河南汲县。

徐行庆，江西金溪县。

范兆祥，江西丰城县。

蒋曙，广西全州。

张琏，山西泽州。

刘栾，山东章丘县。

沈信，南直隶昆山县。

周霖，陕西乾州。

胡道，江西安福县。

杨武，陕西岐山县。

姚文渊，山东平原县。

喻时，四川内江县。

陆嵩，浙江归安县。

张惟，四川南充县。

傅乾，广西临桂县。

宋瑭，陕西邠州。

李高，河南虞城县。

张弘至，南直隶华亭县。

杨凤，府军卫。

徐忱，直隶肃宁县。

方嵩，江西上饶县。

熊吉，江西临川县。

张羽，南直隶泰兴县。

何正，江西新淦县。

寇俭，山西榆次县。

陈大纪，浙江上虞县。

翟铨，太医院。

吴宗周，南直隶宣城县。

汤礼敬，南直隶丹阳县。

薄彦徽，山西阳曲县。

张磐，辽东定辽中卫。

陈淮，锦衣卫。

邹鲁，四川江津县。

崔玺，腾骧左卫。

李熙，应天府上元县。

黄瓘，浙江余姚县。

吴景，南直隶南陵县。

文皓，山西垣曲县。

许赞，河南灵宝县。

葛浩，浙江上虞县。

冯永固，山西阳曲县。

赵慰，南直隶九江卫。

周道，河南巩县。

陈琳，福建莆田县。

张绎，云南建水州。

周熊，陕西西安卫。

林正茂，南直隶泰州千户所。

孙焖，直隶兴州卫。

李翔，湖广宁远卫。

袁阳，直隶满城县。

刘汝为，直隶唐县。

黄圻，福建龙溪县。

徐海，浙江常山县。

张礼，山西石州。

陆崑，浙江归安县。

张时叙，直隶沧州。

钱朝凤，南直隶庐江县。

安仁，河南太康县。

安奎，直隶赵州。

沈赍，浙江慈溪县。

崔昺，保定卫。

杨誉，浙江昌化县。

夏鼎，府军卫。

朱谏，浙江乐清县。

马应祥，陕西西安卫。

詹宝，浙江松阳县。

李恕，陕西富平县。

王禾，顺天府宛平县。

秦昂，山西蒲州。

贡安甫，南直隶江阴县。

潘镗，南直隶六安州。

曹来旬，河南郑州。

戴铣，南直隶婺源县。

余琰，四川渠县。

王玺，江西庐陵县。

冼光，广东顺德县。

马文盛，湖广汉阳县。

马龙，河南汲县。

马骙，山西夏县。

王士昭，福建侯官县。

蒋钦，南直隶常熟县。

刘珂，湖广兴国州。

平世用，四川内江县。

程材，南直隶歙县。

韩泽，河南泌阳县。

赵经，南直隶华亭县。

吴远，南直隶歙县。

邹泰，浙江余姚县。

周季邦，江西宁县。

田登，山东城武县。

荀凤，会州卫。

陈天祥，武功卫。

徐璁，浙江西安县。

沈恩，南直隶上海县。

罗凤，南京水军卫。

邓万斛，四川富顺县。

姜文魁，江西进贤县。

杨玮，南直隶华亭县。

郑阳，直隶安肃县。

王涣，浙江象山县。

曹闵，南直隶上海县。

杜玩，山东滕县。

刘玉，江西万安县。

赵廉，武骧卫。

杨溥，南京留守卫。

阎宇，陕西商州。

魏讷，河南鄢陵县。

丘泰，福建莆田县。

徐淮，广西临桂县。

左辅，南直隶泾县。

郭经，直隶卢龙县。

冯颙，广东琼山县。

熊卓，江西丰城县。

唐锦，南直隶上海县。

唐钦，南直隶武进县。

徐昂，南直隶泰兴县。

王琮，直隶高阳县。

顾璘，应天府上元县。

陈文试，福建长乐县。

姜佐，山东滨州。

郁勋，南直隶常熟县。

薛鋆，直隶魏县。

张拱，南直隶宝应县。

刘麟，南京广洋县。

扈湘，四川富顺县。

范渊，湖广桂阳县。

高宾，南直隶江阴县。

陶谐，浙江会稽县。

刘瑞，四川内江县。

聂瑄，金吾卫。

韩廉，浙江余姚县。

周玺，南直隶庐州卫。

张昊，南直隶天长县。

宁杲，辽东海州卫。

彭震，江西余干县。

范璘，浙江临海县。

刘溥，山东新城县。

王尚宾，山西阳曲县。

金麒寿，应天府上元县。

庄禩，南直隶武进县。

戴冕，顺天府宛平县。

程乾，江西乐平县。

储秀，南直隶宜兴县。

唐荣，广西融县。

郑思纪，四川犍为县。

陈顺，浙江金华县。

张芝，南直隶歙县。

邹贤，江西安福县。

边贡，山东历城县。

任惠，直隶滦州。

李廷光，河南灵宝县。

秦诚通，山西闻喜县。

刘烈，江西安福县。

耿继玄，直隶饶阳县。

李天衢，山西乐平县。

王纶，陕西庆阳卫。

许蕃，直隶滦州。

刘绎，山西代州。

白杲，直隶南宫县。

严恭，山西邠州。

曹琛，山东嘉祥县。

余洙，应天府溧阳县。

童品，浙江兰溪县。

戊午　弘治十一年两京十三藩乡试

解元

　　顺天府：孙清，武清卫，《书》，壬戌。

　　应天府：唐寅，苏州府学附学生，《诗》。

　　浙江：胡铎，余姚县，《易》，乙丑。

　　江西：欧阳云，泰和县学生，《易》，己未。

　　福建。

　　湖广：张钟灵。

　　河南：李东熙。

　　山东：王崧，临清卫，《诗》，戊辰。

　　山西：张润，临汾县，《诗》，壬戌。

　　陕西：吉时，长安县，《诗》，壬戌。

　　四川：江鄂。

　　广东：盛端明，饶平县，《诗》，壬戌。

　　广西：傅泽。

　　云贵：杨宗尧，太和县，《易》，辛巳。

己未　弘治十二年会试

考试官：

　　礼部尚书兼大学士李东阳，见癸丑。

　　礼部右侍郎兼学士程敏政，克勤，南直隶休宁县人，丙戌进士。

第一场

　　《四书》：

　　○欲罢不能，末由也已。刊。

　　○知所以修身，怀诸侯也。刊。

　　○恻隐之心，仁也，智也。刊。

　　《易》：

　　○包荒得尚于中行以光大也。

　　○说以先民民忘其劳。刊。

　　○过此以往，德之盛也。刊。

　　○夫乾天下之，简以知阻。

　　《书》：

　　○嘉言罔攸伏，不废困穷。

　　○德无常师，协于克一。刊。

○今王惟曰先王，永保民。刊。

○斯谋斯猷惟我后之德。

《诗》：

○子子千旌，何以告之。刊。

○织文鸟章，至于大原。

○昊天曰明，及尔游衍。

○设业设虡，箫管备举。刊。

《春秋》：

○盟葵丘（僖九），盟平丘（昭十三）。刊。

○侵西追鄯弗及（僖二十六）。刊。

○入陈（宣十一），伐郑（成六），伐郑（成七）。

○围费（昭十三）。

《礼记》：

○大学始教，学不躐等也。刊。

○乐者敦和，制礼以配地。刊。

○如是则能敬，成其亲。

○故大臣不可，是民之表也。

第二场

论：

○君子中立而不倚。刊。

诏诰表内科一道：

○拟汉选高才生受《左氏》、《穀梁》、《春秋》、《古文尚书》、《毛诗》诏（建初八年）。

○拟唐以孙伏伽为谏议大夫诏（贞观元年）。

○拟宋侍讲范祖禹进《帝学》表（元祐五年）。

判语五条：

○滥设官吏。

○附余钱粮私下补数。

○术士妄言祸福。

○因公擅科敛。

○投匿名文书告人罪。

第三场

策五道：

○制《祖训》以遗亲王，辑《昭鉴录》以赐诸王。刊。

○古今纪纲风俗。刊。

○张横渠、杨龟山、陆象山、许鲁斋。刊。

○时政名存实亡（宣帝、光武、宪宗、仁宗）。刊。

○惠民以实内，养兵以固外。刊。

时会试之士三千五百人，取伦文叙等三百人，刻程文二十篇。是年，以李东阳、程敏政为考试官，敏策发策，以刘静修《退斋记》为问，人罕知者。先是，其门生徐经尝以此题意向南畿解元唐寅陈说，至是果以发难，二子举答无遗，矜夸喜跃。舆议沸腾，谓敏政受赂鬻题，给事中华昶劾之。诏下昶狱候问，命东阳等重阅敏政所取试卷。于是凡敏政所取者，俱封收备照不录。既揭晓，同考试官给事中林廷玉复疏敏政场屋阅卷可疑六事上之，遂与敏政、经等并下狱。会多官廷鞫，经服，称平日尝以双绮馈敏政，出入门下，敏政宿构试目，经实从家人购得之。狱成，敏政致仕，经、寅等为民，昶、廷玉俱外谪。郑氏晓曰：敏政读书著述尚本实，议论传经义，参法理，惕惕行检，不宜无忌惮至此，此出谗忌口无疑云云。

中式举人三百名。

伦文叙，广东南海县人，监生，《易》。

王守仁，浙江余姚县人，监生，《礼记》。

王盖，南直隶宣城县人，监生，《书》。

姚汀，浙江慈溪县人，监生，《诗》。

林庭㭎，福建闽县人，监生，《春秋》。

三月十五日，临策天下贡士。制曰：朕惟自古圣帝明王之致治，其法非止一端。而孔子答颜渊问为邦，但以"行夏之时，乘殷之辂，服周之冕，乐则韶舞"为言，说者谓之四代礼乐。然则帝王致治之法，礼乐二者足以尽之乎？宋□①欧阳氏有言：三代而上，治出于一，而礼乐达于天下；三代而下，治出于二，而礼乐为虚名。当时道学大儒称为古今不易之至论。今以其言考之，上下数千余年，致治之迹具在，可举而论之乎？夫三代而上无容议矣，汉高帝尝命叔孙通定礼乐，召鲁两生不至，谓礼乐积德百年而后兴。厥后三国分裂，其臣有诸葛亮者，而世儒乃或以礼乐有兴，或以庶几礼乐许之。盖通与亮之为人，固不能无优劣，要之于礼乐能兴与否，亦尚有可议者乎？我国家自太祖高皇帝以神武创业，圣圣相承，百有余年，礼乐之制作，以时以人，宜无不备矣。然而治效之隆未尽复古，岂世道之升降不能无异邪？抑合一之实犹有所未至邪？朕祇承丕绪，夙夜惓惓，欲弘礼乐之化，益隆先烈，而未悉其道。子诸生其援据经史，参酌古今，具陈之，朕将亲览焉。

时廷对之士三百人，赐伦文叙等进士及第、出身有差。文叙官至右谕德卒。长子以谅，解元，正德辛巳进士；次子以训，丁丑会元，进士第二；少子以诜，嘉靖戊戌进士。父子兄弟并以魁元策名当世，前乎未之有也，故天下称之曰三伦。是科罗钦德、罗

---

① 原缺，当为"儒"。

钦忠兄弟同登。后王守仁为名臣，以军功封新建伯，世袭。梁材有名。

第一甲三名赐进士及第
　　伦文叙，广东南海县。
　　丰熙，浙江鄞县。
　　刘龙，山西襄垣县。
第二甲九十五名赐进士出身
　　孙绪，直隶故城县。
　　林庭㮴，福建闽县。
　　罗钦忠，江西泰和县。
　　杨廷仪，四川成都县。
　　陆栋，浙江余姚县。
　　王守仁，浙江余姚县。
　　张文渊，浙江上虞县。
　　钟秉秀，广东番禺县。
　　胡文璧，湖广耒阳县。
　　张宪，山西蔚州。
　　许庭光，河南河阴县。
　　胡锭，直隶长垣县。
　　汪摽，南直隶祁门县。
　　徐朴，浙江上虞县。
　　罗善，江西安福县。
　　罗钦德，江西泰和县。
　　余寰，四川青神县。
　　许铭，顺天府宛平县。
　　江潮，江西贵溪县。
　　张恩，江西南城县。
　　王铨，浙江金华县。
　　谢忠，浙江上虞县。
　　张凤翔，陕西洮阳卫。
　　王轵，南直隶江都县。
　　郑良佐，福建泉州卫。
　　毕昭，山东新城县。
　　陆应隆，南直隶长洲县。
　　莫息，南直隶无锡县。
　　姚汀，浙江慈溪县。

沈炼，浙江平湖县。

牧相，浙江余姚县。

张襘，顺天府平谷县。

周坝，南直隶武进县。

朱鉴，直隶卢龙县。

黄伟，四川遂宁县。

高贯，南直隶江阴县。

谢迪，浙江余姚县。

张禧，浙江嘉兴县。

张宏，南京神策卫。

冯本澄，浙江慈溪县。

王锡，山西高平县。

姜瓒，浙江江山县。

傅浚，福建南安县。

张天相，山西太原县。

钱仁夫，南直隶常熟县。

卢宅仁，广西四会县。

陈良珊，南直隶华亭县。

周涤，南直隶常熟县。

於鄣，南直隶当涂县。

吴山，南直隶武进县。

许诰，河南灵宝县。

史鉴，南直隶长洲县。

徐江，顺天府大兴县。

刘乾，南直隶靖江县。

边亿，直隶任丘县。

王举，锦衣卫。

杭淮，南直隶宜兴县。

王钦，浙江乌程县。

赵礼，江西临川县。

张文锦，辽东广宁卫。

黄翱，四川巫山县。

王泰，南直隶上海县。

童器，浙江平阳县。

黄俊，南直隶武进县。

赵暕，浙江慈溪县。

杨清，南直隶清河县。

陈伯献，福建莆田县。

罗循，陕西白河县。

吴希由，福建莆田县。

张明，锦衣卫。

郑毅，江西上饶县。

刘达，武骧卫。

石凤，直隶获鹿县。

林鹗，南直隶江阴县。

宋锃，直隶静海县。

王源，山西五台县。

李滔，浙江黄岩县。

刘莒，四川涪州。

李傅，四川叙南卫。

李炫，直隶迁安县。

朱应登，南直隶宝应县。

马龠，四川西充县。

裴卿，陕西乾州。

贾铨，顺天府霸州。

倪议，顺天府宛平县。

刘斐，广东海阳县。

王盖，南直隶宣城县。

都穆，南直隶吴县。

郝绪，河南河内县。

徐仁，浙江慈溪县。

张元良，浙江归安县。

程诰，江西乐平县。

徐琏，直隶武邑县。

余祐，江西鄱阳县。

崔哲，辽东定辽卫。

第三甲二百二名赐同进士出身

刘潮，江西安福县。

柯英，福建莆田县。

谢廷柱，福建长乐县。

欧阳云，江西泰和县。

丁仁，南直隶常熟县。

朱本端，锦衣卫。

孙祯，直隶任丘县。

周导，山东历城县。

冯显，直隶安肃县。

李嵩，山东滨州。

徐南，南直隶上海县。

周伦，南直隶昆山县。

赵宗，长陵卫。

陈奎，江西南昌县。

孙景云，浙江上虞县。

王诰，浙江奉化县。

陈邦器，福建莆田县。

刘文庄，武功卫。

杨南金，云南邓川州。

李廷蕙，湖广武昌县。

刘天泽，江西安福县。

钱瓒，浙江鄞县。

赵佑，四川成都左护卫。

李锐，江西安福县。

刘湜，河南太康县。

钱俊民，腾骧左卫。

孙迪，浙江平湖县。

江价，四川巴县。

沙鹏，南直隶江都县。

姜桂，江西安仁县。

吴禧，浙江兰溪县。

欧阳光，湖广永明县。

吴漳，南直隶歙县。

苑秀，直隶肃宁县。

詹恩，贵州贵州卫。

杨一渶，广东南海县。

李吉，四川洪雅县。

朱凯，浙江鄞县。

吕贵，浙江临海县。

张景旸，浙江山阴县。

赵秉伦，山东蓬莱县。

刘子厉，江西安福县。

王良宾，四川达县。

熊桂，江西新建县。

曾得禄，湖广郧县。

张恺，通州卫。

刘廷重，江西南昌县。

周钺，南直隶宿州。

张九逵，江西大庾县。

黄瑄，南直隶大①仓州。

葛嵩，南直隶无锡县。

蒋瑶，浙江归安县。

何钎，河南灵宝县。

薛凤鸣，顺天府宝坻县。

陈善，江西弋阳县。

周致，牧马千户所。

王玹，山西阳城县。

萧选，直隶兴州卫。

张锦，锦衣卫。

宋隆，直隶赵州。

储珊，南直隶颍州。

许立，南直隶昆山县。

张忠，山东泰安州。

贺泰，南直隶吴县。

凌相，南直隶通州。

虞岳，浙江缙云县。

向锦，浙江慈溪县。

王璠，直隶长垣县。

涂祯，江西新淦县。

王显高，四川绵州。

石腆，福建漳浦县。

阎睿，山西祁州。

曹豹，南直隶华亭县。

童田，浙江兰溪县。

陈渭，四川江津县。

---

① "大"当作"太"。

张洙，直隶唐县。

周仁，广东南海县。

史良佐，南京太医院。

陈钟，云南云南后卫。

钱晖，浙江会稽县。

高良弼，陕西临洮卫。

冯相，直隶滦①城县。

罗玹，河南扶沟县。

陈和，福建龙岩县。

梁材，南京金吾右卫。

秦礼，浙江临海县。

吴堂，南直隶常熟县。

郑瑊，南京骁骑卫。

吕盛，南直隶建平县。

陈伯安，锦衣卫。

靳颐，直隶滑县。

刘泽，山东济宁州。

潘铎，河南新乡县。

章文韬，浙江黄岩县。

李廷梧，福建莆田县。

苏锡，山东滨州。

胡玥，湖广襄阳县。

李云，江西贵溪县。

郑琼，广东海阳县。

易廷宪，湖广华容县。

朱良，顺天府宛平县。

鲍继文，山东曲阜县。

栗铭，山西潞州。

魏昂，锦衣卫。

芮思，南直隶宜兴县。

吴兰，南直隶昆山县。

柳尚义，湖广巴陵县。

魏彦昭，直隶容城县。

吴伟，广东番禺县。

---

① "滦"为"栾"之讹。

章泽，浙江鄞县。

左经，陕西耀州。

萧士安，江西泰和县。

周棨，直隶神武卫。

萧辅，四川富顺县。

吕和，浙江鄞县。

王钦，四川巴县。

马清，直隶武邑县。

母恩，四川蓬州。

伍文定，湖广松滋县。

丁楷，南直隶怀宁县。

刘志道，河南陈留县。

李如圭，湖广澧州。

高公甲，四川内江县。

高显，山东濮州。

童旭，湖广沔阳州。

王乾，浙江仁和县。

金禄，江西新建县。

杭东，南直隶昆山县。

王珝，直隶永平卫。

刘英，山东掖县。

魏纶，直隶元氏县。

王麒，陕西宝鸡县。

陈文滔，福建莆田县。

顾珀，福建晋江县。

华珩，山东章丘县。

马溥然，四川内江县。

刘才，江西安福县。

杨埙，南直隶武进县。

杨惟康，河南灵宝县。

张缥，湖广均州。

张瓛，四川成都右卫。

邝珘，直隶任丘县。

王麟，湖广黄冈县。

李宪，陕西岐山县。

边宠，直隶任丘县。

马骙，山西代州。

韩荆，山东阳信县。

戴鳌，浙江鄞县。

崔旻，顺天府香河县。

方谦，南直隶祁门县。

计宗道，广西马平县。

苏琰，直隶雄县。

唐泽，南直隶歙县。

邓相，四川巴县。

黄昭道，湖广平江县。

官伦，密云卫。

梁珠，四川铜梁县。

赵璧，广西东莞县。

姜周辅，山东胶州。

李璞，山东滋阳县。

唐惟学，湖广零陵县。

乔瑛，云南通海千户所。

万廉，江西铅山县。

阴盈，河南汝阳县。

张继，河南汲县。

赵斌，陕西平凉县。

林文焕①，福建六鳌千户所。

尹梅，直隶灵寿县。

刘庆，陕西宁夏卫。

张时孜，浙江鄞县。

谢琛，江西弋阳县。

汪大章，贵州普定卫。

郭韶，山西霍州。

翟唐，直隶长垣县。

林季琼，福建莆田县。

罗侨，江西吉水县。

刘金，顺天府三河县。

马昊，陕西宁夏卫。

王伟，江西安福县。

---

① 《索引》作"林文涣"。

屠奎，浙江平湖县。

林琦，顺天府大兴县。

吕䌷，江西广信府永丰县。

孙恭，直隶博野县。

程钰，浙江永康县。

萧乾元，江西万安县。

朱廷声，江西进贤县。

李光翰，河南新乡县。

阮吉，河南汲县。

王辅，直隶滦州。

李蕭，福建仙游县。

章瑞，南直隶绩溪县。

张琦，浙江鄞县。

张维新，腾骧卫。

黄天爵，福建南安县。

宗玺，南直隶建平县。

赵铎，山西曲沃县。

刘寅，四川双流县。

孟儒，山西辽州。

阮章，湖广麻城县。

姚琳，江西贵溪县。

梅吉，湖广麻城县。

石禄，陕西华州。

辛酉　弘治十四年两京十三藩乡试

解元

顺天府：谢丕，浙江余姚县人，监生，《礼记》，乙丑。

应天府：陆深，上海县学生，《诗》，乙丑。

浙江：田惟祜①，萧山县，《书》，戊辰。

江西：刘节，大庾县，《诗》，乙丑。

福建：张燮。

湖广：廖珊，衡阳县，《诗》，戊辰。

河南：何塘，河内县学生，《诗》，壬戌。

---

① 《皇明三元考》作"田惟祐"。

山东：赵鼎。

山西：李翰臣，大同右卫，《易》，戊辰。

陕西：王谔，西安右护卫，《易》，戊辰。

四川：张鹗翼①。

广东：张世衡，海南卫，《易》，戊辰。

广西：傅文溥。

云贵。

壬戌　弘治十五年会试

考试官：

吏部左侍郎兼学士吴宽，见丁未。

侍读学士刘机，世衡，顺天府大兴县人，戊戌进士。

第一场

《四书》：

○子在齐闻韶，至于斯也。刊。

○凡有血气者，故曰配天。刊。

○方里而井，所以别野人也。刊。

《易》：

○位乎天位以正中也。

○巽而耳目聪明，是以元亨。

○是故君子居，玩其古。刊。

○初率其辞，道不虚行。刊。

《书》：

○帝拜曰俞往钦哉。刊。

○先王惟时懋敬，必自迩。

○往敷求于殷，用康保民。刊。

○申画效圻，以康四海。

《诗》：

○麟之趾，族于嗟麟兮。刊。

○我觏之子维其有章矣。

○不解于位民之攸塈。刊。

○天命多辟，岁事来辟。

《春秋》：

---

① 《皇明三元考》作"张鹏翼"。

○入栎（桓十五），入夷仪（襄二十五）。刊。

○齐献戎捷（庄三十）。

○鄢陵败，沙随，不见，伐郑，苕丘，侨奔，盟扈（成十六）。刊。

○良宵奔许入郑（襄三十）。

《礼记》：

○货恶其弃于地，不必为己。

○圣人南面而听，无不瞻者。刊。

○乐行而民乡方可以观德矣。刊。

○贵有德何，近于道也。

第二场

论：

○养士莫大乎太学。刊。

诏诰表内科一道：

○拟汉戒二千石修职事诏。

○拟唐加房玄龄太子太师诰。

○拟讲官谢赐重刊《贞观政要》表。刊。

判语五条：

○举用有过官吏。

○脱漏户口。

○沮坏盐法。

○擅调官军。

○有事以财请求。

第三场

策五道：

○史书（元之所以失天下，我朝所以得天下）。刊。

○申公贡禹之对。刊。

○韩柳之文（固以时论文，亦以人论文）。

○六部之法有弊，救弊之方何宜。刊。

○豫备边方之刍粟在屯曰鬻盐。刊。

时会试之士三千七百有奇，取鲁铎等三百人，刻程文二十篇。铎入翰林，闭门敛迹，不事交游，沉潜学问，不专为文词。在国学端饬自励，日危坐焚香，读五经四书。不肯言人短长及时政得失，虚心约己，清慎不渝，忧时济世之心，每惓惓焉。屡起屡告归，官至祭酒。谥文恪，为名臣。

中式举人三百名。

鲁铎，湖广景陵县人，监生，《书》。

杨果，南直隶兴化县人，监生，《易》。

郁侃，南直隶上海县学生，《诗》。

毕济川，江西贵溪县人，监生，《春秋》。

唐胄，广东琼山县人，监生，《礼记》。

三月十五日，临策天下贡士。制曰：朕膺天命，承祖宗列圣之统，以临天下，于兹十有五年，夙夜兢兢，思弘化理，非法诸古而不可。然尝考之前代，继统之君，守成称贤，莫盛于夏之启，商之中宗、高宗，周之成康。之数君者，治绩之美，具在方策，果何道以致之？近世儒者之论，谓圣王以求任辅相为先，又谓君之圣者，以辩君子与小人。数君之致治也，其亦有待于是邪？且辅相之贤否，君子小人之情状，未易知也。兹欲简贤为辅，用君子，不惑于小人，将安所据邪？天下之务，固非一端，以今日之所急者言之，若礼乐，若教化，若选才课绩、征赋之法、兵刑之令，皆斟酌于古。然行之既久，不能无弊焉。祛其弊而救之，欲化行政举，如祖宗创制之初，比隆前代，何施何为而得其道邪？子诸生积学明经，通于古今之宜，其具实以对，毋隐言，毋泛论，朕将采而行之。

时廷对之士二百九十七人，赐康海等进士及第、出身有差。策问任辅相以修庶政，首相刘公健主《通书》"心纯"二字。海对策起句云："天下有不可易之道，而常获于人主有不敢易之心。"擢第一。海祖汝辑，有令德，延而生海。与吕柟齐名，康多逸俊，吕深研探。《宪章录》载海救李梦阳事，有大丈夫之风。缘此识刘瑾，遂罹清议，惜哉。所著有《对山集》，官止修撰。是科曹岐、曹崐①兄弟同登，选胡煜等二十人为庶吉士。后鲁铎为名臣，黄宏死宸濠之变。

第一甲三名赐进士及第

　　康海，陕西武功县。

　　孙清，直隶武清卫籍，浙江余姚县人。

　　李廷相，锦衣卫籍，山东濮州人。

第二甲九十五名赐进士出身

　　胡煜，南直隶歙县。

　　鲁铎，湖广景陵县。

　　薛金，南直隶江阴县。

　　苏乾，直隶隆庆州。

　　李璋，锦衣卫。

　　王尚纲，河南郏县。

　　杨节，锦衣卫。

---

① 后文作"曹崑"。

曹崑，锦衣卫镇抚司。

林魁，福建龙溪县。

温仁和，四川华阳县。

李时，直隶任丘县。

季敩，浙江瑞安县。

汪举，顺天府香河县。

滕霄，济阳卫。

汪献，浙江钱塘县。

徐天泽，顺天府昌平县。

储南，南直隶宜兴县。

方天雨，浙江淳安县。

吕夔，江西广信府永丰县。

吉时，陕西长安县。

刘吉，江西吉水县。

朱衮，营州左卫。

董灌，福建晋江县。

欧阳诰，江西泰和县。

章寓之，四川嘉定州。

胡轩，浙江余姚县。

李津，广东四会县。

赵永，长陵卫。

冯志，浙江慈溪县。

杨一钧，四川邻水县。

施训，四川巴县。

苏时秀，广西奉仪卫。

徐倩，武功卫。

刘悦，湖广江陵县。

梁锦，河南临颍县。

徐麟，锦衣卫。

李贯，福建晋江县。

陆健，浙江鄞县。

韩士奇，山西洪洞县。

黄阅古，广东东莞县。

唐胄，广东琼山县。

毕济川，江西贵溪县。

欧阳恂，江西安福县。

沈应经，浙江余姚县。

王泉，南直隶华亭县。

王济，湖广黄冈县。

王纳诲，陕西长安县。

何塘①，河南怀庆卫。

谈论，四川邻水县。

戴敬，福建闽县。

毛思义，山东阳信县。

谢廷瑞，福建长乐县。

欧阳禄，湖广永明县。

程云鹏，四川南充县。

王金，河南临颍县。

马文，湖广永兴县。

恽巍，南直隶武进县。

汪铉，南直隶婺源县。

盛钟，南直隶昆山县。

叶凤灵，浙江太平县。

叶钊，江西丰城县。

汪彬，南直隶祁门县。

刘天麒，广西桂林卫。

王显道，直隶盐山县。

钟文杰，福建长汀县。

王宗，腾骧卫。

张秉清，直隶永平卫。

林烶，福建闽县。

廖俊，锦衣卫。

郑信，山东东平州。

杨伟，广东揭阳县。

徐暹，山东历城县。

周举，山东郯城县。

赵祐，直隶长垣县。

杨钦，南直隶合肥县。

梁乔，福建上杭县。

张钺，山西夏县。

---

① 《索引》作"何瑭"。

黄巽，浙江鄞县。

张腾霄，四川铜梁县。

张澜，河南洛阳县。

黄体行，福建莆田县。

杨果，南直隶兴化县。

唐懽，南直隶上海县。

许元奎，浙江海宁县。

吕浩，浙江嘉兴县。

卢学书，江西清江县。

陈九畴，山东曹州。

王云，山东诸城县。

陈炫，广东南海县。

祁敏，广东东莞县。

丁沂，应天府溧水县。

宋冕，浙江余姚县。

殷鳌，南京羽林卫。

张祫，顺天府平谷县。

吴便，浙江山阴县。

第三甲一百九十九名赐同进士出身

卞思敏，南直隶江阴县。

项匡，浙江临海县。

康纪，江西泰和县。

蔡铨，河南祥符县。

吴钺，江西崇仁县。

张龙，南直隶上海县。

林茂达，福建莆田县。

宇文钟，陕西乾州。

陈察，南直隶常熟县。

陆鏊，锦衣卫。

尹纶，神策卫。

段豸，锦衣卫。

何义，直隶涿鹿卫。

刘琛，陕西西安前卫。

鲁铎，直隶抚宁县。

李元吉，山东堂邑县。

童钺，陕西长安县。

霍恩，大宁都司茂山卫。

刘弼，南京锦衣卫。

周祯，浙江山阴县。

虞夒，南直隶金坛县。

冯宪，山西文水县。

刘经，山东恩县。

成文，山西山阴千户所。

武思明，山西陵川县。

白思诚，山西平定州。

郑选，河南光州。

陈祥，江西高安县。

方进，南直隶婺源县。

沈钦，浙江山阴县。

王廷相，河南仪封县。

危行，福建邵武县。

李学曾①，广东茂名县。

姚鹏，浙江崇德县。

江淙，江西丰城县。

张云，河南信阳卫。

訾绥，山西朔州。

徐问，南直隶武进县。

王材，南直隶望江县。

罗缙，浙江慈溪县。

上官崇，江西吉水县。

石邦柱，广西苍梧县。

何士麟，广西苍梧县。

姜荣，浙江余姚县。

郑濬，福建闽县。

黄河清，福建南安县。

曹敕，四川巴县。

张元春，江西新建县。

顾烨，浙江嘉兴县。

洪范，江西金溪县。

蒋琼，武骧卫。

① 《索引》作"李学会"。

曹岐，锦衣卫。

王注，直隶献县。

张廷槐，福建莆田县。

梅珂，南直隶芜湖县。

祝溍，江西玉山县。

刘布，南直隶长洲县。

钱如京，南直隶桐城县。

董铸，直隶安肃县。

张润，山西临汾县。

朱绹，南直隶无锡县。

范嵩，福建瓯宁县。

曾直，江西吉水县。

朱俨，福建莆田县。

王锴，辽东定辽中卫。

邝约，广东南海县。

钟绍，广东东莞县。

高坛，浙江山阴县。

陈玑，山东临清卫。

杨恭，武骧卫。

刘谌，江西吉水县。

仇惠，直隶新安县。

刘儒，山东恩县。

何淳，广东顺德县。

熊纪，河南南阳县。

舒晟，江西安仁县。

张柱，四川涪州。

王俸，顺天府三河县。

张萱，南直隶上海县。

潘珍，南直隶婺源县。

严纮，应天府江浦县。

戴书，湖广崇阳县。

黄宏，南京京卫。

贺洪，旗手卫。

蓝郁，直隶盐城县。

吴祺，江西丰城县。

张谐，福建闽县。

安佑，四川嘉定州。

原轩，山西阳城县。

何亮，山东登州卫。

李鉴，直隶滦州。

潘希曾，浙江金华县。

何棐，南直隶泰兴县。

孙沔，山东鱼台县。

陈霆，浙江德清县。

侯自明，陕西白水县。

凌云翰，应天府上元县。

朱嘉会，南直隶宝应县。

陈宁，福建晋江县。

吴仪，河南卫辉千户所。

丘世乔，广东海阳县。

邓翰，四川内江县。

李淳，南直隶太湖县。

何渥，浙江建德县。

盛端明，广东饶平县。

张岐，江西鄱阳县。

万斛，四川崇庆州。

吴阅，南直隶泰兴县。

张贤，河南睢州。

何绍正，浙江淳安县。

雷宗，直隶隆庆卫。

区玉，广东番禺县。

王铉，山东黄县。

俞泰，南直隶无锡县。

张天锡，顺天府霸州。

吴允祯，广东南海县。

田中，锦衣卫。

东野，陕西华州。

查约，浙江海宁卫。

顾英，浙江慈溪县。

陆节，南直隶武进县。

李春芳，广东海阳县。

李伸，陕西西安后卫。

章拯，浙江兰溪县。

叶信，浙江上虞县。

陈璧，山西太谷县。

于聪，江西安仁县。

万英，顺天府顺义县。

许瀚，福建莆田县。

徐琪，浙江东阳县。

吾鬻，浙江开化县。

胡训，江西南昌县。

乔岱，山东章丘县。

胡节，湖广零陵县。

郗夔，山西平定州。

胡镇，江西高安县。

田绂，湖广松滋县。

姚隆，南京留守卫。

陈鼐，直隶迁安县。

李奎昭，江西新喻县。

张嘉谟，陕西宁夏卫。

朱昂，南直隶华亭县。

王𬬭，浙江黄岩县。

徐元稔，福建莆田县。

陈猷，四川永川县。

张芹，江西新淦县。

宁溥，南直隶山阳县。

卞谌，浙江嘉善县。

谢表，四川忠州。

周钥，广东海阳县。

叶相，南直隶江都县。

萧杲，南直隶丹徒县。

叶良，浙江丽水县。

周用，南直隶吴江县。

薛价，山西蒲州。

高屿，锦衣卫。

李锡，顺天府东安县。

陈义，广东饶平县。

金贤，应天府江宁县。

孙伟，江西清江县。

屈铨，陕西蒲城县。

涂文祥，江西靖安县。

李深，金吾左卫。

卢英，四川崇庆州。

姚钦，武功左卫。

卢纶，广东增城县。

喻文璧，四川眉州。

朱衮，湖广永州卫。

洪聪，福建晋江县。

王萱，江西金溪县。

许凤，山东章丘县。

王奎，南直隶武进县。

何景明，河南信阳州。

顾正，浙江海盐县。

张云鹏，云南太和县。

李际可，直隶故城县。

郑裕，四川内江县。

林塾，福建莆田县。

苏仲，广东顺德县。

陈实，广东琼山县。

钟湘，湖广兴国州。

何沾，广东顺德县。

刘时望，江西安福县。

刘安，山西大同县。

张颙，福建晋江县。

师夔，陕西长安县。

曾大显，湖广麻城县。

张琏，陕西耀州。

符乐，江西新喻县。

郁侃，南直隶上海县。

涂敬，江西丰城县。

李铎，山东莱阳县。

沈绍，南直隶嘉定县。

吴玉荣，山西太原卫。

王銮，河南襄城县。

林富，福建莆田县。

孙昂，陕西高陵县。

李阳春，四川渠县。

陆经，云南大理卫。

皇明贡举考卷之六

赐同进士出身河南归德府鹿邑县知县　海州张朝瑞辑
鹿邑县教谕清丰陈熙雍，训导陇西孙怀、汉川尹衣阅
鹿邑县生员霍九成、马骥才、郑时行、张信度、崔应春、李太和、操策、梁继志、李龙
门、陈良辅同阅

甲子　弘治十七年两京十三藩乡试①

解元

顺天府：张璿，晋州学生，《书》，戊辰。

应天府：眭纮，常州府学增广生，《诗》，辛巳。

浙江：萧凤，山阴县，《诗》，甲戌。

江西：尹襄，永新县，《易》，辛未。

福建：黄如金，莆田县，《诗》，乙丑。

湖广。

河南：王鸿渐，南阳县，《书》，癸未。

山东：穆孔晖，堂邑县学生，《易》，乙丑。

山西：孙绍先，代州学生，《易》，乙丑。

陕西：王三聘，盩厔县学生，《书》，乙未。

四川：许濂。

广东：陈珖。

广西：喻汉，藤县，《书》，甲戌。

云贵：杨士云，太和县，《诗》，丁丑。

乙丑　弘治十八年会试

考试官：

---

① "甲子　弘治十七年两京"原缺，径补。

425

太常寺卿兼学士张元祯，廷祥，江西南昌县人，庚辰进士。

左春坊大学士兼侍读学士杨廷和，介夫，四川新都县人，戊戌进士。

第一场

《四书》：

〇博学而笃志，仁在其中矣。刊。

〇仁者人也，尊贤为大。刊。

〇故将大有为之君，不劳而王。刊。

《易》：

〇天道下济，而上行。

〇先王以茂对时育万物。刊。

〇知周乎万物，不过。

〇是以立天之道，仁与义。刊。

《书》：

〇宽而栗，疆而义。刊。

〇古我前后，不浮于天时。

〇自成汤咸至，尹人祗辟。

〇至治馨香感于神明。刊。

《诗》：

〇羔羊之皮，委蛇委蛇。刊。

〇虽无予之，玄衮及黼。

〇岂弟君子四方为纲。刊。

〇敬之敬之，日监在兹。

《春秋》：

〇观鱼于棠（隐五）。刊。

〇次郎俟陈蔡（庄八）。刊。

〇城费（襄七）。堕费（定十二）。刊。

〇盟宋（襄二十七），会号（昭元），会申，灭赖（昭四），如晋（庄八），会陈（昭九），会平丘（昭十三）。

《礼记》：

〇礼也者犹体也，不由户者。

〇一动一静者大地之间也。刊。

〇天无私覆，三无私。刊。

〇产万物者，圣也。

第二场

论：

〇中者，天下之大本。刊二篇。

426

诏诰表内科一道：

○拟汉令郡国求遗贤诏（十一年）。

○拟唐以张九龄为中书令诰（开元二十二年）。

○拟宋知谏院范镇请置禁中章奏籍表（至和二年）。

判语五条：

○举用有过官吏。

○丁夫差遣不平。

○禁止师巫邪术。

○纵放军人歇役。

○织造违禁段疋。

第三场

策五道：

○国初诸司职掌之制，今日人多财少之由。刊。

○太祖君臣同游之盛，今日将顺①德美之方。刊。

○读经以《尚书》为先，读史以《唐书》为首。刊。

○智为定见，胆为定力。刊。

○备边四事（选将、治兵、屯田、马政）。刊。

昨②会试之士三千八百有奇，取董玘等三百人，刻程文二十一篇。来氏汝贤曰：玘一生学问，在熟朱子《大学》、《中庸或开③》，盖于理窟中钻研得力故。其行文不事雕刻，而自成大家矣。官至吏部侍郎，谥文简。

中式举人三百名。

董玘，浙江会稽县人，监生，《易》。

湛若水，广东增城县人，监生，《书》。

崔铣，河南安阳县人，监生，《诗》。

谢丕，浙江余姚县人，监生，《礼记》。

安盘④，四川嘉定州人，监生，《春秋》。

三月十五日，临策天下贡士。制曰：朕惟自古帝王之致治，其端固多，而其大不过曰道曰法而已。是二端者，名义之攸在，其有别乎？行之之序，亦有相须而不可偏废者乎？夫帝之圣莫过于尧舜，王之圣莫过于禹汤文武，致治之盛，万世如见，其为道为法

---

① "顺"疑为"相"之讹。

② "昨"为"时"之讹。

③ "开"为"问"之讹。

④ 后文作"安磐"，当是。

之迹，具载诸经，可考而证之乎？自是而降，若汉若唐若宋，贤明之君所以创业于前而守成于后，是道是法，亦未尝有外焉，何治效之终不能古若乎？我圣祖高皇帝定天下之初，建极垂宪，列圣相承，益隆继述，为道为法，盖与古帝王之圣先后一揆矣。朕自莅祚以来，夙夜兢兢，图光先烈，于兹有年。然而治效未臻其极，岂于是道有未行，是法有未守乎？抑虽行之守之，而尚未尽若古乎？子诸生明经积学，究心当世之务，必有定见，其直述以对，毋泛骋浮辞而不切实用，朕将采而行之。

时廷对之士三百三人，赐顾鼎臣等进士及第、出身有差。临轩之日，上于宫中焚香吁天，期得真才以资实用。鼎臣对策详明，擢第一。先是，其父恂余五十而生鼎臣，鼎臣既壮，为表夜焚之，愿以己寿益亲冀亲，见己成立，以仲孝养，后父享年八十余，犹见其及第。鼎臣博学多能，阴阳、医卜、音律之类，皆所精通。笃于孝友，与人交，洞见肺腑，倜傥好施，奖引寒士，遇事敢言，极为世宗眷注。卒后以筑昆山城御寇有功，赐专祠于乡。官至少傅，值内阁，谥文康。是科闵槐、闵楷兄弟同登，选崔铣等三十人为庶吉士。后崔铣、胡铎、黄巩俱为名臣，马思聪死宸濠之变。

第一甲三名赐进士及第

顾鼎臣，南直隶昆山县。

董玘，浙江会稽县。

谢丕，浙江余姚县。

第二甲九十五名赐进士出身

崔铣，河南安阳县。

严嵩，江西分宜县。

湛若水，广东增城县。

王秉良，四川西充县。

朱琉，四川泸州。

倪宗正，浙江余姚县。

胡琏，南直隶沭阳县。

陆深，南直隶上海县。

魏校，南直隶昆山县。

翟銮，锦衣卫。

王绶，直隶开州。

崔杰，锦衣卫。

邵天和，南直隶宜兴县。

李汛，南直隶祁门县。

宋景，江西奉新县。

徐缙，留守后卫。

郭璋，锦衣卫。

许谏，河南河南卫。

张鸥，南直隶上海县。

秦伟，陕西三原县。

金毂，锦衣卫。

张文麟，南直隶常熟县。

牛鲁，顺天府宝坻县。

李寅，浙江缙云县。

张承仁，南直隶泰州。

宋以方，湖广靖州卫。

魏廷楫，湖广华容县。

安金，南直隶江都县。

沈环，应天府上元县。

江珏，江西金溪县。

沈㾴，浙江仁和县。

宁河，直隶定边卫。

王进贤，河南邓州。

陈铣，福建闽县。

柴义，锦衣卫。

孙修，锦衣卫。

陆芸，云南金齿司。

张九叙，山东商河县。

陈策，山东单县。

姚继岩，南直隶通州。

詹源，福建安溪县。

刘节，江西大庾县。

潘旦，南直隶婺源县。

王良翰，南直隶常熟县。

陈锡，广东南海县。

张锦，河南睢州。

曹琥，南直隶巢县。

廖纪，南直隶九江卫。

闻渊，浙江鄞县。

蔡潮，浙江临海县。

方学，南直隶无锡县。

张继孟，锦衣卫。

周墨，南直隶太仓州。

刘鹏，神策卫。

向文玺，湖广宜都县。

盛仪，南直隶扬州卫。

李志刚，四川成都左护卫。

顾可学，南直隶无锡县。

闵槐，直隶任丘县。

孙泰，浙江归安县。

方位，江西弋阳县。

李绯，河南固始县。

徐子熙，浙江上虞县。

张绶，锦衣卫。

冯友端，陕西宁州。

陈卿，四川宜宾县。

林文缵，福建侯官县。

林文迪，福建宁德县。

张伯相，四川铜梁县。

陈簧，福建莆田县。

郑铭，广东新会县。

胡东皋，浙江余姚县。

刘渧，浙江慈溪县。

李源，福建晋江县。

郭灌，江西庐陵县。

蔡需，金吾右卫。

诸绚，浙江余姚县。

熊遇，河南仪卫司。

向一阳，四川双流县。

王忠，四川泸州。

安邦，四川巴县。

余洪恩，湖广黄冈县。

舒表，四川铜梁县。

杨幽，南直隶嘉定县。

詹奎，四川巴县。

马陈图，浙江安吉州。

袁槟，山东德州。

张麟，锦衣卫。

郭楫，浙江崇德县。

张瓒，府军左卫。

谢讷，湖广耒阳县。

陈定之，浙江永嘉县。

徐祯卿，南直隶太仓州。

张简，南直隶江阴县。

万镗，江西进贤县。

第三甲二百五名赐同进士出身

段炅，陕西兰州。

王良佐，湖广夷陵州。

田澜，陕西长安县。

周明弼，南直隶吴县。

蔡天祜，河南睢州。

黄质，山东范县。

刘澄亮，江西新喻县。

江文敏，南直隶旌德县。

区越，广东新会县。

王俨，南直隶江都县。

陈墀，福建闽县。

郑行，福建闽县。

胡铎，浙江余姚县。

叶溥，浙江龙泉县。

刘恒，江西吉水县。

王镗，太①宁都司营州卫。

陈达，福建闽县。

黄著，广东顺德县。

胡远，江西新喻县。

王尧封，直隶定兴县。

邓銮，浙江仁和县。

易谟，河南固始县。

刘蓝，江西安福县。

朱锟，湖广道州。

刘绖②，江西安福县。

顾纶，南直隶嘉定县。

---

① "太"当作"大"。

② 《索引》作"刘绖"。

郑一初，广东揭阳县。

吴华，江西临川县。

张叔安，四川内江县。

李珏，直隶开州。

王坊，浙江黄岩县。

马思聪，福建莆田县。

高公韶，四川内江县。

曾瑀，湖广桂阳州。

邵廷瑗①，湖广襄阳县。

区行，广东顺德县。

鲜冕，四川巴县。

黄瑗，福建晋江县。

王一麟，四川青神县。

张镕，府军卫。

吴昂，浙江海盐县。

孙乐，山东福山县。

林潮，福建晋江县。

董琦，山东阳信县。

杨锪，锦衣卫。

高涝，南直隶江都县。

马卿，河南林县。

刘寅生，湖广石首县。

程文，南直隶婺源县。

郭濂，山东济阳县。

陈言，福建长乐县。

朱表，南直隶太仓州。

李茂元，河南祥符县。

钱玹，浙江萧山县。

夏历，南直隶高邮州。

袁经，直隶青县。

安磐，四川嘉定州。

许完，南直隶丹徒县。

王栻，南直隶金坛县。

穆孔晖，山东堂邑县。

---

① 《索引》作"邵廷琼"。

谢瑞，直隶冀州。

李坚，福建长汀县。

陈溥，河南鄢陵县。

陶骥，南直隶华亭县。

阎铎，山西□①田县。

刘瓒，四川会川卫。

王昂，四川广安州。

李旸，直隶枣强县。

滕远，济阳卫。

刘竑，广东阳江县。

陈纲，浙江金华县。

王教，四川宜宾县。

萧世贤，南直隶桐城县。

黄巩，福建莆田县。

雷启东，河南仪封县。

王亿，陕西凤翔县。

张翰，腾骧卫。

冯时雍，直隶交河县。

张思齐，湖广蕲州。

周广，南直隶太仓州。

李艾，江西上饶县。

顾应祥，浙江长兴县。

留志淑，福建晋江县。

苏明，直隶隆庆州。

王民质，山西应州。

王韦，南京锦衣卫。

张璞，湖广江夏县。

孙胜，浙江奉化县。

李培龄，金吾右卫。

刘举，直隶魏县。

王希孟，河南获嘉县。

张羽，陕西南郑县。

顾标，福建莆田县。

张鹏，四川洪雅县。

---

① 原缺。据《索引》，后"田"字亦讹，当为山西阳曲。

赵中道，湖广石首县。

顾棠，南直隶吴县。

黄如金，福建莆田县。

刘伯秀，江西南昌县。

余用，河南罗山县。

李淳，顺天府密云县。

毛玉，云南云南卫。

陈璋，浙江乐清县。

金瑜，江西吉安永丰县。

王子谟，浙江淳安县。

胡冲霄，河南光州。

闵楷，直隶任丘县。

彭滋，河南商城县。

魏棨，江西新建县。

傅元，江西新喻县。

陈鼎，山东登州卫。

周宣，福建莆田县。

谢国表，振武卫。

张克温，山西临汾县。

师皋，陕西长安县。

殷云霄，山东寿张县。

叶鹄，江西上饶县。

马文，云南金齿司。

孙绍先，山西振武卫。

刘守达，直隶开州。

孙檠，山东福山县。

杨镃，顺天府涿州。

陈槐，浙江鄞县。

胥文相，湖广巴陵县。

常在，山西榆社县。

杜泰，山东长清县。

乐濩，江西临川县。

董建中，山东寿张县。

陈轼，湖广应城县。

张衍瑞，河南汲县。

李仕清，四川长宁县。

申纶，直隶永年县。

郁浩，湖广永州卫。

倪璋，顺天府宛平县。

陈九章，南直隶吴江县。

周用，广东饶平县。

张经，辽东渖阳卫。

石宗太，直隶清苑县。

邓文璧，湖广桂阳县。

于范，山西①郓城县。

潘棠，湖广辰州卫。

汪和，浙江余姚县。

胡汝楫，陕西宁夏卫。

刘田，山东东阿县。

贺宽，江西永新县。

吴盈，江西鄱阳县。

丁仪，福建晋江县。

索承学，南直隶邳州。

苏民，陕西仪卫司。

陈钺，南直隶凤阳县。

黄琮，应天府上元县。

易舒诰，湖广攸县。

马驯，山东益都县。

江良贵，江西贵溪县。

周任，浙江江山县。

陈良翰，四川罗江县。

方献科，广东南海县。

李价，浙江缙云县。

程定，南直隶绩溪县。

陈进，浙江太平县。

张翀，南直隶泰兴县。

毛棠，湖广澧州。

冯应奎，浙江鄞县。

张士隆，河南安阳县。

屠垚，浙江平湖县。

---

① "西"为"东"之讹。

李时，顺天府涿州。

张惠，山东宁海州。

常道，南直隶来安县。

李楫，南直隶淮宁县。

孙孟举，山东商河县。

陈琛，福建漳浦县。

熊泰，湖广武昌县。

田汝籽，河南祥符县。

张宽，南直隶太仓州。

刘孝，山东高堂州。

滕纪，留守卫。

顾瑄，锦衣卫。

陶金，南直隶天长县。

吴哲，南直隶华亭县。

曹雷，山西平定州。

潘选，南直隶婺源县。

杨辅，南直隶邳州。

郑善夫，福建闽县。

张邦奇，浙江鄞县。

曾念，湖广永兴县。

田登，陕西长安县。

顾达，南直隶常熟县。

陈渊，直隶涿鹿县。

戴德孺，浙江临海县。

张茂兰，山东章丘县。

黄希英，福建莆田县。

俞敬，浙江永康县。

黄堂，山东临清州。

徐赞，浙江永康县。

张仲贤，山西阳曲县。

师存智，河南太康县。

徐庆亨，浙江黄岩县。

王光佐，江西新昌县。

孟洋，河南信阳卫。

曹仿，南直隶镇江卫。

刘宓，顺天府昌平县。

王伟，山东即墨县。

徐盈，江西贵溪县。

韩贵，广东番禺县。

王瑶，顺天府大兴县。

章嵩，南直隶泾县。

丁卯　正德二年两京十三藩乡试

解元

顺天府：张行甫，顺天府学生，《书》，戊辰。

应天府：吴仕，宜兴县学增广生，《易》，甲戌。

浙江：张直。

江西：夏良胜，建昌府学生，《春秋》，戊辰。

福建：林文俊，莆田县，《书》，辛未。

湖广：李中，随州，《书》，甲戌。

河南：刘启东。

山东：李节义，茌平县，《诗》，辛未。

山西：解一贯，交城县，《易》，辛巳。

陕西：邵昇。

四川：王俊民，合州，《诗》，甲戌。

广东。

广西：陈俊。

云贵。

戊辰　正德三年会试

考试官：

少傅、大学士王鏊，见丙辰。

吏部尚书兼学士梁储，叔厚，广东顺德县人，戊戌进士。

第一场

《四书》：

○斯民也，直道而行也。刊。

○百世以俟圣人而不惑知人也。刊。

○夏后氏五十而贡，什一也。刊。

《易》：

○天地养万物，时大矣哉。刊。

○六二或益之，享于帝吉。

○易无思也，至神其孰能与于此。刊。

○离也者明也，取诸此也。

《书》：

○天聪明，敬哉有土。刊。

○若作酒醴，尔交修予。

○推贤让能庶官乃和。刊。

○今尔罔不由慰，其宁惟永。

《诗》：

○坎坎伐辐兮，不素食兮。

○上天同云，生我百谷。刊。

○天监有周，生仲山甫。刊。

○武丁孙子，百禄是何。

《春秋》：

○滕薛朝（隐十）。刊。

○败骰（僖三十三），伐晋（文三），伐秦（文四）。

○归济西（宣十），齐归谨阐（哀八）。刊。

○会宋，盟宋（襄二十七）。

《礼记》：

○如此则四海之内，相沿也。刊。

○福者备也备者百顺之名也。

○无欲而好仁，人而已矣。刊。

○故所贵于勇，礼义也。

第二场

论：

○圣人履中正而乐和平。刊。

诏诰表内科一道：

○拟汉定振穷养老之令诏（文帝元年）。

○拟唐命马怀素、褚无量更日侍读诰（开元三年）。

○拟辅臣谢赐御制《写怀》等诗表。刊。

判语五条：

○擅离职役。

○收支留难。

○服舍违式。

○不操练军士。

○官司出入人罪。

第三场

策五道：

〇立国以法，寿国以仁（周汉，唐宋，太祖，今日）。刊。

〇文经之，武纬之，斯能长久。储养之，驾驭之，斯能得全材。刊。

〇诸说之同异得失。刊。

〇名器似轻而实重，财用似重而实轻。刊。

〇举时政在君臣（安民富国，练兵选将，正士风，辟田野，救边备）。刊。

时会试之士三千八百八十有奇，取邵锐等三百五十人，刻程文二十篇。锐官至太仆卿，谥康僖。

中式举人三百五十名。

邵锐，浙江仁利①县人，监生，《易》。

戴大宾，福建莆田县人，监生。②

汪瑛，浙江处州府学生，《诗》。

江晓，浙江仁和县人，监生。③

杨谷，南直隶山阳县学生，《礼记》。

二④月十五日，临策天下贡士。制曰：朕闻人君所当取法者，惟天惟祖宗。唐虞三代之为君，皆法天法祖，以成盛治，载诸经可考也。其有曰代天、曰宪天、曰格天，有曰率祖、曰视祖、曰念祖，同乎异乎？抑所谓法祖为守成而言也，彼创业垂统者又将何所法乎？汉唐宋以降，法天之道殆有未易言者，何以能成其治乎？抑亦有自法其祖者矣，何治之终不古若乎？朕自嗣位以来，兢兢焉惟天命是度，祖训是式，顾犹有不易尽者。天之道广矣大矣，不知今日所当法，何者为切？《传》有谓“刑罚以类天震曜，慈惠以效天生育”者，果可用乎？我太祖高皇帝之创业，太宗文皇帝之垂统，列圣之所法以为治者，布在典册，播之天下，不可悉举。不知今日所当法，何者为先且急？史有谓“正身励己，尊道德，进忠直，以与祖宗合德”者，果可行乎？兹欲弘道行政，以仰承眷佑，延亿万载隆长之祚。子大夫应期向用，宜有以佐朕者，其敬陈之，毋忽。

时廷对之士三百四十九人，赐吕柟等进士及第、出身有差。时大学士焦芳之子黄中会试中式，芳意欲为殿魁。既而居二甲首，芳谓诸执事抑之，遂入言于刘瑾，改编修顾清等为部属官。乃以黄中并三甲第一胡缵宗对策二篇刻之，俱为检讨，及尚书刘宇之子仁等六七人，俱为庶吉士。数月，黄中与仁等俱擢编修。瑾败，仁黜，余亦坐贬。柟未

———————————

① “利”为“和”之讹。

② 漏刻：《书》。

③ 漏刻：《春秋》。

④ “二”为“三”之讹。

总角，辄有志圣贤之学，不为辞章之习。夏居矮屋，衣冠危坐，虽炎日蕴隆，不□①户限，严寒则覆籍麦草，诵读六经，恒□□□②日事亲最孝。会试闻丧，痛哭，草履步至家。至是承法天法□③之问，以仁孝为对，而要之于学，擢第一。明日，有窃政中官来贺，却之。柟性至孝友俭朴，内充外裕，行方辞厉，在朝在野，随寓尽道。所至学徒云集，为理学之宗。门生侍数十年，未尝见其偷语惰容。经书□④史，博览详玩，并有发挥。所著有《四书因问》、《五经说》、《史馆献纳》、《南省奏稿》、《泾野文集》十四种。官至南京礼部侍郎，谥文简。是科方鹏、方凤，吴山、吴岩，韩邦奇、韩邦靖俱兄弟同登。后柟与许逵俱为名臣，陆震有名。

第一甲三名赐进士及第

　　吕柟，陕西高陵县。

　　景旸，应天府上元县籍，扬州府仪真县人。

　　戴大宾，福建莆田县。

第二甲一百十五名赐进士出身

　　焦黄中，河南泌阳县。

　　邵锐，浙江仁和县。

　　黄芳，广东崖州。

　　刘仁，河南钧州。

　　欧阳重，江西庐陵县。

　　江晓，浙江仁和县。

　　郑瓒，福建莆田县。

　　孙经，直隶开州。

　　宋卿，福建莆田县。

　　方鹏，南直隶昆山县。

　　刘大谟，河南仪封县。

　　吴恕，福建莆田县。

　　边伟，直隶任丘县。

　　杨薰，江西南昌县。

　　杨式，四川富顺县。

　　黄志逵，应天府溧水县。

　　严承范，湖广华容县。

----

① 原缺。

② 原缺。

③ 原缺，当为"祖"。

④ 原缺，当为"子"。

440

宿进，四川夹江县。

盛茂，顺天府顺义县。

侯宜正，河南洛阳县。

汪克章，山东宁阳县。

吴山，南直隶吴江县。

邹相，陕西咸宁县。

蔡芝，武功卫。

陆巽章，南直隶武进县。

郑谏，南直隶长洲县。

张正蒙，山东滨州。

周坤，南直隶太仓州。

王栋，四川南充县。

周尚化，江西泰和县。

徐度，南直隶江阴县。

刘天和，湖广麻城县。

沈良佐，湖广零陵县。

杨叔通，浙江鄞县。

茹鸣凤，太医院。

周礽，浙江山阴县。

葛恒，南直隶无锡县。

吴仕典，福建龙溪县。

姚鹏，浙江会稽县。

周金，南京府军右卫。

甘公亮，江西永新县。

冯驯，四川岳池县。

于鳌，南直隶滁州卫。

刘鹤年，四川巴县。

张銮，江西德兴县。

王大用，福建兴化卫。

杨易，福建建安县。

周崇义，四川灌县千户所。

丁奉，南直隶常熟县。

王宠，南直隶歙县。

胡忠，南直隶宜兴县。

郁采，浙江山阴县。

刘文，江西安福县。

欧阳席，江西泰和县。

王淮，江西安福县。

郑文炳，山东济宁卫。

韩邦奇，陕西朝邑县。

夏邦谟，四川涪州。

路迎，山东汶上县。

张键，山西石州。

邵镛，南京羽林卫。

王浚，浙江建德县。

王用贤，义勇卫。

滕谧，山东掖县。

许廷弼，河南兰阳县。

刘鹏，江西安福县。

伍全，江西安福县。

林绍，广东潮阳县。

汪赐，顺天府香河县。

曾玙，四川泸州。

李琚，山东霑化县。

李沧，浙江永康县。

刘钟英，山东峄县。

章概，浙江会稽县。

汪玉，浙江鄞县。

张福，浙江慈溪县。

王崇仁，山东曹县。

林通，福建闽县。

王九峰，陕西鄠县。

胡止，河南罗山县。

樊守愚，直隶冀州。

黄嘉爱，浙江余姚县。

钱宏，太医院。

成周，南直隶无锡县。

陆溥，浙江钱塘县。

欧阳申，江西安福县。

陈大中，湖广蕲州。

徐文元，浙江余姚县。

周卿，湖广江华县。

邓炳，广东顺德县。

颜正，直隶大名县。

祝銮，南直隶当涂县。

王崇庆，直隶开州。

陈惟藩，山西吉州。

韩邦靖，陕西朝邑县。

徐金陵，浙江常山县。

唐昇，四川叙南卫。

张淮，直隶南皮县。

刘文焕，直隶定州卫。

余志，武骧左卫。

姜龙，南直隶太仓州。

杨最，四川射洪县。

马允中，直隶巨鹿县。

凌楷，南直隶通州。

戴冠，河南信阳州。

杨士魁，河南兰阳县。

翟鹏，直隶抚宁卫。

胡德，南直隶婺源县。

黄流，山东济阳县。

吴期英，江西永新县。

姚潛，浙江慈溪县。

段金，南直隶武进县。

徐爱，浙江余姚县。

周愚，南直隶昆山县。

曹深，南直隶歙县。

第三甲二百三十一名赐同进士出身

胡缵宗，陕西秦安县。

李志学，河南通许县。

韩守愚，陕西合水县。

张楠，南直隶来安县。

罗辂，应天府江宁县。

潘鹏，南直隶怀宁县。

李墀，福建晋江县。

李翰臣，山西大同卫。

黄重，广东南海县。

沈灼，南直隶嘉定县。

邵锡，直隶安州。

张世衡，广东海南卫。

吴岩，南直隶吴江县。

尤凤①，南直隶昆山县。

吴天俸，湖广宜都县。

朱鉴，武骧卫。

雷雯，河南上蔡县。

于溁，直隶任丘县。

杨时周，直隶故城县。

胡椿，湖广武昌县。

汪相，河南光山县。

朱寔昌，江西高安县。

丁贵，山东滨州。

程昌，南直隶祁门县。

成敏华，湖广石首县。

方宸，四川新繁县。

吴瓒，南直隶休宁县。

陈翀，四川铜梁县。

刘璿，山东商河县。

张以庄，四川南充县。

张行甫，顺天府大兴县。

吴钦，浙江淳安县。

张纮，南直隶上海县。

毛伯温，江西吉水县。

唐鹏，南直隶丹徒县。

欧阳铎，江西泰和县。

余珊，南直隶桐城县。

何文邦，广东南海县。

胡大全，南直隶歙县。

王谔，陕西西安卫。

李稳，南直隶砀山县。

张焕，江西泰和县。

徐文华，四川嘉定州。

---

① 《索引》作"方凤"。

夏良胜，江西南城县。

寇天叙，山西榆次县。

王畴，湖广崇阳县。

唐凤仪，湖广邵阳县。

江万实，四川大竹县。

陆礼，南直隶无锡县。

史鲁，山西蒲州。

杜昌，河南祥符县。

宋沧，山东巨野县。

李纬，直隶唐县。

赵渊，浙江临海县。

卢楫，顺天府密云县。

曹铨，应天府句容县。

陈天锡，福建福清县。

张璿，直隶晋州。

谢艮，江西新淦县。

谢阶，江西新淦县。

朱玑，陕西咸宁县。

张缙，四川巴县。

窦信，山西振武卫。

刘澄莆①，山东寿光县。

吴吉，直隶滦州。

胡守，江西余干县。

黎龙，江西新喻县。

李元，南直隶山阳县。

叶宽，福建泉州卫。

银镜，山西忻州。

丁祥，南直隶武进县。

赵春，四川巴县。

姚永，福建莆田县。

孙绶，河南郑州。

龙垵，湖广武陵县。

唐龙，浙江兰溪县。

萧瑞，南直隶泾县。

---

① 《索引》作"刘澄甫"。

何鳌，广东顺德县。

褚元良，陕西泾阳县。

李显，浙江乐清县。

郑主敬，福建仙游县。

尧弼，四川内江县。

李金，江西丰城县。

陆伸，南直隶太仓州。

周镐，湖广辰州卫。

况照，江西高安县。

姜岐，南直隶华亭县。

蒋恺，南直隶华亭县。

廖珊，湖广衡阳县。

许路，山东平山卫。

王珮，四川南充县。

张元电，四川资县。

张申甫，南直隶昆山县。

周朝佐，福建闽县。

毛凤，浙江绍兴卫。

吕经，陕西宁州。

周文兴，浙江江山县。

石天柱，四川岳池县。

潘鉴，南直隶婺源县。

史绅，湖广辰州卫。

李邦用，湖广枣阳县。

孔孟富，河南汝阳县。

田龙，沔阳卫。

萧海，锦衣卫。

谢能继，江西安福县。

张俅，江西余干县。

黄雄，浙江乌程县。

田兰，直隶清苑县。

俞缁，江西鄱阳县。

吾翕，浙江开化县。

赵鹤，山西辽州。

童宽，陕西葭州。

詹惠，福建漳浦县。

446

林近龙，福建莆田县。

高瑁，南直隶睢宁县。

薛瑞，锦衣卫。

陈铭，浙江会稽县。

樊文，府军卫。

严谨，万全蔚州卫。

王瑞之，南直隶江阴县。

吕秉彝，直隶晋州。

祝寿，山东历城县。

陆范，南直隶武进县。

胡文靖，浙江山阴县。

周期雍，江西宁州。

胡克忠，浙江山阴县。

方选，江西浮梁县。

朱志荣，湖广夷陵州。

王汝舟，四川华阳县。

魏璟，羽林卫。

刘洙，云南临安卫。

朱冕，顺天府大兴县。

彭辨之，南直隶霍山县。

程启充，四川嘉定州。

武文，山西马邑县。

王铦，神武卫。

阎钦，陕西陇州。

田惟祜，浙江萧山县。

牛天麟，山东聊城县。

钱琦，浙江海盐县。

苏恩，南直隶华亭县。

陈杰，福建莆田县。

潘埙，南直隶山阳县。

朱概，江西丰城县。

赖凤，福建晋江县。

张钺，江西安仁县。

武尚文，福建泉州卫。

孙玺，浙江平湖县。

陈伯谅，福建福清县。

易蓁，南京锦衣卫。

冯裕，山东临朐县。

刘儒，顺天府宝坻县。

陈谈，福建长乐县。

熊相，江西高安县。

柳稷，四川南充县。

胡洁，云南曲靖卫。

杨凤，江西建昌县。

盛泷，浙江萧山县。

许逵，河南固始县。

陈华，福建莆田县。

陈昊元，广东番禺县。

李玘，江西玉山县。

尤樾，南直隶长洲县。

孙孟和，山东商河县。

王光，河南阳武县。

燕澄，直隶真定县。

毛汝乾，南直隶武进县。

潘湘，浙江宣平县。

李文辉，山东青州左卫。

林钺，福建晋江县。

邢寰，湖广黄梅县。

胡巍，直隶开州。

申惠，南直隶吴江县。

牛鸾，直隶献县。

唐勋，广东归善县。

刘秉监，留守卫。

万镃，江西进贤县。

梁敏政，顺天府房山县。

朱冠，河南固始县。

王度，四川南充县。

谢显，浙江仁和县。

龙诰，湖广攸县。

陆震，浙江兰溪县。

张宏，直隶真定县。

王德明，直隶清苑县。

李彦，江西袁州卫。

张英，金吾右卫。

袁宗儒，直隶雄县。

汪瑛，浙江处州卫。

张廘，江西安福县。

孙凤，河南洛阳县。

杨谷，南直隶山阳县。

姚僖，营州中屯卫。

孙佐，江西清江县。

王銮，江西大庾县。

马录，河南信阳卫。

郭郊，直隶肥乡县。

钟卿密，江西泰和县。

杨琠，广东揭阳县。

李纯，福建莆田县。

李玑，武骧右卫。

卢锐，腾骧卫。

成英，顺天府遵化县。

方仕，河南固始县。

陈恩，浙江西安县。

许振，山东兖州护卫。

顾可适，南直隶无锡县。

郭仕，江西赣县。

王言，河南弘农卫。

赵□①，四川新宁县。

王芳，南直隶五河县。

王崧，山东临清县。

王应鹏，浙江鄞县。

蒋达，南京留守卫。

骆用卿，陕西宁夏卫。

黄卿，山东益都县。

王潮，武功卫。

方豪，浙江开化县。

徐潭，浙江定海县。

---

① 原缺，据《索引》，当为"鳌"。

叶廷会，广东东莞县。

卢煦，浙江东阳县。

石麟，直隶完县。

贾运，直隶束鹿县。

张永泰，南直隶定远县。

刘司直，河南汝阳县。

张文魁，河南兰阳县。

李觉，南直隶无锡县。

郭震，山西蒲州。

杨淳，陕西临潼县。

陈常道，福建晋江县。

杜宗，四川遂宁县。

庚午　正德五年两京十三藩乡试

解元

顺天府：王江，任丘县人，监生，《诗》。

应天府：孙继先。

浙江：戴颙，太平县学生，《易》，辛未。

江西：刘泉，安福县学增广生，《易》，辛未。

福建：黄廷宣，莆田县，《书》，甲戌。

湖广：仵瑜，蒲圻县，《礼记》，丁丑。

河南：高尚贤，新郑县，《诗》，丁丑。

山东：王三锡，曹州，《诗》，丁丑。

山西：陈皋谟，振武卫，《诗》，辛巳。

陕西：吉体仁。

四川：叶桂章，名山县，《诗》，丁丑。

广东：黄佐，香山县，《诗》，辛巳。

广西：屠楷，临桂县，《书》，癸未。

云贵：滕文灿。

辛未　正德六年会试

考试官：

少傅、大学士刘忠，司直，河南陈留县人，戊戌进士。

吏部右侍郎兼学士靳贵，充道，南直隶丹徒县人，庚戌进士。

第一场

《四书》：

〇如切如磋者，自修也。刊。

〇德行颜渊，子夏。刊。

〇是集义所生者，则馁矣。刊。

《易》：

〇火在天上大有，休命。

〇上九白贲无咎。刊。

〇夫坤其静也翕，广生焉。刊。

〇和顺于道德而理于义。

《书》：

〇协和万邦，时雍。刊。

〇奉先思孝，惟聪。

〇曰其稽我，稽谋自天。刊。

〇凡人未见圣，下民惟草。

《诗》：

〇遡洄从之，水中央。

〇经始灵台，庶民子来。刊。

〇日就月将，光明。

〇天命降监，不敢怠遑。刊。

《春秋》：

〇朝王所（僖二十八），如京师（成十三）。

〇如晋（文十三），自晋（文十四），如楚（襄二十八），在楚（襄二十九）。

〇单伯至（文十五），舍至（昭二十四）。刊。

〇疆郓（昭元），中军（昭五），伐莒（昭十），禭祥（昭十一），愁奔（昭十二），盟平丘，不与，执意如（昭十三）。

《礼记》：

〇审乐以知政而治道备矣。刊。

〇思慈爱忘劳，不匮矣。

〇是故仁人，如事亲。刊。

〇是故正明目，而闻也。

第二场

论：

〇周公思兼三王。刊二篇。

诏诰表内科一道：

〇拟汉明帝幸辟雍行大射养老礼诏（永平二年）。

○拟唐以姚元之兼紫微令诰（开元二年）。

○拟赐《历代通鉴纂要》谢表。刊。

判语五条：

○讲读律令。

○收养孤老。

○乡饮酒礼。

○优恤军士。

○修理仓库。

策五道：

○以仁义开基，以忧勤保业（汉高、光，我太祖）。刊。

○前代守法变法有征，圣祖立法详备当守。刊。

○韩欧之文之道。刊。

○仁义以为治，随时以救弊。刊。

○君臣交儆（贾谊《治安策》，郭钦《徙戎论》，魏徵《十渐》，姚崇《十事》，希文《十事》，吕诲《十事》，今之守令学校）。刊。

时会试之士三千五百有奇，取邹守益等三百五十人，刻程文二十一篇。时费宏为礼部尚书，知贡举，将会录所刻文字，指摘其疵谬，以白纸票粘于文字之傍，托中官人奏。上召李东阳等以所进会录授之，考官刘忠寻致仕。守益传王阳明致良知之学，海内多宗之。所著有《东郭文集》①，官至南京国子监祭酒，谥文庄。子善，嘉靖丙辰；孙德涵，隆庆辛未，俱进士。

中式举人三百五十名。

邹守益，江西安福县［人］，儒士，《春秋》。

杨慎，四川新都县人，监生，《易》。

郑元，湖广夷陵州人，监生，《诗》。

万潮，江西进贤县人，监生，《礼记》。

马性鲁，应天府溧阳县人，监生，《书》。

三月十五日，临策天下贡士。制曰：创业以武，守成以文，昔人有是说也。然兵农一致，文武同方，其用果有异乎？文武之分，始于何时？兵民之判，起于何代？尝质诸古矣。《书》称尧曰乃武乃文，于舜称文明，禹称文命，而不及武。于汤称圣武，而不及文。周之谟烈，各专其一。且三代迭尚而不言武，周列四民而兵不与焉，何也？汉唐宋之英君令主，或创业而兼乎文，或守成而兼乎武，或有未备亦足以善治。论者又谓天下安，注意相，又谓天下虽安，忘战则危。是治兵之道果与治民者同邪异邪？我太祖高

---

① 《皇明三元考》作《东廓文集》。

皇帝以圣神文武统一天下，建官分籍，各有定制，列圣相承，率循是道，百五十年，治定功成，实由于此。然承平既久，玩愒乘之，学校之法具存，而士或失业，蠲贷之诏屡下，而人多告饥，流徙之余，化为寇贼，以遗朕宵旰之忧。今赋税馈运，民力竭矣，而军食尚未给。调发战御，兵之力亦劳矣，而民患尚未除。或者官非其人乎？而选举之制，黜陟之典，赏罚之令，亦未始不加之意也。兹欲尽修攘之实，谨恬嬉之戒，文治举而武功成，天下兵民相卫相养于无事之天，以保我国家久安长治之业，宜何如而可？子大夫志于世用，方策试之日，不暇以微辞隐义为问，姑举其切于时者，其为朕陈之。

时廷对之七①三百四十九人，赐杨慎等进士及第、出身有差。时慎父廷和为首相，子登首第，人有称为面皮状元者。然慎自幼语出惊人，长益博习缀缉，蔚有令闻。乡试第三，会试第二，后以议礼不合，由修撰谪戍滇南。益综群籍，各出意见，工于证经，博于裨史，详于诗事，精于字学，为海内宗工，风流雅致，人多称之。所著《升庵诗集》、《文集》、《南中集》、《赤牍清裁》、《丹铅余录》等百种，俱传。是科柴奇、柴太，欧阳嵩、欧阳崐，王元凯、王元正，张翀、张㻞俱兄弟同登，选许成名等三十三人为庶吉士。后王道有名。

《余冬序录》云：宋朝吕蒙正、李昉为相，蒙正之弟蒙亨举礼部高第，既廷试，与昉子宗谔并以父兄在中书罢之。仁宗朝韩亿为参知政事，子维举礼部，不与廷试，受荫入官。宋制严于宰执子弟如此。惟秦桧柄国，而子熺、孙埙南省廷试皆冠多士。我朝景泰间，大学士陈循、王文子乡试不第，讦讼考官，特赐举人。弘治乙丑科谢迁从子丕，至是廷和子慎，其父叔引嫌不预读卷，其子并得及第。前此戊辰焦芳以子黄中不得状元及第，降调翰林诸执事，故是科不得不尔。于此见我朝法制视宋为稍宽，而公卿典刑不逮宋人远矣。

第一甲三名赐进士及第
　　杨慎，四川新都县。
　　余本，浙江鄞县。
　　邹守益，江西安福县。
第二甲一百十五名赐进士出身
　　许成名，山东聊城县。
　　刘栋，浙江山阴县。
　　马应龙，陕西河州。
　　郑玉，福建莆田县。
　　朱鸣阳，福建莆田县。
　　张璧，湖广石首县。
　　应良，浙江仙居县。

---

① "七"为"士"之讹。

屠应埙，浙江平湖县。

徐明，顺天府大兴县。

黄臣，山东济阳县。

尹襄，江西永新县。

刘朴①，顺天府昌平县。

郑元，湖广夷陵州。

黄钟，直隶隆庆州。

董鏊，浙江鄞县。

侯纶，山西太原卫。

张鹏程，山西蒲州。

李重，南京金吾卫。

陈桓，锦衣卫。

胡尧元，湖广蒲圻县。

刘城，山东新城县。

江玄锡，南直隶休宁县。

张铢，四川潼川州。

柴奇，南直隶昆山县。

王世文，江西安福县。

汤继文，南直隶常熟县。

李献可，直隶故城县。

吴寅，山西振武卫。

许云鹏，山东堂邑县。

张孟中，福建闽县。

金濂，大宁都司营州卫。

陈应武，南直隶高邮州。

蒋治，南直隶武进县。

梁亿，广东顺德县。

宋应奎，江西贵溪县。

朱亮，广东揭阳县。

王元凯，陕西鳌屋县。

李文华，江西贵溪县。

张原明，河南仪封县。

毕济时，江西贵溪县。

任忠，山东登州卫。

---

① 《索引》作刘扑。

毛宪，南直隶武进县。

柴太，南直隶昆山县。

王念，直隶迁安县。

韩明，浙江会稽县。

屠侹，浙江鄞县人，试中书舍人。

刘翀，江西吉安府永丰县。

黎奭，湖广京山县。

曹恩，直隶德州卫。

孙继芳，湖广华容县。

张鹏，福建浦城县。

管楫，陕西咸宁县。

戴吉，南直隶婺源县。

汪惇，浙江余姚县。

徐咸，浙江海宁卫。

余宽，浙江临海县。

许复礼，顺天府东安县。

杨守礼，山西蒲州。

郭禩，浙江临海县。

戴恩，南直隶上海县。

胡琏，江西新喻县。

黄景星，四川鄞都县。

牛凤，河南叶县。

朱璠，四川合州。

费宷，江西铅山县。

王道，山东武城县。

杜杲，四川南充县。

陆俸，南直隶吴县。

张经，直隶兴州卫。

屠侨，浙江鄞县。

卢雍，南直隶吴县。

于湛，南直隶金坛县。

施儒，浙江归安县。

张潮，四川内江县。

祝续，南直隶长洲县。

夏尚朴，江西广信府永丰县。

刘佐，陕西中部县。

王銮，南京锦衣卫。

裴继芳，山西灵石县。

林有孚，福建莆田县。

姚爵，陕西静宁州。

宋廷佐，陕西乾州。

郭清，福建莆田县。

姜清，江西弋阳县。

沈健，福建莆田县。

毕廷拱，广东番禺县。

梁毅，山东东平州。

张愈严，四川眉州。

王介，南京留守卫。

王思，江西泰和县。

郭九皋，义勇卫。

李楫，四川成都卫。

何璧，南直隶太仓卫。

尹京，南直隶大河卫。

孙承恩，南直隶华亭县。

廖庆，福建莆田县。

徐之鸾，南直隶桐城县。

王冀，江西金溪县。

伍箕，江西安福县。

贺缙，江西永新县。

高鹏，湖广澧州。

张璿，浙江余姚县。

汪必东，湖广崇阳县。

汪珊，南直隶贵池县。

南大吉，陕西渭南县。

翁洪，锦衣卫。

蒋淦，广西全州。

李呆，南直隶宜兴县。

刘泉，江西安福县。

林文俊，福建莆田县。

沈圻，浙江平湖县。

刘校，河南郾城县。

孙绍视，山西振武卫。

刘景宇，四川南溪县。

刘成德，山西蒲州。

第三甲二百三十一名赐同进士出身

赵官，四川合州。

郝凤升，福建汀州卫。

张士镐，南直隶歙县。

金鲤，山东临清州。

马性鲁，应天府溧阳县。

王玺，山西猗氏县。

姚文清，山西阳曲县。

戴颙，浙江太平县。

宋钺，武功卫。

王江，直隶任丘县。

张文明，山西阳曲县。

何钺，应天府江宁县。

范辂，湖广桂阳县。

杨必进，江西吉水县。

刘文瑞，广东新会县。

张文澐，浙江上虞县。

王玺，武骧卫。

马朝卿，山东阳信县。

刘栾，山西阳曲县。

樊继祖，山东郓城县。

周震，南直隶昆山县。

杨灿，南直隶华亭县。

王玮，应天府江浦县。

吴嘉聪，山西振武卫。

刘一中，山西蒲州。

赵汉，浙江平湖县。

童纶，湖广孝感县。

潘仿，河南洛阳县。

李长，浙江缙云县。

康世臣，神木千户所。

汪文盛，湖广崇阳县。

喻茂坚，四川荣昌县。

朱寅，南直隶常熟县。

周勋，福建上杭县。

杜盛，顺天府宝坻县。

高仁，福建莆田县。

汪本，江西浮梁县。

王溱，直隶开州。

金皋，四川绵州。

高文豸，辽东定辽中卫。

向信，四川岳池县。

王雄，锦衣卫。

翁素，浙江慈溪县。

伍希儒，江西安福县。

傅钥，辽东广宁卫。

宋寅，四川富顺县。

欧阳嵩，江西泰和县。

王以旂，应天府江宁县。

张溇，广东顺德县。

屈钗，陕西蒲城县。

潘汉，浙江天台县。

刘禔，江西安福县。

窦明，山西武卿①县。

吴惠，浙江鄞县。

孙懋，浙江慈溪县。

罗方，四川南充县。

徐文溥，浙江开化县。

贾启，留守卫。

黄大源，福建莆田县。

简辅，广西马平县。

史立诚，浙江鄞县。

桂萼，江西安仁县。

陈霶，直隶冀州。

陈王田②，四川富顺县。

李时元，直隶赵州。

邹锐，南直隶武进县。

①《索引》作"武乡"。
②《索引》作"陈良玉"。

张应祺，浙江仁和县。

粟登，四川巴县。

郑德崇，山东汶上县。

李先芳，山西代州。

曹兰，陕西咸宁县。

金疊，云南大理卫。

刘夔，山西襄垣县。

金符，武功卫。

沈光大，浙江慈溪县。

唐濂，南直隶歙县。

何棠，南直隶泰兴县。

尹元，直隶灵寿县。

孙方，南直隶丹阳县。

叶忠，浙江临海县。

张楷，直隶清苑县。

赵君琰，山西垣曲县。

龚守愚，江西清江县。

郭维藩，河南仪封县。

杨应奎，山东益都县。

余瑗，四川内江县。

穆世杰，陕西泾阳县。

游琏，福建连江县。

田荆，陕西兰州。

李安之，四川嘉定州。

张翀，四川潼川州。

聂珙，江西上高县。

余銮，湖广黄冈县。

郑慕，福建福清县。

李校，江西安福县。

戴驳，浙江太平县。

杨秉中，陕西武功县。

沈霁，南直隶华亭县。

许翔凤，山西洪洞县。

严时泰，湖广江夏县。

蒋亨，南直隶武进县。

余瓒，福建莆田县。

陶麟，南直隶吴县。

李润，济州卫。

徐乾，广西临桂县。

胡佩，浙江汤溪县。

谢珊，湖广松滋县。

傅楖，福建南安县。

郑正义，南直隶建德县。

熊兰，江西南昌县。

董相，河南嵩县。

任舜臣，陕西三原县。

刘廷蓥①，富峪卫。

李凤，山东昌邑县。

沈俊，南直隶庐州卫。

张铠，万全宣府卫。

韩鸾，南直隶素②州。

王元正，陕西盩厔县。

易瓒，直隶肃宁县。

曹珪，湖广黄冈县。

龚进，锦衣卫。

任洛，河南钧州。

余守观，湖广衡阳县。

刘景沂，山东长清县。

陈寰，南直隶常熟县。

李旦，福建漳浦县。

吴栋，义勇卫。

任德，河南河南卫。

刘济，腾骧卫。

吴阍，南直隶武进县。

杨朝凤，陕西安化县。

石金，湖广黄梅县。

张衍庆，河南汲县。

欧珠，四川潼川州。

周叙，湖广九溪卫。

---

① 《索引》作"刘廷簠"。
② "素"为"泰"之讹。

张钦，直隶通州右卫。

饶富，江西崇仁县。

詹轼，江西玉山县。

刘翀，山西平陆县。

俞璋，南直隶太仓州。

党承志，山西忻州。

钟善经，广东顺德县。

周清，湖广竹溪县。

王金，直隶涿鹿县。

戚雄，浙江金华县。

祝弘舒，四川温江县。

贡珊，南直隶宣城县。

洗①尚文，广东番禺县。

李孟旭，山西灵丘县。

孙聪，直隶开州。

欧阳崑，江西泰和县。

晏珠，四川内江县。

汪渊，江西上饶县。

刘士元，四川彭县。

卢琼，江西浮梁县。

余翱，南直隶定远县。

孟廷柯，湖广武昌县。

王宗源，福建晋江县。

李镇，江西进贤县。

郭五常，河南西平县。

萧淮，广西桂林卫。

陆时通，江西丰城县。

侯位，湖广平溪卫。

赵德刚，福建闽县。

谢源，福建怀安县。

周廷用，湖广华容县。

陈烈，福建漳浦县。

龚大用，南直隶武进县。

李阶，浙江永嘉县。

----

① 《索引》作"冼"。

申理，陕西镇原县。

边宪，直隶任丘县。

万玘，河南归德卫。

罗玉，四川南充县。

徐晋，南直隶江都县。

冯世昌，河南宁山卫。

潘锜，南直隶婺源县。

郑云翔，湖广麻城县。

常伦，山西沁水县。

熊允懋，四川资阳县。

王纪，南直隶泰州。

彭昉，南直隶苏州卫。

顿锐①，直隶涿鹿县。

于桂，府军卫。

乐选，顺天府宛平县。

陈洗②，广东潮阳县。

郑浙，江西广信府永丰县。

王完，四川潼川州。

俞集，江西新昌县。

詹崇，江西乐安县。

杨濂，江西贵溪县。

臧相，浙江海门卫。

东郊，陕西华州。

刘梦熊，山东汶上县。

黄国泰，山东临清州。

郑懋德，福建莆田县。

张汉卿，河南仪封县。

金选，湖广荆门州。

孙漳，浙江鄞县。

程鹏，山西解州。

张居仁，直隶景州。

胡琼，福建南平县。

章纶，锦衣卫。

---

① 《索引》作"顿锐"。

② 《索引》作"陈洗"。

毛震，南直隶昆山县。

张鳌山，江西安福县。

宋臣，南直隶华亭县。

王宁，四川遂宁县。

许铠，湖广道州。

何邦宪，云南太和县。

戴祥，南直隶绩溪县。

刘概，湖广安陆卫。

彭应轸，直隶献县。

万潮，江西进贤县。

俞敦，南直隶扬州卫。

李际元，山东阳谷县。

简佐，江西新喻县。

何炌，湖广江夏县。

郑杰，湖广襄阳卫。

施德祯，浙江余姚县。

路直，河南洛阳县。

张琥，江西安仁县。

周懋文，南直隶昆山县。

方坤，浙江余姚县。

陈宪，江西余干县。

蒋益，南直隶武进县。

张学礼，直隶平乡县。

刘黼，山西平遥县。

康浩，陕西武功县。

张录，山东城武县。

储洵，南直隶泰州。

李节义，山东茌平县。

王遵，南直隶宜城县。

癸酉　正德八年两京十三藩乡试

解元

顺天府：史道，涿州学生，《书》，丁丑。

应天府：王大化，仪真县学生，《书》，辛巳。

浙江：陈器，台州府学生，《诗》，甲戌。

江西：王昂。

福建：张岳，惠安县，《诗》，丁丑。

湖广：阮朝东，黄州府学增广生，《春秋》，癸未。

河南：李濂，开封府学生，《书》，甲戌。

山东：陈文昭，僕①州学生，《诗》，甲戌。

山西：刘怀仁。

陕西：吴缙，凤翔县，《诗》，辛巳。

四川：毛曐。

广东：萧与成，潮阳县，《书》，丁丑。

广西：郑琬，仪卫司，《礼记》，癸未。

云贵：颜楫。

甲戌　正德九年会试

考试官：

少傅、大学士梁储，见戊辰。

学士毛澄，宪清，南直隶太仓州人，癸丑进士。

第一场

《四书》：

〇欲诚其意者，而后意诚。刊。

〇夫子之文章，不可得而闻也。刊。

〇于季桓子见行可之仕也。刊。

《易》：

〇君子敬以直内，德不孤。刊。

〇六四樽酒簋贰，终无咎。

〇通其变，吉无不利。刊。

〇六者非他也三才之道也。

《书》：

〇九功惟叙，俾勿坏。刊。

[〇] 克绥先王，蒸民之生。

〇以观文王，之大烈。刊。

〇德威惟畏，于民棐彝。

《诗》：

〇求之不得寤寐思服。

---

① "僕"为"濮"之讹。

○群黎百姓遍为尔德。刊。

○价人维藩，宗子维城。刊。

○仪式刑，既右享之。

《春秋》：

○元年（隐元），秋七月（隐六）。刊。

○次郎俟（庄八），聂北救（僖元），伐楚次（僖四），次匡敖救（僖十五），豹救，榆（襄二十三）。

○取须句，战升陉（僖二十二）。刊。

［○］围郎围郜（定十），越入吴（哀十三）。

《礼记》：

○德成而教尊，国治。刊。

○易直子谅，天则神。

○故君子多闻，略而行之。刊。

○是故天子以，不失职为节。

第二场

论：

○圣贤传心之要法。刊。

诏诰表内科一道：

○拟汉戒俗吏矫饰者诏（元和二年）。

○拟唐以魏徵为太子太师诰（贞观十六年）。

○拟我朝东阁大学士吴沉等进《精诚录》表（洪武十六年）。刊。

判语五条：

○官吏给由。

○人户以籍为定。

○僧道拜父母。

○诈冒给路引。

○修理桥梁道路。

第三场

策王①道：

○圣祖言行功业御制诸书。刊。

○三圣五贤之弭灾，今日君臣之弭灾。刊。

○昔人论治。刊。

○水利马政屯田盐筴。刊。

○致盗之由在忽纪纲，弭盗之术在立纪纲。刊。

---

① "王"为"五"之讹。

时会试之士三千八百有奇，取霍韬等四百名，刻程文二十篇。□①宏□②梁储位在己上，仍将会录旁注贴③说，指摘以进，上察知之，置不问。韬所著有《渭崖疏要》、《霍文敏集》，官至太子太保，谥文敏。子与瑕，嘉靖己未进士。

中式举人四百名。

霍韬，广东广州府学生，《易》。

周大谟，福建莆田县人，监生，《诗》。

蔡昂，南直隶淮安卫人，监生，《书》。

唐皋，南直隶徽州府学生，《春秋》。

潘润，南直隶建平县人，监生，《礼记》。

三月十五日，临策天下贡士。制曰：朕惟《大学》一书，有体有用，圣学之渊源，治道之根柢也。宋儒真德秀尝推衍其义，以献于朝。我太祖高皇帝特命左右大书，揭之殿壁，朝夕观览，每与侍臣形之论说。列圣相承，罔不崇信。朕初嗣位，经筵儒臣首以进讲。其书大纲有二，先之以帝王为治之序，次之以帝王为学之本。又以格物致知、诚意正心、修身齐家之要，分为四目，序列于后，以示学者用力之地。夫学，体也；治，用也。由体达用，则先学而后治也。顾以治先于学，于义何居？其为治之序，盖前圣之规模，后贤之议论皆在焉。比而论之，无弗同者。而帝王之所为学，则有不同。尧舜禹汤文武纯乎无以议为也，高宗、成王其庶几乎！下此虽汉唐贤君，亦或不能无少悖戾。又下则其谬愈甚，不过从事于技艺文辞之间耳，无惑乎其治之不古若也。凡此皆后世之鉴，可能历举而言之乎？抑《衍义》所载，不及宋事，不知宋之诸君为治为学，亦有可进于是者乎？朕万几之暇，留意此书，盖欲庶几古帝王之学，以增光我祖宗之治，励志虽勤，绩用未著，家国仁让之风，用人理财之效，视古犹歉，岂所以为治者未循其序，为学者未得其本乎？夫为人臣而不知《大学》，无以尽正君之法。子诸生讲明是道久矣，行且有为臣之责，其为朕悉心以对，毋泛毋略，朕将亲览焉。

时廷对之士三百九十六人，赐唐皋等进士及第、出身有差。皋襟怀脱洒，善谋断，喜任事，在庠素有声誉。累蹶场屋，乡人有一兼秋闱走十科之语。然励志愈坚，后连捷二魁，以状元及第，可谓有志者事竟成也。时年四十六，官至侍讲学士。是科吕柟、吕陶，詹晨、詹昇俱兄弟同登。后朱裳有名。

第一甲三名赐进士及第

唐皋，南直隶歙县。

黄初，江西贵溪县。

---

① 原缺，当为"费"。
② 原缺，当为"以"。
③ "贴"为"贴"之讹。

蔡昂，南直隶淮安卫籍，嘉定县人。

第二甲一百三十五名赐进士出身

霍韬，广东南海县。

马理，陕西三原县。

周文光，浙江永康县。

孙存，南直隶滁州。

张原，陕西三原县。

范禄，浙江鄞县。

李中，湖广随州。

叶天球，南直隶婺源县。

刘彭年，四川巴县。

田赋，福建建安县。

吴继隆，南直隶歙县。

王俊民，四川合州。

薛蕙，南直隶武平卫。

王学夔，江西安福县。

王经，南直隶镇海卫。

吕爱，浙江鄞县。

萧歆，锦衣卫。

简沛，江西上高县。

白辙，四川纳溪县。

萧鸣凤，浙江山阴县。

应典，浙江永嘉县。

彭大治，福建莆田县。

吴仕，南直隶宜兴县。

熊浃，江西南昌县。

韩士英，四川南充县。

黄训，南直隶吴县。

范洵，浙江天台县。

陈文昭，山东濮州。

张懋贤，浙江鄞县。

梁本茂，四川宜宾县。

陆杰，浙江平湖县。

王滕，河南洛阳县。

闻东昌，南直隶常熟县。

方楷，钦天监。

蒋彬，广西全州。

胡岳，南直隶华亭县。

吕陶，直隶真定县。

余祯，江西奉新县。

张峨，四川成都卫。

刘友仁，福建漳浦县。

林达，福建莆田县。

张莱，南直隶丹徒县。

黄伟，福建同安县。

朱良，浙江慈溪县。

黄廷宣，福建莆田县。

周凤鸣，南直隶昆山县。

刘勋，福建莆田县。

刘储秀，陕西咸宁县。

何瑗，广东顺德县。

王镮，江西南城县。

曹璁，南直隶霍丘县。

林大辂，福建莆田县。

查仲道，江西宁州。

蒋孔炀，福建晋江县。

高贲亨，浙江临海县。

曹春，留守卫。

陈能，湖广华容县。

□①高，河南祥符县。

黄宗明，浙江鄞县。

赵勃，直隶长垣县。

张淳甫，山西安邑县。

侯一元，陕西秦安县。

金㫑，四川绵州。

赵良华，四川眉州。

李相，江西吉水县。

朱敬，武骧卫。

杨表，福建龙溪县。

潘润，南直隶建平县。

---

① 原缺。据《索引》，当为"谷"。

金山，广东番禺县。

顾琛，应天府上元县。

冯曾，锦衣卫。

郑佐，南直隶歙县。

张汉，湖广安陆州群牧所。

周时望，江西贵溪县。

吴守中，河南河内县。

李景元，福建侯官县。

江镳，浙江奉化县。

汪金，江西贵溪县。

喻义，南直隶无锡县。

苏辅，福建晋江县。

余才，四川内江县。

赵伸，直隶德州左卫。

祝品，浙江龙游县。

浦旒，南直隶常熟县。

刘寅，江西大庾县。

詹晨，江西贵溪县。

张俭，浙江仙居县。

蒋山卿，南直隶仪真县。

茅贡，南直隶太仓州。

万云鹏，南直隶盐城县。

俞文曦，浙江鄞县。

陈辅，南直隶仪真县。

郑绅，锦衣卫。

周汝勤，河南上蔡县。

李锐，大宁保定卫。

郝世家，陕西三原县。

黄祺，江西建昌县。

□①世儒，浙江山阴县。

党以平，河南钧州。

桑溥，山东濮州。

姚凤，河南安阳县。

张思聪，浙江山阴县。

---

① 原缺。据《索引》，当为"姚"。

陈子直，浙江临海县。

辛东山，河南洛阳县。

王袍，浙江山阴县。

王廷珤，陕西安定县。

刘天民，山东历城县。

范师曾，河南汲县。

萧孟景，大宁卫。

张瓛，南直隶泰兴县。

张大轮，浙江东阳县。

应大猷，浙江仙居县。

黄焯，福建南平县。

黄景夔，四川酆都县。

戴时宗，福建长泰县。

刘孟诗，江西永新县。

陆钶，浙江鄞县。

李濂，河南祥符县。

顾天祐，南直隶武进县。

成乐，湖广石首县。

罗英，湖广江夏县。

闻泽，浙江鄞县。

陆卿，南直隶无锡县。

张汝钦，南直隶无锡县。

李崧祥，南直隶贵池县。

周士英，浙江慈溪县。

李淮，山西闻喜县。

刘希龙，山东安丘县。

章书，江西余干县。

黄绶，浙江鄞县。

张积禄，四川资阳县。

林炫，福建闽县。

周大谟，福建莆田县。

王俊民，湖广石首县。

钟梁，浙江海盐县。

第三甲二百五十八名赐同进士出身

王问，南直隶吴江县。

周文熙，湖广麻城县。

傅尚文，湖广华容县。

朱裳，直隶沙河县。

李俨，江西永新县。

翟瓒，山东昌邑县。

戴仲纶，腾骧卫。

杨秉义，南直隶华亭县。

周鹓，南直隶华亭县。

赵永亨，河南杞县。

王容，浙江慈溪县。

张潜，山东黄县。

唐恩，南直隶嘉定县。

王迥，河南尉氏县。

周伟，江西新城县。

王轼，浙江山阴县。

虞守随，浙江义乌县。

陈克宅，浙江余姚县。

张治道，陕西长安县。

陈经，山东益都县。

谢芝，山西振武卫。

刘玑，锦衣卫。

华淳，顺天府大兴县。

黄嘉宾，山东嘉祥县。

蒋福陵，湖广衡阳县。

郑庆云，福建南平县。

底蕴，河南考城县。

王澄，湖广罗田县。

蔡时，江西新昌县。

薛祖学，陕西渭南县。

林馥，锦衣卫。

韩肇，山西代州。

李经，河南真阳县。

徐景嵩，辽东都司。

李献，河南河南卫。

吴铠，山东阳谷县。

王世臣，山东昌邑县。

葛袷，锦衣卫。

陈力，四川内江县。

曹轩，浙江上虞县。

吕律，南直隶武进县。

刘淑相，湖广麻城县。

詹昇，江西贵溪县。

杨百之，万全都司兴和所。

张鹏翰，陕西庆阳县。

冯泾，浙江慈溪县。

陈江，广东潮阳县。

陶俨，浙江秀水县。

王秀，山东莱阳县。

秦钺，浙江慈溪县。

韩奕，陕西庆阳县。

席彖，四川遂宁县。

张崇德，山东沂州。

王道中，武骧卫。

葛覃，河南磁州。

杨来凤，河南汝阳县。

朱节，浙江山阴县。

李纬，河南钧州。

蒋同仁，南直隶武进县。

雷雨，陕西蒲城县。

袁文显，浙江鄞县。

冷向春，四川内江县。

谢善，江西吉水县。

苏麒，福建南安县。

王时泰，浙江余姚县。

胡松，南直隶绩溪县。

杨铨，江西丰城县。

欧阳选，湖广安仁县。

周在，南直隶太仓州。

刘守绪，湖广兴国州。

方铎，南直隶合肥县。

崔谕，湖广湘阴县。

刘樽，湖广蕲州。

祁鹤，山西安邑县。

吉棠，南直隶丹阳县。

杨林，江西进贤县。

傅良弼，云南昆明县。

田秋，贵州水德江长官司。

傅□①，湖广汉阳县。

丁洪，江西铅山县。

陈九□②，江西抚州所。

鲁教，河南罗山县。

孙悦，南直隶金坛县。

孟奇，陕西咸宁县。

郭登庸，山西山阴县。

孟阳，山西泽州。

陈器，浙江临海县。

边嵛，南直隶无锡县。

高杰，陕西平凉卫。

钟锡，山西泽州。

郑晓，四川成都左护卫。

刘寓，江西崇仁县。

邓尚义，湖广永兴县。

杨材，湖广零陵县。

李浑，浙江慈溪县。

骆士弘，广东南海县。

徐州，浙江慈溪县。

温萃，山东堂邑县。

彭占祺，山东费县。

周昺，贵州永宁卫。

范永銮，湖广桂阳县。

丘道隆，福建上杭县。

萧樟，江西永新县。

李光霁，顺天府东安县。

马明衡，福建莆田县。

唐符，南直隶太仓州。

江良材，江西贵溪县。

沈教，浙江慈溪县。

张彦杲，陕西三原县。

罗江，云南嵩明州。

毛镗，山西振武卫。

池龙，直隶涿鹿左卫。

张庠，四川蓬溪县。

俞应辰，福建莆田县。

王钧，济阳卫。

周仲仁，陕西西安卫。

张介，直隶真定县。

许济时，河南祀县。

李齭，山西武乡县。

伍希周，江西安福县。

蒋仪，直隶天津右卫。

卫道，河南叶县。

刘秉仁，四川大邑县。

李庄，直隶蓟州卫。

翟銮，湖广九溪卫。

贾继之，山西汾州。

孙甫，四川犍为县。

郑气，直隶静海县。

朱昭，直隶镇朔卫。

贾道，直隶束鹿县。

赵昶，山东安丘县。

余廷瓒，江西鄱阳县。

陶滋，山西绛州。

巴思明，山东新城县。

李锡，山东临邑县。

陈褒，福建宁德县。

王汝敬，山西代州。

顾可久，南直隶无锡县。

卢问之，山西朔州。

蒋承恩，通州卫。

郭楠，福建晋江县。

梁希鸿，广东东莞县。

陆翱，南直隶华亭县。

张几，陕西镇原县。

彭烔①，广东东莞县。

林豫，福建莆田县。

周忠，江西贵溪县。

王杲，山东汶上县。

曹敏，直隶唐山县。

魏公济，山东费县。

郭田，陕西西安右护卫。

邵德容，浙江余姚县。

王廷表，云南阿迷州。

刘源清，山东东平州。

张景华，山东郯城县。

杨天茂，浙江余姚县。

周宗本，广东琼山县。

王国光，江西丰城县。

刘近光，江西庐陵县。

杨九龄，云南邓川州。

胡斐，浙江汤溪县。

张天性，山东濮州。

董云汉，云南河阳县。

陈邦俦，广西全州。

刘辅宜，江西庐陵县。

谢汝仪，浙江鄞县。

简霄，江西新喻县。

王旸，武功卫。

王卿，河南弘农卫。

林樯，福建仙游县。

戴金，湖广汉阳县。

吴廉，浙江仙居县。

钱宪，南直隶无锡县。

韩儒，直隶平乡县。

姚钎，浙江慈溪县。

张好爵，山西阳城县。

张云，广西临桂县。

_____

① 《索引》作"彭纲"。

邓显麒，江西奉新县。

姜仪，江西南昌县。

田美，山东濮州。

李希说，广东东莞县。

王东儒，山东济阳县。

孙复初，直隶沔阳卫。

张儒，河南南阳卫。

刘佐，江西安福县。

吴稷，南直隶华亭县。

吕阼，直隶真定县。

朱方，浙江永康县。

杨国相，山东阳信县。

颜守忠，湖广攸县。

都郊，直隶广平县。

刘靖臣，直隶新安县。

喻汉，广西藤县。

张玩，山东历城县。

张润身，直隶成安县。

曾鹏，广东琼山县。

郑本公，山西朔州卫。

郭凤翔，河南祥符县。

许俨，四川眉州。

何汝学，直隶吴桥县。

刘经，顺天府宝坻县。

李美，四川绵州。

刘颖，江西临川县。

孙元，湖广安陆州。

徐纶①，江西上饶县。

王天与，广东兴宁县。

李乔，江西安福县。

林士元，广东琼山县。

黄国用，江西庐陵县。

王翰，直隶昌黎县。

张邦信，浙江嵊县。

---

① 《索引》作"徐伦"。

刘琦，陕西洛川县。

邵豳，浙江东阳县。

高第，四川绵州。

雷应龙，云南蒙化卫。

李儒，南直隶华亭县。

郑公奇，福建莆田县。

孙仪，山东平度州。

刘梦阳，山东临清州。

韩坤，陕西蒲城县。

殷承叙，陕西兰州卫。

何良辅，江西庐陵县。

温濡，山东招远县。

刘承恩，山东历城县。

陈嘉言，陕西西安右护卫。

高奎，山东长清县。

林春泽，福建侯官县。

林遂，福建福宁州。

蔡贤，河南汤阴县。

宋九龄，山西猗氏县。

吴鸾，南直隶太仓州。

田邦杰，福建侯官县。

顾祕，四川仪卫司。

史麟，四川南充县。

蓝瑞，河南邓州前所。

牛斗，陕西朝邑县。

巩思宪，山东东平州。

周佐，江西广信府永丰县。

赵继英，河南祥符县。

胡世芳，山西安邑县。

冯洙，浙江金华县。

喻智，南直隶当涂县。

韩瑝，直隶高阳县。

曲环，山西安邑县。

丁孔暲，山东聊城县。

詹莹，湖广麻城县。

林桂，浙江平湖县。

何遵，应天府江宁县。

吴宝，湖广江夏县。

童楷，应天府上元县。

戴钦，广西柳州卫。

范时儆，四川仪卫司。

李世荣，陕西乾州。

任惟贤，四川阆中县。

梁焯，广东南海县。

王承恩，直隶高阳县。

及宦，直隶交河县。

李学，河南南阳卫。

丙子　正德十一年两京十三藩乡试

解元

顺天府：周光宙，南直隶常熟县人，监生，《易》。

应天府：崔桐，海门县人，监生，《诗》，丁丑。

浙江：张怀，余姚县儒士，《易》，丁丑。

江西：郭鹏。

福建：朱湘，兴化府学生，《诗》，癸未。

湖广：罗星。

河南：卢焕，光山县学增广生，《易》，辛巳。

山东：王化，滨州，《书》，辛巳。

山西：汪继芳。

陕西：刘序，长安县，《易》，辛巳。

四川：陈讲，遂宁县，《诗》，辛巳。

广东：伦以谅，南海县儒士，《易》，辛巳。

广西：唐元殊。

云贵：邹志学。

丁丑　正德十二年会试

考试官：

太子太保兼大学士靳贵，见辛未。

少詹事兼学士顾清，士廉，南直隶华亭县人，癸丑进士。

第一场

《四书》：

〇夫仁者己欲立，达人。刊。

〇敬大臣则不眩，天下畏之。刊。

〇老者衣帛，未之有也。刊。

《易》：

〇刚过而中，时大矣哉。刊。

〇大壮利贞大者正也。刊。

〇成性存存道义之门。刊。

〇惧以终始其要无咎。

《书》：

〇元首明哉，庶事康哉。刊。

〇予弗克俾厥后，格于皇天。刊。

〇身其康疆子孙其逢吉。刊。

〇丕显文武，敷闻在下。

《诗》：

〇相彼鸟矣，不求友生。

〇彤弓弨兮，一朝飨之。刊。

〇穆穆文王于缉熙敬止。刊。

〇绥万邦，於昭于天。刊。

《春秋》：

〇季子来归（闵元）。刊。

〇盟贯（僖二），伐黄（僖十一），侵蔡获燮，贞伐郑（襄八）。刊。

〇盟召陵，执陈涂（僖四）。

〇伐沈溃，父救江（文三）。刊。

《礼记》：

〇器用陶匏以象天地之性也。刊。

〇故知礼乐之情，谓明。刊。

〇故君使其臣，而从之。刊。

〇臣下竭力尽能，上下之大义也。

第二场

论：

〇圣人所由惟一理。刊二篇。

诏诰表内科一道：

〇拟汉劝农桑禁采金玉诏。

〇拟唐以孙伏伽为谏议大夫诰。

〇拟学士宋濂等贺书《大学衍义》于内殿庑壁表。刊。

判语五条：

○子孙违犯教令。

○官员赴任过限。

○良贱为婚姻。

○卑幼私擅用财。

○同僚代判署文案。

第三场

策五道：

○前代文武有偏全，圣祖文武称全德。刊。

○圣学明则全才出（子思有功于虞廷，朱子有功于孔氏）。刊。

○知人之智，安民之仁。刊。

○宋仁宗神宗治体。刊。

○星野之占验，应天之德政。刊。

时会试之士三千九百有奇，取伦以训等三百五十人，刻程文二十六篇。先是，辛未靳贵主考会试，言事者诋其家人受贿鬻题。至是春，贵方以病在告，既而称愈复出典会试，益致群疑，于是言官复丑诋之，四月致仕。以训官至礼部侍郎。

中式举人三百五十名。

伦以训，广东南海县儒士，《易》。

汪应轸，浙江绍兴府学生，《诗》。

叶式，浙江永嘉县学生，《书》。

江晖，浙江杭州府学生，《春秋》。

王廷陈，湖广黄冈县人，监生，《礼记》。

三月十五日，临策天下贡士。制曰：朕惟羲农以下之事见于经，秦汉以来之事见于史。见于经者，皆圣贤为治之迹；见于史者，亦当时君臣相与随时而成治者也。然儒先君子之论，则曰帝王以道治天下，后世只以法把持之而已。信斯言也，岂帝王之治一以道而不以法，后世之治一以法而不以道欤？自今观之，如画野分州，设官分职，明礼乐，兴学校，正律历，秩祭祀，均田赋，通泉货，公选举，严考课，立兵制，慎刑罚，则帝王之治天下，固未尝不以法也。天性明达，宽仁长者，躬修玄默，以德化民，恢廓大度，同符高祖，事从宽厚，文以礼乐，畏义好贤，力于为善，聪明果决，得于天性，宽仁多恕，心无邪曲，恭俭仁恕，忠厚恻怛，则后世贤君之治天下，亦未尝不各有其道也。然则儒先之论，殆亦有不足尽信者欤？洪惟我太祖高皇帝创业垂统，治定功成，圣子神孙，万代如见。其治道之高明，治法之弘远，直可以等帝王而上之矣。然而帝王庙祀立于京师，自昔忠良多与配享，虽以胜国之世祖而亦获秩祀焉，岂非以后世之英君谊辟，其政治亦犹有可取者欤？朕膺天眷命，嗣守鸿业，临政愿治，盖十有三年于兹矣。

然远师帝王之道，而望道犹有所未见；近守祖宗之法，而行法犹有所未逮。其故安在？子大夫积学待问久矣，其为朕据经史，兼本末，详著于篇，朕将采而用之，以资于治焉。

时廷试之士三百四十九人，赐舒芬等进士及第、出身有差。芬虽于书无所不读，寔励志圣贤之学，端居终日，夜以记过自讼。其为文，志气焕发，理道畅达。己卯以首谏南巡杖，调福建市船副提举。辛巳复职修撰。甲申议大礼，再杖于廷。乙酉卒。所著有《梓溪集》。今配享罗一峰祠。是科王舜耕、王舜渔，刘乾亨、刘谦亨俱兄弟同登，选汪佃等三十四人为庶吉士。后芬与马汝骥俱有名。

第一甲三名赐进士及第
　　舒芬，江西进贤县。
　　伦以训，广东南海县。
　　崔桐，南直隶海门县。
第二甲一百十五名赐进士出身
　　汪佃，江西弋阳县。
　　余承勋，四川青神县。
　　李士元，山东曹州。
　　陈良珍，福建长乐县。
　　叶玠，福建莆田县。
　　陈璧，浙江鄞县。
　　宋钦，直隶开州。
　　文明，锦衣卫。
　　王纶，直隶藁城县。
　　李瑜，浙江缙云县。
　　黄易，江西弋阳县。
　　王舜渔，南直隶常熟县。
　　江晖，浙江仁和县。
　　高尚贤，河南新郑县。
　　颜木，湖广应山县。
　　王廷陈，湖广黄冈县。
　　王臬，南直隶金坛县。
　　汪应轸，浙江山阴县。
　　张怀，浙江余姚县。
　　张拱辰，广东顺德县。
　　熊宇，吉府仪卫司。
　　刘世盛，直隶赵州。

黄待显，福建莆田县。

何鳌，浙江山阴县。

曹怀，南直隶无锡县。

林迁乔，福建莆田县。

陆金，南直隶吴江县。

萧廷杰，四川泸州。

蓝渠，福建兴化县①。

储昱，南直隶上海县。

郑宪，福建长乐县。

毛绍元，浙江余姚县。

陈琛，福建晋江县。

南寿，直隶满城县。

王渐逵，广东番禺县。

叶桂章，四川名山县。

叶式，浙江永嘉县。

华湘，南直隶泰州。

马汝骥，陕西绥德州。

陈则清，福建闽县。

詹瀚，江西玉山县。

仵瑜，湖广蒲圻县。

叶观，南直隶江都县。

胡侍，陕西咸宁县。

赵儒，陕西华阴县。

汪思，南直隶婺源县。

王三锡，山东曹州。

林文沛，福建长乐县。

廖世昭，福建怀安县。

刘景寅，直隶武清卫。

胡廷禄，云南云南卫。

许仁，直隶交河县。

史于光，福建晋江县。

黄绾，河南息县。

刘昌，江西安福县。

张玝，浙江崇德县。

---

① 《索引》作"兴化卫"。

陈沂，南京太医院。

彭本用，江西安福县。

胡沺，浙江秀水县。

林应聪，福建莆田县。

储良材，广西马平县。

张鲲，徽府仪卫司。

郑源涣，福建长乐县。

刘雍，山东昌乐县。

张子衷，滕骧卫。

廖梯①，福建兴化卫。

沈弘道，浙江会稽县。

叶应聪，浙江鄞县。

陈焕，浙江余姚县。

杨淮，南直隶无锡县。

欧阳必进，江西安福县。

赵锦，顺天府良乡县。

刘世纶，陕西岷州卫。

柴经，浙江鄞县。

姜绹，浙江兰溪县。

王至善，山东历城县。

高瀹，南直隶江都县。

张淮，义勇卫。

葛木，浙江上虞县。

谢显，江西安福县。

边仲，直隶任丘县。

顾遂，浙江余姚县。

丘其仁，福建莆田县。

戴鋆，浙江鄞县。

胡宗明，南直隶绩溪县。

李兰，陕西华州。

邝灏，直隶任丘县。

史道，顺天府涿州。

陈应之，福建莆田县。

卓居傅，福建莆田县。

---

① 《索引》题名录作"廖悌"，索引部分作"廖梯"。

梅鹗，南直隶旌德县。

何岩，河南扶沟县。

金廷瑞，浙江钱塘县。

陈毓贤，福建长乐县。

陈焕，江西贵溪县。

王凤灵，福建莆田县。

郭叙，江西宜春县。

彭泽，广东南海县。

李珣，山东清平县。

王镕，浙江慈溪县。

孔荫，南京应天府。

徐一鸣，湖广醴陵县。

庄惟春，福建长乐县。

朱可宗，河南南阳县。

江珊，锦衣卫。

车纯，浙江上虞县。

杨仪，四川射洪县。

娄志德，河南项城县。

龙大有，湖广茶陵州。

祁敕，广东东莞县。

陈铁，南直隶贵池县。

许相卿，浙江海宁县。

王尚志，河南淅川县。

刘士奇，广东顺德县。

徐子俊，浙江上虞县。

第三甲二百三十一名赐同进士出身

柯维熊，福建莆田县。

王时柯，江西万安县。

夏言，江西贵溪县。

李绍贤，南直隶泗州卫。

顾济，南直隶太仓州。

高节，河南睢州。

王世禄，南直隶广德州。

刘穆，山西临汾县。

高璧，锦衣卫。

贾璘，山东阳信县。

曾棠，四川嘉定州。

陈华，福建晋江县。

蔡宗兖，浙江山阴县。

裴绍宗，陕西渭南县。

杨士云，云南太和县。

朱豹，南直隶上海县。

曹镃，南直隶武进县。

杨翱，应天府江宁县。

夏宗仁，南直隶建平县。

王鼎，河南汝州。

林若周，福建莆田县。

李惠，河南祥符县。

马纪，河南钧州。

涂相，江西南昌县。

胡效才，南直隶沭阳县。

梁朝宗，江西龙泉县。

白翔，陕西宝鸡县。

王昕，应天府句容县。

杨瑀，顺天府涿州。

张邦教，山西蒲州。

汪溱，南直隶祁门县。

刘一正，山西蒲州。

蔡乾，湖广崇阳县。

刘希尹，山东临清卫。

王官，陕西宁夏左屯卫。

刘切，河南鄢陵县。

徐岱，四川威远县。

李文，河南宜阳县。

陈相，河南洛阳县。

陈嘉谟，福建长乐县。

王可学，顺天府固安县。

侯秩，直隶长垣县。

伍馀福，南直隶吴县。

徐子龙，浙江余姚县。

谢旻，直隶任县。

柯相，南直隶贵池县。

王崑，南直隶灵璧县。
吴英，湖广瞿塘卫。
张星，广西桂林中卫。
金朴，浙江鄞县。
廖啤，广西临桂县。
宋锐，山东新城县。
范锪，辽东沖阳卫。
邓继曾，四川资县。
熊荣，河南光山县。
范绅，锦衣卫。
季本，浙江会稽县。
王纳言，山东淄川县。
刘寂①，江西崇仁县。
马冕，直隶肃宁县。
桑仟，陕西安东中护卫。
王正宗，锦衣卫。
吴琦，山西潞州卫。
蔡经，福建侯官县。
李东，陕西蓝田县。
戴继先，营州卫。
朱洸，南直隶太仓州。
秦武，浙江临海县。
庞淳，顺天府宝坻县。
邓钺，四川成都卫。
詹珪，江西鄱阳县。
陈大道，四川南充县。
葛兰，河南信阳卫。
吴仲，南直隶武进县。
任佃，四川南充县。
刘守愚，湖广兴国州。
刘漳，陕西兰州。
王胤贤，河南中牟县。
沈松，浙江德清县。
林茂竹，福建莆田县。

---

①《索引》作“刘最”。

蒋珙，应天府溧阳县。

赵焱，山东齐河县。

孙峻，南直隶高邮州。

高轩，武城卫。

林公黼，福建长乐县。

杨鳌，广西桂林中卫。

潘锐，南直隶六安州。

刘黼，湖广衡阳县。

杨秦，兴州卫。

张岳，福建惠安县。

萧与成，广东潮阳县。

陈万言，河南汜水县。

方澜，福建莆田县。

傅南乔，浙江山阴县。

袁淮，直隶任丘县。

林时，河南汝阳县。

郑自璧，顺天府大兴县。

刘世扬，福建闽县。

林民表，锦衣卫。

宋沂，直隶静海县。

王津，南直隶徐州。

张淮，广东顺德县。

陈良谟，浙江安吉州。

王冕，河南洛阳县。

朱鼐，南直隶华亭县。

田秀，南直隶霍丘县。

程资，南直隶婺源县。

谢诰，山西安邑县。

张淮，南直隶太仓卫。

吴世良，山东博平县。

吾谨，浙江开化县。

陈直，浙江仁和县。

张濂，万全都司。

曹嘉，河南扶沟县。

李士允，河南祥符县。

司迪，山西泽州。

阎闳，山东临清州。

姚汝皋，河南襄城县。

王懋，陕西咸宁县。

毕张，河南裕州。

吴鼎，浙江钱塘县。

鲁纶，辽东定辽卫。

叶琭①，江西临川县。

丁瓒，南直隶丹徒县。

郭波，福建闽县。

高夔，锦衣卫。

牟盛，湖广江夏县。

季方，山西振武卫。

陈大器，广东潮阳县。

顾铎，山东博兴县。

王泮，山西磁州千户所。

李秉仁，四川南充县。

王萃，南直隶江阴县。

尹嗣忠，神策卫。

胡誉，江西新喻县。

王翰臣，四川渠县。

秦祐，山东临清州。

王舜耕，南直隶常熟县。

郭梦麒，顺天府涿州。

汤惟学，江西安仁县。

李顺孙，山东利津县。

周臣，云南洱海卫。

俞夔，浙江建德县。

顾昺，南直隶吴江县。

张曰韬，福建莆田县。

倪鹗，南直隶泾县。

江元辅，南直隶婺源县。

李煌，江西浮梁县。

麻漳，山西行都司。

张宝，山西盂县。

---

① 《索引》作"叶竦"。

黎贯，广东从化县。

萧中①，湖广草②容县。

方纪达，南直隶歙县。

诸偶，浙江秀水县。

郑洛书，福建莆田县。

聂豹，江西吉安府永丰县。

赵光，河南临颍县。

白麒，直隶永平卫。

徐锦，浙江慈溪县。

陈逅，南直隶常熟县。

席春，四川遂宁县。

杨天祥，广东归善县。

陈绶，直隶元城县。

刘乾亨，河南洛阳县。

牟泰，四川巴县。

张仝节，广西桂林卫。

畅华，陕西陇西县。

毋德纯，四川南充县。

王光济，陕西商州。

苏信，广东饶平县。

薛侃，广东揭阳县。

钟云瑞，广东东莞县。

王天民，山东鱼台县。

杨茂，福建松溪县。

林仕凤，福建莆田县。

张瀚，江西吉水县。

林希元，福建同安县。

孙舟，南直隶常熟县。

刘□③，河南睢州。

王瑄，四川遂宁县。

李鹤鸣，浙江义乌县。

周惠，四川宜宾县。

---

① 《索引》作"萧一中"。

② "草"为"华"之讹。

③ 原缺。据《索引》，当为"淮"。

谢元顺，浙江会稽县。

姚鸣凤，福建莆田县。

林春，福建晋江县。

王文，江西安福县。

张嵩，四川成都卫。

黎良，河南洛阳县。

谭缵，四川蓬溪县。

王邦瑞，河南宜阳县。

陈大纲，陕西庆阳卫。

刘祺，山东寿光县。

黄相，南直隶九江卫。

许宗鲁，陕西咸宁县。

许中，陕西洵阳县。

章乔，浙江兰溪县。

荣察，陕西蓝田县。

郑建，南直隶祁门县。

彭文，江西安福县。

曹弘，南直隶江阴县。

浦铉，山东登州卫。

曹辐，浙江上虞县。

王朝埕，陕西朝邑县。

戴玉成，福建长乐县。

徐官，浙江萧山县。

周诏，四川富顺县。

高鹏，湖广蕲州卫。

蒋舜民，南直隶江阴县。

赵玙，山东历城县。

刘烨然，顺天府遵化县。

刘谦亨，河南洛阳县。

王祐，南直隶建平县。

杨瑞，四川岳池县。

李杰，应天府六合县。

熊元，广东南海县。

郭希愈，直隶真定卫。

白平，直隶南宫县。

王汝梅，四川华阳县。

蔺益，陕西长安县。

沈潹，南直隶吴县。

郭持平，江西万安县。

杨永祜，山西辽州。

张芊，四川南充县。

翟璘，直隶长垣县。

王讴，陕西西安右护卫。

臧应奎，浙江长兴县。

张文奎，陕西洛川县。

朱臣，南直隶吴县。

杨概，山东德州。

陆澄，浙江归安县。

郑漳，福建闽县。

己卯　正德十四年两京十三藩乡试

解元

顺天府：杨维聪，固安县学生，《诗》，辛巳。

应天府：潘潢，徽州府学生，《书》，辛巳。

浙江：丰坊，宁波府学生，《春秋》，癸未。

江西。

福建：陈公陛，福州府学生，《礼记》，己丑。

湖广：唐愈贤，沅陵县，《书》，丙戌。

河南：苏清。

山东：李仁，东阿县学生，《诗》，癸未。

山西。

陕西：吕颙，宁州学生，《易》，癸未。

四川：杨顺明，南充县，《易》，丙戌。

广东：潘大宾，海阳县，《诗》，己丑。

广西：陈汝谟。

云贵：施昱，云南广南卫，《礼记》，丙戌。

庚辰　正德十五年会试

考试官：

礼部左侍郎兼学士石珤，邦彦，直隶藁城县人，丁未进士。

学士李廷相，梦弼，山东濮州人，壬戌进士。

第一场

《四书》：

○子贡曰我不欲，非尔所及也。刊。

○凡为天下国家，一也。刊。

○观水有术，必照焉。刊。

《易》：

○先天而天弗违，鬼神乎。刊。

○恒久也，皆应恒。

○卑高以陈贵贱位矣。

○天下何思何虑，何虑。刊。

《书》：

○光被四表格于上下。

○惟厥攸居政事惟醇。刊。

○惟曰若稽田，涂丹雘。

○六卿分职，阜成兆民。刊。

《诗》：

○鸤鸠在桑，胡不万年。刊。

○如跂斯翼，君子攸宁。

○岂弟君子神所劳矣。

○玄王桓拨，遂视既发。刊。

《春秋》：

○滕子朝（桓二），谷邓朝（桓七），伐郑围新城（僖六），伐宋围缗（僖二十三）。

○子同生（桓六），过谷盟扈（庄二十三）。刊。

○盟召陵（僖四），盟葵丘（僖九）。刊。

○围成自成（定十二）。

《礼记》：

○故人者天地之心也。

○夫乐者先王，得其侪焉。刊。

○福者备也，之谓备。

○故君子与其，人浮于食。

第二场

论：

○文王之所以为文。刊。

诏诰表内科一道：

○拟汉罢治申韩苏张之言者诏（建元元年）。

○拟唐以韩愈为京兆尹诰（长庆三年）。

○拟宋赐辅臣御书《书·说命》、《易·泰卦》、《诗·天保》谢表（嘉泰元年）。
刊。

判语五条：

○增减官文书。

○检踏灾伤田粮。

○见任官辄自立碑。

○验畜产不以实。

○有事以财请求。

第三场

策五道：

○太祖郊祀之谨。刊。

○古今奉顺阴阳得失。刊。

○真西山心经政经。

○先贤出处语默（孔明、子房、魏徵、韩愈、周勃、贾谊、苏轼、陆子静兄弟）。刊。

○足国（丰源不若节流，兴利不若除弊）。刊。

是年二月当会试，会上以十四年八月南征，至是在南京，乃驿诏举试事。时会试之士三千六百有奇，取张治等三百五十人，刻程文二十篇，未廷试。治官至礼部尚书，直内阁，谥文毅。

中式举人三百五十名。

张治，湖广茶陵州学生，《易》。

廖道南，湖广蒲圻县人，监生，《诗》。

彭汝寔，四川嘉定州人，监生，《书》。

周瑯，湖广蕲水县人，监生，《春秋》。

周朝俛，福建闽县人，监生，《礼记》。

辛巳　正德十六年

五月十五日，临策会试天下贡试。制曰：朕惟自古人君临御天下，必慎厥初。而为其臣者，亦未尝不以慎初之说告之。盖国家之治忽，君子小人之进退，世道之否泰，其机皆系于此，诚不可以不慎也。然观之《诗》、《书》所载，则亦不能无疑焉。舜正月上日受终于文祖，首察玑衡，以齐七政，而类禋望遍之并举，观天交神，庶政固在所先矣。异时月正元日，格于文祖，询四岳，辟四门，明目达聪，惟恐或后，且进十二牧而历咨之，岂听言用人又在所急欤？太甲元祀，祇见厥祖。伊尹明言烈祖之成德，以训于王。是天下之政，无大于法祖宗矣。高宗恭默思道，傅说告之尤惓惓逊志时敏之务，典学亦岂容缓欤？成王即政，周公作《无逸》，举三宗以劝之，惟以畏天爱民为主。《访落》一诗，乃又以尽下情、守家法为说。《立政》一书，又以三宅三俊为不可忽，终之无误庶狱为重。意固各有在欤？抑又有可疑者。禹受命于神宗，不旋踵会群后誓师征苗。康王率循大卞，大臣进戒，首以张皇六师为言。他务未遑，顾以兵事先之，何欤？若乃禹祗承于帝，有精一执中之传；汤黜夏命，有克绥厥猷之任。武王胜殷，访《洪范》于箕子，践阼授《丹书》于尚父，且退而几席、觞豆、刀剑、户牖，莫不有铭，则又万世道学渊源所自，未可以寻常政事目之也。然则人君慎初之道，果孰有外于是欤？汉唐宋以来，其君臣之间盖无足与于斯者。然一代之治功论议，亦不可泯。观夫求端于天之策，治审所尚之疏，尚德缓刑之书，荡涤烦苛之奏，与夫先天要说之十事，奉天罪己之一诏，元祐修德为治之十要，淳熙谨始自新之十目，皆于初政深致意焉。其与十渐之虑、五始之义、三卿序进授策之戒，指归所在，其果无大相远欤？夫人事有本末，物理有终始，王道之施设，固有先后，端本所以治末，谨始所以图终，施之宜先，则不可以少后。皆治体所关甚大，不可以苟焉者，何众说不能以皆一欤？朕奉天明命，嗣承祖宗大统，临御以来，厘革弊政，委任旧臣，凡夫敬天法祖、修德勤政、求贤纳谏、讲学穷理、节财爱民诸事，惟日孜孜，次第举行。取《无逸》中"嘉靖殷邦"之一语，建号纪元，方将体元居正，以求俪美《诗》、《书》所称帝王熙明之治。特进尔多士于廷，咨以慎初之道。尔多士其尚酌古准今，稽经订史，明本末之要，审先后之序，悉意敷陈，用辅朕维新之治。

正月，上还京，三月晏驾。四月，嘉靖登极。五月，始举廷试。时廷对之士三百三十人，赐杨维聪等进士及第、出身有差。以有大丧礼，事宜从简。维聪官至太仆寺卿。是科刘渠、刘臬，杜柟、杜桐，吴瀚、吴瀛俱兄弟同登，选廖道南等二十四人为庶吉士。后张孚敬为名臣。

第一甲三名赐进士及第

    杨维聪，顺天府固安县。

    陆钶，浙江鄞县。

    费懋中，江西铅山县。

第二甲一百十名赐进士出身

    廖道南，湖广蒲圻县。

    江汝璧，江西贵溪县。

    詹洋，江西玉山县。

    王积，南直隶太仓卫。

    沈汉，南直隶吴江县。

    郑鹏，福建莆田县。

    陈腾鸾，福建莆田县。

史梧，福建莆田县。

童承叙，湖广沔阳州。

朱藻，四川泸州。

黄佐，广东香山县。

赵廷瑞，直隶开州。

黄大经，福建莆田县。

张羽，陕西渭南县。

张逵，浙江余姚县。

刘臬，湖广安陆卫。

张凤来，南直隶常熟县。

朱衣，湖广武昌卫。

郑骝，浙江山阴县。

郭日休，福建莆田县。

韩楷，湖广江夏县。

汪嘉会，浙江开化县。

何唐，南直隶桐城县。

杜桐，河南临颍县。

方缙，江西贵溪县。

富好礼，南直隶华亭县。

王相，浙江鄞县。

郑登高，福建莆田县。

徐嵩，南直隶泰州。

陈璜，江西鄱阳县。

安玺，龙骧卫。

胡森，浙江汤溪县。

冯辙，四川青神县。

洪珠，福建莆田县。

黄一道，广东揭阳县。

杜柟，河南临颍县。

吴廷翰，南直隶无为州。

胡昭，直隶兴州卫。

李浙，江西南昌县。

侯廷训，浙江乐清县。

龚亨，江西清江县。

瞿祥，南直隶太仓州。

吴章，广东南海县。

李坦，直隶任丘县。

敖英，江西清江县。

袁成，江西丰城县。

景溱，山西蒲州。

黄行可，福建莆田县。

王世芳，南直隶太仓州。

何栋，陕西长安县。

王炜，顺天府固安县。

恽釜，南直隶武进县。

刘世龙，浙江慈溪县。

钱际时，顺天府通州。

杜绍，河南扶沟县。

刘渠，湖广安陆卫。

罗洪载，四川永川县。

高汝行，山西太原县。

葛鸱，万全都司宣府卫。

张治，湖广茶陵州。

高登，锦衣卫。

徐颢，浙江仁和县。

李岳钟，山西汾州。

徐曰忠，江西进贤县。

朱应昌，顺天府大兴县。

丘茂中，福建莆田县。

林益，福建莆田县。

吴缙，陕西凤翔县。

萧晚，江西吉水县。

王杨，直隶兴州卫。

张寰，南直隶昆山县。

朱纨，南直隶长洲县。

张承恩，直隶易州。

陈赏，浙江诸暨县。

邵烨，浙江余姚县。

张衮，南直隶江阴县。

张璁（更名孚敬），浙江永嘉县。

李香，江西分宜县。

查应兆，南直隶长洲县。

李录，山东临邑县。

潘鉴，南直隶婺源县。

邵经邦，浙江仁和县。

张羽，南直隶昆山县。

谢霖，南直隶祁门县。

王大化，南直隶仪真县。

王道，山东临清卫。

司巴相，浙江会稽县。

刘仕，陕西中部县。

刘可，河南罗山县。

王同祖，南直隶昆山县。

吴瀚，河南河南卫。

张纬，陕西咸阳县。

孟易，山东临清卫。

郗元洪，山西平定州。

汪坚，南直隶旌德县。

李佶，四川金堂县。

伦以谅，广东南海县。

於敖，陕西岷州卫。

黄表，湖广咸宁县。

蒋泮，浙江仙居县。

卢焕，河南光山县。

洪锵，福建莆田县。

周瑯，湖广蕲水县。

杨抚，浙江余姚县。

姚正，福建莆田县。

詹宽，福建莆田县。

舒林，江西乐平县。

王化，山东滨州。

初杲，湖广潜江县。

王用宾，陕西咸宁县。

第三甲二百十七名赐同进士出身

朱珮，云南大理卫。

刘乔，江西泰和县。

魏琏，羽林卫。

钟潜，浙江慈溪县。

邵炼，浙江余姚县。

梁世骠，广东顺德县。

王汝宾，江西德化县。

史立模，浙江余姚县。

杜璲，陕西泾阳县。

王洙，浙江临海县。

杨旦，河南郾城县。

柴儒，陕西白河县。

朱孔阳，直隶河间县。

解一贯，山西交城县。

王密，直隶唐山县。

陈讲，四川遂宁县。

高世魁，福建闽县。

邹瓒，锦衣卫。

李凤来，顺天府大兴县。

李章，四川长寿县。

林介，福建莆田县。

浦瑾，南直隶无锡县。

吴鲸，大宁都司保定卫。

佟应龙，辽东定辽卫。

徐子贞，大宁卫。

丘养浩，福建晋江县。

刘序，陕西长安县。

潘潢，南直隶婺源县。

赵叶，浙江东阳县。

姚激，四川崇宁县。

王科，河南涉县。

杨彝，四川江津县。

林钊，福建闽县。

赵章，四川合州。

吴橄，南直隶桐城县。

胡仲谟，湖广蕲水县。

张寅，南直隶太仓卫。

严志迪，湖广孝感县。

刘儒道，陕西邠州。

孙昂，山东昌邑县。

孙应奎，河南河南卫。

周综，锦衣卫。

汤岜，四川潼川州。

朱云凤，浙江乌程县。

林成，福建福州右卫。

李默，福建瓯宁县。

吴良辅，山东观城县。

姜文，江西临川县。

周文爆，浙江山阴县。

胡伟，湖广京山县。

余锾，浙江遂安县。

叶逢阳，福建松溪县。

刘道，江西万安县。

高漂①，南直隶江都县。

焦昇，山西马邑县。

杨麒，江西上饶县。

姚鸣鸾，福建莆田县。

王朝用，陕西陇西县。

赵永淳，直隶任丘县。

朱鸿渐，南直隶吴县。

洪万立，四川内江县。

刘恩，直隶高阳县。

李春芳，山西阳曲县。

吴文之，南直隶吴县。

朱子和，四川泸州。

侯缄，浙江临海县。

施山，浙江缙云县。

郁山，南直隶华亭县。

贾世祥，山西代州。

董进第，直隶元城县。

丘九仞，江西贵溪县。

张问仁②，直隶内黄县。

杜蕙，直隶任丘县。

---

① 《索引》作"高偁"。
② 《索引》作"张问行"。

叶霪，福建漳浦县。

穆相，陕西三原县。

顾阳和，福建莆田县。

董中言，山东蒙阴县。

鲍说，顺天府大兴县。

罗尚爱，四川巴县。

施一德，南直隶崇明县。

赵兑，四川内江县。

余经，广东顺德县。

杨仲琼，四川洪雅县。

胡体乾，山东交城县。

张珩，山西石州。

陈邦敷，陕西乾州。

杨宗尧，云南太和县。

丁汝夔，山东霑化县。

邹架，江西临川县。

江山，浙江钱塘县。

王世爵，直隶开州。

应㮊，浙江遂昌县。

倪宗岳，山东濮州。

景仲光，河南郾①师县。

眭纮，南直隶武进县。

孙灿，顺天府昌平州。

杨言，浙江鄞县。

陈田正②，江西宁州。

田麟，浙江山阴县。

张恂，山东阳谷县。

常泰，山西徐沟县。

孙益，南直隶武进县。

端廷赦，南直隶当涂县。

金辂，浙江钱塘县。

谭阎，四川蓬溪县。

赵时宁，顺天府文安县。

---

① "郾"为"偃"之讹。
② 《索引》作"陈由正"。

蓝伯采，湖广永州卫。

胡明善，南直隶霍丘县。

陈大濩，福建长乐县。

杨迥，山东曹县。

王继礼，陕西文县。

石国柱，腾骧卫。

李松，南直隶长洲县。

田龙，武骧卫。

田埙，福建尤溪县。

陈皋谟，山西振武卫。

徐元祉，陕西秦州。

刘迥，四川射洪县。

尹伦，河南汝州。

高应祯，福建闽县。

杨镛，锦衣卫。

项熙，浙江临海县。

陆鳌，南直隶昆山县。

谢赟，福建闽县。

方启颜，湖广巴陵县。

张徽，浙江秀水县。

李翔，南直隶上海县。

屈儒，南直隶昆山县。

蒋诏，南直隶吴县。

王鸣凤，四川巫山县。

段汝砺，虎贲卫。

周煦，江西安福县。

彭汝寔，四川嘉定州。

蒋旸，山东乐安县。

张佑，直隶天津卫。

梁乔升，广东顺德县。

郑节，河南汝阳县。

傅仲霖，四川长寿县。

刘濂，直隶南宫县。

黄仁山，江西新淦县。

刘宗谏，江西万安县。

何钟，四川富顺县。

徐昭，浙江永康县。

曾梧，江西广昌县。

王纪，直隶开州。

张禄，山东平原县。

裴骞，山西泽州。

马敳①，河南上蔡县。

沈奎，南直隶泾县。

胡奎，江西新淦县。

田玉，山东利津县。

熊爵，河南祥符县。

陈贯，锦衣卫。

刘熇，直隶完县。

王朝用，四川南充县。

曾世昌，广东南海县。

庞浩，山西泽州。

赵镗，金吾卫。

刘竹，直隶晋州。

毛麟之，河南卫辉千户所。

黄润，福建晋江县。

周祚，浙江山阴县。

王重贤，直隶交河县。

潘泗，广东潮阳县。

顾溙，南直隶昆山县。

吴瀛，河南河南卫。

毛凤韶，湖广麻城县。

张凤翀，云南宁州。

张瑶，直隶沧州。

谷鸾，腾骧左卫。

蔡复元，伊府长史司。

王锐，忠义卫。

杨叔器，福建侯官县。

张经纶，山西振武卫。

李纶，四川巴县。

周夔，湖广嘉鱼县。

---

① 《索引》作"马敳"。

吴大本，南直隶宣城县。

杨珮，云南太和县。

顾明复，浙江余姚县。

陈时明，山东堂邑县。

张㻛，直隶完县。

王傅，金吾右卫。

宗良臣，湖广随州。

徐俊民，浙江山阴县。

方钝，湖广巴陵县。

周朝俛，福建闽县。

廖自显，直隶卢龙卫。

王芳，湖广石首县。

雷子质，陕西朝邑县。

张惟恕，河南上蔡县。

袁士伟，山东肥城县。

杜鸾，陕西山阳县。

任淳，山东堂邑县。

杨琰，四川南充县。

郑重，河南固始县。

刘守良，南直隶赣榆县。

李茂元，河南河南卫。

魏有本，浙江余姚县。

程辂，南直隶绩溪县。

叶泰，云南云南卫。

孙銮，南直隶武进县。

黄国光，山东临清州。

韦尚贤，福建南安县。

吕纶，南直隶江都县。

王璜，直隶濬县。

叶奇，福建闽县。

汤啈，贵州宣慰司。

戴凡，福建闽县。

缪宗周，云南通海千户所。

俎琚①，河南磁州。

---

① 《索引》作"俎琚"。

钱铎，南直隶通州。

管律，庆府长史司。

仲选，南直隶沭阳县。

龚大稔，南直隶武进县。

余文瑞，湖广黄冈县。

刘希稷，山东武城县。

华金，南直隶无锡县。

壬午　嘉靖元年两京十三藩乡试

（正德以前解首名贯皆真，科分或有误者，嘉靖以后科分亦真矣。）

解元

顺天府：周襗，浙江山阴县人，监生，《书》，丙戌。

应天府：华钥，无锡县人，监生，《诗》，癸未。

浙江：郑晓，海盐县学生，《书》，癸未。

江西：陈昌积，泰和县学增广生，《书》，戊戌。

福建：丘愈。

湖广：易泉，衡州府学生，《诗》。

河南：王梦旭，开封府学生，《诗》。

山东：封上章，泰安州学生。

山西：杨谟，泽州学生，《书》，辛丑。

陕西：王诰，西安府学生。

四川：魏廷玺。

广东：黄延年，从化县学生，《诗》。

广西：杨英。

云贵：张合，永昌府，《书》，壬辰。

癸未　嘉靖二年会试

考试官：

少傅大学士蒋冕，敬之，广西全州人，丁未进士。

吏部尚书兼学士石珤，见庚辰。

第一场

《四书》：

○君子博学于文，畔矣夫。刊。

○上律天时下袭水土。刊。

○尧舜之道不以，天下。刊。

《易》：

○观盥而不荐，而化也。刊。

○九五有孚惠心，惠我德。

○易简而天下，其中矣。刊。

○穷理尽性以至于命。

《书》：

○慎厥身修思永，在兹。

○好问则裕自用则小。刊。

○举能其官，惟尔不任。

○夏暑雨，民乃宁。刊。

《诗》：

○螽斯羽诜，振振兮。刊。

○天保定尔，维日不足。

○雝雝在宫，无射亦保。

○帝命不违，式于九围。刊。

《春秋》：

○秋入卫（闵二），城楚丘（僖二），吴伐越（昭三十二），於越入吴（哀十三）。
刊。

○平莒不肯取向（宣四）。

○围棘（成三）。刊。

○召伯赐命（成八），曹归自京（成十六）。刊。

《礼记》：

○大道之行也，而有志焉。

○夫民有血气，心术形焉。刊。

○恭俭庄敬，礼者也。刊。

○可言也不可行，弗行也。

第二场

论：

○圣人之心与天为一。刊二篇。

诏诰表内科一道：

○拟汉遣光禄大夫循行天下诏。

○拟唐以温彦博为尚书右仆射诰。

○拟宋赐诸州恤刑诏谢表。刊。

判语五条：

○滥设官吏。

○人户以籍为定。

○见任官辄自立碑。

○不操练军士。

○有司官吏不住公廨。

第三场

策五道：

○四君不嗜杀人，皇祖恩威不爽。刊。

○宋儒大有功于吾道，朱子集大成于诸儒。刊。

○宽严相须（子产、孔明、韩延寿、赵广汉、张敞、尹翁归）。刊。

○汉唐宋致朋党之原，诸君子论朋党之别。刊。

○井田今已难复，八弊在正纪纲（藩封、漕运、边储、马政、徭役、驿传、水利、农桑）。刊。

时会试之士三千六百有奇，取李舜臣等四百人，刻程文二十一篇。舜臣官至太仆卿。

中式举人四百名。

李舜臣，山东乐安县人，监生，《书》。

姚涞，浙江慈溪县人，监生，《诗》。

陆铨，浙江鄞县人，监生，《易》。

方润，南直隶歙县人，监生，《礼记》。

戴时弁，浙江临海县人，监生，《春秋》。

三月十五日，临策天下贡士。制曰：朕惟自古帝王欲成天下之治，必顺时揆事，创制立法，以尽天下之务，顾世有升降而政之因革随之。唐虞三代所以致雍熙泰和之盛，卓然可为万世法程者，其载诸经。姑举其大者论之。如定礼乐，明律历，疆理宇内，设立庶官，分田制赋，兴学养士，与夫选举考课之法、兵戎刑罚之制，其建立有本，推行有序，可历指其实而言之欤？后之称善治者曰汉曰唐曰宋，其创业守成，亦多英君谊辟，而考其治功所就，终不及于古，何欤？岂致理之道，固不专恃于法制欤？尝观先儒之论，有曰善为治者，必先有纲纪以持之于上，而后有风俗以驱之于下。信斯言也，则君臣之间，转移振举，宜莫急于此者。三代而上无容议已，自汉以来，纲纪之张弛，风俗之醇杂，亦有可言者欤？抑斯二者相因而成，又岂无所自欤？仰惟我太祖高皇帝肇造区夏，创建宏规，太宗文皇帝中靖家邦，纂述大统，列圣相承，监于成宪，益隆不替，百五十余年，道洽政治，盖庶几古帝王之盛。朕嗣守祖宗鸿业，抚临亿兆，夙夜祗畏，图新治理，而绩效未臻，和气未应，其故果安在欤？夫事必稽诸古而后有以验夫因革之宜，治必端其本而后可以不紊夫先后之序，此固君天下者所当知也。兹朕欲励精有为，期于化行俗美，绍复我祖宗之旧，以上追隆古之治，如之何而可？子诸生皆学古通今，明于王道，宜有以佐朕之不逮者，其各殚心以对，毋泛毋略，朕将采而用行之。

时廷对之士四百一十人，赐姚涞等进士及第、出身有差。涞对雄整，擢第一。赵氏时春曰：涞平生重节义，尊尚庄子，兼好王介甫之文，诗精丽婉约，有国初诸老风。所著有《姚明山集》。官至侍读学士卒。是科方一桂、方一兰兄弟同登。

第一甲三名赐进士及第

    姚涞，浙江慈溪县。

    王教，河南祥符县籍，顺天府良乡县人。

    徐阶，南直隶华亭县。

第二甲一百四十二名赐进士出身

    李舜臣，山东乐安县。

    华钥，南直隶无锡县。

    王召，南直隶无锡县。

    石英中，南直隶上海县。

    姚文焌，福建莆田县。

    张绹，江西吉水县。

    张京安，南直隶常熟县。

    孙继鲁，云南云南右卫。

    张琛，大宁都司保定左卫。

    戴时升，浙江临海县。

    欧阳德，江西泰和县。

    吴昌龄，南直隶六安州。

    郑琬，广西仪卫司。

    卢蕙，南直隶山阳县。

    杨惇，四川新都县。

    程旦，南直隶歙县。

    高叔嗣，河南祥符县。

    丘民范，江西贵溪县。

    林文华，福建莆田县。

    宋圭，直隶新城县。

    刘汝锐，江西安福县。

    冯冠，南直隶常熟县。

    屠大山，浙江鄞县。

    潘恩，南直隶上海县。

    方一兰，福建莆田县。

    陈儒，锦衣卫。

阮朝东，湖广麻城县。

万象，江西余干县。

郑弼，福建莆田县。

吕颙，陕西宁州。

丰坊，浙江鄞县。

卢襄，南直隶吴县。

黄杭，福建平海卫。

陆铨，浙江鄞县。

陈九成，江西玉山县。

胡有恒，南直隶山阳县。

周祖尧，山东东平州。

甘为霖，四川富顺县。

程煌，南直隶婺源县。

赵廷松，浙江乐清县。

董汉策，湖广辰州卫。

刘炯，南直隶长洲县。

郑晓，浙江海盐县。

陈文誉，浙江慈溪县。

胡伟，武功中卫。

王庭，南直隶长洲县。

易鸾，江西分宜县。

朱澜，福建莆田县。

彭黯，江西安福县。

章衮，江西临川县。

钟汪，广东南海县。

顾梦圭，南直隶昆山县。

应廷育，浙江永康县。

夏谧，江西进贤县。

马坤，南直隶通州。

潘壮，浙江山阴县。

陈褒①，福建宁德县。

陈赞，福建长乐县。

段续，陕西兰州。

吴会期，广东琼山县。

---

① 《索引》作"陈襃"。

蓝田，山东即墨县。

叶份，南直隶婺源县。

张时彻，浙江鄞县。

余承业，四川青神县。

茹鸣金，太医院。

徐廷杰，浙江永嘉县。

崔允，山西代州。

张庭，四川夹江县。

冯承芳，广西桂林中卫。

沈韩，南直隶常熟县。

李凤翱，四川成都县。

陆冕，南直隶昆山县。

屠应坤，浙江平湖县。

曾存仁，江西吉水县。

张文宪，武功右卫。

乔祺，顺天府涿州。

魏应召，南直隶吴县。

刘案，江西崇仁县。

晋宪，南直隶昆山县。

陈冠，江西南昌县。

纪镳，江西饶州千户所。

陆堂，南直隶常熟县。

王阁，四川新都县。

司马泰，南京锦衣卫。

李仁，直隶曲周县。

郑宗古，湖广石首县。

陈良策，湖广随州。

汪汉，南直隶怀宁县。

赵得祐，直隶卢龙县。

柯维骐，福建莆田县。

王亿，直隶献县。

吴允禄，广东南海县。

吴淮，南直隶丹徒县。

陆干，浙江余姚县。

郑淮，应天府上元县。

张大用，四川岳池县。

史臣，南直隶吴江县。

张国维，南直隶定远县。

王度，浙江临海县。

李日章，南直隶华亭县。

王臣，江西南昌县。

周易，南直隶芜湖县。

张珛，湖广巴陵县。

余洲，羽林前卫。

杨丽，四川南充县。

王廷梅，湖广黄冈县。

傅炯，江西进贤县。

曹曙，山东济宁州。

林应标，福建莆田县。

黄瓒，福建南安县。

李腾霄，山西盂县。

马蓿，山西振武卫。

黄祯，山东安丘县。

骆颙，四川富顺县。

萧璎，湖广辰州卫。

刘珂，直隶开州。

李清，湖广龙阳县。

陈之良，湖广随州。

王松，顺天府固安县。

胡文奎，湖广耒阳县。

戴静天，南直隶休宁县。

卢耿麒，直隶乐亭县。

王钫，浙江奉化县。

吴鹏，浙江秀水县。

李乔，江西广昌县。

吕璋，锦衣卫。

许继，福建闽县。

王评，南直隶常熟县。

周鳌，南直隶江阴县。

屠倬，浙江鄞县。

李枝，河南扶沟县。

陈大珊，福建莆田县。

焦煜，南直隶太平县。

廖云龙，福建莆田县。

陈迁，四川什邡县。

龚辕，南直隶太仓州。

盛应阳，南直隶吴江县。

黄玠，直隶任丘县。

吴翀，四川仪卫司。

宋锦，南直隶和州。

王允修，直隶容城县。

解冠，湖广道州。

第三甲二百六十五名赐同进士出身

冯世雍，湖广江夏县。

麦春芳，广东南海县。

陈守愚，山东寿张县。

王琇，河南宣武卫。

吴彦，浙江山阴县。

石瓒，燕山左卫。

周宪，浙江萧山县。

俞振强，浙江新昌县。

王选，河南尉氏县。

张珩，直隶安州。

陈篪，福建莆田县。

胡九功，河南尉氏县。

崔应极，河南通许县。

喻希礼，湖广麻城县。

朱观，南直隶昆山县。

张心，浙江余姚县。

季镐，山西沔阳中卫。

李涵，直隶迁安县。

高凌汉，山东东平州。

刘钦顺，湖广石首县。

纪纯，河南磁州。

纪资，直隶任丘县。

王仪，顺天府文安县。

戴鲸，浙江鄞县。

李秉彝，山西石州。

项锡，浙江嘉兴县。

刘桂，湖广黄冈县。

蔡锐，永清右卫。

汪瑄，南直隶婺源县。

杜朝绅，四川崇庆州。

方润，南直隶歙县。

曾仲魁，福建晋江县。

秦金，浙江慈溪县。

顾文隆，南直隶华亭县。

陈寏，浙江乐清县。

孔僖，湖广安陆县。

李性，福建长乐县。

楚书，陕西宁夏左卫。

蔡文魁，江西德化县。

梁廷振，广东南海县。

卢绅，陕西咸宁县。

方云鹤，浙江余姚县。

吴世泽，福建连江县。

姜梁，浙江江山县。

李邦直，广东茂名县。

刘录，江西鄱阳县。

郭宝，河南获嘉县。

李轸，广东番禺县。

孙巨鲸，陕西徽州。

陈洪范，浙江余姚县。

方策，广西桂林右卫。

祝继皋，浙江海宁县。

商大节，湖广安陆州。

王钦，福建福州中卫。

袁载，浙江慈溪县。

石简，浙江宁海县。

俞稷，浙江建德县。

薛宗铠，广东揭阳县。

王庚，直隶滦州。

姜恩，四川广安州。

刘模，江西安福县。

李宗枢，陕西富平县。

龚治，羽林前卫。

周相，浙江鄞县。

左思忠，陕西耀州。

方升，南直隶婺源县。

尚志，金吾左卫。

陈谟，四川巴县。

陈府，应天府上元县。

徐淮，锦衣卫。

狄冲，应天府溧阳县。

万夔，江西新建县。

王三省，陕西朝邑县。

郑瑚，河南南阳中护卫。

杨宜，直隶衡水县。

贾应春，直隶真定县。

陈明，山东历城县。

阎辅，山东曹州。

毛衢，南直隶吴江县。

吴荣，浙江丽水县。

夏国孝，四川涪州。

尹尚贤，山东掖县。

朱鹏，广西阳朔县。

杨一奇，山西交城县。

孙宥，河南新蔡县。

叶良佩，浙江太平县。

刘宗仁，直隶大名县。

阳佐，四川长寿县。

范箕，顺天府大兴县。

郭时叙，山东济阳县。

朱廷立，湖广通山县。

陆时雍，浙江临安县。

胡道芳，南直隶歙县。

秦世显，陕西泾阳县。

秦镐，陕西三原县。

郭铉，山西代州。

邬绅，南直隶丹徒县。

李调元，河南息县。

杨恺，广东琼山县。

刘汝松，山东历城县。

夏玉麟，南直隶常熟县。

左季贤，山东丘县。

汪居安，南直隶桐城县。

卢应祯，山东肥城县。

赵珩，江西余干县。

叶瑞，云南临安卫。

罗普，广东饶平县。

方日乾，福建福清县。

刘悌，辽东定辽右卫。

何俊，广东南海县。

王崋，陕西仪卫司。

傅凤翔，湖广应山县。

王激，浙江永嘉县。

潘颖①，浙江宁海县。

傅梦弼，河南汤阴县。

叶照，浙江慈溪县。

沈大楠，南直隶昆山县。

徐万璧，四川大竹县。

樊景麟，四川新繁县。

李梦周，南直隶海门县。

陈世辅，南直隶定远县。

张弁，山西代州。

周崑，浙江崇德县。

周原，顺天府大兴县。

董铉，南直隶泾县。

孙廷相，陕西平凉县。

杨绍芳，湖广应城县。

杨铨，武功右卫。

王侑，锦衣卫。

张好古，山西阳曲县。

乔迁，山东定陶县。

_____

① 《索引》作"潘颖"。

甘勋，江西丰城县。

吴琢，江西贵溪县。

胡统，南直隶武进县。

李钦昊，顺天府东安县。

张素，云南安宁千户所。

许琯，南直隶当涂县。

颜容端，广东长乐县。

王傅，河南河南卫。

阿其麟，山西代州。

白镒，山西平定州。

周世雍，广东顺德县。

钟英，武骧右卫。

王良卿，江西安福县。

陈表，云南前卫。

孙昺，南直隶当涂县。

陆冈，江西临川县。

叶瑞，江西乐平县。

许廷桂，南直隶蒙城县。

龙钦，湖广茶陵州。

薛华，山西河津县。

胡节，山东潍县。

张景，河南汝阳县。

张集，直隶晋州。

周廷，江西吉水县。

钱术①，浙江海盐县。

虞守愚，浙江义乌县。

陈仲，福建晋江县。

谢应龙，南直隶祁门县。

王道，直隶涿鹿卫。

杨锐，锦衣卫。

范安，河南河内县。

黄直，江西金溪县。

金克厚，浙江仙居县。

杨大章，浙江余姚县。

---

① 《索引》作"钱木"。

薛侨，广东揭阳县。

魏良弼，江西新建县。

方远宜，南直隶歙县。

曾烶，湖广麻城县。

余昇，大宁营州右屯卫。

胡瀹，河南洛阳县。

龚辉，浙江余姚县。

张景献，广东顺德县。

屠楷，广西临桂县。

康天爵，山西临汾县。

王从善，湖广襄阳县。

陈玑，河南郾城县。

方一桂，福建莆田县。

赵纶，南直隶上海县。

王献，陕西咸宁县。

胡伯鳌，浙江临安县。

孙允中，鲁府仪卫司。

单钺，武功中卫。

白清，河南灵宝县。

李高，广西桂林右卫。

王学古，陕西宁夏卫。

朱佐，四川成都右卫。

黄金，福建莆田县。

李翰，四川宜宾县。

梁英，河南祥符县。

李文芝，山东东平州。

管嘉祯，山东高密县。

张让，山东诸城县。

郝守正，湖广蕲州。

曹祖儒，河南获嘉县。

刘隅，山东东阿县。

刘体元，广东南海县。

徐行健，中都长淮卫。

单文彪，山东单县。

王民，直隶故城县。

王昺，山东章丘县。

王爌，南直隶昆山县。

沈沣①，浙江山阴县。

林钟，广东高要县。

魏景星，南直隶宣城县。

李锌，顺天府通州。

程绪，陕西宝鸡县。

赵继勋，河南汝阳县。

董寅，湖广汉阳县。

郭弘化，江西安福县。

王邦裕，山东堂邑县。

王聘，山东利津县。

韦商臣，浙江长兴县。

李新芳，山西潞州。

张文泰，陕西渭源县。

张问之，直隶庆云县。

邢思，陕西南郑县。

孟居仁，山西辽州。

刘体观，江西庐陵县。

李士翱，山东长山县。

董绍，南直隶武进县。

陈大用，福建长乐县。

陈情，河南河南卫。

王诰，河南西平县。

俞朝妥，浙江新昌县。

陆梦麟，江西丰城县。

谢朝辅，陕西西安左卫。

钱学孔，浙江金华县。

张鹏，直隶涿鹿左卫。

应果，浙江遂昌县。

朱道澜，福建莆田县。

佘勉学，广西柳州卫。

梁建辰，广东番禺县。

张镗，武功中卫。

程嘉行，江西乐平县。

---

① 《索引》作"沈澧"。

刘耕，陕西兰州。

杨行中，顺天府通州。

王学孔，江西安福县。

万乂，直隶山海卫。

李乂壮，广东南海县。

须澜，直隶德州卫。

雒昂，陕西三原县。

沈南金，浙江钱塘县。

张元孝，河南汝阳县。

边彦骆，河南杞县。

王鸿渐，河南南阳县。

黄澄，福建南安县。

李循义，浙江鄞县。

张时亨，山西安邑县。

李翔，广东新会县。

胡湘，河南内乡县。

谢表，南直隶常熟县。

朱节，南直隶吴县。

乔英，直隶束鹿县。

杨东，南直隶当涂县。

王旒，山东济阳县。

朱绶，陕西南郑县。

傅鹗，江西新喻县。

吴玭，浙江钱塘县。

何祉，江西进贤县。

郑濂，应天府江宁县。

王衮，四川广安州。

李仁，山东东阿县。

康河，陕西武功县。

阎溥，陕西兴平县。

乙酉　嘉靖四年两京十三藩乡试

解元

顺天府：张惟一，安肃县，《诗》，戊戌。

应天府：袁袠，吴县学生，《易》，丙戌。

浙江：钱楩，绍兴府学生，《诗》，戊戌。

江西：魏良政。

福建：林东海，兴化府学生，《诗》，己丑。

湖广：陈吉言。

河南：谷宇龄，祥符县学生，《礼记》，乙未。

山东：毛渠，莱州府学生，《诗》，丙戌。

山西：寇天与，榆次县学增广生，《诗》，丙戌。

陕西：乔世宁，耀州，《书》，戊戌。

四川：焦维章，灌县学生，《诗》，丙戌。

广东：陈思谦，揭阳县学生，《易》，丙戌。

广西：李文凤，庆阳卫，《礼记》，壬辰。

云贵：赵鼎。

丙戌　嘉靖五年会试

考试官：

太子太保兼大学士贾咏，鸣和，河南临颍县人，丙辰进士。

詹事兼学士董玘，文玉，浙江会稽县人，乙丑进士。

第一场

《四书》：

○子贡曰诗云如切如磋，谓与。刊。

○凡为天下国家，怀诸侯也。刊。

○五谷者种，熟之而已矣。刊。

《易》：

○六五知临大君之宜吉。

○有孚元吉无咎，簋可用享。

○仁者见之，道鲜矣。刊。

○是故易有太极，生八卦。刊。

《书》：

○稽于众舍己众人。刊。

○惟教学半，列于庶位。

○上下勤恤，受天永命。刊。

○典狱非讫于威，配享在下。

《诗》：

○蟋蟀有堂，良士蹶蹶。

○古蠲为饎，于公先王。

○凤凰于飞，既闲且驰。刊。

○念兹皇祖陟降庭止。刊。

《春秋》：

○伐楚次陉，完盟召陵（僖四），入曹执畀，城濮败，盟践土（僖二十八）。刊。

○鄢陵败绩（成十六），伐郑盟戏（襄九）。刊。

○比归楚（昭十三）。

○公围成（昭二十六），会适历（昭三十一）。

《礼记》：

○命相布德，毋有不当。

○是故夫政必本，藏身之固也。

○学无当于五官，不治。刊。

○百度得数而有常。刊。

第二场

论

○先王至德要道。刊。

诏诰表内科一道：

○拟汉令有司顺时劝农诏（永平三年）。

○拟唐以魏徵为太子太师诰（贞观十六年）。

○拟宋臣进罗从彦所著《遵尧录》表（嘉定七年）。刊。

判语五条：

○制书有违。

○船商匿货。

○奏对失序。

○关津留难。

○造作过限。

第三场

策五道：

○伦制尽于圣王，圣祖备乎伦制。刊。

○救弊（荀悦核真，司马光务实）。刊。

○六经群疑之辨，孔子刚述之精。刊。

○术家推五行以附世运，帝王察五行以循时政。刊。

○前代理财之异，今日足用之方。刊。

时会试之士三千八百有奇，取赵时春等三百人，刻程文二十篇。时春十四举经魁，十八魁天下，立朝不苟合，与罗洪先、唐顺之友善，直言朝政，屡黜无悔，通达国体，大类贾生。李开先称其诗有秦声，文有汉骨。所著有《濬谷集》。官至佥都御史。

中式举人三百名。

赵时春，陕西平凉府学生，《诗》。

余粜，南直隶婺源县学生，《易》。

陆灿①，南直隶长洲县学生，《春秋》。

林云同，福建莆田县学附学生，《书》。

施昱，云南广南卫人，监生，《礼记》。

三月十五日，临策天下贡士。制曰：朕惟自昔言治道者有二，曰王曰伯。三代而上，纯王之治也，卓乎不可尚已。论者乃谓三皇以道，五帝以德，三王以功，五伯以力。又谓皇降而帝，帝降而王，王降而伯。果若是殊乎？其所谓道德功力，亦有可指言者乎？自是而后，惟汉唐宋历世最久，号称至治。其间英君谊辟，固有专务以德化民而致刑措之效，力行仁义而成贞观之盛，至诚恭俭而收庆历之治。盖于王道，皆若有庶几焉者。由今观之，其施之当时而见诸政事者，果何道欤德欤？抑功力欤？亦有可述者欤？议者又言汉王而未足。唐犹夫汉也，然则宋固可知矣。岂世道愈降，而先王之道卒不可复欤？朕太祖高皇帝创业垂统，太守文皇帝安内攘外，列圣相承，益隆继述，莫不以纯王之心行纯王之政。百五十余年以来，亦既成纯王之化矣。朕嗣承大统，夙夜孳孳，亦惟帝王之道、祖宗之法是遵是守。夫何承平日久，人心宴安，固尝劝农桑矣，而闾阎之间，衣食益困；饬武备矣，而辇毂之下，营伍不充。士病其诡遇也，而流风相高，顾伤于太激；俗恶其奢靡也，而守礼之家，不免于借侈。储蓄之政，何岁不讲，一遇水旱，至坐视赤子之流离；备御之策，无时或忘，一有边警，辄告称兵粮之耗竭。夫统体纪纲、人才风俗，皆王政之大，而足食足兵，又今日之急务也。信如兴滞补弊之不暇，有克举之，又何择于王伯哉？夫上有愿治之君，则下有辅治之臣，是故道易交而志易行也。昔之人臣所以事其君，固有以法天立道为对，以饥渴教化为喻，以诚心公道为佐治之具者，夫岂不知尊王而仰伯哉？何卒混为一涂而莫之能正也？后之论治者，有言尽天道则可以行王都，又谓有内圣之德则有外王之业，又谓必有父母天下之心乃为王道。当以何者为不易之论欤？朕闻王者之民劳之而不怨，利之而不庸，迁善敏德而不知其功，相安相养而莫识其力，士让于朝，民和于野，万物并育，各得其所，朕甚乐之，甚慕之，何施何为而可以臻此？子大夫明于王道有素矣，其详著于篇，朕将择而行之。

时廷对之士三百一人，赐龚用卿等进士及第、出身有差。用卿官至国子监祭酒。是科倪组、倪绅，顾中立、顾中孚，吴麟、吴龙，朱篪、朱篪，王桥、王格俱兄弟同登，而组、绅又偕其诸父镜同登。

第一甲三名赐进士及第

龚用卿，福建怀安县。

---

① 据后文，当作"陆粲"。《皇明三元考》、《索引》皆作"陆粲"。

杨维杰，顺天府固安县。

欧阳衢，江西泰和县。

第二甲九十名赐进士出身

袁袠，南直隶吴县。

金璐，浙江钱塘县。

赵时春，陕西平凉县。

吴希周，浙江崇德县。

寇天与，山西榆次县。

张九叙，山西石州。

张鏊，江西南昌县。

熊汲，江西南昌县。

周朝著，山西和顺县。

李楩，河南许州。

张鹄，南直隶上海县。

方鹏，南直隶怀宁县。

华察，南直隶无锡县。

费懋贤，江西铅山县。

汤绍恩，四川安岳县。

陈燿，直隶静海县。

陆埰，浙江嘉善县。

邢秉仁，山东临清州。

倪绰，福建闽县。

高仲嗣，河南祥符县。

顾中立，南直隶华亭县。

况维垣，江西高安县。

刘安，浙江慈溪县。

裴近，江西贵溪县。

田汝成，浙江钱塘县。

韩廷伟，山西洪洞县。

宋琏，直隶永平县。

邝汴，直隶任丘县。

郑钢，福建怀安县。

袁士奇，山东肥城县。

程霆，南直隶婺源县。

毛一言，浙江绍兴卫。

翁万达，广东揭阳县。

余胤绪，湖广应城县。

杨儒鲁，湖广兴国州。

王世隆，湖广辰州卫。

纪常，顺天府文安县。

吴龙，浙江孝丰县。

苗汝霖，山西朔州卫。

赵迎，河南巩县。

倪组，福建闽县。

查懋光，太医院。

唐枢，浙江归安县。

郭秉聪，上林苑监良牧署。

康世隆，陕西咸宁县。

任辙，四川巴县。

谢庭芝，四川富顺县。

毛渠，山东掖县。

张臬，江西进贤县。

王慎中，福建晋江县。

蔡子举，武功中卫。

吴麟，浙江孝丰县。

王宗濬，福建晋江县。

朱继忠，江西乐平县。

江以达，江西贵溪县。

魏良辅，江西新建县。

尹尚宾，湖广茶陵州。

应槚，浙江遂昌县。

詹荣，直隶山海卫。

纪绣，山东利津县。

王宣，浙江临海县。

邹守愚，福建莆田县。

林琼，山东临清州。

梁尚德，江西星子县。

冯岳，浙江慈溪县。

诸杰，南直隶上海县。

王浙，河南商城县。

龚良傅，湖广蒲圻县。

林云同，福建莆田县。

欧阳塾，江西泰和县。

毛秉铎，福建福清县。

王柄，四川渠县。

樊鹏，河南信阳州。

张夔，南直隶桐城县。

江汇，江西进贤县。

程绥，直隶神武中卫。

杨顺明，四川南充县。

焦维章，四川灌县。

夏雷，南直隶盐城县。

王汝孝，山东东平州。

刘应授，江西泰和县。

张承祚，河南光山县。

谈恺，南直隶无锡县。

郑允璋，福建闽县。

俞大有，浙江宣平县。

施侃，浙江归安县。

于思睿，山东青城县。

张德政，山东平阴县。

李晦，顺天府东安县。

贾名儒，浙江嘉兴县。

第三甲二百八名赐同进士出身

余㮚，南直隶婺源县。

刘继德，金吾前卫。

邵经济，浙江仁和县。

柴守正，顺天府保定县。

孙锦，陕西绥德卫。

方岑，南直隶江都县。

杨栒，四川新都县。

屠应埈，浙江平湖县。

王嘉宾，四川合州。

郑威，福建闽县。

何时晋，福建晋江县。

陈希登，福建闽县。

宋茂熙，福建莆田县。

冯恩，南直隶华亭县。

岳伦，万全怀安卫。

葛桂，南直隶上海县。

包珊，锦衣卫。

陈侃，浙江鄞县。

高金，山西石州。

刘希简，四川汉州。

冯震，浙江慈溪县。

宋宜，陕西鄜州。

高琅，福建龙溪县。

王守，南直隶吴县。

傅汉臣，山东平度州。

陈大咸，广东海阳县。

张鹏，山西沁州。

余钧，江西德兴县。

蔡存远，福建晋江县。

胡尧时，江西泰和县。

张相，山东临清州。

谢兰，山西振武卫。

郭冠，河南郏县。

谢邦信，广东东莞县。

杨僎，云南临安卫。

霍鹏，山西太原右卫。

陆粲，南直隶长洲县。

伍铠，福建晋江县。

闻人诠，浙江余姚县。

曹诰，湖广黄冈县。

陈继芳，福建莆田县。

唐愈贤，湖广沅陵县。

徐汝圭，浙江淳安县。

高琦，山东武城县。

苏祐，山东濮州。

何世祺，福建福清县。

陈克昌，浙江仁和县。

孙裕，浙江鄞县。

戴儒，江西德兴县。

李疑忠，河南杞县。

周宠，浙江临海县。

郑朝辅，浙江西安县。

戚贤，南直隶全椒县。

杨仪，南直隶常熟县。

朱屏，四川汉州。

许樯卿，浙江海宁县。

朱箎，浙江山阴县。

祝文冕，直隶密云后卫。

邢第，直隶长垣县。

沈堙，浙江平湖县。

高翀，湖广安陆县。

胡仲诰，湖广蕲水县。

林垒，福建侯官县。

陈常道，云南呈贡县。

李元阳，云南太和县。

乔瑞，山西霍州。

张铎，山西壶关县。

王沼，直隶安肃县。

陈辋，山东历城县。

马永寿，直隶河间县。

李允升，顺天府涿州。

谢九成，南直隶繁昌县。

王珂，山西蒲州。

陈秉雍，福建长乐县。

饶秀，河南固始县。

李磐，河南固始县。

陈楠，浙江上虞县。

杨经，陕西宁夏仪卫司。

连矿，直隶永年县。

刘良卿，河南新野县。

张守约，湖广华容县。

曾忭，江西泰和县。

蒋卿，山西振武卫。

李充浊，直隶永平卫。

吴翰，福建莆田县。

杨世相，河南颍川县。

郭凤仪，河南祥符县。

刘曰乾，广西苍梧县。

赵昊，浙江鄞县。

姜润身，山东胶州。

陈海，湖广崇阳县。

陈思谦，广东揭阳县。

王格，湖广京山县。

傅应祥，江西进贤县。

陈祥麟，福建莆田县。

沈寅，南直隶常熟县。

周道，河南怀庆卫。

俞宗梁，广东海南卫。

陈鲸，浙江慈溪县。

范言，浙江秀水县。

于慧，牧马千户所。

杨缙，山东寿张县。

戴邦正，南直隶上海县。

戴梧，湖广襄阳县。

李铺，山西曲沃县。

段麒，龙虎卫。

张一厚，山东平原县。

何继之，广东顺德县。

黄凤翔，云南右卫。

沈椿，南直隶吴县。

汪仲成，南直隶绩溪县。

钱仝，广东东莞县。

周襌，浙江山阴县。

袁轩冕，山东章丘县。

王瑶，山东高唐州。

刘望之，四川内江县。

郑坤，河南光州。

陶珪，湖广黄冈县。

王德溢，福建连江县。

钱梗，浙江山阴县。

胡经，浙江永康县。

朱润，山东益都县。

白钢，陕西仪卫司。

朱方，山西平定州千户所。

李福，河南安阳县。

李学诗，山东平度州。

李采，湖广麻城县。

窦一桂，山西武乡县。

李冕，山东章丘县。

苏民，顺天府固安县。

张真，南直隶南陵县。

杨育秀，江西贵溪县。

刘继光，顺天府永清县。

唐仁，浙江兰溪县。

戴璟，浙江奉化县。

邹尧臣，云南赵州。

周懋，南直隶常熟县。

张天真，直隶藁城县。

陈健，福建同安县。

丁谨，直隶宁山卫。

拱廷臣，广西桂林右卫。

诸演，浙江余姚县。

李遂，江西丰城县。

江以朝，江西贵溪县。

金洲，南直隶嘉定县。

许论，河南灵宝县。

吴惺，浙江余姚县。

胡凤，湖广黄梅县。

岑万，广东顺德县。

沈熺，浙江乌程县。

张文镐，福建仙游县。

戴嘉猷，南直隶绩溪县。

周文烛，浙江山阴县。

周铁，山西榆次县。

王祯，陕西乾州。

张玺，直隶冀州。

张湘，山西石州。

陈仲录，湖广常德卫。

董珊，陕西肤施县。

倪镜，福建闽县。

熊迟，四川富顺县。

宋邦辅，南直隶东流县。

邓直卿，广东南海县。

方克，南直隶桐城县。

王文儒，广西临桂县。

曹煜，江西浮梁县。

钱士聪，山西翼城县。

蒋瑜，浙江东阳县。

杨世祥，河南汝阳县。

朱篪，浙江山阴县。

沈继美，四川保宁府。

傅学礼，陕西安化县。

应大桂，浙江仙居县。

唐锜，云南晋宁州。

崔廷槐，山东平度州。

王维垣，顺天府武清县。

顾中孚，南直隶华亭县。

谷继宗，山东济南卫。

王桥，湖广京山县。

郑重威，湖广监利县。

王金章，河南睢阳县。

金椿，浙江山阴县。

江南，山东济阳县。

沈一定，浙江慈溪县。

杨春芳，南直隶宿松县。

秦鳌，南直隶昆山县。

谢存儒，湖广蒲圻县。

方泰和，浙江平湖县。

常序，山东堂邑县。

苏术，广西阳朔县。

陈价，河南汝阳县。

蒋应奎，山西马邑所。

张子立，山东黄县。

杨梃，福建怀安县。

石文睿，浙江宁海县。

王杰，浙江鄞县。

管见，浙江余姚县。

陈京，福建怀安县。

张守约，河南确山县。

熊进，四川新宁县。

金灿，浙江嘉兴县。

林承训，福建长乐县。

施昱，云南广南卫。

朱旒，河南信阳卫。

李邦表，四川定远县。

李文会，湖广安陆州奉祠所。

梅月，贵州普定卫。

王士俊，江西安福县。

戊子　嘉靖七年两京十三藩乡试

解元

顺天府：马一龙，应天府溧阳县人，监生，《书》，丁未。

应天府：许仁卿，浙江临海县人，监生，《诗》。

浙江：姜良翰，金华县，《诗》，甲辰。

江西：谢应岳，吉水县学增广生，《易》，己丑。

福建：刘汝楠，同安县，《春秋》，壬辰。

湖广：旷宗舜。

河南：陈大壮，洛阳县学生，《易》，己丑。

山东：葛守礼，德平县学生，《易》，己丑。

山西：许天伦，代州学增广生，《诗》，乙未。

陕西：稽舜一。

四川：杨名，遂宁县学生，《春秋》，己丑。

广东：王希文，东莞县学生，《诗》，己丑。

广西：詹约。

云贵：薛炳。

己丑　嘉靖八年会试

考试官：

少傅大学士张璁，秉用，浙江永嘉县人，辛巳进士。

詹事兼学士霍韬，渭先，广东南海县人，甲戌进士。

第一场

《四书》：

○颜渊曰请问其目，斯语矣。刊。

○唯天下至诚为能经纶，所倚。刊。

○孔子圣之时者也。刊。

《易》：

○地道也，代有终也。刊。

○或益之自外来也。

○天数五，当万物之数也。

○黄帝尧舜垂，乾坤。刊。

《书》：

○兢兢业业一日二日万几。

○修厥身允德，之休无教。

○月之从星则以风雨。

○尔惟敬明，追配于前人。刊。

《诗》：

○鸿雁于飞，其究安宅。

○大姒嗣徽音则百斯男。刊。

○鞠哉庶正，无不能止。

○惟莫之春，迄用康年。刊。

《春秋》：

○同盟幽（庄二十七）。刊。

○伐郑围新城，围许救，自伐（僖六）。

○灭舒蓼（宣八）。刊。

○豹会伐泰（襄十四）。

《礼记》：

○立则磬折，则臣佩委。刊。

○行一物而三善，长幼之节矣。

○言语之美，肃肃雍雍。

○此四者心之，救其失者也。刊。

第二场

论：

○圣人立人极。

诏诰表内科一道：

○拟汉课狱吏殿最诏（地节四年）。

○拟唐以杨绾为中书侍郎、常衮为门下侍郎并同平章事诰（大历十二年）。

○拟赐恩纪舍春堂诗集廷臣谢表。刊。

判语五条：

○磨勘卷宗。

○隐蔽差役。

○禁止迎送。

○擅调官军。

○官吏受财。

第三场

策五道：

○古《周礼》、《仪礼》，今《大明集礼》。刊。

○文宣仁神之继体未尽善，今日皇上之守法宜酌中。刊。

○正士习（浮薄，奔兢）。刊。

○汉唐弃珠崖、维州，我朝弃交趾、哈密。刊。

○今日之几何以转移而成化，今日之权何以通变而不穷。刊。

时会试之士二千七百有奇，取唐顺之等二百二十人，刻程文二十篇。茅氏坤云：顺之时义门庭，自鹤滩得之，大略有三体。诸生时典则，翰林时近解，聚徒游塘时涉于深矣。然要之尺度风神，种种自别。盖其意见大都本之经术，而其镂心刻肾处，则又往往采作者之旨。以故所向入解，淡而不入于枯，丽而不涉于靡，纵而不流于荡，奇而不逼于险，质而不至于陋。予生平于近体诗则喜唐王右丞，于时义则喜荆川，盖其两人匠心处俱属国手矣，百年之后，倘无有能易之者。杜氏伟云：昔叶若水游于荆川之门，私为之论，曰：先生之文惟一阖一辟耳。先生闻而愕然曰：吾平生若心为文，却被君一言道尽矣。顺之乐于成人，四方负笈受学者甚众。所著有《荆川文集》。官至右佥都御史。子鹤徵，隆庆辛未进士。

中式举人三百二十名。

唐顺之，南直隶常州府学增广生，《诗》。

王崇，浙江永康县人，监生，《书》。

栗应麟，山西潞州学增广生，《易》。

王学益，江西安福县人，监生，《春秋》。

何翱，广东顺德县人，监生，《礼记》。

三月十五日，临策天下贡士。制曰：朕惟治天下之道，其端不可概举，特以大者论之，在乎知人安民二者而已。夫知人则哲，必能官而任之；安民则惠，必使匹夫匹妇各得其所。虽然，尧舜尚于此犹难，夫岂后世所能及也？朕本藩服，仰承天命，入奉祖宗大统，朝夕战兢，不遑宁处。何自即位以来，灾变频仍，旱潦相继，岁复一岁，无处无之，生民流亡，朕甚恐惧。此非朕官非人以虐民欤？或贤与不肖进退倒置欤？或劝惩之典而失其宜欤？抑为我选任者而失公平之道欤？夫天听自我民听，天视自我民视，非民不聊生而天垂深戒者如此，何欤？至于内有盗贼之扰，外有夷狄之患，此亦以为民之害者。民为邦本，而使饥寒困苦、流离死亡至于如此，邦欲安而得乎？朕虽存保邦安民之念，求其所以，实无一得。朕欲俾灾沴潜消，民生安堵，盗贼息，边方靖，财充而食足，不知如之何可以臻此？特进尔多士于廷，尔多士明于王道有日矣，目睹时艰，岂无真识的见以匡我者？当悉心吐露，推衍所以于篇，朕当勉为亲览焉，勿谄勿惮，勿泛勿略，庶副朕意。

时廷对之士三百二十三人，赐罗洪先等进士及第、出身有差。时上方励精求贤，益亲文学之士，于是大学士杨公一清等以罗洪先、程文德、杨名、唐顺之、陈束、任瀚六卷进览，上一一品题，卷首各有批语。于洪先曰：“学正有见，言谠而意必忠，宜擢之首者。”于文德曰：“标本之论。”于名曰：“能守圣学以为本，此乃知要之说。”于顺之曰：“条论精详殆尽。”于束曰：“仁智之用，本诸吾心，此不易之说。”于瀚曰：“勉吾求敬一之为主，忠哉。”洪先文精雅超卓，工于理学，不为迂矫之论。上疏论东宫事宜，与唐顺之、赵时春同罢，遂终身不仕。所著有《罗念庵文集》。官至春坊赞善，谥文恭。是科王培龄、王与龄，孟霖、孟雷俱兄弟同登，选□□①等十人为庶吉士。

第一甲三名赐进士及第

　　罗洪先，江西吉水县。

　　程文德，浙江永宁县。

　　杨名，四川遂宁县。

第二甲九十五名赐进士出身

　　唐顺之，南直隶武进县。

　　陈束，浙江鄞县。

　　任瀚，四川南充县。

　　陈节之，福建闽县。

　　胡经，江西庐陵县。

　　夏宝，湖广益阳县。

　　李联芳，陕西洵阳县。

　　何翯，广东顺德县。

　　栗应麟，山西潞州。

　　卢淮，南直隶淮安卫。

　　王学益，江西安福县。

---

① 原缺。

项乔，浙江永嘉县。

朱麟，江西万安县。

郑绸，福建莆田县。

梁怀仁，福建晋江县。

诸邦宪，南直隶昆山县。

汪大受，南直隶婺源县。

谢纨，浙江会稽县。

王三锡，南直隶太仓州。

郭宗皋，山东福山千户所。

涂楗，江西丰城县。

张旂，山东长清县。

胡松，南直隶滁州。

吴逵，江西新淦县。

黄卷，锦衣卫。

戴铣，广东东莞县。

郑庆，福建长乐县。

黎晨，直隶任丘县。

孙云，南直隶昆山县。

蔡云程，浙江临海县。

陈词，南直隶江阴县。

杨祜①，浙江钱塘县。

郑世威，福建长乐县。

陈茂义，浙江慈溪县。

洪富，福建晋江县。

潘徽，浙江金华县。

郏鼎，南直隶太仓州。

周巨，顺天府霸州。

费渊，顺天府大兴县。

张意，南直隶昆山县。

高鸾，大宁前卫。

汪文渊，湖广黄冈县。

王表，南直隶无锡县。

曹汴，四川巴县。

王毅祥，南直隶长洲县。

---

① 《皇明三元考》作"杨祐"。

程烈，南直隶歙县。

安永清，辽东广宁卫。

熊过，四川富顺县。

安如山，南直隶无锡县。

蔡克廉，福建晋江县。

方涯，南直隶太平县。

张文藻，直隶深州。

薛甲，南直隶江阴县。

赵銮，浙江永康县。

李禔，湖广永兴县。

李玘，江西南丰县。

杨本仁，河南杞县。

常时平，直隶交河县。

钱世贤，云南云南左卫。

王养正，四川南充县。

刘采，湖广麻城县。

王希文，广东东莞县。

沈恺，南直隶华亭县。

李易，湖广永兴县。

周志伟，江西安义县。

郭春震，江西万安县。

李开先，山东章丘县。

蒋芝，四川成都前卫。

钟卿，广东东莞县。

郑观，河南光州。

任洧，山东蒙阴县。

陈之辅，湖广应山县。

樊臣，江西进贤县。

曾翀，南直隶霍丘县。

杨守谦，彭城卫。

陈大壮，河南洛阳县。

王仲锦，锦衣卫。

汪似，江西贵溪县。

黄福，南直隶休宁县。

蒋贯，南直隶祁门县。

张材，浙江归安县。

王纳言，河南信阳卫。

刘伯跃，江西南昌县。

王正思，浙江余姚县。

鲍象贤，南直隶歙县。

吕高，南直隶丹徒县。

庄一俊，福建晋江县。

赵文华，浙江慈溪县。

王绖，湖广石首县。

胡万里，陕西咸宁县。

罗余庆，江西吉水县。

卢辅，河南许州。

王培龄，山西宁乡县。

孟雷，山西泽州。

潘大宾，广东海阳县。

第三甲二百二十五名赐同进士出身

翟镜，河南洛阳县。

吴瑞，浙江钱塘县。

董雍，四川绵州。

孙应奎，浙江余姚县。

郑大同，福建莆田县。

杨爵，陕西富平县。

沈谧，浙江秀水县。

周汝负①，江西吉水县。

柯乔，南直隶青阳县。

孙世祐，江西丰城县。

李中孚，湖广江陵县。

李实，广东海丰县。

庄用宾，福建晋江县。

孙光辉，山东淄川县。

李良，山东长清县。

李逢，江西丰城县。

魏焕，湖广长沙卫。

王宗恒，直隶武邑县。

曹世盛，福建闽县。

---

① 《索引》作"周汝员"。"员"同"负"。

侯宁，山东东平州。

魏一恭，福建莆田县。

吴子孝，南直隶长洲县。

王滋，福建南平县。

葛守礼，山东德平县。

危岳，湖广黔阳县。

钱焕，浙江慈溪县。

贾準，陕西咸宁县。

杜彰，大宁前卫。

陈钛，留守前卫。

张敉，直隶完县。

王钜，南直隶婺源县。

曾铣，南直隶江都县。

胡思忠，南直隶桃源县。

朱德祯，福建闽县。

丁祝①，南直隶怀宁县。

崔三畏，直隶蠡县。

王绅，直隶沧州。

舒国光，江西弋阳县。

邵新，山东堂邑县。

白世卿，陕西秦州。

彭端遇，广东顺德县。

翁溥，浙江诸暨县。

林性之，福建晋江县。

张选，南直隶无锡县。

高仲福，陕西三原县。

孔泗，河南洛阳县。

张舜元，直隶庆都县。

杨博，山西蒲州。

徐九皋，顺天府大兴县。

钟鉴，山西泽州。

徐淡，浙江淳安县。

冯彬，广东海康县。

林恕，福建长乐县。

---

① 《索引》作"丁枕"。

张忠，直隶任丘县。

陶廉，云南曲靖卫。

赵埙，浙江余姚县。

赵九思，山西闻喜县。

胡俸，广西仪卫司。

左杰，山东恩县。

张文凤，南直隶常熟县。

朱深，南直隶华亭县。

周显宗，山东濮州。

林梅，福建漳浦县。

田濡，山东聊城县。

蔡嗳，直隶宁晋县。

眭烨，南直隶丹阳县。

庄壬春，福建晋江县。

赵康，陕西郃阳县。

林允宗，福建莆田县。

赵元夫，山东东平州。

王锐，河南信阳卫。

刘瑜，直隶元城县。

朱冕，江西丰城县。

吕调羹，山东濮州。

林山，福建长乐县。

夏浚，江西玉山县。

原案，陕西蒲城县。

曾守约，广东归善县。

饶中，河南固始县。

孟彬，山西泽州。

徐宗鲁，南直隶华亭县。

谢载，四川射洪县。

杨逢春，福建同安县。

高大经，直隶任县。

张环，陕西西安右护卫。

李凤，四川富顺县。

柳本明，河南光山县。

谢昆，福建同安县。

邢如默，山东临邑县。

方舟，南直隶婺源县。

李汝楫，河南汝阳县。

吴本固，河南商丘县。

杨时泰，直隶真定卫。

林东海，福建莆田县。

陈光华，福建莆田县。

刘凤，应天府句容县。

周洪范，四川汉州。

钱澍，万全都司兴和所。

李延馨，山西潞州。

曹逵，南直隶太仓州。

张明道，湖广罗田县。

白贲，四川潼川州。

陈惠，福建晋江县。

张镐，直隶定州。

李全，四川内江县。

石迁高，山东恩县。

任廷贵，山西石州。

张凫，山东莱阳县。

阎邻，山东东平州。

陈珪，广东化州。

林继皋，福建闽县。

许勉仁，四川双流县。

黄训，南直隶歙县。

赵鲲，山东寿张县。

寇阳，山西榆次县。

丘峻，南直隶嘉定县。

杨沔，应天府句容县。

孙济，浙江归安县。

丘汝良，江西贵溪县。

李栋，山东寿张县。

林璧，福建侯官县。

何俒，江西宜春县。

褚宝，直隶怀远卫。

陈锭，湖广江陵县。

江东，山东朝城县。

阎倬，陕西陇州。

胡永成，江西安福县。

江满，江西进贤县。

欧思诚，顺天府蓟州。

陈公陛，福建闽县。

贺府，陕西渭南县。

刘塾，江西鄱阳县。

丁湛，江西彭泽县。

倪嵩，南直隶当涂县。

高懋，四川铜梁县。

朱隆禧，南直隶昆山县。

程尚宁，南直隶歙县。

李宁，福建建宁县。

钱璧，广西护卫。

陈儒，南直隶昆山县。

张铁，山东冠县。

黄绶，陕西宁夏中屯卫。

陈念，湖广麻城县。

郭从朴，山东掖县。

菅①怀理，山东临邑县。

陈昌福，江西泰和县。

黄正色，南直隶江阴县。

黄允谦，广东崖州。

张济，陕西醴泉县。

马练，湖广蒲圻县。

罗傅，湖广荆门州。

曹濡，顺天府固安县。

李朝列，陕西长安县。

詹文光，湖广江夏县。

叶洪，直隶德州卫。

祝咏，湖广衡州卫。

王崇，浙江永康县。

马书林，陕西高陵县。

王玑，浙江西安县。

---

① 《索引》作"管"。

张溪，南直隶寿州卫。

谢应岳，江西吉水县。

刘昺，中都长淮卫。

周如底，浙江余姚县。

刘凤翔，陕西西安后护卫。

张鹏翼，河南虞城县。

李士文，福建连江县。

戴继，山东曹县。

金清，应天府上元县。

章允贤，南直隶青阳县。

张裕，南直隶长洲县。

茅宰，浙江山阴县。

郝维岳，四川叙南卫。

罗虞臣，广东顺德县。

王镐，直隶滦州。

卞伟，四川宜宾县。

高进，锦衣卫。

王与龄，山西宁乡县。

陈捷，福建长乐县。

范来贤，南直隶常熟县。

沈铎，浙江归安县。

皇甫汸，南直隶长洲县。

陈大纶，广西南宁卫。

吴孟祺，山东宁阳县。

王汝楫，山东德州。

张志选，福建晋江县。

杜朝聘，山东东阿县。

冯惠，直隶盐山县。

乔祐，河南洛阳县。

饶思聪，江西新淦县。

张烜，广西庆远卫。

郭应奎，江西泰和县。

高简，四川绵州。

唐时英，云南平夷卫。

陈子文，福建闽县。

李遂，湖广江陵县。

黄光昇，福建晋江县。

许绛，福建闽县。

路珠，河南新乡县。

赵国良，陕西同州。

荣恺，顺天府大兴县。

郭圻，直隶任丘县。

王祚，大宁保定右卫。

李绅，河南祥符县。

高擢，直隶滦州。

张嘉秀，浙江海宁卫。

陈一贯，福建福清县。

徐谦，四川富顺县。

吴介，南直隶寿州卫。

汪宗元，湖广崇阳县。

孙应辰，河南考城县。

赵瀛，陕西三原县。

郑恭，南直隶绩溪县。

高澄，顺天府固安县。

刘希龙，河南卫辉前所。

周相，南直隶吴江县。

白濬，广西临桂县。

徐泮，河南固始县。

曹察，南直隶无锡县。

杨献可，山东青城县。

龚湜，湖广崇阳县。

黄谨容，福建莆田县。

徐存义，浙江余姚县。

陈洙，浙江上虞县。

王杏，浙江奉化县。

沈师贤，浙江德清县。

辛卯　嘉靖十年两京十三藩乡试

解元

顺天府：马从谦，应天府溧阳县人，监生，《礼记》，乙未。

应天府：赵汴，太仓州学生，《春秋》，戊戌。

浙江：张濂，仁和县，《易》，戊戌。

江西：欧阳杲，鄱阳县学生，《易》。

福建：陈让，泉州府学生，《春秋》，壬辰。

湖广：傅颐，沔阳州学增广生，《书》，壬辰。

河南：刘绘，光州学生，《诗》，乙未。

山东：郭铉，平山卫。

山西：王应期，蒲州学生，《易》，乙未。

陕西：李宠，泾阳县，《易》，戊戌。

四川：万邦宪，富顺县学生，《诗》。

广东：胡一化。

广西：黄瑶。

云贵：李东儒。

壬辰　嘉靖十一年会试

考试官：

少詹事谦学士张潮，惟信，四川内江县人，辛未进士。

侍读学士郭维藩，价夫，河南仪封县人，辛未进士。

第一场

《四书》：

○子曰大哉尧之为君，文章。刊。

○行而世为天下法，天下则。刊。

○谨庠序之教申之以孝弟之义。刊。

《易》：

○其德刚健，是以元亨。刊。

○六五鼎黄耳金铉利贞。

○显道神德行，祐神矣。刊。

○若夫杂物，中爻不备。

《书》：

○帝曰吁臣哉，禹曰俞。刊。

○惟学逊志，积于厥躬。

○惟曰欲至于万年，永保民。刊。

○迪知忱恂于九德，兹惟后矣。

《诗》：

○朱芾斯皇室家君王。刊。

○不识不知顺帝之则。

○颙颙卬卬，四方为纲。

○邦几千里，彼四海。刊。

《春秋》：

○遇清（隐四）。刊。

○城楚丘（僖二），秦伐晋（文三）。刊。

○庐吴归（昭十二）。

○会扈（文十七），执意如（昭十三），鞅侵郑卫（定八）。

《礼记》：

○是故昔先王之制礼，义焉尔。

○故乐者审一以，立乐之方也。刊。

○使民有父之尊，如此乎。刊。

○君子道人以言，慎于行。

第二场

论：

○人臣怀仁义以事君。刊。

诏诰表内科一道：

○拟汉明帝辟雍行大射养老礼诏（永平二年）。

○拟唐命马怀素、褚无量更日侍读诰（开元三年）。

○拟赐御制钦天记颂群臣谢表。刊。

判语五条：

○信牌。

○钞法。

○祭享。

○夜禁。

○越诉。

第三场

策五道：

○皇祖立教制刑之规法乎天，皇上敦崇慎恤之意法乎祖。刊。

○《稽古录》见司马之忠，惟用人为稽古之要。刊。

○史官何由而尽职，谏官何由而尽言。刊。

○忠质文所尚之殊，审治体莫贵敦朴。

○汉文富民而富有余，隋文富国而富不继。刊。

时会试之士三千八百有奇，取林春等三百二十人，刻程文二十篇。主考张公潮得春卷，即以君子之才目之，一时名公皆以为知言。罗念庵尝谓东城诚意能薰蒸人，不觉令人受益。春官至郎中。

中式举人三百二十名。

林春，南直隶泰州千户所人，监生，《诗》。

来汝贤，浙江萧山县人，监生，《书》。

左铣，南直隶泾阳县学生，《易》。

郭鋆，山西高平县人，监生，《春秋》。

陈垲，浙江余姚县人，监生，《礼记》。

三月十五日，临策天下贡士。制曰：朕惟人君奉天命以统亿兆而为之主，必先之以咸有乐生，俾遂其安欲，然后庶几尽父母斯民之任，为无愧焉。夫民之所安者、所欲者，必首之衣与食。使无衣无食，未免有冻馁死亡、流离困苦之害。夫匪耕则何以取食？弗蚕则何以资衣？斯二者，亦王者之所念而忧者也。今也耕者无几而食者众，蚕者甚稀而衣者多，又加以水旱虫蝗之为灾，游惰冗杂之为害，边有烟尘，内有盗贼，无怪乎民受其殃而日甚一日也。固本朕不类寡昧所致，上不能参调化机，下不能作兴治理，实忧而且愧焉。然时有今昔，权有通变，不知何道可以致雨旸时若，灾害不生，百姓足食足衣，力乎农而务乎职，顺乎道而归乎化？子诸士明于理，识夫时，蕴抱于内而有以资我者亦既久矣，当直陈所见所知，备述于篇，朕将览焉，勿惮勿隐。

时廷对之士三百一十六人，赐林大钦等进士及第、出身有差。田汝成记云：是岁礼部尚书夏言知贡举，上言举子经义论策各有成式，迩来文体诡异，旧格屡更，请令今岁举子凡刻意骋词、浮诞碟裂以坏文体者，摈不得取。上从之。会试既毕，夏公复召予语曰：进士答策，亦有成式，可谕诸生毋立异也。予曰唯。因诸举子领卷，传示如前，诸举子皆曰唯。既廷试，诸达官分卷阅之。时内阁取定二卷，都御史汪公铉得一卷，大诧曰："怪哉，安有答策无冒语者！"大学士张公孚敬取阅一过，曰："是虽破格，然文字明快，可备御览。"遂附前二卷封进。上览之，擢无策冒者第一。启之，乃林大钦也。夏公大骇，谓予何不传谕前语。予无以自解，乃就大钦询之，对曰："某寔不闻此言，闻之，安敢违也。"予乃捡散卷簿，则大钦是日不至，次日乃领之。因叹荣进有数，非人之所能沮①也。大钦天才溢发，为文俊拔，卒于修撰。是科边涔、边沆为同宗兄弟，偕其诸父优同登。选吕怀等二十一人为庶吉士。第二名孔天胤以母为新郑县君，授外职。

第一甲三名赐谥进士及第

　　林大钦，广东海阳县。

　　孔天胤，山西汾州。

　　高节，四川罗江县。

第二甲八十名赐进士出身

---

① "沮"疑为"阻"之讹。

李启东，云南楚雄县。

熊洛，江西南昌县。

桑乔，南直隶江都县。

黄崋，四川遂宁县。

杨瀹，顺天府涿州。

张合，云南永昌府。

林春，南直隶泰州千户所。

王廷，四川南充县。

张冕，山西孝义县。

顾四科，浙江钱塘县。

贾士元，锦衣卫。

俞咨伯，浙江平湖县。

顾玉柱，南直隶常熟县。

周满，四川松潘县。

陈乙，河南杞县。

谢少南，应天府上元县。

曾孔化，江西庐陵县。

柯实卿，福建晋江县。

赵维，湖广武昌府长史司。

高世彦，四川内江县。

魏廷萱，河南许州。

林华，福建莆田县。

翁学渊，浙江遂昌县。

陈玒，浙江鄞县。

左镒，南直隶泾县。

何其高，四川阆中县。

杨伊志，南直隶吴县。

唐国相，顺天府大兴县。

周宗镐，湖广巴陵县。

白悦，锦衣卫。

陈叔颐，陕西泾阳县。

陈爼①，河南封丘县。

陆期范，南直隶兴化县。

徐祯，南直隶长洲县。

---

① 《索引》作"陈爼"。

刘玺，济州卫。

蒋信，湖广武陵县。

茅鏊，南直隶丹徒县。

范钦，浙江鄞县。

张明，福建浦城县。

陈仕贤，福建福清县。

吕怀，江西广信府永丰县。

辛童，山东安丘县。

刘儒，河南群牧所。

范瑟，山东历城县。

钱亮，南直隶丹徒县。

张愚，直隶天津左卫。

黄应中，四川忠州。

许樾，河南兰阳县。

吴至，浙江余姚县。

秦鸣夏，浙江临海县。

施雨，南直隶常熟县。

张谦，浙江慈溪县。

于廷寅，浙江余姚县。

许应元，浙江钱塘县。

刘继禄，万全都司永宁卫。

边优，直隶任丘县。

皇甫涍，南直隶长洲县。

曾大吉，河南陈州。

闵如霖，浙江乌程县。

王椿，浙江钱塘县。

董汉儒，河南考城县。

徐樾，江西贵溪县。

姚翔凤，浙江上虞县。

王玥，直隶交河县。

毛复，浙江余姚县。

吕瑚，江西广信府永丰县。

赵一中，直隶青县。

雍澜，福建莆田县。

欧阳清，江西上饶县。

杨成，南京留守中卫。

吴岳，山东汶上县。

　　卫元确，广东东莞县。

　　浦应麒，南直隶无锡县。

　　赵伊，浙江平湖县。

　　段承恩，云南晋江县。

　　游居敬，福建南平县。

　　韩昜，直隶高阳县。

　　陈祯，江西崇仁县。

　　邵元吉，浙江余姚县。

　　文衡，四川南充县。

第三甲二百三十三名赐同进士出身

　　余光，应天府江宁县。

　　李延康，山西潞安府。

　　潘高，山西宁化千户所。

　　刘灿①，湖广麻城县。

　　陈垲，浙江余姚县。

　　王廷干，南直隶泾县。

　　何天启，江西贵溪县。

　　郑吉甫，河南罗山县。

　　王京，府军前卫。

　　魏尚纯，河南仪卫司。

　　李徵，湖广桃源县。

　　李乘云，河南钧州。

　　尤鲁，南直隶无锡县。

　　沈伯咸，浙江嘉善县。

　　曾钧，江西进贤县。

　　周镐，浙江慈溪县。

　　潘子正，南直隶六安州。

　　冯汝弼，浙江平湖县。

　　曹迈，四川荣县。

　　张翼翔，南直隶凤阳县。

　　叶经，浙江上虞县。

　　韩威，直隶河间卫。

---

① 《索引》作"刘溁"。

米荣，福建邵武县。

胡鲸，河南汝阳县。

刘汝楠，福建同安县。

柳英，四川巫山县。

陈策，四川忠州。

王继宗，四川南充县。

郑汝舟，福建莆田县。

翟镐，镇南卫。

陈修，浙江山阴县。

何思，直隶雄县。

王联，直隶任丘县。

来汝贤，浙江萧山县。

周玩，湖广京山县。

张世亨，直隶安平县。

徐进，广东顺德县。

刘世用，直隶束鹿县。

党承赐，山西忻州。

王教，南直隶华亭县。

常应文，山西榆社县。

顾存仁，南直隶太仓州。

林功懋，福建漳浦县。

贾枢，山东商河县。

谢廷莅，四川富顺县。

黄鹏，广东潮阳县。

张栗，直隶邯郸县。

刘素，直隶深泽县。

周卿，河南延津县。

陈魁，四川仪卫司。

陈位，福建莆田县。

陈澍，南直隶合肥县。

殷学，山东东阿县。

傅颐，湖广沔阳卫。

俞世洁，福建侯官县。

李朝阳，山西清源县。

韩岳，浙江余姚县。

周瑞，福建莆田县。

赵愈和，江西星子县。

廖希颜，湖广茶陵州。

李恺，福建惠安县。

吴希孟，太医院。

唐曜，四川富顺县。

苏志皋，顺天府固安县。

王钦，福建福州中卫。

程秀民，浙江西安县。

胡鳌，湖广沅陵县。

马汝彰，河南汲县。

邓熺，福建闽县。

李文凤，广西庆远卫。

胡魁，四川蒲江县。

何继高，浙江仁和县。

陈如纶，南直隶太仓卫。

尹耕，万全都司蔚州卫。

冯亮，浙江金华县。

应鸣凤，浙江西安县。

朱衡，江西万安县。

王惟贤，四川中江县。

钱照，浙江慈溪县。

冯应元，陕西咸宁县。

杨登，陕西咸宁县。

赵民顺，四川巴县。

邢址，南直隶当涂县。

洪垣，南直隶婺源县。

黄大廉，福建莆田县。

李淳，山东濮州。

刘天授，江西万安县。

扈永通，山东曹州。

张逊，南直隶高邮州。

孙继先，山西安邑县。

谢瑜，浙江上虞县。

吕光洵，浙江新昌县。

陈豪，福建长乐县。

沈越，南京锦衣卫。

陈时，直隶涿鹿中卫。

谢九仪，山东章丘县。

尹相，湖广嘉鱼县。

孙简，直隶沔阳中屯卫。

钱㙏，南直隶通州。

吴伯亨，陕西兰州。

吴悌，江西金溪县。

何中行，广东顺德县。

吕应祥，陕西泾阳县。

刘光文，四川阆中县。

包节，南直隶华亭县。

林应亮，福建侯官县。

张梯，山西阳曲县。

高尚志，山东冠县。

严宽，南直隶丹徒县。

叶国华，湖广兴国州。

陈文浩，福建闽县。

徐荣，福建晋江县。

周亮，福建侯官县。

宋天民，福建莆田县。

曾汝檀，福建漳平县。

郭鋆，山西高平县。

杜铨，浙江鄞县。

劳绍科，广东番禺县。

黄献可，福建莆田县。

路天亨，山西安邑县。

张光祖，河南颍川卫。

陶谟，浙江秀水县。

刘九容，陕西绥德卫。

贾文元，云南大理卫。

卢勋，浙江缙云县。

王应诏，福建瓯宁县。

赵汝濂，云南太和县。

边沉，直隶任丘县。

申用休，山西乐平县。

薛廷宠，福建福清县。

史褒善，直隶开州。

唐宽，山西平定州。

姚虞，福建莆田县。

杨贤，山东济宁州。

陈让，福建晋江县。

谢上箴，湖广华容县。

朱廷臣，广东海阳县。

董玘，南直隶泾县。

杨镃，锦衣卫。

张寿，顺天府宛平县。

赵允亨，直隶安肃县。

陶钦夔，江西彭泽县。

石永，直隶威县。

刘仕贤，江西南昌县。

张珪，南直隶太仓州。

周南，河南郏县。

王献芝，南直隶歙县。

孙校，浙江平湖县。

侯珮，山东范县。

侯度，山东东阿县。

董德明，广东护卫中所。

汪东洋，四川绵州。

刘训，河南汝阳县。

刘士达，浙江慈溪县。

何元述，福建晋江县。

胡汝翼，四川绵州。

黄得纯，福建莆田县。

承林，直隶德州卫。

刘思唐，陕西宁夏右卫。

沈弘彝，河南陈州。

阎朴，山西榆次县。

孙哲，山西石州。

胡守中，河南宁陵县。

田大有，山东东平州。

席大宾，云南云南左卫。

李谨，富峪卫。

董官，山西应州。

张舜臣，直隶安平县。

胡公廉，浙江汤溪县。

钱籍，南直隶常熟县。

骆骥，浙江诸暨县。

郑普，福建南安县。

李本，浙江余姚县。

赵维垣，贵州永宁卫。

伊敏生，应天府上元县。

李完，湖广石首县。

朱怀幹，浙江归安县。

吕怀健，锦衣卫。

陈谏，广东番禺县。

王继芳，顺天府固安县。

陈时熙，湖南上蔡县。

王朝贤，河南太康县。

方召南，福建莆田县。

何赞，浙江黄岩县。

朱宪章，江西进贤县。

王弘道，山东霑化县。

杨勉学，山东茌平县。

范爱，大宁都司营州中屯卫。

何城，陕西绥德卫。

冉崇礼，河南中牟县。

徐表，福建漳浦县。

胡明庶，湖广罗田县。

杨雷，南直隶吴县。

王瑛，南直隶无锡县。

钱薇，浙江海盐县。

刘廷范，江西临川县。

周采，湖广宁乡县。

王梃，浙江象山县。

廖天明，江西奉新县。

蔡汝楠，浙江德清县。

张鹗，南直隶泗州卫。

潘恕，广东海阳县。

曹邦辅，山东定陶县。

朱默，南直隶太仓州。

罗大用，广西桂林右卫。

王梅，浙江平湖县。

王玉汝，广东东莞县。

雷礼，江西丰城县。

张思，直隶任丘县。

傅镇，福建永宁卫千户所。

马中骥，四川新都县。

毕烜，广东番禺县。

边涝，直隶任丘县。

程珛，直隶德州左卫。

樊深，直隶大同中屯卫。

徐守义，河南杞县。

夏应元，直隶景州。

李大魁，湖广襄阳仪卫司。

王良柱，福建南安县。

闵旦，江西浮梁县。

陈储秀，福建南安县。

方任，湖广黄冈县。

周大礼，南直隶昆山县。

周复俊，南直隶太仓州。

郭希颜，江西丰城县。

钱德洪，浙江余姚县。

王畿，浙江山阴县。

史际，应天府溧阳县。

贺恩，南直隶仪真县。

尹宇，直隶南宫县。

胡岳，江西鄱阳县。

顾翀，浙江慈溪县。

王佩，顺天府文安县。

皇明贡举考卷之七

海州张朝瑞辑

甲午　嘉靖十三年两京十三藩乡试

解元

顺天府：欧阳晥，武强县人，监生，《诗》，乙未。

应天府：郑维诚，祁门县儒士，《书》，辛丑。

浙江：张志淑，临海县，《春秋》。

江西：周儒，吉安府学增广生，《易》。

福建：杨子充，福清县，《诗》。

湖广：汪宗伊，崇阳县学生，《诗》，戊戌。

河南：吴三乐，洛阳县学生，《易》，辛丑。

山东：靳学颜，济宁州学生，《易》，乙未。

山西：亢思谦，临汾县，《易》，丁未。

陕西：张文卿，三原县，《书》，戊戌。

四川：胡汝霖，绵州学附学生，《书》，乙未。

广东：梁津，番禺县，《诗》，辛丑。

广西：秦儒。

云贵：朱文质，云南府学生，《易》，乙未。

乙未　嘉靖十四年会试

考试官：

侍读学士张璧，崇象，湖广石首县人，辛未进士。

侍讲学士蔡昂，衡仲，南直隶淮安卫籍，嘉定县人，甲戌进士。

第一场

《四书》：

〇子曰赐也女以予，贯之。刊。

〇吾说夏礼，吾从周。刊。

〇君子之志于道也不成章不达。刊。

《易》：

○大哉乾元，万国咸宁。刊。

○艮其止止其所也。

○易曰自天祐之，无不利也。刊。

○默而成之不言而信存乎德行。

《书》：

○帝德广运，为天下君。刊。

○惟天无亲，天位艰哉。

○自一话一言，乂我受民。刊。

○虽畏勿畏，以成三德。

《诗》：

○二之日凿冰，献羔祭韭。

○籥舞笙鼓，以奏尔时。

○其类维何，永锡尔胤。刊。

○陟彼景山，寝成孔安。刊。

《春秋》：

○伐山戎（庄三十）。刊。

○伐郑遂救（文九）。刊。

○如齐，自齐，蒇如京（宣九）。

○灭徐羽奔（昭三十）。

《礼记》：

○礼有大有小，不可大也。刊。

○地载万物，教民美报焉。刊。

○天地欣合，卯①生者不殰。

○与仁同功，其仁可知也。

第二场

论：

○圣人至公至神之化。刊。

诏诰表内科一道：

○拟汉令司隶刺史岁考长吏殿最以闻诏（永平九年）。

○拟唐加左仆射房玄龄太子太师诰（贞观十二年）。

○拟文华殿新造九五斋恭默室成廷臣贺表。刊。

判语五条：

○官员赴任过限。

○人户以籍为定。

———————————

① "卯"为"卵"之讹。

556

○致祭祀典神祇。

○公事应行稽程。

○军民约会词讼。

第三场

策五道：

○皇祖皇上遇灾咸有敕天之训。刊。

○宣神振纪纲未得宜，今日振纪纲宜复旧。刊。

○欲正六经字学之原，在修仓颉古文之法。

○星官之书何正，占步之法何宜。刊。

○治河之要在顺，御兵之要在信。刊。

时会试之士几四千人，取许毂等三百二十人，刻程文二十篇。毂所著有《省中》、《武林》、《二台》诸稿，官至南京太常寺少卿。

中式举人三百二十名。

许毂，应天府上元县人，监生，《书》。

薛应旂，南直隶武进县人，监生，《诗》。

诸燮，浙江绍兴府学生，《易》。

顾廉，浙江余姚县增广生，《礼记》。

李维藩，山西辽州学生，《春秋》。

四月初二日，临策天下贡士。制曰：朕思首自三代以末①，迄于宋终，中间虽历世久近，而其君之历年亦有长短，要之皆自其为君者，何如耳？但《传》云惟周之历世最多，国祚恒久。然周之所以享祚久，本于文武之所积累，亦后之继承者能保持之耳。上至夏商，垂及唐宋，亦若是焉。皆基之于先王德泽，洽于民心，亦继之以嗣王能尽持盈慎满之道者也。洪惟朕皇祖高皇帝代天复世，重肇中华，建振古无比之功德。朕太宗继述于草创之初，列圣遵承于大定之后，百有六十余载，传之于今。朕以宗支，方在冲昧之年，入承祖位，幼弱不才，多招灾害于民。兹来思祖宗创造万艰，惕然悚惧。朕欲长保洪业于无穷，有隆弗替，永宗社万禩之固，保家国千世之传，民得以遂生，物得以适所。如上之良法要道，朕心慕之思之，不知何以得此。故进尔多士于堂，尔等蕴持既久，王政素闲于怀，可罄所知以告朕，朕将亲择而勉之，钦哉。

时廷对之士三百二十五人，赐韩应龙等进士及第、出身有差。上凡廷试策题，多出自宸衷，不假臣下之手。是岁上亲制策题，后以法天法祖立意，应龙策冒云："人君所以致天下之治者，法天而已矣。所以保天下之治者，法祖而已矣。"既而进呈，果第一。时李时及夏言、顾鼎臣等以李机等十二卷进览，上批答曰："卿等以堪作一甲卷十

①　"末"疑为"来"之讹。

557

二来呈，朕各览一週，其上一卷说的正合策题意，夫周道善而备，朕所取法。其上三说仁礼为用，夫仁基之，礼成之，亦甚得其意。其上四论仁敬，夫敬而能仁，他不足说，可以保治矣。其上二略泛而滞于行，其下二却似说，虽与题不合，言以时事，故朕取之，可二甲首。余以次挨去，不知是否，卿可先与言、鼎臣看一过，再同读卷官看行。"上复亲为品题首三卷，各有批语。于应龙曰："是题本意，可第一甲第一名。"于孙陞曰："说仁礼之意，好，可第一甲第二名。"于吴山曰："敬为心学之极，此论好，可第一甲第三名。"时等以余卷皆经御览，不敢遗弃，乃以李玑、赵贞吉、敖铣、郭朴、任瀛、沈宏、骆文盛、尹台、康太和等九人对策，皆刻之，寻以庶吉士授编修。应龙坦率无他肠，事母孝，为文疏润，不费斧凿痕，卒于修撰。是科李念、李愈兄弟同登，选赵贞吉等三十人为庶吉士。

第一甲三名赐进士及第

  韩应龙，浙江余姚县。

  孙陞，锦衣卫籍，浙江余姚县人。

  吴山，江西高安县。

第二甲九十五名赐进士出身

  李玑，江西丰城县。

  赵贞吉，四川内江县。

  敖铣，江西高安县。

  郭朴，河南安阳县。

  任瀛，山东兖州护卫。

  沈宏，浙江崇德县。

  骆文盛，浙江武康县。

  尹台，江西永新县。

  康太和，福建莆田县。

  李学颜，湖广黄冈县。

  许毂，应天府上元县。

  郑质夫，福建莆田县。

  赵希夒，山西长治县。

  高燿，直隶清苑县。

  马从谦，应天府溧阳县。

  沈瀚，南直隶吴江县。

  艾希淳，陕西米脂县。

  沈应龙，浙江乌程县。

  钱衡，江西新喻县。

  张标，山东寿光县。

方民悦，湖广麻城县。

谯孟龙，四川南充县。

刘澍，腾骧右卫。

欧阳暎，直隶武强县。

许登瀛，陕西兰州仪卫司。

黄宗器，福建闽县。

姚文祜，南直隶武进县。

彭大有，河南陈州卫。

公跻奎，山东蒙阴县。

陈崇庆，南直隶武进县。

舒缨，浙江鄞县。

范庆，江西丰城县。

刘辅，云南云南前卫。

邹绚，浙江余姚县。

李蓁，河南祥符县。

王崇，保定后卫。

王珉，直隶深州。

王立道，南直隶无锡县。

陈尧，南直隶通州。

嵇世臣，浙江归安县。

杨一谟，福建闽县。

王儒，山西汾州。

林廷琛，福建侯官县。

王朝相，直隶永年县。

刘注东，山东茌平县。

敖璠，江西新喻县。

张天麟，直隶深州。

吕韶，湖广黄冈县。

李时达，四川南部县。

李增，河南颍川县。

曹一贯，山东莘县。

彭凤，江西分宜县。

万汝楫，四川泸州。

李乐，湖广卢溪县。

谢佑，湖广松滋县。

郭鉴，山西高平县。

孙植，浙江平湖县。

张瀚，浙江仁和县。

李载赞，湖广石首县。

窦润，南直隶滁州卫。

郑一统，广东揭阳县。

陈元珂，福建闽清县。

陈椿，南直隶长洲县。

薛孟，浙江嘉善县。

许复礼，河南安阳县。

翁璨，南直隶上海县。

江中跃，四川巴县。

袁袭裳，四川眉州。

易宽，江西安福县。

赵宪，南直隶上海县。

方孟缙，江西武宁县。

沈梦鲤，浙江山阴县。

姚良弼，武功中卫。

陈天然，广东琼山县。

刘佐，山东德州。

施千祥，福建福清县。

周世昭，广东琼山县。

陈天资，广东饶平县。

萧体元，河南新野县。

宋淳，浙江开化县。

蒲泽，陕西咸宁县。

黄云，陕西咸宁县。

戴鳌，浙江鄞县。

刘栋，直隶任丘县。

曹嗣荣，南直隶华亭县。

康朗，福建惠安县。

胡汝霖，四川绵州。

诸燮，浙江余姚县。

马承学，太医院。

吴藩，南直隶全椒县。

吴九经，浙江永康县。

许福，福建同安县。

周天佐，福建晋江县。

施峻，浙江归安县。

李维藩，山西辽州。

第三甲二百二十七名赐同进士出身

马天驭，湖广蕲州。

毛概，山东掖县。

章甫，武骧左卫。

顾廉，浙江余姚县。

林廷机，福建闽县。

赵宗信，广东顺德县。

刘尚义，山西汾州。

唐颐，山西阳曲县。

王达，山东滨州。

邵南，浙江乌程县。

来聘，陕西三原县。

何彦，广东顺德县。

舒汀，福建侯官县。

杨守约，彭城卫。

范之箴，浙江秀水县。

高时，浙江临安县。

陈绍，浙江上虞县。

赵大佑，浙江太平县。

蔡其潮，浙江海盐县。

赵应祥，湖广长沙卫。

李梦祥，湖广监利县。

钱应扬，浙江余姚县。

黄廷用，福建莆田县。

焦琏，顺天府涿州。

奚良辅，南直隶上海县。

徐缉，浙江山阴县。

杨上林，南直隶山阳县。

王遵，四川南充县。

汪集，江西进贤县。

温学舜，福建晋江县。

罗椿枝，浙江桐庐县。

王崇冠，山西榆次县。

薛应旂，南直隶武进县。

周尚忠，直隶吴桥县。

顾承芳，南直隶临淮县。

卢璘，浙江余姚县。

鲍龙，浙江临安县。

马九德，直隶德州卫。

杨时秀，南直隶怀远县。

张舜臣，山东章丘县。

吴镆，福建长乐县。

戴梦桂，山东济阳县。

刘大直，四川宁川卫。

郭鏊，山西高平县。

胡崇德，浙江余姚县。

翁五伦，浙江萧山县。

黎尧勋，四川乐至县。

高對，云南大理卫。

余炉，江西乐平县。

陈凤，南京留守后卫。

闵煦，直隶任丘县。

李丕显，福建长乐县。

傅珮，浙江仁和县。

谢镒，南直隶祁门县。

沈良才，南直隶泰州。

张维岳，浙江杭州右卫。

吴应奎，浙江钱塘县。

叶懋赏，四川绵州。

谷宇龄，河南祥符县。

朱文质，云南前卫。

赵统，陕西临潼县。

陈东光，河南钧州。

顾霑，浙江海盐县。

黎秀，江西乐平县。

张尧年，浙江慈溪县。

童汉臣，浙江钱塘县。

郑芸，福建莆田县。

林应麒，浙江仙居县。

赵继孟，山西泽州。

孙昺，山东临清州。

何允魁，广东顺德县。

陈瑚，南直隶华亭县。

萧祥曜，江西泰和县。

吴从义，福建福清县。

向宗哲，四川资县。

张祐①，云南永昌卫。

杨祜，四川内江县。

陆坤，陕西兰州仪卫司。

任道充，山西孝义县。

冯良知，云南临安卫。

艾朴，江西吉安府永丰县。

王烨，南直隶金坛县。

李人龙，南直隶华亭县。

郑锡麒，福建长乐县。

钱泮，南直隶常熟县。

高节，陕西西安后卫。

牟朝宗，四川宜宾县。

邵基，浙江余姚县。

王嘉元，四川宜宾县。

李檗，广东四会县。

聂静，江西吉安府永丰县。

王世雍，山东汶上县。

刘凤池，陕西渭南县。

吴琼，南直隶祁门县。

赵炳然，四川剑州。

许贯之，浙江钱塘县。

王乔龄，浙江余姚县。

汪宗凯，湖广崇阳县。

包孝，南直隶华亭县。

张辐，浙江山阴县。

曹韩，陕西咸宁县。

郑寅，浙江余姚县。

① 《索引》作"张祜"。

王维桢，陕西华州。

张绪，江西峡江县。

王之臣，四川内江县。

王铠，福建侯官县。

牛斗，南直隶山阳县。

徐方，浙江余姚县。

昝如思，陕西三原县。

吴辕，浙江仁和县。

薛腾蛟，陕西渭南县。

钱邦彦，南直隶吴县。

汪旦，福建惠安县。

王梦弼，山西代州。

黄齐贤，浙江余姚县。

杨奖，山西安邑县。

葛缙，山东昌邑县。

江应选，浙江常山县。

刘汀，直隶南宫县。

李愈，山西平定州。

饶相，广东大埔县。

王光宇，山西临晋县。

周凤岐，福建浦城县。

方介，南直隶合肥县。

杨万程，福建莆田县。

沈民悦，山西太原前卫。

杨子臣，四川南充县。

王三接，南直隶太仓州。

蔡大用，广东海阳县。

张良贵，顺天府文安县。

毛恺，浙江江山县。

李秦，河南临漳县。

宿椿，山西沔阳群牧所。

苏应旻，广东顺德县。

陈暹，福建闽县。

舒迁，南直隶黟县。

姚漗，浙江慈溪县。

李念，山西平定州。

俞则全，浙江新昌县。

赵弘，河南荥阳县。

梁格，山西稷山县。

沈垣，浙江平湖县。

谢衮，南直隶桐城县。

任万里，山东掖县。

陈策，福建莆田县。

陈士仪，福建闽县。

李文进，四川巴县。

沈鏊，浙江秀水县。

吴性，南直隶宜兴县。

吴璁，江西临川县。

王应期，山西蒲州。

陈棐，河南鄢陵县。

张永明，浙江乌程县。

徐祚，忠义后卫。

李东光，江西南昌县。

陆子明，南直隶无锡县。

章檗，浙江鄞县。

傅应诏，陕西南郑县。

龙遂，江西永新县。

吴嘉会，山西振武卫。

张元，浙江余姚县。

魏希佐，山东历城县。

王希贤，山东济阳县。

陈中，湖广沔阳州。

廖世魁，福建怀安县。

胡叔元，陕西咸宁县。

黄文炳，福建莆田县。

李世芳，山西黎城县。

张缨，河南安阳县。

李秉仁，河南宝丰县。

郑有周，广东揭阳县。

何维柏，广东南海县。

魏良贵，江西新建县。

李登云，河南钧州。

郭廷冕，山西文水县。

饶天民，湖广崇阳县。

卢宗哲，直隶德州左卫。

胡植，江西南昌县。

陈邦修，广西全州。

安宅，山东冠县。

梅凌云，江西湖口县。

张玭，山西石州。

靳学颜，山东济宁州。

周浩，浙江山阴县。

林庭㙹，福建闽县。

张旦，南直隶宝应县。

郑富，福建莆田县。

全元立，浙江鄞县。

陈与音，河南汲县。

蓝济卿，福建侯官县。

郑炯，浙江余姚县。

徐守道，直隶长垣县。

徐桂，南直隶潜山县。

赵继本，山东历城县。

高捷，河南新郑县。

朱尚质，直隶沛阳中屯卫。

彭相，直隶安平县。

李天然，河南洛阳县。

杨应奇，河南夏邑县。

王三聘，陕西盩厔县。

李文昇，直隶宁山卫。

牛恒，陕西武功卫。

张拱文，云南太和县。

李塈，河南杞县。

郭朝实，山东汶上县。

翁世经，福建福清县。

许天伦，山西振武卫。

车邦佑，广东博罗县。

卢梗，南直隶常熟县。

刘绘，河南光州。

张珍，南直隶丹阳县。

王一言，福建福清县。

崔官，四川保宁千户所。

李兆龙，广东南海县。

舒鹏翼，四川保宁千户所。

胡宾，河南光州。

马森，福建怀安县。

周岱，湖广麻城县。

郭万程，福建福清县。

钱萱，浙江海盐县。

卢孝达，浙江东阳县。

陈云衢，福建莆田县。

曹亨，河南新蔡县。

刘永，陕西醴泉县。

孙国，直隶开州。

冼桂奇，广东南海县。

黄鳌，福建晋江县。

丁酉　嘉靖十六年两京十三藩乡试（是年云贵分科）

解元（是科周汝员为浙江考官，得茅瓒为状元，袁炜、胡正蒙俱为会元。一榜得三元，可谓盛矣。）

顺天府：郑光溥，山东益都县人，监生，《诗》，戊戌。

应天府：王讽，祁门县学增广生，《书》。

浙江：陈穆，鄞县学增广生，《易》，戊戌。

江西：张希举，南昌县学生，《诗》，辛丑。

福建：章日暗，晋江县学生，《易》。

湖广：姚璋，辰州府学生，《易》，辛丑。

河南：王西星，洛阳县学生，《易》。

山东：徐承祖，济南府学生，《易》，甲辰。

山西：刘廷臣，洪洞县学生，《易》，戊戌。

陕西：董大经，临潼县学生，《诗》。

四川：何一举，成都县，《诗》，甲辰。

广东：马拯，广州府学增广生，《诗》，戊戌。

广西：蒋时行，《春秋》。

云南：马应羲。

贵州：浦仲良。

是科江汝璧为应天府考官，终场以安南事发策难，言者以为泄国密谋，凡中式者戊戌俱不准会试，汝璧亦褫职。

戊戌　　嘉靖十七年会试

考试官：

太子太保兼学士顾鼎臣，九和，南直隶昆山县人，乙丑进士。

吏部左侍郎兼学士张邦奇，常甫，浙江鄞县人，乙丑进士。

第一场

《四书》：

○子曰质胜文则野，然后君子。刊。

○博厚所以载物，成物也。刊。

○孟子道性善言必称尧舜。刊。

《易》：

○君子学以聚之，仁以行之。刊。

○九二鸣鹤在阴，尔縻之。

○大衍之数五十，万物之数也。

○无有师保如临父母。刊。

《书》：

○曰后克艰厥后，惟帝时克。刊。

○视远惟明听德惟聪。

○明作有功惇大成裕。

○自成汤至于，恤祀。刊。

《诗》：

○儵駉孔群，竹闭绲縢。

○祭以清酒，万寿无疆。刊。

○伴涣尔游矣，纯嘏尔常矣。

○无兢维人，辟其刑之。刊。

《春秋》：

○突入栎（桓十五），灭下阳（僖二）。刊。

○盟葵丘（僖九）。刊。

○晋狄伐秦（宣八）。

○同盟蒲（成九）。

《礼记》：

○乐必发于声音，尽于此矣。刊。

○言则大矣美矣，五起焉。

○儒皆兼此而有，言仁也。

○以听天下之外治，男教。刊。

第二场

论：

○君子之道费而隐。刊。

诏诰表内科一道：

○拟汉令礼官劝学诏（元朔五年）。

○拟唐以魏徵为侍中诰（贞观七年）。

○拟宋翰林学士承旨李昉、扈蒙等进《太平御览》表（太平兴国八年）。刊。

判语五条：

○无故不朝参公座。

○虚出通关硃钞。

○禁止迎送。

○军人替役。

○冒破物料。

第三场

策五道：

○皇祖定礼刑二书，今日当申明礼制。刊。

○孔门一贯之传，皇上敬一二箴。刊。

○性命（语心语性，形上形下，六经安勉）。刊。

○成天下之事不易，任天下之才尤难。刊。

○开京东濒海之田，以充京师积贮（虞集之议，脱脱之法）。刊。

时会试之士四千有奇，取袁炜等三百二十人，刻程文二十篇。炜官至太子太保，直内阁，谥文荣。

中式举人三百二十名。

袁炜，浙江慈溪县学附学生，《诗》。

刘洵，江西鄱阳县人，监生，《礼记》。

郑廷鹄，广东南海卫人，监生，《易》。

沈奎，浙江海盐县人，监生，《书》。

魏谦占，直隶柏乡县人，监生，《春秋》。

三月十五日，临策天下贡士。制曰：朕闻立天之道曰阴与阳，立地之道曰柔与刚，立人之道曰仁与义。三才之道一而已，何又有去义为论乎？于是未免贤者自相私反，必如圣经而后可。且今人尤大非贤者，及人君才一用义，即谓严刻，乃作言曰：上任刑以为治，非三代之治也。却一不之反于己。三代之人皆人也，不待义临而自持惟恐放侈。今之人果三代之同欤？将欲利之是贪，欲之是纵，国而罔思，民而罔恤，以至于上下礼度，悉不之慎，为之君人者，可不一教一治之，是非当否？抑果当乎？朕祗承天位，惟民是保。何官人者比比，皆负国虐民之图，奚为用哉？尔多士师孔子之学，必心孔子之心，将此心之平正，陈为篇列，以除弊革私之道，衍为仁育义断之方，以告我，勿讳勿欺，朕览之。

　　时廷对之士三百二十人，赐茅瓒等进士及第、出身有差。瓒官至吏部侍郎。是科冯惟重、冯惟讷兄弟同登。

第一甲三名赐进士及第
　　茅瓒，浙江钱塘县。
　　罗珵，江西泰和县。
　　袁炜，浙江慈溪县。
第二甲九十五名赐进士出身
　　张惟一，直隶安肃县。
　　朱应云，浙江海盐县。
　　吴源，浙江钱塘县。
　　莫如忠，南直隶华亭县。
　　陆师道，南直隶吴县。
　　伦以诜，广东南海县。
　　方国佐，福建莆田县。
　　乔世宁，陕西耀州。
　　马拯，广东南海县。
　　吴春，江西贵溪县。
　　吴崑，南直隶吴江县。
　　姚璋，湖广沅陵县。
　　沈奎，浙江海盐县。
　　杨濂，直隶安州。
　　董子仪，南直隶上海县。
　　王健，浙江永嘉县。
　　丁以忠，江西新建县。
　　王问，南直隶无锡县。
　　郭乾，直隶任丘县。
　　朱用，河南河南卫。
　　唐穆，广东琼山县。
　　刘廷臣，山西洪洞县。

燕楫，直隶真定县。

陈宪，浙江嘉兴县。

陈昌积，江西泰和县。

谢淮，直隶任丘县。

侯汝谅，山西太原左卫。

翁大立，浙江余姚县。

汪俅，江西贵溪县。

林懋植，福建莆田县。

万敏，江西南昌县。

杨金，南直隶当涂县。

卢璧，南京羽林右卫。

沈岧，南直隶吴江县。

洪世文，福建闽县。

侯一元，浙江乐清县。

毕竟容，江西贵溪县。

白若圭，南直隶武进县。

吴元璧，江西安仁县。

闻人悫行，浙江余姚县。

俞宪，南直隶无锡县。

张镐，直隶定兴县。

周鲲，福建莆田县。

王轮，山西蒲州。

黄懋官，福建莆田县。

叶选，浙江余姚县。

张朝聘，陕西长安县。

李宪卿，南直隶昆山县。

李廷春，江西余干县。

严中，浙江余姚县。

孙璧，山西蒲州。

陈鎏，南直隶吴县。

谭维，四川蓬溪县。

王楠，直隶兴州后屯卫。

刘志，山西翼城县。

徐纬，浙江山阴县。

郑廷鹄，广东海南卫。

章焕，南直隶长洲县。

蒋怀德，浙江山阴县。

卿文瑞，湖广公安县。

俞维屏，福建莆田县。

彭希贤，福建莆田县。

陈叙①，福建莆田县。

周南，湖广长沙府仪卫司。

张敦仁，浙江丽水县。

冯焕，南直隶山阳县。

南逢吉，陕西渭南县。

吕颙，陕西宁州。

辛烜然，山西石州。

徐楚，浙江淳安县。

蒋坎，浙江余姚县。

赵同言，山东长清县。

姚汝舟，浙江崇德县。

盛若林，广东海阳县。

翁相，浙江钱塘县。

唐臣，大兴左卫。

李继先，四川泸州。

陈穆，浙江鄞县。

王时俭，福建晋江县。

陈绍儒，广东南海县。

张涣，直隶定州。

卢梦阳，广东南海县。

钱芹，浙江海盐县。

郭纮，山西平定州。

李宠，陕西泾阳县。

戴梗，河南渑池县。

黄九皋，浙江萧山县。

孙铨，浙江归安县。

张祉，河南固始县。

李棠，湖广长沙县。

王嘉谟，山东安丘县。

沈友儒，浙江海宁县。

---

① 《索引》"陈叙"之后即"吕颙"，无"周南"等四人。

李时春，河南光州。

周建邦，四川巴县。

张濂，浙江仁和县。

第三甲二百二十二名赐同进士出身

刘洵，江西鄱阳县。

张元冲，浙江山阴县。

裴绅，山西蒲州。

江鲲，江西余干县。

陈元哲，浙江临海县。

齐誉，江西南昌县。

张景贤，四川眉州。

李纶，万全都司怀安卫。

潘钺，南直隶婺源县。

陈淮，福建闽县。

厉汝进，直隶滦州。

刘廷诰，浙江慈溪县。

任良，四川南充县。

张松，河南洛阳县。

李栋，湖广卢溪县。

冯炫，广东南海县。

朱执中，浙江海宁县。

王士翘，江西永新县。

颜嘉会，湖广攸县。

施谭，浙江鄞县。

鲍龙，山西长治县。

魏尚纶，河南钧州仪卫司。

汪伊，南直隶歙县。

薛尚义，直隶河间县。

林万潮，福建莆田县。

陈宗夔，湖广通山县。

步允迁，顺天府蓟州。

杨以诚，江西宜春县。

敖宗庆，贵州水德江长官司。

卜大同，浙江秀水县。

贾大亨，浙江上虞县。

张汝栋，陕西泾阳县。

周怡，南直隶太平县。

赵正学，四川犍为县。

高节，大兴左卫。

黄注，江西信丰县。

杨九泽，陕西华阴县。

刘廷仪，太医院。

张煌，福建怀安县。

赵汴，南直隶太仓州。

李希程，河南兰阳县。

胡叔廉，江西新淦县。

王之臣，四川南充县。

孙宏轼，四川资县。

谭棨，四川涪州。

林应箕，福建莆田县。

臧珊，南直隶山阳县。

韩一右，山东青城县。

刘养直，四川内江县。

冯时雨，直隶景州。

李廷松，直隶安肃县。

诸葛岘，浙江兰溪县。

马麟，四川巴县。

吴宠，江西德兴县。

刘惟纶，陕西清涧县。

喻时，河南光州。

曹守贞，南直隶江都县。

喻希学，河南光山县。

顾问，湖广蕲州。

王春复，福建晋江县。

王炯，贵州清平卫。

孙乔，浙江海宁县。

李孔阳，直隶武邑县。

刘昭文，江西南康县。

金城，山东历城县。

冯惟重，山东临朐县。

程轼，山东临清州。

王国祯，浙江山阴县。

李天宠，河南孟津县。

刘三畏，山东昌乐县。

孙文锡，福建连江县。

郑一鸾，福建晋江县。

郭进，江西宜春县。

赵承谦，南直隶常熟县。

朱尚文，直隶新城县。

蒋宗鲁，贵州普安卫。

李和芳，湖广公安县。

朱徵，河南唐县。

黄宗概，福建闽县。

齐宗道，辽东广宁卫。

张道，湖广衡州卫。

邹守，四川双流县。

程绅，山东乐安县。

林冕，广东番禺县。

张瑞，福建惠安县。

缪文龙，贵州乌撒卫。

葛廷章，陕西兰州工正所。

李凌云，河南钧州。

郑光溥，山东益都县。

刘学易，山东寿光县。

赵恒，福建晋江县。

李珊，湖广衡州卫。

朱家相，河南归德州。

黄洪毗，福建莆田县。

周宁，福建莆田县。

胡经，河南磁州。

林策，福建漳浦县。

孙孟，南直隶滁州。

李用和，山东益都县。

戴维师，浙江萧山县。

吴相，直隶内丘县。

杨梁，浙江西安县。

刘起宗，四川巴县。

张思诚，顺天府固安县。

何御，福建福清县。

孟淮，河南祥符县。

张僖，福建永定县。

鲍道明，南直隶歙县。

叶遇春，南直隶太仓州。

刘大武，湖广江陵县。

程时思，江西浮梁县。

董子策，南直隶合肥县。

叶照，江西南昌县。

叶春泽，福建闽县。

许元祥，浙江鄞县。

聂栎，山东临清卫。

刘洛生，山东恩县。

刘大宾，河南确山县。

陈鹄，浙江绍兴卫。

张秉壶，福建莆田县。

张文卿，陕西三原县。

胡川楫，南直隶歙县。

袁凤鸣，湖广辰州卫。

吴兰，南直隶霍山县。

蒿宾，山东滕县。

徐良傅，江西东乡县。

欧阳建，广东新会县。

洪庭桂，福建南安县。

胡尧臣，四川安居县。

董懋中，直隶高阳县。

郭惟清，武功中卫。

倪瑗，陕西咸宁县。

袁衮，南直隶吴县。

庄思宽，福建晋江县。

孟颜，山西泽州。

刘乾，直隶唐县。

赵之屏，四川南充县。

甄成德，山西岚县。

冷珂，四川荣昌县。

孟廷相，顺天府霸州。

刘选，河南汝阳县。

王尚学，广西马平县。

王德，浙江永嘉县。

谢体升，江西吉水县。

唐时，直隶雄县。

魏谦吉，直隶柏乡县。

张情，南直隶昆山县。

刘焘，直隶天津左卫。

查秉彝，浙江海宁县。

吴世良，浙江遂安县。

张诏，山东济阳县。

丘玭，南直隶六安州。

李实，河南灵宝县。

许瑄，福建晋江县。

张潜，山东齐河县。

黄如桂，江西庐陵县。

萧世延，四川内江县。

罗廷绣，陕西淳化县。

金志，浙江山阴县。

余善继，四川长寿县。

吴道南，河南光州。

杨载鸣，江西泰和县。

沈炼，浙江绍兴卫。

李一瀚，浙江仙居县。

洪恩，湖广黄梅县。

符验，浙江黄岩县。

高谦，陕西绥德卫。

汝齐贤，南直隶吴江县。

吴维岳，浙江孝丰县。

万虞恺，江西南昌县。

茅坤，浙江归安县。

汪宗伊，湖广崇阳县。

冯璋，浙江余姚县。

林绅，陕西宝鸡县。

顺境，湖广江夏县。

李棨，湖广澧州。

李嵩，河南归德卫。

刘存德，福建同安县。

阮高，直隶大宁都司中卫。

游震得，南直隶婺源县。

杜汝祯，四川南充县。

盛唐，浙江嘉善县。

李遇春，南直隶常熟县。

郑直，山东东平州。

坑进良，直隶安肃县。

冯惟讷，山东临朐县。

许东望，山东平山卫。

胡宗宪，南直隶绩溪县。

萧轼，江西吉水县。

诸敬之，浙江余姚县。

谭大初，广东始兴县。

徐鹤龄，浙江海宁县。

万文彩，云南临安卫。

邵梗，浙江仁和县。

李仪可，直隶清河县。

罗崇奎，江西南昌县。

陈珂，直隶涿鹿左卫。

孟养性，山东齐河县。

阮朝策，湖广麻城县。

周山，南直隶武进县。

张雨，江西万安县。

欧思贤，顺天府蓟州。

杨皆，福建莆田县。

荆应春，河南武陟县。

李宠，湖广麻城县。

王尧日，河南鹿邑县。

魏梦贤，浙江山阴县。

谷峤，直隶兴州前屯卫。

温新，河南洛阳中护卫。

张玶，直隶东光县。

朱鹄，广西阳朔县。

尹纶，山东齐河县。

林大有，广东潮阳县。

王崇义，山东淄川县。

汪柏，江西浮梁县。

王大平，山东安丘县。

陈应魁，福建莆田县。

杜拯，江西丰城县。

王心，直隶龙江右卫。

徐文亨，辽东定辽后卫。

牛沈度，河南叶县。

宋惟元，浙江余姚县。

庚子　嘉靖十九年两京十三藩乡试

解元

顺天府：刘一麟，昌平州学生，《书》，庚戌。

应天府：赵钺，桐城县学生，《书》，甲辰。

浙江：王交，慈溪县学附学生，《春秋》，辛丑。

江西：王勃①，泰和县，《易》。

福建：郑启谟，《礼记》。

湖广：谢登之，巴陵县学附学生，《诗》，丁未。

河南：尚惟持，罗山县学附学生，《春秋》，辛丑。

山东：潘龙。

山西：栗永禄，潞安府学生，《礼记》，甲辰。

陕西：马自强，同州，《春秋》，癸丑。

四川：范希正，南充县。

广东：萧来凤，《书》。

广西：陆万钟。

云南：纪律。

贵州：田时龙。

辛丑　嘉靖二十年会试

考试官：

礼部尚书兼学士温和仁，民怀，四川华阳县人，壬戌进士。

---

① 《皇明三元考》作"王渤"。

侍读学士张衮，补之，南直隶江阴县人，辛巳进士。

第一场

《四书》：

○何事于仁必也圣乎。刊。

○故君子语大天下莫能载焉。刊。

○始条理者智，圣譬则力也。刊。

《易》：

○观天之神道，天下服矣。刊。

○巽乎水而上，而不穷也。

○夫乾其静也专，广生焉。刊。

○震者动也，受之以渐。

《书》：

○帝光天之下，共惟帝臣。刊。

○先生惟时懋敬，尚监兹哉。刊。

○平康正直，高明柔克。

○受王嘉师监于兹祥刑。

《诗》：

○坎坎伐檀兮，不素餐兮。刊。

○永锡尔极时万时亿。刊。

○有命自天，于周于京。

○挞彼殷武，曰商是常。

《春秋》：

○盟齐（僖十六）。刊。

○会盂执伐，宜申献捷，盟薄释宋（僖二十一）。刊。

○处父救江（文三）。

○叔弓围费（昭十三）。

《礼记》：

○故圣人耐以天下，能为之。刊。

○人生而静，好恶形焉。刊。

○言而履之礼也行而乐之乐也。

○言从而行之，成其信。

第二场

论：

○万世不易之常道。刊。

诏诰表内科一道：

○拟汉令列侯之国诏（文帝二年）。

580

○拟唐以张说兼集贤院学士诰（开元十六年）。

○拟明堂大享礼成群臣贺表。刊。

判语五条：

○大臣专擅选官。

○人户以籍为定。

○服舍违式。

○关津留难。

○官司出入人罪。

第三场

策五道：

○皇祖心学上继帝王，皇上心学光符皇祖。刊。

○董仲舒天人三策以正本，崔寔政论数十条以救时。刊。

○选将论兵以治心养气为先。刊。

○杨廉理学名臣录。刊。

○汉唐宋元之漕运有明征，徐吕二洪之湮塞宜善治。刊。

时会试之士四千有奇，取林树声等三百人，刻程文二十篇。树声后复陆姓，官至礼部尚书。

中式举人三百名。

林树声，南直隶华亭县学生，《春秋》。

黄养蒙，福建南安县学生，《诗》。

何孟伦，广东新会县人，监生，《易》。

万士亨，南直隶宜兴县人，监生，《书》。

陈陞，浙江余姚县学生，《礼记》。

三月十五日，临策天下贡士。制曰：朕惟六经之道同归，而礼乐之用为急。自昔唐虞三代之治，莫不由斯。夫六经所陈，固治天下之大经大法也，而本之则在礼乐。然则政刑末务，果不足以为治欤？抑各适其用而不能相通欤？议者谓三代而上，治出于一，而礼乐达于天下，后世则否，然欤？否欤？朕缵承皇祖大统，列圣鸿绪，践祚以来，不遑他务，首以人伦典礼是究是图，盖勤心宵旰者，十余年于兹，而郊社禘尝之义，始克协于成。其在邦国乡党之制，不暇悉指，乃若天子之事，固不越此。不知今日国家之礼，亦有合于三代而上者欤？我太祖高皇帝开天肇纪之初，即以礼乐为急，盖尝征贤分局，以讲究切劘，今载诸《大明集礼》者可考也。不知当时诸臣折衷损益，果足以会其成而克副我皇祖制作之意否欤？抑犹有待于后欤？夫复古礼乐以建中和之极，朕之志也，何二十年间，教化未尽孚，风俗未尽美，灾害未尽弭，生养未尽遂，其故何欤？孔子曰：言而履之，礼也；行而乐之，乐也。力此二者，南面而立，是以天下太平。然则斯言也，将不足征邪？兹欲使礼乐刑政四达而不悖，比隆于先王之盛，将何修而可？尔诸士学道有闻久矣，宜详著于篇以对，朕亲览焉。

时廷对之士二百九十八人，赐沈坤等进士及第、出身有差。坤官至国子监祭酒。是科陈墀、陈陛，宋大武、宋大勺，万士亨、万士和，陈洪范、陈洪濛，俱兄弟同登，而陈宋四兄弟并出余姚，尤为盛美。选□□①等□□②人为庶吉士。

第一甲三名赐进士及第

沈坤，南直隶大河卫籍，昆山县人。

潘晟，浙江新昌县。

林一凤，后复邢姓，南京龙江左卫籍，河南祥符县人。

第二甲九十名赐进士出身

高仪，浙江钱塘县。

董份，浙江乌程县。

陈陛，浙江余姚县。

林树声，南直隶华亭县。

潘仲骖，浙江乌程县。

谢东山，四川射洪县。

朱凌，福建建阳县。

严讷，南直隶常熟县。

徐养正，广西马平县。

杨谟，山西泽州。

赵大纲，山东滨州。

高拱，河南新郑县。

朱大武，浙江余姚县。

贾鹤年，顺天府平谷县。

叶镗，江西上饶县。

吴三乐，河南河南卫。

万士亨，南直隶宜兴县。

张鹗，四川苍溪县。

张子瑶，浙江鄞县。

孙绩，四川绵州。

吕时中，直隶清丰县。

杜秉彝，直隶永年县。

---

① 原缺。
② 原缺。

何云雁，浙江分水县。

洪朝选，福建同安县。

戴章甫，南直隶休宁县。

谢廷试，浙江会稽县。

曹忭，湖广江陵县。

杨周，浙江仁和县。

范惟一，南直隶华亭县。

赵文耀，山东莱阳县。

张希举，江西南昌县。

张斗寅，湖广武陵县。

周土，南直隶太仓州。

全赐，广西灵川县。

尹祖懋，江西永新县。

刘梦元，直隶安州。

方治，湖广麻城县。

阴标，直隶容城县。

毕竟夔，江西贵溪县。

陆杲，锦衣卫。

罗衣，江西德化县。

沈桥，浙江会稽县。

黎材，广东顺德县。

董策，湖广长沙卫。

王景象，南直隶歙县。

章美中，浙江会稽县。

徐一鸣，浙江余姚县。

张纬，江西南昌县。

王重光，山东新城县。

夏子开，武城中卫。

曾于拱，江西泰和县。

周镐，河南汲县。

黄深，福建闽县。

费滂，浙江海盐县。

齐準，四川成都左护卫。

弋中和，四川南充县。

陈洪范，浙江仁和县。

万士和，南直隶宜兴县。

林大章，福建闽县。

陈时范，福建长乐县。

陈洪濛，浙江仁和县。

李泂，山东莱阳县。

王言，山东登州卫。

殷迈，南京留守右卫。

王正容，山东宁阳县。

谢国宾，山东平山卫。

黄显，广东琼山县。

李迁，江西新建县。

张鹗翼，南直隶上海县。

尹焘，浙江龙游县。

金翮，浙江乐清县。

徐南金，江西丰城县。

梁津，广东番禺县。

陈善，广东南海县。

吴天寿，顺天府宛平县。

刘鉴，直隶安平县。

齐杰，南直隶桐城县。

朱乾亨，武骧左卫。

李台，湖广公安县。

王觉，南直隶武进县。

章焕，浙江会稽县。

张洽，浙江仁和县。

陶大年，浙江会稽县。

董士弘，南直隶武进县。

王抚民，直隶真定卫。

徐纲，浙江会稽县。

王崇古，山西蒲州。

侯钺，山东东阿县。

陈梧，福建漳浦县。

朱惟一，河南光州。

第三甲二百五名赐同进士出身。

周整，南直隶武进县。

王养浩，四川南充县。

陈王道，直隶滑县。

周冕，四川资县。

唐志大，南直隶上海县。

刘瑶，河南胙城县。

何良傅，南直隶华亭县。

路可由，山东曹县。

鄢懋卿，江西丰城县。

李时济，山东寿光县。

陈松，直隶青县。

陈钺，浙江分水县。

黄应策，福建莆田县。

白璧，直隶河间县。

杨思忠，山西平定州。

王学柳，山西泽州。

翟澄，山东德州。

赵绅，顺天府武清县。

龚秉德，山东濮州。

崔一濂，广东顺德县。

王崇俭，山东曹县。

王显忠，顺天府保定县。

梁汝璧，四川江津县。

马钟英，广东顺德县。

李豸，山西阳城县。

李时行，广东番禺县。

徐履祥，南直隶长洲县。

陈其乐，江西贵溪县。

华舜钦，南直隶无锡县。

朱瑞登，浙江海宁县。

方逢时，湖广嘉鱼县。

尚维持，河南罗山县。

吴必孝，浙江余姚县。

徐亮，南直隶江阴县。

萧端蒙，广东潮阳县。

冯元，广东番禺县。

邢尚简，山东昌邑县。

周希程，浙江象山县。

罗时霖，江西泰和县。

曾佩，江西临川县。

陈九德，直隶栾城县。

吴崇文，河南光山县。

王忬，南直隶太仓州。

周瑶，四川内江县。

黄钲，江西宜黄县。

方廉，浙江新城县。

何孟伦，广东新会县。

李庶，福建福清县。

郝良臣，山西襄垣县。

钮纬，浙江会稽县。

杨顺，直隶德州左卫。

张牧，浙江山阴县。

林璁，南直隶合肥县。

曾茂卿，福建长乐县。

张祥，南京锦衣卫。

陆美中，浙江余姚县。

余梦说，四川广安州。

冯荐，四川南充县。

莫如爵，龙骧卫。

金世龙，南直隶长洲县。

林议，福建莆田县。

郭大鲲，广东海阳县。

姚梧，浙江慈溪县。

陆鉴，浙江兰溪县。

宋大勺，浙江余姚县。

冷起元，山东益都县。

浦之浩，山东登州卫。

张科，南直隶太湖县。

李仰止，福建莆田县。

雷逵，江西丰城县。

雷贺，江西丰城县。

闻贤，贵州永宁卫。

魏希相，山西阳曲县。

张重，顺天府顺义县。

李长盛，福建莆田县。

林松，广东揭阳县。

何派行，广东香山县。

彭谨，福建闽县。

潘玙，四川成都县。

刘子兴，广东海阳县。

陈采，浙江余姚县。

杨宗气，陕西延安卫。

宋伊，河南裕州。

阮垕，应天府江宁县。

陈宗仁，山东潍县。

金蕃，浙江余姚县。

胡彦，湖广沔阳卫中所。

王继洛，河南郑州。

徐岱，南直隶长洲县。

宋治，南直隶临淮县。

王三聘，山东黄县。

蒋珊，南直隶武进县。

杨胤贤，山东寿张县。

王霁，湖广黄陂县。

方大乐，福建莆田县。

朱舜民，山东齐东县。

许钥，浙江钱塘县。

晁瑮，直隶开州。

姜博，江西南昌县。

曹天宪，江西浮梁县。

舒载道，江西鄱阳县。

黄缙，河南密县。

陈善，浙江钱塘县。

陈时霖，福建长乐县。

冯守，四川南充县。

李继宗，山东朝城县。

何光裕，四川梓潼县。

陈以勤，四川南充县。

张洽，浙江山阴县。

王惟中，福建晋江县。

路伯镗，南京龙江左卫。

梅守德，南直隶宣城县。

徐霈，浙江江山县。

郑维诚，南直隶祁门县。

冯绶，四川遂宁县。

赵介夫，南直隶阜城县。

尹梁，直隶晋州。

林懋和，福建闽县。

李楫，陕西宁羌卫。

王应钟，福建侯官县。

谢应徵，南直隶华亭县。

梁绍儒，山东东平州。

黄封，四川云阳县。

张登高，山东濮州千户所。

郭维宁，直隶镇朔卫。

霍薰，云南永昌卫。

赵忻，山西盩厔县。

王嵩，浙江余姚县。

许嗣宗，福建闽县。

陈炌，江西临川县。

张英，福建莆田县。

徐自得，河南杞县。

刘九章，锦衣卫。

裴宇，山西泽州。

陈吉，山西长治县。

王材，江西新城县。

袁祖庚，南直隶长洲县。

李用敬，山东益都县。

黄养蒙，福建南安县。

刘宦，湖广衡州卫。

周易，陕西凤翔县。

邓巍，湖广浏阳县。

王交，浙江慈溪县。

周大有，浙江余姚县。

陆从大，南直隶华亭县。

李画，河南林县。

周俶，四川成都县。

史载德，直隶任丘县。

李鸾，广东番禺县。

崔戡，直隶新城县。

熊彦臣，江西新建县。

彭世爵，四川安岳县。

董威，河南信阳州。

俞鸾，陕西灵州千户所。

陈志，直隶德州卫。

张淑励，山西盂县。

许廷用，福建同安县。

喻希立，河南光山县。

孙士仪，直隶栾城县。

唐爱，南直隶嘉定县。

郑邦仰，浙江余姚县。

王俸，浙江杭州右卫。

张铎，南京留守后卫。

陈㻛，浙江余姚县。

王嘉孝，河南钧州。

梁木，陕西三原县。

刘应熊，陕西陇西县。

周俊民，南直隶无锡县。

吴俊，武功左卫。

郭廷序，广东潮阳县。

张文愚，浙江龙游县。

盛汝谦，南直隶桐城县。

龚云从，福建莆田县。

戴仁，四川江油县。

程良，江西乐平县。

胡恺，河南南阳县。

刘元凯，四川阆中县。

徐绅，南直隶建德县。

吴祯，南直隶无锡县。

华云，南直隶无锡县。

杨挺高，山东金乡县。

王曰然，河南卫辉千户所。

宋岳，浙江余姚县。

孙渭，福建闽县。

贵仁，河南汝阳县。

应云鹭，浙江象山县。

周奎，江西万安县。

张习，南直隶宝应县。

潘继光，河南汲县。

刘逢恺，江西泰和县。

梁成，山东平阴县。

高冕，浙江孝丰县。

刘璧，南直隶长洲县。

马珮，山东德州。

陈玉，福建长乐县。

于德昌，四川成都左护卫。

朱应奎，锦衣卫。

谷钟秀，浙江余姚县。

赵玲，四川富顺县。

何迁，湖广德安千户所。

汪来，直隶天津卫。

段炼，顺天府固安县。

徐贡元，南直隶繁昌县。

马慎，顺天府大城县。

吴贞①，广东电白县。

癸卯　嘉靖二十二年两京十三藩乡试

解元

顺天府：沈绍庆，南直隶昆山县人，监生，《易》，庚戌。

应天府：尤瑛，无锡县学生，《书》，甲辰。

浙江：沈束，绍兴府学生，《易》，甲辰。

江西：胡杰，南昌府学生，《易》，丁未。

福建：黄继周，莆田县，《书》。

湖广：程沂，咸宁县学生，《书》，戊辰。

河南：曹金，开封府学生，《诗》，丁未。

山东：许邦才，济南府学生，《易》。

----

① 《索引》作"吴守贞"。

山西：李芝，山西泽州学生，《诗》。

陕西：王瑜。

四川：傅太，保宁府学生，《诗》。

广东：伦文，顺德县，《易》，壬戌。

广西：唐朝德，全州学生，《诗》。

云南：张九渊。

贵州：熊旃，安庄卫，《春秋》。

甲辰　嘉靖二十三年会试

考试官：

左庶子兼修撰江汝璧，懋毅，江西贵溪县人，辛巳进士。

第一场

《四书》：

〇子曰事君敬其事而后其食。刊。

〇诗曰不显惟德，无臭至矣。刊。

〇使禹治之，平土而居之。刊。

《易》：

〇同人柔得位，曰同人。刊。

〇泽上有水节，议德行。

〇子曰书不尽言，以尽其言。刊。

〇乾以君之坤以藏之。

《书》：

〇帝曰臣作朕股肱，汝听。刊。

〇终始惟一时乃日新。

〇会其有极，以为天下王。

〇公其以予万亿年，海言。刊。

《诗》：

〇如金如锡如圭如璧。

〇彼有不获稺，此有滞穗。

〇假乐君子，自天申之。刊。

〇自彼成康，斤斤其明。刊。

《春秋》：

〇子同生（桓六），吴札聘（襄二十九）。

〇桃立弗遇，战郎（桓十），恶曹（桓十一）。

〇楚人伐黄（僖十一）。刊。

○宋伐邾（昭十九），楚围蔡（哀元）。

《礼记》：

○是故圣人南面，天下大治。

○夫歌者直已，万物育焉。刊。

○义而顺，宽而有辨。

○故明乎其节，而德行立。刊。

第二场

论：

○悠久所以成物。刊。

诏诰表内科一道：

○拟汉令郡国举孝廉各一人诏（元光元年）。

○拟唐以魏徵为太子太师诰（贞观十六年）。

○拟侍讲学士宋濂等进《皇明宝训》表（洪武七年）。刊。

判语五条：

○磨勘卷宗。

○转解官物。

○乡饮酒礼。

○门禁锁钥。

○盗贼捕限。

第三场

策五道：

○成祖圣学心法（附太祖祖训《精诚录》、今上《敬一箴》）。刊。

○成周修攘本之诚意忧勤，今日修攘亦在诚意忧勤。刊。

○古人心迹异同。刊。

○三礼离合异同之故，诸儒传礼卫礼之殊。刊。

○胡元之种未灭，制狄之法何施。刊。

时会试之士四千有奇，取瞿景淳等三百二十人，刻程文二十篇。时主考张潮入贡院卒，故缺一人。以辅臣翟銮二子俱登科，为言官论劾。榜内削籍者五人，考试官江汝璧等坐免，及落职者数人。茅坤云：景淳会试墨卷四书义当为第一等文字，其他稿虽不见奇伟遒宕处，而情辞典则，往往令人解颐，科场利器也，非苦心积学必不能到。沈位云：昆湖学许石城，故其文冲淡温雅，有绵里藏针之妙。景淳官至礼部侍郎，谥文懿。

中式举人三百二十名。

瞿景淳，南直隶常熟县学生，《诗》。

皇甫濂，南直隶长洲县人，监生，《易》。

周士佐，浙江余姚县人，监生，《书》。

胡安，浙江余姚县人，监生，《礼记》。

毕锵，南直隶石埭县学生，《春秋》。

三月十五日，临策天下贡士。制曰：朕惟文武二道，并用而不可缺与偏者也。《传》曰"张皇六师"，又曰"其克诘尔戎兵"，此非好于用兵邪？朕皇祖高皇帝以武功定天下，即位之始，思欲偃武修文，以德化天下。至于列圣相承，懋修文德，海宇乂安，国家无事。朕以支末，上承天命，入缵宝位，兹越二旬载矣。夫何连岁以来，北虏寇疆，入我中国，若蹈无人之境，残我人民，前所未有。本之以朕罔德基之立于中，是以教化莫克行于外者也？然朕又闻之曰：帝王之政，守在四夷。今朕欲求长治久安之术，无出于守之一端。欲得其守之之道，当何施用以尽其长且久焉？尔多士抱经世之略亦有日矣，宜各著于篇，朕将采而行之，毋忌毋隐。

时廷对之士三百十七人，取秦鸣雷等进士及第、出身有差。鸣雷官至南京礼部尚书。

第一甲三名赐进士及第

　　秦鸣雷，浙江临海县。

　　瞿景淳，南直隶常熟县。

　　吴情，南直隶无锡县。

第二甲九十三名赐进士出身

　　涂铉，江西丰城县。

　　熊迲，江西清江县。

　　戴完，南直隶桐城县。

　　林洙，山东文登县。

　　刘慤，江西万安县。

　　蒋宾，浙江临海县。

　　章士元，南直隶吴县。

　　李懿，直隶吴桥县。

　　周士佐，浙江余姚县。

　　刘松，江西新喻县。

　　王之臣，南直隶歙县。

　　陈天佑，山西泽州。

　　许应亨，顺天府东安县。

　　谢彬，福建龙溪县。

　　许用中，山东东阿县。

　　阮鹗，南直隶桐城县。

　　陈皋谟，南直隶江阴县。

雷梦麟，江西进贤县。

汪垍，南直隶休宁县。

吴桂芳，江西新建县。

李逊，江西新建县。

查懋昌，太医院。

罗一鸾，福建闽县。

余一鹏，福建莆田县。

刘光济，南直隶江阴县。

冯有年，南直隶无锡县。

徐惟贤，浙江上虞县。

王宗尧，四川富顺县。

冯熊，浙江金华县。

季德甫，南直隶太仓州。

弋九章，锦衣卫。

刘岂，南直隶无为州。

林爱民，福建福宁州。

曾楚，广东南海县。

谢孟金①，河南陈州卫中所。

方瑜，南直隶歙县。

洪公谐，福建龙溪县。

张烛，浙江萧山县。

江霓，江西南丰县。

陶大有，浙江会稽县。

陆炜，锦衣卫。

于锦，山东济宁卫。

王宗沐②，浙江临海县。

徐文通，浙江永康县。

冯觐，浙江海宁县。

李宜春，福建莆田县。

皇甫濂，南直隶长洲县。

徐学诗，浙江上虞县。

李桥，江西南丰县。

钱嘉猷，贵州镇远卫。

---

① 《索引》作"谢孟金"。
② 《索引》作"王宗沐"。

594

陆稳，浙江归安县。

赵钛，南直隶桐城县。

周冉，直隶滦州。

张仲，江西南昌县。

万恭，江西南昌县。

唐禹，浙江海宁县。

胡安，浙江余姚县。

林光祖，广东揭阳县。

张子弘，江西庐陵县。

王询，四川成都右卫。

舒春芳，江西鄱阳县。

刘佃，江西庐陵县。

张大中，山东临清州。

邓向荣，福建清流县。

方九叙，浙江钱塘县。

谭纶，江西宜黄县。

袁福徵，南直隶华亭县。

陆梦豹，江西丰城县。

周键，四川富顺县。

周爻，四川宜宾县。

余文献，江西德化县。

项守礼，浙江奉化县。

王会，南直隶华亭县。

蒋孝，南直隶武进县。

陈士元，湖广应城县。

迟凤翔，山东临朐县。

邬琏，江西新昌县。

计士元，江西鄱阳县。

陶钦皋，江西彭泽县。

刘朝佐，江西安福县。

杨师震，山东馆陶县。

刘尔牧，山东东平州。

朱大器，江西南城县。

熊汝达，江西进贤县。

毕锵，南直隶石埭县。

何一举，四川成都县。

范阶，山东即墨县。

王一阳，南直隶江都县。

蔺子充，河南汝阳县。

李临阳，四川江津县。

吴朝凤，浙江乐清县。

康迪吉，山东章丘县。

陈淮，浙江奉化县。

第三甲二百一十六名赐同进士出身

曹三旸，南直隶宜兴县。

姜良翰，浙江金华县。

刘凤，南直隶长洲县。

申价，直隶永年县。

陈其学，山东登州卫。

吉来献，陕西兴平县。

章熙，广东海阳县。

马锡，河南尉氏县。

张承宪，南直隶华亭县。

赵世奎，神武右卫右所。

叶材，南直隶武进县。

霍冀，山西孝义县。

任璜，陕西临潼县。

文方，四川合州。

张德熹，福建福清县。

黄国卿，广东揭阳县。

尚薰，陕西武功县。

李檀，河南汲县。

陈绛，浙江上虞县。

蒋贲，广西全州。

王民，山东临清州。

朱熙载，山东平山卫。

徐易，江西广信府永丰县。

向洪迈，浙江慈溪县。

俞介，浙江余姚县。

钱峄，浙江鄞县。

金九成，南直隶武进县。

洪遇，山东历城县。

任环，山西长治县。

赵世禄，山西汾州。

欧阳震，四川巴县。

闻东，四川内江县。

卢岐嶷，福建长泰县。

唐守勋，广东番禺县。

孙昭，浙江永嘉县。

王本固，直隶邢台县。

倪润，南直隶大河卫。

俞时歆，浙江新昌县。

丘秉文，福建莆田县。

王斛，湖广汉阳县。

缪宣，南直隶常熟县。

王光祖，直隶魏县。

宋国华，江西奉新县。

胡汝安，陕西三原县。

刘时进，河南中牟县。

胡景荣，南直隶江都县。

张才，陕西西安后卫。

张承叙，顺天府固安县。

刘禄，山东章丘县。

张志学，四川长寿县。

郭继藩，广东揭阳县。

王楠，直隶德州左卫。

王鸣臣，江西泰和县。

戚慎，南直隶宣城县。

蔡朴，直隶沧州。

陈大宾，湖广江陵县。

赵锦，浙江余姚县。

朱绘，山西平定州千户所。

吉澄，直隶开州。

严天祥，陕西朝邑县。

张鉴，四川南充县。

刘应箕，四川巴县。

甘观，南京府军右卫。

高光，四川峨眉县。

申思夔，南直隶吴江县。

汪克用，江西广信府永丰县。

俞乾，浙江平湖县。

万寀，江西丰城县。

王学，广西阳朔县。

张炼，陕西武功县。

张侃，南直隶大河卫。

何海晏，山东平阴县。

葛楒，浙江上虞县。

钱仕，湖广江陵县。

薛樟，山东历城县。

谷中虚，山东海丰县。

凌汝志，南直隶太仓州。

陈甘雨，福建莆田县。

席上珍，四川遂宁县。

李九功，河南裕州。

王宗性，山东沂州。

赵孔昭，直隶邢台县。

栗永禄，山西长治县。

陈昌言，广东揭阳县。

杨选，山东章丘县。

萧一鹗，江西新喻县。

王鹤，陕西长安县。

王顺德，四川泸州。

黄希周，山东滕县。

冯应麟，陕西凤翔县。

李淳，四川夹江县。

申璲，直隶魏县。

江珍，南直隶歙县。

张岚，山东历城县。

石鲸，山东益都县。

马快，直隶广平县。

张廷柏，山西蒲州。

张邦彦，福建怀安县。

姜廷颐，湖广巴陵县。

孙坊，锦衣卫。

朱曰藩，南直隶宝应县。

俞谨，南直隶无锡县。

李廷春，四川江津县。

李汝兰，陕西咸宁县。

乌从善，山东博平县。

金九龄，南直隶武进县。

郭公週，福建福安县。

朱有孚，浙江海宁县。

马汝松，直隶东光县。

刘体乾，顺天府东安县。

李万实，江西南丰县。

贺承光，陕西渭南县。

沈束，浙江会稽县。

苏志仁，广东海阳县。

刘自强，河南扶沟县。

吴昶，山东登州卫。

林懋举，福建怀安县。

张禄，河南祥符县。

任希祖，四川仓溪县。

冀炼，山西益都县。

涂泽民，四川汉州。

段镛，顺天府固安县。

李文麟，南直隶无锡县。

胡惟中，江西高安县。

吴岳，南直隶武进县。

谢诡，浙江上虞县。

朱木，南直隶常熟县。

刘槚，浙江山阴县。

郝鸣阴，顺天府宝坻县。

邵漳，浙江余姚县。

杨廷相，云南临安卫。

边洵，直隶任丘县。

徐洛，河南许州。

姚一元，浙江长兴县。

郑河，应天府江宁县。

汪一中，南直隶歙县。

许彦忠，应天府句容县。

孙慎，大宁都司保定卫。

徐纲，湖广兴国州。

陈信，浙江上虞县。

牛珠，河南通许县。

林应奎，福建龙溪县。

王之诰，湖广石首县。

石茂华，山东益都县。

宋贤，南直隶华亭县。

赵宸，直隶定兴县。

高镛，四川内江县。

金涮，浙江东阳县。

成子学，广东海阳县。

张守直，顺天府遵化县。

周世远，四川江津县。

马汝骥，辽东都司金州卫。

蔡扬金，河南卫辉千户所。

彭应麟，南直隶华亭县。

傅卿，福建莆田县。

孙学古，浙江萧山县。

马震章，应天府溧阳县。

徐承祖，山东历城县。

严清，云南后卫。

卢宁，广东南海县。

李恕，直隶献县。

徐公遴，浙江开化县。

魏文焴，福建侯官县。

郭邦光，山东冠县。

张邦彦，山西长治县。

韩朝江，陕西醴泉县。

徐行可，湖广监利县。

李侨，山东长清县。

周美，南直隶昆山县。

陆州，浙江海宁县。

左旦，四川大足县。

都文奎，河南祥符县。

赵彦章，直隶定州。

沈科，浙江嘉善县。

宿应参，山东掖县。

杨应元，陕西群牧所。

尤瑛，南直隶无锡县。

何尚贤，山西猗氏县。

李尚智，山西屯留县。

胡志夔，山西安邑县。

林轺，四川成都左护卫。

梁恩，湖广巴陵县。

张达，浙江余姚县。

张守蒙，山东滕县。

刘景韶，湖广崇阳县。

李华鲁，河南祥符县。

罗文蔚，四川綦江县。

李初元，四川营山县。

王国光，山西阳城县。

赵祖元，浙江东阳县。

朱宠，湖广武昌卫后所。

张子顺，直隶德州卫。

汪任，南直隶祁门县。

殷从俭，广西桂林右卫。

裘仁濂，浙江嵊县。

杨敷，四川西充县。

李庭桂，山西长治县。

陆璨，湖广巴陵县。

陈效古，河南息县。

万善，辽东都司定辽卫。

邵稷，浙江余姚县。

杨允绳，南直隶华亭县。

赵轨，山西高平县。

曹钿，四川渠县。

申仲，直隶任丘县。

张廷槐，万全都司兴和所。

何璋，湖广夷陵州。

金豪，浙江兰溪县。

陈全之，福建闽县。

李燧，山东金乡县。

戴才，直隶沧州。

李逢时，直隶德州卫。

王宗圣，浙江义程①县。

李攀龙，山东历城县。

范充濁②，顺天府霸州。

靳学曾，山东济宁州。

丙午　嘉靖二十五年两京十三藩乡试

解元

顺天府：祝尚义，顺天府学附学生，《诗》，壬戌。

应天府：袁洪愈，吴县学附学生，《易》，丁未。

浙江：高鹤，山阴县学增广生，《易》，庚戌。

江西：易弘器，分宜县学生，《诗》。

福建：洪世迁，闽县学增广生，《礼记》。

湖广：蔡制，宁乡县学生，《易》。

河南：申嘉瑞，叶县，《易》。

山东：陈其蕴，邹平县学生，《书》。

山西：路王道，屯留县学生，《诗》，癸丑。

陕西：阎司讲。

四川：王缵宗，南充县学生，《易》。

广东：谢颐。

广西：宋廷表，临桂县，《易》，丁未。

云南：李廷诏，邓川州学生，《诗》。

贵州：孙应鳌，清平卫，《书》，癸丑。

丁未　嘉靖二十六年会试

考试官：

吏部左侍郎兼学士孙承恩，贞甫，南直隶华亭县人，辛未进士。

---

① "程"为"乌"之讹。

② 《索引》作"万充濁"。

吏部左侍郎兼学士张治，文邦，湖广茶陵州人，辛巳。

第一场

《四书》：

〇固天纵之将圣又多能也。刊。

〇中也者天下，万物育焉。刊。

〇禹思天下有溺者，其急也。刊。

《易》：

〇君子黄中通理，美之至也。刊。

〇节亨刚柔分而刚得中。

〇圣人以此斋戒以神明其德夫。

〇和顺于道德，至于命。刊。

《书》：

〇安汝止，申命用休。刊。

〇厥田惟中下，三载乃同。

〇无偏无陂，遵王之路。

〇庶政惟和万国咸宁。刊。

《诗》：

〇麟之趾振振公子于嗟麟兮。刊。

〇天保定尔，维日不足。刊。

〇神之格思，矧可射思。

〇奏鼓简简衎我烈祖。

《春秋》：

〇会救郑（庄二十八）。刊。

〇伐郑救郑马陵（成七）。

〇会邢丘（襄八），盟宋（襄二十七）。刊。

〇舍中军（昭五），伐莒（昭十）。

《礼记》：

〇天子以德为车，天下之肥也。刊。

〇升中于天，寒暑时。

〇礼乐偩天地之情，君臣之节。刊。

〇君子敬用祭品，不亵于上。

第二场

论：

〇圣人之于天道。刊。

诏诰表内科一道：

〇拟汉宣帝命诸儒讲五经异同于石渠阁诏（甘露三年）。

○拟唐加左仆射房玄龄太子少师诰（贞观十三年）。

○拟宋苏辙进《元祐会计录》表（元祐二年）。刊。

判语五条：

○举用有过官吏。

○人户以籍为定。

○致祭祀典神祇。

○边境申索军需。

○军民约会词讼。

第三场

策五道：

○周之宗祀明堂，今之明堂大典。刊。

○二祖攻取形势之殊，今日保大思艰之道。刊。

○河图洛书之象数。刊。

○复盐法以省太仓之岁馈，修屯政以守河套之旧封。

○汉唐获边鄙之宁，国家致四夷之扰。刊。

时会试之士四千三百有奇，取胡正蒙等三百人，刻程文二十篇。正蒙官至太常寺卿卒。

中式举人三百名。

胡正蒙，浙江余姚县人，监生，《礼记》。

王任用，南直隶太仓州人，监生，《易》。

何铠，浙江丽水县人，监生，《诗》。

陈言，福建兴化府学生，《书》。

杨守鲁，彭城卫人，监生，《春秋》。

三月十五日，临策天下贡士，制曰：朕惟人君受天之命而主天下，任君师治教之责，惟聪明睿智，足以有临。自古迄今，百王相承，继天立极，经世牧人，功德为大。是故道统属之，有不得而辞焉者。唐韩愈氏乃谓尧舜禹汤文武周公孔子之传，至孟轲而止。孟子则以尧舜禹汤文王之为君，皋陶、伊尹、莱朱、太公望、散宜生之为臣，各有闻知见知之殊。其详略同异，果何义欤？其授受之微，有可指欤？宋儒谓周敦颐、程颢兄弟、朱熹四子为得孔孟不传之绪，而且①接夫自古帝王之统道②，果若是班欤？其讲求著述之功，果可与行道者并欤？抑门人尊尚师说，递相称谓，而忘其僭欤？汉唐宋而下，虽不能比隆唐虞三代之盛，其间英君谊辟，抚世宰物，德泽加于四海，功烈著诸天

---

① "且"疑当作"直"。

② "统道"疑为"道统"之讹。

地者，不可概少，果尽不可以当大君道统之传欤？洪惟我太祖高皇帝，体尧舜授受之要而允执厥中，论人心虚灵之机而操存弗二。我成祖文皇帝言："帝王之治，一本于道。"又言："六经之道明，则天地圣人之心可见，至治之功可成。"斯言也，真有以上继皇王道统之正，下开万世太平之基。迨我列圣，克笃前业，所以开天常、叙人纪者，历百八十余于兹。朕缵绍祖宗鸿绪，登践宝祚，惟敬惟一。叙彝伦，惇典礼，祈天命，拯民穷，思弘化理，以成参赞继立之功者，宵旰孳孳，不遑宁处。兹欲追绍二帝三王大道之统，近法我祖宗列圣心学之传，舍是又何所致力而可？夫自尧舜禹文之后，孔孟以来，上下千数百年间，道统之传归诸臣下，又尽出于宋儒一时之论，此朕所深疑也。子大夫学先王之道，审于名实之归，宜悉心以对，毋隐毋泛，朕将注览焉。

时廷对之士三百一人，赐李春芳等进士及第、出身有差。春芳官至少师，直内阁。是科选□□□①等二十八人为庶吉士。

第一甲三名赐进士及第

李春芳，南直隶兴化县籍，应天府句容县人。

张春，江西新喻县。

胡正蒙，浙江余姚县。

第二甲九十名赐进士出身

亢思谦，山西临汾县。

汪镗孙（更名镗），浙江鄞县。

恽绍芳，南直隶武进县。

史朝宾，福建晋江县。

曹金，河南祥符县。

张正和，江西南昌县。

黎澄，江西乐平县。

黄铸，福建晋江县。

张居正，湖广荆州卫。

胡杰，江西丰城县。

杨继盛，直隶容城县。

杨豫孙，南直隶华亭县。

高超，福建莆田县。

奚世亮，湖广黄州卫。

章世仁，南直隶青阳县。

任惟钧，四川巴县。

莫如士，龙骧卫。

---

① 原缺。

谢登之，湖广巴陵县。

王惟恕，福建长泰县。

徐光启，江西贵溪县。

张邦彦，山东临朐县。

王时槐，江西安福县。

杨世芳，浙江余姚县。

史阙疑，顺天府涿州。

王一夔，江西安福县。

陈梦鹤，山东益都县。

徐陟，南直隶华亭县。

耿随朝，直隶滑县。

蔡用乂，锦衣卫。

吴国相，山东登州卫。

凌云翼，南直隶太仓州。

朱笈，南直隶桃源县。

熊琦，江西南昌县。

蓝璧，江西高安县。

丘瓒，留守中卫。

翁时器，浙江余姚县。

陆九成，浙江东阳县。

李敬，陕西泾阳县。

王春泽，福建漳浦县。

顾柄，南直隶常熟县。

彭登瀛，广西临桂县。

吴衍，江西南城县。

张勉学，南直隶长洲县。

蔡文，福建南靖县。

蔡钥，湖广承天卫。

刘芹，四川宜宾县。

黎遵训，湖广京山县。

梁佐，云南大理卫。

任士凭，山东平原县。

张东周，湖广蒲圻县。

张元谕，浙江浦江县。

王有为，湖广黔阳县。

顾言，浙江钱塘县。

张任，南直隶嘉定县。

庄朝宾，福建惠安县。

黄世科，浙江萧山县。

任有龄，四川嘉定州。

周思兼，南直隶华亭县。

林一新，福建晋江县。

宋守志，河南延津县。

刘斯洁，直隶易州。

梁明翰，山西孝义县。

李三畏，山东汶上县。

史直臣，顺天府涿州。

黄元恭，浙江鄞县。

顾允杨①，南直隶太仓州。

姚九功，山西襄垣县。

宋文明，山东临清州。

刘应时，山西洪洞县。

林一新，福建漳浦县。

何铠，浙江处州卫。

张西铭，山东滨州。

宋曰仁，福建莆田县。

李一元，南直隶建德县。

李景萃，直隶任县。

张希贤，山东济宁州。

汪烇，浙江归安县。

万思谦，江西南昌县。

李心学，南直隶临淮县。

王世贞，南直隶太仓州。

江治，江西进贤县。

朱天俸，忠义后卫。

胡朝臣，浙江会稽县。

王良贵，直隶宁津县。

徐文沔，浙江开化县。

李郁，四川安居县。

纪璿，顺天府蓟州。

---

① 《索引》作"顾允扬"。

金铣，江西新建县。

周锃，南直隶宿迁县。

张思静，陕西同州。

第三甲二百八名赐同进士出身

熊勉学，河南汝宁府仪卫司。

陈一松，广东海阳县。

高尚文，南直隶当涂县。

贺镂，江西永新县。

陶承学，浙江会稽县。

刘泾，河南怀庆卫。

钱鲸，浙江慈溪县。

姚仕显，福建闽县。

宋廷表，广西临桂县。

杨美益，浙江鄞县。

樊献科，浙江缙云县。

李幼滋，湖广应城县。

谢江，河南河南卫。

孙永思，山西蒲州。

王樵，南直隶金坛县。

吴仲礼，南直隶贵池县。

庞俊，陕西泾阳县。

毛起，四川夹江县。

张谧，直隶南皮县。

杨守鲁，彭城卫。

郑本立，浙江兰溪县。

张渊，河南陈州。

张敦复，浙江丽水县。

孙世芳，万全都司宣府右卫。

王尚礼，陕西渭南县。

陆佐，福建龙游县。

彭范，河南灵宝县。

甘茹，四川富顺县。

马一龙，应天府溧阳县。

李昭详①，南直隶上海县。

---

① 《索引》作"李昭祥"。

陈善治，四川巴县。

张言，广西临桂县。

詹莱，浙江常山县。

韩弼，浙江平湖县。

张可述，四川洪雅县。

白大用，陕西渭南县。

李儒烈，浙江海盐县。

徐敦，南直隶太仓州。

俞时及，浙江新昌县。

李应时，山西平定州。

邵德，南直隶无锡县。

郝成性，南直隶江都县。

王健，福建漳浦县。

吕孔良，河南洛阳县。

王铃，浙江黄岩县。

袁洪愈，南直隶吴县。

刘世魁，四川双流县。

林㷊，福建闽县。

李秋，顺天府蓟州。

徐可相，广西临桂县。

徐承嗣，四川遂宁县。

郭钥，浙江兰溪县。

张来徵，锦衣卫。

孙允中，山西太原右卫后所。

罗椿，浙江山阴县。

庄应祯，福建惠安县。

边毅，江西峡江县。

郑东白，福建莆田县。

吴遵，浙江海宁县。

刘廷梅，江西南昌县。

孙汝贤，浙江余姚县。

龚恺，南直隶上海县。

韩子允，浙江慈溪县。

于业，南直隶金坛县。

黄季瑞，福建闽县。

李天荣，江西南昌县。

曹禾，浙江平湖县。

皇甫涣，南直隶吴江县。

朱伯辰，江西南昌县。

周如斗，浙江余姚县。

黄履旋，福建侯官县。

袁光翰，江西丰城县。

程嗣功，南直隶歙县。

萧禹臣，湖广长沙县。

吴伯朋，浙江义乌县。

沈淮，浙江仁和县。

李遇元，云南临安卫。

章美中，南直隶昆山县。

李守仁，陕西凤翔县。

邵惟中，云南永昌卫。

王遵，顺天府霸州。

黄宸，陕西咸宁县。

孟官，陕西咸宁县。

林腾蛟，福建永安县。

钱炉，江西星子县。

金勿，四川富顺县。

郭东藩，山东金乡县。

萧汝默，直隶静海县。

陈惟举，福建长乐县。

郭仁，南直隶长洲县。

张云路，山西高平县。

黄元白，四川达州。

李承华，山西曲沃县。

刘修巳①，河南新蔡县。

姚唐，山西屯留县。

高跃，四川绵州。

阎绳方，山西祁县。

陈学夔，广西宜山县。

岳粹，山东冠县。

张嘉孚，陕西安定县。

---

① 《索引》亦作"刘修巳"，"巳"当为"己"。

方祥，江西浮梁县。

屈谏，山西长治县。

李价，广东番禺县。

罗鸿，广东南海县。

李彬，南直隶泰州千户所。

殷士儋，山东历城县。

汪道昆，南直隶歙县。

刘崇文，山西高平县。

陆灿，直隶东光县。

李佑，贵州清平卫。

祁清，浙江山阴县。

黄𫔮，四川富顺县。

郑真，山东济宁卫。

丘岳，湖广黄冈县。

段锦，山东恩县。

丘纬，南直隶武进县。

刘秉仁，贵州贵州卫。

戴愬，南直隶天长县。

王惟善，河南新蔡县。

郑铭，福建闽县。

杨巍，山东海丰县。

祝天保，直隶唐山县。

陈言，福建莆田县。

李如桂，山西长治县。

丘预达，福建莆田县。

吴俊，浙江山阴县。

狄斯彬，应天府溧阳县。

张柱，山东寿光县。

张天复，浙江山阴县。

陈观衡，山东东平州。

李敏德，山西长治县。

郭民敬，山西山阴县。

蔡亨嘉，广东潮阳县。

王陈策，南直隶泰州。

刘梁，福建清流县。

畦明才，四川资县。

贺泾，江西庐陵县。

蒋勋，锦衣卫。

朱文汉，福建莆田县。

徐鹙，浙江海盐县。

张适，浙江兰溪县。

乐其雅，江西临川县。

张万纪，陕西临洮卫。

杨海，江西泰和县。

叶应麟，南直隶建德县。

陈嘉谟，江西庐陵县。

高士，南直隶华亭县。

秦梁，南直隶无锡县。

黄朏，江西丰城县。

毛鹏，直隶枣强县。

叶应乾，直隶武清卫。

胡晓，南直隶绩溪县。

赵镗，浙江江山县。

徐栻，南直隶常熟县。

庄荭民，直隶东光县。

刘鲁生，山东恩县。

马三才，浙江仁和县。

汪芸，浙江奉化县。

沈晃，南直隶丹徒县。

张师载，湖广潜江县。

何璿，南直隶泰兴县。

苏继，山东寿光县。

宋仪望，江西吉安府永丰县。

朱纲，山东曹县。

王任用，南直隶太仓州。

王大猷，浙江海宁卫。

王宗茂，湖广京山县。

周璞，浙江德清县。

耿随卿，直隶滑县。

彭辂，浙江嘉兴县。

韩叔阳，应天府高淳县。

张冕，福建晋江县。

沈绍德，直隶安州。

徐衍祚，河南钧州。

朱大韶，南直隶华亭县。

高尚志，湖广石首县。

曾承芳，福建惠安县。

卜大有，浙江秀水县。

郭中，河南祥符县。

郑绮，南直隶歙县。

唐时举，湖广咸宁县。

李先芳，山东濮州。

王三接，山西洪洞县。

陈瓒，直隶献县。

杨钥，云南剑川州。

张芹，山西孝义县。

喻显科，江西南昌县。

阴秉阳①，河南汲县。

贾天爵，山西襄垣县。

徐怀爱，浙江余姚县。

杨经，云南云南左卫。

苗敏学，山西平定州。

李豸，济阳卫。

陆光祖，锦衣卫。

周恂懋，浙江秀水县。

刘锡，直隶鸡泽县。

殷正茂，南直隶歙县。

李敏，山西榆次县。

楼镇，浙江义乌县。

刘应节，山东潍县。

胡致和，山东平原县。

张愉，直隶长垣县。

詹珊，江西浮梁县。

李诗，四川江津县。

孙衷，贵州清平卫。

贾衡，直隶束鹿县。

---

① 《索引》作"阴秉旸"。

何琚，福建晋江县。

吕荫，山东阳信县。

己酉　嘉靖二十八年两京十三藩乡试

解元

顺天府：孙铤，顺天府学增广生，《易》，癸丑。

应天府：唐一麐，常州府学生，《诗》，乙丑。

浙江：周诗，钱塘县，《易》，丙辰。

江西：何涛，广昌县，《书》。

福建：黄士观，兴化府学生，《书》，庚戌。

湖广：吴国伦，兴国州学生，《易》，庚戌。

河南：鲁邦彦，睢州学增广生，《书》，庚戌。

山东：刘大章，益都县，《易》。

山西：王崇雅，蒲州学附学生，《书》。

陕西：张旂，广阳府学生，《易》。

四川：王楠，南充县。

广东：胡庭兰，增城县学生，《诗》，庚戌。

广西：张元举。

云南：张文奎。

贵州：鲍国臣。

庚戌　嘉靖二十九年会试

考试官：

礼部尚书兼学士张治，见丁未。

吏部左侍郎兼学士欧阳德，崇一，江西泰和县人，癸未进士。

第一场

《四书》：

〇子贡问君子，而后从之。刊。

〇洋洋乎发育万物峻极于天。刊。

〇既竭心思焉，仁覆天下矣。刊。

《易》：

〇上九自天祐之，自天祐也。

〇圣人久于其道而天下化成。刊。

〇非天下之至精其孰能与于此。

○天地之道贞观，一者也。刊。

《书》：

○帝光天之下，敢不敬应。

○惟说式克，列于庶位。刊。

○凡厥庶民极之，天下王。

○其克诘尔戎兵，之大烈。刊。

《诗》：

○君曰卜尔，万寿无疆。刊。

○织文鸟章，至于大原。

○卬盛于豆，上帝居歆。

○载获济济，胡考之宁。刊。

《春秋》：

○齐人降鄣（庄三十）。

○侵伐次陉，完盟师（僖四），伐郑萧鱼，执良宵（襄十一）。刊。

○次厥貉（文十），楚伐麇（文十一）。刊。

○春如齐至（宣十）。

《礼记》：

○君羔幦虎犆，鹿幦豹犆。

○圣人南面而治，人道始矣。刊。

○夫古者天地顺，五谷昌。刊。

○此天地之盛德气，仁气也。

第二场

论：

○圣人之心无穷。刊。

诏诰表内科一道：

○拟汉令礼官劝学诏（元朔五年）。

○拟唐以郭子仪为河中节度等使诰（广德二年）。

○拟宋礼部侍郎宋祁进《御戎论》表（至和二年）。

判语五条：

○事应奏不奏。

○私借官车船。

○因公擅科敛。

○宿卫人兵仗。

○老幼不拷讯。

第三场

策五道：

〇君择臣，臣徇君（太祖《贤奸传》，宣宗《臣鉴》，苏氏"重臣""权臣"）。刊。

〇性习。刊。

〇历代马政，今日救弊。刊。

〇汉唐宋诸儒所学之是非，史臣纪载之得失。刊。

〇边计（朵颜诸部，海西诸夷，北虏）。刊。

时会试之士四千五百人，取傅夏器等三百二十人，刻程文二十篇。夏器官至吏部郎中。

中式举人三百二十名。

傅夏器，福建南安县人，监生，《易》。

汤日新，浙江秀水县人，监生，《书》。

陈斗南，南直隶盐城县学生，《诗》。

李缵，福建晋江县人，监生，《礼记》。

王应时，福建永福县学生，《春秋》。

三月十五日，临策天下贡士。制曰：朕恭承天命，君主兆民，二十有九年于兹矣。顾论治者往往以敬天勤民为务，古先帝王之所以兴道致治，与我祖宗之所以立极垂宪，要不外此二者。其为治之迹，可举而言之欤？朕寅奉上玄，钦若天道，而凡以惠恤计安乎斯民者，未尝须臾少懈其念。比岁以来，嘉祥屡臻，方内乂宁，天人交应之固①，不可诬也。然水旱饥荒，苗狄不靖，民生未遂，治化未孚，岂朕诚之必有未尽者？亦或任事之臣、亲民之吏，果能都体朕勤恤之心也欤？无乃玩愒贪残，弗念于民者欤？朕欲俾休徵时若，边境不闻，百工允厘，庶绩咸熙，不令一夫失其所，朕志也，当何道而可以臻此？尔多士蕴畜②有日，岂无我助者？宜明著于篇，毋泛毋隐，朕将亲览焉。

时廷对之士三百二十人，赐唐汝楫等进士及第、出身有差。汝楫官至春坊谕德。是科金立爱、金立敬兄弟同登。

第一甲三名赐进士及第

唐汝楫，浙江兰溪县。

吕调阳，广西桂林中卫籍，临桂县人。

姜金和，江西鄱阳县。

第二甲九十五名赐进士出身

田杨，福建晋江县。

陈谏，南直隶常熟县。

---

① 固，《明世宗宝训》卷六作"机"。

② 畜，《明世宗宝训》卷六作"蓄"。

宗臣，南直隶兴化县。

包应麟，浙江临海县。

林烶章，福建莆田县。

金立敬，浙江临海县。

黄士观，福建莆田县。

方弘静，南直隶歙县。

傅夏器，福建南安县。

罗一道，广东东莞县。

陈元琰，福建怀安县。

钦拱极，南直隶吴县。

陆纶，浙江归安县。

游天廷，福建镇海卫铜山所。

黄宪卿，南直隶武进县。

张守宗，贵州思南府水德司。

李光宸，广东南海县。

魏棠，湖广蒲圻县。

胡膏，浙江余姚县。

李淑，湖广京山县。

熊桴，湖广武昌县。

白启常，南直隶武进县。

李玳，顺天府霸州。

任民望，山西临汾县。

张荣，山东登州卫。

范楥，浙江会稽县。

郑述，福建闽县。

吴炳庶，浙江仙居县。

何思赞，广东顺德县。

张蕴，应天府高淳县。

黄甲，南京兴武卫。

曹麟，湖广黄梅县。

徐学诗（更名学谟），南直隶嘉定县。

梁有誉，广东番禺县。

郭应聘，福建莆田县。

王献图，河南宁陵县。

曹天祐，江西浮梁县。

万仲，江西进贤县。

何宽，浙江临海县。

周诏，河南延津县。

王三接，福建同安县。

王道行，山西阳曲县。

陈应和，浙江归安县。

吕燿，直隶献县。

胡庭兰，广东增城县。

沈应魁，南直隶常熟县。

柯本，福建莆田县。

金立爱，浙江临海县。

杨一和，云南昆明县。

高岱，湖广京山县。

李春芳，福建同安县。

徐中行，浙江长兴县。

周希哲，四川威远县。

刘衍祚，河南洛阳县。

许岳，浙江钱塘县。

章懋，四川泸州卫。

朱天球，福建漳浦县。

莫如善，龙骧卫。

冯皋谟，浙江海盐县。

吴一儒，浙江归安县。

陈茂礼，浙江慈溪县。

阎光潜，山东东平州。

李缵，福建晋江县。

李慎，福建惠安县。

田汝麟，顺天府涿州。

邵龄，南直隶休宁县。

欧珮，四川潼川州。

张选，南直隶高邮州。

蒙大赍，广西宾州。

余应举，江西南昌县。

王叔杲，浙江永嘉县。

李伸，江西南昌县。

周后叔，南直隶昆山县。

陈柯，福建闽县。

胡宪仲，浙江海宁县。

吴崧，云南永昌县。

方邦庆，南直隶婺源县。

柳宗葵，直隶河涧①县。

范大儒，山东霑化县。

薛天华，福建晋江县。

黄大节，福建南安县。

孟羽正，南直隶华亭县。

喻褧，浙江嵊县。

崔学履，顺天府昌平县。

余田，浙江崇德县。

聂瀛，直隶新河县。

郝守业，河南钧州。

陈瑞龙，广东潮阳县。

王应时，福建永福县。

李彦士，山西榆次县。

丁自申，福建晋江县。

陈柏，湖广沔阳州。

蹇来誉，四川重庆卫。

诸暲，浙江余姚县。

孙塘，浙江杭州右卫后所。

第三甲二百二十二名赐同进士出身

崔都，山西蒲州。

何廷钰，福建邵武县。

吕阳，山西平阳县。

詹璁②，浙江遂安县。

赵锵，直隶易州。

王价，锦衣卫。

李邦珍，山西肥城县。

阎望云，山西安邑县。

钱庶，南直隶常熟县。

王舆，陕西泾阳县。

丘鹏，南直隶长洲县。

---

① "涧"为"间"之讹。

② 《索引》作"詹理"。

傅鸣会，直隶灵寿县。

李凤毛，四川彭县。

高鹤，浙江山阴县。

吴国宝，南直隶无为州。

李方至，四川富顺县。

符允中，顺天府永清县。

袁汝是，湖广石首县。

王极，顺天府蓟州。

刘一麟，顺天府昌平州。

张楸，南直隶嘉定县。

汤日新，浙江秀水县。

郑一龙，福建惠安县。

张益，江西丰城县。

叶恩，锦衣卫。

赵河，陕西长安县。

陈道基，福建同安县。

黄朝聘，广东顺德县。

张师价，四川巴县。

王希尧，陕西安化县。

郑存仁，山东临清州。

崔近思，山东滨州。

陆柬，河南祥符县。

孙潡，南直隶宣城县。

罗瑶，湖广巴陵县。

吕焯，浙江秀水县。

王应璧，山东聊城县。

张蕙，山东平原县。

尤烈，福建晋江县。

朱景贤，南直隶昆山县。

刘勃，直隶任丘县。

查绛，南直隶泾县。

曹光，浙江平湖县。

王正国，河南宜阳县。

李一经，河南睢州。

杨元吉，浙江余姚县。

周良寏，福建晋江县。

黄正色，河南光山县。

况叔祺，江西高安县。

谯思，四川南充县。

陈典，大宁都司保定中卫。

唐世隆，直隶献县。

王用贤，直隶祁州。

毛汝麒，浙江龙游县。

麻济邦，陕西绥德州。

宋登，直隶定兴县。

汤宾，直隶南皮县。

沈绍庆，南直隶昆山县。

沈阳，南直隶上海县。

董遂，河南嵩县。

沈应乾，南直隶五河县。

郑佶，湖广黄陂县。

萧可教，南直隶江都县。

卫东吴，河南叶县。

屠仲律，浙江平湖县。

苟颖，四川阆中县。

王道直，陕西咸阳县。

罗纬，四川巴县。

郭立彦，福建晋江县。

顾弘潞，浙江仙居县。

陈庆，江西吉安府永丰县。

操守经，江西浮梁县。

潘季驯，浙江归安县。

陈经，直隶涿鹿左卫。

赵理，浙江会稽县。

翁梦鲤，福建莆田县。

黄谦，福建莆田县。

刘克学，四川什邡县。

朱安期，福建晋江县。

李正彝，湖广巴陵县。

王净，浙江永嘉县。

王用康，山东汶上县。

董传策，南直隶上海县。

崔栋，顺天府蓟州卫。

傅汝砺，陕西宁羌卫。

丘橪，山东诸城县。

丘文学，山东博平县。

纪凤鸣，锦衣卫。

柳希玭，南直隶庐江县。

王潺，锦衣卫。

袁世荣，南直隶华亭县。

刘效祖，武骧左卫。

徐应，浙江兰溪县。

赵周，云南太和县。

王应显，福建漳浦县。

谢教，南直隶武进县。

许公高，四川南部县。

尹庭，山东肥城县。

林兆金，福建莆田县。

卓尔，福建长乐县。

刘炌，浙江海盐县。

马斯臧，河南钧州。

杨惟平，直隶南宫县。

周国卿，锦衣卫。

鲁邦彦，河南睢州。

侯东莱，山东掖县。

胡崇曾，浙江会稽县。

孙佳，锦衣卫。

王汝安，直隶雄县。

曹本，南直隶巢县。

徐鼎，福建漳浦县。

薛汝淮，南直隶江阴县。

郭良璞，福建晋江县。

段顾言，顺天府遵化县。

周汝器，河南罗山县。

施尧臣，南直隶青阳县。

赵文同，江西靖安县。

任良贵，江西临川县。

马濂，南直隶无锡县。

张杰夫，广东新会县。

卫心，山西阳城县。

张灯，江西浮梁县。

方正修，四川潼川州。

时通，锦衣卫。

高敏学，顺天府宝坻县。

路楷，山东汶上县。

姚世熙，贵州新添卫。

牟蓁，四川巴县。

卢镒，陕西咸宁县。

沈应时，河南河南卫。

孙荣仁，河南郑州。

姚邦材，浙江归安县。

曹司贤，湖广武陵县。

王如纶，直隶安平县。

麻瀛，南直隶宣城县。

樊钟岱，直隶青苑县。

於闻，四川成都左护卫。

吴翰词，湖广应山县。

刘畿，南直隶长洲县。

岑远，广东南海县。

钱铸，顺天府大兴县。

黄垣，江西南昌县。

王守充，广东归善县。

秦钫，浙江慈溪县。

张云霖，辽东广宁左卫。

纪公巡，山东恩县。

陈宗虞，四川保宁千户所。

宋继先，山东潍县。

张峰，福建惠安县。

罗元祯，江西鄱阳县。

栾尚约，山东胶州。

方攸跻，福建莆田县。

周岱，南直隶泰兴县。

王汝述，浙江金华县。

周秀，浙江永康县。

陶天忠，浙江鄞县。

杨守愚，直隶大名县。

文希儒，广西全州。

陈耀文，河南确山县。

刘贽，河南洛阳县。

王元春，浙江山阴县。

姚绍祖，直隶德州卫。

吴一澜，江西南昌县。

昌应时，福建莆田县。

江一川，江西都昌县。

万民英，大宁都司茂山卫。

刘光远，河南杞县。

谭枭，四川涪州。

颜会，福建龙溪县。

裴天祐，南直隶赣榆县。

孙锐，浙江临海县。

蹇应麒，陕西泾阳县。

彭继业，山东胶州千户所。

牛轼，山西高平县。

赵时举，广东饶平县。

郑逢阳，顺天府固安县。

钱锌，湖广显陵卫。

陶应龙，直隶枣强县。

郑国宾，浙江兰溪县。

王文翰，山西汾州卫。

陈斗南，南直隶盐城县。

巫继咸，南直隶广德州。

张佳胤，四川铜梁县。

吴国伦，湖广兴国州。

王杰，浙江乌程县。

郑伯兴，南直隶无锡县。

康世耀，直隶完县。

王乔年，山东高密县。

谢莆，山西代州。

李体，直隶长垣县。

王言，陕西陇西县。

夏杙，江西丰城县。

杨乾亨，江西南昌县。

张昇，山西阳城县。

乔光大，山西定襄县。

许爌，浙江嘉兴县。

丁希孔，山东招远县。

文阶，四川南充县。

丁永成，山东德州。

王钦，武骧左卫。

钟崇武，江西南昌县。

陈治安，贵州宣慰司。

万虞龙，江西南昌县。

孙应魁，南直隶上海县。

刘廷举，湖广麻城县。

钱之选，辽东铁岭卫。

严杰，浙江乌程县。

马钦，河南睢州。

毛孔墀，福建福清县。

王好问，直隶乐亭县。

张时，直隶易州。

王纳讲，广西融县。

韩询，陕西西安前卫。

邓栋，浙江临海县。

林大春，广东潮阳县。

钱有威，南直隶常熟县。

刘一桧，福建长泰县。

张四知，河南信阳州。

陈策，山西沁水县。

毛文邦，浙江松阳县。

林养高，广东琼山县。

杨得春，直隶清苑县。

壬子　嘉靖三十一年两京十三藩乡试

解元

顺天府：房有容，霸州学生，《诗》。

应天府：孙溥，江西丰城县人，监生，《易》。

浙江：诸大圭，余姚县学生，《易》，丁丑。

江西：李贵，南昌府学生，《诗》，癸丑。

福建：黄星耀，莆田县学生，《诗》。

湖广：王凝，宜城县学生，《书》，丙辰。

河南：纪朝宗，陈州学附学生，《诗》。

山东：王肇林，莱州府学生，《书》，乙丑。

山西：梁纲，稷山县学生，《易》，壬戌。

陕西：周鉴，平凉府学生，《诗》，癸丑。

四川：丁胜，叙州府学生，《诗》。

广东：张大猷，番禺县学生，《易》，丙辰。

广西：邓洪震，南宁府学生，《书》，己未。

云南。

贵州：吴淮，贵州宣慰司学生，《书》。

癸丑　嘉靖三十二年会试

考试官：

少保大学士徐阶，子升，南直隶华亭县人，癸未进士。

侍讲学士敖铣，纯之，江西高安县人，乙未进士。

第一场

《四书》：

○大哉尧之为君，无能名焉。刊。

○诚者非自成己，之宜也。刊。

○由尧舜至于汤，孔子则闻而知之。刊。

《易》：

○君子行此四德者，利贞。刊。

○天地之道恒久而不已也。

○范围天地之化，易无体。刊。

○叁天两地而倚数。

《书》：

○帝庸作歌曰，庶事康哉。刊。

○钦崇天道永保天命。

○月之从星则以风雨。

○严惟丕式，用丕式见德。刊。

《诗》：

○采采芣苢薄言采之，襭之。

○维其有之是以似之。

○维此文王小心，受方国。刊。

○寿考且宁以保我后生。刊。

《春秋》：

○齐郊如纪（桓五）。

○伐宋（庄十四）。

○完盟师（僖四），齐归田（定十）。刊。

○伐郑盟戏（襄九）。刊。

《礼记》：

○天子乃以元日祈谷于上帝。刊。

○委貌周道也，皮弁积素。

○宽而静，宜歌风。

○用之于战胜，谓盛德。刊。

第二场

论：

○王天下有三重。刊。

诏诰表内科一道：

○拟汉春和议赈贷诏（文帝元年）。

○拟唐以裴度为中书侍郎同平章事诰（元和十年）。

○拟宋司马光进《资治通鉴》表（元丰七年）。刊。

判语五条：

○官员赴任过限。

○出纳官物有违。

○边境申索军需。

○诈教诱人犯法。

○修理桥梁道路。

第三场

策五道：

○正统道统甚重，皇祖皇上兼得。刊。

○乐律之详，诸儒之议。刊。

○立德立功立言。刊。

○河决徐房，在治上流。刊。

○理财（官兵力役工作四费难革任处之得宜）。刊。

时会试之士四千四百有奇，取曹大章等四百人，刻程文二十篇。大章官止翰林编修。

中式举人四百名。

曹大章，南直隶金坛县人，监生，《书》。

庄士元，福建晋江县人，监生，《易》。

姜宝，南直隶丹阳县人，监生，《春秋》。

冯叶，浙江宁波府学附学生，《诗》。

罗良，江西万安县人，监生，《礼记》。

三月十五日，临策天下贡士。制曰：朕闻"后克艰厥后，臣克艰厥臣"者，是上下之职均有甚不易之理。昏才之主亦多，此之上者，曷自不勉诸耶？朕承皇考、皇妣近泽所钟，丕荷上天明命，简畀后职，勉法祖宗，敬天爱民，由胞及与，未尝敢忽。何为臣者无克艰之思，每怀欺于谤？甚至勾沙漠以为骨肉，但逞劫主之逆，不顾胞与之害？此其至大者，他皆可例焉。君逸臣劳，都能言诸口，心身力行甚少。"先行其言"之圣训，视作空言矣。尔多士身未居于位，而心志正在明白地，闻见久矣，必有不易之论，宜直列于篇以对。

时廷对之士四百三人，赐陈谨等进士及第、出身有差。谨官至春坊中允卒。是科史朝宜、史朝富兄弟同登，选吴可行等二十八人为庶吉士。

第一甲三名赐进士及第

陈谨，福建闽县。

曹大章，南直隶金坛县。

温应禄，浙江乌程县。

第二甲一百五名赐进士出身

万浩，江西进贤县。

刘师颖，湖广兴国州。

陈绾，浙江上虞县。

庞远，南直隶吴江县。

姚弘谟，浙江秀水县。

秦宗道，浙江慈溪县。

陆瓒，浙江龙游县。

何东序，山西猗氏县。

张志孝，山东济宁州。

许汝骥，南直隶宁国县。

罗廷绅，陕西淳化县。

杨準，南直隶宜兴县。

叶万禄，江西饶州千户所。

黄钧，河南归德卫。

李如松，山西洪洞县。

庄士元，福建晋江县。

李贵，江西丰城县。

吕穆，浙江秀水县。

胡麟，直隶藁城县。

赵祖朝，浙江东阳县。

吕旻，福建龙溪县。

江一麟，南直隶婺源县。

何宠，浙江临海县。

郭敬贤，广东海阳县。

梁梦龙，直隶真定县。

齐遇，南直隶桐城县。

邹察，南直隶长洲县。

周道光，南直隶太仓州。

何汝健，南京留守左卫。

应明德，浙江临海县。

李裘，江西南昌县。

吴遵晦，浙江钱塘县。

钞介，河南彰德卫。

曾镒，直隶德州卫。

谢鹏举，湖广蒲圻县。

阮文中，江西南昌县。

孙鸣世，湖广京山县。

邓廷猷，湖广蒲圻县。

张大韶，南直隶太仓州。

赵与治，南直隶江阴县。

沈志言，浙江海宁县。

郑源彬，福建长乐县。

徐善庆，江西金溪县。

王希烈，江西南昌县。

杨綵，虎贲右卫。

吴邦祯，南直隶吴江县。

祝世廉，浙江海宁县。

南轩，陕西渭南县。

姜宝，南直隶丹阳县。

王学颜，湖广湘潭县。

赵祖鹏，浙江东阳县。

徐炳，浙江海宁县。

沈继志，浙江桐乡县。

余朝卿，江西南昌县。

瞿晟，湖广黄梅县。

徐玭，浙江兰溪县。

胡汝嘉，南京鹰扬卫。

冯叶，浙江慈溪县。

夏维纯，直隶冀州。

刘侃，湖广京山县。

曾一经，广东博罗县。

喻南岳，江西新建县。

於惟一，南直隶怀宁县。

周贤宣，江西万安县。

孙应鳌，贵州清平卫。

戴时雍，江西浮梁县。

孙铤，锦衣卫。

张大化，顺天府宛平县。

屠宽，南直隶上海县。

桂嘉孝，四川成都县。

方良曙，南直隶歙县。

周望，广东东莞县。

王宇，南直隶昆山县。

顾阙，湖广蕲州。

金深，四川绵州。

李元泰，云南云南中卫。

徐师曾，南直隶吴江县。

金立相，浙江临海县。

周时中，广西桂林右卫。

杨一鹗，直隶曲周县。

孔惟德，河南汝阳县。

程金，南直隶歙县。

王可大，南京锦衣卫镇抚司。

张仙，江西浮梁县。

臧继芳，浙江长兴县。

张四维，山西蒲州。

钟一元，浙江秀水县。

周鉴，陕西平凉府仪卫司。

曾杰，江西南城县。

丘有嵩，福建晋江县。

程廷策，南直隶休宁县。

方万有，福建莆田县。

张谊，浙江萧山县。

戴一俊，福建惠安县。

毛术，直隶任县。

林敬，福建漳浦县。

蒋焞，广西全州。

黎德充，江西乐平县。

凌立，浙江钱塘县。

张问行，直隶定边卫后所。

徐用光，浙江兰溪县。

汪春时，南直隶婺源县。

张正位，江西南昌县。

胡涌，江西星子县。

胡士彦，江西鄱阳县。

第三甲二百九十五名赐同进士出身

李东华，江西丰城县。

郭文辅，金吾左卫中右所。

姜继曾，山东胶州。

顾章志，南直隶太仓州。

徐仲楫，南直隶长洲县。

温如玉，湖广郧县。

方敏，南直隶祁门县。

周京，直隶永年县。

吕程，浙江秀水县。

李裦，河南内乡县。

吴时来，浙江仙居县。

徐爌，南直隶太仓州。

李叔和，南直隶祁门县。

蒋应期，广西全州。

曹灼，南直隶太仓州。

王三锡，浙江嘉兴县。

苑囿，顺天府宝坻县。

魏元吉，江西南昌县。

王其勤，湖广松滋县。

张求可，四川内江县。

李春芳，山西沁水县。

陈奎，福建怀安县。

王学谟，陕西朝邑县。

吴承焘，南直隶吴江县。

钟沂，江西南昌县。

张九功，山西沁州。

唐自化，南直隶华亭县。

江北，顺天府霸州。

吴可行，南直隶武进县。

陆泰，浙江鄞县。

马自强，陕西同州。

蔡本端，福建闽县。

叶可式，南直隶吴江县。

梁淮，锦衣卫镇抚司。

李瑶，山西解州。

赵桐，山西绛州。

秦禾，南直隶无锡县。

殷仁，龙骧卫。

宋儒，河南安阳县。

汪汝达，南直隶无锡县。

李珵，顺天府遵化县。

黄休泰，福建莆田县。

李从宜，直隶长垣县。

郑茂，福建莆田县。

杨文光，直隶安州。

司马初，浙江会稽县。

张巽言，山东益都县。

郑东，河南商丘县。

陈懋观，福建长乐县。

胡应文，直隶永年县。

张于逵，广东番禺县。

曾梅，江西泰和县。

史朝宜，福建晋江县。

李应元，河南祥符县。

杨世凤，山东临清卫。

朱贤，应天府江浦县。

何察，四川温江县。

杨世第，四川长寿县。

董鲲，浙江海宁县。

周启大，湖广应城县。

杨芷，湖广安陆县。

樊垣，四川宜宾县。

刘存义，湖广襄阳卫。

戚元辅，浙江嘉兴县。

慎蒙，浙江归安县。

罗汝芳，江西南城县。

秦淦，浙江慈溪县。

崔宗尧，山西长治县。

黄仁惠，福建福清县。

刘廓，山东寿光县。

周思久，湖广麻城县。

刘尧诲，湖广临武县。

葛慈，湖广江陵县。

王文炳，江西庐陵县。

俞意，浙江山阴县。

沈珤，武功左卫中所。

蔡结，湖广汉阳县。

徐梓，浙江余姚县。

石梁，福建长乐县。

江万仞，福建晋江县。

卜大顺，浙江秀水县。

曹科，山西宁阳县。

杨君玺，彭城卫后所。

董世彦，河南钧州。

程熟，直隶开州。

莫抑，广西马平县。

曾廷芝，湖广汉阳县。

朱袗，湖广蕲水县。

陈志，福建莆田县。

周斯盛，陕西宁州。

潘子霓，山东济南府群牧所。

黄吉，直隶长垣县。

刘曰材，江西南昌县。

刘泉，南直隶常熟县。

万鹏，南直隶武进县。

尹士龙，浙江慈溪县。

王察言，山东朝城县。

向淇，湖广沅陵县。

魏济民，直隶定兴县。

朱茹，四川泸州。

盛周，浙江秀水县。

张九一，河南新蔡县。

沈维藩，直隶定州卫。

罗嘉宾，四川宜宾县。

孙乔，湖广广济县。

杜实，陕西庆阳卫弘化所。

温如春，河南洛阳中护卫。

金燕，南直隶潜山县。

杨九韶，浙江余姚县。

杨棐，福建建安县。

李瑜，陕西三原县。

秦可大，陕西咸宁县。

柳东伯，湖广武陵县。

张鹏，山西平定州千户所。

戴文奎，南直隶昆山县。

俞文荣，南直隶上海县。

呼为卿，辽东定辽左卫。

金柱，浙江上虞县。

萧九峰，直隶兴州后屯卫。

李伯遇，福建晋江县。

管嘉福，山东高密县。

李凤，广东番禺县。

陈甲，南直隶江阴县。

王宗会，福建晋江县。

张待化，直隶开州。

吴道直，直隶定州。

张乔桧，福建晋江县。

沈淳，浙江海宁县。

李廷龙，湖广湘阴县。

何全，四川华阳县。

戴景和，四川泸州。

李寅实，福建莆田县。

徐行，直隶博野县。

刘起蒙，四川巴县。

董尧封，河南洛阳县。

王汝正，顺天府蓟州。

陈麟，河南河南卫。

罗良，江西万安县。

杜时芳，四川南充县。

甄敬，山西平定州千户所。

林有望，南直隶桐城县。

燕仲义，南直隶吴县。

顾曾唯，南直隶吴江县。

张存义，福建建安县。

钱同文，浙江嘉兴县。

穆宁中，府军前卫中左所。

葛大纪，陕西潼关卫。

凌儒，南直隶泰州。

黄森，福建惠安县。

牛山木，直隶曲周县。

赵圭，浙江山阴县。

王彦民，直隶内丘县。

叶龙，江西南昌县。

祝乾寿，湖广应城县。

孟重，陕西渭南县。

张学颜，直隶肥乡县。

李伯生，四川巴县。

黄作孚，山东即墨县。

萧奇勋，福建莆田县。

许从龙，南直隶昆山县。

乔应光，山西石州。

李瑚，福建龙溪县。

方时学，河南河南卫。

陈珊，贵州铜仁司。

黄乾行，福建福宁州。

凌邦奇，南直隶昆山县。

王宗舜，山西闻喜县。

归大道，南直隶长洲县。

钱邦俈，湖广蕲水县。

叶期远，福建漳浦县。

何棨，顺天府涿州。

华秉中，南直隶上海县。

郭嵩，湖广潜江县。

李佩，陕西南郑县。

王惟宁，陕西兴平县。

王宫用，直隶成安县。

杜完，四川宜宾县。

晁东吴，直隶开州。

江奎，辽东广宁中屯卫。

边偰，直隶任丘县。

李邦魁，山东高密县。

宋继祖，四川汉州。

赵教，湖广麻城县。

刘鸣阳，山西盂县。

林命，福建建安县。

夏儒，南直隶丹徒县。

徐浦，福建莆田县。

郭士髦，山西壶关县。

樊仿，江西南昌县。

张书绅，南直隶常熟县。

姜儆，江西南昌县。

孙大学，浙江山阴县。

黄泮，福建龙溪县。

周滋，山东清州左卫。

郭汝霖，江西吉安府永丰县。

崔孔昕，山东滨州。

刘祜，山东掖县。

刘以节，广东海阳县。

徐大壮，直隶长垣县。

姜子羔，浙江余姚县。

史朝富，福建晋江县。

唐继禄，南直隶上海县。

路王道，山西屯留县。

郭斗，云南云南右卫。

李一科，山东东平州。

党绪，锦衣卫。

王渐，山东潍县。

袁宗荣，浙江鄞县。

黄纪，江西临川县。

李希洛，山西太原左卫。

孙一正，陕西渭南县。

罗田，河南光山县。

刘冻，湖广麻城县。

李从教，陕西同州。

高应芳，江西金溪县。

何煁，南直隶南陵县。

祝尧焕，山东濮州。

冯叔吉，浙江慈溪县。

杨旦，浙江上虞县。

易道谈，湖广巴陵县。

熊坦，湖广兴国州。

张烈文，云南蒙化卫中右所。

成守节，山东曹州。

史桂芳，江西鄱阳县。

熊迥，四川富顺县。

吴非玉，福建莆田县。

王汝言，武骧左卫。

萧九成，直隶兴州后屯卫。

徐耀宗，山东蒙阴县。

魏学曾，陕西紫阳县。

李得春，湖广钟祥县。

戴冕，河南洛阳县。

史起蛰，南直隶江都县。

史官，河南河南卫。

冯舜渔，山西蒲州。

魏堂，湖广承天府奉祀所。

王业，陕西高陵县。

吴思敬，山东德州卫。

庞尚鹏，广东南海县。

田三戒，山东德州。

沈熙载，南直隶昆山县。

金应奎，浙江仁和县。

方攸绩，福建莆田县。

苏存，直隶任丘县。

杜鹏翔，顺天府霸州。

曾濂，江西吉安府永丰县。

毛钢，顺天府蓟州。

徐节，山西临汾县。

潘铨，浙江德清县。

祝舜龄，南直隶无锡县。

王咏，四川嘉定州。

崔大德，山西长治县。

王大任，陕西保安卫。

雷上儒，湖广嘉鱼县。

杜璿，山东丘县。

陈得骙，湖广应城县。

何惟憼，南直隶蒙城县。

古文炳，广东番禺县。

雷金科，福建建安县。

季永康，直隶沧州千户所。

张守道，陕西泾阳县。

苟延庚，四川峨眉县。

侯有功，江西浮梁县。

黄希宪，江西金溪县。

李一阳，福建同安县。

王治，山西忻州。

刘德宽，山西安邑县。

罗廷唯，四川永川县。

王可信，直隶平乡县。

安谦，直隶成安县。

曾震，四川合江县。

谢朝锡，四川富顺县。

孙川，福建连江县。

许宗镒，福建晋江县。

王文政，山东潍县。

季科，南直隶江阴县。

林富春，福建惠安县。

侯祁，山东郓城县。

武金，直隶井陉县。

龚情，南直隶上海县。

吴过，河南汝阳县。

陈瑞，福建长乐县。

霍超，广东南海县。

刘念，四川简州。

杜栋，山东即墨县。

罗复，江西南昌县。

郑文茂，浙江缙云县。

张国珍，四川永川县。

卢嘉庆，河南祥符县。

丁盛世，山东寿张县。

王可立，南直隶来安县。

张翀，广西柳州卫。

刘溱，河南安阳县。

朱裳，河南温县。

赵宗轨，直隶沧州。

乙卯　嘉靖三十四年两京十三藩乡试

解元

顺天府：杨濂，四川巫山县人，岁贡生，《春秋》。

应天府：张世熙，舒城县学生，《诗》。

浙江：郑卿，慈溪县学附学生，《诗》。

江西：闵文卿，浮梁县，《书》。

福建：黄懋冲。

湖广：刘伯燮，孝感县，《诗》，戊辰。

河南：陈嘉命，杞县学生，《诗》。

山东：田汝颖，阳信县，《诗》，己未。

山西：张鹏翰。

陕西：李苏，咸宁县学生，《易》。

四川：阴武卿，内江县学生，《书》，丙辰。

广东：袁炳，东莞县学附学生，《诗》，更名昌祚，辛未。

广西：张元孝。

云南：龙施，《诗》。

贵州。

丙辰　嘉靖三十五年会试

考试官：

太子太保兼大学士李本，汝立，浙江余姚县人，壬辰进士。

少詹事兼侍讲学士尹台，崇基，江西永新县人，乙未进士。

第一场

《四书》：

〇臣事君以忠。刊。

〇诗云维天之命，为天也。刊。

〇大而化之之谓圣，谓神。刊。

《易》：

〇刚健笃实，辉光日新其德。

〇中孚以利贞乃应乎天也。刊。

〇盛德大业至矣哉，盛德。刊。

〇神也者妙万物而为言者也。

《书》：

〇至诚感神，干羽于两阶。刊。

〇惟箘簵楛，包匦菁茅。

〇丕若有夏，有殷历年。

〇奉答天命，民居师。刊。

《诗》：

〇四牡孔阜，沃金①以觼軜。

〇天子万年保其家邦。刊。

〇凤凰鸣矣，雝雝喈喈。刊。

---

① “沃金”为“鋚”之讹。

○夙夜基命，单厥心。

《春秋》：

○盟瓦屋（隐八），胥命（桓三），伐郑萧鱼（襄十一）。

○伐山戎（庄三十），献戎捷（庄三十一）。刊。

○完盟召陵（僖四）。

○堕费（定十二）。刊。

《礼记》：

○论定然后官之，禄之。

○大学之法禁于，由兴也。刊。

○乐著太始而礼居成物。刊。

○驺虞者乐官备也。

第二场

论：

○圣人仁覆天下。刊。

诏诰表内科一道：

○拟汉令礼官劝学诏（元朔五年）。

○拟唐以张说兼集贤院学士诰（开元十六年）。

○拟御制《续念农诗》赐辅臣等和谢表。刊。

判语五条：

○官员赴任过限。

○虚出通关硃钞。

○致祭祀典神祇。

○卑幼私擅用财。

○军民约会词讼。

第三场

策五道：

○诏令（帝王两汉二祖皇上）。刊。

○汉唐宋诸儒穷经致用之得失。刊。

○儒辩（班固《艺文志》）。刊。

○唐宋兵财沿革。刊。

○平倭七议。刊。

时会试之士四千四百有奇，取金达等三百人，刻程文二十篇。达官至南京国子司业。

中式举人三百名。

金达，江西浮梁县学生，《书》。

诸大绶，浙江山阴县人，监生，《易》。

冯谦，浙江慈溪县学附学生，《诗》。

耿定向，湖广麻城县人，监生，《春秋》。

袁随，山东胶州学学正，《礼记》。

三月十五日，临策天下贡士。制曰：朕惟天命立君，以宰于率土，必有分理协助之臣，所谓邻哉也。吁！尧舜之克圣，不有高贤大良之助，岂二圣独劳耶？夫以古之元首股肱，真是一体，上下相资，不若兹时之大不同者。朕以心腹置人心腹中，何乃视我仇雠焉？安望为国恤民也？朕固无知人之哲、能官之智，我欲闻是知能之方。尔多士目观既真，当有益我知能之道，悉著以对，勿讳勿欺。

时廷对之士二百九十六人，赐诸大绶等进士及第、出身有差。大绶官至吏部左侍郎卒。

第一甲三名赐进士及第

诸大绶，浙江山阴县。

陶大临，浙江会稽县。

金达，江西浮梁县。

第二甲九十名赐进士出身

陈锡，浙江临海县。

孙铖，锦衣卫。

戴科，福建莆田县。

张凤来，浙江秀水县。

崔吉，广东南海县。

伍典，湖广祁阳县。

曹子朝，直隶兴州后屯卫。

张大猷，广东番禺县。

陆梦韩，浙江平湖县。

田稔，山东高唐州。

冯谦，浙江慈溪县。

查志立，浙江海宁县。

袁随，南直隶通州。

李键，浙江缙云县。

谢宗明，浙江会稽县。

黄翰，江西丰城县。

余良翰，江西奉新县。

杨锦，山东益都县。

严文梁，浙江乌程县。

阮自嵩，南直隶桐城县。

黄文豪，福建龙溪县。

陈南金，浙江余姚县。

阴武卿，四川内江县。

吴一介，南直隶桐城县。

杨成，南直隶长洲县。

胡孝，浙江仁和县。

赵贤，河南汝阳县。

方来崇，江西新建县。

唐景禹，浙江余姚县。

杨宗震，四川垫江县。

邹光祚，江西鄱阳县。

张正谟，江西南昌县。

杜思，浙江鄞县。

叶宗春，南直隶祁门县。

徐绍卿，浙江余姚县。

边惟垣，四川彭县。

王凝，湖广宜城县。

胡直，江西泰和县。

蔡国琮，江西奉新县。

邹善，江西安福县。

黎桂，江西万安县。

周逊，四川茂州卫。

张相，江西贵溪县。

葛邦典，南直隶常熟县。

曹梅，直隶盐山县。

祝继志，浙江山阴县。

屠羲英，南直隶宁国县。

张人纪，南直隶合肥县。

陆一鹏，浙江余姚县。

吴文华，福建连江县。

陈汲，南直隶泰州千户所。

胡帛，四川垫江县。

朱卿，山西长子县。

李廷观，江西丰城县。

张谐，南直隶六安卫。

郑卿，浙江慈溪县。

张梦鲤，山东莱阳县。

柴涞，光禄寺。

史朝宷，福建晋江县。

何显淑，四川荣县。

毛自道，山东平原县。

郑云鋆，福建闽县。

姜廷琜，山东掖县。

项治元，浙江嘉兴县。

叶应春，浙江会稽县。

凌迪知，浙江乌程县。

姚体信，浙江嘉兴县。

薛一鹗，山西芮城县。

黄可大，广东番禺县。

应存性，浙江仙居县。

薛守经，广东揭阳县。

高峌，湖广京山县。

熊俸，江西星子县。

葛纶，南直隶昆山县。

俞汝器，江西临川县。

杨承闵，浙江鄞县。

劳堪，江西德化县。

张文渊，四川西充县。

施笃臣，南直隶青阳县。

杨兆，陕西肤施县。

萧维翰，浙江秀水县。

程大宾，南直隶歙县。

杨修，四川南充县。

刘稔，湖广鄙县。

郑旻，广东揭阳县。

介一清，山西解州。

解明瑞，南直隶建阳卫。

龚大器，湖广公安县。

陈选，福建晋江县。

李承芳，江西永新县。

第三甲二百三名赐同进士出身

　　沈寅，浙江山阴县。

　　鲍承荫，山西长治县。

　　刘行素，直隶高阳县。

　　柴祥，浙江仁和县。

　　李际春，河南杞县。

　　马文健，山东巨野县。

　　赵灼，南直隶上海县。

　　杨铨，南直隶华亭县。

　　胡文，福建诏安县。

　　董学，浙江海宁县。

　　刘志伊，浙江慈溪县。

　　王楷，浙江永康县。

　　陈联芳，福建闽县。

　　陈复升，福建长乐县。

　　刘思问，河南孟县。

　　瓮蕙，直隶安肃县。

　　方岳，山东莱州卫。

　　查光述，南直隶常熟县。

　　黄廷聘，湖广道州。

　　陈旌，直隶故城县。

　　罗尚德，山西临汾县。

　　孙大霖，浙江余姚县。

　　刘岘，江西万安县。

　　马出图，山西辽州。

　　常三省，南直隶泗州。

　　王三聘，山西代州。

　　刘应峰，湖广茶陵州。

　　杨汝辅，江西南昌县。

　　李汝宽，山西闻喜县。

　　陆凤仪，浙江兰溪县。

　　程汝盛，江西浮梁县。

　　张学古，直隶南宫县。

　　张天驭，直隶深州。

　　潘清亶，浙江上虞县。

　　童承契，湖广沔阳州。

卢仲佃，浙江东阳县。

贺贲，河南灵宝县。

张鸣瑞，四川泸州。

杜谦，河南裕州。

黎复性，广东南海县。

曹大川，四川巴县。

史永寿，山西翼城县。

王尚直，直隶昌黎县。

包桎芳，浙江嘉兴县。

胡应嘉，南直隶沭阳县。

曹一麟，山东安丘县。

蔡完，湖广黄陂县。

林德，福建长乐县。

杨进道，直隶曲周县。

唐九德，湖广湘潭县。

戴廷忞，湖广辰州卫。

冯符，南直隶吴县。

陈一谦，广西鬱林州。

龚芝，浙江会稽县。

梁栋，陕西西安前卫。

章汝槐，江西临川县。

李用芡，山东高唐州。

侯廷柱，山东诸城县。

何廷锦，福建邵武县。

尚德恒，四川南充县。

林润，福建莆田县。

辛自修，河南襄城县。

王用中，山西大同县。

姚汝循，南京锦衣卫。

江朝，福建漳浦县。

蒋弘德，四川巴县。

杨衍庆，牧马千户所。

黄宸，广东大浦县。

曾省吾，湖广承天卫。

胡定，湖广崇阳县。

韩忝，四川泸州卫。

陈所学，浙江海盐县。
杨道亨，浙江秀水县。
黎民衷，广东从化县。
张胆，南直隶高邮州。
杨标，江西清江县。
周心易，山西绛州。
张一霁，河南睢阳卫。
乔伊，顺天府三河县。
袁淳，江西雩都县。
王得春，山西安邑县。
李启昭，湖广蕲州卫。
徐必进，南直隶六安县。
张焯，福建闽县。
王淓，直隶营州中屯卫。
刘子延，直隶沧州。
傅希挚，直隶衡水县。
张问仁，陕西西宁卫。
董懋，四川泸州。
黄镆，福建铜山千户所。
汪廷钺，湖广崇阳县。
屠镳，浙江嘉兴县。
黎元，四川涪州。
沈桂，南直隶无为州。
陈纪，福建瓯宁县。
何维复，广东番禺县。
周舜岳，江西安仁县。
蔡明复，福建漳浦县。
赵孟豪，广西全州。
夏时，南直隶华亭县。
胡汝桂，山东金乡县。
赵时齐，浙江兰溪县。
耿定向，湖广麻城县。
范以作，四川富顺县。
温如璋，河南洛阳中护卫。
夏可范，江西瑞昌县。
黄琮，浙江嘉兴千户所。

吴宗周，南直隶怀宁县。

郜大经，直隶吴桥县。

申佐，直隶永年县。

王道充，南直隶太仓州。

袁大诚，浙江鄞县。

刘世昌，陕西高陵县。

毛汝贤，浙江嘉善县。

陈应诏，南直隶泰州千户所。

周诗，浙江钱塘县。

王嘉言，山东临淄县。

谢封，南直隶无为州。

祝尔介，浙江龙游县。

胡顺华，湖广澧州千户所。

金瓯，南直隶六安州。

杜华，顺天府霸州。

张铭，山东胶州。

汤彬，浙江海盐县。

张科，江西湖口县。

邹应龙，陕西长安县。

郑洛，直隶安肃县。

黄九成，陕西城固县。

韩宰，直隶隆平县。

武建邦，山东馆陶县。

刘永宁，山西长子县。

李遂，直隶景州。

倪光荐，顺天府平谷县。

商诰，山东平原县。

王同伦，河南辉县。

张大业，山东德州左卫。

卞锡，浙江嘉善县。

薛曾，福建福清县。

孙丕扬，陕西富平县。

杨柏，河南商丘县。

陈万言，广东南海县。

吴朝仪，江西临川县。

徐养相，河南睢阳卫。

李邦义，广东连州。

高察，四川内江县。

陈子佐，福建惠安县。

李世藩，直隶临城县。

孙梦豸，山东昌邑县。

晋应槐，山西洪洞县。

何邦礼，福建福清县。

许自新，福建晋江县。

漆汝翼，湖广巴陵县。

牛镜，直隶献县。

钱于麟，浙江嘉善县。

左钧，直隶唐县。

李维，南直隶蒙城县。

李思悦，广东海阳县。

赵大河，南直隶江阴县。

罗崇谦，广东番禺县。

操时贤，江西浮梁县。

李齐芳，直隶成安县。

林丛槐，福建同安县。

林应雷，福建闽县。

傅思明，山东博平县。

郑舜臣，浙江山阴县。

郭志选，宣府万全右卫。

吴守，湖广宜都县。

伍令，江西安福县。

唐汝迪，南直隶宣城县。

陈善道，直隶蠡县。

范宗吴，直隶晋州。

苏朝宗，河南汲县。

李承式，山西大同县。

郭东，山西高平县。

陈瓒，南直隶常熟县。

黄诰，广东东莞县。

黄鹗，南直隶泰州。

刘孝，河南安阳县。

汤应科，福建龙溪县。

颜鲸，浙江慈溪县。

孟洙，河南祥符县。

韩君恩，山西沁水县。

郝杰，山西蔚州。

程纯，河南光山县。

张士佩，陕西韩城县。

陈忠翰，山东濮州。

杨霆，顺天府顺义县。

杨旀，河南延津县。

丁尧相，河南汝州。

张守贞，直隶故城县。

蔚钟，山东寿光县。

卢煌，河南郑州。

郑大经，浙江西安县。

史官，山西翼城县。

尹校，锦衣卫。

邢守庭，河南临颍县。

刘有诚，山西宁乡县。

胡钥，湖广潜江县。

杨逢节，河南固始县。

任福民，锦衣卫。

方新，南直隶青阳县。

李世达，陕西泾阳县。

李时渐，山东寿光县。

戊午　嘉靖三十七年两京十三藩乡试

解元

顺天府：达其道，任县学生，《诗》，己未。

应天府：佘毅中，铜陵县学附学生，《诗》，甲戌。

浙江：张巽，秀水县学生，《诗》。

江西：习孔教，吉安府学生，《易》，戊辰。

福建：黄才敏，泉州府学附学生，《礼记》，乙丑。

湖广：陈述龄，沔阳州学生，《诗》，甲戌。

河南：刘奋庸，河南府学生，《诗》，己未。

山东：张焕，青州府学生，《易》，乙丑。

山西：李尚思，曲沃县学增广生，《易》，戊辰。

陕西：王言。

四川：杨沂，顺庆府学生，《书》，戊辰。

广东：李学一，归善县学增广生，《诗》，戊辰。

广西：佘立，柳州府学增广生，《诗》，壬戌。

云南：刘诰，保山县学生，《书》。

贵州：莫期尹，贵州宣慰司学生，《书》。

己未　嘉靖三十八年会试

考试官：

吏部右侍郎兼学士李玑，邦在，江西丰城县人，乙未进士。

太常寺少卿兼学士严讷，敏卿，南直隶常熟县籍吴县人，辛丑进士。

第一场

《四书》：

○举贤才，人其舍诸。刊。

○德为圣人尊为天子。刊。

○禹稷当平世，孔子贤之。刊。

《易》：

○元吉在上大有庆也。刊。

○六四安节亨，承上道也。

○一阴一阳之谓道，性也。刊。

○离也者明也。

《书》：

○好生之德洽于民心。

○以承上下神祇，祇肃。

○公其以予万亿年敬天之休。刊。

○申画郊圻，以康四海。刊。

《诗》：

○为此春酒以介眉寿。

○王命南仲，玁狁于襄。刊。

○聿修厥德，自求多福。刊。

○明昭上帝迄用康年。

《春秋》：

○胥命（桓三），伐郑萧鱼（襄十一）。

○执郑詹（庄十七）。刊。

○救晋雍榆（襄二十三）。

○会夹谷（定十），堕费（定十二）。刊。

《礼记》：

○天道至教圣人至德。刊。

○天子揩珽方正于天下也。

○凡音者生人心者也，其政和。刊。

○圭璋特达德也。

第二场

论：

○圣人所以合内外之邀。刊。

诏诰表内科一道：

○拟汉令养老礼诏（永平二年）。

○拟唐以房玄龄、杜如晦为仆射诰（贞观三年）。

○拟含誉瑞星见辅臣杨士奇进贺诗表（宣德五年）。刊。

判语五条：

○钱粮互相觉察。

○致祭祀典神祇。

○不操练军士。

○老幼不拷讯。

○修理桥梁道路。

第三场

策五道：

○唐尧钦天获甘露，皇上钦天获甘露。刊。

○虞周慎刑合于易，二祖皇上慎刑见乎辞。刊。

○民奢士靡（荀悦屏四患，康澄六可畏）。刊。

○得循吏在崇实。刊。

○冗兵耗财（简兵练土著罢召募调遣，复屯田修盐法以利久远）。刊。

时会试之士四千六百有奇，取蔡茂春等三百人，刻程文二十篇。春官至南京礼部郎中。

中式举人三百名。

蔡茂春，顺天府三河县人，监生，《诗》。

林奇材，福建晋江县人，监生，《易》。

毛惇元，浙江余姚县人，监生，《春秋》。

张烈，南直隶松江府学附学生，《书》。

王之翰，南直隶祁门县学生，《礼记》。

三月十五日，临策天下贡士。制曰：朕恭承上天明命，君此华夷，亦既有年矣。夙夜持敬，不敢怠恣，一念在民，欲人人得所。夫与我共理者，人各一心，皆未见以我心而是体，百务惟欺君，以欺天害民，亦害物。彼尝言之者，后尽背而弃之。夫大学之道，专以用人理财为念。用得其人，政自治；财理得宜，用自足。吁！人之不我用，而代理之责，岂我独能耶？兹欲闻人得用、财得理以至治美刑平、华尊夷遹久安之计，何道可臻？尔多士其言之，必尽所怀焉。

时廷对之士三百三人，赐丁士美等进士及第、出身有差。士美官至吏部左侍郎，卒谥文恪。是科王淑、王湜，甄沛、甄津皆兄弟同登。

第一甲三名赐进士及第
    丁士美，南直隶清河县。
    毛惇元，浙江余姚县。
    林士章，福建漳浦县。
第二甲八十名赐进士出身
    陆光祚，锦衣卫。
    何子寿，锦衣卫衣中所。
    王湜，江西新建县。
    蔡茂春，顺天府三河县。
    吴椿，江西新建县。
    张烈，南直隶华亭县。
    黄宏宇，太医院。
    朱奎，江西南昌县。
    毛为光，浙江鄞县。
    林澄源，福建莆田县。
    陈懋兴，福建侯官县。
    黄翼，湖广长沙卫。
    张祥鸢，南直隶金坛县。
    吴绍，浙江秀水县。
    张仲谦，南直隶上海县。
    李纪，南直隶泗州。
    沈启原，浙江秀水县。
    蔡万，福建晋江县。
    陈应麟，锦衣卫。
    包汴，浙江嘉兴县。
    达其道，直隶任县。

陈觐，浙江余姚县。

陆相儒，浙江嘉兴县。

王元敬，浙江山阴县。

程学博，湖广孝感县。

张光汉，河南武安县。

刘一儒，湖广夷陵州。

陶幼学，浙江会稽县。

吕鸣珂，锦衣卫。

邵畯，浙江余姚县。

程道东，南直隶歙县。

蔡国熙，直隶永年县。

曹一凤，山东安丘县。

陈成甫，浙江余姚县。

林奇迪，福建莆田县。

张桥，云南右卫。

郭孝，浙江仁和县。

衷贞吉，江西南昌县。

栗魁周，山西阳城县。

尹儒，湖广随州。

桂枝扬，江西德安县。

杨吉，陕西肤施县。

钱镇，浙江乌程县。

曾同亨，江西吉水县。

孙诏，浙江嘉兴县。

林奇材，福建晋江县。

汪如海，南直隶黟县。

周汝德，江西丰城县。

皮豹，应天府上元县。

刘大受，顺天府大城县。

郭廷臣，江西南昌县。

范燧，陕西郃阳县。

沈奎，南直隶江阴县。

刘大遗，福建晋江县。

李学礼，南直隶颍州。

周聚星，浙江永康县。

王葑，浙江丽水县。

赵宋，南直隶兴化县。

胡僖，浙江兰溪县。

吴兑，浙江山阴县。

应存卓，浙江仙居县。

李穟，顺天府蓟州。

钱藻，南直隶如皋县。

华汝砺，南直隶无锡县。

徐卿龙，南直隶上海县。

范惟丕，南直隶华亭县。

韩邦宪，应天府高淳县。

姜国华，浙江慈溪县。

顾名世，南直隶上海县。

钱顺时，南直隶常熟县。

张子仁，南直隶无锡县。

王阗，直隶清苑县。

邓之屏，四川巴县。

戈九畴，锦衣卫。

游醇卿，南直隶婺源县。

贾选，河南祥符县。

胡廷黼，湖广浏阳县。

宋豫卿，四川富顺县。

张尚大，江西万安县。

叶宪，江西南昌县。

欧阳穀，江西安福县。

沈节甫，浙江乌程县。

刘奋庸，河南洛阳县。

林灿章，福建莆田县。

田汝颖，山东阳信县。

第三甲二百一十五名赐同进士出身

王淑，江西新建县。

陈绍登，南直隶武进县。

孙枝，浙江仁和县。

崔栋，河南泌阳县。

潘一桂，顺天府忠义中卫。

秦嘉楫，南直隶上海县。

胡维新，浙江余姚县。

解宋，南直隶兴化县。

王期古，山西潞州卫左所。

燕儒宦，河南鲁山县。

黄襄，福建南安县。

陈省，福建长乐县。

牛若愚，河南祥符县。

舒化，江西临川县。

刘曰睿，江西南昌县。

雷稽古，山东恩县。

王之翰，南直隶祁门县。

黄鹤，河南杞县。

张德恭，河南光山县。

林茂勋，福建福州右卫。

汪若泮，贵州贵州卫。

蔡可教，直隶成安县。

甄沛，山东鱼台县。

查志隆，浙江海宁县。

张承贲，浙江上虞县。

房楠，河南汝阳县。

宿度，山东掖县。

佘敬中，南直隶铜陵县。

沈子木，浙江归安县。

谢东阳，四川保宁千户所。

公一扬，山东蒙阴县。

黄嘉宾，福建崇安县。

王儒，浙江嘉兴县。

张宪臣，南直隶昆山县。

王友贤，山西宁乡县。

董文寀，金吾前卫。

林应节，福建莆田县。

李思柱，直隶武邑县。

俞守道，浙江仁和县。

王天爵，南直隶吴县。

杨廷选，锦衣卫镇抚司。

赵熙靖，南直隶武进县。

王育仁，江西泰和县。

荆文焀，南直隶丹阳县。

邢实，山西洪洞县。

贺邦泰，南直隶丹阳县。

周之屏，湖广湘潭县。

张进思，山西沁州。

王堂，四川涪州。

游日章，福建莆田县。

张士纯，浙江安吉州。

欧阳模，福建南安县。

黄国华，江西丰城县。

宋训，河南新蔡县。

随承业，山东聊城县。

顾奎，南直隶通州。

李迁梧，山东安丘县。

沈如麒，顺天府霸州。

刘汉儒，河南沈丘县。

杨应东，云南太和县。

张翰翔，应天府溧阳县。

李江，锦衣卫。

王用桢，四川南充县。

蒋彬，南直隶吴县。

汤仰，四川成都后卫新都驿。

黄枢，江西南昌县。

卢修可，河南许州。

陈思忠，福建莆田县。

苏松，四川广安州。

邓洪震，广西宣化县。

张卤，河南仪封县。

岳相，山东寿光县。

郜光先，山西长治县。

邵梦麟，南直隶滁州。

朱缥，应天府溧阳县。

严从简，浙江嘉兴县。

万庆，南直隶和州。

金定，顺天府平谷县。

胡执礼，陕西永昌卫。

石星，直隶东明县。

陈于陛，直隶曲周县。

冯成能，浙江慈溪县。

宋纁，河南商丘县。

李承选，河南延津县。

俞咨益，浙江山阴县。

刘宗岱，山东历城县。

李尧德，直隶永年县。

岑用宾，广东顺德县。

刘庠，湖广钟祥县。

沈稠，浙江归安县。

高文荐，四川成都右卫。

顾坚，南直隶吴县。

林舜道，福建闽县。

欧阳一敬，江西彭泽县。

史嗣元，浙江余姚县。

彭文质，福建莆田县。

沈人种，南直隶嘉定县。

林朝聘，福建闽县。

蒋三益，四川成都前卫。

田登年，四川忠州。

霍与瑕，广东南海县。

何源，江西广昌县。

张敏德，江西万安县。

罗黄裳，广东高明县。

陈云桂，福建莆田县。

冯善，河南汝宁千户所。

王君赏，山东淄川县。

魏时亮，江西南昌县。

夏道南，浙江余姚县。

邓楚望，湖广麻城县。

严大纪，太医院。

朱炳如，湖广衡州卫。

曹自守，山东荏平县。

李辙，陕西凤翔县。

潘儁，江西武宁县。

徐钺，江西南丰县。

程光甸，南直隶太湖县。

何起凤，四川内江县。

朱湘，浙江义乌县。

曹栋，南直隶丹徒县。

邓球，湖广祁阳县。

雷鸣春，南直隶怀宁县。

黄纬，山东益都县。

包大燧，浙江鄞县。

何永庆，河南怀庆府仪卫司。

纪诚，顺天府文安县。

刘芬，直隶真定县。

徐濬，广西柳州卫。

杨钤，直隶邢台县。

潘良贵，神武左卫。

乐舜宾，浙江定海县。

赵云程，顺天府大兴县。

张凤岐，浙江嘉兴县。

蔡一槐，福建晋江县。

王徽猷，福建晋江县。

郑栋，江西万年县。

杨起元，直隶栾城县。

楼如山，浙江东阳县。

王爱，浙江秀水县。

刘一孚，山东益都县。

何思谨，山东莒州。

李文续，四川宜宾县。

徐惟辑，浙江江山县。

梅惟和，贵州普定卫。

张岳，浙江余姚县。

赵格，江西安福县。

王世懋，南直隶太仓州。

赖嘉谟，江西万安县。

郭天禄，直隶保定后卫。

徐廷裸，南直隶昆山县。

赵莘，直隶长垣县。

谢廷杰，江西新建县。

李辅，江西进贤县。

庞澜，直隶任丘县。

李琦，光禄寺。

蔡悉，南直隶合肥县。

刘介龄，广东南海县。

张榏，江西新城县。

戴凤翔，浙江嘉兴县。

吴教传，山东朝城县。

翟台，南直隶泾县。

杨津，山东诸城县。

程鸣伊，山东乐安县。

梁梧，河南信阳卫。

邢邦，山东临清州。

蒋凌汉，四川金堂县。

詹彬，福建安溪县。

熊秉元，江西丰城县。

丘达道，四川绵州。

平康裕，直隶新城县。

孙汝翼，顺天府密云县。

王缉，山西汾州卫。

张齐，陕西长安县。

顾廷对，南直隶泰州。

宋擢，陕西渭南县。

吴于诗，四川荣县。

贾淇，河南嵩县。

尹约，山东平阴县。

周鸣埙，湖广蕲水县。

郁言，浙江山阴县。

黄仪，广东东莞县。

赵讷，山西孝义县。

张希稷，山东高苑县。

洪有第，福建南安县。

孙光祖，浙江慈溪县。

冯珊，直隶藁城县。

郑惟侨，湖广石首县。

高大化，山东沂水县。

鲍宗沂，南直隶江都县。

甄津，山东鱼台县。

夏永，辽东广宁前屯卫。

孙代，陕西扶风县。

周美，浙江富阳县。

李向阳，四川雅州。

罗大玘，江西南昌县。

高甲，大宁都司中卫后所。

雷以仁，湖广夷陵州。

雷孔文，四川大足县。

杨枢，山西阳城县。

王廷瞻，湖广黄冈县。

李承嗣，浙江鄞县。

张庸，河南光山县。

侯栽①，山西长治县。

张缙，河南安阳县。

侯必登，云南广南卫。

刘南金，河南祥符县。

张振之，南直隶太仓州。

张蕴道，山西宁乡县。

郭大纶，锦衣卫。

周弘祖，湖广麻城县。

马文学，直隶雄县。

吴逢春，广东海阳县。

胡儒，浙江会稽县。

段朝宗，陕西朝邑县。

张诩，山东登州卫。

辛酉　嘉靖四十年两京十三藩乡试

解元

顺天府：金一凤，任丘县学生，《诗》。

应天府：许国，歙县学生，《诗》，乙丑。

---

① 《索引》作"侯栽"。

浙江：卢渐，宁波府学附学生，《易》，乙丑。

江西：黄文炜，建昌府学增广生，《易》，壬戌。

福建：赵秉忠，瓯宁县学生，《书》，甲戌。

湖广：王万善，衡州府学生，《诗》。

河南：何洛文，信阳州学生，《书》，乙丑。

山东：崔桓，平度州学生，《诗》。

山西：李日强，曲沃县学增广生，《春秋》，乙丑。

陕西：薛亨，韩城县，《书》，辛未。

四川：顾绍履，成都人，《易》。

广东：王弘海，定安县学附学生，《诗》，乙丑。

广西：马千乘，全州，《诗》。

云南：唐尧官①，晋宁州学增广生，《易》。

贵州：李维祜②，清平卫学生，《礼记》。

壬戌　嘉靖四十一年会试

考试官：

太子太保兼大学士袁炜，懋中，浙江慈溪县人，戊戌进士。

吏部左侍郎兼学士董份，用均，浙江乌程县人，辛丑进士。

第一场

《四书》：

〇事君能致其身。刊。

〇悠久无疆。刊。

〇文王以民力，曰灵沼。刊。

《易》：

〇天且不违而况于人乎。

〇元吉在上大成也。刊。

〇□□□□□③至神其孰能与于此。

〇天地设位圣人成能。刊。

《书》：

〇光被四表格于上下。刊。

〇江汉朝宗于海。

---

① 《皇明三元考》作"唐尧臣"。

② 《皇明三元考》作"李惟祜"。

③ 此数字模糊难辨，疑为"非天下之"。

○曰雨曰旸，各以其叙。刊。

○道洽政治泽润生民。

《诗》：

○于以盛之，维锜及釜。

○似续妣祖，爰笑爰语。刊。

○显显令德，受禄于天。刊。

○以介眉寿，思皇多祜。

《春秋》：

○会曹，伐郑（桓十六）。刊。

○单伯伐宋（庄十四），城邢（僖元）。

○伐郑萧鱼（襄十一），衎归卫（襄二十六）。刊。

○舍至晋（昭二十四）。

《礼记》：

○君赐车马，服以拜赐。

○清明象天广大象地。刊。

○夫是以天下太平也，承事矣。刊。

○仁者天下之表也。

第二场

论：

○人君其尊如天。刊。

诏诰表内科一道：

○拟汉令百官各贡忠诚诏（永平十八年）。

○拟唐以郭子仪为中书令诏（乾元元年）。

○拟周王得驺虞于神后山以献群臣贺表（永乐二年）。

判语五条：

○举用有过官吏。

○卑幼私擅用财。

○监临势要中盐。

○边境申索军需。

○织造违禁段疋。

第三场

策五道：

○帝王汉唐宋之德业臣有颂述，二祖皇上之德业臣宜颂述。刊。

○博学固难，知要尤难。刊。

○金谷之嬴缩（足国先在足民，兴利先贵除害）。刊。

○人物（植高世之节，怀经世之具）。刊。

〇戎务在练兵（西北蓟镇宣大虏患，东南浙直闽广江右倭患）。刊。

时会试之士四千五百有奇，取王锡爵等三百人，刻程文二十篇。
中式举人三百名。
王锡爵，南直隶太仓州人，监生，《春秋》。
成钟音，顺天府遵化县学生，《诗》。
华启直，南直隶无锡县学生，《易》。
杨州民（更名俊民），山西蒲州人，监生，《礼记》。
叶士宾，福建莆田县儒士，《书》。

三月十五日，临策天下贡士。制曰：朕惟自昔帝王，莫圣于尧舜。史称尧舜垂衣裳而天下治矣，然当其时，下民犹咨洚水为灾，有苗弗率，则犹有未尽治平者。岂二帝固弗之恤欤？抑其臣任之于下，而上可以无为？不然，何以垂衣而治也？三代莫盛于成周，宣王中兴，《诗》称召伯平淮夷，方叔征蛮荆，吉甫伐猃狁，惟得其人，以分命之，是以不劳而治。朕常嘉之，甚慕之。朕抚天下四十有一年于此矣，夙夜敬事上帝，宪法祖宗，选任文武大吏之良，思与除民之害而遂其生，兢业不遑，未尝有懈。间者水旱为灾，黎民阻饥，戎狄时警，边围弗靖，而南贼尤甚，历时越岁，尚未底宁。岂有司莫体朕心，皆残民以逞有以致之欤？抑选任者未得其人，或多失职欤？将疆圉之臣未能殚力制御玩寇者欤？夫朕有爱民之心而泽未究，有遏乱之志而效未臻，固以今昔不类，未得如古任事之臣耳。兹欲使上下协虑，政事具修，兵足而寇患以除，民安而邦本以固，灾咎可弭，困穷可复，以媲美虞周之治，其何道而可？尔诸士悉心陈列，勿惮勿隐，朕将采而行焉。

时廷对之士二百九十九人，赐徐时行等进士及第、出身有差。时行后复申姓。按：成化辛丑科新都杨春乃戊戌科杨廷和父，嘉靖己未科嘉兴包汴乃丙辰科包柽芳父，是科承天曾璠乃丙辰科曾省吾父。世有父子同登者，遇固奇矣，然而父后子登者，其父志亦壮哉。

第一甲三名赐进士及第
　　徐时行，南直隶吴县籍，长洲县人。
　　王锡爵，南直隶太仓州。
　　余有丁，浙江鄞县。
第二甲八十五名赐进士出身
　　戚元佐，浙江嘉兴县。
　　项钶，浙江嘉善县。
　　潘允端，南直隶上海县。
　　佘立，广西柳州卫。

张廷臣，广东番禺县。

陈洙，福建长乐县。

郭文和，金吾左卫。

朱润身，应天府江宁县。

徐作，江西南昌县。

郑惇典，福建侯官县。

蔡一楠，福建漳浦县。

李材，江西丰城县。

杨俊民，山西蒲州。

傅霖，山西忻州。

吴善，福建龙溪县。

万廷言，江西南昌县。

徐用检，浙江兰溪县。

王宜，福建莆田县。

叶以蕃，浙江遂昌县。

徐元气，南直隶宣城县。

陈大章，浙江鄞县。

阚继禹，四川南溪县。

钟振，广东合浦县。

董原道，四川巴县。

沈玄华，浙江秀水县。

史槚，浙江会稽县。

林烃，福建闽县。

王廷辅，江西浮梁县。

刘经纬，江西进贤县。

杨世华，浙江余姚县。

苏愚，南直隶如皋县。

许孚远，浙江德清县。

陈学曾，东胜右卫。

曾璠，湖广承天卫。

曹子登，直隶兴州后屯卫。

冯敏功，浙江平湖县。

王同赞，福建晋江县。

项思教，浙江临海县。

周浩，浙江杭州右卫。

吕藿，湖广零陵县。

成钟音，顺天府遵化县。

陈有年，浙江余姚县。

张允济，顺天府固安县。

王锡命，浙江秀水县。

马顾泽，南直隶长洲县。

史诩，江西永新县。

陈学伊，福建南安县。

林乔相，福建泉州府。

蔡可贤，直隶成安县。

吴焯，广西宾州。

贾应元，顺天府遵化县。

陈烨，山东诸城县。

徐柏，福建浦城县。

李汶，直隶任丘县。

徐学古，河南洛阳县。

洪忻，山西蒲州。

王续之，四川南充县。

费尧年，江西铅山县。

郭棐，广东南海县。

叶士宾，福建莆田县。

丁应璧，山东寿光县。

杨汝允，江西南昌县。

周禧，湖广蕲州。

诸察，浙江余姚县。

王俸，浙江嘉善县。

张大忠，浙江秀水县。

游季勋，江西丰城县。

朱应时，羽林左卫。

孙应元，湖广承天卫。

杨楠，云南太和县。

张九歌，山东曹州。

陈俊，广东南海县。

吴孔性，浙江遂昌县。

梁纲，山西稷山县。

孙坤，河南睢州。

刘浡，河南陈州卫。

张希召，山东高苑县。

陈贤，四川苍溪县。

吕一静，南直隶贵池县。

俞南金，浙江平湖县。

徐廷绶，浙江淳安县。

万振孙，南直隶合肥县。

隗邦衡，湖广潜江县。

项笃寿，浙江嘉善县。

段孟贤，江西湖口县。

第三甲二百十一名赐同进士出身

蔡叔逵，河南卫辉千户所。

杜辂，山东泗水县。

王乾章，浙江东阳县。

张崇伦，湖广应城县。

蒙诏，广东番禺县。

张从律，南直隶华亭县。

戴濂，浙江丽水县。

吉大同，直隶开州。

徐一忠，浙江慈溪县。

沈廷观，南直隶吴江县。

崔镛，陕西绥德卫。

李台，浙江寿昌县。

王桢，江西南昌县。

卜相，浙江嘉兴县。

艾杞，陕西米脂县。

王谟，河南颍川卫。

吴维京，浙江孝丰县。

刘之蒙，顺天府霸州。

吴一琴，直隶成安县。

范爱众，东胜右卫。

孙以仁，山东登州卫。

袁三接，广东香山县。

陈烈，福建建安县。

王同道，湖广黄冈县。

李惟观，四川泸州。

严镃，光禄寺。

马会，四川南部县。

郭良，福建惠安县。

吴一本，湖广沔阳卫。

陈邦颜，福建晋江县。

贾仁元，山西万泉县。

黄文炜，江西南城县。

刘世曾，四川巴县。

萧守身，河南怀庆卫。

秦峥，直隶长垣县。

王宇，山西安邑县。

胡嘉谟，陕西泾阳县。

蒋机，江西丰城县。

薛东海，山西石州。

李学道，浙江东阳县。

辛应乾，山东安丘县。

彭富，云南大理卫。

王嘉祥，山东莘县。

田成法，湖广蕲州。

薛德统，福建福清县。

舒应龙，广西全州。

刘早，山东胶州。

张镈，陕西武功县。

邹廷望，湖广新化县。

陈颐正，浙江慈溪县。

刘珮，山西盂县。

李鹗，直隶灵寿县。

杨成名，福建建安县。

赵应元，浙江仁和县。

刘翾，四川内江县。

李寅宾，南直隶婺源县。

周咏，河南延津县。

王宗载，湖广京山县。

陈三纲，浙江鄞县。

刘士阶，江西南昌县。

王汝梅，直隶安肃县。

陈楠，浙江奉化县。

杨文明，江西南昌县。

刘泮，南直隶江都县。

王嘉言，南直隶江阴县。

王原相，广东番禺县。

赵睿，南直隶泾县。

蒋致大，南直隶武进县。

钱贡，浙江桐乡县。

戚于国，浙江秀水县。

艾可久，南直隶上海县。

林梓，浙江钱塘县。

王泽，燕山前卫。

王以纁，顺天府文安县。

蔚元康，河南宣武卫。

曹当勉，湖广江夏县。

王时举，锦衣卫。

刘寅，直隶博野县。

罗青霄，四川忠州。

任惟镗，四川巴县。

王纳言，南直隶武进县。

李承绪，江西永新县。

盛时选，锦衣卫。

皮汝谦，云南蒙化卫。

丁诚，山西安邑县。

祝尚义，腾骧左卫。

柴宗义，山西安邑县。

郜永春，直隶长垣县。

蹇达，四川重庆县。

段绣，山西蒲州千户所。

刘田，河南南阳卫。

侯思古，浙江临海县。

王篆，湖广夷陵州。

黄学海，辽东广宁左屯卫。

郭梦得，福建同安县。

胡价，湖广宜城县。

史文龙，南直隶武进县。

莫天赋，广东海康县。

乔应春，武骧左卫。

王学古，陕西朝邑县。

张璇，浙江昌国卫。

李复聘，陕西盩厔县。

李橡，江西丰城县。

宗弘暹，浙江嘉兴县。

鲍尚伊，南直隶歙县。

华启直，南直隶无锡县。

陈应春，福建长乐县。

席上珍，陕西南郑县。

殷登瀛，南直隶宣城县。

任春元，浙江余姚县。

郑钦，南直隶泾县。

吴从宪，福建晋江县。

朱朋求，浙江上虞县。

王燹，浙江山阴县。

张国谦，福建晋江县。

周世选，直隶故城县。

栗祁，山东夏津县。

龙光，湖广长沙卫。

宋守约，山西长治县。

刘时秋，顺天府宝坻县。

孙光祜，山西绛州。

周标，福建晋江县。

陈谟，湖广麻城县。

赵可镕，四川泸州。

周宷，江西安福县。

丘承祖，四川成都左护卫。

张国彦，直隶邯郸县。

翟绣裳，山西闻喜县。

黄思近，福建南安县。

陈文谟，浙江慈溪县。

钟继元，浙江桐乡县。

程文著，南直隶婺源县。

陈希文，浙江钱塘县。

武尚贤，顺天府永清县。

李可久，山西阳城县。

萧大亨，山东泰安州。

王叔杲，浙江永嘉县。

王承芳，陕西宁羌卫。

李苘，山东寿光县。

雷大壮，河南上蔡县。

朱崇道，山东费县。

吴镇，腾骧左卫。

李学思，直隶易州。

李崧，陕西秦州卫。

王之垣，山东新城县。

杨子实，直隶河间县。

李贞元，湖广应山县。

周希旦，南直隶旌德县。

郭谏臣，南直隶长洲县。

李畿嗣，湖广蕲水县。

滕伯轮，福建瓯宁县。

潘民模，湖广襄阳县。

单讷，直隶枣强县。

陈于阶，东胜右卫。

廖际可，直隶卢龙卫。

庄国桢，福建晋江县。

陈宪，山东莱阳县。

李与善，山东长清县。

谢表，浙江钱塘县。

王廷简，四川邛州。

陈大壮，南直隶通州。

李勋，旗手卫。

张应福，直隶魏县。

钟崇文，江西南昌县。

饶仁侃，湖广崇阳县。

杨愈茂，陕西安化县。

钟毂，浙江上虞县。

牛应龙，顺天府固安县。

陈廷芝，忠义后卫。

张峥，直隶开州。

朱泰，浙江鄞县。

丘腾，湖广沔阳州。

谭启，四川大宁县。

周思充，浙江余姚县。

刘继文，南直隶灵璧县。

张守中，南直隶高邮州。

邓宗孔，广西崇善县。

齐康，直隶永年县。

张应治，浙江秀水县。

凌琯，南直隶歙县。

赵岩，浙江崇德县。

张问明，山西猗氏县。

仇炅，山西长治县。

王嘉宾，山东滕县。

王问臣，南直隶长洲县。

马文炜，山东安丘县。

唐炼，湖广常德卫。

许天琦，福建晋江县。

徐尚，四川涪州。

马明谟，直隶广平县。

郭崇嗣，直隶肥乡县。

李松，顺天府大城县。

伦文，广东顺德县。

马近奎，南直隶贵池县。

高则益，江西南昌县。

孙振宗，福建晋江县。

徐养大，河南睢阳卫。

赵体敬，山西太谷县。

彭范，四川汉州。

吴自峒，南直隶桐城县。

傅文藻，浙江鄞县。

任汝亮，山西猗氏县。

郑履淳，浙江海盐县。

李师孔，直隶开州。

穆文熙，直隶东明县。

周以敬，江西上饶县。

陈文燧，江西临川县。

魏汝翼，陕西泾阳县。

王棽，山东阳信县。

吴善言，直隶成安县。

何文维，辽东定辽后卫。

皇明贡举考卷之八

海州张朝瑞辑

甲子　嘉靖四十三年两京十三藩乡试

解元

顺天府：章礼，顺天府学附学生，《易》，戊辰。

应天府：沈位，吴江县学增广生，《书》，戊辰。

浙江：王家栋，嘉兴县学生，《易》，甲戌。

江西：祝眉寿，德兴县学生，《易》。

福建：王大道，兴化府学，《书》。

湖广：刘守泰，麻城县学附学生，《春秋》，辛未。

河南：阎邦宁，原武县学生，《诗》，戊辰。

山东：王象坤，新城县学增广生，《诗》，乙丑。

山西：潘云祥，太原府学增广生，《书》，辛未。

陕西：温纯，三原县学生，《易》，乙丑。

四川：陈惟直，洪雅县学生，《易》，乙丑。

广东：李成性，广州府学，《诗》。

广西：邓全策，全州学生，《易》。

云南：许镒，石屏州学生，《诗》，乙丑。

贵州：许一德，贵州宣慰司学生，《易》，辛未。

乙丑　嘉靖四十四年会试

考试官：吏部左侍郎兼学士高拱，肃卿，河南新郑县人，辛丑进士。

侍读学士胡正蒙，正伯，浙江余姚县人，丁未进士。

第一场

《四书》：

○绥之斯来动之斯和。刊。

○人道敏政，蒲卢也。

○诗曰天生蒸民，故好是懿德。刊。

《易》：

○上九视履考祥，大有庆也。

○大壮大者壮也，情可见矣。刊。

○与天地相似故不违。

○说万物者莫说乎泽。刊。

《书》：

○箫韶九成凤凰来仪。刊。

○夹右碣石入于河。

○文王惟克厥宅心，知于兹。

○公其惟时成周建无穷之基。刊。

《诗》：

○载玄载黄我朱孔阳。

○众维鱼矣，室家溱溱。

○镐京辟廱，无思不服。刊。

○濬哲维商长发其祥。刊。

《春秋》：

○秋七月（隐六）。刊。

○伐陈卫救（宣十二）。刊。

○穿言田归（成八）。

○晋伐鲜虞（昭十二），吴伐鲜虞（昭十五）。

《礼记》：

○三年耕必有，三年之食。刊。

○君子之于礼也，而诚若。

○德者性之端也，英华发外。刊。

○尽其道端其义而教生焉。

第二场

论：

○明君恭己而成功。刊。

诏诰表内科一道：

○拟汉初置常平仓诏（五凤四年）。

○拟唐以张九龄为中书令诰（开元二十二年）。

○拟宋以翰林学士欧阳修知贡举谢表（嘉祐二年）。刊。

判语五条：

○讲读律令。

○收支留难。

○禁止迎送。

○优恤军属。

○造作过限。

第三场

策五道：

○古受命永命之符，今二祖皇上之盛。刊。

○权不离经以为用。

○豪杰成务在诚与才合（周公、孔子、萧何、周勃、狄仁杰、曹玮）。刊。

○文宣仁哲之治体各宜于时，贾谊仲淹之论治可裨于今。刊。

○盐筴钱币之详，今日救弊之法。刊。

时会试之士四千六百有奇，取陈栋等四百人，刻程文二十篇。栋官至春坊赞善卒。中式举人四百名。

陈栋，江西南昌县学附学生，《诗》。

陈经邦，福建兴化府学增广生，《书》。

伊在庭，南直隶吴县人，监生，《易》。

韩楫，山西蒲州学生，《春秋》。

高启愚，四川铜梁县学生，《礼记》。

三月十五日，临策天下贡士。制曰：朕闻治天下者审所尚，夏尚忠，殷尚质，周尚文，皆圣人所以救弊之政也。周之末，文日以胜。当汉盛时，论治者已谓宜损周之文，致用夏之忠。况今去古益远，文之弊其可弗救哉！然人情之趋于伪也，犹水之趋于下也。今欲使损文而用忠，其道何繇？士大夫者，民之表也。朕于百司屡诏以实，为谓庶几有副朕意者。徐而察之，则修政者或徒美观听而未能建保邦之业，献议者或徒工词说而未能效济时之猷，称爱民者或饰甘言而乏一体之心，名任事者或张虚声而罕特立之节。致身之义，非不知也，而鲜克尽瘁于蹇蹇。慎独之训，非不闻也，而率多惰行于冥冥。然则欲望民之还于忠也，不亦难乎？夫古之民不赏而劝，不怒而威于铁钺，乃今士大夫且不能然，其故何也？尔诸士上下古今，必有慨于兹矣，其为朕根极弊源与所以救之之术，详著于篇，朕将择而行焉。

时廷对之士三百九十四人，赐范应期等进士及第、出身有差。是科陶大顺、陶允淳父子同登，侯居艮、侯居坤兄弟同登。本朝父子同乡举者间有之，父子同举进士者前此未有也。选戴洵等二十八人为庶吉士。

第一甲三名赐进士及第

范应期，浙江乌程县。

李自华，浙江嘉善县籍，南直隶华亭县人。

陈栋，江西南昌县。

第二甲七十七名赐进士出身

徐云程，江西清江县。

伊在庭，南直隶吴县。

邹国儒，浙江嘉善县。

宋诺，直隶故城县。

冯子京，浙江钱塘县。

涂渊，江西南昌县。

陈经邦，福建莆田县。

屠元沐①，浙江嘉兴县。

周铎，南直隶太仓州。

林梓，福建漳浦县。

汤希闵，南直隶石埭县。

李一迪，广东茂名县。

叶朝阳，浙江秀水县。

潘志伊，南直隶吴江县。

王嘉言，直隶东光县。

李汝节，南直隶嘉定县。

王鉴，南直隶无锡县。

潘颐龙，浙江钱塘县。

廖如春，江西吉水县。

宋应昌，浙江仁和县。

王基，山东青州左卫。

刘自化，陕西高陵县。

李存文，南直隶泰州。

胡同文，浙江寿昌县。

周子义，南直隶无锡县。

钱立，浙江仁和县。

顾应龙，南直隶无锡县。

袁尊尼，南直隶长洲县。

王楫，顺天府遵化县。

梅友松，四川内江县。

---

① 《索引》作"屠元沐"。

安嘉善，山西代州。

焦子春，河南登封县。

张思忠，直隶肥乡县。

陈懿德，南直隶华亭县。

林云程，福建晋江县。

陈王道，南直隶昆山县。

林然，广东博罗县。

丘云章，山东诸城县。

刘志业，浙江慈溪县。

宁钶，南直隶广德州。

杨时乔，江西上饶县。

邵元哲，贵州普安卫。

范仮，江西高安县。

顾养谦，南直隶通州。

张明正，南直隶华亭县。

顾褒，浙江余姚县。

韩楫，山西蒲州千户所。

刘光，河南南阳县。

陈行健，浙江乌程县。

熊养中，湖广黄冈县。

盛居晋，南直隶华亭县。

许评，河南内乡县。

杨珂，福建晋江县。

杨惟乔，四川富顺县。

王子蕙，山东阳信县。

徐汝翼，南直隶上海县。

王轩，直隶青苑县。

胥遇，四川眉州。

陈诰，福建莆田县。

戴大礼，浙江乌程县。

胡心得，浙江德清县。

梁策，河南鄢陵县。

游应乾，南直隶婺源县。

霍维芑，直隶曲周县。

何洛文，河南信阳州。

林如楚，福建侯官县。

赖庭桧，福建晋江县。

施观民，福建福清县。

陶大顺，浙江会稽县。

黄才敏，福建晋江县。

戴洵，浙江奉化县。

张纯，福建漳浦县。

吴学诗，江西上高县。

乔懋敬，南直隶上海县。

徐时可，湖广黄冈县。

林有源，广东潮阳县。

唐维城，福建莆田县。

第三甲三百一十四名赐同进士出身

盛当时，南直隶华亭县。

袁国宁，江西丰城县。

沈鲤，河南归德卫。

涂梦桂，江西丰城县。

姚光泮，广东南海县。

蒋劝能，浙江余姚县。

樊世绪，顺天府霸州。

张知，江西安福县。

李世臣，南直隶武进县。

唐一麐，南直隶武进县。

陈文焕，江西临川县。

宋良佐，江西万载县。

陆万钟，南直隶华亭县。

许大亨，直隶安肃县。

余希周，浙江仁和县。

许守谦，直隶藁城县。

丘浙，江西南城县。

万言策，南直隶无锡县。

杨允中，顺天府遵化县。

胡邦奇，浙江山阴县。

晏士翘，江西清江县。

郑恭，福建镇海卫六鳌所。

王三锡，浙江金华县。

光懋，山东阳信县。

张孟男，河南中牟县。

王执礼，南直隶昆山县。

叶逢春，浙江余姚县。

崔行可，四川南充县。

金铉，福建龙溪县。

蔡廷臣，江西德化县。

随府，山东鱼台县。

赵奋，福建闽县。

瞿穗，四川盐①江县。

钟继英，广东东莞县。

方九功，河南南阳县。

林偕春，福建漳浦县。

周良臣，湖广公安县。

侯居艮，山西解州。

赵应元，陕西三原县。

周大烈，湖广大冶县。

严汝麟，浙江归安县。

宋之韩，河南武安县。

陈王道，南直隶吴江县。

魏体明，福建侯官县。

李大澜，福建晋江县。

徐子器，浙江东阳县。

王象坤，山东新城县。

祝教，浙江山阴县。

苏士润，福建晋江县。

刘尧卿，直隶青苑县。

苏民牧，山西高平县。

周继，山东历城县。

聂廷璧，江西金溪县。

李志学，浙江钱塘县。

詹仰庇，福建安溪县。

管大勋，浙江鄞县。

张道，江西湖口县。

杨家相，应天府江宁县。

---

① "盐"当作"垫"。

温纯，陕西三原县。

徐维楫，锦衣卫。

余嘉诏，广东顺德县。

姚继可，河南襄城县。

丁应宾，湖广龙阳县。

舒鳌，江西德兴县。

董汝汉，山西万泉县。

赵慎修，山东胶州。

潘允哲，南直隶上海县。

覃应元，山西马邑千户所。

赵焞，山东平原县。

熊子臣，江西新昌县。

徐元太，南直隶宣城县。

李芳，浙江嘉兴县。

冯汝麒，南直隶金坛县。

韩应元，山东历城县。

陈法，广东南海县。

熊炜，江西建昌县。

丁惟宁，山东诸城县。

王玺，江西南丰县。

龚以正，江西进贤县。

向程，浙江慈溪县。

沈渊，山东新城县。

蒋梦龙，南直隶长洲县。

许镒，云南石屏州。

岳维华，直隶曲周县。

许公大，四川南部县。

许天赠，南直隶黟县。

杨可大，山西沁州千户所。

范崟，南直隶丹徒县。

王弘诲，广东定安县。

王淑陵，山西阳城县。

赵宦，山东掖县。

张博，浙江会稽县。

杨沐，山西临汾县。

张一通，直隶宁津县。

程实，福建瓯宁县。

谢师严，浙江上虞县。

张凤徵，福建同安县。

李栻，江西丰城县。

王贻德，广西全州。

李之珍，四川什邡县。

陈文烛，湖广沔阳州。

金昭，浙江永嘉县。

潘仲徵，福建侯官县。

郑一信，福建惠安县。

魏屏山，四川梓童①县。

骆问礼，浙江诸暨县。

陶允淳，浙江会稽县。

许国，南直隶歙县。

李充实，直隶兴州左屯卫。

吴文佳，湖广景陵县。

王湘，山东济宁卫。

林树德，南直隶华亭县。

钱锡汝，南直隶吴江县。

沈楩，浙江仁和县。

李鸣谦，南直隶桐城县。

孟学易，陕西灵台县。

侯于赵，河南杞县。

吕子桂，直隶沧州。

傅孟春，江西高安县。

侯居坤，山西解州。

郑杰，山东历城县。

贺一桂，江西庐陵县。

匡铎，山东胶州千户所。

杨松，河南河南卫。

陈锜，河南河南卫。

胡涝，南直隶无锡县。

李良臣，贵州普安卫。

李日强，山西曲沃县。

---

① "童"为"潼"之讹。

王元宾，山东滕县。

董三迁，山东昌邑县。

徐执策，浙江余姚县。

成宪，直隶蓟州卫。

叶梦熊，广东归善县。

徐儒，江西临川县。

曹慎，南直隶镇江卫。

张德夫，江西浮梁县。

季膺，南直隶华亭县。

易可久，江西宜春县。

张焕，山东益都县。

陈可大，山东历城县。

李贵和，河南祥符县。

归有光，南直隶昆山县。

傅宠，四川巴县。

杨镕，四川荣县。

黄茂，湖广武昌卫。

李泽，福建晋江县。

王以修，四川达州。

姜忻，江西南昌县。

李得阳，南直隶广德州。

王圻，南直隶上海县。

卢渐，浙江鄞县。

魏澧①，河南许州。

熊汝器，江西南昌县。

杨守仁，福建漳浦县。

张学颜，广东琼山县。

酆一相，江西丰城县。

李学诗，河南安阳县。

张应登，陕西咸阳县。

萧复阳，福建同安县。

刘伯生，湖广孝感县。

桂天祥，江西临川县。

崔廷试，河南陈留县。

---

① 《索引》作"魏沣"。

臧惟一，山东诸城县。

李学诗，山东东阿县。

陈柏，山西绛州。

郭庭梧，河南新乡县。

杨相，山西蒲州。

林绍，福建漳浦县

李文余，福建平和县。

居守，浙江海宁县。

乌昇，陕西西安前卫。

高启愚，四川铜梁县。

卢明章，浙江仙居县。

蒋思孝，贵州普安卫。

杨一魁，山西安邑县。

查铎，南直隶泾县。

许乾，河南河南卫。

吴与言，广东大埔县。

章甫端，直隶任丘县。

王谣，四川什邡县。

李荐佳，河南颍川卫。

陈三谟，浙江仁和县。

张克家，南直隶宣城县。

丘齐云，湖广麻城县。

朱光宇，河南祥符县。

万通，江西南昌县。

钱楷，山东冠县。

周守愚，江西广信府永丰县。

许希孟，河南固始县。

杨一桂，江西南昌县。

傅良谏，江西临川县。

李谟，南直隶广德州。

陈惟直，四川洪雅县。

朱学颜，浙江海盐县。

郑继之，湖广襄阳仪卫司。

赵可怀，四川巴县。

马三乐，山东阳信县。

李应兰，广东东莞县。

罗惟垣，四川嘉定州。

古之贤，四川梁山县。

李巳，河南磁州。

李采菲，直隶洴阳中屯卫。

笪东光，江西德兴县。

包乾，湖广沔阳卫。

计谦亨，广西马平县。

朱一松，南直隶宁国县。

郑昊，广东顺德县。

阎漳，山东蓬莱县。

顾绶，山东临清州。

郑金，直隶南皮县。

杜友兰，四川南部县。

余一龙，南直隶婺源县。

申维岱，直隶遵化卫。

金应徵，南直隶长洲县。

赵应龙，陕西泾阳县。

俞一贯，南直隶婺源县。

萧敏道，江西南昌县。

殷渠，直隶长垣县。

左熙，陕西耀州。

龚廷璧，云南建水州。

陈吾德，广东新会县。

胡文耀，福建漳浦县。

蒲凝重，广东南海县。

宋豸，直隶容城县。

陈一龙，广东高要县。

郑宣化，南京龙江左卫右所。

马应梦，山东曹州。

张守约，广西永福县。

常存仁，山西高平县。

陆士鳌，南直隶长洲县。

董石，湖广麻城县。

陈思育，湖广武陵县。

王应吉，山西襄陵县。

张体乾，直隶真定卫右所。

刘良弼，江西南昌县。

林元立，福建闽县。

刘易从，河南汲县。

张孔修，直隶大名县。

陈宣，南直隶太平县。

何子明，四川南充县。

萧廪，江西万安县。

纪大纲，顺天府文安县。

薛钥，山西代州。

张更化，山西汾州。

胡效才，南直隶桐城县。

朱润，河南南阳中护卫。

刘浑成，河南确山县。

许侗，河南灵宝县。

雒遵，陕西泾阳县。

李翀奎，直隶滦①城县。

张崇功，直隶大名县。

戚杰，南直隶泗州。

丁懋儒，山东聊城县。

张磐，大宁前卫。

褚铁，山西榆次县。

戴延容，河南卫辉府千户所。

曾如春，江西临川县。

杜其萌，山东滨州。

王家卿，河南南阳县。

程文，江西东乡县。

刘世亨，江西临川县。

薛志义，山东滨州。

王三锡，四川内江县。

李思寅，广东海阳县。

邓林乔，四川内江县。

王用章，河南祥符县。

林世章，福建长乐县。

秦吉士，直隶曲周县。

---

① "滦"为"栾"之讹。

梁子琦，南直隶寿州。

许光大，河南安阳县。

严用和，浙江杭州前卫。

罗名士，河南光州。

贾馆，山东单县。

李邦佐，河南陈留县。

张润，山东冠县。

欧希稷，湖广衡阳县。

王朝阳，浙江慈溪县。

郑遇春，湖广宜都县。

吴道明，直隶元城县。

周希毕，四川忠州。

魏勋，山东临朐县。

王庭诗，陕西华州。

池浴德，福建同安县。

周良宾，福建晋江县。

萧遍，湖广沔阳卫。

窦如兰，直隶大名县。

汪文辉，南直隶婺源县。

陈鸿猷，福建福州左卫。

沈伯龙，浙江嘉兴县。

李溥，直隶定州。

岳凌霜，直隶高邑县。

暴孟奇，山西屯留县。

王之屏，南直隶颍州。

吕若愚，浙江新昌县。

施爱，福建福州左卫。

李纯朴，四川定远县。

龚绂，南直隶高邮州。

周芸，湖广景陵县。

何玉德，直隶雄县。

梁问孟，河南新乡县。

刘自存，河南扶沟县。

杜化中，河南扶沟县。

孙济远，南直隶当涂县。

赵思诚，山西乐平县。

麻永吉，陕西庆阳卫右所。

戢汝止，四川简州。

孙维清，山西解州。

陈应荐，山东青城县。

戴记，广东东莞县。

邵廉，江西南丰县。

高克谦，浙江山阴县。

张峤，顺天府固安县。

王一治，陕西朝邑县。

王肇林，山东掖县。

丁卯　隆庆元年两京十三藩乡试

解元

顺天府：庄允中，直隶华亭县人，监生，《易》。

应天府：周汝砺，苏州府学增广生，《易》，丁丑。

浙江：黄洪宪，嘉兴府学生，《书》，辛未。

江西：蔡贵，新昌县学生，《礼记》。

福建：张履祥，长汀县学，《易》。

湖广：李廷楫，常德府学，《诗》。

河南：李希召，兰阳县学生，《诗》。

山东：王侍，诸城县学生，《书》。

山西：张四端，蒲州学，《易》。

陕西：王继祖，咸宁县学生，《诗》，戊辰。

四川：朱绂，彭山县学，《诗》。

广东：杨起元，惠州府学，《书》，丁丑。

广西：洪敷文，古田县学，《易》。

云南：王制，昆明县学，《易》。

贵州：胡允平，贵州宣慰司，《诗》。

戊辰　隆庆二年会试

考试官：少傅大学士李春芳，子实，南直隶兴化县籍，句容县人，丁未进士。

礼部尚书兼学士殷士儋，正甫，山东历城县籍，武定州人，丁未进士。

第一场

《四书》：

○子曰由诲女知之乎，是知也。刊。

○子曰舜其大知也与，舜乎。刊。

○吾岂若使是君，而谁也。刊。

《易》：

○泰小往大来，小人道消也。

○王假之尚大也，照天下也。

○易与天地准，天地之道。刊。

○君子修此三者故全也。

《书》：

○无教逸欲有邦，代之。刊。

○导嶓冢，敷浅原。

○是之谓大同，逢吉。

○昔在文武聪明，万邦咸休。刊。

《诗》：

○有严自翼，以定王国。

○仪刑文王万邦作孚。刊。

○三后在天，昭哉嗣服。

○敷天之下，时周之命。刊。

《春秋》：

○追戎济西（庄十八）。刊。

○宁俞聘（文四），吴札聘（襄二十九）。

○城费（襄七），围费（昭十三）。刊。

○侵蔡伐楚（僖四），城濮败（僖二十八），召陵侵楚（定四）。

《礼记》：

○立太傅少傅，语使能也。刊。

○礼乐皆得谓之有德。刊。

○迩臣守和，大臣虑四方。

○圣立而将之以敬曰礼。

第二场

论：

○明君以务学为急。刊。

诏诰表内科一道：

○拟汉赐天下今年田租之半诏（文帝二年）。

○拟唐以裴度同平章事诰（元和十年）。

○拟宋以田锡为左拾遗谢表（太平兴国六年）。刊。

判语五条：

○同僚代判署文案。

○见任官辄自立碑。

○禁经断人充宿卫。

○从征守御官军逃。

○闻有恩赦而故犯。

第三场

策五道：

○帝王秦汉唐宋郊祀之殊，太祖世宗皇上格天之道。《存心录》，《钦天记颂》。刊。

○伪书乱经，杂学乱儒。刊。

○士先心术而后才智（郭汾阳、裴晋公、韩忠献、司马文正）。刊。

○谋事贵实，断事贵公。刊。

○御北夷主战而资之以守，御南寇主剿而资之以抚。刊。

时会试之士四千五百有奇，取田一俊等四百人，刻程文二十篇。

中式举人四百名。

田一俊，福建大田县学生，《诗》。

张位，江西南昌府学生，《书》。

陈于陛，四川顺庆府学附学生，《礼记》。

沈一贯，浙江鄞县人，监生，《易》。

王鼎爵，南直隶太仓州人，监生，《春秋》。

三月十五日，临策天下贡士。制曰：朕惟君天下者，兴化致理，政固多端，然务本重农、治兵修备，乃其大者。《书》言"先知稼穑之艰难，乃逸"，又曰"其克诘尔戎兵，以陟禹之迹"。夫成王初亲大政，而周公即惓惓以此告之，其意深矣。朕仰荷天眷，获嗣丕基，自惟寡昧，未烛于理，尝恭诵我太祖高皇帝《耕田谕》、成祖文皇帝《务本训》，乃知王业所由兴，民生之不易。及观祖训所载居安忘备之戒，又曰兢兢焉。兹躬率臣民，耕耤于南郊，又屡敕边吏，慎固疆圉，博求制虏长策，亦欲庶几乎知艰诘戎，以觐扬我二祖之光烈。顾彝典虽举，而实政未孚，督策虽勤，而武备犹弛，四方浮惰者众，未尽归农也。何以使人皆力本而不失业欤？自屯盐之法坏，而商农俱困，边储告乏，今欲举之，其遗法尚可复欤？丑虏匪茹，警报岁闻，何以创之，使不敢复窥欤？议者或言宜战，或言宜守，或欲罢调兵，或欲练土卒，计将安所决欤？朕日夜图虑，安攘之策，莫急于斯，而行之靡效，其故何欤？抑其机要所在，未克振举，故人罕实用功，难责成欤？尔诸士习于当世之务久矣，其仰绎我皇祖垂训贻谋之意，有可以便民益国者，明以告朕，将采而行之焉。

时廷对之士四百三人，赐罗万化等进士及第、出身有差。是科选徐显卿等三十人为庶吉士。

第一甲三名赐进士及第

罗万化，浙江会稽县。

黄凤翔，福建晋江县。

赵志皋，浙江兰溪县。

第二甲七十七名赐进士出身

李长春，四川富顺县。

王家屏，山西山阴县。

田一俊，福建大田县。

李逢阳，南京金吾后卫。

王周绍，南直隶太仓州。

张孟观，福建镇海卫铜山所。

陈于陛，四川南充县。

胡来贡，山东莱州卫。

王鼎爵，南直隶太仓州。

金学会，浙江钱塘县。

华叔阳，南直隶无锡县。

朱孟震，江西新淦县。

纪五常，山东胶州。

宋尧武，南直隶华亭县。

叶九金，福建莆田县。

徐显卿，南直隶长洲县。

张世烈，陕西延安卫。

殷建中，南直隶吴县。

施梦龙，南直隶无锡县。

邵陛，浙江余姚县。

陆万垓，浙江平湖县。

许应逵，浙江嘉兴县。

洪邦光，福建同安县。

李维桢，湖广京山县。

赵来亨，江西南昌县。

乔因阜，陕西耀州。

乔木，南直隶上海县。

姚宗尧，四川内江县。

陈允升，南直隶昆山县。

李文简，福建同安县。

张位，江西南昌县。

张大器，浙江慈溪县。

江以东，南直隶全椒县。

江圻，浙江仁和县。

方沆，福建莆田县。

陈王道，山西临汾县。

施近臣，南直隶青阳县。

袁一虬，南直隶长洲县。

韩世能，南直隶长洲县。

郝汝松，陕西绥德州。

屠谦，浙江秀水县。

王继祖，陕西宁夏卫。

黄焯，江西丰城县。

李伯芳，广东英德县。

李熙，福建晋江县。

冯孜，浙江桐乡县。

王汝鲁，河南南阳县。

林景旸，南直隶华亭县。

甘来学，四川雅州。

唐可封，四川富顺县。

张一桂，河南祥符县。

郑汝璧，浙江缙云县。

胡养正，陕西南郑县。

沈藻，浙江海盐县。

周启祥，浙江海宁县。

徐应奎，浙江鄞县。

王体复，山西太平县。

顾显仁，南直隶武进县。

刘葵，羽林前卫。

汪审，江西弋阳县。

于慎行，山东东阿县。

陈涧，湖广永州卫。

沈懋孝，浙江平湖县。

王之士，山东邹平县。

陈九仞，福建漳平县。

王懋德，广东文昌县。

苏民望，直隶长垣县。

叶明元，福建同安县。

吴自新，应天府江宁县。

刘伯燮，湖广孝感县。

蔡文范，江西新昌县。

胡绪，江西丰城县。

吴肇东，南直隶太湖县。

焦玄鉴，南直隶太平县。

朱赓，浙江山阴县。

傅时望，四川万县。

钱顺德，南直隶常熟县。

第三甲三百二十三名赐同进士出身

卢维祯，福建漳浦县。

李颐，江西余干县。

栗在庭，陕西会宁县。

冯时雨，南直隶长洲县。

汪廷寄，南直隶旌德县。

刘体道，江西新昌县。

郑迁，福建莆田县。

来经济，浙江萧山县。

辛如金，山东恩县。

张偲，江西新建县。

须用宾，南直隶武进县。

王任重，福建晋江县。

罗璧，湖广沔阳州。

钟庚阳，浙江秀水县。

侯世卿，直隶武强县。

周于德，河南祥符县。

李廷益，福建晋江县。

周继夏，浙江诸暨县。

钱普，南直隶无锡县。

张尧年，浙江余姚县。

刘世赏，四川巴县。

刘应麒，江西鄱阳县。

刘登庸，河南洛阳县。

陈堂，广东南海县。

敖鲲，江西新喻县。

蔡汝贤，南直隶华亭县。

聂良杞，江西金溪县。

陈昌言，四川资阳县。

刘庚，山东寿光县。

唐裔，南直隶无锡县。

田子坚，河南永宁县。

蒋遵箴，广西全州。

龚勉，南直隶无锡县。

李尚思，山西曲沃县。

林敬冕，福建莆田县。

李阳春，浙江余姚县。

张崟，江西南城县。

陈所敏，江西金溪县。

张对，浙江余姚县。

郑岳，福建长乐县。

胡峻德，河南光州。

张楚城，湖广江陵县。

李一本，河南郏县。

张克文，江西新淦县。

薛纶，山西天城卫。

邵一本，浙江余姚县。

陈万言，锦衣卫。

梁许，河南孟津县。

高时，山东济阳县。

祝世乔，浙江海宁县。

傅性敏，河南睢州。

史思敬，直隶枣强县。

韦以诚，直隶定兴县。

贾应璧，南直隶无锡县。

唐邦佐，浙江兰溪县。

沈一贯，浙江鄞县。

张正道，四川潼川州。

王应辰，河南信阳州。

高世雨，河南原武县。

徐应聘，湖广黄冈县。

杨道会，福建晋江县。

贾三近，山东峄县。

赵三聘，山西河津县。

沈思孝，浙江嘉兴县。

吴道迩，福建龙溪县。

马千乘，浙江平湖县。

徐成位，湖广景陵县。

刘应望，福建永春县。

万钟禄，江西东乡县。

冯子履，山东临朐县。

罗良桢，四川内江县。

刘东星，山西沁水县。

魏士贤，四川重庆卫。

李镐，直隶真定县。

杨时宁，河南祥符县。

戴燿，福建长泰县。

王京，江西上高县。

许子良①，浙江仁和县。

陈大猷，广东南海县。

张桐，南直隶泰州。

师道立，陕西长安县。

钟遐龄，应天府溧阳县。

卫承芳，四川达州。

邹墀，浙江余姚县。

周思敬，湖广麻城县。

李戴，河南延津县。

袁魁②，直隶成安县。

黄一龙，福建晋江县。

穆炜，江西新建县。

陈文衡，江西鄱阳县。

张铠，江西吉安府永丰县。

萧腾凤，福建晋江县。

陈荚，湖广应城县。

---

① 《索引》作"许亘"。
② 《索引》袁魁和萧腾凤之间为：郭四维、□□□、□□□、郭堵。

杨沂，四川南充县。

袁弘德，直隶曲周县。

任惟一，陕西盩厔县。

贾待问，直隶威县。

张元吉，陕西韩城县。

戴文宗，江西金溪县。

习孔教，江西庐陵县。

徐学诗，留守中卫。

左缙，四川大邑县。

唐文灿，福建镇海卫铜山所。

王用汲，福建晋江县。

周易，山东临清州。

徐秋鹗，广西柳州卫。

程拱宸，福建莆田县。

蔡应科，福建龙溪县。

李焘，广东河源县。

徐大任，南直隶宣城县。

蒋希孔，山东滋阳县。

刘鲁，河南安阳县。

景嵩，府军前卫左所。

董邦礼，四川合肥①县。

王来召，直隶成安县。

王埈，河南太康县。

刘竟成，河南确山县。

鲍希颜，山西长子县。

谢万寿，直隶任县。

熊瑞，江西南昌县。

刘浹，江西南昌县。

刘翱，四川内江县。

马伋，湖广江陵县。

杨归儒，河南嵩县。

尚荮，河南罗山县。

王之臣，南直隶休宁县。

熊镃，河南光州。

---

① "肥"为"江"之讹。

汤聘尹，南直隶长洲县。

谢良琦，南直隶武进县。

张东旸，江西高安县。

翁金堂，浙江钱塘县。

郑国仕，直隶魏县。

吕宗儒，四川资阳县。

黄金色，浙江钱塘县。

詹世用，江西弋阳县。

白希珩，山西宁乡县。

徐汝阳，江西临川县。

袁桂蓁，河南洛阳县。

秦舜翰，福建晋江县。

黄应坤，南直隶歙县。

曹大埕，四川巴县。

张明化，南直隶华亭县。

傅元顺，江西临川县。

蔡壁，锦衣卫。

刘绍恤，湖广安陆县。

蔡贵易，福建同安县。

丛文蔚，南京锦衣卫。

余乾贞，浙江遂安县。

李梧，四川纳溪县。

朱南雍，浙江山阴县。

党馨，山东益都县。

张淳，南直隶桐城县。

司汝霖，湖广荆州右卫。

许洛，江西南城县。

张书，锦衣卫。

詹贞吉，四川巴县。

文作，四川涪州。

程沂，湖广咸宁县。

孙锦①，锦衣卫。

郭四维，山东夏津县。

郭堵，山东曹州。

① 《索引》孙锦和杨言之间为：郝汝松、屠谦、王继祖、黄焯。

孙从龙，南直隶吴江县。

张仲欢，四川合州。

杨言，云南太和县。

石榬，河南汝宁千户所。

解学礼，山西安邑县。

汪在前，南直隶歙县。

梁承学，山东聊城县。

范谦，江西丰城县。

于有年，山东临清州。

胡格诚，河南永城县。

王乔桂，湖广石首县。

孙化龙，直隶获鹿县。

李一中，南直隶建德县。

邵城，浙江鄞县。

李春光，山西解州。

王诏，直隶博野县。

王一凤，直隶开州。

颜容舒，福建晋江县。

王宣化，山东淄川县。

刘朴，山西曲沃县。

邹学柱，浙江余姚县。

朱东光，福建浦城县。

谢良弼，南直隶泗州卫。

李学一，广东归善县。

许承周，南直隶昆山县。

刘应雷，江西万安县。

帅机，江西临川县。

宋伯华，山东益都县。

阎邦宁，河南原武县。

刘启元，山东武城县。

田乐，直隶任丘县。

黄卷，广东新会县。

史朝铉，福建晋江县。

赵钦汤，山西解州。

陈九畴，江西奉新县。

欧阳柏，湖广潜江县。

蒋科，南直隶泰州。

李尚宾，直隶广宗县。

姚孟贤，浙江慈溪县。

蒋桐，锦衣卫。

李国观，湖广襄阳县。

胡用宾，南直隶婺源县。

张修吉，山东高苑县。

王琢玉，山东莘县。

王恩民，云南临安卫。

周一经，江西贵溪县。

陆从平，南直隶华亭县。

王惟几，顺天府文安县。

高一登，山东清平县。

詹洪基，福建闽清县。

刘维嵩，广东增城县。

房如式，山东益都县。

余之祯，四川内江县。

沈应文，浙江余姚县。

王藻，直隶真定卫。

郭庄，陕西徽州。

陆志孝，浙江平湖县。

魏云霄，陕西蓝田县。

张道明，金吾后卫。

张简，直隶静海县。

陈祖尧，福建莆田县。

殷濡，南直隶常熟县。

叶懋中，南直隶江都县。

王颐，湖广沔阳卫。

庄有临，福建同安县。

余钦，河南睢阳卫。

蒋以忠，南直隶常熟县。

孙汝宾，浙江余姚县。

李仕华，四川宜宾县。

王俨，四川威远县。

周思稷，湖广麻城县。

李乐，浙江乌程县。

龚懋贤，四川内江县。

王大用，直隶东胜左卫。

于鲸，山东历城县。

徐元吉，四川重庆卫。

谢宗伦，南直隶祁门县。

陈一夔，江西金溪县。

顾大典，南直隶吴江县。

韩必显，山东安丘县。

陈尚伊，湖广桂阳州。

曹昉，陕西安化县。

刘伯缙，山东历城县。

纪克一，山东胶州。

刘不息，山东滋阳县。

阙成章，南直隶长洲县。

张朝瑞，南直隶海州。

胡友信，浙江德清县。

秦致恭，广西灵川县。

裴应章，福建清流县。

余懋学，南直隶婺源县。

张孙绳，广西临桂县。

刘倬，南直隶长洲县。

李瑱，山西解州。

张试，浙江萧山县。

史邦直，山东乐陵县。

任芹，山东莱阳县。

张道充，河南商丘县。

杜其骄，顺天府大兴县。

郑准，南直隶吴县。

辜明试，江西南昌县。

邵仲禄，四川夔州府。

罗徽竹，江西吉水县。

陈严之，福建闽县。

黄猷吉，山东临清州。

咸怀良，山东莱阳县。

孙珮，山东青州左卫。

张弘毅，广东东莞县。

高自新，直隶获鹿县。

赵惟卿，直隶柏乡县。

赵允升，山西代州。

郭思极，直隶魏县。

李尚默，浙江鄞县。

周裔登，广东南海县。

顾梁材，南直隶长洲县。

刘如皋，湖广蕲州。

赵云翔，山东平阴县。

杜循，江西丰城县。

王中逵，河南宣武卫。

张士奇，直隶枣强县。

李熹，山西祁县。

沈楠，浙江仁和县。

刘守仁，山西洪桐①县。

罗奎，陕西淳化县。

刘铉，江西鄱阳县。

胡汝钦，直隶定兴县。

耿鸣世，山东新城县。

沈位，南直隶吴江县。

毛图南，南直隶吴江县。

刘致中，河南延津县。

秦时吉，陕西南郑县。

刘光国，河南上蔡县。

周西，河南安阳县。

房寰，浙江德清县。

周世科，四川内江县。

郝维乔，河南扶沟县。

梁式，山东冠县。

谢廷敬，湖广景陵县。

王一诚，南直隶昆山县。

林华，广东文昌县。

吴鉴，江西南昌县。

何世学，浙江萧山县。

---

① "桐"为"洞"之讹。

易仿之，湖广黄冈县。

黄德洋，福建晋江县。

偰维贤，云南姚州。

牛可麟，河南祥符县。

刘禹谟，江西庐陵县。

黄家栋，河南息县。

杨节，河南祥符县。

方学孟，江西浮梁县。

郭有金，山西蒲州。

万一贯，江西安福县。

赵时敏，直隶大名县。

赵池，山东昌乐县。

曹铣，南直隶华亭县。

沈文，浙江仁和县。

何维椅，广东南海县。

章礼，锦衣卫。

孙汝汇，浙江余姚县。

霍希夔，山西应州。

钱拱宸，浙江乌程县。

喻均，江西新建县。

庚午　隆庆四年两京十三藩乡试

解元

顺天府：李廷机，福建晋江县人，监生，《易》，癸未。

应天府：吴汝伦，无锡县学生，《书》，辛未。

浙江：凌登瀛，钱塘县学生，《易》，丁丑。

江西：孙希夔，南安府学生，《易》。

福建：林奇石，同安县学附学生，《诗》。

湖广：彭大用，祁阳县学生，《诗》。

河南：刘慎，宜阳县学生，《易》。

山东：张钲，滨州学生，《书》，庚辰。

山西：冯懋仁，蒲州学生，《春秋》。

陕西：文在中，三水县学生，《诗》，甲戌。

四川：易以巽，安县学生，《礼记》，甲戌。

广东：霍镇东，南海县学生，《诗》，辛未。

广西：洪敷诰，临桂县学生，《易》。

云南：王高选，临安府学生，《易》。

贵州：陈时言，普安州学生，《春秋》。

辛未　隆庆五年会试

考试官：

少傅大学士张居正，叔大，湖广荆州卫人，丁未进士。

吏部左侍郎兼学士吕调阳，和卿，广西桂林中卫籍，湖广大冶县人，庚戌进士。

第一场

《四书》：

○生财有大道，财恒足矣。刊。

○子曰先进于礼乐，从先进。刊。

○有安社稷臣者，物正者也。刊。

《易》：

○文言曰元者，乾元亨利贞。刊。

○重巽以申命。

○以制器者尚其象。

○有大者不可以盈，以豫。刊。

《书》：

○皋陶曰都在知人，民怀之。刊。

○启乃心沃朕心。

○自朝至于日中，咸和万民。刊。

○尔身克正，惟尔之中。

《诗》：

○如切如磋，赫兮喧兮。

○既见君子，何日忘之。

○小心翼翼昭事上帝。刊。

○自彼氐羌，曰商是常。刊。

《春秋》：

○阳穀（僖三），侵伐次陉，完盟召陵（僖四），伐郑盟戏（襄九），伐郑萧鱼（襄十一）。刊。

○遂盟衡雍，遂戎盟暴（文八）。刊。

○林父代陈（宣九）。

○会平丘（昭十三）。

702

《礼记》：

○是故其成也怿恭敬而温文。刊。

○货恶其弃于地，不必为己。

○乃夫敦乐而无忧，大圣乎。

○致爱则存，得不敬乎。刊。

第二场

论：

○人主保身以保民。刊。

诏诰表内科一道：

○拟汉令礼官劝学诏（元朔五年）。

○拟唐以张九龄为中书令诏（开元二十二年）。

○拟唐回鹘嗢没斯率众内附诏宰相李德裕撰《异域归忠传》赐之群臣贺表（会昌二年）。刊。

判语五条：

○滥设官吏。

○服舍违式。

○行宫营门。

○带造段疋。

○冒破物科。

第三场

策五道：

○古今开泰唯在上下之交。刊。

○法制沿革之辨（去四弊则法行）。刊。

○英雄豪杰贵慎所养（四英七雄四豪三杰三圣）。刊。

○论人官人（班固《古今人表》，刘邵《人物志》，今日四议、二柄）。刊。

○边事以治内固守为本。刊。

时会试之士四千三百有奇，取邓以赞等四百人，刻程文二十篇。

中式举人四百名。

邓以赞，江西新建县学生，《诗》。

黄洪宪，浙江嘉兴府学生，《书》。

吴秀，浙江乌程县学增广生，《春秋》。

熊惟学，江西南昌县学生，《易》。

史钶，浙江余姚县学生，《礼记》。

三月十五日，临策天下贡士。制曰：朕昭承天命，缵御丕基，五年于兹，夙夜皇皇，图惟治理。每思与天下共享和平之福，而未臻厥效，朕甚惑之。黄虞尚矣，三代以成周为盛，说者谓太和在其宇宙，果何道以致之？或谓《周礼》九职八则、五礼六乐、三物六容，使民勤事而不暇，习于上下等威之中，消其尊崇富侈之心，是以化行俗美，天下和平，然钦否钦？汉治号为近古，当其时，献议之臣犹有欲定经制者，欲建万世之业者，欲不严而成化者。之三臣者，皆病徒法不足以兴治，然则如何而可以致太平钦？洪惟我太祖高皇帝开天建极，六合同风，以政防民。若职掌所载，同符六典，以礼教民。若洪武礼制礼仪定式、《大明集礼》所载，制度精详，达于上下，可万世行之而寡过矣。乃今治绩罔效，风教未孚，长厚之意薄，虚伪之习滋，民或侈泰以相炫，士或睢恣以陵上，庶几所谓卿大夫和于朝，士庶人和于野者而不可得，岂政之文徒具而礼之实未至钦？今欲兴教化，厚风俗，使天下志虑不易，视听纯一，相安于荡荡平平之治，礼让之风媲美成周，必何施而后可？诸士子综古度今，试究其说，朕将采而行焉。

时廷对之士三百九十六人，赐张元忭等进士及第、出身有差。是科余良桢、余良枢，谢师启、谢师彦俱兄弟同登，选□□□①等□□□②人为庶吉士。

第一甲三名赐进士及第

张元忭，浙江山阴县。

刘瑊，南直隶苏州卫籍，江西峡江县人。

邓以赞，江西新建县。

第二甲七十七名赐进士出身

赵鹏程，顺天府大兴县。

施策，南直隶无锡县。

赵于敏，山西长治县。

刘台，江西安福县。

李际寅，福建晋江县。

杨材，湖广房县。

陈诏，福建晋江县。

耿定力，湖广麻城县。

盛讷，陕西潼关县。

林一材，福建同安县。

王懋德，江西金溪县。

史钶，浙江余姚县。

黄洪宪，浙江嘉兴千户所。

曹时聘，直隶获鹿县。

---

① 原文被挖去或涂抹。

② 原文被挖去或涂抹。

赵参鲁，浙江鄞县。

王来贤，云南临安卫。

方扬，南直隶歙县。

吴中行，南直隶武进县。

李盛春，湖广蕲州卫。

钱若赓，浙江鄞县。

沈应科，南直隶常熟县。

潘云祥，山西宁化千户所。

李时英，浙江钱塘县。

陈以朝，江西宁州。

朱梦环，浙江仁和县。

姚纯臣，南直隶吴县。

袁昌祚，广东东莞县。

郑邦福，江西上饶县。

周嘉谟，湖广汉川县。

任天祚，直隶天津卫。

赵国璧，直隶东明县。

荆光裕，南直隶丹徒县。

魏雷，湖广应山县。

余良枢，江西奉新县。

李登，陕西榆林卫。

洪焘，浙江平湖县。

吴思学，江西广昌县。

赵范，福建漳浦县。

李伯春，南直隶上海县。

赵秉孜，福建南安县。

裴赐，山西稷山县。

张彦，湖广承天卫。

杜揩，江西丰城县。

管志道，南直隶太仓州。

劳逊志，南直隶吴县。

史继志，应天府溧阳县。

熊惟学，江西南昌县。

吴秀，浙江乌程县。

杨士元，南直隶太仓州。

薛亨，陕西韩城县。

甘一骥,江西南昌县。

吕三才,山东临朐县。

黄兆隆,浙江余姚县。

周有光,山西荣河县。

夏良心,南直隶广德州。

刘虞夔,山西高平县。

张登云,山东宁阳县。

萧良干,南直隶泾县。

霍镇东,广东南海县。

王世能,南直隶宣城县。

董用威,河南洛阳县。

商为正,浙江会稽县。

管稷,浙江余姚县。

熊敦朴,四川富顺县。

李时达,四川井研县。

王守诚,河南嵩县。

莫与齐,广西柳城县。

杨佩训,福建晋江县。

施天麟,南直隶青阳县。

王教,山东淄川县。

刘元震,直隶任丘县。

周思宸,浙江余姚县。

唐鹤徵,南直隶武进县。

侯尧封,南直隶嘉定县。

邹德涵,江西安福县。

张鸣鹤,广东东莞县。

公家臣,山东蒙阴县。

第三甲三百十六名赐同进士出身

金阶,浙江仁和县。

周良寅,福建晋江县。

王应乾,南直隶东流县。

唐尧钦,福建长泰县。

王幼慈,直隶德州左卫。

郭子直,浙江海宁县。

王晓,山东淄川县。

葛登名,河南泌阳县。

706

李丁，山东曹州。

陈功，山西忻州。

江文沛，福建闽县。

李选，云南太和县。

王希元，湖广蕲水县。

龙宗武，江西泰和县。

萧彦，南直隶泾县。

谢师启，湖广蒲圻县。

萧时新，南直隶休宁县。

陈荐，湖广祁阳县。

周光镐，广东潮阳县。

王庭，四川蓬溪县。

程正谊，浙江永康县。

章如钰，浙江会稽县。

郭宗磐，福建晋江县。

郭子章，江西泰和县。

吴道卿，山东平山卫。

谢廷寀，江西金溪县。

陈大科，南直隶通州。

赵用贤，南直隶常熟县。

张程，江西安福县。

钱岱，南直隶常熟县。

吴汝伦，南直隶无锡县。

虞怀忠，浙江义乌县。

周保，浙江鄞县。

诸大伦，浙江余姚县。

尹良任，湖广汉川县。

王缄，顺天府文安县。

黎邦琰，广东从化县。

曾士楚，广东从化县。

雷嘉祥，四川井研县。

双凤鸣，陕西庆阳卫。

胡宥，南直隶休宁县。

李忱，福建晋江县。

林廷植，福建福清县。

沈涵，武功左卫。

庄鹏举，直隶东光县。

张第，山东茌平县。

丁宾，浙江嘉善县。

贺南儒，浙江海盐县。

郑时章，福建龙溪县。

林应训，福建怀安县。

田琯，福建大田县。

陈赞，江西南昌县。

徐一唯，湖广蕲水县。

李桢，陕西庆阳卫。

贺愈，山西崞县。

陈长祚，福建长乐县。

袁应旂，江西丰城县。

李时成，湖广蕲水县。

刘尚志，南直隶怀宁县。

李实，四川泸州。

张学道，陕西盩厔县。

刘应元，山西洪洞县。

顾其志，南直隶长洲县。

费标，顺天府大兴县。

阮尚宾，云南太和县。

许一德，贵州贵州卫。

王许之，江西高安县。

孙继先，山西盂县。

谢师彦，湖广蒲圻县。

乔岩，河南商丘县。

齐世臣，江西南昌县。

伍士望，江西南昌县。

郭汝，山东济宁州。

张彝训，山东宁阳县。

杨德，南直隶武进县。

苏湖，云南太和县。

刘克正，广东从化县。

钱节用，四川富顺县。

林鹏飞，福建漳浦县。

俞汝为，南直隶华亭县。

孙维城，山东丘县。

邢玠，山东益都县。

张治具，福建晋江县。

唐应元，南直隶昆山县。

张维翰，山东茌平县。

王嘉柔，南直隶潜山县。

高自治，山西太原右卫。

孙训，山西太原右卫。

陈用宾，福建晋江县。

金从洋，南直隶华亭县。

汪彦冲，南直隶歙县。

范鸣谦，南直隶江阴县。

吴琯，福建漳浦县。

王延，四川南充县。

俞文达，南直隶婺源县。

王汝训，山东聊城县。

孙谋，南直隶泗州卫。

许梦熊，南直隶南陵县。

黄克念，河南宁陵县。

祁鲸，直隶阜城县。

冯盛宗，浙江慈溪县。

许乐善，南直隶华亭县。

张应元，南直隶休宁县。

王淑民，陕西咸宁县。

郑宗学，湖广兴国州。

陈明经，河南光州。

王道成，四川巴县。

张翰才，山西盂县。

杜伸，湖广黄冈县。

冯笏，南直隶吴县。

谢师成，浙江上虞县。

丁元复，南直隶长洲县。

赵楫，顺天府大兴县。

秦耀，南直隶无锡县。

王炳衡，南直隶长洲县。

王民顺，江西金溪县。

周邦杰，江西临川县。

李大晋，贵州清平卫。

贾如式，直隶武强县。

倪汤，山东馆陶县。

董裕，江西乐安县。

赵九思，山西泽州。

戴光启，山西祁县。

尹廷俊，云南蒙自县。

顾问，湖广咸宁县。

帅祥，四川安居县。

张一元，山东邹平县。

俞嘉言，浙江余姚县。

李廷仪，山西霍州。

胡时化，浙江余姚县。

张誉，江西新建县。

刘振基，山东沂水县。

孙成名，浙江慈溪县。

许云涛，山东堂邑县。

高荐，山东青州卫。

朱琏，江西新淦县。

李宜春，山东莘县。

曹楼，南直隶歙县。

周裔先，广东南海县。

李东，云南太和县。

徐贞明，江西贵溪县。

李梯，直隶任丘县。

吴中立，福建漳浦县。

崔应麒，直隶获鹿县。

翟廷楠，山西浑源州。

伍睿，广西全州。

马鲁卿，四川内江县。

王蔚，直隶真定卫。

漆彬，江西南昌县。

武尚耕，应天府溧水县。

钟昌，广东东莞县。

廖希元，湖广蓝山县。

张烛，山东寿光县。

戴洪恩，南直隶江都县。

傅应祯，江西安福县。

袁实遂，江西丰城县。

陈子需，四川宜宾县。

刘师鲁，山东掖县。

燕好爵，山西翼城县。

刘天衢，湖广广济县。

田畴，山西文水县。

王来聘，山西寿阳县。

刘垓，湖广潜江县。

张孙振，广西临桂县。

吉可久，山西曲沃县。

王敬民，河南西华县。

张应雷，江西金溪县。

王云鹭，河南夏邑县。

顾九思，南直隶长洲县。

李安仁，直隶兴州右屯卫。

赵日新，福建晋江县。

郑秉厚，浙江遂昌县。

王良心，浙江永嘉县。

李大吉，浙江仁和县。

茹宗舜，直隶东胜右卫。

韩铠，顺天府昌平州。

刘惠乔，广东潮阳县。

罗应鹤，南直隶歙县。

赵卿，南直隶泗州卫。

王一乾，江西泰和县。

魏良知，湖广京山县。

詹沂，南直隶宣城县。

徐鸣鹤，河南杞县。

韩容，山东青城县。

郗据德，顺天府涿州。

唐本尧，南直隶上海县。

范梅，江西丰城县。

万世德，山西偏头千户所。

由礼门，河南杞县。

金应照，南直隶吴县。

胡其高，四川井研县。

方亮工，广东南海县。

刘楚先，湖广江陵县。

李涞，江西雩都县。

连三元，直隶永年县。

罗星，云南剑川州。

李贞，河南颍川卫。

刘伯渊，浙江慈溪县。

刘守泰，湖广麻城县。

刘养充，四川涪州。

宋存德，南京锦衣卫。

郑锐，南直隶泾县。

赵举廉，河南睢阳卫。

赵燿，山东掖县。

冯时可，南直隶华亭县。

姚学闵，湖广武陵县。

黄道年，南直隶合肥县。

曹司勋，南直隶宜兴县。

齐一经，山东潍县。

王祖嫡，河南信阳卫。

张纶，直隶青苑县。

宋儒，贵州麻合州。

刘四科，陕西紫阳县。

申思科，河南洧川县。

江沛然，湖广江夏县。

张一鲲，四川定远县。

孟秋，山东茌平县。

萧崇业，云南临安卫。

詹全觉，江西都昌县。

姜奇方，湖广监利县。

郝孔昭，南直隶来安县。

涂杰，江西新建县。

吴拟谦，江西临川县。

余良桢，江西奉新县。

苗焕，山西泽州。

赵善政，南直隶泾县。

安九域，河南钧州。

江和，江西进贤县。

刘希孟，山东安丘县。

王胤祥，直隶抚宁县。

段补，陕西兰州。

王象乾，山东新城县。

王湘，四川富顺县。

丁应诏，浙江长兴县。

王汝濂，山西怀仁县。

张宏纲，福建永宁卫。

徐一槚，浙江西安县。

徐学礼，留守中卫。

邝彭龄，广东南海县。

张惟诚，锦衣卫。

邢凤毛，陕西咸宁县。

郑人逵，福建闽县。

张正鹄，浙江秀水县。

虞德烨，浙江义乌县。

铁篆，云南永昌卫。

冉梦松，河南中牟县。

尹瑾，广东东莞县。

周宪，江西安福县。

刘思中，大宁都司保定左卫。

何汝成，山西蒲州。

韩杲，河南光山县。

朱鸿谟，山东益都县。

田乐义，河南兰阳县。

齐国儒，河南唐县千户所。

方肯堂，广东南海县。

程逊，直隶长垣县。

傅作舟，湖广江陵县。

赵鹭，福建晋江县。

梅淳，直隶当涂县。

吴从龙，江西宁州。

黄策，山西咸宁县。

周文卿，湖广江夏县。

高应聘，山西稷山县。

李应辰，浙江慈溪县。

韩绍，浙江归安县。

马允登，直隶东光县。

孟一脉，山东东阿县。

周应中，顺天府府军卫。

杨维新，南直隶丹徒县。

张会宗，广东澄海县。

赵世勋，陕西绥德卫。

高文炳，南直隶上海县。

李荩，四川成都右卫。

魏良臣，福建瓯宁县。

陆梦熊，浙江余姚县。

宋仕，山东平原县。

姜璧，顺天府文安县。

吴之彦，南直隶太仓州。

董选，河南嵩县。

赵世卿，山东历城县。

李栋，河南涉县。

郭如暄，四川富顺县。

孙秉阳，南直隶怀远县。

李华春，福建晋江县。

苗浡然，直隶曲周县。

彭应时，江西庐陵县。

王学书，山东滨州。

刘玉成，南直隶长洲县。

曹诰，南直隶休宁县。

孙鸣凤，江西高安县。

陈履，广东东莞县。

王筵，河南商城县。

董光裕，山西洪洞县。

李天植，南直隶广德州。

王致祥，万全都司龙门卫。

王焕，湖广咸宁州。

王度，直隶深泽州。

桑维高，山西榆次县。

袁国臣，湖广潜江县。

吴之美，山东登州卫。

秦绅，锦衣卫。

白栋，陕西榆林卫右所。

薛梦雷，福建侯官县。

帅兰，湖广江陵县。

刘谐，湖广麻城县。

宋范，直隶永年县。

沈允成，浙江德清县。

洪声远，顺天府和阳卫。

刘中立，山东禹城县。

陈彝典，云南腾冲卫。

刘珠，湖广公安县。

石应岳，福建龙岩县。

夏潜，直隶长垣县。

任仕，陕西盩厔县。

卢一麟，四川巴县。

吴从周，陕西韩城县。

癸酉　万历元年两京十三藩乡试

解元

顺天府：柯挺，福建海澄县人，监生，《诗》，庚辰。

应天府：江文明，徽州府学附学生，《书》。

浙江：莫睿，钱塘县学生，《易》，癸未。

江西：徐州牧，南昌府，《诗》。

福建：苏濬，晋江县学生，《易》，丁丑。

湖广：李登，景陵县学生，《诗》，庚辰。

河南：任启元，河南府学附学生，《易》。

山东：陈勗，莒州学生，《易》，癸未。

山西：司马晰，夏县学生，《诗》。

陕西：赵尔守，盩厔县学生，《春秋》。

四川：胥从化，重庆府学增广生，《书》。

广东：钟维诚，广州府学附学生，《诗》。

广西：徐尚实，永宁州学生，《春秋》。

云南：朱道南，临安府学生，《诗》，甲戌。

贵州：姚允升，新添卫学生，《易》。

甲戌 万历二年会试

考试官：

太子太保兼大学士吕调阳，见辛未。

吏部左侍郎兼侍读学士王希烈，子忠，江西南昌县籍，临川县人，癸丑进士。

第一场

《四书》：

○子曰学如不及犹恐失之。刊。

○唯天下至圣，而时出之。刊。

○用下敬上，其义一也。刊。

《易》：

○大观在上，下观而化也。刊。

○象曰山上有泽，虚受人。

○是故易有太极是生两仪。刊。

○夫易彰往，失得之报。

《书》：

○益曰吁戒哉，四夷来王。刊。

○若作和羹尔惟盐梅。

○我闻曰古之人，胥教诲。刊。

○其惟吉士用励，相我国家。

《诗》：

○迨天之未阴，绸缪牖户。

○驾彼四牡，会同有绎。

○明明天子令闻不已。刊。

○肇禋迄用有成维周之祯。刊。

《春秋》：

○会豕伐郑（桓十五）。

○突救卫（庄六），师城邢（僖元）。刊。

○侵陈宋（宣元）。刊。

○来归田（定十），归谳阐（哀八）。

《礼记》：

○大圭不琢美其质也。

○故圣人作乐，天地官矣。

○清明在躬，山川出云。刊。

○君子不以辞尽人，行有枝叶。刊。

第二场

论：

○人君守成业而致盛治。刊。

诏诰表内科一道：

○拟汉令司隶刺史岁考吏殿最诏（永平九年）。

○拟唐以房玄龄为中书令诰（武德九年）。

○拟唐以御制《金镜述》颁示侍臣谢表（贞观二年）。刊。

判语□①条：

○官员赴任过限。

○钱粮互相觉察。

○致祭祀典神祇。

○边境申索军需。

○修理桥梁道路。

第三场

策五道：

○祖□德泽法度并□，□□□□修□□□②。刊。

○质文循环之故，圣人迈质之权。刊。

○爵禄名（□□③专以此宠士，不可□④为而逃之）。刊。

○史（班马之辞各有异同，仲尼之义超出二史）。刊。

○古今用人理财（国初人财俱足，季年人财俱乏）。刊。

时会试之士几四千五百人，取孙𨥛等三百人，刻程文二十篇。

□□⑤举人三百名。

孙𨥛，锦衣卫，监生，《易》。

王应选，浙江慈溪县人，监生，《诗》。

沈璟，南直隶吴江县学生，《书》。

陈与郊，浙江海宁县学附学生，《春秋》。

李多见，福建仙游县学生，《礼记》。

---

① 原缺。当为"五"。

② 此条有若干缺字，具体字数或与此处□数略有出入。

③ 原缺。

④ 原缺。

⑤ 原缺。当为"中式"。

三月十五日，□□□①下贡七②。制曰：朕惟自昔哲后齎乾，良弼纳诲，未有不以典学勤政为务者。乃嗣服之始，尤斤斤焉。若《伊训》、《说命》、《访落》、《无逸》诸篇，详哉其言之矣。三代以还，强学励精之主代有作者，然考德论治，犹未可匹埒于姬姒，矧曰唐虞？又有可疑者：夜分讲经，岁周太平，御览只日，不废讲读，学非不笃矣。而兴造洪业，顾出于马上得之、不事《诗》《书》者，何欤？衡石程书，卫士传餐，汗透御服，日旰忘□□□③不勤矣。而致理之效，顾独称躬修玄默、清静无为者，何欤？朕以冲年履祚，未烛于理，惟仰遵我皇考遗命，讲学亲贤，日勤观览，细大之务，悉咨辅臣，以求厥中，夙夜孜孜，罔敢暇逸，亦欲庶几乎《诗》《书》所称，无坠我二祖八宗之丕绪。然论者谓帝王之学与韦布不同，盖不在章句间也。不知舍章句之外，又何学欤？又或谓主好要则百事详。所谓要者，果安在欤？往代陈谟，有神正始，如贤良三策，神爵言变俗，永光言审尚，及治性六戒、劝学四夷、初元节俭、建初荡涤烦苛、先天元祐十事、治平三札、熙宁稽古正学定志论，总之不越此二端矣，可得而悉数之欤？亦有可行于今者欤？尔多士习先圣之术，明当世之务，其为朕折衷众论，究其指归，典学何急，立政何先？或古今异宜，创守殊轨，悉茂明之，以副朕慎始笃初之意，毋泛毋隐。

时廷对之士三百人，赐孙继皋等进士及第、出身有差。

第一甲三名赐进士及第

　　孙继皋，南直隶无锡县。

　　余孟麟，应天府江宁县籍，徽州府祁门县人。

　　王应选，浙江慈溪县。

第二甲七十名赐进士出身

　　支可大，南直隶昆山县。

　　周希贤，福建莆田县。

　　王泮，浙江山阴县。

　　孙钤，锦衣卫籍，浙江余姚县人。

　　沈璟，南直隶吴江县。

　　马慥，陕西同州。

　　陆楫，南直隶长洲县。

　　林缵振，福建漳浦县。

　　萧景训，江西泰和县。

---

① 原缺。当为"临策天"。

② "七"为"士"之讹。

③ 原缺。当为"倦，政非"。

萧应宫，南直隶常熟县。

吴显，福建漳浦县。

陈大统，浙江会稽县。

薛道生，南直隶吴县。

管大耀，浙江鄞县。

陈九叙，福建漳平县。

佘毅中，南直隶铜陵县。

雷应志，山西阳曲县。

王任，四川潼川州。

吴同春，河南固始县。

石元麟，云南永昌府。

陈梦庚，南直隶华亭县。

谢裴，南直隶当涂县。

张振先，浙江临安县。

蔡乾釜，福建龙溪县。

余国宾，浙江西安县。

徐元春，锦衣卫籍，南直隶华亭县人。

陈国华，南直隶常熟县。

苏希栻，福建南安县。

容若玉，南直隶怀宁县。

王录，山东寿张县。

王家栋，浙江嘉兴县。

马鸣銮，四川内江县。

陈邦彦，南直隶青阳县。

陶允宜，浙江会稽县。

陈述龄，湖广沔阳州。

汪应蛟，南直隶婺源县。

许一星，福建莆田县。

陈嘉宾，河南商城县。

谢诏，江西赣县。

张之屏，山西沁水县。

万文卿，江西南昌县。

刘孟雷，江西庐陵县。

韩济，福建龙溪县。

邹迪光，南直隶无锡县。

洪有声，福建南安县。

赵以康，云南浪穹县。

朱期至，湖广蕲水县。

蔡惟亨，南直隶无锡县。

傅作雨，湖广江陵县。

范可奇，浙江会稽县。

蒋三近，四川成都前卫。

李铦，浙江缙云县。

朱应，浙江山阴县。

陈瑛，福建莆田县。

王桥，应天府上元县。

张一坤，浙江山阴县。

孙星，浙江海宁县。

周宗礼，广东澄海县。

黄凝道，河南邓州。

李时芳，陕西武功县。

张国辅，南京金吾后卫。

张时亨，江西南城县。

吴中谦，广东南海县。

林乔楠，福建晋江县。

詹思谦，浙江常山县。

王道纯，陕西西安右护卫。

朱衣，陕西岷州卫。

杨以忠，南直隶武进县。

李良柱，广东番禺县。

李三才，武功右卫。

第三甲二百二十六名赐同进士出身

陈朴，河南陈州卫。

雷士桢，陕西朝邑县。

颜素，南直隶怀宁县。

牛惟炳，直隶曲周县。

易以巽，四川安县。

孙旬，山东莱阳县。

杨四知，河南祥符县。

苏雨，四川巴县。

曹一夔，湖广武冈州。

王问卿，南直隶无锡县。

范世美，江西高安县。

黄时雨，南直隶常熟县。

魏允孚，直隶南乐县。

夏应星，南直隶盐城县。

李多见，福建仙游县。

常居敬，湖广武昌卫。

史元熙，浙江余姚县。

黄师颜，福建南安县。

王见宾，山东济南卫。

何铲，南直隶常熟县。

马贯，南直隶吴江县。

沈孟化，福建永定县。

王炳璿，南直隶昆山县。

贺一孝，河南鲁山县。

郑皋，四川忠州。

许铤，顺天府武清县。

韩志道，山东章丘县。

马翰如，河南陈留县。

王职，河南洛阳县。

陈九成，河南杞县。

郭惟贤，福建晋江县。

尹应元，湖广汉川县。

刘金，山东禹城县。

陈扬产，贵州铜仁府。

姜召，四川广安州。

陈嘉策，福建晋江县。

沈铁，福建诏安县。

翁仲益，福建闽县。

陈王庭，浙江仁和县。

胡希舜，河南原武县。

张云翱，山西安邑县。

曾梦鳌，福建莆田县。

何允升，河南杞县。

林鸣盛，福建莆田县。

于翰，直隶井陉县。

敖选，四川金堂县。

陈正谊，南直隶华亭县。

姚德重，山东潍县。

曾士彦，四川泸州。

李坤（后复吕姓），河南宁陵县。

郭衢阶，四川富顺县。

李际春，南直隶武进县。

刘三宅，山东寿光县。

查伟，云南大理卫。

蔡时鼎，福建漳浦县。

林兆珂，福建莆田县。

李承志，山西曲沃县。

杨时馨，河南祥符县。

陈谏，陕西华阴县。

顾连璧，山东博兴县。

王儒，山西平定州千户所。

何凤起，湖广蕲水县。

倪三绶，直隶阜城县。

任甲第，四川资阳县。

龚一清，浙江义乌县。

韩国桢，南直隶长洲县。

宋万叶，福建莆田县。

毛在，南直隶太仓州。

吴中传，山东朝城县。

杨俊士，锦衣卫籍，山西蒲州人。

游朴，福建福宁州。

陈与郊，浙江海宁县。

留震臣，福建晋江县。

蔡国炳，福建晋江县。

谭希思，湖广茶陵州。

南宪仲，陕西渭南县。

龚锡爵，南直隶嘉定县。

田蕙，山西应州。

冯露，河南襄城县。

王开，直隶清苑县。

王凤竹，直隶唐山县。

李化龙，直隶长垣县。

刘弘道，南直隶吴县。

王一言，江西南城县。

王国宾，南直隶武进县。

俞良史，南直隶吴县。

吴谦，四川泸州。

谢杰，福建长乐县。

周梦旸①，湖广南漳县。

顾尔行，浙江归安县。

吴应奎，山东东平州。

王景星，浙江萧山县。

林民止，福建莆田县。

陈济，河南祥符县。

徐师张，浙江永康县。

张世则，山东诸城县。

张汝贤，武功右卫。

朱让，广东南海县。

王毓阳，陕西绥德州。

黄门，南直隶常熟县。

张廷榜，福建龙溪县。

廖恒吉，四川达州。

唐伯元，广东澄海县。

杨楫，河南商丘县。

王三宅，河南卫辉千户所。

李宗鲁，湖广汉阳县。

伍让，湖广衡阳县。

朱翰臣，山东平山卫。

孙健，云南鹤庆府。

王致中，陕西宁羌卫。

李以谦，山东鱼台县。

舒邦儒，江西余干县。

陈绅，福建莆田县。

董继祖，河南洛阳县。

李士达，陕西三原县。

吴定，河南安阳县。

---

① 《索引》作"周梦旸"。

卓世彦，河南祥符县。

郑材，直隶安肃县。

李得祐，四川宜宾县。

周弘禴，湖广麻城县。

王三余，直隶安平县。

顾梦鲤，南直隶昆山县。

程有守，南直隶歙县。

范涞，南直隶休宁县。

陈正谟，福建南平县。

杨瑞云，广东南海县。

黄道瞻，福建晋江县。

余启元，南直隶婺源县。

朱正色，直隶南和县。

田大年，四川定远县。

陈应芳，南直隶泰州千户所。

陈一鲂，福建莆田县。

陈奇谋，浙江秀水县。

沈汝梁，福建漳浦县。

赵维鱼，山东齐河县。

陈文炅，江西临川县。

蔡梦说，福建龙岩县。

高梅，四川内江县。

李杜，直隶永年县。

何思登，湖广蒲圻县。

王邦俊，陕西鄜州。

叶遵，浙江余姚县。

李好问，河南鲁山县。

韩萃善，山东淄川县。

黄云龙，南直隶歙县。

司马祉，山西夏县。

李进道，直隶内黄县。

王价，河南孟津县。

徐待，浙江鄞县。

顾起淹，南直隶吴县。

李廷彦，陕西宁夏卫。

朱熙洽，南直隶昆山县。

熊梦兆，河南鹿邑县。

赵秉忠，福建瓯宁县。

刘美，四川成都左护卫。

李学诗，四川成都左护卫。

张佐治，福建平和县。

刘懋中，直隶魏县。

朱道南，云南临安卫。

詹启东，福建安溪县。

饶廷锡，江西进贤县。

孙兖，河南固始县。

秦应骢，浙江慈溪县。

弋大本，锦衣卫。

刘汝桂，山东高唐州。

江铎，浙江仁和县。

丁汝谦，山西吉州。

姚士观，江西贵溪县。

阎芹，山东高密县。

李寀，南直隶舒城县。

刘朝噩，江西永新县。

刘士忠，陕西华州。

张珩，山西赵城县。

胡桂芳，江西金溪县。

王国祚，直隶沧州。

范守巳，河南洧川县。

赵南星，直隶高邑县。

陈鄩，福建宁德县。

陈于阶，直隶曲周县。

杨廷相，福建晋江县。

杜希鹏，河南灵宝县。

邢侗，山东临邑县。

支大纶，浙江嘉善县。

王懋中，江西南城县。

傅好礼，顺天府固安县。

何倬，河南杞县。

王继明，浙江永嘉县。

张名藩，山东黄县。

边有猷，河南封丘县。

陈相，福建闽县。

萧大才，山东堂邑县。

高萃，浙江鄞县。

黄体乾，南直隶宜兴县。

金和，南直隶长洲县。

丁懋建，浙江余姚县。

李尧民，山东济宁州。

马洛，南直隶如皋县。

屈灼，陕西蒲城县。

罗应兆，南直隶吴县。

董廷策，四川泸州。

周诗，山东德州。

文在中，陕西三水县。

姚三让，直隶永年县。

田时秀，直隶完县。

刘腾霄，直隶安肃县。

褚顺，河南祥符县。

倪涷，浙江上虞县。

吴仕诠，浙江归安县。

梁鹏，广东顺德县。

胡汝宁，江西南昌县。

李臣之，河南嵩县。

杨寅秋，江西泰和县。

吴濯，江西金溪县。

李大嘉，山西曲沃县。

任养心，山西芮城县。

梁必强，广东琼山县。

赫瀛，直隶濬县。

郝国章，太医院。

阮子孝，浙江於潜县。

张梦蟾，南直隶寿州卫。

张问达，四川内江县。

袁应祺，南直隶兴化县。

嵇应科，南直隶武进县。

方范，南直隶昆山县。

郭性之，陕西华州。

贡靖国，南直隶宜城县。

丙子 万历四年两京十三藩乡试

解元

　　顺天府：魏允中，南乐县学生，《书》，庚辰。

　　应天府：顾宪成，无锡县学生，《书》，庚辰。

　　浙江：朱用光，崇德县学生，《易》。

　　江西：王命爵，吉安府学生，《易》，丁丑。

　　福建：刘廷兰，漳浦县学生，《诗》，庚辰。

　　湖广：杨逢时，荆州府学生，《易》，□□①。

　　河南：杨凤，开封府学生，《诗》，癸未。

　　山东：葛曦，德平县学生，《易》，癸未。

　　山西：王显忠，泽州学生，《书》。

　　陕西：王图，耀州学生，《诗》，□□②。

　　四川：黄辉，重庆府监生，《易》，□□③。

　　广东：郑伟，□□□□□□□④。

　　广西：金辉汉，马平县学生，《书》，□□⑤。

　　云南：杨应兆，临安府学生，《诗》，□□⑥。

　　贵州：孙思述，□□□□□□□⑦。

丁丑 万历五年会试

考试官：

　　礼部尚书兼大学士张四维，子维，山西蒲州人，癸丑进士。

　　詹事兼侍读学士申时行，汝默，南直隶吴县籍，长洲县人，壬戌进士。

第一场

　　《四书》：

―――――――――――

　　① 原文被挖去或涂抹。

　　② 原文被挖去或涂抹。

　　③ 原文被挖去或涂抹。

　　④ 原文被挖去或涂抹。

　　⑤ 原文被挖去或涂抹。

　　⑥ 原文被挖去或涂抹。

　　⑦ 原文被挖去或涂抹。

○子贡问曰何如斯，次矣。刊。

○子曰回之为人也，之矣。刊。

○我亦欲正人心，得已也。刊。

《易》：

○象曰天行健，不息。刊。

○上九鼎玉铉，刚柔节也。

○夫易广矣，配至德。刊。

○物相杂故曰文。

《书》：

○予乘四载，万邦作义。刊。

○慎乃俭德惟怀永图。

○无偏无陂，归其有极。

○政贵有恒辞尚体要。刊。

《诗》：

○羔羊之皮，委蛇委蛇。刊。

○嗟尔君子，式谷以女。

○其胤维何，从以孙子。刊。

○天命降监，封建厥福。

《春秋》：

○会北杏（庄十三），盟宋（襄二十七）。刊。

○盟曹南（僖十九）。

○宋楚平（宣十五）。刊。

○侵蔡伐楚，次陉，盟召陵（僖四），栾书救郑（成六），会萧鱼（襄十一）。刊。

《礼记》：

○修身践言，礼之质也。刊。

○五帝宪养气体，为惇史。

○大人举礼乐，将为昭焉。刊。

○子言之君子，能如此乎。

第二场

论：

○论治者贵识体。刊。

诏诰表内科一道：

○拟汉益吏百石以下奉诏（神爵三年）。

○拟唐以郭子仪为中书令诰（乾元元年）。

○拟御制思企颜曾十六字箴赐辅臣谢表（嘉靖七年）。刊。

判语五条：

○讲读律令。

○收支留难。

○奏对失序。

○擅调官军。

○带造段疋。

第三场

策五道：

○保泰（虞儆戒周张皇，贾谊流涕太息，魏徵十渐十思，今在亲揽断、广听纳而本于纯心）。刊。

○周礼。刊。

○儒有本实自胜黄老申韩（汉文武宣元）。刊。

○文章崇雅黜浮（韩愈、欧阳修）。刊。

○筹边在和战守（汉建武、永平）。刊。

时会试之士四千五百有奇，取冯梦桢等三百人，刻程文二十篇。

中式举人三百名。

冯梦桢，浙江秀水县人，监生，《书》。

陆可教，浙江兰溪县人，监生，《易》。

沈季文，浙江乌程县人，监生，《礼记》。

俞霶，南直隶宜兴县人，监生，《诗》。

马象乾，广东连州人，监生，《春秋》。

三月十五日，临策天下贡士。制曰：朕惟自古帝王，抚运握图，统一寰宇，所以综辑庶务，调剂群品，其道盖多端矣。至语其治效，自《诗》《书》所述，章灼较著，则莫盛于虞周。夫其七政齐，庶尹谐，六府修，三事治，与夫谟烈佑启、礼乐刑政，焕然也。朕甚嘉之慕之，未审果繇何道而致然欤？或谓舜兢业万几，文王自朝至于日中昃①不遑食也，唯其精勤，故化理若是。然《书》称庶狱庶慎，文王罔兼，而孔子复谓舜无为而治，何欤？我太祖神圣乘乾，再造函夏，建立法制，博大详密，用以跻世平康，与虞周媲盛矣。御历三十余年，早朝晏罢，未尝时刻少怠，其所以畏天人而衍昌祚者，视舜文其道同欤？朕以冲昧，获缵丕基，慄慄夙夜，图所以顺帝则，建皇极，以庶几帝王之治者，今且五年。经费节矣而帑庚未充，赋敛宽矣而民生寡遂，守宰久任矣而吏治罔宣，伍籍加覆矣而武备靡振。岂因循之积习难骤变欤？久弛之旧章难遽举欤？兹欲革文冒，破拘挛，使人得其情，事循其理，将何如而后可？盖盛帝显王，人称之必曰大有为，乃复有谓王者中心无为，以守至正，此其说安是？将各有主谓不相蒙欤？抑或其道

_____

① "昃"疑为"昃"之讹。

相须也？子大夫习先圣之术，其于古今治理之原，讲之豫矣，尚各摅所蕴，明著于篇，朕将亲览而择焉。

时廷对之士三百一人，赐沈懋学等进士及第、出身有差。是科沈孚闻、沈季文，虽异籍，实兄弟也。选沈自邠等二十八人为庶吉士。

第一甲三名赐进士及第

沈懋学，南直隶宣城县。

张嗣修，锦衣卫官籍，湖广江陵县人。

曾朝节，湖广临武县。

第二甲五十七名赐进士出身

宋希尧，江西分宜县。

陆可教，浙江兰溪县。

冯梦祯，浙江秀水县。

刘庭芥，福建漳浦县。

杨启元，广东归善县。

沈大忠，浙江慈溪县。

杨德政，浙江鄞县。

张文奇，南直隶长洲县。

盛世承，南直隶桐城县。

张问仁，福建晋江县。

郑一麟，浙江山阴县。

苏濬，福建晋江县。

黄学颜，南直隶吴县。

尤光被，福建罗源县。

李元龄，四川华阳县。

赵健，南直隶泾县。

王再聘，山东临邑县。

许国瓒，福建晋江县。

杨际会，广西容县。

于达真，山东历城县。

唐守钦，福建莆田县。

冯琦，山东临朐县。

沈九畴，浙江鄞县。

王明时，南直隶华亭县。

孙成泰，浙江平湖县。

王豫，浙江乌程县。

郭师古，南直隶如皋县。

周汝登，浙江嵊县。

刘九泽，直隶延庆州。

章润，南直隶江都县。

房守士，山东齐河县。

李楠，山西崞县。

蔡斗移，湖广蕲水县。

沈季文，浙江乌程县。

庄履丰，福建晋江县。

韩取善，山东淄川县。

王谦，山西蒲州。

周汝砺，南直隶昆山县。

吕兴周，广西桂林中卫。

董樾，浙江鄞县。

诸大圭，浙江余姚县。

李守约，湖广公安县。

郑有年，浙江西安县。

郑璧，四川内江县。

阎邦，湖广长沙县。

郭元柱，四川隆昌县。

张斗，浙江乌程县。

张鼎思，南直隶长洲县。

高尚忠，河南祥符县。

甘雨，江西永新县。

刘际可，南直隶丹徒县。

吴子韶，江西南昌县。

王之麟，南直隶无锡县。

胡泰，江西临川县。

马象乾，广东连州。

金炅，江西新建县。

伍惟忠，江西安福县。

第三甲二百四十一名赐同进士出身

朱维京，江西万安县。

冯景隆，浙江山阴县。

黄正色，浙江秀水县。

任可容，南直隶怀宁县。

731

王继光，山东黄县。

张文熙，广西临桂县。

刘霖，福建漳浦县。

贾三策，南直隶亳州。

陈瑶，江西南昌县。

袁有凤，福建漳浦县。

王约，福建惠安县。

刘世埏，浙江海盐县。

陈性学，浙江诸暨县。

赵楷，四川犍为县。

姚岳祥，广东化州。

徐桂，浙江余杭县。

韩应庚，直隶东胜左卫。

俞霙，南直隶宜兴县。

魏允贞，直隶南乐县。

顾绍芳，南直隶太仓州。

郑之民，四川成都左护卫。

王键，南直隶金坛县。

姚元祯，浙江慈溪县。

黄嘉善，山东即墨县。

余继登，直隶交河县。

蒋时馨，福建漳平县。

杨植，山西阳城县。

敖文祯，江西高安县。

杨文举，四川南充县。

何洛书，河南信阳州。

刘士瑷，江西庐陵县。

李日文，江西金溪县。

张新，南直隶镇海卫。

李文郁，河南禹州。

胡士鳌，福建诏安县。

史继辰，应天府溧阳县。

李国士，南直隶亳州。

朱来远，南直隶庐江县。

张一德，直隶邯郸县。

朱廷益，浙江嘉兴县。

黄文炳，福建同安县。

王命爵，江西庐陵县。

苏酂，南直隶太仓州。

朱应毂，忠义后卫。

徐震，浙江余姚县。

李弘道，山西襄陵县。

赵崇善，浙江兰溪县。

吴梦熊，南直隶宜兴县。

陆承宪，南直隶华亭县。

张栋，南直隶昆山县。

李琯，江西丰城县。

吕乾健，山西曲沃县。

吴达可，南直隶宜兴县。

周盘，山西泽州。

伍可受，福建清流县。

马化龙，河南新野县。

黄承赞，浙江义乌县。

祁鲲，直隶阜城县。

南兆，山东濮州。

张养志，河南陈州。

史朝录，福建晋江县。

林休徵，福建莆田县。

刘一相，山东长山县。

汪言臣，四川重庆卫。

凌登瀛，浙江钱塘县。

徐上达，江西广信府永丰县。

张守朴，四川成都左护卫。

曹一鹏，直隶任丘县。

李一阳，南直隶丹徒县。

徐申，南直隶长洲县。

何存敩，四川温江县。

陈烨，南直隶吴县。

邢孔阳，顺天府文安县。

方端，河南固始县。

张子忠，山东济宁州。

王世扬，直隶广平县。

张养蒙，山西泽州。

饶学诗，山东东阿县。

邓炼，江西南城县。

陈应熙，福建瓯宁县。

丁此吕，江西新建县。

杨鸣凤，四川巴县。

白一言，直隶永年县。

詹事讲，江西乐安县。

贺逢舜，湖广益阳县。

孙澜，河南洛阳县。

潘元和，南直隶华亭县。

谢志伊，直隶深州。

吴安国，南直隶长洲县。

张文耀，湖广沅陵县。

曹钬，山东长清县。

刘敏宽，山西安邑县。

李观光，直隶沧州。

管应凤，浙江余姚县。

宋附，四川成都后卫。

徐三畏，直隶任丘县。

张国玺，直隶任丘县。

李际春，湖广蕲州卫。

孙世祯，贵州清平卫。

张志，山东历城县。

白希绣，陕西肤施县。

叶承遇，浙江永嘉县。

秦可贞，陕西咸宁县。

谢应典，福建莆田县。

程达，江西清江县。

董子行，浙江绍兴卫。

支应瑞，江西进贤县。

杨东野，山东沂水县。

朱南英，浙江山阴县。

屠隆，浙江鄞县。

范俊，江西高安县。

傅光宅，山东聊城县。

黄学曾，广东南海县。

王国，陕西耀州。

顾云程，南直隶常熟县。

霍鹏，直隶井陉县。

李应祥，南直隶无锡县。

屠叔方，浙江秀水县。

王亮，浙江临海县。

朱维藩，南直隶淮安卫中左所。

张世科，山东临邑县。

陈禹谟，浙江仁和县。

孙玮，陕西渭南县。

杨有仁，四川新都县。

李骥千，山东招远县。

李洙，山西宁乡县。

陈泰来，浙江平湖县。

丘度，南直隶淮安卫。

邹元标，江西吉水县。

沈存仁，贵州普安卫。

沈自邠，浙江秀水县。

胡载道，万全都司。

吴世宾，直隶衡水县。

陈一洙，福建漳浦县。

侯应征，河南杞县。

陈三策，山东武定州。

卢洪春，浙江东阳县。

王元，陕西宁夏卫。

李杜，直隶肥乡县。

陈璨，山西高平县。

李先著，锦衣卫。

何懋官，浙江永嘉县。

卢学礼，直隶东明县。

马朝阳，山西太原县。

杨起元，山西临汾县。

李应选，山西赵城县。

浦卿，锦衣卫。

李贽，河南新安县。

冯生虞，四川大足县。

沈梦斗，浙江嘉善县。

金节，广东南海县。

张尧臣，四川内江县。

贾希夷，山东历城县。

傅国珍，福建建阳县。

陈璧，福建怀安县。

徐三重，南直隶华亭县。

王之猷，山东新城县。

刘绮，湖广沔阳州。

曹炜，浙江平湖县。

马崇谦，山西安邑县。

张梦鲤，山西绛县。

高桂，山东潍县。

郭显忠，河南太康县。

张希皋，湖广安陆县。

沈孚闻，南直隶吴江县。

郝洁，山东栖霞县。

曾乾亨，江西吉水县。

钟宇淳，南直隶华亭县。

王士性，浙江临海县。

和震，河南祥符县。

赵一鹏，南直隶吴县。

沈瑞临，浙江仁和县。

蔡万里，浙江萧山县。

魏濬，山东益都县。

吴之鹏，南直隶武进县。

杨芳，四川重庆卫。

宋国相，山东滨州。

罗用敬，江西南昌县。

王九仪，陕西长安县。

陈邦科，江西高安县。

吴尧弼，云南鹤庆府。

黄日谨，福建镇海卫。

金枝，浙江崇德县。

田汝京，山东东平州。

赵邦秩，浙江平湖县。

傅霈，山西忻州。

马玉麟，南直隶昆山县。

何文极，云南太和县。

林国材，浙江黄岩县。

陈良栋，四川宜宾县。

陈扬善，福建莆田县。

陈遇文，山西安邑县。

简继芳，江西萍乡县。

谭耀，广东东莞县。

邓鹤，河南洛阳县。

卢逵，江西宁都县。

黄钟，南直隶长洲县。

向僎，云南临安卫。

黄衮，福建莆田县。

徐联芳，直隶博野县。

程奎，南直隶歙县。

陈与相，浙江海宁县。

苗朝阳，山西河曲县。

李载阳，湖广蕲州。

赵梦日，浙江会稽县。

连格，河南禹州。

李植，山西大同县。

陈登云，直隶唐山县。

张维新，河南汝州。

陆玠，四川合江县。

方万山，南直隶歙县。

陈简，山西屯留县。

田一麟，河南祥符县。

陈九畴，山东历城县。

叶祖尧，云南临安卫。

孙玄，山东东平州。

陈九官，浙江鄞县。

张一心，直隶获鹿县。

万象春，南直隶无锡县。

吴道行，山东滨州。

马应图，浙江平湖县。

羊可立，河南汝宁府群牧所。

刘怀恕，直隶东明县。

原一魁，山东掖县。

荆州土，山西临晋县。

鲁锦，浙江山阴县。

杜和春，陕西陇西县。

甘士价，江西信丰县。

沈时叙，河南祥符县。

曲迁乔，山东长山县。

谭桂，江西南昌县。

费尚伊，湖广沔阳州。

宁化龙，直隶新安县。

吴文梓，南直隶青阳县。

张敬，山东淄川县。

黄卷，浙江永康县。

江东之，南直隶歙县。

程宗伊，山西长治县。

陈祹，四川内江县。

郁文，浙江山阴县。

易登瀛，直隶肃宁县。

皇明贡举考卷之九

海州张朝瑞辑

己卯　万历七年两京十三藩乡试

解元

顺天府：冯嘉遇，柏乡县学生，《易》，□□①。

应天府：陆大成，太仓州学生，《易》，□□②。

---

① 原文被挖去或涂抹。

② 原文被挖去或涂抹。

浙江：陈懿典，秀水县学增广生，《书》，□□①。

江西：饶位，进贤县学生，《诗》，庚辰。

福建：陈文选，惠安县学附学生，《诗》，□□②。

湖广：黄图，麻城县附学生，《诗》，□□③。

河南：张自立，汝阳县学生，《诗》，□□④。

山东：杨春茂，济宁州学生，《易》，□□⑤。

山西：李永培，曲沃县学生，《易》，□□⑥。

陕西：刘宇，金州学生，《春秋》，癸未。

四川：何杰，崇庆州学生，《诗》，□□⑦。

广东：吴国光，新安县学生，《易》，□□⑧。

广西：王应泰，马平县学生，《诗》，□□⑨。

云南：王吉人，太和县学生，《易》，□□⑩。

贵州：邓云龙，清平卫学生，《易》，□□⑪。

庚辰　万历八年会试

考试官：

礼部尚书兼文渊阁大学士申时行，见丁丑。

礼部左侍郎兼翰林院侍读学士余有丁，丙仲，浙江鄞县人，壬戌进士。

第一场

《四书》：

〇子曰如有王者，而后仁。刊。

〇子曰素隐行怪，圣者能之。刊。

〇智譬则巧也，非尔力也。刊。

《易》：

〇观盥而不荐有孚颙若。刊。

---

① 原文被挖去或涂抹。
② 原文被挖去或涂抹。
③ 原文被挖去或涂抹。
④ 原文被挖去或涂抹。
⑤ 原文被挖去或涂抹。
⑥ 原文被挖去或涂抹。
⑦ 原文被挖去或涂抹。
⑧ 原文被挖去或涂抹。
⑨ 原文被挖去或涂抹。
⑩ 原文被挖去或涂抹。
⑪ 原文被挖去或涂抹。

○明出地上，昼日三接也。

○是故箸之德，其德夫。刊。

○其道甚大百物不废。

《书》：

○曰若稽古皋陶，言曰俞。刊。

○四海之内，良臣惟圣。

○周公若曰拜手，恤鲜哉。

○学古人官，作之师。刊。

《诗》：

○葛之覃兮施，其鸣喈喈。

○之屏之翰，万福来求。刊。

○诞我祀如何，以兴嗣岁。

○宣哲维人，克昌厥后。刊。

《春秋》：

○盟瓦屋（隐八）。刊。

○伐山戎（庄三十），献戎捷（庄三十一），侵蔡伐楚次陉，盟召陵（僖四）。

○壬夫侵宋（襄元），贞救郦（襄十）。

○会于黄父（昭二十五）。

《礼记》：

○孔子曰诵诗三，轻议礼。

○合情饰貌者，上下和矣。

○君子言不过辞，其亲矣。刊。

○掌其戒令，正其位。

第二场

论：

○宗社生灵长久之计。刊。

诏诰表内科一道：

○拟汉举质朴敦厚逊让有行者诏（永光元年）。

○拟唐以长孙无忌为司徒、房玄龄为司空诰（贞观十六年）。

○拟唐御制《宸扆》、《台衡》二铭赐侍中马燧谢表（贞元元年）。刊。

判语五条：

○滥设官吏。

○那移出纳。

○服舍违式。

○优恤军属。

○听讼回避。

第三场

策五道：

○圣孝（虞周今上之孝，广孝悦亲之指）。刊。

○儒释易溷，惟当反经。刊。

○国家有往代逆藩巨寇强胡悍卒弃险之患，而无损于治安者，由国势重而人心安。刊。

○兵政（更卒、繇戍、役羡、召募四制，以久而敝任，随弊而救之）。

○边务（北边朵颜诸属夷以创艾为羁縻，南徼罗旁诸猺种以抚安为芟薙）。

时会试之士四千六百有奇，取萧良有等三百人，刻程文二十篇。

中式举人三百名。

萧良有，湖广汉阳县人，监生，《春秋》。

李同芳，南直隶昆山县人，监生，《易》。

魏允中，直隶南乐县人，监生，《书》。

阎士选，南直隶江都县学生，《礼记》。

谢吉卿，福建晋江县人，监生，《诗》。

三月二十五日，临策天下贡士。制曰：帝惟治，古帝王大经大法，具在《周书·洪范》，其所以宰持万化，统摄九畴，则建用皇极备矣。而论者谓又用三德，实为权衡。又谓皇极以体常，以立本，三德以尽变，以趋时，则正直刚柔，固与建极殊路欤？抑亦异用而同体也？三季以还，英辟代有，若躬修玄默，庶几刑措，力行仁义，身致太平，与刑名绳下而表用循良，柔道理物而总揽权纲者，于三德亦有合欤？又有可疑者：政务严切，事从宽厚，异施也，胡以各适于治？优柔好儒术，威强则宣武，异尚也，胡以同归于衰？含容姑息，见谓养乱，而仁柔有余、刚武不足者，胡以称庆历之隆？猜忌刻薄，遂致播迁，而精于听断、无复仁恩者，胡以媲贞观之美？至于唐虞夏殷之盛，所谓平康之世也，乃弼教以象刑，格苗以干羽，戮后会泣，罪人敷政，优优秉钺，烈烈其治，亦兼用刚柔，何欤？朕绍休鸿业，精求上理，思建皇极，为天下先。尝深诏执事，黜朋比，期荡平，祛伪划浮，敦本责实，八载于兹矣。然而教化未洽，风俗未同，吏治未尽还淳，人心未尽归厚，岂朕之不敏不明，无能端好恶以示之极欤？抑三德之用，犹有未当欤？昔人论治，以水火喻宽猛，以阴阳配刑德，以琴瑟证缓急，与夫芒刃斧斤之说、粱肉药石之譬，是可采而行欤？夫舍刚柔而求正直，不善用三德而猥云建极，朕不知其解也。故进尔多士于廷，爰咨爰度，其尚阐析经训，标揭化原，若何以明教正俗，驭吏率人，俾斯世会归皇极，用追古帝王之治。悉心敷对，称朕意焉，毋有所讳。

是月十五日，例当廷试，以上谒山陵未选，故奏移于二十五日。时廷对之士三百二人，赐张懋修等进士及第、出身有差。是科张敬修、张懋修，萧良有、萧良誉，王廷①谋、王庭谕，于文熙、于孔兼，谢吉卿、谢台卿十兄弟同登，且会试第一人、廷试一甲三人俱属张、萧、王三氏。兄弟同登，未有盛于斯者。

第一甲三名赐进士及第

张懋修，锦衣卫官籍，湖广荆州卫人。

萧良有，湖广汉阳县。

王庭谋，陕西华州。

第二甲五十七名赐进士出身

董嗣成，浙江乌程县。

顾宪成，南直隶无锡县。

温显，福建晋江县。

张泰徵，山西蒲州。

李同芳，南直隶昆山县。

王德新，江西安福县。

邵梦弼，浙江余姚县。

路云龙，南直隶宜兴县。

黄克缵，福建晋江县。

陆长庚，浙江平湖县。

姜士昌，南直隶丹阳县。

汤日昭，南直隶丹阳县。

张敬修，锦衣卫官籍，湖广荆州卫人。

余寅，浙江鄞县。

张中鸿，山东滕县。

于文熙，南直隶金坛县。

冯时泰，直隶山海卫。

孙温如，山东滨州。

叶万景，浙江鄞县。

李懋桧，福建安溪县。

杨同善，南直隶泰兴县。

谢文炳，福建龙溪县。

杨现，江西泰和县。

袁年，南直隶吴县。

杨于庭，南直隶全椒县。

---

① 廷，后文作"庭"。

叶云礽，浙江会稽县。

孟化鲤，河南新安县。

陆汴，南直隶长洲县。

张恒，南直隶上海县。

史邦载，南直隶江阴县。

蒋瑞卿，南直隶宜兴县。

卢文勋，南直隶无锡县。

钱溍，应天府上元县。

张治枢，福建晋江县。

阎汝哲，直隶南宫县。

李芳，山东霑化县。

黄子美，山东曲阜县。

徐秉正，江西南昌县。

周一鹏，四川宜宾县。

刘曰桂，江西南昌县。

徐泰时，南直隶长洲县。

邹云鹏，南直隶吴江县。

沈修，浙江仁和县。

彭梦祖，南直隶全椒县。

陈榛，应天府句容县。

孟绍庆，湖广武昌县。

林民悦，福建莆田县。

沈一中，浙江鄞县。

薛士彦，福建漳浦县。

卢大顺，直隶永年县。

赵寿祖，河南汝阳县。

王乾亨，山西代州。

董基，山东掖县。

尤锡类，南直隶长洲县。

卫一凤，山西阳城县。

萧良誉，湖广汉阳县。

邵伯悌，江西贵溪县。

第三甲二百四十二名赐同进士出身

魏允中，直隶南乐县。

吴岳秀，南直隶怀宁县。

邹龙光，南直隶长洲县。

刘任，河南商城县。

林士弘，福建漳浦县。

孙愈贤，云南大理卫。

涂时相，云南临安卫。

蔡系周，湖广华容县。

向东，浙江慈溪县。

张乔松，江西新喻县。

褚九皋，南直隶长洲县。

刘如庞，湖广蕲州。

吴献台，福建莆田县。

张后甲，南京鹰扬卫。

项复弘，浙江临海县。

蔡昇，福建漳浦县。

杨其休，山东青城县。

张有德，河南祥符县。

穆来辅，陕西宁夏中屯卫。

王守素，应天府溧水县。

秦大夔，山东临清州。

龙膺，湖广武陵县。

王嗣美，陕西朝邑县。

钱楫，浙江会稽县。

李之用，湖广黄冈县。

王道增，河南颍川卫。

董元学，山东历城县。

吴宗熹，福建南靖县。

彭国光，江西德化县。

周友程，直隶南宫县。

苑时葵，顺天府宝坻县。

王希曾，南直隶怀宁县。

徐元，河南杞县。

凌嗣音，浙江乌程县。

阎士选，南直隶江都县。

刘羽国，河南唐县。

闵世翔，浙江乌程县。

洪有复，福建南安县。

徐桓，浙江会稽县。

褚栋，南直隶武进县。

邓炳，湖广监利县。

李天麟，牧马千户所。

李正蒙，浙江缙云县。

刘卿，陕西金州。

沈子来，浙江归安县。

柯挺，福建海澄县。

蔡琮，福建漳浦县。

文德，四川涪州。

陈惟芝，河南孟津县。

王钥，山西忻州。

徐伸，直隶景州。

莫扬，浙江安吉州。

霍从教，山东平原县。

乔因羽，陕西耀州。

陈石卿，福建海澄县。

汪可受，湖广黄梅县。

高芳，河南叶县。

叶隆光，南直隶怀宁县。

梁宜生，山东郓城县。

史善言，河南河南卫。

刘应龙，湖广邵阳县。

邢云路，直隶安肃县。

刘焕，河南睢州。

李汝相，山东临邑县。

胡旦，浙江余姚县。

陈经济，河南禹州。

钟羽正，山东益都县。

刘元霖，直隶任丘县。

马维铭，浙江平湖县。

陆懋龙，浙江鄞县。

江宗㮶，四川大竹县。

王慎德，浙江嘉善县。

高荐，河南怀庆卫。

辛志登，陕西耀州。

徐自兴，江西进贤县。

刘汝立，山东濮州。

饶位，江西进贤县。

周孔教，江西临川县。

黄纪贤，四川荣县。

谢时泰，江西安福县。

吴礼嘉，浙江鄞县。

周应治，浙江鄞县。

蔡逢时，南直隶宣城县。

周班爵，山东霑化县。

丘汝材，福建漳浦县。

孙一俊，浙江长兴县。

王象蒙，山东新城县。

臧懋循，浙江长兴县。

刘之龙，四川富顺县。

邵以仁，贵州普安卫。

游应龙，福建莆田县。

袁奎，江西丰城县。

李元吉，陕西同州。

姜梦龙，浙江德清县。

詹思虞，浙江常山县。

沈儆炌，浙江归安县。

祝大舟，浙江慈溪县。

龚仲庆，湖广公安县。

林廷陞，福建莆田县。

郭万里，山西太平县。

陈绍功，福建晋江县。

柳希点，浙江兰溪县。

孙玙，湖广汉阳县。

朱朝聘，山东临清州。

左之宜，山东莱阳县。

张肇，南直隶丹阳县。

冯应凤，浙江山阴县。

谢吉卿，福建晋江县。

王大谟，湖广广济县。

马朝锡，四川新繁县。

吕一凤，山东东平州。

谢与思，广东番禺县。

胡懋忠，湖广景陵县。

赵士登，南直隶泾县。

崔斗瞻，河南辉县。

沈尧中，浙江嘉兴县。

张鸣冈，江西万安县。

杨位，河南汝宁府仪卫司。

江有源，南直隶太仓州。

傅崇明，河南卫辉千户所。

黄淳，广东新会县。

金铨，直隶保定中卫。

陈载春，山东历城县。

万自约，山西太原右卫右所。

黎芳，四川丹稜县。

章邦翰，江西南昌县。

杜麋，直隶永年县。

林可成，浙江鄞县。

许守恩，陕西泾阳县。

高举，山东淄川县。

车大任，湖广邵阳县。

褚国祥，南直隶武进县。

董澜，山东长清县。

孙架，山东昌邑县。

王庭谕，陕西华州。

王麟趾，山东德平县。

钟化民，浙江仁和县。

刘学曾，河南光山县。

李士登，河南洛阳县。

乔璧星，直隶临城县。

蔡宗周，福建龙溪县。

但贵元，江西星子县。

项应祥，浙江遂昌县。

张汝蕴，山东章丘县。

谭一召，江西大庾县。

邹观光，湖广云梦县。

周光复，浙江嵊县。

余懋中，浙江西安县。

李棨，浙江余姚县。

张立爱，直隶深泽县。

李廷谟，江西丰城县。

刘以平，山西猗氏县。

茅崇本，南直隶丹徒县。

伍袁萃，南直隶长洲县。

任让，直隶南宫县。

靳绍谦，直隶安平县。

陈映，福建海澄县。

刘庭蕙，福建漳浦县。

刘顺徵，云南云南右卫。

吴之佳，南直隶长洲县。

张我续，直隶邯郸县。

黄师文，四川富顺县。

闵一范，浙江乌程县。

彭应参，河南光山县。

张鹤鸣，南直隶徐州。

侯先春，南直隶无锡县。

张廷栋，福建龙溪县。

黄齐贤，浙江山阴县。

卢泮，南直隶无为州。

邓启愚，湖广溆浦县。

郝大猷，直隶邯郸县。

于孔兼，南直隶金坛县。

彭而珩，江西清江县。

蒋春芳，山东益都县。

郝世科，四川叙南卫。

陈仕行，福建晋江县。

吴之龙，南直隶武进县。

史旌贤，云南云南县。

许弘纲，浙江东阳县。

贾一鹗，顺天府霸州。

傅履礼，福建南安县。

韩介，山东临淄县。

叶初春，南直隶吴县。

李大钦，江西浮梁县。

尹从教，四川叙南卫。

鹿久征，直隶定兴县。

章嘉桢，浙江德清县。

孙玩，山东平阴县。

涂用宾，湖广湘阴县。

王明，山西解州。

朱运昌，云南云南前卫。

刘日升，江西庐陵县。

张钲，山东滨州。

祝致和，浙江龙游县。

余继善，河南固始县。

刘泉，河南杞县。

李本固，河南固始县。

杜潜，山东高唐州。

李上馨，广东番禺县。

王应麟，福建龙溪县。

谢台卿，福建晋江县。

丁懋逊，山东霑化县。

王永宁，浙江乌程县。

江应祯，四川隆昌县。

李登，湖广景陵县。

钱士完，浙江归安县。

王梦旸，江西上饶县。

徐民式，福建浦城县。

张大谟，直隶永年县。

陈子贞，江西南昌县。

张栋，直隶安肃县。

孙光祖，顺天府玉田县。

赵岸，陕西盩厔县。

王九德，河南祥符县。

李来凤，四川绵竹县。

张季思，四川内江县。

王显仁，直隶沧州。

南企仲，陕西渭南县。

佘鸣化，湖广沅陵县。

郝持，河南林县。

王以通，福建龙岩县。

陈效，四川井研县。

罗万程，江西广昌县。

杨镐，河南商丘县。

王三阳，福建晋江县。

唐仲寅，顺天府通州。

李汝华，河南睢州。

曾维伦，江西乐安县。

卢奇，湖广祁阳县。

王元命，陕西蒲城县。

刘庭兰，福建漳浦县。

黄桦，江西金溪县。

周维翰，直隶阜城县。

王应霖，顺天府文安县。

陈尚象，贵州都匀卫。

林文英，山东黄县。

杨东明，河南虞城县。

黄守谦，广东海丰县。

石昆玉，湖广黄梅县。

涂嘉会，江西南昌县。

朱天应，福建晋江县。

郑国柱，贵州镇远县。

壬午　万历十年两京十三藩乡试

解元

顺天府：高洪谟①，南直隶上海县人，监生，《诗》。

应天府：王士骐，苏州府学生，《易》。

浙江：姜镜，绍兴府学生，《书》，癸未。

---

① 《皇明三元考》作"高弘谟"。

江西：刘应秋，吉水县学生，《书》，癸未。

福建：谢纲，平和县学生，《诗》。

湖广：陈良心，京山县学增广生，《易》。

河南：周九皋，杞县学附学生，《诗》，癸未。

山东：杜华先，冠县学生，《书》，癸未。

山西：白所知，阳城县学生，《易》，癸未。

陕西：刘复初，高陵县学生，《书》，癸未。

四川：刘三才，邻水县学生，《易》，癸未。

广东：梁维屏，广州府学附学生，《易》。

广西：谭汝试，兴业县学生，《书》。

云南：邹祖孔，临安府学生，《易》。

贵州：吴铤，都匀府学生，《易》。

癸未 万历十一年会试

考试官：

太子太保兼文渊阁大学士余有丁，见庚辰。

吏部左侍郎兼翰林院侍读学士许国，维桢，南直隶歙县人，乙丑进士。

第一场

《四书》：

○子曰吾之于人也，行也。刊。

○修身则道立，天下畏之。刊。

○孔子有见行可，养之仕。刊。

《易》：

○同声相应同气相求。

○六四涣其群，正位也。刊。

○是故四营而成，祐神矣。刊。

○易穷则变变则通通则久。刊。

《书》：

○钦哉钦哉，而天下咸服。

○一夫不获则曰时予之辜。刊。

○六三德一曰，作威玉食。刊。

○心之忧危，作股肱心膂。

《诗》：

○翘翘错薪言刈，方思。

○戎车既安，张仲孝友。刊。

○明明在下，不易维王。刊。

○有鳣有鲔鲦鲿鰋鲤。

《春秋》：

○祭叔来聘（庄三十二）。刊。

○盟贯（僖二），会阳谷（僖三），朝王所，朝王所（俱僖二十八）。

○晋人宋人伐郑（宣元）。

○败鸡父（昭二十三），柏举败（定四）。刊。

《礼记》：

○是月也生气，礼贤者。刊。

○正声感人而顺气应之。刊。

○夫子之服其儒，儒服。

○射者仁之道也。

第二场

论：

○天下之政出于一。刊。

诏诰表内科一道：

○拟汉弛利省费以振民诏（后元六年）。

○拟唐以李靖为特进诰（贞观八年）。

○拟大驾北征次玄石坡擒胡山清流泉勒铭凯还群臣贺表（永乐八年）。刊。

判语五条：

○交结近侍官员。

○检踏灾伤田粮。

○卫士妄言祸福。

○辄出入宫殿门。

○诈欺官私取财。

第三场

策五道：

○君德以刚为主。刊。

○德运（祈天永命在于敬天，诫民不信谶纬术数），刊。

○古今治体归于制而不烦。刊。

○儒（有非儒之儒，有儒之非儒）。刊。

○北虏款市利害。刊。

时会试之士四千六百有奇，李廷机等三百五十人，刻程文二十篇。

中式举人三百五十名。

李廷机，福建晋江县人，监生，《易》。

邹德溥，江西安福县人，监生，《春秋》。

王尧封，南直隶金坛县学生，《书》。

王莒，浙江慈溪县学附学生，《礼记》。

萧雍，南直隶泾县人，监生，《诗》。

三月十五日，临策天下贡士。制曰：朕闻治本于道，道本于德。古今论治者必折衷于孔子，孔子告鲁君为政在九经，而归本于三达德。至宋臣司马光言人君大德有三，曰仁曰明曰武，果与孔子合欤？光历事三朝，三以其言献，自谓至精至要矣。然朕观古记，可异焉。曰"其仁如天，其智如神"，曰"明物察伦，由仁义行"，曰"其仁可亲，其言可信"，皆未及武也。独自商以下，有"天锡勇智，执竞维烈"之称，岂至后王始尚武欤？近世伟略隆基之主，或宽仁爱人、知人善任，或明明庙谟、赳赳雄断，或迹比汤武、治几成康，或仁孝友爱、聪明豁达，则洵美矣，而三德未纯，然亦足以肇造洪绪，何也？其守成缵业者，似又弗如。或以仁称，如汉文帝、宋仁宗；以明称，如汉明帝、唐明皇；以武称，如汉武帝、唐武宗。独具一德而又增光宗祐，何也？彼所谓兼三者则治，阙一则衰，二则危，毋亦责人太备欤？又有疏六戒者，曰戒太察，戒无断；陈九弊者，曰眩聪明，砺威强；上六事者，曰不喜兵刑，不用智数。其于三德，果有当否欤？朕秉乾御极，十有一年于兹，夕惕晨兴，永怀至理。然纪纲饬而吏滋玩，田野垦而民滋困，学校肃而士滋偷，边鄙宁而兵滋哗，督捕严而盗滋起，厥咎安在？岂朕仁未溥欤？明或弊欤？当机而少断欤？夫一切绳天下以三尺则害仁，然专务尚德缓刑恐非仁，而流于姑息；一切纳污藏疾则害明，然专务发奸摘伏恐非明，而伤于烦苛；一切宽柔因任则害武，然专务用威克爱恐非武，而病于亢暴。是用诏所司进多士，详延于廷，敢以此道。诸生得不勉思而茂明之，其为朕阐典谟之旨，推帝王之宪，稽当世之务，悉陈勿讳，朕眷兹洽闻，将裁览而采行焉。

时廷对之士三百四十一人，赐朱国祚等进士及第、出身有差。是科王士崧、王士琦，梅国桢、梅国楼四兄弟同登，选季道统等二十八人为庶吉士。

第一甲三名赐进士及第

朱国祚，太医院籍，浙江秀水县人。

李廷机，福建晋江县。

刘应秋，江西吉水县。

第二甲六十七名赐进士出身

周应宾，浙江鄞县。

张坤，湖广钟祥县。

刘志选，浙江慈溪县。

麻溶，南直隶宣城县。

王莒，浙江慈溪县。

盛万年，浙江秀水县。

史记勋，浙江余姚县。

莫睿，浙江钱塘县。

史孟麟，南直隶宜兴县。

林绍用，福建永福县。

张甲徵，山西蒲州。

叶向高，福建福清县。

王绍先，陕西三原县。

王佐，浙江鄞县。

陆镇默，浙江余姚县。

孙光启，浙江嘉兴县。

饶伸，江西进贤县。

蔡应麟，福建晋江县。

何继高，浙江山阴县。

方应选，南直隶华亭县。

申用懋，南直隶吴县。

邹德溥，江西安福县。

徐即登，江西丰城县。

钱守成，河南河南卫。

王士崧，浙江临海县。

袁应阳，南直隶常熟县。

郭正域，湖广武昌护卫。

俞显卿，南直隶上海县。

殷都，南直隶嘉定县。

方从哲，锦衣卫。

胡应辰，湖广大冶县。

李开藻，福建永春县。

张寿朋，江西南昌县。

王士琦，浙江临海县。

沈丞，浙江桐乡县。

刘复初，陕西高陵县。

白所知，山西阳城县。

陈所学，湖广景陵县。

王岳锡，锦衣卫。

高世芳，河南河内县。

陈汝学，四川嘉定州。

季东鲁，山东德平县。

于玉立，南直隶金坛县。

陈廉，直隶元城县。

项承芳，浙江嘉兴县。

李民质，直隶东明县。

徐大化，羽林右卫。

林国相，福建闽县。

安世凤，河南归德府。

孙如法，锦衣卫。

丁继嗣，浙江鄞县。

张悌，河南内乡县。

陈一简，南直隶繁昌县。

郭廷良，福建漳浦县。

邵庶，南直隶休宁县。

王祺，直隶开州。

詹在泮，浙江常山县。

何鲤，南直隶武进县。

杨信，陕西咸宁县。

胡笃卿，南直隶太平县。

李开芳，福建永春县。

萧雍，南直隶泾县。

王尧封，南直隶金坛县。

庄履朋，福建晋江县。

虞淳熙，浙江杭州右卫。

卢梦锡，南直隶华亭县。

刘应同，湖广潜江县。

第三甲二百七十一名赐同进士出身

杨元祥，锦衣卫。

龚云致，福建晋江县。

章尚学，浙江兰溪县。

安文璧，河南安阳县。

沈良臣，浙江会稽县。

陆起龙，南直隶太仓州。

杨恂，山西振武卫。

曹楷，山东临清州。

方万策，福建莆田县。

唐一鹏，贵州平溪卫。

方懋学，福建福清县。

俞咨禹，福建镇海卫。

潘士藻，南直隶婺源县。

闻金和，浙江余姚县。

李献可，福建同安县。

陈汝璧，湖广沔阳州。

周九皋，河南杞县。

李道统，河南陈州卫。

徐万仞，福建浦城县。

叶修，江西南昌县。

张守乾，河南辉县。

崔景荣，直隶长垣县。

吕胤昌，锦衣卫。

王时济，山西稷山县。

吕尧臣，南直隶休宁县。

程德良，湖广云梦县。

任悊，四川南充县。

陈继畴，浙江上虞县。

马犹龙，河南固始县。

王道显，福建同安县。

钱一本，南直隶武进县。

于若瀛，山东济宁卫。

陈其志，福建莆田县。

周之基，湖广湘潭县。

徐榜，南直隶泾县。

李周策，南直隶吴江县。

秦嵩，湖广郧县。

钱汝梁，浙江归安县。

周子文，南直隶长洲县。

江中信，山东临清州。

张问达，陕西泾阳县。

舒弘绪，湖广通山县。

段克允，江西湖口县。

孙湛吾，山东淄川县。

柯茂竹，福建莆田县。

崔谦亨，直隶魏县。

李化龙，山东章丘县。

宁中立，河南颍川卫。

杨凤，河南杞县。

王之栋，直隶宁晋县。

张应扬，南直隶休宁县。

李徽猷，山东临邑县。

范醇敬，四川嘉定州。

尤应鲁，福建晋江县。

沈凤岐，旗手卫。

涂宗濬，江西南昌县。

王有功，南直隶吴县。

杨绍程，陕西岐山县。

丁应泰，湖广武昌左卫。

吴华，福建漳浦县。

万国钦，江西新建县。

萧汝芳，辽东铁岭卫。

颜洪范，浙江上虞县。

张烨，山东滨州。

葛曦，山东德平县。

俞士章，南直隶宜兴县。

张惟方，福建龙溪县。

陈震，山西寿阳县。

王室垣，直隶曲周县。

梅国桢，湖广麻城县。

陈公相，福建漳浦县。

李生芳，河南河南卫。

刘一澜，江西临川县。

何必麟，南直隶太湖县。

高知止，山东平原县。

许国诚，福建晋江县。

周昊，浙江兰溪县。

杨应宿，陕西蒲城县。

张天德，浙江乌程县。

胡时麟，浙江余姚县。

蒋应震，南直隶宜兴县。

陈良轴，江西新建县。

蔡承植，湖广攸县。

荆州俊，山西猗氏县。

林朝钥，广东南海县。

何出光，河南扶沟县。

叶继美，浙江嘉善县。

刘鹿鸣，河南祥符县。

杨应聘，南直隶怀远县。

徐良选，浙江龙游县。

沈昌期，南直隶太仓州。

刘不溢，河南祥符县。

朴道楠，福建莆田县。

曾凤仪，湖广耒阳县。

乐元声，浙江桐乡县。

潘敦复，山东夏津县。

陈秉浩，江西泰和县。

陈九德，福建镇海卫。

朱长春，浙江乌程县。

李复阳，江西丰城县。

沈权，贵州永宁卫。

杨文焕，浙江余姚县。

程文，南直隶歙县。

赵彦，陕西肤施县。

姜镜，浙江余姚县。

张文华，四川内江县。

韩光曙，南直隶苏州卫。

刘三才，陕西泾阳县。

罗心尧，江西德化县。

王遵训，河南宁陵县。

张应登，四川内江县。

刘镇，福建福清县。

周学易，浙江杭州右卫。

刘芳誉，河南陈留县。

任应徵，四川阆中县。

潘桂，福建长乐县。

王政，山西孝义县。

马慭，河南禹州。

梅鸥祚，南直隶宣城县。

华廷诏，南直隶无锡县。

章守诚，浙江会稽县。

王梦鲤，山东掖县。

涂文奎，江西南昌县。

刘文徵，云南云南右卫。

崔士荣，河南安阳县。

马拯，山东武定州。

张尧文，江西新淦县。

龚廷宾，福建晋江县。

郭实，直隶高邑县。

南邦化，山西安邑县。

黄洽中，湖广善化县。

侯庆远，山东滕县。

刘奕，湖广麻城县。

冯渠，江西新城县。

张主敬，直隶柏乡县。

李茂春，河南杞县。

吴维魁，浙江乌程县。

董宋儒，直隶元城县。

梁铨，浙江仁和县。

郑一鹏，浙江江山县。

朱星耀，江西贵溪县。

李光祖，陕西保安县。

郭陛，陕西咸宁县。

顾汝学，浙江仁和县。

薛继茂，云南永昌卫。

张贞观，南直隶沛县。

时偕行，南直隶嘉定县。

夏之臣，南直隶亳州。

黄中色，山东滕县。

吴龙徵，福建晋江县。

徐常吉，南直隶武进县。

卢一诚，福建福清县。

黄腾春，留守左卫。

孟养浩，湖广咸宁县。

马薶，直隶故城县。

沈之喻，浙江乌程县。

林熙春，广东海阳县。

刘会，福建惠安县。

罗朝国，江西新建县。

李芳先，四川汉州。

徐学聚，浙江兰溪县。

汪焕，河南嵩县千户所。

卢龙云，广东南海县。

刘斯濯，直隶涿鹿卫。

宋兴祖，四川汉州。

胡三省，直隶沙河县。

周嘉宾，四川内江县。

戴朝用，江西金溪县。

曹继孝，湖广黄冈县。

何应奇，河南陕州。

董国光，山东滕县。

姚思仁，浙江秀水县。

杜华先，山东冠县。

赵世显，福建侯官县。

饶崑，江西临川县。

卢大中，直隶永年县。

张光绪，直隶河间卫。

来三聘，浙江萧山县。

牛应元，陕西泾阳县。

钟若休，广东南海县。

陈一言，湖广南漳县。

陈汝麟，南直隶徐州卫。

张常，福建漳浦县。

陈舜仁，应天府上元县。

廖道充，四川仁寿县。

佘梦鲤，福建镇东卫。

何选，太医院。

茅国缙，浙江武康县。

于永清，山东青城县。

贾名儒，直隶真定县。

董道醇，浙江乌程县。

朱苕，四川泸州。

连标，河南禹州。

张璧，江西万载县。

鲁点，湖广南漳县。

袁一骥，南直隶江阴县。

李商耕，四川华阳县。

李春开，山东长山县。

刘汝康，山东曹州。

彭健吾，河南夏邑县。

陈锦，福建漳浦县。

孙承谟，福建侯官县。

赵世德，陕西潼关卫。

樊养凤，浙江常山县。

程朝京，浙江西安县。

乔光岳，直隶肥乡县。

龚闻道，南直隶常熟县。

程训，河南郏县。

李杜才，河南南召县。

蔡肇庆，福建诏安县。

汤显祖，江西临川县。

徐应聘，南直隶昆山县。

林寅宾，福建晋江县。

曹一元，湖广江陵县。

梅国楼，湖广麻城县。

聂应科，江西上高县。

严贞度，南直隶嘉定县。

钱景超，浙江慈溪县。

熊元，河南光州。

张宗载，云南鹤庆府。

李甲，陕西宝鸡县。

徐图，山东掖县。

赵学仕，浙江兰溪县。

李用中，河南杞县。

曹学程，广西全州。

赵任，山东胶州。

樊玉衡，湖广黄冈县。

涂文焕，江西奉新县。

钱梦得，浙江桐乡县。

邓宗龄，广东徐闻县。

刘大武，山东博平县。

姜应麟，浙江慈溪县。

杜荫，直隶永年县。

陈昴，山东莒州。

张廷相，江西金溪县。

雒于仁，陕西三原县。

贾尚志，河南南阳县。

田劝，河南颍川卫。

郭如川，四川富顺县。

刘宇，陕西金州。

李盛时，直隶易州。

许一敬，福建海澄县。

刘三才，四川邻水县。

李应策，陕西蒲城县。

何汝岱，贵州普安县。

蔡彭，福建晋江县。

黄廷宝，江西临川县。

汪道亨，南直隶怀宁县。

林材，福建闽县。

李以唐，河南武安县。

李炳，河南卢氏县。

黄应聘，四川江津县。

刘养志，四川江津县。

雍之可，四川南充县。

常心，河南郑州。

杨应中，顺天府固安县。

陈楚产，湖广麻城县。

程试，直隶新河县。

邢绍美，河南洛阳县。

何伟，四川涪州。

文运熙，陕西三水县。

屠如虹，莫靖所。

徐凖，山东新城县。

黄蕚，福建龙溪县。

王堦，湖广京山县。

刘思瑜，江西安福县。

郑国俊，山西解州。

李为芝，陕西华州。

岳万阶，山东朝城县。

蒋荐，江西吉安千户所。

梁云龙，广东琼山县。

皇明三元考十四卷

晋陵元岳张弘道成孺甫、修庵张凝道明孺甫仝辑

皇明三元考序

戴缫垂缨而号英杰者，古今来世共需之，厥责綦巨且重矣。重而轻试之必蹶，巨而纤应之必仆。是故有全荷之局焉，有难了之局焉，有未竟之局焉。此匪士之责，谁责也？乃至树环望，标赤志，而万目章章，争注于一的，则俗所称试三场，襄然为举首者是。而夫夫固千人之英，万人之杰也。要以名雷煜矣，而实不足以副华；掇第崇矣巍矣，而鱼鱼鹿鹿，蔑尺勋寸庸之表建。高第只为贾坠梯，彼三元可欣耶，可惧邪？予窃谓可欣者仅一朝之偶选，而可惧者且垂诸百千禩而靡有既矣。晋陵张成孺氏考昭代三元，荟萃成帙，庸讵以可欣者艳士，而将以可惧者兴士欤？斯籍所纪已氏之轨躅，镜悬矣。是故执镜而照，论其德之贞淫，弗论其显晦之阶为予夺；论其能之敏钝，弗论其升沈之位为低昂。盖望愈隆而峻责之者愈博，夫奚而得不惧，而第以偶选一朝者炫煌于俗遽稚骄余子而愉快乎？王仲任有言："器空无实，饥者不顾；胸虚无怀，朝廷不御。"若令白望素饱，戴高陟华，足未尝行尧禹问曲折，口未尝见孔孟问形象，而沾沾图吃著一生，朝家安用设大科网士，首拔此儒枭狙学为？嗟夫，斯籍具存，按名稽实，万目群而瞩之，曰：某也若而品，则心仪之而啧啧羡之；某也若而品，则心夷之而咄咄啐之，此妍彼丑，已氏之轨躅足概矣。毋亦惟是景铄于三立，塞其所为巨望而峻责者，襄然居天下第一流，罄大力负之而趋，不亦懿乎？予是以流览斯籍，深冀幸后来之秀嗣登而驾轶英杰者。赐进士及第、翰林院修撰、儒林郎、直起居注、纂修国史、东宫日讲官琊琊焦竑撰。

皇明三元考卷之一

洪武三年庚戌科乡试解元

是年五月，诏京师及各行省乡试，选五百名为率。直隶府县贡额百名，河南、山

东、山西、陕西、北平、福建、江西、浙江、湖广各四十名，广东、广西各二十五名。若人才多处，或不及者，不拘额数。

应天：主考官御史中丞刘基、治书侍御史秦裕伯，同考官翰林院侍读学士詹同、弘文馆学士睢稼、起居注乐韶凤、尚宝司丞吴潜、国史编修宋濂，而濂为序。就试者一百二十三人，中式者七十二人，未及会试悉授官，有为监察御史者。

浙江：何文信，上虞人，字孟诚，治《春秋》，辛亥进士，授南乐县丞，历福建参政，居官清白，惠泽洽民。

江西：吴伯宗，金溪人，名祐，以字行，治《书》，生而岐嶷，十岁通举子业，识者奇之，曰玉光剑气终不可掩。辛亥状元及第，授礼部员外郎。性刚直不屈，忤胡惟庸，坐谪，未几召还，累迁国子监司业兼武英殿大学士，不预阁务，寻降检讨。所著有《南宫集》、《使交集》、《成均》、《玉堂》诸稿。父仪，元乡贡进士。弟仲宴，三河知县。

福建：李昇，福清人，字仲高，治《春秋》，辛亥进士，授新泰县丞。

湖广。

河南：孙卓，荣泽人，辛亥进士。

山东。

北平。

山西：仇敬，曲沃人，字仲立，治《书》，辛亥进士，授兵部主事，历巩昌知府。子麟，岁贡，茶马司大使。是榜泽州茹大素，官户部尚书。

陕西：尔朱钦，富平人，字敬伯，治《书》，辛亥进士，授蒲圻县丞。

广东。

广西：附试广东。

洪武四年辛亥科大魁

除应天中式悉授官外，其十一行中书省及高丽国会试士一百八十九人，取一百廿名。

考试官：主文官礼部尚书陶凯、前翰林院侍读学士潘廷坚。同考官侍读学士詹同、国子监司业宋濂、吏部员外原本、前贡士鲍恂。已后止书主试官，同考官不书。

廷官：总提调右丞相汪广洋、左丞相胡惟庸。读卷官祭酒魏观、太常博士孙吴、给事中李颜、翰林修撰王僎。监试官御史马贯、徐汝舟。掌卷官工部员外牛谅。受卷官工部主事周寅。弥封官秘书监丞陶谊。对读官尚宝司丞魏潜、编修蔡玄。提调官礼部尚书陶凯、杨训文。已后廷试官俱不书。

会元：俞友仁，浙江仁和人，字文辅，治《易》。庚戌举人，廷试三甲，授长山县丞，历山西佥事，工诗书，亦俊逸有文名。

状元：吴伯宗，庚戌江西解元。

榜眼：郭翀，山西壶关人，字子翔，年三十三，庚戌举人，授吏部主事。初拟翀为状元，传胪时以翀貌寝，遂易吴。

探花：吴公达，浙江丽水人，字致中，年二十四，庚戌举人，授户部主事，官至刑部尚书。父世德，元乡贡进士。

是科高丽生入试者三人，惟金涛中式，授安丘县丞，余皆下第。涛以不通华言，请还本国，诏厚给道费送之，寻为其国相。

解元中式：何文信（浙江）、吴伯宗（江西）、李昇（福建）、孙卓（河南）、仇敬（山西）、尔朱钦（陕西）。

名臣：吴伯宗。

二品：吴公达，刑部尚书。袁泰，万泉人，右都御史。

洪武四年辛亥科解元

按是年二月诏各行省连试三年，而江西《抚州志》云：初以辛亥壬子二科乡试为疑，及读解学士缙文有曰，家君以洪武辛亥主考江西，似为可据。正德九年《会试录》序云："自洪武三年至五年，每岁皆开科取士。"《临江先哲录》云："洪武五年八月，礼部侍郎曾鲁奉旨考京畿乡试。"则辛亥壬子乡试确然无疑矣。及观宋学士《洪武辛亥会试录序》云：既诏天下三年一宾兴，犹以为未足，复敕有司自壬子至甲寅三岁连贡，岁擢三百人，逮于乙卯始复旧制。今癸丑、甲寅、乙卯不闻乡试，何也？盖三岁连贡之诏在辛亥二月，迨癸丑二月，上谕中书省臣曰："今有司所取，多后生少年，观其文词，亦若可用，及试用之，不能措诸行事。"逐罢科举，举贤良，至十七年甲子复设科取士，定子午卯酉年乡试，辰戌丑未年会试，遵行至今不变云。

应天：时畿内之士咸集，上亲选兵部尚书吴琳、国子司业宋濂司考文之任。是岁八月十九日，宋濂序。

浙江。

江西。

福建：林谷显，长乐人，沔阳知州。

湖广。

河南。

山东。

北平。

山西。

陕西。

广东。

广西：附试广东。

洪武五年壬子解元（增四川行中书省）

应天。主考官礼部侍郎曾鲁。

浙江：郑真，慈溪人。博及群书，在乡里恂恂然，不以才艺矜人。尝取诸家格言，著为《集传》、《集说》、《集论》。任广信府教授，号荣阳外史。

江西。是榜吉水王省，死建文君之难。

福建。

湖广。

河南：张唯，江西永丰人，年二十七，明年拜翰林院编修。

山东：王琏，长山人，年二十三，器局沉凝，学问精密，师事宋濂。发解至京，召见试诗，擢史馆编修，入文华堂肄业，寻擢御史，按河南，回奏称旨，上说，谓近臣曰："文华堂诸生如王琏等，皆异日将相才也。"

北平。

山西。

陕西。

四川。

广东。

广西，附试广东。

六年，诏天下举人罢会试，河南解额内选张唯、王辉、李端、张翀四名，山东解额内选王琏、张凤、任敬、陈敏、马亮五名，皆拜翰林院编修。又选国子监生蒋学、方徵、彭通、宋善、王惟吉、邹杰等拜给事中，于文华殿肄业，命太子赞善大夫宋濂、太子正字桂彦良分教之。

洪武十七年甲子科解元（增云南行中书省）

是年三月，令举人不拘额数，从实充贡。

应天：廖孟瞻，江西临川人，国子生，乙丑进士，选庶吉士。按《弇州别集》云："洪武甲子应天中式者廖孟瞻等二百二十九人，内多国子生，上悦，命有司出榜原籍旌之。"而《临川志》亦云："孟瞻甲子解元。" 或以为齐德，非也。

主考官宁陈。

是榜江宁陈恭，官尚书。

浙江：顾观，萧山人，乙丑进士，大理寺评事。

江西：程以善，南昌人，淳谨力学，登乙丑进士二甲第八名，任监察御史。

福建：黄维清，晋江人，乙丑进士，九江知府。

湖广：徐珂，枝江人。

河南：吴谦，许州人，戊辰进士二甲第二名，官至按察使。

山东。是榜堂邑黄福，官少保、户部尚书，谥忠宣，为名臣。

北平。

山西：高铎，绛州人，乙丑进士，官至刑部侍郎。

陕西：吕震，临潼人，字克声，自幼颖悟，日记万言，人以神童称之。发解后入太学，朝廷欲稽郡邑壤地以均贡赋，震承檄，如两浙，民不劳而事集。还授山西佥事，入为户部主事，复迁北平佥事。永乐初召为大理寺少卿，历刑部尚书，皆克尽厥职。复转礼部，垂二十年，凡礼乐制度、郊庙祠祭、燕享赐赏、朝觐会同之事，皆其手拟定。至宣德元年卒，赠太子太保，谥清惠。震沉实，寡言笑，孝友闻于乡闾，信义著于朋友，善善恶恶无所阿。凡有见闻，无不指陈于上，以明其曲直。尤善荐士，率为美官。从子泰，景泰庚午举人，光禄寺少卿。

四川。

广东：周尚文，香山人，乙丑进士，监察御史。

广西：胡文通，宜山人，潮阳教谕。

云南。

洪武十八年乙丑科大魁（中式举人四百七十二名）

主试官：翰林院待诏朱善。前翰林典籍聂铉，辛亥进士。

会元：黄子澄，江西分宜人，名湜，以字行，年三十四，少有文行，负盛名，甲子应天乡试第二名，廷试一甲第三名，授修撰。建文时任太常寺卿，与齐泰同参国政。靖难兵起，上书请罢子澄及泰，建文阳逐之，密令募兵于外。文皇入正大统，执至，不屈，族诛，妻妹发教坊司，一子走，易姓名田经，后遇赦，家湖广咸宁。正德辛巳科进士黄表，其后也。

状元：丁显，福建建阳人，字彦伟，甲子举人，博通经史，下笔立成，年二十八，授修撰，后获谴归，所著有《建阳集》。

榜眼：练子宁，江西新淦人，名安，以字行，性资英迈，志操不凡。为邑诸生，与学士金幼孜相友善，尝谓之曰："子异日必为良臣，我当为忠臣。"甲子领乡荐，会试第二名，授修撰，累官御史中丞。革除间，与方孝孺等特见信用。靖难师起，子宁极论李景隆奸邪不忠，数其罪，请诛之，不听。文庙继统，召子宁责问，宁不屈而死。所著有《金川玉屑集》。父伯高，洪武间为起居注，直言忤旨，出为广德州同知，升镇安府通判。

探花：黄子澄。按《殿阁词林续记》及《状元考》皆谓子澄为探花，而《弇州笔记》则云：会试黄子澄第一，练子宁次之，花纶又次之。及廷试，读卷拟纶第一，次子宁，次子澄。既启封，上自以梦故，用丁显为状元，子宁如故，纶第三，子澄三甲，为庶吉士，而三人俱授修撰，亡何亦擢子澄修撰云。及考御史刘琏志子澄墓铭云："以贡登洪武十八年进士第一，唱名时五色云见，太祖问公几岁，曰三十有四，问何年，不能对，乃更公第三。卒年五十三。"据此则子澄之为探花无疑矣，今当以志铭为正。

解元中式：廖梦瞻（应天）、顾观（浙江）、程以善（江西）、黄维清（福建）、高铎（山西）、周尚文（广东）。

兄弟同榜：陈仲完、陈洵仁，长乐人，同父。

未娶进士：许灵，无锡人，年十八。花纶，仁和人，未娶。

改二甲马京、齐麟等为编修，吴文等为检讨，李震为承敕郎，陈广为中书舍人，三甲危瓛为卫府纪善，李鸣冈为潭府奉祝①正，杨靖为吏科庶吉士，黄耕为承敕郎，蹇瑢为中书舍人，邹仲实为国子监助教。其诸进士观政翰林、承敕监近侍衙门者，采《书》经"庶常吉士"之义，俱称庶吉士，六部俱称进士。

名臣：

练子宁。

黄子澄。

卓敬，瑞安人，字惟恭，授给事中，遇事敢言，或规其太直，敬曰："吾知尽吾职耳，他安所计？"言之益力，累升户部侍郎。建文时多密奏，不行。文皇入京，执敬数之，怜其才，且命系狱，遣人讽之仕，不屈而死。文庙尝叹曰："国家养士三十年，卓敬可谓不负君矣。"

蹇义，巴县人，累官少师、吏部尚书，谥忠定。为人沈深质实，和厚简静，内有孝友之行，事君有诚，处人有量，无所拂。至于议法，亦不苟为包容，必归中正。历事五朝，凡五十年，所履坦坦，无一日颠踬之忧。上前所言，未尝退以语人，盖天下有阴受其利者矣。

刘俊，江陵人，永乐间以兵部尚书征安南有功，既还，余寇猖獗，复命提兵至大安海口，援绝被执，不屈而死。洪熙初，赠少傅，谥愍节，官其子奎给事中。

王彬，东平人，字文质，授御史。巡按江淮，靖难兵至，指挥王礼欲举城降，彬执礼系狱，外御内防，七日不解甲。靖难兵飞书城中，有缚王御史降者，官三品。会彬解甲浴盘中，为千户徐政、张胜所缚，不屈死之。

徐子权，峡江人，字用中，任刑部主事。靖难师起，上疏论李景隆误国，不报，闻练子宁死，从容赋诗有曰："翘首谢京国，魂飞归故乡。"遂自缢死，祠祭乡贤。

入阁：蹇义，洪熙元年，由少保、吏部尚书兼华盖殿大学士加少傅。

一品：蹇义，少师。郭资，太子太师、户部尚书。

二品：赵勉，夷陵人，户部尚书。严震，上虞人；郑赐，瓯宁人：并礼部尚书。杨靖，山阳人；刘俊：并兵部尚书。暴昭，浮山人，刑部尚书。秦逵，宣城人，工部尚书。刘仲廉，武昌人；张仕安，蕲州人：并工部尚书。向宝，进贤人；张廷兰，澧州人；解敏，阳武人：并右都御史。

————————

① "祝"为"祠"之讹。

洪武二十年丁卯科解元

应天：施显，常熟人，字孟微，治《书》，国子生，戊辰会元，二甲第十名，官至御史。显读书勤苦，盛暑夜坐帐中，帐顶皆黑。子绪集其文，名《两魁遗稿》。一云齐德，溧水人，戊辰进士。

主试官。

是榜怀宁甘霖，死建文君之难。

浙江。

江西：解缙，吉水人，字大绅，治《春秋》。幼颖悟绝人，时年十七，登戊辰进士，选庶吉士，擢御史。尝条陈政事，言极切直。永乐间累官春坊学士，凡大制作，咸出其手。每预密议。后出为广西参议，寻改交阯。坐事下狱，卒年四十七，籍其家徙边。洪熙初年，赦还，以其侄祯期为中书舍人。缙平生重义轻利，喜引拔士类。襟宇阔略，诗文豪放，草书尤精。兄纶，同科举人，进士，礼部主事。《九江府志》云："解元吴道，湖口人，任学正。"两存之。

是榜南昌胡俨，以检讨入内阁，加太子宾客，为名臣。

福建。

湖广。

河南：董恂。是榜郑州王彰，右都御史；信阳孙显，工部尚书；祥符赵羾，礼部尚书：有名。

山东。

北平：武璘，枣强人。

山西。

陕西。

四川。

广东。

广西。

云南。

洪武二十一年戊辰科大魁 （中式九十九名）

主试官：国史编修苏伯衡、李叔荆。

会元：施显，丁卯应天解元。

状元：任亨泰，湖广襄阳人，治《易》，国子生，一①卯应天举人，授修撰。甚被宠任。上命有司于襄阳建状元坊以旌之，每召议，手书"襄阳任"而不名。历迁礼部

---

① 一，存目本作"乙"，是。

尚书。顾英称其隆德望于深严之地，先名节于开创之初，要其所学，卒泽于道德，旷如也。尝使交阯，其国王曰："状元不可得也，当异其礼。"待之加重，还朝，市蛮人为仆。左迁监察御史。所著有《任状元遗稿》。子显宗，永乐癸卯举人。孙春，景泰庚午经魁，同知。

榜眼：唐震，福建闽县人，字士亨，治《春秋》，国子生，甲子举人，授编修。（此见于题名碑，或云卓敬，非也。）

探花：卢原质，浙江宁海人，字希鲁，方孝孺姑之子，丁卯举人，授编修。历官太常寺少卿。事建文时屡有建白，靖难后召见，不屈死之，族其家。

解元中式：施显（应天）、解缙（江西）、吴谦（河南）。

少年进士：解缙，年十八。

洪武初，翰林院官皆由荐举，未有进士入者，是以辛亥科状元止授员外，榜眼、探花并授主事。至乙丑科，始以一甲三人并授修撰，二甲马京等授编修，吴文等授检讨。及是科，又以状元为修撰，榜眼、探花为编修，著为令。独洪武丁丑覆试探花焦胜授司副，建文庚辰胡广等三人并授修撰。余皆如此科之例，至今不改云。

廷试罢对策不称旨者二人。

名臣：

卢原质。

齐德，溧水人，历礼兵二部主事，以九年无过，得陪祀郊庙，赐名泰，累官兵部尚书。建文时与黄子澄同参国政，靖难兵起，阳逐于外。及文皇入正大统，德走广德，欲往他郡起兵，被执，不屈死。妻女俱发教坊司。一女守志不汙，后出嫁。一儿甫六岁，给配后赦还，令其子孙犹存故居，称尚书铺云。

入阁：解缙，洪武三十五年九月，以侍读入东阁，永乐五年正月，出为广西参议。

二品：任亨泰，礼部尚书。齐德，兵部尚书。

洪武二十三年庚午科解元

应天：黄文史。《弇州别集》云："中式举人黄文史等五十人。赐试官傅箕、苏伯衡、谢南、毛瀚钞各十锭，文史等各工锭，不中者各二贯，且论以进学之方，俾无怠无忽。"

主试官。

是榜绩溪程通，死建文君之难。

浙江：王羽，仁和人，治《春秋》，辛未会试第四名，廷试二甲第一名。

江西：冷自诚，宁县人，任应天府教授。太祖重其经学，每以先生呼之，赐予甚数，且命经筵进讲。

福建：张伯福，闽县人，治《易》。

湖广：贺守贞，攸县人，辛未进士，授御史，激扬有声，贪墨敛迹。

是榜湘阴夏原吉，官太子太师，户部尚书，为名臣。

河南：成仪。

山东。

北平。

山西：白珝，太谷人，礼部主事。

陕西：宋规，临潼人，定兴知县。

四川。

广东。是榜东莞陈琏，官侍郎，有名。

广西：刘渊，临桂人，任监察御史，历左布政使。

云南。

洪武二十四年辛未科大魁（会试士六百六十名，中式三十一名）

主试官。

会元：许观，直隶贵池人，本姓黄，字澜伯，一字尚宾，父赘许氏，遂从舅姓。治《书》，国子生。自幼颖异，长受业于元翰林待制黄殷士。天兵入大都，殷士死之，观益砥砺，以忠义自许。庚午领乡荐，联登会状元，时年三十二，授修撰。历尚宝司卿、礼部侍郎，属建文改官制，又为侍中，复姓黄。靖难兵起，观往上江诸郡征兵，亡何而上渡江正大统矣。观自分大事已去，乃朝服东向再拜，投罗刹矶水中死。妻翁氏携二女投于通济桥下。按《显忠录》谓观庚午乡试三十一名，《池州府志》亦云洪武庚午科举人，会试廷试俱第一人，而《皇明通纪》乃云庚午解元，不知何据。然庚午解元为黄文史，则非许观，可知。

状元：许观。

榜眼：张显宗，福建宁化人，字明远，以文学著名。授编修，迁太常寺丞，改国子祭酒，升工部侍郎。成祖时出为交阯布政使，有惠于民。

探花：吴言信，福建邵武人，庚午举人，任抄钞局副使，登第，授编修。

擢下第举人张孟镛等为主事。

解元中式：王羽（浙江）、贺守贞（湖广）。

名臣：许观。

洪武二十六年癸酉科解元

应天。

主试官。

浙江：施谊，仁和人，甲戌进士，二甲第八名。

江西：吴清老，南昌人，连州学正。

福建：林赐，长乐人，字伯予，授乐平教谕，师范端庄，博学，善属文，为士人所仰，得其题咏，甚宝之。子侨，正统戊午解元。

是榜陈山，官户部尚书、谨身殿大学士。

湖广：刘从政，麻城人，字子恭。任御史，蹇谔喜弹劾。历官参政，皆清慎，绰著能声。卒于官。

河南：蔺从善，磁州人，字有恒，累官翰林学士。

是榜陈留古朴，官户部尚书。

山东。

北平。

山西：刘观，太谷人，吏科给事中。

陕西：董威，同州人，助教。

四川。

广东：梁济平，南海人。

广西。

云南。

洪武二十七年甲戌科大魁（中式一百名）

主试官。

会元：彭德，陕西凤翔人，治《书》，国子生，更名泰，廷试二甲，仕至侍读，后坐事除名。

状元：张信，浙江定海人，字诚甫，治《书》，国子生，庚午举人，授修撰，升侍读。以教韩王写杜诗含讥刺，及敕稿削"御制"二语得罪，复以丁丑考试事诛。

榜眼：戴德彝，浙江奉化人，庚午举人，授翰林院编修，升侍讲，拾遗补阙，直声丕震，改监察御史，益善于其职，寻擢右拾遗。靖难师既迫，日夕画策防御。文皇即位，不屈死之。

探花：景清，陕西贞宁人，治《诗》、《书》二经，国子生，会试第三名，授编修。建文时历官御史大夫。靖难后自归，挟利刃入朝，文皇出御殿，清奋跃而前，上命收之。清漫骂，上大怒，命抉其齿，且抉且骂，血喷御衣。磔其肉，族诛。清本姓耿，报籍误为景云。

解元中式：施谊（浙江）。

名臣：戴德彝、景清。

洪武二十九年丙子科解元

应天：尹昌隆，江西泰和人，字彦谦，治《书》，国子生，丁丑榜眼，授礼部主事。建文时为御史，以言事忤执政，谪知福宁县。永乐初为北平按察司知事，升中允，与解缙皆坐事死。

主试官。

浙江：姚震，仁和人，字起东，仕至福建副使。为人直气俨容，虽在亲交，尽言无讳。罢归，贫不能济，授徒糊口。

江西：黎让，吉水人，蜀府教授。

福建：李骐，福清人，字孔逸，授陆水教谕，选刑科给事中，坐事谪景州学正，大学士杨荣荐其贤，擢弋阳知县，调定海，所至公勤廉慎，而人怀之。

湖广。

河南：刘顺，郾城人，给事中。

山东。

北平：司敬，献县人，任礼部主事。

山西：柳春，洪洞人，监察御史。孙旸，景泰丙子举人，训导；奈，岁贡。

陕西：张恪，岐山人，潼川州学正。

是榜泾阳李昶，官户部尚书。

四川。

广东。

广西。

云南。

洪武三十年丁丑科大魁

主试官：学士刘三吾、安府纪善白信稻。

会元：宋琮，江西泰和人，丙子举人，授御史，后以检讨掌助教致仕。

春榜（中式五十一名）

状元：陈䢿，福建闽县人，字仲安，治《礼记》，丙子应天举人，博学，多艺能，尤精于象纬之术，一时名流多与之游。

榜眼：尹昌隆，丙子应天解元。

探花：刘仕谔，浙江山阴人，丙子举人。

夏榜（中试六十一名）

状元：韩克忠，山东武城人，字守信，授修撰。学行淳实。擢国子司业，修明学政，论者谓祭酒宋讷之后，克忠足以继之。寻升河南佥事。

榜眼：王恕，山东长清人，授编修，仕至知府。

探花：焦胜，山西平乐人，庚午举人，授编修，改御史。子瑀，岁贡；孙恕，景泰癸酉举人，吏部司务。

笔记云：时试官刘三吾、白信稻①取宋琮等五十一人中，原西北士子无登第者。及入对，以郊为首，尹昌隆次之，刘谔又次之。下第者以三吾等南人为言，上怒，命儒臣再考落卷中文理长者第之。于是侍读张信、侍讲戴彝、赞善王俊华、司直郎张谦、司经校书严叔载、正字董贯、长史王章②、纪善周衡、萧楫及郊、昌隆、谔各阅十卷。或言刘、白嘱信等以陋卷进呈，上阅卷，益怒，亲赐策问，取克忠等六十一人，皆山东、山西、北平、河南、陕西、四川士也。考官信等俱磔杀之，三吾以老戍边，郊、谔安置威虏，惟戴彝、尹昌隆得释，寻取郊、谔归为司宾、司仪署丞，复杀之。

《登科考》云世称春夏榜以此，又谓之南北榜。郊等伏法削籍，故今但有克忠榜，而郊榜不可考矣，若会试录则尤存也。

解元中式：尹昌隆（应天）。

名臣：

黄淮，永嘉人，字宗豫，授中书舍人。永乐初选入翰林，历侍读，预内阁机务，每侍左右以备顾问。上巡狩，必命淮同尚书蹇义居守。历官少保、户部尚书兼武英殿大学士。宣德元年，上亲征，命淮佐郑、襄二王监国，夙夜在公，以勤劳致疾，乞归。优游田里十余年，寿八十三卒，谥文简。

陈复初，山阴人，名性善，以字行，礼部左侍郎。皇太孙在东宫时，已闻性善名，及即位，召问以治道，多见信用。靖难师起，命监李景隆军，败，续与同事者被执以归，悉纵遣之，性善独朝服跃马入于河以死。

入阁：黄淮，建文四年由编修入武英殿，永乐十二年至春坊学士，下狱，二十二年仁宗立召出狱，复入武英殿，宣德元年至少保、户部尚书，致仕。

一品：黄淮，少保。

二品：黄宗戴，丰城人，吏部尚书，春榜。施礼，东安人，刑部尚书，夏榜。

洪武三十二年己卯科解元（实建文元年）

应天：刘政，长洲人，字仲理，治《春秋》，考官得政卷，喜曰："此鸟中孤凤，当虚左处之。"遂取第一，建文逊位，杀孝孺，政恸哭不食死。

主试官：太常寺少卿兼翰林院学士高逊志、翰林侍讲方孝孺。

是榜宣城陈迪，官尚书，死靖难。

浙江：何海，严州府人。

是榜钱塘柴车，官兵部尚书。

江西：王艮，吉水人，字钦止，庚辰进士。廷试定艮第一，建文君以艮貌不及广，

---

① 存目本同，《明史》作"白信蹈"。

② 《明贡举考略》作"黄章"，当是。

又广策多斥亲藩，遂擢广第一，而艮次之，授修撰。屡上言时政，无所回隐，端容正色，凛不可犯，义所当为，侃侃自任不苟避。靖难兵起，辄忧不食，日渐赢惫。及成祖渡江，闭门涕泣不已，诀妻子，服毒死。建文君哀其忠，遣礼部侍郎黄观谕祭。子修，永乐癸卯解元。

是榜出四大魁：状元胡广，榜眼王艮，探花李贯、周孟简。

福建：杨子荣，建安人，字勉仁，治《易》，年二十九，庚辰进士第三名，廷试二甲第一名，授庶吉士，擢编修。太宗即位，更名荣，入内阁，典机务，知制诰，有果断通敏之才，累迁少师、工部尚书兼谨身殿大学士。荣历仕五朝，特见宠任，宅心仁惠，荐用人才，经筵辅导，裨益良多，一代相业，以荣为首称。卒年七十，赠太师，谥文敏，官其子恭为尚宝丞。所著有《两京类稿》、《退思集》、《北征记》、《训子编》。子恭，尚宝司少卿；孙仕偆，天顺丁丑进士，知州；仕儆，己卯举人，中书舍人；仕伟，成化乙未会魁，主事；从子易，正德戊辰进士；曾孙旦，弘治庚戌进士，吏部尚书；旦曾孙成名，嘉靖壬戌进士。

湖广：杨溥，石首人，字弘济，庚辰进士，授编修，累官少师、礼部尚书、武英殿大学士。卒年七十五，赠太师，谥文定。溥谨厚谦恭，学术醇实，与杨士奇、杨荣同典机务，时号三杨云。

河南：张信，祥符人，字彦实，永乐初拜礼科给事中，封驳纠弹，无所顾忌。擢工部侍郎，会河决，上遣信往视，信疏故道，以杀水势，河患遂除。已而浙江塘湖决，复命信往治，数月事襄。转兵部侍郎，寻以英国公辅从兄故，改锦衣卫指挥、同知，累迁四川都指挥使。居蜀十五年，名振羌夷，百姓怀之。

是榜襄城许廓，官兵部尚书，有名。

山东。

北平：王逊，高阳人，任知县。

山西：睦彦，乐平人，未仕卒。

陕西。

四川。

广东：张举，广州人，给事中。

是榜南海周志新，官按察使，为名臣。

广西：周冕，贺县人。

云南。

洪武三十三年庚辰科大魁（实建文二年，中式一百十八名）

主试官：礼部右侍郎兼翰林学士董伦、太常寺右少卿高巽志。

同考官：右拾遗朱逢吉、史官吴勤、叶惠仲、赵友士、徐旭、张秉彝。知贡举礼部尚书陈迪、右侍中黄观。

会元：吴溥，江西崇仁人，字德润，庚午举人，廷试二甲第一名，授编修。历官国子司业，卒年六十八。为人清慎严重，造次以礼。其教学者必致力本原。居官二十年余，操守如一日。家虽贫，分俸以给亲故，及卒，无以为敛。子与弼，居田间不仕，年六十八，英宗召至京，授左春坊谕德，为理学名臣。

状元：胡广，江西吉水人，字光大，号晃庵，年三十六，己卯举人，授修撰。建文君谓其名与汉臣同，且胡岂可广，更名靖，寻入内阁。文皇登极，复名广。累官翰林学士兼左春坊大学士，进文渊阁大学士。广生八岁而孤，好学，日记千言，内受母训，外受从祖子贞之教，德器不凡。及入仕，惇厚慎操履，论事持大体，一时制册，多出其手。宠遇日盛，而自处淡然，公退杜门，读书赋诗，未尝干人以私。卒年四十九，累赠少师、礼部尚书，谥文穆，所著有《晃庵集》、《扈从集》。父子祺，延平知府；子穜，以荫入翰林，为检讨。

榜眼：王艮，己卯江西解元。

探花：李贯，江西庐陵人，己卯举人，授修撰，历官中允，为解缙连及，死于狱。

解元中式：王艮（江西）、杨荣（福建）、杨溥（湖广）。

名臣：

杨荣。

王艮。

金幼孜，新淦人，名善，以字行。授户科给事中。永乐初，擢翰林检讨，入内阁，累官武英殿大学士。为人沈实乐易，学问淹贯，文章丰畅。扈从大驾北征，扬历中外，论思献纳，裨益居多，功不自伐，号退庵，卒谥文靖。所著有《北征录》及文集行于世。

胡濙，武进人，字源洁。历官少傅、礼部尚书。性端重，有识量，上方倚注，言无不尽，于时裨益为多。卒年八十九，谥忠安。

顾佐，太康人，字礼卿。为御史，守正嫉邪。为应天府尹，刚稜不挠，吏民畏服，勋豪贵戚，为之敛手，政声赫赫，议者谓包孝肃之知开封府。累迁通政使，廉公有威。宣庙初，杨荣、杨士奇荐升右都御史，赐玺书，令考察不肖。佐宪度严明，宿弊清革，下至吏卒，悚侧凛然，时称为真执法云。

入阁：胡广，建文四年由侍讲入东阁，永乐十六年至文渊阁学，卒。杨荣，洪熙元年由太常寺少卿入华盖殿，正统五年至少师、谨身殿学，卒谥文敏。金幼孜，洪熙元年由户部侍郎入华盖殿，宣德六年至太子少保、户部尚书兼武英殿学，卒。杨溥，洪熙元年由通政使入武英殿，宣德四年丁忧，十年以礼部尚书兼翰林学士复入，正统十一年至少保、武英殿学，卒。

一品：杨荣，少师。胡濙，少傅、礼部尚书。杨溥，少保。

二品：金幼孜，太子少保。顾佐，左都御史。

洪武三十五年壬午科解元 （实建文四年）

按次年礼部有有未及举行皆补试之请，则是年不经兵革之省必已举乡试，次年不必补试矣。及考各省志，壬午、癸未俱有中试者，有癸未有中式而壬午独无者，恐皆误也。宜于兵革之省如应天、山东、北平解元载在癸未，而浙江诸省解元载在壬午，乃为得之。然亦不敢妄书，姑存之，以俟博雅君子。

应天。

浙江。

江西。

福建。

湖广。

河南。

山东。

北平。

山西。

陕西。

四川。

广东。

广西。

云南。

皇明三元考卷之二

永乐元年癸未科补试解元

是年礼部上言，科举旧制应子、午、卯、酉年乡试，去年兵革仓卒，有未及举行者，请以今年秋八月皆补试，制曰可。

应天：王仲寿，江宁人，甲申进士，布政司参政。

考试官：翰林院侍读胡靖、编修王达。

北京。是年正月，改北平为北京，二月设北京行部。

浙江。

江西：刘子钦，吉水人。治《书》经，为举子业最工。登甲申进士，将廷试，解缙谓之曰："状元属子矣。"子钦自负，略不少逊，缙少之，密以题意示曾棨。及传胪，棨为状元，而子钦二甲十二名，授庶吉士，终于教职，竟不显云。

福建：陈用，莆田人，字时显。治《书》。己丑进士，选庶吉士。预修《五经四书性理大全》，书成，授检讨，累官侍读。为人质直醇厚，言动不苟，乡邦称重。

湖广。

河南：张忠，太康人，治《诗》，甲申进士。

山东。

山西：张敬，阳曲人，甲申进士，户部员外。

陕西：王志，咸宁人，丙戌进士，授吏科给事中，升河南知府，死于忠。孙琦，弘治壬子举人，任项城知县，值流贼之乱，死之，祖孙皆以忠节名。

四川。

广东。

广西：李静，鬱林州人。

云南。

永乐二年甲申科大魁（中式四百三十二名）

上以癸未登极，未暇举会试，故改是年。先是，二月，礼部奏请会试取士之数，上问洪武中选几何，尚书李志刚对曰："各科不同，多者四百七十余人，少者三十人。"上曰："朕即位初，取士姑率其多者，后不为例。"

主试官：侍读学士解缙，戊辰进士。侍读黄淮，丁丑进士。

会元：杨相，江西泰和人，治《易》，国子生，丙子举人，廷试二甲第一名，选庶吉士，擢刑部主事。

状元：曾棨，江西丰城人，字子启，治《书》，癸未举人。廷对策几二万言不属草，成祖奇其才，擢第一，赐冠带朝笏，授修撰，时年三十六。仕至少詹事兼侍讲学士，预修两朝《实录》。棨自幼颖敏，端重寡言笑，五岁尽识象戏字，长称江南才子，及入翰林，上时召试，迅笔千言立就，词理皆到。上屡摘群书隐僻事问，辄应口对。群臣有以文士荐者，必问得如曾棨否。其为文，兴致所到，笔不停挥，状写之工，极其天趣。尤工书法，草书雄放，有晋人风，自解胡后独步当世。襟度坦夷，而神情洒落，喜推荐士，平生以及物为心。卒年六十一，赠礼部左侍郎，谥襄敏。所著有《巢睫集》。

榜眼：周述，江西吉水人，治《书》，癸未举人，授编修。累官左春坊谕德兼侍读。侍仁宗居守南都，夙夜匪懈，左右匡弼。

探花：周孟简，述从弟，治《书》，己卯举人，初拟榜眼，上曰："弟不可先兄。"乃易置之，授编修。在中秘二十年，始迁詹事府丞。一日，特命为襄王府长史，持礼守正，王深重之，兄弟并列侍从，号称得君云。

《登科考》云：洪武辛亥、乙丑，廷试皆亲制策问，或命翰林院拟撰，取自上裁。至是上欲求博治之士，命学士解缙采天文律历、礼乐制度为问，惟棨卷对答详尽。上喜，御批："贯通经史，识达天人，有讲习之学，有忠爱之诚，擢魁天下，昭我文明，尚资启沃，惟良显哉。"其第二、第三亦有御批褒许之词，至谓"兄弟齐名，古今罕比"。仍赐三人罗衣各一袭。

自是科以后，状元悉授修撰，榜眼探花悉授编修，俱不书。

笔记云：是科择文理优长者杨相等五十一人，及善书泰和汤流等十人，俱改庶吉士。五月，擢庶吉士宜兴杜钦、江都黄惟正、建德郑庆为户科给事中，山阴周玉、东莞罗亨信、仁和张侗为工部给事中。次年正月，复命学士解缙等选庶吉士杨相、吉水刘子钦、安福彭汝器、金溪王英、泰和王直、星子余鼎、会稽章敞、庐陵王训、余姚柴广敬、永嘉王道、丰城熊直、慈溪陈敬宗、海宁沈升、怀安洪顺、宁海章朴、泰和余学夔、吉水罗汝敬、星子卢翰、泰和汤流、安福李时勉、武进段民、晋江倪惟哲、衡山袁天禄①、开化吾绅、江宁杨勉及荣等二十八人于文渊阁肄业，时人谓之二十八宿进士。吉水周忱自以年少，愿进学，上喜曰："有志之士。"命增入之。司礼监月给笔札，光禄寺给朝膳，礼部月给膏烛钞人三锭，工部择近第宅居止。是岁人知选二十八人，不知初为六十一人也。

又云：命翰林院试下第举人张铉等六十一人，俱赐冠带，于国子监进学，以俟后科。

又云：榜眼、探花既皆吉安府，而二甲泰和杨相、吉水宋子环、庐陵王训、泰和王直居一、二、三、四，又皆吉安府。至内阁读卷七人，而解缙、胡广、杨士奇、金幼孜、胡俨五人皆江西，内三人皆吉安府人，江右人物未有盛于此时者也。按榜中江西中式一百十人，而吉安府占三十六。是科人才固莫盛于江西，而江西尤盛于吉安。

解元中式：王仲寿（应天）、刘子钦（江西）、张忠（河南）、张敬（山西）。

名臣：

李时勉，安福人，历官翰林侍讲。时三殿灾，应诏陈十五事，而行其十四，寻以直言系狱，用学士杨荣荐得复职。洪熙改元，时政违节，条奏二疏，上怒，命武士扑以金瓜，胁断者三，下锦衣卫狱。宣庙即位，复其官，累升国子祭酒，施教仿胡安定条规，待诸生恩义兼尽。时勉请改建太学，上命太监王振视之。时振权倾天下，时勉待之如常，振乃撼以罪，枷于监前，监生数千人代罪，获免。后致仕。卒谥文忠。

周忱，吉水人，字恂如，与庶吉士二十八人同读中秘书，累官户工二部尚书。初，巡抚南畿，奏减苏松粮额七十余万，仍置总收粮之役，建对船交兑之议，其法至今天下行之。至于兴学校、治水利、建桥梁，百废具举，动成骏功，而公帑民财，初不知费。盖其才略超绝，善谋果行，而宅心宽平，接人坦夷，是以调度转移，沛然无滞。人谓其善计似刘晏，有古良相之风。卒谥文襄。

陈敬宗，慈溪人，字光世，选庶吉士。升国子监司业，进祭酒。严立教条，痛革旧习，日励诸生进学成德，必欲追踪古人。一时公卿大夫士皆宗之，至今言师道者必首称云。所著有《澹然集》。

---

① 《皇明贡举考》、《明贡举考略》作"袁添禄"。

王直，泰和人，字行俭，选庶吉士，入秘阁读书，累官少傅、吏部尚书。直性严重，寡言笑。至接人，和气可掬。在翰林三十余年，恭勤不息。及位冢宰，益加廉慎。用人多主久任，奔竞为之一息。天顺改元致仕。卒赠太保，谥文端。

段民，武进人，字时举，官刑部郎，以平恕称。山东妖妇唐赛儿叛，三司俱以纵寇逮简任事者，民以参政讨平之。成祖北征，敕民转饷出塞，费省而事给，仍奉旨考察所过郡县吏。历升刑部侍郎。又奉旨考察京僚，皆以廉谨受知于上。在刑部时适遭疾，稍瘥，将出视事，或止之，民曰："数百人困坐狱中，翘跂待我，可自佚哉？"出三日，疾大作，遂卒，仅遗金四两。都御史吴讷力为经纪，始克敛，后谥恭肃。

一品：王直，少傅。

二品：周忱，工部尚书。王英，礼部尚书。

永乐三年乙酉科解元

应天。

主试官：翰林学士王景、侍读学士王达。

是榜丹阳沈固，官户部尚书。

北京：董芳，元城人，工部尚书。

浙江：杨复，长兴人，字罔卿，治《诗》，刻苦问学，为诗文尚奇古，日抄唐韵数过，得字义之精。丙戌进士，廷试三甲第二名，授御史，仕至大理寺少卿。决狱判案，人服其能。

是榜萧山魏骥，官吏部尚书，为名臣。

江西：张叔豫，永新人，丙戌进士，选庶吉士，出判安庆。

福建：杨端仪，晋江人，丙戌进士，吏部主事。

是榜出三大魁：状元林环，榜眼陈全，探花黄旸。

湖广：郑真，江夏人，治《春秋》，己丑进士。

河南：王辉。

山东。

山西。

陕西：罗政，淳化人，绛州训导。

四川：尹性中，泸州人。

广东。

广西：何玉，傅白人，监察御史。

云南。

永乐四年丙戌科大魁（中式二百二十名）

主试官：侍讲学士王达，举明经。洗马杨溥，庚辰进士。

会元：朱缙，江西永丰人，治《易》，国子生，乙酉举人，廷试二甲第一名，仕至刑部郎中。

状元：林环，福建莆田人，字崇璧，治《书》，乙酉举人。幼聪敏，读书数过即成诵。甫成童，肆笔成章。及第之明年，升侍讲，预修《永乐大典》，为《书》经总裁官。两为会试考官，所取多得人。为经筵讲官，音语洪亮，大被宠眷。卒年四十。所著有《絅斋集》行世。从弟文，宣德庚戌探花。子继，壬子举人，教谕。孙偃，教谕；伋，助教：俱景泰癸酉举人。曾孙祗，举人，知县；祯，举人，教谕；侄思承，景泰甲戌进士，知州；从侄渚，宣德乙卯举人；思承子茂达，弘治壬戌进士，副都御史。

榜眼：陈全，福建长乐人，字果之，治《诗》，乙酉举人，历官侍读。为人公勤笃慎，所著有《蒙庵集》。子陵，景泰癸酉举人。

探花：刘素，江西吉永丰人，治《诗》，乙酉举人，仕至修撰。

传胪之明目①，取副榜举人廷试之，擢周翰等三人，俱赐冠带，于国子监进学，余除学职。按宣德间，副榜举人得冠带，读书太学，盖循此制也。至正统后，副榜始不复廷试矣。

三月亲试下第举人，得文学优等二十一人，各赐冠带。

解元中式：杨复（浙江）、杨端仪（福建）、张叔豫（江西）、王志（陕西）。

庶吉士（十三人）：江殷（吉水）、胡启光（安福）、孙迪（钱塘）、张叔豫（永新）、李岳润（永丰）、陈孟洁（泰和）、张士选（永嘉）、郑复言（鄞县）、曾春龄（泰和）、萧福（蒲城）、曹闻（江夏）、卢永（新淦）、黄献（泰和）。

名臣：

王骥，束鹿人，字尚德，授兵科给事中，历山西副使、应天府尹，俱有声，累官兵部尚书。征西虏阿台，斩捕首虏多，复以平麓川功封靖远伯，子孙世袭。卒年八十三，谥忠毅。为人资兼文武，遇事敢为，以身殉国，好贤乐善，望重士林云。

鲁穆，天台人，字希文，累迁右佥都御史。为人刚正清慎，内恕外严，介然有守，执法不回。扬历中外三十余年，一如寒士。所著有《葩经或问》、《礼记日抄》藏于家。

一品：王骥，伯。

二品：魏源，建昌人，刑部尚书。陈智，咸宁人，左都御史。

永乐六年戊子科解元

应天：黄寿生，福建莆田人，字行中，治《诗》，国子生，己丑进士，选庶吉士，

---

① "目"为"日"之讹。

预修《五经四书性理大全》，书成除检讨，后考试礼闱，卒。寿生自幼庄重，笃孝友，敦行义，勤问学，经史百家多所通贯，尤邃于《诗经》，一时从游之士多取高第，为时闻人学者，因其所居称为东里先生，有《东里文集》。子子嘉，束鹿知县。孙深，正统辛酉乡试第二名，景泰辛未进士，御史；仲昭，成化丙戌进士，提学副使。深子乾亨，成化甲午解元。乾亨子如金，弘治甲子解元，乙丑进士。

主试官：修撰李贯、检讨王洪。

北京。

浙江：陈璲，临海人，字廷嘉，治《诗》，己丑会元，廷试二甲十二名，改庶吉士，授编修，乞归，不入公府，召起为提学佥事。日与诸生讲学，务以见诸践履为先，士皆振起。陈员韬与子选林、一鹗，皆出其门。年八十二卒。曾孙器，正德癸酉解元。

江西：钱习礼，吉水人，名干，以字行，治《书》，年三十九，以练子宁姻故，至是科始中。连登己丑进士，选庶吉士，仕至吏部侍郎，年八十九卒，谥文肃。习礼孝弟忠信，笃于伦谊，厚生送死，推财赈济，好古秉礼，咸有矩则，文章论议，士子宗仰。

福建：杨慈，莆田人，字则惠，治《书》，幼颖敏，下笔数千言立就，丰赡典则，直欲追古作者。登己丑进士第二名，廷试二甲第一名，选庶吉士。慈体貌丰伟，志气轩昂，恒以科举文辞为儒者末事，抱负甚大。未及用而卒，年甫三十。有文集五卷。孙元，成化戊子举人，教谕。

湖广：向学，房县人。

河南：郭济，太康人，字泽民，治《春秋》，历镇江知府，多善政，声誉大振，卒于官。

山东：刘翀，济宁州人，治《诗》，壬辰进士，廷试二甲第三名，按察司佥事。

是榜海丰王佐，官户部尚书，死于土木之难。

山西：刘昇，太谷人，监察御史。

陕西：李锡，咸宁人，通政使。

四川：张骏，泸州人，辛丑进士，授御史，累迁都御史。立心端亮，政先大体，博学能文，士林推重。

广东：黄诚，合浦人。

是榜南海陈谔，官按察使，有名。

广西：贺敬，临桂人，治《书》，乙未进士。

云南。

永乐七年己丑科大魁（中式一百名）

主试官：侍讲邹缉、左春坊司直徐善述。

会元：陈璲，戊子浙江解元。

状元：萧时中，江西庐陵人，名可，以字行，与兄不敏相师友，以学名于时。戊子以《诗》首荐，遂联登第。为人温醇谨饬，若不自持，其中则确有定守，虽细行必检，因灾陈八事，极尽时弊，善道缓讽，上嘉纳焉，卒于修撰。兄不敏，亦以《诗经》荐，上春官，会时中为考官，避嫌不入，归，教授于乡。

榜眼：苗衷，直隶定远人，字秉彝，年二十九，未娶。衷屡典文衡，预修《实录》。正统初，用杨士奇荐，为经筵讲官。文术醇正，士林推重。历升礼部侍郎兼翰林学士，入内阁典机务。景泰元年，进兵部尚书兼学士，寻致仕。卒年八十，赠少傅，谥文康。子毯，监察御史。

探花：黄旸，福建莆田人，字原升，乙酉中式冠带举人，年五十四，终编修。

时御史劾出题《孟子节文》、《尚书·洪范九畴》偏题，诏缉等俱下狱。

取下第举人熊概、金庠等十余人寄国子监，给冠带。

皇太子以副榜第一人孔谔为左春坊左中允，赐出身。

七年己丑三月，当廷试，会上巡狩北京，诏礼部以璲等寄监读书。辛卯车驾还京，乃举廷试。

解元中式：黄寿生（应天）、陈璲（浙江）、钱习礼（江西）、杨慈、陈用（并福建）。

庶吉士（十一人）：杨慈（莆田）、刘永清（石首）、陈璲（临海）、钱习礼（吉水）、黄寿生（莆田）、陈用（莆田）、钟瑛（高安）、张习（会稽）、张式（德兴）、马信（阆中）、邵聪（如皋），皆原在翰林习译书者，初为国子生，选入翰林院习译书，至是登第，故改庶吉士。

名臣：

何忠，江陵人，拜监察御史，正色谠言，谪交阯、平州知州，专尚德化，夷民怀服。交阯叛，忠在国中，藩臬大臣谓忠有胆智，使告于朝，乞师。忠与知县张姓者夜缒城，步走二百余里，为贼所执，谓张曰："我死，汝暂屈，遇间遁归，语诸公知之。"事闻，旌表，谥忠节。

钱习礼，见前。

陈祚，吴县人，字直道，选庶吉士。超拜河南参议，与臬司争事，谪佃太和山。宣庙初，诏试诸谪佃者，祚为第一人。拜监察御史，弹射不避贵势，风裁大振。出按江西，上书劝上读《大学衍义》，上怒甚，谓此吾几案间物，竖子将吾目不知耶，而又怒所谓邪佞以奇巧荡心语，即械之，并其家属悉下狱。英庙即位，诏复其官，出按湖广，劾辽王不法，复逮下狱，论死。久之，辽逆节露，诏出，改南京，论事益切。迁福建金事，墨吏望风解印绶去。已而乞休。其卒也，天下无问识不识皆推其直，故称为直道陈公云。

邝埜，宜章人，字孟智，累官兵部侍郎。己巳之变，埜扈从出关，屡陈不宜屈至尊亲征，不听。复为王振所抑。已而师覆，埜遇害。后赠少保、兵部尚书，谥忠肃，官其子仪为主事。

入阁：苗衷，正统十年由礼部侍郎入文渊阁，景泰元年至兵部尚书兼学士，致仕。

二品：苗衷，邝埜，并兵部尚书。胡概，吉水人，左都御史。

永乐九年辛卯科解元

应天：徐则宁，江西金溪人，治《书》，国子生，壬辰进士，福建佥事。

主试官：翰林学士胡广、右庶子杨荣。

北京。

浙江。

江西：曾鼎，吉永丰人，字复铉，治《礼记》，壬辰进士，云南参政。

福建：林志，闽县人，字尚默，治《易》，年三十四，壬辰会元、榜眼，历官谕德。为人简静，不苟交处。其学经、史、诸子召①天经、地志、医卜之说，靡不通晓。文章简奥，不袭旧说。诗有唐人风。居官十五年，恭勤恬静，若与世无涉者。所著有《易集说》及《节斋集》② 行于世。

湖广：郭址，常德府人。

河南：郭坚。

是榜夏邑石璞，官兵部尚书，为名臣。

山东。

山西。

陕西：董茂，咸宁人，任大同府训导。

四川：梁承宗，宜宾人，治《诗》，乙未进士，任御史，秉公执法，凛不可犯。

广东：郑义，湖阳人。

广西：秦崇，兴安人。

云南。

永乐十年壬辰科大魁（中式一百名）

主试官：左谕德杨士奇，由征辟。左谕德金幼孜，庚辰进士。

会元：林志，辛卯福建解元。

状元：马铎，福建长乐人，字彦声，号梅岩，治《诗》，岁贡国子生，辛卯举人，终修撰。为人坦直无畦岸，临义执言，侃侃无所顾避，自奉俭薄，与人诚信，为文援笔立就。两侍仁宗监国，仁宗屡曰："马铎可谓质实无伪者矣。"侄叔文，天顺己卯举人，琼州府同知。晋江王慎中云："长乐马某娶妾生子铎，而妻妒不容，嫁同邑李氏，生子马，后马铎、李马俱中状元。"

---

① "召"为"及"之讹。

② 《明史》作《蒜斋集》。

榜眼：林志。

探花：王钰，浙江诸暨人，字孟坚，治《书》，年二十九，辛卯乡试第二名，会试第二名，历官修撰，引疾归。正统初，起为江西提学佥事。文学笃实，行己方正，所至公于劝惩，士心悦服。既二载，复致仕去。

解元中式：徐则宁（应天）、曾鼎（江西）、林志（福建）、刘翀（山东）。

兄弟同榜：傅玉良、傅玉润，新喻人，同父。

庶吉士（十六人）：蒋礼（和州）、赵暠（绥德）、徐俊（建德）、何贤（狄道）、潘勤（钱瑭①）、黄裳（内乡）、罗兴（崇庆）、杨荣（太和）、张观（代州）、马驯（长安）、王璜（代州）、刘濬（句容）、胡让（巴县）、邵进（沔阳）、米显（乾州）、方复（潜山），皆原习译书者。

名臣：

罗通，吉水人，太子少保，左都御史。通才警敏，晓畅兵法。己巳之变，守关有保障功，弘治中敕祠祀居庸关。

陈镒，吴县人，字有戒，历官左都御史，谥僖敏。为人宅心平恕，不务苛刻，在三镇陕西，多有惠政，军民爱戴，祠之于家。

一品：陈镒，太子太保。

二品：罗通，太子少保。

永乐十二年甲午科解元

两京主试官：应天，洗马杨溥、编修周述。北京，侍讲曾棨、邹缉。

应天：谢瑶，吴县人，治《春秋》，乙未进士，御史。

是榜太湖王质、丹徒储懋，并官户部尚书。

北京。始命翰林院官主试。

浙江：郑惟桓，慈溪人，治《书》，乙未进士。

是榜新昌杨信民，为名臣；仁和王琦，有名。

江西：陈循，泰和人，字德遵，号芳洲，治《书》，乙未会试第二名，廷试一甲第一名，仕至少保、户部尚书、华盖殿大学士。徐有贞陷于谦，并及循，因谪戍，后赦归，卒年七十七，后诏复官。所著有《芳洲集》。

是榜浮梁戴弁，官布政，为名臣。

福建：何琼，怀安人，字尚白，治《诗》，乙未进士，雷州府知府。

湖广。

河南：赵冕，祥符人，参政。

是榜洛阳周济，为名臣。

---

① "瑭"为"塘"之讹。

山东：张郦，汶上人，任教谕，升山西按察司经历，承檄执妖贼、勦北虏，屡立奇功，升广东德庆知州，母卒，扶榇归，庐于墓侧，诏旌其门，累官凤阳知府。

山西：范斌，榆次人，华州知州。

陕西：王弁，高陵人，任御史。

四川：胡信，荣县人。

广东：彭森，南海人，治《书》，乙未进士，参政。

广西。

云南。

永乐十三年乙未科大魁（中式三百五十名）

始诏天下举人会试北京。

主试官：修撰梁潜，丙子举人。修撰王洪，丁丑进士。

会元：洪英，福建怀安人，字实夫，治《礼记》，年二十六，甲午乡试第三名，廷试二甲十一名，选庶吉士。学问宏肆，历官吏部郎中，端谨著称。举升山东布政，有仁惠之政。寻升副都御史，治水有功，复升右都御史。以考察浙江庶官，为被黜者谤，致仕去朝，论惜之。兄顺，甲申进士、按察史。孙晅，知县。曾孙世文，嘉靖戊戌进士；世迁，丙午解元。

状元：陈循，甲午江西解元。

榜眼：李贞，福建南靖人，字子固，年三十六，辛卯乡试第四名，授编修，改高州教授。

探花：陈景著，福建闽县人，名从，以字行，治《春秋》，年十八，未娶，甲午举人。预修《性理大全》，书成，丐禄便养，改本府教授。及父殁，复以母老，不愿仕，终于家。兄循，同科举人。子子皋，天顺己卯乡试第四名；侄廊，景泰癸酉乡试第四名：并官教谕。

考官取陈循第一，梁潜以乡曲避嫌，改置第二，而取林文秸，又以秸字难识，取洪英为第一，陈循次之，而文秸居第六。

五魁有两《书》经，在第二、第三，实六魁云，而第五、第六名并儒士。

第三名王翱，盐山人也，上喜得畿士，以布衣召见，赐酒饭劳之，后至宫保、吏部尚书。

上以礼部下第举人有学问可取者，命翰林院再试之，取二十四人，并赐冠带，给教谕，俸送国子监进学，以待后科。

解元中式：谢瑶（应天）、郑维桓（浙江）、陈循（江西）、何琼（福建）、梁承宗（四川）、彭森（广东）、贺敬（广西）。

兄弟同榜：林文秩、林文秸，怀安人；刘麒、刘凤，闽县人：并同父。郑瑛、郑辂，侯官人。

少年进士：陈景著，年十八，未娶。

庶吉士（六十二人）：洪英（怀安）、王翱（盐山）、林文秸（怀安）、宋魁（吉水）、陈镛（钱塘）、曾弘（太和）、林道节（莆田）、胡瀷（吉水）、章文昭（南城）、严珊（开化）、金关（开化）、王英（猗氏）、郑珞（侯官）、袁璞（新城）、周崇厚（吉水）、习侃（新喻）、郑雍言（鄞县）、牟伦（宜宾）、吴裳（济宁）、张益（江宁）、黄仲芳（建安）、廖谟（太和）、宋琰（奉化）、朱泉（昆山）、范淙（汾西）、黄瓛（丰城）、陈文璧（华亭）、高穀（兴化）、张坚（芜湖）、沈旸（吴县）、王懋（钱塘）、姚昇（邹县）、吴清（监利）、方勉（歙县）、林超（番禺）、曹义（句容）、龚英（枝江）、时永（许州）、彭麟应（安福）、陈坤奇（龙溪）、李芳（颍上）、叶颖（天台）、王士华（鄞县）、吴绍生（遂昌）、丁毅（无为）、石玉（岳池）、黎民（长寿）、张逊（永兴）、万完（仁和）、周贵（丽水）、连智（建安）、王谕（山阳）、樊教（阌乡）、王麟（永寿）、戴觐（定海）、许彬（宁阳）、徐景安（华亭）、石庆（耀州）、郑献（六合）、李冠禄（茂名）、周安（山阴）、谢晖（合肥）。王懋已下皆习译书者。

名臣：

王翱，盐山人，字九皋，选庶吉士，历迁右都御史，巡抚四川，专布恩信，招怀降附，不烦兵力，遂定松潘。召为吏部尚书，严考察，公铨注，一时任使，并称得人。翱端方强毅，清白俭约，立心制行，循守礼法。居第三十余年，不改于旧，上特命有司起第。后加太子太保，卒赠太保，谥忠肃。

张益，江宁人，字士谦，选庶吉士，历官侍读学士，入内阁。正统己巳死于土木之难，赠大学士，谥文僖。益温雅明敏，博学强记，为诗文雄健有法，见称于时。

孙原贞，德兴人，授礼部主事，累官浙江布政使，体恤民隐，百姓德之。时福浙盗起，奉敕参佐，谋议军事，督兵深入，擒其渠魁，福浙以宁。历迁兵部尚书，天顺改元致仕。原贞历事五朝，始终一节，宽而有制，群而不党，忧国忧民，老而弥笃。忠孝之性，宽厚之德，正大之学，文武兼资之才，皆出天成。所著有《岁寒集》、《奏议》。

入阁：

陈循，正统九年，由翰林学士入文渊阁，天顺元年至华盖殿大学士，谪戍。

高穀，正统十年由工部侍郎兼侍讲学士入文渊阁，天顺元年至少保、工部尚书、谨身殿大学士，致仕。

张益，正统十四年由侍读学士入文渊阁，十年死于土木之难。

许彬，天顺元年由礼部侍郎兼学士入，本年调南礼侍，寻复出，为陕西参政。

一品：陈循，高穀，并少保。王翱；俞士悦，长洲人，刑部尚书：并太子太保。

二品：曹义，句容人，吏部尚书。徐琦，宁夏人；孙原质，德兴人：并兵部尚书。洪英，右都御史。

永乐十五年丁酉科解元

两京主试官：应天，侍讲梁储①、陈全。北京，侍讲邹缉、王英。

应天：杨珙，上海人，幼凝重，颖敏过人，读书过目成诵，戊戌举进士，廷试二甲第三名，选庶吉士，授编修，久之，引疾归，卒。

是榜怀远年富，官户部尚书，为名臣。

北京：杜时，深州人，辛丑进士，授监察御史。操行方正，平居不妄发一语，至议论道理，谏诤奏对，则亹亹便便，必欲直以理而后已。后升顺天府尹，卒于官。

浙江：木讷，钱塘人，戊戌进士。

江西：尹凤岐，吉水人，字邦祥，治《书》，戊戌进士，廷试二甲第七名，选庶吉士，历官侍讲学士。为文章有法度，根理据义，磊硙奇伟。

福建：李马，长乐人，字彦良，戊戌状元。廷试后，上改马为骐，传胪唱名，莫有应者，上道其故，乃出应。骐严毅方正，有气节，不肯依随。属疾，闻上晏驾榆林，惊悼而卒，年四十八，终于修撰。

湖广：程籐，蕲州人，任梁山教谕，学行俱茂，教有成绩，升知县。

河南：阎端。

山东。

山西。

陕西：张恕，咸宁人，辛丑进士，户部主事。

四川。

广东：刘玘，潮阳人，辛丑进士，二甲第三名，任主事。

广西。

云南。

永乐十六年戊戌科大魁 （中式二百五十名）

主试官：行在侍讲学士曾棨，甲申进士。侍讲王英，甲申进士。

会元：董璘，直隶高邮州人，廷试二甲第三名，选庶吉士，擢编修，有时名。以母老归养，一日母病，思鲥鱼，时无鬻者，即请②镇江，祷于神，命渔者举网，忽得二鲥以归，乡里惊异。升修撰，与修《实录》。后愤太常典礼乐，不可睬以③异流，乞以己为其官，遂获谴。

状元：李骐，丁酉福建解元。

---

① "储"为"潜"之讹。

② "请"疑为"诣"之讹。

③ 《玉堂丛语》卷一无"以"字。

榜眼：刘江，直隶江宁籍，江西安福人，国子生，丁酉应天举人，编修，升长史。

探花：邓直，江西吉水人，丁酉举人。

敕进士年二十以下者，遣归本学肄业，皆预注拟其官，待缺取用。

解元中式：杨琪（应天）、木讷（浙江）、尹凤岐（江西）、李马（福建）。

庶吉士（十六人）：周叙（吉水）、董璘（高邮）、杨琪（上海）、褚思敬（天台）、尹凤岐（吉水）、陈询（华亭）、徐律（开化）、习嘉言（新喻）、王宾（广安）、胡文善（慈溪）、周懋昭（丰城）、王暹（山阴）、雷遂（建安）、莫珪（吴县）、孔友谅（长洲）、秦初（山阴）。

名臣：金濂，山阳人，初为御史，有声。为巡抚，操守清廉，边储充足。后以刑部尚书平闽寇有功，加太子太保。卒，追封沐①阳伯，谥荣襄。

入阁：王一宁，仙居人，景泰二年由礼部侍郎兼学士入。明年加太子少师，卒。

一品：金濂。何文渊，广昌人，吏部尚书兼太子太保。

二品：王一宁，太子少师。

永乐十八年庚子科解元

两京主试官：应天，修撰张伯颖、赞善陈仲完。北京，中允邹缉、侍讲王英。

应天：刘铉，长洲人，字宗器，授中书舍人，预修三朝《实录》成，进侍讲学士。时同乡杨侍郎矞以潜邸人见上，馆于铉，尝从容荐铉可大用，铉知之，自恨杨馆我而累我，如是乃阳为室烁以谢杨，使他徙。寻充经筵日讲官，转祭酒，条教笃密，有李安成风。景皇欲易储，公卿从史之，将上疏，铉独辞不与。英庙复辟，擢少詹事，俾侍讲读。忽暴病卒，年六十五。赠礼部侍郎，谥文恭。所著有《假庵集》。子瀚，景泰辛丑进士，副使。孙桐，成化壬子举人，知县；杲，成化乙未进士，副都御史。曾孙烔，嘉靖癸未进士，知府。玄孙璧，辛丑进士；璞，丙午经魁。桐孙畿，庚戌进士，兵部侍郎。烔孙倬，隆庆戊辰进士、参政。倬子诵，万历丙子举人。

北京：于庆，开州人。

浙江：陈耸，永嘉人，辛丑进士。

江西：徐福，新建人。

福建：吴观，莆田人，辛丑进士，授礼部主事。弟福，宣德己酉举人，教谕。从侄清，天顺己卯举人，教谕；稜，成化庚子解元。

是榜出三大魁：会元陈中，状元林震，榜眼赵恢。

湖广：高信，郴州人，甲辰进士，授行人，历河南参议。公勤廉敏，所至辄有能声。

河南：薛瑄，山西河津人，字德温。父祯，甲子举人，任鄢陵教谕。瑄随父任，遂

---

① "沐"为"沭"之讹。

补弟子员，举河南乡试，时年三十二。登辛丑进士，授监察御史，忤王振，免归。久之，起为大理寺丞，升南大理寺卿。天顺改元，召为礼部侍郎兼翰林学士，入内阁，寻致仕。卒年七十五，赠礼部尚书，谥文靖。隆庆中，从祀文庙。瑄学贵实践，不务论说，辞受取与，必揆诸义。出处大节，光明俊伟，于富贵利达，泊如也。接人无大小众寡，待之以诚。晚年造诣高明，践履笃实，益至纯熟。国朝理学，瑄为之最。孙祺，天顺甲申进士，员外。

山东。

山西：刘海，夏县人，甲辰进士，授礼科给事中，历陕西参议。子钊，正统辛酉举人，训导。

陕西：杨昉，兴平人，庚戌进士。

四川。

广东：曾节，南海人，任训导。

广西：周嘉宾，恭城人。

云南。

永乐十九年辛丑科大魁（中式二百名）

主试官：春坊大学士杨士奇，见壬辰。侍讲周述，甲申进士。

会元：陈中，福建莆田人，字舜用，庚子乡试第二名，廷试二甲三十二名。中资性简率，文思丰赡，自南户部主事召赴行在，预修成祖、仁宗两朝《实录》，书成，升员外郎。致仕，幽巷贫居，吟咏自乐，公门关节，终身未尝及之。卒年八十三，有文集行世。孙鼎，景泰丙子举人。

状元：曾鹤龄，江西泰和人，字延平，号松坡、臞叟。弱冠以书擅名乡郡，由儒士与兄椿龄同领乙酉乡荐。明年，鹤龄留养于家，兄举丙戌进士，改庶吉士，以殁。鹤龄养母十五年，学者争师之。至是科及第，年三十九。为人方严坦夷，俸入悉以周族之贫者。文章敛而就实，放而出奇。预修《实录》，升侍讲学士，掌南院，寻致仕。所著有《松坡集》、《臞叟集》藏于家。子序，宣德丁未进士，参议；蒙简，正统乙丑进士二甲第一名，按察使。蒙简子追，成化戊戌探花；迥，举人。玄孙梅，嘉靖癸丑进士。

榜眼：刘矩，直隶开州人，字仲方，甲午举人。廷试卷已拟状元矣，上梦鹤止殿上，翼日检卷得曾鹤龄，遂为第一，矩第二，升修撰。矩方正古朴，有志行。学问宏深，以理为宗，尝以程明道、张横渠为准范，平生未尝失口于人。为文温醇典则，笔力遒劲。至今乡邦称古君子，以矩为首。卒，祀乡贤。

探花：裴纶，湖广监利人。正统间由侍讲选入内阁，习制诰，读中秘书，历官礼部尚书。谥文僖。父琏，刑部侍郎。

解元中式：陈耸（浙江）、吴观（福建）、薛瑄（河南）、张恕（陕西）、张骏（四川）、刘玘（广东）。

庶吉士（十人）：卫恕（萧山）、陈融（长洲）、温良（山阴）、张恕（咸宁）、万硕（杞县）、黄澍（益都）、杨鼎（扶沟）、王琎（丹阳）、蒋谦（灌阳）、章昭（宜山），皆原习译书者。

名臣：

于谦，钱塘人，字廷益。历官兵部尚书，为权奸所诬。死赠太傅，谥肃愍。己巳之变，呼吸间有永嘉、靖康之祸，公砥柱狂澜，使社稷危而复安，功盖天下者不赏，于公之谓矣。

刘球：安福人，字求乐，授礼部主事，荐改侍讲。正统时应诏上言，忤王振，为所诬，死于狱，赠翰林学士，谥忠愍。球孝弟忠洁，议论慷慨，常依名节，沉思积学，好义力行，文词铿锵，金春玉应，人共宝之。子钤、钺，并举进士，位通显，盖忠义之报云。

薛瑄，见前。

入阁：

王文，束鹿人。景泰三年由左都御史入，加至少保、吏部尚书、谨身殿学。天顺元年，英宗复辟，为石亨辈所诬，被诛。成化初复职，谥毅愍。

薛瑄，天顺元年由礼部侍郎兼学士入，本年致仕。

一品：王文；于谦，吏部尚书：并少保。

二品：张纯，江陵人，兵部尚书。

永乐二十一年癸卯解元

先是，十八年十一月，改京师为南京，北京为京师，是科以后，并先书顺天，次应天。

两京主试官：顺天，侍讲王英、修撰林志；应天，侍讲罗汝敬、修撰李骐。

顺天。是榜沧州马昂，官太子少保、户部尚书，谥恭襄，有名。

应天。

浙江：杨述，崇德人，训导。

江西：王修，吉水人，洪武己卯解元王艮子也，官济南州学正。

福建：汪凯，龙溪人，博学能文章，甲辰进士，授礼部主事，迁浙江佥事，以清介闻，后致仕卒。

湖广：娄昇，湘潭人，给事中。

河南：王学，祥符人，教授。

山东。

山西：侯琎，泽州人，字廷玉，年二十六，丁未进士，授行人，迁兵部主事。正统初，虏寇甘肃，琎以兵部侍郎会将官讨平之，寻委集湖广兵讨蕴川有功，复平贵州苗蛮，升兵部尚书，卒年五十三。子爵，正统丁卯举人，以功授锦衣卫，世袭千户。

是榜太原王永寿，官工部尚书。

陕西。

四川。

广东：区贤，南海人，治《诗》，庚戌进士，主事。

是榜昌化文中，中式后因病未及会试，寻丁继母忧。宣德六年至部，以违限充太通关提举司吏。中自陈"海外之人，本图光显，今乃论为吏，伏望圣恩矜念"，上命礼部试验其文可取，命复举人，候下科会试。

广西：赵霖，临桂人。

云南。

永乐二十二年甲辰大魁（中式一百五十名）

主试官：侍讲学士曾棨，见戊戌。侍讲余鼎，甲申进士。

会元：叶恩，浙江临海人，字允成，庚子举人，廷试二甲四十六名，仕至布政。子廷荣，成化丙戌进士。

状元：邢宽，直隶无为州人，字用大，累官侍讲学士，掌南院。宽家富且殷，宦游十数年归，而母尚无恙，兄弟子侄同居者千指。国史称其居家孝友，与人交终始不渝，且处心夷坦，于物无所忤。

榜眼：梁禋，顺天府宛平人，字以诚，终编修。

探花：孙曰恭，江西丰城人，字恭斋，癸卯举人，仕至侍讲。为人端志雅操，问学醇笃，为文简古，三杨公甚器重之。父贞，癸酉举人，国子监博士，以子贵，封编修，赠布政。兄曰良，辛卯进士，巡抚，副都御史；弟曰让，庚子举人，礼部郎中。曰良子绪，天顺甲申进士，御史。

上初取孙曰恭第一，嫌其名近"暴"字，曰孙暴不如邢宽，擢宽第一，仍以丹书一甲第三名，一时称异事云。

解元中式：汪凯（福建）、高信（湖广）、刘海（山西）。

庶吉士（六人）：徐贤（临桂）、何志（泸州）、薛理（历城）、李芳（资县）、蔡英（代州）、葛陵（庐陵）。

名臣：

轩𫐐，鹿邑人，字惟行，授监察御史，历浙江按察使。所至山岳动摇，豪猾屏息。居九年，著一青布袍，无问寒暑，所食不过蔬食，闻亲丧，即日就道。服阕起官，至左都御史，历六年，前后所上三百余疏，皆关军国大计。

耿九畴：卢氏人，字禹范。宣德中以副都御史镇守陕西，持己端方，政令简肃，官吏畏服，八郡翕然大治。历南刑部尚书，谥清惠。九畴奉身节俭，无他嗜好，公退家居，惟谨身读书而已。严取与，与众寡合，累遭谗困。赖上知，其子存，卒保全之。

刘广衡，万安人，字克平，累官刑部尚书。广衡扬历中外，执法三十余年，仁明刚决，而以一恕行之，君子比之张释之。《一统志》称其清修简朴，不事浮靡，有古人风。

二品：轩锐，耿九畴，刘广衡，并刑部尚书。

皇明三元考卷之三

宣德元年丙午科解元

是年定取士额数，南京国子监并南直隶共八十名，北京国子监并北直隶共五十名，江西五十名，浙江、福建各四十五名，湖广、广东各四十名，河南、四川各三十五名，陕西、山东、山西各三十名，广西二十名，云南十名，贵州愿试者就试湖广。

顺天。上亲征汉王，不及乡试。

应天：周让，华亭人。

主试官：谕德林志、侍讲余学夔。

浙江：何惟机。

是榜慈溪王来，官工部尚书，有名。

江西：孙昌，丰城人，字曰蕃，国子监助教。

福建：林时望，莆田人，教谕。子淏，景泰丙子举人，韶州府通判。

湖广：黄秉中，桂阳州人。

河南：房威，洛阳人，丁未进士，御史。

山东。

山西。

陕西：许璞，凤翔府人，任仁和知县。

四川。

广东：陈纲，保昌人。

广西：张辉，平南人，教谕。子廷纶，天顺庚辰进士，户部主事。孙溱，成化戊戌进士，兵部尚旳书。

云南。

宣德二年丁未科大魁（中式一百名）

主试官：太常寺卿兼学士杨溥，见丙戌。左春坊大学士曾棨，见戊戌。

会元：赵鼎，浙江黄岩人，丙午举人，廷试二甲第二名，官主事。

状元：马愉，山东临朐人，字惟和，号淡轩。累迁侍讲学士，入内阁，预闻机务。愉性资淳笃，论事务存宽厚，尝奏谳疑狱终年不决者，迁户部侍郎兼侍讲学士。卒年五十二，赠礼部尚书，谥襄敏。有《淡轩文集》行于世。杨士奇云：宣德以前十五科，皆南北士合试，未有北士居首选者，有之，自丁未始。

榜眼：杜宁，浙江天台人，字宗谧。癸卯举人。年二十四。仕至南礼部侍郎。

探花：谢琏，福建龙溪人，字重器。丁酉举人。年二十六。尝上治安十五事，切于时政。累升南户部侍郎。卒于官，年五十五。

命进士永新江玉琳等九十六人归家进学。

取原习译书郑州邢恭为庶吉士。

解元中式：房威（河南）、侯璡（山西）。

名臣：侯璡，见前。

入阁：马愉，正统五年由侍讲学士入，十二年至礼部侍郎，卒赠礼书，谥襄敏。萧镃，泰和人，景泰二年由户部侍郎兼学士入，天顺元年至太子少师，致仕。

二品：萧镃，太子少师。张凤，安平人，户部尚书。萧晅，泰和〔人〕，礼部尚书。

宣德四年己酉科解元

两京主试官：顺天，左庶子王直、侍讲李时勉。应天，侍读钱习礼、修撰刘永清。

顺天：王堂。

应天：沈諰，常熟人，治《诗》，癸丑进士。

浙江：范理，天台人，字道济，习《诗》，庚戌进士第三名。为人廉慎和平，学行俱优。初知江陵县，时大学士杨文定公溥子入朝，理不加礼，子诉于文定，荐知德安。人劝理往谢文定，理曰："彼自荐贤，于我何与？"仕至南吏部左侍郎。

江西：吴节，安福人，字与俭，治《春秋》，癸丑进士第二名，选庶吉士，历官太常卿兼侍读学士。己巳之变，条陈十余事，皆国家大政，多见采纳。寻升祭酒。节学博才隽，诗文逼古，诱引后进，循循不倦。

福建：李蒲，莆田人，中癸丑科乙榜，上命送国子监，暨详癸丑科下。

湖广：李沧，嘉渔人，字朝宗，中癸丑科乙榜，上命送国子监，赐冠带，给训导俸，以待下科会试。沧每应制献诗，辄蒙恩赉。除金溪教谕，升保宁教授，致仕。沧居村落，客至，无贵贱，必冠带出见。兄弟同居，家口日众，乃辟宅傍隙地，居之旧宅，悉任诸兄，一无所言。

河南：丘陵，兰阳人，字志高。授平乡知县，有惠政。丁忧服阕，民奏留，复任。秩满升淮安知府，拾流遗，表节孝，兴学劝农，开垦荒田。及入觐，以治行卓异，赐锦衣一袭，燕礼部。累升山西布政使，致仕。所著有《芸庵集》藏于家。

山东。

山西。

陕西。

四川：冷遂南，铜梁人，治《易》，庚戌进士，官至布政使。

广东：曾澜，琼山籍，福建长汀人，任训导。

广西：秦谦，阳朔人。

云南。

命贵州附试云南，云南乡试增五名，已后止称云南，而贵州在其中矣。

宣德五年庚戌科大魁（中式一百名）

主试官：春坊大学士王英，见戊戌。行在翰林院侍读钱习礼，辛卯举人。

会元：陈诏，浙江青田人，字廷询，治《书》，庚子举人，除监察御史，升四川按察史副使。时闽浙盗发，拜金都御史，巡抚浙江。诏至，谕以利害，不烦寸兵，遂平山寇。复命陛见，赐赉甚厚，卒于官。先是，犒军不问出入，例给羡馀，封库不取，其廉静类此。

状元：林震，福建长乐人，字起龙，治《书》，庚子举人，会试十五名，震性质颖悟，笃志问学，及第后以疾归，终于修撰。

榜眼：龚锜，福建建安人，字台鼎，习《春秋》，丙午举人，年三十二，授编修，坐累去官。正统戊辰，沙尤盗起，锜应募为大军卿①导，至高阳里，为贼所害。锜博学善吟，字体遒劲，所著有《蒙斋集》。

探花：林文，福建莆田人，丙戌状元林环从弟也，字恒简，号澹庵，治《诗》，年四十一，丙午举人，会试第十六名。预修《宣宗实录》成，升修撰。两为会试考官，累迁太常寺少卿兼翰林院侍读学士，致仕。卒年八十七，赠礼部侍郎，谥庄静。文安静守礼，接人无大小，一以至诚，士大夫咸推为醇儒，有《澹轩文稿》。子载，景泰丙子举人，中书。孙钊，成化戊子举人，锦衣卫经历。曾孙渠，举人，长史；希范，举人，同知。

是科五魁有两《书》经。

解元中式：范理（浙江）、吴节（江西）、杨昉（陕西）、冷遂南（四川）、区贤（广东）。

庶吉士（八人）：萨琦（闽县）、逯端（仁和）、叶锡（永嘉）、陈玑（诸暨）、林补（永嘉）、王振（公安）、许南杰（余姚）、江渊（江津）。给酒馔房舍，月赐灯油钞，一如永乐甲申之例。复命兵部与皂隶人，赐文绮衣一袭，钞三百贯，命学士王直教习。

名臣：

廖庄，吉水人，字安止。癸丑年选庶吉士，历升南大理寺少卿，以直言下狱，谪定羌丞。天顺初复职，历官礼部右侍郎，致仕。卒赠刑部尚书，谥恭敏。庄任性易直，表里洞然，然好刚尚气，言辞激愤，又好面折人，人不能堪。庄己无芥蒂，人故益恨庄。庄既抗忠获罪，名闻天下，顾不屑谨细行、远嫌疑，好存谢宾客诸游为欢狎，盖其阔达

---

① 卿，存目本作"乡"，是。

天性然也。

刘实，安福人，字嘉秀。癸丑年选庶吉士。出为金华府通判，不挈妻子。岁侵逋赋，民或鬻子女以偿，实奏宽之，又赎还其子女。寻擢南雄知府，忤权珰，死狱中。实利诱不回，势惕不阻，生平清劲，甘心贫窭，与古范丹、李及无异云。

入阁：江渊，正统十四年由户部侍郎兼翰林学士入，景泰七年出为工部尚书。

二品：张睿，鄢陵人；沈翼，山阳人：并户部尚书。杨宁，钱塘人，礼部尚书。萧维桢，庐陵人，太子少保，兵部尚书，谥文昭。薛希琏，丽水人，刑部尚书。江渊，太子少师，工部尚书。

宣德七年壬子科解元

两京主试官：顺天，庶子周述、侍读钱习礼。应天，行在侍读学士李时勉、侍读苗衷。

顺天：宋雍，福建莆田人，治《书》，癸丑进士，给事中。子巨赡，天顺己卯举人，教谕。从侄岳，成化壬辰进士。

令顺天解额取八十名。

应天：谢珤，丹徒人，治《书》，任青州府教授。

浙江：赵象，临海人，治《诗》，丙辰进士第三名。

江西：王鉴，吉水人，治《书》，丙辰进士二甲第一名，选庶吉士。

福建：林同，莆田人，安福教谕。

湖广。

河南：李贤，邓州人，字原德。治《礼记》，年二十五。癸丑进士，授吏部主事。仕至少保、吏部尚书、华盖殿大学士。卒赠太师，谥文达。贤恭严庄重，不为小廉，曲谨平居，无疾言遽色，其容粹然，见者如在春风中。论者谓天顺以来，所以正君德、恤民生、进贤才、广言路、抑侥幸、却夷狄，皆贤之力云，三杨之后，文达一人而已。

山东。

山西：高澄，曲阳人，官至四川副使。

陕西：赵俊，临潼人，鸿胪寺序班。

四川：张濬，泸州人，治《书》，丙辰进士，任郎中。

广东：翁凯，揭阳人。

广西：苏忞，怀集人。任靖州知州，兴水利，修学校，视民如子，不忍以事劳之。苗贼流劫将袭州城，忞率民兵五百人逆战，众寡不敌，死之。

云南。

宣德八年癸丑科大魁（中式一百名）

主试官：致仕武英殿大学士黄淮，见甲申。少詹事兼侍读学士王直，甲申进士。

会元：刘哲，江西万安人，字希哲。治《易》。癸卯举人。年三十九。廷试二甲，未授官卒。

状元：曹鼐，直隶宁晋人，字万钟，号恒山。年三十二。幼有大志，事继母以孝闻。癸卯乡试第二名，以乙榜授代州学正。上书愿得剧职自效，改泰和典史。爱民如子，剧邑政烦，处之裕如，公暇延师儒讲明理学。至是以督工匠赴京，请与试，许之，遂登第二人及第，授修撰。升侍讲，入内阁典制日侍讲读，累迁吏部侍郎兼学士。正统己巳随征，殁于军中，年四十八，赠太傅、吏部尚书兼文渊阁大学士，谥文襄，改谥文忠，官其子恩修撰。鼐学赡行端，内刚外和，识达政体，才智出人，士林重之。弟鼎，正统戊辰进士，吏科给事中。

榜眼：赵恢，福建连江人，字汝宏。年三十九。庚子举人。仕至右春坊庶子兼侍讲。为人端谨，乡评推重。

探花：钟复，江西永丰人，字彰。年三十四。庚子举人。仕至侍讲。子同，景泰辛未进士。官御史，以谏易储死于狱。天顺初赠大理寺丞，谥恭愍，荫其长子启知县。宁宗嗣位，诏禄其妻罗氏，又官其次子通政司知事。

上命乙榜年少质美者龙文、章谨①、李沧、梁婺②、黄平、陈韶、田钧、李蒲、王鉴、朱奎、袁和、林同、柴同恩、张承翰、陈康、龚理、相佐、黄舆、李奈、王佐、郑观、朝③如旸、赵象、蒋荣祖二十四人送国子监，仍赐冠带，给训导俸，以待下科会试，翰林院三月一考其文。

解元中式：宋雍④（顺天）、沈谦（应天）、李贤（河南）。

庶吉士（六人）：尹昌（吉水）、黄瓒（吉水）、赵智（秀水）、傅纲（临川）、黄回祖（泰宁）、黄云（上虞），命王直教习。至十一月，复选庚戌癸丑科进士宛平徐珵、清流赖世隆、安福吴节、李绍、乐平姜洪、南郑虞瑛、铜梁潘洪、武城王玉、上虞陈金、安福刘实、怀安郑建、莆田方熙、余姚何瑄为庶吉士，亦命王直教之。赐居第，给酒馔、灯油钞，如永乐之制。复诏合临御以来三科进士，御文华殿亲试之，拔其尤者郑建等二十八人与修撰，马愉、陈循、林震、曹鼐编修，林文、龚锜、钟复、赵恢评事，张益同进文渊阁，其优礼给赐亦如前，仍赐御制诗以示勉励云。

名臣：

曹鼐，李贤，见前。

马豫，临清人，字彦安。授大理寺评事，寻迁寺副。性刚直不阿，谳狱详明。正统己巳，从上北征土木失利。豫语仆曰："我奉驾而来，失驾而返，何颜见面百官？汝急归，我有死而已。"因厉声叱贼，为虏所获，遂遇害。英庙复辟，诏赠寺正，录其子瓒

---

① 《索引》作"章瑾"。

② 《索引》作"梁棨"。

③ "朝"为"胡"之讹。

④ 当从前文作"宋雍"。

798

入太学。

入阁：曹鼐，正统五年由侍讲入，十四年死难。徐有贞，天顺元年由兵部尚书兼翰林学士入，寻为民。李贤，天顺元年由吏部侍郎兼翰林学士入，本年出为参政，寻升吏部尚书兼学士，复入，成化二年至少保、华盖殿学士，致仕。

一品：徐有贞，兵部尚书，以迎复功封武功伯。李贤，少保。

二品：石瑁，应州人，礼部尚书。陆瑜，鄞县人，刑部尚书。

宣德十年乙卯科解元

两京主试官：顺天，侍读学士李时勉、侍讲高毅。应天，庶子周述、侍读苗衷。

顺天：邹冕，河南光山人，国子生，治《春秋》，丙辰进士。

应天：郭纶，华亭人。

是榜长洲练纲，官御史，为名臣。

浙江：商辂，淳安人，字弘载，号素庵。治《书》。乙丑会元。辂二十发解，又十年而登第，四年而以修撰入阁，七年而忤石亨为民，归十年而复召入，十年而以少保兼太子太保、吏部尚书、谨身殿学致仕，家居十年而卒。年七十二，赠太傅，谥文毅。辂为文浑厚雅赡，诗主平淡，在位多所匡益，有容人之量，所著有《商文毅奏略》等书。子良臣，成化丙戌，侍讲学士。

是榜出两状元：商辂，周旋。

江西：陈文，庐陵人，字安简。治《诗》。年三十一。丙辰会试五十名，廷试一甲第二名。仕至太子少保、礼部侍郎兼文渊阁大学士。卒年六十四，赠少傅，谥庄靖。

福建：高冈，闽县人，字行若，治《书》，丙辰进士，刑部主事。

湖广：商瑜，黄梅人，任教谕。

河南：李春，郑州人，丙辰进士，历任知府。

山东：李秉，曹州人，字执中，治《书》，丙辰进士，授御史，仕至太子少保、吏部尚书。卒谥襄敏。秉才识宏博，议论持正，刚直不阿。宣辽一镇，功业德惠，在人耳目。秉铨方鲠，为人所忌，竟不复起。

山西：朱逊，沁源人，任乾州学正。

是榜阳曲周瑄，官刑部尚书，谥庄懿，有名。

陕西：杨鼎，咸宁人，字宗器，号耻庵。家贫好学，手不释卷，历治《诗》、《礼》、《易》三经。明年，试礼闱下第。时南监祭酒陈敬宗学行动朝野，鼎疏愿入南监，上从之。比至监，清苦力学修行。正统己未会试第一，廷试第二。在翰林院迥然自异，累升户部尚书，亦持正不回。寻加太子少保，致仕。卒年七十六，赠太子太保，谥庄敏。鼎性直谅，见事明决，确然有守。死生祸福，举不足以动心。居家冠婚祠祀，遵用古礼。筑书院，延师以教里中子弟。岁饥，悉出所蓄以赈亲旧。尝语人及诸子曰："吾平生无可取者，但识廉耻二字耳。"所著有《助费稿》二十卷、《奏议》五卷。子时畅，成化戊戌进士，侍讲学士，太常寺少卿；时敷，天顺举人，尝亲丧庐墓，弘治初旌表。

四川。

山东：王彰，海丰人，治《春秋》，己未进士，任主事。

广西：宋颙，临林人。

云南。

皇明三元考卷之四

正统元年丙辰科大魁（中式一百名）

主试官：少詹事兼侍读学士王直，见癸丑。侍读学士陈循，乙未进士。

同考官太常寺少卿魏骥，陈循师也，官秩尊于陈。

会元：刘定之，江西永新人，字主静，治《易》，年二十八，乙卯举人，廷试一甲第三名。定之自六经子史，下至小说杂技释老之书，无所不窥。为文数百千言，援笔立就，雄浑高古，变化莫测。色温气和，性尤孝友，居官据理直言，略无沮忌。景泰初为侍讲，上言十事，皆切时务，上嘉纳之。累迁礼部侍郎兼翰林学士，直内阁。卒年六十三，谥文安。所著有《否泰录》、《宋元论断》、《呆斋十科策》。父髦，经魁。弟寅之，甲戌进士，参议；安之，举人。子稼、侄稔，并举人。

状元：周旋，浙江永嘉人，字中规，号畏庵，乙卯举人，会试九十五名。为人性直尚义，作诗文操笔立就，才思雄健。以春坊庶子同考会试，勤于事，致疾，寻卒，人多惜之。所著有《畏斋集》。或云首揆既取，三卷未定，问同事者曰："有识周旋否，状何如？"曰："白而伟。"盖误谓淳安周瑄也，遂首旋。既传胪，貌甚寝，为之愕然。

榜眼：陈文，乙卯江西解元。

探花：刘定之。

解元中式：邹冕（顺天）、赵象（浙江）、陈文、王鉴（并江西）、高冈（福建）、李春（河南）、李秉（山东）、张濬（四川）。

庶吉士（十三人）：王鉴（吉水）、刘越（安福）、余忭（奉化）、王尚文（广灵）、伊侃（吴县）、李震（宛平）、王忠（临海）、王伟（攸县）、徐珪（藁城）、徐瑛（山阴）、古镛（祁县）、顾睢（长洲）、雷复（宁远），少詹事王直、王英教习。

名臣：

刘定之，李秉，见前。

崔恭，直隶广宗人，字克让，仕至吏部尚书，谥庄敏。公宽平坦易，中无芥蒂。其在吏部，慎恤人才，廉靖自居，人知严惮。

入阁：陈文，天顺七年由礼部侍郎兼翰林院学士入，成化四年至文渊阁学，卒。刘定之，成化二年太常寺少卿兼侍讲学士入，七年至礼部侍郎、文渊阁学，卒。

二品：陈文，太子少保。李秉，吏部尚书、太子太保。崔恭，吏部尚书。陈翼，户部尚书。

正统三年戊午科解元

令开科不拘额数。

两京主试官：顺天，侍读学士曾鹤龄、侍读洪玙。应天，学士钱习礼、侍读陈询。

顺天：殷谦，涿州人，治《春秋》，己未进士，仕至太子少保、户部尚书。

初试之夕，场屋火，试卷有残缺者。有司惧，不敢请更试，欲请葺场屋以终后两试。鹤龄曰必更试，然后可以涤弊而不枉士子。有司具二说以进，命下，如鹤龄所言，人皆慑服。是科称得士云。

应天：徐瑄，嘉定人，治《易》，乙丑进士，官至佥都御史。

浙江：姚夔，桐庐人，字大章，治《春秋》，壬戌会元，二甲第六名，授吏科给事中。历官太子少保、吏部尚书。卒年六十，赠太保，谥文敏。夔豪俊慷慨，不拘小节，立朝三十馀年，忧国悯民，恒存念虑。每廷议大政大事，正色昌言，人皆悦服，论者谓其类唐杜黄裳云。弟龙，同榜会魁。子璧，甲申进士。

江西：刘观，吉水人，字崇观。治《易》。博学，有儒行。登己未进士，因疾告归。杜门谢俗，以读书养性为己事，四方来学者日众，县尹刘晟为筑书院于虎丘山。其退居曰卧庐，学者称为卧庐先生。

福建：林侨，长乐人，洪武癸酉解元林赐子也，字叔惠，无锡教谕。按《福州府志》云："父子榜首，闽中仅见。"

湖广：鲁文，湘阴人，字宗周，治《礼记》，壬戌进士，刑科给事中。

河南：王宇，祥符人，字仲宏，治《春秋》，己未进士，授南户部主事。历升抚州知府，以治行第一，擢山东右布政，进巡抚宣大副都御史，劾石亨怙宠骄肆，改大理寺卿。卒于官。

山东：尚达，东平州人，治《书》，己未进士，给事中。

山西：王福，清源人，治《诗》，乙丑进士，授御史，历官两浙盐运使。子琪，成化乙酉举人。

陕西：刘俊，凤翔人，任成都府教授。

四川：黄仕俊，富顺人，治《书》，壬戌进士，历官侍郎。

广东：张羢，东莞人。

广西。

云南。

正统四年己未科大魁（中式一百名）

主试官：行在礼部侍郎兼侍讲学士王直，见癸丑。行在学士蔺从善，河南磁州人，癸酉举人。

会元：杨鼎，乙卯陕西解元。

状元：施槃，直隶吴县人，字宗铭。少有奇质，随父商淮阳，主富人罗铎家。有张都宪者来顾，铎命其子与施偕见，都宪令属对曰："新月如弓，残月如弓，上弦弓，下弦弓。"施应声曰："朝霞似锦，晚霞似锦，东川锦。"① 铎固长者，即俾与子同学，给其资费。业成归，寻补县学生，戊午乡试第十名，会试前列，时年二十三。在翰林日读中秘书，其力学之勤，致行之笃，大为杨文定诸老所重。逾年卒，天下伤之，私谥庄僖。

榜眼：杨鼎。

探花：倪谦，应天府上元人，字克让，年二十五，戊午举人，仕至南礼部尚书，赠太子少保，谥文僖。子岳，天顺甲申进士，由庶吉士至太子少保、礼部尚书，赠少保，谥文毅；阜，成化丁未进士，布政。

上取张和第一，使小黄门密至其邸占之，以有目眚，置二甲第一名。

一郡三传胪：状元吴县施槃、二甲首昆山张和、三甲首吴县莫震，皆苏州府。

解元中式：殷谦（顺天）、刘观（江西）、王宇（河南）、尚达（山东）、杨鼎（陕西）、王彰（广东）。

兄弟同榜：张和、张穆，昆山人，同父。

名臣：

杨鼎。

章纶，乐清人，字大经。景泰初为仪制司郎中，适国家多故，纶知无不言，言无不尽。英庙北归，别居南宫，嫌隙滋萌，灾异荐至，纶陈修德弥灾十四事，忤旨，下锦衣狱。刑逼诬引大臣并南宫通谋，榜掠惨酷，体无完肤，无一语他。及欲坐重辟，会天下大风雨，黄沙四塞，刑乃少缓。英庙复辟，首录其忠，出之狱，撰礼部右侍郎。

林聪，宁德人，字季聪。授刑科给事中。忤权贵，逮狱，坐死。寻释，左迁国子学正，仕至太子太保、刑部尚书。赠少保，谥庄敏。聪恂恂和易，若不胜衣，遇事可否，毅不可挠，议易储，直声大振，历官所至，倾遨风采。

王竑，河州人，字公度。长身傲傥，有智力。为给事中，内竖王振诱睿皇北征，陷虏，群臣伏阙，请廊王藉振家，未许。振党锦衣卫指挥马顺麾众且退，竑直前，捽顺，批颊且啮，众争殴顺死。廊王从其请，竑是以显名而亦多忌者。掳大人，寇围京师，诏竑别将当虏。军严不嚣，虏望见辄。进佥都御史，总漕镇淮。淮大饥，竑辄开仓赈，而以状闻，乃自劾。上贤之，勿劾。睿皇复辟，以请藉振故削秩，流江夏。宪皇初，召拜

---

① 传记本漏刻"西川锦"三字。存目本作："朝霞似锦，晚霞似锦，东川锦，西川锦。"又，后文"铎固长者"四字，存目本改为"铎"一字，版式未变。

兵部尚书。竑刚勇，练于边政，而徇法多忤。乞归，二十年而卒。

二品：钱溥，华亭人，吏部尚书。杨鼎；殷谦，涿州人：并太子少保、户部尚书。邹干，余杭人，太子少保。倪谦，礼部尚书。王竑，兵部尚书。林聪，太子少保、刑部尚书。胡拱辰，淳安人，工部尚书。

正统六年辛酉科解元

复定取士额：顺天、应天各百名，浙江、福建各六十名，江西六十五名，河南、广东各五十名，湖广五十五名，山东、四川、陕西、山西各四十名，广西三十名，云南二十名。

两京主试官：顺天。应天，侍读学士陈循、侍讲陈用。

顺天：章以占，浙江新昌人，国子生，任长史。父衡民，洪武己卯举人，授教授，卒，以占甫九月。母俞氏、郑氏皆克守节，教子成名。

应天：钱博，华亭人，治《春秋》，乙丑进士，历官副使。

浙江：吕原，秀水人，字逢原，号敬庵，治《书》，年二十五，壬戌榜眼，历官通政司参议兼侍讲。天顺初入阁，时缉捕匿名谤毁朝政者，未获，石亨劝上出榜募能告捕者，赏以三品职，上令内阁撰格，原与修撰岳正见上曰："为政有体，盗贼责兵部，奸宄责法司，岂有天子自出榜购募之理？且尧建进善之旌，舜立诽谤之木，秦始皇获短杜谏，乃下诽谤妖言之令，由此过失不闻，遂至亡国。陛下当以尧舜为法，以秦为戒，缓则人情怠忽，事自觉露，急则人情危惧，愈求韬晦，不如勿究。"上是之。卒年四十五，赠礼部侍郎，谥文懿。父嗣芳，举人，教谕。兄本，举人，训导。子譓，成化辛卯举人，太常寺卿。譓孙科，嘉靖丁酉举人；程、穆，癸丑同榜进士，程，推官，穆，员外。

江西：李庸修，吉水人，治《诗》，乙丑进士，真定知府。

福建：方玭，莆田人，韶州府教授。

湖广：罗镒，安乡人，字景昂，治《春秋》，官教授，有《春秋》一口[1]并诗文集行于世。

河南：熊璘，罗山人，治《春秋》，壬戌进士，官至金事。

山东：张斐，掖县人，治《诗》，戊辰进士，选庶吉士，历官郎中。

山西：乔毅，乐平人，字志弘，治《书》，年三十一。戊辰进士，选庶吉士，仕至兵部侍郎，卒年六十三。子凤，天顺丁丑进士，兵部郎中。从子嵩，景泰丙子经魁。孙宗、宇，同登成化甲辰进士，宗，参政，宇，吏部尚书。

陕西：翟弁，泾阳人，任宁阳知县，端谨慈祥，民宜其政，时谓不负科名云。

四川。

广东：陈政，番禺人，甲戌进士。

---

① 原缺，存目本作"帙"。

广西：施允，横州人。

云南。

正统七年壬戌科大魁（中式一百五十名）

主试官：礼部侍郎兼侍讲学士王英，见戊戌。侍读学士苗衷，己丑进士。

同考官必以京朝官充之，制也。是科同考则有永新知县陈员韬、京卫武学教授纪振，俱进士，岐阳教谕彭举。

会元：姚夔，戊午浙江解元。

状元：刘俨，江西吉水人，字宣化，号时雨。年十六七时，为文章根据义理，考圣贤言行之实而力行之。二十四举永乐丁酉乡试，上春官，中乙榜，不就官，潜心林下二十六年，至是科始登第，累官太常寺少卿兼春坊大学士。为人天性孝友，居乡多义举，在朝守法持正，学有沉潜，文无险塞。卒赠礼部侍郎，谥文介。所著有《文介集》。

榜眼：吕原，辛酉浙江解元。

探花：黄谏，陕西兰阳人，字廷臣，号兰坡，年三十一。德性谦和，博学多艺，工隶篆行楷。历官翰林学士。石亨事败，谏以乡人，被劾，谪广州府判，从学者甚众，广人立祠祀之。所著有《书经集解》、《使南稿》、《从古正文》、《兰坡集》行于世。

解元中式：姚夔、吕原（并浙江）、鲁文（湖广）、熊璘（河南）、黄仕俊（四川）。

少年进士：韩雍，宛平人，年十九。

杂流中式：李森，长乐人，都察院吏。南昱，乐清人，刑部吏。郑温，丰城人，松陵驿丞。

兄弟同榜：姚夔、姚龙，桐庐人，从兄弟。

名臣：

刘俨。

吕原。

姚夔。

王概，庐陵人，字同节。由主事历藩臬两司，所至图圄空虚。天顺初被诬下狱，时襄王入朝，上问官吏贤否，首以概对，即日宥还。寻升副都御史，巡抚陕西，设法救荒，还定流通。累官刑部尚书，疏陈时政十事，上嘉纳焉。卒谥恭毅。

项忠，嘉兴人，字荩臣。累官广东副使。谍报高州贼数百携男妇流劫乡村，忠曰："流无携家理。"获俘讯之，皆良民，尽释之。历陕西巡抚、副都御史。浚泾阳郑白渠，溉田七万余顷。固原土达满四叛，我军失利，廷议推忠总帅。忠以计擒之，升右都御史。京师大水，诏忠巡视顺天诸郡，赈活饥民二十余万。历迁兵部尚书，卒谥襄毅。

韩雍，吴县人，字永熙，累官总制两广右都御史，谥襄毅。雍素望服人，所在成功。在两广平大藤峡，功烈尤著。

804

程信，休宁人，字彦实。授吏科给事中，历升佥都御史，巡抚辽东，破松藩夷寇。成化初，四川蛮作乱，进兵部尚书，提督军务，破诸寨，寻改南京参赞机务。卒赠太子太保，谥襄毅。信历仕四十年，刚方之操，始终不渝。性孝友，少时力耕养母，母丧庐墓，有芝产之瑞。所著有《晴川集》、《容轩稿》若干卷。

入阁：吕原，天顺元年由通政司参议兼侍讲入文渊阁，六年以忧去位。

二品：姚夔，吏部尚书。薛远，无为州人；翁世资，莆田人，太子少保：并户部尚书。张文质，昌黎人，太子少保，礼部尚书。王复，固安人，太子少保。王庚，江夏人；白圭，南宫人，太子少保，谥恭敏；项忠；陈汝信，潼关人；程信：并兵部尚书。王概；张瑄，江浦人：并刑部尚书。王诏，衡阳人，尚书。韩雍，右都御史。

正统九年甲子科解元

两京主试官：顺天。应天，侍讲学士高谷、侍读陈询。

顺天：司马恂，浙江山阴人，字恂如，国子生。除给事中，历官国子监祭酒。恂性醇笃，敦尚行义，出入动止，皆有常度，处宗党恭俭卑约，恂恂如也，不愧其名称云。卒赠礼部侍郎。子垚，天顺己卯举人，刑部郎中。孙公绅，中书舍人。

应天：刘昌，吴县人，字钦谟，号棕园。治《诗》。年十九，未娶。乙丑进士第二名，授南工部主事，仕至广东参政。卒年五十。昌为文赡丽，诗宗盛唐，一时称为名家，所著有《中州文表》、《河南志》、《姑苏志》、文集等书。

浙江：沈玮，平湖人，字公贵，治《书》，辛未进士，任监察御史，有风裁，所著有《程朱书类》、《读史备遗》。兄琮，壬戌进士，广州知府。从子荣，天顺癸未进士，贵州参政。从孙炼，弘治己未进士，江西参议。从曾孙圻，正德戊辰进士，陕西参政；垔，嘉靖丙戌进士，山阳知县；垣，乙未进士，惠州知府。

江西：陈律，吉永丰人，治《书》，乙丑进士，二甲第六名，任礼部郎中。

福建：黄誉，莆田人，字廷永，治《书》。少有志操，刚果自立，登戊辰进士，授御史，迁浙江佥事。所至摧奸去暴，虽中贵从人无所畏避，材高气烈，人敬惮之。累官湖广参政，卒年五十三。子穆，成化丁未进士，编修；秀，丁酉举人；秩，癸卯举人，知县。孙濂，弘治辛酉举人，知县；玉藻，嘉靖庚子举人，知县。从孙漳，正德癸酉举人，通判。曾孙大经，正德辛巳进士，户部主事；桂香，嘉靖壬午举人，通判；调元，隆庆丁卯举人。漳子应策，嘉靖辛丑进士。叔宦，永乐甲午举人。宦子谨，景泰庚午乡魁，甲戌进士，佥事。宦孙铎，成化乙未进士，刑部主事。

湖广：严诚，京山人，习《春秋》，辛未进士，兵科给事中。

河南：王廷，祥符人，字仕仪。授和曲知州，上疏止贡马，立学垦田，课种桑枣，夷俗丕变。改易州地控京师，饬理得体，人称保障。寻擢宗人府经历，进阶四品服，卒于官。子邦用，成化庚子举人，通判。孙梦旭，嘉靖壬午解元。曾孙质，乙酉举人，知县。

山东：陈璿，东平州人，治《易》，乙丑进士，任监察御史。

山西：郭纪，大同人，字彦理，治《易》，辛未进士，历官江西左布政。父良，永乐甲午举人，应天府知事。

陕西：赵谧，泾阳人，辛未进士，江西参议。廉介不阿，勇敢有为，所在著能名。

四川：周洪谟，长宁人，字尧弼，治《书》，年二十六，未娶。以减场发解，减场者，头场止五篇也。中乙丑榜眼，仕至太子少保、礼部尚书，致仕，卒谥文安。所著有《四书辨疑录》。洪谟少有奇质，历官翰林，专心问学，文词简直有理致，尤熟国家典故，议论建白，缘饰吏事，应对宾客，出入经史，丘文庄称为卓尔不群之才，可谓知人矣。

广东：丘濬，琼山人，字仲深，号琼台，治《礼记》，年二十五。甲戌进士，二甲第一名，选庶吉士，官至少保、户部尚书、武英殿大学士。卒年七十五，赠太傅，谥文庄。所著有《大学衍义补》、《琼台类稿》。濬好议论上下千古，尤熟国家典故，政事可否，反复与大臣言官争是非，不肯婀阿取合。及在位，务以宽大启圣心，忠厚变士习。何乔新谓岭南人物自唐张九龄、宋余靖、崔与之及濬四人，世以为名言云。

广西：陈鼎，宜山人，任知县。

云南。

正统十年乙丑科大魁（中式一百五十名）

主试官：翰林学士钱习礼，见庚戌。侍讲学士马愉，丁未进士。

同考教授一员，教谕一员。

会元：商辂，乙卯浙江解元。

上命副榜及下第者九百余人俱入太学。

状元：商辂。

《通纪》云：宋朝举三元者凡三人，而我朝惟商辂，况官至内阁，秩一品事业，为时名臣，岂非浙省山川气运之盛致然欤？盖国初文运惟江西独盛，故时有"翰林多吉水，朝内半江西"之谣，此后浙省益盛于天下，江西稍不及矣。

榜眼：周洪谟，甲子四川解元。

探花：刘俊，陕西宝鸡人，字世英，年二十八，累官南礼部侍郎。俊责而不骄，昼锦日犹事家人生业。一日，上司遣吏问其兴居，时俊方与梓人锯木。吏呼而问其所在，梓人语之，吏大惊。他不事贲饰，类如此。

解元中式：徐瑄、钱博、刘昌（并应天）、商辂（浙江）、陈律、李庸修（并江西），陈璿（山东）、王福（山西）、周洪谟（四川）。

少年未娶：刘昌，年二十。周洪谟，年二十六，未娶。

名臣：

商辂。

叶盛，昆山人，字与之，吏部左侍郎，谥文庄。盛温雅简重，崇道语，尚名节。居家惇孝友，莅官清慎勤。论事不激不随，其取人，先行检而后才艺。终不记人过，门无杂客。公退，手不释卷，声色财利澹然不以动心。惜乎大用未究而卒。

原杰，阳城人，字子英，历副都御史。抚治郧阳时，关陕、川蜀、荆襄饥民以数十万计流聚山谷，不能衣食，遂肆虔刘。杰招抚流民，各安侨业，请设郡县，增置都司卫所以弹压之，使烽燧之场进为化居之所，诚万世利也。进右都御史，迁南京兵部尚书，未至，卒。汉南诸郡县之民闻之，莫不流涕，皆为立祠焉。

入阁：商辂，正统十四年由修撰入，天顺元年以兵部侍郎兼学士为民，成化三年复入，十三年至谨身殿大学士致仕。

一品：商辂，少保。

二品：黄镐，侯官人，户部尚书，谥襄敏。周洪谟；李宾，顺义人，太子少保；原杰：并兵部尚书。杜铭，金堂人；刘孜，万安人；董方，忻州人：并刑部尚书。朱英，杜阳人，太子少保、左都御史。

正统十二年丁卯科解元

两京主试官：顺天，侍读习嘉言、侍讲邢宽。应天，侍讲王一宁、检讨钱溥。

顺天：莫灏，宛平人，治《诗》，辛未进士。

应天：周舆，华亭人，治《诗》，辛未进士，二甲第二名。

浙江：韩祺，萧山人，治《书》，丁丑进士，任御史。

江西：胡灌，南昌人，字敬叔，任后军都督府经历。操履端正，造诣精深，温晬之容溢于眉宇，盖文行兼全之士也。

福建：陈俊，莆田人，字时英，治《书》，戊辰进士，授户部主事。奏免军苴，人皆感悦。累迁户部侍郎。北虏寇关西，俊总督边储，时兵荒相仍，苴粟价翔倍蓰，俊设方略，转输不扰而办。仕至吏部尚书、太子少保，致仕，谥康懿。俊孝友廉慎，以清白自持，虽位冢宰，萧然若寒士云。父珪，宣德丙午举人，教谕，以子贵赠尚书。

湖广：王伦，咸宁人，任知县。

河南：郭安，襄城人，治《书》，戊辰进士，选庶吉士，擢主事。

山东：尹旻，历城人，字同仁，治《书》，戊辰进士，选庶吉士。仕至太子太傅、吏部尚书，赠太保，谥恭简。子龙，成化己丑进士，侍讲。

山西：郭文，高平人，任知县。弟质，甲子举人，光州知府。从子宗，景泰丙子举人，知县；定，天顺乙未进士。

陕西：邢简，咸宁人，字居敬，治《易》，甲戌进士，授刑部主事。用法明允，为尚书所重，有大疑狱，多委鞫焉。升真定知府，府畿内大郡，番汉官军勋贵，田里相望，号难治，简祛弊均徭，吏畏民怀。历升户部右侍郎。为人廉仁公勤，喜善隐恶，善诱后进，及门者多成材云。

四川：万安，眉州人，字循吉，治《诗》，戊辰进士第二名，廷试二甲第一名，选庶吉士，仕至少师兼太子太师、吏部尚书、华盖殿大学士。安外宽然长者，而内深刻刺骨。在内阁初无学术，惟以嘱托为事，认万贵妃为同宗，结宦官为内援，朝臣附己者百计援之，异己者百计去之，举朝侧目。宪宗崩，宫中得疏一匣，皆安所进房中术也。孝宗令以示安，安惭汗，不能出一语。已而科道交章劾之，孝宗复以疏示安，安涕泣求哀，犹无去意。令摘其牙牌，始遑，遽归第。及在道，犹望三台星，冀复用也，其无耻如此。年七十一卒，犹赠太师，谥文康。子翼，天顺丁丑进士，礼部侍郎。孙弘璧，成化丁未进士，编修。俱淫恣不检，卒无嗣。家资巨万，为媵妾、子弟、僮奴窃去，无遗者。

广东：郑安，海阳人，字康民，治《春秋》，甲戌进士，授御史。疏陈八事，多见采用。擢陕西副使，谕番贼驼龙之降，平固原土达之乱。满二考，以母老致仕。

是榜新会陈献章，为理学名臣。

广西：苏昌，陆川人。

云南：李蕃，河南人，治《易》，戊辰进士。

正统十三年戊辰科大魁（中式一百五十名）

主试官：工部侍郎兼学士高毂，乙未进士。侍讲杜宁，丁未进士。

同考官教谕二员，训导二员。

会元：岳正，顺天府漷县人，字季方，号蒙泉，治《书》，年三十一，廷试一甲第三名。天顺元年以修撰入内阁，典机务。数为上言曹石势太盛，恐有变，宜早为节制。曹石憾之，遂有飞语指为谤讪内批，降钦州同知，寻谪戍肃州。后曹石败，上思正言，召复原职，寻出知兴化府，引疾归。久之，卒，年五十五。赠太常卿，谥文肃，为名臣。正文章气节，名满海内，抱负经济，慨然欲树功业，再起再废，不竟其用。所著有《类博稿》。

状元：彭时，江西安福人，字纯道，号可斋，治《春秋》，儒士，辛酉举人，会试第三名，年三十三，仕至少保兼太子太保、吏部尚书、文渊阁大学士，卒年七十，赠太师，谥文宪。时端谨严密，外和内刚，立朝三十年，公退未语子姓以政事，每有大政事、大议论，持正居多，虽不立赫赫之名，亦隐然一伐[1]人望云。所著有《可斋杂记》。从弟华，景泰甲戌会元。子师丙，荫中书舍人。孙瑞朝，荫后府经历。玄孙笃福，万历丁未进士。

榜眼：陈鉴，盖州卫官籍，直隶长洲人，字缉熙。少业儒。父润，戍死盖州，遂废学，流落京师，充厨役。因识太常道士王一居，为之写道经，王录为弟子，鉴每乘暇理旧业。会有除浙某令者，借道士银，道士使往索之。令初抵任，未能如约，乃留以待。

---

① 伐，存目本改为"代"，是。

时令延一孝廉教其子，鉴朝夕至馆中听说书，又随其子作书义，子弗如也。孝廉以视令，谓鉴有才若是，岂混迹羽流者，令即命与子同学。半载而归，日诵习攻文。迨甲子秋，潜出，考儒士，遂以《书》经中顺天乡试第三名，会试十八名。时年三十四，未娶。历官祭酒。

探花：岳正。

解元中式：陈俊、黄誉（并福建）、郭安（河南）、尹旻、张斐（并山东）、乔毅（山西）、万安（四川）、李蕃（云南）。

杂流中式：舒廷谟，奉化人，礼部办事官。汪甫，潜山人，燕山卫小旗。李泰，香河人，太监李永昌养子，拔入翰林，官至詹事。

年长未娶：陈鉴，三十四。黄绂，平越卫人，年二十六。谢琚，怀安人，年二十五。刘吉，博野人。邢让，襄陵人，俱年二十二。

庶吉士（二十九人）：万安（眉州）、曹鼎（宁晋）、熊瓚（陕州）、刘吉（博野）、孙茂（安岳）、刘珝（寿光）、王勤（武邑）、谢环（海州）、白行顺（清涧）、李泰（香河）、宋弼（蔚州）、邢让（襄陵）、刘清（滁州）、乔毅（乐平）、李镛（沁水）、王恕（三原）、孙昱（济宁）、孟祥（辽州）、曹辅（铜梁）、韩敏（山阳）、尹旻（历城）、张斐（掖县）、李赞（山阳）、李宽（盱眙）、华显（宛平）、霍荣（盩厔）、郭安（襄城）、李坚（唐县）、成章（景州）。命内阁选北方及蜀士中式者为之，侍读习嘉言、侍讲王一宁、编修赵恢教习，后补命侍讲刘铉、修撰王振。

名臣：

彭时。

岳正。

夏寅，华亭人，字正夫。历官江西提学副使，每试诸生，日暮纳卷毕，则阅卷亦毕，藻鉴人才，多在牝牡骊黄之外。升浙江参政，处州民有苦虐政走聚山谷者，招之不听，曰："须夏参政来，乃可。"公檄至，即散还。寻擢山东右布政。寅平生直道无党援，自筮仕至宦成，未尝以淹屈降志。尝曰："君子有三惜：此生不学，一可惜也；此日闲过，二可惜也；此身一败，三可惜也。"君子以为名言。

刘珝，寿光人，太子太保、户部尚书兼谨身殿大学士，谥文和。珝资性刚直，文学纯正。其在讲筵甚久，当时讲官称为第一。受知宪庙，简入内阁，持廉秉忠，无所阿私。尝决天下大计，一言而定。批邪疾恶，恒过于严，以是小人多怨忌。凡所建明，入告于上，出不语人，鲜有知者。上雅重之，呼为东刘先生。珝至孝，母殁，庐于墓三载。事其父，诚敬尤笃，父殁，亦庐于墓。因致疾，遂不起。乡人号其所居曰仁孝里，建祠祀之。

陈俊，见前。

王恕，三原人，字宗贯，官至太子太保、吏部尚书，致仕，卒年九十三，赠太师，谥端毅。恕以忠诚受知宪庙，所论奏皆讥侵贵近，无复讳避，悉见优纳。及秉铨衡，抑躁奖恬，黜幽陟明，拔荐群贤，布列三事。弘治初，明良一德，朝野清晏，唐之贞观，宋之庆历，不足多也。求之于古，其希文、君实之伦欤？

黄绂，平越卫籍，封丘人，字用章，左都御史。绂廉峻刚直，遇事飚发，正色山立，即重忤时贵，弗恤也。初在湖广，以计锢妖僧继晓送京师，斩于西市；在延绥，劾参将郭镛。劲节凛然，至今人犹慕之。

入阁：彭时，景泰四年由侍读入，寻丁忧，天顺元年复以太常寺少卿兼侍讲进文渊阁，成化十一年至少保、吏部尚书，卒。岳正，天顺元年由修撰入，寻谪，凡五月。万安，成化五年由礼部侍郎兼翰林学士入，二十三年以少师、吏部尚书、华盖殿大学士罢归。刘珝，成化十一年由吏部侍郎兼翰林学士入文渊阁，二十一年至谨身殿学，致仕。刘吉，成化十年由礼部侍郎兼翰林学士入，弘治四年至少师、吏部尚书、华盖殿学，罢。

一品：万安，刘吉，并少师。彭时，少保。尹旻，太子太师、吏部尚书，谥恭简。刘珝，王恕，并太子太保。

二品：陈俊，太子少保、吏部尚书。潘荣，龙溪人，户部尚书。李本，富顺人，礼部尚书。张鼒，华亭人，太子少保、兵部尚书。黄绂，左都御史。

皇明三元考卷之五

景泰元年庚午科解元

令开科不拘额数。

两京主试官：顺天，侍讲学士刘铉、侍讲陈文。应天，侍讲吴节、刘定之。

顺天：刘宣，卢龙卫军，江西安福人，字绍和，治《春秋》。辛未进士，选庶吉士，累官南京工部尚书。宣厚重优容，喜怒不形，然性刚直，不苟同于时。在翰林，同官多忌之。居太常十一年，无躁进色。为祭酒，因其才而成就之。琉球诸国遣子就学，诱导谆至，曰不如是，是遏其良心也。琉球子弟以金赆，却之至再，其子弟以闻上，命受之。卒赠太子少保，谥文懿。子秉监，正德戊辰进士。时同考官以宣为军士，欲更之，主考刘争曰："朝廷立贤，无方不可。"乃止。

是榜刘宣；及第三名王越，封威宁伯；侯瓒，南兵部尚书；贾俊，工部尚书：称得人云。

应天：章表，常熟人，治《书》，辛未进士，选庶吉士，为人志锐气刚，崖岸壁立，累官广西参议。父珪，监察御史。兄仪，辛酉举人，助教。弟格，同榜进士，大理寺卿；律，甲辰进士，副都御史。从兄度，丁卯举人，知县。从子洗，弘治壬子举人，知县。从孙荣，嘉靖辛卯举人，府同知；宗实，庚子举人，知县。

是榜中二百名，内军生七人。

浙江：杨守陈，鄞县人，字维新，治《易》。辛未进士，选庶吉士，历官吏部侍郎。守陈学博词藻，孝友方正，与人交，笃于信谊，居常恂恂，身若不胜衣，言若不出口，至说理论事辩是非，毅然不可屈。守官三十年，泊然自处，未尝求进。尝被命教内竖，多为近侍，与守陈同事者率因之取宠贵，而守陈独无所资籍。卒年六十五，赠礼部尚书，谥文懿。弟守阯，成化戊戌榜眼。从弟守随，丙辰进士，工部尚书，谥康简；守隅，甲辰进士，布政。子茂元，经魁，嘉靖乙未会魁，刑部侍郎；茂仁，丁未进士，廉使。从子茂亨，举人。从孙美益，丁未进士，大理寺丞。从曾孙承闵，丙辰进士，知府。玄孙德政，万历丁未进士，提学副使。

江西：张业，安福人，字振烈，号松石。辛未进士，选庶吉士，历官国子监司业，坐诖误落职，士论惜之。业平生诚笃，力学不倦，为文温雅。所著有《书经节传》、《礼记节疏》、《松石集》。

福建：翁宾，连江人，字文兴，任束鹿训导。

湖广：董庭圭，华容人，字国器，治《书》。辛未进士，拜监察御史，差守白羊口。屡疏军中利病而兴革之，劾去守帅之暴横者，风采凛凛。都御史李秉、林聪极加礼遇。诸道有章奏及讼狱事，皆出廷圭手。朝廷命大臣会举诸司老练刑官，偕御史清理刑狱，圭与焉，讼牒山积，决断无滞。寻升山东副使。为御史时，足迹不履权贵门。家贫，无子土片瓦，既殁，殡敛皆乡邻赙助。所著有《中州吊古录》。

河南：罗纲，罗山人，字宪维，任长史。弟绮，天顺己卯举人，苑马寺卿。

山东。

山西：屈铨，潞城人，字秉衡，治《诗》。甲戌进士，授户部主事。鲠直不阿，为士林所重。父裡，岁贡，教谕。

陕西。

四川：费广，合州人，字孟博，治《易》。甲戌进士，任监察御史。天顺初，劾石亨欺罔擅权，谪知永宁，改贵池，卒于官。广为□①秀伟严重，工诗能文，所著有《约斋集》。

广东：罗琛，番禺人。

广西：韦嵩，宜山人，字宗岳，治《书》，丁丑进士，授刑部主事，历升楚雄知府。

云南。

景泰二年辛未科大魁（中式二百名）

主试官：户部侍郎兼学士江渊，庚戌进士。修撰林文，庚戌进士。

同考官侍读刘俨，秩尊于林文。又有广东参政罗崇本，教授。学正、训导各一员。

会元：吴汇，江西新喻人，字会川。性颖异，家贫力学，常取松明代膏火。辛酉举

---

① 原缺，存目本作"人"。

人，乡试选庶吉士，官至国子监司业。以疾归，卒。

状元：柯潜，福建莆田人，字孟时，号竹岩。生有奇质，数岁能诗，十五能为举子业。甲子领乡荐，不忍离亲，不赴会试，至是及第，年二十九。成化间，以少詹事居母忧。值祭酒员缺，上以潜刚方，特起用以压士论。潜疏乞终制，许之。寻卒，年四十六。潜质貌英伟，容止雅饬，文章整洁，诗尤清婉。郡有中贵人，宠冠一时，常属意于潜，冀得一见，潜终不往。上大天①方期其柄用，及卒，咸悼惜之。所著有《竹岩集》。从弟燧，成化丙戌进士，佥事；德赞，举人，推官。从侄拱北，弘治癸丑进士。侄孙英，己未进士，知府。英子维熊，正德丁丑进士，工部郎中；维黑，举人，知县；维骐，嘉靖癸丑进士，户部主事。维黑子本，庚戌进士，佥事。维骐孙茂竹，万历癸未进士。茂竹子炅，甲辰进士，知府。

榜眼：刘昇，江西永新人，字幼显，年三十二。好学，工古文辞。丁卯领乡荐，宁藩器之，欲为己用，遣官谕意，昇不可。会试第二名，仕至修撰。在翰林，刚果无阿，惟刻意问学而已。

探花：王㒜，直隶武进人，字廷贵，年二十八。甲子举人。授编修，擢左春坊左庶子。成化初，以念母，求改南京翰林院学士。丁内艰，服除，会南祭酒叠以贿败用，特荐起家。㒜力修举教法，课学业，裁躁妄，士风一新。累迁南吏部尚书，致仕。㒜为人言行不苟，有才而不炫，尤以孝友称。悯兄子澄之孤，移其荫荫之。尝购得杨氏别业，杨之先茔在焉，欲徙之，㒜曰："彼以全产售人，而不能保此一抔土，吾不忍也。"阙其垣，使岁时祭扫焉。卒赠太子太保，谥文肃。祖友谅，荐知延平府。父中，兵部主事。子沂，成化乙未进士，右副都御史。六世孙之柱，万历己未进士。

解元中式：刘宣、莫灏（并顺天）、周舆、章表（并应天）、沈聿、杨守陈（并浙江）、张业（江西）、董庭圭、严诚（并湖广）、郭纪（山西）、赵谧（陕西）。

兄弟同榜：章表、章格，常熟人，同父。

庶吉士（二十人）：吴汇（新喻）、周舆（华亭）、戚澜（余姚）、张永（南充）、吕晟（永丰）、王献（仁和）、刘宣（安福）、俞钦（新昌）、相杰（大舆）、杨守陈（鄞县）、章缘（钱塘）、张业（安福）、金文（丽水）、钟清（瑞安）、田斌（江宁）、章表（常熟）、杨昇（仁和）、彭信（仁和）、刘泰（海盐）、江朝宗（巴县），俱于东阁读书。

名臣：

柯潜。

王㒜。

林鹗，黄岩人，字一鹗。授御史，持大体，略细故，有言必当其实。升镇江知府，举偏救敝，凡前政之为废弛者，次第兴举之。调苏州，鹗一切镇之以静。历江西按察使，寮寀往往用己意出入于法，鹗一正之以律，多所平反。累迁刑部侍郎。卒于家，无

---

① "上大天"疑为"士大夫"之讹。

储积产，唯旧业。古所谓居官廉，虽大臣无厚蓄者，鹗真其人也。嘉靖中，赠刑部尚书，谥恭肃。

余子俊，青神人，字士英。凝重简默，外和内严。历都御史。巡抚陕西，补弊举废，不避艰险，立榆柳镇，修边墙千余里，且屯且守，胡马不敢近。以功进兵部尚书，总督三边。复镇大同，治内攘外，不异在陕。加太子太保，卒谥肃敏。

高明，贵溪人，字上达。拜监察御史。巡都城，所议狱条，多著为令。巡河南，宣滞理枉，罢去不职吏六十余人。巡畿郡，劾尚书陈汝言怙势乱法，直声益振。会天下述职劾疏，以御史赵明为首，而疏草实明笔，词涉激切。上诘主笔者，明引以自归，不以累赵。都御史寇深器重之，从容言于上，得不罪。上尝谓寇深曰："高明可为都御史。"后升南京右佥都御史。平扬州盐寇，灭上杭剧盗，皆树奇勋。寻致仕。

秦纮，单县人，字世缨。任监察御史，劾中官采办，谪驿丞。升雄县令，以禁革中官捕猎被诬，邑民数千人诉登闻，得宥，调府谷县。累迁佥都御史，提督宣府，凡与虏数十战，以全制胜。擢户部侍郎，以忤时贵，降广西参政。寻升户部尚书。纮正直刚方，节概凛凛，为为时名臣①。卒谥襄毅，祀乡贤祠。

钟同，永丰人，字世京。授御史，遇事抗言无忌。会天变，诏求直言。同上疏，大略以朝见两宫、复还储位为重。上怒，下锦衣卫狱，拷掠惨酷，体无完肤。必欲招通南内，不服，用炮烙刑，又不服。是日大风降黄沙，日色照地皆黄。遂已，寻命锦衣卫即狱中杖杀之。英宗复位，赠大理寺丞，谥恭愍。

马文昇，钧州人，字负图，仕至少师兼太子太师、吏部尚书。文昇性介特，寡言笑，举止严重，修髯伟貌，望之知为异人。立朝凡五十余年，慎名节，励廉隅，虽位极人臣，名闻夷夏，退然不敢自居。至于值事变，临利害，屹然如山，不可摇夺。年八十七卒，赠太师，谥端肃。

王越，濬县人，字世昌。廷试时卷为风飞去，堕于朝鲜，次年送还。上喜，擢御史，官至少保、兵部尚书。以征麓川功，封威宁伯，世袭，卒谥襄敏。越姿表奇迈，慷慨自许，论议英发，见事风生。久膺师寄，身经十余战，出奇取捷，虑成发中。颠倒才智，柔驯辨强，皆乐为之用，效之者皆自以为不及。不愧古之名将也。

杨守陈，已见。

一品：王越，威宁伯。马文昇，少师。余子俊，太子太保。

二品：王伦，吏部尚书。秦纮，太子少保。李衍，隆庆人；刘昭，邠州人，太子少保：并户部尚书。童轩，鄱阳人；张鹏，涞水人，太子少保：并礼部尚书。郑时，舒城人，刑部尚书。程宗，常熟人；刘敷，永新人：并工部尚书。宋旻，淳安人，右都御史。

---

① 传记本衍一"为"字，存目本挖去一个，是。

景泰四年癸酉科解元

两京主试官：顺天，太常寺少卿陈询、侍讲学士吕原。应天春芳大学士彭时、庶子赵恢。

顺天：罗崇岳，香河县籍，江西庐陵人，治《诗》，系冒籍，诏充原籍学生，至丙子复领江西乡试三十九名，丁丑进士，二甲第四名，仕至兵部郎中。

是榜中二百五十名，内儒士十人，翰林院译字官一人，吏部听选官一人，户部书算一人，工部承差一人，刑部都吏一人，卫令史一人，卫吏一人，太医院医士四人，武生一人，军余九人，卫舍人三人，军一人。

应天：叶琦，祁门人，治《春秋》，甲申进士。

是榜华亭张骏，官至尚书。

浙江：胡谧，会稽人，字廷慎，治《易》，丁丑进士。知江宁县，廉明有威，断事至剖决如流，以经术自任。政事之暇，诸生执经问业者日数十人。历官参政。子德，成化丁未进士，主事。曾孙崇曾，嘉靖庚戌进士，府同知。

江西：彭序，庐陵人，治《诗》，甲申进士，户部给事中。

福建：许评，莆田人，任潮州训导。侄仁，成化辛卯举人，教谕。

是榜中二百二十七人，莆田中四十人，林杼、林炯系父子，林偃、林佽系兄弟，高霖、高橙系叔侄。

湖广：刘余庆，江夏人，历任副使。

河南：于琇，通许人，治《书》，甲戌进士，任知府。

山东：史兰，历城人，治《书》，甲戌进士，任知府。

山西：谢廷桂，蒲州人，字时芳，任常州府同知。叔琚，永乐癸卯举人，推官。

是科试录内，考官徐霖批《中庸》义云："文与人同，理与人异。"都御史李秉云："果若所言，则为蹈袭雷同之文，而有戾指背理之失。然此篇文不背理，乃霖之不明也。"诏治霖罪，夺彩帛表里入官。

陕西：蔡祯，环县人，仕至盐课司提举。

四川：王秉彝，巴县人，治《书》，丁丑进士。

广东：唐濂伯，琼山人。

广西：吴渊，宜山人，任灵山训导。

云南：董云，金齿卫籍，直隶建德人。

景泰五年甲戌科大魁（中式三百二十名）

主试官：兵部侍郎兼春坊商辂，乙丑进士。洗马兼修撰李绍，癸丑进士。

先是，礼部奏准：会试同考官翰林及春坊专之，其京官由科第有学行者兼取以充，勿再用教官，著为令。许之。

会元：彭华，江西安福人，戊辰状元彭时从弟也，字彦实，治《春秋》，庚午举人。廷试二甲二十一名，选庶吉士。仕至太子少保、礼部尚书、内阁大学士，致仕。卒年六十五，赠太子少傅，谥文思。父贾，正统丙辰进士，佥事。兄彦充，经魁，天顺丁丑进士，礼部郎中。弟礼，成化壬辰进士，工部侍郎。从弟善，成化丙戌进士，大理寺正。彦充孙夔，弘治丙辰进士。

状元：孙贤，河南杞县人，字舜卿，庚午举人。累官太常寺卿兼翰林学士，致仕。卒赠礼部左侍郎，谥襄敏。所著有《恩荣鸣盛集》。

榜眼：徐溥，直隶宜兴人，字时用，号时斋，治《书》，年二十六。庚午乡试第六名，仕至少师兼太子太师、吏部尚书、华盖殿大学士。在位以宽大称，承刘吉恣威福之后，一以安静诚信培养国家元气实多。卒年七十三，赠太师，谥文靖。祖鉴，永乐乙酉举人，琼州知府，有惠于民，郡人祠之。

探花：徐辖，直隶武进人，字文轼，年三十二。庚午举人。性聪敏，学问该博，凡有制作，援笔立就。与修《实录》，钦赐《五伦》等书。性喜饮，终日无醉容。不屑蓄财作家，位居清要，屡空晏如，无心姬妾之奉，惟日与翰墨为生而已。伯遒，太医院使。父遂，医学正科。叔选，知县。

解元中式：于琇（河南）、史兰（山东）、屈铨（山西）、邢简（陕西）、费广（四川）、丘濬、郑安、陈政（并广东）。

杂流中式：吴祯，潜山人，锦衣卫译字官。

交阯人中式：黎庸，清威人。阮勤，多翼人。

按宣德二年交阯叛，十年革交阯布政司，未有登进士者，至是科乃有之，盖交阯人愿留中国者耳。

庶吉士（十八人）：丘濬（琼山）、耿裕（卢氏）、彭华（安福）、刘钎（安福）、陈龙（泰和）、牛纶（涿州）、孟勋（沧州）、何琼（仁和）、吴祯（潜山）、严全（莆田）、尹直（泰和）、陈政（番禺）、宁珍（丹徒）、冯定（吴县）、金绅（上元）、黄甄（寿光）、王宽（长寿）、夏时（余姚），春坊大学士刘俨教习。

名臣：

徐溥。

丘濬。

张宁，德清人，字靖之。授科给事中，蹇谔自持，六科章奏多出其手，每有大议，朝廷问张给事中何云。英庙尝独召宁议事，每对群臣称宁真给事中。成化改元，以言事忤礼官及内珰及内阁李贤。尚书王竑荐宁与岳正宜大用，忽各与一郡，宁得汀州。在郡先教后刑，境内利病悉罢。行之末几，乞归，公卿交荐，不起。林墅养高，闲家有则，侍妾子女皆抱奇节。出为天下之士，处则称乡先生者也。

耿裕，卢氏人，字好问。选庶吉士，擢给事中，改检讨，历太子太保、吏部尚书。世守清白，为儒流冠冕，坦夷无我，公忠兼尽，辨论官材，各尽器使之宜。卒赠文恪。

何乔新，广昌人，字廷秀。性严介，不营私，不阿权贵，不以爱憎为赏罚，文学气节为一时所望。历官刑部尚书。谥文肃。

邓廷瓒，巴陵人，字宗器。授淳安知县，有惠政，不求赫赫名。迁大仆寺丞。时贵州新设程番，擢为知府。凡城郭街衢，庙宇廨舍，以次兴举。榜谕诸夷，使受约束，政令公平，莫不感化。累迁副都御史，巡抚贵州，剿平黑苗之叛。进右都，总督两广。寻进左都，致仕。卒赠太子少保，谥襄毅。廷瓒处事求济，待人不疑，较量廓如，莫窥其际，至所设施，动中机宜，其中明炳人亦莫能及也。

伍骥，安福人，字弘道。授御史，端方纯粹，公正廉明。出按闽，初入境，闻盗贼充斥，单骑从数十人，直抵贼巢，论以祸福，贼咸感泣归顺。惟贼首李宗政负险复发，骥与都指挥丁泉提兵深入。泉力战而死，骥败贼，擒宗政，冲冒瘴疠，亦卒。敕祠祀之。

毛吉，余姚人，字宗吉。为刑部主事，执法不避权贵。时锦衣卫指挥门达，怙势作威，为吉所忤，衔之。吉偶以失朝下锦衣卫狱，达选健卒梏之，几死。既得释，操法愈励。后升广东佥事，迁副使，与贼战死。事闻，赠按察使，谥忠襄。初，吉死而贫，无以为归计，有余文者，以犒军余银密授其仆，使持归。是夜，仆之妇忽据中堂，举止如吉状，顾左右请夏宪长来。夏至，乃起，揖而言曰："某受国恩，不幸死于贼，固无余恨，但余文所遗官银已付某家，虽官府无所稽考，然汗我于地下矣，愿亟以还官。"言毕而仆。

入阁：彭华，成化二十一年由吏部侍郎兼翰林学士入东阁，明年至礼部尚书，致仕。尹直，吉水人，成化二十二年由吏部侍郎兼翰林学士入，寻进兵部尚书，加太子少保，明年劾罢，谥文和。徐溥，成化二十三年由礼部尚书入文渊阁，弘治十一年致仕。丘濬，弘治四年由礼部尚书入文渊阁，八年以少保、户部尚书、武英殿学致仕。

一品：徐溥，少师；丘濬：并少保。耿裕，太子太保。

二品：李裕，丰城人，吏部尚书。李敏，襄城人，谥恭靖；叶淇，山阳人，太子少保：并户部尚书。刘岌，涪州人；彭华，太子少保；谢绶，乐安人：并礼部尚书。尹直，太子少保；侯瓒，雄县人：并兵部尚书。何乔新，刑部尚书。邓廷谮①，左都御史。

景泰七年丙子科解元

复定取士额，南北直隶各增三十五名，浙江、江西、湖广、河南、山东各增三十名，广东、四川、陕西、山西、广西各增二十五名，云南增十名。

两京主试官：顺天，太常寺少卿刘俨、中允黄谏。应天，洗马柯潜、赞善刘俊。柯泊舟淮安，有应试生暮夜投潜，遗以重赂，潜怒，命执付有司治之。

顺天：徐泰，直隶江阴人，国子生，任荆门知州。

---

① 前文作"邓廷瓒"，《明史》同。存目本未更正。

内阁陈循、王文以考官刘俨等抑其子诉于上，谓俨私解元徐泰及取士颠倒。实无私也，诏覆试，如初定。然难陈、王二相，特许其子会试，时谓之钦赐举人。

应天：吴启，江阴人，授霍州学正，升浚县知县。

是榜鄱阳刘城，仕至副都，有名。

浙江：陈纲，钱塘人，治《易》，丁丑进士。

江西：易居仁，泰和人，治《书》，丁丑进士，官云南佥事。

福建：杨瑛，建安人，字希玉，治《诗》，本浙之江山人，父隗任建安县丞，遂家焉。瑛性明敏，文章英发，一时业举子者，鲜或先之。登庚辰进士，选庶吉士。曹钦之变，入朝遇害，赠编修。子义，成化乙酉举人，兴国知州。孙文命，丙午举人，训导。

湖广：贺勋，湘乡人，历官云南参政。以直著称，与俗寡合。引疾归，屏居一室，环堵萧然。

河南：海辅，上蔡人，任衡州府同知。

山东。

山西：刘道，怀仁人，治《诗》，癸未进士，选庶吉士，擢吏部主事。祖清，永乐丁酉举人，鸿胪寺丞。父晟，正统丙辰进士，知县。弟逊，成化乙酉举人。

陕西：雷霖，华阴人，丁丑进士，提学副使。美丰姿，善书，有文名。

四川：黎复登，长寿人，戊戌进士，二甲第九名，历官员外。

广东：梁昉，南海人，治《易》，丁丑进士。

广西：王璲，临桂人。

云南：张正，大理卫籍，浙江海盐人，治《书》，丙戌进士，三甲第二名。

皇明三元考卷之六

天顺元年丁丑科大魁（中式三百名）

主试官：内阁学士薛瑄，辛丑进士。通政司参议兼侍讲吕原，壬戌进士。

同考官：尚宝司少卿钱博、司丞李泰、翰林院典籍徐佖，盖官制初变也。

会元：夏积，江西吉水人，字孚英，治《易》，年三十三，癸酉乡试第三名，官至刑部郎中。

状元：黎淳，湖广华容人，字大朴，号朴庵，年三十四，丙子举人。为人耿介寡合，重伦尚节，居官居乡，俭朴是敦，犹慎形迹。在吏部，有请托者，笑应之，竟不行。人有玷行，虽所甚爱，必加摧抑。诗文典赡雄伟，成一家言。官至南礼部尚书，谥文僖，所著有《龙峰集》。子民表，成化甲辰进士，布政；民牧，弘治庚戌进士，知府。从子民献，癸卯举人；民望，乙卯举人，知县。孙循纪，辛酉举人，知县。民望子循典，正德己卯举人，御史。

榜眼：徐琼，江西金溪人，字时庸，号东谷，年三十三，庚子举人。仕至太子太保、礼部尚书致仕，年八十一。琼雅度优容，恂恂然有西汉长者风，文辞浩渺，一时名胜，为之左次。罗圭峰谓琼之量宏矣，而无量名；文优矣，而无文名；书善矣，而无书名。有三不近名之赞云。

探花：陈秉中，浙江乌程人，字宗尧，年三十六，庚午举人，历任侍讲。祖援，大理寺丞。父寔得，主簿。

廷试读卷官当以内阁及九卿、詹事、翰林学士为之，惟是年徐有贞以武功伯掌内阁，王骥以靖远伯掌兵部，杨善以兴济伯掌鸿胪寺，读卷居诸公首，亦时制之变也。

解元中式：罗崇岳（顺天）、韩琪、胡谧、陈纲（并浙江）、易居仁（江西）、雷霖（陕西）、王秉彝（四川）、梁昉（广东）、韦嵩（广西）。

名臣：

黎淳。

彭韶，莆田人，字凤仪，刑部尚书，谥惠安。韶孝友温恭，廉明直谅，寡欲清心，始终无玷①，仪状歉然，不啻寒士。至法理所在，义色昌词，人不可夺。林见素疏言韶谥不副行，乞如叶盛、吴讷、魏骥等谥，事虽不行，士林称之。

杨继宗，阳城人，字承芳，左金都御史。为人刚方清介，好善恶恶，出于天性，与人不苟合，人亦惮其严。居官三十余年，民怀父母，吏畏神明，忠孝谅直，光明俊伟，虽庸人孺子，皆知其名。其知嘉兴府，止带家仆小苍头二人，在任九年，食无兼味。按察浙江，任满归，箧中惟《大明律》一卷，衣数袭而已。

毛弘，鄞县人，字士广，历官都给事中。言论风旨，慷慨激烈，疏奏无虚日，上厌苦之，有"今日毛弘，明日毛弘"之语。成化初，编修章懋、黄仲昭、检讨庄泉②谏作鳌山诗忤旨，并廷杖谪外，而先是修撰罗伦亦以诗论李贤起复被贬，弘乃抗言乞复懋等官，得旨，四人俱复原职。会慈懿皇太后崩，廷臣议葬祔事不合，弘上言："慈懿作先帝配，为皇上母，内外无失德，葬宜祔裕陵，主宜祔太庙。皇上生事两宫如一，今慈懿崩，乃欲别葬，是有二也。皇太后不从，当几谏以合于道，无使得罪于天下。"用是皇太后亦开悟，竟得合葬如礼。声动宫闱，皆呼为毛秀才。太后欲识其面，垂帘召见之。凡在谏垣余十年，权奸落胆，议者以方古之遗直云。

一品：白昂，武进人，太子太傅、刑部尚书，谥康敏。徐琼，礼部尚书；徐贯，淳安人，工部尚书：并太子太保。

二品：秦民悦，舒城人，户部尚书。刘璋，南平人，太子少保；黎淳：并礼部尚书。陈越，献县人；彭韶：并兵部尚书。唐询，华亭人，右都御史。

---

① 玷，存目本作"玷"，是。
② "泉"为"昶"之讹。

天顺三年己卯科解元

两京主试官：顺天，翰林学士刘定之、倪谦。应天，侍读学士钱溥、侍讲万安。

顺天：魏法，浙江慈溪人。

主考官倪谦有门生不中者，掇拾谦阴事付行事枝①尉发之，谦谪戍开平。

应天：张文，泰州人，治《诗》，丙戌进士，历官副使。父颀，举人，助教。

浙江：沈继先，仁和人，治《书》，戊戌进士。

江西：彭教，吉水人，字敷五，号东泷，治《易》，年二十七。甲申会试第二名，状元及第，仕至侍讲学士。教言动不苟，抱负远大，每以方驾古人自期。其文章奇气逸发，典则森严，所著有《泷江集》。父钧，教谕。从子杰、桓，并庚戌进士，杰布政，桓参政。

是榜出三大魁：状元彭教，探花罗璟、董越。

福建：杨琅，莆田人，字朝重，治《诗》，甲申进士，授御史。会宪皇初郊还宫，外人颇传有贡献者希进，琅上疏言宜用贤修德，以永天休，疏留中不出。继言尚书王竑有大节，不宜使在散地，修撰罗纶、给事中王徽等乞召还，以开言路。又尝与同官陈选劾罢大臣不才者数人，时称琅为敢言御史。出按江西浙江二藩，静重不苟。升山东提学佥事，卒于官，士林惜之。从弟铎，成化丙午举人。侄清，成化辛卯举人。

湖广：刘大夏，华容人，字时雍，治《诗》。甲申进士，选庶吉士，累迁广东右布政。征广西田州叛苗，谕以恩信祸福，叛者大悟，兵竟不用。同按察使陶鲁平后山寇，不妄杀一人。寻升浙江左布政，勤于抚字，缓于催科。历兵部尚书，受知孝庙，每与从容论事，裨益实多。逆瑾用事时，为大学士刘宇所构，谪戍肃州，贫无所资，各学生徒相继食之。瑾诛，复原官，致仕，卒年八十，谥忠宣。父仁宅，永乐庚子举人，副使。孙如讷，嘉靖甲午举人，知州。

河南：刘镒，罗山人，字仲玉。成化初，知邹平县，政尚平易，时有蝗食稼，狼噬人，镒祷于神，其害皆息。以忧去，改南，迁六安知州，所至有惠政。三地俱建祠祀之。

山东。

山西：罗元吉，榆次人，治《礼记》，己丑进士，户部主事。弟元祥，壬辰进士。

陕西：萧谦，长安人，治《易》。乙未进士，仕至参政。家贫苦学，居家清廉，致仕归，以卖书为生。所著有《五经联语》。

四川。

广东：陈安，东莞人。

广西：傅鉴，藤县人。

云南：杨滂，贵州人。

---

① "枝"为"校"之讹。

天顺四年庚辰科大魁（中式一百五十名）

主试官：翰林学士吕原，见丁丑。尚宝司少卿兼修撰柯潜，辛未进士。

会元：陈选，浙江临海人，字士贤，国子生，治《礼记》，年三十二，庚午举人。廷试二甲十一名，授御史，仕至广东布政使。选少沉静端悫，立志以圣贤自期，潜修默识，不求人知，文词简古而理致深密。为御史，正色直言。督学南畿、河南，以身为教，常曰："居此官，必尽此职。行此事，必尽此心。"在广东时，市舶中官韦眷纵恣掊克，选上疏劾之，眷乃诬摭选他事。上命刑部主事李行会同巡按徐同爱勘问，二人媚眷，且忌选，竟文致选罪，奏入，逮选赴京，广士民数万号泣拥留不得。选在道病卒，年五十八。南畿、河南、广东皆祀之。正德中，追赠光禄寺卿，谥恭愍。父员韬，庚戌进士，为御史，巡按福建，活流贼胁从者万人，官至左布政。

状元：王一夔，江西新建人，字大韶，号约斋，治《书》，丙子举人，会试第二名，仕至工部尚书，赠太子少保，谥文庄。为人言婉气和，尤笃于友义，所上诸疏，皆切时务，所著有《古源文集》。父得仁，景泰间任汀州推官，活邓茂七胁从千人，寻战死，汀民奏准，立祠祀之。子纲，成化辛卯举人，复姓谢。孙麒，弘治癸丑进士，太仆寺少卿；凤，弘治辛酉举人；骥，治中。曾孙廷杰，嘉靖己未进士，大理寺丞。

榜眼：李永通，四川长宁人，字贯通，年三十六，丁卯举人，仕至侍讲学士。

探花：郑环，浙江仁和人，字瑶夫，治《易》，年三十九，癸酉举人，会试第四名，历官太常寺少卿。环廉介方正，不妄取与。家居，足迹不践公府，一时翰林，鲜见其俦云。父原，郎中。

有下第举人万经，奏同考官修撰刘宣以同县故见黜。上命礼部及内阁试之，文多疏谬，命枷示礼部前，黜为民。

解元中式：杨瑛（福建）。

交阯人中式：阮文英，慈山人。何广，扶宁人，滑县籍。

庶吉士（十四人）：刘健（洛阳）、张𫭼（祥符）、李温（漷县）、张谨（肥县）、张颐（江都）、周经（阳曲）、王范（永新）、蔡霖（鄞县）、张浦（江都）、杨瑛（建安）、郑纪（仙游）、童璲（永康）、汪谐（仁和）、张元祯（南昌），学士刘定之、侍读学士钱溥教习。

名臣：

陈选。

黄孔昭，太平人，字世显。年十四，遭父主事彦俊与母相继殁于京师，扶丧归葬，哀毁骨立。既长，父执建宁守贺泫因其贤，欲举为松溪训导，孔昭曰："士之出处乃籍人邪？"不就。至是举进士，历官文选郎。谓选曹矫激沽名，以闭门谢客为高，天下人才何由而知？每散衙，客至辄延见。询访有所得，必书于册。往往量其才地，参之舆论，荐于冢宰。虽小官卑职，亦不敢忽。在文选十五年，历官南京工部右侍郎，卒赠礼部尚书，谥文毅。孔昭志洁学纯，公正刚直，虽老且贵，如未仕时。所著有《定轩集》。

刘健，洛阳人，字希贤，选庶吉士，历官少师、吏部尚书、华盖殿大学士。毅皇即位，倚毗甚隆，健亦尽言无讳。会逆瑾导上盘游，健谏不听，遂乞休归。瑾犹衔之，寻以他事矫诏落职。瑾诛，复其官。世宗改元，首降玺书存问。年九十余卒，赠太师，谥文靖。健骨相奇古，学问深粹，行淳履正，伟识宏才，早际圣明，晚罹奸佞，进不盈移，退不窘戚，近世贤辅，称健为最。

张悦，华亭人，字时敏，南京兵部尚书，太子少保，谥庄简。性素清约，终始不渝，为士林表率者四十余年，清修笃实之君子也。

周经，阳曲人，字伯常，选庶吉士，授编修，仕至太子太保、户部尚书致仕。正德初，起礼部尚书。卒谥文端。经回翔翰苑几三十年，编摩校阅，有文章名。青宫侍讲，尤多启沃之功。及授政务，守正应变，剸裁不滞，屹然有古大臣风。

张元祯，南昌人，字廷臣，选庶吉士，授编修，累官礼部左侍郎，掌詹事府事。元祯勤学好问，力探经传赜隐，多所独得，论议侃侃，孤贞刚果之气不可屈挠，好面折人过。与陈选、罗伦、陈献章皆以道学相规切，为理学名臣。

入阁：刘健，弘治元年由礼部侍郎兼翰林学士入，正德元年至少师、吏部尚书、华盖殿大学士，致仕。

一品：刘健，少师。周经，太子太保、礼部尚书。

二品：郑纪，仙游人，户部尚书。张悦，兵部尚书。王一夔，工部尚书。

天顺六年壬午科解元

两京主试官：顺天，修撰陈鉴、刘宣。应天，修撰刘吉、检讨邢让。

顺天：郑宏，浙江鄞县人，国子生，治《易》，己丑进士，官至给事中。

是榜茶陵李东阳，年十六中式。

应天：任彦常，江阴人，治《诗》，壬辰进士，提学佥事。

浙江：卢楷，金华人。

江西：计礼，浮梁人，治《易》，甲申进士，选庶吉士，授南刑部主事。

福建：黄初，莆田人，儒士，官教授。

湖广：吴濬，沔阳人，彰德府同知。

河南：杜鸿。

山东：张海，德州人，字文渊，丙戌进士，历顺天府丞。时中要用事，海以公事往见，不屈。出知鹤庆府，累迁兵部侍郎，后谪山西右参政，致仕。

山西：赵博，黎城人，治《诗》，戊戌进士。父经，岁贡，兵马指挥。

陕西：吴献，宝鸡人，太原府同知。

四川：曹奎，富顺人。

广东：钟晟，番禺人，治《易》，丙戌进士，选庶吉士。

广西。

云南：段子澄。

天顺七年癸未科大魁（中式二百五十名）

主试官：二月，礼侍兼学士陈文、尚宝少卿兼修撰柯潜。八月，太常寺少卿兼学士彭时、侍读学士钱溥。

二月会试，伤屋灾①，试官俱越墙免，举子焚死者九十余人。上怜之，赐死者俱进士，诏八月再试，至明年甲申三月廷试。

会元：吴钎，直隶昆山人，字鼎仪，号静逸，治《诗》，己卯举人，年二十五，后改姓陆。侍孝皇于东宫，启沃功多，论说皆见纳。及嗣位，进太常寺少卿兼侍读，日侍帷幄。寻以疾归，卒。钎在翰林，以端谨清峭称。其为文简劲有法，而不喜为敷腴，诗亦如之。所著有《春雨堂集》若干卷。

状元：彭教，乙卯江西解元。

榜眼：吴钎。

探花：罗璟，江西泰和人，字明仲，号冰玉，年三十三。己卯举人，历司经局洗马。时李孜省恶不附己，中伤之。调南京部属，转福建提学副使，荐升南京国子监祭酒。笃实平易，善激引后进。以疾乞归，所著有《冰玉集》。

解元中式：叶琦（应天）、彭教、彭序、计礼（并江西）、杨琅（福建）、刘大夏（湖广）、刘道（山西）。

杂流中式：刘淳，巴县人，翰林译字官。马愈，嘉定人，钦天监文生。

少年进士：李东阳，茶陵人，年十七，先以奇童荐读中秘书。倪岳，上元人，年二十。

庶吉士（十八人）：李东阳（茶陵）、倪岳（上元）、谢铎（黄岩）、张敷华（安福）、陈音（莆田）、焦芳（泌阳）、汪镃（山阴）、郭玺（武城）、计礼（浮梁）、刘道（怀仁）、王瓒（太兴）、傅瀚（新喻）、张泰（武进）、吴希贤（莆田）、刘大夏（华容）、董龄（汾州）、杜懋（鄢陵）、史方（易州），太常寺少卿兼侍读学士刘定之、学士柯潜教习。

名臣：

李东阳，茶陵人，字宾之。四岁举神童，肄业京庠。年十七举进士，选庶吉士，授编修，仕至少师、吏部尚书、华盖殿大学士致仕。卒赠太师，谥文正。东阳慧悟夙成，文章潇洒，代言敷奏，明畅尔雅，又能奖进才隽，推挽声誉。事孝宗，称忠勤。武宗时，周旋曲济，保护善类，清谨弗渝，休休有容，人顾思之。

---

① 存目本作"场屋灾"，是。

张敷华，万安人，字公实，历官左都御史，谥简肃。华丰采凝重，义利介然，受知孝庙，执法内台，力振颓纲，表正有位，社稷臣也。

谢铎，黄岩人，字鸣治。选庶吉士，授编修。升南京国子监祭酒，以身率教。寻转北监，多所建白，务切理要，无一毫徇俗希人之意。升礼部右侍郎。自忧制后，遂无意仕进。居常蔬食水饮，泊如也。卒赠尚书，谥文肃。

戴珊，浮梁人，字廷珍。授监察御史，督学南畿，以文章占器识，士心允服。累迁陕西布政，所至有声，达于治体。擢郧阳副都御史，抑豪右，平蜀道，一方底宁。历南京刑部尚书，入为左都御史，恪持风纪，中外肃清。孝庙眷注老成，屡召见，咨询政务，多所建明。以疾乞休。赠太子太保，谥恭简。

樊莹，常山人，字廷璧，南京刑部尚书，赠太子少保，谥清简。莹明习律令，洁己好修，侃侃自树，交游稀寡，人皆敬而畏之。

王轼，公安人，字用敬。授大理评事，审录四川，用刑平允。升四川副使，值贵州黑苗叛，播州土官请征之，轼洞知其情，得不遣。擢本省按察使，清决滞狱，囹圄为空。历升副都，总理京储，划弊剔蠹。进户部尚书，寻兼副都，平贵州夷妇米鲁之乱。加太子太保致仕，谥襄简。

闵珪，乌程人，字朝英。授御史，有风力。按历河南等处，在在有声。累迁刑部侍郎。时以珪素谙两广民情，升右都御史，总领军务。历左都御史，掌院事，台纲肃然。寻升刑部尚书。卒赠少保，谥庄懿。珪刚直端庄，侃侃持正，为时名臣。

刘大夏，见前。

入阁：李东阳，弘治八年由礼部侍郎兼侍读学士入，正德七年至少师、吏部尚书、华盖殿大学士，致仕。焦芳，正德元年由吏部尚书入武英殿学，四年至少师、华盖殿学，贬削。

一品：李东阳，焦芳，并少师。闵珪，少保。王轼，刘大夏，并太子少保。

二品：倪岳，太子少保、吏部尚书，谥文毅。梁璟，崞县人，户部尚书。傅瀚，礼部尚书，谥文穆。翟瑄，洛阳人；陈道，盱眙人；张敷华；樊莹：并刑部尚书，谥清简①。曾鉴，桂阳人；萧桢，泰和人；冯贯，蠡县人；陈清，益都人：并工部尚书。戴珊，左都御史。

皇明三元考卷之七

成化元年乙酉科解元

两京主试官：顺天，太常少卿兼读学吴节、学士柯潜。应天侍读丘濬、编修彭华。

---

① 据文意，"樊莹：并刑部尚书，谥清简"当作"樊莹，谥清简：并刑部尚书"。

顺天：汪珙①，大兴籍，湖广蒲圻人，字克庸，治《诗》，丙戌进士，历官户部郎中。威宁伯王钺征北虏，洪督饷，斟损益，区画攸当。升山东参议，以拒冢宰尹旻子请托赞之中官汪直，谪知绵州。值岁旱，捐俸赈救。既浚水源，创石盘七堰，既②田数千顷。会都御史张瓒开坝底诸堡通茂州，洪至，往理戎务。土酋突遇洪，控弦交射，中流矢死。居人月夜每见乘马如生，立祠祀之。

应天：陆简，武进人，字廉伯，号龙皋，治《诗》，年二十五。志行清峻，问学该博。中丙戌探花，仕至詹事。卒年五十四，赠礼部侍郎。祖渊，教谕。父恺，正统乙丑进士，户部郎中。叔愉，天顺庚辰进士；怡，成化乙未进士：并主事。弟节，弘治壬戌进士，户部主事；筌，己酉举人；范，正德戊辰进士。子巽章，亦戊辰进士，户部员外；圭章，嘉靖戊子举人，知县。侄用章，辛卯举人。孙弘道，左长史。用章孙文瀛，万历壬子举人。文瀛子大受，丁未进士。

浙江：杨守阯，鄞县人，景泰庚午解元杨守陈亲弟也，字惟立，号碧川，治《易》。戊戌榜眼，仕至南京吏部尚书，赠太子少保。所著有《集程朱议论》、《碧川文抄》、《困学寡闻录》、诗文若干卷。

福建：赵珤，晋江人，治《礼记》，丙戌进士，广东提学佥事。

湖广：方昇，临湘人，字启东，治《诗》。丙戌进士，授御史。所按治处，咸著清直声，奏劾不避权势，时称真御史也。寻迁江西副使，卒于官。箧中惟衣数袭，士大夫咸恤之。

河南：周冕，安阳人，历官知府。父颙，鸿胪寺卿。兄晟，景泰甲戌进士，布政；昌，训导。弟景，驸马。

山东。

山西：黄芸，大同人。父忠，永乐甲午举人，左布政。

陕西：樊仪，延长人，府同知。

四川。

广东：江源，番禺人，治《诗》，己丑进士，按察司副使。

广西：李棠，贵县人。

云南：马文荣。

成化二年丙戌科大魁（中式三百五十名）

主试官：太常寺少卿兼读学刘定之，丙辰进士。翰林学士万安，戊辰进士。

会元章懋，浙江兰溪人，字德懋，号枫山，治《易》，国子生，壬午经魁。廷试二甲十七名，选庶吉士。明年擢编修。与黄仲昭、庄㫤谏作鳌山灯火诗，谪知县，寻改评

① 据后文，当作"汪洪。"
② 存目本同。"既"为"溉"之讹。

824

事，历官礼部尚书。卒年八十六，赠太子少保，谥文懿。懋少负经济志，不以科举学累。平生襟怀坦易，器度宏伟，望之庞朴，即之和厚，好贤礼士，乐人为善，包荒藏疾，与物无忤。居常虽无甚异同，至临大事，决大议，则据经援古，确乎不易。性尤寡欲，随寓而安，难进易退之节，世尤高之。所著有《枫山语录》、《暗然子集》若干卷。侄拯，弘治壬戌进士，工部尚书，谥恭惠。

状元：罗伦，江西永丰人，字彝正，号一峰，治《书》，年三十六。少即志圣贤之学，尝曰："举业非能坏人，人自坏之耳。"郡守张公瑄嘉其学行而恤其贫乏，弗受。丙子领乡荐。会试第三名，及廷对，顷刻万言，不属草，中引程子"人主一日之间，接贤士大夫之时多，亲宦官宫妾之时少"语，执政欲节其下句，伦不可，直声震于一时。初为修撰三月，即疏阁臣李贤不奔丧非是。谪市舶提举，寻复官。以疾辞归，垂十年而卒，年四十八。赠谕德，谥文毅。伦嗜学好古，笃志力行，不视恶色，不听恶声，不恥恶衣恶食，与人子言孝，与人臣言忠，与居官者言民所疾苦，避恶如涅，闻善若惊，见饥寒之人则倾所有以赈之。大率义之所在，毅然必为，毁誉成败死生皆不顾也。一时豪杰之士皆称其青天白日，而异者多忌之云。文章滂沛，有关世道。所著有《罗一峰集》。初，本房欲取伦为会元，二主考各主本经，遂置伦第三。本房意不满，批其所刻一策云："五策五千余言，有学有识，进对大廷，未必非褒然出色者也。"已而果然。

榜眼：程敏政，直隶休宁人，字克勤，号篁墩，年二十二。十岁时以神童荐，召为翰林院秀才，大学士李贤以女妻之。举顺天乡试第二名，仕至礼部侍郎兼翰林学士，以考试事罢归。卒赠礼部尚书。敏政秀眉长髯，风神清茂，于书无所不读，文章为一代宗匠，喜接贤士大夫。虽遭谗忌至于逮系，举动如平日。所著有《皇明文衡》、《程篁墩集》，书十数种行于世。父信，正统壬戌进士，兵部尚书，为名臣。王冢宰一夔以敏政字精楷，力荐于李文达曰："宜为第一。"李曰："论文不论书。"遂取伦为第一，而敏政次之。

探花：陆简，乙酉应天解元。

解元中式：汪琪①（顺天）、陆简、张文（应天）、赵珏（福建）、方昇（湖广）、张海（山东）、钟晟（广东）、张正（云南）。

兄弟同榜：刘本、刘策，桂林人，同父。

少年进士：王伟，宁州人，年十八。

庶吉士（二十四人）：林瀚（闽县）、刘钰（沔阳）、章懋（兰溪）、李杰（常熟）、翟瑛（洛阳）、陆渊之（上虞）、黄仲昭（莆田）、谢文祥（耒阳）、李瑢（安福）、张诰（华亭）、毕瑜（贵溪）、宋应魁（吉水）、邵有良（余姚）、商良民（淳安）、郑巳（鄞县）、张钝（长安）、章镒（鄞县）、何纯（新淦）、庄㫤（江浦）、钟晟（番禺）、王俊（闽县）、石淮（江浦）、施纯（东安）、王伟（宁州），学士刘定之、柯潜教习。

---

① 当作"汪洪。"

名臣：

罗伦。

章懋。

黄仲昭，莆田人，选庶吉士，授编修。与章懋、庄㫤谏鳌山诗忤旨，调湘潭知县，未至，改南大理评事，累迁工部侍郎。谥文毅，为理学名臣。

庄㫤，江浦人，字孟阳，改庶吉士，授检讨。与章懋、黄仲昭建言，改大理寺副。忧去，居家三十年。荐起南京吏部郎中，致仕。世称定山先生，为理学名臣。

林瀚，闽县人，字亨大，选庶吉士，授编修。历南京吏兵二部尚书。忤逆瑾，降浙江参政，寻削籍。瑾诛，复尚书，致仕。卒赠太子太保，谥文安。瀚度宽弘，与众无忤，好贤乐善，无所不至，未尝言人过失，亦未曾有一言欺人。方逆瑾乱政，以正直取忤，指为朋党，谪降以归，而处之泰然，遗佚不怨。

熊绣，湖广道州籍，江西丰城大①。字汝明，授行人，迁御史，巡按陕西，劾布政于藩贪滥，藩落职，绣谪知清丰县，甚得民心，家为肖像祀之。累升陕西巡抚、都御史，阅历三边，声望丕振。历南京刑部尚书，操励廉洁，自甘蔬布。忧去，屏居山中，生事萧然，嗣子贫乏不能立，卒谥简肃。

许进，灵宝人，字季升。授御史，出按甘肃、山东、辽东，风裁凛然。累迁佥都御史，巡抚甘凉。初，土鲁番头目牙兰虏哈密王陕巴，据其城。进令总兵彭清及诸番兵攻破之，牙兰夜遁，西域遂宁。晋副都，寻升户部侍郎。时外戚渔夺民田，进皆厘正之。乃造飞语构上，奉旨致仕。武庙即位，召拜兵部侍郎，累迁吏部尚书。逆瑾以进不附己，矫旨削籍。瑾诛，复官，致仕。卒赠太子太保，谥襄毅。进器宇魁岸，抱负甚伟，议论洶洶，法尚严峻，凡有请托，多拒不行，见者敬而惮之。

韩文，洪洞人，字贯道，历官太子太保、户部尚书。劾刘瑾，削籍。瑾诛，复官，致仕。卒赠太傅，谥忠定。文清心寡欲，凝重雍粹，居常抑抑，临大事，之死不挠。当其时，与司马刘东山、都宪张介庵称弘治大君子云。

张弼，华亭人，字汝弼，号东海。读书不治章句，独慕古奇节伟行。为兵部侍郎时，以直道忤长部，乃出知南安。凿梅岭之嵌岩，梁横浦之崩湍，定汲道更番之例，以求息争端，民立生祠祀之。其诗文书，传播夷夏，人品豪迈，海内咸称之。

陆容，昆山人，字文量。为县学生即有志经济，大肆力于经史百家，至凡典礼兵刑漕运水利之类，靡不通究。历官浙江参政，为名臣。

王继，祥符人，字述之。授御史，出按山西，不避豪贵。累迁右副都御史，巡抚陕西。哈密忠顺王为土鲁番所灭，据其土田，继训练士卒，丕振天威。土鲁番纳款诣降，继乃议取故王从子陕巴袭封忠顺王。事闻，赐文绮、白金以旌其功，擢户部侍郎，进尚书。顷之，阉人李广事败，言官请并治大臣与广交通者，上悉宥不问。明日早朝，空班谢罪，惟继与马文昇不与。上益重之，改兵部，参赞机务。卒赠太子太师。

<hr>

① 大，存目本改正为"人"。

一品：屠滽，鄞县人，太子太傅、吏部尚书，谥襄惠。韩文，太子太保。

二品：许进；李杰，常熟人：并吏部尚书，谥文安①。侣钟，郓城人，户部尚书。章懋；王宗彝，束鹿人，谥文简；施纯，东安人：并礼部尚书。王继，林瀚，并兵部尚书。熊绣；钟蕃，崇德人：并刑部尚书。杨守随，鄞县人，谥康简；戴缙，南海人：并工部尚书。张泰，顺德人，尚书。李士实，新建人，从宸濠叛，伏诛；金泽，江宁人：并左都御史。

是科灵宝许进，官至宫保、尚书，谥襄毅。八子六登仕籍：长诏，举乡试；诰，弘治己未进士，户部尚书，谥庄敏；赞，弘治丙辰进士，少傅、吏部尚书、文渊阁大学士，谥文简；诗，戊子举人，工部主事；词，知府；论，嘉靖丙戌进士，太子太保、兵部尚书。孙侗，嘉靖乙丑进士；行，太仆寺少卿。闽县林瀚官至兵部尚书，谥文安。其父元美，永乐辛丑进士，知府。子廷棉②，弘治己未进士，工部尚书，谥康懿；庭机，嘉靖乙未进士，礼部尚书。棉子炫，正德甲戌进士，通政司参议；子燫，嘉靖丁未进士，礼部尚书；烃，壬戌进士，工部尚书。且瀚、庭机、燫俱由翰林。明兴二百余年，宦业之盛，无如许氏、林氏者，而得人亦未有如是科，论者比之唐韩愈榜、宋寇准榜云。

成化四年戊子科解元

两京主试官：顺天少詹事李泰、侍读彭华。应天侍读学士陈鉴、尹直。

顺天：史俊，涿州人，治《书》，乙未进士，按察司佥事，赠右副都御史。父仲善，户部主事，赠副都。子道，正德癸酉解元，尚书。

是榜巴陵杨一清，年十四中式。

应天：贺恩，吴县人，字其荣，治《易》。

浙江：杨文卿，鄞县人，字质夫，治《书》。戊戌会试第二名，廷试二甲第八名。累官山东提学副使，以积劳致疾卒。文卿外圆内方，平居恂恂和易，临事确然不可夺。居官律己，务为清约，门无私谒，室无长物。其死也，惟图书数箧而已。所著有《菘畦集》、《笔谈类稿》、《苕溪集》若干卷。子叔通，正德戊辰进士，左布政使。

江西：彭纲，清江人，字性仁，号云田，习《诗》，乙未进士。授汝州知州，庶政既平，凿渠引水灌田数千亩，世为民利。迁云南提学副使，以公明称。纲端凝朴茂而不波靡，家居无一语及公府事，惟以文行汲引后进。士知自检者，至今式之。所著有《云田集》。

福建：黄文琳，莆田人，儒士，治《书》，戊戌进士。从叔铨，成化乙酉举人。从

---

① 据文意，"李杰，常熟人：并吏部尚书，谥文安"当为"李杰，常熟人，谥文安：并吏部尚书"。

② 林廷棉，《明史》、《索引》皆作"林庭棉"。

弟文璋，丁酉举人。

湖广：樊经，澧州人，治《书》，己丑进士，台州府通判。

河南：刘绅，汝阳人，字大用，治《礼记》。少聪敏，日记数千言。庚戌进士，仕至副使，卒年五十八。绅处乡党，甚谦恭，未尝以名位自居，故人多慕之。

山东：刘瓛，济南卫籍，江西安福人，治《易》，己丑进士，历官都御史。

山西。

陕西：梁泽，三原人，字汝霖。自幼颖悟绝人，弱冠家贫，为县书公牍，令公奇之，为具束修，遣入学。越五六年，发解，乙丑登进士，选庶吉士。擢御史，巡按贵州、山东。所至左试诸生，右鞫疑狱，卷牍山委，从容品藻，剖决各当，弹劾不避权贵，贪污吏多解印绶去。为怨家所奏，谪茶陵州判，历官浙江参政，所在除弊便民，民咸戴之。

四川：马良玉，成都中卫人，治《诗》，辛丑进士。

广东：王维节，番禺人。

广西：钟英，阳朔人，字世杰。任儋州知州，公廉简肃，兴利除害，崇学校，增田亩。莅政八年，不以妻子自随，卒于官，囊橐萧然。

云南：张翔。

增解额十名，著为令。

成化五年己丑科大魁（中式二百五十名）

主试官：太常寺少卿兼侍读学士刘珝，戊辰进士。侍读学士刘吉，戊辰进士。

会元：费訚，直隶丹徒人，字廷言，天顺壬午举人，廷试二甲第二名，改庶吉士。訚仪度闲伟，善谈论，耻言人过。及官为祭酒，孝宗幸大学，赐坐讲经，甚见褒异，历官礼部侍郎。所著有《自考集》诸书。

状元：张昇，江西南城人，字启昭，号柏崖，戊子举人。历官左春坊庶子，因灾异陈言劾大学士刘吉，词甚激直，左迁南工部员外郎，后以荐复原秩，累官太子太保、礼部尚书。凡周祀典，择贤才，禁奢靡，重名器，省供应，可身任者，次第行之。寻致仕。卒赠太子太师，谥文僖。所著有《柏崖集》。子恩，弘治己未进士，布政；悫，锦衣卫百户。悫子嵓，仪宾。嵓子寿朋，万历癸未进士，通判。从孙崀，隆庆戊辰进士，通判。

榜眼：丁溥，直隶华亭人，字原敬，年四十，乡试第二名。

探花：董越，江西宁都人，字尚矩，年三十九，己卯举人，累官南京工部尚书。越性雅饬，博学善文，居官清介，端谨耻奔竞。卒赠太子太保，谥文僖。子天锡，弘治丙辰进士，大理寺卿。

同姓三传胪：状元张昇，二甲首张燧，三甲首张晓。

解元中式：郑宏（顺天）、樊经（湖广）、刘瓛（山东）、罗元吉（山西）、梁泽

（陕西）、江源（广东）。

少年进士：王臣，庐陵人，年十六。

庶吉士（十八人）：张燧（安邑）、费闿（丹徒）、陈斌（顺德）、萧玙（泰和）、梁泽（三原）、尹龙（历城）、冯兰（余姚）、乔维翰（上海）、陈纪（闽县）、张晟（仁和）、李介（高密）、王臣（庐陵）、尹仁（安福）、王锦（襄城）、徐谦（太康）、方珪（莆田）、谢显（会稽）、吴祚（淳安），侍读学士陈鉴、侍讲学士丘濬教习。

名臣：

梁泽，见前。

雍泰，咸宁人，字世隆，南京户部尚书。初授吴县知县，擢御史。旧令，行皆馈楼船，泰不受，民固馈，乃受。吴人歌曰："时苗留犊，雍公返舟。"巡盐两淮，灶丁贫而鳏者几二千人，比及二年，俱与完室。既去，淮人咏曰："客边归橐浑无砚，海上遗民尽有家。"又曰："了却四千男女愿，春风解缆去朝天。"泰有敢死之节，克乱之才。后忤瑾，令致仕。

李嵩：临潼人，字世瞻。为庐州府知府，清慎自持，不燃官烛，锄强抑暴，兴学筑堤，百废俱兴。岁饥，遍历所属，加意安集，发仓赈济，全活者众。巢县大河水急，人每溺死，创立浮桥，以便往来，自用淡薄。升河南左参政，去日，民遮道挽留以万计，立碑颂之。居家，有都御史与同年遗之木，使构屋，不受。比卒，贫不克葬。其后夫人郝氏贫不能存，守臣奏闻，命所司月给米养，终其身。

一品：张昇，礼部尚书；何鉴，新昌人，兵部尚书；屠勋，平湖人，刑部尚书，谥康僖：俱太子太保。

二品：顾佐，临淮人；熊翀，光州人；张缙，阳曲人；雍泰：并户部尚书。李介，兵部尚书。韩邦问，襄阳人，刑部尚书。董越，工部尚书。

成化七年辛卯科解元

两京主试官：顺天，谕德王献、侍读尹直。应天，洗马杨守陈、侍读徐琼。

顺天：姚琛。

应天：濮晋，武进人，治《礼记》，壬辰进士。

浙江：黄珣，余姚人，字廷玺，治《礼记》，年三十四，辛丑榜眼。历官翰林、国子监，终南吏部尚书。时逆瑾方任情进退大臣，遂传旨令致仕，卒于家。嘉靖初，礼部题珣历事三朝，有清谨名，宜赐谥，乃追赠文僖。珣平易厚重，不务畛畦，为文如其为人云。父廉，京卫知事。

江西。

福建：余廉，将乐人。

湖广：章爵，随州人，字舜卿。弘治间知上犹县，才猷通敏，遇事敢为。作新学校，修筑城池，保御地方，远近晏然，至今称为贤令。后升同知。

河南：段应，固始人，字廷举。

山东：敖山，莘县人，字静之，治《易》，戊戌进士。历官编修，为时推重，出为山西提学副使。所著有《石稜传》、《先天手册》、《粲然稿》。卒祀乡贤祠。

山西：陶琰，绛州人，字廷信，治《书》，辛丑进士，仕至太子太保、兵部尚书，赠少保，谥恭介。琰质谅醇谨，直道而行，言不诡激，事不避难，自奉俭节，人所不堪，一时称为名德。父铨，正统乙丑进士，参议。兄玺，天顺癸未进士，户部郎中。子滋，正德甲戌进士，兵部郎中，议大礼，谪戌。曾孙登，万历壬辰进士。

陕西：陈祥，甘州中护卫籍，福建建安人，字吉夫，治《易》。性孤介，勤学不舍昼夜。登乙未进士，授刑部主事，仕至按察使。历任三十余年，检身持法，久而不渝，所至奸贪屏迹，端慎不妄交人。休致，杜门谢客，惟以诗书自娱。有《考庵集》藏于家。

四川：汪藻，内江人，字文洁，治《易》。幼以奇童称，七岁补弟子员，登戊戌进士，改庶吉士。首劾汪直、王越立西厂、开边衅。章上，罢厂，贬直、越。历官参政。藻居乡律己，正直刚方，允为士表。

是榜新都杨廷和，年十二中式。

广东：邓应仁，南海人，字子荣，治《书》，辛丑进士，累迁太平知府。廉静寡欲，政尚平恕，在任数年，惟携一家童自随，燕处陶然，门无私谒，专务德化，不事鞭朴。既去，民思慕之，有肖像祀于家者。

广西：李澄，临桂人，詹事府主簿。

云南：韩昂，云南前卫籍，山东济宁州人，治《礼记》，戊戌进士。

成化八年壬辰科大魁（中式二百五十名）

主试官：礼部侍郎兼学士万安，见丙戌。洗马江朝宗，辛未进士。

会元：吴宽，直隶长洲人，字原博，号匏庵，治《书》，年三十九。宽少有文行，十一岁即为学生。流辈方务举子业，宽独博览群书，为古文词，下笔有老成风格。屡试不利，徐有贞以岁资贡入太学。张汝弼见之，曰："天下有如此贡士乎？"戊子举顺天乡试第三名，廷试第一名。累迁翰林学士，掌詹事府事，寻升礼部尚书。宽静重醇寔，无慷慨激烈之行，而能以正自持，遇有不可，未尝碌碌苟随。好古力学，至老不倦，于权势荣利，则退避如畏。又笃厚伦谊，未第时，尝让贡于其友。同年贺解元遭疾京师，归其家，朝夕视之，死，为服一月丧，其笃友谊如此。官尚书，归至里第，步行，未尝乘舆。卒年七十，谥文定。

状元：吴宽。

榜眼：刘震，江西安福人，字道亨，壬午举人，年三十九。仕至祭酒，卒年七十八。震性刚毅，耻于诡随。为文敏赡雄健，所著《双溪集》。时詹事彭华与读卷，取震为第一，华兄时在内阁，避嫌欲置震二甲，华曰："举不避亲，何嫌之有？"乃以震居第二。

探花：李仁杰，福建莆田人，字士英，年四十一，己卯乡试第三名，仕至祭酒。父焕，训导。

解元中式：任彦常、濮晋，并应天。

兄弟同榜：林泮、林濬渊，闽县人；李孟旸、李孟晊，睢州人：俱同父。

少年进士：杨一清，丹徒人，年十八。

名臣：

吴宽。

陈寿，新淦人，字本仁。授给事中，以直言下狱。事白，升光实禄寺少卿，进佥都御史，巡抚延绥。时虏火筛犯境，以捍御捷闻，褒赉有加，历刑部尚书。居官澹，不治产业。及致仕，无所归，侨寓金陵，敝屋萧然，人称其有清白风。

杨一清，丹徒人，字应宁，八岁举神童，十八登进士第，历官少师、吏部尚书、华盖殿大学士，赠太保，谥文襄。一清识度开朗，迎机应变，有济时之才。尤晓畅边事，羽檄旁午，一夕十疏，口拈指授，悉中机宜。其在吏部、内阁，得大臣体，惓惓于人才，尤加意于老成。其与张、桂，始虽以议礼合意，久乃荐起谢迁、费宏，意主弘治泰交惇厚之风，以佐新政，尤老成远虑，则人不能识也。

孙需，德兴人，字孚吉，南京吏部尚书，谥清简。守法畏公议，清气皭然不滓，虽不能发扬功名，有赫赫之誉，顾正德间，大臣多揞克回遹，需独以廉约称。

入阁：刘宇，钧州人，正德四年由吏部尚书入文渊阁，加少傅，明年有罪免。杨一清，正德十年由少傅、吏部尚书入武英殿，明年致仕，嘉靖复召入华盖殿，八年闲住。

一品：杨一清，少师。刘宇，少傅。陈金，应城人，少保、户部尚书。李鐩，汤阴人，工部尚书，谥恭敏；王爆，沂州人，左都御史，谥恭靖：并太子太保。

二品：孙需，吏部尚书，谥清简。林泮；邓庠，宜章人；吴文度，江宁人：并户部尚书。吴宽；张宪，德兴人：并礼部尚书。陈寿，刑部尚书，谥简襄。李孟旸；俞俊，丽水［人］：并工部尚书。

成化十年甲午科解元

两京主试官：顺天，庶子黎淳、修撰刘健；应天，谕德谢一夔、修撰郑环。

顺天：马中锡，故城人，字天禄，号东田，治《易》。早慧，三岁识字，七岁已能赋诗。父为唐府长史，以直谏忤王，械至京师，家众皆下狱，中锡独以幼免。诉辩如成人，感动部使者，家遂得释。乙未登进士，授刑科给事中。时宪庙万贵妃弟某恃宠骄恣，中锡疏其奸，语过直，廷杖几死。某公主侵畿内民田，被命往核，以其田还民。又劾中官汪直、梁芳不法数事。秩满，仅升云南佥事。历右副都御史，巡抚宣太，会北虏扰边，督兵俘斩甚众。累迁兵部侍郎，奉命拒巨盗刘七，下令招抚，贼过故城，独不入中锡家。被诬逮狱，瘐死狱中，人甚冤之。所著有《东田漫稿》。父伟，永乐癸卯举人，知府。

应天：王鏊，吴县人，字济之，号守溪，治《诗》，年二十三。试录五策，皆刻鏊墨卷，不易一字，时称得人。中乙未会元、探花，仕至少傅兼太子太傅、户部尚书、武英殿大学士。在相位，厄于权奸，竟不得行其所学，力乞归。当瑾威虐士大夫，且嗛韩公文，鏊力争之，得免。又，刘司马大夏、杨相一靖①，瑾皆将甘心，鏊为委曲论解，人以此多之。至议废后礼，尤人所难。卒年七十五，赠太傅，谥文恪。所著有《拟罪言》、《守溪长语》、《震泽长语》等书。子延诘，大理寺副。孙有壬，太常寺少卿。曾孙禹声，万历己丑进士，知府。

浙江：谢迁，余姚人，字于乔，号木斋，治《礼记》，年二十六。乙未会试第三名，状元及第。初入翰林，闭门力学，避远权势。弘治中，充经筵讲官。李广怙宠干政，公进讲，意存讽谏。上退，诏左右曰："讲官云云，意指若曹也。"后广败，大臣多被污，公独不与。戚畹寿宁侯，与公有姻，绝不与通，岁时问遗，辄麾去。或以为过，公曰："昔万循吉攀附昭德，吾尝耻之，乃今自附寿宁耶？"② 历加少傅、吏部尚书、武英殿大学士。弘治末，疏乞致仕，荐吴宽、王鏊自代，一时恬让之风，感动中外。嘉靖初，起户部尚书，进谨身殿。明年致仕。卒年八十三，赠太傅，谥文正。迁学识纯正，有大臣风。时同在内阁者刘健，敢于任事，而资迁之谋断；李东阳长于为文，而资迁之典则。迁于其间，不激不随，辅成盛治，称贤相云。祖莹，宣德间浙藩，辞为从事，敢言无所顾惮，藩使以下，多折节从之。转福建布政司都事，以平邓茂七功，进二阶致仕。莹女二十余而寡，守志不嫁，诏旌表之。弟迪，弘治己未进士，布政；选，早卒，妻陆守志，抚迁子丕为嗣，中乙丑探花。曾孙用模，年十四，中嘉靖乙卯举人。

江西：罗奎，吉永丰人。

福建：黄乾亨，莆田人，永乐戊子解元黄寿生曾孙也，治《诗》，乙未进士。成化末，以行人同给事中林荣出使满剌如国③，溺海死，各荫一子入监。

湖广：李邦宪，兴宁人。

河南：张表，鹿邑人。

山东：陈珍，辽东义州卫籍，青州人，治《诗》，乙未进士。

山西：王槐，阳曲人，治《书》，辛丑进士。

陕西：李玺，凤翔人，字朝信，丙辰进士。授荆州府推官，决狱平允，多捕巨盗。擢御史，按河南，以鲠直忤权贵，左迁邓州判官，累升河南副使。为政务持大体，不事苛察，会疾乞归，进秩按察使卒。玺为人朴厚，接人有体，孝友仁让，不言而躬行，类万石君云。

四川：陈绥，泸州人，治《书》，乙未进士，仕至佥事。

---

① "靖"为"清"之讹。
② 自"初入翰林"至"乃今自附寿宁耶"，当为上文王鏊小传中语，刻工误入谢迁小传也。
③ 疑当作"满剌加国"。

广东：李昕，保昌人。

广西：刘泽，临桂人。

云南：杨杰，邓州人，治《诗》，乙未进士。

增解额五名，著为令。

成化十一年乙未科大魁（中式三百名）

主试官：少詹事兼侍讲学士徐溥，甲戌进士。侍讲学士丘濬，甲戌进士。

时士子有慕道学者，或过为诡异之行以邀名，考官丘濬因发策言之，俾士习趋于正，故廖道南谓明兴举业，尔雅自丘文庄公知贡举始云。

会元：王鏊，甲午应天解元。

状元：谢迁，甲午浙江解元。

榜眼：刘戬，江西安福人，字景元，丙子举人，年四十。孝皇嗣位，戬充正使，使交阯。时交阯吞占城，侵缅甸，颇崛骜，金难其行。戬承命，乘肩舆，从两僮，道南宁，直抵其境。交人惊曰："岂天人耶？何其简速也！"郊迎馆候，视昔倍恭。至之日颁诏，明日宴，宴毕遂行，馈遗丰腆，一无所顾。复遣陪臣要于路，期必致之，戬复以书，并写初入关诗示之。故交人谢表有廷臣清白之语，又为建却金亭于思明道中。官终谕德。所著有《晋轩集》。

探花：王鏊。或云鏊以乡会元，有盛名，对策复当第一。阁老商公抑之，置第三。

解元中式：马中锡（顺天）、王鏊（应天）、谢迁（浙江）、彭纲（江西）、黄乾亨（福建）、陈珍（山东）、陈祥、萧谦（并陕西）、陈绥（四川）、杨杰（云南）。

兄弟同榜：刘忠、刘信，南溪人，同父。

少年进士：洪钟，上虞人，年十八。

名臣：

谢迁。

王鏊。

毕亨，新城人，字嘉会。历顺天府丞，忤权贵，谪两淮运同，荐升湖广参政，累迁南工部尚书，劾瑾罢归。亨器识英迈，好学多闻，耿介正直之操，出于天性。平居接物有礼，而嫉恶太甚，以是被诬遭踬，迄老不为屈，有古大臣风。

入阁：谢迁，弘治八年由詹事入，正德元年归，嘉靖六年复召为户部尚书，入谨身殿，七年致仕。王鏊，正德元年户部尚书入文渊阁，三年致仕。曹元，大宁人，正德五年由兵部尚书进吏部，入文渊阁，本年有罪免。

一品：谢迁，王鏊，并少师。田景贤，涿州人，礼部尚书；阎仲宇，陇州人，兵部尚书；洪钟，刑部尚书：并太子太保。

二品：曹元，吏部尚书；刘璟，鄄城人：并太子少保。吴洪，吴江人；戈瑄，景州人：俱刑部尚书。毕亨，工部尚书。元守直，汤阴人，尚书。马中锡，故城人；张鼎，

833

信阳人：并左都御史。

成化十三年丁酉科解元

两京主试官：顺天，洗马郑环、侍讲彭教。应天左庶子刘健、侍读周经。

顺天：宋礼，大兴籍，浙江钱塘人，治《易》，戊戌进士。

应天：刘继武，江阴人，戊戌进士。子羽，庚午举人。

浙江：孙昇，余姚人，教谕。

江西：杨廉，丰城人，字方震，治《易》。丁未进士第三名，选庶吉士，历官南京礼部尚书。赠太子少保，谥文恪。所著有《名臣言行录》、《理学名臣录》、《杨文恪集》等书。廉好学能文，吏事精敏，性耿介，耻回互，学问可拟古醇儒，事业可拟古名臣，德性可拟古君子，求之当世，鲜有异侪。父崇，景泰庚午举人，永州知府，赠礼部尚书。弟康，正德丁卯举人，知县。侄教，弘治辛酉举人，知县；孜，正德丁卯举人，知州。

福建：蔡清，晋江人，字介夫，号虚斋，治《易》。甲辰进士，授礼部主事，累迁江西提学副使，致仕，后起为祭酒，命下而卒。清饬躬励行，动准古人，平生好学，至老不倦。题其卧处云："命好德不好，王侯同腐草。德好命不好，颜渊任穷天。"自箴云："善爱其身者，能以一生为万世之业，或以一日而遗百年之休。不知自爱者，以其聪明而际盛时、操名器，徒以就其一己之私而已，所谓如入宝山，空手回者也。"所著有《易学蒙引》、《四书蒙引》及《虚斋文集》，四方学者宗师之，称虚斋先生不衰也。

湖广：王本义，松滋人，字汝宜，任高安知县，诚以驭民，勤以听政，操执坚白，八年如一日。子相之，复中弘治甲子解元，人以为积德之报。

河南：李源，祥府人，字宗一，治《诗》。弘治丙辰进士，授兵部主事，历员外、郎中。逆瑾窃政，源守正不阿，失瑾意，构以他事，谪襄阳府同知。瑾诛，起湖广参议，以疾免归。有集若干卷。

山东：石巍，曹县人，治《易》，辛丑进士，府同知。《陵县志》云李性，任同知。

山西。

陕西：阎宇，商州人，字大启，治《书》。学问宏博，议论豪迈。登丙辰进士，知曹县，百度一新，民畏爱之，卒于官。父佐，天顺癸未进士，副使。

四川：萧容，泸州人。

广东：涂瑞，番禺人，字邦祥，治《书》。少颖悟，仪表丰伟，弱冠以文学著声庠序。性豪荡不羁，尤善书法。中丁未探花，历修撰，与经筵。时称翰林三妙，谓才学、书法、仪表也。年四十有六而卒。弟瑾，同科举人、进士。

广西：蒋冕，全州人，字敬之，号敬所，治《书》，年十五。丁未进士，选庶吉士，仕至少傅、户部尚书、谨身殿大学士，致仕。卒年七十一，赠少师，谥文定。曾祖贯，洪武癸酉举人，刑部员外。父艮，正统丁卯举人，都司断事。兄昇，同科进士，工部尚书。

是榜蒋冕年十五，平南张溁年十六中式。

云南。

成化十四年戊戌科大魁（中式三百五十名）

主试官：礼部尚书兼学士刘吉，见己丑。翰林学士彭华，甲戌进士。

会元：梁储，广东顺德人，字叔厚，号伦庵，治《诗》。甲午举人，廷试二甲第一名，改庶吉士，仕至少师兼太子太保、吏部尚书、华盖殿大学士。卒年七十七，赠太师，谥文康。储世称长者，在武宗庙，济难之功居多。文章醇厚尔雅，所著有《梁文康公集》。弟亿，正德戊辰进士。

状元：曾彦，江西太和人，字士美，国子生。辛卯举人，登第时六十。为人质朴坦易，在馆中年虽长，退避如后学。遇畜涔扣阍，论事甚切。仕至侍读学士。时执政欲矫时弊，救文以质，以彦所对简约，遂置首选。

榜眼：杨守阯，乙酉浙江解元。

探花：曾追，江西泰和人，永乐辛丑状元鹤龄孙也，字文甫，年三十六。戊子举人。学博才高，文章俊逸，援笔出入经史，数千言略不经虑，为侪辈所推重。官编修，未逾年而卒。

解元中式：宋礼（顺天）、杨守阯、沈继先、杨文卿（并浙江）、黄文琳（福建）、敖山（山东）、赵博（山西）、黎复登、汪藻（并四川）、韩昂（云贵）。

兄弟同榜：包鼎、包鼐，嘉兴人，同父。

少年进士：杨廷和，新都人，年十九。张溁，南平人，年十七。

杂流中式：谭溥，泸州人，山东旧县驿丞。

庶吉士（十九人）：梁储（顺德）、张溁（平南）、徐鹏（清苑）、江藻（内江）、邓袚（闽县）、林霄（太平）、江澜（仁和）、张九功（陕州）、陈邦瑞（莆田）、马廷用（西充）、荆茂（临汾）、刘机（大兴）、李经（万全）、谢文（金州）、张芮（安邑）、倪进贤（婺源）、杨廷和（成都）、杨时畅（咸宁）、武卫（沂水），学士王献、谢一夔教习。

名臣：

梁储。

林俊，莆田人，字大用，授刑部主事，以直谏谪姚州判官，寻复南部，累官刑部尚书，致仕，卒。隆庆改元，赠太子少保，谥贞肃。俊立朝正直，不妄诡随，雅志林壑，一介不苟取，冲素若寒士，尤好引掖后进，士论推服。

刘忠，陈留人，字司直，改庶吉士，历官侍读学士。正德初，陈崇圣德、戒逸豫数十事，语极剀切，上皆纳之。累升吏部尚书、武英殿大学士，寻晋少傅。忠临政持重申法，同事者忌之。又阉永用事，忠累疏乞休，弗许，乃请展墓而归，遂坚卧不起。世庙即位，首赐玺书存问。卒赠太保，谥文肃。所著有《野亭集》若干卷。

杨廷和，新都人，字介夫。历官少师、户部尚书、华盖殿大学士，议大礼削籍。隆庆改元，赠太保，谥文忠。廷和明达有谋，敢于任事。武宗巡幸，不草敕，又擒灭元凶，中兴一诏，朝野肃清，尊号之议，首尾数十疏，揭家族以博中兴，古社稷之臣也。

入阁：杨廷和，正德三年由户部尚书入文渊阁，十年丁夏①，十二年复入，嘉靖三年至少师、户部尚书、华盖殿学，致仕，谥文忠。梁储，正德五年由吏部尚书入文渊阁，十六年至少师、华盖殿学，致仕。刘忠，正德五年由吏部尚书入文渊阁，寻加少傅兼太子太傅、武英殿大学士，明年致仕，谥文肃。

一品：梁储，杨廷和，并少师。刘忠，少傅。

二品：刘机，太子少保；杨守阯：并吏部尚书。侯观，雄县人；胡富，绩溪人，谥文惠；王佐，和顺人：并户部尚书。林俊，莆田人，刑部尚书，谥贞肃。龚弘，嘉定人；王鉴之，山阴人；才宽，迁安人；韩重，绛州人；李善，陇州人；洪远，歙县人：并工部尚书。刘洪，安陆人；周南，缙云人；张泰，肃宁人：并左都御史。

成化十六年庚子科解元

两京主试官：顺天庶子杨守陈、谕德陆简；应天洗马罗璟、侍讲李东阳。

顺天：白钺，南宫人，字秉德，治《诗》，年二十八。甲辰榜眼，仕至太子少保、礼部尚书。卒年六十，赠太子太保，谥文恪。为人重厚尚宽简，不为觚觙之行，琐屑之节，值所难处，宁稍为逊避，未失乎正。所著有《怡靖稿》若干卷。父圭，正统壬戌会魁，太子少保、兵部尚书，赠少傅，谥恭敏。

应天：贡钦，宣城人，字元礼，治《诗》，甲辰进士，知府。

浙江：李旻，钱塘人，字子阳，号东崖，治治②《易》，年三十九。甲辰状元，历两京国子祭酒。明习典礼，振举师模，盖亦不负科名云。仕至南京吏部侍郎。

时考官取王华为首，监临谢御史嫌华白衣，乃更旻，而王华为第二。王、李相继中状元，可谓知人矣。

是榜出两状元：王华，李旻。

江西：季源，进贤人，字本清，治《书》。丁未进士，授刑科给事中，条陈时事，言甚剀切。转左给事中，会有权贵诬摭朝士，舆论沸腾，源抗疏论之。每疑狱参驳，多平反，迁都吏科。居谏垣十余年，凡弹章一上，辄焚其草，以故人鲜知之。秩满，升太常寺少卿，卒。子林，弘治甲子举人；材，正德庚午举人，知州。

福建：吴稜，莆田人，永乐庚子解元吴观从侄也。

湖广：何说，郴州人，字商臣，治《易》，辛丑进士，授提学佥事。父俊，成化己

---

① 夏，存目本作"忧"，是。
② 存目本只有一"治"字，是。

丑进士，提学佥事。子孟春，癸丑进士，侍郎。

河南：阴缨，荥阳人，治《书》，国子生，任知州。

山东：高岳，太安州人，治《易》，甲辰进士，任知州。

山西：李瀚，沁水人，字叔渊，治《诗》，辛丑进士，仕至户部尚书致仕，卒赠太子少保。瀚以风裁自持，不畏强御，所至以严正见惮，然持法平恕，人亦无怨言。

陕西：周凤，长安人，治《诗》，辛丑进士，历官副使。

四川：王嘉庆，洪雅人，治《易》，甲辰进士，任知府。

广东：林昕，揭阳人，官知州。

广西：计宗道，怀远人，字惟中，治《易》，己未进士，累官知府。父贤，天顺壬午举人，知县。

云南。

成化十七年辛丑科大魁（中式三百名）

主试官：太常寺卿兼学士徐溥，见乙未。少詹事王献，辛未进士。

会元：赵宽，直隶吴江人，字栗夫，治《书》，年二十五。丁酉乡试十六名，廷试二甲第九名，累官浙江提学副使。躬行率人，罔事口耳，随才成就，学者兴起，士经品题者，率多成名。升广东按察使，卒于官。弟宬，弘治乙卯举人，通判。宬曾孙士谔，万历辛丑进士，吏部主事；士许，壬子举人。

状元：王华，浙江余姚人，字德辉，号海日。生而警敏，读书过目不忘。六岁与群兄戏水滨，见一客濯足，遗其所提囊，取视之，数十金也。华以投水中，坐守之。少顷，其人号泣而至，华迎谓曰："求尔金耶？"为指其处，其人喜以一锭为谢，却不受。年十四，读书龙泉山寺，故有妖物为祟，能伤人，同业者皆畏去，华独留居，妖亦寝灭。庚子年三十五，以儒士中第二名，历官礼部侍郎。武庙嗣位，逆瑾窃柄，士夫争奔走其门，华独不往，瑾衔之，迁南京吏部尚书，勒令致仕，卒年七十七。后以子守仁贵，赠新建伯。所著有《龙山稿》、《进讲余抄》等稿藏于家。四世祖性常，广东参议，峒苗为乱，不屈死之。高祖彦达，裹父尸自苗壤归葬，痛父死忠，终身不仕，人称孝子。曾祖与准，精《易》理，尝筮得震之大有，知后世当兴。祖世杰，岁贡生。子守仁，弘治己未进士，以平宸濠功，封新建伯，世袭，时华尚无恙，远近荣之。守仁累疏乞归省父，归月余而华卒。守文，嘉靖丁酉举人。从孙正思，己丑进士，知府。

榜眼：黄珣，辛卯浙江解元。

探花：张天瑞，山东清平人，字文祥，年三十一。乡试第三名，博极群书，为诗文典实，累迁左春坊庶子，卒于官。

解元中式：黄珣（浙江）、何说（湖广）、石巍（山东）、周谧、陶琰、王槐、李瀚（并山西）、周凤（陕西）、马良玉（四川）、邓应仁（广东）。

杂流中式：李旦，陕西榆林卫军。

名臣：

张吉，余干人，字克修。信古好义，耻同流俗，以名节自砥砺。其为学，务穷理致知，体之身而验之心，直欲著于事为。初任主事，劾左道李孜省、妖僧继晓，出判景东，申明理治，土官长及夷民咸信化之。历广西左布政使。所著有《陆学订疑》、《佛学论传》行于世。

艾璞，南昌人，字德润。累官右副都御史，巡抚苏松诸郡，所至有声。尝使朝鲜，归橐萧然。诏求直言，陈修德六事，又陈圣政四事，皆人所难言者。有勋戚家与民争田，勘实，悉归之民。戚家赂瑾，伪旨逮狱，戍岭南。瑾诛，复官致仕。

孙交，安陆人，字同。历官太子太保、户部尚书，谥荣僖。交孤忠正色，言论恂恂。再典户部，当公私匮乏之时，裁冗食，立经制，家食二十余年，青①标奇德，卓为海内之望。

刘玑，咸宁人，字用斋。初任曲沃知县，抚民如子。尝入觐，客中扃钥，令曲沃贡士掌之，盖其公私事无弗可令人知者。后去任，民立生祠祀之。吏部选授御史，不就，告改授主事。历瑞州知府，务德化，日甘清苦，家食常不给，公服外无余衣。每朔望，与诸生讲论不倦。时新昌盗起，玑入贼巢面谕，贼见玑皆罗拜听命，有古循良风。官至户部尚书。所著有《正蒙会稿》。

陶琰，见前。

一品：孙交，陶琰，并太子太保。

二品：王华，黄珣，并吏部尚书。刘玑，咸宁人；李瀚，沁水人：并户部尚书。王敞，锦衣卫人，太子少保、兵部尚书。樊廷选，长乐人，工部尚书。王鼎，宁远人；萧翀，内江人；欧阳旦，安福人：并副都御史。

成化十九年癸卯科解元

两京主试官：顺天，翰林学士倪岳、侍读董越。应天谕德张昇、侍讲商良臣。

顺天：张赞，锦衣卫籍，直隶吴县人，治《书》，丁未进士。

应天：储巏，泰州人，字静之，号柴墟，治《书》。甲辰会元，廷试二甲第一名，授吏部主事，仕至南京吏部侍郎，卒年五十七，谥文懿。巏狷介清修，而与物无竞，推引名士，振起陋穷。时公卿奔走逆瑾前，巏独愧愤引疾去，屡起屡辞，其淳易恬静，人皆慕之。文章简古多思，有晋唐之风，所著有《柴墟集》等书。从子洵，正德辛未进士，兵部郎中。

浙江：周泽，嘉善人，字天雨，治《书》，庚辰进士，任襄阳府推官，狱无冤滞，升赣州同知，卒。泽博学有才，作为诗文，典致高远，人多传之。

江西：李素，万安人，治《诗》，儒士。

---

① 青，存目本作"清"，是。

是榜铅山费宏，年十六中式。

福建：陈仁，莆田人，治《书》，丁未进士。从兄邦瑞，戊戌进士，庶吉士。

湖广：杨纯，巴陵人，任庆府长史。

河南：王鸿儒，南阳人，字懋学，治《书》。为诸生时，提学副使陈选赏识其文，曰："是经世之文也。"成丁未进士，授南京户部主事，迁山西提学佥事，刘大夏荐于孝皇，历迁吏部左侍郎。以甄拔为己任，崇奖实行，不纯采虚名。尝曰："济天下事惟诚实者能之，趋名者亦趋利，无益也，不见夏忠靖王盐山乎？惟知有朝廷而不知有亲党，惟知有天理而不知有身家，如是社稷生民乃有攸赖。"寻擢南京户部尚书，卒谥文庄。鸿儒于书无所不读，大要以穷理致用为主，尤明习国家故事，自祖宗用人行政及前辈立朝行己之详，皆能一一言之。所著有《疑斋集》若干卷。弟鸿渐，弘治甲子解元。子可，通判。孙汝鲁，隆庆戊辰进士，四川副使。

山东：李性，陵县人，永平府同知。

山西：车相，石州人，治《易》，甲辰进士。

陕西：林廷玉，平凉卫籍，福建侯官人，字粹夫，治《礼记》。甲辰进士，选吏科给事中，转工科都谏。以论程学士试事忤旨，下诏狱，谪判海州。稍迁知茶陵，历参政，入为通政，以佥都御史巡抚保定，调掌南京。未几，论者言其偏拗，遂丐归，累荐不起，卒于家。廷玉为人刚果敏达，在谏垣号敢言，尝上筹边十策、保治八箴，又言妖僧继晓，请正其法，上皆纳之。及左迁，屡断疑狱，人以为神。既谢政，会闽卒乱，庭①玉与其友高文达角巾造垒，谕以朝廷威德，群党解散，越数月又乱，廷玉与文达又抚定之。嘉靖末，有司上其功，诏为丘祀，并祀文达。父芝，景泰癸酉举人，韩府纪善，占籍平凉。

四川：刘春，巴县人，字仁仲，治《礼记》，丁未榜眼，累官礼部尚书兼翰林学士。为人沉静寡欲，居官守正，文行为乡里楷法。卒赠太子太保，谥文简。父规，己丑进士、御史。弟台，弘治壬子解元，参政。子彭年，正德甲戌进士，副都御史；延年，礼部郎中。从子鹤年，戊辰进士，参政。孙起宗，经魁，嘉靖戊辰进士，行太仆寺卿；起敬，己酉举人；起蒙，癸丑进士。玄孙世赏，隆庆戊辰进士，布政；世曾，嘉靖壬戌进士，兵部侍郎；世选，举人。

广东：陈经纶，新会人，治②，丁未进士，官府同知。

广西：刘銮，临桂人。

云南：张志淳，金齿卫籍，应天府江宁人，治《书》，甲辰进士，二甲第四名，仕至户部侍郎。子含，举人；合，嘉靖壬午解元。

---

① 庭，存目本作"廷"，是。
② 原文脱一字，存目本同。

成化二十年甲辰科大魁（中式三百名）

主试官：詹事彭华，见戊戌。庶子刘健，庚辰进士。

会元：储巏，癸卯应天解元。

状元：李旻，庚子浙江解元。

榜眼：白钺，庚子顺天解元。

探花：王敕，山东历城人，字嘉谕，年三十八。乡试第二名，会试十七名，仕至祭酒。敕博极群书，所著有《立经通旨》诸书。

解元中式：白钺（顺天）、储巏、贡钦（并应天）、李旻（浙江）、蔡清（福建）、高岳（山东）、车相（山西）、林廷玉（陕西）、王嘉庆（四川）、张志淳（云贵）。

兄弟同榜：李赞、李贡，芜湖人，同父。乔宗、乔宁，乐平人，同父。

少年进士：白坼，武进人，年十八，未娶。王云凤，和顺人，年二十。

杂流中式：张纶，宣城人，富峪卫总旗。王璠，宁远人，岷州卫吏。

名臣：

储巏，蔡清，见前。

邵宝，无锡人，字国宝，号二泉，南京礼部尚书，谥文庄。宝质性淳懿，学问博洽，孝亲睦俗，奖诲后进，应务之才，细巨皆适，平生于声色货利，绝口不道，一时儒硕，并以天下士称之。

王云凤，和顺人，字应韶，授礼部主事，累官右副都御史，致仕。凤天资高迈，智识卓越，居官清介，人不敢干以私。

乔宇，乐平人，字希大，历官少保、吏部尚书，谥庄简。武庙驻跸留都，宇能持正镇静，以驭江彬，卒护大驾回鸾①，社稷功也。

王琼，太原人，字德华，仕至少师、吏部尚书，卒赠少保，谥恭襄。琼倜傥多大节，居官所至有声，遇事敢为，应机立断。其总制陕西，抚定羌夷，中固封守，西陲允赖，独不见知于新都，故忌者争起，几得奇祸。

一品：王琼，少师。乔宇，少保。张子麟，藁城人，太子太保、刑部尚书。

二品：白钺；邵宝；李浩，曲沃人，太子少保，谥庄简；朱恩，华亭人：并礼部尚书。金献民，绵州人，兵部尚书。黄珂，遂宁人；崔文奎，新泰人，谥康简；陈雍，余姚人，寿一百四岁：并工部尚书。边宪，任丘人；张纶，宣城人：并左都御史。

成化二十二年丙午科解元

两京主试官：顺天，侍讲学士李东阳、谕德傅瀚。应天，庶子汪谐、谕德程敏政。

顺天：罗玘，江西南城人，字景明，治《诗》，国子生。丁未进士，选庶吉士，授

---

① 鸾，通"銮"。

编修，仕至南京吏部右侍郎致仕。卒赠礼部尚书，谥文肃。玑学问渊源，气节高古，德业远迈于古人，识见不随于流俗，文章忠义，盖兼有之。

应天：陈镐，钦天监籍，浙江会稽人，字宗之，治《书》，丁未进士，历山东提学副使、右副都御史，巡抚湖广，致仕。镐明敏有吏干，董学时较阅精当，得士心，巡抚时平汉沔之盗，民赖以安。弟钦，同科举人、进士，亦为广东提学副使。

是榜出两状元：钱福，毛澄。

浙江：孙钥，宁波人，庚戌进士。

江西：江潮，贵溪人，治《礼记》，己未进士，提学广东。尝岁考，知霍韬必魁天下，金山必连第，复置山于二等，责曰："汝本有才，何杜撰吕申公格言以欺我？后日事君，不可如此。"后山以户部主事兑粮江西，果陷宸濠党，士林咸神之。父左，乙酉举人，知县。

福建：林㟽①，同安人，治《易》，弘治庚戌以乙榜授学正。丰仪伟观，见者肃然。有学有政，升国子监博士，迁南京国子监丞，卒于官。持己之严，作人之效，学校之兴，工绝先后，可谓一时之师，百世之泽也，同安县祀乡贤祠。孙天德，知州。曾孙道推，万历丙辰进士。

湖广：华峦，蕲州人，治《书》。夙负俊才，弱冠发解，登丁未进士，改庶吉士，授编修。文词清丽，性质凝重，多以台辅期之，未几卒。

河南：罗玹，扶沟人，字孟玉，治《诗》，己未进士，仕至副使。父赞，壬辰进士，御史。

山东：毛纪，掖县人，字维之，治《书》。丁未进士，改庶吉士，历官少保、吏部尚书、谨身殿大学士。卒年八十三，谥文简。子渠，嘉靖乙酉解元，乙未进士，户部员外；菜、槃俱举人。渠子延魁，举人。

山西：张锦。

陕西：刘钺，西安前卫人，任吴桥知县。

四川：邹智，合州人，字汝愚，号立斋，治《书》，年二十一。生而颖敏过人，十二能文章，群经子史，过目不忘。既发解，迎宴日闾巷观者啧啧叹羡，智马上占绝句云："龙泉山下苦书生，偶占三巴第一名。世上许多难了事，乡人何用喜相警。"比上春官，时乡里一尊官见而欣羡之，谓曰："某省某一解元，与子相若，可一访否？"智初以其为同志也，亟访之，坐已，其人忽问曰："子省榜首坊金视众举子为增几何？"智大惊，即拂衣起，不答而出。连登丁未进士，改庶吉士，遇事敢言，无所顾惮。孝皇即位，御史汤鼐当侍班纠仪，智说其面陈政务得失。吏部尚书王恕征至京，智说其勿受职，先请见君，历陈政事可否于前，一受职，再无可见之时矣。恕、鼐善其言，而卒莫能用也。寻因星变，应诏陈言，请黜万安、刘吉、尹直而用王竑、王恕，疏入不报，用是忤吉意。会言事者诬知州刘概、御史汤鼐妄论朝政下狱，乃讽锦衣卫，因鼐辞，连智

---

① 㟽，《皇明贡举考》作"启"。

并下之狱，逼供欲处以死。刑部侍郎彭韶辞疾不判案，获免。谪广东石城所吏目，毅然就道。到官二载卒，年二十六。

广东：张绍龄，番禺人，治《易》，丙辰进士，选庶吉士。

广西：赵唔，上林人，训导。

云南：夏时。

礼部尚书周洪谟等奏，本年天下试录文多乖谬，乞追夺考官训导黄奎等聘礼，行巡按提问，从之。

成化二十三年丁未科大魁（中式三百五十名）

主试官：兵部尚书兼学士尹直，甲戌进士。谕德吴宽，壬辰进士。

会元：程楷，江西乐平人，字正之，号念斋，治《诗》。博通经史百家之言，文尚奥古，自成一家。甲午举人，廷试二甲第一名，选庶吉士，擢编修，与修《会典》，卒于京。门下从游之士，骈肩累迹。后学治蒩经者，至今私淑其教旨云。

状元：费宏，江西铅山人，字子充，号健斋，治《书》，儒士，年二十。癸卯乡试二十名，会试十六名，仕至少师兼太子太师、吏部尚书、华盖殿大学士。卒年六十八，赠太保，谥文宪。所著有《自渐漫录》、《费文宪公摘稿》。宏恭慎谦抑，明治国家故事，能持重，得大体，故三入政府以功名始终云。伯瑄，成化乙未进士，参议；珣，景泰癸酉举人；瑞，成化癸卯举人。从弟寀，正德辛未进士，少保、礼部尚书，谥文通。子懋贤，嘉靖丙戌进士，庶吉士，礼部郎中；懋良，尚宝司卿。侄懋中，正德辛巳探花。亲弟完，正德癸酉举人，工部郎中。完子懋文，举人，知县。懋文子尧年，嘉靖壬戌进士，太仆寺正卿。

榜眼：刘春，癸卯四川解元。

探花：涂瑞，丁酉广东解元。

解元中式：罗玘、张赞（并顺天）、陈镐（应天）、季源、杨廉（并江西）、陈仁（福建）、华峦（湖广）、王鸿儒（河南）、毛纪（山东）、刘春、邹智（并四川）、涂瑞、陈经纶（并广东）、蒋冕（广西）。

兄弟同榜：蒋冕、蒋昇，全州人。石珤、石玠，藁城人。陈镐、陈钦，会稽人。涂瑞、涂瑾，番禺人。俱同父。

少年进士：费宏，年二十。

庶吉士（三十人）：程楷（乐平）、蒋冕（眉州）、屈伸（任丘）、袁达（达州）、黄穆（莆田）、傅珪（清苑）、万弘璧（眉州）、倪阜（上元）、华峦（蕲州）、吴俨（宜兴）、李汉（丰城）、仲棐（宝应）、罗玘（南城）、苏葵（顺德）、郑煝（闽县）、欧阳鹏（泰和）、伍符（安福）、翁健之（余姚）、李逊学（上蔡）、邹智（合州）、石珤（藁城）、李充嗣（内江）、唐希介（阳曲）、蔡杲（龙溪）、毛纪（掖县）、刘丙（安福）、任仪（阆中）、阎价（陇川）、杨廉（丰城）、潘楷（溧阳），右庶子汪谐、左谕德傅瀚教习。

名臣：

傅珪，清苑人，字邦瑞。选庶吉士，授编修，仕至礼部尚书致仕。卒赠太子少保，谥文毅。珪朴直端谅，自检甚严，孝友之行孚于乡曲，正德中，前则刘瑾以惨行其毒，中则张永以巧弄其恶，终则张忠、张雄、钱宁、江彬以愚暴肆其妄。士靡靡矣，全臣节者，大学士刘忠、尚书傅珪及牟锦衣斌三人云。

吴廷举，广西梧州籍，湖广嘉鱼人，字献臣。授广东顺德知县，历升佥事。忤逆瑾，逮诏狱，谪戍。瑾诛，复职，仕至南京工部尚书。万历中，谥清惠。在顺德时，督府欲为内臣营家庙，公以民病，弗听。舶司倚充贡市葛于县，旧皆办于民，公以非地产，却之。气节棱棱，若秋霜烈日，独行自信，不苟同于俗。筮仕四十年，无以恤其身与妻子。

李文祥，麻城人，字天瑞。孝宗即位，上《永保天命疏》，触忌谪咸宁丞。数月召还，擢职方主事。居十八日，以中舍吉人言事忤旨，辞连被逮，复谪兴隆卫经历。兴隆，故鬼方也，文祥为之疏滞导顽，俗为一变，当路者拟欲大用。寻以入贺至商城河溺死，士论惜之。

罗玘，杨廉，王鸿儒，邹智，并见前。

入阁：费宏，正德六年由礼部尚书入文渊阁，九年归，嘉靖元年复入，六年归，十四年复入，未几，以少师兼太子太师、吏部尚书、华盖殿大学士卒。蒋冕，正德十二年由礼部尚书入文渊阁，嘉靖三年至少傅、吏部尚书、华盖殿大学士，致仕。毛纪，正德十二年由礼部尚书入东阁，嘉靖二年至少保、礼部尚书、谨身殿学，致仕。石珤，嘉靖三年由吏部尚书入文渊阁，六年至少保、谨身殿学，致仕，谥文介。

一品：费宏，少师。蒋冕，少傅。石珤；毛纪；陆完，长洲人，吏部尚书：并少保。

二品：石玠；杨潭，新城人；王鸿儒；邓璋，涿州人；蒋昇：并户部尚书。傅珪；李逊学，上蔡人，谥文简；吴俨，谥文肃；刘春，谥文简；杨廉；柴昇，内乡人：并礼部尚书。胡汝砺，宁夏人；李充嗣，太子少保，谥康和：并兵部尚书。赵鉴，寿光人，刑部尚书，谥康敏。吴廷举；俞琳，仁和人；张嵩，萧山人：并工部尚书。

皇明三元考卷之八

弘治二年己酉科解元

两京主试官：顺天。应天，庶子董越、赞善张元桢。

顺天：濮韶，太医院籍，直隶当涂人，治《诗》。幼承家学，日诵数千言，未冠即以文名。居家孝友，恂恂如也。登丙辰进士，选庶吉士，授编修。未几，卒。

应天：靳贵，丹徒人，字充道，号介庵，治《易》。庚戌进士第二名，廷试第三名，历官太子太保、户部尚书、武英殿大学士。时储嗣未定，劝上择宗藩之近且贤者置之京师，俟皇子诞育，仍归藩邸，盖人所难言者。告老归，卒谥文僖。武宗南巡，亲临其丧，乡人荣之。

浙江：陆淞，平湖人，字文东，治《书》。庚戌进士，授礼部主事。忤逆瑾，下诏狱。得白，历官南京光禄寺卿。举法绳违，节缩浮靡，为竖党所嫉，归。父钱，知县。子杰，正德辛未进士，工部侍郎；杲，经魁，嘉靖辛丑进士，刑部主事；棐，辛卯举人，兵部主事；集，甲午举人，吏部司务。孙光祖，丁未进士，吏部尚书，谥庄简；光祚，经魁，己未进士，提学副使；光宅，举人；光裕，乙卯举人。从孙梦韩，嘉靖丙辰进士。光祚孙锡恩，万历乙未进士。

江西：汪俊，弋阳人，字抑之，治《书》。癸丑会元，选庶吉士，仕至礼部尚书，赠太子少保，谥文庄。父凤，乙未进士，贵州参政，所至以仁恕称，生四子：长偁，辛丑进士，工部郎中；次俊；次伟，丙辰进士，由侍读学士至吏部侍郎；次佃，丁丑进士，二甲第一名，由侍读至太常寺卿。人以为积德之报云。

福建：傅鼎，福州府学生，字用养，治《易》。吉水知县。文有时名。尝主山东乡试，称得人。

湖广：曾大有，麻城人，治《礼记》，癸丑进士，按察司副使。

河南：贾咏，临颍人，字鸣和，号南坞。丙辰进士，选庶吉士，授编修。正德初，逆瑾窃政，调兵部主事。瑾诛，累迁祭酒，文学行业为天下宗。仕至少保、礼部尚书、武英殿大学士致仕。居乡以醇厚闻。卒赠太师，谥文靖。所著有《南坞集》。

山东：臧凤，曲阜人，治《诗》。庚戌进士，改姓孟，官至刑部尚书。兄麟甲辰进士，布政。

山西：常赐，心水人，字承恩，治《礼记》。癸丑进士，授行唐知县，狷介有为，民用不扰。以荐擢监察御史，历官陕西副使。后其子大理评事伦过行唐，人皆曰："我父母常侯之子。"

陕西：童钺，长安人，治《诗》，壬戌进士，宝坻知县。

四川：宋贤，成都府学生，治《书》。

广东：区元广，顺德人，治《易》。

广西：刘天麒，临桂人，字仁徵，治《易》。壬戌进士，授工部主事，操守清谨，力除宿弊，不避权要。为逆瑾中伤，逮诏狱，拷掠无所得，谪贵州安庄驿丞，卒于任。嘉靖初，复其官，仍赐谕祭。

云南：周忠，云南金齿卫籍，直隶常熟人，字世臣。

弘治三年庚戌科大魁（中式三百名）

主试官：大学士徐溥，见乙未。少詹事汪谐，庚辰进士。

会元：钱福，直隶华亭人，字与谦，号鹤滩，治《书》。少颖异，八岁能属辞。及长，为文章雄瞻闳阔，藻思层出，人所不足，沛然有余。幼随父兰州同知中寓京，从杨少傅一清、李文正东阳学，举丙午乡试第九名。廷试策三千余言，不属草，辞理精确，若宿构然。内阁刘健得之，赞不容口，请于上，赐第一，时年三十。终于修撰。

状元：钱福。

榜眼：刘存业，广东东莞人，字可大，年三十一，癸卯乡试第二名。

探花：靳贵，己酉应天解元。

解元中式：靳贵（应天）、陆淞、孙钥、周泽（并浙江）、刘绅（河南）、臧凤（山东）。

兄弟同榜：方良永、方良节，莆田人。陶煦、陶照，秀水人。俱同父。彭杰、彭桓，吉水人。徐钺、徐钰，兴国人。俱同祖。

少年进士：洪钟，崇仁人，年十八。

名臣：

彭泽，兰州人，字济物。太子太保、兵部尚书，谥襄毅。泽纯诚直谅，刚挺敢为，两著平寇之勋，威名震动。然经略哈密一事，不能无议论者，不以功掩过可也。

席书，遂宁人，字仁同。明理学，多著述，历官三十年，所至有伟绩。以议大礼进少保、礼部尚书，未几卒，谥文襄。

李承芳，嘉鱼人，字茂卿。幼颖敏，年十四时，其伯父指乡之富贵者示之曰："儿志及此乎？"对曰："富贵不淫，贫贱乐，儿之志也。"为评事，无鲜衣马，俭苦如未官时。升寺副，遂谢病归，与其弟承箕俱隐黄公山下，讲学赋诗。其论道以教化为本，虽疏食屡空，不悔。或劝之复仕，曰："子素无作官材，非敢要誉以薄世也。"有《东峤集》行于世。

入阁：袁宗皋，石首人，正德十六年世宗即位，由长史历升礼部尚书，入文渊阁，本年卒，谥荣襄。靳贵，正德九年由礼部尚书入文渊阁，十二年至太子太保、礼部尚书、武英殿学归。

一品：廖纪，东光人，吏部尚书，谥僖靖；靳贵；席书，礼部尚书；王宪，东平人，兵部尚书，谥康毅；彭泽：并太子太保。

二品：张彩，安定人，吏部尚书。颜颐寿，巴陵人；沈冬魁，阜城人：并户部尚书。袁宗皋，礼部尚书。王时中，黄县人；高友玑，乐清人，谥恭简；聂贤，长寿人，谥荣襄；臧凤，曲阜人，谥文简；方良永，莆田人，谥简肃：并刑部尚书。赵璜，安福人，谥庄靖；童瑞，犍为人：并工部尚书。俞谏，桐庐人，谥庄襄；张琼，江宁人；杨旦，建安人：并左都御史。从兰，文登人，右都御史。

弘治五年壬子科解元

两京主试（官）：顺天，谕德杨守阯、洗马梁储。应天，庶子王鏊、洗马杨杰。

顺天：姚学礼，府军前卫籍，四川巴县人，治《易》，儒士，癸丑进士。

应天：顾清，华亭人，字士廉，号东江，治《诗》。癸丑进士第二名，廷试二甲第一名，选庶吉士，授编修。时逆瑾擅权，清守正不阿，遂落职。瑾诛，复官，累迁南礼部尚书。卒谥文僖。生平好学敦行，士论重之。

浙江：秦文，临海人，字从简，治《诗》，癸丑进士，历任参政。弟礼，己未进士，按察使；武，正德丁丑进士。礼子鸣春，嘉靖戊子举人，刑部员外；鸣夏，壬辰进士，中允。子鸣雷，甲辰状元。鸣夏子懋德，从子懋绳、懋约，俱举人。

是榜余姚孙燧，以江西巡抚死宁王之难。钱塘胡世宁，以副都识宁王之谋。余姚王守仁，以南赣巡抚戡宁王之乱。孙赠礼部尚书，谥忠烈。胡至太子太保、兵部尚书，赠少保，谥端肃。王封新建伯，世袭，赠侯，谥文成。御史周汝员合而祀之，曰三仁祠。

江西：罗钦顺，泰和人，字允升，号整庵，治《诗》，儒士，年二十九。癸丑会试第七名，廷试一甲第三名，累官南吏部尚书。以父年逾八十，乞休归养。丁忧服除，复起为礼部尚书，改吏部，皆力辞，致仕。钦顺学术醇正，操履端方，居家二十年，杜门不出，惟以著书明道为事，足迹不履城市，识者谓其辞冢宰一节，有凤凰千仞之意。卒年八十三，赠太子太保，谥文庄。所著有《困知记》。祖铎，景泰庚午举人，训导。父用俊，天顺己卯举人，助教。亲弟钦德、钦忠，俱己未进士，时称罗氏三凤，德按察使，忠通政。钦德子理，嘉靖戊戌榜眼。

福建：林文迪，宁德人，治《诗》，乙丑进士，选庶吉士。

湖广：杨礛，武陵人，字介福，治《书》，丙辰进士，选庶吉士，官至南太仆寺卿。

河南：崔文，临颍人，治《书》。

山东：王崧，临清籍，直隶常熟人，字惟岳，治《诗》，年二十八，戊辰进士，累任知府。

山西：张宪，蔚州人，治《诗》，己未进士。

陕西：李梦阳，庆阳卫籍，河南扶沟人，字献吉，号崆峒，治《诗》，年十八。癸丑进士，授户部主事，迁员外。时外戚寿宁侯张延龄怙宠骄纵，莫敢谁何。梦阳应诏，陈其二病、三害、六渐。语侵中官，诏下狱。寻复职，进郎中。又劾刘瑾，瑾矫旨夺其官。瑾诛，起为江西提学副使。卒年五十九。所著有《崆峒文集》。父正，王府教授。子枝，嘉靖癸未进士，授工部主事，左迁州同，其才情藻思有父风。

四川：刘台，巴县人，丁未榜眼刘春弟也，治《春秋》，丙辰进士，仕至参政。

广东：黄泽，顺德人，治《易经》，癸丑进士。

广西：徐淮，临桂人，治《书》，丙辰进士，任知州。

云南：王应奎，太和人，治《易》，癸丑进士。

弘治六年癸丑科大魁（中式三百名）

主试官：太常少卿兼侍讲学士李东阳，甲申进士。少詹事兼侍讲学士陆简，丙戌进士。

会元：汪俊，己酉江西解元。

状元：毛澄，直隶昆山人，字宪清，号白斋，晚更号三江，治《易》，年三十四。丙午举人，会试二十五名。澄资性明粹，容止庄洁，平生言行无少伪，犯而不校，遇事正直，不以利害少屈。济物荐贤，恒若不及，而未尝自言。历官太子太傅、礼部尚书。卒年六十三，谥文简。祖弼，及第时年百岁。

榜眼：徐穆，江西吉水人，字舜宾，年二十六。丙午乡试第二名，会试三十四名。历升侍读学士，命下而卒，年四十四。

探花：罗钦顺，壬子江西解元。

解元中式：姚学礼（顺天）、顾清（应天）、秦文（浙江）、汪俊、罗钦顺（并江西）、曾大有（湖广）、常赐（山西）、李梦阳（陕西）、黄泽（广东）、王应奎（云贵）。

兄弟同榜：黄铭、黄鑅，晋江人，同父。

庶吉士（十八人）：顾清（华亭）、赵士贤（石首）、萧柯（万安）、沈焘（长洲）、曹琼（平湖）、吴一鹏（长洲）、汪俊（弋阳）、周玉（临海）、黄澜（莆田）、胡爟（芜湖）、王缜（东莞）、任良弼（平遥）、吴舜（山阴）、许天锡（闽县）、薛格（江阴）、陈玉（泗州）、陈阳（新淦）、王崇文（曹县），太常寺卿兼侍读学士傅瀚、太常寺少卿兼侍读学士李东阳教习。

名臣：

毛澄。

罗钦顺。

胡世宁，仁和人，字永清，太子太保，南兵部尚书，谥端敏。世宁风采峻整，贞亮自持。初论逆濠，几陷不测。嘉靖初起典大政，侃侃持论。其议礼是张孚敬，而立朝殊与牴忤。至建开留都新河及闭关以弃哈密二议，尤为谋国石画。

孙燧，余姚人，字德成，累官江西巡抚、都御史。时宸濠潜谋不轨，燧屡疏罪状，为逆党所匿，弗得达，乃与巡按两司协谋，备兵布官要害。己卯六月，各官入谢濠生辰宴，濠曰："太后有密旨，令我起兵监国。"燧请密旨看，濠语塞，第曰："不必多言，我往南京，汝保驾否？"燧厉声曰："天无二日，民无二王，有太祖法在，谁则敢违？"濠骂曰："我何负于汝，奏我七本？"燧亦曰："朝廷何负于汝，而欲反耶？"一时官属骇愕相顾，独副使许逵反复辩论。濠大怒，喝令武士缚燧、逵出，斩之。时烈日方炽，奄忽阴噎惨淡。事闻，赠礼部尚书，谥忠烈，录其长子堪为锦衣卫千户，世袭。

秦金，无锡人，字国声。督学河南，行部至封丘，流贼奄至，遂破之。历官副都御史，巡抚湖广，擒斩驾璋、廖琪，讨平彬①、桂及香炉山诸苗。武庙南征，权幸横索，金抗辞直奏，以一身当之，民赖不扰。累升工部尚书，谥端敏。金志在经济而守之以

---

① "彬"为"郴"之讹。

正，居常恂恂乐易，及当职守，毫发不可夺，奖善覆恶，荐宠后进，人称长者云。

李承勋，嘉鱼人，字立卿，太子太保，兵部尚书，谥康惠。承勋学有源委，才无枝柱，提兵南北，晓畅军事，通达国体，议论英发，孜孜为国，知无不为，甚称上意。

姚镆，慈溪人，字英之。历官山东布政，以政事闻，升副都御史，巡抚延绥。镆至榆林，时武宗以十万众驻跸其地，镆调度兵食，人不知扰。嘉靖初，虏寇泾阳，全陕大震，镆斩虏首八十余级，虏众引退。累迁右都御史，提督两广军务，大破岑猛。进左都，寻被论落职。已而复起为兵部尚书，总制陕西三边。寻以老乞致仕。

李梦阳，见前。

一品：毛澄，太子太傅。秦金，胡世宁，李承勋，并太子太保。

二品：吴一鹏，长洲人，太子少保，谥文端；罗钦顺：并吏部尚书。邹文盛，公安人，谥庄简；王承裕，三原人，谥康僖；王缜，东莞人：并户部尚书。汪俊；顾清，谥文僖：并礼部尚书。姚镆，兵部尚书。杨志学，长洲人，刑部尚书，谥康惠。胡瓒，永年人，工部尚书。陈玉，高邮人，左都御史。周季凤，宁县人，谥康惠；盛应期，吴江人：并右都御史。

弘治八年乙卯科解元

两京主试官：顺天。应天侍讲学士杨守阯，侍读江澜。

顺天：张檜，平谷人，治《书》，壬戌进士，改庶吉士。兄檜，己未进士。正德中，檜以刑部郎中、檜以刑科都给事中俱改御史。檜迁太仆寺少卿，转金都。檜迁大理寺丞。逆瑾败，俱为言官所劾，檜谪，檜无恙。后檜累官右副都，檜亦累迁旧官以卒。

应天：王泉，华亭人，治《诗》，壬戌进士，历官郎中。

浙江：陶谐，会稽人，字世和，治《春秋》。丙辰进士，选庶吉士，授给事中。劾刘瑾乱政，矫诏廷杖，褫职，复构以与大臣植党，谪戍。瑾诛，得释。后以兵部侍郎，总督两广，剿平峒贼。谐历事三朝，刚介不挠，奉公守正，始终如一，卒赠兵部尚书，谥庄敏。兄谘、诰，俱甲午举人，知县；弟谞，辛酉举人，知县。孙大顺，嘉靖乙丑进士，副都御史；大临，嘉靖丙辰榜眼，侍郎。

江西：彭应奎，乐平人，字勉文。

福建：宋元翰，莆田人，治《诗》。

湖广：陶宝，麻城人，治《春秋》，任知县。

河南：李銮。

山东：杜珏。

山西。

陕西：张子渭，西安府学生。父鼎，成化丙戌进士，户部侍郎。

四川：王孝忠，南充人，治《易》，丙辰进士，员外。

广东：林高，广州府人。

广西：舒华，临桂人，武冈学正。

云贵：陶濂。

言官请云南、贵州乡试进呈录称云贵乡试录，共增解额五名，上从之。

弘治九年丙辰科大魁（中式三百名）

主试官：詹事兼侍讲学士谢迁，乙未进士。侍读学士王鏊，乙未进士。

王文恪公试士南宫，专尚经术，险丽奇衺者一切屏去，弘治间文体一变，士习稍端，公有力焉。

会元：陈澜，宛平县籍，直隶山阳人，字本初，治《易》，年二十四。乙卯乡试第二名，廷试一甲第三名，仕至修撰。

状元：朱希周，直隶昆山人，字懋忠，号玉峰，年二十三。乙卯举人，官至南吏部尚书。卒年八十四，赠太子太保，谥恭靖。希周庄重简淡，嶷然有守，其中夷易平直，廉不邀名，学惟务实，所著诗文评、史论若干卷。父文，成化甲辰进士，副使。弟希皋，正德癸酉举人，吏部司务。从子景贤，嘉靖庚戌进士，兵部员外。孙衍，举人。

榜眼：王瓒，浙江永嘉人，字思献，年三十五。乙卯乡试第三名，会试第十五名，仕至南礼部侍郎。卒年六十一，谥文定。兄预，汝州同知。

探花：陈澜。

解元中式：濮韶（顺天）、陶谐（浙江）、杨褫（湖广）、李源、贾咏（并河南）、闫宇、李玺（并陕西）、刘台、王孝忠（并四川）、张绍龄（广东）、徐淮（广西）。

兄弟同榜：董怡①、董忱，上海人。陆崑、陆嵩，归安人。俱同父。

少年进士：边贡，历城人，年二十。

庶吉士（十八人）：顾潜（昆山）、陈凤梧（泰和）、濮韶（当涂）、胡献（兴化）、张绍龄（番禺）、陈霁（吴县）、杨褫（武陵）、华德（丽水）、贾咏（临颍）、汪伟（弋阳）、王崇献（曹县）、王九思（鄠县）、张弘至（华亭）、徐忱（肃忱）、陈琳（莆田）、戴铣（婺源）、陶谐（会稽）、刘瑞（内江），少詹事张昇、侍读学士王鏊教习。

名臣：

朱希周。

陈茂烈，莆田人，字时周，监察御史。母老乞归养，旌为孝廉。杜门养静，领悟既深，充养益熟，隐衷粹行，可质鬼神，对天地乡国敬服，殆管宁、黄宪之流也。

刘玉，安福人。为辉县令，值岁饥，悉发仓粟赈民，不俟论报。奏蠲虚税，恳田劝耕，复业者屡千计。征为御史，天变陈言六事，武宗嘉之。复疏刘瑾等宜置之法，而顾命大臣刘健、谢迁当委任，瑾大怒，构诬下狱。瑾诛，起为河南督学佥事，敦本黜浮，累迁南京操江佥都御史。宸濠叛，率舟师援安庆有功。嘉靖改元，升右副都御史，进刑

---

① 《皇明贡举考》、《索引》皆作"董恬"。

部侍郎。大礼议起，复下诏狱，免官。隆庆初，赠尚书，谥端毅。

入阁：贾咏，嘉靖三年由礼部尚书入文渊阁，六年至少保、武英殿学，致仕，谥文靖。许赞，灵宝人，嘉靖二十三年由吏部尚书入文渊阁，二十四年至少傅、吏部尚书闲住，谥次简。

一品：许赞，少傅。贾咏，少师。

二品：朱希周，吏部尚书。李瓒，濮州人；边贡：并户部尚书。李钺，祥符人，兵部尚书，谥康简。何诏，山阴人；顾璘，上元人：并刑部尚书。刘麟，安仁人，工部尚书，谥靖惠。

弘治十一年戊午科解元

两京主试官：顺天，谕德王华、中允杨廷和。应天，洗马梁储、侍读刘机。

顺天：孙清，武清卫籍，浙江余姚人，字直卿，治《书》，年十九。壬戌进士第二十六名，廷试一甲第三名，官至提学副使。有文名，早卒。父铁，将仕郎。

应天：唐寅，吴县人，字伯虎，号六如，治《诗》。少有隽才，性豪宕，家贫不问产业，好古文辞，尤工四六，善丹青，声称籍甚。明年会试，江阴徐姓者通贿考官家人，得其节目，以示伯虎，且倩代笔。事露，逮诏狱，掠问无状，竟拾他故，论发为吏。归吴中，益自放废，纵酒落魄。

浙江：胡铎，余姚人，字时振，治《易》，儒士。乙丑进士，选庶吉士，改给事中。忤逆瑾，出为运副，嚼然不染。瑾败，累迁福建提学副使，其教士一以理学为先，而尤邃于《易》。历太仆寺卿而卒。平生坦易无城府，然自守甚介，不可干以私。身殁未几，子孙至不能举火，姚人称为真道学云。母王氏，二十而嫠，誓不再适，勤苦业家，教铎成进士，历显秩，累赠太宜人，表其贤节。

江西：欧阳云，泰和人，治《易》，己未进士，官御史。父雍，景泰癸酉举人，知府。

福建：林士元，侯官人，字克仁，治《春秋》，沔阳州学正。父时中，成化丁酉乡试第四名。

湖广：张钟灵，江夏人，字一卿，治《诗》。

河南：李东熙，仪封人，治《诗》。

山东。

山西：张润，临汾人，字汝霖，治《诗》。壬戌进士，授给事中，历官南京吏部尚书，谥恭肃。润丰采凝峻，不肯诡随，卒能守典法，均输财用诸不便己者辄龃龉，润益持坚节，不为动摇。

陕西：吉时，长安人，治《诗》。壬戌进士，选庶吉士，擢吏科给事中。

四川：江鹗，江津人。

广东：盛端明，潮阳人，字熙道，治《诗》。壬戌进士，选庶吉士，擢检讨，历官礼部侍郎。备顾问，对以摄生要法，不过寡欲为本。寻迁本部尚书、太子太保，谥荣简。

广西：傅泽。

云贵：杨宗尧，太和人，治《易》，庚辰进士。

弘治十二年己未科大魁（中式三百名）

主试官：大学士李东阳，见癸丑。掌詹事府、礼部侍郎程敏政，丙戌进士。

先是，程敏政问策秘，人罕知者，其故所昵门生江阴徐经平日窥得之，告于同年解元唐寅，由是各举答无遗。寅疏人也，因自矜夸必得上第，为给事中华昶及林廷玉所论。诏逮敏政、经、寅，俱下狱按问。经自诬服购敏政家人得之，又寅曾以金币乞敏政文，送洗马梁储。狱成，敏政致仕，经、寅俱充吏。

会元：伦文叙，广东南海人，字伯畴，年三十。己酉儒士中式十一名，廷试第一名，学行才器为世所推重，仕至右春坊谕德兼侍讲。正德癸酉主应天乡试，寻卒，年四十七，赠祭酒。子以谅，丙子解元；以训，丁丑会元；以诜，戊戌进士。

状元：伦天叙。

榜眼：丰熙，浙江鄞县人，字厚举，年三十。乙卯举人，仕至侍讲学士。嘉靖初，以议大礼忤旨，谪戍。曾祖寅初，国子监司业，寿一百岁。配滕氏，亦百岁。祖庆，正统己未进士，布政。父耘，教授，封谕德。子坊，嘉靖己卯解元。

探花：刘龙，山西襄垣人，字舜卿，年二十三。乡试第二名，官至兵部尚书。赠太子太保，谥文安。曾祖端，举人，教谕，赠御史。祖洁，乡试第四名，副使。父凤仪，乡试第四名，庚戌进士，户部主事。弟夔，辛未进士，佥都御史。子承恩，乡试第二名，刑部郎中。

解元中式：江潮、欧阳云（并江西）、罗玹（河南）、张宪（山西）、计宗道（广西）。

兄弟同榜：罗钦德、罗钦忠，泰和人，同父。

少年进士：李如圭，澧州人，年二十。

名臣：

王守仁，余姚人，字伯安，成化辛丑状元王华子也。正德初，官兵部主事。时逆瑾窃柄，擅逮南给事中戴铣等下狱，守仁疏论救，瑾怒，矫诏廷杖，谪贵州龙场驿丞。闭户讲读，民夷化之。瑾诛，累迁南鸿胪寺卿，日以讲学为事，学者云集。寻升南赣巡抚，会宸濠反，与吉安知府伍文定起兵勤王，俘宸濠。嘉靖初，擢兵部尚书，封新建伯。值广西思、田土官岑猛等乱，命守仁总制军务。至则撤防兵，谕威信，贼党卢苏、王受来降，思、田平。又按视断藤、八寨诸峒贼巢，相机抚勤，设县治，增城堡，事甫竣，归卒于途。守仁天资绝伦，以斯道为己任，以圣人为必可学而至，体认既久，遂悟本真，直窥堂奥，真所谓天生豪杰也。

梁材，大城人，太子少保、户部尚书。敭历中外，清节著闻，司国计者，前后十年。时工作烦兴，边费无艺，材谨守管钥，出入有度，一切滥请妄费，悉靳不与。而振起士风，屹然自守，砥柱中流，无愧古人。后追谥端肃。

伍文定，松滋人，历吉安知府。宁王反，都御史王守仁从间道避入城，文定即闭门缮甲，与守仁合谋起义，集诸兵同□①南昌，追宁王于樵舍，大破之，获宁王，进江西按察使。大阉张忠率兵讨贼，贼平，无与内，忌其功，因见胁跪，不屈，被挞，竟移病归。嘉靖初，论功迁副都御史。会云南土帅凤朝文叛，加兵部尚书讨之，至则朝文死，难渐息，因乞归，卒。时谓宁王之役，文定功为第一。

一品：王守仁，新建伯。林庭㭿，闽县人，太子太保、工部尚书，谥康懿。

二品：梁材；李如圭；许诰，灵宝人，谥庄敏：并太子太保、户部尚书。刘龙；伍文定；王轼，江都人：并兵部尚书。周伦，昆山人，刑部尚书，谥康僖。蒋瑶，归安人，太子少保、工部尚书，谥恭靖。

弘治十四年辛酉科解元

两京主试官：顺天。应天谕德王华、侍讲刘忠。

顺天：谢丕，浙江余姚人，乙未状元谢迁子也，字以中，号乳湖，治《礼记》，国子生，年二十一。乙丑进士第四名，廷试一甲第三名，累官吏部侍郎兼翰林院学士。

应天：陆深，上海人，字子渊，号岩山，治《易》。乙丑进士，选庶吉士，擢编修，仕至少詹事兼翰林学士。赠礼部侍郎，谥文恪。

浙江：田惟祐，萧山人，字裕夫，治《书》，年二十五，戊辰进士，授如皋知县，历浔州知府，致仕。

江西：刘节，大庾人，治《诗》。乙丑进士，刑部郎中。父滋，训导。子鲁，嘉靖戊子举人。

福建：张燫，闽县人，字明臣，治《易》，儒士。任文昌知县。为人尚意气，多闻识，议论慷慨。弱冠高科，屡不偶礼部，人共惜之。高祖聪，洪武庚辰进士，永康知县。曾祖瑜，永乐癸卯举人。曾伯祖衍，永乐甲辰进士，刑部主事。祖纯，成化己丑进士，淳安知县。伯祖续，景泰丙子举人，教授。父彬，成化癸卯举人，绵州学正。叔诸，弘治壬戌进士，六合知县；概，戊午举人，知县。

湖广：廖珊，衡阳人，字邦重，治《诗》，年三十一。戊辰进士，授行人，升右司副，致仕。

河南：何瑭，怀庆卫人，字粹夫，治《诗》。壬戌进士，选庶吉士，授编修。正德初，士大夫多屈膝逆瑾，而瑭独长揖。瑾怒，欲中伤之，瑭遂乞休归。瑾诛，召还馆职。未几，直经筵，进谏忤旨，出补开州同知，累官南京右都御史，致仕。卒，追谥文

---

① 原缺。存目本作"赴"。

定。瑭孝友峻洁，性澹泊，绝无嗜好，土室缟衣，晏如也，博学笃行，以古人自期。所著有《柏斋三书》及文集数卷行于世。

山东：赵鼎。

山西：李翰臣，大同右卫人，字德卿，治《易》，年三十二。戊辰进士，授行人，历升兵备副使，致仕。父亨，知县。

是榜朝邑韩邦奇，年十四中式。

陕西：王谔，西安护卫籍，白水人，字直夫，治《易》，国子生，年二十六。戊辰进士，历官知府。弟讴，正德丁丑进士，佥事。

四川：张鹏翼，泸州人，治《书》。

广东：张世衡，海南卫籍，直隶泰兴人，字平仲，治《易》，年二十四。戊辰进士。祖纪，指挥佥事。兄世英，举人。弟世延，指挥佥事。

广西：傅文溥，藤县人，治《易》。

云贵：汪城，云南屯冲卫籍，直隶建德人，任四川广安知州。

弘治十五年壬戌科大魁 （中式三百名）

主试官：吏部左侍郎兼学士吴宽，见丁未。侍读学士刘机，戊戌进士。

会元：鲁铎，湖广景陵人，字振之，治《书》，丙午举人，年四十五。廷试二甲第五名，选庶吉士，仕至国子祭酒，卒年五十六。铎端方自砺，不肯言人短长及时政得失。常奉使外夷，却金珠之馈。及在告，绝迹公门，与后进之士讲究经义，台臣交章荐之，不起。卒之日，贫不能葬。巡抚为请于朝。故事，四品大臣例无祭葬赠谥。上以铎清节著闻，特令有司治葬，赠谥礼部侍郎，谥文恪。

状元：康海，陕西武功人，字德涵，号对山，戊午举人，年二十八。寻以逆瑾乡人故，罢官家居。尝贾维扬，以混其迹。所著有《对山集》。高祖汝楫，刑部侍郎。曾祖爵，以荫仕至太常寺少卿。从曾祖裡，以荫仕至通政司参议。祖健，通政司知事。父镛，府知事。弟浩，正德辛未进士，户部郎中；河，嘉靖癸未进士。

榜眼：孙清，戊午顺天解元。

探花：李廷相，锦衣卫籍，山东濮州人，字梦弼，号蒲汀，年二十二。会试三十二名，仕至太子宾客、户部尚书兼学士。卒年五十九，赠太子太保，谥文敏。父瓒，丙辰进士，户部尚书，赠太子太保。

解元中式：孙清、张襘（顺天）、王泉（应天）、何塘（河南）、张润（山西）、吉时、童钺（并陕西）、盛端明（广东）、刘天麒（广西）。

兄弟同榜：曹岐、曹崑，句容人，同父。

庶吉士（十九人）：周煜（歙县）、鲁铎（景陵）、薛金（江阴）、温仁和（华阳）、滕霄（建安）、李时（任丘）、赵永（临淮）、李贯（晋江）、毕济川（贵溪）、何塘（怀庆）、张襘（平谷）、李元吉（堂邑）、周祯（山阴）、王廷相（仪封）、顾烨（嘉兴）、潘希曾（金华）、盛端明（饶平）、朱衮（永州）、王萱（金溪），学士梁储、王华教习。

名臣：

鲁铎，张润，见前。

何景明，信阳人，字仲默，授中书舍人。正德初，逆瑾用事，谢病归。瑾败，复职。会乾清宫灾，应诏陈时政，语颇激切，不报。久之，补副使，督学关中。因疾作，弃官归。卒年三十九。景明驰才长赋，并凌作者，和粹冲夷，人乐为友，众目为台辅中人。然性简意宽，不善事枢要，遂出为校文之职。年亦不永，人咸惜其未竟厥谊云。所著有《雍大记》、《何氏集》行于世。

钱如京，桐城人，字公溥。初授青田令，有异政。擢御史，有真御史名。历右副都，提督两广军务。时土官仇杀，当事者利用兵，京谓宜招抚，兵不刃而地方以宁。升刑部尚书。为人端严宽厚，平居恂恂，不见喜愠色。临大事，决大疑，徐出片言，动中理道，朝野推重之。

入阁：李时，嘉靖十年由吏部尚书入武英殿，十七年至少保、华盖殿学，卒赠太保，谥文康。

一品：李时，少保。汪铉，婺源人，吏部尚书，谥荣和；王廷相，兵部尚书，谥肃敏：并太子太保。

二品：周用，吴江人，太子少保，谥恭肃；张润，临汾人，谥恭肃：并吏部尚书。李廷相；徐问，武进人，谥庄裕；钱如京，桐城人；张云，信阳人：并户部尚书。温仁和，太子少保，谥文恪；盛端明，太子少保，谥恭简：并礼部尚书。胡训，南昌人，太子少保、兵部尚书。章拯，兰溪人，工部尚书，谥恭惠。何塘，左都御史。

弘治十七年甲子科解元

两京主试官：顺天。应天侍读学士白钺、赞善费宏。

国初考试官虽儒士，亦在所聘惟其人而已，后专任教职，乃有遗珠之叹。是科礼臣上言，各省考官皆御史方面辟召，职分既卑，权衡无与，以外帘之官，而专去取，关节相通，人图幸进，必以京朝官为工①考，而不拘见任致仕。故少卿杨廉以服阕主浙江，主事王守仁以病痊主山东试。已而言官劾杨廉为不孝，王为不忠，法遂废。至嘉靖戊子复行之，仅两试而止，迨万历乙酉复行之，至今不变云。

顺天：张璿，晋州人，字仲齐②，治《书》，年二十八。戊辰进士，授监察御史，持法不回，历迁大理寺少卿，参驳允当，寻擢南京操江都御史，振纪纲，勤教阅，威名大著。然刚介峭直，为人所嫉，卒坐诬免归。甘贫忘势，绝迹公门，惟教授生徒，出其

---

① 工，存目本作“主”，是。
② 存目本同。“齐”为“斋”之讹。

854

门者多名士，门人私谥曰贞靖先生。兄瑜，教谕。子集，嘉靖癸未进士，知府。

应天：眭纮，武进人，治《诗》，庚辰进士，佥事。

浙江：萧鸣凤，山阴人，字子雝，治《诗》。甲戌进士，授御史，历官提学副使。文章行业为世所宗，未大用而卒，世多惜其经济之器不究厥施云。父昱，天顺壬午举人，知县，有古循吏风。

江西：尹襄，永新人，治《易》。辛未进士，选庶吉士，升编修。

福建：黄如金，莆田人，成化甲午解元黄乾亨子也，治《诗》。乙丑进士，庶吉士，擢御史。

湖广：王相之，松滋人，成化丁酉解元王本义子也，治《书》。

河南：王鸿渐，南阳人，成化癸卯解元王鸿儒弟也，治《书》。癸未进士，布政。

山东：穆孔晖，堂邑人，字伯潜，号玄庵，治《易》。乙丑进士，选庶吉士，擢检讨。忤逆瑾，瑾矫诏调南礼部主事。瑾诛，复原职，历升太常寺卿。谥文简。孔晖夙有俊才，好古文词，行己端雅，士论重之。有《读易录》等书行世。

山西：孙绍先，代州人，治《易》，乙丑进士，改庶吉士，历中允。弟绍祖，辛未进士，检讨。

陕西：胡鉴，同州人。

四川：许濂，成都卫人。

广东：陈珧，饶平人。

广西：喻汉，藤县人，治《书》。甲戌进士，副使。

云贵：杨士云，太和人，治《诗》。丁丑进士，选庶吉士。

弘治十八年乙丑科大魁（中式三百名）

主试官：太常寺卿兼学士张元祯，庚辰进士。春坊大学士杨廷和，戊戌进士。

会元：董玘，浙江会稽人，字文玉，号中峰，治《易经》。玘生而颖绝，以神童称，年十五，中辛酉乡试第二名。及登第，年十九，尚未娶。在翰林忤逆瑾，出为①县，及迁，复苦以刑曹。瑾诛，还旧职，历官吏部右侍郎而罢。为文雅庄，得西汉作者之髓。居乡严重寡交，即大吏造庐，罕观其面。卒赠礼部尚书，谥文简。有《文简集》行于世。父复，成化乙未进士，云南知府。伯豫，戊戌进士。弟珫，嘉靖壬午举人。子思近，知府。曾孙懋史，万历庚子举人；懋中，癸丑进士，刑部主事。从曾孙启祥，辛卯举人，知县。启祥子成宪，壬子举人。

董与第二名湛若水、第三名崔铣、第四名谢丕、第五名安盘②，俱入翰林，亦一奇也。

---

① 存目本同。疑脱"知"字。

② "盘"为"磐"之讹。

状元：顾鼎臣，直隶昆山人，字九和，号未斋，治《易》，年三十三。辛酉举人，官至少保兼太子太保、礼部尚书、武英殿大学士。卒年六十八，赠太保，谥文康。鼎臣博学多能，阴阳、医卜、音律之类，皆所精通。笃于孝友，与人交，洞见肺腑，倜傥好施，奖引寒士，遇事敢言，极为世宗眷注。卒后以筑昆山城御寇有功，赐专祠于乡。子履芳，举人，赠尚宝司卿。孙谦益，官生，赠治中；谦亨，尚宝司卿。曾孙咸和，治中。玄孙震宇，万历乙酉举人；天宠，丙午举人。从子潜，弘治丙辰进士，提学御史。潜子梦圭，嘉靖癸未进士，布政。梦圭孙天埈，万历壬辰探花。梦羽，州同。子允元，万历丙戌进士，知县。孙天叙，戊子举人，知县。曾孙锡畴，己未进士。

阁臣初拟魏校第一，因其策中有"闻陛下一日之间，在坤宁宫之时多，在乾清宫之时少"等语，不可宣读，抑置二甲第九，而顾遂得首擢。

榜眼：董玘。

探花：谢丕，辛酉顺天解元。

相传临轩之日，敬皇于宫中焚香吁天，期得真才以佐治理，故是岁举士至贵近臣，毋虑数十百人，而名臣亦不乏也。

解元中式：谢丕（顺天）、陆深（应天）、胡铎（浙江）、刘节（江西）、林文迪、黄如金（并福建）、穆孔晖（山东）、孙绍先（山西）。

兄弟同榜：闵槐、闵楷，任丘人，同父。陈墀、陈达，闽县人，同曾祖。孙擎、孙乐，登州人，俱同祖。黄如金、黄希英，莆田人，同曾祖。

少年进士：董玘，年十九，未娶。

庶吉士（三十人）：崔铣（安阳）、严嵩（分宜）、湛若水（增城）、倪宗正（余姚）、陆深（上海）、翟銮（诸城）、邵天和（宜兴）、徐缙（吴县）、张九叙（商河）、蔡潮（临海）、林文迪（宁德）、安邦（巴县）、段炅（兰州）、蔡天祐（睢州）、胡铎（余姚）、高方（江都）、马卿（林县）、刘寓生（石首）、安磐（嘉定）、穆孔晖（堂邑）、李艾（上饶）、王韦（江浦）、赵中道（石首）、黄如金（莆田）、闵楷（任丘）、傅元（新喻）、孙绍先（代州）、易舒诰（攸县）、方献夫（南海）、张邦奇（鄞县），张元祯及学士刘机教习。

名臣：

顾鼎臣，董玘，胡铎，见前。

崔铣，安阳人，字子钟。选庶吉士，授编修。时逆瑾窃柄，以不附己，调南户部主事。瑾诛，召还，晋侍读。尝侍经筵，讲说命因，劝上去谗戒逸，时钱宁等在侧，甚衔之，寻引疾归。世庙初，擢祭酒，以灾异自陈免。久之，复起为少詹事，寻迁南礼部侍郎。卒赠尚书，谥文敏。所著有《读易余言》、《文苑春秋》等集行于世。铣博学好古能文，素履皭然，出处无玷，渊醇清邵，卓然巨儒。

黄巩，莆田人，字伯固。授刑部主事，兵部郎中，以谏武宗南巡廷杖削籍。穆宗即位，召为南大理寺丞。寻卒，赠大理寺少卿。当武皇南巡，朝野危疑，社稷几摇，而巩独奋其精忠，危言极论，明白痛切，可为流涕。读其书，虽与日月争光可也。

魏校，昆山人，字子才。授刑部主事，历国子祭酒兼太常寺卿，谥恭简。校恬静端确，始而肆力坟典，继而反之身心，内外交养，自持瞿瞿，事必先有成法，守而勿渝，虽官显秩，澹若寒士，盖慥慥笃实之君子也。

入阁：翟銮，嘉靖六年由吏部侍郎兼学士入，十二年丁忧，十九年复入，二十三年至少傅、礼部尚书、谨身殿学为民，谥文懿。方献夫，嘉靖十一年由吏部尚书入武英殿，十二年至少保罢，谥文襄。顾鼎臣，嘉靖十七年由礼部尚书入文渊阁，十九年进少保、武英殿学，卒谥文康。严嵩，嘉靖二十一年由礼部尚书入武英殿，四十一年至少师、吏部尚书、谨身殿学，削籍，寻没入，卒。

一品：严嵩，少师。翟銮，少傅。方献夫；顾鼎臣；张瓒，沧州人，兵部尚书，谥恭襄：并少保。闻渊，鄞县人，吏部尚书，谥庄简；顾可学，无锡人，礼部尚书，谥荣僖：并太子太保。

二品：万镗，进贤人，太子少保、吏部尚书。王尧封，定兴人；闵楷：并户部尚书。张邦奇，太子宾客，谥文定；湛若水，谥文简；宋景，奉新人，谥庄靖：并兵部尚书。顾应祥，长兴人，刑部尚书。

皇明三元考卷之九

正德二年丁卯科解元

两京主试官：顺天，学士刘春、侍读学士吴俨。应天，谕德傅珪、侍读顾清。

顺天：张行甫，大兴籍，浙江钱塘人，字子先，治《书》，年三十四，戊辰进士。

应天：吴仕，宜兴人，字克学，号颐山，治《易》。少负才名，登甲戌进士，历山西、福建、广西、河南督学副使，寻升四川参政，引疾致仕。晚年学问惟务于行，尝曰："愿士大夫有实行而不立门户。"独与魏庄渠、王槐谷、徐养斋、唐荆川数人为古道交。所著有《颐山私稿》行于世。卒年六十五，祀乡贤。祖玉，户部员外郎，赠礼部侍郎。兄俨，成化丁未进士，礼部尚书，谥文肃。子敦复，万历癸酉举人。孙彦贞，丙午举人。曾孙炳，己未进士。

是科试录首题竟以元卷作程，一字不易，而是年主北场试者即其伯兄俨也，首题程是俨手裁。按兄弟两人一主北畿试，一冠南畿士，而首两程出此两人之手，当时相传为盛事云。

浙江：张直，山阴人，府同知。祖倬，正统甲子举人，知县。

江西：夏良胜，南城人，字于中，治《春秋》，年二十五。戊辰进士，历官吏部郎中，多所建白。谏止武宗南巡，廷杖归。嘉靖初复职，复以议大礼忤旨为民。父泉，府通判。

福建：林文俊，莆田人，字汝英，治《书》。辛未进士，选庶吉士，仕至南吏部侍郎。赠礼部尚书，谥文修。

湖广：李中，随州籍，江西吉水人，字子庸，治《书》，年三十。甲戌进士，授刑部主事。谏西僧出入禁内及宦官用事，忤旨，谪驿丞。嘉靖初，擢广东佥事，累官右副都御史。卒年六十五。中气刚而豪，仪貌庄重，声吐震厉，不避权贵，所至多有政绩。自入仕至显宦，俸入不足以供朝夕，旷如也。其学以求仁为主本，以闲邪为入手，以直任天命流行，无事安排为实际。所著有疏草、日录、书问、诗文若干卷藏于家。子元生，戊子举人。

河南：刘启东，罗山人，字伯阳。

山东：李节义，茌平人，治《诗》，辛未进士，佥事。

山西：解一贯，交城人，治《易》，庚辰进士，都给事中。

陕西：邵昇，凤翔府学生，治《诗》。父伯宗，己酉举人，工部员外。

四川：王俊民，合州人，治《诗》，甲戌进士，给事中。

广东：黄锦，归善人。

广西：陈俊，临桂人，涪州知州。

云贵：程政，云南卫籍，直隶贵池人，四川荣寿知县。

正德三年戊辰科大魁（中式三百五十名）

主试官：户部尚书、武英殿大学士王鏊，见丙辰。掌詹事府、吏部尚书梁储，戊戌进士。

或传会试锁院后，刘瑾以片纸书五十人姓名，欲登第。主司不敢拒，唯唯而已。瑾曰："先生恐夺贤者路耶？"即开科额三百五十人，皆上第。

会元：邵锐，浙江仁和人，字思抑，号端峰，治《易》，年二十八。辛酉举人，廷试二甲第二名，授编修，仕至太仆寺卿。锐宅心制行，超绝时俗，独耻于近名，不立门户，而暗然日章，咸服其为真道学云。殁之日，笥无数金，田仅百亩。卒赠右副都，谥康僖。

状元：吕柟，陕西高陵人，字仲木，号经野①，治《书》，年三十。乡试第十名，会试第六名，仕至南礼部侍郎。卒年六十四，赠礼部尚书，谥文简。柟性孝友俭朴，内充外裕，行方辞厉，在朝在野，随寓尽道。所至学徒云集，为理学之宗。门生侍侧数十年，未尝见其偷语惰容。经书子史，并有发挥。所著有《四书因问》、《五经说》、《史馆献纳》、《南省奏稿》、《泾野文集》十四种。子田，乙酉举人。

榜眼：景旸，应天府上元籍，仪真人，字伯时，治《易》，年三十三。戊午举人，会试三十四名。时逆瑾乱政，朝士见者重迹屏气，旸独弗阿。每当进讲，必越宿斋沐。迁国子司业，六馆诸生，人人以为得师。寻改中允，管南司业事。南方士习奔竞，有请

---

① 存目本作"泾野"，是。

嘱者一切谢绝，士习稍正。旸清介过甚，居官如布衣时。性笃于义，有寡妹，奉与母居，为嫁娶其子女。友人张贡见旸女，欲与婚，未聘也，贡寻卒，旸哭曰："曩吾心许之，忍负亡友乎？"召其子妻之。卒年四十九。

探花：戴大宾，福建莆田人，字寅仲，治《书》，年二十，未娶。丁卯乡试第三名，会试第二名。给假归娶，寻丁忧，在途卒。

时焦芳子黄中二甲第一，刘宇子仁第四，皆逆瑾党也。因刻黄中及三甲一名胡缵宗策，俱授检讨，寻改仁及邵锐、黄芳为编修，黄中再进侍讲。后瑾诛，黄中、仁为民，锐、芳、缵宗俱坐贬。

解元中式：张璿、张行甫（并顺天）、田惟祐（浙江）、夏良胜（江西）、廖珊（湖广）、张世衡（广东）、王崧（山东）、李翰臣（山西）、王谔（陕西）。

少年进士：戴大宾，年二十；唐鹏，丹徒人，年二十二；戴冠，信阳人，年二十三；王言，弘农人，年二十二：俱未娶。韩邦靖，年二十一。

兄弟同榜：方鹏、方凤，昆山人；吴山、吴岩，吴江人；韩邦奇、韩邦靖，朝邑人：俱同父。欧阳铎、欧阳席，泰和人，同祖。陆范、陆巽章，武进人，亲叔侄。

名臣：

吕柟，见上。

许逵，固始人。授乐陵令。刘六之乱，逵设策保障有功，升山东佥事，寻转江西副使。会宸濠反，缚副都孙燧，将杀之，逵反复辩论，毅然以为不可。濠曰："许逵何言？"逵曰："惟有赤心耳，肯从汝反乎？"濠怒，与燧并斩之。事闻，赠左副都御史，谥忠节，荫一子锦衣卫千户。

刘天和，麻城人，字养和。以御史按关中，忤镇守监廖堂，被诬诏狱。谪金坛丞，累迁湖州守，称治平第一。历总制三边、兵部尚书，有功，加太子太保，荫一子锦衣卫千户。卒赠少保，谥庄襄。天和端毅有谋，风裁凛然，尽心国事，鞠躬尽瘁。其经略西戎，夷人不敢忘中国大义，非天和之德望才略致然哉？

韩邦奇，朝邑人，字汝节。历浙江佥事，忤镇守内官，诏狱削籍。嘉靖元年起山西参政，仕至南京兵部尚书致仕。卒赠太子少保，谥恭简。奇性刚直，尚节概，端洁方正，人不敢干以私，威望稜稜，人方之轩司寇惟行、王冢宰九皋云。

一品：唐龙，兰溪人，谥文襄；刘天和；毛伯温，吉水人：并太子太保、兵部尚书。

二品：夏邦谟，涪州人，吏部尚书。周金，武进人，太子少保，谥襄敏；王崇庆，开州人：并户部尚书。潘鉴，婺源人，谥康敏；路迎，汶上人；翟鹏，武宁人；韩邦奇：并兵部尚书。周期雍，宁州人。吴山，刑部尚书。

正德五年庚午科解元

两京主试官：顺天，学士傅珪、侍读学士毛澄。应天，侍读学士蒋冕、侍读朱希周。

顺天：王江，任丘人，治《诗》，国子生，辛未进士。

应天：孙继先，浙江余姚人，治《诗》，国子生。父辉，景泰甲戌进士，成都知府。

浙江：戴颙，太平人，字师观，治《易》。辛未进士，选庶吉士，擢吏科给事中。以劾光禄寺卿冯兰不职谪官，寻复职。武宗议南巡，百官伏阙谏且哭，大理寺少卿吴堂喝令母①哭，颙又上章劾之。由是直声著闻，在朝咸惮之。未几，卒于官。所著有《倦歌集》、《筠溪稿》藏于家。

江西：刘泉，安福人，治《易》。辛未进士，选庶吉士，升编修。

福建：黄廷宣，莆田人，治《易》。甲戌进士，历官佥事。弟廷用，嘉靖乙未进士，侍郎。曾孙鸣俊，万历乙未进士。

湖广：仵瑜，蒲圻人，字仲甫，治《礼记》。丁丑进士，授礼部主事。嘉靖初，以议大礼忤旨，廷杖死。隆庆初，诏存恤其家，荫一子为国子生。父绅，成化丁未进士，主事。

河南：高尚贤，新郑人，字大宾，号凤溪，治《诗》。丁丑进士，累官山东提学佥事。以身为教，士习翕然向风。迁光禄寺少卿。父魁，丙午举人，工部郎中。子捷，嘉靖乙未进士，佥都御史；拱，辛丑进士，中极殿大学士；才，己酉举人，都督府经历。

山东：王三锡，曹州人，治《诗》，丁丑进士，参政。

山西：陈皋谟，代州人，治《诗》，庚辰进士。

陕西：吉体仁，兴平人，治《诗》。子来献，嘉靖丁酉举人。

四川：叶桂章，名山人，治《诗》。幼颖敏善学，词章清古。登丁丑进士，选庶吉士，累官侍讲。后以事被逮，卒于途。

广东：黄佐，香山人，字才伯，治《诗》。庚辰进士，选庶吉士，历官詹事。佐素有才名，尝督学西粤，以文著称。卒赠礼部侍郎，谥文裕。

广西：屠楷，临桂人，字良才，治《书》。癸未进士，仕至南京兵部尚书。卒赠太子少保，谥恭简。

云贵：滕文粲。

正德六年辛未科大魁（中式三百五十名）

主试官：少傅武英殿大学士刘忠，戊戌进士。掌詹事府、吏部侍郎靳贵，庚戌进士。

会元：邹守益，江西安福人，字谦之，号东廓，治《春秋》，儒士，年二十。丁卯举人，廷试第三名，仕至南祭酒。卒赠礼部侍郎，谥文庄。守益传王阳明致良知之学，

---

① 母，存目本作"毋"，是。

海内多宗之。所著有《东廓文集》。父贤，丙辰进士，佥事。子义，举人，通判；善，丙辰进士，布政；美，辛酉举人。善子德涵，隆庆辛未进士，佥事；德溥，万历癸未会魁，洗马。美子德泳，丙戌进士，御史。

状元：杨慎，四川新都人，字用修，号升庵，治《易》，年二十四。丁卯乡试第二名，会试第二名。慎自幼能文，多惊人语，长益博习缀辑，蔚有令闻。及第后，以议大礼不合，谪戍滇南。益综群籍，各出意见，工于证经，博于稗史，详于诗事，精于字学，为海内宗工，风流雅致，人多称之。卒于滇，年七十二。隆庆初，赠太常寺少卿。所著有《升庵文集》、《南中集》、《赤牍清裁》、《丹铅余录》等百种，俱传。祖春，成化辛丑进士，提学佥事。父廷和，年十二举辛卯乡试，登成化戊戌进士，少师、吏部尚书、华盖殿大学士，谥文忠。叔廷平，戊午举人；廷仪，弘治己未进士，兵部侍郎；廷宣，辛酉举人。弟惇，经魁，嘉靖癸未进士，主事；恂，经魁，丙戌会魁，庶吉士，佥事。侄有仁，万历丁丑进士，佥事；志仁，都司经历；其仁，前府经历；兴仁，指挥同知。

榜眼：余本，浙江鄞县人，字子华，年三十四。庚午举人。为人性刚直，不避权势。擢广东提学副使，敷教以宽，士心畏爱。官至南京通政。

探花：邹守益。

解元中式：戴颙（浙江）、尹襄、刘泉（并江西）、林文俊（福建）、李节义（山东）、王江（顺天）。

兄弟同榜：柴奇、柴太，昆山人；欧阳嵩、欧阳崑，泰和人；王元凯、王元正，鳌屋人；张翀、张雅，潼川人：俱同父。王完、王宁，遂宁人，同祖。屠侨、屠俓，鄞县人，同宗。

庶吉士（三十三人）：许承名①（聊城）、刘栋（山阴）、张璧（石首）、应良（仙居）、黄臣（济阳）、尹襄（永新）、刘朴（昌平）、许复礼（东安）、费寀（铅山）、王道（武城）、张潮（内江）、祝续（长洲）、王思（泰和）、孙承恩（华亭）、徐之鸾（桐城）、刘泉（安福）、休文俊（莆田）、孙绍祖（代州）、戴颙（太平）、吴惠（鄞县）、金皋（绵州）、刘爞（襄垣）、郭维藩（仪封）、田荆（兰州）、张翀（潼川）、王元正（鳌屋）、陈寰（常熟）、刘济（莆田）、张衍庆（汲县）、冼尚文（番禺）、边宪（任丘）、张鳌山（安福）、俞敦（扬州），靳贵及侍讲学士蒋冕教习。

名臣：

邹世②益，已见。

杨慎，已见。

王道，武城人，字纯甫。选庶吉士，擢编修，历吏部侍郎。谥文定。道文学行谊，表著一时，难进易退之节，世所推重。

---

① 《皇明贡举考》、《索引》作"许成名"。
② "世"为"守"之讹。

王以旂，江宁人，字士招。授江西上高知县，擒华林贼，入为监察御史，累升南京右都御史。以处父母之邦，兢兢奉法，务屏驺从，清庶狱，出入稀简。每谓诸子曰："昔张湛入里门必步，可取为法也。"历兵部尚书，总督三边。在镇六年，开诚布信，虏无深入，前后御虏斩首以千计。其所缮障塞，皆坚壮可恃，西人赖之。卒于镇，边民号泣罢市。赠太保，谥襄敏。

入阁：桂萼，安福人①，嘉靖八年二月由吏部尚书入武英殿，八月令致仕，十一月复召入，十年至少保，致仕，赠太傅，谥文襄。张璧，石首人，嘉靖二十三年由礼部尚书入东阁，明年加至太子太保，卒赠少保，谥文简。

一品：桂萼；费寀，礼部尚书，谥文通：并少保。张璧；屠侨，鄞县人，刑部尚书，谥文简；王以旂：并太子太保。

二品：孙承恩，太子少保、礼部尚书，谥文简。樊继祖，鄄城人；张潮：并礼部尚书。杨守礼，蒲州人，太子少保、兵部尚书。喻茂坚，荣昌人，刑部尚书。周叙，息县人，工部尚书。

正德八年癸酉科解元

两京主试官：顺天，侍讲学士吴一鹏、中允刘龙。应天，谕德伦文叙、中允贾咏。

顺天：史道，涿州人，成化戊子解元史俊子也，字克弘，治《书》。丁丑进士，选庶吉士，仕至太子少保、兵部尚书。子直臣，嘉靖丁未进士，鸿胪寺卿。

应天：王大化，仪真人，治《书》。庚辰进士，郎中。

浙江：陈器，临海人，治《书》。甲戌进士。

江西：王昂，吉水人。

福建：张岳，惠安人，字惟乔，治《诗》。丁丑进士，仕至兵部侍郎。岳少笃志力学，以居敬穷理为宗。初入仕，直谏忤旨，廷杖谪官。虽屡扼于权相，屹然不移。经理交苗，劳绩尤著，后楚粤间多庙祀之。久乃追复右都御史，赠太子少保，谥襄惠。子寓，举人。孙迎，万历乙未进士，尚宝司丞。

湖广：阮朝东，黄冈人，治《春秋》，癸未进士。叔章，弘治己未进士，行人。章子朝阳，年十二中乡试。

河南：李濂，祥符人，字川父，治《书》。幼颖敏，好读书，九岁攻古文，人称大梁才子。举甲戌进士，授沔阳知州。会川襄水溢大侵，濂请蠲赈，全活数万人。累迁山西佥事，坐忤权贵罢归，年三十八。杜门谢客，日以著述自娱，诗文俱率意走笔，不事煅炼，有古朴风。卒年七十九。所著有《嵩渚文集》。孙孺宁，万历丙子举人。

山东：陈文昭，濮州人，治《诗》。甲戌进士，仕至山西佥事，致仕，进阶朝列大

<hr>

① 《明史》作"安仁人"。

夫。子萃叟，鸿胪寺署丞。孙孺宁，万历丙子举人①。

山西：刘怀仁。

陕西：吴缙，凤翔人，治《诗》。癸未进士，历任副使。为人博学有文行，居官简谅，不求时誉，所在有功。

四川：毛鸑，泸州人。

广东：萧与诚②，潮阳人，字宗东，治《书》。丁丑进士，选庶吉士，官至修撰。子端蒙，嘉靖辛丑进士，御史。

广西：郑琬，仪卫司籍，浙江青田人，治《礼记》。癸未进士，主事。

云贵：韩楫。

正德九年甲戌科大魁（中式四百名）

主试官：少傅、大学士梁储，见戊辰。翰林学士毛澄，癸丑进士。

会元：霍韬，广东南海人，字渭先，号渭崖，治《易》，年二十八。癸酉经魁，廷试二甲第一名。仕至太子少保、礼部尚书兼翰林院学士。赠太子太保，谥文敏。所著有《渭崖疏要》、《霍文敏集》。韬质直好古，行谊高洁，议论侃侃，能鼓舞人才，奏疏屡上，皆惓惓忧国爱君。惜其功业未究，识者憾之。子与瑕，嘉靖己未进士，佥事；与玮，举人。

状元：唐皋，直隶歙县人，字守之，号心庵，治《春秋》，年四十六。癸酉经魁，会试第四名。仕至侍讲学士，卒于官。皋襟怀脱落，善谋断，喜任事，在庠序有声誉。累蹶场屋，励志愈坚，卒连捷二魁，以状元及第，可谓有志者事竟成也。

榜眼：黄初，江西贵溪人，字慎初，年三十六。庚午举人，会试三十一名。

探花：蔡昂，直隶淮安籍，嘉定人，字衡仲，号鹤江，治《书》，年三十四。丁卯乡试第二名，会试第三名，仕至礼部侍郎兼侍讲学士，卒年六十。

解元中式：吴仕（应天）、萧鸣凤、陈器（并浙江）、黄廷宣（福建）、李中（湖广）、李濂（河南）、陈文昭（山东）、王俊民（四川）、喻汉（广西）。

兄弟同榜：吕㑇、吕陶，真定人；詹晨、詹昇，贵溪人：俱同父。

名臣：

朱裳，真定人，右都御史。性峭直，有清操。嘉靖初，综核吏治，举五人卓行，而裳第一。历官三十年，攻苦食淡若一日，有先朝名臣之风。卒谥端肃。

刘源清，东平人，字汝澄。兵部左侍郎兼副都御史，总督大同三镇军务。忤权贵，逮诏狱为民，隆庆元年复职。源清崛起寒素，伟十负气，临义奋不顾利害。宸濠之起祸也，伪檄之传，道经进贤，而源清斩其使，毁其檄，闭妻子，杜门以死誓战，不利则将

---

① 存目本同。上文"河南李濂"段末亦有此句，二者必有一为刻工之讹。

② 《皇明贡举考》作"萧与成"。

焚妻子，自杀以报国。及濠败，而忌功者多不录，识者憾之。

一品：熊浃，南昌人，太子太保、吏部尚书，谥恭肃。

二品：王杲，汶上人；陈经，益都人：并太子少保。韩士英，南充人；刘储秀，咸宁人：并户部尚书。霍韬，礼部尚书。戴金，汉阳人；王学夔，安福人；刘源清，东平人：并兵部尚书。应大猷，仙居人，刑部尚书。胡松，绩溪人，谥庄肃；郑伸，涞水人：并工部尚书。朱裳，右都御史，谥端肃。

正德十一年丙子科解元

两京主试官：顺天，侍读学士汪俊、谕德顾鼎臣。应天，侍讲学士李廷相、谕德温仁和。

顺天：周光宙，直隶常熟人，治《易》，国子生，年四十八。卒年八十八。伯木，成化乙未进士，参政；楷，甲午举人，府同知。父彬，成化丁酉举人。木子炯，弘治庚戌进士，布政。楷子懋，嘉靖丙戌进士，知县。炯子坦，正德己卯举人。

应天：崔桐，海门人，字来凤，号东洲，治《诗》，岁贡生，年三十八。丁丑进士十八名，廷试一甲第三名，历官礼部侍郎。祖润彬，州同知。父崑，天台县丞。

浙江：张怀，余姚人，号龙墩，治《易》，儒士。丁丑进士第十九名。怀强记洽闻，性尤冲淡，官至广东参政。解组归，布袍芒屦，与农夫为伍，俭素之风，至今可仰。

江西：郭鹏，宜春人，字时举。弱冠发解，明年入胄监，玄思日进，益读庄骚秦汉以上文，祭酒崔铣试之，魁太学。惜二十九岁而卒。

福建：朱湘，莆田人，治《诗》，癸未进士。

湖广：罗星，攸县人。

河南：卢焕，光山人，治《易》。庚辰进士，选庶吉士。

山东：王化，滨州人，治《书》。庚辰进士，知府。

山西：汪继芳。

陕西：刘序，长安人，治《易》。辛巳进士，太仆寺少卿。

四川：陈讲，遂宁人，治《诗》。庚辰进士，选庶吉士，历副都御史。

广东：伦以谅，南海人，弘治己未状元伦文叙子也，字彦信，治《易》，儒士。庚辰进士，选庶吉士，仕至通政司参议。

广西：唐元殊，临桂人。

云贵：邹志学。

正德十二年丁丑科大魁（中式三百五十名）

主试官：大学士靳贵，见辛未。少詹事顾清，癸丑进士。

会元：伦以训，广东南海人，弘治己未状元伦文叙之子也，字彦式，号白山，治《易》，儒士，年二十，未娶。癸酉乡试第六名，廷试一甲第二名，历任祭酒。

伦与第二名汪应轸、第三名叶式、第四名江晖、第五名王廷［陈］，五魁并入翰林。

状元：舒芬，江西进贤人，字国裳，号梓溪，年三十四。丁卯举人，会试十一名。芬虽于书无所不读，实励志圣贤之学，端居终日，夜必记过自讼。其为文，志气涣发，理道畅达。己卯以首谏南巡廷杖，调福建市舶司副提举。辛巳复官修撰。甲申会议大礼，再杖于廷。乙酉卒，年四十四。赠谕德，谥文节。所著有《梓溪集》。今配享罗一峰祠。

榜眼：伦以训。

探花：崔桐，丙子应天解元。

解元中式：史道（顺天）、崔桐（应天）、张怀（浙江）、张岳（福建）、仵瑜（湖广）、高尚贤（河南）、王三锡（山东）、叶桂章（四川）、萧与诚（广东）、杨士云（云南）。

兄弟同榜：王舜耕、王舜渔，常熟人；刘乾亨、刘谦亨，洛阳人：俱同父。

庶吉士（三十四人）：汪佃（弋阳）、余承勋（青神）、黄易（弋阳）、江晖（仁和）、王廷陈（黄冈）、江①应轸（山阴）、刘世盛（赵州）、曹怀（无锡）、储昱（上海）、叶桂章（名山）、叶式（永嘉）、马汝骥（绥德）、汪思（婺源）、王三锡（曹州）、史于光（晋江）、陈沂（鄞县）、邝显（任丘）、史道（涿州）、刘穆（临汾）、杨士云（太和）、张星（桂林）、廖啍②（临林）、萧兴成③（潮阳）、林时（汝阳）、郑自璧（大兴）、刘世杨④（闽县）、曹嘉（扶沟）、阎闳（临清）、季方（振武）、汤惟学（安仁）、黎贯（从化）、席春（遂宁）、王邦瑞（宜阳）、许宗鲁（咸宁），礼部尚书兼学士毛纪及顾清教习。

名臣：

舒芬。

马汝骥，汝德人，字仲房。选庶吉士，授编修，以言事谪知泽州，寻复编修，仕至礼部侍郎。赠礼部尚书，谥文简。汝骥洽览群集，习识古今，遇可言则问答如流，平居视之，恂恂若不能者。至于谏南巡、禁藩府，沉毅有大节。惜以病卒，不竟厥施。

张岳，见前。

入阁：夏言，分宜人，嘉靖十四年由礼部尚书入武英殿，二十年八月罢归，十月复召入，二十一年罢归，二十四年复召入，二十七年至少师、吏部尚书、华盖殿大学士

---

① "江"为"汪"之讹。

② 啍，《皇明贡举考》作"啍"，《索引》作"辱"。

③ 《索引》作"萧与成"。

④ "杨"为"扬"之讹。

罢，寻弃市，隆庆三年诏复原官，谥文愍。

一品：夏言，少师。欧阳必进，安福人，少保，吏部尚书。聂豹，永丰人，太子太保、兵部尚书。

二品：王暐，句容人；张经，侯官人：并户部尚书。赵锦，良乡人，太子少保；王邦瑞，宜阳人，谥襄毅；范鏓①，乐平人；史道，太子少保：并兵部尚书。刘讱，鄢陵人；何鳌，山阴人：并刑部尚书。文明，萍乡人，工部尚书。

正德十四年己卯科解元

两京主试官：顺天，侍讲学士刘龙、谕德丰熙。应天，侍读学士汪俊、谕德李时。

顺天：杨维聪，固安人，字达甫，号大城，治《诗》，年二十九。庚辰进士第十名，廷试一甲第一名，累官光禄寺卿。父和，举人，长史。兄维杰，丙戌榜眼。

应天：潘潢，婺源人，治《书》。庚辰进士，仕至兵部尚书。赠太子少保，谥简肃。祖珏，成化甲辰进士，按察司佥事。

浙江：丰坊，鄞县人，弘治己未榜眼丰熙之子也，字存礼，号南隅，治《春秋》。癸未进士，授礼部主事，以无行黜归家。坐法窜吴中，改名道生，字人翁，年老笃疾死。

江西。以逆濠变，本省罢试。

福建：陈公陛，闽县人，字宸举，治《礼记》，年二十七。己丑进士，历官按察司副使。祖宪，成化辛丑进士，礼部主事。母张氏，旌表节妇。

湖广：唐愈贤，沅陵人，字子充，号万阳，治《书》。丙戌进士。幼智慧，长有大志，闻阳明之学，往从之，既归，充然有得。初任海宁知县，民德之，擢御史，抗言时政，旋乞养归。一日，与门人论学，召亲友环坐中堂，对食尽欢，自歌而逝。

山东：李仁，东阿人，治《诗》。癸未进士，副都御史。

山西。

陕西：吕颙②，宁州人，治《易》。癸未进士。

四川：杨顺明，南充人，治《易》。丙戌进士，知州。

广东：潘大宾，海阳人，字钦之，治《诗》。年二十四，己丑进士第十五名，都给事中。

广西：陈汝谟，桂平人。

云贵。

---

① 《皇明贡举考》、《索引》皆作"范鏓"。
② 《皇明贡举考》、《索引》皆作"吕颙"。

正德十五年庚辰科大魁（中式三百五十名）

主试官：礼部左侍郎兼学士石珤，丁未进士。侍郎学士李廷相，壬戌进士。

会元：张治，湖广茶陵人，字文邦，号龙湖，治《易》。丙子乡试十二名，廷试二甲六十名，选庶吉士，授庶吉士，授编修，累官太子太保、礼部尚书、文渊阁大学士。治博学强识，性伉爽，有气节，言论侃侃，临事不阿。卒谥文隐，隆庆间改谥文毅。

状元：杨维聪，己卯顺天解元。

榜眼：陆钶，浙江鄞县人，字举之，号少石，年二十七。己卯乡试第二名。时议大礼，诸臣欲引以为重，钶卒不应，已而大礼告成，议礼者秉枢修宿憾，遂出为湖广金事。擢山东提学副使，明章程，正文体，所至敦尚孝悌，分别义利，士习为之丕变。寻致仕。钶性资温厚，和而不流，口未尝言人之短，而刚大之气，侃侃不阿。于书无所不读，为文奥衍宏畅，诗有晋唐风。有《少石子集》十三卷藏于家。父偶，弘治癸丑进士，副使。兄钶，甲戌进士，巡抚副都；铨，嘉靖癸未会魁，布政。

探花：费懋中，江西铅山人，成化丁未状元费宏侄也，字民受，年三十七。历任提学副使。祖珦，景泰癸酉举人。弟懋和，举人；懋乐，举人，工部郎中；懋贤，丙戌进士，庶吉士，礼部郎中；懋良，尚宝司卿；懋尹，举人；懋文，举人，知县，赠布政；懋学、懋谦，并知州。懋文子尧年，嘉靖壬戌进士，太仆寺卿。

会试后，武宗狩于南京，未及廷试，至明年，世宗登极，始举之。

解元中式：眭纮、王大化、潘潢（并应天）、卢焕（河南）、王化（山东）、解一贯、陈皋谟（山西）、吴缙、刘序（并陕西）、陈讲（四川）、黄佐、伦以谅（并广东）、杨宗尧（云贵）。

兄弟同榜：刘臬、刘渠，安陆人，并副都御史；杜柟、杜桐，临颍人；吴瀚、吴瀛，吴县人：俱同父。邵炼、邵烨，余姚人，同曾祖。侯檗、侯缄，临海人；高世魁、高应祯，闽县人：俱同宗。

庶吉士（二十三人）：廖道南（蒲圻）、江汝璧（贵溪）、詹泮（玉山）、郑一鹏（莆田）、童承叙（沔阳）、黄佐（香山）、赵廷瑞（开州）、张逵（余姚）、杜桐（临颍）、葛鵕（罗田）、张治（茶陵）、张衮（江阴）、王同祖（昆山）、李佶（金华）、伦以京（南海）、卢焕（光山）、王用宾（咸宁）、陈讲（遂宁）、李默（瓯宁）、李春芳（阳曲）、吴文之（吴县）、董中言（蒙阴）、丁汝夔（沾化），掌詹事府礼部尚书刘春、侍讲学士刘龙教习。

名臣：张孚敬，永嘉人，初名璁，字秉用。仕至少师、礼部尚书、华盖殿大学士。赠太师，谥文忠。世庙初，议大礼称旨，骤列台辅。慷慨任事，持议正直，虽屡被严责，而剀切益坚。密谋谠论，同列多不与闻。在阁三十年，不进一内侍，不容一私谒，不滥荫一子侄。元侯中贵，戢戢敛束。道有不合，即奉身而退，衣囊一箧，已渡潞河，既有温旨，旋踵复入，以行李鲜而内顾轻也。霍文敏素伉直，不轻与人，而独重文忠云。

入阁：张孚敬，嘉靖六年由礼部尚书入文渊阁，八年归，寻召入，十年归，十一年复入，本年归，十二年复入，十四年至少师、华盖殿学，致仕，卒赠太师，谥文忠。张治，嘉靖二十八年由南礼部尚书入文渊阁，二十九年至太子太保卒。

一品：张孚敬，少师。张治，太子太保。王用宾，太子太保、吏部尚书。

二品：李默，太子少保、吏部尚书。赵廷瑞，太子少保；孙应奎，长洲人；方钝，巴陵人：并户部尚书。潘潢，婺源人，谥简肃；丁汝夔：并兵部尚书。杨麒，上饶人，工部尚书。端廷赦，当涂人；魏有本，余姚人：并都御史。

皇明三元考卷之十

嘉靖元年壬午科解元

两京主试官：顺天，谕德温仁和、侍讲穆孔晖。应天，谕德董玘、侍讲翟銮。

顺天：周襗，浙江山阴人，号狮山，治《书》，国子生。丙戌进士，副都御史。兄祯，弘治壬戌进士，检讨；礽，正德戊辰进士，郎中；祚，辛巳进士，给事中：俱同胞。礽子浩，乙未进士，大理寺卿。

应天：华钥，无锡人，字德启，号水西，治《书》，年二十九。癸未进士，二甲第二名，改庶吉士，仕至刑部郎中。

浙江：郑晓，海盐人，字窒甫，号澹泉，治《书》。癸未进士，授刑部主事，历刑部尚书。卒赠太子太保，谥端简。晓文学优长，才识超卓，深谙故典，通达国体，竟以忤时相去，惜哉！

江西：陈昌积，泰和人，字子发，治《书》，年二十二。戊戌进士。兄德鸣，金事；德文，举人。弟昌福，知县。

先是，己卯宸濠变作，遂辍乡试，是年唐龙巡按江西，上疏乞倍增举人名数，上从之，中式举人一百九十名。

福建：丘愈，莆田人。

湖广：易泉，衡州府学生，治《诗》。

河南：王梦旭，祥符人，正统甲子解元王廷孙也，治《诗》。

山东：封上章，泰安州人。

山西：杨谟，泽州人，治《书》，辛丑进士。

陕西：王诰，西安府学生，安州知州。

四川：魏廷玺，成都人，知县。

广东：黄延年，从化人，治《诗》。

广西：杨英，临桂人。

云贵：张合，金齿卫籍，应天府江宁人，成化癸卯解元张志淳子也，字懋观，号贲所，治《书》。壬辰进士，仕至副都御史。

嘉靖二年癸未科大魁（中式四百名）

主试官：少傅大学士蒋冕，丁未进士。吏部尚书兼学士石珤，见庚辰。

会元：李舜臣，山东乐安人，字懋钦，号愚谷，治《书》，国子生。时方弱冠①，廷试二甲第一名，授吏部主事，累迁太仆寺卿。为人简重慎详，居家俭素，不乐纷华。为文力浣脂泽，专崇风味。所著有《户部》、《符台》稿。

状元：姚涞，浙江慈溪人，字维东，号明山，治《诗》，年二十六。丙子乡试七名，会试二名，为经筵讲官，积诚感悟，脱略词章，每进对称旨，历升侍读学士，卒。涞性孝友，六岁丧母，执礼如成人，事继母无间言。父尚书，恩荫例以嫡涞，让继母弟汲。其读书务为经济事，不拘拘文辞，如边防海运皆有定议，作诸边图，时有翰林三长之称，谓经学、政事、史学也。所著有《明山集》若干卷。父镆，弘治癸丑进士，兵部尚书。从弟汀，弘治己未会魁，知府；潜，正德戊辰进士；涞，嘉靖乙未进士，太仆寺丞。

榜眼：王教，河南祥符人，字庸之，治《诗》。丙子举人，与修会典，陈时政十二事，上嘉纳之，擢侍读，三分校会试，所录皆知名士，累迁南兵部右侍郎。

探花：徐阶，直隶华亭人，字子升，号存斋，年二十一，未娶。壬午乡试七名，仕至少师兼太子太师、吏部尚书、建极殿大学士致仕。卒年八十一，赠太师，谥文贞。父黼，宁都县丞。叔陟，举人。弟陟，丁未进士，刑部侍郎。子璠，太常寺卿；琨、瑛，太常寺少卿，俱官生。孙元春，甲戌进士，太仆寺卿，肇恩锦衣卫正千户；元普，官生，试中书舍人。

解元中式：华钥（应天）、丰坊、郑晓（并浙江）、朱浈（福建）、阮朝宗（湖广）、王鸿渐（河南）、李仁（山东）、吕颙（陕西）、屠楷、郑琬（并广西）。

兄弟同榜：方一桂、方一兰，莆田人，同父。

少年未娶：秦世显，泾阳人，年十八；徐阶，年三十一；孙继鲁，钱塘人，年二十六：俱未娶。

入阁：徐阶，嘉靖三十一年由礼部尚书入东阁，隆庆二年至少师、建极殿大学士，致仕。

一品：徐阶。甘为霖，富顺人，少保、工部尚书。吴鹏，秀水人，太子太保、吏部尚书。

二品：周延，吉水人，太子少保，谥简肃；杨行中，通州人；李士翱，长山人：并吏部尚书。贾应春，真定人；马坤，通州人；卢绅，咸宁人：并户部尚书。欧阳德，泰和人，礼部尚书，谥文庄。屠楷，临桂人，谥恭简；张时彻，鄞县人：并兵部尚书。郑

---

① 此句前疑有脱文。

晓，海盐人；傅炯，进贤人：并刑部尚书。彭黯，安福人；王钫，奉化人，赠太子少保，谥恭简：并工部尚书。潘恩，上海人，左都御史。

嘉靖四年乙酉科解元

两京主试官：顺天，学士翟銮、赞善谢丕。应天。

顺天：张惟一，安肃人，字守中，治《诗》，年二十三。戊戌进士，二甲一名。父玉，教谕。

应天：袁袠①，吴县人，字永之，号胥台，治《易》，年二十四。丙戌进士，二甲一名，选庶吉士，仕至广西提学副使。兄表，副兵马；袠，戊戌进士，礼部郎中；褒，国子生。子尊尼，乙丑进士，提学副使。褒子年，庚辰进士，云南参政。

浙江：钱楩，山阴人，字世材，治《诗》。丙戌进士。

江西：魏良政，新建人，字师尹。

福建：林东海，莆田人，字世观，治《诗》，年二十九。己丑进士，授知县。父宗重，州同知。

湖广：陈吉言，蕲州人，字夏卿，号龙坪，眉州知州。

河南：谷宇龄，祥符人，字道延，号龙岩，治《礼记》，年二十二。乙未进士，仕至凤阳府通判，致仕。父廷臣，仪宾。

山东：毛渠，掖县人，成化丙午解元毛纪子也，治《诗》。丙戌进士，改庶吉士，仕至太仆寺卿。子延魁，癸卯举人。

山西：寇天与，榆次人，治《诗》。丙戌进士。父俭，弘治丙辰科进士，大理寺副。兄天叙，正德戊辰进士，副都御史。从子阳，己丑进士。

陕西：乔世宁，耀州人，字景叔，号三石，治《书》。戊戌进士二十名，廷试二甲八名，授主事，仕至按察使。所著有《丘隅集》。子因羽，万历庚辰进士，知府；因阜，隆庆戊辰进士，太仆寺卿。

四川：焦维章，灌县人，治《诗》。丙戌进士，副使。

广东：陈思谟，揭阳人，治《易》。丙戌进士，授主事。

广东：李文凤，庆远卫籍，湖广桃源人，治《礼记》，壬辰进士，字廷仪，号月峰，年二十六，广东佥事。

云贵：施昱，云南广南卫籍，浙江归安人，治《礼记》，丙戌进士，二甲五名。

嘉靖五年丙戌科大魁（中式三百名）

主试官：武英殿大学士贾咏，丙辰进士。詹事兼学士董玘，乙丑进士。

---

① "袠"为"袠"之讹。

会元：赵时春，陕西平凉人，号濬谷，治《诗》，年十八。壬午经魁，廷试二甲三名，选庶吉士。为人沉毅慷慨，敢于任事，两以建言革职，起历山西巡抚、副都，被劾去。时春习骑射，有将略，时重其才。隆庆初荐起，未用，卒于家。

状元：龚用卿，福建怀安人，字鸣治，治《礼记》，年二十六。壬午举人，仕至祭酒。

榜眼：杨维杰，顺天府固安人，辛巳状元杨维聪兄也，字英甫，治《诗》，年三十七。乙酉举人，仕至庶子。

探花：欧阳衢，江西泰和人，字崇亨，号龙沙，年三十六。仕至太仆寺卿。曾祖洛，教谕。祖瑺，举人，知县。

先是，举人廷试送卷之日，弥封官以会试前列数卷潜送内阁，以备一甲之选，或内阁密觇状头仪貌及平日有声者，且阅卷官出自东阁，归宿私第。是岁，礼部尚书席书疏其弊，乞弥封官不得豫送卷，读卷官退朝直宿礼部，上从之，著为令。

解元中式：周襗（顺天）、袁袠（应天）、钱楩（浙江）、唐愈贤（湖广）、毛渠（山东）、寇天与（山西）、杨顺明、焦维章（并四川）、施昱（云贵）。

兄弟同榜：朱篔[1]、朱篔，山阴人；顾中立、顾中孚，华亭人；吴龙、吴麟，孝丰人；王桥、王格，京山人；倪缉、倪组，闽县人，叔镜亦同榜：已上俱同父。江以潮、江以达，贵溪人，同族。

少年进士：赵时春，年十八。

庶吉士（二十二人）：陆粲（长洲）、袁袠（吴县）、赵时春（平凉）、林云同（莆田）、全潞[2]（钱塘）、张鳌（南昌）、连矿（永年）、詹浚（龙溪）、华察（无锡）、屠应峻（平湖）、毛渠（掖县）、王宣（临海）、王嘉宾（合州）、邝汴（任丘）、郭秉聪（襄垣）、张渠（进贤）、余枭（婺源）、江以潮（贵溪）、杨恂（新都）、李元阳（太和）、王格（京山）、张铎（壶关）。明年十月，诏以庶吉士为部属科道等官，而陆居首，仅得给事中，其次部属，又次御史，其江以潮、杨恂为评事，李元阳以下为知县，盖大学士张孚敬意也。

名臣：翁万达，揭阳人，字仁夫。为广西副使，赞画督府蔡经，讨平土舍，破左江、断藤峡瑶蛮。升参政，平莫登庸之乱，称首功。历总督宣大侍郎，击虏遁去，召入为本兵。丁父忧，庚戌之变，诏夺情起复。时虏患方棘，上疑其迟至，以问相嵩，嵩以万达至京不先入谢，卿之，不为申理，遂贬右侍郎。寻复召为尚书，未至而卒。赠太子少保，追谥襄毅。万达性刚介坦直，南北征讨，多建奇功。其驾驭将士，能尽其才，而得其死力，临阵每身先士卒，故所至咸以威望著闻。嘉靖中年后，边臣行事识机宜、建言中旨窾者，万达一人而已。

一品：许论，灵宝人，太子太保、兵部尚书，谥恭襄。

---

① 《皇明贡举考》、《索引》作"朱篔"。
② 《皇明贡举考》、《索引》作"金璐"。

二品：翁万达，揭阳人；张鳌，南昌人；苏佑，濮州人；李遂，丰城人，赠太子少保，谥襄敏：并兵部尚书。梁尚德，星子人；冯岳，慈溪人；林云同：并刑部尚书。谈恺，无锡人；张皋，进贤人：并右都御史。

嘉靖七年戊子科解元

两京主试官：顺天，左庶子方鹏、右庶子韩邦奇。应天，侍讲学士张潮、谕德彭泽。

先是，兵部侍郎张璁上言，每年乡试，帘外官预结生徒，密通关节，获隽之士多出私门，两京虽重内帘，而京房学官荒谬卑庸，亦多弊孔，明岁乡举宜命京官主试，京闱亦用甲科分考，以罗真才。礼官覆议，从之。是岁诸省乡试，用科部等官二人主试，止行二科，辄报罢。

顺天：马一龙，应天府溧阳人，字负图，号孟河，治《书》，年三十九。丁未进士，改庶吉士，历官国子监司业，卒年七十三。祖清卫，经历。父性鲁，正德辛未进士，知府。子震伯，辛酉举人。

御史周易上言，顺天试录文裁改圣经，且失体。邦奇降南京太仆寺丞，鹏夺俸四月。

应天：许仁卿，浙江临海人，治《诗》，国子生。

浙江：姜良翰，金华人，字希召，治《诗》。甲辰进士，布政。

江西：谢应岳，吉水人，字显之，治《易》，年四十六。己未进士。

福建：刘汝楠，同安人，字孟材，号南郭，治《春秋》。壬辰进士，历任提学佥事。

湖广：旷宗舜，醴陵人。

河南：陈大壮，洛阳人，字子鲁，治《易》，年二十五。己丑进士。祖智卫，知事。父龙，训导。兄大有，同科举人。

山东：葛守礼，德平人，字与立，号与川，治《易》，年二十四。己丑进士，仕至太子少保、户部尚书。赠太保，谥端肃。祖智卫①，经历。孙曦，万历丙子解元。

山西：许天伦，代州人，字汝明，号书崖，治《诗》，年二十七。乙未进士，授中书，累官参议。父印，千户②。

陕西：滑抚，西安人。

四川：杨名，遂宁人，字实卿，治《春秋》，年二十四。己丑探花，为编修时，上言正君德数事，廷杖为民。曾祖、祖、父，俱寿官。

广东：王希文，东莞人，字景纯，治《诗》，年三十七。己丑进士，授给事中。

---

① 存目本同。上文"河南陈大壮"亦云"祖智卫"，疑二者必有一误。

② "父印，千户"为小字，存目本无此四字。

广西：詹约，桂林府学生，治《易》。

云贵：薛炳。

嘉靖八年己丑科大魁（中式三百三十名）

主试官：少傅、大学士张璁，辛巳进士。詹事兼学士霍韬，甲戌进士。

会元：唐顺之，直隶武进人，字应道，号荆川，治《诗》。戊子乡试六名，年二十二，廷试二甲第一名，授吏部主事。癸巳年选入翰林，历春坊司，谏上言忤旨，罢归。久之，以知兵荐起兵部主事，历通政，巡视两浙，御倭海上，擢淮阳巡抚、右金都御史，卒于官。顺之博学通古今，练达经济，为世名儒。当家食时，退居游塘，潜心理道，足迹不入城府，士大夫过常者以得一见为幸，其德行文章为人所钦仰如此。所著有《荆川文集》、《史纂左编》、《文编》、《杂编》、《左氏始末》等书行于世。祖贵，弘治庚戌会魁，给事中。父珌，举人，知府。子鹤徵，隆庆辛未进士，太常寺少卿。孙效纯，万历己丑进士，庶吉士。从子音，戊子举人。音子一麐，己酉解元。

状元：罗洪先，江西吉水人，字达夫，号念庵，治《书》，年二十六。为文精雅超卓，工于理学，不为迂矫之谈。迁春坊赞善，上疏论东宫事宜，与赵时春、唐顺之同罢，屡荐不起。卒年六十二，赠光禄寺少卿，谥文恭。所著有《罗念庵文集》。父循，弘治乙卯经魁，己未进士，副使。母李氏，有贤行。

榜眼：程文德，浙江永康人，字舜敷，治《书》，年三十三。笃学修行，称为儒者。己卯乡试八名，会试十名。初以论汪铉诏狱，谪典史，后稍迁至吏部侍郎，命撰玄文，不称旨，改工部侍郎，疏劝上亨安静和平之福，上怒，削籍。卒年六十四，贫无以敛，后赠礼部尚书，谥文恭。父铦，副使。

探花：杨名，戊子四川解元。

大学士杨一清等以一甲三名及唐顺之、陈束、任瀚六卷进览。上一一品题，于洪先曰："学正有见，言说而意必忠，宜择之首者。"于文德曰："探本之论。"于名曰："能守圣学以为本，此知要之说。"于顺之曰："条答精详殆尽。"于束曰："仁智之说，本诸吾心，此不易之论。"于瀚曰："勉吾敬一之为主，忠哉。"

大学士杨一清等考庶吉士，以唐顺之、任瀚、陈束三卷为上御批，因取首列，而卢淮、诸邦宪、汪大受、郭宗皋、蔡云程、杨祐①、汪文渊、王表、曹汴、王毂祥、熊过、安如山、郑大同、李实、孙光辉、吴子孝次之。居数日，有旨：迩年以来，每为大臣徇私选取，市恩立党，唐顺之等一体除用，有才行卓异、学问优正者，吏部举奏，收之翰林，以备擢用。

解元中式：谢应岳（江西）、陈公陛、林东海（并福建）、陈大壮（河南）、葛守礼（山东）、杨名（四川）、潘大宾、王希文（并广东）。

---

① 存目本同。《皇明贡举考》、《索引》作"杨祜"。

兄弟同榜：王培龄、王与龄，宁乡县人；孟霈、孟雷，泽州人：俱同父。李易、李禄，永兴人，同族。

少年未娶：罗博，荆门州人，年十八。蔡克廉，晋江人，年十九。梁怀仁，晋江人，年二十。程尚宁，歙县人，年二十一。陈束，鄞县人，年二十二。俱未娶。

名臣：罗洪先、唐顺之。

一品：杨博，蒲州人，少师、吏部尚书，谥襄毅。赵文华，慈溪人，少保、兵部尚书。江东，朝邑人，太子太保、兵部尚书，谥恭襄。

二品：刘采，麻城人；胡松，滁州人，赠太子少保，谥庄肃：并吏部尚书。葛守礼，德平人，太子少保；蔡克廉；黄光昇，晋江人：并户部尚书。郭宗皋，万安人，兵部尚书。蔡云程，临海人；翁溥，诸暨人，谥荣靖：并刑部尚书。王学益，安福人，工部尚书。倪嵩，当涂人，左都御史。

嘉靖十年辛卯科解元

两京主试官：顺天，侍读学士吴惠、赞善蔡昂。应天，侍读学士席春、中允孙承恩。

顺天：马从谦，应天府溧阳人，戊子顺天解元马一龙叔也，字益之，号竹湖，治《礼记》，国子生，年三十七。乙未进士，累官光禄寺少卿。劾太监杜泰乾没内帑巨万金，上怒谦诽谤，戍极边，死杖下，年五十八，后赠太常少卿。子有骈，鸿胪寺署丞。孙弘濬，盐运司运副。

应天：赵汴，太仓人，字伯京，号震洋，治《春秋》，年二十九。戊戌进士，仕至佥事，进阶朝列大夫。祖璧，七品散官。父原锡，府知事。弟瀚，丙午举人。侄廷策，万历辛卯举人。

是榜出二大魁：状元沈坤，状元李春芳。

浙江：张濂，仁和人，字子清，治《易》，年二十。戊戌进士，授许州知州，历官右佥都。兄瀚，乙未进士，吏部尚书；洵，举人；洽，辛丑进士。弟溥，举人。

江西：欧阳杲，鄱阳县学生，治《易》。

福建：陈让，晋江人，字元礼，号见吾，治《春秋》。壬辰进士，授绍兴府推官，升御史，建言回籍。

湖广：傅颐，沔阳州人，字师正，号少岩，治《书》。壬辰进士，户部尚书。子作霖，户部郎中。

河南：刘绘，光州人，字少质，号嵩阳，治《诗》，年二十七。授行人，累官重庆府知府，致仕。

山东：刘铉，平阳卫人。

山西：王应期，蒲州人，字伯起，号平田，治《易》，年三十。乙未进士，授兵部主事。

陕西：李宠，泾阳人，字汝承，治《易》，年三十四。戊戌进士。

四川：万邦宪，富顺人，治《诗》。

广东：胡一化，揭阳人。

广西：黄瑶。

云贵：李东儒，剑州人。

嘉靖十一年壬辰科大魁（中式三百二十名）

主试官：少詹事兼学士张瀚，辛未进士。侍读学士郭维藩，辛未进士。

会元：林春，直隶泰州籍，福建福清人，字子仁，号东城，治《诗》。戊子举人，廷试二甲第七名，授户部主事，历官吏部侍郎，卒年四十四。春少孤贫好学，为文不事奇博，率发挥所自得。及仕家居，未尝干州郡，馈遗非礼者辄却弗受。陇亩所入不赡，而好赒予，与乡人处，恂恂类布衣时，尤乐与人为善。罗念庵常谓东城诚意能薰蒸人，不觉令人受益，有以也。子曜，府同知。

状元：林大钦，广东海阳人，字敬夫，治《诗》，儒士，辛卯乡试第六名，年二十二。天才溢发，为文俊拔，卒于修撰。先是，礼部尚书夏言上疏请正文体，诸刻意骋词、浮诞碛裂以坏文体者，摈不得取。诏可。既廷试，言复令仪制郎约束，诸士咸拱听，而大钦独后至，不闻也。策起不用冒，而文气甚奇，吏部尚书汪鋐得之，诧曰："怪哉！"以示大学士张孚敬。已定二卷，览之曰："虽破格，甚明健可诵也。"取为第三。既呈览，上御批第一。

榜眼：孔天胤，山西汾州人，字汝锡，号文谷。辛卯乡试第六名，年二十八，以王亲例补外任，为陕西提学佥事，累官布政。祖大褫，巡检。父麟，仪宾。母，新郑县君。

探花：高节，四川罗江县人，字公秉，号竹所。年四十，丙子举人，降通州判官，升主事。父腾封，主事。兄第，甲戌进士，副使。弟简，己丑进士。

解元中式：刘汝楠、陈让（并福建）、傅颐（湖广）、李文凤（广西）、张合（云贵）。

兄弟同榜：边浒、边沆，任丘人，从兄弟，与叔侁同登。

少年进士：王延干①，泾阳人，年十七。毕烜，番禺人，年廿四。蔡汝楠，德靖人，年十八。

庶吉士（二十一人）：吕怀（永丰）、范瑟（历城）、钱亮（丹徒）、黄应中（忠州）、秦鸣夏（临海）、边侁（任丘）、闵如霖（乌程）、王珩（交河）、卫元确（东莞）、浦应麒（无锡）、游居敬（南平）、赵汝濂（太和）、刘思唐（宁夏）、阎朴（榆次）、胡守中（宁陵）、李本（余姚）、赵维桓（永宁）、何城（绥德）、王梅（平湖）、

---

① 《皇明贡举考》、《明贡举考略》作"王廷干"。

李大魁（襄阳）、郭希贤（丰城），礼部侍郎兼学士顾鼎臣教习。

先是，取钱亮、许燧①、闵如霖、卫元确、段承恩、韩最②、扈永通、吕光洵、谢九仪、刘光文、黄献可、刘士达、刘思唐、闫朴、胡守中、钱籍、王梅、雷礼、边涔、李大魁、郭希贤矣，上阅卷，见弥封官姓名，疑有私，遂报罢，后复选吕怀等。明年诏选科道部属人翰林者十一人，丙戌进士平定李学诗、东平王汝孝、己丑进士唐顺之、鄞县陈束、淮安卢淮、闽县陈节之与焉。

入阁：李本，二十八年由少詹事入东阁，四十年至少傅、礼部尚书、武英殿大学士，丁忧，谥文安。

一品：李本，少傅。雷礼，丰城人，少傅、工部尚书。朱衡，万安人，太子太保、刑部尚书。

二品：曹邦辅，定陶人；傅颐，息县人：并户部尚书。闵如霖；王廷，南充人，谥恭节：并礼部尚书。吴岳，汶上人；吕光洵，新昌人：并兵部尚书。毛恺，江山人；卢勋，缙云人：并刑部尚书。魏尚纯，禹州人，工部尚书。

嘉靖十三年甲午科解元

两京主试官：顺天，侍讲学士廖道南、侍读张衮。应天，谕德伦以训、赞善张治。
各省用京朝官主考，止前二科，此后不复行矣。

顺天：欧阳映，武强人，字学章，号强斋，治《诗》，国子生，年二十九。乙未进士第八名，选庶吉士，擢编修。

时吏部尚书汪铉有子不第，上疏指摘道南事，以太祖诛刘三吾为言，道南引刘俨事答之，俱不问。

应天：郑维诚，祁门人，字伯明，号少潭，治《书》，儒士，年二十七。辛丑进士，仕至副使，致仕。

浙江：张志淑，临海人，治《春秋》。

江西：周儒，吉安府人，治《易》。

福建：杨子充，福清人，字道贵，治《诗》，琼州府同知。

湖广：汪宗伊，崇阳人，字子衡，治《诗》，年二十五。戊戌进士，仕至南京吏部尚书。父文盛，正德辛未进士，大理寺卿。兄宗元，己丑进士，通政使；宗凯，乙未进士，中书舍人。弟宗召，丁酉举人。

河南：吴三乐，河南卫籍，直隶吴县人，字子有，治《易》，年二十。辛丑进士十一名，改庶吉士，仕至通政使。父瀚，正德辛未进士，副都御史。

山东：靳学颜，济宁州人，字子愚，号两城，治《易》，年二十一。乙未进士，仕

---

① 存目本同，《索引》作"许樾"。
② 存目本同，《索引》作"韩勗"。

至吏部侍郎。为人淳谨，内行修洁。父显，引礼舍人。弟学曾，甲辰进士。

山西：亢思谦，临汾人，字子益，治《易》，年三十二。丁未进士，廷试二甲第一名，改庶吉士，迁编修，以族人国戚故，擢提学副使，仕至右布政。祖昇，府知事。父逢澍，七品散官。子孟禧，隆庆庚午举人。

陕西：张文卿，三原人，字质夫，治《书》，年二十八。戊戌进士，任诸城知县。

四川：胡汝霖，绵州人，字仲望，号东岩，年二十三。乙未进士，改庶吉士，历礼部员外。父秉忠，教授，封给事中。兄汝翼，知府。

广东：梁津，番禺人，字济卿，治《诗》，年二十一。辛丑进士。

广西：秦儒，马平人。

云贵：朱文质，云南卫籍，浙江海盐人，字彬甫，号南洲，治《易》，年三十。乙未进士，授工部主事，累官贵州佥事，致仕。

嘉靖十四年乙未科大魁（中式三百三十名）

主试官：侍讲学士蔡昂，甲戌进士。侍读学士张璧，辛未进士。

会元：许榖，应天府上元籍，福建侯官人，字仲贻，号石城，治《书》，年三十二。乙酉举人，廷试二甲十一名，累官太常寺少卿，左迁两浙运副，升江西提学佥事。子元吉，光禄寺署正。孙天叙，己卯举人，裕州知州。

状元：韩应龙，浙江余姚人，字汝化，号五云。治《礼记》，甲午举人，年三十七。为人坦率无他肠，事母孝，为文疏润，不费斧凿痕，卒于修撰。

榜眼：孙陞，锦衣卫籍，浙江余姚人，字志高，号季泉。治《易》，乙酉举人，年三十五，仕至南京礼部尚书。为人孝友长厚，因父死宁藩之难，终身不书“宁”字，事伯兄如父，居官被服雅素，口不谈人过，盖笃行君子也。卒年六十，赠太子少保，谥文恪。父燧，癸丑进士，巡抚江西、右副都御史，死宸濠之难，赠礼部尚书，谥忠烈。兄堪，武状元，都督佥事。弟墀，庚子举人，尚宝司卿。子钺，丙辰进士，南吏部尚书；铤，己酉解元；锦，戊辰进士，太仆寺卿；钅广，甲戌会元。墀子镃，乙酉举人，同知。堪子钰，都督，同知。孙如法，癸未进士，刑部主事；如洵，癸丑进士，今工部主事：俱钺子。从孙如游，壬辰进士，今礼部右侍郎。

探花：吴山，江西高安人，字曰静，号筠泉。治《诗》，乙酉举人，年三十五，仕至太子太保、礼部尚书兼翰林学士，致仕。隆庆中，起南吏部尚书，不赴。卒赠太保，谥文端。

先是，大学士李时等以取中李机等十二卷进览，上批答曰：“卿等以堪作一甲卷十二束来呈，朕各览一周。其上一卷说的正合题意，夫周道善而备，朕所取法。其土①三说仁礼为用，夫仁基之，礼成之，亦甚得题意。其上四论仁敬，夫敬而能仁，他不足

---

① 土，存目本作“上”，是。

说，可以保治矣。其上二略泛而滞于行，其下二却似说，虽与题不合，言以时事，故朕取之，可二甲首。余以次挨去，不知是否，卿可先与鼎臣看一过，再同读卷官看行。"上复御批首三卷，于韩曰："是题本意，可第一甲第一名。"于孙曰："说仁礼之意，好，可第二名。"于吴曰："敬为心学之极，此论好，可第三名。"

解元中式：马从谦、欧阳晚（并顺天）、谷宇龄、刘绘（并河南）、靳学颜（山东）、许天伦、王应期（并山西）、胡汝霖（四川）、朱文质（云贵）。

兄弟同榜：李念、李愈，平定州人，同父。郭鋬、郭鉴，高平人，同祖。

未娶进士：周天佐，晋江人。薛腾蛟，渭南人。周凤岐，浦城人。

庶吉士（三十人）：李玑（丰城）、赵贞吉（内江）、敖锐（高安）、郭朴（安阳）、骆文盛（武康）、尹台（永新）、康太和（莆田）、沈翰（吴县）、欧阳晚（武强）、王立道（无锡）、稽①世臣（归安）、郑一统（揭阳）、胡汝霖（绵州）、林廷②机（闽县）、高时（临安）、黄廷用（莆田）、奚良辅（上溪）、汪集（进贤）、郭鋬（高平）、沈良才（泰州）、陈东光（钧州）、王维桢（华州）、张绪（峡江）、李秦（临漳）、何维柏（南海）、卢宗哲（德州）、全元立（鄞县）、赵继本（历城）、任瀛（兖州）、彭凤（分宜），礼部侍郎兼学士顾鼎臣、吏部左侍郎兼学士张邦奇教习。

入阁：郭朴，四十五年由吏部尚书入武英殿，隆庆元年至太子太傅，致仕，谥文简。赵贞吉，隆庆三年由礼部尚书入文渊阁，明年加太子太保，致仕，谥文肃。

一品：郭朴，太子太傅。赵贞吉；吴山，南礼部尚书：并太子太保。

二品：高耀，清苑人；汪宗凯，崇阳人；张瀚，仁和人，太子少保：并吏部尚书。马森，怀安人；张舜臣，章丘人：并户部尚书。孙陞；李玑；林廷③机，谥文僖；尹台：并礼部尚书。赵炳然，剑州人，谥恭襄；赵大佑，太平人：并兵部尚书。冯天驭，蕲州人；闵煦，任丘人；张永明，乌程人，谥庄僖；钱邦彦，吴县人；孙植，平湖人：并刑部尚书。康太④和；郭朝宾，汶上人；曹亨，新蔡人：并工部尚书。

嘉靖十六年丁酉科解元

两京主试官：顺天，侍讲学士姚涞、中允孙承恩。应天，谕德江汝璧、洗马欧阳衢。

顺天：郑光溥，山东益都人，字伯公，号一山。治《诗》，国子生，年三十五，戊戌进士。

浙江平湖陆杲与子光祖同榜。

---

① 稽，《皇明贡举考》、《索引》作"嵇"。
② 廷，《索引》作"庭"。
③ 廷，《索引》作"庭"。
④ 太，《索引》作"大"。

应天：王讽，祁门人，号石龙，治《书》。

礼书严嵩劾进呈试录批语考官，既不填名，事属不敬，策题又以国家祀戎大事为问，所对语多讥讽。江、欧阳令锦衣卫官逮治，提调官府尹孙懋、府丞杨麒、监试御史何铉、沈应阳南京法司究问，同考官学正许文魁等所在巡按逮问，中式举人不许会试，后谪汝璧广东市舶司副提举，衢南雄府通判。

浙江：陈穆，鄞县人，字顺宾。治《易》，年三十，戊戌进士，授主事卒。

是榜出四大魁：会元袁炜、胡正蒙，状元茅瓒，探花温应禄。

江西：张希举，南昌人，字直卿。治《诗》，年二十二，辛丑进士。

福建：章日阁，晋江人，治《易》。

湖广：姚璋，沅陵人，字汝王。治《易》，年二十九，戊戌进士第二十名，授六安州知州。曾祖宗显，永乐甲午举人，知州。

河南：王西星，洛阳人，治《易》。

山东：徐承祖，历城人，治《易》，甲辰进士，知县。

山西：刘廷臣，洪洞人，字伯邻。治《易》，年二十九，戊戌进士。父荣，府通判。兄廷相，举人。

陕西：董大经，临潼人，治《诗》，山西灵石知县。

四川：何一举，成都人，治《书》，甲辰进士。

广东：马拯，南海人，字壮宇。治《诗》，年十七，未娶，戊戌进士。

礼部尚书严嵩奏广东所进试录，如圣谟、帝懿、四郊、上帝俱不行抬头，及称陈白沙、伦迁冈之号，有失君前臣名之义，且录中文体大坏，词义尤为荒谬，宜治罪。得旨，学正王本才等、布政陆杰等、按察使蒋淦等俱命巡按官逮问，本才夺其礼币，御史余光命法司逮问，仍通行天下提学官，严禁士子敢有肆为怪诞不遵旧式者，悉黜之。

广西：蒋时行，全州人，字时可，知府。子守成，隆庆丁卯举人，通判。

云南：马应羲。

贵州：浦仲良，乌撒卫人，临安府通判。

先是，十四年，贵州巡按王杏上言，贵州诸生附试云南，道里限阻，请就本省开科。从之，定解额云南四十名，贵州二十五名。

嘉靖十七年戊戌科大魁（中式三百二十名）

主试官：武英殿大学士顾鼎臣，乙丑进士。吏部左侍郎兼学士张邦奇，乙丑进士。

会元：袁炜，浙江慈溪人，字文明，号元峰。治《诗》，年三十一，丁酉乡试第二名，廷试一甲第三名，仕至少傅兼太子太傅、户部尚书、建极殿大学士。卒年五十八，赠少师，谥文荣。从子载，癸未进士；在，举人。

状元：茅瓒，浙江钱塘人，字邦献，号见沧。治《易》，年三十九，丁酉举人，仕至吏部侍郎。

榜眼：罗珵，江西泰和人，弘治癸丑探花罗钦顺侄也，字邦珍。治《易》，甲午举人，年四十六，家世见罗钦顺下。

探花：袁炜。

内阁初拟长洲陆师道为状元，御笔批作二甲第五，改袁炜第一。文华殿宣读已出，复召大学士李时、夏言、学士顾鼎臣入，改炜第三，擢茅瓒第一。

解元中式：张维一、郑光溥（并顺天）、赵汴（应天）、张濂、陈穆（并浙江）、陈昌积（江西）、汪宗伊、姚璋（并湖广）、马拯（广东）、乔世宁、李宠、张文卿（并陕西）、刘廷臣（山西）。

兄弟同榜：冯惟重、冯惟讷，临朐人，副使冯裕子。

少年进士：马拯，南海人，年十八。陈应魁，兴化人，年十九。林茂植，莆田人，年二十。杜拯，丰城人，年二十一。卢梦阳，南海人，年二十一。张潜，济南人，年二十二。李春芳，余干人，年二十六。俱未娶。

入阁：袁炜，四十年由礼部尚书入武英殿，四十四年至少傅、华盖殿大学士，致仕，谥文荣。

一品：袁炜，少傅。胡宗宪，绩溪人，太子太保、兵部尚书。

二品：汪宗伊，崇阳人，吏部尚书。郭乾，任丘人，太子少保；鲍道明，歙县人；谭太初，始兴人：并户部尚书。翁大立，余姚人，兵部尚书。陈绍儒，南海人，工部尚书。刘焘，天津人，左都御史。

嘉靖十九年庚子科解元

两京主试官：顺天，庶子童承叙、杨维杰。应天，翰林学士张治、谕德龚用卿。

顺天：刘一麟，昌平州人，字子仁。治《书》，年二十六，庚戌进士。曾祖泰，知县。祖嗣荣，长史。

应天：赵钑，桐城人，字子举，号桂野。治《书》，甲辰进士，副都御史。

浙江：王交，慈溪人，字徽久，号龙田。治《春秋》，年二十七，辛丑进士，改庶吉士，仕至南太仆寺丞，致仕。祖琉，州判。父蓉，知县。子莒，万历癸未会魁，编修。

江西：王渤，泰和人，治《易》。

福建：郑启谟，福州府人，字用文。治《礼记》，任芜湖知县。为人专精坟典，晚虽家居，未尝废卷。高祖镇，正统辛酉举人，教谕。祖举，正德癸酉举人，庆元知县。

湖广：谢登之，巴陵人，字汝学。治《诗》，年二十九，丁未进士，改庶吉士，仕至都御史。父彬，教谕。

诏增解额五名。

河南：尚维持，罗山人，字国相。治《春秋》，年二十八，辛丑进士，仕至提学副使。子芾，隆庆戊辰进士，告终养。

山东：潘龙，夏津人。子敦复，万历癸未进士，大同知府，致仕。

山西：栗永禄，长治人，字士学。治《礼记》，甲辰进士，南京户部郎中。

陕西：马自强，同州人，字体乾，号乾庵。治《春秋》，年二十八，癸丑进士，改庶吉士，仕至太子太保、礼部尚书、文渊阁大学士。卒年六十六，赠少保，谥文庄。祖通，知县。父珍，宛平知县。子慥，万历丁丑进士，尚宝司卿；协，举人。

四川：范希正，南充人。

广东：萧来凤。

广西：陆万钟。

云南：纪律。

贵州：田时龙，思南府人。

嘉靖二十年辛丑科大魁（中式三百名）

主试官：礼部尚书兼学士温仁和，壬戌进士。侍读学士张衮，辛丑进士。

会元：林树声，直隶华亭人，字与吉，号平泉。治《春秋》，庚子经魁，年三十三，廷试二甲第四名，改庶吉士，后改姓陆，仕至太子少保、礼部尚书兼学士，致仕，卒年九十七。弟树德，乙丑进士，金都御史。子彦章，己丑进士，光禄寺少卿。从子彦桢，乙未进士，吏部主事。彦桢子景明，举人。

状元：沈坤，直隶大河卫籍，昆山人，字伯载。治《诗》，辛卯举人，仕至祭酒。为御史林润所劾，诏狱，竟死狱中。

榜眼：潘晟，浙江新昌人，字思明，号水帘。治《书》，庚子举人，年二十五，累官太子太保、礼部尚书，致仕。后以武英殿大学士召，至中途论罢。

探花：林一凤，龙江左卫籍，河南祥符人，字伯羽，号雉山。年三十三，丁酉举人，后改姓邢，历侍讲，出为云南参政，致仕。

解元中式：郑维诚（应天）、王交（浙江）、张希举（江西）、吴三乐、尚维持（并河南）、杨谟（山西）、梁津（广东）。

兄弟同榜：万士亨、万士和，宜兴人。陈洪范、陈洪濛，仁和人。宋大勺、宋大武，陈堦、陈陛①，俱余姚，俱同父。

少年进士：方逢时，嘉鱼人，年二十。

庶吉士（三十二人）：高仪（钱塘）、董份（乌程）、严讷（常熟）、高拱（新郑）、梁绍儒（东平）、熊鼎臣（新建）、晁瑮（开州）、林树声（华亭）、陈陛②（余姚）、裴宇（泽州）、陈以勤（南充）、王才（新城）、徐养正（马平）、潘仲骖（乌程）、杨宗气（延安）、王显忠（保定）、何云凤（分水）、张铎（常熟）、王交（慈溪）、徐南

---

① 《皇明贡举考》、《索引》作"陈陛"。

② 《皇明贡举考》、《索引》作"陈陛"。

金（丰城）、曹汴（江陵）、林懋和（闽县）、王三聘（黄县）、王言（登州）、何光裕（梓潼）、万士和（宜兴）、叶镗（上饶）、夏子开（无锡）、吴三乐（河南）、吕时中（清丰）、王应钟（侯官）、彭世爵（安岳），温仁和及吏部侍郎兼学士张潮教习。

入阁：严讷，四十四年由礼部尚书入武英殿，本年加太子太保，转吏部，致仕，谥文靖。高拱，四十五年由礼部尚书入文渊阁，隆庆元年归，三年复入，加至少师、吏部尚书、中极殿大学士，六年归，谥文襄。陈以勤，隆庆元年由礼部尚书入文渊阁，四年至少傅、吏部尚书、武英殿学，致仕，谥文端。高仪，隆庆六年由礼部尚书入文渊阁，加太子少保，末①年卒，谥文端。潘晟，万历十年由礼部尚书召入武英殿学，未任。

一品：高拱，少师。陈以勤，少傅。王崇古，蒲州人，谥襄毅；方逢时：并少保、兵部尚书。严讷，潘晟，并太子少保。

二品：高仪，林树声，并太子少保。董份，万士和，裴宇，并礼部尚书。李迁，新建人，兵部尚书。徐养正，工部尚书。陈炌，临川人，左都御史。王忬，太仓人，右都御史。

皇明三元考卷之十一

嘉靖二十二年癸卯科解元

两京主试官：顺天，中允秦鸣夏、赞善浦应麒。应天，侍读华察、中允闵如霖。

顺天：沈绍庆，直隶昆山人，字子善。治《易》，年三十，庚戌进士，仕至提学佥事。曾祖存，知县。父大楠，癸未进士，福州知府。孙应明，万历己未进士。

言官论顺天冒籍中式者，工部侍郎陆杰子光祚、太仆寺卿毛渠子延魁、鸿胪卿陈璋子策及孙镃等十三人。得旨：光祚、延魁、策姑准存留，不许会试；孙镃、孙铣、王宸、陆宏系锦衣卫、太医院见任官子侄，存留会试；郑梦纲、陶大壮、沈谱、丁子载、翟钟玉、陆可成俱诈冒籍贯，发回原籍，入学肄业，仍得应其乡试。内陶大壮改名大顺，复举戊午浙江第四人，又与子允淳乙丑同榜。

应天：尤瑛，无锡人，字汝白，号回溪。治《书》。为人倜傥负气，卓有大志。连登甲辰进士。分宜赏其才，聘修宗谱，瑛不从。请为校官，聘主蜀试，英辞焉。入为国子丞，擢礼部主事，出为广东佥事。会剧贼李文彪称王，瑛用计平之。因平陈忠祜等四十余巢，转江西参议，卒。

浙江：沈束，余姚人，字宗约。治《易》，甲辰进士，授推官，升给事中。以言事忤相嵩，诏狱十八年，艰危万状。追嵩败，束妻张氏伏阙上疏，请以身代，凡三上乃得旨放归。隆庆初诏起原官，寻迁南通政，皆不赴。父芠，正德丁卯举人，知州。

---

① "末"为"本"之讹。

是榜出两状元：秦鸣雷，诸大绶。

江西：胡杰，丰城人，字子文。治《易》，年二十六，丁未进士，改庶吉士，历侍读，寻主应天试，以违误谪州判，历任南太常寺卿。

福建：黄继周，莆田人，治《书》。

第三名黄谦、四名林仰成、五名江从春，俱莆田人，而广西第二名林文宾，亦莆田人，故莆田立五魁坊，一县同科五魁，天下所未有也。

湖广：程沂，咸宁人，字岱源。治《书》，年十八，戊辰进士，授乐平知县，擢户部主事。

河南：曹金，祥符人，字汝砺。治《诗》，年三十，丁未进士，授通州知州。灶丁张伦劫官役，捕者奉御史指，求盗急，不得，妄引大姓四十八人，严刑诬服，死者几半。金力白其冤，御史怒，未几，果获真贼，全活甚众。历迁浙江右参议，守温处，倭寇犯青田，金力守孤城七日夜，倭引去，城得保全。寻以伉直忤贵倖意，罢归。隆庆改元，诏起补山西副使，累升兵部侍郎兼金都，巡抚陕西，斩蠡屋妖贼，地方以宁，寻引疾归。初，金与新郑高文襄公为周亲，穆皇时，文襄秉政，金亡所私谒，诸借誉为资者亦无敢及金门，文襄以严正见惮。历仕几三十年，官至卿贰，产不逾中人，治家教子严而有法，既归，杜门谢客，罕得窥其面，台省数谕荐，竟不起，家居十七年卒。所著有《傅川集》藏于家。

山东：许邦才，历城人，字殿卿。治《易》，仕至德府长史，有才名。

上以试录第五问防边策语含讥讪，礼部奏乞逮治，上曰：各省乡试出题刻文，悉听之巡按，考试官莫敢可否。叶经职司监临，事皆专任，命逮治，廷杖死。布政以下降边方杂职。

山西：李芝，泽州人，治《诗》。

陕西：王瑜。

四川：傅太，保宁府学生，治《诗》。

广东：伦文，顺德人，号警轩。治《易》，年二十三，壬戌进士，柳州知府。

广西：唐朝德，全州人。治《诗》，瑞州府同知。

云南：张九渊。

贵州：熊旂，安庄卫人，治《春秋》，南阳府通判。

嘉靖二十三年甲辰科大魁（中式三百二十名）

主试官：左庶子兼修撰江汝璧，辛巳进士。

上命礼部尚书兼学士张潮主试，江副之，潮入贡院，三场毕，以病卒，主试惟江一人，而后序则属同考修撰茅瓒为之。

会元：瞿景淳，直隶常熟人，字师道，号昆湖。治《诗》，年三十八，癸卯举人，廷试一甲第二名，仕至礼部侍郎兼翰林学士。赠尚书，谥文懿。景淳醇谨，以学行闻，精工时义，与王鏊、唐顺之、薛应旗齐名，士子宗之，世称王唐瞿薛云。子汝稷，官生，历盐运使，廉洁不染，擢太仆寺少卿；汝益，佐击；汝说，辛丑进士，今广东参议。孙式耜，丙辰进士，授永丰知县。

状元：秦鸣雷，浙江临海人，弘治壬子解元秦文子也，字子豫，号华峰。治《春秋》，年二十七，癸卯举人，仕至南礼部尚书。家世见秦文下。

榜眼：瞿景淳。

探花：吴情，直隶无锡人，字以中，号泽峰。治《书》，辛卯举人，年四十一，仕至右春坊谕德兼侍读。卒年七十一。弟海鳌，万历壬辰进士，行人司副。子敷锡，光禄寺监事；甲锡，光禄寺署丞。孙澄时，辛丑进士，衢州府知府。

读卷官已定吴情第一，因北音"无"字读"吴"，上曰："无情岂宜居第一？"遂置第三。而因殿旛结"雷"字，乃拔秦鸣雷云。

言官以瞿銮二子汝俭、汝孝既联中乡试，又联中会试，而崔奇勋乃汝俭等师，焦清与汝俭结姻，皆得中式，于是劾主考江汝璧及同考编修彭凤、欧阳晔，及修撰沈坤之中陆炜，署员外郎高节之中彭谦、汪一中，皆以贿故，且追论癸卯顺天乡试主考官秦鸣夏、浦应麒阿奉瞿銮之罪。上怒，勒瞿銮死，诏杖汝璧、鸣夏、应麒六十，革职闲住，不叙，坤仍旧供职，一中、炜存留廷试，节充军，汝俭、汝孝、奇勋、清、谦及凤、晔俱为民。

解元中式：赵钺、尤瑛（并应天）、姜良翰、沈束（并浙江）、徐承祖（山东）、栗永禄（山西）、何一举（四川）。

兄弟同榜：金九成、金九龄，武进人，同祖。

一品：王国光，阳城人，太子太保、吏部尚书。

二品：严清，嘉兴人；赵锦，余姚人，谥襄敏：并太子少保。王本固，邢台人；毕锵，石埭人；刘光济，江阴人：并吏部尚书。刘体乾，东安人；张守直，遵化人；刘自张，扶沟人：并户部尚书。秦鸣雷，礼部尚书。霍冀，孝义人；谭纶，宜黄人，太子少保，谥襄敏；戴才，沧州人；石茂华，益都人；王之诰，石首人：并兵部尚书。陈其学，登州人，刑部尚书。吴桂芳，新建人；曹三旸，宜兴人：并工部尚书。熊汝达，进贤人；王宗沐，临海人：并左都御史。

嘉靖二十五年丙午科解元

两京主试官：顺天，中允李本、赞善吴山。应天，侍读郭朴、中允孙陞。

顺天：祝尚义，腾骧卫人，号望梅。治《书》，年二十九，壬戌进士，历郧阳知府，致仕。

应天：袁洪愈，吴县人，字抑之，号裕春。治《易》，年三十一，丁未进士，仕至太子少保、南吏部尚书。卒年七十四。

浙江：高鹤，山阴人，字若龄。治《易》，年三十，庚戌进士，给事中。

江西：易弘器，分宜人，治《诗》。父銮，癸未进士，刑部郎中。

福建：洪世迁，闽县人，永乐乙未会元洪英曾孙也，字国安。治《礼记》，南大理评事。父暄，弘治辛酉举人，郯城知县。兄世文，戊戌进士，副使。

湖广：蔡制，宁乡人，治《易》。

河南：申嘉瑞，叶县人，号二川，治《易》。

山东：陈所蕴，邹平人，治《书》。

山西：路王道，屯留人，字汝遵，号坦斋。治《诗》，年十九，癸丑进士。

陕西：阎司讲。

四川：王缵宗，南充人，治《易》。

广东：谢颐。

广西：宋良表①，临桂人，字进之。治《易》，年二十四，丁未进士。

云南：李廷诏，邓州人，治《诗》。

贵州：孙应鳌，清平卫籍，直隶如皋人，字山甫，号淮海。治《书》，年二十，癸丑进士，改庶吉士，擢②。祖重，正德庚午举人，知县。父衣，辛卯举人，府同知。

诏增解额五名。

嘉靖二十六年丁未科大魁（中式三百名）

主试官：吏部左侍郎兼学士孙承恩，辛未进士。吏部左侍郎兼学士张治，辛巳进士。

会元：胡正蒙，浙江余姚人，字正伯，号日门。治《礼记》，丁酉举人，年三十五，廷试第三名，仕至太常寺卿，掌国子监事。卒年五十四。兄与之，举人。

状元：李春芳，直隶兴化籍，句容人，字子实，号石麓。治《诗》，年三十八，辛卯举人，会试第十名，仕至少师兼太子太师、吏部尚书、中极殿大学士。卒年七十五，赠太师，谥文定。子茂年，尚宝司丞；茂才，太常寺少卿；茂德，治中；茂功，知府。孙思敬，辛卯举人；思诚，戊戌进士，编修。曾孙长华，乙卯举人；乔，己未进士，任推官。

榜眼：张春，江西新喻人，字仁甫。治《易》，年三十七，甲午乡试第七名。子启宗，万历庚子江西举人。孙茂颐，庚子应天举人。

探花：胡正蒙。

解元中式：马一龙（顺天）、袁洪愈（应天）、胡杰（江西）、谢登之（湖广）、曹金（河南）、亢思谦（山西）、宋廷表（广西）。

兄弟同榜：耿随朝、耿随卿，滑县人，同祖。

---

① 《皇明三元考》作"宋廷表"。

② 以下疑有脱文。存目本补入"编修"二字。

庶吉士（二十六人）：孙世芳（安东）、张思静（同州）、汪镗（鄞县）、朱大韶（华亭）、亢思谦（临汾）、胡杰（丰城）、毛起（夹江）、张居正（江陵）、殷士儋（历城）、林燫（闽县）、马一龙（溧阳）、熊勉学（德化）、谢登之（巴陵）、蓝璧（高安）、黎澄（乐平）、李敏（榆次）、刘泾（怀庆）、赵镗（江山）、刘锡（鸡泽）、任士凭（平原）、任有龄（嘉定）、蔡文（南靖）、陈一松（海阳）、马三才（仁和）、孙衷（清平）、莫如士（新会），张治及吏部左侍郎兼学士徐阶教习，后续命吏部左侍郎兼学士欧阳德、林燫。

名臣：杨继盛，容城人，字仲芳。兵部员外，谏仇鸾马市十不可、五谬忤旨，谪狄道典史。已而仇鸾伏诛，迁诸城令，历南兵部员外。不一月，复论严嵩十罪、五奸，下锦衣狱，杖百。久之，嵩附继盛名于他罪，疏中，弃市。隆庆初，赠太常寺少卿，谥忠愍，荫子应尾为国子生，官至太仆寺少卿。

入阁：李春芳，四十四年由礼部尚书入武英殿，隆庆五年至少师兼太子太师、吏部尚书、中极殿学，致仕。张居正，隆庆元年由礼部侍郎入东阁，万历十年至太师、吏部尚书、中极殿学，卒，谥文忠，寻夺爵抄没。殷士儋，隆庆四年由礼部尚书、太子太保入武英殿，五年至少保，致仕。

一品：张居正，太师。李春芳，少师。殷士儋，少师。

二品：袁洪愈，长洲人，太子少保；杨巍，海丰人；陆光祖，平湖人：并吏部尚书。殷正茂，歙县人；王遴，霸州人；谢登之；陈瓒，献县人；张西铭，滨州人：并户部尚书。汪镗；林燫，谥文恪；陶承学，会稽人；刘斯洁，易州人：并礼部尚书。刘应节，淮县人；凌云翼，太仓人，太子少保：并兵部尚书。吴百朋，义乌人；王世贞，太仓人，太子少保：并刑部尚书。李幼滋，应城人；徐栻，常熟人：并工部尚书。

嘉靖二十八年己酉科解元

两京主试官：顺天，侍读康太和、赞善阎朴。应天，侍读敖铣、修撰黄廷用。

顺天：孙铤，锦衣卫官籍，浙江余姚人，乙未榜眼孙陞子也，字文和，号正峰。治《易》，年二十二，癸丑进士，改庶吉士，仕至南礼部侍郎。兄镆，光禄寺署丞；钶，京县主簿，鳌州判；铉，乙酉举人，府同知。从子如瀛，都司；如汉，把总；如㷇，武举；如津，锦衣卫金事。子如汪，举人。余并见孙陞下。

应天：唐一麐，武进人，己丑会元唐顺之从侄孙也，字仁甫，号止庵。治《诗》，年二十七，乙丑进士，未授官，卒。祖辅，学正。父音，戊子举人，知县。

浙江：周诗，钱塘人，号与麓。治《易》，丙辰进士，仕至南大理寺右通政。子大毂，乙酉举人。

是榜出三及第：状元唐汝楫，榜眼陶大临，探花赵志皋。

江西：何涛，广信府学生，号平山，治《书》。

福建：黄士观，莆田人，字国光。治《书》，年二十六，庚戌进士，二甲第七名。

父珠，知县。

湖广：吴国伦，兴国州人，字明卿，号南狱①。治《易》，年二十六，庚戌进士，仕至参政，有才名，卒年七十一，所著有《甔甀洞稿》行于世。

河南：鲁邦彦，睢州人，字朝选。治《书》，年二十二，庚戌第十三名。

山东：刘大章，益都人，治《易》。

山西：王崇雅，蒲州人，号龙川。治《书》，官至行太仆寺少卿。

陕西：张旐，泾阳人，治《易》。

四川：王楠，南充人。

广东：胡廷兰，增城人，字伯贤，号湘江。治《诗》，年四十三，庚戌进士，历提学佥事。祖璋，知县。

是榜琼山海瑞官左都御史，谥忠介，为名臣。

广西：张元举。

云南：张文奎。

贵州：鲍国臣，普定卫人。

嘉靖二十九年庚戌科大魁（中式三百二十名）

主试官：礼部尚书兼学士张治，见丁未。吏部左侍郎兼学士欧阳德，癸未进士。

会元：傅夏器，福建南安人，字廷璜，号锦泉。治《易》，年四十二，辛卯乡试第六名，廷试二甲第九名，授主事，历官郎中。

状元：唐汝楫，浙江兰溪人，字思济，号小渔。治《易》，年三十七，己酉举人，会试十名，仕至春坊谕德，闲住，后以从龙旧臣加太常寺少卿，致仕。曾祖贤，推官。父龙，正德戊辰进士，太子太保、吏部尚书，谥文襄。弟汝舟，举人。

榜眼：吕调阳，广西桂林中卫籍，临桂人，字和卿，号豫所。年三十五，仕至少傅兼太子太傅、吏部尚书、武英殿大学士。卒年六十五，赠太保，谥文简。父璋，知县。子兴周，丁丑进士，应天府丞；兴齐，举人。

探花：姜金和，江西鄱阳人，字节之。治《易》，年三十六，丙午举人，历官祭酒。曾祖宪，长史。祖信，赠郎中。父地，知府。

解元中式：刘一麟、沈绍庆（并顺天）、高鹤（浙江）、黄士观（福建）、吴国伦（湖广）、胡廷兰（广东）、鲁邦彦（河南）。

兄弟同榜：金立爱、金立敬，临海人，同父。

少年进士：林烃章，莆田人，年二十。

入阁：吕调阳，隆庆六年由詹事入文渊阁，万历六年至少傅、吏部尚书、建极殿学，致仕。

————————————

① "狱"为"岳"之讹。

一品：吕调阳。

二品：何宽，临海人；丘橓，诸城人：并吏部尚书。王好问，华亭人，户部尚书。徐学谟，嘉定人，太子少保、礼部尚书。郭应聘，莆田人，兵部尚书。潘季驯，归安人，太子少保；陈道基，同安人：并刑部尚书。沈应时，河南人；朱天球，漳浦人：并工部尚书。

嘉靖三十一年壬子科解元

两京主试官：顺天，庶子郭朴、修撰秦鸣雷。应天，中允尹台、修撰郭磐。

顺天：房有容，丰润人，治《诗》。

应天：孙溥，江西丰城人，号笠溪，治《易》，国子生。

浙江：诸大圭，余姚人，字信夫，号曙海。治《易》，年十九，丁丑进士，授工部主事，告病卒。祖绚，弘治乙丑进士，刑部主事。父应第，生员。兄大伦，辛未进士，给事中。弟大木，隆庆丁卯举人。

江西：李贵，丰城人，字廷良，号文麓。治《诗》，年三十一，癸丑进士，改庶吉士。

福建：黄星耀，莆田人，治《诗》。

湖广：王凝，宜城人，号毅庵。治《书》，丙辰进士，仕至右副都御史。

河南：纪朝宗，陈州人。

山东：王肇林，掖县人，字梅芳，号小溟。治《书》，年二十三，乙丑进士，授刑部主事，历顺德府同知。祖聪，上林苑录事。父都，府同知。兄上林，教授；文林，长史；儒林，训导。

山西：梁纲，稷山人，号承斋。治《易》，年二十五，壬戌进士，授户部主事，历陕西参议。

陕西：周鉴，平凉府仪卫司籍，江西萍乡人，字子明，号霁川。治《诗》，年二十三，癸丑进士。

四川：丁胜，成都人，治《诗》。

广东：张大猷，东莞人，治《易》，丙辰进士。

广西：邓洪震，宣化籍，江西吉水人，号梅台。治《书》，年二十八，己未进士，授晋江知县，历兵部郎中。

云南。

贵州：吴淮，宣慰司学生，治《书》。

嘉靖三十二年癸丑科大魁（是岁特开科，凡四百名）

主试官：少保、大学士徐阶，癸未进士。侍讲学士敖锐，乙未进士。

会元：曹大章，直隶金坛人，字一呈，号含斋，治《书》，年三十三，丙午举人，廷试一甲第二名，授编修，以废疾罢。父邦彦，正德丙子举人，户部司务。

状元：陈谨，福建闽县人，字德言，号环江。治《诗》，年二十九，壬子举人，会试第二十四名。官修撰之明年，以公误谪推官，累中允，丁忧归，卒。谨内明外和，自持谦抑，见者莫不敬而爱之。为文温润醇雅，有《内制集》及《国子讲章》诗文稿藏于家。

榜眼：曹大章。

探花：温应禄，浙江乌程人，字以庸，号古渠。治《易》，年四十六，丁酉举人。凡朝廷大政事、大典故，悉心讨究。是岁，霖雨为灾，京师饥馑，撰《救灾疏》指陈时政，咸当肯綮。逾年卒。禄性行纯孝，善继亲志，虽列史馆，每以不得禄养为歉。所为诗文，气豪迈古。竟不享年，人皆惜之。

解元中式：孙铤（顺天）、李贵（江西）、路王道（山西）、马自强、周鉴（陕西）、孙应鳌（贵州）。

兄弟同榜：史朝宜、史朝富，晋江人，同父。吕程、吕穆，秀水人；萧九成、萧九峰，兴州人：俱同祖。赵祖朝、赵祖鹏，东阳人，同族。吴邦桢、吴承煮，吴江人，亲叔侄。

未娶进士：杨一鹗，曲周人；苟延庚，峨眉人：俱二十。陆瓒，龙游人，二十五。

庶吉士（二十八人）：张四维（蒲州）、王希烈（南昌）、姜宝（丹阳）、万浩（进贤）、南轩（渭南）、孙铤（余姚）、吴可行（武进）、梁梦龙（真定）、孙应鳌（清平）、晁东吴（开州）、张九功（沁水）、冯叶（慈溪）、陆泰（鄞县）、马自强（同州）、李贵（丰城）、赵祖鹏（东阳）、吕旻（龙溪）、方万有（莆田）、胡汝嘉（鹰阳）、徐思曾①（吴江）、王文炳（庐陵）、姚弘谟（秀水）、张巽言（益都）、王学颜（湘潭）、郭敬言（海阳）、李衮（内乡）、蒋焞（全州）、王咏（嘉定），吏部左侍郎兼学士程文德、礼部左侍郎兼学士闵如霖教习。

入阁：张四维，万历三年由礼部尚书入，十一年至少师、吏部尚书、中极殿学，丁忧，谥文毅。马自强，万历十年由太子太保、礼部尚书入文渊阁，本年卒，谥文庄。

一品：张四维，少师。马自强，少保。梁梦龙，吏部尚书；张学颜，肥乡人，户部尚书：并太子太保。

二品：吴时来，仙居人，吏部尚书。姜宝，太子少保，礼部尚书。杨一鹗，太子少保；陈瑞，长乐人；刘尧诲，临武人：并兵部尚书。谢鹏举，蒲圻人，右都御史。

嘉靖三十四年乙卯科解元

两京主试官：顺天，谕德王维桢、侍讲袁炜。应天，侍讲严讷、潘晟。

---

① 《索引》作"徐师曾"。

顺天：杨濂，四川巫山人，治《春秋》，岁贡国子生。

应天：张世熙，舒城人，字汝载，号偶泉，年三十六，未仕。祖宪，将仕郎。

浙江：郑卿，慈溪人，治《诗》，丙辰进士。

嘉兴包汴、包桯父子同榜。

江西：闵文卿，浮梁人，字廷昭，号纯斋。治《书》，丙戌进士，授六安州知州，降断事，迁嘉兴府通判。父旦，壬辰进士，知府。

福建：黄懋冲，莆田人，治《诗》。

湖广：刘伯燨，孝感人，字元甫，号小鹤。治《诗》，年二十四，戊辰进士第六名，仕至按察使。兄伯生，乙丑进士，吏部主事。

河南：陈加命①，杞县人，治《诗》。

山东：田汝颖，信阳人，号圃泉。治《诗》，年二十八，己未进士，累官四川参政。

山西：张鹏翰。

陕西：李苏，咸宁人，号三莪。治《易》，仕至两淮运使。

四川：殷②武卿，内江人，字定夫，号月溪。治《书》，丙辰进士，仕至兵部尚书。

广东：袁炳，东莞人，字茂名，号莞沙。治《诗》，年二十，改名昌祚，辛未进士，仕至广西参议。

广西：张元孝。

云南：龙施，云南前卫籍，应天六合人，官至郎中。

贵州。

嘉靖三十五年丙辰科大魁（中式三百名）

主试官：武英殿大学士李本，壬辰进士。少詹事兼侍讲学士尹台，乙未进士。

会元：金达，江西浮梁人，字德孚，号星桥。治《书》，年五十八，丙午乡试第三名，廷试一甲第三名，累官南国子监司业。

状元：诸大绶，浙江山阴人，字端甫，号南明，治《易》，年三十四，癸卯亚魁，仕至吏部侍郎兼侍读学士。大绶状貌修伟，而岂弟坦夷，好推毂士类。其立朝，不激不随，有公辅之望。侍穆庙日讲，剀切详尽，上注听焉。方属意大用，会上崩，大绶亦病卒，年五十一。赠礼部尚书，谥文懿。

榜眼：陶大临，浙江会稽人，弘治乙卯解元陶谐孙也，字虞臣，号念斋。治《春秋》，年三十，己酉举人，仕至吏部侍郎兼侍读学士。卒年四十八，赠礼部尚书，谥文

---

① 《皇明贡举考》作"陈嘉命"。

② 本书后文作"阴"，《索引》亦作"阴"。

僖。大临貌不胜衣，而识沉守介，屹然不可动摇。为日讲官，恳恳以正心窒欲、敬天法祖为言。在吏部，参决大计，所汰留多得其当。平生翼翼畏慎，惟恐有失，而于取予尤严。卒之日，橐无赢金，士论益贤之。父师贤，鸿胪寺主簿，赠侍郎。兄大有，甲辰进士，副使；大年，辛丑进士，参政；承学，丁未进士，礼部尚书；幼学，己未进士，布政；大原，署丞。亲兄大顺，乙丑进士，副都御史。子允宜，甲戌进士，黄州府同知。从子允淳，乙丑进士，尚宝司丞；望龄，己丑会元；与龄，乙酉举人。

诸与陶同里闬，为婚姻。诸自礼侍为吏侍，于万历元年卒，赠官。陶亦自礼侍代之，衔位无不同者，于二年卒，赠官亦同，亦一奇也。

探花：金达。

解元中式：周诗、郑卿（并浙江）、王凝（湖广）、阴武卿（四川）、张大猷（广东）。

一品：杨兆，肤施人；郑洛，安肃人：并少保、兵部尚书。

二品：孙丕扬，富平人；蔡国珍，奉新人：并太子少保。赵贤，汝阳人。孙钺，余姚人，谥清简：并吏部尚书。张士佩，韩城人；耿定向，黄安人；郝杰，蔚州人：俱户部尚书。傅希挚，衡水人；李世达，泾阳人：并太子少保。阴武卿，内江人；吴文华，连江人：并兵部尚书。陈瑞，长乐人，刑部尚书。曾省吾，钟祥人；辛自修，襄城人，谥肃敏：并工部尚书。边维垣，彭县人；杨成，长洲人，太子少保：俱右都御史。

嘉靖三十七年戊午科解元

两京主试官：顺天，太常寺少卿董份、侍读高拱。应天侍读瞿景淳、陈陛①。

顺天：达其道，任县人，号潜斋。治《诗》，年三十，己未进士，授工部主事，累迁河南提学副使。

应天：佘毅中，铜陵人，字子执，号远斋。治《诗》，年十七，未娶，甲戌进士，授工部主事，累迁郎中，以治河功加四品服色。卒赠太仆寺少卿，荫一子。父杰，知县，封吏部员外。兄敬中，己未进士，廉使。弟合中，庚戌进士，行人。从子翘，辛卯举人。

浙江：张巽，秀水人，治《诗》，任通判。

江西：习孔教，庐陵人，字时甫，号豫川。治《易》，年二十三，戊辰进士，选庶吉士，仕至南吏部侍郎。弟孔化，万历己未进士。

福建：黄才敏，晋江人，字尔懋，号心斋。治《礼记》，年二十三，乙丑进士第十名，授户部主事，升礼科给事中，降县丞，升知县。

湖广：陈述龄，沔阳州人，字子寿，号昆仑。治《诗》，年十九，甲戌进士，授户部主事，迁礼部员外，卒。

---

① "陛"为"陛"之讹。

河南：刘奋庸，洛阳人，号书川。治《诗》，己未进士，授兵部主事，历提学副使。父济民，赠尚宝司卿。兄登庸，戊辰进士，保定府推官。

山东：张焕，益都人，字懋文，号柏洲。治《易》，年二十八，乙丑进士，南赣巡抚、金都御史。

山西：李尚思，曲沃人，字从学，号晋峰。治《易》，年三十八，戊辰进士，仕至吏部右侍郎，致仕。子永培，万历己卯解元。

陕西：王言，南郑人，号斗虚，累官金事。

四川：杨沂，西充人，字子与，号鲁南。治《诗》，年二十三，戊辰进士，累官凤翔知府，致仕。父应祥，举人，赠户部员外。子松年，壬辰进士，贵州参政。

广东：李学一，归善人，字万卿，号文轩，治《诗》，年二十四，戊辰进士，改庶吉士，仕至苑马寺卿。祖信，理问。父鹏举，长史。

广西：佘立，马平人，号乐吾。治《诗》，年二十六，壬戌进士，二甲第四名，授户部主事，历官兵部左侍郎，致仕。曾祖轩，贡士。祖崇凤，知州。父勉学，癸未进士，按察使。

云南：刘诰，保山人，治《书》。

贵州：莫期尹，贵州宣慰司人，治《书》。

嘉靖三十八年己未科大魁（中式三百二十名）

主试官：吏部左侍郎兼学士李玑，乙未进士。太常寺少卿兼学士严讷，辛丑进士。

会元：蔡茂春，顺天府三河人，号苍宇。治《诗》，年三十五，乡试第二十名，廷试二甲第一名。授兵部主事，历升归德府知府，降州同，累迁南礼部郎中。父义，吏目。

状元：丁士美，直隶清河人，字邦彦，号后溪。治《易》，年三十九，己酉乡试第十九名。为人缜密端重，以道义自持。在胶庠补廪，时年甚少，诸廪生易之，悉分其廪，士美怡然无几微形于色。及登第，京师有贵人欲妻以女，执不从，名益起。累官吏部左侍郎兼侍读学士。卒赠礼部尚书，谥文恪。

榜眼：毛惇元，浙江余姚人，字裕仁，号春台。治《春秋》，年三十，壬子乡试第三十七名，会试第三名。终编修。曾祖杰，景泰甲戌进士。祖宪，成化辛丑进士，副使。父文炳，丙子举人，治中。兄绍元，正德丁丑进士，参政。子翼，举人。

探花：林士章，福建漳浦人，字德斐，号璧东。年三十六。仕至南礼部尚书，致仕。叔功懋，壬辰进士，按察使。兄楚，通判。弟士弘，庚辰进士，知府；士师，举人。子汝诏，丙戌进士，行人司副。

解元中式：达其道（顺天）、刘奋庸（河南）、田汝颖（山东）、邓洪震（广西）。

兄弟同榜：王淑、王湜，南昌人。甄沛、甄津，鱼台人。俱同父。

少年进士：韩邦宪，高淳人，年十九。

892

一品：石星，东明人，少保、兵部尚书。

二品：曾同亨，吉水人，太子少保、吏部尚书。陈于陛，曲周人；宋纁，商丘人；王友贤，宁乡人：并户部尚书。林士章，礼部尚书。郜光先，长治①人；吴兑，山阴人：并太子少保、兵部尚书。舒化，临川人；魏时亮，南昌人；王廷瞻，黄冈人：并刑部尚书。何起鸣，内汪②人；李辅，进贤［人］；王一儒，夷陵人：并工部尚书。衷贞吉，南昌人，左都御史。

嘉靖四十年辛酉科解元

两京主试官：顺天，洗马裴宇、侍读胡正蒙。应天，谕德吴情、侍读胡杰。

顺天：金一凤，任丘人，治《诗》。

应天：许国，歙县人，字维桢，号颍阳。治《诗》，年三十五，乙丑进士，改庶吉士，仕至少傅兼太子太师、吏部尚书、建极殿大学士，致仕。赠太保，谥文穆。南直人不许典南试，自此始。

浙江：卢渐，鄞县人，字伯桢，号一峰。治《易》，年三十二，乙丑进士，累官福建运使，致仕。

江西：黄文炜，南城人，号景云。治《易》，年二十一，壬戌进士，授上海知县，卒。

福建：赵秉忠，瓯宁人，字芝臣，号谦宇。治《书》，年二十，甲戌进士，授乐平知县，致仕。曾祖荣，府知事。父鹤，教谕。

湖广：王万善，衡阳人。

河南：何洛文，信阳人，字启图，号震川。治《书》，年二十六，乙丑进士，改庶吉士，累官礼部左侍郎兼侍读学士，致仕。祖景明，弘治壬戌进士，提学副使。父立，府同知。弟洛书，丁丑进士，检讨。

山东：崔桓，平度州人，治《诗》，任知县。父廷槐，丙戌会魁，金事。子烨，万历辛丑进士，蕲水知县。

山西：李日强，曲沃人，字元壮，号敬斋。治《春秋》，年二十七，乙丑进士，仕至参政。父廷举，儒官。

陕西：薛亨，韩城人，字道行，号通衢。治《书》，年二十四，辛未进士，仕至布政使。从弟芳，壬辰进士；贞，辛丑进士，御史。

四川：顾绍履，成都人，号省屏。治《易》，累官府同知。子道，丁酉举人。孙其仁，万历癸丑进士。

广东：王弘海，定安人，字少傅，号忠铭。治《诗》，年二十，乙丑进士，改庶吉

---

① "冶"为"治"之讹。

② 汪，存目本改为"江"，是。

士，仕至礼部尚书。

广西：马千乘，全州人，治《诗》。子玄衮，万历壬子举人，九江府通判。

云南：唐尧臣，晋宁州人，治《易》。

贵州：李惟祜，清平卫人，号春林，治《礼记》。

嘉靖四十一年壬戌科大魁（中式三百名）

主试官：武英殿大学士袁炜，戊戌进士。吏部侍郎兼学士董份，辛丑进士。

会元：王锡爵，直隶太仓人，字元驭，号荆石。治《春秋》，年二十九，戊午乡试第四名，廷试一甲第二名。仕至少保兼太子太保、吏部尚书、建极殿大学士，致仕。卒年八十。父梦祥，序班。弟鼎爵，戊辰会魁，太仆寺少卿。子衡，万历辛丑榜眼。

状元：申时行，直隶长洲人，字汝默，号瑶泉。治《书》，年二十八，辛酉乡试第三名，会试第二十八名，仕至少师兼太子太师、吏部尚书、中极殿大学士，致仕。卒年八十，谥文定。子用懋，癸未进士，太仆寺少卿；用嘉，举人。孙绍芳，丙辰进士。

榜眼：王锡爵。

探花：余有丁，浙江鄞县人，字丙仲，号同麓。治《易》，年三十六，会试第六名。仕至少傅兼太子太傅、户部尚书、建极殿大学士。卒年五十八，赠太保，谥文敏。父永麟，通判。

解元中式：祝尚义（顺天）、黄文炜（江西）、梁纲（山西）、伦文（广东）、佘立（广西）。

兄弟同榜：李橡、李材，丰城人，同祖。

少年进士：林乔相，晋江人，年二十。

入阁：申时行，万历六年由吏部侍郎入东阁，十九年至少师、中极殿学，致仕。余有丁，万历十年由礼部尚书入文渊阁，十二年至少傅、建极殿学，致仕。王锡爵，万历十二年由礼部尚书入文渊阁，二十二年至太子太保、吏部尚书、建极殿学，致仕，三十五年复加少保兼原官召入，辞不赴。

一品：申时行，少师。余有丁，少傅。王锡爵，少保。杨俊民，蒲州人，少师，户部尚书。李汶，任丘人；萧大亨，泰安人：并少傅、兵部尚书。

二品：陈有年，余姚人，吏部尚书。周世选，故城人；舒应龙，全州人，太子少保：并兵部尚书。林烃，闽县人，工部尚书。徐作，南昌人；周咏，延津人；张国彦，邯郸人，太子少保；寨达，重庆人；刘世曾，巴县人：俱都御史。

嘉靖四十三年甲子科解元

两京主试官：顺天，洗马林㷬、赞善殷士儋。应天，谕德汪镗、中允孙世芳。

应天副考孙以病卒于贡院，舆尸出，同考官吏部主事蔡国珍代为后序。

旧制，两京主考官间用本省人，而分校之役率领诸学官以为常。至是南道御史、史官建议两京主考不得用本省人，同考官用京官进士出身者，《易》、《诗》、《书》各二员，《春秋》、《礼记》各一员，其余参用教官。上从之，寻以部臣与主考争事不协，礼部复以初议不便，诏罢之。

顺天：章礼，锦衣卫籍浙江会稽人，字约之，号稷峰。治《易》，年四十一，戊辰进士，授评事，历升江西参议，致仕。

给事中辛自修、邓楚望、御史罗元祐，交章伦①冒籍生员章礼等五人，关节监生项元深等三人，并论礼部主事戚元佐之荐元深，户部尚书高耀荐属官陈洙为考官，中其子高堂，而耀弟宛平县丞高灿在外帘为之关节。得旨，黜冒籍陈道箴、吕祖望回籍充附，礼等各行原籍勘实，堂、元深等以覆试文可，俱准中式，耀、元佐、洙，俱不坐，灿以始不引嫌，调外任。于是诏自今两京乡试同考官仍择文行俱优、年力精壮教职充之，罢部僚勿遣。

应天：沈位，吴江人，字道立，号虹台。治《书》，年四十，戊辰进士第七名，选庶吉士，擢检讨。卒年四十八。祖汉，正德庚辰进士，户科给事中。父嘉谟，监生，赠检讨。从子璟，甲戌进士，光禄寺丞；瓒，丙戌进士，佥事；琦、琬，俱己②未进士，琦知县，琬山东副使；珣，甲辰进士，东昌知府。璟子自铨，举人。

是榜出三及第：状元焦竑，榜眼刘瑊、余梦麟。

浙江：王家栋，嘉兴人，字惟隆，号吉山。治《易》，年二十三，甲戌进士，授刑部主事，谪无为州同，升汀州府通判，卒。曾祖辅，丙戌进士，刑部主事。

江西：祝訚寿，德兴人，字介卿，号南山。治《易》，仕至常州府同知。

福建：王大道，莆田人，治《书》。

湖广：刘守泰，麻城人，字交甫，号凤嵋。治《春秋》，年二十八，辛未进士，授江阴知县，迁吏部主事，卒。祖天民，教授。父澜，举人，知县。弟守有，武进士，太子太保、左都督、掌锦衣卫事。

河南：阎邦宁，原武人，字仲谧，号月川。治《诗》，年三十三，戊辰进士，仕至山西副使。

山东：王象坤，新城人，字子厚，号云楼。治《诗》，年十九，乙丑进士，累官山西左布政。曾祖麟，教授。祖重光，辛丑进士，太仆寺少卿，赠户部侍郎。父之翰，国子生。叔之垣，壬戌进士，户部侍郎；之辅，辛酉举人，户部员外；之城，选贡，知州；之猷，庚午第六名，丁丑进士，按察使；之都，乙未进士。兄象乾，庚午第二名，辛未进士，太子太保、兵部尚书。弟象蒙，丁卯第二名，时年十六，庚辰进士，光禄寺丞；象泰，癸酉举人；象贲，户部员外；象晋，甲辰进士，礼部主事；象斗，乙未进士，户部主事；象节，壬辰进士，检讨；象恒，乙未进士，御史；象春，庚戌进士。从

---

① 伦，存目本改为"论"，是。
② "己"为"乙"之讹。

子与善，庚子举人。

山西：潘云祥，宁化所籍，直隶合肥人，字瑞徵，号芦山。治《书》，年二十一，辛未进士，历官兵部员外。父高，壬辰进士，参议。叔文，乙未进士，副使。弟云程，副总兵；云从，壬子举人；云翼，癸丑进士。

陕西：温纯，三原人，字淑文，号一斋。治《易》，年二十六，乙丑进士，仕至太子太保、左都御史，致仕。

四川：陈惟直，洪雅人，字伯生，号寅斋。治《易》，年二十五，乙丑进士，累官湖广布政。父诰，学正。

广东：李成性，南海人，治《诗》。

广西：邓全策，全州人，号绍泉，治《易》，任四会知县。

云南：许镒，石屏州人，字国器，号白塘。治《诗》，年三十五，乙丑进士，官至江西佥事，致仕。

贵州：许一德，贵州卫官籍，直隶泗州人，字子恒，号吉庵。治《易》，年三十九，辛未进士，累官云南按察司副使，致仕。祖杰，指挥佥事。父奇，府同知。兄修德，正千户；崇德，辛酉举人；裕德，庚午举人。

嘉靖四十四年乙丑科大魁（中式四百名）

先是，士习稍偷，有代者，有挟册者，有群聚而通者。是科诏增设监试御史二员，特加严焉。搜获怀挟举人十数名，枷号礼部前，各杖，发原籍为民。

主试官：吏部左侍郎兼学士高拱，辛丑进士。侍读学士胡正蒙，丁未进士。

会元：陈栋，江西南昌人，字隆之，号吉所。治《诗》，年三十九，辛酉举人，廷试一甲第三名，累官右赞善。卒年四十六。子维智，通判；维春，万历壬辰进士，改庶吉士，刑科右给事中。从子维鼎，庚戌进士；维谦，丙午举人；维恭，乙卯举人；维泰，教谕。孙以瑞，己未进士。

状元：范应期，浙江乌程人，字伯桢，号屏麓。治《书》，年三十九，辛酉举人，累官国子祭酒，致仕。后为恶少所龃龉，巡按、邑令共为搏击，竟自缢死，年六十八。

榜眼：李自华，浙江嘉善籍，直隶华亭人，字元实，号见亭。治《诗》，年三十，甲子举人，仕至司业。

探花：陈栋。

榜中有两陈王道，一吴江，一昆山。两王三锡，一金华，一内江。两李学诗，一安阳，一东阿。

解元中式：唐一鹏、许国（并应天）、卢渐（浙江）、黄才敏（福建）、王弘海（广东）、何洛文（河南）、王肇林、张焕、王象坤（并山东）、李日强（山西）、温纯（陕西）、陈惟直（四川）、许镒（云南）。

父子同榜：陶大顺、陶允淳，会稽人。

兄弟同榜：侯居艮、侯居坤，解州人，同父。

少年进士：戚杰，泗州人，年十九。陈法，南海人，年二十二。俱未娶。王轩，保定人。王象坤，新城人。王庭诗，华州人。俱三十。

庶吉士（二十八人）：许国（歙县）、陈懿德（华亭）、戴洵（奉化）、沈渊（新城）、周子义（无锡）、严用和（仁和）、韩楫（蒲州）、杨允中（遵化）、吴学诗（上高）、李存文（泰州）、王湘（平度）、沈鲤（归德）、张秩（安福）、高启愚（铜梁）、何洛文（信阳）、陈思育（武陵）、陈行健（乌程）、林偕春（漳浦）、陈经邦（莆田）、王嘉言（陈光）、钟继英（东莞）、李良臣（普安）、管大勋（鄞县）、成宪（蓟州）、王弘诲（定安）、麻永吉（庆阳）、王玺（南丰）、杨一桂（南昌），吏部左侍郎兼学士高仪教习，寻迁官，复命礼部左侍郎兼学士陈以勤代之。

先是，科臣请定选馆之制，每科取选不过三十人，每留不过四五辈，限年四十之内，所试文字纯正典雅为上，诏从之。

入阁：许国，万历十一年由礼部尚书入东阁，十九年至少傅、吏部尚书、建极殿学，致仕。沈鲤，二十九年起礼部尚书，入东阁，三十九年至太子少保，致仕。

一品：许国。郑继之，襄阳人，吏部尚书；叶梦熊，归善人，工部尚书：并太子太保。

二品：赵焕，掖县人，吏部尚书。褚钛，榆次人；张孟男，中牟人：并太子少保、户部尚书。陈经邦，王弘诲，并礼部尚书。赵可怀，巴县人，兵部尚书。徐元泰，宣城人，刑部尚书。范崙，丹徒人；姚继可，襄城人：并工部尚书。温纯，三原人，左都御史。

皇明三元考卷之十二

隆庆元年丁卯科解元

两京主试官：顺天，谕德丁士美、中允张四维。应天，谕德王希烈、中允孙铤。

顺天：庄允中，直隶华亭人，治《易》，国子生。

应天：周汝砺，昆山人，字若金，号用斋。治《易》，年二十五，甲戌进士，累官南礼部主事。

上用议者言，两京乡试监生卷革去皿字号，于是南监中式仅数人，亏旧额四之三。既揭晓后，考官至国子监谒文庙，而监生下第者数百人喧噪于门外，何希烈等，遮诉语不逊，巡城御史、操江都御史各使人呵止之，久之方解。事闻，诏南京法司逮治，其为首沈应元等数人如法发遣，祭酒吕调阳莅任未几，且勿论。守备魏国公徐鹏举以闻变坐视夺禄米，司业金达以钤束不严夺俸，各二月。于是监生编号如旧行。

浙江：黄洪宪，嘉兴人，字懋忠，号葵阳。治《书》，年二十四，辛未进士二名，廷试二甲十三名，改庶吉士，累官少詹事兼侍读学士、掌院事，致仕。父综，丙辰进士，副使。兄正色，丁丑进士，副使。子承玄，丙戌进士，福建副都御史；承昊，丙辰进士，评事。正色子承乾，癸丑进士，凤阳府推官。

江西：蔡责易①，新昌人，治《礼记》。

福建：张履祥，长汀人，治《易》。

湖广：李廷楣，常德府学生，治《诗》。

河南：李希召，兰阳人，字维翰，号太宇。治《诗》，年二十，壬辰进士，累官户部郎中。曾祖愚，天顺己卯举人。祖铉，弘治辛酉举人。俱知州。兄希尹，知县。

山东：王侍，诸城人，治《书》。

山西：张四端，蒲州人，号雷盘。治《易》，累官户部郎中。兄四维，癸丑进士，武英殿大学士。从子甲徵，癸未进士，工部郎中；泰徵，庚辰进士，湖广参政；定徵，知府；久徵，太常寺少卿；元徵，尚宝司卿。并官生。定徵子辇，万历己未进士。

陕西：王继祖，咸宁人，字克绍，号念庵。治《诗》，年三十四，戊辰进士，累官山东副使，致仕。

四川：朱绂，彭山人，号四源，治《诗》，任知县。

广东：杨起元，归善人，字贞复，号复所。治《书》，年二十一，丁丑进士二十名，廷试二甲五名，改庶吉士，仕至吏部右侍郎兼侍读学士。父传芳，岁贡。

广西：洪敷文，临桂人，治《易》。弟敷诰，庚午解元。

云南：王制，昆明人，号时所，治《易》，任御史。

贵州：胡允平，贵州宣慰司人，治《诗》。

隆庆二年戊辰科大魁（中式三百五十名）

主试官：少傅、大学士李春芳，丁未进士。礼部尚书兼学士殷士儋，丁未进士。

会元：田一俊，福建大田人，字德甫，号钟台。治《诗》，年二十九，辛酉乡试三名，廷试二甲三名，改庶吉士，仕至太子宾客、礼部左侍郎。父洙，举人，武学训导。伯琦，提学副使。叔瑄，辛未进士，副使。

状元：罗万化，浙江会稽人，字一甫，号康洲。治《易》，年三十三，仕至礼部尚书，赠太子少保，谥文懿。

榜眼：黄凤翔，福建晋江人，字鸣周，号仪庭。治《春秋》，年三十，乡试四名，累官南礼部尚书，终养。

探花：赵志皋，浙江兰溪人，字汝迈，号毂阳。治《易》，年四十五，己酉举人，仕至少傅、吏部尚书、建极殿大学士。赠太傅，谥文懿。

内阁取李长春、王家屏、田一俊已定矣，内旨忽于二甲前进呈卷取万化等，而长春

---

① 存目本作"蔡贵"。

三人居二甲前云。

解元中式：章礼（顺天）、沈位（应天）、习孔教（江西）、程沂、刘伯燹（湖广）、阎邦宁（河南）、李尚思（山西）、王继祖（陕西）、杨沂（四川）、李学一（广东）。

庶吉士（三十人）：徐显卿（长洲）、陈于陛（南充）、张一桂（祥符）、沈一贯（鄞县）、李长春（富顺）、韩世能（长洲）、贾三近（峄县）、王家屏（山阴）、沈位（吴江）、田一俊（大田）、朱赓（山阴）、沈懋孝（平湖）、张位（南昌）、李熙（晋江）、林景旸（华亭）、徐狄①鹗（马平）、张道明（金吾）、邵陛（余姚）、何维椅（南海）、李维桢（京山）、郭庄（徽州）、王乔桂（石首）、刘东星（泌水）、于慎行（东阿）、范谦（丰城）、张书（蒲圻）、李学一（归善）、习孔教（庐陵）、刘应麒（鄱阳）、郑国仕（魏县），吏部侍郎陆树声教习。

入阁：王家屏，万历十二年由吏部侍郎入东阁，明年丁忧，十六年起，升礼部尚书，复入，二十年致仕。赵志皋，万历十九年，由礼部尚书入东阁，二十九至少师、建极殿学士归。张位，万历十九年由吏部侍郎入东阁，二十六年至少保、吏部尚书、武英殿大学士归。陈于陛，万历二十二年由礼部尚书入东阁，二十四年至太子太保、文渊阁大学士，卒谥文宪。沈一贯，万历二十二年由礼部尚书入东阁，三十六年至少傅、吏部尚书、中极殿大学士，致仕。朱赓，万历二十九年由礼部尚书入东阁，三十六年至少保、吏部尚书，致仕。于慎行，万历三十五由礼部尚书召入东阁，辞未赴，卒谥文定。

一品：赵志皋；沈一贯；田乐，任丘人，兵部尚书：并少傅。张位；朱赓；李戴，延津人，吏部尚书：并少保。陈于陛，太子太保。杨时宁，祥符人，太子太傅、兵部尚书。

二品：裴应章，清流人；沈应文，余姚人；卫承芳，达州人：并南京吏部尚书。陈渠，应城人，户部尚书。王家屏；于慎行；罗万化；黄凤翔；范谦，谥文恪；李长春：并礼部尚书。贾待问，威县人；戴耀，长泰人，太子少保：并兵部尚书。王用汲，晋江人，南京刑部尚书。刘东星，沁水人，工部尚书。沈思孝，嘉兴人；李颐，余干人；李春光，解州人；蔡应科，龙溪人：并右都御史。

隆庆四年庚午科解元

两京主试官：顺天，谕德丁士美、修撰申时行。应天洗马马自强、侍读陶大临。

顺天：李廷机，福建晋江人，字尔张，号九我。治《易》，恩贡国子生，年二十九岁，癸未会元、榜眼，累官太子太保、礼部尚书、文渊阁大学士，致仕。卒年七十五。

所进试录有重叶者，夺府丞宋缠及丁士美、申时行俸各两月。

应天：吴汝伦，无锡人，字文叙，号震华。治《书》经，年三十，辛未进士二十

---

① 狄，《索引》作"秋"。

一名，授推官，擢礼科给事中。

是科两京各增中监生十名，不为例。

浙江：凌登瀛，钱塘人，字元学，号二洲。治《易》，年二十三，丁丑进士，授合肥知县，迁礼科给事中。父立，癸丑进士，知府。母张氏，旌表节妇。兄登名，同科举人，授国子监学录。

江西：孙希夔，大庾人，号仰池。治《易》，任知州。

是科士子被提学副使陈万言遗落者，悉诣巡按刘思问求覆校，几四万人。思问与期会都司署中。思问未至，士争门入，骈杂喧乱，都指挥王国光呵叱之退，相蹂践死者六十余人。而场中南昌知县刘绍恤主弥封，绍恤有素所奖拔士试而中者二人，士论哗然，谓绍恤从落卷搜出洗改冒中。于是南科道请谪思问、万言，罢绍恤，黜二生。下吏礼二部议："思问无罪，国光行抚臣逮问，二人中式，绍恤实不私，然不应招致门下以起事端，其与万言俱以不及调用。"奏可。

福建：林奇石，同安人，治《诗》。

湖广：彭大用，祁阳人，治《诗》。

河南：刘慎，宜阳人，治《易》。

山东：张钲，滨州人，字振甫，号涵溟。治《书》，年十九，庚辰进士，户部郎中。

山西：冯懋仁，蒲州人，治《春秋》。

陕西：文在中，三水人，字德克①，号弘斋，治《诗》。年十九，甲戌进士十九名，累官长沙府通判。父运开，举人，学正，封礼部主事。叔运熙，癸未进士，参议。弟在兹，辛丑进士，庶吉士。子翔凤，庚戌进士，礼部主事。

四川：易以巽，安县人，字汝中，号宜安，治《礼记》，年三十八，甲戌进士，累官按察使。父，教谕。

广东：霍镇东，南海人，字彦藩，号悦泉。治《诗》，年三十五，辛未进士，湖广副使。

广西：洪敷诰，临桂人，丁卯解元洪敷文弟也，字天章，号钦所，治《易》，年十八，丙戌进士，累官副使。祖琦，知府。父以业，府同知。兄敷言，知县。

云南：王高选，临安府学生，治《易》。

贵州：陈时言，普安州人，治《春秋》。

隆庆五年辛未科大魁（中式四百名）

主试官：少傅、大学士张居正，丁未进士。掌詹事府事、吏部左侍郎吕调阳，庚戌进士。

---

① 存目本作"德充"，是。

会元：邓以赞，江西新建人，字汝德，号定宇。治《诗》，年三十，丁卯举人，廷试一甲三名，仕至吏部右侍郎兼侍读学士。赠礼部尚书，谥文洁。兄以诰，甲子举人，知府；以诚，己卯举人，知州。

状元：张元忭，浙江山阴人，字子荩，号阳和。治《易》，年三十四，戊午举人，仕至左谕德。卒祀乡贤祠。父天复，丁未进士，行太仆寺卿。兄元吉，州判；元庆，癸酉举人。子汝霖，乙未进士，提学佥事；懋，癸丑进士。

榜眼：刘瑊，直隶苏州卫籍，江西峡江人，字玉俦，号淦溪。治《易》，年四十一，甲子举人，累官中允。祖佃，岁贡。父远，按察司经历。

探花：邓以赞。

解元中式：吴汝伦（应天）、黄洪宪（浙江）、刘守泰（湖广）、潘云祥（山西）、薛亨（陕西）、袁昌祚、霍镇东（并广东）、许一德（贵州）。

兄弟同榜：谢师启、谢师彦，蒲圻人。余良桢、余良枢，奉新人。俱同父。

未娶少年：孙成名，慈溪人，年二十五，未娶。钱若赓，钱塘人，年十九。刘虞夔，高平人，年二十。

庶吉士（三十人）：王祖嫡（信阳）、史钶（余姚）、赵用贤（常熟）、赵鹏程（大兴）、何汝成（蒲州）、黄洪宪（嘉兴）、刘虞夔（高平）、萧崇业（临安）、赵参鲁（鄞县）、漆彬（南昌）、张应元（休宁）、张程（安福）、吴中行（武进）、孙训（太原）、石应岳（龙田）、秦耀（无锡）、公家臣（蒙阴）、王懋德（金溪）、刘楚先（江陵）、刘克正（从化）、刘元震（任丘）、赵耀（掖县）、李盛春（蕲州）、王守诚（嵩县）、宋范（永年）、宋儒（定州）、孙成名（慈溪）、刘谐（麻城）、熊敦朴（富顺）、盛讷（潼关），吕调阳、高仪教习。

入阁。

一品：邢玠，益都人；王象乾，新城人：并太子太保、兵部尚书。

二品：赵世卿，历城人；陈荐，祁阳人：并户部尚书。顾其志，长洲人；郭子章，泰和人；刘世科，泾阳人：并兵部尚书。赵参鲁，太子少保；李祯，庆阳人；董裕，乐安人：并刑部尚书。丁宾，嘉善人，工部尚书。陈大科，通州人；陈用宾，晋江人；周加谟，汉川人；赵楫，大兴人；万世德，偏头人；宋仕，平原人：并右都御史。

皇明三元考卷之十三

万历元年癸酉科解元

两京主试官：顺天，谕德王锡爵、中允陈经邦。应天，中允范应期、何洛文。

顺天：柯挺，福建海澄人，字以拔，号立台。治《诗》，国子生，年二十六，庚辰进士，历任御史，督学南畿。

应天：江文明，徽州府学生，号少杏。治《书》，任知县。

浙江：莫睿，钱塘人，字思卿，号荆泉。治《易》，年二十，癸未进士，四川副使。

江西：徐州牧，丰城人，治《诗》，任知县。兄即登，癸未进士，布政司参政。

福建：苏濬，晋江人，字君禹，号紫溪。治《易》，丁丑进士第十四名，授刑部主事，历按察使。

湖广：李登，景陵人，字伯庸，号华台。治《诗》，年四十四，庚辰进士第十六名，授评事，卒。子纯元，庚戌进士。

河南：任启元，河南府人，治《易》。

山东：陈晟，莒州人，号霁晓。治《易》，癸未进士，累官参议。

山西：司马晰，夏县籍，浙江会稽人，治《诗》。祖相，正德庚辰进士，佥事。父初，嘉靖庚戌进士，知县。叔祉，甲戌进士，行太仆寺少卿。祉子暐，丙子举人。

陕西：赵尔守，盩厔人，号体斋。治《春秋》，任知州。

四川：胥从化，巴县人，字德夫，号泽州。治《书》，年十六，己丑进士，累官户部郎中。

广东：钟维诚，广州府人，治《诗》。

广西：徐尚实，永宁州人，治《春秋》。

云南：朱道南，临安卫籍，直隶合肥人，字统文，号正宇。治《诗》，年二十八，甲戌进士，授祥符知县，卒。

增解额五名，著为令。

贵州：姚允升，新添卫人，治《易》。

万历二年甲戌科大魁（中式三百五十名）

主试官：武英殿大学士吕调阳，见辛未。吏部侍郎兼侍读学士王希烈，癸丑进士。

会元：孙钅广，锦衣卫官籍，浙江余姚人，嘉靖乙未榜眼孙陞子也，字文融，号月峰。治《易》，年三十三，庚午举人，廷试二甲第四名，授兵部主事，历官太子少保，南京兵部尚书。卒年七十二。家世见孙陞及己酉解元孙铤下。

状元：孙继皋，直隶无锡人，字以德，号柏潭。治《书》，年二十五，癸酉举人，仕至吏部左侍郎。

榜眼：余梦麟①，直隶江宁人，字伯祥，号幼峰。治《书》，年三十七，甲子举人，会试第十六名，累官南京祭酒。父光，御史。子震鸣，国子生。孙大成，丁未进士。

———————————

① 《皇明贡举考》、《索引》作"余孟麟"，本书万历十三年乙酉科"京省主试官"亦作"余孟麟"。

探花：王应选，浙江慈溪人，字俊卿，号午山。治《诗》，年三十六，庚午顺天乡试第六名，会试第二名，终编修。

解元中式：佘毅中、周汝砺（并应天）、王家栋（浙江）、赵秉忠（福建）、陈述龄（湖广）、文在中（陕西）、易以巽（四川）、朱道南（云南）。

兄弟同榜：杨时馨、杨四知，祥符人，同祖。

一品：李化龙，长垣人，少傅、兵部尚书。

二品：谢杰，长乐人；李三才，武功卫人：并户部尚书。孙矿。李志，缙云人，刑部尚书。

万历四年丙子科解元

两京主试官：顺天，中允何洛文、赞善许国。应天，中允戴洵、赞善陈思育。

顺天：魏允中，南乐人，字懋权，号崑溟。治《书》，年三十三，庚辰进士第三名，廷试三甲第一名，授太常寺博士，迁吏部主事，卒。父怡，通判。兄允贞，丁丑进士，副都御史。弟允孚，甲戌进士，刑部郎中。从子广微，甲辰进士，谕德。

应天：顾宪成，无锡人，字叔时，号泾阳。治《书》，年二十七，庚辰进士二十一名，廷试二甲二名，授户部主事，累迁光禄寺少卿。弟允成，癸未进士，礼部主事。从子与淶，丙午举人。子与沐，戊午举人。

浙江：朱用光，崇德人，号南凤，治《易》。

江西：王命爵，庐陵人，字德元，号性宇。治《易》，年二十八，丁丑进士，累官知府。父文炳，癸丑进士，右通政。

福建：刘庭兰，漳浦人，字国徵，号纫华。治《诗》，年二十五，庚辰进士第十四名，未授官，卒。兄庭芥，同科举人，丁丑进士，户部员外；庭蕙，同科举人、进士，广西参议。

湖广：杨逢①时，江陵人，字若偶，号景渚。治《易》，署黄冈教谕，壬辰进士，历官四川参政。

河南：杨凤，杞县人，字仪虞，号澄怀。治《诗》，年二十三，癸未进士，改庶吉士，累官南太仆寺少卿。

山东：葛曦，德平人，嘉靖戊子解元葛守礼孙也，字仲明，号凤池。治《易》，年二十二，癸未进士，改庶吉士，迁检讨，卒。兄昕，官生，尚宝司卿。侄如麟，庚戌进士。

山西：王显忠，泽州人，号莅亭。治《书》，历任副使。

陕西：王图，耀州人，字则之，号明石。治《诗》，年三十七，丙戌进士，改庶吉士，累官吏部侍郎，掌翰林院事。父邦宪，通判。兄国，丁丑进士，庶吉士，兵部侍

---

① "逢"为"逢"之讹。

郎；閻，己卯举人。子淑忭，丁未进士。

四川：黄辉，南充人，字昭素，号慎轩。治《易》，年十五，己丑进士，庶吉士，累迁少詹事。父子充，举人，长史。弟炜，壬辰进士，按察使。

广东：郑伟。

广西：金辉汉，马平人，治《书》，任教谕。

云南：杨应兆，临安人，治《诗》。

贵州：孙思述。

万历五年丁丑科大魁（中式三百五十名）

主试官：礼部尚书兼大学士张四维，癸丑进士。詹事兼侍读学士申时行，壬戌进士。

会元：冯梦祯，浙江秀水人，字开之，号具区。治《书》，年三十，庚午举人，廷试二甲第三名，改庶吉士，累迁南祭酒。

状元：沈懋学，直隶宣城人，字君典，号少林。治《易》，年三十九，丁卯举人，官修撰。未几，上书论首相张居正夺情起复不合，移疾归。父宠，嘉靖□□①进士，参议。子有则，庚戌进士，行人。

榜眼：张嗣修，湖广江陵人，字□□②，号岱舆，治《书》，年二十四，丙子举人，后为民。父居正，丁未进士，中极殿大学士，谥文忠，寻削。兄敬修，庚辰进士，礼部主事。弟懋修，庚辰状元；简修，锦衣卫指挥佥事。壬子年俱为民。读卷官初拟分宜宋希尧为第一，而嗣修在二甲第二，上擢嗣修第二，且谓居正曰："朕无以报先生功，当看先生子孙。"后始知慈寿及大珰冯保意也，宋遂二甲第一。

探花：曾朝节，湖广临武人，字直卿，号植斋。治《诗》，年四十三，戊午乡试第十名，会试十九名，历官礼部尚书。弟朝符，壬午举人，评事；朝简，丁卯举人。

解元中式：诸大圭、凌登瀛（并浙江）、王命爵（江西）、苏濬（福建）、杨起元（广东）。

兄弟同榜：沈孚闻、沈季文，吴江人，同父。

少年进士：陈泰来，平湖人，年十九，归娶。冯琦，临朐人，年十九。

庶吉士（二十八人）：沈自邠（秀水）、杨起元（归善）、杨德政（鄞县）、敖文祯（高安）、何洛书（信阳）、张鼎思（长洲）、甘雨（永新）、高尚忠（祥符）、张养蒙（泽州）、万象春（连州）、姚岳祥（化州）、余继登（交河）、顾绍芳（太仓）、史继辰（溧阳）、曹一鹏（任丘）、王国（耀州）、费尚伊（沔阳）、张志（历城）、张文熙（临桂）、陆可教（兰溪）、汪言臣（重庆）、冯梦祯（秀水）、林休徵（莆田）、李植（大

---

① 原文被挖去。存目本亦为空白。
② 原文被挖去。存目本亦为空白。

904

同）、庄履丰（晋江）、吴尧弼（鹤庆）、冯琦（临朐），吏部左侍郎掌詹事府事汪镗、少詹事兼侍读学士王锡爵教习。

入阁。

一品：黄嘉善，即墨人，太子太保、兵部尚书。

二品：曾朝节；余继登，谥文恪；冯琦：并礼部尚书。周盘，泽州人；王世扬，广平人；徐三畏，任丘人：并兵部尚书。孙伟①，渭南［人］，都御；王国，耀州人：并都御史。

万历七年己卯科解元

两京主试官：顺天，谕德陈思育、洗马周子义。应天，中允高启愚、侍读罗万化。

顺天：冯嘉遇，柏乡人，号曙白，治《易》。

应天：陆大成，太仓州人，字集甫，号见石。治《易》，年三十二，丙戌进士二十三名，工部主事。

甲申年，御史丁此吕追论礼部侍郎高启愚己卯主应天乡试，命题"舜亦以命禹"为阿附故太师张居正，有劝进受禅之意，为大不敬。得旨免究矣，吏部参论丁谪外，遂夺启愚官，削籍还里，并收其三代诰命，诸大臣与言路相持者久之乃定。

浙江：陈懿典，秀水人，字孟常，号如冈。治《书》，年十七，壬辰进士第二名，廷试二甲第十名，改庶吉士，历官侍读学士，在告。

江西：饶位，进贤人，字廷立，号行素。治《诗》，年二十六，庚辰进士，累官提学御史、按察司副使。兄廷锡，甲戌进士，知县；岌，癸未进士，御史；景旸，戊子举人，汀州知府。弟景晖，己丑进士，四川巡抚、副都御史；景曜，壬辰进士，四川右布政；伸，癸未进士，吏部主事；景昉，乙未进士，礼部员外。

福建：陈文选，惠安人，字国举。号龙南，治《诗》，历太平府同知。

湖广：黄图，麻城人，治《诗》。

河南：张自立，汝阳人，治《诗》。

山东：杨春茂，济宁州人，治《易》。

山西：李永培，曲沃人，嘉靖戊午解元李尚思子也，治《易》。

陕西：刘宇，金州人，字伯大，号太和。治《春秋》，年二十四，癸未进士，授鹿邑知县，历兵部郎中，左迁按察司知事。

四川：何杰，崇庆州人，字思甫，号鸣皋。治《诗》，年十八，己丑进士，终江夏知县。父其谦，岁贡，遥授训导。

广东：吴国光，新安人，治《易》。

广西：王应泰，马平人，治《诗》，任府同知。

----

① 存目本作"孙玮"，《明史》、《索引》亦作"孙玮"。

云南：王吉人，太和人，治《易》。

贵州：邓云龙，清平卫人，治《易》。

万历八年庚辰科大魁（中式三百名）

主试官：礼部尚书兼文渊阁学申时行，见丁丑。掌詹事府、礼部侍郎余有丁，壬戌进士。

会元：萧良有，湖广汉阳人，字以古，号汉冲。治《春秋》，年三十一，甲子举人，廷试一甲第二名，累官祭酒，致仕。父逵，州同。弟良誉，同科进士，参政。子丁泰，辛丑进士，按察使。从子鸣甲，甲申进士，今户部主事。

状元：张懋修，湖广江陵人，丁丑榜眼张嗣修弟也，字惟时，号斗枢。治《易》，年二十五，己卯乡试十二名，会试十三名，后为民。家世详见张嗣修下。

榜眼：萧良有。

探花：王庭谋，陕西华州人，字敬卿，号莲塘，治《诗》，年二十七，庚午举人，终于修撰。父吉兆，教谕。兄庭诗，乙丑进士，布政。弟庭谕，同科进士。

一甲三人俱兄弟同榜，或云首辅有意为之。

解元中式：柯挺、魏允中（并顺天）、顾宪成（应天）、刘庭兰（福建）、饶位（江西）、李登（湖广）、张钲（山东）。

兄弟同榜：张敬修、张懋修。萧良有、萧良誉。王庭谋、王庭谕。于文熙、于孔兼，金坛人。谢吉卿、谢台卿，晋江人。俱同父。沈子来、沈儆燉，归安人，亲叔侄。

少年进士：吴宗熹，南靖人。谢与思，番禺人。俱未娶。王庭谕。姜士昌，丹阳人。俱年二十。

入阁。

一品。

二品：李汝华，睢州人，户部尚书。黄克缵，晋江人，兵部尚书。张鸣冈，万安人；卫一凤，阳城人：并刑部尚书。刘元霖，任丘人，工部尚书。许弘纲，东阳人；杨镐，商丘人：并都御史。

万历十年壬午科解元

两京主试官：顺天，庶子朱赓、侍讲韩世能。应天，赞善沈鲤、修撰沈懋孝。

顺天：高弘谟，直隶上海人，字文丕，号屏麓。国子生，治《诗》，任知县。父举，教授。子廷栋，甲午举人。

应天：王士骐，太仓人，字冏伯，号澹生，治《易》。年二十六，己丑进士，授主事，历迁吏部郎中。曾祖倬，成化戊戌进士，兵部侍郎。祖忭，嘉靖辛丑进士，右都御史。父世贞，丁未进士，刑部尚书。叔世懋，己未进士，太常寺少卿。从弟士骕，举人。曾祖侨，成化乙未进士，郎中。侨子悌、憬，并举人。悌子世芳，正德庚辰进士，副使。世芳子一诚，隆庆戊辰进士，推官。世芳孙周绍，同戊辰进士，刑部郎中。

浙江：姜镜，余姚人，字永明，号翼隆。治《书》，年二十七，癸未进士，累官赣州知府，建言为民。曾祖荣，弘治壬戌进士，主事。父子羔，嘉靖癸丑进士，太仆寺卿。叔子贞，嘉靖甲子举人。子逢元，癸丑进士，检讨；一洪，丙辰进士。

江西：刘应秋，吉水人，字士和，号兑阳。治《书》，年三十六，癸未探花，仕至祭酒。

福建：谢纲，平和人，治《诗》。

湖广：陈良心，京山人，治《易》。

初，外议籍籍，咸谓楚解元必首辅张居正少子，会居正卒，不果，而复中少宰王篆子之衡，应天亦中篆子之鼎。篆，居正所幸也。于是南给事中疏论居正前私其子嗣修、懋修登第，而并及篆二子，又及监试主考等官。有旨，以居正、篆权奸削秩，诸子俱勒为民。

河南：周九皋，杞县人，字翀明，号望诸。治《诗》，年二十七，癸未进士，授真定府推官，卒。子光燮，丁未进士，任山东副使。

山东：杜华先，冠县人，字孝卿，号胤台。治《书》，年二十五，癸未进士，授行人，历官副使。

山西：白所知，阳城人，字廷谟，号省庵。治《易》，年二十六，癸未进士，累官吏部郎中。

陕西：刘复初，高陵人，字贻哲，号天虞。治《书》，年二十六，癸未进士，历官四川佥事。祖迁，长史。父自化，乙丑进士，运使。

四川：刘三才，邻水人，字汝立，号中吾。治《易》，年二十二，癸未进士，仕至吏部主事。

广东：梁维屏，顺德人，号斗华。治《诗》，任澄江知府。

广西：谭汝试，兴业人，号豸门。治《易》，任监运司知事。

云南：邹祖孔，临安府学生，治《易》。

贵州：吴铤，都匀府学生，治《易》。

万历十一年癸未科大魁（中式三百六十名）

主试官：礼部尚书兼文渊阁学余有丁，见庚辰。吏部侍郎兼侍读学士许国，乙丑进士。

会元：李廷机，庚午顺天解元。

状元：朱国祚，太医院籍，浙江秀水人，字兆隆，号养淳。习《书》，年二十五，壬午顺天乡试十九名，累官礼部尚书、东阁大学士。

榜眼：李廷机。

探花：刘应秋，壬午江西解元。

解元中式：李廷机（顺天）、莫睿、姜镜（并浙江）、刘应秋（江西）、杨凤（河南）、陈旭、葛曦、杜华先（并山东）、白所知（山西）、刘宇、刘复初（并陕西）、刘三才（四川）。

兄弟同榜：王士崧、王士琦，临海人。梅国桢、梅国楼，麻城人。俱同父。李开芳、李开藻，永春人，同祖。梅守峻、梅鹍祚，宣城人，从叔侄。

少年进士：李开藻，年二十，未娶。杨元祥，蒲州人，年十九。

庶吉士（二十八人）：季道统（陈州）、史梦麟（宜兴）、周应宾（鄞县）、胡时麟（余姚）、方从哲（德清）、叶向高（福清）、邹德溥（安福）、姜应麟（慈溪）、邵庶（休宁）、葛曦（德平）、舒弘绪（通山）、徐应聘（昆山）、吴龙徵（晋江）、王萱（慈溪）、刘大武（博平）、杨元祥（蒲州）、杨凤（杞县）、梅鹍祚（宣城）、梅国楼（麻城）、徐大化（会稽）、杨继程（岐山）、王之栋（宁晋）、郭正域（江夏）、范醇敬（嘉定）、沈权（永宁）、陈良轴（新建）、邓宗龄（徐闻）、宁中立（颍川），吏部左侍郎兼侍读学士陈经邦、礼部右侍郎兼侍读周子义教习。

入阁：叶向高，三十五年由礼部尚书入东阁，四十二年至少傅、吏部尚书、建极殿学，致仕。李廷机，三十五年由南礼部侍郎迁尚书，入东阁，四十年至太子太保、文渊阁学，致仕。方从哲，四十一年由吏部左侍郎升尚书，入东阁，四十四年加太子太保，进文渊阁。朱国祚，泰昌元年由礼部尚书入东阁。

一品：叶向高，少傅。李廷机；方从哲；涂宗濬，南昌人，右都御史：并太子太保。

二品：张问达，泾阳人，户部尚书。

万历十三年乙酉科解元

是科以后，各省主试用京朝官二员，京省同考官用甲科有司数员充之，而教官同考十存二三。

京省主试官：顺天，谕德张一桂、洗马陈于陛。应天，谕德于慎行、李长春。浙江，修撰孙继皋、刑部右给事中常居敬。江西，编修余孟麟、吏科右给事中叶时新。福建，编修黄洪宪、兵部主事蔡文范。湖广，检讨张应元、礼部员外李同芳。河南，礼科右给事中陈大科、吏部主事邹观光。山东，兵科左给事中王三余、礼部主事孙承名。山西，吏部员外王教、刑部员外魏允孚。陕西，礼科右给事中田畴、户部主事萧良誉。四川，兵科右给事中唐尧钦、刑部主事王德新。广东，吏科给事中杨廷相、兵部员外江铎。广西，工科给事中张栋、刑部主事林兆珂。云南吏科给事中杨文举、户部主事彭梦祖；贵州，工部员外周梦旸、刑部主事熊敦朴。

顺天：张绍魁，延庆卫人，字天衢，号斗垣，治《诗》，庚戌进士，授行人，升司副。父篪，知县。兄绍文，知县。

清冒籍中式者胡正道、史记纯、陈邦训、杨日新、董邵、孙唸，发原籍为民。内史记纯系编修史钶子，以钶纵子冒籍，亦褫职。冯用诗、章维宁①馆主考张一桂家，改一桂南京别衙门，用诗、维宁各枷号示众，发为民。并谪提学董裕于外。仍谕天下巡按各核诸新举子，复原籍为民及削籍者十余人。

应天：周继昌，无锡人，字文伯，号莲峰。治《书》，年二十四，己丑进士，见任顺天府丞。

浙江：冯烶，慈溪人，字居方，号景贞。治《诗》，年二十三，壬辰进士，历江西参政。

江西：熊尚文，丰城人，字益中，号思诚。治《易》，年二十一，乙未进士，见任尚宝司卿。

福建：李光缙，晋江人，治《易》。弟光绶，同科举人第六名，户部员外。

湖广：汪起云，黄冈人，治《礼记》。

本省巡按论同考推官李盘侵各试官权，多取中诸生，而李同芳故庇之，不行裁沮。得旨，盘降级用，同芳罚俸三月。

河南：骆思骥，光州人，字德甫，号徐凌，治《诗》，年二十二，己丑进士，授行人，卒。

山东：陈所闻，兖州府学生，治《诗》。

山西：王溍初，山阴人，号鉴虚。治《礼记》，见任工部员外。高祖缙，知县。曾祖朝用，冠带岁贡生。祖宪武，举人。父家屏，戊辰进士，礼部尚书、东阁大学士。

陕西：米助，蒲城人，字汝翼，号觉天。治《易》，年十九，甲辰进士，授行人，历升吏部郎中。

四川：刘启周，西充人，号斗嵋，长沙府同知。子文琦，辛丑进士，授麻城知县。

广东：何豸，番禺人，字平父，号一玄。治《易》，年二十二，己丑进士，刑部主事。兄太庚，丙戌进士。弟与伦，己卯举人。

广西：唐尧世，平凉人，字见甫，号觐柏。治《书》，年二十六，丙戌进士，吏部主事。

云南：莫与京，鹤庆府籍，浙江钱塘人，字愚若，号环海。治《易》，年二十四，己丑进士，授宜宾知县，卒。曾祖文泰，举人，知县。祖如璧，选贡。父鋕，生员。

贵州：萧重望，思南府籍，江西丰城人，字仲卿，号剑斗。治《诗》，年三十二，丙戌进士，任御史。

万历十四年丙戌科大魁（中式三百五十名）

主试官：文渊阁大学士王锡爵，壬戌进士。吏部左侍郎周子义，乙丑进士。

---

① 《明史》作"冯诗、童维宁"。

会元：袁宗道，湖广公安人，字伯修，号玉蟠。治《书》，年二十七，己卯乡试第八名，廷试二甲第一名，选庶吉士，仕至右庶子。弟宏道，壬辰进士，吏部郎中；中道，丙辰进士；履道、致道，并庚子举人。

状元：唐文献，直隶华亭人，字元徵，号抑所。治《诗》，年三十一，乙酉举人，累任礼部左侍郎、掌翰林院事。

榜眼：杨道宾，福建晋江人，字惟彦，号荆岩。治《易》，年三十五，丙子举人，仕至礼部左侍郎、掌翰林院事。卒谥文恪。父敦厚，典史。兄道会，戊辰进士，按察使。

探花：舒弘志，广西全州籍，宾州人，字孺立，号心矩。治《礼记》，儒士，年十九，乙酉乡试第六名，授编修，卒。高祖纲，宾州人，弘治辛酉举人，任海阳教谕，过全，乐其风土，因家焉。曾祖文奎，嘉靖乙酉举人，知县。从曾祖文璧，甲午举人。父应龙，壬戌进士，太子少保、兵部尚书。叔应麟，庚午举人；应凤，己卯举人。

先是，内阁大臣申时行等拟袁宗道第二，杨道宾第三，而宗道卷属大学士许国读，音楚，上不怿，置之二甲第一，而拔进呈最末卷弘志为第三。弘志，巡抚应龙子，年少，策奇丽而语多讥刺时政，且侵言官之横者，大臣惜而不敢显置之前。上忽拔之，中外惊异，称上神明，且得人也。

解元中式：陆大成（应天）、闵文卿（江西）、王图（陕西）、洪敷诰、唐世尧（广西）、萧重望（贵州）。

兄弟同榜：彭好古、彭遵古，黄安人，同父。

少年进士：舒弘志，年十九。

庶吉士（二十二人）：李启美（丰城）、吴应宾（桐城）、王孟煦（安丘）、薛三才（定海）、王图（耀州）、萧云举（宣化）、袁宗道（公安）、全天叙（鄞县）、刘弘宝（晋江）、王道正（沾化）、吴之望（丹徒）、李沂（嘉鱼）、彭烊（南昌）、林祖述（鄞县）、黄汝良（晋江）、赵标（解州）、李大武（长洲）、林承芳（三水）、曾硕（阳信）、胡克伦（光山）、王德完（广安）、刘为楫（霸州），吏部左侍郎兼侍读学士朱赓、礼部右侍郎兼侍读学士张位教习。

先是，言官请每科考庶吉士，其选数与留数俱不必多。得旨如请，故止二十二人，盖少四之一也。

入阁。

一品。

二品：薛三才，兵部尚书。吴崇礼，宁阳人，右都。

万历十六年戊子科解元

京省主考官：顺天，庶子黄洪宪、盛讷。应天，庶子刘元震、洗马刘楚先。浙江，修撰萧良有、兵科左给事中胡汝宁。江西，侍讲陆可教、刑科左给事中陈烨。福建，修撰杨起元、吏部主事刘学曾。湖广，侍读冯琦、礼科右给事中白希绣。河南，吏科给事中张养蒙、评事张国玺。山东，刑科左给事中邵庶、刑部员外赵祖寿。山西，吏科给事中杨其休、礼部主事陈应芳。陕西，吏部主事朱来远、礼部主事向东。四川，礼科给事中王士性、户部主事刘奕。广东，礼科给事中陆懋龙、兵部主事朱维京。广西，吏科给事中舒弘绪、刑部主事朱熙。云南，户科给事中李廷谟、工部主事陈所学。贵州，工科给事中洪有复、兵部主事梁云龙。

顺天：王衡，直隶太仓人，壬戌会元王锡爵子也，字辰玉，号缑山。治《春秋》，国子生，年二十八，辛丑会试第二名，廷试榜眼，授编修，卒。

礼部郎中高桂论中式举子郑国望稿止五篇，李鸿文理难通，潘之惺、茅一桂、任家相、李鼎、张毓塘喷有烦言，而王衡系辅臣王锡爵子，疑信且半，乞覆试。诏礼部会同都察院该科道官当堂覆试，看得七卷文理平通，一卷文理亦通。奉旨：既会同看阅，文理俱通，都准会试。

又，给事中杜蘖参应天中式三百第三名王国昌系徽州监生，该前科余姚县生员胡正道冒籍通州，中顺天乡试，已经出革。奉旨：巡按衙门查明问革。

应天：周应秋，金坛人，字茂寔，号春台。治《春秋》，年二十五，乙未进士，见任南赣巡抚、金都御史。弟廷侍，甲辰进士，南刑部主事；泰时，丁未进士，河南参政；维持，己未进士。

浙江：蔡应龙，建德人，号豫南，治《诗》。

江西：刘文卿，广昌人，字俣如，号直州。治《书》，年二十三，己丑进士，南兵科员外。祖士表，举人。

广昌刘一焜、一煜、一爆，同胞三兄弟，同榜。

福建：潘洙，晋江人，字士鼎，号鹏江，治《礼记》，年二十三，己丑进士，见任广东左布政。父维城，廪生。弟澜，乙酉举人。

湖广：吴化，黄安人，字敦化，号曲萝。习《春秋》，年三十，乙未进士，历官户部主事。兄谦，知县。

河南：乔胤，宁陵人，字世昌，号裕武。治《春秋》，年二十九，己丑进士，选庶吉士，历官刑科都给事中。祖士珍，布政司都事。父擢，寿官。

山东：吴鸿功，莱芜人，字文勋，号凤岐。治《易》，年十九，己丑进士，选庶吉士，历任山西参政。父来朝，知县。兄鸿渐，选贡；鸿洙，丙戌进士，参政。侄昈，戊戌进士，户部郎中。

礼部覆山东巡按吴龙徵题生儒冯镇等阻挠搜检，杖斥为民，胡广潮等分别降级中式，举人贾三凤发国子监肄业三年，令其改省，临期再考，方准会试。诏从之。

山西：傅新德，定襄人，字明甫，号汤铭。治《书》，年十七，未娶，己丑进士，选庶吉士，历太常寺卿，管国子祭酒事。卒年四十。

陕西：武之望，临潼人，字叔卿，号扬宇。治《书》，年二十九，己丑进士，见任南太常寺少卿。子献哲，癸卯举人。

四川：马鸣毂，内江人，字君顾，号中麓。治《书》，历任彰德府同知。高祖自然，成化丙戌进士，贵州参政。从高祖炳然，辛丑进士，南京右都御史，谥毅愍；溥然，弘治己未进士，御史。父彦卿，嘉靖戊午经魁，知府。伯鲁卿，隆庆辛未进士，佥事。兄鸣銮，万历甲戌进士，宣大兵部尚书。子士骎，壬子举人。

广东：刘景辰，南海人，字紫星，号清源。治《诗》，年二十六，己丑进士，历官都御史，卒。兄尧佐、供辰，并举人。

广西：经仁杰，全州人，缙云知县。

云南：朱思明，云南前卫籍，直隶丹徒人，字用晦，号葆素。治《易》，年二十，己丑进士，历任广西廉使。

贵州：刘尚德。

万历十七年己丑科大魁（中式三百五十名）

主试官：建极殿大学士、礼部尚书许国，见癸未。掌詹事府、吏部侍郎王家屏，戊辰进士。

会元：陶望龄，浙江会稽人，丙辰榜眼陶大临从侄也，字周望，号石匮，治《易》，年二十八，乙酉乡试第二名，廷试一甲第三名，累官祭酒。曾祖试，训导。祖，廷奎，训导。俱赠工部侍郎。父承学，丁未进士，礼部尚书。兄允光，甲子举人，知府；与龄，乙酉同科应天举人。弟奭龄，癸卯举人。余见陶大临。

状元：焦竑，南京旗手卫籍，山东日照人，字弱侯，号漪园。治《书》，年四十九，甲子举人，会试第七名。竑学问该博，于书无所不窥，著述甚富，并行于世。父文杰，副千户。兄瑞，知县。

榜眼：吴道南，江西崇仁人，字会甫，号曙谷。治《书》，年四十，壬午举人，历官礼部尚书、东阁大学士。父一龙，选贡。

探花：陶望龄。

解元中式：王士骐、周继昌（应天）、刘文卿（江西）、潘洙（福建）、骆思骥、乔胤（河南）、吴鸿功（山东）、傅新德（山西）、武之望（陕西）、胥从化、黄辉、何杰（四川）、何豸、刘景辰（广东）、莫与京、朱思明（云南）。

兄弟同榜：周懋卿、周懋相，安福人。区大相、区大伦，高明人。俱同父。朱凤翔、朱汝器，乌程人，同祖。

年少进士：傅新德，定襄人，年十八，未娶。吴鸿功，莱芜人。祝以华，内江人。俱二十。

庶吉士（二十二人）：王肯堂（金坛人）、刘曰宁（南昌）、顾际明（嘉善）、庄天合（长沙）、董其昌（华亭）、蒋孟育（龙溪）、区大相（高明）、黄辉（南充）、冯有经（慈溪）、傅新德（定襄）、周如砥（即墨）、朱国祯（乌程）、乔胤（宁陵）、唐效成（武进）、林尧俞（莆田）、孙羽侯（华容）、徐彦（德清）、包见捷（临安）、罗栋

（丰城）、吴鸿功（莱芜）、冯从吾（长安）、郭士吉（南宫），吏部左侍郎兼侍读学士沈一贯、礼部左侍郎兼侍读学士田一俊教习。

入阁：吴道南，四十一年起礼部尚书，入东阁，四十四年归。

一品。

二品。

万历十九年辛卯科解元

京省主试官：顺天，谕德曾朝节、冯琦。应天，谕德陆可教、中允余继登。浙江，编修李廷机、刑科右给事中梅国楼。江西，修撰朱国祚、户部右给事中叶初春。福建，礼科右给事中孟养浩、礼部主事姜镜。湖广，兵科左给事中张应登、礼部主事唐伯元。河南，礼科左给事中丁懋逊、礼部主事陈泰来。山东，刑科给事中刘为楫、吏部主事蔡应麟。山西，刑科左给事中李献可、户部主事梅守峻。陕西，吏部主事麻溶、兵部主事于若瀛。四川，户科给事中陈尚贤①、工部主事吴鸿洙。广东，吏部主事唐世尧、刑部主事叶修。广西，兵部主事胡桂芳、工部主事吴宗熹。云南，刑部员外莫睿、户部主事李开藻。贵州，刑部主事王命爵、评事黎芳。

顺天：沈演，浙江乌程人，字叔敷，号何山。治《春秋》，国子生，年二十六，壬辰进士十三名，廷试二甲十四名，授工部主事，见任福建右布政。曾祖端，举人。祖垫封，尚宝司卿。父节甫，己未进士，工部侍郎。叔之銮，举人；之嗒，癸未进士，礼部郎中；圣岐，丁未进士，济南知府。兄淙，举人；淮，同科举人、进士，东阁大学士。从子榮，癸丑进士。

应天：汪鸣鸾，婺源人，字律初，号咸池。治《易》，年三十五，壬辰进士，未授官卒。兄应蛟，甲戌进士，工部侍郎。

浙江：毛凤起，嘉兴府人，治《易》。

江西：陈幼良，德化人，字孟悍，号宇初。治《书》，年二十七，壬辰进士，授金华府推官卒。曾祖仕浒，寿官，赠通判。祖守义，府同知。父于时，府通判。

福建：黄志清，晋江人，字以度，号鹭峰。治《易》，年二十五，乙未进士，选庶吉士，擢编修，卒。父锡左，长史。兄国宠，府同知，崇庆提举，宁清府同知。

湖广：汪元极，黄冈人，字懋忠，号容庵。治《礼记》，年十六，甲辰进士，选庶吉士，擢检讨，左迁南行人司副，见任南司业。

河南：黄陞，睢州人，字晋甫，号挹轩。治《书》，年二十一，戊戌进士，选庶吉士，改御史。

山东：张彩，滕州人，治《书》。

山西：曹于汴，安邑人，字自梁，号真予。治《春秋》，年二十八，壬辰进士，历

---

① "贤"为"象"之讹。

任太常寺少卿。

陕西：吴岐，凤翔府学生，治《诗》。

四川：刘纪，邛州人，治《诗》。

广东：林耀初，新会人，治《书》。

广西：庞鼎，陆川人，治《易》。

云南：王致中，太和人，字用和，号海若。治《易》，年二十一，戊戌进士，授潞安府推官，见任四川参政。父宠，儒官。

贵州：丘禾实，新添卫籍，山东即墨人，字有秋，号鹤峰。治《诗》，年二十，戊戌进士，选庶吉士，历右庶子。

万历二十年壬辰科大魁（中式三百名）

主试官：掌詹事府、礼部侍郎陈于陛，戊辰进士。掌翰林院、詹事府詹事盛讷，辛未进士。

会元：吴默，直隶吴县人，字言箴，号因之。治《易》，年三十六，壬午举人，廷试二甲第三名，授兵部主事，见任太仆寺卿。

状元：翁正春，福建侯官人，字兆震，号青阳。治《易》，年三十五，己卯举人，署龙溪教谕，登第，历吏部左侍郎兼侍读学士、掌詹事府事。曾祖弼，乡饮宾。祖朝建，寿官。父兴贤，两浙运判。

榜眼：史继偕，福建晋江人，字世程，号联岳，治《易》，年三十二，乙酉举人，见任东阁大学士、礼部尚书士①。父朝宜，癸丑进士，布政，祀乡贤祠。伯朝宾，丁未进士，鸿胪寺卿。叔朝富，癸丑进士，知府；朝寀，举人，主事；朝录，丁丑进士，知县；朝铉，戊辰进士，知府。兄书言，举人；继茂，上林监丞；书官，举人。

探花：顾天埈，直隶昆山人，弘治乙丑状元顾鼎臣族孙也，字升伯，号开雍。治《春秋》，年三十一，己卯举人，会试二十三名，累官侍讲，左迁行人司司正。曾祖潜，弘治丙辰进士，提学御史。祖梦圭，嘉靖癸未进士，布政。父允默，国子生。叔允元，丙戌进士，知县；允谐、允杰，俱举人。兄震宇，乙酉举人；霖宇，辛卯举人。弟天叙、天宿，俱戊子举人；天宠，丙辰进士。

解元中式：沈演（顺天）、汪鸣鸾（应天）、陈懿典、冯烓（浙江）、陈幼良（江西）、杨逢时（湖广）、李希召（河南）、曹于汴（山西）。

兄弟同榜：陈治本、陈治则，余姚人。沈㵆、沈演，乌程人。马应龙、马从龙，安丘人。俱同父。

庶吉士（十八人）：王象节（新城）、李名芳（嘉定）、刘孔当（安福）、沈㵆（乌程）、刘生中（沧州）、李腾芳（湘潭）、何熊祥（新会）、杨继礼（华亭）、高克正

---

① 存目本无"士"，是。

（海澄）、姚文蔚（钱塘）、韩爌（蒲州）、邓廷彦（巴县）、陈维春（南昌）、马文卿（贵州）、赵之翰（邠州）、张咸德（祥符）、林应元（东安）、陈懿黄（秀水），礼部尚书罗万化、左侍郎赵用贤教习，后改礼部左侍郎范谦。

入阁：韩爌、史继阶①、沈潅。

一品。

二品。

万历二十二年甲午科解元

京省主试官：顺天，庶子萧良有、洗马刘应秋。应天，谕德李廷机、中允周应宾。浙江，编修吴道南、户科左给事中吴中明。江西，编修黄汝良、刑部主事彭应捷。福建，检讨王图、兵部员外方应选。湖广，刑科给事中叶继美、工部主事庄懋华。河南，吏部主事刘文卿、兵部主事贾维钥。山东，工部员外王登才、户部主事韩邦域。山西，工部员外朱汝器、户部主事金时舒。陕西，刑科左给事中王嘉谟、工部主事叶廌。四川，兵部主事江中信、刑部主事袁樊英。广东，兵部主事曾伟芳、刑部主事刘毅。广西，刑部主事熊宇奇、评事汪治。云南，户部主事李徽猷、刑部主事陆梦履。贵州，刑部主事朱思明、评事窦子偁。

顺天：余应诏，浙江遂安人，治《春秋》，国子生。

是科增监生中式二十名，不为例。

应天：龚三益，武进人，字仲友，号兰谷。治《礼记》，年二十四，戊戌进士，辛丑廷试二甲第二名，选庶吉士，擢编修，历官左庶子。从曾祖大有，正德辛未进士，御史；大稔，辛巳进士，佥事；大伦，嘉靖壬午举人。兄道立，万历癸未进士，廉使；道醇，辛卯举人，知府；道洽，壬子举人。

浙江：谭昌言，嘉兴人，字圣俞，号兄②同。治《书》，辛丑进士，授常熟知县，见任福建提学参政。

江西：张以化，南城人，成化己丑状元张昇玄孙也，字圣之，号龙盱。治《书》，癸丑进士。

福建：王畿，晋江人，字翼邑，号慕蓼。治《易》，年三十一，戊戌进士，见任浙江左布政。

湖广：秦继宗，蕲水人，字敬伯，号西汀。治《礼记》，署饶阳教谕，庚戌进士，任南户部郎中。

河南：赵三极，永宁人，治《易》。弟建极，己未进士。

山东：洪良范，沂州人，字心矩，号中恪。治《易》，年二十九，戊戌进士，改姓

---

① 阶，存目本作"偕"，是。

② 兄，存目本作"几"，是。

全，历任河南副使。

山西：张应徵，猗氏人，字元聘，号亭一。治《书》，年二十五，乙未进士，历官大名兵备副使。

陕西：李子芳，三原人，治《易》。

四川：罗天锦，富顺人，治《诗》。

广东：李粹中，从化人，习《诗》。

广西：傅登第，马平人，岁贡生，治《书》。

云南：金本高，昆明人，字仰止，号我山。治《诗》，年二十六，甲辰进士，历任池州知府。

贵州：喻政，铜仁府籍，江西南昌人，字从父，号章澜。治《易》，年二十五，乙未进士，历官福州知府，致仕。

增举人五名，著为令。

万历二十三年乙未科大魁（中式三百名）

主试官：礼部尚书、文渊阁学士张位，戊辰进士。掌詹事府、吏部侍郎刘元震，辛未进士。

会元：汤宾尹，直隶宣城人，字嘉宾，号霍林。治《易》，年二十八，甲午举人，廷试一甲第二名，累官祭酒。

状元：朱之蕃，南京锦衣卫籍，山东茌平人，字元介，号兰嵎。治《易》，年三十八，甲午举人，历官南京礼部侍郎。父衣，知州。

榜眼：汤宾尹。

探花：孙慎行，直隶武进人，字闻斯，号淇澳。治《礼记》，年三十一，甲午举人，历任礼部左侍郎，在告。曾祖銮，行太仆寺卿。祖洲、父榘，俱国子生。兄慎思，选贡，知县。

解元中式：周应秋（应天）、熊尚文（江西）、黄志清（福建）、吴化（湖广）、张应徵（山西）、喻政（贵州）。

兄弟同榜：刘尚质、刘尚朴，罗山人。沈琦、沈玩，吴江人。俱同父。刘一矿、刘一煜、刘一爆，南昌人，煜、爆同父，矿同祖。王象斗、王象恒，新城人，同祖，与从叔之都同榜。

少年未娶：蔡复一，同安人，年十八。吴宷，漳浦人，年二十。俱未娶。刘尚朴，年十七。朱光祚，江陵人。荆养乔，临晋人。俱十九。林欲栋，晋江人。刘尚质。俱二十。

庶吉士（十八人）：高承祚（华亭）、何宗彦（随州）、白瑜（卢龙）、黄志清（晋江）、孙如游（余姚）、陈之龙（鄞县）、刘余泽（滨州）、郭淐（新乡）、佴祺（临安）、刘纲（邛州）、南师仲（渭南）、赵用光（河津）、朱延禧（聊城）、邓士龙（南昌）、刘一煜（南昌）、梁有年（顺德）、林秉汉（长泰）、顾秉谦（昆山），吏部侍郎兼侍读学士刘元震、礼部侍郎兼读学刘楚先教习。

入阁：何宗彦，四十八年由礼部尚书入东阁。刘一燝，四十八年由礼部尚书入东阁。

一品。

二品：孙如游，礼部尚书。

皇明三元考卷之十四

万历二十五年丁酉科解元

是科两京各增中监生十名，不为例。

京省主试官：顺天，中允全天叙、修撰焦竑。应天，谕德朱国祚、中允叶向高。浙江，编修杨道宾、吏科给事中戴士衡。江西，编修董其昌、户科给事中程绍。福建，编修刘曰宁、兵部员外黄炜。湖广，编修冯有经、兵部主事冯上知。河南，尚宝司卿蒋春芳、户部主事李长庚。山东，吏部主事钱养廉、工部主事沈朝焕。山西，光禄寺少卿何倬、大理寺评事石九奏。陕西，兵部主事田立家、中书舍人吴仁度。四川，刑科给事中李应策、中书舍人侯执躬。广东，户部主事邓原岳、行人陈嘉训。广西，工部主事张宗孔、行人汪若霖。云南，户部主事王大合、行人沈时来。贵州，中书舍人钟兆斗。

顺天：徐光启，直隶上海人，字子先，号玄扈。治《诗》，国子生，年二十六，甲辰进士，选庶吉士，擢检讨，迁赞善，超升少詹事兼监察御史，管理练兵事务。

场中取士文多奇诡用老庄语，论者因言中有关节，偏坐副考焦竑调福宁州同知，中式数人亦被革黜，然皆高才博学，文奇癖有之而关节未也。至庚子科中，条议科场事宜亦及此，谓宜以离经论，而不宜旁及无根，且正考已自认难诿而偏坐尤非，诬渐白。

应天：吕克孝，青浦人，字公原，号中台。治《诗》，年二十四，见任助教。祖鎏，冠带生员。父锦，乙卯举人，通判。

浙江：张应完，鄞县人，字士璧，号宾槎。治《易》，年三十四，见任工部郎中。曾祖时孜，弘治己未进士。从曾祖时彻，嘉靖癸未进士，南京兵部尚书。从祖邦奇，弘治乙丑进士，兵部尚书，谥文定。祖邦言、父子瑞，俱庠生。

江西：徐来泰，丰城人，字静叔，号婴明。治《易》，年二十五。兄鉴，甲午举人。

福建：洪承选，南安人，字彦修，号赓虞。治《礼记》，年二十，癸丑进士，未廷试卒。曾祖廷实，举人，同知，赠布政。曾叔祖廷桂，嘉靖戊戌进士。祖有第，己未进士，知县，赠布政。从叔祖有声，甲戌进士，工部郎中；有复，庚辰进士，布政；有助，壬辰进士，副使。父启衷，监生。伯启寀，举人，同知。叔启睿，壬辰进士，布政；启聪，甲辰进士，户部主事；启进，庚子举人；启初，同科进士，户部主事；启胤，己酉举人。弟承畴，丙辰进士。

湖广：熊廷弼，江夏人，字非伯，号芝冈，治《易》。年二十五，戊戌进士，授保定府推官，擢御史，超升兵部右侍郎兼金都御史、经略辽东军务。

河南：全璲，淅川人，字东玉，号四如，治《诗》。年十九，未娶，戊戌进士，未授官卒。

山东：宋鸿儒，德州人，字以醇，号海田。治《诗》，年三十一，戊戌进士，授中书舍人，历任太原知府。兄大儒，选贡生。

山西：王自亨，安邑人，治《诗》。

陕西：何龙图，榆林卫人，治《易》。

四川：程嘉宾，富顺人，字鹿苹，号虚侗。治《诗》，年二十六，戊戌进士，历任工部员外。祖宇，府同知。弟寅宾、继模，俱举人。

广东：王珮，高明人，治《易》。

广西：唐之夔，郁林州人，字司韶，号赞一。治《礼记》，年二十二，甲辰进士，选庶吉士，擢御史。

云南：李和中，石屏州人，治《易》。

贵州：张应吾，镇远府人，字以寿，号心严。治《书》，署荣昌教谕，丁未进士，授青城知县，升兵部主事。

万历二十六年戊戌科大魁（中式三百名）

主试官：武英殿大学士沈一贯、戊辰进士。掌翰林院、礼部侍郎曾朝节，丁丑进士。

会元：顾起元，应天府江宁籍昆山人，字秦初，号邻初。治《诗》，年三十四，丁酉乡试十二名，廷试一甲第三名，见任少詹事兼侍读学士。父国辅，甲戌进士，知府。弟起凤，庚戌进士，嘉兴知府。

状元：赵秉忠，山东益都人，字季卿，号岟①阳。治《诗》，年二十九，丁酉乡试第九名，见任庶子。父禧，文水县丞。

榜眼：邵景尧，浙江象山人，字熙臣，号芝南。治《易》，国子生，年三十八，丁酉顺天乡试二十名，历任谕德。

探花：顾起元。

解元中式：龚三益（应天）、王畿（福建）、熊廷弼（湖广）、黄陛、全璲（河南）、洪良范、宋鸿儒（并山东）、程嘉宾（四川）、王致中（云南）、丘禾实（贵州）。

兄弟同榜：何如申、何如宠，桐城人，同父。阮自华、阮以鼎，桐城人，亲叔侄。

---

① 岟，存目本作"岐"。

少年未娶：全璲，淅川人，年十九。王家瑞，成安人，年二十，俱未娶。高出，莱阳人，年二十。

庶吉士（二十一人）：黄国鼎（晋江）、张文光（江夏）、杨文蓧（青县）、丘禾实（新添）、洪瞻祖（仁和）、赵师圣（南丰）、周道登（吴江）、温体仁（乌程）、李思诚（兴化）、杨希圣（西安）、胡宾臣（黄陂）、何如宠（桐城）、张邦纪（燕山）、周如磐（莆田）、张凤翔（南城）、黄陛（睢州）、王毓宗（嘉定）、张光裕（临邑）、盛以弘（潼关）、孟时芳（蒲州）、曾舜渔（博罗），礼部左侍郎掌翰林院事曾朝节教习。

入阁。

一品。

二品。

万历二十八年庚子科解元

京省主试官：顺天，庶子杨道宾、修撰顾天峻。应天，谕德黄汝良、中允庄天合。浙江，检讨刘生中、兵科左给事中桂有根。江西，编修杨继礼、户科右给事中姚文蔚。福建，检讨朱国桢、兵部主事吴用先。湖广，检讨沈淮、兵部主事张其廉。河南，吏部主事倪斯蕙、刑部主事陆应川。山东，工科左左①给事中张问达、户部主事鲍应鳌。山西，刑部主事李叔春、工部主事应汝化。陕西，户部主事江中楠、行人胡国鉴。四川，户部主事杨一葵、兵部主事赵拱极。广东，兵部主事沈麟祥、工部主事张嗣诚。广西，刑部主事施尔志、中书舍人柴大履。云南，户部主事鲁点、评事蒋之秀。贵州，工部员外黄士吉、行人王孟震。

顺天：赵维寰，浙江平湖人，字无声，号仁圉。治《书》，国子生。

是科增中监生十五名，不为例。

应天：李胤昌，昆山人，字文长，号集虚。治《易》，年二十一，辛丑进士，选庶吉士，擢编修。父同芳，庚辰会魁，山东巡抚，右副都御史。

是科增中监生十名，不为例。

浙江：葛寅亮，钱塘人，字水鉴，号屺瞻。治《易》，年三十一，辛丑进士，历任湖广提学副使。父大成，县丞。

江西：江和，鄱阳人，字以衷，号劬见。治《易》，年三十五，丁未进士，见任广东参政。弟之滨，同科进士。

是榜新喻张启宗与子茂颐应天同科中式。

福建：周起元，海澄人，字仲先，号绵贞。治《易》，年二十，辛丑进士，见任广西参政。

湖广：赵嗣芳，咸宁人，字用韫，号存孩。治《书》，年三十五，丙辰进士，户部

---

① 衍一"左"字。

主事。父邦楫，贡生。叔邦柱，己丑进士，光禄寺卿。

河南：荆时荐，灵宝人，字伯鹗，号延卿。治《诗》，选贡生，年二十六，庚戌进士，授丹徒知县，谪按察司检校，擢岳州府推官。

山东：徐光前，新泰人，字裕伯，号匪莪。治《诗》，国子生，年二十二，丁未进士，授交河知县。

山西：马呈德，大同人，字君驭，号景柏。治《书》，选贡生，年二十五，庚戌进士，授中书舍人。父豸，金事。弟呈秀，甲辰进士，陕西副使。

陕西：刘宇曜，泾阳人，字叔定，号如健。治《春秋》，选贡生，年二十八，庚戌进士第五名。父四科，辛未进士，兵部尚书。

四川：丁绍春，叙州府人，治《诗》。

广东：关宪曾，广州府人，治《诗》。

广西：毛文沛，富川人，治《礼记》。

云南：苏鸿，石屏州人，治《易》。

贵州：张文星，思南府学生，治《易》。

万历二十九年辛丑科大魁（中式三百名）

主试官：吏部侍郎兼侍读学士冯琦，丁丑进士。掌翰林院事、礼部侍郎曾朝楫①，见戊戌。

会元：许獬，福建同安人，字子逊，号钟斗。治《易》，年三十二，丁酉举人，廷试二甲第二名，选庶吉士，擢编修，卒。

状元：张以诚，直隶青浦人，字君一，号瀛海。治《诗》，选贡生，年二十六，庚子乡试第八名，会试三十七名，见任中允。高祖弼，成化丙戌进士，知府。曾祖弘宜，辛丑进士，给事中。从曾祖弘至，弘治丙辰进士，副使。兄以诜、以诚，俱举人。

榜眼：王衡，戊子顺天解元。

探花：曾可前，湖广石首人，字退如，号长石。治《书》，年三十，甲午举人。祖朴，举人，知县。父台，冠带生员。

解元中式：王衡（顺天）、李胤昌（应天）、谭昌言、葛寅亮（并浙江）、周起元（福建）。

兄弟同榜：解经雅、解经傅，韩城人。曹琏、曹珍，益都人。俱同父。吴亮、吴宗达，武进人，同祖。周应期、周延光，蕲州人，同族。

少年进士：史起龙，象山人，年十九，未娶。房楠，东明人。熊化，清江人。俱二十。上官捷科，渑池人，年十九。

庶吉士（二十二人）：项鼎铉（秀水）、王陛（文安）、李胤昌（昆山）、钱象坤

---

① 存目本作"曾朝节"，是。

（会稽）、许獬（同安）、王元翰（宁州）、王基洪（襄垣）、袁懋谦（丰城）、雷思霈（夷陵）、龚三益（武进）、眭石（丹阳）、吕邦耀（锦衣）、公鼐（蒙阴）、曾六德（浦城）、郑以伟（上饶）、薛三省（定海）、陈宗契（衡阳）、蔡毅中（光州）、戴章甫（潼川）、宋焘（泰安）、文在兹（三水）、冯奕垣（南海），吏部左侍郎兼侍读学士曾朝榍①、冯琦教习。

入阁。

一品。

二品。

万历三十一年癸卯科解元

京省主试官：顺天，庶子萧云举、中允翁正春。应天，谕德陶望龄、中允周如砥。浙江，检讨高克正、户科给事中梁有年。江西，编修郭淓、吏科右给事中陈治则。福建，编修陈之龙、工部员外李之藻。湖广，检讨孙如游、吏部主事董复亨。河南，尚宝司少卿赵标、兵部主事王一桢。山东，工科右给事中宋一韩、兵部主事徐銮。山西吏部员外王士骐、户部员外李作舟。陕西，刑部主事费兆元、工部主事马从龙。四川，户部员外江盈科、主事崔师训。广东，兵部主事庞时雍、中书舍人吕图南。广西，兵部主事沈光祚、行人谢廷谅。云南，刑部主事程寰、大理寺左评事姜志礼。贵州，兵部主事朱化孚、行人张国儒。

顺天：沈朝烨，浙江仁和人，字季彪，号存白。治《诗》，年三十三，甲辰进士，见任四川参政。父楠，戊辰进士，御史。兄朝焕，壬辰进士，参政。子宗圻，同科浙江举人。

应天：王纳谏，江都人，字圣俞，号观涛。治《易》，丁未进士，授行人。

浙江：陈万言，秀水人，字居□②，号弘景。治《书》，年二十一，己未进士，二甲第三名，改庶吉士。父继徽，丁未进士，益都知县。

江西：龚而安，南昌人，字又安，号长沙。治《书》，年十八，己未进士。叔一振，同榜举人。

福建：林欲楫，晋江人，字仕济，号季翀。治《易》，年二十六，丁未进士，选庶吉士，擢编修。父武萓，都司金事。兄欲厦，丙戌进士，副都御史；欲栋，举人；欲栋，乙未进士，四川参政。

湖广：郭士望，蕲水人，字应璜，号天谷，治《易》，年二十五，甲辰进士，历任浙江副使。

河南：侯应琛，杞县人，字献之，号晋阳。治《礼记》，选贡生，年二十四，癸丑

---

① 存目本同。当作"曾朝节"。
② 原缺，存目本作"一"。

进士，授宁晋知县。父于赵，乙丑进士，巡抚，副都。兄应徵，丁丑进士，布政司参政。弟应瑜，庚子举人，泰安知州。应璘，己酉举人。

山东：王文教，聊城人，治《易》。

山西：赵守寀，孝义人，治《书》。

陕西：刘士龙，长安人，治《书》。

四川：潘绍伊，成都人，治《诗》。

广东：李如榴，东莞人，治《易》。

广西：邓士奇，横州人，治《诗》。

云南：吴国模，石屏州人，治《诗》。

贵州：潘润民，贵州宣慰司籍，湖广武陵人，字傅霖，号淮源。治《书》，丁未进士，选庶吉士，见任四川副使。弟际时，举人。

万历三十二年甲辰科大魁（中式三百名）

主试官：东阁大学士、礼部尚书朱赓，戊辰进士。掌翰林院、礼部侍郎唐文献，丙戌进士。

会元：杨守勤，浙江慈溪人，字克之，号琨阜。治《诗》，年三十八，丁酉乡试第三名，廷试一甲第一名，见任庶子。祖孙仲，举人。从兄汝昇，举人。

状元：杨守勤。

榜眼：孙承宗，直隶高阳人，字稚绳，号恺阳。治《礼记》，年三十二，甲午乡试第五名，见任左谕德。

探花：吴宗达，直隶武进人，字上于，号去闻。治《诗》，年二十九，庚子举人，辛丑进士，历任左谕德。祖性，嘉靖乙未进士，尚宝司丞。伯可行，癸丑进士，检讨；中行，隆庆辛未进士，侍读学士。兄宗仪，甲午举人，同知；亮，辛丑进士，御史；宗因，辛卯举人，推官；奕，庚戌进士，知县；宗奎，辛卯举人；玄，戊戌进士，副使；兖，庚子举人。弟亶，癸卯举人。

自设科以来，未有前科进士次科登鼎甲者，有之，自宗达始，至庚戌科马之骐而二矣。

解元中式：沈朝烨（顺天）、徐光启（应天）、汪元极、郭士望（并湖广）、米助（陕西）、唐之夔（广西）、金本高（云南）。

叔侄同榜：侯傅邦、侯应宾，永嘉人。

少年进士：白养粹，翼城人。宋继登，莱阳人。戴九玄，新昌人。杨如皋，铜仁人。黄应举，南海人。俱二十。萧象烈，庐陵人。刘可法，商城人。彭凌霄，浙川人。赵彦复，杞县人。璩光岳，新城人。俱十九。李继周，南昌人，年十八。李待问，南海人，年十七，未娶。

庶吉士（二十二人）：骆从宇（武康）、丘士毅（丰城）、周炳谟（无锡）、王缙

（宁乡）、邓澄（新城）、魏广微（南乐）、刘士骥（禹城）、黄立极（元城）、王家植（滨州）、徐光启（上海）、韩文焕（泾阳）、黄辉（休宁）、汪元极（黄冈）、唐之夔（鬱林）、江灏（漳浦）、来宗道（萧山）、姚士慎（平湖）、黄炳儒（顺德）、梅之焕（麻城）、张萧（华亭）、陈五昌（侯官）、彭凌霄（淅川），吏部侍郎周应宾、礼部侍郎唐文献教习。

入阁。

一品。

二品。

万历三十四年丙午科解元

京省主试官：顺天，庶子吴道南、赞善孙如游。应天，谕德冯大经①、中允傅新德。浙江，检讨蒋孟育、户科左给事中萧近高。江西，检讨赵用光、刑科右给事中曹于汴。福建，编修何宗彦、吏科右给事中翁宪祥。湖广，检讨张邦纪、兵科左给事中胡忻。河南，吏部员外卞承宪、中书舍人吴亮。山东，尚宝司卿彭遵古、兵部主事张汝霖。山西，吏部员外陈采、工部主事马天锦。陕西，工科左给事中孟成己、户部员外宋鸿儒。四川，户部主事王畿、兵部主事胡来渐。广东，刑部主事张维枢、工部主事魏说。广西，兵部员外王舜鼎、户部主事张鹤腾。云南，刑部主事陆锡恩、工部主事王宗义。贵州，评事周延光、行人张孔教。

顺天：王献吉，直隶华亭人，治《春秋》，国子生。父继善，嘉靖甲辰进士，知府。

应天：邹之麟，武进人，字臣虎，号衣白。治《诗》，年三十，庚戌进士，任工部主事。父大宾，永嘉主簿。从叔学曾，万历丙子举人，同知；学孟，庚子举人；学夔，丙午举人。从弟忠胤，癸丑进士，知县，升南京兵部主事；志隆，丁未进士，提学副使。从侄嘉生，丙辰进士，兵部主事。

浙江：姚星吴，余杭人，字次白，号大默。治《易》，年二十五。父懋继，苑马寺监正。

江西：陈良佑，瑞州府人，治《礼记》。

福建：郭应响，福清人，治《诗》。

湖广：张希哲，巴陵人，治《书》。

河南：王玉铉，修武人，字节卿，号太阿。治《春秋》，选贡生。父思礼，训导。

山东：李楫，乐安人，字济之，号愚东。治《书》，年十九，己未进士，刑部主事。

山西：常启胤，翼城人，治《易》。

陕西：韩继思，泾阳人，字仲文，号正堂。治《诗》，年二十九，癸丑进士，选庶

---

① 当作"冯有经"。

吉士。兄继周，己卯举人，知县。

四川：简文瑞，荣县人，治《书》。

广东：陈熙昌，南海人，字当时，号呆庵。治《易》，选贡生，年三十，丙辰进士，授平湖知县。祖绍儒，嘉靖戊戌进士，工部尚书。父弘垂，知县。兄熙韶，己酉举人。弟熙阳，同科举人。子子壮，己未探花。

广西：常懋中，恭城人，治《诗》。

云南：贺文明，云南卫官籍，字质先，号耽文。治《诗》，己未进士。

贵州：杨廷诏，思南府安化县籍，江西丰城人，字贞子，号孩松。治《易》，选贡生，年二十三，己未进士。

万历三十五年丁未科大魁（中式三百名）

主试官：掌翰林院、礼部侍郎杨道宾，丙戌进士。协理詹事府、礼部侍郎黄汝良，丙戌进士。

会元：施凤来，浙江平湖人，字羽王，号存梅。治《易》，年三十五，甲午举人，廷试一甲第二名，见任南国子监司业。

状元：黄士俊，广东顺德人，字亮垣，号振宇。治《诗》，年二十五，癸卯举人，见任洗马。

榜眼：施凤来。

探花：张瑞图，福建晋江人，字无画，号二水。治《礼记》，年三十二，癸卯举人，会试十六名。

解元中式：王纳谏（应天）、江和（江西）、林欲楫（福建）、徐光前（山东）、张应吾、潘润民（并贵州）。

兄弟同榜：张广、张庭，蒲州人，同父。虞德隆、虞大复，金坛人，同祖。

庶吉士（十八人）：林欲楫（晋江）、姚宗文（慈溪）、丁绍轼（贵池）、成基命（大名）、李光先（进贤）、韩日缵（博罗）、张广（蒲州）、李康先（鄞县）、李标（高邑）、傅振商（汝阳）、潘润民（贵州）、唐大章（丰章）、徐养量（应城）、杨道寅（晋江）、钱龙锡（华亭）、李胤祥（富顺）、麻禧（庆阳）、杨嘉运（章丘），掌翰林院事礼部侍郎萧云举、詹事王图教习。

入阁。

一品。

二品。

万历三十七年己酉科解元

京省主试官：顺天，谕德蒋孟育、赵用光。应天，谕德何宗彦、洗马南师仲。浙江，编修黄国鼎、刑科给事中周曰庠。江西，检讨盛以弘、刑科给事中张国儒。福建，检讨雷思霈、户科给事中王绍徽。湖广，编修龚三益、户科给事中顾士琦。河南，吏部主事王宗贤、兵部主事胡思伸。山东，刑科给事中彭惟成、工部主事邵辅忠。山西，尚宝司少卿魏可简、兵部主事曹珍。陕西，吏部署员外郎袁宏道、兵部员外朱一冯。四川，户部员外张之厚、刑部主事王元雅。广东，刑部主事邬元会、工部主事赵贤意。广西，户部主事刘仲斗、行人丘懋炜。云南，户部主事朱之臣、中书舍人李成名。贵州，评事丘云肇、行人陈伯友。

顺天：包鸿逵，浙江秀水籍，直隶华亭人，字仪甫，号振瑞。治《礼记》，年三十四，庚戌进士十八名，授湘潭知县，钦取吏科给事中。曾祖汴，嘉靖己未进士，四川参议。祖柽芳，丙辰进士，贵州提学副使。父世杰，壬午举人，知州。

辽东原属山东，士子赴试辽远，是科从言官请，改试顺天，特增辽东五名，著为令。

应天：尹嘉宾，江阴人，字孔昭，号澹如。治《诗》，年二十七，庚戌进士，授中书舍人，历任兵部员外。

浙江：钱逢春，慈溪人，治《诗》。

江西：蔡士芹，德化人，治《诗》。父廷臣，乙丑进士，山西布政。

福建：周迪，莆田人，治《诗》。

八月初七日，诸执事入闱中。是日雨，至初九不绝如倾水，强二尺有咫，厉风随之，垣坏壁穿。至初十，雨渐缓，行泥淖中，乃以十二日为初试。

湖广：王时化，武昌府人，治《礼记》。

河南：陈继铉，商城人，选贡，治《诗》。

山东：范元宷，霑化人，治《易》。

山西：郝名声，寿阳人，字无声，号太音，治《诗》，年二十七。

陕西：罗世济，平利人，治《书》。

四川：刘综。

广东：李士淳，程乡人，治《诗》。

广西：朱振麟，南宁府人，治《书》。

云南：马易从，蒙化府人，号北游，治《易》，授新河教谕。

贵州：龙作霖，黎平府人，治《诗》。

万历三十八年庚戌科大魁（中式三百名）

主试官：吏部侍郎兼侍读学士萧云举，丙戌进士。掌翰林院事、吏部侍郎王国，丁丑进士。

会元：韩敬，浙江乌程人，字求仲，号止修。治《易》，年二十七，己酉乡试第八名，廷试一甲第一名。父绍，辛未进士，行太仆寺卿。

状元：韩敬。

榜眼：马之骐，河南新野人，字□□①，号康庄，治《春秋》，年三十一，丙午举人，丁未进士。父化龙，丁丑进士，副使。弟之骏，庚戌进士，户部郎中。

探花：钱谦益，直隶常熟人，字受之，号尚湖。治《春秋》，年二十九，丙午乡试第三名。祖顺时，嘉靖己未进士。叔祖顺德，隆庆戊辰进士，副使。

解元中式：张绍魁、包鸿逵（并顺天）、邹之麟、尹嘉宾（并应天）、秦继宗（湖广）、荆时荐（河南）、马呈德（山西）、刘宇曜（陕西）。

兄弟同榜：庄起元、庄廷臣，武进人，同祖。李笃培、李乃兰，招远人。明时举、明之胤，南充人。俱同曾祖。

少年进士：项良梓，鄞县人，年十九。傅宗龙，昆明人，年十九，未娶。郑明钦，东阳人，年十七，未娶。

先是，己酉秋阁臣上言，庶吉士之选，往每隔一科，自丙戌以来，科科皆选，以致翰林官壅滞日甚，难以疏通，请照往例，隔科一选，明岁暂停。上从之。故是科无馆选。

入阁。

一品。

二品。

万历四十年壬子科解元

京省主试官：顺天，庶子郭淐、谕德朱延禧。应天，谕德赵秉忠、洗马邵景尧。浙江，检讨郑以伟、兵科给事中李瑾。江西，检讨周如盘②、户科给事中韩光祐。福建，修撰张以诚、户科给事中徐绍吉。湖广，编修李胤昌、户科给事中姚宗文。河南，太常寺少卿王纪、户部主事徐行可。山东，吏科给事中梅之焕、户部署员外郎杨述中。山西，吏部主事郭士望、工部主事王世德。陕西，吏部主事赵士谔、兵部主事萧丁泰。四川，兵部主事张应徵、评事陈向庭。广东，户部主事洪启聪、工部主事张国维。广西，刑部主事来斯行，中书舍人沈士茂。云南，兵部主事余大成、行人王尊德。贵州，刑部主事王家相、行人彭际遇。

应天、浙江、江西、湖广、陕西主考之命七月终始下，应天、陕西至八月十九，江西二十六，浙江、湖广二十九日试初场。

顺天：宋凤翔，浙江嘉兴人，字羽皇，治《书》。

应天：张玮，武进人，字席之，一字韦玉，号二无。治《诗》，己未会试六十名，

---

① 原缺。存目本同。

② 本书前后文皆作"周如磐"。

廷试二甲五十一名。父应登，力学工文，数奇不偶，赍志蚤世①。时玮犹在襁褓，母陈氏冰蘖自持，拊而董之。兆②岁辄有文声，屡困童子试。会闽中虚台蔡公以院檄拔遗，啧啧叹赏，至是发解。人以冰鉴归蔡，而以和丸之功诵其母云。发解后，益下帷攻苦，绝户外交，布衣蔬食，泊如也。己未释褐，疏母节于朝，得旨下部院覆议，建坊旌焉。

是榜华亭张拱端、履端、轨端同胞三兄弟中式。

浙江：朱国华，海盐人，治《书》。

江西：傅朝佑，临川人，治《书》。

福建：高崇毅，邵武府人，治《书》。

湖广：王图昇，蒲圻人，治《春秋》。

河南：叶廷桂，归德府人，治《诗》。

山东：徐日升，长山人，治《书》。

山西：王时英，垣曲人，字钟英，号柱石。治《春秋》，己未进士。

陕西：王崇士，泾阳人，治《易》。

从按臣请，增五名，著为令。

四川：郑源长，成都县人，治《易》。

广东：吴殿邦，海阳人，字尔达，号海日。治《礼记》，年二十六，癸丑进士。兄仕训，丁酉举人；悦，癸卯举人。

广西：周文焕，桂林府人，治《春秋》。

云南：严惟寅，太和人，治《诗》。

贵州：邵以嵩，普安州人，治《书》。

万历四十一年癸丑科大魁（中式三百五十名）

主试官：礼部尚书、文渊阁学叶向高，癸未进士。吏部侍郎兼③读学士方从哲，癸未进士。

会元：周延儒，直隶宜兴人，字玉绳，号挹斋。治《书》，年二十五，未娶，壬子乡试二十二名，廷试一甲第一名。祖淳，乙卯举人，知县。

状元：周延儒。

榜眼：庄奇显，福建晋江人，字允元，号九微。治《书》，年二十三，丙午乡试第九名。兄履丰，丁丑进士，修撰；履朋，癸未进士，户部主事；履万，庚子举人；钦邻，辛丑进士，吏部主事；浩，壬子举人。

探花：赵思尹，江西德安人，字任甫，号瀛松。治《诗》，年三十三，庚子举人。

---

① "世"疑当作"逝"。

② 存目本作"卯"。

③ 疑脱一"侍"字。

弟赞化，同科进上。

解元中式：张以化（江西）、洪承选（福建）、侯应琛（河南）、韩继思（陕西）、吴殿邦（广东）。

兄弟同榜：陈玄晖、陈祖苞，海盐人，同父。范钫、范钤，富顺人。潘士良、潘士美，济宁人。俱同祖。孟绍康、孟绍虞，杞县人，同高祖。顾居仁、顾其仁，华阳人，同族。

少年进士：周延儒，年二十五，未娶。冯铨，涿州人，年十九。

庶吉士（二十三人）：曾楚卿（蒲①田）、叶灿（桐城）、陈玄晖（海盐）、萧命官（庐陵）、罗喻义（益阳）、李国楷（高阳）、缪昌期（江阴）、李孙宸（香山）、孟绍虞（杞县）、胡胤嘉（仁和）、孔贞时（句容）、王应熊（巴县）、刘钟英（麻城）、周希令（宁州）、姜逢元（余姚）、杨景辰（晋江）、刘鸿训（长山）、冯铨（涿州）、韩继思（泾阳）、王祚远（普安）、申廷譔（延津）、暴谦贞（屯留）、史永安（武定），吏部左侍郎刘楚先、詹事府詹事何宗彦教习。

入阁。

一品。

二品。

万历四十三年乙卯科解元

京省主试官：顺天，谕德龚三益、中允杨守勤。应天，谕德周如磐、中允孙承宗。浙江，编修吴宗达、工科给事中刘文炳。江西，编修黄儒炳、兵科给事中吴亮嗣。福建，检讨来宗道、刑科给事中姜性。湖广，检讨丘士毅、刑科给事中姚若水。河南，吏部主事周士显、兵部主事梁之垣。山东，刑科给事中郭尚宾、礼部主事徐瑛②。山西，吏部主事米助、工部主事王道元。陕西，光禄寺少卿周希圣、兵部主事潘澜。四川，礼部主事卢维屏、评事顾起凤。广东，户部主事包见捷、刑部主事陆梦龙。广西，刑部主事郭中宁、中书舍人董承诏。云南，户部主事杨瞿崃，行人陈所志。贵州，工部主事赵明钦、行人钟惺。

先是，壬子两京提学、十三省巡按及礼科，以今人文日盛，先后上请广增解额。上止下顺天增十名、陕西增五名之命，余旨未下。至是科，言官复申前议，上悉俞旨：应天增十三名，浙江增七名，江西、福建、湖广、广东、河南、山东、山西、四川各增五名，广西增三名，云贵各增二名，著为令。

顺天：秦羽明，广平府学生，治《诗》。

言官论顺天解元须用本直隶人，上从之，著为令。

---

① 蒲，存目本作"莆"，是。

② 《明贡举考略》作"徐镆"，是。

应天：叶有声，金山卫学生，上海人，字君实，号震隐。治《易》，年二十五，丙辰进士，授侯官知县。弟国华，同科举人。

浙江：冯铨，湖州府学生，治《书》。

江西：王缵灿，吉安府学生，治《书》。

福建：甘汝挺，海澄人，治《易》。

湖广：何守初，益阳人，治《易》。

河南：洪胤嵩，商城人，治《书》。兄胤衡，丙辰进士。

山东：李元善，蓬莱人，治《易》。

山西：陆敏学，大同人，治《易》。

陕西：郝维新，三原人，治《春秋》。

四川：曹秉忠，井研人，治《诗》。

华阳易孔赞与子为柱同榜中式。

广东：周文炜，连州人，治《诗》。

广西：滕之伦，桂林府人，治《春秋》。

云南：赵璧烜，大理府人，治《易》。

贵州：胡允恭，石阡府籍，四川内江人，字性之，号大初。治《春秋》，己未进士，授武昌府推官。父仲贤，卫经历。

万历四十四年丙辰科大魁（中式三百五十名）

主试官：礼部尚书、东阁学士吴道南，己丑进士。礼部尚书、掌詹事府刘楚先，辛未进士。

会元：沈同和，直隶吴江人。

放榜后，都人口语籍籍，谓同和不识一丁。房考给谏韩光祐闻之，召同和至，面试之，果曳白也。韩即上疏自劾。得旨三法司逮问，前四篇系夹带，后三篇系第六名赵鸣阳代为之。沈遣戍，赵为民。

状元：钱士升，浙江嘉善人，字抑之，号御泠。治《书》，选贡生，乙卯举人。父继科，庠生。叔继登，乡会同科。弟士晋，癸丑进士，见任刑部主事。

榜眼：贺逢圣，湖广江夏人，字克由①，号对扬。年三十一，癸卯举人。

探花：林釬，福建同安人，字实甫，号鹤胎。年二十四，壬子举人。兄尧斌，乙卯举人。弟日烺、应聚，俱同榜进士。

解元中式：叶有声（应天）、赵嗣芳（湖广）、陈熙昌（广东）。

兄弟同榜：徐宗孺、徐人龙，上虞人。臧昺如、臧照如，长兴人。侯恂、侯恪，商丘人。俱同父。周汝弼、周汝玑，商城人，同祖。

---

① 《明史》作"字克繇"。

少年进士：蔡奕琛，德清人，年十七，未娶。李光春，乐清人，年十八。钱继登，嘉善人。姜一洪，会稽人。陈朝辅，鄞县人。莫俨皋，华亭人。俱十九。徐大相，安义人。陈正蒙，归善人。晋淑抃，洪洞人。邹嘉生，武进人。申绍芳，长洲人。范绍序，会稽人。李淑世，安肃人。李应昇，江阴人。俱二十。

入阁。

一品。

二品。

万历四十六年戊午科解元

京省主试官：顺天，庶子赵师圣、谕德薛三省。应天，谕德郑以伟、赞善来宗道。浙江，编修林欲楫、吏科给事中张延登。江西，编修成基命、工科给事中范济世。福建，检讨丁绍轼、吏科给事中张孔教。湖广，编修马之骐、刑科给事中陈伯友。河南，尚宝司卿熊尚文、礼部员外朱紾。山东，户科给事中李奇珍、户部主事吴伯与。山西，吏部主事唐文焕、兵部员外陈腾凤。陕西，吏部主事杨一鹏、行人司司副刘时俊。四川，礼部主事陆完学、评事齐琦名。广东，刑部主事熊秉鉴、工部主事陈应元。广西，兵部署郎中事谭昌言、中书朱童蒙。云南，户部主事洪起初①、工部主事李为京。贵州，刑部员外方尚恂、行人陈玄藻。

应天、浙江、江西、湖广、河南、陕西主考七月廿八日命下，故皆逾期试初场。

顺天：王家基，沧州学生，治《礼记》。

应天：盛文琳，常熟人，字□□②，号九容，治《诗》。

浙江：陈山毓，嘉善学生，治《诗》。

江西：张斌，抚州府学生，治《诗》。

福建：戴国华，漳州府附学生，治《诗》。

湖广：陈君宠，新化县学生，治《诗》。

河南：唐时明，固始人，治《书》。

山东：邢泰吉，临清州学生，治《春秋》。

山西：胡舜封，河东运司学生，治《诗》。

陕西：李尚霖，西安府附学生，治《易》。

四川：詹胤昌，筠连学生，治《诗》。

广东：朱祚昌，东莞人，字可大，号黄图。治《书》，年二十五，己未进士。弟玑，戊午举人。

广西：蒋佳胤，灌阳学生，治《书》。

---

① 《明贡举考略》、《索引》作"洪启初"。

② 原缺，存目本同。

云南：施尧中，昆明附学生，治《书》。

贵州：周成德，兴隆卫学生，治《书》。

万历四十七年己未科大魁（中式三百四十五名）①

主试官：吏部侍郎兼侍读学士史继偕，壬辰进士。礼部右侍郎兼侍读学士韩炉，壬辰进士。

会元：庄际昌，福建永春人，字景说，号羹若。治《易》，年三十六，乙卯乡试第九名，廷试一甲第一名。曾祖用宾，嘉靖己丑会魁，浙江佥事。

状元：庄际昌。

榜眼：孔贞运，应天府句容人，字开仲，号玉横。治《春秋》，年三十七，壬子举人。父闻初，主簿。兄贞时，癸丑进士，检讨。

探花：陈子壮，广东南海人，丙午解元陈熙昌子也，字集玉，号秋涛，治《易》，年十八，乙卯乡试第八名。

解元中式：张玮（应天）、陈万言（浙江）、龚而安（江西）、李楫（山东）、王时英（山西）、朱祚昌（广东）、贺文明（云南）、杨廷诏、胡允恭（并贵州）。

兄弟同榜：李养德、李长德，铜梁人，同父。

少年进士：王珖，蕲州人。黄鸣俊，蒲②田人。刘永祚，韩城人。黄廷师，晋江人。范矿，富顺人。邵捷春，侯官人。俱二十。王振奇，安福人。杨金通，孝感人。颜继祖，龙溪人。董象恒，华亭人。俱十九。曾化龙，晋江人。陈子壮，南海人。俱十八。彭祖寿，武昌人，未娶。陈韬，息县人。刘鳞长，晋江人。雷跃龙，新兴州人。俱十七。

庶吉士（二十三人）：倪启祚（江都）、丁进（上虞）、施兆昂（福清）、姚明恭（蕲水）、侯恪（商州）、张翀（宁晋）、吴士元（进贤）、杨梦衮（青城）、鲁时昇（余姚）、杨世芳（蒲州）、顾锡畴（昆山）、刘宇亮（绵竹）、金秉乾（江陵）、朱继祚（蒲③田）、何吾驺（香山）、姚希孟（长洲）、许可徵（尉氏）、姜曰广（新建）、杨维新（高陵）、陈万言（秀水）、丁乾学（宛平）、雷跃龙（新兴）、胡尚英（临清），吏部侍郎兼侍读学士史继偕、礼部右侍郎兼侍读学士韩炉教习。

入阁。

一品。

二品。

---

① 原缺标题，径补。中式人数据《索引》。

② "蒲"为"莆"之讹。

③ "蒲"为"莆"之讹。

《中国科举文化通志》书目

增补贡举考略六卷

明贡举考略二卷

丙辰都门归，《国朝贡举考略》已手抄成帙。戊午掌教山桑，课读余暇，每思经义取士，制昉于宋，而风盛于明，如薛河东、王新建诸名臣，率由是出。因取《明史·选举志》及陆子渊《科场条贯》、王弇洲《史料》、清河张氏《贡举考》、诸名家墨选，以次汇编。正、嘉以前，大略已具。来泾复得《隆万十八科进士履历考》一书，参互校订，录而存之，亦欲偕熙朝掌故并备省览云。

明贡举考略

三试皆元者一人

商辂，宣德乙卯，正统乙丑。

会元登状元者八人

黄观，洪武辛未。吴宽，成化壬辰。钱福，宏治庚戌。伦文叙，宏治己未。杨守勤，万历甲辰。韩敬，万历庚戌。周延儒，万历癸丑。庄际昌，万历己未。

会元登榜眼者十四人

林志，永乐壬辰。杨鼎，正统己未。陆釴，天顺癸未。董玘，宏治乙丑。伦以训，正德丁丑。瞿景淳，嘉靖甲辰。曹大章，嘉靖癸丑。王锡爵，嘉靖壬戌。萧良有，万历庚辰。李廷机，万历癸未。汤宾尹，万历乙未。施凤来，万历丁未。华琪芳，天启乙丑。吴伟业，崇正辛未。

会元登探花者十四人

黄子澄，洪武乙丑。刘定之，正统丙辰。岳正，正统戊辰。王鏊，成化乙未。陈澜，宏治丙辰。邹守益，正德辛未。袁炜，嘉庆戊戌。胡正蒙，嘉靖丁未。金达，嘉靖丙辰。陈栋，嘉靖乙丑。邓以瓒，隆庆辛未。陶望龄，万历己丑。顾起元，万历戊戌。

陈名夏，崇正癸未。

会元登传胪者十一人

吴溥，建文庚辰。杨相，永乐甲申。朱缙，永乐丙戌。吴汇，景泰辛未。梁储，成化戊戌。程楷，成化丁未。霍韬，正德甲戌。李舜臣，嘉靖癸未。唐顺之，嘉靖己丑。袁宗道，万历丙戌。许獬，万历辛丑。

解元登会元者九人

施显，洪武丁卯，戊辰。陈璲，永乐乙酉，己丑。林志，永乐辛卯，壬辰。杨鼎，正统，己未①。姚夔，正统戊午，壬戌。王鏊，成化甲午，乙未。储瓘，成化癸卯，甲辰。汪俊，宏治己酉，癸丑。李廷机，隆庆庚午，万历癸未。

解元登状元者十一人

吴伯宗，洪武庚戌。林环，永乐丙戌。萧时中，永乐己丑。陈循，永乐乙未。李骐，永乐戊戌。柯潜，景泰辛未。彭教，天顺甲申。谢迁，成化乙未。李旻，成化甲辰。杨维聪，正德庚辰。林大钦，嘉靖壬辰。

解元登榜眼者九人

尹昌隆，洪武丁丑。吕原，正统壬戌。周宏谟，正统乙丑。白钺，成化甲辰。刘春，成化丁未。杨守阯，成化戊戌。黄珣，成化辛丑。孙清，宏治壬戌。王衡，万历辛丑。

解元登探花者九人

花纶，洪武乙丑。陆简，成化丙戌。涂瑞，成化丁未。靳贵，宏治庚戌。罗钦顺，宏治癸丑。谢丕，宏治乙丑。崔桐，正德丁丑。杨名，嘉靖己丑。刘应秋，万历癸丑。

解元登传胪者九人

王羽，宏武辛未。杨慈，永乐辛卯。丘濬，景泰甲戌。顾清，宏治癸丑。袁袠，嘉靖丙戌。张惟一，嘉靖戊戌。陆光阼，嘉靖己未。翁鸿业，天启乙丑。杨琼芳，崇正庚辰。

状元直文渊阁者十四人

胡广、陈循、马愉、曹鼐、商辂、彭时、谢迁、费宏、顾鼎臣、李春芳、申时行、朱国祚、周延儒、文震孟。

会元直文渊阁者十一人

刘定之、岳正、彭华、王鏊、梁储、张治、袁炜、王锡爵、李廷机、施凤来、周延儒。

【黄文裕佐《翰林记》云：高皇帝吴元年五月设：翰林院学士，正三品；侍讲学士，正四品；直学士，正五品；修撰、典簿，正七品；编修，正八品。洪武二年正月定：学士承旨，正三品；学士，从三品；侍讲学士，正四品；侍读学士，从四品；直学士，正五品；典簿，正七品；属官待制，从五品；修撰，正六品；应奉，正七品；编

---

① 当为：杨鼎，宣德乙卯，正统己未。

修，正八品；典籍，从八品。九年闰九月，诏定百官品级，承旨与六部尚书俱正三品，学士仍从三品，侍讲学士从四品。十三年八月，增设检阅，从九品。十四年五月，改为正五品。衙门革承旨、直学士、待制、应奉、检阅、典簿，设学士一人，侍读学士二人，侍讲学士二人，孔目一人，属官侍讲二人，侍读二人，五经博士五人，典籍二人，侍书二人，待诏六人，史官修撰三人，编修四人，检讨四人。十八年三月，定侍读学士、侍讲学士从五品，属官侍读、侍讲正六品，五经博士正八品，典籍从八品，侍书正九品，待诏从九品，史官修撰从六品，编修正七品，检讨从七品，首领官孔目未入流。侍读先侍讲始于此。又定华盖殿、武英殿、文华殿、文渊阁、东阁设大学士各一人，俱正五品，班在翰林院学士上。革除年间更易官制，仍设正官学士承旨一员，在学士之上，次侍读学士、侍讲学士，俱为文学博士。设文翰、文史二馆。文翰馆以居侍读、侍讲、侍书、五经博士、典籍、待诏，其侍书升正七品。文史馆以居修撰、编修、检讨，改孔目为典簿，置典簿厅，而改中书舍人为侍书，以隶翰林。又增设文渊阁待诏，及拾遗、补阙等官。永乐初皆复旧制，即洪武十八年所定也。寻命翰林等官于文渊阁参预机务（侍读解缙□□①），谓之内阁，渐升至学士及詹事府诸官。洪熙元年以辅导任重，加升至师保及尚书、侍郎、卿使，仍兼学士、大学士，自后因之。其华盖等五大学士，始于洪武十五年十二月，以礼部尚书邵质为华盖，翰林院学士宋讷为文渊，检讨吴伯宗为武英，典籍吴沈为东阁，耆儒鲍恂、全②诠、张长年为文华，恂等皆辞大拜。仁宗初即位，增设谨身殿大学士，命太子少傅杨荣兼之。其序次：华盖殿、谨身殿、文华殿、武英殿、文渊阁、东阁，凡六大学士，至今因之，而文华殿不常设。文渊阁在午门内之东，文华殿之南，大学士坐次不敢正席，以车驾常临阁也。洪武二十六年十月，定翰林院于皇城东南，宗人府之后，詹事府居其次。正统七年八月，始建于京师长安左门外，玉河西岸，銮驾库之右。正堂三间，中设大学士、侍读学士、侍讲学士公坐，左为史官堂，右为讲读堂，旨领官房在仪门外之右，其东岸则为詹事府，为洪武时所建，为南京翰林院，止设学士一员掌之，其后侍讲以上官皆得往掌院事，仍设孔目一人，掌文察。其詹事府，洪武初有同知詹事院事、副詹事、左右詹事、詹事丞、左右率更令、率府使、副使、谕德、赞善、文学、中舍、正字、侍正、洗马、庶子等官，皆兼领。二十四年七月，改院为府，设詹事一人，正三品；少詹事二人，正四品；丞二人，正六品；首领官主簿一人，从七品；录事二人，正九品。二十九年增设属官通事舍人二人，从九品。其左右春坊，洪武初置春坊，为东宫辅导侍从之臣，无定员。十五年四月，更定为左右春坊，置左右春坊大学士各一人，正五品；左右庶子各一人，正五品；左右谕德各一人，从五品；左右中允各一人，正六品；左右赞善各二人，左右同直郎各二人，俱从六品。二十九年十一月，增设左右清纪郎各一人，从八品；左司谏二人，从九品。其司经局，洪武十五年，置洗马二人，校书二人，正字二人。二十三年六月，依唐制，洗马

---

① 此二字模糊难辨。
② 丛书集成初编本《翰林记》亦作"全"。误，当为"余"。

从五品，校书正九品，正字从九品。坊局虽各有印，然事则詹事府统之。南京詹事府止设主簿一员。】

状元官一品者十六人

陈循、商辂、彭时、张昇、谢迁、顾鼎臣、李春芳、费宏、毛澄、申时行、朱国祚、黄士俊、周延儒、钱士升、文震孟、魏藻德。

会元官一品者六人

王鏊、梁储、袁炜、王锡爵、李廷机、施凤来。

榜眼大拜者十二人

吕原、徐溥、潘晟、吕调阳、李廷机、吴道南、史继偕、孙承宗、施凤来、贺逢圣、孔贞运、傅冠。

探花大拜者八人

王鏊、徐阶、余有丁、赵志皋、吴宗达、张瑞图、林钎、陈子壮。

状元官二品者十二人

任亨泰，尚书。黄观，侍中。黎淳，尚书。谢一夔、吴宽、王华、朱希周、杨惟聪，布政司。秦鸣雷，尚书。罗万化。翁正春。余煌。

榜眼官二品者十一人

练子宁，都御史。苗衷，尚书。陈文。周宏谟。徐琼。杨守阯。黄珣。刘春。程文德。孙陞。黄凤翔。

探花官二品者十一人

吴公达，尚书。裴纶。倪谦。董越。刘龙。李廷相。吴山。林士章。邓以赞。曾朝节。孙慎行。

会元官二品者十三人

陈诏，都御史。杨鼎，尚书。姚夔。彭华。陈选，布政司。章懋，尚书。吴宽。汪俊。霍韬。张治。赵时春，都御史。陆树声，尚书。孙钺。

状元官三品者十二人

马愉，侍郎。曹鼐。孙贤，太常卿。李旻，侍郎。吕柟。茅瓒。诸大绶。丁士美。孙继皋。唐文献。朱之蕃。刘同升。

榜眼官三品者七人

张显宗，侍郎。杜宁。刘俊。程敏政。王瓒。陶大临。杨道宾。

探花官三品者五人

周孟简，詹事。【案孟简由詹事府丞改王府长史，府丞正六品，长史五品，非詹事也。】谢琏，侍郎。蔡昂。费懋中。顾起元。

会元官三品者十三人

黄子澄，太常卿。洪英，副都御史。刘定之，侍郎。费闇。储瓘。董玘。邵锐，太仆卿。伦以训，侍郎。李舜臣，太仆卿。瞿景淳，侍郎。田俊。顾起元。曹勋。

936

状元官四品者七人

曾棨，少詹。刘俨，少卿。柯潜，祭酒。龚用卿。沈坤。范应期。杨守勤，少詹。

榜眼官四品者四人

陈鉴，祭酒。刘震。余梦麟①。萧良有。

探花官四品者六人

罗璟，祭酒。王敕。姜金和。刘应秋。陶望龄。陈仁锡。

会元官四品者九人

陆钛，少卿。鲁铎，祭酒。邹守益。唐顺之，金都御史。胡正蒙，祭酒。陶望龄。冯梦祯。萧良有。汤宾尹。

状元官②有谥者二十五人

胡文穆，广。曾荣襄【襄敏】，棨。马襄敏，愉。曹文忠，鼐。刘文介，俨。商文毅，辂。彭文宪，时。柯文敏，潜。孙襄毅，贤。黎文僖，淳。谢文庄，一夔。罗文毅，伦。张文僖，昇。吴文定，宽。谢文正，迁。费文宪，宏。毛文简，澄。朱恭靖，希周。顾文康，鼎臣。吕文简，楠【楠】。舒文节，芬。杨文宪，慎。罗文恭，洪先。诸文懋【懿】，大绶。丁文恪，士美。申文定，时行。朱文恪，国祚。焦文端，竑。张文恭，元汴。沈文节，懋学。翁文简，正春。唐文恪，文献。姚文肃【毅】，希孟。刘文烈，理顺。刘文忠，同升。

榜眼有谥者十七人

苗文康，衷。陈恭靖，文。徐文靖，溥。周文安，洪谟。王文定，瓒。黄康僖，珣。白文裕，钺。刘文简，春。程文恭，文德。孙文恪，陞。陶文僖，大临。李文节，廷机。吴文恪，道南。黄文简，凤翔。杨文恪，道宾。孙文忠，承宗。贺文忠，逢圣。

探花有谥者二十二人

裴文僖，纶。林襄敏，文。刘文安，定之。倪文僖，谦。王文肃，佐。岳文肃，正。王文恪，鏊。董文僖，越。刘文安，龙。李文敏，廷相。徐文贞，阶。吴文端，山。余文敏，有丁。赵文懿，志皋。刘文节，应秋。陶文简，望龄。孙文介，慎行。吴文端，宗达。林文穆，钎。顾文庄，起元。陈文忠，子壮。陈文庄，仁锡。

会元有谥者二十七人

刘文安，定之。杨庄敏，鼎。姚文敏，夔。彭文思，华。陈恭愍，选。章文懿，懋。岳文肃，正。吴文定，宽。王文恪，鏊。梁文康，储。储文懿，瓘。汪文庄，俊。鲁文恪，铎。董文简，玘。邵康僖，锐。邹文庄，守益。霍文敏，韬。张文懿，治。唐襄文，顺之。袁文荣，炜。陆文定，树声。瞿文懿，景淳。王文肃，锡爵。邓文洁，以赞。李文节，廷机。陶文简，望龄。顾文庄，起元。

---

① 后文作"余孟麟"。
② "官"字衍，李慈铭于此字上画有一圈。

状元年少者二十六人

费宏，年二十。周延儒、林大钦，二十二。施槃，二十三。朱希周、杨慎，二十四。孙继皋，二十五。张懋修、黄士俊、胡广，二十六。彭教、张昇、龚用卿、罗洪先、张以诚、庄际昌、秦鸣雷，二十七。韩敬、丁显，二十八。康海、申时行、萧时中，二十九。陈循、柯潜、陈谨、赵秉忠。

会元年少者二十五人

赵时春，十八。伦以训，二十。邹守益，二十一。彭华，二十三。董玘、唐顺之、陈澜，二十四。陆钶，二十五。赵宽、李舜臣、洪英，二十六。王鏊、汪俊、陈璲，二十八。刘定之、梁储、储瓘、邵锐、霍韬、陶望龄、汤宾尹、姚夔，二十九。王锡爵、陈栋、田一俊。

祖孙鼎甲

曾鹤龄，永乐辛丑状元；曾追，成化戊戌探花。

父子鼎甲

谢迁，成化乙未状元；谢丕，宏治乙丑探花。费宏，成化丁未状元；费懋中，正德辛巳探花。伦文治，宏治己未状元；伦以训，正德丁丑榜眼。王锡爵，嘉靖壬戌状元；王衡，万历辛丑榜眼。刘应秋，万历癸未探花；刘同升，崇正丁丑状元。

兄弟鼎甲

周述，永乐甲申榜眼；周孟简，永乐甲申探花。林环，永乐丙戌状元；林文，宣德庚戌探花。马铎，永乐壬辰状元；李骐，永乐戊戌状元：二人虽异姓，实同母也。杨维聪，正德辛巳状元；杨惟杰，嘉靖丙辰榜眼。张懋修，万历庚辰状元；张嗣修，万历丁丑榜眼。

父子会元

伦文叙，宏治己未；伦以训，正德丁丑。

父子解元

谢迁，成化甲午；谢丕，宏治辛酉。黄乾亨，成化甲午；黄如金，宏治甲子。史俊，成化戊子；史道，正德癸酉。毛纪，成化丙午；毛渠。张志淳，成化癸卯；张合。葛守礼，嘉靖戊子；葛曦，万历丙子。

兄弟解元

杨守陈，景泰庚午；杨守阯，成化乙酉。刘春，成化丙午；刘台。王鸿儒；王鸿渐。

三典会试者四人

曾棨，永乐戊戌、甲辰、宣德丁未。王英，永乐戊戌、宣德庚辰、正统壬戌。王直，宣德癸丑、正统丙辰、己未。徐溥，成化乙未、辛丑、宏治庚戌。

三典乡试者四人

邹缉，永乐甲午顺天、丁酉应天、庚子顺天。王英，永乐丁酉顺天、庚子顺天、癸卯顺天。钱习礼，宣德己酉应天、壬子顺天、正统戊午应天。李时勉，宣德己酉顺天、壬子应天、乙卯应天。

再典会试者二十一人

杨士奇，永乐壬辰、辛丑。杨溥，永乐丙戌、宣德丁未。黄淮，永乐甲申、宣德癸丑。吕原，天顺丁丑、庚辰。钱习礼，宣德庚戌、正统乙丑。万安，成化丙戌、壬辰。刘吉，成化己丑、戊戌。彭华，成化戊戌、甲辰。吴宽，成化丁未、宏治壬戌。李东阳，宏治癸丑、己未。王鏊，宏治丙辰、正德戊辰。梁储，正德戊辰、甲戌。靳贵，正德辛未、丁丑。石珤，正德庚辰、嘉靖癸未。张潮，嘉靖壬辰、甲辰。张治，嘉靖丁未、庚戌。吕调阳，隆庆辛未、万历甲戌。申时行，万历丁丑、庚戌。余有丁，万历庚辰、癸未。许国，万历癸未、己丑。曾朝节，万历戊戌、辛丑。

明贡举考略卷一
怀宁黄崇兰先生辑

庚戌科

洪武三年诏：自今年八月始，特设科举，务取经明行修、博通今古、名实相称者。朕将亲策于廷，第其高下，而任之以官，使中外文臣皆由科举而进，非科举者毋得与官。是科称京畿十一行省乡试，制艺皆用论体。应天就试者百二十三人，中式者七十二人。

应天：

［试官］中丞刘基，伯温，浙江青田人。待制秦裕伯，景容，北平大名人。

［试题］古之欲明（二节），道在迩而（节）。

［解元］龙文明。

江西：

［试官］蔡深，渊仲，江西乐平人。曹孔章，子文。

［解元］吴伯宗，金溪，辛亥。

辛亥科

洪武四年会试【凡二百人】，中式一百二十人。时以天下初平，官多阙员，令各行省连【试】三年，官足任使，嗣后三年一举，著为定例。

［试官］尚书陶凯，中立，浙江临海人。学士潘庭坚，叔闻，应天当涂人。

［试题］唯天下至圣（章）。

［会元］俞友仁，文辅，仁和，县丞。

[鼎甲] 吴伯宗【本名祐①，以字行】，江西金溪人，学士。郭翀，山西壶关人，主事。吴公达，浙江丽水人，尚书。

八月复行乡试

京畿乡试合河南、陕西、北平、山东、山西、湖广、浙江、广东、广西、福建十一省之士，高丽亦与，凡二百人，中式百二十人。

应天：

[试官] 尚书吴琳，朝锡，湖广黄冈人。司业宋濂，潜溪，浙江金华人。

[试题] 自天子以（节）。

福建：

[试官] 鲍恂，仲孚，浙江崇德人。宋僖，无逸，浙江余姚人。

[试题] 礼之用和（节）。

[解元] 郑真，千之，鄞县②。

壬子科

洪武五年。

应天：

[试官] 曾鲁，得之，江西新淦人。学士詹同，文同，直隶婺源人。

[试题] 为政以德（章）。

浙江：

[试官] 贝琼，廷琚，浙江崇德人。沈孟麟，原昭，浙江归安人。

甲子科

洪武十七年。自辛亥以来，科举久停，至是复诏各行省照旧举行，不拘额数，从实充贡。考试官皆访明经公正之士，于儒官儒士取。官出币帛，先期敦聘。主文考官二员，文币各二表里；同考试官四员，文币各一表里。在内应天府请，在外各布政司请。浙江解元花纶，乙丑探花。

应天：

[试官] 曾鲁，守约，江西新淦人。

[试题] 事父母能竭（一句）。

---

① 祐，《皇明三元考》作"祐"。

② 郑真当为浙江解元。

［解元］廖孟瞻，临川。

福建：

［试官］沈孟麟，花溪，浙江归安人。张九韶，美和，江西新淦人。

乙丑科

洪武十八年会试，中式四百七十二人。初，殿试读卷官奏花纶第一，上以年少抑之，首丁显。一本探花作花纶。【是年，上以诸进士未更事，俾观政于诸司，俟谙练然后任之。其在本院承敕监等衙门者，采《书经》庶常吉士之义，称庶吉士；其在六部诸司者仍称进士。本院庶吉士有陈洊等，为翰林庶吉士之始。】

［试官］待诏朱善，备万，江西丰城人。典籍聂铉，器之，江西清江人。

［试题］天下有道（子出），见其礼而（二句）。

［会元］黄子澄。

［鼎甲］丁显，彦伟，福建建阳人。【修撰。进士入翰林自此始。】练子宁【本名安，以字行】，松月，江西新淦人。【右都御史，改御史大夫，忠贞，国朝赐专谥忠肃。】黄子澄【本名湜，以字行，伯渊】，江西分宜人，常卿。【节愍，国朝赐专谥忠愍。】

【案：明黄瑜《双槐岁钞》言洪武乙丑殿试，有司奏花纶第一，练子宁次之，黄子澄又次之。太祖亲擢丁显为状元，子宁次之，纶又次之。三人皆拜修撰，而子澄抑置三甲，为庶吉士。李默《孤树裒谈》则引朱中丞《河上楮谈》谓黄子澄是二甲第一，而驳《双槐岁钞》之误，又云历考诸书皆不同。

《词品拾遗》则云杭州花纶年十八，黄观榜及第三人，初读卷官进卷，以花纶第一，练子宁第二，黄观第三，御笔改定以黄第一，练第二，花第三。南京谚有"花练黄，黄练花"之语，故后人犹以花状元称之。其科《题名记》及《登科录》皆以黄练二公死革除之难划毁之，故相传多误。慈铭案①：黄观为辛未会试、殿试第一人，《明史》诸书皆同，而翟灏《通俗编》引《文海披钞》言黄观为三元，《词品》以为乙丑，盖误。至黄子澄，则《明史》及《明诗综》等书皆以为乙丑第三人。】

丁卯科

洪武二十年。是科应天三题，皆《论语》。洪、永间国家多故，百官触法坐削籍仆碑，故考官姓氏多佚。

应天：

［试官］陈谟，一德，江西泰和人。

---

① "案"原作"谓"，李慈铭画圈后于右侧改。

［试题］老者安之（三句），兴于诗立（三句），克己复礼（仁焉）。

［解元］施显，孟微，常熟，戊辰。

江西：

［试官］张九韶，美和，江西新淦人。

［解元］解缙，大绅，吉水，戊辰，内阁，时年十八。

河南：

［试官］纪善饶偁，仲恭，江西临川人。滕克恭，安卿，河南祥符人。

［试题］孝弟也者（二句）。

［解元］董恂。

戊辰科

洪武二十一年会试，中式九十五人。状元任亨泰对策详明，以天下为己任，上亲擢第一。吉水解缙与兄纶、女弟夫黄金华同登。【案：解缙与黄金华皆为中书庶吉士，是科庶吉士余无可考。】【纶官礼部主事，除应天府教授，以罪诛。】

［试官］编修苏伯衡，平仲，浙江金华人。编修李叔荆。

［试题］君使臣以（二句）。

［解元］施显，孟微，常熟，御史。

［鼎甲］任亨泰，左雍，湖广襄阳人，尚书。唐震，【士亨】，福建闽县人，【编修】。卢源【原】质，希鲁，浙江归安【临海，一作宁海】人，常少，【节愍，国朝赐谥同】。

【案：乙丑科一甲三人皆授修撰，二甲马京等授编修，吴文等授检讨。至戊辰以第一人任亨太为修撰，唐震、卢原质为编修，著为令。

《双槐岁钞》云太祖特命有司为亨太建状元坊以旌之，圣旨建坊自此始也。慈案：任亨太《明史》有传，洪武二十七年任礼部尚书，次年使安南，二十九年二月还，降御史。】

庚午科

洪武二十三年。应天解元黄文史以作全场题五经二十三篇领解。

应天：

［试官］学士滕克恭，安卿，河南祥符人。

［试题］凡为天下（节），其为气也（长也）。

［解元］黄文史，廷实，长泰，主事。

辛未科

洪武二十四年会试，中式三十一人。黄观对策，举天道福善祸淫之机、人事练兵讲武之法为言，上遂首擢。官侍中，死建文之难。

［试官］【博士】钱宰，子予，浙江会稽人。

［试题］尧舜帅天（二句），及其闻一（四句）。

［会元］黄观，榜姓许。

［鼎甲］黄观【榜姓许】，伯澜①，直隶贵池人，【礼部侍郎改】侍中。【文贞，国朝赐通谥忠节】。张显宗，明远，福建宁化人，侍郎。吴信言【一作言信】，福建邵武人。

癸酉科

洪武二十六年。

河南：

［试题］贤贤易色（章）

［解元］蔺从善，有恒，磁州。

甲戌科

洪武二十七年会试，中式一百人。

［试官］【学士刘三吾。】

［试题］颜渊问为（章）。

［会元］彭德，凤翔，侍读。

［鼎甲］张信，彦实，浙江定海人，侍读。景清【本姓耿】，陕西贞宁人，【左都御史改】御史【大夫】，【忠烈，国朝赐专谥忠庄】。戴德彝，浙江奉化人，庶子，【改左拾遗，毅直，国朝赐通谥节愍】。

【《双槐岁钞》云：是科会元彭德与同榜兵部主事齐德皆改名泰，戴德彝亦去德，止名彝，盖奉上命也。

又云张信自修撰进侍读，时韩王、安王、靖江王以幼小俱在文渊阁讲学。诸王奉旨各为古诗一首呈览，信以杜诗绝句"舍下笋穿壁，庭中藤刺檐。地晴丝冉冉，江白草纤纤"与韩王写去，御览大怒，韩王曰："张信教儿写耳。"上由是恶之。二十九年二月，同编修戴彝誊敕谕女户百户稿进呈，奉旨增二语，信还文渊阁写成，仍旧弗增，彝劝信改易，不从。三十年三月，坐覆阅会试落卷以不堪文字奏进，被诛。】

---

① 《皇明三元考》作"澜伯"。

丙子科

洪武二十九年。国初科举停止无常,自是科后,子午卯酉年乡试,辰戌丑未年会试,永著为例。【案:是科四川乡试聘汉中府教授方孝孺,蜀府长史陈南宾为典试官,见《明史·桂彦良传》。】

应天:

[试题] 为政以德(章)。

[解元] 尹昌隆,彦谦,泰和,丁丑,春坊。

丁丑科

洪武三十年会试。春榜中式五十一人,北人无登第者,上命儒臣再阅落卷,取中【任伯安等】六十一人。【六月】复亲赐策问,擢韩克忠等。考官治罪。状元陈䢿精于数学,就试日谓所亲曰:"今科状元当刑,奈何!"已而身罹之。是科世称春夏榜,亦称南北榜。

[试官] 学士刘三吾,如孙,湖广茶陵人。纪善白信蹈,【北平宝坻人】。

[试题] 物有本末(节),君子不可(受也),知者无不(为务)。

[会元] 宋琮,泰和,检讨。

[鼎甲] 春榜:陈䢿,仲安,福建闽县人。尹昌隆,彦谦,江西泰和人,【左】春坊【中允,改礼部主事】。刘士谔【案:或单作谔,或单作谔①,实误】,【蹇臣】,浙江山阴人,署丞。

夏榜:韩克忠,守信,山东武城人,司业。【六月授修撰,七月署司业,终按察佥事。】王恕,山东长清人。焦胜,山西平乐人。

【《双槐岁抄》云:是科被黜落者咸以为言,上大怒,命侍读定海张信、侍讲奉化戴彝、春坊右赞善宁海王俊华、平度司宪右司直郎永嘉张谦、司经局校书瑞安严叔载、正字乐安董贯、韩王安王二府长史惠安黄章、韩府纪善无锡周衡、靖江府纪善吉水萧楫及陈䢿等首甲三人,再考下第卷中,择文理优长者,复其科第,人各阅十卷。或闻三吾与信稻至其所,属以卷之最陋者进呈,上益怒。殿试再赐策问,以山东韩克忠为首,六月辛巳朔也。先是,丙子春,上命三吾、张信、司宪王俊华、张谦、严叔载、董贯及黄章等,编纂历代帝王自帝尧至元顺帝二千七百余年行事可为法戒者,提其精要,列注各君之下。至是年四月,撰述汉武帝以长安狱中有天子气,遣使诣郡邸,狱罪无轻重,皆杀之。上见之,以其讥诛胡党也,因命刑部拷讯,诸阅卷者并祭酒杨淞皆出胡党,惟三吾、信稻及司宪为蓝党,彝及昌隆不与。并宥三吾,余皆磔戮。䢿、谔进卷,不行明白

---

① 此处似有重复。

用笔批直，有惑圣览，吏部奏发威虏安置。四月初二日，恩宥取回，郊降鸿胪寺司宾署丞，谔降司仪署丞。已而御史劾奏，皆连坐以死。而彝及昌隆竟免焉。详载薄福不臣榜中。宋琮字万钟，太和人。时已拜御史，黜为教官，后又入为给事中，左迁刑部检校。以明《周易》，尝同考会试，擢南京国子助教。九年考满，升检讨，仍行助教事，改任北监，至正统庚申九月致仕，时年七十五。归乡又数年卒。门人尚书刘广衡谓其能脱刑僇，享退龄云。慈铭案：《明史》谓琮与三吾皆戍边，盖由谪戍召为教官耳。尹昌隆《明史》有传，建文中为御史，永乐初入《奸党录》，仍赦之，改左春坊中允，再改礼部主事，为尚书吕震所陷，族诛。】

己卯科

建文元年。南昌胡俨充湖广考官，得杨溥卷，大异之，题其上曰："必能为董子之正言，而不为公孙之阿曲。"世以为知人。

应天：

[试官] 侍讲方孝孺，希直，浙江临海人。少卿高逊志，士敏，直隶萧县人。

[试题] 可以托六（章）。

[解元] 刘政，仲理，长洲。

湖广：

[试官] 胡俨，芳思，江西南昌人。

[解元] 杨溥，宏济，石首，庚辰，内阁，文定。

庚辰科

建文二年会试，中式一百十一人。入相四人：胡广、杨荣、金幼孜、杨溥。鼎甲俱吉安人，陈迪、黄观知贡举。【是年复遵洪武乙丑之例，一甲胡靖等三人皆授修撰，二甲吴溥等皆编修。永乐二年甲申，复遵戊辰命。】

[试官]【太常】少卿高逊志，啬庵，直隶萧县人。【礼部】侍郎董伦，安常，山东恩县人。

[试题] 天下有道（子出），孔子之谓（三句）。

[会元] 吴溥，德润，崇仁，司业。

[鼎甲] 胡靖【改名广。本名广，得第后建文赐名靖。永乐初复名广】，光大，江西吉水人，内阁，文穆。王艮，敬止，江西吉水人，编修【修撰】，【文节，国朝赐通谥忠节】。李贯，江西庐陵人，学士。

癸未科

永乐元年。正月以北平为北京，设北京行部，八月补行两京十二藩乡试。

应天：

[试官] 侍读胡广，光大，江西吉水人，庚辰。编修王章。

[试题] 周监于二（章），尽其心者（章）。

[解元] 王仲寿，亮中，乐平。

甲申科

永乐二年补行会试，中式四百七十人。殿试初拟周孟简第二，述第三，上曰："弟不先兄。"遂先述。【传胪明日，进会试所选副榜士于廷，御右顺门亲试之，命光禄给食，中官夕给烛，亲拔周翰等三人进学翰林，余为第二等，除学官。周翰豫修《永乐大典》，至七年除典籍。正统后副榜始不复廷试。】

[试官] 学士解缙，大绅，江西吉水人，戊辰。侍讲黄淮，宗豫，浙江永嘉人，丁丑。

[试题] 君子有大（足矣），禹吾无间（章）。

[会元] 杨相，之宜，泰和，主事。

【案：沈德符《万历野获编》据钱习礼撰刘子钦墓志言，子钦为是科会元。子钦，吉水人，本名敬，以字行。由翰林授刑部主事，谪戍，后终于训导。钱与之同邑同时，先后一科为江西解元，所言必无误。李贤《天顺日录》、陆深《玉堂漫笔》所言皆同，王世贞《科名考》中独以为杨相，盖未考钱志及李录也。】

[鼎甲] 曾棨，子启，江西永丰人，少詹，襄敏。周述，【崇述】，江西吉水人，庶子。周孟简，江西吉水人，詹事，【府丞改襄府长史】。

【案：是年庶吉士数十人，太宗命学士解缙选进士中材质美敏者，就文华阁进学。至三年正月，缙等选修撰曾棨、编修周述、周孟简及庶吉士杨相、王训、王直、吾绅、彭汝器、刘子钦、余学夔、童朴①、卢翰、熊直、王道、罗汝敬、沈升、柴广敬、王英、余鼎、汤流、洪顺、段民、杨勉、章敞、李时勉、倪维启②、陈宗敬③、袁添禄二十八人庶吉士。周忱自陈年少，愿与其列。上喜其有志，遂增忱为二十九人。时以二十八比列宿，以忱为换宿。命司礼监月给笔墨纸，光禄寺给朝暮膳，礼部月给膏烛钞人三锭，工部择近第宅居之。命缙领其事，数召至便殿，问以经史诸子故实。五日一休沐，使内臣随之，校尉备驺从，莫不荣之。时本院庶吉士孙子良、涂顺、李昌祺等尚数十

---

① 《皇明三元考》作"章朴"。

② 《皇明贡举考》作"倪惟善"，《皇明三元考》作"倪惟哲"。

③ 后文及《皇明三元考》作"陈敬宗"，当是。

人，皆不得与。五年丁亥，首擢王英、王直为编修。十年壬辰，擢罗汝敬、余鼎、彭汝器为编修，余学夔为检讨，杨相、刘钦①、章敞、陈敬宗、沈升、李时勉、段民、倪维启、吾绅、杨勉俱为刑部主事。今世谓庶吉士之选始于是科二十八人者，非也。自后惟景太二年辛未科，选首甲柯潜等三人及庶吉士合二十八人进学东阁，悉依是科故事，命内阁大臣典领之。】

乙酉科

永乐三年。福建一榜三鼎甲：林环状元，陈全榜眼，黄旸探花。

应天：

[试官] 学士王景，景彰，浙江松阳人。侍读王达，邵庵②，直隶无锡人。

[试题] 殷因于夏（四句），大哉圣人（于天）。

[解元] 朱璃，华亭。

丙戌科

永乐四年会试。国初无定额，少至三十余人，洪武乙丑科中式四百七十二人，是科数亦如之。

[试官] 学士王达，耐庵，直隶无锡人，乙丑。洗马杨溥，宏济，湖广石首人，庚辰。

[试题] 大学之道（至善），克己复礼（仁焉），致中和天（节）。

[会元] 朱缙，永丰，郎中。

[鼎甲] 林环，崇璧，福建莆田人，侍读。陈全，果之，福建长乐人。刘素，江西永丰人，编修。

戊子科

永乐六年。本年增交趾，称两京十三藩乡试，浙江解元陈璲中己丑会元。

应天：

[试官] 修撰李贯，江西庐陵人，庚辰。检讨王洪，希范，浙江钱唐人，丁丑。

[试题] 道之以德（节），唯天下至（参乎）。

[解元] 黄寿生，行中，莆田，辛卯，检讨。

江西：

---

① 当为"刘子钦"。

② 后文作"耐庵"，当是。

［试官］教谕顾文，在中。

［试题］仰之弥高（二节）。

［解元］钱习礼，吉水，辛卯。

福建：

［试官］郎中郑宏，直隶嘉定人。

［试题］古之欲明（节），莫见乎隐（节）。

［解元］杨慈，莆田，辛卯。

己丑科

永乐七年会试，中式八十四人。上巡狩北京，诏礼部以陈璲等寄监读书。辛卯三月，车驾还京，乃举廷试，故亦称辛卯科云。

［试官］侍讲邹缉，仲熙，江西吉水人。司直徐善述，好古，浙江天台人。

［试题］武王缵太（保之）。

［会元］陈璲，廷嘉，□①海，金事。

［鼎甲］萧时中【名可，以字行】，江西庐陵人，修撰。苗衷，公彝，直隶定远人，少保，文康。黄旸，福建莆田人。

辛卯科

永乐九年。

应天：

［试官］学士胡广，光大，江西吉水人，庚辰。庶子杨荣，勉仁，福建建安人，庚辰。

［试题］见贤思齐（章），唯天下至（节）。

［解元］徐则宁，金溪，壬辰，金事。

浙江：

［试题］回也其心（章），非礼勿视（四句）。

［解元］木讷，钱唐，戊戌，御史。

福建：

［试官］教谕钮天锡，昌胤。

［试题］君子博学（章），天何言哉（节）。

［解元］林志，闽县，壬辰。

---

① 原缺，当为"临"。

壬辰科

永乐十年会试，中式一百六人。新喻傅玉良、玉润兄弟同登。

[试官] 谕德杨士奇，东里，江西泰和人。侍讲金幼孜，退庵，江西新淦人，庚辰。

[试题] 诗云邦畿（节），天下之达（节）。

[会元] 林志。

[鼎甲] 马铎，彦声，福建长乐人，【修撰】。林志，尚默，福建闽县人，谕德。王钰，【孟坚】，浙江诸暨人，【由修撰至】提学【佥事】。

甲午科

永乐十二年，北京行部举行乡试，此两京命主考之始。江西解元陈循中乙未状元。

顺天：

[试官] 侍讲曾棨，子启，江西永丰人，甲申。中允邹缉，素庵，江西吉水人。

[试题] 吾十有五（章）。

应天：

[试官] 洗马杨溥，宏济，湖广石首人，庚辰。谕德周述①，江西吉水人，甲申。

[试题] 大哉尧之（则之），诚者非自（知也）。

[解元] 谢瑶，吴县，乙未。

乙未科

永乐十三年，会试北京自此始，中式三百五十一人。初取陈循第一，考官梁潜以乡曲避嫌，欲首林文秸，因秸字罕见，遂首洪英，上见第三王翱，喜北京初启会试，经魁得畿辅士，遂以布衣召见，劳赏甚渥。林文秩、文秸，刘麟、刘凤兄弟同登。

[试官] 修撰梁潜，用之，江西泰和人，丙子。侍讲王洪，毅斋，浙江钱唐人，丁丑。

[试题] 老者安之（三句），中也者天（育焉），故君子不（知天）。

[会元] 洪英，实夫，福州，副宪。

[鼎甲] 陈循，德遵，江西泰和人，内阁。李贞，福建南靖人，【编修改高州教授】。陈景著，福建闽县人，【编修改福州教授】。

---

① 光绪五年本批注者补：崇述。

丁酉科

永乐十五年。顺天考官先命王洪，旋改王英，礼部追洪所受礼币，以洪疏胡广父事。未几，洪饮恨死。福建解元李骐。

顺天：

[试官] 中允邹缉，素庵，江西吉水人。侍讲王英，时彦，江西金溪人，甲申。

[试题] 舜其大孝（保之）。

[解元] 刘衡。

应天：

[试官] 侍讲梁潜，泊庵，江西泰和人，丙戌①。侍讲陈全，蒙斋，福建长乐人，丙戌。

[试题] 古者言之（章）。

[解元] 杨琪，器之，上海，戊戌。

戊戌科

永乐十六年会试，中式二百五十人。状元李骐，初名马，上为改之，胪传莫有应者，上为道其故，乃出。

[试官] 学士曾棨，子启，江西永丰人，甲申。侍讲王英，泉坡，江西金溪人，甲申。

[试题] 定公问君（章）。

[会元] 董麟，德文，高邮，修撰。

[鼎甲] 李骐，彦良，福建长乐人，修撰。刘江，应天江宁人，编修。邓珍，江西吉水人，编修。

庚子科

永乐十□②年，改京师为南京，北京为京师，除诸司行在二字，为两京十三藩，始定宫坊官主两京。河南解元薛瑄。

顺天：

[试官] 中允邹缉，江西吉水人。侍讲王英，江西金溪人。

[试题] 颜渊问为（韶舞）。

[解元] 于庆。

---

① 丙戌，前文"乙未科"作"丙子"，是。又，梁潜为丙子科举人。

② 原缺，当为"八"。

应天：

[试官] 修撰张伯颖。赞善陈仲完，福建侯官人。

[试题] 可以托六。

[解元] 缪让①，孟谦，长洲，辛丑。

辛丑科

永乐十九年会试，中式二百一人。廷试首卷已定刘矩，是夕，上梦鹤翔殿上，翌日阅卷，得曾鹤龄，遂寘第一。

[试官] 内阁杨士奇，石台，江西泰和人。侍讲周述，崇述，江西吉水人，甲申。

[试题] 子路问政（章），博厚所以（无疆）。

[会元] 陈中，莆田，员外。

[鼎甲] 曾鹤龄，延年，江西泰和人，学士。刘矩，仲方，直隶开州人，修撰。裴纶②，湖广监利人，尚书，文僖。

癸卯科

永乐二十一年。

顺天：

[试官] 侍讲王英，泉坡，江西金溪人，甲申。修撰林志，節③斋，福建闽县人，壬辰。

[试题] 子以四教（章），故大得必（其寿）。

[解元] 臧敬。

应天：

[试官] 罗汝敬，寅庵，江西吉水人，甲申。李骐，德良，福建长乐人，戊戌。

[试题] 出门如见（四句），诚者物之（节）。

[解元] 王政，上元。

甲辰科

永乐二十二年会试，中式一百五十八人。廷试初拟孙曰恭第一，上谓曰恭乃一暴字也，及见邢宽二字，甚喜，遂擢第一。自开科以来，江北进士无占第一名者，上特丹书

---

① 《皇明三元考》作"刘铉"。

② 光绪五年本批注者补：景宣。

③ "節"为"篰"之讹。

邢宽名于榜首，以宠异之，士子咸以为荣。

[试官] 学士曾棨，西墅，江西永丰人，甲申。侍讲余鼎，正安，江西星子人，甲申。

[试题] 质胜文则（章），中也者天（道也），仲尼祖述（节）。

[会元] 叶恩，允成，临海，布政。

[鼎甲] 邢宽，用夫，直隶无为人，学士。梁禋，以诚，顺天宛平人，编修。孙曰恭，恭斋，江西丰城人，侍讲。

丙午科

宣德元年。

顺天：

[试官] 侍讲王直，江西泰和人，甲申。修撰王钰，孟坚，浙江诸暨人，壬辰。

[试题] 夫子之不（升也）。

应天：

[试官] 谕德林志，尚默，福建闽县人，壬辰。侍讲余学夔，江西泰和人，甲申。

[试题] 人能宏道（章）。

[解元] 周让，华亭。

丁未科

宣德二年会试，中式一百一人。初制，礼闱取士不分南北中卷，至是如①分。【初诏，岁取百人，南士什六，北人什四，著为令。既而以百概除，又各退五为中士取中之额。】选入翰林止邢恭一人，以习四夷译书久也。

[试官] 太常杨溥，宏济，湖广石首人，庚辰。学士曾棨，子启，江西永丰人，甲申。

[试题] 子路问成（节），齐明盛服（身也），天之高也（致也）。

[会元] 赵鼎，黄岩，主事。

[鼎甲] 马愉，性和，山东临朐人，内阁，襄敏。杜宁，宗谧，浙江天台人，侍郎。谢琏，重器，福建龙溪人，侍郎。

己酉科

宣德四年。交趾叛，革交趾布政使司。

---

① "如"疑为"始"之讹。

顺天：

［试官］王直，行俭，江西泰和人，甲申。侍讲李时勉，古廉，江西福安人，甲申。

［试题］宽则得众（节），博学之审（节）。

应天：

［试官］侍讲钱习礼，江西吉水人，壬辰。修撰刘永清，湖广石首人，辛丑。

［试题］无为而治（章），肫肫其仁（二节）。

［解元］沈谅，希哲，常熟，癸丑。

浙江：

［试官］董璘，德文，直隶高邮人，戊戌。

［试题］我不欲人（章），诚者自成（二节）。

［解元］范理，道济，天台，庚戌，侍郎。

江西：

［试官］韩阳，伯阳，浙江山阴人。

［试题］予欲无言（章），君子之所（见乎）。

［解元］吴节，竹坡，安福，庚戌。

庚戌科

宣德五年会试，中式九十九人。廷试日，上谓大臣曰："取士不尚虚文，有若刘蕡、苏辙直言抗论，朕当显庸之。"作《策士歌》以示群臣。

［试官］学士王英，时彦，江西金溪人，甲申。侍讲钱习礼，江西吉水人，壬辰。

［试题］孔子于乡（节），立则见其（后行），洋洋乎发（三节）。

［会元］陈诏，廷询，青田，都宪。

［鼎甲］林震①，【敦声】，福建长乐人，修撰。龚锜，蒙斋，福建建安人。林文，恒斋②，福建莆田人，尚宝，襄敏。

壬子科

宣德七年。河南解元李贤，主考胡颐庵，名失考。

顺天：

［试官］庶子周述③，江西吉水人，甲申。学士钱习礼，江西吉水人，壬辰。

---

① 光绪五年本批注者补：起龙。
② "斋"为"简"之讹。
③ 光绪五年本批注者补：崇述。

［试题］夫子温良（节）。

［解元］宋雍，顺天，癸丑。

应天：

［试官］学士李时勉，古廉，江西安福人，甲申。侍讲苗衷，公彝，直隶定远人，己丑。

［试题］斯民也三（句），人一能之，君子深造（二句）。

［解元］谢瑶，丹徒。

癸丑科

宣德八年会试，中式九十八人。上合临御以来三科进士试之，取郑建等二十八人进学文渊阁。状元曹鼐死土木之难。

［试官］内阁黄淮，介庵，浙江永嘉人，丁丑。少詹王直，抑庵，江西泰和人，甲申。

［试题］夫子之文（章），庸德之行（慥尔），禹之行水（大矣）。

［会元］刘哲，万安。

［鼎甲］曹鼐，万钟，直隶宁晋人，内阁，文襄。赵恢，福建连江人，谕德。钟复，宏彰，江西永丰人，侍读。

【案：是年合丁未、庚戌、癸丑进士数百人，选萧镃等二十八人为翰林庶吉士，皆入文渊阁进学，以应二十八宿。其优礼给赐一循永乐甲申之制，赐御制诗以示劝励。其后镃等授编修，王玉等授检讨，董镛等授知县。】

乙卯科

宣德十年。浙江解元商辂，后登会状，浙省人文遂自此盛。

顺天：

［试官］学士李时勉，古廉，江西安福人，甲申。侍讲高穀，世用，直隶兴化人，乙未。

［试题］君子贤其（其利），唯天下至（二节），德之流行（节）。

［解元］邹冕，光山，丙辰。

应天：

［试官］庶子周述，崇述，江西吉水人，甲申。侍讲苗衷，秉彝，直隶定远人，己丑。

［试题］人能宏道（章），原泉混混（如是）。

［解元］郭纶，用言，华亭。

江西：

［试题］好仁者无（二节），君子遵道（二节），君子所性（节）。

［解元］刘定之，主敬①，永新，丙辰。

浙江：

［试官］教谕黎公弁，之冕，江西临川人，庚戌。

［试题］不如乡人（恶之），其次致曲（章），人有不为（章）。

［解元］商辂（宏载），淳安，乙丑。

丙辰科

正统元年会试，中式一百人。初，大学士杨士奇以所取一甲三卷上殿读之，状头未定，问同官以周旋仪表何如。浙人有误听者，对以晳而伟。盖问者永嘉周旋，对者淳安周瑄也，遂以旋卷首呈。旋貌甚侵，陛见之日，舆情怅然。

［试官］少詹王直，行俭，江西泰和人，甲申。学士陈循，德遵，江西泰和人，乙未。

［试题］尧舜帅天（从之），克己复礼（节），凡事豫则（二句）。

［会元］刘定之。

［鼎甲］周旋，仲观，浙江永嘉人，庶子。陈文，安简，江西庐陵人，尚书，庄靖。刘定之，主静，江西永丰人，内阁，文安。

戊午科

正统三年。顺天初试夕，场屋火，试卷有残缺者。主考曾鹤龄请更试日，诏可。

顺天：

［试官］学士曾鹤龄，松瞿，江西泰和人，辛丑。侍读洪玙，实夫，浙江遂安人，辛丑。

［试题］他人之贤（逾焉），心之所同（然耳）。

［解元］殷谦，涿州，己未。

应天：

［试官］学士钱习礼，江西吉水人，壬辰。侍读陈询，汝同，直隶松江人，戊戌。

［试题］乡人皆好（章）。

［解元］徐瑄，子敬，嘉定，乙丑，巡抚。

浙江：

［试官］陶元素，希文，应天上元人，丙辰。

［试题］视其所以（章），使天下之（节）。

---

① "敬"为"静"之讹。

［解元］姚夔，大章，桐庐，壬戌。

己未科

正统四年会试，中试①九十九人。廷试日，阁臣已拟张和第一，上使小黄门至邸识之，以目眚，置二甲。昆山张和、张穆兄弟同登。

［试官］侍郎王直，抑庵，江西泰和人，甲申。学士萧从善，有恒，河南磁州人，癸酉。

［试题］学如不及（章），故为政在（以仁），无为其所（节）。

［会元］杨鼎。

［鼎甲］施槃，宗铭，直隶吴县人。杨鼎，宗器，陕西咸宁人，尚书，庄敏。倪谦，克让，应天上元人，尚书，文僖。

辛酉科

正统六年。

顺天：

［试官］学士钱习礼，江西吉水人，壬辰。修撰李骐②，福建长乐人，戊戌。

［试题］夫子之得（斯和）。

［解元］章以占，尚明，新昌。

应天：

［试官］学士陈循，芳洲，江西泰和人，乙未。侍讲陈用，时显，福建莆田人，辛卯。

［试题］是以声名（节），一乡之善（章）。

浙江：

［试官］陶元素，希文，应天上元人，丙辰。

［试题］知者乐水（章），唯天下至（三节）。

［解元］吕原，秀水，壬戌。

壬戌科

正统七年会试，中式一百四十九人。刘俨年二十四领乡荐，春闱中乙榜，不就，至是擢第一，年四十九。郑温以松陵驿丞中式。

---

① "试"为"式"之讹。

② 光绪五年本批注者补：彦良。

［试官］侍郎王英，泉坡，江西金溪人，甲申。学士苗衷，公彝，直隶定远人，己丑。

［试题］隐居以求（二句），自诚明谓（之教），易其田畴（二句）。

［会元］姚夔，损庵，桐庐，尚书，文敏。

［鼎甲］刘俨，宣化，江西吉水人，太常，文介。吕原，逢源，浙江秀水县，内阁，文懿。黄谏，廷臣，陕西兰州人。

甲子科

正统九年。准在京各衙门吏典承差人等，听本衙门保勘，礼部严考，通经无犯者送试。

顺天：

［试官］学士马愉，淡轩，山东临朐人，丁未。编修龚锜，台鼎，福建建安人，庚戌。

［试题］为政以德（章），心之官则（三句）。

［解元］司马恂，如醇，山阴，乙丑，祭酒。

应天：

［试官］侍讲高毅，世用，直隶兴化人，乙未。谕德邢宽，用夫，直隶无为人，甲辰。

［试题］居敬而行（节），夫仁天之（为仁）。

［解元］刘昌，钦谟，吴县，乙丑，参政。

广东：

［试官］教授舒宗辰，直隶歙县人。

［试题］子张问仁（章），知斯三者（节），江汉以濯（尚已）。

［解元］邱濬，仲深，琼田【山】，甲戌。

乙丑科

正统十年会试，中式者一百五十人。商辂三试皆第一，世称三元。

［试官］学士钱习礼，江西吉水人，壬辰。学士马愉，性和，山东临朐人，丁未。

［试题］有斐君子（忘也），德为圣人（其寿），伯夷圣之（之也）。

［会元］商辂。

［鼎甲］商辂，宏载，浙江淳安人，内阁，文毅。周洪谟，尧弼，四川长宁人，尚书，文安。刘俊，世英，陕西宝鸡人，侍郎。

丁卯科

正统十二年。

顺天：

［试官］侍读习嘉言，寻乐，江西新喻人，戊戌。侍讲邢宽，用夫，直隶无为人，甲辰。

［试题］君子耻其（句），道在迩而（章）。

［解元］莫灏，浩然，宛平，辛未。

应天：

［试官］侍讲王一宁，浙江仙居人，戊戌。检讨钱溥，直隶华亭人，己未。

［试题］诚者自成（二句），仁义礼知（失之）。

［解元］周舆，廷参，华亭，辛未。

福建：

［试官］许彬，道中，山东宁阳人，乙未。

［试题］畜马乘不（之臣）。

［解元］陈俊，时英，兴化，戊辰，尚书。

山东：

［试题］衣敝缊袍（章），君子之中（时中）。

［解元］尹旻，同仁，历城，戊辰，尚书。

戊辰科

正统十三年会试，中式一百五十人。录文四书艺始刻三首。初，岳正卷同考置落卷中，主考杜宁见之曰："此我辈中人。"遂首擢。状元彭时当上表谢恩之夕，坐以待旦，隐几不寤，遂失朝期，御史奏令锦衣卫拿，尚书胡澄①出班奏彭时不到，合着锦衣卫寻，时称得体。

［试官］侍郎高穀，世用，直隶兴化人，乙未。侍讲杜宁，宗谧，浙江天台人，丁未。

［试题］才难不其（为盛），耕也馁在（二句），今夫天斯（节）。

［会元］岳正。

［鼎甲］彭时，纯道，江西安福人，内阁，文宪。陈鉴，缉熙，直隶长洲人，祭酒。岳正，季方，顺天漷县人，内阁，文肃。

【案：己未、壬戌、乙丑三科皆不选庶吉士，是科始纯选北方及蜀产者，二甲万

---

① 胡澄，一般作"胡濙"。

958

安、刘吉、刘珝、李太，三甲邢让、李本①、尹旻、王恕等。】

庚午科

景泰元年。刘铉主顺天试，及揭晓，第一人刘宣乃卢龙军士，同官欲更之，铉曰："朝廷立贤，无方不可。"乃止。时论韪之。

顺天：

[试官] 学士刘铉，宗器，直隶长洲人，庚戌。侍讲陈文，安简，江西庐陵人，丙辰。

[试题] 故君子不（众也），如有所立（也已），耳目之官（已矣）。

[解元] 刘宣，绍和，卢龙，辛未，尚书。

应天：

[试官] 侍讲吴节，竹坡，江西安福人，庚戌。侍讲刘定之，呆斋，江西永新人，丙辰。

[试题] 贤者识其（之有），诗云潜虽（二节），使契为司（德之）。

[解元] 章表，翔凤，常熟，辛未，参议。

浙江：

[试题] 子夏之门人（章），居下位而不（章）。

[解元] 杨守陈，维新，鄞县，辛未，文懿。

辛未科

景泰二年会试，中式二百一人。廷试，大风起，王越卷飞堕朝鲜，次年进还，上悦，擢越御史。常熟章表、章格兄弟同登。【是年复诏遵永乐间例，不限额，不分地。】

[试官] 侍郎江渊，世用，四川江津人，庚戌。修撰林文，恒简，福建莆田人，庚戌。

[试题] 麻冕礼也（从下），百世以俟（二节），夫徐行者（节）。

[会元] 吴汇，会川，新喻，司业。

[鼎甲] 柯潜，孟时，福建莆田人，祭酒，文敏。刘昇，江西永新人，编修。王㒜，廷贵，直隶武进人，宫保，文肃。

癸酉科

景泰四年。初制，两京主考皆用翰林，各省考官，布、按二司先期于儒士儒官内聘

---

① 据《皇明贡举考》，是科三甲李本，四川富顺人。《皇明三元考》本年庶吉士名单中则无此人。

959

明经公正者为之，故有不在朝列，累秉文衡者。景泰三年，令各行省布、按二司及巡按御史推举现任教官，年五十以下，三十以上，文学廉谨者，聘充考官，教官主试遂为定例。

顺天：

［试官］学士吕原，敬庵，浙江秀水人，壬戌。太常陈询，汝同，直隶松江人，戊戌。

［试题］周有八士（章），故君子语（察也），人能充无（义也）。

［解元］罗崇岳，庐陵，丁丑，知府。

【《双槐岁钞》云：罗崇岳，吉安人，领解后为京士讦奏，诏充原籍学生，丙子复领江西三十九名解。】

应天：

［试官］春坊彭时，可斋，江西安福人，戊辰。庶子赵恢，福建连江人，癸丑。

［试题］夫子之道（已矣），周公成文（庶人）。

［解元］叶琦，祁门，癸未。

甲戌科

景泰五年会试，中式二百四十五人。入相四人：徐溥、邱濬、彭华、尹直。交趾人阮勤中式，仕至工部侍郎。【是年始定应天、苏、松诸府，浙江、江西、福建、湖广为南卷，顺天、山东、河南、山西、陕西为北卷，四川、广西、云南及凤阳、庐州二府，滁、徐、和三州为中卷，遂著为令。】

［试官］侍郎商辂，素庵，浙江淳安人，乙丑。洗马李绍，克述，江西安福人，癸丑。

［试题］子在川上（章），忠恕违道（于人），请野九一（三节）。

［会元］彭华，彦实，安福，内阁，文思。

［鼎甲］孙贤，舜卿，河南杞县人，太常，襄毅。徐溥，时用，直隶宜兴人，内阁，文靖。徐辖，文轼，直隶武进人。

丙子科

景泰七年。洗马柯潜主应天试，舟泊淮安，有应试生暮夜谒潜，遗以重赂。潜怒，命执付有司治之。

顺天：

［试官］内阁【《岁钞》作少卿兼侍读，《翰林记》作右春坊大学士。案：是时俨以太常寺少卿、右春坊大学士兼侍讲】刘俨，宣化，江西吉水人，壬戌。学士黄谏【案：《双槐岁钞》及黄佐《翰林记》均作吕原】，卓庵，陕西临洮人，壬戌。

［试题］君子惠而（五句），致广大而（不倍），其为气也（生者）。

［解元］徐泰，士亨，江阴。

应天：

［试官］洗马柯潜，孟时，福建莆田人，辛未。编修刘俊，世英，陕西宝鸡人，乙丑。

［试题］君子不器，道也者不（二句）。

［解元］吴启，文学，江阴。

湖广：

［试题］摄齐升堂（节），修身以道（为大），与我处亩（民也）。

［解元］刘大夏，时雍，华容，甲申。

【案：是科顺天乡试，大学士陈循子瑛、王文子伦皆被黜，循等劾俨等校阅不公，谓监试御史林鹗同邑林挺亦在中列，且策及正统，摘其语以激上，请如洪武间治刘三吾罪，及重开科考试例，盖欲以杀俨等也。诏礼部会大学士高穀覆阅取中之卷，徐太等文皆如式，惟第六名徐挺①硃卷无评语，亦无私弊。诏惟黜林挺，而赐瑛、伦俱为举人，一体会试。礼科给事中张宁劾奏循、文罪，谓应试者千八百有奇，而中式者百三十五人，如一概援例干进，大坏科目之制，请治循等。仍黜瑛、伦，发回原籍，不报。徐太终不第，除知荆门州。伦后以其字宗彝为名，中成化二年进士，官至尚书，谥安简。】

丁丑科

天顺元年会试，中式二百九十四人。向例，同考必有教官，本年胡澄②奏翰林春坊以文艺为职，宜专充同考，时多狥情滋物议云。

［试官］阁学薛瑄，德温，山西河津人，辛丑。侍讲吕原，逢源，浙江秀水人，壬戌。

［试题］大学之道（二节），一日克己（勿动），仁义礼知（者也）。

［会元］夏绩，吉水，郎中。

［鼎甲］黎淳，太朴，湖广华容人，尚书，文僖。徐琼，时庸，江西金溪人，尚书。陈秉中，彦升【一字宗尧】，浙江乌程人，侍讲。

己卯科

天顺三年。学士倪谦主顺天试，举子有掇拾谦阴事者付行事校尉发之，谦摘③成

---

①　当为"林挺"。

②　胡澄，一般作"胡濴"。

③　"摘"为"谪"之讹。

开平。

顺天：

[试官] 学士倪谦，克让，应天上元人，己未。学士刘定之，主静，江西永新人，丙辰。

[试题] 祭于公不（三节），中也者天（育焉），亲亲而仁（二句）。

[解元] 魏法，慈溪。

应天：

[试官] 学士钱溥，时用，直隶华亭人，己未。侍讲万安，循吉，四川眉州人，戊辰。

[试题] 颜渊问为（佞人），天下之达（二节），不得于心（其气）。

[解元] 张文，存简，泰州，丙戌，副使。

江西：

[试题] 夫子何哂（至末），诚者不勉（二节），鸡鸣而起（章）。

[解元] 彭教，敷五，吉水，甲申。

庚辰科

天顺四年会试，中式一百五十六人。殿试阁臣初拟祁顺第一，旋以名近御讳，胪传不便，以王一夔卷易之。同考始用十二人。

[试官] 学士吕原，介轩，浙江秀水人，壬戌。少卿柯潜，孟时，福建莆田人，辛未。

[试题] 君子之于（与比），知风之自（二句），或劳心或（于人）。

[会元] 陈选，士贤，临海，布政。

[鼎甲] 王一夔，大韶，江西新建人，尚书，文庄。李永通，【贯通】，四川长宁人，【侍讲】。郑环，瑶夫，浙江仁和人，少卿。

【是科会试，举子不中者奏考官校文颠倒，宜正其罪。上问大学士李贤，贤曰："此乃私忿考官，实无此弊，如臣弟让亦不中，可见其公。"乃命礼部会翰林院考验此举子其学，多不能答题意，且奏其狂妄，遂枷示礼部前。】

壬午科

天顺六年。

顺天：

[试官] 修撰陈鉴，缉熙，直隶长洲人，戊戌。修撰刘宣，绍和，江西安福人，辛未。

[试题] 为人君止（如磋），子张学干（章）。

［解元］郑宏，鄞县，己丑。

应天：

［试官］修撰刘吉，佑之，山东博野人，戊辰。检讨邢让，逊之，湖广襄陵人，戊辰。

［试题］子之燕居（章），天地之道（不测），圣人既竭（二节）。

［解元］任彦常，吉夫，江阴，壬辰。

江西：

［试题］孟武伯问（章），见而民莫（尊亲），不得于言（不可）。

［解元］计礼，汝和，浮梁，甲辰，主事。

浙江：

［试题］子使漆雕（章），夫焉有所（其天），达不离道（于民）。

［解元］卢楷，东阳。

福建：

［试题］因民之所（有司），诗云潜虽（四节），天子之亲（节）。

［解元］黄初，莆田。

癸未科

天顺七年会试，中式二百四十七人。试日，场屋火，主考侍郎陈文、修撰柯潜等皆越墙免，举子死者九十余人，俱赐进士。改期八月会试，以明年三月廷试。时宪宗已即位，故有①甲申进士。状元彭教，著有《东泷集》。

［试官］太常彭时，纯道，江西安福人，戊辰。学士钱溥，原博，直隶华亭人，己未。

［试题］仁者先难（二句），诚身有道（道也），何谓善何（不也）。

［会元］吴钐，本姓陆。

［鼎甲］彭教，敷五，江西吉水人，学士。吴钐，举之，直隶昆山人，太常。罗璟，明仲，江西泰和人，祭酒。

乙酉科

成化元年。主考，两京及会试出自朝命，各省则方面访请有学行者，儒士亦在所聘，后专用教官，刻文取士，御史主之，故主考多缺。

顺天：

［试官］太常吴节，竹坡，江西安福人，庚戌。学士柯潜，竹岩，福建莆田人，

---

① "有"疑为"曰"之讹。

辛未。

[试题] 天下有道（子出），天之历数（其中），君仁莫不（定矣）。

[解元] 汪洪，克容，蒲圻，丙戌，参议。

应天：

[试官] 侍讲邱濬，仲深，广东琼山人，甲戌。编修彭华，彦实，江西安福人，甲戌。

[试题] 学如不及（章），于乎不显（文也），父子有亲（五句）。

[解元] 陆简，廉伯，武进，丙戌。

江西：

[试官] 姚夔，大章，浙江桐庐人，壬戌。

[试题] 食不厌精（章），诚者非自（物也），以为无益（四句）。

[解元] 黎宪，子文，临川。

浙江：

[试题] 天之历数（其中），民日迁善（同流）。

[解元] 杨守阯，维立，鄞县，戊戌。

丙戌科

成化二年会试，中式二百五十三人。廷试读卷官有以程敏政卷字精楷荐第一，阁臣李贤曰："论文不论书。"取罗纶第一。

[试官] 太常刘定之，主静，江西永新人，丙辰。学士万安，循吉，四川眉州人，戊辰。

[试题] 诗云邦畿（三节），为之难言（句），禹恶旨酒（章）。

[会元] 章懋，枫山，兰溪，尚书，文懿。

[鼎甲] 罗纶，彝正，江西永丰人，修撰，文毅。程敏政，克勤，直隶休宁人，侍郎。陆简，龙皋，直隶武进人，詹事。

戊子科

成化四年。

顺天：

[试官] 少詹李泰，文通，顺天香河人，戊辰。侍读彭华，彦实，江西安福人，甲戌。

[试题] 欲修其身（身修），举尔所知（三句），古之人与（二句）。

[解元] 史俊，邦彦，涿州，乙未。

应天：

［试官］学士陈鉴，缉熙，直隶长洲人，戊辰。侍读尹直，澄江，江西泰和人，甲戌。

［试题］中人以上（章），人之于身（二句）。

［解元］贺恩，君锡，吴县，壬辰，副使。

江西：

［试题］孝者所以（兴让），君子之道（不惑），天下之言（章）。

［解元］彭纲，清江，乙未，提学。

浙江：

［试题］古之欲明（二节），君子贞而（句）。

［解元］杨文卿，质夫，鄞县，戊戌，金事。

山东：

［试题］可与共学（与立），天命之谓（三句），舜人也我（已矣）。

［解元］刘瓛，廷珍，历城，己丑。

己丑科

成化五年会试，中式一百四十七人。

［试官］太常刘珝，叔温，山东寿光人，戊辰。学士刘吉，佑之，山东博野人，戊辰。

［试题］老者安之（三句），如此者不（节），仁之实事（章句）。

［解元］费訚，廷言，丹徒，侍郎。

［鼎甲］张昇，启昭，江西南城人，少师，文僖。丁溥，原敬，直隶华亭人，编修。董越，尚矩，江西宁都人，尚书，文僖。

辛卯科

成化七年。正统丙辰进士陶元素以亲老耳病告归，至是聘典浙江乡试。

顺天：

［试官］谕德王献，惟臣，浙江仁和人，辛未。侍讲尹直，正言，江西泰和人，甲戌。

［试题］居处恭执（三句），人莫不饮（二句），孝子之至（节）。

［解元］姚琛。

应天：

［试官］洗马杨守陈，晋庵，浙江鄞县人，辛未。侍读徐琼，东谷，江西金溪人，丁丑。

［试题］所谓诚其（节），舜有天下（节），人人亲其（下平）。

［解元］濮晋，用昭，武进，壬辰，知县。

江西：

［试题］子入太庙（章），人莫不饮（节），非天之降（类者）。

［解元］万廷凤，南昌。

浙江：

［试官］陶元素，希文，应天上元人，丙辰。

［试题］居处恭执（三句），乐正子强（以善）。

壬辰科

成化八年会试，中式二百五十一人。吴宽屡试不利，以岁贡入太学，张汝弼见之，曰："天下有如此贡士乎？"至是连举第一。

［试官］侍郎万安，循吉，四川眉州人，戊辰。洗马江朝宗，东之，四川巴县人，辛未。

［试题］百工居肆（章），夫孝者善（所亲），文王以民（乐也）。

［会元］吴宽。

［鼎甲］吴宽，原博，直隶长洲人，尚书，文定。刘震，江西安福人，祭酒。李仁杰，福建莆田人。

甲子科

成化十年。黎淳主顺天试，初场得一佳卷，及观后场，绝不相类，疑其有弊。勾稽墨卷，果得誊录截卷状，移外帘按其事，仍取佳卷为第一，乃马中锡也。谢一夔主应天试，得王鏊领解。一时俱称得人。福建解元黄乾亨。

顺天：

［试官］庶子黎淳，太朴，湖广华容人，丁丑。修撰刘健，希贤，河南南阳人，庚辰。

［试题］参乎吾道（节），修身则道（节），尊贤育才（二句）。

［解元］马中锡，天禄，故城，乙未，都宪。

应天：

［试官］谕德谢一夔，太韶，江西新建人，庚辰。修撰郑环，瑶夫，浙江仁和人，庚辰。

［试题］畏天命畏（三句），武王缵大（之礼），文王我师（二句）。

［解元］王鏊，济之，吴县，乙未。

江西：

［试官］道之以政（章），小德川流（二句）。

［解元］罗奎。

浙江：

［试题］大哉尧之（章），知仁勇三（节）。

［解元］谢迁，木斋，余姚，乙未。

乙未科

成化十一年会试，中式三百人。初命彭华为考官，华以从子入场疏辞，遂改命邱濬。《琐缀录》云：商阁老三试皆首榜，乙未读卷有应首选者，商嫌并己，遂下其手。盖指鏊也，未审确否。鼎甲两人内阁，可称得人。

［试官］洗马郑环，瑶夫，浙江仁和人，庚辰。侍讲彭教，敷五，江西吉水人，癸未。

［试题］无为而治（章），思事亲不（知天），周公思兼（姓宁）。

［会元］王鏊。

［鼎甲］谢迁，于乔，浙江余姚人，内阁，文正。刘戬，景元，江西安福人，谕德。王鏊，济之，直隶吴县人，内阁，文恪。

丁酉科

成化十三年。

顺天：

［试官］学士彭时，纯道，江西安福人，戊辰。侍讲徐镛①，文轼，文直隶武进人，甲戌。

［试题］立则见其（节），夫微之显（节），尧以不得（之仁）。

［解元］宋礼，顺天，戊戌。

应天：

［试官］庶子刘健，晦庵，河南南阳人，庚辰。侍讲周经，伯常，山西阳曲人，庚辰。

［试题］古之学者，忠恕违道（节），君子深造（章）。

［解元］刘继武，江阴，辛丑。

江西：

［试题］礼之用和（章），悠久所以（句），我善养吾（长也）。

［解元］杨廉，方震，丰城，乙未，尚书。

浙江：

---

① 镛，同"辖"。

［试题］仰之弥高（章），故君子不（修身），孔子圣之（至末）。

［解元］孙昇，余姚。

福建：

［试题］天何言哉（节），天命之谓（章），孔子之谓（二节）。

［解元］蔡清，介夫，晋江，甲辰，祭酒，文庄。

广西：

［试题］能行五者（仁矣），乐天下者（句）。

［解元］蒋冕，升之，全州，丁未，时年十五。

戊戌科

成化十四年会试，中式三百五十人。曾彦久困场屋，贡升监胄，年几六十。时执政欲矫时弊，以彦对策简约，寘第一。追，鹤龄孙。

［试官］内阁刘吉，佑之，山东博野人，戊辰。学士彭华，敷五，江西安福人，甲戌。

［试题］子温而厉（章），道也者不（道也），善政不如（民心）。

［会元］梁储，叔厚，顺德，内阁。

［鼎甲］曾彦，士美，江西泰和人，学士。杨守阯，维立，浙江鄞县人，尚书。曾追，文甫，江西泰和人，编修。

庚子科

成化十六年。杨继宗为浙江考官，得李旻、王华卷，朝服再拜，曰："吾为朝廷得人贺耳。"后相继登状元。

顺天：

［试官］学士杨守陈，镜川，浙江鄞县人，辛未。谕德陆简，廉伯，直隶武进人，丙戌。

［试题］先事后得（二句），辟如四时（二句）。

［解元］白钺，秉德，南宫，甲辰。

应天：

［试官］侍讲李东阳，宾之，湖广茶陵人，庚辰。洗马罗璟，明仲，江西泰和人，甲申。

［试题］孝者所以（三句），仁以为己（二句），由尧舜至（三节）。

［解元］贡钦，元礼，宣城，甲辰，知府。

江西：

［试题］中庸之为（矣乎），宽裕温柔（四段）。

［解元］季源，进贤，丁未，少卿。

浙江：

［试题］己欲立而（二句），乡田同井（公田）。

［解元］李旻，子阳，钱唐，甲辰。

辛丑科

成化十七年会试，中式二百九十八人。徐溥三典会试，乙未王鏊、辛丑赵魁、庚戌钱福俱称名元。

［试官］太常徐溥，谦斋，直隶宜兴人，甲戌。詹事王献，惟臣，浙江仁和人，辛未。

［试题］出门如见（二句），执其两端（二句），君子之所（识也）。

［会元］赵宽，栗夫，吴江，按察。

［鼎甲］王华①，德辉，浙江余姚人，侍郎，【南吏部尚书】。黄珣，【廷玺】，浙江余姚人，尚书，康僖。张天瑞，山东清平人。

癸卯科

成化十九年。

顺天：

［试官］学士倪岳，舜咨，应天上元人，癸未。侍讲董越，圭峰，江西宁都人，己丑。

［试题］富与贵是（章），悠远则博（二句），皆古圣人（子也）。

［解元］张赞，锦衣，丁未。

应天：

［试官］谕德张昇，启昭，江西南城人，己丑。侍讲商良臣，懋衡，浙江上元人，丙戌。

［试题］巍巍乎其（节），诗云伐柯（节），水由地中（是也）。

［解元］储瓘，静夫，泰州，甲辰。

江西：

［试题］夫子之言（二句），唯天下至（大本），徒善不足（高位）。

［解元］李素，万安。

浙江：

［试题］君在踧踖（节），以德服人（谓也）。

---

① 光绪五年本批注者补：一字海日。文成之父。

[解元] 周泽，天雨，海盐，庚戌，同知。

甲辰科

成化二十年会试，中式三百人。芜湖李赞、李贡兄弟同登。

[试官] 詹事彭华，彦实，江西安福人，甲戌。庶吉刘健，希贤，河南洛阳人，庚辰。

[试题] 人能宏道（章），君子戒慎（二句），物皆然心（二句）。

[会元] 储瓘，柴墟，泰州，尚书，文【懿】。

[鼎甲] 李旻，子阳，浙江钱唐人，侍郎。白钺，秉德，直隶南宫人，尚书，文裕。王敕，嘉谕，山东历城人，祭酒。

丙午科

成化二十二年。礼部奏天下乡试录文多乖谬，乞将考官训导黄奎等追夺聘礼，付御史究问。罗玘七试不录，入赀北雍领解。

顺天：

[试官] 学士李东阳，怀麓，湖广茶陵人，庚辰。谕德傅瀚，曰川，江西新喻人，甲申。

[试题] 舜有天下（二段），致中和天（节）。

[解元] 罗玘，景和，南城，丁未，尚书。

应天：

[试官] 庶子汪谐，伯喈，浙江仁和人，庚辰。谕德程敏政，篁墩，直隶休宁人，丙戌。

[试题] 君子无众（二段），万物并育（二句），利之而不（二句）。

[解元] 陈镐，宗之，应天，丁未。

浙江：

[试题] 自天下以（节），莫春者春（点也）。

[解元] 孙钥，鄞县。

山东：

[试题] 如斯而已（四句），致广大而（二句），尊德乐义（至未）。

[解元] 毛纪，维之，掖县，丁未，内阁。

丁未科

成化二十三年会试，中式三百五十一人。大拜四人：费宏、蒋冕、毛纪、石珤。是科石玠、石珤,陈镐、陈钦,蒋昇、蒋冕兄弟同登。

[试官] 尚书尹直,正言,江西泰和人,甲戌。谕德吴宽,匏庵,直隶长洲人,壬辰。

[试题] 先有司赦（三句）,考诸三王（人也）,乐天者保（句）。

[会元] 程楷,正之,乐平,编修。

[鼎甲] 费宏,子充,江西铅山人,内阁,文宪。刘春,仁仲,四川巴县人,尚书,文简。涂瑞,邦祥,广东番禺人,修撰。

己酉科

宏治二年。刘大夏提调浙江乡试,先期焚香祝天,祈得人为国用,果得王守仁、胡世宁、孙燧,俱为名臣。

顺天:

[试官] 洗马吴宽,元博,直隶长洲人,壬辰。侍讲费闿,廷言,直隶丹徒人,己丑。

[试题] 夫子之不（升也）,故大德必（其寿）,尧舜之仁（贤也）。

[解元] 濮韶,和仲,当涂,丙辰。

应天:

[试官] 庶子董越,尚矩,江西宁都人,己丑。赞善张元祯,廷祥,江西南昌人,庚辰。

[试题] 我非生而（章）,天命之谓（章）,天子适诸（二段）。

[解元] 靳贵,充道,丹徒,庚戌。

江西:

[试题] 非礼勿视（四句）,王者之民（二句）。

[解元] 汪俊,抑之,弋阳,癸丑。

浙江:

[试官] 刘大夏,时雍,湖广华容人,癸未。

[试题] 夫子之言（二句）,天下有道（大贤）。

[解元] 陆淞,文东,平湖,庚戌,少卿。

湖广:

[试题] 后生可畏（二句）,是故居上（二句）,仕非为贫（章）。

[解元] 曾大有,麻城,癸丑。

庚戌科

宏治三年会试,中式二百九十八人。初,殿试弥缝官以钱福卷无稿,难以冠首。阁老刘健见之，赞不容口，请于上，赐第一。

[试官] 内阁徐溥，时斋①，直隶宜兴人，甲戌。少詹汪谐，伯喈，浙江仁和人，庚辰。

[试题] 好仁者无（身），诚则形形（六句），经正其庶（三句）。

[会元] 钱福。

[鼎甲] 钱福，与谦，直隶华亭人，【修撰】。刘存业，广东东莞人。靳贵，充道，直隶丹徒人，内阁，文僖。

【案：会试同考官，正统以前犹参用外官教职，景太后始纯用京职翰林院及六科部属行人司。宏治以来，定翰林官九人，余惟六科部属得与，共十四人。】

壬子科

宏治五年。

顺天：

[试官] 谕德杨守阯，浙江鄞县人，戊戌。洗马梁储，广东顺德人，戊戌。

[试题] 所谓平天（乎德），巍巍乎唯（则之），圣人之于（其萃）。

[解元] 姚学礼，前卫，癸丑。

应天：

[试官] 庶子王鏊，直隶吴县人，乙未。洗马杨杰，山西平定人，戊戌。

[试题] 邦有道危（句），郊社之礼（掌乎），恭敬者币（句）。

[解元] 顾清，士廉，华亭，癸丑。

江西：

[试题] 举直错诸（者直），博学之审（二节）。

[解元] 罗钦顺，允升，泰和，癸丑，尚书。

浙江：

[试题] 荡荡乎民（句），唯天下至（参矣），强恕而行（二句）。

[解元] 秦文，从简，台州，癸丑。

福建：

[试官] 章懋，枫山，浙江兰溪人，丙戌。

[试题] 为君难为（二句），舜好问而（句），故沛然德（句）。

[解元] 林文迪，宁德，乙丑。

陕西：

[试题] 二三子以（章），仲尼祖述（二句）。

[解元] 李梦阳，献吉，庆阳，癸丑，提学。

---

① 徐溥字时用，号谦斋。

癸丑科

宏治六年会试，中式二百九十八人。晋江黄铭、黄铼兄弟同登。

[试官] 太常李东阳，西厓，湖广茶陵人，庚辰。少詹陆简，治斋，直隶武进人，丙戌。

[试题] 有德此有（四句），譬诸草木（诬也），夫苟好善（节）。

[会元] 汪梭【俊】，美之，弋阳，尚书，文庄。

[鼎甲] 毛澄，宪清，直隶昆山人，尚书，文简。徐穆，舜和，江西吉水人，学士。罗钦顺，允升，江西泰和人，尚书，文庄。

乙卯科

宏治八年。

顺天：

[试官] 学士张昇，启昭，江西南城人，己丑。侍讲马廷用，良佐，四川西充人，戊戌。

[试题] 夫达也者（节），故大德必（四句），舜明于庶（二节）。

[解元] 张袷，平谷，壬戌。

应天：

[试官] 学士杨守阯，碧川，浙江鄞县人，戊戌。侍讲江兰，文渊，浙江仁和人，戊戌。

[试题] 心正而后（四句），故君子尊（节），予天民之（二句）。

[解元] 王杲，华亭，壬戌。

江西：

[试题] 辞达而已（矣），致广大而（不倍）。

[解元] 彭应奎，勉文，乐平。

浙江：

[试题] 说之不以（器之），溥博渊泉（二节），乐民之乐（六句）。

[解元] 陶谐，世和，会稽，丙辰，庄敏。

丙辰科

宏治九年会试，中式二百九十八人。状元朱希周，官尚书，年八十四，及见后丙辰状元诸大绶。董恬、董忱、陆昆、陆嵩兄弟同登。

[试官] 詹事谢迁，木斋，浙江余姚人，乙未。学士王鏊，守溪，直隶吴县人，

乙未。

　　[试题] 百姓足君（二句），诗曰衣锦（章），责难于君（之恭）。

　　[会元] 陈澜。

　　[鼎甲] 朱希周，懋忠，直隶昆山人，尚书，恭靖。王瓒，思献，浙江永嘉人，侍郎，文定。陈澜，本初，直隶山阳人，修撰。

戊午科

　　宏治十一年。

　　顺天：

　　[试官] 谕德王华，德辉，浙江余姚人，辛丑。中允杨廷和，介夫，四川新都人，甲辰。

　　[试题] 卑宫室而（句），喜怒哀乐（之和）。

　　[解元] 孙清，直卿，余姚，壬戌，提学。

　　应天：

　　[试官] 洗马梁储，叔厚，广东顺德人，戊戌。侍讲刘机，世衡，顺天大兴人，戊戌。

　　[试题] 古之欲明（三节），礼之用和（节），然而无有（二句）。

　　[解元] 唐寅，子畏，吴县。

　　□□①：

　　[试题] 民之所好（二句），子语鲁太（章），资之深则（其原）。

　　[解元] 欧阳云，泰和，乙未，御史。

　　□□②：

　　[试题] 有能一日（二节），诚者天之（节），吾闻观近（二句）。

　　[解元] 胡铎，时振，余姚，乙丑。

己未科

　　宏治十二年会试，中式三百人。伦文叙会试、廷对俱为第一。子以谅，丙子解元；以训，丁丑会元。父子兄弟并以魁元著名。

　　[试官] 内阁李东阳，麓堂，湖广茶陵人，庚辰。侍郎程敏政，篁墩，直隶休宁人，丙戌。

　　[试题] 欲罢不能（节），知所以修（节），恻隐之心（知也）。

---

　　① 原缺，当为"江西"。
　　② 原缺，当为"浙江"。

［会元］伦文叙。

［鼎甲］伦文叙，伯畴，广东南海人，谕德。丰熙，浙江鄞县人，学士。刘龙，舜卿，山西襄垣人，尚书，文安。

辛酉科

宏治十四年。

顺天：

［试官］中允杨廷和，石斋，四川新都人，甲辰。侍讲毛纪，鳌峰，山东掖县人，辛丑。

［试题］物在本末（节），欲仁而得（焉贪），其为气也（节）。

［解元］谢丕，以中，余姚，乙丑。

应天：

［试官］谕德，王华，海日，浙江余姚人，辛丑。侍讲刘忠，司直，河南陈留人，戊戌。

［试题］法语之言（为贵），诚者自成（二节），以直养而（二句）。

［解元］陆深，子渊，上海，乙丑。

江西：

［试题］上好义则（不服），故君子内（于志）。

［解元］刘节，介夫，大庚，乙丑，侍郎。

壬戌科

宏治十五年会试，中式二百九十七人，句容曹岐、曹崒兄弟同登。

［试官］侍郎吴宽，元博，直隶长洲人，壬辰。学士刘机，世衡，顺天大兴人，戊戌。

［试题］子在齐闻（章），凡有血气（配天），方里而井（节）。

［会元］鲁铎，振之，景陵，祭酒，文恪。

［鼎甲］康海，德涵，陕西武功人。孙清，直卿，浙江余姚人，提学。李廷相，梦弼，山东濮州人，尚书，文敏。

甲子科

宏治十七年。礼臣言各省主考宜用京朝官为之，不拘现任、致仕。杨廉以服阕主浙江，王守仁以病痊主山东。试竣，言官劾杨为不孝，王为不忠，法遂不行。明初应试止取廪生，后渐及增广生，至是诏附生一体乡试。附生中式，自是科始。

顺天：

[试官] 中允储瓘，静夫，直隶泰州人，甲辰。谕德罗玘，圭峰，江西南昌人，丁未。

[试题] 知者乐水（章），君子尊德（句）。大哉尧之（耕耳）。

[解元] 张璿，晋州，戊辰。

应天：

[试官] 赞善费宏，子充，江西铅山人，丁未。学士白钺，秉德，直隶南宫人，甲辰。

[试题] 十目所视（节），君子不重（章），以善养人（天下）。

[解元] 眭纮，常州，庚辰。

江西：

[试官] 邵清，士廉，应天江宁人，壬子。

[试题] 朝与下大（节），诚则明矣（二句），为人臣者（其兄）。

[解元] 尹襄，永新，辛未，洗马。

浙江：

[试官] 少卿杨廉，月湖，江西丰城人，甲辰。

[试题] 唐虞之际（二句），自诚明谓（节），不得于言（其气）。

[解元] 萧凤鸣，子雒，山阴，甲戌，侍郎。

山东：

[试官] 主事王守仁，伯安，浙江余姚人，己未。学正徐冠，士元，直隶泾阳人，壬子。

[试题] 所谓大臣（则止），齐明盛服（身也），禹思天下（节）。

[解元] 穆孔晖，伯潜，堂邑，乙丑，侍郎。

乙丑科

宏治十八年会试，中式三百三人。入阁四人：顾鼎臣、严嵩、翟銮、方献夫。

[试官] 学士杨廷和，介夫，四川新都人，甲辰。太常张元祯，东白，江西南昌人，庚辰。

[试题] 博学而笃（章），仁者人也（四句），故将大有（而王）。

[会元] 董玘。

[鼎甲] 顾鼎臣，九和，直隶昆山人，内阁，文康。董玘，文玉，浙江会稽人，侍郎，文简。谢丕，以中，浙江余姚人，侍郎。

丁卯科

正德二年。

顺天：

[试官] 学士刘春，仲仁，四川巴县人，丁未。学士吴俨，克温，直隶宜兴人，丁未。

[试题] 过位色勃（节），潜虽伏矣（节），师旷之聪（五音）。

[解元] 张行甫，顺天，戊辰。

应天：

[试官] 谕德傅珪，公瑞，直隶清苑人，丁未。侍讲顾清，士廉，直隶华亭人，癸丑。

[试题] 子谓韶尽（节），思知人不（知天），未有仁而（二句）。

[解元] 吴仕，宜兴，甲戌。

江西：

[试题] 子谓韶尽（二句），能尽其性（四句），贤者在位（二句）。

[解元] 夏良胜，于中，南城，戊辰，太常。

浙江：

[试官] 邵宝，二泉，直隶无锡人，甲辰。

[试题] 子路有闻（章），君子所以（敬之）。

[解元] 张直，山阴。

福建：

[试题] 视思明听（二句），天下之达（三节），夫志至焉（二句）。

[解元] 林文俊，汝英，莆田，辛未，侍郎。

戊辰科

正德三年会试，中式三百四十九人。先期太监刘瑾录五十人姓名示主司，因请广五十名之额。

[试官] 内阁王鏊，济之，直隶吴县人，乙未。尚书梁储，鬱洲，广东顺德人，戊戌。

[试题] 斯民也三（节），百世以俟（人也），夏后氏五（四句）。

[会元] 邵锐，士抑，仁和，太仆，康僖。

[鼎甲] 吕柟，仲木，陕西高陵人，侍郎，文简。景旸，伯时，应天上元人，司业。戴大宾，寅仲，福建莆田人。

庚午科

正德五年。

顺天：

[试官] 学士傅珪，邦瑞，直隶清苑人，丁未。学士毛澄，宪清，直隶昆山人，癸丑。

[试题] 生财有大（节），仕而优则（章），尊贤使能（节）。

[解元] 王江，任邱，辛未。

应天：

[试官] 学士蒋冕，升之，广西全州人，丁未。侍读朱希周，懋元，直隶昆山人，丙辰。

[试题] 上好礼则（使也），诚之者择（二句），舜发于亩（节）。

[解元] 孙继先，余姚。

江西：

[试官] 教谕徐泰，于元，浙江海盐人，甲子。

[试题] 贫而无谄（章），溥博如天（二句），知譬则巧（节）。

[解元] 刘泉，安福，辛未，参议。

浙江：

[试题] 敬事而信（二句），中立而不（二段），孔子登东（二句）。

[解元] 戴禹，师观，太平，辛未。

广东：

[试题] 生财有大（发身），子禽问于（得之），夏曰校殷（于下）。

[解元] 黄佐，才伯，香山，癸未。

辛未科

正德六年会试，中式三百四十九人。阁臣杨廷和以子慎与试，引嫌不列读卷，慎果及第。

[试官] 内阁刘忠，野亭，河南陈留人，戊戌。侍郎靳贵，戒庵，直隶丹徒人，庚戌。

[试题] 如切如磋（修也），德行颜渊（节），是集义所（馁矣）。

[会元] 邹守益，时年二十。

[鼎甲] 杨慎，用修，四川新都人，修撰，文宪。余本，子华，浙江鄞县人，通政。邹守益，谦之，江西安福人，祭酒，文庄。

【案是科以《易》《书》《诗》房卷浩繁，各增同考官一人，翰林十一人，与六科部属共十七人。】

癸酉科

正德八年。

顺天：

[试官] 学士吴一鹏，南夫，直隶长洲人，癸丑。中允刘龙，舜卿，山西襄垣人，己未。

[试题] 十室之邑（章），则可以赞（参矣），夫君子所（节）。

[解元] 史道，克宏，涿州，丁丑，尚书。

应天：

[试官] 谕德伦文叙，迁冈，广东南海人，己未。中允贾咏，鸣和，河南临隶①人，丙辰。

[试题] 道盛德至（二节），天命之谓（三节），我知言我（二句）。

[解元] 王大化，元成，仪直，庚辰。

江西：

[试题] 舜有天下（节），诗云子怀（节），上下与天（二句）。

[解元] 王昂，吉水，佥事。

甲戌科

正德九年会试，中式三百九十六人。内阁费宏以梁储位在己上，将会录旁注贴说，指摘以进，士②察知之，真不问。

[试官] 内阁梁储，厚斋，广东顺德人，戊戌。学士毛澄，宪清，直隶昆山人，癸丑。

[试题] 欲诚其意（意诚），夫子之文（章），于季桓子（二句）。

[会元] 霍韬，渭先，南海，尚书，文敏。

[鼎甲] 唐皋，守之，直隶歙县人，学士。黄初，慎卿，江西贵溪人，编修。蔡昂，衡仲，直隶嘉定人，侍郎。

丙子科

正德十一年。

顺天：

---

① "隶"为"颍"之讹。
② "士"为"上"之讹。

［试官］学士汪俊，石潭，江西弋阳人，癸丑。谕德顾鼎臣，未斋，直隶昆山人，乙丑。

［试题］举直错诸（者直），成己仁也（五句），行有不慊（之也）。

［解元］周光宙，常熟。

应天：

［试官］学士李廷相，梦弼，山东濮州人，壬戌。谕德温仁和，民怀，四川华阳人，壬戌。

［试题］述而不作（章），故至诚无（高明），布帛长短（惰也）。

［解元］崔桐，来凤，海门。

江西：

［试题］知止而后（节），士不可以（道远），无为其所（节）。

［解元］郭鹏，时举，万载。

浙江：

［试官］王士和，希节，福建侯官人，丁卯。

［试题］仁者先难（句），喜怒哀乐（节），非其义也（十句）。

［解元］张怀，德珍，余姚，丁丑。

广东：

［试题］瞻之在前（二句），去圣人之（甚也）。

［解元］伦以谅，石溪，南海，辛巳。

丁丑科

正德十二年会试，中式三百四十九人。靳贵主辛未试，言者诋其家人受贿鬻题，是春病愈，复出典试，言官复丑诋之，四月致仕。

［试官］内阁靳贵，充道，直隶丹徒人，庚戌。少詹顾清，东江，直隶华亭人，癸丑。

［试题］夫仁者已（节），敬大臣则（畏之），老者衣帛（有也）。

［会元］伦以训。

［鼎甲］舒芬，国裳，江西进贤人，修撰，文节。伦以训，白沙，广东南海人，谕德。崔桐，来凤，直隶海门人，侍郎。

己卯科

正德十四年。

顺天：

［试官］谕德丰熙，原学，浙江鄞县人，己未。学士刘龙，舜卿，山西襄垣人，

己未。

　　[试题] 夫子之墙（节），故天之生（二句），文王我师（二句）。

　　[解元] 杨维聪，固安，辛巳。

　　应天：

　　[试官] 学士汪俊，抑之，江西弋阳人，癸丑。谕德李时，宗序，直隶任邱人，壬戌。

　　[试题] 可与言而（章），践其位行（所亲），人皆有所（义也）。

　　[解元] 潘潢，荐叔，婺源，庚辰，尚书。

　　浙江：

　　[试题] 学如不及（章），齐庄中正（二句），困于心衡（后喻）。

　　[解元] 丰坊，存礼，鄞县，癸未。

　　福建：

　　[试题] 如保赤子（节），夫微之显（节），圣人之行（已矣）。

　　[解元] 陈公陞，福州，已未。

　　山东：

　　[试题] 夫子之得（斯和）。

　　[解元] 李仁，元夫，东阿，癸未。

庚辰科

　　正德十五年会试，中式三百三十人。上以十四年八月南征，至十六年二月晏驾，四月嘉靖嗣位，五月始举殿试，一名辛巳科。

　　[试官] 侍郎石玠，邦彦，直隶藁城人，丁未。学士李廷相，蒲汀，山东濮州人，壬戌。

　　[试题] 我不欲人（章），凡为天下（一也），观水有术（四句）。

　　[会元] 张治，文邦，茶陵，内阁，文毅。

　　[鼎甲] 杨维聪，方城，顺天固安人，光禄。陆钶，举之，浙江鄞县人，提学。费懋中，民受，江西铅山人，太常。

<h2 style="text-align:center">明贡举考略卷二</h2>
怀宁黄崇兰辑

壬午科

　　嘉靖元年。侍讲温仁和再主顺天试，言官劾其通关节、受贿赂，不报。

　　顺天：

［试官］谕德穆孔晖，元庵，山东堂邑人，乙丑。侍讲温仁和，民怀，四川华阳人，壬戌。

［试题］康诰曰克（章），可与共学（章），天子不能（与之）。

［解元］周襕，山阴，丙戌，副都。

应天：

［试官］谕德董玘，中峰，浙江会稽人，乙丑。侍讲翟銮，仲鸣，顺天大兴人，乙丑。

［试题］知之者不（章），天地之道（节），大人者不（句）。

［解元］华钥，水西，无锡，癸未。

江西：

［试官］巡按秦钺，懋功，浙江慈溪人，甲戌。

［试题］赐也如何（章），天孝者善（节），孔子圣之（句）。

［解元］陈积昌，泰和，戊戌。

浙江：

［试题］天何言哉（节），人道敏政（节），以为无益（四句）。

［解元］郑晓，窒甫，海盐，癸未，尚书。

福建：

［试官］故君子名（二句），君臣也父（五句），此天之所（已矣）。

［解元］邱愈，守韩，莆田。

癸未科

嘉靖二年会试，中式四百一十人。明癸未有科自此始。探花徐阶官内阁，寿八十一，及见后癸未进士。莆田方一桂、一兰兄弟同登。

［试官］内阁蒋冕，敬之，广西全州人，丁未。学士石珤，熊峰，直隶藁城人，丁未。

［试题］君子博学（章），上律天时（二句），尧舜之道（天下）。

［会元］李舜臣，懋卿，乐安，太仆。

［鼎甲］姚涞，维东，浙江慈溪人，学士。王教，顺天良乡人。徐阶，子升，直隶华亭人，内阁，文贞。

乙酉科

嘉靖四年。

顺天：

［试官］学士翟銮，石门，顺天大兴人，乙丑。赞善谢丕，以中，浙江余姚人，乙

丑。

[试题] 如知为君（节），舜其大孝（保之），吾岂若使（三句）。

[解元] 张惟一，安肃，戊戌。

应天：

[试官] 学士徐缙，子容，直隶吴县人，乙丑。谕德张璧，崇象，湖广石首人，辛未。

[试题] 君子和而（句），能尽其性（四句），充实之谓（谓神）。

[解元] 袁袠，永之，吴县，丙戌，主事。

江西：

[试官] 无欲速无（四句），肫肫其仁（节），沧浪之水（之也）。

[解元] 魏良政，师伊，新建。

浙江：

[试官] 邹守益，东廓，江西安福人，辛未。

[试题] 中人以上（二句），君臣也父（一也），其日夜之（几希）。

[解元] 钱楩，世材，山阴，丙戌。

□□①：

[试题] 君子谋道（章），譬如天地（节），尽其心者（节）。

[解元] 林东海，兴化，己丑。

丙戌科

嘉靖五年会试，中式三百一人。闽县倪组、倪缉，华亭顾中立、中孚，孝丰吴麟、吴龙，山阴朱簠、朱簋，京山王桥、王格兄弟同登。

[试官] 内阁贾咏，南坞，河南临颍人，丙辰。詹事董玘，文玉，浙江会稽人，乙丑。

[试题] 子贡曰诗（节），凡为天下（节），五谷者种（章）。

[会元] 赵时春，浚谷，平凉，都宪，时年十八。

[鼎甲] 龚用卿，云冈，福建福清人，祭酒。杨维杰，顺天固安人，庶子，维聪兄。欧阳衢，江西泰和人，鸿胪。

戊子科

嘉靖七年。准侍郎张璁奏，各省主考皆遣京官，行止二科而罢。

顺天：

---

① 原缺，当为"福建"。

［试官］庶子韩邦奇，汝节，陕西朝邑人，戊辰。庶子方鹏，时举，直隶昆山人，戊辰。

［试题］在明明德（能得），君子哉若（二句），富贵不能（三句）。

［解元］马一龙，应图，溧阳，丁未，司业。

应天：

［试官］学士张潮，惟信，四川内江人，辛未。谕德彭泽，济物，广东南海人，丁丑。

［试题］殷因于夏（四句），柔远人则（畏之），成覸谓齐（节）。

［解元］许仁卿，天爵，临海，副使。

江西：

［试官］主事屠应埈，文升，浙江平湖人，丙戌。

［试题］临之以庄（三句），舜好问而（于民），万物皆备（章）。

［解元］谢应岳，吉水，己丑。

浙江：

［试官］陆粲，子余，直隶长洲人，丙戌。林汝永，君修，福建莆田人，丙戌。

［试题］礼云礼云（章），溥博渊泉（三节），夫道一而（我哉）。

［解元］姜良翰（希召），金华，甲辰。

福建：

［试官］评事江以达，於顺，江西贵溪人，丙戌。

［试题］信近于义（章），博厚所以（三句），国君进贤（节）。

［解元］刘汝楠，孟材，同安，壬辰。

河南：

［试官］陆铨，选之，浙江鄞县人，癸未。

［试题］参乎吾道（节），君子之所（见乎），大人者言（节）。

［解元］刘绘，子素，光州，壬辰。

山东：

［试题］正颜色斯（二句），君子之所（见乎），必有事焉（长也）。

［解元］葛守礼，与立，德平，己丑。

陕西：

［试官］杨慎，用修，四川新都人，辛未。行人李仁，元夫，山东东阿人，癸未。

［试题］诗三百一（章），郊社之礼（四句），原泉混混（节）。

［解元］嵇舜一，长安。

己丑科

嘉靖八年会试，中式三百二十三人。上方励精求贤，亲文学之士，阁臣以罗洪先等卷呈，遂一披览，卷首各有批语。

[试官] 内阁张璁，秉用，浙江永嘉人，庚辰。詹事霍韬，渭先，广东南海人，甲戌。

[试题] 请问其目（勿动），唯天下至（所倚），孔子圣之（句）。

[会元] 唐顺之，应德，武进，佥都，襄文。

[鼎甲] 罗洪先，达夫，江西吉水人，赞善，文庄。程文德，舜敷，浙江永康人，尚书，文恭。杨名，实卿，四川遂宁人。

辛卯科

嘉靖十一年。应天沈坤、李春芳均登状元。

顺天：

[试官] 学士吴惠，仁甫，浙江鄞县人，辛未。赞善蔡昂，鹤江，直隶山阳人，甲戌。

[试题] 能以礼让（何有），莫见乎隐（独也），禹之行水（大矣）。

[解元] 马从谦，益之，溧阳，乙未。

应天：

[试官] 学士席春，虚山，四川遂宁人，丁丑。中允孙承恩，贞甫，直隶华亭人，辛未。

[试题] 所谓修身（节），君子周而（二句），圣人之忧（耕乎）。

[解元] 赵汴，伯京，太仓，戊戌。

□□①：

[试题] 自天子以（为本），知其说者（斯乎），其事则齐（节）。

[解元] 欧阳杲，鄱阳。

浙江：

[试题] 吾之于人（节），诚者物之（节），志壹则动（节）。

[解元] 张濂，子清，仁□②，戊戌，都宪。

福建：

[试题] 尧舜帅天（二句），爱之能勿（章），今之乐犹（句）。

[解元] 陈让，原礼，晋江，壬辰，御史。

广东：

[试官] 王慎中，道思，福建晋江人，丙戌。

[试题] 不得中行（章），明乎郊社（掌乎），知者无不（贤也）。

---

① 原缺，当为"江西"。
② 原缺，当为"和"。

［解元］林大钦，敬夫，海阳，壬辰。

壬辰科

嘉靖十一年会试，中式三百十六人。礼部夏言知贡举，言举子经艺策论各有程式，违者不录。上从之。廷试日，都宪汪铉得一卷，大诧对策无冒语，阁臣张孚敬阅云："虽破格，文字明快，可备御览。"封上，擢第一，启之，乃林大钦也。夏大骇，就问之，云实未闻此语。因叹荣进非人所能阻也。未婚登第者三人：蔡汝楠、桑惟乔、王廷干。林大钦弱冠未婚，奉旨归娶。

［试官］少詹张潮，惟信，四川内江人，辛未。学士郭维藩，价夫，河南仪封人，辛未。

［试题］大哉尧之（章），行而世为（二句），谨庠序之（二句）。

［会元］林春，子仁，泰州，郎中。

［鼎甲］林大钦，敬夫，广东海阳人。孔天荫，汝锡，山东汾州人，布政。高节，四川罗江人。

甲午科

嘉靖十三年。伦以训与父文叙俱以谕德前后主应天试。

顺天：

［试官］学士廖道南，鸣吾，湖广蒲圻人，庚辰。侍读张衮，补之，直隶江阴人，庚辰。

［试题］宽则得众（则说），夫孝者善（所亲），天之高也（节）。

［解元］欧阳晚，武强，乙未。

□□①：

［试官］谕德伦以训，白山，广东南海人，丁丑。编修张治，龙湖，湖广茶陵人，庚辰。

［试题］古之学者（章），君子之道（不惑），五亩之宅（谓也）。

［解元］郑惟诚，伯明，祁门，辛丑，参政。

江西：

［试题］子之燕居（章），中也者天（道也），君子有终（二句）。

［解元］周儒（吉水）。

浙江：

［试题］贤哉回也（章），溥博如天（节），是集义所（之也）。

---

① 原缺，当为"应天"。

［解元］张志淑，临海，知府。

湖广：

［试题］是故君子（其极），禹吾无间（章），所谓西伯（谓也）。

［解元］汪宗伊，子衡，崇阳，戊戌，尚书。

山东：

［试题］颜渊季路（章），不息则久（二句），百亩之田（饥也）。

［解元］靳学颜，子愚，济宁，乙未，侍郎。

乙未科

嘉靖十四年会试，中式三百二十五人。上亲制策问，以敬天法祖立意，韩对称旨，擢第一。

［试官］学士张璧，阳峰，湖广石首人，辛未。学士蔡昂，衡仲，直隶嘉定人，甲戌。

［试题］赐也女以（章），吾说夏礼（节），君子之志（二句）。

［会元］许毅，仲贻，上元，宝卿。

［鼎甲］韩应龙，汝化，浙江余姚人。孙陞，志高，浙江余姚人，尚书，文恪。吴山，曰静，江西高安人，尚书，文端。

丁酉科

嘉靖十六年，云南、贵州分闱乡试。

顺天：

［试官］学士姚涞，惟东，浙江慈溪人，癸未。中允孙承恩，贞甫，直隶华亭人，辛未。

［试题］君子矜而（章），天地之道（久矣），仁之实事（节）。

［解元］郑光溥，益都，戊戌。

应天：

［试官］谕德江汝璧，瑞石，江西贵溪人，辛巳。洗马欧阳衢，江西泰和人，丙戌。

［试题］诗云乐只（节），回也其心（章），必有事焉（四句）。

［解元］王讽，祁门。

江西：

［试官］徐阶，子升，直隶华亭人，癸未。

［试题］当独立鲤（二段），知斯三者（家矣），孟施舍之（二句）。

［解元］张希举，南昌，辛丑，布政。

浙江：

[试题] 知及之仁（章），人莫不饮（二句），羿之教人（二节）。

[解元] 陈穆，鄞县，戊戌。

福建：

[试官] 薛应旂，仲常，直隶武进人，乙未。李开先，中溪，山东章丘人，己丑。

[试题] 譬如为山（章），致中和天（节），思天下之（如此）。

[解元] 章日暗，晋江。

戊戌科

嘉靖十七年会试，中式三百二十人。袁炜为诸生，布服皮鞋，形容枯槁，薛方山独许以必魁天下，后以斋①词骤跻政府。

[试官] 尚书顾鼎臣，未斋，直隶昆山人，乙丑。侍郎张邦奇，常甫，浙江鄞县人，乙丑。

[试题] 质胜文则（章），博厚所以（节），孟子道性（二句）。

[会元] 袁炜。

[鼎甲] 茅瓒，邦献，浙江钱唐人，侍郎。罗珵，江西泰和人。袁炜，懋中，浙江慈溪人，内阁，文荣。

庚子科

嘉靖十九年。

顺天：

[试官] 庶子童承叙，士畴，湖广沔阳人，庚辰。谕德李学诗，方泉，山东平度人，丙戌。

[试题] 季康子问（何有），故大德必（其寿）。

[解元] 刘一麟，昌平，庚戌。

应天：

[试官] 学士张治，文邦，湖广茶陵人，庚辰。谕德龚用卿，云间，福建怀安人，丙戌。

[试题] 颜渊问仁（节），武王周公（二节），尧以不得（节）。

[解元] 赵钺，鼎卿，桐城，甲辰，巡抚。

江西：

[试官] 有一言而（章），诚者天之（节），言近而指（道也）。

---

① "斋"疑为"青"之讹。

［解元］王勃，泰和，理丞。

浙江：

［试官］王汝孝，绍甫，山东东平人，丙戌。

［试题］女奚不曰（云尔），诗云维天（节），周公思兼（节）。

［解元］王交，慈溪，辛丑。

陕西：

［试题］足食足兵（之矣），温故而知（二句），周公之封（节）。

［解元］马自强，乾庵，同州，癸丑，内阁。

辛丑科

嘉靖二十年会试，中式二百九十八人。陈墀、陈陞，宋大武、太①勺，陈洪范、洪瀠兄弟同登。陆树声寿九十七，及见后辛丑科进士。

［试官］尚书温仁和，许斋，四川华阳人，壬戌。学士张衮，水南，直隶江阴人，辛丑。

［试题］何事于仁（二句），故君子语（载焉），始条理者（力也）。

［会元］陆树声，与吉，华亭，尚书，文定。

［鼎甲］沈坤，伯载，直隶昆山人，祭酒。潘晟，浙江新昌人，内阁。邢一凤，伯羽，河南祥符人，副使。

癸卯科

嘉靖二十二年。顺天考官秦鸣夏、浦应麒以鬻题私阁臣翟銮子，俱逮捕夺职。

顺天：

［试官］谕德秦鸣夏，子亨，浙江临海人，壬辰。赞善浦应麒，道徵，直隶无锡人，壬辰。

［试题］无为而治（章），诗云伐柯（节），夫义路也（所视）。

［解元］陆光祚，与培，平湖，己未。

应天：

［试官］侍读华察，子潜，直隶无锡人，丙戌。中允闵如霖，师望，浙江乌程人，壬辰。

［试题］仁者先难（仁矣），今夫天斯（二段），武王不泄（节）。

［解元］沈绍庆，子善，昆山，庚戌。

江西：

---

① "太"当作"大"。

［试题］君子怀德（章），诗曰不显（节），予天民之（谁也）。

［解元］胡杰，南昌，丁未，尚书。

浙江：

［试题］若圣与仁（章），诚者天之（句），乃若其情（四节）。

［解元］沈束，宗安，会稽，甲辰。

福建：

［试题］孔子于乡（章），郊社之礼（四句），吾闻其以（烹也）。

［解元］黄继周，莆田。

甲辰科

嘉靖二十三年会试，中式三百二十四人。廷试时上方祁①雨郊坛，夜梦闻雷，及阅卷，得秦名，大喜，遂擢状首。张潮入贡院卒。

［试官］张潮。庶子江汝璧，懋毂，江西贵溪人，辛巳。

［试题］事君敬其（章），诗曰不显（二节），使禹治之（节）。

［会元］瞿景淳。

［鼎甲］秦鸣雷，子豫，浙江临海人，尚书。瞿景淳，师道，直隶常熟人，尚书，文懿。吴情，定甫，直隶无锡人，谕德。

丙午科

嘉靖二十五年。

顺天：

［试官］中允吕本，汝立，浙江余姚人，壬辰。赞善吴山，曰静，江西高安人，乙未。

［试题］天下有道（子出），譬如天地（节），孔子尝为（节）。

［解元］祝尚义，顺天，壬戌。

应天：

［试官］中允孙陞，志高，浙江余姚人，乙未。侍讲郭朴，质夫，河南安阳人，乙未。

［试题］孝者所以（句），周监于二（章），学问之道。

［解元］袁洪愈，抑之，吴县，丁未。

江西：

［试题］参乎吾道（章），优优大哉（节）。

---

① "祁"通"祈"。

［解元］易宏器，分宜。

浙江：

［试官］林□①，退垒。黄元成，梅塘，江西峡江人。

［试题］巍巍乎其（节），性之德也（二句），一乡之善（章）。

［解元］高鹤，若龄，山阴，庚戌，给事。

丁未科

嘉靖二十六年会试，中式三百一人。张居正、殷士儋、陆光祖、汪道昆、胡正蒙皆出吴维岳房。

［试官］侍郎孙承恩，毅斋，直隶华亭人，辛未。侍郎张治，文邦，湖广茶陵人，庚辰。

［试题］固天纵之（节），中也者天（二节），禹思天下（节）。

［会元］胡正蒙。

［鼎甲］李春芳，子实，直隶兴化人，内阁，文定。张春，仁伯，江西新喻人，侍讲。胡正蒙，正甫，浙江余姚人，癸酉。

乙酉科

嘉靖二十八年。

顺天：

［试官］侍讲康太和，原中，福建莆田人，乙未。赞善阎朴，文甫，山西榆次人，壬辰。

［试题］舜有天下（二段），君子之所（视乎），颂其诗读（世也）。

［解元］孙铤，文和，余姚，癸丑，侍郎。

应天：

［试官］侍讲敖铣，纯之，江西高安人，乙未。修撰黄廷用，慎卿，福建莆田人，乙未。

［试题］樊迟问仁（三节），文武之政（四句），贤者在位（政刑）。

［解元］唐一麐，仁甫，常州，乙丑。

江西：

［试题］兴于诗（章），诚者非自（节），君子引而（节）。

［解元］何涛，仲平，广昌，推官。

浙江：

---

① 原缺。

［试题］君子有九（章），博厚配地（节），君子深造（二句）。

［解元］周诗，汝学，钱唐，丙辰，通政。

湖广：

［试题］或问禘之（章），德为圣人（二句），王者之民（如也）。

［解元］吴国伦，明卿，兴国，庚戌，吏科。

庚戌科

嘉靖二十九年会试，中式三百二十人。

［试官］内阁张治，龙湖，湖广茶陵人，庚辰。侍郎欧阳德，崇一，江西泰和人，癸未。

［试题］子贡问君（章），洋洋乎发（节），既竭心思（三句）。

［会元］傅夏器，廷璜，南安，郎中。

［鼎甲］唐汝楫，思济，浙江兰溪人，太常。吕调阳，和卿，广西临桂人，内阁。姜金和，节之，江西鄱阳人，祭酒。

壬子科

嘉靖三十一年。

顺天：

［试官］庶子郭朴，质夫，河南安阳人，乙未。修撰秦鸣雷，子豫，浙江临海人，甲辰。

［试题］巍巍乎其（二句），溥博渊泉（二节），夏曰校殷（伦也）。

［解元］陈有年，登之，余姚，壬戌，尚书，恭介。

应天：

［试官］中允尹台，崇基，江西永新人，乙未。修撰郭鎜，允新，山西高平人，乙未。

［试题］君子不可（受也），道也者不（一节），奋乎百世（五句）。

［解元］孙溥，丰城。

江西：

［试官］汤日新，练川，浙江秀水人，庚戌。

［试题］生财有大（节），君赐食（节），君子之言（存焉）。

［解元］李贵，丰城，副使。

浙江：

［试官］薛应旂，方山，直隶武进人，乙未。

［试题］民可使由（章），君子之道（德矣），夫仁天之（二句）。

［解元］诸大圭，曙海，余姚，丁丑。

福建：

［试题］夫子循循（节），自诚明谓（章），尧舜之道（已矣）。

［解元］黄星耀，莆田。

癸丑科

嘉靖三十二年会试，中式四百三人。晋江史朝宜、朝富兄弟同登。

［试官］内阁徐阶，少湖，直隶华亭人，癸未。学士敖铣，纯之。

［试题］大哉尧之（章），诚者非自（节）。

［会元］曹大章。

［鼎甲］陈谨，德言，福建闽县人，中允。曹大章，一呈，直隶金坛人。温应禄，以庸，浙江乌程人。

乙卯科

嘉靖三十四年。

顺天：

［试官］侍读袁炜，元峰，浙江慈溪人，戊戌。谕德王维桢，允宁，陕西华州人，乙未。

［试题］仁以为己（二句），必得其名（二句），以德服人（谓也）。

［解元］杨濂，巫山。

应天：

［试官］侍讲严讷，敏卿，直隶常熟人，辛丑。侍讲潘晟，浙江新昌人，辛丑。

［试题］唐虞之际（二句），诚者不勉（人也），以善养人（二句）。

［解元］张世熙，舒城。

江西：

［试题］知者乐仁（二句），诚者不勉（人也），上下与天（同流）。

［解元］闵文卿，浮梁。

浙江：

［试题］夫子之道（已矣），溥博如天（二节），诗云雨我（节）。

［解元］郑卿，慈溪，丙辰。

丙辰科

嘉靖三十五年会试，中式二百九十六人。

［试官］内阁吕【李】本，南渠，浙江余姚人，壬辰。少詹尹台，洞山，江西永新人，乙未。

［试题］臣事君以忠，诗云维天（天也），大而化之（二句）。

［解元］金达。

［鼎甲］诸大绶，端甫，浙江山阴人，侍郎，文懿。陶大临，虞臣，浙江会稽人，侍郎，文僖。金达，德孚，江西浮梁人，司业。

戊午科

嘉靖三十七年。

顺天：

［试官］侍读高拱，中玄，河南新郑人，辛丑。少卿董份，用均，浙江乌程人，辛丑。

［试题］一人定国（从之），君子贞而（句），召太师乐（之乐）。

［解元］达其道，行甫，任县，己未，提学。

应天：

［试官］侍读瞿景淳，昆湖，直隶常熟人，甲辰。侍读陈陞，晋甫，浙江余姚人，辛丑。

［试题］君子贞而（句），上天之载（至矣），为人臣者（其君）。

［解元］佘毅中，子执，铜陵，甲戌，年十七。

江西：

［试题］有德者必（章），自诚明谓（之教），为人臣者（其君）。

［解元］习孔教，豫南，吉安，戊辰，侍郎。

浙江：

［试题］仁远乎哉（章），小德川流（二句），孔子之谓（二节）。

［解元］张巽，秀水。

福建：

［试题］能行五者（敏惠），大哉圣人（三千），上下与天（句）。

［解元］黄才敏，晋江，乙丑。

己未科

嘉靖三十八年会试，中式三百三人。临海王淑、王湜，鱼台甄沛、甄津兄弟同登。

［试官］侍郎李玑，邦在，江西丰城人，乙未。太常严讷，养斋，直隶常熟人，辛丑。

［试题］举贤才曰（舍诸），德为圣人（二句），禹稷当平（节）。

［会元］蔡茂春，闽县，郎中。

［鼎甲］丁士美，邦彦，直隶清河人，侍郎，文恪。毛惇元，浙江余姚人。林士章，福建漳浦人，尚书。

辛酉科

嘉靖四十年。中允吴情典应天试，同邑中式十三人，时论大哗，于是定例南畿人不得典南试。

顺天：

［试官］洗马胡正蒙，日门，浙江余姚人，丁未。侍读裴宇，子大，山西泽州人，辛丑。

［试题］言思忠事（二句），久则徵（高明），闻君行圣（二句）。

［解元］金一凤，任邱。

应天：

［试官］中允吴情，定甫，直隶无锡人，甲辰。侍读胡杰，江西丰城人，丁未。

［试题］周有大赉（节），天命之谓（道也），经德不回（行也）。

［解元］许国，维桢，歙县，乙丑，内阁。

江西：

［试题］畏天命（三句），所求乎臣（二句），奋乎百世（起也）。

［解元］黄文炜，德华，建昌，壬戌。

浙江：

［试官］范惟一，于一，直隶华亭人，辛丑。

［试题］君子欲讷（章），是以声名（节），乃若其情（节）。

［解元］卢渐，宁波，乙丑，御史。

福建：

［试题］绥之斯来（二句），诸侯朝于（职也）。

［解元］赵秉忠，谦宇，甲戌。

壬戌科

嘉靖四十一年，会试中式二百九十九人。承天曾璠乃丙辰曾省吾父。考成化辛丑杨春乃戊戌杨廷和父，嘉靖己未包汴乃丙辰包柽芳父。父子同登，遇固奇矣。而父后子登，父之志亦壮矣哉。是科鼎甲俱大拜。

［试官］内阁袁炜，懋中，浙江慈溪人，戊戌。侍郎董份，浔阳，浙江乌程人，辛丑。

［试题］事君能致（句），悠久无疆，文王以民（四句）。

［会元］王锡爵。

［鼎甲］申时行，汝默，直隶吴县人，内阁，文定。王锡爵，元驭，直隶太仓人，内阁，文肃。余有丁，丙仲，浙江鄞县人，内阁，文敏。

甲子科

嘉靖四十三年。

顺天：

［试官］洗马林炜，贞恒，福建闽县人，丁未。赞善殷士儋，正甫，山东历城人，丁未。

［试题］舜有臣五（节），此天地之（句），以德服人（子也）。

［解元］章礼，约之，会稽，戊辰，参议。

应天：

［试官］谕德汪镗，振宗，浙江鄞县人，丁未。中允孙世①芳，矶园，湖广华容人。

［试题］参乎吾道（节），肫肫其仁（三句），我非尧舜（王前）。

［解元］沈位，道立，吴江，戊辰，检讨。

浙江：

［试题］其事上也敬，德为圣人（其寿），诗云自西（谓也）。

［解元］王家栋，吉山，嘉兴，甲戌。

河南：

［试官］颜鲸，应雷，浙江慈溪人，丙辰。

［试题］克己复礼（勿动），始条理者（句）。

［解元］阎邦宁，月川，原武，戊辰。

山东：

［试题］巍巍乎唯（则之），唯天下至（其性），去圣人之（甚也）。

［解元］王象坤，中宇，新城，乙丑。

乙丑科

嘉靖四十四年，会试中式三百九十四人。会稽陶大顺、允淳父子同登，解州侯居艮、居坤兄弟同登。

［试官］尚书高拱，肃卿，河南新郑人，辛丑。学士胡正蒙，正伯，浙江余姚人，丁未。

---

① "世"疑为"继"之讹。孙继芳字世其，号石矶，有《石矶稗史》（又名《矶园稗史》）。

［试题］绥之斯来（二句），人道敏政（节），诗曰天生（节）。

［会元］陈栋。

［鼎甲］范应期，伯桢，浙江乌程人，祭酒。李自华，见亭，直隶华亭人。陈栋，隆之，江西南昌人，赞善。

丁卯科

隆庆元年。应天揭晓后，主考出谒文庙，下第者遮诉不逊，都御史呵止，事闻，寘为首者如法。

顺天：

［试官］谕德丁士美，邦彦，直隶清河人，己未。中允张四维，凤磐，山西蒲州人，癸丑。

［试题］颜渊问为（章），知斯三者（家矣），是集义所（四句）。

［解元］庄允中，执卿，华亭。

应天：

［试官］中允孙铤，前峰，浙江余姚人，癸丑。谕德王希烈，子忠，江西南昌人，癸丑。

［试题］子贡问政（节），知所以修（身也），人性之善（四句）。

［解元］周汝砺，若金，昆山，丁丑。

江西：

［试题］十室之邑（章），君子素其（节），是故诚者（有也）。

［解元］蔡贵，新昌。

浙江：

［试题］忠焉能勿（句），今夫天斯（覆焉），民事不可（恒心）。

［解元］黄洪宪，懋忠，嘉兴，辛未，少詹。

福建：

［试官］姜宝，廷善，直隶丹阳人，庚戌。

［试题］法语之言（六句），齐明盛服（身也），原原混混（节）。

［解元］张履祥，长汀。

山西：

［试题］为政以德（章），敬大臣也（二句）。

［解元］孙继先，南川，孟县，辛未，御史。

广东：

［试题］定公问君（章），诗云鸢飞（二节）。

［解元］杨起元，贞复，惠州，丁丑。

戊辰科

隆庆二年会试，中式四百十三人。大拜七人：沈一贯、张位、赵志皋、于慎行、王家屏、陈于陛、朱赓。

［试官］内阁李春芳，石帆，直隶兴化人，丁未。尚书殷士儋，棠川，山东历城人，丁未。

［试题］由诲汝知（章），舜其大知（章），吾岂若使（二节）。

［会元］田一儁，德万，大田，尚书。

［鼎甲］罗万化，一甫，浙江会稽人，尚书，文懿。黄凤翔，仪庭，福建晋江人，尚书，文简。赵志皋，汝迈，浙江兰溪人，内阁，文懿。

庚午科

隆庆四年。

顺天：

［试官］谕德丁士美，邦彦，直隶清河人，己未。修撰申时行，瑶泉，直隶长洲人，壬戌。

［试题］颜渊问仁（章），诗曰在彼（节），敢问何谓（与道）。

［解元］李廷机，尔张，晋江，癸未，内阁。

应天：

［试官］洗马马自强，乾庵，陕西同州人，癸丑。修撰陶大临，虞臣，浙江会稽人，丙辰。

［试题］君子□①道（章），道也者不（节），责难于君（二句）。

［解元］吴汝伦，文叙，无锡，辛未。

江西：

［试题］我未见好（章），天地之道（不测），人皆可以（曰然）。

［解元］孙希夔，子乐，南安，知州。

浙江：

［试题］禹吾无间（章），中庸不可（句），思天下之（如此）。

［解元］凌登瀛，二川，钱唐，丁丑。

山西：

［试官］王世贞，元美，直隶太仓人，丁未。李嘉宾，孔昭，陕西洋县人，戊午。

［试题］好仁者无（句），时使薄敛。

---

① 原缺。

辛未科

隆庆五年会试，中式三百九十六人。奉新余良桢、良枢，蒲圻谢师启、师彦兄弟同登。

[试官]内阁张居正，叔大，湖广江陵人，丁未。学士吕调阳，和卿，广西临桂人，庚戌。

[试题]生财有大（节），先进于礼（章），有安社稷（三节）。

[会元]邓以赞。

[鼎甲]张元忭，子荩，浙江山阴人，侍读，文恭。刘瑊，江西峡江人，中允。邓以赞，汝德，江西新建人，尚书，文洁。

癸酉科

万历元年。

顺天：

[试官]谕德王锡爵，荆石，直隶太仓人，壬戌。中允陈经邦，肃庵，福廷①莆田人，乙丑。

[试题]文莫吾犹（章），天下之达（节），不愆不忘（节）。

[解元]柯挺，立台，海澄，庚辰。

应天：

[试官]中允范应期，伯元，浙江乌程人，乙丑。中允何洛文，启图，河南信阳人，乙丑。

[试题]子张问政（以忠），修身则道（二句），君仁莫不（定矣）。

[解元]江文明，德普，婺源。

江西：

[试题]子之武城（使也），故君子内（于志），诗云不愆（节）。

[解元]徐州牧，丰城。

浙江：

[试题]林放问礼（哉问），凡为天下（畏之），知譬则巧（二句）。

[解元]莫睿，霁晓，钱唐，癸未，参议。

福建：

[试官]郭子章，相奎，江西泰和人，辛未。

[试题]子张问士（三节），大哉圣人（句），尧舜之知（务）。

[解元]苏濬，君禹，晋江，丁丑，按察。

---

① "廷"为"建"之讹。

湖广：

[试官] 王世贞，弇洲，直隶太仓人，丁未。

[试题] 生而知之（章），待其人而（二节），天下大悦（无缺）。

[解元] 李登，士龙，天门，庚辰。

甲戌科

万历二年会试，中式二百九十九人。

[试官] 内阁吕调阳，豫所，广西临桂人，庚辰。侍郎王希烈，东岑，江西南昌人，癸未。

[试题] 学如不及（章），惟天下至（出之），用下敬上（节）。

[会元] 孙鑛，文融，余姚，尚书。

[鼎甲] 孙继皋，以德，直隶无锡人。余孟麟，幼峰，直隶祁门人。王应选，午山，浙江慈溪人。

丙子科

万历四年。应天主考戴洵以故中允孙世芳为厉病甚，阅卷全属思育。时魏允中、顾宪成、刘廷阅俱负俊才，列举首，世称三解元。

顺天：

[试官] 赞善许国，直隶歙县人，颍阳，乙丑。中允何洛文，震川，河南信阳人，乙丑。

[试题] 夫子循循（二节），诚者自成（二节），孔子曰操（节）。

[解元] 魏允中，懋权，南乐，子丑。

应天：

[试官] 中允戴洵，愚斋，浙江奉化人，乙丑。赞善陈思育，春宇，湖广武陵人，乙丑。

[试题] 道千乘之（章），诚者自成（章），举舜而敷（二节）。

[解元] 顾宪成，叔时，无锡，庚辰。

江西：

[试题] 夫子循循（卓尔），唯天下至（能化），尧以不得（之仁）。

[解元] 王命爵，性字，庐陵，丁丑。

浙江：

[试题] 此谓修身（句），吾十有五（节），尊贤使能（三节）。

[解元] 朱用光，不门。

福建：

［试题］君子易事（器之），诚身有道（行之），仰而思之（四句）。

［解元］刘廷兰，纫华，漳浦，庚辰，通政。

湖广：

［试官］巡按舒鳌，子化，江西德化人。

［试题］樊迟问仁（知人），诗云潜虽（四节），吾岂若使（君哉）。

［解元］杨逢时，春宇，江陵，壬辰。

山东：

［试题］主忠信徙（德也），知远之近（三句），使契为司（德之）。

［解元］葛曦，凤池，德平，癸未，检讨。

陕西：

［试官］李维桢，翼轩，湖广京山人，戊辰。

［试题］康诰曰克（章），君子不以（章），有布缕之（其二）。

［解元］王图，则之，耀州，癸未，尚书。

四川：

［试题］颜渊曰愿（节），唯天下至（参矣）。

［解元］黄辉，昭素，南充，己丑，学士。

丁丑科

万历五年会试，中式三百一人。吴江沈孚文、乌程沈季文，虽异籍，实兄弟也。

［试官］内阁张四维，子维，山西蒲州人，癸丑。詹事申时行，汝默，直隶长洲人，壬戌。

［试题］何如斯可（次矣），回之为人（章），我亦欲正（节）。

［会元］冯梦祯，开之，秀水，祭酒。

［鼎甲］沈懋学，君典，直隶宣城人，文节。张嗣修，岱舆，湖广江陵人。曾朝节，植斋，湖广临武人，尚书。

己卯科

万历七年。

顺天：

［试官］谕德陈思育，春宇，湖广武陵人，乙丑。侍郎周子义，以方，直隶无锡人，乙丑。

［试题］哀公问于（章），诚身有道（道也），待文王而（章）。

［解元］冯嘉遇，柏乡。

应天：

［试官］中允高启愚，昆仑，四川铜梁人，乙丑。侍讲罗万化，康洲，浙江会稽人，戊辰。

［试题］舜亦以命（禹），凡事豫则（二节），恻隐之心（体也）。

［解元］陆大成，见石，太仓，丙戌。

江西：

［试官］王世懋，敬美，直隶太仓人，己未。

［试题］子谓子夏（章），诗云予怀（至矣），无为其所（节）。

［解元］饶位，行素，进贤，庚辰，侍郎。

浙江：

［试官］胡定，正叔，湖广崇阳人，丙辰。

［试题］士不可以（道远），质诸鬼神（二节），贤者在位（二节）。

［解元］陈懿典，孟常，秀水，壬辰，学士。

湖广：

［试官］惟仁者能（章），诗曰衣锦（日章），禹疏九河（食也）。

［解元］黄图，麻城。

庚辰科

万历八年会试，中式三百二人。张懋修、敬修，萧良有、良誉，王廷谟、廷谕，于文熙、孔兼，谢吉卿、台卿，俱兄弟同登。翁婿同登则于孔兼、姜士昌，林士宏、刘廷兰也。张懋修卷初拟第三，御笔改第一，盖中官有怂恿之者，实出首揆意也，后卒褫削。鼎甲皆有兄弟同登。

［试官］内阁申时行，瑶泉，直隶长洲人，壬戌。侍郎余有丁，同麓，浙江鄞县人，壬戌。

［试题］如有王者（章），素隐行怪（章），智譬则巧（节）。

［会元］萧良有。

［鼎甲］张懋修，斗枢，湖广江陵人。萧良有，汉冲，湖广汉阳人，祭酒。王廷谟，敬卿，陕西华州人，修撰。

壬午科

万历十年。浙闱无主考，巡按张文熙董之，得人为盛。

顺天：

［试官］谕德朱赓，少卿，浙江山阴人，戊辰。洗马韩世能，存良，直隶长洲人，戊辰。

［试题］中庸之为（章），去谗远色（贤也），尧舜之治（心哉）。

［解元］高洪谟，皋甫，上海。

应天：

［试官］赞善沈鲤，龙江，河南归德人，乙丑。修撰沈懋孝，幼真，浙江平湖人，戊辰。

［试题］贤贤易色（章），道之不行（章），以善服人（章）。

［解元］王士骐，同伯，太仓，己丑，郎中。

江西：

［试题］何为则民（章），君子动而（者也），经界既正（三句）。

［解元］刘应秋，士和，吉水，癸未。

浙江：

［试官］巡按张文熙，念华，广西桂林人，丁丑。

［试题］如保赤子（节），不得中行（章），仲尼亟称（章）。

［解元］姜镜，允明，余姚，癸未。

福建：

［试官］周铎，凤池，直隶太仓人，乙丑。

［试题］以约失之（章），今天下车（从周），道则高矣（章）。

［解元］谢炯，平和。

陕西：

［试官］黄洪宪，葵阳，浙江嘉兴人，辛未。

［试题］述而不作（章），衣锦尚绅（节），人有不为（有为）。

［解元］刘复初，天虞，高陵，癸未。

云南：

［试官］顾宪成，泾阳，直隶无锡人，庚辰。

［试题］所谓诚其（欺也），太宰知我（节），大人者言（所在）。

［解元］邹祖孔，临安。

癸未科

万历十一年会试，中式三百四十一人。部议复举张璁之说，各省主考皆命京官，同考多用甲科，教职仅取数员。李廷机，庚午解元。申时行主考，李中会元，时申当国，宜以状元真之，继商文毅之盛。乃拔朱国祚第一，寘李第二。其有意无意皆未可定。

［试官］内阁余有丁，丙仲，浙江鄞县人，壬戌。侍郎许国，海岳，直隶歙县人，乙丑。

［试题］吾之于人（章），修身则道（节），孔子有见（三句）。

［会元］李廷机。

［鼎甲］朱国祚，养醇，浙江秀水人，内阁，文恪。【李廷机】，福建晋江人，内

阁，文节。刘应秋，兑阳，江西吉水人，祭酒，文节。

乙酉科

万历十三年。戚畹子弟有求举不获者，诬考官张一桂私其客冯诗①、章维宁②，滥取冒籍五人，上怒，解一桂官，诗、维宁荷枷于市。

顺天：

[试官] 侍讲张一桂，玉阳，直隶歙县人，戊辰。洗马陈于陛，玉垒，四川南充人，戊辰。

[试题] 论笃是与（章），人道敏政（为大），可欲之谓（下也）。

[解元] 项德桢，元池，秀水，丙戌。

应天：

[试官] 谕德于慎行，无垢，山东东阿人，戊辰。侍读李长春，棠轩，四川富顺人，戊辰。

[试题] 吾有知乎（章），诗二代柯（二节），大戒于国（是也）。

[解元] 周继昌，文白，无锡，己丑，光禄。

江西：

[试官] 编修余孟麟，幼峰，直隶祁门人，甲戌。吏科叶时新，柳沙，直隶休宁人，辛未。

[试题] 知者不失（二句），诗云相在（节），权然后知（为甚）。

[解元] 熊尚文，思诚，丰城，乙未，侍郎。

浙江：

[试官] 编修孙继皋，柏潭，直隶无锡人，甲戌。户科常居敬，惟一，湖广江夏人，甲戌。

[试题] 君子无所（章），夫妇之愚（所憾），为高必因（节）。

[解元] 冯挺，景贞，慈溪，壬辰。

福建：

[试官] 编修黄洪宪，懋忠，浙江嘉兴人，辛未。主事蔡文范，伯华，江西新昌人，戊辰。

[试题] 见善如不（章），君子之中（节），孔子尝为（二节）。

[解元] 李光缙，衷一，晋江。

湖广：

[试官] 编修张应元，春台，直隶休宁人，辛未。员外李同芳，晴园，直隶昆山

---

① 《皇明三元考》作"冯用诗"，《明史》作"冯诗"。
② 《明史》作"童维宁"。

人，庚辰。

[试题] 未之思也（二句），人道敏政（为大），君子不亮（句）。

[解元] 汪起云，黄冈。

河南：

[试官] 礼科陈大科，如冈，直隶通州人，辛未。主事邹观光，大泽，湖广云梦人，庚辰。

[试题] 能以礼议（章），或生而知（节），为人臣者（接也）。

山东：

[试官] 兵科王三余，成所，直隶安平人，甲戌。主事孙承铭，龙洲，浙江慈溪人，辛未。

[试题] 能以礼让（章），中立而不（段），易其田畴（章）。

[解元] 陈所闻，芸牕，维县，丙戌，御史。

山西：

[试官] 员外王教，秋澄，山东淄川人，辛未。员外魏允孚，济川，直隶南乐人，甲戌。

[试题] 夫达也者（节），有弗学（二节），何谓知言（节）。

[解元] 王濬初，山阴。

陕西：

[试官] 吏科田畴，易斋，山西汶水人，辛未。主事萧长誉，汉颖，湖广汉阳人，庚辰。

[试题] 论笃是与（章），人皆有所（节）。

[解元] 米助，觉大①，蒲城，甲戌。

四川：

[试官] 兵科唐尧钦，韦轩，福建长乐人，辛未。主事王德新，维明，江西安福人，庚辰。

[试题] 古之欲明（三节），菲饮食而（三句），何谓知言（节）。

[解元] 刘启周，西充。

广东：

[试官] 兵科杨廷相，钟鲁，福建晋江人，甲戌。员外江绎，缵石，浙江仁和人，甲戌。

[试题] 因民之所（五段），道也者不（道也），夫人幼而（二句）。

广西：

[试官] 工科张栋，伯任，直隶昆山人，丁丑。主事林兆珂，孟鸣，福建莆田人，甲戌。

---

① 《皇明三元考》作"觉天"。

［试题］生而知之（章），诗云潜虽（二节），食之以时。

［解元］唐世尧，平乐，丙戌。

云南：

［试官］吏科杨文举，宜庵，四川南充人，庚辰。主事彭梦祖，岐阳，直隶全椒人，庚辰。

［试题］仕而优则（章），致中和天（节），入其疆土（以地）。

［解元］莫与京，环海，鹤庆，己丑。

贵州：

［试官］员外周梦旸，启明，湖广南漳人，甲戌。主事熊敦朴，陆海，四川富顺人，辛未。

［试题］有能一日（节），诗云相在（三节），圣人之忧（己忧）。

［解元］萧重望，思南，丙戌。

丙戌科

万历十四年会试，中式三百四十五人。功令，考官不许撰文，将中式文略加删润刊刻。同考十八房自此始。

［试官］内阁王锡爵，元驭，直隶太仓人，壬戌。侍郎周子义，以方，直隶无锡人，乙丑。

［试题］故君子名（节），执其两端（二句），事孰为大（二句）。

［会元］袁宗道，伯修，公安，庶子。

［鼎甲］唐文献，元徵，直隶华亭人，侍郎，文恪。杨道宾，惟彦，福建晋江人，侍郎，文恪。舒宏志，广西全州人。

戊子科

万历十六年。江西刘一爆偕兄一焜、一煜并举乡试。

顺天：

［试官］庶子黄洪宪，蔡阳，浙江嘉兴人，辛未。侍读盛讷，敏卿，陕西潼关人，辛未。

［试题］季文子三（章），君子之道（天也），圣人人伦（已矣）。

［解元］王衡，辰玉，太仓，辛丑。

应天：

［试官］洗马刘楚先，子良，湖广江陵人，辛未。庶子刘元震，元东，直隶任邱人，甲戌。

［试题］如有博施（节），君子之道（下平），吾为此惧。

［解元］周应秋，春台，金坛，乙未，巡抚。

江西：

［试官］侍讲陆可教，癸日，浙江兰溪人，丁丑。刑科陈华，吴峰，直隶吴县人，丁丑。

［试题］下学而上达，知远之近（见乎），人能充无（二句）。

［解元］刘文卿，俣如，广昌，己丑。

浙江：

［试官］编修萧良有，汉冲，湖广汉阳人，庚辰。吏科胡汝宁，启山，江西南昌人，甲戌。

［试题］夫人不言（二句），齐明盛服（二段），故凡同类（节）。

［解元］蔡在龙，石门。

福建：

［试官］编修杨起元，贞复，广东博罗人，丁丑。主事刘学曾，如野，河南光山人，庚辰。

［试题］孝者所以（二节），为君难为（二句），后稷教民（德之）。

湖广：

［试官］侍讲冯琦，用韫，山东临朐人，丁丑。礼科白希绣，梦山，陕西肤施人，丁丑。

［试题］楚书曰楚（节），君子不可（知也），逃墨必归（节）。

［解元］吴化，敦之，黄安，乙未。

河南：

［试官］吏科张养蒙，元冲，山西泽州人，丁丑。评事张国玺，蓝田，直隶任邱人，丁丑。

［试题］务民之义（知矣），知远之近（见乎），国君进贤（慎与）。

［解元］乔印①。

山东：

［试官］刑科邵庶，翼廷，直隶休宁人，癸未。员外赵寿祖，纫兰，河南汝阳人，庚辰。

［试题］奢则不逊（章），陈善闭邪（之敬）。

［解元］吴鸿功，凤岐，莱芜，己丑，参政。

山西：

［试官］员外陈应芳，兰台，直隶泰州人，甲戌。吏科杨其休，麟郊，山东青城人，庚辰。

［试题］乡人皆好（章），文王发政（二句）。

---

① 《皇明三元考》作"乔胤"，"印"为讳改。

［解元］傅新德，汤铭，定襄，己丑。

陕西：

［试官］郎中朱来远，修吾，直隶庐江人，丁丑。员外向东，少葛，浙江慈溪人，庚辰。

［试题］君子无所（章），诗云潜虽（节）。

［解元］赵宗禹，高陵。

四川：

［试官］礼科王士性，太初，浙江临海人，丁丑。主事刘奕，泰宇，湖广麻城人，癸未。

［试题］文武之道（节），诗云予怀（未也），梓匠轮舆（人巧）。

广东：

［试官］礼科陆懋龙，珍所，浙江鄞县人，庚辰。主事朱维京，讷斋，江西万安人，丁丑。

［试题］乡人皆好（章），唯天下至（知之），是集义所（二句）。

广西：

［试官］吏科舒宏绪，悦斋，湖广通山人，癸未。员外朱熙洽，明山，直隶昆山人，甲戌。

［试题］吾尝终日（章），在上位不（二节），由是观之（已矣）。

［解元］经仁杰，余①州。

云南：

［试官］吏科李廷谟，椿厓，江西丰城人，庚辰。主事陈所学，志襄，湖广景陵人，癸未。

［试题］古者言之（章），故君子不（而信），所恶于知（节）。

［解元］朱思明，用晦，丹徒，己丑。

贵州：

［试官］工科洪有复，心斋，福建南安人，庚辰。主事梁云龙，霖宇，广东琼山人，癸未。

［试题］礼之用和（章），知仁勇三（一也）。

［解元］刘尚德，平溪。

己丑科

万历十七年会试，中式三百四十人。状元焦竑，嘉靖甲子登贤书，越二十六载，始及第。

---

① "余"为"全"之讹。

[试官] 内阁许国，维桢，直隶歙县人，乙丑。侍郎王宏诲，忠录，广东定海人，乙丑。

[试题] 孟献子曰（节），出门如见（四句），圣人之行（烹也）。

[会元] 陶望龄。

[鼎甲] 焦竑，弱侯，应天上元人，谕德，文端。吴道南，会甫，江西崇仁人，内阁，文恪。陶望龄，周望，浙江会稽人，祭酒。

辛卯科

万历十九年。

顺天：

[试官] 谕德曾朝节，紫园，湖广武陵人，丁丑。侍讲冯琦，琢庵，山东临朐人，丁丑。

[试题] 民之所好（二句），问知子曰（知人），东面而征（尧也）。

[解元] 沈演，荷山，乌程，壬辰。

应天：

[试官] 谕德陆可教，葵日，浙江慈溪人，丁丑。中允余继登，云衢，顺天府交河人，丁丑。

[试题] 君子成人（章），事前定则（句），所以动心（二句）。

[解元] 汪鸣銮，咸池，婺源，壬辰。

江西：

[试官] 编修朱国祥①，兆隆，浙江秀水人，癸未。户科叶初春，吴西，直隶吴江人，庚辰。

[试题] 夫子何为（二句），君子之道（自卑），圣人百世（夫宽）。

[解元] 陈幼良，宇初，德化，壬辰。

浙江：

[试官] 编修李廷机，九我，福建晋江人，癸未。刑科梅国楼，湖广麻城人，癸未。

[试题] 才难不其（节），正己而不（三句），何以谓之（凉凉）。

[解元] 王凤起，嘉兴。

福建：

[试官] 礼科孟养浩，义甫，湖广咸宁人，癸未。员外姜镜，翼龙，浙江余姚人，癸未。

[试题] 居则曰不（点也），去谗远色（二句），沧浪之水（足矣）。

---

① "祥"为"祚"之讹。

[解元] 黄志清，鹭峰，晋江，乙未，编修。

湖广：

[试官] 兵科张应登，梦夔，四川内江人，癸未。主事唐伯元，旷台，广东澄海人，甲戌。

[试题] 丘也幸苟（知之），去谗远色（二句），国君进贤（二节）。

[解元] 汪元极，容庵，黄冈，甲辰。

河南：

[试官] 礼科丁懋逊，初阳，山东霑化人，癸未。主事陈泰来，伯符，浙江平湖人，丁丑。

[试题] 司马牛问（何惧），道之不明（及也），先王无流（节）。

[解元] 黄陛，挹轩，睢州，戊戌，提学。

山东：

[试官] 吏科刘为楫，济沧，顺天霸州人，丙戌。主事蔡应麟，心可，福建同安人，癸未。

[试题] 君子去仁（节），凡事豫则（节）。

[解元] 张彩，滕县。

山西：

[试官] 刑科李献可，尧俞，福建同安人，癸未。主事于若瀛，念事，山东济宁人，癸未。

[试题] 富与贵是（节），君子遵道（节）。

[解元] 曹于汴，自梁，安邑，壬辰，左都。

陕西：

[试官] 员外向东，少葛，浙江慈溪人，癸未。主事梅守峻，贞卿，直隶宣城人，丙戌。

[试题] 诗云穆穆（节），近者悦远（二句），夏后氏五（二节）。

[解元] 吴岐，凤翔。

四川：

[试官] 户科陈尚象，心易，贵州都匀人，庚辰。员外吴鸿洙，凤城，山东莱芜人，丙戌。

[试题] 君子易事（段），凡事豫则立，尧舜性之（章）。

广东：

[试官] 主事严贞度，莆阳，直隶嘉定人，癸未。主事叶修，永溪，江西南昌人，癸未。

[试题] 一日克己（二句），在下位不（节）。

[解元] 林耀先。

广西：

［试官］主事胡桂芳，瑞之，江西金溪人，甲戌。主事吴宗熹，滨阳，福建漳浦人，庚辰。

［试题］君君臣臣（二句），大哉圣人（后行），附之以韩（章）。

［解元］庞鼎，陆川。

云南：

［试官］员外李开藻，鹏岳，福建永春人，癸未。员外莫睿，荆泉，浙江钱唐人，癸未。

［试题］宪问耻（章），虽有天下（何哉）。

［解元］王致中，海若，太和，戊戌。

贵州：

［试官］主事王命爵，性□①，江西庐陵人，丁丑。寺副黎芳，兰谷，四川丹稜人，庚辰。

［试题］仁者安仁（二句），君子戒慎（之和），人之于身（二节）。

［解元］邱禾实，有秋，贵筑，戊戌。

壬辰科

万历二十年会试，中式三百四人。明一代科目，职官冠廷对者二人：曹蕭以典史，翁正春以教职。

［试官］侍郎陈于陛，元忠，四川南充人，癸未。詹事盛讷，凤冈，陕西潼关人，辛未。

［试题］知及之仁（章），宪章文武，舍己从人（为善）。

［会元］吴默，因之，吴县，太仆。

［鼎甲］翁正春，青阳，福建侯官人，尚书，文简。史继偕，联岳，福建晋江人，内阁。顾天埈，升伯，直隶昆山人，谕德。

甲午科

万历二十二年。

顺天：

［试官］庶子萧良有，以古，湖广汉阳人，庚辰。谕德李长春，棠轩，四川富顺人，戊辰。

［试题］子贡问师（章），善必先知（二句），礼之实节（是也）。

［解元］金应诏①，遂安。

应天：

［试官］谕德李廷机，尔张，福建晋江人，癸未。中允周应宾，寅所，浙江鄞县人，癸未。

［试题］管仲之器（章），君子胡不（句），恶佞恐其（二句）。

［解元］龚三益，仲友，武进，辛丑。

江西：

［试官］编修黄汝良，寓庸，福建晋江人，丙戌。主事彭应捷，运田，河南光山人，丙戌。

［试题］子贡方人（章），故君子居（句），乐天者保（保之）。

［解元］张以化，龙盱②，南城，癸丑。

浙江：

［试官］户科吴中明，左海，直隶歙县人，丙戌。编修吴道南，曙谷，江西崇仁人，己丑。

［试题］语之而不（章），诚则形形（三句），夫人幼而（二句）。

［解元］谭昌言，圣俞，嘉兴，辛丑。

福建：

［试官］编修王图，衷白，陕西耀州人，丙戌。员外方应选，明举，直隶华亭人，癸未。

［试题］人之生也（章），有所不足（不勉），体有贵贱（害贵）。

［解元］王畿，莫蓼，晋江，戊戌，布政。

湖广：

［试官］刑科叶继美，鹿吾，浙江嘉善人，癸未。主事庄懋华，泰岩，福建晋江人，己丑。

［试题］鄙夫可与（章），诗曰衣锦（著也），有楚大夫（为善）。

［解元］秦继宗，敬伯，黄冈，戊戌。

河南：

［试官］主事刘文卿，直洲，江西庐陵人，己丑。主事贾维钥，知白，直隶遵化人，己丑。

［试题］或曰雍也（章），故至诚无息，人之有是（体也）。

山东：

［试官］员外王登才，鹤松，直隶开州人，己丑。主事韩邦城，方里，福建侯官人，丙戌。

---

① 《皇明三元考》作"余应诏"。
② 《皇明三元考》作"龙盱"。

［试题］礼以行之（三句），及其至也（能焉），人之于身（章）。

［解元］全良范①，心矩，兰山，戊戌，副使。

山西：

［试官］员外朱汝器，午台，浙江乌程人，己丑。主事金时舒，凤池，福建晋江人，己丑。

［试题］或曰雍也（章），宽裕温柔（二句），天下之言（章）。

［解元］张应徵，停书，猗书，乙未。

陕西：

［试官］吏科王嘉谟，宏岳，山东邹平人，丙戌。主事叶廙，纯吾，江西南昌人，丙戌。

［试题］立则见其（节），故天之生（二句），凡有四端（四海）。

［解元］李子芳，三原。

四川：

［试官］主事江中信，成宇，山东临清人，癸未。行人袁茂英，文海，浙江慈溪人，丙戌。

［试题］天下之民（心焉），仲尼曰君（句）。

广东：

［试官］主事曾伟芳，苍岩，福建惠安人，己丑。主事刘毅，乾阳，浙江会稽人，己丑。

［试题］其知可及（二句），发而皆中（之和），此四者天（四者）。

广西：

［试官］主事蔡宗明，二酉，浙江黄岩人，己丑。评事汪治，中台，河南光州人，己丑。

［试题］诗云其仪（节），如其善而（二句），所谓故国（三节）。

云南：

［试官］主事李徽猷，振白，山东临邑人，癸未。主事陆梦履，钦所，直隶昆山人，己丑。

［试题］如不可求（二句），有弗思思（二句）。

［解元］金本高，我山，前卫，甲辰，郎中。

贵州：

［试官］主事朱思明，葆素，云南晋宁人，己丑。评事窦子偶，淮南，直隶合淝人，壬辰。

［试题］尝独立鲤（二段），古之人得（于民）。

［解元］喻政，章澜，铜仁，乙未。

---

① 据《皇明三元考》和《索引》，当为"洪良范"。

乙未科

万历二十三年会试，中式三百四人。状元朱之蕃奉使朝鲜，遇属国君臣，严重有体，累升侍郎。

[试官] 内阁张位，洪阳，江西新建人，戊辰。侍郎刘元震，复庵，直隶任邱人，甲戌。

[试题] 仁者其言（节），邦有道不（哉矫），好善优于（句）。

[会元] 汤宾尹。

[鼎甲] 朱之蕃，元升，山东荏平人，侍郎。汤宾尹，嘉宾，直隶宣城人，祭酒。孙慎行，闻斯，直隶武进人，尚书，文介。

丁酉科

万历二十五年。

顺天：

[试官] 中允全天叙，元洲，浙江鄞县人，丙戌。修撰焦竑，漪园，应天上元人，己丑。

[试题] 古之学者（句），故君子以（而止），舜之居深（章）。

[解元] 徐光启，子先，上海，甲辰，内阁，文定。

应天：

[试官] 中允叶向高，进卿，福建福清人，癸未。谕德朱国祚，养醇，浙江秀水人，癸未。

[试题] 居敬而行（节），言而民莫（句），故苟得其（节）。

[解元] 吴克孝①，公原，青浦。

江西：

[试官] 编修董其昌，元宰，直隶华亭人，己丑。户科程绍，肖戣，山东掖县人，己丑。

[试题] 礼乐不兴（二句），素隐行怪（二节），大孝终身（句）。

[解元] 徐来泰，丰城。

浙江：

[试官] 编修杨道宾，荆岩，福建晋江人，丙戌。吏科戴士衡，缜庵，福廷②莆田人。

---

① 《皇明三元考》作"吕克孝"。

② "廷"为"建"之讹。

[试题] 丘也闻有（二节），素隐行怪（节），为天下得（句）。

[解元] 张应完，鄞县。

福建：

[试官] 编修刘曰宁，幼安，江西南昌人，丁丑。员外黄炜，缜轩，四川南充人，壬辰。

[试题] 宽则得众（节），忠恕违道（句），圣人治天（水火）。

[解元] 洪承选，南安。

湖广：

[试官] 编修冯有经，源明，浙江慈溪人，己丑。主事冯上知，衡洲，河南获嘉人，己丑。

[试题] 择可劳而（二段），知耻近乎勇，有事君人（二节）。

[解元] 熊廷弼，飞伯，江夏，戊戌，尚书。

河南：

[试官] 主事李长庚，孟白，湖广麻城人，乙未。尚宝蒋春芳，元轩，山东益都人，庚辰。

[试题] 子路问事（犯之），隐恶而扬善，于不可已（二句）。

[解元] 全燧，四如，淅川，戊戌。

山东：

[试官] 主事钱养廉，心轩，浙江仁和人，己丑。主事沈朝焕，伯含，浙江仁和人，壬辰。

[试题] 见志不从（二句），见而民莫（尊亲），诗曰天之（之敬）。

[解元] 宋鸿儒，海田，德州，戊戌。

山西：

[试官] 少卿何焞，渊泉，河南杞县人，甲戌。评事石九奏，四如，直隶冀州人，壬辰。

[试题] 德者本也（民聚），君子惠而（五句），思天下之（沟中）。

陕西：

[试官] 主事吴仁度，君重，江西金溪人，己丑。主事田立家，乎寰，山西阳城人，丙戌。

[试题] 孝慈则忠，君子之道（夫妇），虽存乎人（几希）。

[解元] 何龙图，榆林。

四川：

[试官] 刑科李应策，成可，陕西蒲城人，癸未。中书侯执躬，觐墀，河南归德人，己丑。

[试题] 其机如此（三句），天下之民（心焉），如知其非（节）。

[解元] 张应吾，心岩，镇远，丁未，副使。

广东：

[试官] 主事邓原岳，翠屏，福建闽县人，壬辰。行人陈嘉训，思冈，江西鄱阳人，己丑。

[试题] 不曰坚乎（四句），知所以修（治人），为巨室则（节）。

广西：

[试官] 主事张宗孔，泗滨，山东滕县人，壬辰。主事熊宇奇，石门，江西新建人，丙戌。

[试题] 周任有言（者止），践其位行（二句），所谓故国（慎与）。

[解元] 唐之夔，赞一，鬱林，甲辰，巡按。

云南：

[试官] 郎中王大合，六字，四川什邡人，壬辰。行人沈时来，石楼，直隶华亭人，壬辰。

[试题] 财散则民（之矣），过则勿惮改，得其民有（民矣）。

贵州：

[试官] 员外苏茂相，宏家，福建晋江人，壬辰。中书钟兆斗，乾所，浙江海盐人，壬辰。

[试题] 畏天命畏（三句），唯天下至（大经），耻之于人。

[解元] 程嘉宾，虚同，富顺，戊戌。

戊戌科

万历二十六年会试，中式二百九十二人。桐城何如宠、如申兄弟同登。

[试官] 内阁沈一贯，肩吾，浙江鄞县人，戊辰。学士曾朝节，植斋，湖广桂阳人，丁丑。

[试题] 诗云穆穆（节），子贡曰我（章），且夫枉尺（节）。

[会元] 顾起元。

[鼎甲] 赵秉忠，季卿，山东益都人，庶子。邵景尧，芝南，浙江象山人，谕德。顾起元，邻初，应天江宁人，侍郎，文庄。

庚子科

万历二十八年，顺天、湖广乡试文多用二氏语，给事中杨天民疏请罪考官杨道宾、顾天埈等。

顺天：

[试官] 庶子杨道宾，惟彦，福建晋江人，丙戌。编修顾天埈，湛庵，直隶昆山人，壬辰。

［试题］太宰问于（章），在上位不（二句），吾为此惧（二句）。

［解元］赵维寰，无声，平湖。

应天：

［试官］谕德黄汝良，毅庵，福建晋江人，丙戌。中允庄天合，冲虚，湖广长沙人，己丑。

［试题］君子博学（章），能尽其性（二句），欲为君尽（臣道）。

［解元］李应昌①，集虚，昆山，辛丑。

江西：

［试官］编修杨继礼，石闾，直隶华亭人，壬辰。户科姚文蔚，养谷，浙江钱塘人，壬辰。

［试题］此谓唯仁（过也），本立而道（生），文王视民（句）。

［解元］江和，不流，鄱阳，丁未，按察。

浙江：

［试官］检讨刘生中，性宇，直隶沧州人，壬辰。兵科桂有根，徽宝，河南汝阳人，己丑。

［试题］十目所视（节），古之狂也（节），饥者易为（悬也）。

［解元］葛寅亮，屺瞻，钱塘，辛丑，提学。

福建：

［试官］检讨朱国祯，文宁，浙江乌程人，己丑。主事吴用先，体中，直隶桐城人，壬辰。

［试题］三年学不（章），人皆曰予（章），所以考其（已矣）。

［解元］周起先，仲先，海澄，辛丑，巡抚。

湖广：

［试官］检讨沈潅，铭缜，浙江乌程人，壬辰。兵科张其廉，三崿，直隶嘉定人，乙未。

［试题］君子不忧（句），非天子不（三句），徐行后长（节）。

［解元］赵嗣芳，存垓，咸宁，丙辰。

河南：

［试官］主事倪斯蕙，禹同，四川巴县人，壬辰。主事陆应川，钟符，江西丰城人，丙戌。

［试题］不恒其德（已矣），人道敏政，恭俭岂可（句）。

［解元］荆时荐，延卿，灵宝，庚戌。

山东：

［试官］工科张问达，德符，陕西泾阳人，癸未。主事鲍应鳌，中素，直隶歙县

---

① 《皇明三元考》作"李胤昌"。

人，乙未。

[试题] 德之不修（章），正己而不（句），泰誓曰天。

[解元] 徐光前，匪莪，新泰，丁未。

山西：

[试官] 刑主李叔春，阳谷，直隶上海人，己丑。主事应汝化，云溟，浙江临海人，乙未。

[试题] 何为则民（章），博厚所以（句），独乐乐与（节）。

[解元] 马呈德，景伯，大同，庚戌。

陕西：

[试官] 行人江中楠，玉林，福建晋江人，壬辰。主事胡国鉴，曜寰，直隶宣城人，壬辰。

[试题] 仁者以财（句），南人有言（章），吾见亦罕（然也）。

[解元] 刘宇曜，如健，泾阳，庚戌。

四川：

[试官] 主事杨一揆①，致吾，福建漳浦人，壬辰。主事赵拱极，丽阳，山东章邱人，己丑。

[试题] 君子道者（章），故为政在（二句），地利不如（句）。

广东：

[试官] 主事沈祥麟②，仁庵，直隶吴县人，己丑。主事张嗣诚，从龙，山东莱芜人，己丑。

[试题] 吾无隐乎（尔），子曰父母（句），民之为道（节）。

广西：

[试官] 主事施尔志，荆涂，浙江嘉兴人，壬辰。行人谢廷谅，友可，江西金溪人，乙未。

[试题] 不忮不求（二节），立天下之（句），市廛而不（二节）。

云南：

[试官] 主事赵国琦，太室，江西南昌人，乙未。评事蒋之秀，钟岳，广西全州人，壬辰。

[试题] 浸润之谮（后段），子庶民则（用足），莫如贵德（政刑）。

贵州：

[试官] 主事黄士吉，岷岳，湖广兴国人，壬辰。行人蒋震孟③，筠苍，山东淄川人，乙未。

---

① 《皇明三元考》作"杨一葵"。
② 《皇明三元考》作"沈麟祥"。
③ 《皇明三元考》作"王孟震"。

[试题] 有所好乐（二句），百姓不足（二句），市廛而不（二节）。

辛丑科

万历二十九年会试，中式三百一人。王衡自戊子被论，不复试礼闱，至是始及第。自后辅臣当国子弟无登第者矣。

[试官] 侍郎冯琦，琢庵，山东临朐人，丁丑。侍郎曾朝节，植斋，湖广桂阳人，丁丑。

[试题] 畏圣人之（言），庸德之言（五句），是心足以（句）。

[会元] 许獬，子逊，同安。

[鼎甲] 张以诚，君一，直隶青浦人，庶子。王衡，緱山，直隶太仓人。曾可前，长石，湖广石首人。

癸卯科

万历三十一年。江西李邦华与父廷谏同举乡闱。

顺天：

[试官] 庶子，萧云举，元圃，广西宣化人，丙戌。中允翁正春，兆震，福建侯官人，壬辰。

[试题] 诗云邦畿（节），居则曰不（节），使天下仕（之涂）。

[解元] 沈朝华①，存白，仁和，甲辰。

应天：

[试官] 谕德陶望龄，石篑②，浙江会稽人，己丑。中允周如砥，砺斋，山东即墨人，己丑。

[试题] 康诰曰克（三节），学而优则（仕），知者无不（二句）。

[解元] 王讷谏，圣俞，江都，丁未。

江西：

[试官] 编修郭淐，苏门，河南新郑人，乙未。吏科陈治则，廉厓，浙江余姚人，壬辰。

[试题] 子曰可也（二节），中立而不倚，是君臣父（二句）。

[解元] 龚而安，又安，南昌，己未，参政。

浙江：

[试官] 检讨高克正，瑞宇，福建海澄人，壬辰。户科梁有年，跃田，广东顺德

---

① 《皇明三元考》作"沈朝烨"。
② 《皇明三元考》作"石匮"。

人，乙未。

[试题] 樊迟问仁（章），尊贤为大，至诚而不（节）。

[解元] 陈万言，宏景，吴江，己未。

福建：

[试官] 编修陈之龙，渤海，浙江鄞县人，乙未。员外李之藻，我存，浙江仁和人，戊戌。

[试题] 举善而教（句），郊社之礼（四句），人皆有不（之心）。

[解元] 林欲楫，季翀，晋江，丁未，尚书。

湖广：

[试官] 编修孙如游，景文，浙江余姚人，壬辰。主事董复亨，太初，直隶元城人，壬辰。

[试题] 文质彬彬，今夫天斯（二段），大匠诲人（章）。

[解元] 郭士望，天谷，蕲水，甲辰。

河南：

[试官] 少卿赵标，準台，山西解州人，丙戌。主事王一桢，柱明，直隶青阳人，乙未。

[试题] 上好礼则（三段），君子平其（二句）。

山东：

[试官] 工科宋一韩，莆田，河南陈州人，壬辰。主事徐銮，耀玉，福建龙溪人，乙未。

[试题] 仁以为己任，施诸己而（能也），如知者若（大矣）。

[解元] 王文教，聊城。

山西：

[试官] 员外李作舟，二溟，四川合州人，壬辰。员外王士骐，淡生，直隶太仓人，己丑。

[试题] 诗三百一（章），君子素其（句），犹可以为（不瘳）。

[解元] 赵守寀。

陕西：

[试官] 员外费兆元，台简，浙江乌程人，乙未。主事马从龙，虞生，河南洛阳人，壬辰。

[试题] 尊五美屏（句），莫显乎微，夏后氏五（一节）。

[解元] 刘士龙，富平。

四川：

[试官] 员外江盈科，绿萝，湖广桃源人，壬辰。主事崔师训，宏台，直隶太平人，戊戌。

[试题] 仁者先难（句），舜其大知（句），当今之时（为然）。

广东：

[试官]主事庞时雍，景和，山东汶上人，壬辰。中书吕图南，天池，福建南安人，戊辰。

[试题]不患贫而（不安），万物并育（句），我亦欲正（句）。

[解元]李如榴。

广西：

[试官]主事沈光祚，延甫，浙江钱塘人，乙未。行人谢廷谅，紫会，江西金溪人，乙未。

[试题]说之不以（器之），时使薄敛（二句），天下溺援（以道）。

云南：

[试官]主事程寰，龟斋，直隶歙县人，乙未。评事姜志礼，立之，直隶丹阳人，己丑。

[试题]孝者所以（句），忠告而善（句），夏后氏五（一也）。

贵州：

[试官]主事朱化孚，岱成，直隶丹徒人，壬辰。行人张国儒，翌真，山西榆次人，戊戌。

[试题]居之无倦，国有道其（以兴），民之为道（恒心）。

[解元]潘润民，川霖，贵阳，丁未，参政。

甲辰科

万历三十二年会试，中式三百八人。

[试官]内阁朱赓，金庭，浙江山阴人，癸未。侍郎唐文献，抑所，直隶华亭人，丙戌。

[试题]不知命无（章），极高明而（句），老吾老以（之幼）。

[会元]杨守勤。

[鼎甲]杨守勤，克之，浙江慈溪人，少詹。孙承宗，稚绳，直隶高阳人，内阁，文忠。吴宗达，青门，直隶宜兴人，内阁，文端。

丙午科

万历三十四年。

顺天：

[试官]庶子吴道南，会甫，江西崇仁人，己丑。赞善孙如游，鉴湖，浙江余姚人，乙未。

[试题]先有司赦（三句），人莫不饮（节），责难于君（句）。

[解元] 陈士章①，显吾，大宁，庚戌。

应天：

[试官] 谕德冯有经，源明，浙江慈溪人，己丑。中允傅新德，商盤，山西定襄人，己丑。

[试题] 有能一日（节），是故居上（二句），圣人于我（句）。

[解元] 邹之麟，衣白，武进，庚戌。

江西：

[试官] 检讨赵用光，体衡，山西河津人，己未。刑科曹于汴，贞予，山西安邑人，壬辰。

[试题] 文之以礼乐，官盛任使（三句），所以人之（之心）。

[解元] 陈良佑，高安。

浙江：

[试官] 检讨蒋孟育，恬庵，福建同安人，己丑。户科萧近高，抑之，江西庐陵人，乙未。

[试题] 此之谓絜（句），子路问成（章），仁之胜不（二句）。

[解元] 姚星吴，余杭。

福建：

[试官] 编修何宗彦，君美，湖广随州人，乙未。吏科翁宪祥，兆龙，直隶常熟人，壬辰。

[试题] 子路问成（节），君子戒慎（二句），守身守之（句）。

[解元] 郭应响，福清，副使，忠烈。

湖广：

[试官] 检讨张邦纪，瑞石，直隶宜兴人，戊戌。兵科胡忻，慕东，陕西泰州人，己丑。

[试题] 君子必慎（合下），周公谓鲁（章），人性之善（二句）。

[解元] 张希皙②，华容。

河南：

[试官] 员外卜承宪，惺铭，江津人，壬辰。中书吴亮，严所，直隶宜兴人，己丑。

[试题] 子谓子产（章），贱货而贵德，舜为法于（二句）。

山东：

[试官] 宝丞彭遵古，旦阳，湖广麻城人，丙戌。主事张汝霖，明若，浙江山阴人，乙未。

---

① 《皇明三元考》作"王献吉"。
② 《皇明三元考》作"张希哲"。

［试题］文之以礼乐，思事亲不（知人），云圣人之（四句）。

［解元］李辑，万东，乐安，己未。

山西：

［试官］员外陈采，冲然，直隶清苑人，戊戌。主事马天锦，淡希，湖广蒲圻人，乙未。

［试题］行义以达（句），溥博如天，以友天下（之人）。

陕西：

［试官］工科孟成己，麟野，直隶肥县人，己丑。员外宋鸿儒，海田，山东德州人，戊戌。

［试题］蘧伯玉使（章），子曰射有（节），辅世长民（句）。

［解元］韩继思，正堂，泾阳，癸丑，修撰。

四川：

［试官］主事胡东渐，怀南，山东章邱人，乙未。博士王畿，慕蓼，福建晋江人，戊戌。

［试题］过也人皆（仰之），虽圣人亦（能焉），见其礼而（句）。

广东：

［试官］主事魏说，肖生，湖广蒲圻人，戊戌。评事张维尧①，台明，福建晋江人，甲辰。

［试题］诗可以兴（事君），君子而时中。

［解元］陈熙昌，呆庵，番禺，丙戌。

广西：

［试官］员外王舜鼎，墨池，浙江会稽人，戊戌。主事张鹤腾，凤达，直隶颍州人，乙未。

［试题］得见有恒（句），思事亲不（知人），若火之始（四海）。

云南：

［试官］主事陆锡恩，九芝，浙江平湖人，乙未。主事王宗义，翌望，直隶易州人，乙未。

［试题］言忠信行（二节），知微之显（之昭）。

［解元］贺文明，九如，云南，己未。

贵州：

［试官］行人张孔教，卓吾，山东掖县人，辛丑。评事周延光，斗垣，湖广蕲水人，辛丑。

［试题］帝臣不蔽（二句），言而世为（句），平旦之气。

---

① 《索引》作"张维峣"。

［解元］孙应鳌①，山甫，清平，癸丑，尚书。

丁未科

万历三十五年会试，中式二百九十八人。鼎甲均隮政府，但倚附阉党，见斥儒林。鼎甲外，钱龙锡、成基命、谢陞、丁绍轼、李标，共八相。

［试官］侍郎杨道宾，荆岩，福建晋江人，丙戌。侍郎黄汝良，毅庵，福建晋江人，丙戌。

［试题］君子之仕（二句），君子依乎（句），孟子谓万（章）。

［会元］施凤来。

［鼎甲］黄士俊，玉轮，广东顺德人，内阁。施凤来，孟翔，浙江平湖人，内阁。张瑞图，二水，福建晋江人，内阁。

己酉科

万历三十七年。

顺天：

［试官］谕德蒋孟育，福建同安人。赵用光，喆臣，山西河津人。

［试题］如切如磋（仪也），视其所以（三句），善哉言乎（不行）。

［解元］包鸿逵，仪甫，华亭，庚戌。

应天：

［试官］谕德何宗彦，君美，湖广随州人，乙未。洗马南师仲，子兴，陕西渭南人，乙未。

［试题］民之于仁（水火），君子无入（句），于是始兴（之乐）。

［解元］尹嘉宾，孔昭，江阴，庚戌，提学。

江西：

［试官］检讨盛以宏，子宽，陕西潼关人，戊戌。礼科张国儒，翌真，山西榆次人，戊戌。

［试题］君子有诸（诸人），衣敝缊袍（章），仁则荣不（政刑）。

［解元］蔡士芹，德化。

浙江：

［试官］编修黄国鼎，九石，福建晋江人，戊戌。刑科周曰庠，时化，江西临川人，壬辰。

［试题］谁能出不（章），果能此道（必强），物皆然心（度之）。

---

① 《皇明三元考》作"杨廷诏"。

［解元］钱逢春，慈溪。

福建：

［试官］检讨雷思霈，何思，湖广夷陵人，辛丑。户科王绍徽，宏庭，陕西咸宁人，戊戌。

［试题］秦誓曰若（三节），子闻之曰（不咎），故有物必（句）。

［解元］周迪。

湖广：

［试官］编修龚三益，仲友，直隶武进人，辛丑。户科顾士琦，惺函，直隶太仓人，戊戌。

［试题］盖有之矣（二句），喜怒哀乐（之和），孙叔敖举（句）。

河南：

［试官］主事王宗贤，省愚，山西清源人，戊戌。主事胡思伸，充襄，直隶绩溪人，乙未。

［试题］足食足兵，凡为天下（则废），物皆然心（句）。

［解元］周士朴，缵唐，商邱，癸丑。

山东：

［试官］刑科彭维成，太蒙，江西庐陵人，辛丑。主事邵辅忠，上葵，浙江定海人，乙未。

［试题］审法度修（二句），德为圣人，仰不愧于（三句）。

［解元］范元宷，霔化。

山西：

［试官］郎中魏可简，临宇，直隶昌黎人，己丑。主事曹珍，葆素，山东益都人，甲辰。

［试题］惟孝友于（二句），凡为天下（一也），至于心独（义也）。

陕西：

［试官］员外袁宏道，石公，湖广公安人，壬辰。主事朱一宏①，景明，直隶泰兴人，戊戌。

［试题］事父母几谏，以王季为（二句），君正莫不正。

［解元］罗世济。

四川：

［试官］员外张之厚，盘屿，湖广应城人，辛丑。主事王元雅，辅廷，山西太原人，甲辰。

［试题］夫子之道（二句），或学而知之，诗云迨天（道乎）。

---

① 《皇明三元考》作"朱一冯"，当是。

广东：

［试官］主事邬元会，阶平，浙江奉化人，乙未。主事赵贤意，如城，浙江东阳人，乙未。

［试题］君子之德风，行有不得（多福）。

广西：

［试官］主事刘仲斗，紫垣，直隶宣城人，戊戌。行人邱懋炜，肯恬，福建漳浦人，甲辰。

［试题］举尔所知（三句），好学近乎知，能言距杨（二句）。

云南：

［试官］中书李成名，寰知，山西太原人，甲辰。行人王尊德，宾如，贵州贵阳人，甲辰。

［试题］信而后谏，舜其大孝（句），原泉混混（如是）。

贵州：

［试官］主事朱之臣，菊水，四川成都人，甲辰。评事邱云肇，以林，山东诸城人，戊戌。

［试题］君子正其（二句），日月星辰（句），仁义忠信（二句）。

［解元］龙作霖，黎平。

庚戌科

万历三十八年会试，中试三百二人。同考汤宾尹与各房互换闱卷，以私韩敬，故经御史奏劾并寘察典。

［试官］侍郎萧云举，元圃，广西宣化人，丙戌。侍郎王图，则之，陕西耀州人，癸未。

［试题］所谓诚其（节），有美玉于（章），有大人之（事）。

［会元］韩敬。

［鼎甲］韩敬，求仲，浙江归安人。马之骐，康庄，河南新野人，中允。钱谦益，受之，直隶常熟人，尚书。

壬子科

万历四十年。

顺天：

［试官］庶子郭淐，苏门，河南新乡人，乙未。谕德朱延禧，蓼水，山东聊城人，乙未。

［试题］为国以礼，知者过之（二句），为其多闻（二句）。

［解元］宋凤翔，羽皇，嘉兴。

应天：

［试官］谕德赵秉忠，峻阳，山东益都人，戊戌。洗马邵景尧，芝南，浙江象山人，戊戌。

［试题］居之无倦，盖曰天之（文也），始条理者（四句）。

［解元］张玮，席之，武进，己未，清惠。

江西：

［试官］检讨周如磐，镇伯，福建莆田人，戊戌。户科韩光祐，岭崟，湖广光化人，辛丑。

［试题］正唯弟子（句），君子之所（见乎），伊尹耕于（节）。

［解元］傅朝佑，右君，临川，壬戌。

浙江：

［试官］编修郑以伟，方水，江西上饶人，辛丑。兵科李瑾，念堂，山西襄陵人，乙未。

［试题］恶不仁者（其身），序事所以（句），学不厌知（仁也）。

［解元］朱国华，海盐。

福建：

［试官］修撰张以诚，瀛海，直隶松江人，辛丑。户科徐绍吉，雅池，四川保宁人，乙未。

［试官］君子不重（章），礼所生也，枉己者未（句）。

湖广：

［试官］编修李荫昌①，集虚，直隶昆山人，丁未。户科姚宗文，益城，浙江慈溪人，己丑。

［试题］多闻阙疑（节），王天下有（句），在我者皆（句）。

［解元］易文明，武昌。

河南：

［试官］光禄王纪，宪葵，山西芮城人，己丑。主事徐可行，心如，山东寿光人，甲辰。

［试题］舜有天下（节），至诚之道（二句），由君子观（希矣）。

山东：

［试官］郎中梅之焕，长公，湖广麻城人，己丑。主事杨述中，衡毓，四川富顺人，己丑。

［试题］子以四教（章），敬大臣也（三句），王如用予（五句）。

---

① 《皇明三元考》作"李胤昌"。

［解元］徐日升，海曙，长山，金事。

山西：

［试官］主事郭士望，天谷，湖广蕲水人，甲辰。主事王世德，回溪，浙江永康人，辛丑。

［试题］天下有道（则见），故大德必（二节），晋平公之（贤也）。

［解元］王时英，柱石，垣曲，己未。

陕西：

［试官］主事萧丁泰，吉甫，湖广汉阳人，辛丑。主事赵士谔，荩庵，直隶吴江人，辛丑。

［试题］有人此有（三句），齐之以礼，人人有贵（思耳）。

［解元］王崇士。

四川：

［试官］主事张应徵，停书，山西猗氏人，乙未。评事陈向庭，美用，广东新会人，甲辰。

［试题］能以礼让（何有），所求乎臣（二句），五十而慕（之矣）。

广东：

［试官］主事洪启聪，怀昭，福建南安人，甲辰。主事缪国维①，西园，直隶吴县人，辛丑。

［试题］言之必可（句），所求乎臣（二句），以直养而（句）。

［解元］吴殿邦，海日，海阳，癸丑。

广西：

［试官］主事来斯行，马湖，浙江萧山人，丁未。中书沈士茂，坦斋，浙江乌程人，甲辰。

［试题］子击磬于（句），天之所覆（四句），予将以斯（句）。

云南：

［试官］主事余大成，集生，直隶祁门人，丁未。中书王尊德，宾予，贵州前卫人，甲辰。

［试题］君子不可（受也），有余不敢尽，夫道若大（句）。

贵州：

［试官］主事王家相，襟褒，浙江海盐人，庚戌。行人彭际遇，紫岳，广东东莞人，丁未。

［试题］雍之言然，辟如天地（节），其为气也（与道）。

---

① 《皇明三元考》作"张国维"，当是。

癸丑科

万历四十一年会试，中式三百四十四人。入相八人：刘鸿训、李国楮、周延儒、洪铨、吴甡、王应熊、范景文、杨景辰。

[试官] 内阁叶向高，台山，福建福清人，癸未。侍郎方从哲，中涵，浙江德清人，癸未。

[试题] 我未见好（章），舜好问而（句），得志与民（二句）。

[会元] 周延儒。

[鼎甲] 周延儒，玉绳，直隶宜兴人，内阁。庄奇显，九微，福建晋江人。赵师尹，瀛松，江西德化人。

乙卯科

万历四十三年。

顺天：

[试官] 侍讲龚三益，兰石，直隶武进人，辛丑。中允杨守勤，昆阜，浙江慈溪人，甲辰。

[试题] 刚毅木讷（章），则可以赞（句），存乎人者（章）。

应天：

[试官] 中允孙承宗，恺阳，直隶高阳人，甲辰。谕德周如磐，镇伯，福建莆田人，戊戌。

[试题] 可与共学（章），官盛任使（章），夫志气之（六句）。

[解元] 叶有声，君实，上海，己未，尚书。

江西：

[试官] 编修黄如炳，倬星，广东顺德人，甲辰。兵科吴亮嗣，明仲，湖广广济人，甲辰。

[试题] 敏于事而（正焉），远之则有（二句），尧以不得（句）。

[解元] 王绩灿，伟奏，安福，乙丑，御史。

浙江：

[试官] 编修吴宗达，去闻，直隶宜兴人，甲辰。户科刘文炳，戴源，直隶宁晋人，戊戌。

[试题] 为人君止（二句），知者乐水（章），古之人与（句）。

[解元] 冯铨，湖州。

福建：

[试官] 检讨来宗道，路然，浙江萧山人，甲辰。刑科姜性，幼蒙，湖广巴陵人，

壬辰。

［试题］子谓子贱（章），言而民莫（句），恭者不侮人。

［解元］陈士奇，平人，莆田，乙丑，巡抚。

湖广：

［试官］检讨邱士毅，见南，江西丰城人，甲辰。刑科姚若水，巧元，直隶桐城人，辛丑。

［试题］此谓唯仁（节），贤者识其（道焉），禹疏九河（食也）。

河南：

［试官］员外周士显，霍甫，湖广京山人，辛丑。主事梁之垣，丹厓，山东登州人，丁未。

［试题］二三子以（乎尔），道不远人（二节），尧以不得（句）。

山东：

［试官］刑科郭尚宾，噩吾，广东南海人，甲辰。主事徐镆，淡宇，直隶吴江人，辛丑。

［试题］恭宽信敏惠，君子动而（句），所欲与之（句）。

［解元］李元善，蓬莱。

山西：

［试官］员外王道元，洪厓，浙江乌程人，丁未。主事米助，觉天，陕西蒲城人，甲辰。

［试题］子谓伯鱼（矣乎），敬其所尊（二句），求则得之（节）。

陕西：

［试官］光禄周希圣，元功，湖广零陵人，己丑。主事潘澜，汇沧，福建晋江人，甲辰。

［试题］躬自厚而（章），今有璞玉（节）。

［解元］郝维新，三原。

四川：

［试官］员外卢维屏，建台，山西忻州人，辛丑。主事顾起凤，醒石，应天江宁人，庚戌。

［试题］务民之义，善继人之志，有本者如（二句）。

［解元］胡允恭，性之，内江，己未。

广东：

［试官］员外陆梦龙，君启，浙江会稽人，庚戌。主事包见捷，大瀛，云南临安人，己丑。

［试题］动之斯和，好学近乎知，孟子道性（二句）。

广西：

［试官］员外郭忠宁①，履台，直隶吴县人，庚戌。中书董承诏，鸣廉，直隶武进人，丁未。

［试题］子贡问君（章），舜其大孝（保之）。

云南：

［试官］员外杨瞿崃，商淡，福建晋江人，丁未。行人陈所应，宏庵，江西广昌人，丁未。

［试题］颜渊季路（章）。

贵州：

［试官］主事赵钦明②，思文，浙江东阳人，庚戌。行人钟惺，伯敬，湖广天门人，庚戌。

［试题］其严乎富（体胖），孟懿子问（谓也），子路人告（句）。

［解元］佘奕，贵阳。

丙辰科

万历四十四年会试，中式三百四十四人。会元沈同和文出赵鸣阳代作，事觉，并谪戍。鼎甲俱大拜。商邱侯恂、侯恪兄弟同登。

［试官］内阁吴道南，曙谷，江西崇仁人，己丑。尚书刘楚先，衡野，湖广江陵人，辛未。

［试题］君子惠而（五句），人道敏政，为人臣者（接也）。

［会元］沈同和，吴江。

［鼎甲］钱士升，抑之，浙江嘉善人，内阁。贺逢圣，对扬，湖广江夏人，内阁，文忠。林釪，实甫，福建同安人，内阁，文穆。

戊午科

万历四十六年。

顺天：

［试官］庶子赵师圣，我白，江西丰城人，戊戌。谕德薛三省，鲁淑，浙江定海人，辛丑。

［试题］我则异于（二句），发强刚毅（二句），文王一怒（二句）。

［解元］王家基。

应天：

---

① 《皇明三元考》作"郭中宁"。

② 《皇明三元考》作"赵明钦"，当是。

[试官] 谕德郑以伟，于器，江西上饶人，辛丑。赞善来宗道，路然，浙江萧山人，甲辰。

[试题] 子路问君（以敬），远之则有（者也），心之官则思。

[解元] 盛文林，九容，常熟。

江西：

[试官] 编修成基命，靖之，直隶大名人，丁未。工科范济世，含初，河南济源人，戊戌。

[试题] 尧舜帅天（句），子之武城（章），然则一羽（六句）。

[解元] 张斌，宪卿，临川，乙丑。

浙江：

[试官] 编修林欲楫，季翀，福建晋江人，丁未。吏科张廷登，华东，山东章邱人，壬辰。

[试题] 一人定国，敏而好学（二句），壮而欲行之。

[解元] 陈山毓，贲闻，钱唐。

福建：

[试官] 编修丁绍武，默存，直隶贵池人，丁未。吏科张孔教，卓吾，山东掖县人，辛丑。

[试题] 乡也吾见（言乎），或利而行（二句），以笃周祐（勇也）。

湖广：

[试官] 编修马之骐，康庄，河南新乡人，庚戌。刑科陈伯友，勄思，山东济宁人，辛丑。

[试题] 君子有大（得之），多闻择其（句），乐以天下。

河南：

[试官] 尚宝熊尚文，思诚，江西丰城人，乙未。员外朱綵，四川剑州人，庚戌。

[试题] 一匡天下，或勉强而（句），陶以寡且（节）。

山东：

[试官] 兵科李奇珍，四可，浙江嘉善人，辛丑。主事刘伯与①，师晦，直隶宣城人，癸丑。

[试题] 言忠信行（节），悠久所以（句），诗云畏天（言矣）。

[解元] 刑泰吉②，临清，壬戌。

山西：

[试官] 员外陈凤腾③，圣苞，福建莆田人，丁未。主事唐文焕，又文，山东益都

① 《皇明三元考》、《索引》作“吴伯与”。

② 《皇明三元考》、《索引》作“邢泰吉”。

③ 《皇明三元考》、《索引》作“陈腾凤”。

人，丙辰。

[试题] 敏则有功（使人），见而民莫（蛮貊），生则恶可（句）。

陕西：

[试官] 员外杨一鹏，崑岑，湖广衡州人，戊戌。行人刘时俊，梦叙，四川富顺人，庚戌。

[试题] 君子有大（得之），诗云王赫（节）。

[解元] 李尚霖，西安。

四川：

[试官] 主事陆完学，汝成，直隶武进人，丁未。评事齐琦名，群玉，直隶桐城人，癸丑。

[试题] 季康子问（正也），远之则有望，如此则无（句）。

广东：

[试官] 员外熊秉鉴，紫珍，直隶吴县人，癸丑。主事陈应元，幼白，直隶江浦人，癸丑。

[试题] 躬行君子，辟如行远（二句），长幼卑尊（不善）。

[解元] 朱祚昌，黄冈，东莞，己未。

广西：

[试官] 郎中谭昌言，凡同，浙江嘉兴人，辛丑。中书朱童蒙，吾吉，山东莱芜人，庚戌。

[试题] 舜有天下（节），今夫山一（二段），今闻广誉。

云南：

[试官] 主事洪启初；葆元，福建南安人，癸丑。主事李为京，白玉，浙江东阳人，癸丑。

[试题] 文莫吾犹（章），故君子居（君子），如此然后（父母）。

[解元] 施尧中。

贵州：

[试官] 员外方尚恂，菉阿，浙江淳安人，癸丑。行人陈元藻，季琳，福建莆田人，庚戌。

[试题] 天下归仁焉，知所以修（家矣），陶以寡且（节）。

己未科

万历四十七年会试，中式三百五人。庄际昌廷试卷误书"醪"为"膠"，言官劾之，请告归。

[试官] 侍郎史继偕，联岳，福建晋江人，壬辰。侍郎韩爌，象云，山西蒲州人，壬辰。

［试题］有一言而（章），天地位焉（二句），伊尹圣之（句）。

［会元］庄际昌。

［鼎甲］庄际昌，美若，福建晋江人。孔贞运，玉横，应天句容人，内阁，【文忠】。陈子壮，集生，广东南海人，内阁，文忠。

辛酉科

天启元年。

顺天：

［试官］谕德周炳谟，仲觐，直隶无锡人，甲辰。庶子骆从宇，乾沙，浙江武康人，甲辰。

［试题］大哉尧之（句），率性之谓道，乐民之乐（四句）。

［解元］鹿化麟，定兴。

应天：

［试官］谕德黄立极，中五，直隶元城人，甲辰。中允黄儒炳，倬星，广东顺德人，甲辰。

［试题］信以成之，凡有血气（配天），天下大悦（王烈）。

［解元］陈组绶，伯玉，武进，甲戌。

江西：

［试官］修撰周延儒，挹斋，直隶宜兴人，癸丑。户科王继曾，原鲁，福建南安人，庚戌。

［试题］君子道者（不惧），修身则道立，义之于君（句）。

［解元］李国球，铅山，戊辰。

浙江：

［试官］修撰钱谦益，受之，直隶常熟人，庚戌。吏科暴谦贞，襟章，山西屯留人，癸丑。

［试题］乡人皆好（章），中庸其至（句），君子之事（节）。

［解元］姚元凯，慈溪。

福建：

［试官］检讨刘钟英，太疑，湖广麻城人，庚戌。礼科汪庆伯，生洲，浙江开化人，庚戌。

［试题］汤之盘铭（三节），士不可以（句），能治其国（侮之）。

湖广：

［试官］检讨缪昌期，当时，直隶江阴人，癸丑。兵科朱童蒙，吾吉，山东莱芜人，庚戌。

［试题］士不可以（句），尊贤则不惑，天下大悦（无缺）。

［解元］车万合，邵阳。

河南：

［试官］主事虞德隆，素心，直隶金坛人，丁未。主事胡继美，中在，江西鄱阳人，庚戌。

［试题］今吾于人（二句），凡为天下（九经），言举斯心（而已）。

山东：

［试官］刑科刘宏化，衡麓，湖广长沙人，庚戌。主事周鼎，在调，直隶宜兴人，癸丑。

［试题］君子求诸己，和也者天（句），是非之心（句）。

［解元］朱纯，长清，壬戌。

山西：

［试官］光禄何乔远，匪莪，福建晋江人，戊戌。员外李华然，南汀，山东汶上人，庚戌。

［试题］君子信而（句），唯天下至（睿知），吾岂若是（君哉）。

陕西：

［试官］主事唐晖，中楫，直隶歙县人，庚戌。主事赵嗣芳，存孩，湖广咸宁人，丙辰。

［试题］吾之于人（谁誉），博学之审（二句），以善养人（二句）。

［解元］马御辇，泾阳。

四川：

［试官］寺正梁建廷，树宇，陕西岐山人，丙辰。主事杨宏备，蓬初，江西南昌人，丙辰。

［试题］民可使由（章），唯天下至（临也），又尚论古（其书）。

广东：

［试官］员外华颜，心斋，浙江定海人，癸丑。中书吴之仁，育万，江西临川人，癸丑。

［试题］君子成人（句），故君子以（不远），是以如是（可也）。

广西：

［试官］主事顾大章，伯钦，直隶常熟人，丁未。郎中孙毂，偃虹，江西进贤人，丙辰。

［试题］获乎上有（上矣），子夏子游。

云南：

［试官］主事金元嘉，浮弋，直隶吴江人，丁未。行人张其平，心矩，河南偃师人，丙辰。

［试题］道善则得之，武王曰予（为盛），是求有益（二句）。

［解元］刘廷祚。

贵州：

[试官] 主事项梦原，希宪，浙江秀水人，己未。行人张柽芳，中柱，浙江鄞县人，丙辰。

[试题] 知者不惑，唯天下至（临也），东征绥厥（句）。

[解元] 卢垫。

壬戌科

天启二年会试，中式四百九人。故事，阁臣典试，翰詹副之。是科特用二辅臣，后以为常。入相八人：文震孟、傅冠、方逢年、陈演、蒋德璟、方岳贡、黄道周、张四知。

[试官] 内阁何宗彦，昆柱，湖广随州人，乙未。内阁朱国祚，兆隆，浙江秀水人，癸未。

[试题] 定公问一（邦邦乎），思知人不（知天），古之人所（已矣）。

[会元] 刘必达，士徵，天门，中允。

[鼎甲] 文震孟，文起，直隶长洲人，内阁，文肃。傅冠，元甫，江西进贤人，内阁。陈仁锡，明卿，直隶长洲人，祭酒，文庄。

甲子科

天启四年。贺逢圣已命典应天试，魏忠贤以出都不往谢，矫旨追还，以他僚代。陈子壮典浙试，策削奄竖，忠贤假他事削其籍。

顺天：

[试官] 庶子李康先，金我，浙江鄞县人，丁未。谕德王祚远，复明，应天句容人，癸丑。

[试题] 自天下以（为本），樊迟问仁（知人），诗云周虽（谓也）。

应天：

[试官] 侍讲李标，汝立，直隶高阳人，丁未。谕德姜逢元，仲□①，浙江山阴人，癸未。

[试题] 大学之道（二句），非礼勿动，今夫奕之（节）。

[解元] 周镳，仲驭，金坛，戊辰。

江西：

[试官] 检讨丁乾学，天行，顺天宛平人，己未。吏科郝士膏，治寰，陕西郿县人，癸丑。

---

① 原缺，当为"讱"。

［试题］君子坦荡荡，其斯以为（句），欲有谋焉（句）。

［解元］余有敬（丰城）。

浙江：

［试官］编修陈子壮，集生，广东南海人，己未。吏给周之纲，振之，河南商城人，甲辰。

［试题］吾未见刚（章），不言而信，君之视臣（二句）。

［解元］翁鸿业，一瓛，钱唐，乙丑，提学。

福建：

［试官］检讨顾锡畴，九畴，直隶昆山人，己未。户科董承业，启斯，山西介休人，癸丑。

［试题］子所雅言（章），高明所以（句），杨墨之道（不著）。

湖广：

［试官］编修方逢年，书田，浙江遂安人，丙辰。兵科章允儒，鲁斋，江西安昌人，丙辰。

［试题］浸润之谮（段），今天下车（节），长幼卑尊（州也）。

［解元］刘近臣，广济，辛未。

河南：

［试官］工主刘伸，宏宇，江西广昌人，丁未。郎中胡继美，在中，江西鄱阳人，庚戌。

［试题］君子上达，齐明盛服（段），居天下之（三句）。

山东：

［试官］熊人霖，伯中。职方李继贞，平槎，直隶太仓人，癸丑。

［试题］君子尊贤（二句），天下国家（句），修身为大。

［解元］丁乙，东平。

山西：

［试官］刑科熊奋渭，洛望，河南商邱人，丙辰。主事□□□①。

［试题］君子贤其（二句），未若贫而（知磨），乐天者保（句）。

陕西：

［试题］在止于至（善），君子务本，从其大体（句）。

［解元］潘光祖，海虞，临洮，乙丑，副使。

四川：

［试官］主事刘余祐，玉孺，顺天宛平人，丙辰。评事马之陞，曜寰，陕西绥德人，丙辰。

［试题］必也临事（二句），中庸不可（句），唯天下能（如矢）。

---

① 原缺。

广东：

[试官] 主事吴时亮，讷如，浙江乌程人，己未。中书曹师稷，铭石，直隶宜兴人，丙辰。

[试题] 进吾往也，故君子以（不远），人皆有不（政矣）。

广西：

[试官] 主事林肇开，景实，福建晋江人，丙辰。主事王庭柏，直隶华亭人，己未。

[试题] 有财此有用，可谓远也，谏行言听（二句）。

云南：

[试官] 主事施邦曜，四明，浙江余姚人，己未。行人张明陛，山东霑化人，癸丑。

[试题] 君子食无（章）。

贵州：

[试官] 巡按傅家龙，云南昆明人，庚戌。以用兵未差京官主试，巡按主之。

乙丑科

天启五年会试，中式三百人。同考十五人。

[试官] 内阁顾秉谦，六吉，直隶昆山人，乙未。内阁魏广微，显伯，直隶南乐人，甲辰。

[试题] 居敬而行（二句），高明配天，遵先王之（二句）。

[会元] 华琪芳。

[鼎甲] 余煌，武贞，浙江会稽人，尚书。华琪芳，末斋，直隶无锡人，御史。吴孔嘉，天石，直隶歙县人。

丁卯科

天启七年。

顺天：

[试官] 侍读徐时泰，见可，浙江仁和人，壬戌。侍读孙之獬，山东淄川人，壬戌。

[试题] 人能宏道，行而民莫（尊亲），容光必昭焉。

[解元] 金铉，伯玉，大兴，戊辰，主事，忠洁。

应天：

[试官] 侍讲陈具庆，长公，直隶元城人，壬戌。侍讲张士范，心冶，直隶怀安人，壬戌。

［试题］老者安之（二句），见而民莫（蛮貊），仁者无敌。

［解元］沈几，去疑，长洲，戊辰。

江西：

［试官］编修倪元璐，玉汝，浙江上虞人，壬戌。史①科薛国观，宾廷，陕西韩城人，己未。

［试题］临之以庄（二句），从容中道（人也），翩翩乎不（句）。

［解元］孔大德，登小，金溪。

浙江：

［试官］检讨陈盟，四川富顺人，壬戌。吏科张惟一，元中，河南睢州人，癸丑。

［试题］巍巍乎唯（则之），溥博渊泉（节），文王以民（为沼）。

［解元］曹惟才，会稽，辛未。

福建：

［试官］祁彪佳，幼文，浙江山阴人，壬戌。

［试题］先之劳之，诚之者人（句），大舜有大焉。

湖广：

［试官］李明睿，太虚，江西南昌人，壬戌。李鲁生，尊尼，山东霑化人，癸丑。

［试题］为人臣止（句），仁远乎哉（章），言必称尧舜。

［解元］谭元春，友夏，景陵。

河南：

［试官］员外王应泰，陕西汉阴人，壬戌。员外刘伸，宏宇，江西广昌人，丁未。

［试题］仁者必有勇，行而民莫（句），既竭心思（之政）。

山东：

［试官］中书张养，浩庵，山西榆次人，丙辰。中书陆一骐，翼明，浙江海宁人，丙辰。

［试题］人能宏道，子庶民也（二句），上下与天（句）。

［解元］李献明，寿光，戊辰。

山西：

［试官］少卿蒋一骢，颂平，浙江余姚人，辛丑。主事陈宾盛，河南商城人，乙未。

［试题］女器也（琏也），诚者不勉（而得），救民于水（惟扬）。

陕西：

［试官］主事姚昌篆，山西临晋人，壬戌。主事胡福宏，直隶永年人，壬戌。

［试题］己欲立而（句），是以声名（句），诗云经始（灵沼）。

［解元］王昌印，蒲城。

---

① "史"为"吏"之讹。

四川：

[试官] 评事孟兆祥，允吉，山西泽州人，壬戌。

[试题] 夫子之言（天道），用其中于民，入则孝出（学）。

广东：

[试官] 员外张茂颐，元贞，江西新喻人，壬戌。

[试题] 四时行焉（二句），是以声名（节），一乡之善（节）。

广西：

[试题] 君子无所（其极），足食足兵（之矣），大舜有大（人同）。

云南：

[试官] 主事李日俨，山西安邑人，壬戌。行人李昌龄，长婴，直隶新乐人，己未。

[试题] 夫子之道（二句）。

贵州：

[试官] 主事徐大仪，象卿，江西铅山人，壬戌。行人马懋才，陕西安塞人，乙未。

[试题] 大畏民志，如七十子（谓也）。

[解元] 刘芳久，平溪，郎中。

戊辰科

崇正元年会试，中式三百五十二人。廷试探花管绍宁策内"诚"字少撇，御书足之，管因号诚斋。房考用二十人。

[试官] 内阁施凤来，孟翔，浙江平湖人，丁未。内阁，张瑞图，二水，福建晋江人，丁未。

[试题] 身修而后（三句），唐虞之际（二句），国人皆曰（用之）。

[会元] 曹勋，允大，嘉善，侍郎。

[鼎甲] 刘若宰，荫平，直隶怀宁人，谕德。何瑞徵，荆平，河南信阳人。管绍宁，泰阶，直隶武进人，【侍郎】。

庚午科

崇正三年。顺天有武生二人，冒籍中式，经御史奏劾，考官俱镌级。

顺天：

[试官] 庶子姚希孟，孟长，直隶吴县人，己未。谕德姚明恭，昆斗，湖广蕲水人，己未。

[试题] 天下有道（子出），发而皆中（之和），为巨室则（仕也）。

〔解元〕刘进。

应天：

〔试官〕庶子姜曰广，燕及，江西新建人，己未。编修陈演，赞皇，四川井研人，壬戌。

〔试题〕举直错错（者直），则可以赞（句），谨庠序之（二句）。

〔解元〕杨廷枢，维斗，长洲。

江西：

〔试官〕检讨郑之玄，道圭，福建晋江人，壬戌。工科许举卿，公实，直隶上海人，癸丑。

〔试题〕女为君子儒，体群臣则（姓劝），子路人告（三节）。

〔解元〕刘达，临川，甲戌，御史。

浙江：

〔试官〕编修黄道周，幼平，福建莆田人，壬戌。兵科熊德阳，青屿，江西建昌人，丁未。

〔试题〕子张问仁（章），博厚则高明，言近而指（言也）。

〔解元〕曹振龙，木上，萧山。

福建：

〔试题〕心诚求之，行己有耻（三句），武王不泄（节）。

湖广：

〔试官〕编修黄景昉，太稺，福建晋江人，乙丑。户科钟炌，叔愚，江西分宜人，壬戌。

〔试题〕静而后能安，菲饮食而（三句），乐善不倦。

〔解元〕王文南，季豹，江陵。

河南：

〔试官〕主事吴鸣虞，雨阶，直隶宜兴人，壬戌。主事黄鸣俊，跨千，福建莆田人，己未。

〔试题〕吾之于人（节），发而皆中节，王如施人（兵矣）。

〔解元〕徐作霖。

山东：

〔试官〕工科张承昭，笃棐，江西分宜人，己未。主事王陞，念生，直隶上海人，丙辰。

〔试题〕居其所而（句），诗曰嘉乐（节），定四海之（民）。

〔解元〕来仪，临朐。

山西：

〔试官〕乔可聘，圣任，直隶宝应人，壬戌。

〔试题〕能近取譬（节），取人以身，守先王之道。

陕西：

［试官］好仁者无（句），知斯三者（修身），壮者以暇（长上）。

［解元］杨畏知，宝鸡，参政。

四川：

［试官］主事杨鸿，水心，湖广常德人，壬戌。主事王秉鉴，陕西扶风人，乙丑。

［试题］仲尼祖述（句），礼下取于（句）。

广东：

［试官］主事袁继咸，临侯，江西宜兴人，乙丑。

［试题］上好礼则（使也），徵则悠远，德何如则（节）。

广西：

［试官］李若愚，愚公，湖广汉阳人，己未。

［试题］为政以德（章），故天之生（二句），得其心有（三句）。

云南：

［试题］子路人告（人同）。

贵州：

［试官］主事胡钟灵，浙江武康人，戊辰。行人卢经，福建长泰人，戊辰。

［试题］仲尼日月也。

［解元］张今盛，都匀。

辛未科

崇正四年会试，中式三百四十九人。

［试官］内阁周延儒，挹斋，直隶宜兴人，癸丑。内阁何如宠，康侯，直隶桐城人，戊戌。

［试题］君子易事（器之），德为圣人（三句），心之官则（二句）。

［会元］吴伟业。

［鼎甲］陈于泰，大来，直隶宜兴人。吴伟业，骏公，直隶太仓人，司业【少詹、祭酒】。夏曰瑚，直隶山阳人。

癸酉科

崇正六年。

顺天：

［试官］庶子方逢年，书田，浙江遂安人，壬戌。编修倪嘉善，琼圃，直隶桐城人，壬戌。

［试题］是以君子（道也），约之以礼，禹稷当平（贤之）。

应天：

[试官] 庶子丁进，印趋，浙江上虞人，己未。谕德蒋德璟，中葆，福建晋江人，乙丑。

[试题] 生而知之（句），序爵所以（贤也），中心悦而（不服）。

[解元] 桂伸，石埭。

江西：

[试官] 编修杨汝成，直隶华亭人，乙丑。礼科张镜心，湛虚，河南磁州人，壬戌。

[试题] 敏则有功（则悦），峻极于天，至大至刚。

[解元] 刘星耀，金溪，甲戌。

浙江：

[试官] 检讨张维机，福建晋江人，乙丑。兵科林正亨，衷怡，福建福清人，己未。

[试题] 君子义以（章），质诸鬼神（节），经正则庶（句）。

[解元] 俞颖阳，鄞县。

福建：

[试官] 检讨马之骙，山东益都人，乙丑。兵科刘安行，淡心，湖广襄阳人，己未。

[试题] 生而知之（句），礼仪三百（二百），夫道一而（若是）。

[解元] 周吉。

湖广：

[试官] 编修钱受益，浙江山阴人，乙丑。工科张第元，山西汾阳人，壬戌。

[试题] 君子思不（句），修道之谓教，尧舜之知（务也）。

河南：

[试官] 主事宋应亨，山东莱阳人，乙丑。主事王继廉，浙江长兴人，壬戌。

[试题] 道之以德（节），文武之政（二句），为天下得（之仁）。

山东：

[试官] 兵科孟国祚，直隶邢台人，壬戌。主事应喜臣，浙江慈溪人，戊辰。

[试题] 行之以忠，察乎天地，孔子曰德（节）。

[解元] 王章，莱阳，丁亥。

山西：

[试官] 郭寅亮，屺瞻，浙江钱唐人，辛丑。邓铉，元㟽，直隶金坛人，壬戌。

[试题] 林放问礼（哉问），文武之政（二句），民事不可。

陕西：

［试官］选于众举（陶皋①），入其疆土（有庆）。

［解元］广增光，汉中。

四川：

［试官］行之以忠，足以有容也，有安社稷（节）。

广东：

［试题］夫仁者己（立人），抑而强与，不动心有（曰有）。

广西：

［试题］民之所好（句），友直友谅（多闻），圣人治天（四句）。

云南：

［试题］近者悦（二句），好学近乎知，夫以百亩（夫也）。

贵州：

［试官］主事张世基，直隶青浦人，辛未。行人王俊，河南商邱人，辛未。

［试题］生而知之（句），迨天之未（节）。

［解元］赵国佑，铜仁。

甲戌科

崇正七年会试，中式三百二人。刘理顺万历中举乡试，十赴礼闱中式。颜茂猷作五经全题，上命题名于会元李青之前。

［试官］内阁温体仁，长卿，浙江乌程人，戊戌。内阁吴宗达，上于，直隶宜兴人，甲辰。

［试题］其行己也（四句），国有道共（以兴），救民于水（二句）。

［会元］李青，竹君，金坛，主事。

［鼎甲］刘理顺，湛六，河南杞县人，谕德，文烈。吴国华，葵庵，直隶宜兴人。杨国祚，幼鳞，直隶宣城人。

丙子科

崇正九年。

顺天：

［试官］杨世芳，慕完，山西蒲州人，己未。中允刘必达，士微，湖广天门人，壬戌。

［试题］我非生而（章），仁者人也（四句），达不离道（于民）。

应天：

---

① "陶皋"为"皋陶"之讹。

［试官］庶子王锡衮，云南禄劝人，壬戌。谕德李建泰，复余，山西曲沃人，乙丑。

［试题］畏天命（三句），辟如天地（二句），王请大之（之民）。

［解元］章旷，于野，华亭，丁丑，侍郎。

江西：

［试官］编修周凤翔，巢轩，浙江山阴人，戊辰。吏科周纯修，河南光山人，戊辰。

［试题］先有司赦（章），舜其大知（句），无志气之（句）。

［解元］黄腾达，清江。

浙江：

［试官］检讨胡世安，处静，四川井研人，戊辰。刑科王猷，直隶赵州人，壬戌。

［试题］如切如磋（修也），足食足兵（之矣），民事不可（节）。

［解元］倪长圩，伯屏，平湖，丁丑，主事。

福建：

［试官］编修吴之芳，浙江会稽人，辛未。吏科李梦辰，河南睢州人，戊辰。

［试题］修己以敬（百姓），溥博如天，取诸人以（二句）。

湖广：

［试官］编修吴伟业，梅村，直隶太仓人，辛未。吏科宋玫，文玉，山东莱阳人，乙丑。

［试题］焕乎其有（句），天之所覆（二句），易其田畴（节）。

［解元］周寿明，柏心，丁丑。

河南：

［试官］主事黄襄，直隶武进人，戊辰。主事郭之奇，广东揭阳人，戊辰。

［试题］就有道而（句），庸德之行，劳心者治人。

山东：

［试官］兵科凌义渠，骏甫，浙江乌程人，乙丑。主事陈组绶，象孔，直隶武进人，甲戌。

［试题］君子无众（敢慢），言顾行（三句），先立乎其（句）。

［解元］赵进美，韫退，益都，庚辰。

山西：

［试题］固天纵之（句），所求乎臣（二句）。

陕西：

［试题］举善而教（句）。

［解元］宋含真，临潼。

四川：

［试题］有德此有人，抑亦先觉（二句）。

广东：

[试题] 节用而爱人，此天地之（句），成覸谓齐（若是）。

广西：

[试题] 君子周而（句）。

云南：

[试题] 民之所好（二句），孝慈则忠。

贵州：

[试官] 主事熊经，江西临川人，戊辰。行人韩启泰，山西临晋人，甲戌。

[试题] 生财有大道，天下之民（句）。

丁丑科

崇正十年会试，中式三百一人。常熟赵士春、士锦兄弟同登，皆用贤孙。

[试官] 内阁张至发，圣鹄，山东淄川人，辛丑。内阁孔贞运，开仲，应天句容人，己未。

[试题] 民之所好（二句），君子欲讷（章），贤者在位（政刑）。

[会元] 吴贞启，行若，宜兴，提学。

[鼎甲] 刘同升，晋卿，江西吉水人，侍郎，文忠。陈之遴，彦升，浙江海盐人，内阁。赵士春，景之，直隶常熟人，中允。

己卯科

崇正十二年。山东榜两宰辅：益都孙廷铨、临朐冯溥。

顺天：

[试官] 谕德黄起有，应似，福建莆田人，戊辰。

[试题] 生之者众（四句），抑为之不（二句），圣人之忧（句）。

[解元] 梁以樟，公狄，清苑，庚辰。

应天：

[试官] 张维机，福建晋江县人，乙丑。杨观光，浙江鄞县人，戊辰。

[试题] 宽则得众（节），唯天下至（大经），汤执中立（三节）。

[解元] 汤斯祐，秩斯，宣城。

江西：

[试官] 马世奇，素修，直隶无锡人，辛未。

[试题] 行己有耻（弟焉），凡为天下（一也），人无有不（不下）。

[解元] 刘渤，安福。

浙江：

［试官］默而识之（三句），立天下之（句），如此则无（句）。

［解元］宋宾王，余姚。

福建：

［试官］修撰刘理顺，湛六，河南杞县人，甲戌。户科吴甘来，和受，江西新昌人，戊辰。

［试题］行义以达（句），为能经纶（句），人有不为（章）。

［解元］钟垣。

湖广：

［试官］邵□①。章正宸，羽侯，浙江会稽人，辛未。

［试题］为臣不易，中立而（段）。

［解元］曹应昌，石霞，麻城，癸未。

河南：

［试题］言思忠事（二句），君子之所（屋漏），我知言我（二句）。

［解元］熊纬，光山。

山东：

［试官］吴贞启，行人，直隶宜兴人，丁丑。洪恩诏，河南息县人，戊辰。

［试题］君子不器，忠信重禄（二段），夫仁天之（句）。

［解元］高玮，淄川，丙戌。

山西：

［试题］好仁者无（句），万物覆焉，孝子之至（二句）。

陕西：

［试题］因民之所（段），子庶民则（句），吾岂若于（句）。

［解元］邢应斗，南郑，推官。

四川：

［试题］天下归仁焉，舜其大孝（句），急亲贤之（句）。

广东：

［试题］若臧武仲（四句），子庶民则（句），孝子之至（二句）。

广西：

［试题］凡事豫则立，莫大乎尊亲。

云南：

［试题］其养民也惠，博也厚也，无非取于（者也）。

贵州：

［试官］主事刘文翰，陕西洵阳人，甲戌。陈际泰，大士，江西临川人，甲辰。

［试题］康诰曰作（节），立则见其（节），使天下之（之朝）。

---

① 原缺。

庚辰科

崇正十三年会试，中式二百九十六人。

[试官]内阁薛国观，家相，陕西韩城人，己未。内阁蔡国用，正甫，江西金溪人，庚戌。

[试题]博学而笃（二句），知斯三者（家矣），有安社稷（节）。

[会元]杨琼芳，莲仙，句容。

[鼎甲]魏藻德，思令，顺天通州人，内阁。葛世振，仝果，浙江鄞县人。高尔俨，中孚，直隶静海人，内阁，文端。

壬午科

崇正十五年。

顺天：

[试官]中允罗大任，小逊，江西丰城人，辛未。侍讲杨士聪，朝彻，山东济宁人，辛未。

[试题]文质彬彬（二句），力行近乎仁，圣人治天（二句）。

[解元]李震成，霖九，沧州，癸未。

应天：

[试官]洗马何瑞微，含誉，河南信阳人，戊辰。谕德朱统铴，华章，江西南昌人，戊辰。

[试题]定而后能（三句），臣事君以忠，圣人治天（者乎）。

[解元]卢象观，幼哲，宜兴，癸未，中书。

江西：

[试题]夫仁者己（节），洋洋乎发（句），以不忍人（二句）。

[解元]鄞岳寿，清江。

浙江：

[试官]编修吴国华，葵庵，直隶宜兴人，甲戌。吏科范淑泰，通也，山东滋阳人，戊辰。

[试题]君子务本（二句），用其中于民，权然后知（二句）。

[解元]黄涛，嘉兴。

福建：

[试官]编修吴之芳，浙江会稽人，辛未。徐开禧，锡余，直隶昆山人，戊辰。

[试题]赐也何如（章），君子中庸，为我作君（句）。

湖广：

[试官] 兵科孙承泽，耳伯，顺天大兴人，辛未。

[试题] 请益曰无倦，义者宜也，其为人也（天下）。

河南：

[试题] 君子学道（句），回之为人（中庸），膏泽下于民。

山东：

[试题] 任重而道远，上律天时，居之安则（句）。

[解元] 王斗枢，诸城，己丑。

山西：

[试题] 绥之斯来，所以事上（句），有为者亦（句）。

陕西：

[试官] 主事梁羽明，芝山，河南兰阳人，甲戌。

[试题] 因民之所（句），君子而时中，欲为臣尽（句）。

[解元] 王三畏，西安，丁亥。

四川：

[试题] 行己有耻（三句），凡事豫则立，则四海之（以善）。

广东：

[试题] 斯民也三（节），尊贤之等，君子用其（其二）。

广西：

[试题] 绥之斯来，万物覆焉，善政得民（二句）。

云南：

[试题] 其如有容焉，巍巍乎其（二句），君子平其（二句）。

贵州：

[试官] 主事傅天锡，浙江鄞县人，丁丑。行人吴允谦，四川内江人，丁丑。

[试题] 义之与比，修身也（二句），省刑罚薄（易耨）。

[解元] 谭先召。

癸未科

崇正十六年以寇警，八月会试，中式三百九十五人。九月廷试，常熟王曰俞、王澐父子同登，全椒吴国鼎、国龙父子【兄弟】同登。

[试官] 内阁陈演，发圣，四川井研人，壬戌。内阁魏藻德，思合，顺天通州人，庚戌。

[试题] 有德者必（章），中也者天（句），大舜有大（二句）。

[会元] 陈名夏。

[鼎甲] 杨廷鉴，冰如，直隶武进人。宋之绳，其武，应天溧阳人，学士。陈名夏，百史，应天溧阳人，内阁。

国朝贡举考略四卷

国朝贡举考略弁言

选举之法，历代具有条目，科目则选举之一端也。国朝科场取士，制仿前明。其间遇有大庆特开恩科，或逾年即行，或一岁再举，实前明所未有。至中额之减增，经房之分合，则随时酌订，垂诸甲令矣。兰一毡局守二十余年，暇日爰辑乡会题名，藉娱观览。前在颍州，得交宁氏、连氏，凡藏书之家，如刘氏、鹿氏，遍加采访。典试官录其籍贯、官阶，中式者录举首一人，余皆从略，以试录另有专书也。自甲徂辛，编纂略具，来都获睹法大司成梧门先生《清秘述闻》、《槐庭①载笔》诸刻，搜罗宏富，哀然巨观，风行上国，弥惭见闻孤陋。第钞辑既久，未忍遽弃，爰取先生刻再四校兑，自补所阙，付诸梓人，亦聊备下里披阅云尔。嘉庆癸亥十二月望日黄崇兰自志。

国朝贡举考略

三试皆元者二人

钱棨，乾隆己亥，辛丑。陈继昌，原名陈守睿，嘉庆癸酉庚辰科。【睿，即"睿"字，篆文作"叡"，古文作"睿"，籀文作"睿"，今隶用古文。】

会元登状元者十人②

韩菼，康熙癸丑。彭定求，康熙丙辰。陆肯堂，康熙乙丑。王式丹，康熙癸未。彭启丰，雍正丁未。陈倓，雍正癸丑。金甡，乾隆壬戌。蔡以台，乾隆丁丑。汪如洋，乾隆庚子。吴廷琛，嘉庆壬戌。

解元登状元者二人

胡任舆，康熙辛酉，甲戌。吴鸿，乾隆丁卯，辛未。

会元登榜眼者四人

戴名世，康熙己丑。王安国，雍正甲辰。沈昌宇，雍正庚戌。孙辰东，乾隆壬辰。

---

① "庭"为"厅"之讹。

② "十"、"人"间有一空格，本条后又有一空行，疑有缺。

会元登探花者五人

李奭棠，顺治丙戌。秦鉽，顺治乙未。王露，康熙庚辰。杨炳，雍正癸卯。周澧，乾隆辛卯。

会元中传胪者六人

沈玠，康熙甲辰。金德嘉，康熙壬戌。范光阳，康熙戊辰。汪士鋐，康熙丁丑。卜俊民，康熙壬辰。钱楷，乾隆己酉。【许彭寿，道光丁未。】

解元登探花者三【四】人

沈清藻，乾隆辛卯，乙未。陈希曾，乾隆己酉，癸丑。邹家燮，乾隆甲寅，嘉庆辛酉。【张之洞，咸丰壬子，同治癸亥。】

状元大拜者七【九】人

傅以渐，秘书院大学士。吕宫，宏文院大学士。徐元文，文华殿大学士。【庄有恭。】于敏中，文华殿大学士。梁国治，东阁大学士。王杰，东阁大学士。戴衢亨，体仁阁大学士。【潘世恩，武英殿大学士。】

榜眼大拜者一人

陈元龙，文渊阁大学士。【汪廷珍，协办大学士。贾桢，武英殿大学士。朱凤标，体仁阁大学士。】

探花大拜者一人

梁诗正，东阁大学士。

传胪大拜者五人

李光地，文渊阁大学士。汪由敦，协办大学士。蒋溥，东阁大学士。蔡新，文华殿大学士。董诰，文华殿大学士。【杜受田，协办大学士。麟魁，协办大学士。】

解元大拜者二【四】人

朱轼，文华殿大学士。陈宏谋，东阁大学士。【汤金钊，协办大学士。纪昀，协办大学士。】

状元官一品者九人

韩菼，礼部尚书。蔡升元，礼部尚书。陈悳华，礼部尚书。彭启丰，兵部尚书。金德瑛，左都御史。庄有恭，邢①部尚书。钱维城，邢②部尚书。毕沅，湖广总督。戴衢亨，工部尚书。【庄有恭以乾隆三十年由刑部尚书协办大学士，当改列大拜。钱惟城卒于刑部侍郎，恤赠尚书衔，当改列二品。】

【案：雍正十三年尚书始由正二品升从一品，侍郎由正三品升正二品。凡顺治、康熙、雍正三朝尚书皆非一品，侍郎皆非二品也。此考多误。】

榜眼官一品者七人

王鸿绪，尚书。胡会恩。吴涵。任兰枝。秦蕙田。胡高望。沈初。

---

① "邢"为"刑"之讹。
② "邢"为"刑"之讹。

探花官一品者七人

李奭棠，尚书。董讷。徐乾学。翁叔元。魏廷珍。王安国。王际华。

会元官一品者四人

李奭棠。韩菼。王安国。彭启丰。

解元官一品者六人

田种玉，尚书。李绂，总督。周学健。陆宗楷，尚书。纪昀。熊枚。【乾隆前，总督加尚书衔者不多，李绂总督直隶，在雍正朝未尝加尚书，后以内阁学士终，当改列二品。】

状元官二品者七人

史大成，侍郎。严我斯。邓钟岳。金甡。钱棨。潘世恩。

榜眼官二品者七人

李仙根，侍郎。李元振。孙在丰。张廷璐。涂逢震。庄存与。汪廷珍。

探花官二品者十五人

张天植，侍郎。叶方蔼。沈荃。徐秉义。黄叔琳。顾悦履。缪元。程元章。黄孙懋。汪廷玙。倪承宽。邹奕孝。刘跃云。陈嗣龙。董教增。

会元官二品者六人

张贞生，阁学。宫梦仁，巡抚。金甡，侍郎。蒋元益。陈步瀛，巡抚。钱棨。

解元官二品者十八人

朱裴，侍郎。伊阙，巡抚。李涛，侍郎。潘宗洛，巡抚。魏方泰，侍郎。方苞。王承烈。李兰，布政司。乔世臣，侍郎。邵基。晏斯盛。谢道承，阁学。许希孔，侍郎。陈奉兹，布政司。许祖京。李潢，侍郎。戴联奎，阁学。李钧简。

状元官三品者二人

黄轩，川东道加按察司衔。石韫玉，山东按察司。

会元官三品者二人

左敬祖，副都御史。秦钺，按察司。

解元官三品者三人

周起渭，宫詹。余正健，副都御史。李徽，佥都御史。

状元官四品者九人

归允肃，少詹。王世琛。于振，学士。秦大士。庄培因。陈初哲，巡道。史致光，知府。胡长龄，祭酒。赵文楷，知府。

会元官四品者一人

杨炳，学士。

解元官四品者三十一人

张九徵，提学。申毯。钟朗。曾寅，巡道。潘麒生，知府。张光豸，提学。宋衡，学士。赵作舟，分巡道。梅之珩，少詹。徐日暄，祭酒。刘炎，知府。史陆舆，提学。尹泰，少卿。谢济世，粮道。蒋洽秀，知府。贾甡，学士。康忱，知府。刘灿，巡道。

董思恭。缪焕，知府。陈仁，巡道。熊郢宣，学士。单德谟，巡道。邵大业，知府。罗典，少卿。陈朗，知府。莫异兰。姚翀。张曾敩。赵槐符。阎曾履。

【案：国朝本沿明制，分巡分守督粮盐法诸道分四等，曰布政司参政，从三品；曰按察司副使，正四品；曰布政司参议，从四品；曰按察司佥事，正五品。皆道员也。至提学道亦沿明制，而官亦不同。明以顺天为北直隶，江南为南直隶，皆以御史提督学政，与各省以道员偶提学者不同。国初先亦偶南北直隶，各以御史督学。顺治十年，皆改用翰林官偶学院。十二年，改南直隶为江南省，设提学佥事道。至康熙二十四年，复用翰林，上下江并为一员。雍正三年，仍分江苏、安徽各一员，此江苏、安徽两省之沿革也。江西以佥事提学，康熙四十六年改用翰林。浙江以副使提学，康熙二十四年改翰林。福建、湖广、山东、河南、山西、陕甘、广西皆以康熙四十二年改，四川、广东以四十五年改，云南以四十一年始用翰林学院及提学道兼差，雍正四年专用翰林。贵州亦以四十一年改。此各省之沿革也。初，康熙二十四年定制，直隶、江南、浙江曰学院，侍读、侍讲充之。余曰学道，以按察司副使、佥事系官，由六部郎及知府有资望者推用。其后遇缺，请旨特简。四十二年定制，由京堂翰詹科道任者为提督学政，由部郎任者仍为提学道。雍正三年诏由部郎任者俱加翰林院衔。自是各省提学无道衔矣。乾隆二十八年始去各道兼衔。】

状元官五品者六人

马世俊，侍读。缪彤，侍讲。彭定求。陆肯堂。赵熊诏。吴鸿。

会元官五品者十人

张瑗，御史。李锦。杨尔德，给事中。赵青藜，御史。邵嗣宗，侍读。胡绍鼎，御史。孙效曾，侍讲。徐烺，御史。顾珏，员外。钱楷。

解元官五品者三十二人

李模，郎中。潘翘生，给事中。刘伟，御史。孙勷，参议。施震铨，员外。阎锡爵，庶子。杨禹，御史。吴甫生。刘子章。陈瓒。蔡彬，郎中。郭杞。李中，同知。向日贞，御史。何人龙，郎中。王俊，御史。杜谧，郎中。郭石渠。李兆钰，御史。熊为霖，侍郎。欧阳正焕，御史。梁齐瀍，郎中。张馨，给事中。胡绍南，御史。栾廷珍，郎中。薛田玉，同知。刘芬，御史。孟超然，郎中。梁景阳，少卿。萧芝，御史。谷际岐。宓赉言。

【国朝初沿明制，都给事中、左右给事中、御史皆正七品，给事中从七品。雍正七年改给事中正五品，御史由翰林郎中、员外郎补者正五品，由主事、中书、行人、评事、博士、行取知县补者正六品。乾隆二十八年定御史为从五品，以编修、检讨、郎中、员外四项补授。是雍正七年以前，给事、御史皆正七品，乾隆二十八年以前，御史有六品之别。此考概列五品，误矣。】

状元有谥者五人

韩文懿，菼。于文襄，敏中。钱文敏，维城。梁文定，国治。王文端，杰。

榜眼有谥者三人

陈文简,元龙。秦文恭,蕙田。胡文恪,高望。

探花有谥者六人

沈文恪,荃。叶文敏,方蔼。魏文简,廷珍。王文肃,安国。梁文庄,诗正。王文庄,际华。①

解元有谥者三人

朱文端,轼。陈文恭,宏谋。纪文勤,昀。

祖孙会状

彭定求,康熙丙辰。彭启丰,雍正丁未。

祖孙鼎甲

王安国,雍正甲辰榜眼;王引之,嘉庆己未探花。【潘世恩,乾隆癸丑状元;潘祖荫,咸丰壬子探花。】

父子鼎甲

缪彤,康熙丁未状元;缪曰藻,康熙乙未榜眼。任兰枝,康熙癸巳榜眼;任端书,乾隆丁巳探花。汪廷玙,乾隆乙丑探花;汪学金,乾隆辛丑探花。【蒋立镛,嘉庆辛未状元;蒋元溥,道光癸巳探花。苏兆登,嘉庆己未榜眼;苏敬衡,道光丙申探花】。

【叔侄状元

翁同龢,咸丰丙辰;翁曾源,同治癸亥。】

【父子传胪

陈嘉树,道光壬午;陈彝,同治壬戌。】

兄弟鼎甲

徐文元②,顺治己亥状元;徐乾学,康熙庚戌探花;徐秉义,康熙癸丑探花。彭定求,康熙丙辰状元;彭宁求,康熙壬戌探花。庄存与,乾隆乙丑榜眼;庄培因,乾隆甲戌状元。潘世恩,乾隆癸丑状元;潘世璜,乾隆乙卯探花。

七典乡试者二人

彭启丰,雍正己酉河南,壬子云南,乙卯江西,乾隆丙辰山东,辛酉江西,壬午浙江,乙酉顺天。

吴省钦,乾隆戊子贵州,庚寅广西,辛卯湖北,己亥浙江,壬子江西,甲寅浙江,乙卯浙江。

五典礼部试者三人

熊赐履,康熙癸丑、甲戌、丁丑、庚辰、癸未。

德保,乾隆癸未、己丑、庚子、辛丑、甲辰。

王杰,乾隆乙未、戊戌、丁未、己酉、庚戌。

---

① 光绪五年本校注者补:董文恪,教增。

② "文元"为"元文"之讹。

五典乡试者十一人

孙嘉淦，雍正甲辰江西，乾隆丙辰江南，戊午顺天，壬申顺天，癸酉顺天。

蔡新，乾隆甲子江西，壬申江西，丙子顺天，己亥顺天，庚子顺天。

裘曰修，乾隆丁卯湖北，庚午浙江，壬申江南，癸酉浙江，己卯江南。

观保，乾隆辛酉云南，己卯顺天，庚辰浙江，壬午顺天，庚寅顺天。

窦光鼐，乾隆庚寅山西，壬申湖北，庚子福建，己酉浙江，甲寅顺天。

汪廷玙，乾隆庚午河南，壬申湖南，癸酉福建，乙酉湖北，丁酉江西。

刘墉，乾隆癸酉广东，丙子广西，丁酉江南，癸卯顺天，壬子顺天。

汤先甲，乾隆丙子贵州，己卯浙江，乙酉四川，戊子广东，甲午福建。

叶观国，乾隆癸酉河南，丙子湖北，庚辰湖南，辛卯云南，癸卯四川。

钱载，乾隆己卯广西，乙酉江南，甲午江西，己亥江西，庚子江南。

胡高望，乾隆辛卯山东，己亥山东，丙午顺天，戊申江南，己酉江南。

四典礼部试者二人

刘统勋，乾隆辛未、丁丑、辛巳、辛卯。

介福，乾隆辛未、甲戌、丁丑、庚辰。

四典乡试者十七人

文岱，康熙乙酉湖广，庚子山西，雍正癸卯河南，甲辰福建。

鄂尔奇，康熙丁酉顺天，庚子山西，雍正癸卯山西，己酉顺天。

刘统勋，雍正己酉湖北，壬子河南，乾隆丁卯顺天，丙子顺天。

范文①福，乾隆壬申顺天，丙子江南，己卯浙江，庚辰顺天。

□□□②，乾隆戊午福建，辛酉江南，庚午福建，丙子江西。

罗修源③，乾隆甲子山东，乙酉浙江，庚寅江南，甲午顺天。

陈嗣龙④，乾隆丁卯云南，庚午广东，壬申陕西，乙酉陕西。

庄存与，乾隆壬申湖北，癸酉湖北，丙子浙江，辛卯浙江。

钱大昕，乾隆己卯山东，壬午湖南，乙酉浙江，甲午河南。

翁方纲，乾隆己卯江西，壬午湖北，己亥江南，癸卯顺天。

彭元瑞，乾隆辛卯江南，丁酉浙江，丙午顺天，乙卯顺天。

赵佑，乾隆庚子山东，戊申江西，己酉江西，嘉庆戊午顺天。

刘权之，乾隆辛卯贵州，甲午江南，乙卯江南，嘉庆庚申顺天。

王杰，乾隆壬午湖南，辛卯江西，己亥浙江，嘉庆辛酉顺天。

王懿修，乾隆辛卯陕西，甲午广东，庚子江西，癸卯广东。

---

① "范文"二字反印，误。据光绪五年本、光绪八年本，当为"介"。

② 原缺二字，第三字模糊不清。据光绪五年本、光绪八年本，当为"金德瑛"。

③ "罗修源"三字反印，误。据光绪五年本、光绪八年本，当为"曹秀先"。

④ "陈嗣龙"三字反印，误。据光绪五年本、光绪八年本，当为"杨述曾"。

陈嗣龙，乾隆丁酉江西，癸卯湖北，丙午陕西，己酉福建。

罗修源，乾隆庚子山东，丙午广西，壬子陕西，乙卯陕西。

三典礼部试者七人

范文程，顺治丙戌、丁亥、己丑。

李霨，顺治戊戌，康熙甲辰、丙辰。

陈廷敬，康熙壬戌、辛未、癸未。

朱轼，雍正癸卯、甲辰，乾隆丙辰。

张廷玉，雍正癸卯、甲辰，乾隆丁巳。

史贻直，雍正甲辰、丁未，乾隆乙丑。

纪昀，乾隆甲辰，嘉庆丙辰、壬戌。

国朝贡举考略卷一

怀宁黄崇兰辑

顺治二年乙酉科乡试

本年江南、陕西初定，诏于十月举行乡试，凡六省。【是年定例：顺天乡试同考官用中书、行人及候选进士。如不足，则取在外推官、知县到京，送都察院，候顺天府伴行入朝，同主考、监临等官陛辞入闱。五年，诏礼部会同吏部选用。十七年，除郎中不差外，吏部取各部员外郎、主事、中、行、评、博，国子监科甲出身之员，及近京推、知，先取进士出身，若不足，兼取举人出身。康熙二十六年，专用科甲出身知县（直隶），其后复以京官及知县间用。五十六年以后，专用京官。或云乾隆二十一年始停止知县者误。】

顺天：

[试官] 侍读朱之俊，擢秀【一字沧起】，山西汾阳人，壬戌。检讨罗宪汶，篁庵，江西南昌人，癸未。

[试题] 有德此有人。上好信则（句）。在于王所（不善）。

[解元] 郜炳元，飞虹，长垣，丁亥，提学。

江南：

[试官] 检讨刘肇国，阮仙，湖广潜江人，癸未。检讨成克巩，子固，直隶大名人，癸未。①

[试题] 其养民也（二句）。君子而时中。则天下之（朝矣）。

[解元] 张九徵，公选，丹徒，丁亥，提学。

河南：

---

① 此二人，原为成在前，刘在后，李慈铭以对调符改之。

［试官］【吏主】① 欧阳烝，宪文，湖广潜江人，丁丑。【礼主】吕云藻，山西临晋人，癸未。

［试题］舜有天下（皋陶）。行而民莫（句）。其君子实（之中）。

［解元］邢若鹏，南溟，新乡，丙戌②。

山东：

［试官］【兵给】向玉轩，四川通江人，甲戌。【兵主】锁青缙，莨之，河南永宁人，丁丑。

［试题］欲仁而得仁。柔远人则（句）。周公思兼（四句）。

［解元］于四裳，历城，丙戌。

山西：

［试官］郎中孙昌龄，念劬，直隶宁晋人，己未。主事李际期，庚生，河南孟津人，庚辰。

［试题］君子贞而（句）。尊贤也亲（二句）。省刑罚薄（忠信）。

［解元］朱裴，小晋，闻喜，丙戌，侍郎。

陕西：

［试官］员外范士楫，箕生，直隶定兴人，丁丑。中书上官铉，三立，山西翼城人，癸未。

［试题］见善如不及。发而皆中节。周公思兼（句）。

［解元］刘鸿磐，苏岚，韩城。

顺治三年丙戌科会试

中式四百人，不分南、北、中卷。大拜四人：聊城傅以渐、高阳李霨、柏乡魏裔介、临朐冯溥。尚书八人，侍郎十五人。胶州法若真、若贞兄弟同登。冯丁亥补廷试。

［试官］内阁刚林，公茂，满州人。内阁范文程，宪斗，奉天人。内阁宁完我，万涵，满州人。内阁冯铨，伯衡，顺天涿州人，癸丑。

［试题］百姓足君（节）。行而民莫（句）。王道之始也。

［会元］李奭棠。

［鼎甲］傅以渐，于磐，山东聊城人，内阁。吕缵祖，伯承，直隶沧州人，学士。李奭棠，贰公，顺天大兴人，尚书。

---

① 原作"员外"。
② "丙戌"为"丁亥"之讹。

顺治三年丙戌科补行乡试

乙酉、丙戌，科场初开，士子应试都门者间以道涂梗塞，后期始至。朝廷加意招徕，重行乡、会。

顺天：

[试官] 检讨胡统虞，孝绪，湖广武陵人，癸未。检讨白印①谦，子益，山西阳城②人，癸未。

[试题] 若臧武仲（五句）。宽裕温柔（二句）。急亲贤之（句）。

[解元] 贾一元，故城。

江南：

[试官] 编修③张端，君正，山东掖县人，癸未。员外吕崇烈，伯承，山西安邑人，癸未。

[试题] 礼以行之（三句）。知天地之（句）。其自任以（句）。

[解元] 范龙，云生，长洲。

江西：

[试官] 编修魏天赏，崃庵，河南遂平人，癸未。给事郝璧，仲赵，陕西兰州人，己卯。

[试题] 巍巍乎其（节）。及其至也（天地）。民之为道（恒心）。

[解元] 罗绍虞，南昌。

浙江：

[试官] 编修刘正宗，宪石，山东安邱人，戊辰。编修④杜立德，纯一，直隶宝坻人，癸未。

[试题] 多闻择其（二句）。唯天下至（其性）。耕者九一（四句）。

[解元] 冯美玉，玉蕤，乌程，丁亥。

湖广：

[试官] 编修周爰⑤访，成延，山东宁阳人，癸未。给事李运长，顺天大兴人，举人。

[试题] 夫子之道（已矣）。博厚所以（句）。今有璞玉（三句）。

[解元] 李尚隆，潜江。

河南：

[试官] 主事步文政，陕西乾州人，癸未。主事沈润，山东淄川人，癸未。

---

① 印，《索引》作"胤"，《清秘述闻》作"允"。"胤"是，"允"、"印"为讳改。
② 山西阳城，《清秘述闻》作"陕西泾阳"。
③ 编修，《清秘述闻》作"检讨"。
④ 编修，《清秘述闻》作"兵科给事中"。
⑤ 爰，《清秘述闻》作"爱"。

［试题］巍巍乎其（节）。好学近乎知。自西自东（谓也）。

［解元］王赞，懒仙，睢州，己亥。

山东：

［试官］给事杨时化，泌千①，山西阳城人，己未。员外李震成，霖九，直隶沧州人，癸未。

［试题］天下有道（则也）。好学近乎知。善政得民（二句）。

［解元］王介锡，振岩②，临清，己丑。

山西：

［试官］员外孙建宗，毓祺，山东历城人，癸未。主事韩昌毂，山东禹城人，癸未。

［试题］据于德依（二句）。道不远人。圣人百世（句）。

［解元］常大忠，二河，太原，壬辰。

陕西：

［试官］主事孙廷铨，道相，山东益都人，庚辰。中书李实秀，范林，河南汲县人，丙戌。

［试题］文之以礼乐。好学近乎知。夏后氏五（四句）。

［解元］刘铉，子远，洛川，己丑，员外。

顺治四年丁亥科补行会试

中式三百人。大拜五人：武进吕宫、临朐冯溥、钱塘黄机、宛平王熙、武定李之芳。会元不列【馆选】③。

［试官］内阁范文程，辉岳，奉天人。内阁刚林，公茂，满州人。内阁祁充格，满州人。内阁冯铨，伯衡，直隶涿州人，癸丑。内阁宁完我，万涵，满州人。内阁宋权，雨恭，河南商邱人，乙丑。

［试题］尧舜帅天（二句）。知者不惑（章）。行天下之（由之）。

［会元］李人龙，光宸，沧州④，中书。

［鼎甲］吕宫，长音，江南武进人，内阁。程芳朝，其相，江南桐城人，常卿。蒋超⑤，江南金坛人，修撰。

---

① 千，《清秘述闻》作"湄"。

② 岩，《清秘述闻》作"岳"。

③ 原作"选馆"。

④ 沧州，《清秘述闻》作"直隶河间"。

⑤ 光绪五年本校注者补：虎臣。

顺治五年戊子科乡试

本年江西金声桓乱作，乡试未及举行，福建、广东悉归版图，开闱凡九省。

顺天：

[试官] 编修李呈祥，其旋，山东霑化人，癸亥①。编修黄志遴，铨士，福建晋江人，丙戌。【黄志遴官至湖广布政使。】

[试题] 修己以敬（百姓）。忠信重禄（二句）。又尚论古（三句）。

[解元] 李培初，念白，晋宁②，戊戌。

江南：

[试官] 编修梁清宽，敷五，直隶正定人，丙戌。【梁清宽为大学士清标、侍郎清远之兄，官至吏部侍郎。】编修傅维鳞，掌雷，直隶灵寿人，丙戌。【傅维鳞官至工部尚书加太子少保。】

[试题] 夫子循循（节）。及其广厚（三句）。定四海之（三句）。

[解元] 袁大文③，亦文，金坛，己丑。

浙江：

[试官] 编修陈炉，公朗，河南孟津人，丙戌。【陈爌官至陕西布政使。】给事董笃行，瀛宾，河南洛阳人，丙戌。【董笃行官至左副都御使。】

[试题] 颜渊季路（章）。成己仁也（二句）。以善养人。

[解元] 王嗣皋，慈溪，己丑。

福建：

[试官] 编修法若真，【字汉儒】，黄石，山东胶州人，丙戌。【法若真官至安徽布政使。】编修④杭齐苏，东仪，山东聊城人，丙戌。

[试题] 博我以文（二句）。能尽其性（六句）。劳心者治人。

[解元] 李惟华，邵武。

湖广：

[试官] 编修胡兆龙，予衮，【号宛委】，浙江山阴⑤人，丙戌。【胡兆龙官至吏部侍郎，加太子少保、礼部尚书衔。】给事常居仁，备之，山西平乐人，丙戌。

[试题] 定而后能静。举贤才曰（所知）。古之人修（二句）。

[解元] 胡在恪，默斋，江陵，乙未。

---

① "亥"为"未"之讹。
② "晋宁"为"宁晋"之讹。
③ "文"为"受"之讹。
④ 编修，《清秘述闻》作"吏科给事中"。
⑤ 浙江山阴，《清秘述闻》作"顺天大兴"。

河南：

［试官］员外吴允谦，四川内江人，丁丑。员外钟性朴，文子，顺天大兴人。

［试题］季康子问（章）。本诸身徵（二句）。仁义忠信（三句）。

［解元］仝廷举，郿①县。

山东：

［试官］给事姚文然，若侯，江南桐城人，癸未。员外李仲熊，苍峤，直隶永年人，辛未。

［试题］先行其言（二句）。王天下有（二句）。天下之民（句）。

［解元］伊辟，翕庵，新城，乙未，巡抚。

山西：

［试官］给事魏裔介，石生，直隶柏乡人，丙戌。主事方若珽，绣②山，江南桐城人，丁亥。

［试题］敬事而信（二句）。修道以仁。诗去雨我（教之）。

［解元］程正绪，长治。

陕西：

［试官］主事李皓，淡生，江南金坛人，癸未。中书张文炳，虎列，山西阳曲人，丙戌。

［试题］察其所安。时使薄敛（二句）。天下之善（之人）。

［解元］王惟筹，华州。

广东：

［试官］主事于明宝，赓梅，江南金坛人，丁亥。员外田厥茂，心耕，山西蒲州人，丙戌。

顺治六年己丑科会试

中式四百人。阁臣七人典试，前代未有。时两广初定，二甲授参议，三甲授知府，进士释褐即官四品，此创例也。

［试官］内阁刚林，公茂，满州人。内阁祁充格，满州人。内阁范文程，宪斗，奉天人。内阁洪承畴，亨九，福建同③安人，丙辰。内阁宁完我，万涵，满州人。内阁宋权，雨恭，河南商邱人，乙丑。学士王文煃，清远，浙江山阴人。【后复性沈，煃当作奎。】

［试题］汤之盘铭（章）。天下归仁焉。存其心养（节）。

---

① 当作"郏"。

② 绣，《清秘述闻》作"侻"。

③ "同"为"南"之讹。

[会元] 左敬祖，虔孙，河间，副宪。

[鼎甲] 刘子壮，克犹①，湖广黄冈人，修撰。熊伯龙，次侯，湖广汉阳人，学士。张天植，次先，浙江嘉兴②人，侍郎。

顺治八年辛卯科乡试

满州八旗开科自是科始。【时范文程当国，初取百四十人入学，赴科举，首场止二艺，满人、汉人分二榜。康熙中停，止数科。九年庚戌科以后，合为一榜，皆试汉文。】

顺天：

[试官] 检讨李中白，绘先，山西长治人，丁亥。学士鄂密③图，遇义，满州人。侍郎阿密达，满州人。检讨孙自式，王度，江南武进人，丁亥。

[试题] 君子不可（受也）。肫肫其仁。天下之本（三句）。

[解元] 郭藩镇，大兴。

江南：

[试官] 学士高珩，璁珮④，山东淄川人，癸未。编修黄机，次辰，浙江钱塘人，丁亥。

[试题] 君子学道（句）。敬大臣也（三句）。思天下之（沟中）。

[解元] 袁孟义，长宜，丹徒。

江西：

[试官] 检讨邓旭，元昭，江南寿州人，丁亥。给事周之桂，二峰，陕西咸宁人，癸未。

[试题] 兴于诗（章）。唯天下至（临也）。以德行仁（句）。

[解元] 邓际逢，金溪。

浙江：

[试官] 编修蒋超，虎臣，江南金坛人，丁亥。给事李人龙，光宸，直隶沧州⑤人，丁亥。

[试题] 好仁者无（其身）。天地位焉。孔子曰德（节）。

[解元] 余恂，孺子，龙游，壬辰，提学。

福建：

[试官] 编修王一骥，念石，山东蓬莱人，丙戌。给事胡之骏，伯襄，江南山阳

---

① 犹，《清秘述闻》作"猷"。
② 嘉兴，《清秘述闻》作"秀水"。
③ "密"为"貌"之讹。
④ 璁珮，《清秘述闻》作"葱佩"。
⑤ 沧州，《清秘述闻》作"深泽"。

人，丙戌。

[试题] 禹吾无间（句）。简而文温（二句）。劳之来之（德之）。

[解元] 陈圣泰，思庵，侯官，乙未。

湖广：

[试官] 检讨庄同生，玉聪，江南武进人，丁亥。给事王廷谏，念蓼，山西翼城人，丙戌。

[试题] 躬行君子。率性之谓道。二者皆法（句）。

[解元] 李奇生，梅荫，汉阳，壬辰。

河南：

[试官] 员外宋学洙，文起，湖广江陵人，丁亥。主事张笃行，右只①，山东章邱人，丙戌。

[试题] 君子学以（句）。天地位焉。如此然后（句）。

[解元] 张悌，祥符。

山东：

[试官] 给事杜笃祜，振门，山西蒲州人，丙戌②。主事杨时荐，贤甫，直隶巨鹿人，丙戌。

[试题] 惟仁者能（章）。知斯三者（二句）。亲亲而仁民。

[解元] 滕国相，和梅，乐昌③。

山西：

[试官] 主事韩充美，在中，山东即墨人，丙戌。主事柴望岱，东巡，直隶曲周人，丙戌。

[试题] 敏而好学（二句）。舜其大孝（二句）。为人臣者（二句）。

[解元] 王恭先，孝伯，汾阳，己亥。

陕西：

[试官] 员外④范光文，潞公，浙江鄞县人，己丑。主事⑤梁知先，朗公，山东邹平人，丙戌。

[试题] 何器也曰（二句）。所求乎臣（二句）。继之以不（句）。

[解元] 萧垣，月安，三原，壬辰。

四川：

[试官] 中书徐兆举，秘书，顺天大兴人，丁亥。员外吴南岳，泰岩，江南武进人，己丑。

---

① "只"为"石"之讹。
② 误。《清秘述闻》作"丙子举人"，是。
③ "乐昌"为"昌乐"之讹。
④ 员外，《清秘述闻》作"吏部主事"。
⑤ 主事，《清秘述闻》作"工部员外郎"。

[试题] 文行忠信。德为圣人。人人亲其（下平）。

[解元] 李之铧，郁和，铜梁。

广东：

[试官] 员外陈衷一，陶庵，河南兰阳人，丙戌。中书朱克简，淡子，江南宝应人，丁亥。

[试题] 齐之以礼。择乎中庸（之矣）。学则三代（句）。

[解元] 周继贤，【顺德】。

广西：

[试官] 郎中刘光斗，晖吉，江南武进人，己丑①。评事李铭常，纪功，江南金坛人，己丑。

顺治九年壬辰科会试

初分南、北、中卷，中式四百人。会元程可则以磨勘除名，首艺不遵传注故也。寿光刘毓桂、印桂兄弟同登。

[试官]【内阁希福，满洲正黄人。】尚书陈泰，奉天人。学士胡统虞，此庵，湖广武陵人，癸未。学士成克巩，青坛，直隶大名人，癸未。学士刘清泰，奉天人。【内阁额色赫②，满州镶白人。】

[试题] 君子有大（二句）。参乎吾道（章）。经正则庶（句）。

[会元] 程可则，周量③，南海。

[鼎甲] 邹忠倚，于度，江南无锡人，修撰。【案：是年分满、汉榜，满州状元麻勒吉。】张永祺，尔成，顺天大兴人，少卿。沈【荃】④，贞蕤，江南青浦人，侍郎，文恪。

顺治十一年甲午科乡试

熊伯龙典浙江试，一榜状元三人：史大成、严我斯、蔡启僔。

顺天：

[试官] 编修范周，端⑤臣，江南吴县人，己丑。学士白色纯，【素公】，满洲人。侍郎渥【邬】赫，满洲人。编修吴正治，当世，湖广江夏人，己丑。

[试题] 知者动仁（二句）。取人以身。中心悦而（子也）。

---

① "己"为"乙"之讹。

② 赫，《清秘述闻》作"黑"。

③ 周量，《清秘述闻》作"量周"。

④ 原作"奎"。

⑤ 端，《清秘述闻》作"瑞"。

［解元］田种玉，公琢，宛平，乙未，侍郎。

江南：

［试官］赞善姜元衡，玉璿，山东即墨人，己丑。编修马华①曾，觐扬，浙江平湖人，己丑。

［试题］士不可以（节）。大哉圣人（句）。人人亲其（句）。

［解元］朱朝幹，亮工，句容。

江西：

［试官］庶子②卓彝，静岩，浙江武康人，丁亥。给事郭一鹗，玄③庵，河南洛阳人，己丑。

［试题］居之无倦（二句）。悠久所以（句）。入其疆土（一段）。

［解元］张士骥，骏公，南昌。

浙江：

［试官］编修熊伯龙，次侯，湖广汉阳人，己丑。给事许作梅，傅岩，河南新乡人，庚辰。

［试题］吾十有五（章）。怀诸侯则（句）。我非尧舜（二句）。

［解元］钟朗，玉行，石门，己亥，提学。

福建：

［试官］编修李昌垣，长文，顺天宛平人，丁亥。给事刘楗，公愚，顺天大城人，丙戌。

［试题］瑟兮僴兮（四句）。仁远乎哉（章）。孔子圣之（句）。

［解元］熊臣忠，建宁。

湖广：

［试官］编修徐致觉，先众，江南六安人，己丑。礼给赵进美，韫玉④，山东益都人，庚辰。

［试题］子温而厉（章）。子庶民则（畏之）。汤执中立（二句）。

［解元］程飞云，天门，己亥。

河南：

［试官］吏外孙宗彝，孝则，江南高邮人，丁丑。礼主张茁，文霞⑤，浙江嘉善人，壬辰。

［试题］事君敬其（句）。悠久所以（句）。于此有人（五句）。

---

① "华"为"烨"之讹。
② 庶子，《清秘述闻》作"侍讲"。
③ 玄，《清秘述闻》作"元"。"玄"是，"元"为讳改。
④ 玉，《清秘述闻》作"退"，当是。
⑤ "霞"为"葭"之讹。

［解元］王纪昭，祥符，乙①未。

山东：

［试官］刑给林云京，双城，福建福清人，己丑。礼外王天鉴，近微②，直隶宣化人，丙戌。

［试题］务民之义。舜其大知（句）。立贤无方。

［解元］赵作舟，浮山，大嵩③，己未，巡道。

山西：

［试官］光少程正揆，端伯，湖广孝感人，辛未。刑外黄自超④，樵云，浙江秀水人，己未⑤。

［试题］礼云礼云（章）。言而民莫（句）。守约而施（二句）。

［解元］康宏猷。

陕西：

［试官］吏外沈焯，蕴公，浙江乌程人，己丑。户外陆朝瑛，石斋，江南吴县人，丁亥。

［试题］行之以忠。君子之所（二句）。禹思天下（四句）。

［解元］雷壮，咸宁，教谕。

四川：

［试官］郎中李宗孔，书云，江南江都人，丁亥。中书⑥蔡琼枝，阆培，江南无锡人，丁亥。

［试题］行有余力（二句）。诚之者择（二句）。易其田畴（节）。

［解元］冯天培，默佑，西□⑦。

广东：

［试官］【兵郎】⑧ 张夙抱，直隶天津人，癸未。【评事】⑨ 顾赟，蓨⑩来，江南吴县人，己丑。⑪

［试题］动之斯和。足以有容也。及其闻一（江河）。

［解元］梁炳宸，高明。

---

① "乙"为"丁"之讹。
② 微，《清秘述闻》作"薇"，《清史稿》本传亦作"微"。
③ 大嵩，《清秘述闻》作"东平"。
④ "超"为"起"之讹。
⑤ "未"为"丑"之讹。
⑥ 中书，《清秘述闻》作"工部主事"。
⑦ 原被挖去或涂抹，当为"充"。
⑧ 原作"主事"。
⑨ 原作"郎中"。
⑩ 蓨，《清秘述闻》作"倩"。
⑪ 此二人，原为顾在前，张在后，李慈铭以对调符改之。

顺治十二年乙未科会试

中式三百五十人，分汉、满榜。

［试官］内阁额色黑，满洲人。内阁金之俊，岂凡，江南吴江人，己未。学士胡兆龙，予衮，浙江山阴①人，丙戌。侍郎恩国泰，满洲人。

［试题］诗可以兴（七句）。考诸三王（二句）。仁言不如（章）。

［会元］秦钅弋。

［鼎甲］史大成，及超，浙江鄞县人，侍郎。【案：是年亦分汉满榜，满洲状元图尔宸。】戴王纶，经碧，直隶沧州人，粮道。秦钅弋，克绳，江南无锡②人，按察。

顺治十四年丁酉科乡试

江南一榜三鼎甲：马世俊、鲍亦祥、叶方蔼。孙光祀典湖广试，得百六人，捷南宫者六十四人，称为盛事。

顺天：【是科顺天同考官关节事发，腰斩，籍没，妻子流尚阳堡者数人，革流者十余人，主考皆降四级调用。江南亦以关节事发，主考皆革流。】

［试官］庶子曹本荣，伯安，湖广黄冈人，己丑。中允宋之绳，其武，江南溧阳人，癸未。

［试题］仰之弥高（章）。唯天下至（其性）。夫仁天之（二句）。

［解元］万嵩，维岳，顺天，庚戌。

江南：

［试官］侍讲方犹，壮其，浙江遂安人，壬辰。编修钱开宗，亢子，浙江仁和人，庚辰③。

［试题］贫而无谄（章）。忠信重禄（四句）。以不忍人（二句）。

［解元］蒋钦宸，肃公，丹徒。

江西：

［试官］谕德王绍隆，圣质，浙江海宁人，己丑。吏给王益朋，石农，浙江仁和人，乙未。

［试题］大哉尧之（则之）。修身则道（节）。春省耕而（二句）。

［解元］陈以远，南昌。

浙江：

---

① 浙江山阴，《清秘述闻》作"顺天大兴"。
② 无锡，《清秘述闻》作"长洲"。
③ "庚"为"壬"之讹。

［试官］中允张瑞徵，革①平，山东莱阳人，壬辰。吏给②史彪古，焕章，江西鄱阳人，壬辰。

［试题］若圣与仁（章）。舜好问仁（句）。其为气也（句）。

［解元］顾鹏，翎先，秀水，戊戌。

福建：

［试官］谕德余恂，岫云，浙江龙游人，壬辰。兵给刘鸿儒，鲁一，直隶迁安人，丙戌。

［试题］物有本末（二句）。因民之所（句）。孝子之至（二句）。

［解元］吴孟，平海。

湖广：

［试官］检讨薛沄，子大，福建侯官人，壬辰。给事孙光祀，怍庭③，山东历城人，乙未。

［试题］能行五者（敏惠）。则可以赞（五句）。有布缕之（五句）。

［解元］杨辉斗，开敷，荆门，己亥。

河南：

［试官］吏郎黄钐，岳生，湖广善化人，壬辰。礼主丁澎，飞涛，浙江仁和人，乙未。

［试题］君子食无（章）。远之则有（二句）。乃若其情（节）。

［解元］李模，阙庵，郿【郏】县，己丑。

山东：

［试官］户给严沆，子餐，浙江余杭人，乙未。兵郎李世洽，溉林，直隶束鹿人，丁亥。

［试题］子贡问为（章）。诗云鸢飞（节）。民事不可（句）。

［解元］王士骥，陇西，新城，甲辰。

山西：

［试官］【常少】匡兰馨，【石江】，山东胶州人，己丑。礼中④唐赓尧，载歌，浙江会稽人，壬辰。⑤

［试题］既庶矣又（二段）。仲尼祖述（二句）。辅世长民（句）。

［解元］乔甲观，升庵，翼城，辛丑。

陕西：

［试官］吏主刘祚远，子延，山东安邱人，乙未。礼外陈戬，浙江仁和人，乙未。

---

① 革，《清秘述闻》作"华"，当是。

② 吏给，《清秘述闻》作"刑科给事中"。

③ 怍，《清秘述闻》作"祚"。《四库全书总目》作"怍"。

④ 礼中，《清秘述闻》"工部郎中"。

⑤ 此二人，原为唐在前，匡在后，李慈铭以对调符改之。

［试题］先之劳之（二节）。知所以治（二句）。使天下仕（之途）。

［解元］王景晅，汉中。

四川：

［试官］户中解元才，孙硕，山西朔州人，丙戌。评事罗光众，天英，江西新建人，壬辰。

［试题］既庶矣又（一节）。凡有血气（二句）。民事不可缓也。

［解元］蔡其珍，营山。

广东：

［试官］兵中刘澜，直隶霸州人，丙戌。行人黄象雍，静涵，浙江鄞县人，壬辰①。

［试题］三年学不（章）。仲尼祖述（二句）。有布缕之（三句）。

［解元］梁佩兰，芝五，南海，戊辰。

广西：

［试官］郎中徐元珙，荆山，江南武进人，乙未。中书潘瀛选，仙客，江南宜兴人，己丑。

［试题］节用而爱人。尊贤之等。于此有人（则弟）。

［解元］何清，临桂。

顺治十五年戊戌科会试

中式四百人。头场《四书》题三道，由钦命密封送内帘刊印颁发，自是科始。大拜三人：李天馥、熊赐履、陈廷敬。世祖亲覆试江南贡士，拔武进吴珂鸣第一，赐进士一体殿试，鼎甲三人皆顺天甲午榜。

［试官］内阁傅以渐，于磐，山东聊城人，丙戌。内阁李霨，景霱，直隶高阳人，丙戌。

［试题］无为而治（章）。天命之谓（章）。君子所性（二节）。

［会元］张贞生，【榦】臣，庐陵，【阁】学②。

［鼎甲］孙承恩，扶桑，江南常熟人，修撰。孙一致，惟一，江南盐城人，学士。吴国对，玉随，江南全椒人，侍读。

顺治十六年己亥科会试

本年以云南底平，复举会试，此特典也。中式三百五十人。

---

① "壬辰"为"己丑"之讹。

② "榦"、"阁"二字处原有挖改或涂抹痕迹，此据李慈铭补。

［试官］内阁刘正宗，可宗，山东安邱人，戊辰。内阁卫周祚，文锡，山西曲沃人，丁丑。

［试题］欲修其身（七句）。道之以德（二句）。为人臣者（接也）。

［会元］朱锦，天襄，上海，主事。

［鼎甲］徐元文，公肃，江南昆山人，内阁。华亦祥，缵长，江南无锡人，学士。叶方蔼，子吉，江南昆山人，侍郎，文敏。

顺治十七年庚子科乡试

云南贡院未修，学臣未到，乡试定于次年补行。山东主考袁懋德以岁贡典试，此创典也。

顺天：

［试官］【检讨】① 庄朝生，玉墀②，江南武进人，己丑。检讨熊赐履，青岳，湖广孝感人，戊戌。

［试题］志于道据（章）。大哉圣人（三节）。禹闻善言（人同）。

［解元］杨士炌，通州，庚戌。

江南：

［试官］编修谭篆，灌村，湖广天门人，戊戌。给事谌名臣，实庵，江西南昌人，举人。

［试题］仲弓问仁（章）。思修身不（六句）。居天下之（三句）。

［解元］申槎，叔长③，长洲，辛丑，提学。

江西：

［试官］编修萧维豫，介石，山东德州人，戊戌。给事周明新，菊人，浙江象山人，壬戌④。

［试题］予欲无言（章）。博学之审（节）。其身正而（多福）。

［解元］曾寅，以人，清江，庚戌⑤，御史。

浙江：

［试官］编修张贞生，篑山，江西庐陵人，戊戌。刑给汪之洙，直隶遵化人，举人。

［试题］志于道据（三句）。诗云嘉乐（二节）。知者无不（四句）。

［解元］张广益，龙游。

---

① 原作"侍讲"。
② 玉墀，《清秘述闻》作"玉笥"。
③ 长，《清秘述闻》作"施"，当是。
④ "戌"为"辰"之讹。
⑤ "庚戌"为"癸丑"之讹。

福建：

[试官] 学士刘芳躅，增美，直隶宛平人，乙未。工给刘大漠，【孔绪】，直隶沧州人，壬辰。

[试题] 孝弟也者（二句）。郊社之礼（节）。夫君子所（二句）。

[解元] 吴道东①，子绥，侯官，丁未。

湖广：

[试官] 检讨邹度珙，谦受，江西新建人，戊戌。工给薛鼎臣，式九，江南盐城人，甲午举人。

[试题] 樊迟问仁（章）。博学之（节）。心之所同（义也）。

[解元] 黄佳色，攸县。②

河南：

[试官] 吏外夏安运，雨瞻，江西德化人，壬辰。礼中鄂翼明，【廷辅】，奉天人，乙未。

[试题] 君子和而（句）。宜民宜人（二句）。自得之则（六句）。

[解元] 王鸣球，仪皇，鄢陵，丁未，中书。

山东：

[试官] 兵给袁懋德，六完，直隶香河人，岁贡。郎中赵联元，复庵，山西阳城人，丁卯举人。

[试题] 君子义以（为质）。今天下车（节）。人有不为（章）。

[解元] 李嗣真，愿中，新城，甲辰③。

山西：

[试官] 礼给成肇毅，而卓，浙江仁和人，己丑。刑外王仲，【子骏】，浙江会稽人，辛卯。

[试题] 视其所以（三句）。中立而不倚。老吾老以（五句）。

[解元] 张邦祚，太原。

陕西：

[试官] 吏主尹源进，澜柱，广东东莞人，乙未。刑中陈年觳，丰之，奉天人，乙未。

[试题] 子使漆雕（章）。柔远人也（二句）。奋乎百世（者乎）。

[解元] 梁联馨，平凉，甲辰。

四川：

[试官] 兵外张光祖，大光，河南新郑人，己丑。中书孙象贤，鲁斋，山西兴县

---

① "东"为"来"之讹。

② 《清秘述闻》作："蔡寿生，攸县人。"

③ "甲辰"为"丁未"之讹。

人，乙未。

[试题] 有能一日（节）。其斯以为（舜乎）。事孰为大（二句）。

[解元] 刘迪，梅潭，阆中，丁未，员外。

广东：

[试官] 兵主张登选，俊升，奉天人，乙未。行人刘辉，玉函，山东文登人，乙未。

[试题] 视其所以（三句）。所求乎臣（二句）。禹闻善言（句）。

[解元] 龚章，含五，归善，癸丑，检讨。

广西：

[试官] 礼外张易贲，河南卢氏人，乙未。行人何元英，蕤音，浙江秀水人，乙未。

[试题] 其事上也（二句）。序事所以（二句）。乐取于人（句）。

[解元] 仝二戴，灵川。

云南：

[试官] 礼外①刘铉，仲琳，陕西洛川人，己丑。中书张灏，巨川②，江南丹阳人，壬辰。

[试题] 子所雅言（章）。万物育焉。仁者爱人。

[解元] 倪垣，南安。

贵州：

[试官] 评事黄敬玑，在之，山东曲阜人，丁亥。中书陈祚昌，复安，浙江仁和人，乙未。

[试题] 此之谓民（句）。行之以忠。事孰为大（二句）。

[解元] 顾鼎新，黎平。

顺治十八年辛丑科会试

中式四百人。本年停止刊刻试录，惟于场内善写题名录，解送进呈。山阳李时谦、时震、铠兄弟三人同登。【是科馆选，连鼎甲只十三人。传胪张玉书官至文华殿大学士兼户部尚书、太子太保，谥文贞。】

[试官] 内阁成克巩，子固，直隶大名人，癸未。内阁卫周祚，闻石，山西曲沃人，丁丑。

[试题] 知止而后（节）。夫子之文（章）。易其田畴（二节）。

[会元] 陈常夏，铁山，南靖。

---

① 礼外，《清秘述闻》作"兵部员外郎"。

② 川，《清秘述闻》作"津"。

［鼎甲］马世俊，甸臣，江南溧阳人，侍读。李仙根，子①盘，四川遂宁人，侍郎。吴光，长庚，浙江归安人，编修。

康熙二年癸卯科乡试

是科江南得人最盛，鼎甲二人，尚书五人，大学士三人。云南主考蔡驺拔贡典试。

顺天：

［试官］检讨白乃贞，蕴渊，陕西清涧人，壬辰。检讨詹养沈②，心渊，江南婺源人，己亥。

［试题］桃之夭夭（三节）。居敬而行（二句）。宰我曰以（节）。

［解元］纪沄，迅涛，晋州，庚戌。

江南：

［试官］编修王勗，次重，顺天大兴人，己亥。工给王日③高，北山，山东茌平人，戊戌。

［试题］女与回也（章）。仲尼祖述（节）。取诸人以（二句）。

［解元］马晋锡，于④蕃，六安。

江西：

［试官］学士陈敱永，【之遴侄】，学山，浙江海宁人，乙未。吏给刘如汉，倬章，四川巴县人，己亥。

［试题］知者乐水（章）。庸德之行（二句）。一乡之善（之人）。

［解元］邹度镛，奎庵，新建，丁未。

浙江：

［试官］学士李仪古，尚友，直隶任邱人，己丑。礼给⑤李鹏鸣，约庵，陕西富平人，乙酉举人。

［试题］生财有大（节）。子所雅言（章）。有大人者（节）。

［解元］屠又良，尹和，平湖，庚戌。

福建：

［试官］检讨熊赐玙，【赐履弟】，宗玉，湖广孝感人，戊戌。工给何澄，诞登，直隶正定人，壬辰。

［试题］有德此有（四句）。克己复礼（三句）。天子一位（五句）。

［解元］李达可，诏安。

---

① 子，《清秘述闻》作"予"。
② 沈，《清秘述闻》作"沉"。
③ 日，《清秘述闻》作"曰"。
④ 于，《清秘述闻》作"予"。
⑤ 礼给，《清秘述闻》作"吏科给事中"。

湖广：

［试官］检讨王钟灵，龙洲①，山西闻喜人，戊戌。户给俞之琰②，以除，浙江桐乡人，戊戌。

［试题］可与共学（章）。修身以道（二句）。始条理者（四句）。

［解元］黄士玦③，秩玉，江陵，丁未。

河南：

［试官］【吏主】④ 王士禄，西樵，山东新城人，壬辰⑤。礼主柯赓昌，退谷，福建长乐人，己丑。

［试题］诗三百一（章）。诚者不勉（人也）。尧舜之知（二段）。

［解元］冉觐祖，永光，中牟，辛未，检讨。

山东：

［试官］【刑】⑥ 给张惟赤，君常，浙江仁和⑦人，乙未。【礼郎】⑧ 张应瑞，受庵，奉天人，乙未。

［试题］天下归仁（三句）。洋洋乎发（节）。吾岂若使（三句）。

［解元］李之实，赍其，泰安。【案法式善《清秘述闻》，是科山东解元曹贞吉，字升六，安邱人，甲辰进士。】

山西：

［试官］常少杨璆，晋占，直隶宛平人，乙未⑨。户中王象天，文石，陕西富平人，丁亥。

［试题］子路有闻（章）。万物育焉。使天下仕（二句）。

［解元］贾鸣玺，荆生，曲沃，丁未。

陕西：

［试官］吏外刘子正，坦公，直隶吴桥人，乙未。户主许畅，琴公，江南江宁人，壬午举人。

［试题］仁者先难（二句）。庸德之行（二句）。吾岂若使（二句）。

［解元］杨光训，长安。

四川：

---

① 洲，《清秘述闻》作"渊"。
② 原作"炎"。
③ 《清秘述闻》作"焕"。
④ 原作"考功"。
⑤ "壬辰"为"乙未"之讹。
⑥ 原作"礼"。
⑦ 仁和，《清秘述闻》作"海宁"。
⑧ 原作"主事"。
⑨ "乙未"为"癸未"之讹。

［试官］户中徐谓弟，篁友，直隶长垣人，壬辰。中书杜镇，子静，直隶南宫人，戊戌。

［试题］敏于事而（二句）。本诸身徵（二句）。居仁由义（二句）。

［解元］李竑鄩，渠县，庚戌。

广东：

［试官］兵中王大【天】成①，奉天人。行人洪琮，瑞玉【一字谷一】，江南歙县人，壬辰。

［试题］古之学者（章）。君子之道（自卑）。为其多闻（二句）。

［解元］湛凤光，增城。

广西：

［试官］刑外李为霖，次楫，江南兴化人，己亥。中书陈廷枢，葆初，浙江归安人，乙丑②。

［试题］君子尊贤（二句）。子庶民也（二句）。修其身而（句）。

［解元］唐甲，全州。

云南：

［试官］兵主蔡驺，宪静③，江西人，拔贡。行人朱张铭，西渠，浙江嘉善人，乙未。

［试题］乐道人之善。修身也尊（三句）。则天下之（二句）。

［解元］柳志沆，宜良。

贵州：

［试官］礼外④符渭英，非熊，江南金坛人，乙未。评事易道沛，晴湄，湖广汉阳人，己丑。

［试题］近者悦远（二句）。发而皆中（之和）。君子用其（二句）。

［解元］王承祯，普安。

康熙三年甲辰科会试

初废八股取士，专用策论，试改二场。中式二百五十人。

［试官］吏侍郝惟讷，敏公，直隶霸州人，丁亥。内阁李霨，坦园，直隶高阳人，丙戌。户尚杜立德，纯一，顺天宝坻人，癸未。阁学王清，冰壶，山东海丰人，己丑。

［试题］修己以敬论。

———————————

① 《清秘述闻》作"王天成"。
② "乙丑"为"己丑"之讹。
③ 宪静，《清秘述闻》作"静宪"。
④ 礼外，《清秘述闻》作"大理寺评事"。

［会元］沈珩，昭子，海宁，编修。

［鼎甲］严我斯，存庵，浙江归安人，侍郎。李元振，贞孟，河南柘城人，侍郎。秦①宏，子重，江南无锡人，学士。

康熙五年丙午科乡试

湖广主考曹鼎望、广西主考曹首望，兄弟同时典试。首望以拔贡充正考官，尤奇。吴国龙、国对亦兄弟同典。

顺天：

［试官］侍读张允钦，宗尧，江南长洲人，壬辰。礼中沈令式，云中，浙江海宁人，己丑。

［试题］德不孤必（章）。

［解元］李开泰，大兴。

江南：

［试官］礼中徐旭龄，【号敬庵】，元文，浙江钱唐人，乙未。刑【中】② 郑秀，【信从】，江西临川③人，壬辰。

［试题］诗书执礼（二句）。

［解元］储方庆，广期，宜兴，丁未。

江西：

［试官］户中钟琇，青岩，湖广黄安人，壬辰。刑【中】④ 祝昌，山公，河南固始人，己丑。

［试题］节用而爱人。

［解元］潘翘生，起岱⑤，南城，丁未，刑给。

浙江：

［试官］【编修】⑥ 张玉书，素存，江南丹徒人，辛丑。礼【中】⑦ 刘广国，窦⑧生，湖广潜江人，己丑。

［试题］大哉尧之（句）。

［解元］徐景范，余姚。

---

① 秦，《清秘述闻》作"周"。
② 原作"外"。
③ 临川，《清秘述闻》作"金溪"。
④ 原作"外"。
⑤ 岱，《清秘述闻》作"代"。
⑥ 原作"侍讲"。
⑦ 原作"外"。
⑧ 窦，《清秘述闻》作"宝"。

福建：

[试官] 编修吴国对，玉随，江南全椒人，戊戌。户主王汝棐，笃侯，浙江松阳人，乙未。

[试题] 夫子之道（二句）。

[解元] 蔡奎，邵武。

湖广：

[试官] 户中谢观，叔宾，江南上元人，己丑。刑【中】① 曹鼎望，冠五，直隶丰润人，己亥。

[试题] 莫不尊亲。

[解元] 王永清，碧台，安陆，庚戌。

河南：

[试官] 户中熊焯，敏之，陕西咸宁人，己丑。兵外黄宣泰，兰岩，江南山阳人，己丑。

[试题] 求为可知也。

[解元] 杨履泰，孟县。

山东：

[试官] 兵给吴国龙，【国对兄】，玉骊，江南全椒人，癸未。兵主翁祖望，渭公，浙江钱唐人，己丑。

[试题] 文行忠信。

[解元] 魏希徵，子相，郓城，丙辰，编修。

山西：

[试官] 刑中卢易，瑞峰，福建惠安人，乙未。行人朱之翰，鹤门，江南上元人，丁亥。

[试题] 为政以德。

[解元] 王宽，敷五，安邑，庚戌，编修。

陕西：

[试官] 检讨郑之谌，野谋，湖广咸宁人，辛丑。吏外阎敏伟，翼望，山西徐沟人，壬辰。

[试题] 君子学以。

[解元] 杨淑，灵台。

四川：

[试官] 户主董朱衮，【绣章】，山东青城人，己丑。中书梁遂，【字大吕】，云樵，河南鹿邑人，丙戌。

[试题] 臣事君以忠。

---

① 原作"外"。

［解元］韩士修，琢庵，泸州，癸丑，检讨。

广东：

［试官］户主吕正音，五正，浙江新昌人，乙未。户主王鹗，辰岳，山东福山人，乙未。

［试题］民之所好（句）。

［解元］游定海，程乡。

广西：

［试官］户主曹首望，统六，直隶丰润人，拔贡。中书张为仁，致堂，山东海丰人，乙未。

［试题］诲人不倦。

［解元］唐象益，应深，灌阳。

云南：

［试官］给事黏本盛，质公，福建晋江人，己卯举人。中书沈一澄，【雪】① 尨，河南商城人，壬辰。

［试题］臣事君以忠。

［解元］杜道中，邓州。

贵州：

［试官］户主王师夔，【允谐】，江西南城人，壬午。户主张萃，正甫，直隶蠡县人，乙未。

［试题］信以成之。

［解元］章萃，贵阳。

康熙六年丁未科会试

中式一百五十人。河南进士王曰温与父鸣球同对策大廷，人以为荣。鸣球，庚子解元，甲辰进士，官中书。

［试官］吏侍冯溥，孔博，山东临朐②人，丁亥。户尚王宏③祚，玉铭，云南永昌人，庚午举人。兵尚梁清标，玉立，直隶正定人，癸未。阁学刘芳躅，【字增美】，钟山，顺天宛平人，乙未。

［试题］唯天下至化论。

［会元］黄礽绪，成伯，崇明。

---

① 原作“碧”。
② 临朐，《清秘述闻》作“益都”。
③ 宏，《清秘述闻》作“弘”。“宏”为讳改。

［鼎甲］缪彤，歌起，江南吴县①人，侍讲。张玉裁，【玉书兄】，礼存，江南丹徒人，编修。董讷，子重，山东平原人，左都御史。

康熙八年己酉科乡试

本年准大学士等议奏，场中仍用八股，照旧例叠试三场，试录准复行刊刻。

顺天：

［试官］【编修】② 李元振，贞孟，河南柘城人，甲辰。户中【岳】③ 贞，石斋，四川内江④人，甲午举人。

［试题］博学而笃（章）。见而民莫（三句）。万物皆备（句）。

［解元］刘元福，慧生，大名，庚戌。

江南：

［试官］光少苏铨，次公，直隶交河人，丁丑。【工主】⑤ 祁文友，珊洲，广东东莞人，戊戌。

［试题］君子之于（章）。庸德之行（五句）。自生民以（二句）。

［解元］牛奎渚，沧洲，高邮。

江西：

［试官］【户中】⑥ 郑端，司直，直隶枣强人，己亥。行人苌孕秀，青萝，河南封邱人，戊戌。

［试题］巧笑倩兮（章）。凡事豫则立。乐以天下。

［解元］刘锡爵，安福。

浙江：

［试官］给事吴愈圣，用退，福建晋江人，壬辰。中书段昌祚，西美，河南济源人，丙戌。

［试题］知之者不（章）。君子之道（章）。乐民之乐（二句）。

［解元］邵奏平，似宏，仁和。

福建：

［试官］刑中王震生，去非，河南睢州⑦人，壬辰。兵主钟国义，赤松，浙江山阴人，戊戌。

---

① 吴县，《清秘述闻》作"长洲"。
② 原作"学士"。
③ 原作"兵"。
④ 内江，《清秘述闻》作"涪州"。
⑤ 原作"吏外"。
⑥ 原作"司业"。
⑦ 睢州，《清秘述闻》作"杞县"。

［试题］为人君止（句）。近者悦远（二句）。自得之则（六句）。

［解元］何龙文，信周，晋江，辛未，庶常。

湖广：

［试官］【刑中】① 陈必成，德予，顺天宛平【籍浙江山阴】人，乙未。【户外】② 袁鸿谟，萝叟，河南睢州人，乙未。

［试题］二三子以（章）。君子之道（夫妇）。如知者若（大矣）。

［解元］简彬，宝庆③。

河南：

［试官］侍读杜臻，肇余，浙江秀水人，戊戌。【杜臻官至礼部尚书。】吏给王承祖，岳生，陕西渭南人，丙戌。

［试题］行己有耻。君子笃恭（句）。欲为臣尽（句）。

［解元］周大千，固始。

山东：

［试官］修撰严我斯，存庵，浙江归安人，甲辰。兵主虞二球，天玉，浙江定海人，戊戌。

［试题］知之者不（章）。浩浩其天。见其礼而（二句）。

［解元］潘淑葛，济宁。

山西：

［试官］编修周宏，子重，江南无锡人，甲辰。【行人】④ 吴守寀【一字含一】，其疑，江南宜兴人，丁亥。

［试题］先有司赦（三句）。言而世为（句）。君子深造（二句）。

［解元］郭九会，猗氏。

陕西：

［试官］侍读⑤徐元文，公肃，江南昆山人，已亥。评事⑥迟煊，默生，奉天广宁人，乙未。

【案《清秘述闻》，徐元文官修撰。考《国史传》，元文以康熙初江南奏销案里误，由修撰降銮仪卫经历，是年始补国史院修撰，迁秘书院侍读，典试陕西。是此本不误。】

［试题］子曰雍之（句）。尊贤则不惑。分人以财（三句）。

［解元］周蒲璧，四峰，商州，壬戌，检讨。

---

① 原作"吏外"。
② 原作"兵主"。
③ 宝庆，《清秘述闻》"邵阳"。
④ 原作"户主"。
⑤ 侍读，《清秘述闻》作"修撰"。
⑥ 评事，《清秘述闻》作"兵部主事"。

四川：

［试官］【户中】① 詹【崔】尔仰，子高，山西闻喜人，戊戌。礼【外】② 白意，念蓼，陕西澄城人，戊子举人。

［试题］在止于至善。仁远乎哉（章）③。夏曰校殷（四句）。

［解元］程崇，遵义。

广东：

［试官］礼中陈景仁，静公，浙江山阴人，己亥。户主刘源澄，剑津，直隶固安人，壬辰。

［试题］子一以贯之。人道敏政。礼下取于（句）。

［解元］蓝□，大埔。

广西：

［试官］兵中王廷伊，絮庵，山西介休人，己卯【己卯举人】。礼主吕祚德，锡馨，江南金坛人，辛卯【辛卯举人】。

［试题］好古敏以（句）。见而民莫（句）。其为气也（主刚）。

［解元］唐忠弼，全州。

云南：

［试官］编修郑开极，肇修，福建侯官人，辛丑。吏外宋文运，开之，直隶南宫人，己丑。

［试题］固天纵之（句）。修身以道（二句）。用下敬上（四句）。

［解元］李上品，河阳。

贵州：

［试官］吏【中】④ 李宗稷，御怙⑤，陕西岐山人，癸未。户【外】⑥ 顾耿臣，奕闻，浙江嘉善人，戊戌。

［试题］宗族称孝（二句）。凡事豫则立。乃所愿则（句）。

［解元］程春翔，贵阳。

康熙九年庚戌科会试

中式三百人。状元蔡启傅，榜眼孙在丰，皆浙江德清人。山东福山鹿廷瑛、廷瑄兄弟同登。

---

① 原作"编修"。
② 原作"主"。《清秘述闻》作"吏部员外"。
③ 《清秘述闻》作"约我以礼"一句。
④ 原作"外"。
⑤ 怙，《清秘述闻》作"恬"。
⑥ 原作"主"。

［试官］【刑】① 侍王清，【一字冰壶】，素修，山东海丰人，己丑。内阁魏裔介，【石生】，贞庵，直隶柏乡人，丙戌。礼尚龚鼎孳，孝升，江南合肥人，戊辰。学士田逢吉，凝只，山西高平人，乙未。

［试题］巍巍乎惟（名焉）。凡为天下（节）。有天爵者（二节）。

［会元］宫梦仁，宗衮，泰州，巡抚。

［鼎甲］蔡启僔，【一字崑旸】，硕公，浙江德清人，中允。孙在丰，屺瞻，浙江德清人，阁学。徐乾学，【元文兄】，原一，江南昆山人，尚书。

康熙十一年壬子科乡试

顺天同榜四鼎甲：韩菼状元，王鸿绪榜眼，翁叔元、茆荐馨探花。

顺天：

［试官］修撰蔡启僔，硕公，浙江德清人，庚戌。编修徐乾学，原一，江南昆山人，庚戌。

［试题］卫公孙朝（章）。修道之谓教。后稷教民（三句）。

［解元］杨雍，乂夫，宝坻，己未，检讨。

江南：

［试官］刑外詹惟圣，乃庸，浙江建德人，壬辰。中书沈允范，康臣，浙江山阴人，丁未。

［试题］我非生而（章）。成己仁也（五句）。夫君子所（二句）。

［解元］陆舆，亦右，宜兴，己未，提学。

江西：

［试官］光少于嗣登，岱仙，直隶安州人，丙戌。中书童钦承，在公，浙江会稽人，己丑。

［试题］子以四教（章）。德为圣人。诗云雨我（节）。

［解元］彭佫，清江。

浙江：

［试官］侍读沈荃，贞蕤，江南青浦人，壬辰。评事姚祖顼，濮阳，直隶宛平人，戊戌。

［试题］如切如磋（六句）。夫子温良（句）。仁之实事（四句）。

［解元］费之达②，风山，归安，丙辰，编修。

福建：

［试官］刑中张好奇，平子，陕西朝邑人，壬辰。礼主赵崙，阆仙，山东莱阳人，

---

① 原作"吏"。
② "达"为"逵"之讹。

戊戌。

　　[试题] 有一言有（章）。舜其大孝（之内）。五谷熟而（句）。

　　[解元] 林牲，漳浦。

湖广：

　　[试官] 给事朱裴，小晋，山西闻喜人，丙戌。行人刘梅，训夫，直隶故城人，戊戌。

　　[试题] 知止而后（三句）。君子之道（倦焉）。于是始兴（三句）。

　　[解元] 吴甫生，宜臣，兴国，甲戌，御史。

河南：

　　[试官] 编修郭棻，芝仙，直隶清苑人，壬辰。户主邓秉恒，元固，山东东昌人，己丑。

　　[试题] 见贤思齐（章）。富有四海（句）。遵先王之（二句）。

　　[解元] 刘观，睢州。

山东：

　　[试官] 检讨杨仙枝，简人，山西宁山人，丁未。中书张鹏，南溟，江南丹徒人，辛丑。

　　[试题] 敬事而信（三句）。可以赞天（二句）。圣人人伦（句）。

　　[解元] 王鼎冕，甲先，滨州，癸丑，检讨。

山西：

　　[试官] 行人余国柱，石臣，湖广大冶人，壬辰。中书张衡，友石，直隶景州人，辛丑。

　　[试题] 举善而教（句）。足以有临也。夫仁亦在（句）。

　　[解元] 杨作桢，薪庵，绛州，丙辰，编修。

陕西：

　　[试官] 编修汪肇衍，念宏，浙江钱塘人，甲辰。户主叶映榴，炳①霞，江南上海人，辛丑。

　　[试题] 知之为知（三句）。君子依乎（句）。言举斯心（二句）。

　　[解元] 王吉相，天相，邠州，丙辰，检讨。

四川：

　　[试官] 户中王士正②，【士禄弟】，贻上，山东新城人，乙未③。工主郑日奎，次公，江西贵溪人，己亥。

　　[试题] 老者安之（三句）。此天地之（句）。文王视民（二节）。

---

　　① 炳，《清秘述闻》作"丙"。

　　② "正"为讳改，一作"祯"、"禛"。

　　③ "乙未"为"戊戌"之讹。

［解元］杨兆龙，蓬溪。

广东：

［试官］户主郭昌，介繁，河南太康人，戊戌。吏主彭襄，退庵，四川中江人，乙未。

［试题］我不欲人（章）。序事所以（句）。可欲之谓（二句）。

［解元］彭洪绩，顺德。

广西：

［试官］刑中陆舜，元升，江南泰州人，甲辰。礼主毛奎①，锦来，江西新昌人，戊戌。

［试题］见贤思齐（句）。博学之审（二句）。则天下之（朝矣）。

［解元］沈懋才，岑溪。

云南：

［试官］编修董讷，子②重，山东平原人，丁未。兵主邵嘉③，令④儒，浙江富阳人，乙未。

［试题］居之无倦。德为圣人。召太师曰（之乐）。

［解元］李春葵，昆明。

贵州：

［试官］工外吴元龙，长人，江南娄县人，甲辰。户主杨西狩，华觐，江西进贤人，壬辰。

［试题］敬事而信。君子之道（而隐）。设为庠序（句）。

［解元］李士英。贵阳。

康熙十二年癸丑科会试

中式一百五十人。鼎甲同时皆陟八座，韩菼礼部尚书，王鸿绪工部尚书，徐秉义吏部侍郎。

［试官］刑侍姚文然，龙怀，江南桐城人，癸未。内阁杜立德，敬修，直隶宝坻人，癸未。礼尚龚鼎孳，芝麓，江南合肥人，庚辰⑤。学士熊赐履，敬存，湖广孝感人，戊戌。

［试题］所谓平天（节）。樊迟问仁（章）。尽其心者（节）。

［会元］韩菼。

---

① 奎，《清秘述闻》作"逵"。
② 子，《清秘述闻》作"兹"。
③ 邵嘉，《清秘述闻》作"邵佳允"。
④ 令，《清秘述闻》作"全"。
⑤ "庚辰"为"甲戌"之讹。

［鼎甲］韩菼，元少，江南长洲人，尚书，文懿。王鸿绪，季友，江南娄县人，尚书。徐秉义，【乾学弟】，彦和，江南昆山人，侍郎。

康熙十四年乙卯科乡试

时三逆叛据西南，至壬戌始全行收复，次第补行乡试。广东全省震惊，赵文照①从容校阅，所拔仍皆名流。

顺天：

［试官］修撰韩菼，慕庐，江南长洲人，癸丑。编修王鸿绪，季友，江南华亭②人，癸丑。

［试题］子贡问君（章）。致中和天（节）。孟子谓万（章）。

［解元］刘伟，介庵，滦州，乙丑，御史。

江南：

［试官］户中孙昌期③，大受，河南叶县人，壬辰。礼外劳之辨，书升，浙江石门人，甲辰。【劳之辨官至左副都御史。】

［试题］乐其可知（章）。忠恕违道（句）。言举斯心（二句）。

［解元］施震铨，长六，吴县，戊辰，员外。

浙江：

［试官］编修徐秉义，彦和，江南昆山人，癸丑。吏给王垓，巢云，山东长山人，己丑。

［试题］子谓子产（章）。知远之近（四句）。以友天下（节）。

［解元］陈锡嘏，介眉，鄞县，丙辰，编修。

河南：

［试官］礼外纪愈，孟起，直隶文安人，丁未。中书师若琪，左珣，直隶安肃人，甲辰。

［试题］子贡问君（章）。来百工则（句）。乐取于人（句）。

［解元］王梦求，内乡。

山东：

［试官］编修王掞，【衡孙，太常少卿时敏子】，藻如④，江南太仓人，庚戌。刑外桑开运，雨岚，直隶玉田人，乙未。

［试题］民可使由（章）。修道以仁。宰我子贡（兼之）。

---

① "照"为"昣"之讹。

② 华亭，《清秘述闻》作"娄县"。

③ 昌期，《清秘述闻》作"期昌"。

④ 如，《清秘述闻》作"儒"。

［解元］李涛，紫澜，德州，丙辰，侍郎。

山西：

［试官］编修王维珍，嵋谷，奉天人，庚戌。【王维珍官至浙江巡抚，谥敏懿，一作敏愻。】工外刘士龙，宓城，河南睢州人，壬辰。

［试题］迩之事父（三句）。察其两端（二句）。夫义路也（三句）。

［解元］史珥，彤右，武乡，丙辰，编修。

广东：

［试官］检讨赵文焕，玉藻，山东胶州人，庚戌。吏外卫运扬，武源，陕西韩城人，己亥。

［试题］夫子圣者（二节）。莫不尊亲。言近而指（道也）。

［解元］李拱宸，新会。

康熙十五年丙辰科会试

是科中式一百九十人。归安沈涵、三曾兄弟同登，并列词馆。【案：三曾二甲二名，涵二甲三名。】

［试官］吏侍宋德宜，右之，江南长洲人，乙未。内阁李霨，坦园，直隶高阳人，丙戌。礼尚吴正治，赓庵，湖广汉阳①人，己丑。副使田六善，兼山，山西阳城人，丙戌。

［试题］君子义以（章）。诚者天之（节）。人有恒言（章）。

［会元］彭定求。

［鼎甲］彭定求，访濂、江南长洲人，侍讲。胡会恩，孟纶，浙江德清人，尚书。翁叔元，宝林，江南常熟人，尚书。

康熙十六年丁巳科乡试

是岁因军兴，开科有乡试，无会试，江西、湖广附江南，福建附浙江，山东、山西、陕西附河南。

顺天：

［试官］修撰彭定求，访廉，江南长洲人，丙辰。编修胡会恩，孟纶，浙江德清人，丙辰。

［试题］事君敬其（二句）。舜其大知（章）。孔子之谓（句）。

［解元］王喆生，醇叔，青浦，壬戌，编修。

江南：

---

① 汉阳，《清秘述闻》作"江夏"。

［试官］编修沈上璿①，宗之，浙江秀水人，癸丑。吏外赵士麟，伯云，云南河阳人，甲辰。

［试题］子路问政（无倦）。能尽其性（四句）。亲亲而仁（二句）。

［解元］潘麒生，一韩，溧阳，壬戌，知府。

浙江：

［试官］左庶王尹方，鹤汀，山西安邑人，癸丑。工给丁泰，来公，山东日照人，戊戌。

［试题］譬如为山（章）。君子动而（三句）。学不厌知（圣矣）。

［解元］祝琦，海宁。

河南：

［试官］户中张友杰，稚三，江西临川人，乙未。中书张鸿猷，匡鼎，直隶通州人，辛丑。

［试题］事其大夫（二句）。时使薄敛（二句）。亲亲而仁（二句）。

［解元］屈致懋②。

康熙十七年戊午科乡试

福建乡试至庚申四月补行，主考白梦鼐归至宁波病卒。

顺天：

［试官］杨瑄，玉符，江南娄县人，丙辰。【杨瑄官至内阁学士。】检讨李阜，即山，浙江山阴人，庚戌。【案李阜本姓朱，官至少詹事，后复姓，康熙二十八年任顺天学政。】

［试题］事父母能（二句）。敦厚以崇礼。乐正子强（天下）。

［解元］张光豸，影绣，南宫，己未，提学。

江南：

［试官］仆卿熊一潇，汉若，江西南昌人，甲辰。【熊一潇官至工部尚书。】刑给李迵，奉倩，山东寿光人，乙未③。

［试题］抑为之不（三句）。诚者非自（二句）。民之为道（二句）。

［解元］宋衡，伊平，庐江，己丑④，学士。

江西：

---

① 璿，《清秘述闻》作"璘"。
② 《清秘述闻》作："按：是科山东、山西附入河南并试，河南解元徐大生；山东解元王沛恩；山西解元孙象先。"
③ "乙未"为"甲辰"之讹。
④ "己丑"为"乙丑"之讹。

[试官] 工给姚缔虞，历升①，湖广黄陂人，辛丑②。中书朱射斗，颖滨，浙江归安人，己丑③。

[试题] 子张问仁（三句）。唯天下至（参矣）。善政民畏（四句）。

[解元] 王肇珩，金溪。

浙江：

[试官] 吏中项一经，韦庵，湖广汉阳人，己丑④。中书李鸿霆，季霖，山东新城人，甲辰。

[试题] 子张问政（章）。知所以修（四句）。及其闻一（御也）。

[解元] 叶汝诜，嘉兴⑤。

福建：

[试官] 户中刘元勋，汉臣，陕西咸阳⑥人，己亥。评事白梦萧，仲调，江南江宁人，庚戌。

[试题] 其心休休（容之）。仕而优则（二句）。既醉以酒（节）。

[解元] 鲁炳，旭园，晋江，壬戌，主事。

湖□⑦：

[试官] 吏外王雅，思绳，浙江慈溪人，己亥。中书侯璋，璞庵，山西阳曲人，丁未。

[试题] 诗云乐只（节）。巍巍乎其（二句）。君子以仁（句）。

[解元] 宋敏求，勉岂，□⑧梅，己未，检讨。

河南：

[试官] 吏外王九鼎，菉庵，陕西咸阳⑨人，辛丑。户主方元启，竹友，浙江开化人，辛丑。

[试题] 及其使人（句）。知所以修（治人）。好善足乎（天下）。

[解元] 裴若度，洛阳。

山东：

[试官] 编修翁叔元，宝林，江南常熟人，丙辰。户外高龙光，紫虹，福建长乐人，己亥。

---

① 升，《清秘述闻》作"叔"。
② "辛丑"为"己亥"之讹。
③ "己丑"为"辛丑"之讹。
④ "己丑"为"己亥"之讹。
⑤ 嘉兴，《清秘述闻》作"嘉善"。
⑥ "咸阳"为"咸宁"之讹。
⑦ 原被挖去或涂抹。光绪五年本、光绪八年本作"北"，误，当为"广"。
⑧ 原缺。当为"黄"。
⑨ 咸阳，《清秘述闻》作"三原"。

［试题］不患无位（章）。父母其顺（句）。君子居是（忠信）。

［解元］毕世持，公权，淄川。

山西：

［试官］刑外许孙荃，友苏，江南合肥人，庚戌。中书裘充美，大文，直隶昌平人，丙辰。

［试题］抑为之不（三句）。唯天下至（其性）。禹思天下（节）。

［解元］刘振基，清源。

陕西：

［试官］吏中郑重，次①公，福建建安人，戊戌。刑主俞陈琛，梦符，浙江钱塘人，庚戌。

［试题］默而识之（二句）。莫不尊亲。规矩方员（二句）。

［解元］杨容，孚若，华州，甲戌。

广东：

［试官］礼外钱捷，陶云，浙江象山人，壬辰。

［试题］若臧武仲（五句）。从容中道（句）。自西自东（不服）。

［解元］林开春，南海。

康熙十八年己未科会试

中式一百五十人。

［试官］学士叶方蔼，子吉，江南昆山人，己亥。内阁冯溥，易斋，山东临朐②人，丁亥。尚书宋德宜，蓼天，江南长洲人，乙未。副都杨雍建，自西，浙江海宁人，乙未。

［试题］视其所以（章）。或生而知（节）。无为其所（章）。

［会元］马教思，临公，桐城，编修。

［鼎甲］归允肃，孝仪，江南常熟人，少詹。孙卓，予立，江南宣城人，编修。茆荐馨，楚畹，浙江长兴人，编修。

康熙二十年辛酉科乡试

时三逆初平，云南、贵州、四川、广西逾年始行乡试。朱彝尊典江南试，取中胡任舆、陆肯堂，后俱状元。

顺天：

---

① 次，《清秘述闻》作"山"。

② 临朐，《清秘述闻》作"益都"。

[试官] 修撰归允肃，孝仪，江南常熟人，己未。编修沈珩，稼轩，浙江海宁人，己未。

[试题] 因民之所（二句）。必得其位（四句）。人之所不（四句）。

[解元] 王元介，大名。

江南：

[试官] 检讨冯云绣，懿生，山西代州①人，丙辰。检讨朱彝尊，锡鬯，浙江秀水人，己未。

[试题] 点尔何如（节）。人道敏政（节）。独乐乐与（节）。

[解元] 胡任舆，孟行，上元，甲戌，谕德。

江西：

[试官] 检讨秦松龄，留仙，江南无锡人，乙未。中书郑载飏，瑚山，浙江缙云人，丁未。

[试题] 子张学干（章）。好学近乎（三句）。民事不可（缓）。

[解元] 梅之珩，左白，南城，己丑，少詹。

浙江：

[试官] 侍讲汤斌，孔伯，河南睢州人，壬辰②。礼中于觉世，赤山，山东文登③人，乙未④。

[试题] 司马牛问（切乎）。淡而不厌（三句）。君子以仁（敬之）。

[解元] 蔡彬，与⑤端，德清，庚辰，郎中。

福建：

[试官] 户给孙蕙，树百，山东淄川人，辛丑。吏主刘始恢，价人，江南山阳人，庚戌。

[试题] 行己有耻（节）。取人以身（三句）。以德服人（谓也）。

[解元] 郑元超，福清。

湖广：

[试官] 侍读李来泰，仲章，江西临川人，壬辰⑥。吏外李含春，梅谷，直隶通州人，戊戌。

[试题] 君子矜而（二句）。如此者不（节）。善推其所（句）。

[解元] 刘善锡，仁占⑦，沔阳。

---

① 代州，《清秘述闻》作"振武卫"。
② 壬辰，《清秘述闻》作"己未"。案：汤斌壬辰科成进士，又中己未博学宏词科。
③ 文登，《清秘述闻》作"新城"。
④ "乙未"为"己亥"之讹。
⑤ 与，《清秘述闻》作"以"。
⑥ 壬辰，《清秘述闻》作"己未"。案：李来泰壬辰科成进士，又中己未博学宏词科。
⑦ 占，《清秘述闻》作"召"。

河南：

［试官］侍讲施闰章，尚白，江南宣城人，己丑①。吏外刘元慧，怡斋，直隶正定人，辛丑。

［试题］十室之邑（章）。柔远人则（二句）。礼之实节（一段）。

［解元］宋生，子春，固始。

山东：

［试官］编修曹禾，颂嘉，江南江阴人，己未。刑中林尧英，蜚伯，福建莆田人，癸丑②。

［试题］赐也何如（章）。宽裕温柔（四句）。于是始兴（是也）。

［解元］孙勤，子未，德州，乙丑，通政。

山西：

［试官］检讨严绳孙，苏友，江南无锡人，己未。户外张之溢，九沧，湖广沔阳人，庚戌。③

［试题］愿车马衣（三句）。凡有血气（三句）。以天下养（二句）。

［解元］许琳，一公，曲沃，丁丑，知县。

陕西：

［试官］工给许承宣，力臣，江南江都人，丙辰。编修汪霦，朝彩，浙江钱唐人，己未。

［试题］子之武城（节）。天地之道（不贰）。不违农时（二句）。

［解元］范光宗，谈一④，邰阳，戊辰，赞善。

四川：

［试官］编修方象瑛，渭仁，浙江遂安人，己未。吏外王材任，子重，湖广黄冈人，己未。

［试题］子与人歌（章）。言其上下（句）。尊亲之至（二句）。

［解元］樊泽达，昆来，宜宾，乙丑，赞善。

广东：

［试官］侍读邵远平⑤，戒三，浙江仁和人，己未。中书高曰聪，作谋，山东胶州人，癸丑。

［试题］先有司赦（节）。宽裕温柔（执也）。劳心者治（义也）。

［解元］何腾鲲，新会。

广西：

---

① 己丑，《清秘述闻》作"己未"。案：施闰章己丑科成进士，又中己未博学宏词科。

② "癸丑"为"辛丑"之讹。

③ 《清秘述闻》作："户部郎中杨引祚字嵋崧，湖广枝江人，戊戌进士。"

④ 光绪五年本、光绪八年本无"一"，误。

⑤ 邵远平，《清秘述闻》作"邵吴远"。

［试官］编修乔莱，子静，江南宝应人，丁未①。刑外杨佐国，于常，湖广荆州②人，辛丑。

［试题］文莫吾犹（章）。时使薄敛（二句）。柳下惠不（句）。

［解元］谢明英，【全州】。

云南：

［试官］编修米汉雯，紫来，顺天大兴③人，己未。检讨④高珩，西白⑤，奉天人，丙辰。

［试题］足食足兵（三句）。修身则道立。君子所以（心也）。

［解元］赵节，建水。

贵州：

［试官］编修沈旭初，寅生，江南吴县⑥人，丙辰。户主陆钟吕，节庵，河南商邱人，甲辰。

［试题］既庶矣又（节）。舜其大孝（句）。其身正而（多福）。

［解元］刘子章，道暗，贵筑⑦，御史。

康熙二十一年壬戌科会试

中式二百人。状元蔡升元，庚戌状元启僔从侄。升元及第日，父启贤年四十有六，巍科早掇，色养方长，门祚丰融，海寓罕俪，有纪恩句云："君恩独被臣家渥，十二年中两状元。"

［试官］户侍李天馥，湘北，江南合肥⑧人，戊戌。吏尚黄机，次辰，浙江钱唐人，丁亥。工尚朱之弼，右君⑨，顺天大兴人，丙戌。礼侍陈廷敬，子端，山西泽州人，戊戌。

［试题］诗云瞻彼（节）。子张问仁（章）。圣人治天（四句）。

［会元］金德嘉，会公，广济，检讨。

［鼎甲］蔡升元，徵元，浙江德清人，尚书。吴涵，容大，浙江石门人，都御史。彭宁求，文治⑩，江南长洲人，中允。

---

① 丁未，《清秘述闻》作"己未"。案：乔莱丁未科成进士，又中己未博学宏词科。
② 荆州，《清秘述闻》作"荆门"。
③ 顺天大兴，《清秘述闻》作"直隶安化"。
④ 检讨，《清秘述闻》作"户部主事"。
⑤ 白，光绪五年本、光绪八年本作"自"。《清秘述闻》作"白"。
⑥ 吴县，《清秘述闻》作"昆山"。
⑦ 筑，光绪五年本、光绪八年本作"琉"，误。
⑧ 江南合肥，《清秘述闻》作"河南永城"。
⑨ 君，《清秘述闻》作"若"。
⑩ 治，《清秘述闻》作"洽"。

康熙二十三年甲子科乡试

顺天：

［试官］谕德秦松龄，对岩，江南无锡人，乙未①。编修王沛思，汝敬，山东诸城人，己未。

［试题］性相近也（章）。舟车所至（八句）。天子适诸（节）。

［解元］王颢，赵州。

江南：

［试官］赞善徐潮，青来，浙江钱唐人，癸丑。吏给杨周宪，觉山，浙江仁和人，甲辰。

［试题］述而不作（章）。舟车所至（配天）。我所言我（二句）。

［解元］潘宗洛，书原，宜兴，戊辰，巡抚。

江西：

［试官］编修钱金甫，越江，江南华亭②人，己未。行人胡永亨，肇美，江南舒城人，庚戌。

［试题］君子不重（章）。体群臣则（二句）。朝廷莫知（三句）。

［解元］魏方泰，日乾，广昌，庚辰，侍郎。

浙江：

［试官］编修周庆曾，燕孙，江苏常熟人，己未。中书苏俊，用宾，山东武城人，丙辰。

［试题］大哉尧之（章）。送往迎来（三句）。左右皆曰（用之）。

［解元］陆士炎③，德除，平湖。

福建：

［试官］侍讲王顼龄，【鸿绪兄】，颛士，江南华亭人，己未。中书刘楷，子端，江南南陵人，丙辰④。

［试题］大哉尧之（章）。戒慎乎其（二句）。天之生此（节）。

［解元］邱坦，延平⑤。

湖广：

---

① 乙未，《清秘述闻》作"己未"。案：秦松龄乙未科成进士，又中己未博学宏词科。
② 华亭，《清秘述闻》作"上海"。
③ 炎，《清秘述闻》作"琰"。
④ "丙辰"为"己未"之讹。
⑤ 延平，《清秘述闻》作"永安"。

［试官］兵给①任辰旦，待庵，浙江萧山人，丁未。中书崔徽璧，纪功②，直隶长垣人，庚戌。

［试题］孔子于乡（节）。君子中庸。既竭心思（三句）。

［解元］宋如辰，斗疑③，黄安，己丑④，中允。

河南：

［试官］编修田需，子益，山东德州人，己未。礼中何棨，与偕，江南崇明人，丁亥。

［试题］居则曰不（节）。其斯以为（舜乎）。皆古圣人（二句）。

［解元］毛鹍，紫庵，孟县，辛未，检讨。

山东：

［试官］中允曹鉴伦，蓼怀，浙江嘉善人，己未。礼中李孔嘉，仲淑，直隶景州人，辛丑⑤。

［试题］譬之宫墙（之富）。执其两端（三句）。能言距杨（节）。

［解元］周世求，潜夫，登州。

山西：

［试官］编修赵执信，伸符，山东益都人，己未。兵主戴玺，尔玉，直隶玉田人，戊戌。

［试题］为命裨谌（章）。送往迎来（三句）。或劳心或（七句）。

［解元］刘大鲲，蒲州。

陕西：

［试官］侍讲李振玉⑥，维饶，江西吉水人，庚戌。吏外汪镝，钟如，湖广江夏人，庚戌。

［试题］蘧伯玉使（章）。行而世为（二句）。无非事者（不给）。

［解元］张曾庆，昆诒⑦，华州，辛未，御史。

四川：

［试官］礼中郭茂泰，曾⑧瞻，陕西泾阳人，己亥。兵主涂铨，湘岩⑨，湖广潜江人，庚戌。

---

① 兵给，《清秘述闻》作"工科给事中"。
② 功，《清秘述闻》作"公"。
③ 疑，《清秘述闻》作"凝"。
④ "己丑"为"乙丑"之讹。
⑤ "辛丑"为"甲辰"之讹。
⑥ 玉，光绪五年本校注者注：裕。
⑦ 诒，《清秘述闻》作"诏"。
⑧ 曾，《清秘述闻》作"鲁"。
⑨ 岩，《清秘述闻》作"崖"。

［试题］言寡尤行（三句）。体群臣则（二句）。民日迁善（句）。

［解元］高之霖，垫江。

广东：

［试官］户给王又旦，幼华，陕西郃阳人，己亥。工主刘长发，永存，江南江都人，丁未。

［试题］君子之道（诬也）。今夫天斯（二段）。善政不如（句）。

［解元］王澐，南雄。

广西：

［试官］刑外王曰曾，伟度，江南溧阳人，癸丑。评事高层云，谡苑，江南华亭人，丙辰。

［试题］依于仁游（二句）。好学近乎知。夫道一而（若是）。

［解元］戴蕃嵩，马平。

云南：

［试官］编修王化鹤，六翰，河南武陟人，丙辰。吏外李云会，望越，江南丰城人，丙辰。

［试题］大哉尧之（句）。博学之审（二句）。善教得民心。

［解元］吕从姬，良才，元江。

贵州：

［试官］编修黄与坚，庭表，江南太仓人，己未。户中毛漪秀，公卫，山东掖县人，戊戌。

［试题］述而不作（二句）。修身也尊（三句）。王者之民（二句）。

［解元］项继曾，安顺。

康熙二十四年乙丑科会试

中式一百五十人。总裁王鸿绪胞兄九龄充同考官。榜前拟十卷进呈，恭候钦定名次，自此科始。

［试官］户侍王鸿绪，俨斋，江南华亭①人，癸丑。刑尚张士甄，绣紫，直隶通州人，己丑。都宪②董讷，默庵，山东平原人，丁未。阁学孙在丰，屺瞻，浙江归安③人，庚戌。

［试题］颜渊问仁（节）。仲尼祖述（章）。圣人百世（章）。

［会元］陆肯堂。

---

① 华亭，《清秘述闻》作"娄县"。
② 都宪，《清秘述闻》作"礼部侍郎"。
③ 归安，《清秘述闻》作"德清"。

［鼎甲］陆肯堂，邃升，江南长洲人，侍读。陈元龙，广陵，浙江海宁人，内阁，文简。黄梦麟，砚芝，江南溧阳人，中允。

康熙二十六年丁卯科乡试

顺天同考官不用六部员外、主事、中书等官，止取直隶科甲出身知县充用。

顺天：

［试官］编修杨大鹤，【廷鉴子】，九皋，江南武进人，己未。检讨王思轼，眉长，江西兴国人，壬戌。

［试题］三年学不（章）。诚者自成（二句）。言近而指（下平）。

［解元］多时珍，玉岩，阜城。

江南：

［试官］侍讲米汉雯，秀岩，顺天宛平①人，辛丑②。检讨龚章，含五，广东归善人，癸丑。

［试题］子路曾皙（二节）。有弗学学（五段）。成觊谓齐（节）。

［解元］张学③鹏，翼云，华亭。

江西：

［试官］修撰陆肯堂，淡成，江南长洲人，乙丑。户外李振世，卧衡，直隶长垣人，庚戌。

［试题］衣敝缊袍（章）。序事所以（三句）。昔者子贡（圣矣）。

［解元］徐日暄，润友，高安，戊辰，祭酒。

浙江：

［试官］编修熊赐瓒，逊修，湖广孝感人，丙辰。吏外刘迪，梅潭，四川阆中人，丁未。

［试题］君子谋道（章）。宽裕温柔（八句）。舜明于庶（四句）。

［解元］伍涵芬，芝轩，於潜。

福建：

［试官］给事王连瑛，廉夫，河南永城人，甲辰。吏外④许圣朝，慎余，山东聊城人，癸丑。

［试题］我未见好（节）。有弗学学（五段）。如知者若（四句）。

［解元］萧宏樑，德化。

---

① 顺天宛平，《清秘述闻》作"直隶安化"。

② 辛丑，《清秘述闻》作"己未"。案：米汉雯辛丑科成进士，又中己未博学宏词科。

③ 学，《清秘述闻》作"兆"。

④ 吏外，《清秘述闻》作"礼部员外郎"。

湖广：

[试官] 户给汪晋徵，符尹，江南休宁人，己未。中书冯廷槐，大木，山东德州人，壬戌。

[试题] 禹吾无闻（章）。信乎朋友（三句）。所以动心（二句）。

[解元] 李如闿，京山。

河南：

[试官] 编修陈捷，颖侯，浙江新昌人，己未。中书曾应星，冠岩，江西临川人，庚戌。

[试题] 好仁者无（足者）。言而民莫（二句）。圣人之于（其萃）。

[解元] 阎锡爵，戒过，固始，辛未，庶子。

山东：

[试官] 赞善周清源①，雅楣，江南武进人，己未。礼主柯愿，又邹，福建龙溪人，甲辰。

[试题] 子路问曰（怡怡）。人道敏政（二句）。若孔子则（句）。

[解元] 刘炎②，公琬，阳谷，辛未，知府。

山西：

[试官] 工给何金蘭，相如，江南丹徒人，庚戌。中书徐树毂，【乾学子】，艺初，江南昆山人，乙丑。

[试题] 百工居肆（章）。子庶民则（句）。令闻广誉（二句）。

[解元] 陈绶，焕翰，猗氏，戊辰，知县。

陕西：

[试官] 侍讲高裔，素侯，顺天宛平人，丙辰。中书许曰琮，亦苍，浙江钱唐人，丁未。

[试题] 子禽问于（章）。凡为天下（一也）。其为人也（天下）。

[解元] 孙镡，邠州。

四川：

[试官] 编修许汝霖，时庵，浙江海宁人，壬辰③。户外林麟焻，石来，福建莆田人，庚戌。

[试题] 君子无所（章）。行而世为（二句）。居天下之（节）。

[解元] 刘鹏翥，万县。

广东：

[试官] 常少黄斐，菉园，浙江鄞县人，庚戌。吏外何天宠，昭侯，福建莆田人，

---

① 源，《清秘述闻》作“原”。
② “炎”，《清秘述闻》作“琰”。《索引》辛未科亦作“刘琰”。
③ “壬辰”为“壬戌”之讹。

丁未。

　　［试题］民之所好（二句）。生而知之（句）。不违农时（三段）。

　　［解元］杨元复，高明。

　　广西：

　　［试官］刑给刘国黼，禹美，江南宝应人，壬戌。中书卫秦翰，紫崤①，陕西澄城人，辛丑。

　　［试题］回也非助（章）。文武之政（二句）。大匠诲人（章）。

　　［解元］陆台枢，永康。

　　云南：

　　［试官］编修卢昭②，诚斋，陕西凤翔人，已未。吏主张发辰，维雍，河南杞县人，庚戌。

　　［试题］人能宏③道。宽裕温柔（二句）。出乎其类（二句）。

　　［解元］陈瓒，卤城④，昆明，御史。

　　贵州：

　　［试官］编修赵作舟，浮山，山东东平人，已未。检讨金德嘉，蔚斋，湖广广济人，壬戌。

　　［试题］生而知之（二句）。力行近乎仁。君子存之。

　　［解元］周起渭，渔璜，贵阳，甲戌，詹事。

康熙二十七年戊辰科会试

　　中式一百五十人。

　　［试官］兵侍成其范，愚昆，山东乐安人，辛丑。内阁王熙，子雍，顺天宛平人，丁亥。刑尚⑤徐乾学，健庵，江南昆山人，庚戌。工侍⑥郑重，山公，福建建安人，戊戌。

　　［试题］樊迟问仁（三节）。舜其大孝（二节）。天下之言（章）。

　　［会元］范光阳，国雯，鄞县，知府。

　　［鼎甲］沈廷文，原⑦衡，浙江秀水人，修撰。查嗣韩，荆州，浙江海宁人，编

---

　　①　崤，光绪五年本、光绪八年本作"屾"。
　　②　昭，《清秘述闻》作"熙"。
　　③　"宏"为讳改，当作"弘"。
　　④　城，《清秘述闻》作"臣"。
　　⑤　刑尚，《清秘述闻》作"左都御史"。
　　⑥　工侍，《清秘述闻》作"副都御史"。
　　⑦　原，《清秘述闻》作"元"。

修。张豫章，寄亭①，江南青浦人，洗马。

康熙二十九年庚午科乡试

湖广解元陈大华与兄大群同捷。

顺天：

［试官］学士王掞，颛庵，江南太仓人，庚戌。编修魏希徵，子相，山东郓城人，丙辰。

［试题］君子喻于（章）。宜民宜人（四句）。大人者不（句）。

［解元］张伉，完县。

江南：

［试官］学士王尹方，鹤汀，山西安邑人，癸丑。兵主裴燮，芦院，河南新安人，甲辰。

［试题］先进于礼（章）。文理密查（二句）。欲贵者人（章）。

［解元］刘辉祖，古塘，安庆②。

江西：

［试官］侍读顾藻，懿朴，江南崇明人，丙辰。礼中黄轩，犀御，顺天大兴人，壬戌。

［试题］子路问成（节）。悠远则博厚。游于圣人（句）。

［解元］万俨，宾上，丰城。

浙江：

［试官］春坊张希良，石虹，湖广黄安人，乙丑。户主王谦，拙斋，直隶永年人，丁未。

［试题］君子无所（其极）。子在齐闻（章）。心之官则（得之）。

［解元］吴筼，介臣，仁和，己丑。

福建：

［试官］编修陆菜，次友，浙江平湖人，己未。行人徐炯，【乾学子】，章仲，江南昆山人，壬戌。

［试题］富与贵人（处也）。故天之生（三句）。人能充无（节）。

［解元］潘金卣，建安。

湖广：

［试官］编修周金然，砺岩，浙江山阴人，壬戌。吏外曾华盖，文垣，广东揭阳人，庚戌。

---

① 亭，《清秘述闻》作"庭"。
② 安庆，《清秘述闻》作"桐城"。

［试题］子适卫冉（章）。诚者天之（四句）。仁之实事（章）。

［解元］陈大华，西岳，江夏。

河南：

［试官］编修秦宗游，慎斋，浙江山阴人，己未。工中邱园卜，枚先，江南睢宁人，辛丑。

［试题］四时行焉。致广大而（句）。尧舜之道（句）。

［解元］杨时壮，汤阴。

山东：

［试官］编修余志贞，嵋①洲，广东澄海人，己未。工给②朱云，采章，江南吴县人，丙辰。

［试题］愿车马衣（二句）。小德川流（二句）。禹之声尚（章）。

［解元］苏敬生，安东。

山西：

［试官］检讨潘麒生，一韩，江南溧阳人，壬戌。评事法坛，与瞻，山东灵山人，己未。

［试题］君子以文（章）。辟如天地（二句）。使契为司（如此）。

［解元］甄昭，子布，平定，丁丑，庶常。

陕西：

［试官］学士王顼龄，瑂湖，江南华亭人，丙辰③。刑给钱绍隆，仲扶，浙江嘉兴人，癸丑。

［试题］吾之于人（节）。溥博渊泉（二节）。教以人伦（德之）。

［解元］郭杞，鉴云，耀州，庚辰，员外。

四川：

［试官］仆少程甲化，季白，福建莆田人，辛丑。中书王郑④，文益，直隶曲周人，庚戌。

［试题］子路问成（节）。诚之者择（行之）。汤执中立（二句）。

［解元］梁再灏，蓬溪。

广东：

［试官］常少钱三锡，葭湄，江南太仓人，丙辰。行人刘深，源长，山东淄川⑤人，甲辰。

［试题］事父母能（有信）。率性之谓（二句）。大匠诲人（章）。

---

① 嵋，《清秘述闻》作"湄"。

② 工给，《清秘述闻》作"兵科给事中"。

③ 丙辰，《清秘述闻》作"己未"。案：王顼龄丙辰科成进士，又中己未博学宏词科。

④ 郑，《清秘述闻》作"郲"。

⑤ 淄川，《清秘述闻》作"临淄"。

［解元］梅遇夫，新宁。

广西：

［试官］吏给王焯，青岩，陕西三原人，庚戌。中书蒋德昌，聿修，浙江海宁人，壬戌。

［试题］吾尝终日（章）。序事所以（二句）。君子之守（节）。

［解元］陆应机①，河池。

云南：

［试官］侍讲李澄中，渭清，山东诸城人，己未。刑主刘滋，霖生，直隶任邱人，辛丑。

［试题］子贡曰诗（二节）。辟如天地（二句）。尧舜之道（务也）。

［解元］尹泰，麟峰，蒙目②。

贵州：

［试官］谕德徐嘉炎，华隐，浙江秀水人，己未。中书李有伦，逊五，直隶丰润人，甲辰。

［试题］当独立鲤（三段）。为能经纶（句）。孔子登东（节）。

［解元］管遴，新贵。

康熙三十年辛未科会试

中式一百五十人。初拟吴昺第一，有祺第二，杨中讷第三。上以鼎甲久无北人，遂拔黄叔琳。【以中讷置二甲一名。】

［试官］兵侍李光地，晋卿，福建安溪人，庚戌。内阁张玉书，素存，江南丹徒人，辛丑。户尚陈廷敬，说岩，山西泽州人，戊戌。兵侍王士正【祯】，阮亭，山东新城人，乙未。

［试题］颜渊季路（章）。博厚所以（节）。非其义也（诸人）。

［会元］张瑗，蘧若，祈门，御史。

［鼎甲］戴有祺，丙章，江南金山人，修撰。【壬午大考三等，改知县。】吴昺，永年，江南全椒人，侍讲。黄叔琳，宏③献，顺天大兴人。【官至吏部侍郎，浙江巡抚，被劾革职，起为山东按察使，升布政，内转詹事，复以事勒休。乾隆辛未重宴琼林，赏加侍郎衔。】

---

① 机，《清秘述闻》作"几"。
② "目"为"自"之讹。
③ 宏，《清秘述闻》作"弘"。"宏"为讳改。

康熙三十二年癸酉科乡试

是科京闱所得南卷如姜宸英、顾图河、汪绎等，皆登鼎甲。江西朱轼，时年二十九。【案：是科顺天以给事中彭鹏奏参举人杨文铎等文理荒谬，磨勘官马士芳有通贿情弊，乞上亲讯。下九卿会勘，议杨文绎卷有疵，罚停一科，彭鹏所奏不实，应革职。有旨令鹏回奏，鹏奏以诸臣皆听考官饰辞。诏徐倬、彭殿元俱休致。】

顺天：

[试官] 司业徐倬，方虎，浙江德清人，癸丑。编修彭殿元，上虎，江西庐陵人，戊辰。

[试题] 文之以礼乐。可以赞天（二句）。设为庠序（四句）。

[解元] 李仙楣，天①兴。

江南：

[试官] 少詹李录予，山公，顺天大兴人，庚戌。户中强兆统，陕西宝鸡人，庚戌。

[试题] 畏天命畏（三句）。洋洋乎发（二节）。禹恶旨酒（二句）。

[解元] 盛度，日跻，靖江，庚辰，庶常。

江西：

[试官] 编修宋大业，【德宜子】，彦功，江南长洲人，乙丑。户中王可大，易从，河南武安人，丙辰。

[试题] 季文子三（章）。王天下有（二句）。穷不失义（四句）。

[解元] 朱轼，若瞻，高安，甲戌，内阁。

浙江：

[试官] 检讨颜光敩，学山，山东曲阜人，戊辰。吏中司铉，鼎臣，直隶赵州人，癸丑。

[试题] 众恶之必（章）。择乎中庸（之矣）。附之以韩（章）。

[解元] 寿致润，雨六，诸暨，丙戌，检讨。

福建：

[试官] 检讨孙勷，莪山，山东德州人，乙丑。中书李承绂，方来，河南封邱人，己未。

[试题] 当仁不让（章）。择乎中庸（三句）。天下之善（二句）。

[解元] 郑基生，闽县。

湖广：

[试官] 编修刘灏，若千，陕西泾阳人，戊辰。礼中陆舆，亦有②，江南宜兴人，

---

① "天"为"大"之讹。

② 有，《清秘述闻》作"右"。

己未。

[试题] 骥不称其（章）。君子之道（自卑）。有大人之（义也）。

[解元] 周士佃，文思，江夏，庚戌①，庶常。

河南：

[试官] 编修高曜，东野，江南娄县人，乙丑。中书房嵩，申公，山东东阿人，己未。

[试题] 昔者偃也（是也）。今夫天斯（一段）。食之以时（节）。

[解元] 殷元福，梦五，新乡，甲戌，庶常。

山东：

[试官] 检讨李朝鼎，立勋，广东东安②人，乙丑。行人刘愈，文起，江南山阳人，壬戌。

[试题] 乡人皆好（章）。思知人不（二句）。水由地中（是也）。

[解元] 李嵩嶙，武定。

山西：

[试官] 检讨鲁瑗，廷玉，江西新城人，乙丑。中书成康保，自庵③，江南宝应人，己未。

[试题] 士志于道（章）。来百工也。心之所同（然耳）。

[解元] 张象蒲，嵩④陲，临汾，庚辰，庶常。

陕西：

[试官] 编修汪灏，文漪，山东临清人，乙丑。给事王原祁，【揆从子，进士揆子】，茂京，江南太仓人，庚戌。【王原祁号麓台，后由给事中特旨改中允，入直南书房，官至户部左侍郎。】

[试题] 知者乐仁（二句）。子庶民则（句）。入其疆土（有庆）。

[解元] 萧蕙，邠州。

四川：

[试官] 编修宋敏求，毂怀，湖广黄梅人，己未。中书王贯三，配公，河南考城人，癸丑。

[试题] 子贡曰如（节）。柔远人则（句）。夫义路也（四句）。

[解元] 任尔琼，富顺，丁丑。

广东：

[试官] 编修谢陈常，文⑤洽，山西临晋人，乙丑。行人王奂曾，思显，山西太平

---

① "庚戌"为"庚辰"之讹。
② 东安，《清秘述闻》作"新会"。
③ 庵，《清秘述闻》作"荪"。
④ 《清秘述闻》作"嵩"。
⑤ 《清秘述闻》作"久"。

人，丙辰。

[试题] 有朋自远（二句）。则可以赞（三句）。附之以韩（章）。

[解元] 陈鄂荐，飞仲，程乡，庚辰，主事。

陕西①：

[试官] 编修李懋，大木②，山东寿光人，乙丑。中书张莲，思浦，直隶正定人，壬戌。

[试题] 文质彬彬（二句）。能尽其性（二句）。居仁由义（二句）。

[解元] 唐时梗，乔薮，灌阳。

云南：

[试官] 中允③许嗣隆，山涛，江南如皋人，壬戌。吏外谈九乾，震方，浙江德清人，丙辰。

[试题] 孟武伯问（仁也）。柔远人则（畏之）。其为气也（与道）。

[解元] 谭璜，临安④。

贵州：

[试官] 编修宁世簧，笔⑤公，江南颍州人，乙丑。户外陈正，端公⑥，直隶清苑人，庚辰⑦。

[试题] 仁远乎哉（章）。行而民莫（句）。吾岂若于（句）。

[解元] 田仁渐，思南。

康熙三十三年甲戌科会试

中式一百五十人。

[试官] 兵侍王维珍，嵋谷，奉天人，庚戌。吏尚熊赐履，澴川，湖广孝感人，戊戌。兵尚⑧杜臻，遇徐，浙江秀水人，戊戌。工侍徐潮，浩轩，浙江钱唐人，癸丑。

[试题] 大哉尧之（章）。天命之谓（节）。孔子登东（章）。

[会元] 裴之仙，又航，丹徒，编修。

[鼎甲] 胡任与⑨，孟行，江南上元人，谕德。顾图河，书宣，江南江都人，编

---

① 陕西，当为"广西"。
② 木，《清秘述闻》作"来"。
③ 《清秘述闻》作"检讨"。
④ 临安，《清秘述闻》作"建水"。
⑤ 笔，《清秘述闻》作"单"。
⑥ 公，《清秘述闻》作"伯"。
⑦ "庚辰"为"庚戌"之讹。
⑧ 兵尚，《清秘述闻》作"礼部尚书"。
⑨ "与"为"舆"之讹。

修。顾悦履，舟①宸，浙江海宁人，阁学。

康熙三十五年丙子科乡试

顺天：

［试官］学士曹鉴伦，彝士，浙江嘉善人，己未。春坊②张希良，石虹，湖广黄安人，乙丑。

［试题］诗云乐只（节）。人能宏道（章）。恻隐之心（耳矣）。

［解元］郝濬，正定，丙戌。

江南：

［试官］编修③张明先，雪书，湖广安乡人，乙丑。□□④吕振，仞千，河南新安⑤人，甲辰。

［试题］乡也吾见（言乎）。发而皆中节。人性之善（不下）。

［解元］朱士履，礼也，上元。

江西：

［试官］编修郝士钧，子权，直隶霸州人，戊辰。户中陆德先，孟孙，江南长洲人，丙辰。

［试题］子夏曰富（二节）。从容中道（二句）。古之人修（二句）。

［解元］邵良杰，万子，都昌。

浙江：

［试官］洗马袁佑，杜少，直隶东明人，己未。吏主唐孙华，实君，江南太仓人，戊辰。

［试题］公叔文子（章）。必得其禄（二句）。见其礼而（节）。

［解元］王德炘，钱唐。

福建：

［试官］吏给⑥党声振，白厓，陕西华州人，丙辰。检讨王者臣，元燮，山东沂州人，辛未。

［试题］君子不可（章）。衣锦尚絅（二句）。仲尼亟称（章）。

［解元］余正健，乾行，古田，丁丑，副宪。

湖广：

---

① 舟，《清秘述闻》作"丹"。
② 春坊，《清秘述闻》作"侍讲"。
③ 《清秘述闻》作"检讨"。
④ 此二字模糊难辨。《清秘述闻》作"户科给事中"。
⑤ 新安，《清秘述闻》作"永城"。
⑥ 吏给，《清秘述闻》作"工科给事中"。

［试官］编修姚【士】①蕴，革爸，江南桐城人，戊辰。户中赵之随，和千，山东长山人，丙辰。

［试题］子游为武（章）。春秋修其（节）。原泉混混（节）。

［解元］萧连芳，三草，沔阳。

河南：

［试官］编修杨中讷，【雍建子】，嵩木，浙江海宁②人，辛未。兵给戴璠，奂若，山东金州人，丙辰。

［试题］敏则有功（二句）。上律天时（四句）。得天下英（节）。

［解元］杨士珩，光州。

山东：

［试官］检讨邹士璁，石瞻，湖广麻城人，戊辰。礼中周爱访，求卓，江南吴江人，甲辰。

［试题］子游为武（章）。凡为天下（一也）。君子之所（章）。

［解元］阎愉，敬生，乐昌③，庚辰，庶常。

山西：

［试官］检讨徐日暄，敬斋，江西高安人，戊辰。工外欧阳旭，汉曦，江南丹徒人，癸丑。

［试题］惟仁者能（章）。诚之者择（句）。诗云自西（谓也）。

［解元］周锡畴，长治。

陕西：

［试官］检讨潘宗洛，巢云，江南宜兴人，戊辰。刑中刘体元，德先，山东寿光人，丙辰。

［试题］子贡问曰（弟焉）。德为圣人（二句）。其为气也（至刚）。

［解元］雷御天，商州。

四川：

［试官］编修张瑗，松岩，江南祁门人，辛未。户中陆鸣珂，次公，江南上海人，乙未。

［试题］惟仁者能（章）。凡有血气（节）。放勋曰劳（德之）。

［解元］薛景珏，苍溪。

广东：

［试官］检讨樊泽达，昆来，四川宜宾人，乙丑。吏中刘曾，荆宾，陕西临潼人，己未。

---

① 原作"工"。
② 宁，《清秘述闻》作"盐"。
③ 乐昌，《清秘述闻》作"昌乐"。

［试题］富与贵是（二节）。日省月试（一段）。上下与天（二句）。

［解元］陈国球，遂溪。

广西：

［试官］编修吴杲，永年，江南全椒人，辛未。礼中曹贞吉，升六，山东安邱人，甲辰。

［试题］诗可以兴（二节），发强刚毅（二句）。非圣人而（二句）。

［解元］刘如晏，愧婴，临桂。

云南：

［试官］编修宋衡，嵩南，江南庐江人，乙丑。吏主董思凝，养斋，山东平原人，戊辰。

［试题］兴于诗立（章）。溥博如天（节）。今夫麰麦（节）。

［解元］谢履忠，卣臣，昆明，癸未，谕德。

贵州：

［试官］编修汤右曾，西崖①，浙江仁和人，戊辰。户外万綵，兆文，直隶南乐人，丙辰。

［试题］行不由径（三句）。妻子好合（二节）。上下与天（句）。

［解元］刘有凭，思州。

康熙三十六年丁丑科会试

中式一百五十九人。探花姜宸英以古文名世，上久知其名，殿试卷进呈拟二甲，上问："十卷中有姜某乎？"尚书韩菼对以："宸英在史馆久，臣识其字，某卷当是也。"拔真一甲，时年七十三。【传胪汪士鋐，字文升，吴县人，甲戌传胪倓之从兄。】

［试官］左都吴琠，铜川，山西沁州人，己亥。吏尚熊赐履，素九，湖广孝感人，戊戌。礼尚张英，敦复，江南桐城人，丁未。兵侍②田雯，纶霞，山东德州人，辛丑。

［试题］子曰参乎（章）。天之所覆（尊亲）。禹闻善言（二段）。

［会元］汪士鋐，文升，吴县，中允。

［鼎甲］李蟠，根大，江南徐州人，修撰。严虞惇，宝成，江南华亭人，少卿。姜宸英，西溟，浙江慈溪人，编修。【案：是科鼎甲俱不利。李蟠以己卯顺天科场关节事发下狱，遣戍奉天。严虞惇以子弟是科有中式者，降调回籍，后补大理寺副。姜宸英以李蟠牵连，亦逮问，遂卒于狱。发其事者，御史鹿佑也。】

---

① 崖，《清秘述闻》作"厓"。
② 兵侍，《清秘述闻》作"刑部侍郎"。

康熙三十八年己卯科乡试

北闱有广东贡生黄章，年已百岁，入闱时大书"百岁观场"四字于灯，令其曾孙为之前导。【案《香祖笔记》言：黄□□□①山诸生，是年入省闱，□□□②岁，不久卒。】

顺天：

[试官] 修撰李蟠，根大，江南铜山③人，丁丑。编修姜宸英，湛园，浙江慈溪人，丁丑。

[试题] 君子食无（章）。载华岳而（三句）。孔子曰大（二段）。

[解元] 王④兆凤，九仪，高邮，丙戌，检讨。

江南：

[试官] 学士张廷枢，景峰，陕西韩城人，壬戌。【张廷枢官至刑部尚书。】户给姜橚⑤，仲端，山西保德人，乙丑。

[试题] 吾未见刚（章）。唯天下至（临也）。道则高矣（章）。

[解元] 方苞，灵皋，桐城，丙戌，侍郎。

江西：

[试官] 谕德查昇，【慎行从子】，声山，浙江海宁人，戊辰。吏中黄宫柱，擎庵，福建南平人，壬戌。

[试题] 夫子循循（卓尔）。莫不尊亲。乐之实乐（舞之）。

[解元] 邓炳，南城。

浙江：

[试官] 祭酒史夔，【鹤龄子】，胄司，江南溧阳人，壬戌。【史夔壬戌传胪，官至詹事。】检讨满保，凫山，满洲正黄人，甲戌。【满保官至闽浙总督。】

[试题] 子贡问曰（文也）。溥博如天（节）。仰不愧于（二节）。

[解元] 李承⑥祺，鹗⑦君，嘉兴。

福建：

[试官] 检讨阿金，云举，满洲厢白人，辛未。工主潘鹏云，健六，山东乐陵人，

---

① 续修四库全书本影印脱字。

② 续修四库全书本影印脱字。《香祖笔记》卷一：广州府佛山有诸生黄章者，年一百二岁，康熙己卯尚入省闱，自言："吾今科且未中，来科百五岁亦未中，至百八岁始当获隽，尚有许多事业，出为国家效力耳。"闻近岁已死，其言无验。

③ 铜山，《清秘述闻》作"徐州"。

④ "王"为"贾"之讹。

⑤ 光绪五年本校注者补：姜橚号崑籙。

⑥ 承，《清秘述闻》作"永"，是。

⑦ 鹗，《清秘述闻》作"鹤"，是。

壬戌。

[试题] 君子一言（节）。夫微之显（节）。民事不可（百谷）。

[解元] 张远，超然，侯官。

湖广：

[试官] 编修陈梦球，二受，奉天正白人，甲戌。中书苏伟，茂宏，山东武城人，辛未。

[试题] 饭蔬食饮（章）。顺乎亲有（三句）。人皆有所（节）。

[解元] 彭源，云梦。

河南：

[试官] 学士陈论，谢浮，浙江海宁人，甲【辰】①。【陈论官至刑部侍郎。】检讨喀尔喀，警庵，满洲正白人，辛未。

[试题] 质胜文则（章）。唯天下至（临也）。学问之道（节）。

[解元] 殷震，鹿邑。

山东：

[试官] 学士张廷瓒，【英子】，卣臣，江南桐城人，己未。检讨李象元，伯猷，广东嘉应人，辛未。

[试题] 不知命无（二句）。天地位焉（二句）。其事则齐（节）。

[解元] 李掌圆，仙庵，阳信，丙戌，检讨。

山西：

[试官] 洗马周金然，广庵②，浙江山阴人，壬戌。【检讨】③ 文志鲸，石涛，湖广桃源人，辛未。【文志鲸官至奉天府府尹。】

[试题] 宽则得众（四句）。简而文温（三句）。仁义忠信（三句）。

[解元] 介孝琛，荆韬，解州，庚辰，检讨。

陕西：

[试官] 庶子陈元龙，乾斋，浙江海宁人，乙丑。检讨海宝，天植，满洲厢白人，甲戌。

[试题] 近者悦远（二句）。鸢飞戾天（节）。尊亲之至（下养）。

[解元] 王鹏程，朝邑。

四川：

[试官] 编修凌绍雯，子文，浙江仁和人，戊辰。礼外刘谦，益侯，直隶武强人，戊辰。

---

① 原作"戌"。

② 庵，《清秘述闻》作"居"。

③ 原作"编修"。

［试题］工欲善其（仁者）。知仁勇三（一也）。居天下之（节）①。

［解元］李近阳，淑东，嘉定。

广东：

［试官］编修胡润，京蒙，湖广通山人，辛未。兵中刘凡，元叹，江南颍州人，丙辰。

［试题］子贡曰贫（一节）。天地之大（载焉）。人有不为（章）。

［解元］洪晨孚，愚山，海丰，丙戌，检讨。

广西：

［试官］检讨姜承爀，禹九，浙江山阴人，辛未。刑外陈宗彝，坦庵，直隶冀州人，庚戌。

［试题］夫子循循（节）。体臣群也（二也）。禹思天下（四句）。

［解元］张宏，临桂。

云南：

［试官］编修史申义，叔时，江南江都人，戊辰。吏外李钦式，肖岩，江南金坛人，丁巳举人②。

［试题］樊迟请学（章）。君臣也父（五句）。故观于海（二句）。

［解元］郑荣，公泽，赵州。

贵州：

［试官］编修王奕清，【掞子】，幼峰③，江南太仓人，辛未。【王奕清官至詹事，以父颛庵相国请建储事代戍军台，赦归，复授詹事。】户中沈崑，玉山，浙江山阴④人，丁未⑤。

［试题］迩之事父（三句）。唯天下至（临也）。人有不为（二句）。

［解元］毛人文，定番。

康熙三十九年庚辰科会试

中式三百人。佥宪旧不开列，王九龄以佥宪典试，自此科始。状元汪绎中丁丑会试，未及对策，以外艰归，庚辰服阕北上，邵青门赠以诗云："已看文彩振鹓鸾，重向青霄刷羽翰。往哲绪言吾解说，状元原是旧吴宽。"汪果大魁天下。【案：此邵青门名陵，字湘纶，常熟人，非武进之邵子湘也。此事及诗载常熟王东序应奎《柳南随笔》。】

［试官］户侍李柟，木庵，江南兴化人，癸丑。【李柟本名叶，字倚江，兴化籍，

① 居天下之（节），《清秘述闻》作"禹稷当平"一节。
② 丁巳举人，《清秘述闻》作"癸丑进士"。
③ 峰，《清秘述闻》作"芬"。
④ 山阴，《清秘述闻》作"乌程"。
⑤ "丁未"为"乙丑"之讹。

昆山人，官至右都御史。】内阁熊赐履，青岳，湖广孝感人，戊戌。内阁吴琠，铜川，山西沁州人，己丑①。副都②王九龄，【顼龄弟】，子武，江南华亭③人，壬戌。

[试题] 知者不惑（章）。君子之道（天地）。圣人之于（子也）。

[会元] 王露。

[鼎甲] 汪绎，玉轮，江南常熟人，修撰。季愈，退如，江南宝应人，庶子。王露，戒三，河南柘城人。

康熙四十一年壬午科乡试

乡试硃墨卷磨勘例自是科始。【浙江同考官本十三房，是年七月，巡抚赵申乔奏请增三员为十六房。得俞旨并命解额视江南之数。顺天、湖广亦援请广额，俱报可。】【王文简《香祖笔记》云：自己卯顺天乡闱乾清门覆试举人后，直省考试官自侍郎以下，概行开列候点。是科副都御史张睿、御史吴甫生主陕西试，御史刘子章、傅作楫主江西、浙江试，庶吉士孙致弥主山西试。副都御史、御史、庶吉士典乡试自此始。又云：是科顺天乡试，江南监生庄令舆、浙江监生俞长策皆作五经文，初以违例贴出，仍具题请旨。奉旨俱授举人，准会试。嗣后愿作五经者不必禁止作何定例，九卿等详议具奏。】

顺天：

[试官] 詹事徐秉义，果亭，江南昆山人，癸丑。侍讲④徐元梦，蝶园，满洲正黄人，癸丑。

[试题] 见贤思齐（章）。诚者非自（节）。劳之来之（如此）。

[解元] 李堂，仲升，大兴，癸未，庶常。

江南：

[试官] 吏中陈汝弼，踽庵，山东福山人，己未。工给黄鼎楫，臣公，直隶宣化人，乙丑。

[试题] 知者动仁（四句）。天下莫能（载焉）。为巨室则（任也）。

[解元] 吴楚奇，南英，亳州。

江西：

[试官] 御史刘子章，道暗，贵州贵筑人，辛酉举人。检讨陈允恭，无逸，广西平乐人，甲戌。

[试题] 吾之于人（章）。宜民宜人（四句）。口之于味（章）。

---

① "己丑"为"己亥"之讹。

② 副都，《清秘述闻》作"金都御史"。

③ 华亭，《清秘述闻》作"娄县"。

④ 侍讲，《清秘述闻》作"内务府员外郎"。

［解元］陈言吉，永新。

浙江：

［试官］御史傅作楫，济庆，四川奉节人，丁卯举人。检讨阿尔骞【赛】，云客，满洲厢蓝人，丁卯①。

［试题］志于道据（章）。言而世为（句）。求则得之（章）②。

［解元］骆奇龄，诸暨。

福建：

［试官］给事许志进，念中，江南山阳人，辛未。寺正索柱，擎石，满洲厢蓝人，丙戌③。

［试题］君子尊贤（二句）。中也者天（育焉）。王者之民（二句）。

［解元］史大范，晋江。

湖广：

［试官］仆少李旭升，东生，山西蔚州人，壬戌。评事巴海，满洲厢白人，辛未。

［试题］知者动仁（四句）。诚者不勉（人也）。大人者言（所在）。

［解元］朱和均，巴东。

河南：

［试官］洗马张豫章，寄亭，江南青浦人，戊辰。检讨傅森，商霖，满洲厢白人，甲戌。

［试题］君子尊贤（二句）。悠久无疆。春省耕而（二句）。

［解元］李中，牟山，睢州，己丑，同知。

山东：

［试官］庶子王思轼，小坡，湖广兴国人，壬戌。编修满保，凫山，满洲正黄人，甲戌。

［试题］吾未见能（章）。人一能之（必强）。钧是人也（大者）。

［解元］赵泰临，敬亭，胶州，癸未，检讨。

山西：

［试官］检讨岳度，文江，四川南江人，甲戌。庶吉孙致弥，恺似，江南嘉定人，戊辰。

［试题］子罕言利（章）。诗曰妻子（二节）。梓匠轮舆（章）。

［解元］李芸，榆次。

陕西：

---

① "丁卯"为"丁丑"之讹。

② 言而世为（句）。求则得之（章）。《清秘述闻》将其与福建试题"中也者天（育焉）"、"王者之民（二句）"互换。

③ "丙戌"为"丙辰"之讹。

［试官］副都张睿，涵白，江南山阳人，己未。御史吴甫生，敬亭，湖广兴国人，甲戌。

［试题］贤哉回也（章）。君子之所（见乎）。尧舜性之也。

［解元］刘大年，绥德。

四川：

［试官］检讨高其倬，章之，奉天厢白人，甲戌。户主王璋，千峰，山西阳城人，戊辰。

［试题］夫子之于（章）。今天下车（节）。易其田畴（节）。

［解元］寇昂，顺庆。

广东：

［试官］编修汪伙，【士铉弟】，安公，江南吴县人，甲戌。吏主张翔凤，召公，四川富顺人，辛未。

［试题］信近于义（章）。诗曰妻子（二节）。周公思兼（节）。

［解元］邝梦元，从化。

广西：

［试官］编修车鼎晋，丽上，湖广邵阳人，丁丑。行人吴一蜚，汉章，福建长泰人，壬戌。

［试题］内省不疚（二句）。今天下车（节）。友也者友（三句）。

［解元］卿悦，嵩年，灌阳，戊戌，检讨。

云南：

［试官］检讨阎锡爵，荆州，河南固始人，辛未。编修黄龙眉，公翔，浙江海宁人，甲戌。

［试题］知者不惑（章）。在下位不（友矣）。存乎人者（章）。

［解元］周於德，保山。

贵州：

［试官］户外郝士镎，思皇，直隶霸州人，己未。吏主施何牧，赞虞，江南崇明人，乙丑。

［试题］夫子之道（句）。庸德之行（敢尽）。人人亲其（下平）。

［解元］柴大本，立斋，贵阳。

康熙四十二年癸未科会试

中式一百五十九人。又钦赐殿试三人。会状王式丹，时年五十九。

［试官］吏侍吴涵，匪匡，浙江石门人，壬戌。内阁熊赐履，敬存，湖广孝感人，戊戌。吏尚陈廷敬，午亭，山西泽州人，戊戌。礼侍许汝霖，且然，浙江海宁人，壬戌。

［试题］大学之道（节）。禹吾无间（句）。原泉混混（节）。

［会元］王式丹。

［鼎甲］王式丹，方若，江南宝应人，【修撰】。赵晋，昼三①，福建闽县人。钱名世，亮工，江南武进人，侍讲。【案：是科鼎甲亦俱不利。王式丹以江南辛卯科场事牵连，被羁管江宁而卒。赵晋以是科主试贿通关节正法。钱名世以年羹尧党革职，世宗书为"名教罪人"。】

康熙四十四年乙酉科乡试

顺天：

［试官］户侍汪霦，东川，浙江钱唐人，己未。赞善姚士蠹，绥仲，江南桐城人，戊辰。

［试题］吾尝终日（章）。君子之道（自卑）。禹恶旨酒（节）。

［解元］张南龄，蠡县。

江南：

［试官］学士王士枢，雪石，直隶定州人，乙丑。常少②廖腾煃，占五，福建长乐人，己酉③举人。

［试题］子谓子夏（章）。言前定则（四句）。有为者辟（章）。

［解元］赵音，秩斋，无锡，己丑，检讨。

江西：

［试官］编修赵晋，二令，福建闽县人，癸未。户主王鹏，贵州普安人，甲子。

［试题］生而知之（章）。君子之道（自卑）。仰不愧于（节）④。

［解元］陶成，存轩，南城，己丑，检讨。

浙江：

［试官］检讨周起渭，桐埜，贵州新贵人，甲戌。吏主谭尚箴，丹麓，湖广衡山人，甲辰。

［试题］人之过也（章）。思事亲不（四句）。诗云昼尔（百谷）。

［解元］詹铨吉，臣卜，遂安，己丑，检讨。

福建：

［试官］检讨董屺⑤，文山，云南通海人，庚辰。礼外何远，淡庵，山西安邑人，戊辰。

---

① 三，光绪五年本原缺，校注者补：山。光绪八年本亦缺。
② 常少，《清秘述闻》作"四译馆少卿"。
③ 酉，《清秘述闻》作"卯"。
④ 仰不愧于（节），《清秘述闻》作"汤执中立"二节。
⑤ "屺"为"岊"之讹。

［试题］夫子圣者（二节）。使天下之（二节）。以友天下（二句）。

［解元］施鸿纶，福清。

湖广：

［试官］编修文岱，震青，满洲厢黄人，庚辰。吏外耿惇，子厚，河南虞城人，己未。

［试题］衣敝缊袍（章）。德为圣人（二句）。以德服人（谓也）。

［解元］夏庆誉，孝感。

河南：

［试官］吏中王升，劳山，四川南充人，戊辰。户主王廷献，文在，浙江海宁人，辛未。

［试题］子使漆雕（章）。诗云鸢飞（二节）。圣人治天（水火）。

［解元］仝轨，车同，郏县。

山东：

［试官］检讨魏方泰，日乾，江西广昌人，庚辰。礼主冯佩实，持庵，浙江慈溪人，壬戌。

［试题］荡荡乎民（句）。君子未有（二句）。宰我子贡（圣人）。

［解元］马纶，诸城。

山西：

［试官］编修严宗溥，如园，福建闽县人，庚辰。刑主刘侃，存庵，山东沂水人，庚辰。

［试题］子贡方人（章）。君臣也父（德也）。仰不愧于（节）。

［解元］乔于沆，平阳。

陕西：

［试官］中允凌绍雯，子文，浙江仁和人，戊辰。礼主王俊，山东济河人，戊辰。

［试题］原思为之（二节）。远之则有（二句）。其生色也（五句）。

［解元］王承烈，逊功①，泾阳，己丑，侍郎。

四川：

［试官］检讨年羹尧，亮工，奉天厢黄人，庚辰。中书曹鼐，怡园，直隶左卫②人，丁丑。

［试题］君子之于（章）。行而民莫（句）。一乡之善（六句）。

［解元］曹龙文③，筠连。

广东：

---

① 功，《清秘述闻》作"公"。

② 左卫，《清秘述闻》作"天津"。

③ 曹龙文，《清秘述闻》作"詹乾龄"。

［试官］编修①逢泰，赓扬，满洲正黄人，庚辰。兵主高名寿②，德徵，顺天大兴人，乙丑。

［试题］见义不为（节）。言而世为（句）。宰我曰以（节）。

［解元］周凤来，仪园，海阳，己丑，庶常。

广西：

［试官］检讨孔尚先，念庵，山东宁海人，丁丑。礼主张瓒，霍南，山西襄陵③人，甲戌。

［试题］德不孤必（章）。见而民莫（句）。中心悦而（谓也）。

［解元］陈元林，荔蒲。

云南：

［试官］编修朱启昆，我裕，湖广汉阳人，丁丑。中书博尔多，满洲人，壬午。

［试题］君子谋道（句）。必得其寿。菽粟如水（二句）。

［解元］陈廷夏，呈贡。

贵州：

［试官］谕德魏学诚，无伪，直隶④蔚州人，壬戌。光丞戴苏，莘⑤夫，满洲人，庚午。

［试题］畏圣人之言。行而世为（句）。言近而指（四句）。

［解元］陈思蕃，修文。

康熙四十五年丙戌科会试

中式三百人。历科总裁皆用大学士，是科止用侍郎二人。会元尚居易，旋被削夺，主司皆镌级。【是科探花贾国维与弟兆凤同入翰林，兆凤字九仪，榜姓王。】

［试官］吏侍李录予，山公，顺天大兴人，庚戌。兵⑥侍彭会淇，四如，江南溧阳人，丙辰。

［试题］不知命无（章）。唯天下至（参矣）。设为庠序（节）。

［会元］尚居易，坦然，临潼。

［鼎甲］王云锦，海文，江南无锡人，【修撰】。吕葆中，无党，浙江石门人，【编修】。贾国维，奠坤，江南高邮人，【编修】。【案：是科鼎甲亦不利。王云锦一任陕甘学政，为左都御史徐元梦所劾罢官。吕葆中不久夭殇，旋以其父吕留良逆书事发，剖棺

---

① 编修，《清秘述闻》作"检讨"。
② "高名寿"为"高寿名"之讹。
③ 襄陵，《清秘述闻》作"襄垣"。
④ 直隶，《清秘述闻》作"山西"。
⑤ 莘，《清秘述闻》作"竿"。
⑥ 《清秘述闻》作"工"。

戮尸。贾国维亦以无行被斥。】

康熙四十七年戊子科乡试

【案：是科顺天同考十六房官，御史一人，员外四人，主事五人，中书一人，知县五人。】

顺天：

[试官] 学士①潘宗洛，巢云，江南宜兴人，戊辰。【潘公官至湖南巡抚。】御史李永绍，绳其，山东宁海人，乙丑。【李公官至工部尚书。】

[试题] 诗云穆穆（二节）。赦小过举（二句）。公事毕然（二句）。

[解元] 朱纶，言如，通州，己丑。

江南：

[试官] 检讨王景曾，【熙孙】，枚孙，顺天宛平人。【王景曾官至礼部侍郎。】吏给屠沂，文亭，湖广孝感人，甲戌。

[试题] 子贡问曰（于人）。嘉乐君子（节）。七十者衣（三句）。

[解元] 惠士奇，仲孺，吴县，己丑，学士。

江西：

[试官] 谕德吴廷桢，山抡，江南长洲人，癸未。户外王澄慧，勇循，河南睢州人，癸未。

[试题] 原思为之（二节）。书同文行（二句）。五谷者种（章）。

[解元] 李绂，巨来，临川，己丑，尚书。【总督、侍郎、阁学。】

浙江：

[试官] 仆卿李先复，子来，四川南部人，壬子举人。御史李绍周，次公，河南济源人，丁丑。

[试题] 大哉尧之（句）。诚之者择（千之）。孰不为事（节）。

[解元] 陈炳，平湖。

福建：

[试官] 御史戴梦麟，蓼园，山东掖县②人，丁巳举人。中书蒋书昇，清溪，直隶故城人，癸未。

[试题] 若藏仲之（五句）。则可以赞（句）。是集义所（节）。

[解元] 林昂，嘉超，侯官，壬辰，编修。

广东③：

---

① 学士，《清秘述闻》作"检讨"。

② 山东掖县，《清秘述闻》作"江南昆山"。

③ 广东，此处应为"湖广"。

［试官］御史王企靖，芯①远，直隶雄县人，乙丑。中书张如绪，文如，山东济宁人，庚辰。

［试题］若圣与仁（章）。见而民莫（三句）。不素餐兮（章）。

［解元］李澍，永州②。

河南：

［试官］理少王度昭，玉其，山东诸城人，乙丑。编修余正健，惕斋，福建古田人，丁丑。

［试题］富与贵是（节）。日省月试（三句）。流水之为（节）。

［解元］贾牲，泰生，叶县，癸巳，学士。

山东：

［试官］阁学徐元正，【倬子】，子贞，浙江德清人，乙丑。【徐元正官至工部尚书。】刑主高玢，荆襄，河南柘城人，辛未。

［试题］焉知贤才（节）。宜民宜人（二句）。居天下之（三句）。

［解元］张可举，海丰。

山西：

［试官］兵给鹿佑③，有上，江南颍州人，壬戌。中书邹球，潇峰，江西安福人，壬戌。

［试题］必也狂狷（三句）。舜其大知（句）。民日迁善（句）。

［解元］刘灿，韬士，盂县，戊戌，巡道。

陕西：

［试官］庶子顾悦履，丹宸，浙江海宁人，甲戌。吏外段曦，罗青，云南安宁人，丁丑。

［试题］回也闻一（二句）。保佑命之（二句）。颂其诗读（世也）。

［解元］来文燝，富平。

四川：

［试官］通政刘谦，益侯，直隶武强人，戊辰④。中书王凤孙，振采，江南溧阳人，壬子举人。

［试题］既庶矣又（二段）。忠恕违道（节）。岁十一月（节）。

［解元］向日贞，一存，成都，癸巳，御史。

广东：

［试官］学士年羹尧，双峰，奉天厢黄人，庚辰。中书刘曰珪，新庵，河南新郑

---

① 芯，《清秘述闻》作"必"。
② 永州，《清秘述闻》作"零陵"。
③ "佑"为"祐"之讹。
④ "戊辰"为"丙辰"之讹。

1118

人，戊午。

［试题］子闻之曰（多也）。远之则有（二句）。子路人告（句）。

［解元］李恒烦，程乡。

广西：

［试官］给事郝林，仲美，直隶定州人，壬戌。吏主潘锦，就亭，福建崇安人，戊辰。

［试题］子贡问为（章）。莫不尊亲。民事不可（百谷）。

［解元］谢济世，【明英孙】，石霖，全州，壬辰，巡道。

云南：

［试官］御史吕履恒，元素，河南新安人，甲戌。兵主宋聚业，嘉升，江苏吴县人，丁丑。

［试题］夻之事父（三句）。今天下车（节）。充①实之谓（谓大）。

［解元］田国珍，通海，乙未。

贵州：

［试官］吏中蔡秉公，云石，江西南昌人，戊辰。中书李棅，文众，山东德州人，庚辰。

［试题］事君敬其（章）。今夫天斯（一段）。圣人之忧（句）。

［解元］王文奇，修文。

康熙四十八年己丑科会试

中式三百人。长洲张学庠、学贤，大兴黄叔琬、叔璥，兄弟同登。

［试官］内阁李光地，晋卿，福建安溪人，庚戌。尚书张廷枢，息园，陕西韩城人，壬戌。

［试题］知者乐水（章）。今夫天斯（一段）。孔子之谓（二节）。

［会元］戴名世。

［鼎甲］赵熊诏，【申乔子】，侯赤，江南武进人，侍读。戴名世，田有，江南桐城人，编修。缪沅，湘芷，江南泰州人，侍郎。【案：赵熊诏入直南书房，以同官某讦奏其私改起居注革职，从军肃州。父申乔薨，以毁卒。戴名世登第之又明年，赵申乔劾其所著《南山集》、《孑遗录》皆有大逆语，磔死。】

---

① 光绪五年本、光绪八年本作"允"，误。

康熙五十年辛卯科乡试

江南考官赵晋私通贿赂，多中扬①商子弟，外有"左邱明两目无珠，赵子龙一身是胆"之联，事觉伏诛。【案：江南科场以左必蕃疏奏自行检举江苏巡抚张伯行，复奏两江总督噶礼通同纳贿。诏吏部尚书张鹏翮、漕运总督赫寿往讯。以赵晋贿中举人程光奎、吴泌等应正法，噶礼事无实据，张伯行应革职赎徒。上再命尚书穆和伦、张廷枢覆讯，议如前。下九卿会议，特命张伯行还原任，噶礼革职，寿并其子伏诛。】

顺天：

[试官] 左都赵申乔，伍松，江南武进人，庚戌。【左副】② 江球，宜笏，江西金溪人，辛未。

[试题] 安而后能（二句）。君子无众（三句）。见其礼而（二节）。

[解元] 查为仁，心毂，宛平。

江南：

[试官] 副都左必蕃，界园，广东顺德人，辛酉举人。编修赵晋，昼山③，福建闽县人，癸未。

[试题] 能行五者（句）。不息则久（四节）。孔子登东（节）。

[解元] 刘捷，月三，桐城。

江西：

[试官] 常少周道新，郁叔，顺天大兴人，甲戌。编修廖赓谟，虞箴，江南华亭人，癸未。

[试题] 观其所由（二句）。久则徵徵（二句）。诗云雨我（共之）。

[解元] 何人龙，雨民，广昌，癸巳，郎中。

浙江：

[试官] 少詹④胡作梅，【字修予】，抑斋，湖广荆门人，壬戌。【胡作梅官至礼部侍郎。】编修薄有德，聿修，顺天大兴人，癸未。【薄有德官至侍读学士。】

[试题] 然有是言（节）。体物而不（二节）。孟施舍似（三节）。

[解元] 陈廷璋，仁和。

福建：

[试官] 检讨介孝琛，荆韬⑤，山西解州人，庚辰。工主刘俨，慎庵，山东安邱人，甲戌。

[试题] 君子不器。子庶民则（二句）。乃若其情（节）。

---

① "扬"为"场"之讹。
② 原作"中丞"。《清秘述闻》作"宗人府府丞"。
③ "山"，《清秘述闻》作"三"。
④ 少詹，《清秘述闻》作"内阁学士"。
⑤ 韬，《清秘述闻》作"蕴"。

［解元］许斗，仙游。

湖广：

［试官］理少张德桂，梅麓，广东从化人，甲戌。检讨马汝为，宣臣，云南元江人，癸未。

［试题］季康子问（则劝）。诗云鸢飞。故天将降（节）。

［解元］李天桂，湘阴。

河南：

［试官］御史徐树庸，勉斋，江南昆山人，辛未。检讨西库，在言，满洲正红人，癸未。

［试题］学而时习（二节）。久则徵徵（高明）。仲尼之徒（王乎）。

［解元］王桂，封邱。

山东：

［试官］编修陈世倌，秉【之】①，浙江海宁人，癸未。兵给马之鹏，文渊，湖广蒲圻人，乙丑。

［试题］见善如不（章）。柔远人则（二句）。居天下之（三句）。

［解元］张淳，无怀，武定，壬辰，检讨。

山西：

［试官］刑给郭徽祚，彦卿，直隶武邑②人，戊辰。编修万经，授一，浙江鄞县人，癸未。

［试题］臣事君以忠。诗云鸢飞（节）。学不厌知（不居）。

［解元］臧尔心，子端，太平，癸巳，检讨。

陕西：

［试官］吏给常绅，直隶雄县人，壬戌。编修涂天相，【字宏亮】，燮庵，湖广孝感人，癸未。【涂天相官至工部尚书。】

［试题］子贡问为（章）。君子之中（二句）。穷不失义（四句）。

［解元］卢常吉，商州。

四川：

［试官］编修俞长策，驭世，浙江桐乡人，丙戌。理丞严虞惇，宝成③，江南华亭人，丁丑。

［试题］见善如不（节）。时使薄敛（二句）。禹思天下（四句）。

［解元］何行先，涪州。

广东：

---

① 原作"三"。
② 邑，《清秘述闻》作"强"。
③ 成，《清秘述闻》作"臣"。

［试官］吏中张为经，函六，山东济宁人，辛未。中书金璞，怀玉①，直隶任邱人，庚辰。

［试题］衣敝缊袍（二节）。行而民莫（句）。士何事曰（已矣）。

［解元］陈春英，友兹，澄海，癸巳，检讨。

广西：

［试官］检讨刘思②恕，【字艾堂】，秘书，江南宝应人，庚辰。【刘思恕官至吏部侍郎，协理直隶总督，革职，以迎銮给侍读学士衔。】中书阮应商，次赓，江南山阳人，癸未。

［试题］孰谓微生（章）。悠久所以（物也）。附之以韩（章）。

［解元］蒋治秀，道周，永宁，癸巳，知府。

云南：

［试官］检讨史贻直，【夔子】，微弦，江南溧阳人，庚辰。吏主③黄叔琬，玉圃，顺天大兴人，己丑。

［试题］贤者识其（之有）。久则徵徵（悠远）。尊德乐义（二句）。

［解元］张旭，明廷，呈贡，壬辰，检讨。

四川：

［试官］编修宋至，【权孙，荦子】，山言，河南商邱人，癸未。工外莫象年，广西恩平人，乙卯举人。

［试题］士志于道（章）。道不远人（为道）。奋乎百世（者乎）。

［解元］黎昂，贵阳。

康熙五十一年壬辰科会试

中式一百七十七人，又钦赐殿试十五人。

［试官］礼侍④徐元梦，善长，满洲正黄人，癸丑。户尚⑤赵申乔，慎旃，江南武进人，庚戌。刑侍胡会恩，孟纶，浙江德清人，丙辰。【案：是年总裁止二人，赵申乔时为左都御史，徐元梦时为内阁侍读学士，并无胡会恩。】

［试题］事父母能（二句）。溥博渊泉（二节）。由尧舜至（三节）。

［会元］卜俊民，方嘉，武进，中书。

［鼎甲］王世琛，【艮甫】，宝传，江南长洲人，少詹，【明大学士王鏊八世孙】。

---

① 玉，《清秘述闻》作"璞"。
② "思"为"师"之讹。
③ 吏主，《清秘述闻》作"户部主事"。
④ 礼侍，《清秘述闻》作"内阁侍读学士"。
⑤ 户尚，《清秘述闻》作"左都御史"。

沈树本【艅翁】，厚徐①，浙江归安人，编修。徐葆光，亮直，江南吴县人，侍讲。【案《江南通志》云：王铨字东发，长洲人，文恪公鏊五世孙，康熙庚午副榜，官至礼科给事中，善绘事，子世琛，画得父法。是少詹为文恪六世孙。】

康熙五十二年癸巳万寿恩科乡试

编修俞梅典山西试，奏减官卷额，以五经民卷补之，取孙嘉淦等，俱为名臣。

顺天：

［试官］吏尚张鹏翮，运青，四川遂宁人，庚戌。侍讲文志鲸，沅澜，湖广桃源人，辛未。

［试题］子曰克己（仁焉）。肫肫其仁。君子之言（四句）。

［解元］霍九锡，东光。

江南：

［试官］金都吕履恒，元素，河南新安人，甲戌。户中乔云名，纪黄，山西猗氏人，丁丑。

［试题］富而可求（章）。其为物不（二节）。宰我曰以（二节）。

［解元］许逊中，江都。

江西：

［试官］礼侍胡作梅，修予，湖广荆门人，壬戌。检讨王士钥，粹金，奉天厢蓝人，癸未。

［试题］樊迟问仁（章）。上律天时（覆帱）。中心悦而（二句）。

［解元］周宏勋。

浙江：

［试官］学士汪灏，【号荇洲】，畴②怀，湖广江夏【安徽休宁】人，甲戌。【汪灏官至户部侍郎，降，复至大理寺卿。】检讨吴相，麟山，福建宁阳③人，癸未。

［试题］博我以文（卓尔）。诗云维天（天也）。圣人先得（三句）。

［解元］罗鼎谦，新城。

福建：

［试官］编修谢履忠，昆皋，云南昆明人，癸未。工主董之治④，正谊，江南天长人，辛未。

［试题］居则曰不（五节）。小德川流（二句）。孟子谓万（章）。

---

① 徐，《清秘述闻》作"余"。
② 畴，《清秘述闻》作"峕"。
③ 阳，《清秘述闻》作"洋"。
④ 治，《清秘述闻》作"燧"。

［解元］江日昇，同安。

湖广：

［试官］仆少严虞惇，思庵，江南常熟①人，丁丑。检讨李天祚，希文，直隶永年人，癸未。

［试题］立于礼成（二句）。唯天下至（别也）。柳下惠不（句）。

［解元］金相，禹简，孝感，甲辰，少卿。

河南：

［试官］少詹梅之珩，月川，江西南城人，乙丑。编修阿克敦，立轩②，满洲人，己丑。

［试题］贫而无谄（二节）。则可以与（句）。仲尼不为（句）。

［解元］孟载有，鸣皋，杞县。

山东：

［试官］吏给卢炳，子阳，云南石屏人，戊辰。编修俞兆晟，叔颖，浙江海宁人，丙戌。

［试题］唯天为大（二句）。成己仁也（三句）。一乡之善（六句）。

［解元］薛以眲③，巨野。

山西：

［试官］给事陈允恭，【字无逸】，六观，广西平乐人，甲戌。【陈允恭祖籍浙江山阴人，官至左金都御史。】编修俞梅，斯盐，江南泰州人，癸未。

［试题］对曰异乎（已矣）。盖曰文王（二句）。今夫麰麦（二节）。

［解元］李徽，元纶，崞县，乙未，金都。

陕西：

［试官］编修俞长策，驭世，浙江桐乡人，丙戌。工外李士瑜，子佩，直隶永清人，庚辰。

［试题］述而不作（章）。知所以修（身也）。宰我子贡（圣人）。

［解元］张大本，邰阳。

四川：

［试官］吏给④裴君弼，宸臣，江西新建人，丁丑。礼主赵守易，直隶完县人，甲戌。

［试题］天下归仁焉。必得其名（二句）。入其疆土（有庆）。

［解元］何准⑤，忠州。

---

① 常熟，《清秘述闻》作"华亭"。
② 轩，《清秘述闻》作"恒"。
③ 眲，《清秘述闻》作"聤"。
④ 吏给，《清秘述闻》作"吏部郎中"。
⑤ 准，《清秘述闻》作"淮"。

广东：

[试官] 编修查嗣瑮，【慎行弟】，德尹，浙江海宁人，庚辰。礼主邹琯，芭园，江西南丰人，辛未。

[试题] 多闻择其（二句）。必得其寿。使自得之（二句）。

[解元] 庄论，思在，海阳，癸巳，庶常。

广西：

[试官] 吏中郭晋熙，少峰，河南新乡人，庚辰。中书卢宏①熹，宇庵②，浙江仁和人，丙戌。

[试题] 君子矜而（二句）。诚者不勉（人也）。以友天下（四句）。

[解元] 王廷铎，灌县。

云南：

[试官] 编修周彝，策铭，江南娄县人，丁丑。中书查布札③纳，满洲人，举人。

[试题] 春服既成（节）。洋洋乎发（二节）。梓匠轮舆（章）。

[解元] 孙士鹤，石屏。

贵州：

[试官] 编修潘体震，长元，山东乐陵人，癸未。通知常住，满洲人，庚辰。

[试题] 君子喻于义。博也厚也（节）。工师得大（任也）。

[解元] 柴大用，贵筑。

康熙五十二年癸巳万寿恩科会试

中式一百五十九人。

[试官] 兵侍李先复，曲江，四川南部人，壬子举人。内阁王掞，藻儒，江南太仓人，庚戌。工侍④王顼龄，颛士，江南华亭人，丙辰⑤。阁学沈涵，度汪，浙江归安人，丙辰。

[试题] 敬事而信（二句）。博厚所以（二节）。我善养吾（与道）。

[会元] 孙见龙，叶飞，乌程。

[鼎甲] 王敬铭，【味闲】，丹思，江南嘉定人，修撰。【案《画徵录》云：敬铭善山水，师王原祁，为举子时即以画供奉内廷，邀宸赏马。】任兰芝，香谷，江南溧阳人，尚书。魏廷珍，君璧⑥，直隶景州人，尚书，文简。

---

① 宏，《清秘述闻》作"弘"。"宏"为讳改。
② 庵，《清秘述闻》作"安"。
③ 札，《清秘述闻》作"扎"。
④ 侍，《清秘述闻》作"尚"。
⑤ 丙辰，《清秘述闻》作"己未鸿博"。案：王顼龄丙辰科成进士，又中己未博学宏词科。
⑥ 璧，《清秘述闻》作"弼"。

康熙五十三年甲午科乡试

顺天同榜三元：汪应铨，戊戌状元；杨尔德、储大文，戊戌、辛丑会元。

顺天：

[试官] 祭酒徐日暄①，敬斋，江西高安人，戊辰。御史田轩来，东轩，浙江山阴人，辛未。

[试题] 仰之弥高（节）。远之则有（二句）。集大成也（二句）。

[解元] 陆文焕，宛平。

江南：

[试官] 少詹梅之珩，左白，江西南城人，乙丑。编修汤之旭，【斌孙】，孟升，河南睢州人，丙戌。【汤之旭官至左通政。】

[试题] 吾党之小（三句）。温故而知新。耻之于人（章）。

[解元] 方文炳②，丰县。

江西：

[试官] 学士熊苇，敏思，直隶涿州人，甲戌。编修郑任钥，惟启，福建侯官人，丙戌。

[试题] 南人有言（章）。天地之大（载焉）。闲先圣之（得作）。

[解元] 任陵虞，唐臣，上高，戊戌，检讨。

浙江：

[试官] 学士吴垣，云岩，河南宝丰人，乙丑。编修庄令舆，苏服，江南武进人，丙戌。

[试题] 子温而厉（章）。知仁勇三（乎勇）。资之深则（句）。

[解元] 张时中，海盐。

福建：

[试官] 通参魏方泰，鲁峰，江西广昌人，庚辰。编修徐昂发，大临，江南长洲人，庚辰。

[试题] 狷者有所（句）。诗云伐柯（为远）。故理义之（二句）。

[解元] 林廷选，仲青，同安，辛丑。

湖广：

[试官] 阁学沈涵，心斋，浙江归安人，丙辰。编修查嗣庭，【慎行弟】，脊③木，浙江海宁人，丙戌。

---

① 暄，《清秘述闻》作暅。
② 方文炳，《清秘述闻》作"方炳"。
③ 脊，《清秘述闻》作"润"。

［试题］学也禄在（二句）。知耻仁乎勇。诗云雨我（共之）。

［解元］韩玉锡，黄陂。

河南：

［试官］郎中陈元，浒山，浙江余姚人，戊辰。编修王蕃，【原祁子】，孝徵，江南太仓人，丙戌。【王蕃官至广东巡抚，以事革职发军台，赦归，加三品卿衔。】

［试题］行己有耻（次矣）。万物育焉。民事不可（恒心）。

［解元］王文，睢州。

山东：

［试官］刑中李士瑜，子佩，直隶永清人，庚辰。检讨卫昌绩，子久，山西阳城人，丙戌。

［试题］夫子之道（二句）。及其无穷（二句）。昔者曾子（二节）。

［解元］杭濬，聊城。

山西：

［试官］吏中叶宏绶，蕙叔，江南昆山人，辛未。检讨彭维新，肇周，湖广茶陵人，丙戌。【彭维新官至户部尚书，协办大学士，罢，起为左都御史，复罢。】

［试题］子钓而不（二句）。受禄于天（三句）。诗云不素（章）。

［解元］康忱，子丹，兴县，戊戌，知府。

陕西：

［试官］侍讲杨名时，宾实，江南江宁人，辛未。【杨名时官至云贵总督，罢，复起至礼部尚书，掌詹事府，赠太子太傅，谥文定。】编修索泰，介山，满洲厢黄人，丙戌。

［试题］太宰问于（三节）。子庶民也（四句）。舜发于畎（二节）。

［解元］孙昭，安定，癸卯。

四川：

［试官］户中王奕鸿，【揆子】，云圃，江南太仓人，己丑。编修沈翼机，澹初，浙江海宁人，丙戌。【沈翼机官至侍读学士。】

［试题］夫子焉不（二句）。子庶民则（句）。既醉以酒（义也）。

［解元］邹宾，仲律，邛州。

广东：

［试官］侍讲陈世倌，秉之，浙江海宁人，癸未。【陈世倌官至文渊阁大学士兼吏部尚书，加太子太保，谥文勤。尝主辛卯山东。（上此再见）】编修邹奕凤，舜威，江南金匮①人，丙戌。

［试题］樊迟请学（章）。诚者不勉（行之）。吾为此惧（得作）。

［解元］陈瀚，新宁。

---

① 金匮，《清秘述闻》作“无锡”。

广西：

[试官] 鸿少文志鲸，石涛，湖广桃源人，辛未。编修汪份，【士铨兄】，武曹，江南长洲人，癸未。

[试题] 焕乎其有（句）。有弗思思（二句）。求水火无（水火）。

[解元] 郭卫宸，桂林。

云南：

[试官] 礼中杨存理，天根，浙江海宁人，癸未。检讨赵泰临，敬亭，山东胶州人，癸未。

[试题] 躬自厚而（章）。诗曰衣锦（著也）。圣人既竭（二段）。

[解元] 萨纶锡，凤诏，楚雄，乙未，检讨。

贵州：

[试官] 理少俞化鹏，青岳，江南寿州人，辛未。编修林之滂，象湖，福建惠安人，丙戌。

[试题] 狷者有所（句）。莫见乎隐（二句）。故天将降（节）。

[解元] 张嗣咏，安顺。

康熙五十四年乙未科会试

中式一百九十人。会元李锦与弟文锐同捷，均列词垣。慈溪裘琏与馆选，时年七十有二。

[试官]【阁学】① 蔡升元，方麓，浙江德清人，壬戌。【工】② 尚王顼龄，瑁湖，江南华亭人，丙辰③。左都刘谦，益侯，直隶武强人，戊辰。【阁学】④ 王之枢，云麓，直隶定州人，乙丑。【案：是科同考官至三十二人，修撰三，编修十一，检讨七，郎中三，员外郎三，主事五。】

[试题] 仁者先难（二句）。知斯三者（二节）。口之于味（我口）。

[会元] 李锦，絅文，长洲，侍读。

[鼎甲] 徐陶璋，达夫，江南昆山人，修撰。缪曰藻，文子，江南吴县人，洗马。傅王露，阆林，浙江会稽人，庶子。【以编修请假归。乾隆中，上南巡，以年逾八十，加中允衔。】

① 原作"刑侍"。
② 原作"吏"。
③ 丙辰，《清秘述闻》作"己未鸿博"。案：王顼龄丙辰科成进士，又中己未博学宏词科。
④ 原作"工侍"。

康熙五十六年丁酉科乡试

浙江主考官索泰以房师【侍讲学士】陈恂嘱托，中其族人素不能文者，杭人大哗，事闻，索、陈俱按治。

顺天：

[试官] 户侍①张伯行，孝先，河南仪封人，乙丑。编修鄂尔奇，季正，满洲厢蓝人，壬辰。【案：是科顺天同考官至三十六人，编修十四，检讨十七，给事中二，郎中、员外郎、主事各一。】

[试题] 举贤才曰（知所）。大哉圣人（句）。其为气也（生者）。

[解元] 李兰，汀情，乐亭，戊戌，布政。

江南：

[试官] 御史连肖先，式②似，奉天人，癸酉举人。编修戚麟祥，圣来，浙江德清人，己丑。

[试题] 巧言令色（矣仁）。及其广厚（四句）。乐正子强（四句）。

[解元] 严文在，聚东，建平，戊戌，检讨。

江西：

[试官] 修撰王敬铭，丹思，江南嘉定人，癸巳。编修【秦】③ 道然，【松龄子】，雒生，江南无锡人，己丑。

[试题] 夫子焉不（二句）。保佑命之（二句）。今人乍见（然也）。

[解元] 刘寅，石城。

浙江：

[试官] 编修索泰，介山，满洲厢黄人，丙戌。检讨张懋能，莪村，江西奉新人，丙戌。

[试题] 古之学者（章）。是故君子（物也）。易其田畴（节）。

[解元] 林昌言，海宁。

福建：

[试官] 检讨柯乔年，松龄，河南固始人，癸未。检讨陆绍琦，敬岩，浙江嘉兴人，己丑。

[试题] 子曰未之（节）。思事亲不（句）。欲知舜与（二句）。

[解元] 黄焕章④，槐洲，晋江，辛丑，郎中。

湖广：

---

① 户侍，《清秘述闻》"仓场侍郎"。
② 式，《清秘述闻》作"武"。
③ 原作"泰"。
④ 章，《清秘述闻》作"彰"。

[试官] 检讨胡煦，沧晓，河南光山人，壬辰。常少林宏烈，念亭，福建晋江人，辛未。

[试题] 我欲仁斯（二句）。此天地之（句）。知譬则巧（二句）。

[解元] 秦惟焕，江陵。

河南：

[试官] 检讨海宝，天植，满洲厢白人，甲戌。检讨张玢，蔚石，湖广湘潭人，己丑。

[试题] 我非生而（章）。故天之生（三句）。为天下得（句）。

[解元] 辛立成，汝阳。

山东：

[试官] 编修吕谦恒，天益，河南新安人，己丑。检讨朱天保，九如，满洲厢白①人，癸丑②。

[试题] 子贡问师（章）。文理密察（二句）。饥者甘食（章）。

[解元] 董思恭，桂川，寿□③，辛丑，巡道。

山西：

[试官] 编修王时鸿，云冈，江南华亭人，壬辰。检讨陈世侃，【世宿弟】，间斋，浙江海宁人，癸巳。

[试题] 畏圣人之言。知仁勇三（二节）。有本者如（二句）。

[解元] 马君羽，汾西。

山西④：

[试官] 编修⑤王时宪，若千，江南太仓人，己丑。检讨⑥赛楞额，允恭，满洲正白人，己丑。

[试题] 隐居以求（二句）。仁者人也（四句）。非礼之礼（章）。

[解元] 陈世蕴，洛川。

四川：

[试官] 检讨杨士徽，若游，江南武进人，壬辰。户中⑦满宝，满洲厢黄人，丙戌。

[试题] 学也禄在（二句）。舜其大知（章）。孔子不得（次也）。

[解元] 高承元，新翙，铜梁。

---

① 厢白，《清秘述闻》作"正红"。
② "癸丑"为"癸巳"之讹。
③ 原缺。光绪五年本校注者补：光。《清秘述闻》作"光"。
④ 误，当为"陕西"。
⑤ 编修，《清秘述闻》作"检讨"。
⑥ 检讨，《清秘述闻》作"内阁中书"。
⑦ 户中，《清秘述闻》作"户部司库"。

广东：

[试官] 检讨严思位，西武，浙江平湖人，己丑。户主吴曹直，以巽，江南宜兴①人，举人。

[试题] 一言以蔽（二句）。万物并育（句）。存乎人者（章）。

[解元] 林茂秀，惠州。

广西：

[试官] 检讨黎致远，宁先，福建长汀人，己丑。【黎致远官至盛京刑部侍郎。】户主江为龙，砚岩，江南桐城人，庚辰。

[试题] 知者不失（二句）。中也者天（二句）。五谷熟而（句）。

[解元] 伍福展，永宁。

云南：

[试官] 学士李绂，巨来，江西临川人，己丑。编修张起麟，趾肇，江南华亭人，己丑。

[试题] 孔文子何（章）。君子之所（见乎）。由尧舜至（节）。

[解元] 夏冕，昆明，丁未。

贵州：

[试官] 刑中张谦，西②山，湖广武昌人，庚辰。编修许镇，天倚，浙江德清人，壬辰。

[试题] 君子食无（二句）。体群臣也（二句）。颂其诗读（世也）。

[解元] 汪无限，健希，贵筑。

康熙五十七年戊戌科会试

中式一百六十五人。状元汪应铨未散馆即擢庶子【赞善】，盖异数也。【案：是科同考官三十二人，编修十，检讨十三，给事中一，郎中五，员外郎二，主事一。】

[试官] 刑侍李华之，秀实，山东诸城人，丙辰。吏尚张鹏翮，宽宇，四川遂宁人，丙辰③。户尚赵申乔，慎旃，江南武进人，庚戌。工【侍】④王懿，文子，山东胶州人，戊辰。

[试题] 君子无众（二段）。必得其位（四句）。昔者子贡（圣矣）。

[会元] 杨尔德，升闻，嘉善，给事。

[鼎甲] 汪应铨，杜林，江南常熟人，赞善。张廷璐，【英子】，宝臣，江南桐城

---

① 宜兴，《清秘述闻》作"武进"。

② 西，《清秘述闻》作"酉"。

③ "丙辰"为"庚戌"之讹。

④ 原作"郎"。

人，侍郎。沈锡辂，南指，浙江仁和人，编修。

康熙五十九年庚子科乡试

顺天榜两状元：于振癸卯，陈熹华甲辰。

顺天：

[试官] 副都屠沂，艾山，湖广孝感人，甲戌。侍读陈世倌，莲字，浙江海宁人，癸未。

[试题] 孟武伯问（仁也）。能尽人之（四句）。禹思天下（节）。

[解元] 王嘉宾，穆门，宛平。

江南：

[试官] 侍读魏廷珍，君弼，直隶景州人，癸巳，检讨陈会，远斋，四川营山人，己丑。

[试题] 岁寒然后（章）。百世以俟（二句）。饥者甘食（章）。

[解元] 施陛锦，祖诚，长洲。

江西：

[试官] 詹事李周望，南屏，直隶蔚州人，丁丑。【李周望官至礼部尚书。】右庶①鄂尔奇，瞳容，满洲厢蓝人，壬辰。

[试题] 礼云礼云（章）。诗云在彼（四句）。人知之亦（三节）。

[解元] 晏斯盛，虞际，新喻，辛丑，侍郎。

浙江：

[试官] 学士李绂，穆堂，江西临川人，己丑。通副②汤之旭，疑斋，河南睢州人，丙戌。

[试题] 行夏之时。素隐行怪（二节）。献子之于（四句）。

[解元] 邵基，学址，鄞县，辛丑，巡抚。

福建：

[试官] 刑给蔺惟谦，顾斋，陕西蒲城人，庚辰。中书春台，芸亭，满洲人，癸巳。

[试题] 论笃是与（章）。仲尼祖述（二句）。何如斯可（狂矣）。

[解元] 谢道承，又绍，晋江，辛丑，阁学。

湖广：

[试官] 编修惠士奇，天牧，江南吴县人，己丑。编修吕谦恒，六吉，河南新安人，己丑。【吕谦恒官至光禄寺卿，尝主丁酉山东。（上此再见）】

---

① 右庶，《清秘述闻》作"编修"。
② 通副，《清秘述闻》作"编修"。

［试题］乐则韶舞（二节）。素隐行怪（节）。方里而井（私事）。

［解元］夏力恕，观川，孝感，辛丑，编修。

河南：

［试官］学士蔡珽，若璞，奉天人，丁丑。【蔡珽官至吏部尚书、直隶总督，降奉天府府尹。】编修吴应棻，少①眉，浙江归安人，乙未。

［试题］其言之不（章）。有所不足（二句）。柳下惠不（句）。

［解元］禹殿鳌，大川，汜水。

山东：

［试官］赞善彭廷训，尹作，江西南昌人，丙戌。检讨德龄，松如，满洲厢黄人，乙未。

［试题］三人行必（章）。中也者天（四句）。故观于海（四句）。

［解元］乔世臣，丹葵，滋阳，辛丑，侍郎。

山西：

［试官］编修文岱，震青，满洲厢黄人，庚辰。检讨何世璂，淡庵，山东新城人，己丑。【何世璂官至吏部侍郎，署直隶总督，加礼部尚书衔，谥端简。】

［试题］暮春者春（而归）。诚者不勉（必强）。鸡鸣而起（章）。

［解元］王元勋，临县。

陕西：

［试官］谕德彭维新，肇周，湖广茶陵人，丙戌。修撰王世琛，宝传，江南长洲人，壬辰。

［试题］富与贵是（二节）。人道敏政（二句）。凡有四端（四海）。

［解元］李天秀，子俊，华阴，癸丑，庶常。

四川：

［试官］检讨张大受，日容，江南嘉定人，己丑。检讨世禄，汉阁，满洲人，癸巳。

［试题］子击磬于（节）。足以有容（也）。民日迁善（同流）。

［解元］傅亮曳②，奉节。

广东：

［试官］编修俞鸿图，麟一，浙江海盐人，壬辰。中书曾用璜，虹受，湖广湘潭人，己丑③。

［试题］友直友谅（益矣）。诚之不可（句）。道则高矣（二节）。

---

① 少，《清秘述闻》作"小"。

② 曳，《清秘述闻》作"英"。

③ 己丑，《清秘述闻》作"丙子举人"。

［解元］谢学圣，乃愿，揭扬①。

广西：

［试官］工给康五瑞，芬洲，江西安福人，丁丑。中书韩瑛，熙彦，直隶通州人，庚辰。

［试题］起予者商（二句）。其为物不（二句）。民日迁善（句）。

［解元］王敏学，富川。

云南：

［试官］编修李钟侨，【光地从子】，邠公，福建安溪人，壬辰。吏主姜朝勋，广成，江南丹阳人，庚辰。

［试题］有教无类。果能此道（节）。令闻广誉（二句）。

［解元］缪焕，星南，昆明，丁未，知府。【《清秘述闻》：解元刘以礼，蒙自人。】

贵州：

［试官］检讨【宋】② 筠，【至弟】，兰【晖】③，河南商邱人，己【丑】④。【宋筠官至奉天府府尹。】礼主顾芝，谢庭，浙江仁和人，己丑。

［试题］晏平仲善（章）。则可以与（句）。惟君子能（所视）。

［解元］阮维城，毕节，甲辰。

康熙六十年辛丑科会试

中式一百六十三人。副考官李绂博采名誉，所取皆一时俊髦，如宜兴储氏、金溪冯氏均昆季联镳。落第者喧闹盈门，新中式者无由入谒，事久，外间物议始定。【李绂革职发子牙河效力，房官编修南昌万承苍亦于次年追坐浮言革职，数年，始复官。】

［试官］户侍张伯行，孝先，河南仪封人，丁丑。【吏尚】⑤ 张鹏翮，运青，四川遂宁人，庚戌。户尚田从典，克五，山西阳城人，戊辰。副都李绂，巨来，江西临川人，己丑。【是科同考官三十二人：赞善一，汪应铨；修撰一，徐陶璋；编修十一，傅王露等；检讨十二，给事中二；御史一，陆师；郎中二，员外郎、主事各一。】

［试题］据于德依（二句）。郊社之礼（四句）。自生民以（二句）。

［会元］储大文，六雅，宜兴。

［鼎甲］邓钟岳，东长，山东东昌人，侍郎。吴文焕，观侯，福建长乐人，御史。程元章，冠文，河南上蔡人，总督。

---

① “扬”为“阳”之讹。
② 原作“朱”。光绪五年本校注者亦改为“宋”。
③ 原作“挥”。
④ 原作“酉”。光绪五年本校注者亦改为“丑”。
⑤ 原作“内阁”。

国朝贡举考略卷二

怀宁黄崇兰先生辑

雍正元年癸卯恩科乡试

三月举行乡试，各省同考官监临，先期试以时艺一篇，文理优长者入内帘，荒疏者供外场执事。

顺天：

[试官] 礼尚①朱轼，若瞻，江西高安人，甲戌。户尚②张廷玉，【英子】，衡臣，江南桐城人，庚辰。【是科顺天同考官十八人，庶吉士得与者八，郑江、夏力恕、晏斯盛皆庶吉士也。】

[试题] 言思忠事（二句）。惟天下至（大经）。诗云昼尔（百谷）。

[解元] 王峻，次山，常熟③，甲辰，御史。

江南：

[试官] 吏侍黄叔琳，昆圃，顺天宛平④人，辛未。【黄昆圃主江南试，得人最盛。名臣如潘敏惠思榘、胡恪靖宝瑔，儒林如陈司业祖范、任宗丞启运、徐检讨文靖，文学如张詹事鹏翀，其尤著者。】修撰邓钟岳，东长，山东东昌人，辛未。

[试题] 或问禘之（章）。知天地之（二句）。无为其所（句）。

[解元] 王晋元⑤，子任，泰州。

江西：

[试官] 侍讲何世璂，桐叔，山东新城人，己丑。编修田嘉穀，树滋，山西阳城人，壬辰。

[试题] 仕而优则（章）。夫孝者善（二节）。求则得之（章）。

[解元] 周学健，力堂，新建，癸卯，河督。

浙江：

[试官] 光少吕谦恒，天益，河南新安人，己丑。编修任兰枝【田嘉穀】，香谷，江南溧阳【山西阳城人】人，癸巳⑥。

[试题] 子华使于（章）。修道之谓（道也）。徐子曰仲（章）。

---

① 礼尚，《清秘述闻》作"左都御史"。

② 户尚，《清秘述闻》作"礼部尚书"。

③ 常熟，《清秘述闻》作"宁津"。

④ 宛平，《清秘述闻》作"大兴"。

⑤ 元，《清秘述闻》作"源"。

⑥ 据《清秘述闻》，是科江西考官为侍讲何世璂、编修任兰枝，浙江考官为光少吕谦恒、编修田嘉穀。李慈铭只于浙江考官处作了校注，而未在江西考官处作相应校注。

［解元］陆宗楷，凫川，钱唐①，癸卯，尚书。

福建：

［试官］中允张廷璐，【英子】，宝臣，江南桐城人，戊戌。编修朱一凤，昭②廷，直隶涿州人，己丑。

［试题］立则见其（二句）。孝之至也。遵先王之（下矣）。

［解元］廖学信，泰宁。

湖广：

［试官］御史漆绍文，馥来，江西新昌人，壬辰。编修景孝祥，履斋，河南汲县人，癸巳。

［试题］有德者必（句）。道也者不（四节）。若曾子者（可也）。

［解元］周邦孚，麻城。

河南：

［试官］金都嵇曾筠，松友，江南无锡人，丙戌。编修文岱，霞青，满洲厢黄人，庚辰。

［试题］四十而不（四句）。日省月试（二段）。谨庠序之（不寒）。

［解元］窦需书，环溪，河内，丙辰。

山东：

［试官］侍讲王傅【传】，绍薪，江西鄱阳人，辛未。御史柯乔年，松龄，河南固始人，癸未。

［试题］子闻之谓（节）。洋洋乎发（节）。求则得之（者也）。

［解元］耿贤举，馆陶，乙丑。

山西：

［试官］阁学查嗣庭，脊③木，浙江海宁人，丙戌。庶子鄂尔奇，复庵，满洲厢蓝人，壬辰。

［试题］不患人之（二句）。宜民宜人。子产听郑（章）。

［解元］杜首瀛，登长，太谷，癸丑④。

陕西：

［试官］侍读王国栋，左吾，奉天人，乙未⑤。编修吴家骐，晋绮，浙江归安⑥人，戊戌。

［试题］问知子曰（者直）。设其裳衣（二句）。今夫麰麦（熟矣）。

---

① 钱唐，《清秘述闻》作"海宁"。
② 昭，《清秘述闻》作"诏"。
③ 脊，《清秘述闻》作"润"。
④ "癸丑"为"壬申"之讹。
⑤ 乙未，光绪五年本校注者改为：癸巳。
⑥ 归安，《清秘述闻》作"桐城"。

［解元］王炎，渭南，丁巳。

四川：

［试官］司业庄楷，书田，江南武进人，癸巳。编修程元章，冠文，河南上蔡人，辛丑。

［试题］颜渊季路（尔志）。天地位焉（二句）。奋乎百世（三句）。

［解元］李御，夔州。

广东：

［试官］工给康五端，毓宣，江西安福人，丁丑。编修王思训，畴五，云南昆明人，丙戌。

［试题］惟仁者能（章）。言其上下（句）。如七十子（谓也）。

［解元］谢仲坈，孔六，阳春。

广西：

［试官］检讨朱曙孙①，景先，四川嘉定人，癸巳。检讨德龄，松如，满洲厢黄人，乙未。

［试题］吾之于人（节）。舜好问而（二句）。立贤无方。

［解元］陈宏谋，汝咨，临桂，内阁，文恭。

云南：

［试官］员外鄂尔泰，【鄂尔奇兄】，毅庵，满洲厢蓝人，己卯举人。检讨胡瀛，一山，四川宜宾人，戊戌。

［试题］为人臣止（四句）。求尔何如（之撰）。大舜有大（人同）。

［解元］许希孔，瞻鲁，昆明，庚戌，侍郎。

贵州：

［试官］洗马②沈宗敬，【荃子，一字南季】，恪庭，江南华亭③人，戊辰。刑外朱崧，枚少，江南吴县人，庚子举人。

［试题］曾子曰唯（已矣）。发而皆中（三句）。民非水火（节）。

［解元］沈枢，象如，镇远，癸丑。

雍正二【元】年癸卯恩科乡【会】试

九月会试，十月殿试，中式二百七十人。上以两总裁持择公允，舆论翕然，加太子太傅衔。

---

① "孙"为"荪"之讹。
② 洗马，《清秘述闻》作"编修"。
③ 华亭，《清秘述闻》作"娄县"。

[试官]【吏尚】① 朱轼，可亭，江西高安人，甲戌。【礼】② 尚张廷玉，砚斋，江南桐城人，庚辰。

[试题] 道之以德（节）。齐庄中正（二句）。若禹皋陶（句）。

[会元] 杨炳。

[鼎甲] 于振，鹤泉，江南金坛人，【由修撰降行人司副，举乾隆丙辰鸿博一等四名，授编修，升至】学士。戴瀚，巨川，江南上元人，学士。杨炳，蔚友，湖广钟祥人，学士。

雍正二年甲辰补行癸卯正科乡试

湖南、湖北乡试分闱。吕谦恒【户科给事中，一字天益，河南新安人】充顺天同考，子耀【曾】③【礼部员外郎，字宗华】亦与焉。父子同闱分校，时以为荣。【是年三月乡试。案：湖广分闱乡试，由元年吕谦恒为御史时奏请，谦恒先以康熙庚子典湖广试，已见上，后官至光禄寺卿致仕。】

顺天：

[试官]【吏尚】④ 田从典，峣山，山西阳城人，戊辰。阁学【福】⑤ 敏，龙翰，满洲正白人，丁丑。

[试题] 举善而教（句）。诚者不思（人也）。君子之守（下平）。

[解元] 谢宜相，文安。

江南：

[试官] 学士吴隆元，炳仪，浙江仁和⑥人，甲戌。检讨李兰，汀情⑦，直隶华亭⑧人，戊戌。

[试题] 事君敬其（二句）。致广大而（二句）。未同而言（已矣）。

[解元] 吴绂，方来，宜兴，丁巳，编修。

江西：

[试官] 阁学吴士玉，荆山，江南长洲⑨人，丙戌。司业孙嘉淦，懿斋，山西兴县人，癸巳。

---

① 原作"内阁"。
② 原作"吏"。
③ 原作"宗"。
④ 原作"内阁"。
⑤ 原作"傅"。
⑥ 仁和，《清秘述闻》作"归安"。
⑦ 情，《清秘述闻》作"倩"。
⑧ 华亭，《清秘述闻》作"乐亭"。
⑨ 长洲，《清秘述闻》作"吴县"。

［试题］孔子于乡（章）。慎思之明（三句）。民日迁善（句）。

　　［解元］涂学烜，新城，丙辰。

浙江：

　　［试官］阁学李凤翥，云湖，江西建昌人，丁丑。吏中王一导，愚斋，湖广武昌人，丁丑。

　　［试题］斯民也三（二句）。溥博渊泉。放勋曰劳（如此）。

　　［解元］王金绥，慈溪。

福建：

　　［试官］侍讲文岱，霞青，满洲厢黄人，庚辰。庶子张照，得天，江南娄县人，己丑。

　　［试题］入公门鞠（履阈）。振河海而（句）。有如时雨（德者）。

　　［解元］俞荔，硕卿，莆田，甲辰。

湖北：

　　［试官］侍讲德龄，松如，满洲厢黄人，乙丑①。工给蔡仕舢②，蓣③村，福建南安人，癸酉举人。

　　［试题］在止于至（二句）。绘事后素（二节）。易其田畴（二句）。

　　［解元］侯执信，方来，公安。

湖南：

　　［试官］刑中庄清度，省堂，江南武进人，辛未④。侍读陈万策，对初，福建晋江人，戊戌。⑤

　　［试题］樊迟问知（知矣）。能尽人之（二句）。大孝终身（三句）。

　　［解元］余凤举，邵阳。

河南：

　　［试官］光少罗其昌，四川遵义人，丙戌。修撰于振，秋田，江南金坛人，癸未⑥。

　　［试题］固天纵之（节）。人道敏政（在人）。食之以时（二句）。

　　［解元］叶鹄升，息县。

山东：

────────────

① "乙丑"为"乙未"之讹。

② 仕舢，《清秘述闻》作"士舢"。

③ 蓣，《清秘述闻》作"仙"。

④ "辛未"为"丁丑"之讹。

⑤ 此二人，原为陈在前，庄在后，李慈铭以对调符改之。

⑥ 未，光绪五年本校注者改为：卯。

[试官] 仆【卿】① 沈近思，位山，浙江钱唐人，己丑②。御史朱一凤，丹山，直隶涿州人，己丑。

[试题] 子以四教（章）。言其上下（句）。五亩之宅（节）。

[解元] 王世魁，潍县。

山西：

[试官] 编修夏力恕，观川，湖广孝感人，辛丑。侍讲黄鸿中，仲宣，山东即墨人，戊戌。

[试题] 如有所誉（二节）。天之所覆（四句）。抑而思之（待旦）。

[解元] 樊初荀，颍川，沁水，庚戌。

陕西：

[试官] 御史陆赐书，愚正，江南长洲人，丙戌。编修徐云瑞，卿升，浙江钱唐人，壬辰。

[试题] 毋友不如（二句）。行而民莫（中国）。劳心者治人。

[解元] 游得宜，圣衢，大荔，丙辰，庶常。

四川：

[试官] 检讨巩建丰，子文，陕西伏羌人，癸巳。户主许隆远，通③可，福建南靖④人，庚午举人。

[试题] 夫子之文（二句）。莫不尊亲。圣人治天（二句）。

[解元] 杜谧，晓湘，遵义，癸丑，郎中。

广东：

[试官] 学士王国栋，左吾，奉天人⑤，癸巳。编修胡彦颖，【会恩从兄子】，秋垂，浙江德清人，乙未。

[试题] 赤尔何如（二节）。国有道其（句）。庠者养也（六句）。

[解元] 陈世运，香山。

广西：

[试官] 庶子李钟峨，西源⑥，四川通江人，丙戌。侍讲德新，治⑦亭，满洲厢黄人，乙未。

[试题] 节用而爱（二句）。行而民莫（句）。治于人者（义也）。

[解元] 陈朝坦，鬱林。

---

① 原作"少"。
② "己丑"为"庚辰"之讹。
③ 通，《清秘述闻》作"迻"。
④ 南靖，《清秘述闻》作"漳浦"。
⑤ 光绪五年本校注者注：汉军厢黄旗。
⑥ 源，《清秘述闻》作"原"。
⑦ 治，《清秘述闻》作"冶"。

云南：

[试官] 御史江芑，采伯，湖广汉阳人，庚辰。检讨任际虞，唐臣，江西上高人，戊戌。

[试题] 诗书执礼（二句）。万物育焉。充实之谓（三节）。

[解元] 熊郢宣，文光，昆明①，丙辰，学士。

贵州：

[试官] 吏中王恕，中安，四川安居人，辛丑。编修曹源邺，东牧，浙江嘉兴人，戊戌。

[试题] 事君能致（句）。言而民莫（二句）。天下之善（之人）。

[解元] 郭石渠，文渊，安化，丁未，御史。

雍正二年甲辰科补行正科会试

中式二百九十人，内阁朱、张联主礼闱，主眷之隆，振古罕比。【是年八月会试。】

[试官] 【阁学】② 福敏，湘邻，满洲厢白人，丁丑。【吏尚】③ 朱轼，若瞻，江西高安人，甲戌。【户尚】④ 张廷玉，衡臣，江南桐城人，庚辰。兵⑤侍史贻直，铁厓，江南溧阳人，庚辰。

[试题] 能行五者（敏惠）。诚者自成（二句）。菽粟如水（二句）。

[会元] 王安国。

[鼎甲] 陈悳华，云倬，直隶安州人，尚书。王安国，书臣，江南高邮人，尚书，文肃。汪德容，云天⑥，浙江钱唐人，编修。

雍正四年丙午科乡试

江西甘万达【吏部尚书，谥庄恪，汝来之父。庄恪时为广西巡抚】、子汝逢、孙禾同举乡闱。奉旨，以五经中副者准作举人会试。

顺天：

[试官] 户尚蒋廷锡，扬孙，江南常熟人，癸未。【副都】⑦ 刘师恕，艾堂，江南宝应人，庚辰。

---

① 昆明，《清秘述闻》作"石屏"。
② 原作"吏侍"。
③ 原作"内阁"。
④ 原作"内阁"。
⑤ 兵，《清秘述闻》作"吏"。
⑥ 天，《清秘述闻》作"尺"。
⑦ 原作"阁学"。

［试题］君子义以（四句）。用其中于民。夏曰校殷（七句）。

［解元］金相，琢章，天津，丁未，学士。

江南：

［试官］【吏】① 侍沈近思，位三②，浙江仁和③人，庚辰。【编修】④ 曾元迈，循逸，湖广天门人，戊戌。

［试题］赐也女以（章）。序爵所以（二句）。诗云雨我（节）。

［解元］黄淮，若韩，铜陵。

江西：

［试官］【礼侍】⑤ 查嗣庭，横浦，浙江海宁人，丙戌。【编修】⑥ 俞鸿图，麟一，浙江海盐人，壬辰。

［试题］君子不以（章）。日省月试（二句）。山径之蹊（之矣）。

［解元］丁奭。

浙江：

［试官］【詹事】⑦ 陈万策，谦季，福建晋江人，戊戌。【中书】⑧ 周有堂，叔荫，湖广黄冈人，壬辰。

［试题］吾有知乎（章）。上律天时（二句）。既竭心思（三句）。

［解元］胡彦昇，国渊⑨，德清，庚戌。

福建：

［试官］【学士】⑩ 留保，松斋，满洲厢黄人，辛丑。编修崔纪，君玉，山西蒲州人，戊戌。

［试题］敏则有功（二句）。柔远人则（句）。人有不为（二句）。

［解元］吴士拔，建宁。

湖北：

［试官］编修杨超曾，骏骧，湖南武陵人，乙未。中书曹仪，亮畴，江南太仓人，癸巳。

［试题］卑宫室而（句）。忠信重禄（二句）。诗云自西（四句）。

［解元］郭孙俊，甸方，当阳，庚戌。

---

① 原作"礼"。
② 三，《清秘述闻》作"山"。
③ 仁和，《清秘述闻》作"钱塘"。
④ 原作"常少"。
⑤ 原作"少詹"。
⑥ 原作"洗马"。
⑦ 原作"学士"。
⑧ 原作"吏主"。
⑨ 渊，《清秘述闻》作"期"。
⑩ 原作"阁学"。

湖南：

［试官］御史刘运鲋，西临，江南南陵人，戊戌。编修吴启昆，宥函，江南江宁人，辛丑。

［试题］好之者不（句）。辟如天地（二句）。君子引而（从之）。

［解元］刘高松，衡州①。

河南：

［试官］御史段曦，罗青，云南安宁人，丁丑。中书蒋大成，展亭，浙江仁和人，辛丑。

［试题］纯如也皦（三句）。用其中于民。无为其所（二句）。

［解元］耿衷丹。

山东：

［试官］刑中李根云，仙蟠②，云南赵州人，戊戌。刑主李同声，月江，江南江都③人，己丑。

［试题］君子易事（一段）。致广大而（四句）。夏曰校殷（共之）。

［解元］单德谟，充符，高密，丁未，巡道。

山西：

［试官］中允姚三辰，舜扬，浙江仁和人，癸巳。礼主何宗韩，桐④藩，陕西文县人，甲辰。

［试题］惟尧则之。人道敏政（二句）。五谷熟而（句）。

［解元］史永直，双鹤，盂县。

陕西：

［试官］御史刘嵩龄，洵南⑤，直隶宝坻人，癸巳。宗主耿之昌，约斋，河南虞城人，壬辰。

［试题］诗云如切（二节）。致广大而（句）。树艺五谷（二句）。

［解元］唐若时，渭南，丙辰。

四川：

［试官］工给郑其储，又梁，湖广石首人，壬辰。编修邵泰，北厓，顺天大兴人，辛丑。⑥

［试题］有能一日（节）。诚者不思（行之）。五亩之宅（帛矣）。

［解元］胡宏智，巴县。

---

① 衡州，《清秘述闻》作"衡阳"。
② 蟠，《清秘述闻》作"幡"。
③ 江南江都，《清秘述闻》作"山西大同"。
④ 桐，《清秘述闻》作"嗣"。
⑤ 南，《清秘述闻》作"直"。
⑥ 此二人，原为邵在前，郑在后，李慈铭以对调符改之。

广东：

［试官］编修王兰生，信芳，直隶交河人，辛丑。编修曹源郊，东木，浙江嘉善人，戊戌。

［试题］观其所由（二句）。衣锦尚絅（二句）。今夫犛麦（节）。

［解元］罗国器，南海。

广西：

［试官］编修徐杞，【潮子】，集功，浙江钱唐人，壬辰。兵外尹会一，元符，直隶博野人，甲辰。

［试题］刚毅木讷（章）。柔远人则（句）。心之所同（然耳）。

［解元］蒋偰，敷五，临桂，丙辰。

云南：

［试官］学士张照，经南，江南娄县人，己丑。编修顾仔，予①肩，江南安康②人，戊戌。

［试题］博我以文（吾才）。尚不愧于（句）。公都子问（章）。

［解元］柏守仁，嶍峨。

贵州：

［试官］御史赵城，亘舆，云南通海人，乙未。编修戴瀚，雪楼，江南上元人，癸卯。

［试题］子贡问曰（有耻）。天之所覆（尊亲）。至于心独（义也）。

［解元］路元升，南征，毕节，丙辰。

雍正五年丁未科会试

中式二百十人，又钦赐殿试一人。浙江士习不端，举人停止会试。【以侍郎查嗣庭、举人汪景祺等相继以书词悖逆伏诛，而石门吕留良逆案牵连尤众，故命金都御史蔡仕舢为浙江观风整俗使以化导之。景祺，侍郎汪霖之子也，霖已久卒，亦追削官。】

［试官］【左都】③ 沈近思，暗斋，浙江钱唐人，庚辰。刑尚励廷仪，【杜讷子】，令式，直隶静海人，庚辰。【工】④ 侍史贻直，敬⑤弦，江南溧阳人，庚辰。

［试题］人能宏⑥道（章）。仲尼祖述（节）。孔子圣之（句）。

［会元］彭启丰。

---

① 予，《清秘述闻》作"子"。
② "康"为"东"之讹。
③ 原作"吏侍"。
④ 原作"兵"。
⑤ 敬，《清秘述闻》作"儆"。
⑥ "宏"为讳改，当作"弘"。

［鼎甲］彭启丰，【定求孙】，翰文，江南长洲人，尚书。邓启元，幼季，福建德化人。马宏琦，景韩，江南通州人，给事。

雍正七年己酉科乡试

广东主考严民法，贵州主考严源焘，父子同时典试。

顺天：

［试官］礼侍鄂尔奇，季王①，满洲厢蓝人，壬辰。【兵】② 侍杨汝穀，令贻③，江南怀宁人，庚辰。④

［试题］子曰参乎（节）。天地位焉。如七十子（不服）。

［解元］杨【秀】⑤，抡升，固安，庚戌，检讨。

江南：

［试官］理卿黎致远，宁先，福建长汀人，己丑。编修李清植，【光地孙】，立侯，福建安溪人，甲辰。

［试题］生而知之（句）。徵则悠远（二节）。汤执中立（二句）。

［解元］沈戌开，金山。

江西：

［试官］编修杨炳，月川，湖北钟祥人，癸卯。编修【徐】⑥ 焕然，晋叔，浙江海宁人，甲辰。

［试题］博学而笃（二句）。从容中道（句）。设为庠序（曰庠）。

［解元］解韬，幼图，吉水，庚戌。

浙江：

［试官］阁学【任】⑦ 兰枝，香谷，江南溧阳人，癸巳。编修王【峻】⑧，□⑨斋，江南常熟人，甲辰。

［试题］事君能致（句）。诚则明矣（二句）。圣人治天（二句）。

［解元］陈典，仁和。

福建：

---

① 王，《清秘述闻》作"正"。
② 原作"吏"。
③ 贻，《清秘述闻》作"诒"。又，《清秘述闻》"雍正十一年癸丑科会试"亦作"贻"。
④ 此二人，原为杨在前，鄂在后，李慈铭以对调符改之。
⑤ 原作"季"。光绪五年本校注者亦改为"秀"。
⑥ 原缺。光绪五年本校注者亦补作：徐。
⑦ 原缺。光绪五年本校注者亦补作：任。
⑧ 原作"俊"。光绪五年本校注者亦改为"峻"。
⑨ 原缺。光绪五年本校注者补：艮。

［试官］编修吴延熙，【铭】①佩，浙江乌程人，甲辰。编修陈浩，絮②澜，直隶昌平人，甲辰。

［试题］博学而笃（章）。诚者天之（四句）。善教得民心。

［解元］陆祖与【新】，瓯宁。

湖北：

［试官］编修刘统勋，延清，山东诸城人，甲辰。检讨张若涵，履绥，江南桐城人，癸卯。

［试题］所谓诚其（二句）。樊迟问仁（知人）。心之所同（我口）。

［解元］【宋】楚□③【望】，恒斋，当阳，癸【丑】④。

湖南：

［试官］少詹钱陈群，主敬，浙江嘉兴人，辛丑。刑主永世，克孝，满洲厢白人，癸卯。

［试题］其事上也（二句）。力行近乎仁。辅之翼之（得之）。

［解元］郭佑达，巨峰，桂东。

河南：

［试官］编修吴应棻，小眉，浙江归安人，乙未。修撰彭启丰，芝庭，江南长洲人，丁未。⑤

［试题］畏天命畏（三句）。天地位焉（二句）。中心悦而（句）。

［解元］陈春芳，兰若，郑州。

山东：

［试官］户中潘允敏，颖少，江南溧阳人，壬辰。宗主张钺，秋岩，江南上海人，戊戌。

［试题］君【子】学道（二句）。溥博如天（节）。出【乎】其类（四句）。

［解元］张永瑗，璞存，长山。

山西：

［试官］赞善许王猷，宾穆，浙江嘉兴⑥人，癸巳。编修⑦陈宏谋，汝咨，广西临桂人，癸卯。

［试题］知【者】动仁（四句）。言而世为（句）。君【子】所性（于心）。

［解元］刘灼，慧庵，太原。

---

① 原缺。光绪五年本校注者补：鸣。《清秘述闻》作"铭"。
② 光绪五年本校注者改为：紫。
③ 此字模糊难辨。《清秘述闻》作"望"。
④ 原作"巳"。
⑤ 此二人，原为彭在前，吴在后，李慈铭以对调符改之。
⑥ 嘉兴，《清秘述闻》作"嘉善"。
⑦ 编修，《清秘述闻》作"御史"。

陕西：

[试官] 户外冯祖悦，【云骍孙】，敬斋，山西代州人，甲辰。编修开泰，兆新，满洲正黄人，甲辰。

[试题] 畏【天】命畏（三句）。诚之不可（句）。守【约】而施（道也）。①

[解元] 孙龙竹，渭川，韩城，庚戌。

四川：

[试官] 检讨吴大受，牧园，浙江归安人，癸卯。赞善色诚，满洲正白人，甲辰。

[试题] 樊迟问仁（章）。发而皆中节。五谷熟而（句）。

[解元] 陈子鉴②，冰若，涪州。

广东：

[试官]【编修】③ 张梦徵，鹤来，江南华亭人，戊戌。编修严民法，养云，浙江归安人，癸卯。④

[试题] 樊迟问仁（知人）。天地位焉。宰我曰以（二句）。

[解元] 刘昌五，文伟，顺德，癸丑，检讨。

广西：

[试官] 吏外严宗喆，江西分宜人，丁丑。编修于枋，午晴，江南金坛人，甲辰。

[试题] 事君敬其（章）。致中和天。使自得之（二句）。

[解元] 邓维瑚，鬱林。

云南：

[试官] 检讨沈文豪，再欧，浙江钱唐人，癸卯。兵中林天木，毓千⑤，广东潮阳人，癸卯。

[试题] 天下归仁焉。忠信重禄（四句）。宰我曰以（二节）。

[解元] 杨名扬，燕山，石屏，癸丑。

贵州：

[试官] 编修严源焘，济之，浙江归安⑥人，甲辰。礼主邓世杰，浣心⑦，江南芜湖人，甲辰。

[试题] 子以四教（章）。万物育焉。圣人治天（二句）。

[解元] 王修士⑧，黄平，壬戌。

---

① 山东、山西、陕西三省试题皆有缺字，未知何故。李慈铭补上。
② 《清秘述闻》作"陈千鉴"。
③ 原作"吏主"。
④ 此二人，原为严在前，张在后，李慈铭以对调符改之。
⑤ 千，《清秘述闻》作"子"。
⑥ 归安，《清秘述闻》"嘉善"。
⑦ 心，《清秘述闻》"水"。
⑧ 疑当作"王楚士"。

雍正八年庚戌科会试

中式三百九十九人。状元周澍、探花梁诗正，俱钱唐人。浙江举人准其一体会试。

[试官]【工】① 侍孙嘉淦，锡公，山西兴县人，癸巳。内阁蒋廷锡，南沙，江南常熟人，癸未。【户尚】② 鄂尔奇，复庵，满洲厢蓝人，壬辰。阁学任兰枝，随斋，江南溧阳人，癸巳。

[试题] 志于道据（三句）。自诚明谓（章）。见其礼而（节）。

[会元] 沈昌宇。

[鼎甲] 周澍，雨甘，浙江钱唐人。沈昌宇，泰叔，浙江秀水人。梁诗正，养仲，浙江钱唐人，【大学士，文庄】。

雍正十年壬子科乡试

壬子、乙卯二科【自顺天外各省】皆以邻省举人充乡试同考。王安国典福建试，成进士者四十人，大学士蔡新与焉。

顺天：

[试官]【吏】③ 侍任兰枝，香谷，江南溧阳人，癸巳。【侍读】④ 杨炳，蔚友，湖广钟祥人，癸卯。

[试题] 一日克己（四句）。诚之不可（句）。取诸人以（二句）。

[解元] 邵大业，厚庵，大兴，癸丑，知府。

江南：

[试官] 阁学王兰生，振声，直隶交河人，辛丑。【检讨】⑤ 吴大受，子登⑥，浙江归安人，癸卯。

[试题] 乡也吾见（三节）。慎思之明（三句）。使自得之（二句）。

[解元] 郭长源，时若，江都。

江西：

[试官] 通参邵基，岳岘，浙江鄞县人，辛丑。侍讲喀尔钦，亮工，满洲厢黄人，癸卯。

[试题] 礼以行之（三句）。浩浩其天。孔子之谓（三句）。

---

① 原作"刑"。
② 原作"兵侍"。
③ 原作"礼"。
④ 原作"学士"。
⑤ 原作"侍讲"。
⑥ 登，《清秘述闻》作"惇"。

［解元］鲁游，新城，癸丑。

浙江：

［试官］詹事张珽璐，药斋，江南桐城人，戊戌。刑给王瓒，尔爵，贵州贵筑人，戊戌。

［试题］君子有三（之言）。溥博如天。圣人之于（子也）。

［解元］朱学泗，海宁。

福建：

［试官］编修王安国，春圃，江南高邮人，甲辰。吏给严瑞龙，凌云，四川阆中人，戊戌。

［试题］敬事而信。行而世为。孔子圣之（之也）。

［解元］叶有词，屺季①，福清，己未。

湖北：

［试官］编修李锦，纲文，江南长洲人，乙未。编修邓启元，幼季，福建德化人，丁未。

［试题］畏圣人之言。性之德也。易其田畴（三句）。

［解元］张鳌，荆门。

湖南：

［试官］学士许王猷，竹君，浙江嘉善人，癸巳。修撰周霬，雨甘，浙江钱唐人，庚戌。

［试题］君子学以（句）。悠远则博（二句）。充实而有（句）。

［解元］旷敏本，岣嵝，衡山，丙辰，庶常。

河南：

［试官］中允刘统勋，延清，山东诸城人，甲辰。刑中崔琳，元圃，山西永济人，癸卯。

［试题］友直友谅（益矣）。仲尼祖述（句）。劳之来之（德之）。

［解元］孙岩，警斋，汝阳，戊辰。

山东：

［试官］编修梁诗正，养仲，浙江钱唐人，庚戌。编修王承尧，挹山，山西沁水人，丁未。

［试题］好仁者无（足者）。此天地之（句）。又从而振（二句）。

［解元］单思迈，云谷，高密。

山西：

［试官］编修于辰，向之，江南金坛人，丁未。御史原衷戴，念圣，陕西蒲城人，丁未。

---

① 季，《清秘述闻》作“李”。

［试题］博学而笃（章）。洋洋乎发（句）。庠者养也（六句）。

［解元］安于讷，金铭，武乡，戊辰。

陕西：

［试官］编修吴文焕，观侯，福建长乐人，辛丑。编修李天宠，【光地季弟子，钟侨兄】，世来，福建南安人，乙未。

［试题］子游对曰（是也）。诗云鸢飞（节）。学不厌知（圣人）。

［解元］上官德舆，【敬夫】，朝邑，壬戌。

四川：

［试官］编修吴应龙，葵斋，江南武进人，甲辰。编修李重华，实君，江南吴江人，甲辰。

［试题］子在齐闻（章）。成己仁也（二句）。诗云雨我（节）。

［解元］胡玉伯，埙生，遂生。

广东：

［试官］编修钱本诚，勉耘，江南太仓人，丁未。刑给刘吴龙，绍闻①，江西南昌人，癸卯。

［试题］畏圣人之言。今夫天斯（一段）。食之以时（二句）。

［解元］郭曰槐，植②庵，三水，癸丑。

广西：

［试官］编修邹一桂，原褒，江南无锡人，丁未。检讨范咸，九池，浙江仁和人，癸卯。

［试题］畏圣人之言。宜民宜人。孔子之谓（句）。

［解元］陈仁，元若，武宣，癸丑，巡道。

云南：

［试官］修撰彭启丰，翰文，江南长洲人，丁未。编修赵大鲸，横山，浙江仁和人，甲辰。

［试题］君子学以（句）。子庶民则（二句）。学则三代（伦也）。

［解元］龚亮，赵州。

贵州：

［试官］编修王峻，艮斋，江南常熟人，甲辰。户中毕谊，元复，江南娄县人，戊戌。

［试题］文质彬彬。宜民宜人（申之）。诗云雨我。

［解元］陈中荣，孟仁，绥阳，癸丑，知府。

---

① 闻，《清秘述闻》作"文"。

② 植，《清秘述闻》作"柏"。

雍正十一年癸丑科会试

中式三百二十八人。陈倓以广文应礼部试，高掇会、状，其友人调以诗云："三载凄凉冷署秋，此番高出众仙俦。教官金榜非难事，难在蓬莱最上头。"其年已三十有九。【是科殿试，桐城张若霭卷在第五，上阅之，谓语极恳挚，有古大臣风，拔置第三。及拆号，知为大学士张廷玉子，上大悦，即命内侍往谕廷玉曰："尔子中探花矣。"廷玉请面对，再三力辞，愿谦天下寒士。上乃宣谕谓："勉从其请，以表大臣谦谨之诚，并昭国家制科盛事。"改若霭为二甲一名，即授编修。十三年，入直南书房。乾隆初，累迁至内阁学士。十一年，以扈从西巡，归，先廷玉卒。诏以曾袭伯爵，加恩照伯爵品级赐恤，赏银千两。】

[试官]【兵】① 侍杨汝榖，石湖，江南怀宁人，庚辰。户尚鄂尔奇，瞻容，满洲厢蓝人，壬辰。【吏】② 侍任兰生③，随斋，江南溧阳人，癸巳。

[试题] 为君难为（二句）。中也者天（句）。禹恶旨酒（二节）。

[会元] 陈倓。

[鼎甲] 陈倓，定先，江南仪征人。田志勤，崇广，顺天大兴人，侍讲。沈文【镐】④，绍岐，江南崇明人。

雍正十三年乙卯科乡试

顺天考官顾祖镇、戴瀚俱落职逮问。

顺天：

[试官] 工侍顾祖镇，景范，江南吴县人，戊戌。学士戴瀚，巨川，江南上元人，癸卯。

[试题] 我欲仁斯（二句）。性之德也。有诸己之（三句）。

[解元] 许秉智，大兴。

江南：

[试官] 吏侍邵基，思蒌，浙江鄞县人，辛丑。修撰周霭，西坪，浙江仁和⑤人，庚戌。

[试题] 据于德依（二句）。诚者天之（二句）。天之生此（三句）。

[解元] 吴镇兖，济平，休宁，乙丑。

江西：

---

① 原作"吏"。
② 原作"礼"。
③ "生"为"枝"之讹。
④ 原作"高"。
⑤ 仁和，《清秘述闻》作"钱塘"。

［试官］中允彭启丰，芝庭，江南长洲人，丁未。御史张士遇，秉均，江南华亭人，癸卯。

［试题］纯如也皦（以成）。高明所以（句）。其始播百（恒心）。

［解元］黄冈竹，华谷①，卢②陵，丙辰。

浙江：

［试官］学士陈惠华，云倬，直隶安州人，甲辰。御史刘元燮，孟调，湖广湘潭人，庚戌。

［试题］行己有耻。能尽其性（二句）。食之以时（二句）。

［解元］徐尔燮，会清，德清。

福建：

［试官］工主章有大，容谷，浙江归安人，庚戌。编修金相，琢章，直隶天津人，丁未。

［试题］知之者不（章）。序□③所以（四句）。知其性则（句）。

［解元］黄元宽，栗夫，福清，丁巳。

湖北：

［试官］御史卢秉纯，性香，山西襄陵人，庚戌。刑主苏霖渤，海若④，云南赵州人，癸卯。

［试题］好仁者无（句）。诚□⑤不勉（者也）。原泉混混（四海）。

［解元］李兆钰，质甫，钟祥，丙辰，御史。

湖南：

［试官］编修赵大鲸，跃斋，浙江仁和人，甲辰。礼中周祖荣，仁先，奉天厢黄⑥人，丁未。

［试题］庶矣哉冉（三节）。修道之谓教。强恕而行（节）。

［解元］张汝润，栗夫，善化，丙辰。

河南：

［试官］编修李文锐，北苑，江南长洲人，乙未。御史高显贵，蕴山，满洲厢黄⑦人，丁未。

［试题］庶矣哉冉（三节）。自诚明谓（句）。圣人治天（下）。

［解元］郭擢，秀升，洛阳，丙辰，庶常。

---

① 谷，《清秘述闻》作"国"。
② "卢"为"庐"之讹。
③ 原缺，系印刷问题。当为"爵"。
④ 若，《清秘述闻》作"门"。
⑤ 原缺，系印刷问题。当为"者"。
⑥ 奉天厢黄，《清秘述闻》作"汉军镶红"。
⑦ 满洲厢黄，《清秘述闻》作"汉军镶红"。

山东：

［试官］赞善郑江，玑尺，浙江钱唐人，戊戌。编修于枋，小谢，江南金匮①人，甲辰。

［试题］夫子之道（已矣）。诚者天之（二句）。树艺五谷（二句）。

［解元］丁琪，诸城。

山西：

［试官］谕德嵇璜，【曾筠子】，尚佐，江南无锡人，庚戌。工主吴炜，觐扬，江南歙县②人，庚戌。

［试题］君子义以（句）。诚者天之（二句）。孔子之谓（句）。

［解元］郭伟人，晋卿，文水，己未。

陕西：

［试官］编修于辰，北墅，江南金坛人，丁未。礼中郭石渠，介峻，贵州安化人，丁未。

［试题］性相近也（章）。大哉圣人（句）。易其田畴（二节）。

［解元］米嘉绩，仲功，蒲城。

四川：

［试官］编修杨廷栋，大宇，江南宣城人，庚戌。编修周学健，力堂，江西新建人，癸卯。

［试题］仁远乎哉（章）。凡为天下（一也）。孔子之谓（句）。

［解元］彭遵泗，磐泉，丹棱，丁巳，同知。

广东：

［试官］御史钟衡，仲恒，浙江长兴人，庚戌。刑主王应彩，莱堂，浙江桐乡人，庚戌。

［试题］仁远乎哉（章）。知所以修（身也）。若孔子则（句）。

［解元］侯弼。

广西：

［试官］编修沈昌宇，定岩，浙江秀水人，庚戌。编修王宗灿，泰符，奉天正黄人，庚戌。

［试题］人能宏③道。极高明而（句）。谨庠序之教。

［解元］潘乙震，筠轩，东兰，丙辰，学士。

云南：

［试官］编修张鹏翀，天扉，江南嘉定人，丁未。御史倪国琏，紫珍，浙江仁和

---

① 匮，《清秘述闻》作"坛"。
② 江南歙县，《清秘述闻》作"浙江仁和"。
③ "宏"为讳改，当作"弘"。

人，庚戌。

［试题］君子以文（章）。大哉圣人（于天）。盈科而后（四句）。

［解元］彭侣，侪鹤，赵州，己未。

贵州：

［试官］编修周范莲，效白，江南长洲人，庚戌。刑主熊学鹏，云亭，江西南昌人，庚戌。

［试题］恭宽信敏惠。洋洋乎发。食之以时（节）。

［解元］徐用贤，余庆。

乾隆元年丙辰科会试

中式二百四十四人。状元官都宪，榜眼阁学，探花尚书。传胪蔡新官大学士，年九十三卒，谥文【恭】，尤为盛事云。

［试官］吏侍邵基，学址，浙江鄞县人，辛丑。内阁鄂尔泰，毅庵，满洲厢蓝人，己卯。内阁朱轼，可亭，江西高安人，甲戌。工侍张廷璩，【英子】，桓臣，江南桐城人，癸卯。

［试题］君子笃于（章）。五者天下（一也）。欲为君尽（五句）。

［会元］赵青藜，然乙，泾县，御史。

［鼎甲］金德瑛，汝白，浙江仁和人，左都。黄孙懋，训昭，山东曲阜人，阁学。秦蕙田，【道然子】，味经，江苏金匮人，尚书，文恭。

乾隆元年丙辰恩科乡试

特命大臣保举典试之人，三月十七日保和殿考定等第，引见记名差用。

顺天：

［试官］左都福敏，龙翰，满洲厢白人，丁丑。吏左邵基，恩岳，浙江鄞县人，辛丑。

［试题］务民之义，爱其所亲。君子存之（义也）。

［解元］古之琮，梅岑，宛平。

江南：

［试官］刑左①孙嘉淦，懿斋，山西兴县人，癸巳。吏给②单德谟，充符，山东高密人，丁未。

［试题］不忮不求（二句）。取人以身（二句）。礼之实节（二段）。

---

① 刑左，《清秘述闻》作"左都御史"。
② 吏给，《清秘述闻》作"御史"。

［解元］梅理，生谷，宣城，壬申。

江西：

［试官］阁学姚三辰，巽湖，浙江仁和人，癸巳。司业开泰，兆新，满洲正黄人，甲辰。

［试题］本立而道（三句）。天地之道（载焉）。继之以不（二句）。

［解元］陈仁。

浙江：

［试官］祭酒李凤翥，荷三，江西建昌人，丁丑。侍讲李清植，立侯，福建安溪人，甲辰。

［试题］抑为之不（学也）。执其两端（三句）。以直养而（与道）。

［解元］岑兆松，余姚。

福建：

［试官］编修柏谦，蕴皋，江南崇明人，庚戌。御史①周人骥，紫昂，直隶天津人，丁未。

［试题］子贡问为（章）。惟天下至（其性）。召太师曰（是也）。

［解元］蔡云从，亦飞，漳浦，壬戌，庶常。

湖北：

［试官］编修孙灏，载黄，浙江钱唐人，庚戌。吏中陈其凝，秋厓，江南上元人，庚戌。

［试题］子谓子贡（章）。春秋修其（二节）。天下之善（之人）。

［解元］程英铭，新三，兴国，戊辰。

湖南：

［试官］侍讲熊晖吉，孚有，江西新昌人，甲辰。御史倪国琏，穟畴，浙江仁和人，庚戌。

［试题］其在宗庙（节）。溥博渊泉（二句）。以友天下（其书）。

［解元］张光照。

河南：

［试官］侍讲②吴应枚，颖庵，浙江归安人，甲辰。编修沈昌宇，泰叔，浙江秀水人，庚戌。

［试题］唐虞之际（二句）。力行近乎仁。故观于海（其澜）。

［解元］张文庄，祥符，丁巳。

山东：

---

① 御史，《清秘述闻》作"礼部员外郎"。

② 侍讲，《清秘述闻》作"侍读"。

［试官］常卿【四译馆少卿】汪由敦，师铭①，江南休宁②人，甲辰。中允彭启丰，翰文，江南长洲人，丁未。

［试题］才难不其（为盛）。溥博渊泉（二句）。孔子进以（有命）。

［解元］戴汝槐，莱州。

山西：

［试官］侍讲邹升恒，泰③和，江南无锡人，戊戌。侍读嵩寿，茂永④，满洲正黄人，癸卯。

［试题］弟子入则（亲仁）。忠信重禄（二段）。人有不为（二句）。

［解元］齐建中，懋先，定襄，乙丑。

陕西：

［试官］谕德嵇璜，黼亭，江南无锡人，庚戌。检讨阮学浩，裴园，江南山阳人，庚戌。

［试题］三人行必（章）。体群臣则（二段）。惟圣人然（句）。

［解元］王章。

四川：

［试官］编修陶正靖，稺衷⑤，江南常熟人，庚戌。御史刘元燮，孟调，湖南湘潭人，庚戌。

［试题］不患莫己（二句）。诚身有道（三句）。谨庠序之（二句）。

［解元］陈于端，东立，涪州。

广东：

［试官］检讨周龙官，翼皇，江南山阳人，丁未⑥。工主章大有⑦，容谷，浙江归安人，庚戌。

［试题］乐道人之（二句）。时使薄敛（二句）。夫人⑧亦在（句）。

［解元］谈德。

广西：

［试官］维修万承苍，宇兆，江西南昌人，癸巳。御史薛韫，叔芳，陕西雒南人，庚戌。

［试题］赐也始可（节）。体群臣则（二句）。以德服人（子也）。

---

① 铭，《清秘述闻》作"茗"。
② 江南休宁，《清秘述闻》作"浙江钱塘"。
③ 泰，《清秘述闻》作"太"。
④ 永，《清秘述闻》作"承"。
⑤ 衷，《清秘述闻》作"裘"。
⑥ "丁未"为"甲辰"之讹。
⑦ "章大有"为"章有大"之讹。
⑧ "人"为"仁"之讹。

［解元］王安。

云南：

［试官］编修王峻，次山，江南常熟人，甲辰。御史钟衡，仲恒，浙江长兴人，庚戌。

［试题］譬如为山（章）。人道敏政（二句）。睟然见于（二句）。

［解元］刘静轩，河西。

贵州：

［试官］刑外苏霖渤，海门，云南赵州人，癸卯。刑主金溶，广蕴，顺天大兴人，庚戌。

［试题］学而不厌（二句）。溥博渊泉（二句）。宰我子贡（圣人）。

［解元］陈允，贵筑。

乾隆二年丁巳恩科会试

中式二百二十四人。

［试官］吏侍姚三辰，舜扬，浙江仁和人，癸巳。内阁张廷玉，砚斋，江南桐城人，庚辰。左都福敏，龙翰，满洲厢白人，丁丑。副都索柱，海峰，满洲正黄人，乙未。

［试题］既庶矣又（二段）。君子之所（见乎）。人皆有不（政矣）。

［会元］何其睿，克思，赣州，编修。

［鼎甲］于敏中，重常，江南金坛人，内阁，文襄。林枝春，继仁，福建福清人，通政。任端书，进思，江南溧阳人。

乾隆三年戊午科乡试

顺天榜两状元，庄有恭己未，钱维城乙丑。

顺天：

［试官］吏尚孙嘉淦，锡公，山西兴县人，癸巳。礼侍吴家骐①，晚枫，浙江归安②人，戊戌。

［试题］居敬而行简。人道敏政（在人）。规矩方员（节）。

［解元］马锦昌，无锡。

江南：

［试官］刑侍陈悳华，月溪，直隶安州人，甲辰。少詹许王猷，宾穆，浙江嘉善

---

① "骐"为"骑"之讹。
② 归安，《清秘述闻》作"桐乡"。

人，癸巳。

[试题] 行之以忠。诗云相在（节）。五亩之宅（四段）。

[解元] 陶绍景，京山，上元。

江西：

[试官] 兵侍凌如焕，琢成，江南上海人，乙未。编修于振，鹤泉，江南金坛人，癸卯①。

[试题] 子游对曰（是也）。见而民莫（三句）。守身守之（句）。

[解元] 王廷佐。

浙江：

[试官] 阁学陈大受，占咸，湖广祁阳人，癸丑。编修赵青藜，星阁，江南泾县人，丙辰。

[试题] 先行其言。春秋修身（句）。子路人告（人同）。

[解元] 吴世英，绪昌，钱唐。

福建：

[试官] 修撰金德瑛，慕斋，浙江仁和人，丙辰。编修相谦，蕴皋，江南崇明人，庚戌。

[试题] 德不孤必（章）。尊贤则不惑。分人以财（三句）。

[解元] 出科联，叔渠，惠安，己未，检讨。

湖北：

[试官] 侍讲张暎辰②，星指，浙江仁和人，癸丑。检讨仲永檀，象溪，山东济宁人，丙辰。

[试题] 见贤思齐（章）。车同轨书（三句）。不违农时（二句）。

[解元] 郭维本。

湖南：

[试官] 编修徐铎，令民，江南盐城人，丙辰。工给朱凤英，翔羽，江西南昌人，庚戌。

[试题] 知者动仁（二句）。中也者天（育焉）。孔子圣之（之也）。

[解元] 彭世英，巴③陵。

河南：

[试官] 侍讲赵大鲸，学斋④，浙江仁和人，甲辰。吏工⑤金洪铨，学山，江南嘉定人，癸丑。

---

① 癸卯，《清秘述闻》作"丙辰"。案：于振癸卯科成进士，又中丙辰博学宏词科。

② 《清秘述闻》作张映辰。"暎"同"映"。

③ "巴"为"茶"之讹。

④ 《清秘述闻》作"学川"。

⑤ 吏工，《清秘述闻》作"吏部主事"。

［试题］为仁由己（勿动）。春秋修其（节）。以不忍人（二句）。

［解元］张尔铭，嵩县。

山东：

［试官］编修陈其凝，秋厓，江南上元人，庚戌。编修张灏，卓人，浙江钱唐人，丁未。

［试题］点尔何如（二节）。仲尼祖述（句）。不违农时（二句）。

［解元］郭柯，冠县，壬申。

山西：

［试官］学士沈昌宇，泰叔，浙江秀水人，庚戌。编修杨黼时，逊斋，广东大埔人，丙辰。

［试题］其为仁矣（其身）。诚者非自（二句）。用之以礼。

［解元］李邺，承①亭，榆次，壬申。

陕西：

［试官］编修董邦达，孚存，浙江富阳人，癸丑。刑主张九钧，陶万②，湖南湘潭人，癸丑。

［试题］四时行焉（二句）。行而民莫（句）。善与人同（三句）。

［解元］卫学诗，闻一，韩城，壬戌。

四川：

［试官］编修倪师孟，峄堂，江南吴县人，癸卯。工外③李敏第，瀛少，河南夏邑人，庚戌。

［试题］工欲善其（节）。博厚则高明。菽粟如水（者乎）。

［解元］罗文思，日睿，合江。

广东：

［试官］编修闻棠，静儒，江南镇阳人，丙辰。御史朱续晫，近山，山东平阴人，癸丑。

［试题］欲仁而得（仁）。其为物不（载焉）。义人之正（句）。

［解元］王定九，海康。

广西：

［试官］赞善④钱本诚，冑尹⑤，江南太仓人，丁未。检讨胡定，静园，广东保昌人，庚戌⑥。

---

① 承，《清秘述闻》作"永"。

② 万，《清秘述闻》作"甫"。

③ 《清秘述闻》作工部主事。

④ 赞善，《清秘述闻》作"编修"。

⑤ 尹，《清秘述闻》作"伊"。

⑥ "庚戌"为"癸丑"之讹。

[试题] 郁郁乎文哉。君臣也父（二句）。夏日校殷（伦也）。

[解元] 文兆奭，季棠，灵川，己未。

云南：

[试官] 编修张湄，鹭洲，浙江钱唐人，癸丑。礼外葛德润，述斋，山西安邑人，癸丑。

[试题] 君子学道（句）。力行近乎仁。有如时雨（句）。

[解元] 徐联元。

贵州：

[试官] 编修阮学濬，澄园，江南山阳人，癸丑。刑主朱发，圣容，浙江乌程人，癸丑。

[试题] 君使臣以（二句）。用其中于民，游于圣人（句）。

[解元] 山①霆，思南。

乾隆四年己未科会试

中式三百二十八人。乌程费瀛偕子兰先同登。

[试官] 户侍留保，松心，满洲厢黄人，辛丑。内阁赵国麟，仁圃，山东泰安人，丙戌②。吏尚甘汝来，逊斋，江西奉新人，癸丑③。兵侍凌如焕，榆山，江南上海人，乙未。

[试题] 生而知之（二句）。用其中于（二句）。君子所性（于心）。

[会元] 轩辕诰，谋野，汶上，知县。

[鼎甲] 庄有恭，容可，广东番禺人，尚书。涂震逢，京百，江西南昌人，侍郎。秦勇均，健资，江南金匮人，按察。

乾隆六年辛酉科乡试

顺天解元毛师灏，后以壬申殿试怀挟除名。福建解元邱鹏飞本武生，以兄振芳代作事觉除名。

顺天：

[试官] 礼侍④刘藻，素存，山东荷⑤泽人，丙辰。工侍许希仁，瞻鲁，云南昆明人，庚戌。

---

① "山"为"田"之讹。似系印刷问题。

② "丙戌"为"己丑"之讹。

③ "癸丑"为"癸巳"之讹。

④ 礼侍，《清秘述闻》作"内阁学士"。

⑤ "荷"为"菏"之讹。

［试题］一日克己（二句）。夫微之显（节）。必有事焉（长也）。

［解元］毛师灏，大兴，壬申。

江南：

［试官］阁学①李绂，巨来，江西临川人，己丑。修撰金德瑛，汝白，浙江仁和人，丙辰。

［试题］饭蔬食饮（二句）。朝聘以时。鸡鸣而起（章）。

［解元］龚锡纯，无锡。

江西：

［试官］礼②侍张廷璐，窦臣，江南桐城人，戊戌。庶子彭启丰，翰文，江南长洲人，丁未。

［试题］一言以蔽（二句）。明乎郊社（二句）。天下之善（之人）。

［解元］熊为霖，浣青，新建，乙丑，侍读。

浙江：

［试官］阁学③蒋溥，【廷锡子】，质甫，江南常熟人，庚戌。编修④赵青藜，然乙，江南泾县人，丙辰。

［试题］如其礼乐（相焉）。洋洋乎发（句）。人能无以（节）。

［解元］周逢吉，海盐⑤。

福建：

［试官］编修诸锦，襄若⑥，浙江秀水人，癸卯⑦。检讨郭肇璜，凤池，江南全椒人，丁巳。

［试题］乐节礼乐。凡为天下（一也）。颂其诗读（四句）。

［解元］邱鹏飞，侯官。

湖北：

［试官］侍讲⑧陈兆崙，勾⑨山，浙江仁和⑩人，庚戌⑪。编修闻棠，云枚，江南镇洋人，丙辰。

［试题］女为周南（章）。载华岳而（二句）。敢问何谓（生者）。

---

① 阁学，《清秘述闻》作"光禄寺卿"。
② 礼，《清秘述闻》作"吏"。
③ 阁学，《清秘述闻》作"吏部侍郎"。
④ 编修，《清秘述闻》作"御史"。
⑤ 海盐，《清秘述闻》作"仁和"。
⑥ 若，《清秘述闻》作"七"。
⑦ "癸卯"为"甲辰"之讹。诸锦又中丙辰博学宏词科。
⑧ 侍讲，《清秘述闻》作"检讨"。
⑨ 《清秘述闻》作"句"。
⑩ 仁和，《清秘述闻》作"钱塘"。
⑪ 庚戌，《清秘述闻》作"丙辰鸿博"。案：陈兆崙庚戌科成进士，又中丙辰博学宏词科。

［解元］张梦扬，苏山，黄安，乙丑。

湖南：

［试官］编修涂逢震，京百，江西南昌人，己未。检讨兴泰，履①山，满洲正黄人，丙辰。

［试题］未之思也（节）②。博厚则高明。孩提之童（义也）。

［解元］欧阳正焕，瑶冈，衡山，乙丑，御史。

河南：

［试官］侍讲张鹏翀，南华，江南嘉定人，丁未。吏外钱度，晋斋，江南武进人，丙辰。

［试题］君子喻于义。淡而不厌（七句）。傅说举于（五句）。

［解元］许龙章，商邱。

山东：

［试官］编修万年茂，少槐，湖北黄冈人，丙辰。编修周煌，绪楚，四川涪州人，丁巳。【周煌字景垣，号海山，官至兵部尚书，赠太子太傅，谥文恭。】

［试题］公叔文子（节）。有所不足（二句）。夏后氏五（二句）。

［解元］刘其旋，履夫，安邱，壬戌。

山西：

［试官］编修阮学浩，澹宁，江南山阳人，庚戌。吏中黄琰，勿③磷，湖南善化人，丁未。

［试题］知者不失（二句）。唯天下至（大经）。禹思天下（四句）。

［解元］张权。

陕西：

［试官］侍讲刘纶，绳庵，江南武进人，丙辰。编修夏廷芝，茹紫，江南高邮人，癸丑。

［试题］子路问曰（士矣）。莫见乎隐（二句）。其生色也（五句）。

［解元］梁济瀍，我东，皋兰，乙丑，郎中。

四川：

［试官］中允朱良裘，冶子，江南南汇④人，甲辰。户主陈士璠，鲁璋⑤，浙江钱唐人，丙辰。

［试题］师冕见及（章）。言其上下（句）。谷与鱼鳖（二句）。

［解元］黄坦，明宽，涪州。

---

① 履，《清秘述闻》作"孚"。

② 《清秘述闻》湖南、河南试题"君子喻于"、"未之思也"对调。

③ 勿，《清秘述闻》作"笏"。

④ 南汇，《清秘述闻》作"上海"。

⑤ 璋，《清秘述闻》作"斋"。

广东：

[试官] 编修沈乐①仁，勉之，浙江归安人，癸卯。御史陈大玠，笋湄，福建晋江人，甲辰。

[试题] 子曰举直（言乎）。能尽其性（六句）。诗云雨我（二句）。

[解元] 陈炎宗，文樵，南海，戊辰，编修。

广西：

[试官] 礼中李治运，宁人，江南吴县②人，庚戌。编修胡中藻，翰选，江西新建人，丙辰。【胡中藻官至少詹事，为鄂文端门生，结党与张文和相倾轧。著《坚磨生诗集》，语多诽谤。乾隆□□③年以狂勃伏诛。】

[试题] 质直而好（三句）。峻极于天。民非水火（足矣）。

[解元] 谢鹏翼，全州。

云南：

[试官] 编修观保，【索绰络氏】，蕴玉，满洲正白人，丁巳。【观保官至礼部尚书，改左都御史，谥文恭。】吏外吴联珠，珍兹，浙江归安人，丙辰。

[试题] 不忮不求（二节）。行其礼奏（二句）。若孔子则（甚也）。

[解元] 周飏渭。

贵州：

[试官] 侍讲④潘中立，松溪，江西新城人，癸卯。吏外黄兰谷，郁汀，江南休宁人，庚戌。

[试题] 诗云乐只（节）。文之以礼（二句）。为天下得（句）。

[解元] 王世仕，惠仲，贵筑，壬戌，赞善。

乾隆七年壬戌科会试

中式三百十三人。同考十八人皆翰林，为前此【所无】⑤。榜眼杨述曾，探花汤大绅，俱阳湖人。

[试官] 兵侍汪由敦，谨堂，江南休宁⑥人，甲辰。内阁鄂尔泰，西林，满洲厢蓝人，己卯。刑尚刘吴龙，绍闻，江西南昌人，癸卯。副都仲永檀，乐园，山东济宁人，丙辰。

[试题] 如保赤子（远矣）。子击磬于（节）。所过者化（二句）。

---

① "乐"为"荣"之讹。
② 吴县，《清秘述闻》作"吴江"。
③ 原缺，当为"二十"。
④ 侍讲，《清秘述闻》作"侍读"。
⑤ 原作"无所"。
⑥ 江南休宁，《清秘述闻》作"浙江钱塘"。

［会元］金姓。

［鼎甲］金姓，雨甘①，浙江仁和人，侍郎。杨述曾，【大鹤孙，学士椿子】，二思，江南阳湖人，侍读。汤大绅，孙书，江南阳湖人。

乾隆九年甲子科乡试

顺天乡试，因搜捡逾期，奏改试期一日。

顺天：

［试官］户侍②汪由敦，师铭③，江南休宁人，甲辰。祭酒崔纪，南有，山西蒲州人，戊戌。

［试题］此谓一言（二句）。纣之不善（下流）。士之不托（四节）。

［解元］冯秉忠，春田，金坛，辛巳。

江南：

［试官］礼侍邓钟岳，东长，山东东昌人，辛丑。詹事叶一栋，庭干，江西新建人，丙辰。

［试题］乐则韶舞。果能此道（三句）。人知之亦（四节）。

［解元］薛观光，上宾，长洲。

江西：

［试官］工侍④张廷瑑，思斋，江南桐城人，癸卯。编修蔡新，【世远从子】，次明，福建漳浦人，丙辰。

［试题］行不由径（三句）。或困而知之。卿以下必（二句）。

［解元］龚奏绩，源峰，临川，乙丑。

浙江：

［试官］少詹王会汾，【字晋川】，苏服，江南无锡人，丁巳。【王会汾官至吏部侍郎，降大理寺卿。】编修官献瑶，瑜卿，福建安溪人，己未。

［试题］诗可以兴（七句）。渊渊其渊。此其大略（节）。

［解元］张世荦，寓椿⑤，钱唐。

福建：

［试官］检讨夏之蓉，芙裳，江南高邮人，癸丑⑥。侍讲万承苍，孺庐，江西南昌人，癸巳。

---

① 甘，光绪五年本校注者改为：叔。
② 户侍，《清秘述闻》作"工部尚书"。
③ 铭，《清秘述闻》作"茗"。
④ 工侍，《清秘述闻》作"内阁学士"。
⑤ 寓椿，《清秘述闻》作"玉春"。
⑥ 癸丑，《清秘述闻》作"丙辰鸿博"。案：夏之蓉癸丑科成进士，又中丙辰博学宏词科。

［试题］里仁为美（章）。保佑命之（二句）。至于心独（义也）。

［解元］朱士琇，斐瞻，建宁，戊辰，庶常。

湖北：

［试官］学士①沈德潜，确士，江南长洲人，己未。御史②西成，有年，满洲厢黄人，庚戌。

［试题］周有八士（章）。人道敏政（二节）。段干木逾（三节）。

［解元］向来雨。

湖南：

［试官］编修吴绂，泊村，江南宜兴人，丁巳。刑主周承勃，绛侯，陕西泾阳人，丙辰。

［试题］齐之以礼。宽裕温柔（二句）。学则三代（句）。

［解元］郭焌，昆甫，善化③。

河南：

［试官］编修宋邦绥，【熙子】，逸才，江南长洲人，丙辰④。【宋邦绥官至户部侍郎。】编修叶西⑤，书山，江南桐城人，己未。

［试题］十目所视（二句）。知者乐水（四句）。文王视民（句）。

［解元］彭应麟，临漳。

山东：

［试官］侍讲周玉章，琡⑥大，浙江仁和人，丁巳。编修曹秀先，水⑦持，江西新建人，丙辰。

［试题］谨权量审（节）。人之为道（治人）。愿为圣人氓。

［解元］吕璿⑧，文登。

山西：

［试官］中允于敏中，重常，江南金坛人，丁巳。侍读双庆，有亭，满洲厢白人，癸丑。

［试题］子游为武（耳乎）。莫见乎隐（二句）。善教民爱之。

［解元］李凌云，扶九，太原⑨，乙丑。

---

① 学士，《清秘述闻》作"少詹事"。

② 御史，《清秘述闻》作"户部郎中"。

③ 善化，《清秘述闻》作"安"。

④ 光绪五年本校注者注：丁巳。

⑤ "西"为"酉"之讹。

⑥ 琡，《清秘述闻》作"叔"。

⑦ 水，《清秘述闻》作"冰"。

⑧ 《清秘述闻》作"吕濬"。

⑨ 太原，《清秘述闻》作"榆次"。

陕西：

[试官] 谕德兴泰，孚山，满洲正黄人，丙辰。御史钱度，希裴，江南武进人，丙辰。

[试题] 富与贵是（一段）。人道敏政。源泉混混（如是）。

[解元] 张馨，秋芷，临潼，乙丑，御史。

四川：

[试官] 编修汪士锽，君宣，江南休宁人，丙辰。工主章大有①，容谷，浙江归安人，庚戌。

[试题] 行不由径（三句）。知耻近乎勇。分人以财（三句）。

[解元] 蒲心豫，有亭，蓬溪，乙丑。

广东：

[试官] 修撰金甡，海住②，浙江仁和人，壬戌。刑外李木③樟，文木，山东惠民④人，癸丑。

[试题] 行己有耻。人道敏政（在人）。口之于味（然乎）。

[解元] 梁元龙⑤，儋州。

广西：

[试官] 编修吴嗣富，郑公，浙江钱唐⑥人，癸丑⑦。编修罗源汉，方城，湖广长沙人，癸丑。

[试题] 行不由径（三句）。子曰父母（句）。拔乎其萃。

[解元] 刘定逌，叔达，武缘，乙丑⑧，编修。

云南：

[试官] 御史葛德润，述斋，山西安邑人，癸丑。编修朱荃，香南，浙江桐乡人，丁巳。

[试题] 立则见其（二节）。可离非道也。鸡鸣而起（章）。

[解元] 熊于青，赵州⑨。

贵州：

[试官] 侍讲田志勤，崇广，顺天大兴人，癸丑。编修何其睿，克思，江西赣县

---

① "章大有"为"章有大"之讹。
② 住，《清秘述闻》作"柱"。
③ "木"为"本"之讹。似系印刷问题。
④ 惠民，《清秘述闻》作"武定"。
⑤ 梁元龙，《清秘述闻》作"梁蕴躍"。
⑥ 钱唐，《清秘述闻》作"仁和"。
⑦ 光绪五年本校注者改为：己未。
⑧ 光绪五年本校注者改为：戊辰。
⑨ 赵州，《清秘述闻》作"石屏"。

人，丁丑①。

［试题］仰之弥高（二句）。明辨之笃（二句）。如七十子（句）。

［解元］孙如璧，南英，定蕃，戊辰。

乾隆十年乙丑科会试

中式三百十三人。鼎甲钱维城，尚书；庄存与，侍郎；王际华，尚书；会元蒋元益，侍郎。一时称盛。会元蒋元益卷进呈列第七，经御览，以第一卷文太缛，不如第七卷清真，御笔亲改第一。

［试官］兵尚彭维新，石源，湖广茶陵人，丙戌。吏尚②史贻直，铁厓，江南溧阳人，庚辰。刑尚③阿克敦，立轩，满洲正蓝人，己丑。刑侍钱陈群，柘南，浙江嘉善人，辛丑。

［试题］孰为夫子（而立）。人皆曰予（予知）。于季桓子（三段）。

［会元］蒋元益，希元，长洲④，侍郎。

［鼎甲］钱维城，幼安，江苏武进人，【刑部侍郎，赠】尚书，文敏。庄存与，方耕，江苏武进人，【礼部】侍郎。王际华，秋瑞，浙江钱唐人，【户部】尚书，文庄。【案：钱、庄、王同时官九列，皆直南书房，洵盛事也。】

乾隆十二年丁卯科乡试

甲子、丁卯，邓钟岳联典江南试，王会汾联典浙江试，所拔俱多名宿。

顺天：

［试官］刑尚阿克敦，恒岩，满洲正蓝人，己丑。左都刘统勋，延清，山东诸城人，甲辰。

［试题］言未及之（六句）。如此者不（节）。禹稷颜子（救之）。

［解元］纪昀，晓岚，献县，甲戌，尚书。【案：是科纪文达第一，朱文正第二，文正兄竹君学士亦同榜。】

江南：

［试官］礼侍邓钟岳，晦庐，山东东昌人，辛丑。学士周长发，石帆，浙江会稽人，甲辰。

［试题］巧笑倩兮（章）。春秋修其（所亲）。乃所愿则（句）。

---

① 丑，光绪五年本校注者改为：巳。

② 吏尚，《清秘述闻》作“内阁大学士”。

③ 刑尚，《清秘述闻》作“吏部侍郎”。

④ 光绪五年本校注者补注：乙丑。

［解元］徐步蟾，同三，兴化，辛未。

江西：

［试官］刑侍钱陈群，香树，浙江嘉兴人，辛丑。御史冯秉仁，体元，山东历城人，甲辰①。

［试题］子张问明（章）。继绝世举（一段）。执中为近（一也）。

［解元］陈奉兹，时若，德化，庚辰，布政。

浙江：

［试官］兵侍王会汾，晋川，江南无锡人，丁巳。刑主周渼，少湘，江南溧阳人，乙丑。

［试题］有民人焉（佞者）。得一善则（二句）。柳下惠不（句）。

［解元］吴鸿，颉云，钱唐②，辛未。

福建：

［试官］洗马韩彦曾，【菼孙，编修孝基子】，沥芳，江南长洲人，庚戌。编修经闻，薪传，满洲正白人，壬戌。

［试题］子钓而不纲。则拳拳服（句）。树墙下以桑。

［解元］黄元吉，侯官，辛未，庶常。

湖北：

［试官］少詹裘曰修，叔度，江西新建人，己未。编修朱荃，子年，浙江桐乡人，丁巳。

［试题］群而不党。使天下之（二节）。故思其次（次也）。

［解元］吴汧，黄安，壬申。

湖南：

［试官］御史赵青藜，然乙，江南泾阳③人，丙辰。侍讲双庆，有亭，满洲正白人，癸丑。

［试题］不知为不（二句）。语小天下（于渊）。有大人之（备矣）。

［解元］罗典，慎斋，湘潭，辛未，少卿。

河南：

［试官］给事程钟彦，骥超，江南休宁④人，癸丑。编修周正思，君谏，福建闽县人，癸丑。

［试题］赐也贤乎（二句）。父母其顺（句）。是心足以（二句）。

［解元］胡绍南，祇闻，汝阳，戊辰。

---

① “甲辰”为“丁巳”之讹。
② 钱唐，《清秘述闻》作“仁和”。
③ 泾阳，《清秘述闻》作“泾县”。
④ 江南休宁，《清秘述闻》作“浙江嘉善”。

山东：

［试官］侍讲德保，【观保弟】，仲容，满洲正白人，丁巳。御史葛峻起，眉峰，河南虞城人，癸丑。

［试题］言中伦行（二句）。礼所生也。岁十一月（节）。

［解元］韩作霖，震轩，安平，戊辰。【德保官至礼部尚书，谥文庄。】

山西：

［试官］编修刘炳，殿虎，直隶任邱人，壬戌。编修诸锦，孚文，浙江秀水人，甲辰。

［试题］若臧武仲（四句）。宪章文武。巡狩者巡（句）。

［解元］刘秉钺，震轩，平定，戊辰。

陕西：

［试官］检讨程岩，海苍，江西铅山人，己未。户中时钧辙，若彬，江南嘉定人，癸丑。

［试题］子曰骥不（章）。人之为道（为道）。在国曰市（二句）。

［解元］陈其策。

四川：

［试官］学士龚渤，学耕，云南赵州①人，丙辰。编修张暎斗②，雪子，浙江乌程人，癸丑。

［试题］躬行君子。回之为人（一善）。孟施舍之（二句）。

［解元］岳㟅，新津。

广东：

［试官］礼主陈大复，敦来，江南宝应人，壬戌。御史李清芳，【钟侨子】，同侯，福建安溪人，丙辰。【李清芳官至兵部侍郎。】

［试题］君子耻其（句）。人莫不饮（节）。不知其人（三句）。

［解元］劳文谦，顺德。

广西：

［试官］司业陈世烈，允文，云南建水人，丁巳。御史冯元钦，载赓，江南长洲人，癸丑。

［试题］启③予者商也。南方之强（二句）。士何事曰（章）。

［解元］胡德球④，临桂，壬申。

云南：

---

① 赵州，《清秘述闻》作"丽江"。
② 张暎斗，《清秘述闻》作"张映斗"。"映"同"暎"。
③ "启"为"起"之讹。
④ "球"为"琳"之讹。

［试官］编修周煌，景垣，四川涪州人，丁巳。编修杨述曾，企三①，江南阳湖人，壬戌。

［试题］祭如在祭（章）。知远之近（下平）。沧浪之水（四句）。

［解元］谢宣。

贵州：

［试官］编修徐炜，药渚，浙江德清人，壬戌。检讨【觉罗】奉宽，彰民，满洲正蓝人，壬戌。【奉宽一字栗斋，号硕亭，官至兵部侍郎，为睿皇帝上书房师傅，追赠礼部尚书，加太师，谥文勤。】

［试题］刚毅木讷（章）。人道敏政（节）。又从而振（句）。

［解元］杜谟，遵义。

乾隆十三年戊辰会试

中式二百六十四人，涿州刘湘、刘洵兄弟同登。

［试官］户侍蒋溥，恒轩，江南常熟人，庚戌。吏尚陈大受，可亭，湖广祁阳人，癸丑。兵尚②鄂容安，【鄂尔太子】，虚宥，满洲厢蓝人，癸丑。礼侍沈德潜，归愚，江南长洲人，己未。

［试题］好人之所（节）。子曰呜呼（二句）。鲁君之宋（二句）。

［会元］郑杼，义民，靖江，知府。

［鼎甲］梁国治，阶平，浙江会稽人，内阁，【文定】。陈栴，东樊，浙江仁和人。汪廷玙，衡玉，江南镇洋人，侍郎。

乾隆十五年庚午科乡试

江南主考庄有恭，山西主考庄有信，兄弟同时典试。

顺天：

［试官］户侍汪由敦，师铭③，江西休宁人，甲辰。礼侍嵩寿，永茂④，满洲正黄人，癸卯。

［试题］掩其不善（肝然）。发愤忘食（三句）。生之谓性（节）。

［解元］马国果⑤，无锡。

江南：

---

① 企三，《清秘述闻》作"企山"。

② 兵尚，《清秘述闻》作"兵部侍郎"。

③ 师铭，《清秘述闻》作"师茗"。

④ 永茂，《清秘述闻》作"茂承"。

⑤ 马国果，《清秘述闻》作"陶国果"。

[试官] 户侍庄有恭，滋圃，广东番禺人，己未。编修钮汝骐，驾仙，浙江桐乡人，己未。

[试题] 致远恐泥（二句）。淡而不厌。拱把之桐（章）。

[解元] 梅戬，恺朋，元和。

江西：

[试官] 刑侍钱陈群，集斋，浙江嘉兴人，辛丑。编修史贻谟，又襄，江南溧阳人，乙丑。

[试题] 君子亦有（节）。莫显乎微。百里奚虞（奇谏）。

[解元] 朱能恕，唯斋，鄱阳，壬申。

浙江：

[试官] 詹事①裘曰修，诺皋，江西新建人，己未。编修欧阳正焕，淑之，湖广衡山人，乙丑。

[试题] 乡人皆好（章）。日月所照。有孺子歌（足矣）。

[解元] 周天度，让谷，钱唐，壬申。

福建：

[试官] 少詹金德瑛，桧门，浙江仁和人，丙辰。吏外冯成修，逊求，广东南海人，己未。

[试题] 谨权量审（二句）。视之而弗（二节）。君子反经（节）。

[解元] 蓝彩琳，漳浦，壬申。

湖北：

[试官] 理少王会汾，晋川，江南无锡人，丁巳。学士王际华，秋瑞，浙江钱唐人，乙丑。

[试题] 虽小道必（恐泥）。施及蛮貊（三句）。指不若人（节）。

[解元] 董南楚，兴国。

湖南：

[试官] 编修蒋元益，时庵，江南长洲人，乙丑。刑主吕际虞，帝臣，山西太谷人，乙丑。

[试题] 点尔何如（之撰）。诚则形形（三句）。我善养吾（言也）。

[解元] 朱景英，幼芝，武陵。

河南：

[试官] 编修汪廷玙，持斋，江南镇洋人，戊辰。礼外李玉鸣，靖亭，福建安溪人，丙辰。

[试题] 孰先传焉（四句）。修道以仁。故闻伯夷（二段）。

[解元] 张家彦。

---

① 詹事，《清秘述闻》作"内阁学士"。

山东：

[试官] 御史张湄，鹭洲，浙江钱唐人，癸丑。刑主段汝舟，祚年①，江南武进人，乙丑。

[试题] 无适也无（二句）。远之则不望。欲得不屑（次也）。

[解元] 栾廷钤，侍卿，胶州，辛未，郎中。

山西：

[试官] 编修庄有信，任可，广东番禺人，壬戌。中允窦光鼐，东皋，山东诸城人，壬戌。

[试题] 骥不称其（章）。正己而不（句）。人性之善（然也）。

[解元] 王新祚，锡山，阳曲。

陕西：

[试官] 刑给汤聘，稼轩②，浙江仁和人，丙辰。编修李友棠，【绂孙】，西华，江西临川人，乙丑。【李友棠官至工部左侍郎，以为新城举人王锡侯所作《字贯》题诗牵连革职，复赏三品卿衔。】

[试题] 曰礼后乎（商也）。序事所以（句）。使有菽粟（二句）。

[解元] 赵文重，正宁。

四川：

[试官] 编修陈顾㵢，又声，浙江仁和人，乙丑。刑主孙汉，泳之，湖广汉阳人，乙丑。

[试题] 譬如为山（章）。修身则道立。民事不可（恒心）。

[解元] 陈三恪，岳池。

广东：

[试官] 御史周焘，迪笋，湖广茶陵人，己未。编修杨述曾，二思，江南阳湖人，壬戌。

[试题] 樊迟请学（迟出）。舟车所至。求之有道（三句）。

[解元] 潘其勤，黼堂，南海。

广西：

[试官] 司业张九镒，权万，湖南湘潭人，丁巳。检讨梦麟，瑞占，蒙古正白人，乙丑。

[试题] 子华使于（节）。鲜能知味也。方寸之木（二句）。

[解元] 谢廷琛，蔚峰，全州。

云南：

[试官] 礼中高景蕃，菘占，浙江仁和人，甲辰。检讨陈淮洲，文馥，福建同安

---

① 祚年，《清秘述闻》作"祈年"。

② 稼轩，《清秘述闻》作"稼堂"。

人，壬戌。

[试题] 仰之弥高（二节）。舟车所至（二句）。其志嘐嘐（者也）。

[解元] 李宰，大理。

贵州：

[试官] 编修诸锦，襄七，浙江秀水人，甲辰①。司业温敏，【号铁崖】，允怀，满洲正白【蓝】人，乙丑。【温敏，叶赫那拉氏，官至盛京礼部侍郎。】

[试题] 依于仁游（二句）。远之则有（二句）。乃若其情（善也）。

[解元] 周大成，镇远。

乾隆十六年辛未科会试

中式二百四十三人。

[试官] 吏侍②董邦达，东山，浙江富阳人，癸丑。刑尚③刘统勋，尔纯，山东诸城人，甲辰。工尚孙嘉淦，锡公，山西兴县人，癸巳。礼侍介福，受兹，满洲厢黄人，癸丑。【案：介福为一等公内大臣赠太傅谥忠勇佟国纲之孙，一等公领侍卫内大臣鄂伦岱之子，总督将军谥温僖补熙之弟。字受兹，一字景庵，号野亭，官吏部左侍郎，兼翰林院掌院学士，四典会试，四典乡试，为满洲人所未有。佟国纲祖养正赠太师，追封一等公。父图赖，一名盛年，太子太保，兵部承政，定南将军，谥勤襄，孝康章皇后之父也，亦赠太师，追封一等公。本姓佟氏，明辽东抚顺人，养正归国朝人汉军，后国纲奏称本满洲人佟佳氏，乃改归满洲。】

[试题] 贤者辟世（章）。上焉者虽（一段）。舜之居深（章）。

[会元] 周沣。

[鼎甲] 吴鸿，颉云，浙江仁和人，侍读。饶学曙，霁南，江西广昌人，中允。周沣，芑东，浙江嘉善人。

乾隆十七年壬申恩科乡试

本年，皇太后六旬万寿，特开恩科，乡、会一岁举行。

顺天：

[试官] 工尚孙嘉淦，懿斋，山西兴县人，癸巳。礼侍介福，景庵，满洲厢黄人，癸丑。

[试题] 夫子莞尔（二句）。故天之生（二句）。交闻文王（以长）。

---

① 甲辰，《清秘述闻》作"丙辰鸿博"。案：诸锦甲辰科成进士，又中丙辰博学宏词科。
② 吏侍，《清秘述闻》作"内阁学士"。
③ 刑侍，《清秘述闻》作"内阁大学士"。

［解元］田玉，蔚田，无锡，甲戌，同知。

江南：

［试官］兵①侍裴曰修，叔度，江西新建人，己未。编修邵树本，立人，浙江钱唐人，戊辰。

［试题］可与言而（章）。地道敏树。大匠诲人（句）。

［解元］仲鹤庆，品崇，泰州，甲戌。

江西：

［试官］阁学蔡新，次明，福建漳浦人，丙辰。赞善金甡，雨叔，浙江仁和人，壬戌。

［试题］吾见其人（二句）。可与入德（见乎）。高子曰禹（章）。

［解元］史班，橘南，鄱阳，甲戌。

浙江：

［试官］阁学李因培，其树，云南晋宁人，乙丑。【李因培字其材，号鹤峰，后官湖北巡抚，降四川按察使。】编修秦镶，震远，江南金坛②人，乙丑。【秦镶官至山东盐运使。】

［试题］上如揖下、（五句）。淡而不厌（六句）。诗云雨我（三句）。

［解元］李祖惠【榜姓沈】，屺望，秀水，壬申。

福建：

［试官］御史李师中，正甫，山东高密人，丙辰。检讨王世仕，惠仲，贵州贵筑人，壬戌。

［试题］贤者识其（三句）。庸德之行。五亩之宅（二段）。

［解元］蔡庭芳，春萃，晋江。

湖北：

［试官］中允③窦光鼐，元调，山东诸城人，壬戌。编修庄存与，方耕，江南武进人，乙丑。

［试题］不降其志（节）。尚不愧于（句）。他日由邹（二句)④。

［解元］张宗琨，咸宁，甲戌。

湖南：

［试官］编修汪廷玙，玉衡，江南歙县⑤人，戊辰。宗主毛永燮，理斋，顺天大兴人，壬戌。

---

① 兵，《清秘述闻》作"吏"。
② 金坛，《清秘述闻》作"金匮"。
③ 中允，《清秘述闻》作"侍读"。
④ 尚不愧于（句）。他日由邹（二句）。《清秘述闻》中此二条与湖南试题"执其两端"、"后稷教民（德之）"对调。
⑤ 歙县，《清秘述闻》作"镇洋"。

［试题］赤也束带（二句）。执其两端。后稷教民（德之）。

［解元］易昆跃①，湘阴。

河南：

［试官］编修钱汝诚，【陈群子】，立之，浙江嘉兴人，戊辰。刑中②许道基，勋宗，浙江海宁人，庚戌。

［试题］他日又独（节）。鱼跃于渊。昔者王豹（四句）。

［解元］赵采③章，鹿邑，甲戌④。

山东：

［试官］御史胡蛟龄，凌九，江南泾县人，癸卯。编修徐堂，允升，河南祥符人，戊辰。

［试题］民之于仁（二句）。文理密察。山径之蹊（四句）。

［解元］张暎台⑤，海丰，甲戌。

山西：

［试官］编修刘宗魏，文韩，江西赣县人，戊辰。刑外⑥张拜赓，球渚，浙江长兴人，乙丑。

［试题］子夏曰富（二节）。上律天时（四时）。闻其乐而（句）。

［解元］史傅远⑦，伯猷，武乡，辛巳。

陕西：

［试官］侍读张九镒，橘洲，湖广湘潭人，丁巳。编修杨述曾，企山，江南阳湖人，壬戌。

［试题］蘧伯玉使（何为）。斯昭昭之（系焉）。五亩之宅（二句）。

［解元］张翼儒，通渭。

四川：

［试官］检讨陈庆升，采⑧章，贵州安平人，戊辰。御史杨勋，绍奇，广东嘉应人，己未。

［试题］如有所立（句）。自天申之。诗云雨我（二句）。

［解元］曾暎眉⑨，江津。

---

① 《清秘述闻》作"易昆曜"。
② 刑中，《清秘述闻》作"刑部员外郎"。
③ "采"为"来"之讹。
④ "甲戌"为"癸未"之讹。
⑤ 张暎台，《清秘述闻》作"张映台"。"暎"同"映"。
⑥ 刑外，《清秘述闻》作"刑部主事"。
⑦ "傅"为"传"之讹。
⑧ 采，《清秘述闻》作"来"。
⑨ 《清秘述闻》作"曾映眉"。"映"同"暎"。

广东：

[试官] 侍读陈大晫，紫山，江南溧阳人，己未。编修李宗文，【清植子】，郁斋，福建安溪人，戊辰。【李宗文字延彬，官至礼部侍郎。】

[试题] 可使足民（二句）。纯亦不已。以追蠡曰（力与）。

[解元] 温元章①，东莞。

广西：

[试官] 修撰吴鸿，颉云，浙江仁和人，辛未。检讨傅清，熙庵，满洲厢白人，戊辰。【傅靖②官至云南布政使。】

[试题] 文质彬彬。其言足以兴。屋庐子喜（子悦）。

[解元] 拱翊勋，兴安，丁丑。

云南：

[试官] 维修钮汝骐，驾仙，浙江桐乡人，己未。司业温敏，允怀，满洲正蓝人，乙丑。

[试题] 知者乐水（二句）。鲜能知味也。非所以内（三句）。

[解元] 袁文佑，永昌③。

贵州：

[试官] 侍讲良诚，瑶圃，满洲正蓝人，戊辰。御史王显绪，芝岩，山东福山人，丙辰。

[试题] 尊五美。鸢飞戾天。君子引而（二句）。

[解元] 曾承唐，际之，遵义，甲戌，庶常。

乾隆十七年壬申恩科会试

中式二百三十一人。

[试官] 礼侍嵩寿，云依，满洲正黄人，癸卯。内阁陈世倌，莲宇，浙江海宁人，癸未。阁学邹一桂，原褒，江南无锡人，丁未。

[试题] 君子有三（之言）。果能此道（节）。孟子之滕（虔也）。

[会元] 邵嗣宗，鸿箴，太仓，侍读。

[鼎甲] 秦大士，鲁一，江南江宁人，学士。范械士，祖年，江苏华亭人，给事。卢文弨，绍弓，浙江余姚人，学士。

---

① 《清秘述闻》作"温章元"。

② "靖"疑为"清"之讹。

③ 永昌，《清秘述闻》作"保山"。

乾隆十八年癸酉科乡试

顺天：

［试官］吏尚孙嘉淦，锡公，山西兴县人，癸巳。礼侍嵩寿，茂承，满洲正黄人，癸卯。

［试题］岁寒然后（章）。诗云潜虽（不疚）。恶莠恐其（节）。

［解元］余继坤，雪袿①，溧阳。

江南：

［试官］阁学梦麟，午堂，蒙古正白人，乙丑。检讨王太岳，介子，山西定兴人，壬戌。

［试题］子路宿于（孔氏）。夫政也者（句）。春秋无义（节）。

［解元］胡溶，安公，镇洋。

江西：

［试官］礼侍董邦达，孚存，浙江富阳人，癸丑。编修戈涛，遽园，直隶献县人，辛未。

［试题］色斯举矣（二句）。所求乎臣。当斯时也（得乎）。

［解元］王元，浑庵，瑞昌。

浙江：

［试官］兵侍②裘曰修，诺皋，江西新建人，己未。编修吴鹏南，省㳺，福建连江人，壬戌。

［试题］邦有道危（句）。吾说夏礼（节）。牛山之木（句）。

［解元］傅学沆，诸暨。

福建：

［试官］学士汪廷玙，特③斋，江南镇洋人，戊辰。御史毛辉祖，【号镜浦】，乃行，山东历城人，乙丑。【毛辉祖官至太常寺少卿。】

［试题］及阶子曰（在斯）。行其礼奏（二句）。夫志至焉（其气）。

［解元］骆天衢，惠安。

湖北：

［试官］侍讲庄存与，方耕，江南武进人，乙丑。御史李玉鸣，靖亭，福建安溪人，丙辰。

［试题］可以为难（二句）。见而民莫（句）。助者藉也（于助）。

［解元］沈发阡。

---

① 《清秘述闻》作"雪筌"。
② 兵侍，《清秘述闻》作"内阁学士"。
③ "特"为"持"之讹。

湖南：

[试官] 司业①温敏，允怀，满洲正蓝人，乙丑。御史李承瑞，玉典，山东海阳人，辛未。

[试题] 吾未见能（句）。及其知之（四句）。执中为近（一也）。

[解元] 陈震。

河南：

[试官] 编修刘星炜，印于②，江南武进人，戊辰。编修叶观国，家光，福建闽县人，辛未。

[试题] 子路问事（欺也）。今夫天斯（一段）。庆以地。

[解元] 李鸣埙，睢州。

山东：

[试官] 编修林明伦，穆堂，广东始兴人，戊辰。编修张玉【裕】莘，幼穆，江南桐城人，戊辰。

[试题] 仁者先难（句）。日月所照（四句）。人能充无（二句）。

[解元] 褚昕。

山西：

[试官] 学士金甡，雨叔，浙江仁和人，壬戌。宗主③【睦】④ 朝栋，树人，江南丹徒人，壬戌。

[试题] 升车必正（章）。鲜能知味也。流水之为（四句）。

[解元] 孙荣前，太原，甲戌。

陕西：

[试官] 理少张暎辰⑤，星指，浙江钱唐⑥人，癸丑。编修卢明楷，端臣，江西宁都人，辛未。

[试题] 贤者识其（二句）。思事亲不（二句）。有友五人（者也）。

[解元] 王大成。

四川：

[试官] 侍讲图𫄧⑦布，德裕，满洲厢红人，戊辰。礼外⑧冯成修，潜斋，广东南海人，己未。

_____

① 司业，《清秘述闻》作"侍读学士"。
② 印于，《清秘述闻》作"映榆"。
③ 宗主，《清秘述闻》作"刑部郎中"。
④ 原作"睦"。案：《清秘述闻》作"睦"，《索引》、《清朝进士题名录》作"睦"。
⑤ 《清秘述闻》作"张映辰"。"映"同"暎"。
⑥ 钱唐，《清秘述闻》作"仁和"。
⑦ 𫄧，《清秘述闻》作"鞈"。
⑧ 礼外，《清秘述闻》作"吏部郎中"。

［试题］夫达也者（节）。足以有容也。君子引而（节）。

［解元］胡翠仁，中江。

广东：

［试官］编修刘墉，崇如，山东诸城人，辛未。编修谢溶生，容川，江南仪征人，壬戌①。

［试题］樊迟未达（诸枉）。禘尝之义。夫道若大（句）。

［解元］陈圣与。

广西：

［试官］御史温如玉，尹亭，直隶抚亭人，乙丑。礼中陈大复，王②盟，江南宝应人，壬午。

［试题］吾与汝弗（句）。振河海而（句）。乐正子强（三句）。

［解元］林时蕃，敬立，义宁，丙戌。

云南：

［试官］编修杨方立，中甫，江西瑞金人，戊辰。编修沈栻，钦伯，江南常熟人，辛未。

［试题］何器也曰（二句）。官盛任使。或远或近（已矣）。

［解元］杨中选，晴轩，寻甸，辛巳，庶常。

贵州：

［试官］洗马史贻谟，褆堂，江南溧阳人，乙丑。御史李友棠，苕伯，江西临川人，乙丑。

［试题］非礼勿听（三句）。以武王为子。民非水火（足矣）。

［解元］韩之显，正安。

乾隆十九年甲戌科会试

中式三百四十一人。状元庄培因素负才华，其兄存与中乙丑榜眼，调以诗云："他年令弟魁天下，始信人间有宋祁。"至是果登状首。本朝兄弟鼎甲，昆山三徐，而后长洲彭氏定求、宁求，俱从堂兄弟，非同胞也。【是科进士得人最盛，如钱少詹大昕、王阁学鸣盛、朱学士筠、纪文达昀、翟教授灏、王侍郎昶、周教授春、叶布政佩荪、会稽茹同知敦和、范知府家相，皆著书满家，风行于代。而钱少詹、王阁学，尤经学之大师。朱学士、纪文达，为儒林之耆目。国朝二百余年，开百余科，惟乾隆甲戌、嘉庆己未，名儒林立，可与康熙己未鸿博颉颃，非乾隆丙辰鸿博所敢望也。是科同考官侍读学士温敏、国柱（皆满洲人），侍讲学士金甡，侍读王太岳，侍讲国翰布，中允孙人龙，

---

① "壬戌"为"乙丑"之讹。

② 王，《清秘述闻》作"玉"。

赞善史奕簪，编修许集、郑虎文、张若澄、钟兰枝、张裕荦、王绂、卢明楷、刘墉，给事中李友棠、温如玉，员外郎虞鸣球。】

［试官］礼侍介福，受兹，满洲厢黄人，癸丑。内阁陈世倌，秉之，浙江海宁人，癸未。阁学钱维城，幼安，江南武进人，乙丑。

［试题］唐棣之华（思也）。博厚配地（三节）。且夫枉尺（以利）。

［会元］胡绍鼎，雨芳，孝感，御史。

［鼎甲］庄培因，本淳，江苏阳湖人，学士。王鸣盛，凤喈，江苏嘉定人，阁学，【降光禄寺卿】。倪承宽，敬堂，浙江仁和人，侍郎，【降太常卿】。

乾隆二十一年丙子科乡试

顺天主考刘统勋、广西刘墉，浙江庄存与、福建庄培因，父子兄弟同时典试。【是科浙江解元高毓龙年甚少，以监生初应试得之，浙人大哗，有"庄梦不知何日醒，鞠花从此不须开"之谣。】

顺天：

［试官］刑尚刘统勋，延清，山东诸城人，甲辰。刑侍蔡新，葛山，福建漳浦人，丙辰。

［试题］闵子侍侧（节）。君子之道（而理）。曰若是则（节）。

［解元］李骏，翼【冀】超，长垣。

江南：

［试官］礼尚①介福，景庵，满洲厢黄人，癸丑。编修冯浩，养吾，浙江桐乡人，戊辰。

［试题］摄齐升堂（节）。上祀先公（句）。麒麟之于（二句）。

［解元］柳蓁，春亭，丹徒，己丑。

江西：

［试官］礼侍金德瑛，慕斋，浙江仁和人，丙辰。编修陈筌，兆蘋，直隶安州人，壬申。

［试题］何哉尔所（句）。陈其宗器。道则高矣（章）。

［解元］刘芬，湘畹，南昌②，丁丑，御史。

浙江：

［试官］阁学庄存与，方耕，江南武进人，乙丑。编修鞠恺，廷相，山东海阳人，壬申。

［试题］颜渊曰愿（之志）。不可以不（者三）。士无事而（功乎）。

---

① 礼尚，《清秘述闻》作"礼部侍郎"。
② 南昌，《清秘述闻》作"新建"。

［解元］ 高毓□①【龙】，紫【长】，乌程。

福建：

［试官］ 修撰庄培因，本淳，江南武进②人，甲戌。吏外范思皇，斗斋，湖广蕲水人，辛未。

［试题］ 揖所与立（二节）。回之为人（一善）。惟助为有（句）。

［解元］ 杨凤腾，连江，丁丑。

湖北：

［试官］ 编修叶观国，毅庵，福建闽县人，辛未。侍讲德保，慎斋，满洲正蓝人，壬戌。【案：此又一德保。】

［试题］ 女器也曰（二句）。淡而不厌。方才之木（二句）。

［解元］ 萧学纯。

湖南：

［试官］ 修撰吴鸿，□□③，浙江仁和人，辛未。刑主张模，丽亭，顺天宛平人，壬申。

［试题］ 视其所以（三句）。人一能之。诗云昼尔（节）。

［解元］ 蒋一璁，岂石，清良④，庚辰。

河南：

［试官］ 赞善郑虎文，炳也，浙江秀水人，壬戌。编修罗典，徽五，湖南长沙⑤人，辛未。

［试题］ 不逆诈不（章）。凡有血气（二句）。他日王谓（孟子）。

［解元］ 赵相临。

山东：

［试官］ 编修李中节⑥，廉衣，直隶任邱人，戊辰。工主魏梦龙，【卧】⑦厓，浙江仁和人，戊辰。

［试题］ 子曰可也（者也）。衣锦尚绚（日章）。或相倍屣⑧（三句）。

［解元］ 左颖发。

山西：

［试官］ 编修敬华南，立中，四川华阳人，戊辰。刑主闵鹗元，少仪，浙江归安

---

① 此字模糊难辨。《清秘述闻》作"龙"。
② 《清秘述闻》作"阳湖"。
③ 此二字模糊难辨。
④ 良，《清秘述闻》作"泉"。
⑤ 《清秘述闻》作"湘潭"。
⑥ 节，光绪五年本校注者注：简。
⑦ 原作"臣"。
⑧ "屣"为"蓰"之讹。

人，乙丑。【闵鹗元官至江苏巡抚。】

[试题] 子曰雍之（句）。人一能之（道矣）。夫以百亩（夫也）。

[解元] 萧世程①。

陕西：

[试官] 庶子李宗文，延彬，福建安溪人，戊辰。吏外曹发先，署山，江西新建人，戊辰。

[试题] 愿车马衣（之志）。有弗思思（二投）。胸中正则（眸子）。

[解元] 杨启聪。

四川：

[试官] 御吏②刘湘，荆川，直隶通③州人，辛未④。编修钟兰枝，露皇，浙江海宁人，壬戌。

[试题] 吾之于人（二句）。天下之达（者三）。昼尔于茅（三句）。

[解元] 李藩，佐⑤治，绵作⑥。

广东：

[试官] 修撰梁国治，阶平，浙江会稽人，戊辰。编修博明，希哲，满洲厢蓝人，壬申。

[试题] 南容三复（句）。君臣也父（二句）。孔子登东（其澜）。

[解元] 梁尚秉，顺德，【丁丑】。

广西：

[试官] 编修刘墉，石庵，山东诸城人，辛未。宗主毛永燮，理斋，顺天大兴人，壬戌。

[试题] 可得而闻（天道）。言前定则（二句）。学者亦必（句）。

[解元] 唐迁仪，金⑦州。

云南：

[试官] 编修戈涛，巨源，直隶献县人，辛未。御史杨方立，默堂，江西瑞金人，戊辰。

[试题] 樊迟请学（节）。睨⑧而视之（为远）。君子平其（可也）。

[解元] 俞汝夒。

---

① 《清秘述闻》作"萧世理"。
② "吏"为"史"之讹。
③ "通"为"涿"之讹。
④ "辛未"为"戊辰"之讹。
⑤ 佐，《清秘述闻》作"左"。
⑥ "作"为"竹"之讹。
⑦ "金"为"全"之讹。
⑧ 睨，《清秘述闻》作"睨"。

贵州：

[试官] 编修汤先甲，辛斋，江南宜兴人，辛未。编修王启绪，德圃，山东福山人，辛未。

[试题] 摄齐升堂（节）。为下不倍。欲得不屑（狷也）。

[解元] 杨如溥，少南，定番，丁丑。

乾隆二十二年丁丑科会试

是科闱中裁去表判，增用五言八韵律诗一首，永著为令，中式二百四十二人。

[试官] 礼侍介福，受兹，满洲厢黄人，癸丑。刑尚刘统勋，尔纯，山东诸城人，甲辰。礼侍金德瑛，桧门，浙江仁和人，丙辰。

[试题] 臧文仲其（句）。在上位不（二句）。一箪食一（加焉）。"循名责实"得"田"。

[会元] 蔡以台。

[鼎甲] 蔡以台，季实，浙江嘉善人。梅立本，秋焕，江南宣城人。邹奕孝，念乔，江南金匮①人，侍郎。

乾隆二十四年己卯科乡试

顺天：

[试官] 兵尚梁诗正，芗林，浙江钱唐人，庚戌。兵侍观保，补亭，满洲正白人，丁巳。

[试题] 君子亦有（节）。射有似乎（节）。今有场师（节）。"秋日悬清光"得"清"字。

[解元] 边方晋，任邱。

江南：

[试官] 户侍裘曰修，叔度，江西新建人，己未。御史钱琦，相人，浙江钱唐人，丁巳。

[试题] 君子之于（三句）。车同轨书（二句）。孔子不得（节）。"月印万川"得"川"字。

[解元] 孙仝敞，大尹，高邮。

江西：

[试官] 工侍钱维城，幼安，江南武进人，乙丑。编修翁方纲，正三，顺天大兴

---

① 金匮，《清秘述闻》作"无锡"。

人，甲戌①。

[试题] 为之难言（二句）。顺乎亲有（三句）。自得之则（其源）。"秋水长天一色"得"天"字。

[解元] 周肃文，潜溪，金溪，癸未。

浙江：

[试官] 礼侍介福，景庵，满洲厢黄人，癸丑。御史汤先甲，尊南，江南宜兴人，辛未。

[试题] 子游为武（章）。考诸三王（一句）。岁十一月（二句）。"江海出明珠"得"圆"②字。

[解元] 姚翀，米山，仁和，庚辰，知州。

福建：

[试官] 学士王鸣盛，礼堂，江南嘉定人，甲戌。御史胡泽潢，星冈，湖广宁都③人，壬戌。

[试题] 事君敬其（句）。合内外之（句）。有本者如（二句）。"山水含清辉"得"秋"字。

[解元] 孟超然，朝举，闽县，庚辰，郎中。

湖北：

[试官] 庶子沈栻，宗晏，江南常熟人，辛未。工外赵瑗，蘧叔，云南昆明人，壬申。

[试题] 子在齐闻（章）。人十能之。孔子尝为（节）。"农乃登穀"得"成"字。

[解元] 萧芝，昆田，汉阳，庚辰，御史。

湖南：

[试官] 侍讲张若澄，【廷玉子】，镜壑，江南桐城人，乙丑。御史胡绍南，仲遹，河南汝阳人，戊辰。

[试题] 樊迟从游（二节）。天地之大（载焉）。其志嘐嘐（之人）。"秋风生桂枝"得"秋"字。

[解元] 陈【宋】本敬，静斋，湘潭。

河南：

[试官] 侍讲卢明楷，端臣，江西宁都人，辛未。学士朱珪，石君，顺天大兴人，戊辰。【案《清秘述闻》，是年朱文正官作侍讲。考《钱竹汀集·卢詹事墓志》明言是科朱公以学士为卢公副，《国史·朱珪传》亦言乾隆二十四年以侍读学士为河南副考官。则此本作学士，不误也。卢亦以前年由侍读学士、武英殿总裁左迁侍读者也。】

---

① "甲戌"为"壬申"之讹。
② 圆，《清秘述闻》作"图"。
③ "都"为"乡"之讹。

［试题］可以为仁（难矣）。执柯以伐（为远）。不揣其本（二节）。"明月照高楼"得"楼"字。

［解元］吴廷坚，睢州。

山东：

［试官］赞善钱大昕，辛楣，江南嘉定人，辛未①。户中叶宏，含②川，江西浮梁人，戊辰。

［试题］曰学诗乎（节）。日月星辰（句）。八家皆私（二句）。"白露为霜"得"霜"字。

［解元］任锡锐③，聊城。

山西：

［试官］编修纪昀，晓岚，直隶献县人，甲戌。户主周日④赞，醇斋，江南金匮人，辛未。

［试题］曰山梁雌（二句）。素隐行怪（二句）。其徒数十（大悦）。"水怀珠而川媚"得"藏"字。

［解元］冯文正⑤，壶关，【癸未】。

陕西：

［试官］编修邵树本，立人，浙江仁和⑥人，戊辰。编修甘立功，【汝来孙】，惟叙，江西奉新人，壬申。

［试题］子夏之门（所闻）。舜其大孝（二句）。昏暮叩人（足矣）。"海上生明月"得"光"字。

［解元］王勋，大荔。

四川：

［试官］刑外闵鹗元，峙庭⑦，浙江归安人，乙丑。编修周於礼，绥远，云南嵋峨人，辛未。

［试题］诗三百一（二句）。及其知之（句）。昼尔于茅（三句)⑧。"玉韫山含辉"得"英"字。

［解元］何明礼，崇庆。

广东：

---

① "辛未"为"甲戌"之讹。
② 含，《清秘述闻》作"涵"。
③ "锡锐"为"锐锡"之讹。
④ "日"为"曰"之讹。
⑤ "正"为"止"之讹。
⑥ 仁和，《清秘述闻》作"钱塘"。
⑦ 庭，《清秘述闻》作"亭"。
⑧ 昼尔于茅（三句)，《清秘述闻》作"今人乍见（之心）"。

［试官］编修秦黉，序唐，江南甘泉①人，壬申。编修景福，介之，满洲厢白人，壬申。

［试题］譬如北辰（其所）。戒慎乎其（句）。今有无名（句）。"月到天心处"得"心"字。

［解元］卢圣存，东莞，癸未。

广西：

［试官］编修钱载，坤一，浙江秀水人，壬申。户主于雯峻，次公，江南金坛人，丁巳②。

［试题］请益曰无倦。人一能之（四句）。皆古圣人（所愿）。"月中桂树"得"秋"字。

［解元］刘嶙钟，临桂。

云南：

［试官］编修蒋楲，【溥子】，作梅，江南常熟人，辛未。工主③魏梦龙，卧厓，浙江仁和人，戊辰。

［试题］子路有闻（二句）。鸢飞戾天。为长者折（段）。"行不由径"得"行"字。

［解元］李嵩【松】龄，临安【宁州】，辛巳。

贵州：

［试官］编修秦百里，宛来，山西凤台人，辛未。御史刘龙光，前川，湖广黄陂人，乙丑。

［试题］蘧伯玉使（何为）。成己仁也（二句）。井九百亩（公田）。"秋风动桂林"得"风"字。

［解元］简贵朝，大定。

乾隆二十五年庚辰科会试

中式一百六十四人。【是年殿试，秦文恭蕙田读卷，以佳卷甚多，特奏明取十二卷进呈。原拟诸重光第一，毕沅第四。上以毕对西北屯田事独详核，亲拔第一，而诸次之，其第十一则山阴童凤三也。童与诸、毕皆先以中书直军机，因是有为蜚语上闻者。次科赵翼亦以军机中书对策，恐被摈，乃变体书之，果列第一以进。】

［试官］礼侍介福，受兹，满洲厢黄人，癸丑。内阁蒋溥，质甫，江南常熟人，庚

---

① 甘泉，《清秘述闻》作"江都"。
② "丁巳"为"甲戌"之讹。
③ 工主，《清秘述闻》作"工部郎中"。

戌。刑尚秦蕙田，味经，江南无锡①人，丙辰。副都张泰开，履庵，江南金匮人，壬戌。

[试题] 既而曰鄙（已矣）。愚而好自（三句）。诗云忧心（王也）。"王道荡荡"得"同"字。

[会元] 王中孚，沐洲，诸城，编修。

[鼎甲] 毕沅，湘蘅，江苏镇洋人，总督。【赠太子太保，旋以事革世职，藉其家。】诸重光，申之，浙江余姚人，知府。王文治，禹卿，江苏丹徒人，知府。【以翰詹大考第一升侍读，出为云南临安府，降归。】

乾隆二十五年庚辰恩科乡试

本年皇太后七旬万寿，又值西域平定，武功告成，正科会试后举行恩科乡试。

顺天：

[试官] 左都刘纶，春涵，江南武进人，丙辰。礼侍介福，景庵，满洲厢黄人，癸丑。

[试题] 瑟兮僴兮（君子）。侍食于君（节）。屋庐子喜（间矣）。"平秩西成"得"成"字。

[解元] 崔凤集，象三，宁河。

江南：

[试官] 刑侍钱汝诚，立之，浙江嘉兴人，戊辰。御史朱丕烈，振□②，浙江海宁③人，戊辰。

[试题] 汤之盘铭曰。黄衣狐裘。吾王不游（四句）。"秋露如珠"得"如"字。

[解元] 仲嘉德，咸一，常熟。

江西：

[试官] 兵侍王际华，白斋，浙江钱唐人，乙丑。编修沈业富，方毅，江南高邮人，甲戌。

[试题] 抑亦先觉（二句）。譬如天地（句）。源泉混混（四句）。"香满一轮中"得"香"字。

[解元] 李睿，雩都。

浙江：

[试官] 兵侍观保，伯容，满洲正白人，丁巳。编修秦泰钧，【蕙田子】，汝夏，江南金匮人，甲戌。

---

① 无锡，《清秘述闻》作"金匮"。
② 原缺。当为"岩"。
③ 宁，《清秘述闻》作"盐"。

［试题］樊迟请学（节）。执柯以伐（三句）。今有璞玉（琢之）。"楼观沧海日"得"东"字。

［解元］陈朗，太晖，平湖，己丑，郎中。

福建：

［试官］学士周煌，景垣，四川涪州人，丁巳。户外毛永鍫，理斋，顺天大兴人，壬戌。

［试题］或曰以德（章）。有余不敢（顾行）。伯夷隘柳（二句）。"鸿渐于陆"得"逵"字。

［解元］张克绥，晋江。

湖北：

［试官］刑中蔡鸿业，西斋，江南华亭人，戊辰。编修王懿德，良宰，奉天正白人，壬申。

［试题］赐也女以（非与）。知风之自。拱把梓①桐（章）。"秋稼如云"得"年"字。

［解元］梁景阳，梧冈，麻城，己丑，少卿。

湖南：

［试官］编修叶观国，毅庵，福建闽县人，辛未。吏主孔毓文，肩吾，江南句容人，甲戌。

［试题］可谓仁乎（圣乎）。悠也久也。孟子居邹（节）。"日暖万年枝"得"年②"字。

［解元］李材，沣③州。

河南：

［试官］洗马史贻谟，西山，江西溧阳人，乙丑。御史李绶，珮廷，顺天宛平人，辛未。

［试题］无小大无（二句）。发而皆中节。不以规矩（二句）。"日方升"得"中"字。

［解元］张六行，孝元④，长葛，辛巳。

山东：

［试官］编修秦黉，西岩，江南甘泉⑤人，壬申。侍读图輅⑥布，漫园，满洲厢

---

① "梓"为"之"之讹。
② 年，《清秘述闻》作"春"。
③ "沣"为"澧"之讹。
④ 元，《清秘述闻》作"先"。
⑤ 甘泉，《清秘述闻》作"江都"。
⑥ 輅，《清秘述闻》作"輅"。

黄①人，戊辰。

［试题］乐节礼乐（二句）。人道敏政。城门之轨（二句）。"近圣人之居"得"人"字。

［解元］王维垣，诸城。

山西：

［试官］编修蒋楒，伯钦，江南常熟人，辛未。侍读德保，乾和，满洲正蓝人，壬戌。

［试题］知者乐水（章）。必因其材（句）。以人性为（章）。"明月松间照"得"松"字。

［解元］刘体中，清源。

陕西：

［试官］御史胡绍南，衣庵，河南汝阳人，戊辰。编修朱佩莲，东江，浙江海盐人，壬戌。

［试题］行人子羽（二句）。必得其位（笃焉）。谓其台曰（二句）。"八月其获"得"时"字。

［解元］雷尔杰，朝邑。

四川：

［试官］御史周於礼，立厓，云南嶍峨人，辛未。司业博钦②额，虚宥，满洲厢红人，戊辰。

［试题］居则曰不（节）。日月星辰（二句）。听其言也（节）。"庆云郁嵯峨"得"烟"字。

［解元］王用中，剑州。

广东：

［试官］刑外张模，元礼，顺天宛平人，壬申。编修罗暹春，泰初，江西吉水人，壬戌。

［试题］吾有知乎（如也）。譬如行远（四句）。有人于此（食也）。"月中桂树"得"香"字。

［解元］李高飞，鹤山。

广西：

［试官］吏中李敏行，顾庵，河南夏邑人，戊辰。刑中吕光亨，礼斋，江南旌德人，辛未。

［试题］樊迟问仁（节）。保佑命之（二句）。颂其诗读（四句）。"日暖万年枝"得"同"字。

---

① 黄，《清秘述闻》作"红"。
② "钦"为"卿"之讹。

［解元］许其谊，临桂。

云南：

［试官］侍讲景福，仰亭，满洲厢白人，壬申。编修饶学曙，霁南，江西广昌人，辛未。

［试题］敏而好学（三句）。远之则有望。流水之为（节）。"八月其获"得"成"字。

［解元］李根玉，仙蟠，临安①。

贵州：

［试官］户中王协和，监□②，江南天长人，乙丑。检讨熊为霖，浣青，江西新建人，壬戌。

［试题］见善如不（二句）。天之所覆（二句）。君子之言（存焉）。"秋稼如云"得"云"字。

［解元］全③上泗，镇宁。

乾隆二十六年辛巳恩科会试

中式二百一十七人。大兴邵自镇偕子庚曾同举。【殿试卷进呈，本赵翼第一，王杰第三，上以国朝未有陕西人作状元者，乃改王第一，赵第三。时新疆甫定，而大魁得四人，上喜甚，赋诗纪其事。】

［试官］户侍于敏中，重常，江南金坛人，丁巳。内阁刘统勋，尔纯，山东诸城人，甲戌④。兵侍观保，伯容，满洲正白人，丁巳。

［试题］红紫不以（二句）。旅酬下为（四句）。大夫曰何（句）。"贤不家食"得"同"字。

［会元］陈步瀛，凌洲⑤，江宁，巡抚。

［鼎甲］王杰，伟人，陕西韩城人，内阁。胡高望，希吕，浙江仁和人，尚书，【文恪】。赵翼，瓯北，江苏阳湖人。【贵州贵西】巡道。【降调归，以重宴鹿鸣加三品衔。】

乾隆二十七年壬午科乡试

顺天：

---

① 临安，《清秘述闻》作"鹤庆"。
② 此字模糊难辨。
③ "全"为"余"之讹。
④ "戌"为"辰"之讹。
⑤ 凌洲，《清史稿》本传作"麟洲"。

［试官］吏尚梁诗正，养仲，浙江钱唐人，庚戌。兵侍观保，补亭，满洲正白人，丁巳。

［试题］始吾于人（四句）。使天下之（三句）。燔肉不至（三句）。"月中桂树"得"香"字。

［解元］李步青，任邱。

江南：

［试官］户侍钱汝诚，东麓，浙江嘉兴人，戊辰。编修戴第元，正字，江西大庾人，丁丑。

［试题］乡人傩朝（节）。禘尝之义。远方之人（为食）。"桐叶知闰"得"桐"字。

［解元］吴珏，并山，歙县，癸未，中书。

江西：

［试官］副都梁国治，瑶圃①，浙江会稽人，戊辰。编修梅立本，秋竤，江南宣城人，丁丑。

［试题］颜渊问为邦。洋洋乎如（格思）。江汉以濯（二句）。"奇文共欣赏"得"心"字。

［解元］何飞熊，金溪。

浙江：

［试官］吏侍彭启丰，芝庭，江南长洲人，丁未。编修李宗宝，璞②园，福建闽县人，丁丑。

［试题］加我数年（二句）。必因其材（二句）。鲁之春秋（则史）。"涉江采芙蓉"得"馨"字。

［解元］王世勋，凌衢，镇海，丙戌。

福建：

［试官］学士秦大士，鲁一，江南江宁人，壬申。编修毛辉祖，敬园，山东历城人，乙丑。

［试题］阙党童子（章）。今夫山一（二句）。其日夜之（二句）。"河鲤登龙门"得"登"字。

［解元］赖涛，延平③。

湖北：

［试官］编修翁方纲，忠叙，顺天大兴人，壬申。编修彭冠，六一，河南夏邑人，丁丑。

---

① 瑶圃，《清秘述闻》作"瑶峰"。
② 璞，《清秘述闻》作"瑛"。
③ 延平，《清秘述闻》作"永安"。

［试题］君子易事（一段）。日省月试（二句）。有友五人（牧仲）。"凤鸣高冈"得"和"字。

［解元］蒋方熙，黄梅。

湖南：

［试官］侍读钱大昕，晓徵，江南嘉定人，甲戌。修撰王杰，伟人，陕西韩城人，辛巳。

［试题］必也射乎（三句）。宪宪令德（二句）。今夫麰麦（又同）。"秋露如珠"得"清"字。

［解元］丁牲，清沙，清泉。

河南：

［试官］御史罗典，慎斋，湖南湘潭人，辛未。编修王中孚，蓼溪，山东诸城人，庚辰。

［试题］南人有言（章）。洋洋乎如（射思）。君子平其（二句）。"天降膏露"得"清"字。

［解元］杨如燿，许州。

山东：

［试官］编修诸重光，申之，浙江余姚人，庚辰。编修卫萧①，伯恭，河南济源人，甲戌。

［试题］如有所誉（二句）。使天下之人。鲁人猎较（二句）。"良玉比君子"得"良"字。

［解元］李汶，金乡。

山西：

［试官］编修施培应，起东，云南昆明人，丁丑。编修沈业富，既堂，江南高邮人，甲戌。

［试题］孔子下欲（二句）。远之则有望。始舍之圉（所哉）。"萤光照字"得"书"字。

［解元］薛瑾光，临县。

陕西：

［试官］御史吴绶诏，青纡，江南歙县人，戊辰。编修王燕绪，翼子，山东福山人，庚辰。

［试题］不吾知也（二句）。君子以人（句）。太②哉知乎（者乎）。"我稼既同"得"同"字。

［解元］张埰，宁夏。

---

① 萧，光绪五年本校注者改为：肃。
② 太，《清秘述闻》作"大"。

四川：

[试官] 编修积善，宗韩，满洲厢曰①人，乙丑。御史丁田树，镜山，江南怀宁人，辛未。

[试题] 恶不仁者（句）。人力所通。以为无益（二句）。"岷山导江"得"成"字。

[解元] 陈子元，仁寿。

广东：

[试官] 御史王懿德，艮斋，奉天正白人，壬申。编修汪新，文②新，浙江仁和人，丁丑。

[试题] 有盛馔必（二句）。执柯以伐柯。万章问曰（之野）。"秋露如珠"得"团③"字。

[解元] 钟允彝，东莞。

广西：

[试官] 编修童凤三，梧冈，浙江山阴人，庚辰。刑主王士棻，兰圃，陕西华州人，甲戌。

[试题] 多闻择其（次也）。睨而视之（二句）。先立乎其（句）。"山川出云"得"光"字。

[解元] 张以宁，永福。

云南：

[试官] 编修王绍曾，衣闻，江南金山人，丁丑。检□④何曰珮，缙华，广东肇庆人，辛未⑤。

[试题] 有能一日（□⑥）。是故君子（不觊）。入其疆土（段）。"山川出云"得"贤"字。

[解元] 张履观，建水⑦。

贵州：

[试官] □⑧史蒋和宁，用安，江南阳湖人，壬申。检讨边继祖，佩文，直隶任邱人，戊辰。

[试题] 求为可知也。必因其材（培之）。他日由邹（二句）。"山川出云"得

---

① "曰"为"白"之讹。
② "文"为"又"之讹。
③ 团，《清秘述闻》作"图"。
④ 此字模糊难辨。当为"讨"。
⑤ "辛未"为"丁丑"之讹。
⑥ 此字模糊难辨。
⑦ 建水，《清秘述闻》作"石屏"。
⑧ 此字模糊难辨。当为"御"。

"章"字。

[解元] 袁达德，开泰。

乾隆二十八年癸未科会试

中式一百八十八人。先是会榜第三已定张书勋，以论误斥去，于落卷搜秦大成补之，张旋中丙戌。

[试官] 吏侍①德保，宪圃，满洲正白人，丁巳。刑尚秦蕙田，树峰，江南金匮人，丙辰。户②侍王际华，白斋，浙江钱唐人，乙丑。

[试题] 宁武子邦（二句）。无忧者其（句）。淳于髡曰（去之）。"从善如登"得"难"字。

[会元] 孙效曾，恂士，仁和，侍讲。

[鼎甲] 秦大成，澄叙，江苏嘉定人。沈初，云椒，浙江平湖人，尚书，【文恪】。韦谦恒，慎占，安徽芜湖人，少卿。

乾隆三十年乙酉科乡试

顺天：

[试官] 兵尚彭启丰，翰文，江南长洲人，丁未。兵侍钟音，闻轩，满洲厢蓝人，丙辰。

[试题] 孰谓微生（二句）。君子居易（节）。知虞公之（三段）。"八月剥枣"得"成"字。

[解元] 祝堃，【一字厚臣】，简田，大兴，辛丑，编修。

江南：

[试官] 工侍李宗文，竹人，福建安溪人，戊辰。学士钱载，坤一，浙江秀水人，壬申。

[试题] 弟子入则（章）。子路问强（三句）。于答是也（三段）。"群言辨渭泾"得"贤"字。

[解元] 孙登标，【一字在冈】，朗庭，昆山，丙戌。

江西：

[试官] 吏侍德保，仲容，满洲正白人，丁巳。侍读汪永锡，孝传，江南歙县人，甲戌。

[试题] 不践迹亦（二句）。柔远人则（句）。故理义之（句）。"追琢其章"得

---

① 吏侍，《清秘述闻》作"礼部侍郎"。
② 户，《清秘述闻》作"兵"。

"章"字。

[解元] 吴光槐，九江。

浙江：

[试官] 祭酒曹秀先，水持，江西新建人，丙辰。学士钱大昕，辛楣，江南嘉定人，辛未。

[试题] 其事上也（二句）。吾学周礼。大而化之（之中）。"八月其获"得"登"字。

[解元] 陆飞，起潜，仁和。

福建：

[试官] 庶子谢墉，崑城，浙江嘉善人，壬申。御史毛辉祖，敬固，山东历城人，乙丑。

[试题] 犹天之不（句）。无恶于志。故理义之（二句）①。"农生九谷"②得"收"字。

[解元] 王国鉴，安溪。

湖北：

[试官] 少詹汪廷玙，持斋，江南镇洋人，戊辰。吏给陈科捷，瀛可，福建安溪人，戊辰。

[试题] 多闻择其（三句）。诗云维天（天也）。故观于海（二句）。"舒文广国华"得"醇"字。

[解元] 李潢，云门，钟祥，辛卯，侍郎。

湖南：

[试官] 编修张坦，松泙③，陕西临潼人，壬申。员外钱受穀，王④与，浙江秀水人，庚辰。

[试题] 质胜文则（彬彬）。君子而时中。则不知足（二句）。"竹箭有筠"得"同"字。

[解元] 罗泽坤，武陵。

河南：

[试官] 侍读嵩贯，抚棠，蒙古正黄人，辛巳。宗主徐恕，玉田，江南青浦人，辛未。

[试题] 赤之适齐（三句）。果能此道矣。梓匠轮舆（章）。"秋稼如云"得"成"字。

---

① 《清秘述闻》作"君子平其（二句）"。
② 《清秘述闻》作"三农生九谷"。
③ 泙，《清秘述闻》作"坪"。
④ 王，《清秘述闻》作"黄"。

［解元］周世勋①，伯②扬，祥符，辛丑。

山东：

［试官］御史秦黉，序唐，江南甘泉③人，壬申。编修戴第元，筼圃，江西大庾人，丁丑。

［试题］�所与立（前后）。庶几夙夜。奋乎百世（者乎）。"山下出泉"得"蒙"字。

［解元］李有基，德州，辛丑。

山西：

［试官］侍讲④阿肃，甫斋，满洲正白⑤人，甲戌。中书陆锡熊，健男，江南上海人，辛巳。

［试题］有能一日（二节）。陈其宗器（二句）。尽信书则（二节）。"鲲化为鹏"得"成"字。

［解元］姚秉哲，鉴如，代州。

陕西：

［试官］侍讲杨述曾，二□⑥，江南阳湖人，壬戌。宗主左衢，耕堂，江南桐城人，壬申。

［试题］生之者众（四句）。鼓瑟希铿（而作）。既饱以德（二⑦句）。"泾渭扬清浊"得"清"字。

［解元］侯章，郃阳。

四川：

［试官］阁学汤先甲，辛斋，江南宜兴人，辛未。吏主王猷，元亭，奉天义州人，壬申。

［试题］譬如平地（往也）。正己而不（句）。非圣人而（二句）。"山水含清辉"得"新"字。

［解元］王汝嘉，会士⑧，铜梁，壬辰，检讨。

广东：

［试官］学士卢文弨，召⑨弓，浙江仁和⑩人，壬申。吏主刘墫，象山，山东诸城

---

① "勋"为"绩"之讹。
② 伯，《清秘述闻》作"治"。
③ 甘泉，《清秘述闻》作"江都"。
④ 讲，《清秘述闻》作"读"。
⑤ 正白，《清秘述闻》作"镶白"。
⑥ 此字被挖去或涂抹，光绪五年本、光绪八年本作"申"。《清秘述闻》作"思"。
⑦ 二，《清秘述闻》作"三"。
⑧ 会士，《清秘述闻》作"士会"。
⑨ 召，《清秘述闻》作"绍"。
⑩ 仁和，《清秘述闻》作"余姚"。

人，庚辰。

[试题] 子贡问为（其器）。好学近乎（三者）。古之人未（句）。"云中辨江树"得"中"字。

[解元] 梁泉，顺德，己丑。

广西：

[试官] 御史积善，构山，满洲厢白人，乙丑。吏主孟超然，朝举，福建闽县人，庚辰。

[试题] 知者乐水（二句）。序事所以（句）。子夏子游（而微）。"秋风生桂枝"得"香"字。

[解元] 袁珖，平南。

云南：

[试官] 洗马励守谦，自牧，直隶静海人，乙丑。工主邹梦皋，雨洲，江南无锡人，庚辰。

[试题] 色取仁而（二句）。相在尔室。欲贵者人（思耳）。"万里共清①辉"得"清"字。

[解元] 俞如圣，石屏。

贵州：

[试官] 编修李孔阳，蔚堂，直隶清宛人，庚辰。刑主吴岩，怀峰，浙江乌程人，丁丑。

[试题] 耻躬之不（句）。及其广大（二句）。万物皆备（句）。"秋露如珠"得"晴"字。

[解元] 宋仁溥，体之，天柱，丙戌，庶常。

乾隆三十一年丙戌科会试

场偶不戒于火，试卷有被焚者，经礼部奏明另试，钦命题"由之瑟"二句，补取故卷中式。

[试官] 吏侍裘曰修，叔度，江西新建人，己未。内阁尹继善，元长，满洲厢黄人，癸卯。兵侍陆宗楷，建先，浙江仁和②人，癸卯。

[试题] 君子周急（九百）。诗云相在（而敬）。诐辞知其（四句）。③

[会元] 胡珊，含川，歙县，编修。

[鼎甲] 张书勋，在常，江苏吴县人，中允。姚颐，震初，江西泰和人，按察。刘

---

① 清，《清秘述闻》作"秋"。
② 仁和，《清秘述闻》作"海宁"。
③ 此处缺诗赋题。当为"三复白圭"得"寒"。

跃云，【纶子】，青垣，江苏武进人，侍郎。

乾隆三十三年戊子科乡试

顺天：

［试官］兵尚陆宗楷，凫川，浙江仁和①人，癸卯。副都景福，介之，满洲镶白人，壬申。

［试题］言悖而出（四句）。吾见其居（二句）。观水有术（四句）。"白驹空谷"得"心"字。

［解元］辛开一，敬亭，宛平，辛卯。

江南：

［试官］户侍王际华，秋瑞，浙江钱唐人，乙丑。学士国柱，力②民，满洲正黄人，壬戌。

［试题］宪问耻子（二句）。诗曰衣锦（句）。晋之乘楚（三句）。"曲江观涛"得"潮"字。

［解元］张曾敹，誉常，桐城，巡道。

江西：

［试官］工侍刘星炜，圃三，江南武进人，戊辰。吏外冯晋祚，介亭，山西代州人，丁丑。

［试题］子语鲁太③（句）。洋洋乎发（句）。以笃周祜。"桂馨一山"得"馨"字。

［解元］张书绅，广丰。

浙江：

［试官］庶子博卿额，虚宥，满洲镶红人，戊辰。中书陆锡熊，耳山，江南上海人，辛巳。

［试题］吾何执执（三句）。日省月试。由尧舜至（三节）。"桂林一枝"得"丹"字。

［解元］许祖京，依之，德清，己丑，布政。

福建：

［试官］刑给戈涛，蓬园，直隶献县人，辛未。中书郭元隆④，随湖，江南全椒人，辛巳。

---

① 仁和，《清秘述闻》作"海宁"。
② 力，《清秘述闻》作"石"。
③ 太，《清秘述闻》作"大"。
④ "隆"为"滢"之讹。

［试题］明日子路（行矣）。曲能有诚。君子之言（存焉）。"秋云似罗"得"罗"字。

［解元］翁霆霖，【傅】① 崇②，莆田，戊戌。

湖北：

［试官］祭酒良诚，瑶圃，满洲正蓝人，戊辰。宗主郑步云，升揆，浙江归安人，壬申。

［试题］所谓立之（四句）。地道敏树。如有能信（若人）。"竹箭有筠"得"如"字。

［解元］萧学耆，缄三，孝感。

湖南：

［试官］学士李中简，文园，直隶任邱人，戊辰。中允彭冠，六一，河南夏邑人，丁丑。

［试题］因不失其（二句）。其言足以兴。禹掘地而（句）。"帆随湘转"得"迎"字。

［解元］刘工询，衡阳。

河南：

［试官］御史虞鸣球，拊石，江南金坛人，戊辰。户主孙含中，象渊，山东昌邑人，癸未。

［试题］翔而后集（四句）。审问之慎（二句）。故观于海（句）。"秋山极天净"得"晴"字。

［解元］乔之劢，宁陵。

山东：

［试官］刑中朱岐，鸣山，直隶清宛人，庚辰。礼主姚鼐，姬传，江南桐城人，癸未。

［试题］论笃是与（二句）。文武之政。子未学礼（五句）。"山水有清音"得"传"字。

［解元］朱续孜，平阴。

山西：

［试官］御史秦雄飞，旦初，江南无锡③人，甲戌。刑外王士棻，检斋，陕西华州人，甲戌。

［试题］诵诗三百（二句）。知耻近乎勇。子产听郑（二节）。"百谷用成"得"场"字。

---

① 原作"传"。
② 崇，《清秘述闻》作"宗"。
③ 无锡，《清秘述闻》作"金匮"。

［解元］范三纲，叙五，平陆，戊戌，御史。

陕西：

［试官］学士阿靖阿，士衢，满洲厢白人，乙丑。编修邹奕孝，念乔，江南无锡人，丁丑。

［试题］以多问于（二句）。体物而不（句）。有本者如（皆盈）。"平秩西成"得"秋"字。

［解元］卢梦元，同州。

四川：

［试官］学士孙士毅，致远，浙江仁和人，辛巳。编修王大鹤，露仲，直隶通州人，丁丑。

［试题］子贡方人（乎哉）。有所不足（三句）。孩提之童（章）。"山川出云"得"贤"字。

［解元］冷时翥，乐山。

广东：

［试官］阁学汤先甲，萼南，江南宜兴人，辛未。编修柯瑾，醇倩，湖广大冶人，甲戌。

［试题］点尔何如（之撰）。其斯以为（句）。拱把之桐（三句）。"秋日悬清光"得"清"字。

［解元］王应瑜①，璜洲，东莞，壬辰②。

广西：

［试官］宗主徐恕，心如，江南青浦人，辛未。工主李廷扬，随轩，直隶沧州人，庚辰。

［试题］迩之事父（二句）。地道敏树（卢也）。中道而立（二句）。"八月其获"得"年"字。

［解元］莫异兰，馨山，临桂，己丑，知府。

云南：

［试官］侍讲孙效曾，心时，浙江仁和人，癸未。御史胡绍鼎，牧堂，湖广孝感人，甲戌。

［试题］见善如不（节）。正己而不（句）。附之以韩（二句）。"天骥呈材"得"程"字。

［解元］窦晟，罗平。

贵州：

［试官］侍读吴省钦，冲之，江南南汇人，癸未。御史孟邵，鹭洲，四川汉州人，

---

① "瑜"为"遇"之讹。
② "壬辰"为"己丑"之讹。

庚辰。

[试题] 车中不内（节）。君子以人（而止）。介然用之（句）。"巨鱼纵壑"得"贤"字。

[解元] 萧凤翔，翼白，贵阳，壬辰。

乾隆三十四年己丑科会试

中式一百五十一人，山阴沈诗李、诗杜兄弟同登。

[试官] 吏尚刘纶，绳庵，江南武进人，丙辰。吏侍德保，仲容，满洲正白人，丁巳。

[试题] 子在陈曰（在①简）。天地之道（尽也）。人之有德（二句）。"河海不择流"得"虚"字。

[会元] 徐烺，崐衔，钱唐，御史。

[鼎甲] 陈初哲，【永斋】，江苏元和人，巡道。徐天柱，擎士，浙江德清人，【编修】。【徐天柱为礼部侍郎倬之五世孙，工部尚书元正之元孙，雍正癸卯翰林、江西按察使以升之孙，乾隆乙丑翰林开厚之子，六世翰林。】陈嗣龙，绍元，浙江平湖人，光禄。

乾隆三十五年庚寅恩科乡试

本年，皇太后八旬万寿，举行恩科。顺天主考刘纶、山东主考刘跃云，父子同典试。

顺天：

[试官] 吏尚刘纶，眷涵，江南武进人，丙辰。左都观保，伯容，满洲正白人，丁巳。

[试题] 孟公绰为（章）。是故居上（二句）。他日由邹（二句）。"野无伐檀"得"扬"字。

[解元] 赵槐符，子荫，滦州，辛丑，巡道。

江南：

[试官] 吏侍曹秀先，地山，江西新建人，丙辰。户给汪新，又新，浙江仁和人，丁丑。

[试题] 六十而耳（二句）。及其广大（四句）。召太②师曰（之乐）。"桂林一枝"得"馨'字。

---

① "在"为"狂"之讹。

② 太，《清秘述闻》作"大"。

［解元］张潮普，庶瞻，丹徒，壬辰。

江西：

［试官］学士国柱，石民，满洲正黄人，乙丑。学士褚廷璋，左哦①，江南长洲人，癸未。

［试题］譬之宫墙（数仞）。诗云鸢飞（二句）。好名之人（其人）。"云中辨江树"得"归"字。

［解元］熊枚，蔚亭，铅山，辛卯，尚书。

浙江：

［试官］阁学全魁，斗南，满洲厢白人，辛未。学士边继祖，绍甫，直隶任邱人，戊辰。

［试题］赐也女以（非与②）。舟车所至（二句）。不得于心（四句）。"空水共澄鲜"得"分"字。

［解元］卢潮生，仁和。

福建：

［试官］学士朱筠，美叔，顺天大兴人，甲戌。户主范杙，步瞻，浙江钱唐人，丙戌。

［试题］恶不仁者（其身）。宗庙之礼（二句）。又尚论古（三句）。"橘柚生华实"得"知"字。

［解元］钟大受，健庵，上杭。

湖北：

［试官］学士李中简，廉衣，直隶任邱人，戊辰。宗主冯暎③榴【浩子】，贻曾，浙江桐乡人，辛巳。

［试题］衣敝缊袍（耻者）。今夫天斯（系焉）。是以论其（句）。"秋露如珠"得"霄"字。

［解元］朱正常，江陵。

湖南：

［试官］户宗④孙士毅，智治⑤，浙江仁和人，辛巳。礼外⑥姚鼐，梦穀，江南桐城人，癸未。

［试题］施千⑦有政（二句）。悠远则博厚。曰百工之（为与）。"水怀珠"得

---

① "哦"为"峨"之讹。
② 与，《清秘述闻》作"也"。
③ "暎"为"应"之讹。
④ "宗"疑为"中"之讹。
⑤ 治，《清秘述闻》作"冶"。
⑥ 礼外，《清秘述闻》作"礼部郎中"。
⑦ "千"为"于"之讹。

"文"字。

　　［解元］刘维祖，衡阳。

　　河南：

　　［试官］编修谢启昆，蕴山，江西南康人，庚辰①。刑外曹锡宝，鸿书，江南上海人，丁丑。【曹锡宝后以御史劾和珅家人刘全，嘉庆四年特赠副都御史。】

　　［试题］子路曾皙（以也）。宜民宜人。圣人治天（二句）。"菉竹菁菁"得"淇"字。

　　［解元］曾力行，浦亭，固始，戊戌。

　　山东：

　　［试官］编修刘跃云，伏先，江南武进人，丙戌。编修徐光文，杏也②，江南歙县人，乙丑。

　　［试题］孔子于乡党。诗云伐柯（为远）。士无事而（可也）。"高山仰止"得"留"字。

　　［解元］修符，海阳。

　　山西：

　　［试官］编修嵇承谦，【璜子】，受之，江南无锡人，辛巳。编修柯瑾，禹峰，湖广大冶人，甲戌。

　　［试题］三子者出（何如）。溥博如天。源泉混混（如是）。"山川出云"得"先"字。

　　［解元］马佩珩，解州。

　　陕西：

　　［试官］洗马史贻谟，又襄，江南溧阳人，乙丑。户外杨嗣曾，宛来，浙江海宁人，癸未。

　　［试题］君子怀德（章）。子庶民则（句）。颂其诗读（世也）。"华山仙掌"得"莲"字。

　　［解元］王琳，郃阳。

　　四川：

　　［试官］编修祝德麟，趾堂，浙江海宁人，癸未。检讨邓文泮，泽士，湖广湘乡人，丙戌。

　　［试题］法语之言（二段）。诗云相在（句）。有贱丈夫（市利）。"日暖万年枝"得"荣"字。

　　［解元］王文权，乐山。

　　广东：

---

　　①　光绪五年本校注者改为：辛巳。
　　②　"也"疑为"池"之讹。

［试官］宗主陆锡熊，健男，江南上海人，辛巳。户主简昌麟，玉亭，湖广邵阳人，丙戌。

［试题］子在齐闻（二句）。悠也久也。求水火无（水火）。"天骥呈材"得"时"字。

［解元］郑翼亭，顺德。

广西：

［试官］侍读吴省钦，白华，江南南汇人，癸未。工主李廷钦，惕若，福建侯官人，癸未。

［试题］乡人饮酒（节）。慎思之明（二句）。季子不得（句）。"凤鸣高冈"得"丹"字。

［解元］周琢，方玉，临桂，壬辰。

云南：

［试官］侍读①王大鹤，露仲，直隶通州人，丁巳。礼主沈士②炜，【廷芳子】，南垒③，浙江仁和人，丙戌。

［试题］巽与之言（三句）。譬如行远（二句）。梓匠轮舆（人巧）。"多文以为富"得"田"字。

［解元］李蔚④，石屏。

贵州：

［试官］编修姚颐，震初，江西太⑤和人，丙戌。户主孙含中，象渊，山东昌邑人，癸未。

［试题］知者乐水（二句）。唯圣者能之。公孙丑曰（何也）。"玉韫山辉"得"清"字。

［解元］洪其绅，书舟，玉屏，戊戌，检讨。

乾隆三十六年辛卯恩科会试

中式一百六十一人。会元邵晋涵归班，旋以纂修《四库全书》保举入词林。

［试官］左都观保，补亭，满洲正白人，丁巳。内阁刘统勋，延清，山东诸城人，甲辰。阁学庄存与，芳⑥耕，江南武进人，乙丑。

［试题］若臧武仲（四句）。明乎郊社（二句）。今曰性善（二句）。"下车泣罪"

---

① 读，《清秘述闻》作"讲"。
② "士"为"世"之讹。
③ 垒，《清秘述闻》作"雷"。
④ 蔚，《清秘述闻》作"尉"。
⑤ 太，《清秘述闻》作"泰"。
⑥ "芳"为"方"之讹。

得"惭"字。

　　［会元］邵晋涵，二云，余姚，侍讲【学士】。

　　［鼎甲］黄轩，小华，安徽休宁人，巡道。王增，方川，浙江会稽人。【编修，庚子、辛丑两为会试同考官，后改知县，升通判。】范衷，士恒，浙江上虞人，御史，【给事中】。

乾隆三十六年辛卯科乡试

　　浙江主考刘校之、贵州主考刘权之兄弟同典试。

　　顺天：

　　［试官］左都张若淮，树毂，江南桐城人，庚戌。阁学全魁，穆斋，满洲厢白人，辛未。

　　［试题］君子先慎（有人）。问子西曰（节）。仁义礼智（四句）。"百川灌河"得"方"字。

　　［解元］高思敬，慎功，顺义。

　　江南：

　　［试官］少詹彭元瑞，掌仍，江西南昌人，丁未①。吏外陈燮，和轩，福建闽县人，癸未。

　　［试题］子所雅言（二句）。言前定则（句）。上农夫食（三句）。"月涌大江流"得"源"字。

　　［解元］李景诉，赓陶，昭文。

　　江西：

　　［试官］阁学王杰，伟人，陕西韩城人，辛巳。编修曹仁虎，莱婴，江南嘉定人，辛巳。

　　［试题］问人于他（二句）。日省月试（二句）。禹恶旨酒。"席珍待聘"得"贤"字。

　　［解元］陈文澄②，崇仁。

　　浙江：

　　［试官］阁学庄存与，芳③耕，江南武进人，乙丑。检讨刘校之，中垒，湖广长沙人，辛巳。

　　［试题］诵诗三百（章）。或学而知（三句）。故凡同类（二句）。"秋日悬清光"得"霞"字。

---

　　① 未，光绪五年本校注者改为：丑。
　　② 《清秘述闻》作"陈元澄"。
　　③ "芳"为"方"之讹。

［解元］沈清藻，鲁田，仁和，乙未。

福建：

［试官］侍读金士松，亭立，江南吴江人，庚辰。礼中袁文观，海门，江西崇仁人，甲戌。

［试题］夫子循循（吾才）。诗曰嘉乐（二句）。以为无益（四句）。"八月其获"得"成"字。

［解元］倪元宽，洪江，侯官。

湖北：

［试官］侍读吴省钦，冲之，江南南汇人，癸未。编修黄良栋，芝云，顺天大兴人，丙戌。

［试题］行不履阈。后世有述（二句）。与其弟辛（之滕）。"蓬生麻中"得"麻"字。

［解元］叶奕焜，江陵。

湖南：

［试官］编修沈士骏，文声，江南元和人，辛巳。御史邵庚曾，相之，顺天大兴人，辛巳。

［试题］子夏之门（未①也）。知风之自。乡人长于（乡人）。"八月湖水平"得"涵"字。

［解元］李光宝。

河南：

［试官］编修秦潮，步皋，江南无锡人，丙戌。御史积善，宗韩，满洲厢白人，乙丑。

［试题］东里子产（句）。君子未有（句）。入其疆土（五句）。"衣锦尚䌹"得"章"字。

［解元］阎曾履，念亭②，孟津，戊戌，知府。

山东：

［试官］庶子胡高望，希吕，浙江仁和人，辛巳。御史印宪曾，昭复，江南宝山人，辛未。

［试题］在舆则见（句）。一勺之多。以友天下（二句）。"书带草"得"风"字。

［解元］张予③定，平原。

山西：

［试官］庶子福明安，钦文，满洲厢红人，戊辰。赞善彭绍观，【启丰子】，镜澜，

---

① "未"为"末"之讹。
② 亭，《清秘述闻》作"庭"。
③ 予，《清秘述闻》作"子"。

江南长洲人，丁丑。

[试题] 立不中门（二句）。辟如登高。莫如为仁（后发）。"石韫玉而山辉"得"彰"字。

[解元] 郭在逵，谦斋，介休，庚子，郎中。

陕西：

[试官] 检讨熊为霖，浣青，江西新建人，壬戌。编修王懿修，勖嘉，江南青阳人，丙戌。【王懿修官至礼部尚书，太子少保，谥文僖。】

[试题] 所谓平天下。君子哉蘧（句）。能言距杨（二句）。"水象天河"① 得"清"字。

[解元] 朱谦，临潼。

四川：

[试官] 检讨芮永肩，铁岩，直隶宝坻人，庚辰。户外孙嘉乐，令宜，浙江仁和人，辛巳。

[试题] 四时行焉（三句）。执柯以伐（视之）。孔子曰大（与焉）。"秋稼如云"得"成"字。

[解元] 葛良杰，超亭，泸州，乙未。

广东：

[试官] 庶子曹文埴，近薇，江南歙县人，庚辰。御史胡翘元，羽尧，江西平乐②人，丁丑③。

[试题] 譬如为山（章）。知风之自。陈良之徒（之滕）。"海不扬波"得"安"字。

[解元] 陈相伯，香山。

广西：

[试官] 编修汪存宽，经耘，江南休宁人，甲戌。吏外尹壮图，楚珍，云南蒙自人，丙戌。【尹壮图官至内阁学士，乾隆□□④年以奏直省亏缺库款事降内阁侍读候补，寻改礼部主事，乞养亲归。嘉庆□⑤年召至京，仍乞养归。加给事中衔，许在家奏事。】

[试题] 有澹台灭（由径）。子路问强（三句）。鸡鸣而起（善者）。"风动万年枝"得"春"字。

[解元] 谢天爵，横州。

云南：

---

① 《清秘述闻》作"渭水象天河"。
② "平乐"为"乐平"之讹。
③ "丁丑"为"辛巳"之讹。
④ 原缺。
⑤ 原缺。

[试官] 侍读叶观国，家光，福建闽县人，辛未。刑主陈廷①学，景鱼，顺天宛平人，丙戌②。

[试题] 回也闻一（二句）。草木生之。大人者不（句）。"君子比德于玉"得"瑜"字。

[解元] 瞿巩祚，阿迷。

贵州：

[试官] 编修刘权之，德舆，湖南长沙人，庚辰。中书张培，守田，浙江钱唐人，己丑③。

[试题] 晋文公谲（章）。自天申之。陈良之徒（之滕）。"玉壶冰"得"清"字。

[解元] 周人凤，龙里。

乾隆三十七年壬辰科会试

中式一百六十二人。咸宁贾策安、策治兄弟同登。

[试官] 兵侍奉宽，彰民，满洲正蓝人，壬戌。内阁刘纶，宸翰，江南武进人，丙辰。阁学汪廷玙，衡玉，江南镇洋人，戊辰。

[试题] 君子求诸（章）。吾说夏礼（四句）。人能充无（不④言）。"匠成翘秀"得"多"字。

[会元] 孙辰东。

[鼎甲] 金榜，辅之，安徽歙县人，【修撰】。孙辰东，枫培，浙江归安人。俞大猷，鹤云，浙江山阴⑤人，知府。

乾隆三十九年甲午科乡试

【是科顺天同考官窦光鼐以宗人府府丞，吴玉纶以太常寺卿，吴绶诏以光禄寺卿，周於礼以大理寺少卿，曹学闵以太仆寺少卿，赵佑以通政司参议，与其列，为故事所无。而助教吴省兰、学正徐立纲、汪如藻，皆以举人得之，亦康熙以后所仅见。计十八房中，翰詹惟中允童凤三、编修管斡珍二人。】

顺天：

---

① "廷"为"庭"之讹。
② "丙戌"为"己丑"之讹。
③ "己丑"为"癸未"之讹。
④ 不，《清秘述闻》作"而"。
⑤ 《清秘述闻》作"顺天大兴"。

［试官］吏侍曹秀光，芝田，江西新建人，丙辰。阁学嵩贵，补堂①，蒙古正黄人，辛巳。

［试题］子谓伯鱼（二句）。小德川流（二句）。由君子观（节）。"九方歅相"②得"黄"字。

［解元］戴联奎，紫垣，如皋，乙未，礼尚。

江南：

［试官］学士董诰，【邦达子】，雅伦，浙江富阳人，癸未。洗马刘权之，云房，湖广长沙人，庚辰。

［试题］享礼有容色。其次致曲（二句）。井九百亩（事毕）。"爽气澄兰沼"得"秋"字。

［解元］章道鸿，黼卿，青阳，壬戌，编修。

江西：

［试官］阁学钱载，箨石，浙江秀水人，壬申。检讨萧广运，省斋，湖广黄陂人，己丑。

［试题］长沮桀溺（三句）。必得其寿。昏暮叩人（足矣）。"庐山瀑布"得"观"字。

［解元］龚应麟，新昌。

浙江：

［试官］兵侍蒋元益，时庵，江南长洲人，乙丑。编修林时③蕃，于宣，福建闽县人，辛卯。

［试题］天下有道（子由）。及其无穷（系焉）。诗云周虽（谓也）。"云叠海潮齐"得"连"字。

［解元］翁元昕④，载青，余姚，辛丑，【布□⑤卿】。

福建：

［试官］编修汤先甲，辛斋，江南宜兴人，辛未。吏主王元燊，方辂，山东诸城人，丙戌。

［试题］君子欲讷（章）。振河海而（句）。富贵不能（四句）。"云间雁路长"得"晴"字。

［解元］张舫，侯官。

湖北：

---

① 《听雨丛谈》亦作"补堂"，《清秘述闻》作"抚棠"，《清人室名别称字号索引》作"抚棠"、"补山"。

② 《清秘述闻》作"九方歅相马"。

③ "时"为"澍"之讹。

④ "昕"为"圻"之讹。

⑤ 此字模糊难辨。

［试官］学士国柱，力①民，满洲正黄人，壬戌②。编修陈昌齐，宾臣，广东海康人，辛卯。

［试题］楚书曰楚（节）。苗而不秀（章）。天下之言（凿也）。"洞庭张乐"得"和"字。

［解元］陈诗，观民，蕲州，戊戌。

湖南：

［试官］编修李殿图，桓符，直隶高阳人，丙戌。【李殿图官至福建巡抚，降四品京堂，复降中允，升侍讲卒。光绪二年补谥文肃。】刑主洪朴，素人，江南歙县人，辛卯。

［试题］女为君子（章）。使天下之（节）。若夫润泽之。"楚岫千峰翠"得"飞"字。

［解元］卢达凤，桂阳。

河南：

［试官］少詹钱大昕，辛楣，江南嘉定人，辛未③。侍讲白麟，渭厓，满洲正白人，癸未。

［试题］非不悦子（而废）。诗曰奏假（二句）。天子之卿（视伯）。"土圭测日"得"中"字。

［解元］刘师柔，邓州。

山东：

［试官］仆卿吉梦熊，毅扬，江南丹阳人，壬申。御史费南英，希文，浙江乌程人，癸未。

［试题］为命裨谌（章）。则可以赞（句）。以追蠡曰（足哉）。"洙泗发源长"得"长"字。

［解元］赵东周，泰安。

山西：

［试官］庶子李汪度，受之，浙江仁和人，丁丑。洗马梦吉，鉴溪，满洲正蓝④人，己丑。

［试题］居则曰不（知尔）。厚往而薄来。奋乎百世（起也）。"秋澄万景清"得"清"字。

［解元］闰⑤安寅，朔州。

陕西：

---

① 力，《清秘述闻》作"石"。
② "壬戌"为"乙丑"之讹。
③ "辛未"为"甲戌"之讹。
④ 蓝，《清秘述闻》作"白"。
⑤ 闰，《清秘述闻》作"闫"。

［试官］编修嵇承谦，【璜子，字受之】，晴轩，江南无锡人，辛巳。宗主姚梁，旬之，浙江庆元人，己丑。

［试题］樊迟问仁（节）。诗曰衣锦（句）。乡人长于（乡人）。"白露为霜"得"晞"字。

［解元］张绎武，宁夏。

四川：

［试官］编修张焘，慕青，江南宣城人，癸未。户主戚蓼生，晓唐，浙江德清人，己丑。

［试题］又曰新康（二句）。可者与之（所闻）。天之高也（二句）。"濯锦江波"得"成"字。

［解元］魏傚祖，永州，辛丑。

广东：

［试官］编修王懿修，春圃，江南青阳人，丙戌。吏主李调元，羹堂，四川罗江人，癸未。

［试题］朝与天下（节）。行同伦。人有鸡犬（二句）。"百川学海"得"宗"字。

［解元］郭雄图，番禺。

广西：

［试官］编修刘锡嘏，纯斋，直隶通州人，己丑。工主戴璐，菔塘，浙江归安人，癸未。

［试题］子路从而（子乎）。吾学殷礼。孟子居邹（币交）。"竹外山犹影"得"青"字。

［解元］唐峨，全州。

云南：

［试官］御史唐淮，秦川，浙江秀水人，庚辰。编修查莹，暎山，山东历城①人，丙戌。

［试题］古者言之（句）。子路问强（三句）。时子因陈（可也）。"鸥②化为鹏"得"时"字。

［解元］谷际岐，凤来，西阿，乙未，御史。

贵州：

［试官］御史邵庾曾，南偲，顺天大兴人，辛巳。【邵庾曾本浙江余姚人，后升内阁侍读学士，出为山西知府，升雁平道。】编修杨寿楠，培山，江西清江人，己丑。

［试题］百工居肆（章）。送往迎来。鲁欲使乐（不寐）。"多文为富"得"章"字。

---

① 历城，《清秘述闻》作"海丰"。
② 鸥，《清秘述闻》作"鲲"。

［解元］周锡源，瓮安。

乾隆四十年乙未科会试

中式一百五十八人。

［试官］刑侍王杰，伟人，陕西韩城人，辛巳。兵尚嵇璜，拙修，江南无锡人，庚戌。副都阿肃，敬之，满洲厢白人，甲戌。

［试题］苟日新日（三句）。仲叔圉治（三句）。敢问何谓（言也）。"灯右观书"得"风"字。

［会元］严福，景仁①，吴县，编修。【□□②唐乙卯翰林，官至浙江杭州府知府。】

［鼎甲］吴锡龄，纯甫，安徽休宁人。汪镛，东序，山东历城人，御史。沈清藻，鲁田③，浙江仁和人。【案：是科鼎甲亦不利。吴锡龄、沈清藻皆登第后未一年即卒。汪镛以传胪日不到，未受职，先罚俸，官编修几三十年，垂老始改御史。】

乾隆四十二年丁酉科乡试

【彭元瑞主浙江试，得士最盛，一榜四元：汪如洋，庚子会元、状元；侯健融，甲辰会元；茹棻，甲辰状元。】

顺天：

［试官］户侍梁国治，阶平，浙江会稽人，戊辰。礼侍阿肃，雨斋，满洲厢白人，甲戌。

［试题］何哉尔所（句）。回之为人也。其进锐者（二句）。"秋风动桂林"得"林"字。

［解元］王有年，天津。

江南：

［试官］阁学刘墉，石庵，山东诸城人，辛未。刑主顾震，鸣夏，浙江仁和④人，辛巳。

［试题］譬如为山（章）。恐惧乎其（句）。时举于秦（二段）。"黄花晚节香"得"香⑤"字。

---

① 仁，《清秘述闻》作"纯"。
② 此两字模糊难辨。
③ 田，《清秘述闻》作"泉"。
④ 仁和，《清秘述闻》作"钱塘"。
⑤ 香，《清秘述闻》作"黄"。

［解元］吴槚，伟其①，歙县。

江西：

［试官］阁学汪廷与，持斋，江南镇洋人，戊辰。编修陈嗣龙，绍元，浙江平湖人，己丑。

［试题］举直错诸（谓也）。能尽人之（二句）。言近而指（四句）。"桂枝生自直"得"盘"字。

［解元］刘绍斑，度谦，南丰，戊戌。

浙江：

［试官］工侍彭元瑞，云楣，江西南昌人，丁丑。编修茅元铭，赓廷，江南丹徒人，壬辰。【茅元铭官至内阁学士，降翰林侍讲学士。】

［试题］齐一变至（章）。设其裳衣。子产听郑（二句）。"地有湖山美"得"梅"字。

［解元］吴一骐，驾山②，钱唐，戊戌，主事。

福建：

［试官］编修祝德麟，芷塘③，浙江海宁人，癸未。御史戈岱，束长，直隶景州人，壬戌。

［试题］因民之所（谁怨）。朝聘以时。百里奚虞（奇谏）。"席珍待聘"得"儒"字。

［解元］赵有成，宁化。

湖北：

［试官］赞善张书勋，在常，江南吴县人，丙戌。礼给戴第元，正字，江西大庾人，丁丑。

［试题］君子以文（二句）。悠久所以（句）。不下带而（句）。"江上清风"得"秋"字。

［解元］孙谧，月溪，安陆。

湖南：

［试官］侍讲王大鹤，露仲，直隶通州人，丁丑。中书李棨，文韬，江南长洲人，壬辰。

［试题］三年学不（二句）。大哉圣人（句）。其事则齐（二句）。"风骚列屈宋"得"篇"字。

［解元］刘定进，武陵。

河南：

---

① 其，《清秘述闻》作"持"。
② 山，《清秘述闻》作"六"。
③ 塘，《清秘述闻》作"堂"。

［试官］编修项家达，仲兼，江西星子人，辛卯。户中戚蓼生，念功，浙江德清人，己丑。

［试题］富而可求（为之）。本诸身徵（二句）。抱关击柝（于上）。"德星聚"得"贤"字。

［解元］范学顺①，虞城。

山东：

［试官］荆②学汪永锡，孝传，江南歙县人，甲戌。修撰黄轩，日驾，江南休宁人，辛卯。

［试题］可与适道（四句）。荐其时食。盈科而后（皆盈）。"造化钟神秀"得"宗"字。

［解元］李光时，济宁，庚子。

山西：

［试官］学士褚廷璋，左峨，江南长洲人，癸未。修撰金榜，辅之，江南歙县人，壬辰。

［试题］述而不作（二句）。王天下有（二句）。其事则齐（二句）。"鹤鸣九皋"得"声"字。

［解元］秦尚志，寿阳。

陕西：

［试官］修撰陈初哲，在初，江南元和人，己丑。户主程世锌，端立，江南歙县人，辛卯。

［试题］为人臣止（四句）。三子者出（二句）。邑于岐山（人也）。"清如玉壶冰"得"清"字。

［解元］奚甲第，白水。

四川：

［试官］侍读许祖京，【镇孙，字依之】，春岩，浙江德清人，己丑。检讨李台，南有，贵州黄平人，庚辰。

［试题］荡荡乎民（文章）。明则诚矣。有为者辟（章）。"松柏有心"得"坚"字。

［解元］李复元，来仲，叙州③，癸丑。

广东：

［试官］侍讲童凤三，梧冈，浙江山阴人，庚辰。侍讲刘亨地，载人，湖广湘潭人，丁丑。

---

① 顺，《清秘述闻》作"颐"。
② 荆，《清秘述闻》作"阁"。
③ 叙州，《清秘述闻》作"富顺"。

［试题］及其使人（器之）。舜其大知（句）。又尚论古（友也）。"曙观秋河"得"清"字。

［解元］杨时行，嘉应①。

广西：

［试官］检讨龚大万，怀青，湖广武陵人，辛卯。宗主姚梁，芝佃，浙江庆元人，己丑。

［试题］斯民也三（句）。人十能之。其君用之（忠信）。"山川出云"得"先"字。

［解元］邓文纯，临桂。

云南：

［试官］编修郑际唐，大章，福建侯官人，己丑。中书王瑸，昆霞，江南镇洋人，己丑。

［试题］譬如平地（段）。凡有血气（二句）。求水火无（足矣）。"月影带河流"得"秋"字。

［解元］杨汝亮，大理。

贵州：

［试官］编修管幹珍，松厓，江南阳湖人，丙戌。中书吕云栋，孚远，江南旌德人，壬辰。

［试题］方六七十（足民）。文武之政。傅说举于（句）。"余粮栖亩"得"丰"字。

［解元］王沛②霖，雨苍，贵阳，戊戌。

乾隆四十三年戊戌科会试

中式一百五十七人。总裁于、王，皆状元。同考秦大成、陈初哲、黄轩、金榜，时在京状元无不入闱者。【案：是科翰林、侍读、侍讲学士为同考官者六人。又案：自戊戌至丁未凡五科，皆以大学士、一等公阿桂教习庶吉士。自己酉至嘉庆丙辰凡五科，皆以大学士、一等伯和珅教习庶吉士。】

［试官］吏侍王杰，惺园，陕西韩城人，辛巳。内阁于敏中，耐圃，江南金坛人，丁巳。阁学嵩贵，补堂③，蒙古正黄人，辛巳。

［试题］其言之不（怍）。反古之道。且子食志（食志）。"春服既成"得"鲜"字。

---

① 嘉应，《清秘述闻》作"大埔"。

② 沛，《清秘述闻》、《索引》、《清朝进士题名录》作"霈"。

③ 补堂，《清秘述闻》作"抚棠"。

［会元］缪祖培，敦川，泰州。

［鼎甲］戴衢亨，【第元子】，荷之，江西大庾人，内阁，【文端】。蔡廷衡，咸一，浙江仁和人，兵备。孙希旦，绍周，浙江瑞安人，【编修】。

乾隆四十四年己亥恩科乡试

江南榜四元：钱棨、石韫玉状元，顾珏、马有章会元。

顺天：

［试官］兵尚蔡新，葛山，福建漳浦人，丙辰。礼侍达椿，香圃，满洲厢白人，庚辰。

［试题］子曰毋。仁者人也。心之所同（然者）。"鸿雁来宾"得"时"字。

［解元］井大源，汲沾，沧州，己丑①。

江南：

［试官］礼侍谢墉，昆城，浙江嘉兴②人，壬申。编修翁方纲，正三，顺天大兴人，壬申。

［试题］巍巍乎惟（名焉）。日省月试（三句）。后稷教民（二句）。"其穀宜稻"得"耕"字。

［解元］钱棨，振威，长洲，辛丑，阁学。

江西：

［试官］阁学钱载，萚石，浙江秀水人，壬申。中书张虎拜，啸厓，直隶天津人，己丑。

［试题］为命裨谌（章）。不息则久（二句）。夫子加齐（节）。"春秋多佳日"得"佳"字。

［解元］陈上理，作栋，南昌。

浙江：

［试官］吏侍王杰，伟人，陕西韩城人，辛巳。学士吴省钦，冲之，江南南汇人，癸未。

［试题］升车必正（节）。一撮土之（二句）。亟其乘屋。"经训乃菑畬"得"锄"字。

［解元］蒋师爚，慕刘，钱唐③，庚子，主事。

福建：

---

① "己丑"为"己酉"之讹。
② 嘉兴，《清秘述闻》作"嘉善"。
③ 钱唐，《清秘述闻》作"仁和"。

［试官］学士朱珪，石君，顺天大兴人，戊辰。户外程世锃①，澂川，江南歙县人，辛卯。

［试题］或问禘之说。质诸鬼神（句）。君一位卿（六等）。"百川学海"得"东"字。

［解元］张经邦，燮轩，【一字右贤】，闽县，己酉。

湖北：

［试官］编修戴衢亨，荷之，江西大庾人，戊戌。中书吴俊，轶千②，江南吴县人，壬辰。

［试题］叶公问政（章）。故天下生（三句）。继之以规（用也）。"江陵千树橘"得"秋"字。

［解元］许兆棠，【字召村】，石泉，云梦，庚子。

湖南：

［试官］编修徐立纲，脩甫，浙江上虞人，乙未。礼中马人龙，友夔，山东齐河人，辛巳。

［试题］切切偲偲（节）。旅酬下为上。斧斤以时（句）。"秋色正清华"得"秋"字。

［解元］曾承谦，利川，新化。

河南：

［试官］编修严福，爱亭，江南吴县人，乙未。御史戈源，仙舟，直隶献县人，甲戌。

［试题］诗云乐只（节）。三仕为令（愠色）。孟子去齐（而卧）。"剑化为能"得"锋"字。

［解元］杨维镕，茂南，鲁山。

山东：

［试官］阁学胡高望，豫堂，浙江仁和人，辛巳。编修刘种之【星炜子】，存之，江南武进人，丙戌。

［试题］子入太庙（章）。武王缵太（句）。其始播百谷。"带经而锄"得"深"字。

［解元］王宁闿，子和，高密。

山西：

［试官］编修潘曾起，文开，江南荆溪人，壬辰。刑主刘炌，诚甫，江西南丰人，己丑。

［试题］朝与下大（节）。盖曰天之（句）。子夏子游（而微）。"多文为富"得

---

① 锃，《清秘述闻》作"淳"。
② 《清秘述闻》作"奕千"。

"儒"字。

[解元] 杨得善，励斋，太谷。

陕西：

[试官] 刑外①吴敬舆，恭铭，江南娄县人，辛卯。编修祝云栋，留村，河南固始人，辛卯。

[试题] 其行己也（四句）。载华岳而（句）。召太师曰（句）。"其谷宜黍稷"得"方"字。

[解元] 马钰，念祖，咸宁。

四川：

[试官] 刑外顾葵，荆茂，江南元和人，辛卯。编修徐如澍，湾南，贵州铜仁人，乙未。

[试题] 子谓子产（四焉）。宜民宜人（申之）。晏子对曰（守也）。"绮窗瞰江"得"都"字。

[解元] 钟廷华，暎②南，金堂。

广东：

[试官] 兵中史梦琦，仲韩，江南阳湖人，己丑。编修汪镛，东序，山东历城人，乙未。

[试题] 或问子产（节）。吾学周礼。闻君行圣（人氓）。"雨洗高秋净"得"天"字。

[解元] 何其英，琼玉，香山。

广西：

[试官] 编修萧九成，韶亭，山东日照人，壬辰。兵主王宽，笠人，江南金匮人，丙戌。

[试题] 众恶之必（章）。必得其名（二句）。天子适诸（不给）。"圆灵冰镜"得"清"字。

[解元] 苏世传，绍孔，灵川。

云南：

[试官] 编修韦谦恒，受之，江南芜湖人，癸未。御史孟生惠，鹤亭，山西太谷人，癸未。

[试题] 或问子产（节）。舜其大知（句）。圣人百世（章）。"砥砺廉隅"得"儒"字。

[解元] 尹瑞雁，来宾，蒙自。

贵州：

---

① 刑外，《清秘述闻》作"编修"。
② 暎，《清秘述闻》作"映"。"暎"同"映"。

［试官］御史黄腾达，斗槎，江南休宁人，辛巳。编修周永年，舒昌，山东历城人，辛卯。

［试题］有美玉于（沽诸）。衣锦尚絅。由射于百（三句）。"千厓秋气高"得"清"字。

［解元］胡沇，永泉，仁怀。

乾隆四十五年庚子【恩】科会试

中式一百五十七人。

［试官］礼尚曹秀先，地山，江西新建人，丙辰。礼尚德保，仲容，满洲正白人，丁巳。兵①尚周煌，海山，四川涪州人，丁巳。阁学②胡高望，豫堂，浙江仁和人，丁巳。

［试题］则众物之（不到）。罔之生也（句）。尽信书则（句）。"春日载阳"得"风"字。

［会元］汪如洋。

［鼎甲］汪如洋，润民，浙江秀水人，【修撰】。江德量，秋史，江苏仪征人，御史。程昌期，阶平，安徽歙县人，学士。

乾隆四十五年庚子科乡试

乡试主考，历科正副皆止二人，本年顺天蔡新为正，杜玉林、嵩贵副之。

顺天：

［试官］刑侍杜玉林，凝台，江南金匮人，甲戌。兵尚蔡新，次明，福建漳浦人，丙辰。阁学嵩贵，抚棠，蒙古正黄人，辛巳。

［试题］问管仲。天之道也。冯妇攘臂（句）。"栽者培之"得"和"字。

［解元］李茂，根墦，临榆。

江南：

［试官］礼侍钱载，坤一，浙江秀水人，壬申。编修戴均元，【第元弟】，可亭，江西大庾人，壬辰③。

［试题］譬诸草木（二句）。宜民宜人（申之）。有如时雨（五句）。"东璧图书府"得"东'字。

［解元］顾问，桐阴，高邮。

---

① 兵，《清秘述闻》作"工"。
② 阁学，《清秘述闻》作"工部侍郎"。
③ "壬辰"为"乙未"之讹。

江西：

［试官］编修王懿修，春甫，江南青阳人，丙戌。中书宋镕，奕岩，江南长洲人，壬辰。

［试题］赐也达于（何有）。柔远人则（二句）。其子弟从（二句）。"如日之升"得"长"字。

［解元］黄元铎，新城。

浙江：

［试官］左都罗源汉，方城，湖广长沙人，癸丑。检讨温常【绥】①，印侯，山西太谷人，己丑。

［试题］乡人饮酒（节）。所以辨贤也。自西自东（二句）。"千潭一月印"得"符"字。

［解元］汪人宪，晓帆，仁和。

福建：

［试官］宗丞窦光鼐，孟②调，山东诸城人，壬戌。御史刘芬，湘畹，山西南昌③人，丁丑。

［试题］知之为知（三句）。诗云嘉乐（申之）。以人性为（五句）。"兰似君子"得"真"字。

［解元］陈从潮，安溪。

湖北：

［试官］编修缪晋，申浦，江南江阴人，乙未。中书姚天成，自东，浙江仁和人，乙未。

［试题］公叔文子（节）。宪章文武。孟子居邹（储子）。"天骥呈材"得"良"字。

［解元］万嵩，黄冈。

湖南：

［试官］吏外邵洪，海图，浙江鄞县人，辛卯。编修周琼，芝田，广西临桂人，乙未。

［试题］君子易事（器之）。诗云鸢飞（二句）。天之生此（觉也）。"山衔好月来"得"来"字。

［解元］彭运修，宜章。

河南：

［试官］编修于鼎，镜兆，江南金坛人，乙未。户主陈本忠，伯思，直隶昌平人，

---

① 原作"绥"。
② 孟，《清秘述闻》作"元"。
③ 山西南昌，《清秘述闻》作"江西新建"。

己丑。

[试题] 子曰赐也（来者）。有弗思思（三句）。乐正子强（曰否）。"天高秋月明"得"圆"字。

[解元] 李慎先，商水。

山东：

[试官] 仆卿赵佑，启人，浙江仁和人，壬申。编修罗修源，星来，湖南湘潭人，乙未。

[试题] 子贡问曰（绚兮）。仲尼祖述（二句）。人知之亦（句）。①

[解元] 杜汉。

山西：

[试官] 御史陈桂森，和叔，江苏常熟人，丙戌。编修王嘉曾，宁叔，江南金山人，丙戌。

[试题] 子谓卫公（章）。执柯以伐（三句）。②

[解元] 王彭龄。

陕西：

[试官] 编修钱樾，黼堂，浙江嘉善人，壬辰。编修裴谦，子光，山西阳曲人，壬辰。

[试题] 执圭鞠躬（不胜）。凡有血气（二句）。天下之善（未足）。③

[解元] 柳迈祖，振绪，会宁，丁未，郎中。

四川：

[试官] 编修曹锡龄，受之，山西汾阳人，乙未。【曹锡龄为宗人府府丞学闵子。】宗主李棨，沧云，江南长洲人，壬辰。

[试题] 周有八士。送往迎来（人也）。若夫润泽之。④

[解元] 寇赍言，海□⑤，渠县，辛丑，御史。

广东：

[试官] 赞善王仲愚，荫台，山东济宁人，己丑。吏主陈大文，简亭，河南杞县【籍，浙江会稽】人，壬辰。【陈大文后改归浙江会稽原籍，官至两江直隶总督、兵部尚书，乞病归，以直隶亏空案降四品京堂。】

[试题] 子使漆雕（三句）。道不远人。一人虽听（二句）。⑥

---

① 此处缺诗赋题，《清秘述闻》作：恭赋"五岳卓为宗"得"东"字。
② 此处缺题，《清秘述闻》为："疆而后可不可"。赋得"文昌气似珠"得"圆"字。
③ 此处缺诗赋题，《清秘述闻》作：赋得"秋香玉井莲"得"莲"字。
④ 此处缺诗赋题，《清秘述闻》作：赋得"以贤为宝"得"贤"字。
⑤ 原缺。《清秘述闻》作"庵"。
⑥ 此处缺诗赋题，《清秘述闻》作：赋得"先河后海"得"川"字。

［解元］张锦芳，粲夫，顺德，己丑①，编修。

广西：

［试官］编修邵晋涵，二云，浙江余姚人，辛卯。检讨钱沣，东注，云南昆明人，辛卯。

［试题］敢问其次（弟焉）。文武之政（二句）。孙叔敖举（二句）。"南中荣橘柚"得"时"字。

［解元］梁世喆，崇善。

云南：

［试官］编修戴联奎，静生，江南如皋人，乙未。礼外李翮，春麓，山东金乡人，壬辰。

［试题］菲饮食而（六句）。言前定则（句）。公明仪曰（我哉）。"仁寿镜"得"光"字。

［解元］束本春，新兴。

贵州：

［试官］刑中陆有仁，静岩，浙江仁和②人，己丑。御史福保，景堂，满洲正白人，丙戌。

［试题］对曰吾斯（子说）。远之则有（二句）。山径之蹊（不用）。"秋云似罗"得"章"字。

［解元］崔承业，东岩，婺川。

乾隆四十六年辛丑科会试

中式一百六十九人，探花汪学金系戊辰探花廷玙子。

［试官］兵侍沈初，景初，浙江平湖人，癸未。礼尚德保，仲容，满洲正白人，丁巳。吏侍谢墉，金圃，浙江嘉善人，壬申。副都吴玉纶，香亭，河南固始人，辛巳。

［试题］所藏乎身（句）。女奚不曰。待文王而（民也）。"王良登车"得"行"字。

［会元］钱棨。

［鼎甲］钱棨，【本名起，字湘灵③】，振威，江南长洲人，阁学。【案：钱棨登第一，高宗赋诗纪事有云："国朝经百载，春榜得三元。"其□④学时会稽梁文定公为学使，为改名棨。是科会试出会稽王方川编修增房。】陈万青，远山，浙江石门人，侍

---

① 丑，光绪五年本校注者改为"酉"。
② 仁和，《清秘述闻》作"钱塘"。
③ 灵，《清秘述闻》作"舲"。
④ 此字模糊，系影印问题。

读。汪学金，杏江，江苏镇洋人，庶子。

乾隆四十八年癸卯科乡试

河南主考秦泉、陕西主考秦潮，兄弟同典试。

顺天：

［试官］阁学尹壮图，楚珍，云南蒙自人，丙戌。吏尚刘墉，石庵，山东诸城人，辛未。洗马翁方纲，覃溪，顺天大兴人，甲戌。

［试题］在人。虽愚必明。舜与益相（句）。"仙露明珠"得"秋"字。

［解元］裴显相，宿塘，清苑，己酉。

江南：

［试官］吏侍谢墉，金圃，浙江嘉兴人，壬申。修撰戴衢亨，【第元子】，荷之，江西大庾人，戊戌。

［试题］周监于二（二句）。宗庙之礼（先也）。天子适诸（守也）。"鹍①化为鹏"得"腾"字。

［解元］沈清瑞，芷生，长洲，丁未。

江西：

［试官］编修李尧栋，伯和，浙江山阴人，壬辰。【李公字松云，一字东采，由中允知江宁府，官至云南巡抚，调福建、湖南，道光初罢为三品京堂。】中书金光悌，汝恭，江南英山人，庚子。【金光悌官至刑部尚书。】

［试题］节用而爱人。所以劝亲（句）。可传于后（之乎）。"月湧大江流"得"秋"字。

［解元］郭缙光，领侯，吉水，甲辰，庶常。

浙江：

［试官］副都吴玉纶，廷五，河南光州人，辛巳。编修邱庭潍，叔大，顺天宛平人，壬辰。

［试题］逸民伯夷（节）。所以劝亲（句）。存乎人者（二句）。"竹箭有筠"得"如"字。

［解元］陈锦，杭州②。

福建：

［试官］学士褚廷璋，筠心，江南长洲人，癸未。中书邱桂山，衣千，顺天大兴人，乙未。

［试题］子曰晏平仲。治国其如（句）。城门之轨（二句）。"青藜照读"得"吹"字。

---

① 鹍，《清秘述闻》作"鲲"。
② 杭州，《清秘述闻》作"仁和"。

［解元］张腾蛟，孟词，宁化，癸丑。

湖北：

［试官］编修陈嗣龙，绍元，江南元和【浙江平湖】人，己丑。中书张敦培，叔因，江南昭文人，乙未。

［试题］雅颂各得（句）。官盛任使（四句）。子产听郑（句）。"清露被皋兰"得"深"字。

［解元］郑永江，石首。

湖南：

［试官］侍讲芮永肩，后庚，直隶宝坻人，庚辰。中书吴树萱，春晖，江南吴县人，庚子。

［试题］子曰绘事（后乎）。车同轨。孟子曰尚志。"绿叶素荣"得"纷"字。

［解元］陈佑贤，长沙。

河南：

［试官］侍读张焘，慕青，江南宣城人，辛巳①。【案：张焘旋降主事，五十一年以户部候补主事任湖北学政，旋罢，后官礼部员外郎。】编修秦泉，漪园，江南无锡人，己丑。

［试题］卑宫室而（句）。必得其寿。心之官则（我者）。"荣光出河"得"荣"字。

［解元］张克广，商城。

山东：

［试官］侍讲庄承篯，【存与子】，少彭，江南武进②人，丙戌。编修周兴岱，【煌子】，东屏，四川涪州人，辛卯。【案：周兴岱官至户部左侍郎，以事降编修，再起，官至左都御史。】

［试题］太宰问于（能也）。慎思之。游于圣人（二句）。"泰山之云"得"施"字。

［解元］周垣，金乡，癸丑。

山西：

［试官］侍读曹仁虎，莱婴，江南嘉定人，辛巳。编修朱攸，好德，山东历城人，壬辰。

［试题］辞达而已矣。文武之政（二句）。今有璞玉（二句）。"飞鸿响远音"得"高"字。

［解元］王钺，保德。

陕西：

---

① "辛巳"为"癸未"之讹。
② 江南武进，《清秘述闻》作"陕西咸宁"。

［试官］编修秦潮，步皋，江南无锡人，丙戌。编修闵思诚，【鹗元子】，中孚，浙江归安人，辛卯。

［试题］诵诗三百。悠久所以（句）。圣人治天下。"渭川千亩竹"得"竿"字。

［解元］刘化鹏，武威。

四川：

［试官］学士叶观国，毅庵，福建闽县人，辛未。中书毛凤仪，春江，江南吴县人，乙未。

［试题］子路曰愿（句）。日月所照（二句）。君子引而（句）。"月彩静高深"得"楼"字。

［解元］欧阳曙，温江。

广东：

［试官］学士王懿修，春甫，江南青阳人，丙戌。编修朱绂，章浦，江西新建人，壬辰。

［试题］愿学焉宗（会同）。修道之谓教。公卿大夫（二句）。"珠还合浦"得"光"字。

［解元］李惠元，绥斋，新会。

广西：

［试官］侍读吴寿昌，泰文，浙江山阴人，己丑。检讨孙玉庭，嘉树，山东济宁人，乙未。【孙玉庭官至两江总督、协办大学士。道光四年闰七月，拜体仁阁大学士，仍留总督任。甫四阅月，以河决高家堰，与南河总督会稽张文浩同获咎解职，旋以编修休致。十四年，重赴鹿鸣，赏四品顶带。子善宝，由举人官江苏巡抚；瑞珍，由翰林官户部尚书。】

［试题］语之而不（句）。譬如行远（二句）。如其自视（二句），"香满一轮中"得"圆"字。

［解元］岑照。

云南：

［试官］学士费南英，希文，浙江乌程人，癸未。宗主吴俊，奕千，江南吴县人，壬辰。

［试题］行夏之时（二句）。君子之道（自卑）。召太师曰（二句）。"彩云见"得"祥"字。

［解元］李翎，云华，晋宁，己未，庶常。

贵州：

［试官］学士德昌，树堂，满洲厢黄人，乙未。中书鲍之钟，雅堂，江南丹徒人，己丑。

［试题］小子何莫（二句）。见而民莫（三句）。是集义所（句）。"天香云外飘"得"晴"字。

［解元］雷奋远，遵义。

乾隆四十九年甲辰科会试

中式一百□①十□②人。

［试官］兵侍纪昀，晓岚，直隶献县人，甲戌。内阁蔡新，葛山，福建漳浦人，丙辰。礼尚德保，定圃，满洲正白人，丁巳。工侍胡高望，豫堂，浙江仁和人，辛巳。

［试题］知止而后（节）。不逆诈不（觉者）。吾为之范（获十）。"摘藻为春"得"宾"字。

［会元］侯健融，翀庵，归安，【知县，殉难，赐卹】。

［鼎甲］茹棻，稚葵，浙江会稽人，【兵部尚书】。邵瑛，瑶圃，浙江余姚人，【编修改官】中书。邵玉清，履洁，直隶天津人。

乾隆五十一年丙午科乡试

顺天：

［试官］阁学阿肃，敬之，满洲厢白人，甲戌。【礼】③尚彭元瑞，芸楣，江西南昌人，丁丑。阁学胡高望，希吕，浙江仁和人，辛巳。

［试题］夫子之文（章）。而道自道也。季孙曰异（句）。"蓬瀛不可望"得"秋"字。

［解元］孙鹏越，沣④润，己未。

江南：

［试官］【礼侍】⑤朱珪，南厓，顺天大兴人，戊辰。编修戴心亭，【衢亨弟】，习之，江西大庾人，乙未。

［试题］过位色勃（二节）。威仪三千（二句）。请野九一（三节）。"气与三山壮"得"钟"字。

［解元］张肇瑛，景华，无为。

江西：

［试官］侍讲陈万青，湘南，浙江石门人，辛丑。编修汪学金，杏江，江南镇洋人，辛丑。

［试题］欲仁而得（二句）。人莫不饮（节）。五谷者种（句）。"始见香炉峰"得

---

① 原缺。
② 原缺。
③ 原作"兵"。
④ "沣"为"丰"之讹。
⑤ 原作"阁学"。

"庐"字。

[解元]刘起鸥①，新建。

浙江：

[试官]编修吴省兰，【省钦弟】，稷堂，江南南汇人，乙未②。编修邱庭潆，叔大，顺天宛平人，壬辰。

[试题]居其所而（句）。武王缵太（句）。段干木逾（二句）。"湖清霜镜晓"得"寻"字。

[解元]韩文绮，蔚林，仁和，癸丑③，主事。

福建：

[试官]阁【读】④毛凤仪，宇春，江南吴县人，乙未。编修李尧栋，松【云】⑤，浙江山阴人，壬辰。

[解元]子曰关雎。语大天下（句）。土地人民。"海日照三神山"得"东"字。

[鼎甲]谢淑元，景辉，晋江，癸丑，检讨。

湖北：

[试官]编修吴敬舆，子贞，江南娄县人，辛卯。编修关槐，曙笙，浙江仁和人，庚子。

[试题]乡人饮酒（节）。禘尝之义。陈良楚产（之道）。"楚岫千峰翠"得"秋"字。

[解元]李钧简，秉和，黄冈，己酉，阁学。

湖南：

[试官]编修郑际唐，大章，福建侯官人，己丑。中书罗锦森，依树，浙江临安人，乙未。

[试题]毋自欺也（三句）。四时行焉（二句）。始舍之圄（所哉）。"洞庭秋水⑥"得"浮"字。

[解元]黄友教，雨堂，长沙⑦，同知。

河南：

[试官]侍读⑧德昌，容伯，满洲镶黄人，乙未。中书吴树萱，寿庭，江南吴县人，庚子。

① 鸥，《清秘述闻》作"鲲"。
② "乙未"为"戊戌"之讹。
③ "癸丑"为"乙卯"之讹。
④ 原作"学"。
⑤ 原作"堂"。
⑥ 水，《清秘述闻》作"月"。
⑦ 长沙，《清秘述闻》作"善化"。
⑧ 侍读，《清秘述闻》作"侍讲"。

［试题］樊迟问仁（知人）。春秋。孟献子百（牧仲）。“山呼万岁”得“三”字。

［解元］王命申。

山东：

［试官］修撰汪如洋，云壑，浙江秀水人，庚子。编修邵玉清，履洁，直隶天津人，甲辰。

［试题］君子学道（句）。纯亦不已。附之以韩（欲然）。“白受采”得“光”字。

［解元］宋钧。

山西：

［试官］侍读吴舒帷，济儒，江南震泽人，戊戌。中书陆湘，楚青，直隶清苑人，壬辰。

［试题］知其说者（三句）。择善而固（句）。孔子进以（命也）。“敦俗劝农①桑”得“登”字。

［解元］郭向暄，夏县。

陕西：

［试官］侍讲韦谦恒，慎占，江南芜湖人，癸未。编修陈嗣龙，春淑，浙江平湖人，己丑。

［试题］因民之所（二句）。舟车所至。民非水火（足矣）。“祭先河而后海”得“源”字。

［解元］侯尔昌，鄜州。

四川：

［试官］侍读颜崇沩，东虞，山东曲阜人，戊戌。中书费振勋，策云，江南吴江人，乙未。

［试题］赤也束带（句）。如在其左右。子不通功（余布）。“秋露如珠”得“圆”字。

［解元］卫道凝，郫县。

广东：

［试官］侍读恭泰，伯震，满洲厢黄人，【戊戌】②。宗主鲍之钟，礼凫，江南丹徒人，己丑。

［试题］行己有耻（君命）。溥博如天（二句）。夫物之不（千万），“橘柚生南国”得“呈”字。

［解元］陈雄思，凤山，海阳。

广西：

---

① 农，《清秘述闻》作“耕”，是。

② 原作“乙未”。

〔试官〕编修刘【种】① 之，莲勺，江南武进人，丙戌。编修罗修源，星来，湖广湘潭人，乙未。

〔试题〕子夏之门（子张）。官盛任使（二句）。文王以民（乐之）。"百榖用成"得"秋"字。

〔解元〕蒋学韩，灵川。

云南：

〔试官〕编修秦潮，端厓，江南无锡人，丙戌。宗主章煦，曜青，浙江仁和②人，壬辰。

〔试题〕舜有天下（二段）。人力所通。农夫岂为（二句）。"指南车"得"周"字。

〔解元〕严烺，存吾，宣良，癸丑，主事。

贵州：

〔试官〕检讨萧九成，韶亭，山东日照人，壬辰。中书潘奕隽③，诚斋，江南吴县人，己丑。

〔试题〕子谓子产（章）。合外内之（句）。管仲以其（二句）。"披沙拣金"得"良"字。

〔解元〕高廷瑶，贵筑。

乾隆五十二年丁未科会试

中式一百□④十□⑤人。灵石何元烺、道生兄弟同登。

〔试官〕刑侍姜晟，光宇，江南元和人，丙戌。内阁王杰，伟人，陕西韩城人，辛巳。阁学瑞保，执桓，满洲厢黄人，乙未。

〔试题〕子路拱之（二句）。君子尊德（三句）。道在迩而（章）。"四时为柄"得"乾"字。

〔会元〕顾钰，式度，无锡，员外。【由庶吉士改主事，升员外，转御史。】

〔鼎甲〕史致光，葆甫，浙江山阴人，知府。【云贵总督、左都御史。】孙星衍，渊如，江苏阳湖人，【编修，散馆改刑部主事，至山东】巡道。董教增，益其，江苏上元人，【由编修改吏部主事，官至】巡抚、【闽浙总督，文恪。】

---

① 原作"环"。光绪五年本校注者亦改为"种"。
② 仁和，《清秘述闻》作"钱塘"。
③ "隽"为"隽"之讹。
④ 原缺。
⑤ 原缺。

乾隆五十三年戊申预行正科乡试

顺天：

[试官] 礼侍①邹奕孝，念乔，江南无锡人，丁丑。礼尚德保，仲容，满洲正白人，丁巳。工侍管幹珍，阳复，江南阳湖人，丙戌。

[试题] 子曰不曰（章）。小德川流（二句）。尧舜之知（二知）。"六艺道德本"得"行"字。

[解元] 赵令家，力园，深州。

江南：

[试官] 兵侍胡高望，豫堂，浙江仁和人，辛巳。检讨②谢振定，芗泉，湖广湘潭③人，庚子。

[试题] 巍巍乎其（二句）。日月星辰（句）。孔子登东（四句）。"圭璋特达"得"真"字。

[解元] 季惇大，严期，泰兴。

江西：

[试官] 理卿赵佑，鹿泉，浙江仁和人，壬申。吏主祥庆，素云，满洲正黄人，癸未。

[试题] 曾子曰十（二句）。使于四方（士矣）。子未学礼（三句）。"桂殿兰宫"得"秋"字。

[解元] 朱光宇，清江。

浙江：

[试官] 祭酒邹炳泰，仲文，江南无锡人，壬辰。鸿少④莫瞻菉，青友，河南卢氏人，壬辰。【莫瞻菉官至兵部侍郎，降太仆寺少卿。】

[试题] 为命裨谌（章）。言其上下（句）。颂其诗读（二句）。"八月枚乘笔"得"秋"字。

[解元] 史上善，山阴。

福建：

[试官] 编修蒋攸铦，砺堂，奉天正黄⑤人，甲辰。阁读张姚成，自东，浙江仁和人，乙未。

[试题] 桓公九合（二句）。尊贤之等。以笃周祜。"海不扬波"得"平"字。

[解元] 韩学秦，龙岩。

---

① 礼侍，《清秘述闻》作"内阁学士"。

② 检讨，《清秘述闻》作"编修"。

③ "湘潭"为"湘乡"之讹。

④ 鸿少，《清秘述闻》作"御史"。

⑤ 奉天正黄，《清秘述闻》作"汉军镶蓝"。

湖北：

[试官] 编修余集，【字蓉裳】，秋室，浙江仁和人，丙戌。【余集本进士归班，召修《四库全书》，改庶吉士，官至侍讲学士。】编修戴均元，恒泰，江西大庾人，乙未。

[试题] 无情者不（二句）。□①有大赉。孙叔敖举（句）。"秋露如珠"得"圆"字。

[解元] 萧镇，石舟，汉阳，己未。

湖南：

[试官] 检讨蔡拱②武，毅当，浙江仁和人，辛丑。刑主潘奕藻，【奕㒞③弟】，思质，江南吴县人，甲辰。

[试题] 夫子圣者（能也）。序爵所以（句）。卿以下必（句）。"行不由径"得"由"字。

[解元] 罗杰，桃源。

河南：

[试官] 编修甘立猷，惟④弼，江西奉新人，庚子。礼外李长森，荫原，江南太湖人，甲辰。

[试题] 子谓子产（句）。唯天下至（能化）。晋人以垂（奇）。"河洛出图书"得"贤"字。

[解元] 孟藻江，鉴堂，汝州。

山东：

[试官] 修撰茹棻，古香，浙江会稽人，甲辰。编修吴鼎雯，璞园，江南光州人。戊戌。

[试题] 君子不以（章）。载华岳而（句）。今夫水搏（在山）。"云开雁路长"得"长"字。

[解元] 隨⑤维烈，毅庵，寿光，丙辰。

山西：

[试官] 编修周兆基，廉堂，湖广江夏人，甲辰。【周兆基官至礼部尚书。】洗马方炜，燮和，江南定远人，壬辰。

[试题] 子谓韶尽（三句）。力行近乎仁。欲知舜与（句）。"桂枝生自直"得"生"字。

[解元] 阎晋镛，文水。

陕西：

---

① 原被挖或涂。光绪五年本同，光绪八年本空白。当为"周"。
② "拱"为"共"之讹。
③ "㒞"为"隽"之讹。
④ 惟，《清秘述闻》作"维"。
⑤ "隨"为"隋"之讹。

〔试官〕学士吴璥，式如，浙江钱唐人，戊戌。检讨张【翮】①，叔举，山东平原人，甲辰。

〔试题〕大哉尧之（句）。人道敏政。人有不为（二句）。"昆山片玉"得"珍"字。

〔解元〕谭淮，咸宁。

四川：

〔试官〕庶子图敏，熙文，满洲厢黄人，壬辰。刑主胡钧璜，东素②，山西交城人，甲辰。

〔试题〕子贡曰诗（节）。今天下车（二句）。圣人治天（四句）。"桂林一枝"得"林"字。

〔解元〕崔永福，石柱，己未。

广东：

〔试官〕庶子茅元铭，耕亭③，江南丹徒人，壬辰。司业纳麟宝，瑞书，满洲正黄人，戊戌。

〔试题〕学诗乎对（以言）。郊社之礼（四句）。圣人治天下。"轮抱玉壶清"得"清"字。

〔解元〕□□④源，嘉应。

广西：

〔试官〕学士平恕，宽夫，浙江山阴人，壬辰。编修温汝适，步容，广东顺德人，甲辰。

〔试题〕骥不称其（章）。得一善则（之矣）。性也有命焉。"月傍九霄多"得"秋"字。

〔解元〕卿祖一，六成，灌阳。

云南：

〔试官〕编修翟槐，公树，江南泾县人，乙未。户主张德懋，九弨，直隶满洲⑤人，戊戌⑥。

〔试题〕民之所好（二句）。多识于鸟（句）。大匠诲人（二句）。"影超群木外"得"花"字。

〔解元〕杨国【棠】，太和。

---

① 原作"翎"。
② 素，《清秘述闻》作"表"。
③ 耕亭，《清秘述闻》作"赓庭"。
④ 原被挖或涂。光绪五年本同，光绪八年本空白。《国朝贡举年表》作"阮"，《清秘述闻》作"梁有"。
⑤ "满洲"为"满城"之讹。
⑥ "戊戌"为"甲辰"之讹。

贵州：

[试官] 检司①德生，厚□②，奉天正黄人，戊戌。□③主李奕畴，【敏第子】，书年，河南夏邑人，庚子。【李奕畴官至漕运总督，降郎中，复赏尚书衔，重赴鹿鸣，重赴琼林，加太子少保。】

[试题] 子夏曰可（句）。朝聘以时。前日之不（四句）。"□中列远□"得"□"字④。

[解元] 张履元，德基，毕节，己酉，检讨。

乾隆五十四年己酉预行正科会试

中式一百□⑤十□⑥人。

[试官] 侍郎铁保，怡□⑦，满洲正黄旗，壬辰。内阁王杰，惺园，陕西韩城人，辛巳。工侍⑧管幹臣，阳复，江南阳湖人，丙戌。

[试题] 点尔何如（之）。溥博如天（句）。苟为不熟（二句）。"草色遥看近却无"得"夫"字。

[会元] 钱楷，洪辰，嘉兴，郎中。【字宗范，一字裴山，二甲一名，由庶吉士改户部主事，官至广西、湖北巡抚，户部、工部侍郎。卒于安徽巡抚。】

[鼎甲] 胡长龄，西庚，江南通州人，祭酒，【尚书】。汪廷珍，玉粲，江苏山阳人，学士，【协办大学士】。刘凤诰，金门，江西萍乡人，阁学。【太子太保，吏部侍郎，降编修。】

乾隆五十四年己酉恩科乡试

本年恭逢皇上八旬万寿，开科。山东主考冯暎⑨榴、云南主考冯集梧兄弟同典试。

顺天：

[试官] 阁学图敏，时泉，满洲厢黄人，壬辰。兵【尚】⑩孙士毅，补山，浙江仁和人，辛巳。工侍邹奕孝，念乔，江南无锡人，丁丑。

---

① 检司，《清秘述闻》作"检讨"。
② 此字模糊。《清人室名别称字号索引》作"垕圃"。
③ 此字模糊。《清秘述闻》作"兵"。
④ 此句有三字模糊。《清秘述闻》作："窗中列远岫"得"晴"字。
⑤ 原缺。
⑥ 原缺。
⑦ 原缺。光绪五年本校注者改"怡"为"冶"，补□为"亭"。
⑧ "待"为"侍"之讹。
⑨ "暎"为"应"之讹。
⑩ 原作"侍"。

［试题］回也闻一（二句）。行而民莫（句）。不得已而（伦也）。"四时殊气"得"阳"字。

［解元］曹斌，宛平。

江南：

［试官］兵□①胡高望，希吕，浙江仁和人，辛巳。吏主贺贤智，虚斋，直隶迁安人，甲辰。

［试题］务民之义（二句）。书同文。夫义路也（所视）。"重与细论文"得"和"字。

［解元］张祖勋，翊庭，吴县。

江西：

［试官］理卿赵佑，启人，浙江仁和人，壬申。编修钱樾，抚棠②，浙江嘉善人，壬辰。

［试题］子曰若圣（句）。送往迎来（三句）。虽蔬食菜（饱也）。"秋风③见寿星"得"南"字。

［解元］陈希曾，集正，新城，癸丑，探花。

浙江：

［试官］副都④窦光鼐，孟调，山东诸城人，壬戌。赞善⑤程昌期，兰翘，江南歙县人，庚子。

［试题］君子矜而（章）。优优大哉（三句）。则有庆庆（二句）。"视履考祥"得"祥"字。

［解元］汪润之，仁和，辛酉，庶常。

福建：

［试官］侍读陈嗣龙，绍元，浙江平湖人，己丑。工外⑥刘青照，乙资，江南阳湖人，庚子。

［试题］敏则有功（二句）。射有似乎（句）。无曲防无（二句）。"柳汁染衣"得"蓝"字。

［解元］郑炯，永泰⑦。

湖北：

---

① 此字模糊难辨。《清秘述闻》作"内阁学士"。
② 抚棠，《清秘述闻》作"籥堂"。
③ 风，《清秘述闻》作"分"，是。
④ 副都，《清秘述闻》作"礼部侍郎"。
⑤ 赞善，《清秘述闻》作"编修"。
⑥ 工外，《清秘述闻》作"工部主事"。
⑦ 永泰，《清秘述闻》作"永春"。

〔试官〕修撰史致光，保①甫，浙江会稽人，丁未。中允恭泰，兰岩，满洲厢黄人，戊戌。

　　〔试题〕诗三百一（章）。君子之所（见乎）。庠者养也（二句）。"膏泽多丰年"得"年"字。

　　〔解元〕吴海，黄安。

湖南：

　　〔试官〕编修②徐鉴，镜秋，奉天厢黄人，庚子。检讨邓再声③，兰溪，贵州普安人，甲辰。

　　〔试题〕里仁为美（章）。日月所照。人有不为（二句）。"秋兰为佩"得"芳"字。

　　〔解元〕陈宏典，长沙。

河南：

　　〔试官〕中允④裴谦，受之，山西阳曲人，壬辰。编修陈万金⑤，轶⑥群，浙江石门人，甲辰。

　　〔试题〕求也退故（四句）。吾学周礼（三句）。则不知足（舞之）。"嵩阳云树伊川月"得"秋"字。

　　〔解元〕周开谟，汜水，己未，庶常。

山东：

　　〔试官〕光卿冯暎⑦榴，星宝，浙江桐乡人，辛巳。编修陈廷庆，兆同，江南奉贤人，辛丑。

　　〔试题〕道千乘之（章）。潜虽伏矣。引而置之（四句）。"壁中闻丝竹"得"声"字。

　　〔解元〕王余菖，福山。

山西：

　　〔试官〕编修秦承业，【大士子】，补之，江南江宁人，辛丑。【秦承业辛丑传胪，入上书房为成皇帝授读。道光初由家居召为司业，仍直上书房。□以□□革职□⑧，寻加侍讲学士衔。戊子正月卒。赠三品卿，□□晋尚书□□□□⑨。】庶子李潢，云门，

---

①　保，《清秘述闻》作"葆"。
②　编修，《清秘述闻》作"检讨"。
③　"声"为"馨"之讹。
④　中允，《清秘述闻》作"编修"。
⑤　金，光绪五年本校注者改为：全。
⑥　轶，《清秘述闻》作"越"。
⑦　"暎"为"应"之讹。
⑧　此处数字模糊难辨。
⑨　此处数字模糊难辨。

湖广钟祥人，辛卯。【李潢字又璜，官至兵部侍郎，降赞善。】

[试题] 举直错错（者直）。旅酬下为（二句）。若火之始（二句）。"二气合景星"得"星"字。

[解元] 赵谦尊，榆次。

陕西：

[试官] 吏外①江潘源，岷雨，江南怀宁人，戊戌。洗马周兴岱，长五，四川涪州人，辛卯。

[试题] 躬自厚而（二句）。来百工也（二句）。丈夫生而（有之）。"决渠为雨"得"歌"字。

[解元] 张绍学，平凉，己未，主事。

四川：

[试官] 编修温汝适，步容，广东顺德人，甲辰。【温汝适官至兵部侍郎。】工外刘若璪，黼庭，湖广长沙人，甲辰。

[试题] 兴于诗立（章）。执其两端（二句）。诗云昼尔（百穀）。"临风舒锦"得"章"字。

[解元] 魏德庸，永川。

广东：

[试官] 刑中金光悌，兰畦，江南英山人，庚子。工主陈学颖，莲石，福建长乐人，乙未。

[试题] 子适卫冉（矣哉）。必得其名（二句）。为天下得（句）。"海隅出日"得"光"字。

[解元] 梁念祖，恩平②。

广西：

[试官] 礼中方维甸，南耦，江南桐城人，庚子③。【方维甸官至闽浙总督，谥勤襄。】编修崔景仪，云客，山西永济人，甲辰。

[试题] 三年学不（章）。舜好问而（二句）。学问之道（二句）。"冷露无声湿桂花"得"香"字。

[解元] 秦树松，巨川，阳朔。

云南：

[试官] 编修冯集梧，【浩子】，鹭庭，浙江桐乡人，辛丑。中书刘锡五，受兹，山西介休人，辛丑。

[试题] 我非生而（章）。书同文（二句）。姓所同也（二句）。"兰泽多芳草"得

---

① 吏外，《清秘述闻》作"吏部郎中"。
② 恩平，《清秘述闻》作"嘉应"。
③ "庚子"为"辛丑"之讹。

"心"字。

　　［解元］张藻，宁州。

　　贵州：

　　［试官］庶子①萨彬图，天石，满洲厢白人，庚子。兵外②王锟，振伯，江南吴县人，戊戌。

　　［试题］亦足以发。譬如登高。善教得民心。"桂生高岭"得"香"字。

　　［解元］包锦荣，贵阳。

乾隆五十五年庚戌恩科会试

　　中式一百□③十□④人。【是科朱文正主会试，本欲取洪亮吉为第一，初得一卷，有驳策问数条，以为是矣，置第一。既得一卷，有用古文奇字者，又以为洪也，乃置第一，而以驳策问者置第六。及拆号，则第一为朱文翰，第六为李赓芸，而洪名在第二十六也。殿试洪卷已屏十名外矣，阿文成读卷，独赏其字无馆阁习气，拔置第一进呈，上改为第二。】

　　［试官］吏侍朱珪，石君，顺天大兴人，戊辰。内阁王杰，伟人，陕西韩城人，辛巳。工侍⑤邹奕孝，念乔，江南无锡人，丁丑。

　　［试题］皆自明也。君命召不（二句）。使数人要（于朝）。"老当益壮"得"方"字。

　　［会元］朱文翰，屏兹，歙县，主事。

　　［鼎甲］石韫玉，执如，江苏吴县人，【按察使】。洪亮吉，穉存，江苏阳湖人，【编修】。王宗诚，【懿修子】，中孚，安徽青阳人，侍郎，【尚书】。

乾隆五十七年壬子科乡试

　　顺天：

　　［试官］刑侍王昶，琴德，江南青浦人，甲戌。吏尚刘墉，崇如，山东诸城人，辛未。阁学⑥瑚图礼，景南，满洲正白人，丁未。【案：瑚图礼官此作阁学，《清秘述闻》作祭酒，而《王述庵年谱》作詹事。】

　　［试题］大学之道。邦君之妻（章）。公都子不（句）。"爽气澄兰沼"得"心"字。

---

① 庶子，《清秘述闻》作"户部员外郎"。
② 兵外，《清秘述闻》作"兵部郎中"。
③ 原缺。
④ 原缺。
⑤ 工侍，《清秘述闻》作"内阁学士"。
⑥ 阁学，《清秘述闻》作"祭酒"。

［解元］聂亮采，行唐。

江南：

［试官］礼侍铁保，模庵，满洲正黄人，壬辰。阁学李潢，又璜，湖广钟祥人，辛卯。

［试题］舜有臣五（二节）。父母其顺（句）。无曲防无（三句）。"天影落江虚"得"虚"字。

［解元］陈宏①绪，尔安，六合。

江西：

［试官］工侍吴省钦，冲之，江南南汇人，癸未。御史王天禄，乙斋，顺天大兴人，戊戌。

［试题］朝与下大（节）。譬如行远（二句）。君子平其（济之）。"掷地金石声"得"心"字。

［解元］刘绂，彭泽。

浙江：

［试官］吏侍金士松，亭立，江南吴江人，庚辰。侍讲曹振镛，【文埴子】，怿嘉，江南歙县人，辛丑。

［试题］君子易事（器之）。悠久所以（句）。文王以民（灵沼）。"五经为众说郛"得"含"字。

［解元］傅德临，咸九，山阴。

福建：

［试官］修撰石韫玉，执如，江南吴县人，庚辰②。编修③蒋师爚，东桥，浙江钱唐人，戊戌④。

［试题］尧舜帅天（句）。将命者出（二句）。我亦欲正（圣者）。"镜转桂岩月"得"怡"字。

［解元］吴宏谟，南安。

湖北：

［试官］编修王锡奎，文一，江南华亭人，甲辰。刑外范鏊，【叔度】，摄生，顺天大兴人，庚子。【范鏊本以军机章京，由郎中补御史，□□⑤庚戌正月，偕同直军机、吏部主事张师诚在紫光阁监放外藩赏物，不俟大学士和珅到，先散讫，被参，降主事，

---

① 宏，《清秘述闻》作"洪"。
② "庚辰"为"庚戌"之讹。
③ 编修，《清秘述闻》作"兵部主事"。
④ "戊戌"为"庚子"之讹。
⑤ 此二字模糊难辨，似系影印问题。

拔去花翎。三月，仍充会试同考官。是年主试湖北。癸丑再以刑部员外郎充会试同考官，甲寅以刑部郎中主加四川试，乙卯复以刑部郎中充会试同考官，是秋任湖南学政。□①官光禄寺卿。嘉庆四年，和珅事败，罢归。张师诚字心友，号兰渚，浙江归安人。以生员召试一等，赐举人、中书，升主事，为和珅所劾，仍降中书，出军机处。三月会试，即成进士。朝考、散馆皆第一，授编修。甲寅考试差复第一，充乙卯会试同考官。其先散赏物，张为之也，故□②与和珅忤。仁宗亲政，遂被知遇，由知府历擢江西、福建、江苏、安徽、山西巡抚。道光时以仓场侍郎告病归，卒。子应昌，字仲甫，嘉庆庚午举人，内阁中书，同治庚午重宴鹿鸣；孙兴仁，道光□③翰林、御史、知府。顺德李学士文田之乡试座师也。】

[试题] 质胜文则（彬彬）。辟如行远（二句）。以笃周祜（四句）。"中峰倚红日"得"仙"字。

[解元] 萧林，汉阳。

湖南：

[试官] 修撰戴衢亨，莲生，江西大庚人，戊戌。编修缪晋，省薇，江南江阴人，乙未。

[试题] 舜有臣五（节）。道并行而（句）。大匠诲人（章）。"洞庭张乐"得"心"字。

[解元] 蒋湘墉，湘乡。

河南：

[试官] 赞善④关槐，桂⑤生，浙江仁和人，庚子。编修邱庭潍⑥，芷房，顺天宛平人，壬辰。⑦

[试题] 其在宗庙（节）。一卷石之多。为我作君（二句）。"轮抱玉壶清"得"圆"字。

[解元] 陈槑本，商邱。

山东：

[试官] 礼侍刘跃云，青垣，江南武进人，丙戌。编修吴廷选，夒韶，江南荆溪人，甲辰。

[试题] 子路无宿诺。万物覆焉。非所以内（三句）。"泰山不让土壤"得"成"字。

---

① 此字模糊难辨。
② 此字模糊难辨。
③ 此字模糊难辨。
④ 赞善，《清秘述闻》作"侍讲"。
⑤ 桂，《清秘述闻》作"柱"。
⑥ 此处似有李慈铭注，模糊难辨。
⑦ 副主考，《清秘述闻》作："刑部员外郎章煦字曜青，浙江钱塘人，壬辰进士。"是。

［解元］徐暲，恩县。

山西：

［试官］洗马文宁，芝厓，满洲正红人，甲辰。刑郎章煦，桐门，浙江仁和人，壬辰。①

［试题］其为仁矣（其身）。射有似乎（句）。昼尔于茅（乘屋）。"举实为秋"得"秋"字。

［解元］任质淳，平定。

陕西：

［试官］编修施保②，鲤门，顺天大兴人，己酉。学士罗修源，星来，湖广湘潭人，乙未。

［试题］康诰曰如（句）。君召使摈。如七十子（不服）。"观经鸿都"得"观"字。

［解元］淡士涛，慕山，大荔，己未，庶常。

四川：

［试官］宗主吴树萱，少黼，江南吴县人，庚子。刑主③焦和生，锦初，奉天盖平人，甲辰。

［试题］非礼勿视（四句）。伐柯伐柯（三句）。舜发于畎（节）。"灵涛桃枝"得"巴"字。

［解元］张问彤，受之，遂宁。

广东：

［试官］兵给初彭龄，【号颐园】，绍祖，山东莱阳人，庚子。【初彭龄官至兵部尚书，降内阁学士，寻以侍读、侍讲降补，未几革职，复授刑部员外郎。道光初加礼部侍郎衔，复授礼部右侍郎，升工部尚书。五年七月卒。】御史邵自昌，【号楚帆】，蕃孙，顺天大兴人，戊戌。【邵自昌本浙江余姚人，庚曾从叔，官至左都御史。】

［试题］临之以庄（三句）。能尽其性。梓匠轮舆（章）。"鸿毛遇顺风"得"贤"字。

［解元］宋湘，嘉应，己未。

广西：

［试官］赞善程昌期，阶平，江南歙县人，庚子。吏主康纶钧，梦云，山西兴县人，丁未。

［试题］其行己也恭。父母其顺（句）。君子之言（存焉）。"胸中列远岫"得"青"字。

［解元］朱桓，觐玉，临桂，癸丑，检讨。

---

① 副主考，《清秘述闻》作："编修邱庭滋，字叔大，顺天宛平人，壬辰进士。"是。

② 保，光绪五年本校注者补：一作"杓"。

③ 刑主，《清秘述闻》作"刑部员外郎"。

1240

云南：

[试官] 编修王宗诚，中孚，江南青阳人，庚戌。检讨张鹏展，从中，广西上林人，己酉。

[试题] 礼云礼云（章）。尊其位重（二句）。子产听郑（章）。"秋月如圭"得"秋"字。

[解元] 梅雨，陆凉。

贵州：

[试官] 编修蒋攸铦，颖芳，奉天厢蓝人，甲辰。检讨钱开仕，【陈群孙】，漆林，浙江嘉兴人，己酉。

[试题] 子路问政（劳之）。其言足以兴。君子引而（四句）。"山川出云"得"连"字。

[解元] 王金，遵义。

乾隆五十八年癸丑科会试

中式一百□①十□②人。是科五经并试，永著为令。【传胪陈秋水，浙江会稽人，以不往见和珅，用内阁中书，不入翰林。】

[试官] 礼侍铁保，冶亭，满洲正黄人，壬辰。吏尚刘墉，石庵，山东诸城人，辛未。工侍吴省钦，【白华】，江南南汇人，癸未。

[试题] 古者民有（二句）。或生而知（三句）。孔子曰操（三句）。"繁林翳荟"得"贤"字。

[会元] 吴贻咏，惠连，桐城，【庶吉士改】主事，【年已六十馀】。

[鼎甲] 潘世恩，槐堂，江苏吴县人，阁学，【太傅，大学士，文恭】。陈云，远雯，顺天宛平人，【编修，改吏部主事，历员外郎、安徽知府】。陈希曾，钟溪，江西新城人，庶子，【侍郎】。

乾隆五十九年甲寅恩科乡试

顺天主考玉保，山东主考铁保兄弟同典试。

顺天：

[试官] 兵侍玉保，【铁保弟】，阆峰，满洲正黄人，辛丑。左都窦光鼐，元调，山东诸城人，壬戌。副都方维甸，南耦，江南桐城人，庚子。

[试题] 周有八士（章）。诗云相在（句）。以不忍人（句）。"清露滴荷珠"得

---

① 原缺。

② 原缺。

"宜"字。

［解元］黄昆①望，耀寰，大兴，丙辰。

江南：

［试官］阁学瑚图礼，和庵，满洲正厢②人，丁未。编修顾德庆，厚斋③，山西阳曲人，己酉。【顾德庆祖籍浙江山阴，官至左都御史。道光壬午京察降兵部左侍郎，后调工部右侍郎。丙戌八月，以病免。】

［试题］公西华曰（二段）。执其两端（二句）。如七十子（句）。"披榛採兰"得"芳"字。

［解元］陆仁虎，啸厓，常熟，训导。

江西：

［试官］礼侍刘跃云，伏先，江南武进人，丙戌。编修钱栻，希南，浙江仁和人，戊戌。

［试题］樊迟未达（迟退）。信乎朋友（三句）。上农夫食（五句）。"结蘲圆时足"得"林"字。

［解元］邹家燮，乐平，辛酉，探花。

浙江：

［试官］工侍吴省钦，冲之，江南南汇人，癸未。编修戴均元，【第元弟】，可亭，江南大庚人，乙未。

［试题］夫子之墙（四句）。纯亦不已。曰以追蠡（力与）。"共登青云梯"得"登"字。

［解元］汤金钊，敦甫，钱唐④，己未，侍郎。

福建：

［试官］赞善程昌期，阶平，江南歙县人，庚子。侍讲关槐，曙笙，浙江仁和人，庚子。

［试题］贤者识其（三句）。郊社之礼。禹疏九河（二句）。"云霞冠秋岭"得"秋"字。

［解元］杨惠元⑤，闽县⑥。

湖北：

［试官］阁学周兴岱，冠山，四川涪州人，辛卯。中书齐嘉绍，衣山⑦，直隶天津

---

① "昆"为"焜"之讹。
② 正厢，《清秘述闻》作"正白"。
③ 斋，《清秘述闻》作"载"。
④ 钱唐，《清秘述闻》作"萧山"。
⑤ 光绪五年本校注者补：蓉峰。
⑥ 光绪五年本校注者补：辛酉，庶常。
⑦ 山，《清秘述闻》、《枢垣记略》作"闻"。

人，庚戌。

[试题] 君子怀德（章）。喜怒哀乐（句）。巨屦小屦（二句）。"荆门倒屈宋"得"章"字。

[解元] 王烜，沔阳。

湖南：

[试官] 编修李如筼，介夫，江西大庾人，丁未。户主谈祖绶，紫垂，浙江德清人，丁未。

[试题] 因民之所（二句）。执柯以伐柯。周公之封（节）。"明湖涨秋月"得"秋"字。

[解元] 谭景韩，衡阳，丙辰。

河南：

[试官] 吏给李桼，文轫，江南长洲人，壬辰。刑外①项家达，仲兼，江西星子人，辛卯。

[试题] 工欲善其（二句）。体群臣则（二句）。晋国亦仕（句）。"查客至斗牛"得"秋"字。

[解元] 程国仁，【济堂】②，商③城，己未，【二甲一名】，编修，【官至山东巡抚】。

山东：

[试官] 礼侍铁保，冶亭，满洲正黄人，壬辰。编修陈万青，湘南，浙江石门人，辛丑。

[试题] 贤者识其（三句）。莫不尊亲。颂其诗读（四句）。"湖虚先受月"得"秋"字。

[解元] 孙珏，临清，乙未④。

山西：

[试官] 编修朱理，爕臣，江南泾县人，丁未。礼主卢荫【溥】⑤，【字霖生】，南石，山东德州人，辛丑。【卢荫溥为两淮运使见曾之孙。辛丑翰林，辛亥大考翰詹二等前列。特旨改主事，直军机。董教增亦以编修改吏部主事，同直军机。上欲其历练政事，盖异数也。】

[试题] 因民之所（一段）。尊贤则不惑。若曾子则（二句）。"西山爽气"得"晴"字。

---

① 刑外，《清秘述闻》作"刑部郎中"。
② 光绪五年本校注者亦补：济堂。
③ "商"为"商"之讹。
④ "乙未"为"乙卯"之讹。
⑤ 原作"蒲"。光绪五年本校注者亦改为"溥"。

［解元］贾履道①，太平，己未。

陕西：

［试官］编修蒋攸铦，颖芳，奉天厢蓝人，甲辰。检讨钱开仕，补之，浙江嘉兴人，己酉。

［试题］惟仁者能（章）。郊社之礼。吾闻观近（二句）。"秋月照寒水"得"清"字。

［解元］孟斗南，泾阳。

四川：

［试官］刑外范鏊，叔度，顺天大兴人，庚子。中允余集，蓉裳，浙江仁和人，丙戌。

［试题］乐道人之（二句）。及其成功（一也）。夫仁亦在（句）。"赏月延秋桂"得"秋②"字。

［解元］黄多益，绵竹。

广东：

［试官］刑外③胡克家，果泉，江西鄱阳人，庚子。□□④钱棨，湘舲，江南长洲人，辛丑。

［试题］居是邦也（三句）。王天下有（句）。观水有术（二句）。"云霞出海曙"得"东"字。

［解元］叶钧，嘉应。

广西：

［试官］御史李长森，学濂，江南太湖人，甲辰。刑主亮保，金台，满洲正黄⑤人，辛丑。

［试题］樊迟从游（哉问）。诗云相在（二句）。他日由邹（季子）。"秋日悬清光"得"清"字。

［解元］唐维锡，临桂，乙卯。

云南：

［试官］刑主冯兆峋，湖岩，山西代州人，庚子。编修陈希曾，钟溪，江西新城人，癸丑。

［试题］躬自厚而（句）。是以声名（中国）。皆曰天下（句）。"五经无双"得"通"字。

［解元］那文凤，昆明。

---

① "道"为"中"之讹。
② 秋，《清秘述闻》作"延"。
③ 刑外，《清秘述闻》作"刑部郎中"。
④ 原缺。《清秘述闻》作"修撰"。
⑤ 正黄，《清秘述闻》作"镶白"。

贵州：

［试官］洗马文宁，蔚其，满洲正红人，甲辰。检讨，张翺，叔举，山东平原人，甲辰。

［试题］如有所立（句）。诗云相在（句）。禹之声尚（言之）。"业精于勤"得"精"字。

［解元］黄鹤，鸣皋，清镇。

乾隆六十年乙卯恩科会试

中式一百□①十□②人。会元王以铻即状元以衔胞弟。【磨勘停殿试四科，后仍入翰林，未散馆卒。嘉庆辛酉自庶吉馆归班，诏仍□③庶。】【是科王以铻第一，王以衔第二，一、二连名皆浙卷，为故事所无，窦左都力持不肎易，卒以被议，窦降四品衔休致，刘、瑚皆四降品官候补，同考官卢文肃荫溥时官礼部主事，亦降调。及殿试，和珅止取八卷进呈，言无佳卷，不足十本之数，欲以激上怒也。拆卷，则王以衔第一。高宗顾谓诸大臣曰："此天也。"由是物议得息。卢旋复官，是秋以礼部主事任河南学政，瑚图礼以候补四品官任山西学政。又，是科榜后别派大臣覆阅落卷，取萧山傅淦、天津徐炘、山西李端三卷进呈，俱授内阁中书。傅旋入军机，早卒。徐官至布政使。李成嘉庆己未进士，入翰林。】

［试官］礼侍刘跃云，青垣，江南武进人，丙戌。左都窦光鼐，东皋，山东诸城人，壬戌。兵侍④瑚图礼，和庵，满洲正白人，丁未。

［试题］民之所好（二句）。柴也愚参（章）。齐人曰所（知也）。"闰月定四时"得"和"字。

［会元］王以铻，宝华，归安，【庶常】。

［鼎甲］王以衔，凤丹，浙江归安人，【礼部侍郎】。莫晋，锡三，浙江会稽人，学士，【仓场侍郎，降内阁学士】。潘世璜，黼堂，江苏吴县人，【主事】。【是科翰林连鼎甲止□⑤十八人。世璜及传胪和州□⑥廷桂散馆皆改主事。】

乾隆六十年乙卯恩科乡试

顺天同榜三鼎甲：顾皋，辛酉状元；苏兆登、王引之，己未榜眼、探花。

---

① 原缺。
② 原缺。
③ 此字模糊难辨。
④ 兵侍，《清秘述闻》作"内阁学士"。
⑤ 似为影印脱漏。
⑥ 似为影印脱漏。当作"陈"。

顺天：

[试官] 兵侍玉保，德符，满洲正黄人，辛丑。工尚彭元瑞，芸楣，江西南昌人，丁丑。阁学邹炳泰，晓屏，江南无锡人，壬辰。

[试题] 巧言令色（矣仁）。子庶民则（句）。不仁者可（句）。"形端表正"得"心"字。

[解元] 王廷溍，大兴①。

江南：

[试官] 礼侍刘权之，云房，湖广长沙人，庚辰。编修钱福胙，【陈群孙，开仕弟】，锡嘉，浙江嘉兴人，庚戌。【钱福胙兄豫章，字培生，乾隆丁未进士，是科以户部主事为顺天同考官，历升郎中。福胙后升侍讲学士、福建学政，卒于任。子仪吉，字衎石，号新梧，嘉庆戊辰进士，由户部郎中改御史，学者称心壶先生。】

[试题] 从之纯如（四句）。旅酬下为上。周人百亩（彻也）。"岭衔霁月桂"得"秋"字。

[解元] 李宾，建平。

江西：

[试官] 吏侍金士松，听涛，江南吴江人，庚辰。赞善钱樾，黼堂，浙江嘉善人，壬辰。

[试题] 敏则有功（二句）。合外内之（二句）。一人虽听（之矣）。"举实为秋"得"为"字。

[解元] 黄旭，南城。

浙江：

[试官] 工侍吴省钦，冲之，江南南汇人，癸未。编修洪梧，【朴弟】，桐生，江南歙县人，庚戌。

[试题] 利与命与仁。官盛任使。方里而井（二句）。"飞流界道"得"台"字。

[解元] 林敷英，永嘉。

福建：

[试官] 侍读陈崇本，伯恭，河南商邱人，乙未。学士吴树本，楚颂，江南娄县人，辛卯。

[试题] 乘殷之辂（二句）。地道敏树（卢也）。廛无夫里（句）。"南中荣橘柚"得"霜"字。

[解元] 龚正调，邵武，壬戌。

湖北：

[试官] 刑侍谭尚忠，荟亭，江西南丰人，辛未。户外李肖筠，松友，江西鄱阳人。

---

① 大兴，《清秘述闻》作"通州"。

［试题］巍巍乎惟（则之）。得一善则（服膺）。圣人先得（然耳）。"月涌大江流"得"流①"字。

［解元］李之渤，武昌。

湖南：

［试官］御史宋澍，沛清，山东兰山人，辛丑。户主童②守勋，葆塘，江南清河人，丁未。

［试题］颜渊问为（韶舞）。有弗学学（四句）。岁十一月（二句）。"江汉朝宗于海"得"同"字。

［解元］杨丕树，武陵。

河南：

［试官］编修蒋攸铦，砺堂，奉天正黄③人，甲辰。户主周锷，廉若，湖广长沙人，丁未。

［试题］子罕言利（章）。君子素其（二句）。陈良之徒（之滕）。"百川灌河"得"川"字。

［解元］周肃雍，济源。

山东：

［试官］仆卿施朝幹，铁如，江南仪征人，癸未。编修李骥元，【调元弟】，凫塘，四川绵竹人，甲辰。

［试题］不曰坚乎（四句）。来百工则（句）。能言距杨（句）。"圆柄方凿"得"同"字。

［解元］李方翀，海阳。

山西：

［试官］中书齐嘉绍，衣山④，直隶天津人，庚戌。吏主薛淇，应霖，江南江阴人，丁未。

［试题］以约失之（章）。车同轨书（二句）。御者且羞（句）。"桂生高岭"得"贞"字。

［解元］黄茂，夏县，壬戌。

陕西：

［试官］学士罗修源，碧泉，湖广湘潭人，乙未。刑主朱文翰，屏兹，江南歙县人，庚戌。

［试题］令尹子文（何如）。其为物不贰。金重于羽（钩金）。"仙人掌上雨初晴"

---

① 流，《清秘述闻》作"秋"。
② "童"为"章"之讹。
③ 正黄，《清秘述闻》作"镶蓝"。
④ 山，《清秘述闻》作"闻"。

得"晴"字。

［解元］何承仙①，武威。

四川：

［试官］刑中项家达，豫堂，江西星子人，辛卯。编修王宗诚，莲府，江南青阳人，庚戌。

［试题］如有博施（仁乎）。德为圣人。交得见于（于门）。"栈道连云"得"平"字。

［解元］陈嬗，扨庵，简州。

广东：

［试官］编修陈万青，远山，浙江石门人，辛丑。刑主言朝标，皋云，江南常熟人，己酉。

［试题］固天纵之（二句）。时使薄敛（二句）。听其言也（三句）。"攀桂仰天高"得"香"字。

［解元］邱作霖，大埔。

广西：

［试官］兵中周元鼎，象九，陕西三原人，辛卯。编修缪晋，申甫，江南江阴人，乙未。

［试题］乐道人之（二句）。朝聘以时（二句）。孔子尝为（四句）。"小山丛桂"得"山"字。

［解元］邹永阶②，临桂。

云南：

［试官］检讨张翱，叔举，山东平原人，甲辰。检讨万承风，卜东，江西宁州人，辛丑。【万承风入直上书房，授成皇帝读。官至兵部侍郎，道光初赠礼部尚书，谥文恪。】

［试题］执御乎执（二句）。君子之道（庶民）。是求有益（句）。"多文为富"得"文"字。

［解元］赵蕖，晋宁，壬戌。

贵州：

［试官］编修陈希曾，巢③正，江西新城人，癸丑。编修吴烜，旭临，河南固始人，丁未。【吴烜官至吏部左侍郎，以□□□④事革职，复至礼部右侍郎。时其子其彦为兵部左侍郎，道光元年烜以病免，其彦即请解任归，士林□⑤之。】

---

① 仙，《清秘述闻》作"先"。
② 阶，《清秘述闻》作"堦"。
③ 巢，《清秘述闻》作"集"。
④ 此三字模糊难辨。
⑤ 此字模糊难辨。

［试题］骥不称其（章）。宝藏兴焉。贤于尧舜（句）。"葵心向日"得"葵"字。

［解元］费涵，巨川，石阡。

国朝贡举考略卷三

怀宁黄崇兰先生辑

泾县赵学曾续编

嘉庆元年丙辰恩科会试

中式一百□①十□②人，南昌许庭椿、庭楷兄弟同登。

［试官］左都金士松，亭立，江南吴江人，庚辰。礼尚纪昀，晓岚，直隶献县人，甲戌。兵侍李潢，云门，湖北钟祥人，辛卯。

［试题］虽曰未学（二句）。莫见乎隐（二句）。不愆不忘（二句）。"春雨如膏"得"稀"字。

［会元］袁槐，斗槐，德清。

［鼎甲］赵文楷，【一字介山】，逸书，江南太湖人，【山西雁平道】。汪守和，凯南，江西乐平人，【礼部尚书】。帅承瀛，士登，湖北黄梅人，【浙江、江苏巡抚】。

嘉庆三年戊午科乡试

顺天：

［试官］吏侍赵佑，鹿泉，浙江仁和人，壬申。户侍③沈初，云椒，浙江平湖人，癸未。礼侍铁保，冶亭，满洲正黄人，壬辰。

［试题］曾子曰吾（吾身）。是故君子（下平）。然则饮食（外也）。"八月剥枣"得"时"字。

［解元］丁煦，大兴。

江南：

［试官］阁学平恕，宽夫，浙江山阴人，壬辰。检讨万承风，卜东，江西宁州人，辛丑。

［试题］如斯而已（百姓）。上律天时（二句）。无以。"晓策六鳌"得"诗"字。

---

① 原缺。

② 原缺。

③ 户侍，《清秘述闻》作"户部尚书"。

［解元］黄承吉，江都①。

江西：

［试官］常卿童凤三，□②冈，浙江山阴人，庚辰。中书徐志晋，珊仲，浙江武康人，庚子。

［试题］兴于诗立（章）。可以□③天（句）。同养公田（人也）。"山川出云"得"先"字。

［解元］黄钟奏，金溪。

浙江：

［试官］工侍吴省兰，泉之，江南南汇人，戊戌。编修蒋祥墀，盈阶，湖北天门人，庚戌。

［试题］周因于殷（段）。燕毛所以（句）。欲得不屑（节）。"桂馨一山"得"颜"字。

［解元］张廷济，【叔未】④，嘉兴。

福建：

［试官］侍读莫晋，锡三，浙江会稽人，乙卯。编修辛从益，谦受，江西万载人，庚戌。

［试题］唐虞之际（句）。陈其宗器。周室班爵（句）。"圣言如水火"得"醇"字。

［解元］郑兼才，德化。

湖北：

［试官］少詹曹振镛，怿嘉，江南歙县人，辛丑。中书邵瑛，瑶圃，浙江余姚人，甲辰。

［试题］事其大夫（二句）。故君子以（句）。孟子曰人（有为）。"桂枝生自直"得"香"字。

［解元］黄道衷，凝斋。

湖南：

［试官］编修钱福胙，嘉锡，浙江嘉兴人，庚戌。刑外伊秉绶，墨卿，福建宁化人，己酉。

［试题］文之以礼乐。日省月试（工也）。诗曰不素（何也）。"潭心晓镜⑤平"得"泉"字。

［解元］彭琰。

---

① 光绪五年本校注者补：春谷。
② 此字模糊难辨，疑为"梧"。
③ 原被挖或涂。诸本同。当为"赞"。
④ 光绪五年本校注者亦补：叔未。又补：叔未于道光十六年丙申，年六十九，好古之士也。
⑤ 镜，《清秘述闻》作"鉴"，是。

河南：

[试官] 刑外朱文翰，屏兹，江南歙县人，庚戌。户主汤藩，价人，江西南丰人，丁未。

[试题] 仰之弥高（四句）。执柯以伐（为远）。性也有命焉。"岁有四秋"得"勤"字。

[解元] 余作新，信阳。

山东：

[试官] 祭酒胡长龄，西庚，江苏通州人，己酉。中书曹惠华，【秀先从子】，山甫，江西新建人，乙卯。

[试题] 子谓卫公（章）。及其成功（句）。百里奚虞（奇谏）。"一览众山小"得"东"字。

[解元] 郝茂榕，章邱。

山西：

[试官] 中允祝曾，绍宗，河南固始人，庚戌。刑主戴敦元，士旋，浙江开化人，癸丑。

[试题] 兴于诗立（章）。远之则有望。晋人以垂（句）。"秋光凝翠岭"得"秋"字。

[解元] 马钟宛，解州。

陕西：

[试官] 编修王宗诚，中孚，安徽青阳人，庚戌。刑主王祖武，绳其，江南吴江人，丁未。

[试题] 选于众举（伊尹）。官盛任使。耕者九一（二句）。"蒹葭秋水"得"方"字。

[解元] 王晋墀，会宁。

四川：

[试官] 户外钱楷，【陈群从曾孙】，宗范，浙江嘉兴人，己酉。户外①乔远焕，笔珊，湖北孝感人，庚戌。

[试题] 其养民也（二句）。诚之者择（句）。有人于此（患矣）。"词源倒流三峡水"得"流"字。

[解元] 廖家骕。

广东：

[试官] 编修吴烜，旭临，河南固始人，丁未。中书赵良霭，肖岩，江南泾县人，乙卯。

[试题] 此之谓絜（句）。上如揖下（三句）。及其闻一（二句）。"巨海犹萦带"

---

① 户外，《清秘述闻》作"户部主事"。

得"萦"字。

[解元] 李汝谦，嘉应。

广西：

[试官] 郎中吴树萱，寿庭，江南吴县人，庚子。编修朱绂，辑五，江西新建人，壬辰。

[试题] 子曰于止（句）。近之则不（二句）。子产曰得（伪焉）。"桂岭环城如雁荡"得"环"字。

[解元] 黄体正，桂平。

云南：

[试官] 学士钱棨，湘舲，江南长洲人，辛丑。刑主陈廷桂，梦湖，江南和州人，乙卯。

[试题] 民可使由（章）。舟车所至。五谷者种（不熟）。"花被草木"得"方"字。

[解元] 吴联珠，元江。

贵州：

[试官] 侍读王绶，介堂，顺天大兴人，辛丑。户主张大维，地山，湖北江夏人，丙辰。

[试题] 子路问事（章）。得一善则（句）。仁者无不（为务）。"梦笔生花"得"花"字。

[解元] 黄燮，理廷，安平，己未，主事。

嘉庆四年己未科会试

中式一百□①十□②人。【是科朱、阮二公主试，得士之盛，为前后所未有。如鼎甲则姚、王二公，庶吉士则闽县陈寿祺、阳湖张惠言、武威张澍、全椒吴鼐、歙鲍桂星、萧山汤金钊、通州白镕，主事则栖霞郝懿行、绩溪胡秉虔、德清许宗彦、南海吴荣光，知县则桐城马宗梿，皆以博学知名。王、陈、张、郝四□③尤为国朝儒林巨擘。】【是科同考官少詹事英和，侍读学士陈万全，侍讲学士李钧简、潘世恩，侍读吴廷选，修撰赵文楷，编修初乔龄，检讨张翱、汪滋晼、赵未彤，御史萧芝、章煦、徐如澍、汪镛，郎中金光悌，员外郎吴树萱、倪思淳、方维甸。】

[试官] 户侍阮元，芸台，江南仪征人，己酉。吏尚朱珪，石君，顺天大兴人，戊

辰。左都刘权之，云房，湖南长沙人，庚辰。阁学文宁①，蔚其，满洲正红人，甲辰。

[试题] 是故君子（失之）。曾子曰慎（章）。孟子曰尽（天矣）。"鸣鸠拂其羽"得"鸣"字。

[会元] 史致俨，望之，江都，【刑部尚书】。

[鼎甲] 姚文田，【本名加畲，以字行】，秋农，浙江归安人，【礼部尚书，文僖】。苏兆登，宴林，山东霑化人，【编修改户部主事，历升郎中、陕甘学政，至兵备道、按察使。】王引之，【一字曼卿，伯申】，江南高邮人，【礼部尚书，文简】。

嘉庆五年庚申恩科乡试

顺天：

[试官] 侍郎英和，【绰络氏②，德保子】，树琴，满洲正白人，癸丑。【英和官至吏部尚书、军机大臣，调户部，后以事退出军机。道光二年协办大学士。】吏尚③刘权之，德兴，湖南长沙人，庚戌④。侍郎⑤陈嗣龙，绍元，浙江平湖人，己丑。

[试题] 大哉尧之（节）。天命之谓（节）。大舜有大（节）。"师克在和"得"哦"字。

[解元] 张葆，大兴。

江南：

[试官] 侍郎陈万全，越群，浙江石门人，甲辰。检讨何学林，昌森，贵州开州人，癸丑。

[试题] 述而不作（章）。序爵所以（二句）。景公说大（之乐）。"江南江北青山多"得"秋"字。

[解元] 崔瑄⑥，荆溪。

江西：

[试官] 礼侍⑦李钧简，秉和，湖北黄冈人，己酉。编修王麟书，仲文，顺天大兴人，癸丑。

[试题] 老者安之（三句）。设其裳衣（二句）。尧舜性者也。"众星罗秋之"得"文"字。

[解元] 关敏文。

---

① 宁，《清秘述闻》作"幹"。俊案："文宁"改名"文幹"。
② 当作"索绰络氏"。
③ 吏尚，《清秘述闻续》作"左都御史"。
④ 庚戌，《清秘述闻续》作"庚辰"。
⑤ 侍郎，《清秘述闻续》作"副都御史"。
⑥ 瑄，《清秘述闻续》作"暄"。
⑦ 礼侍，《清秘述闻续》作"内阁学士"。

浙江：

［试官］侍郎曹城，仲宣，江南歙县人，辛卯。编修黄因琏，东秀，江西新城人，乙卯。

［试题］昔者先王（臣也）。使天下之（左右）。不知足而（篑也）。"陈言务去"得"难①"字。

［解元］崔懋炯。

福建：

［试官］学士李宗瀚，北溟，江西临川人，癸丑。编修沈乐善，同人，直隶天津人，乙丑②。

［试题］此之谓絜③（句）。子曰臧武（于鲁）。庠者养也（射也）。"海城台阁似蓬莱"得"城"字。

［解元］张光浩，少孟，霞浦。

湖北：

［试官］学士刘凤诰，丞牧，江西萍乡人，己酉。编修黄崑望，仲民，顺天大兴人，丙辰。

［试题］古之欲明（句）。桓公九合（二句）。王曰无畏（姓也）。"黄鹤西楼月"得"秋"字。

［解元］郑永沆。

湖南：

［试官］编修陆以庄，沇康，浙江萧山人，丙辰。中书赵佩湘，芸浦，江苏丹徒人，癸丑。

［试题］舜有天下（远矣）。夫焉有所倚。土地辟田（有庆）。"八月湖水平"得"观"字。

［解元］蒋惠舒④。

河南：

［试官］御史萧广运，省斋，湖北黄陂人，己丑。中书董彩凤，怡园，陕西洛川人，丙辰。

［试题］人之有技（容之）。譬之宫墙（及肩）。强恕而行（近焉）。"秋稼如云"得"成"字。

［解元］高恒培。

山东：

---

① 难，《清秘述闻续》作"韩"。
② 丑，光绪五年本校注者改为：卯。
③ 絜，《国朝贡举年表》、《清秘述闻续》作"民"。
④ 蒋惠舒，《清秘述闻续》作"蒋舒惠"。

［试官］副都①恩普，雨堂②，满洲厢蓝人，庚戌。员外焦以厚，载之，江苏江宁人，丁未。

［试题］子夏之门（别矣）③。忠信重禄（姓也）。人有不为（有为）。"卖剑买牛"得"田"字。

［解元］李晓林。

山西：

［试官］赞善茹棻，稚葵，浙江会稽人，甲辰。编修④倪思淳，箴汝，云南建水人，甲辰。

［试题］上好礼则（用情）。子庶民则（用足）。人有不为（有为）。"六事廉为本"得"为"字。

［解元］阎廷瑾。

陕西：

［试官］编修⑤王瑶台，蓬山，山西阳城人，乙卯。主事张志绪，引之，浙江余姚人，乙卯。【张志绪官至四川、江宁、山西布政使，道光七年休致。】

［试题］不如乡人（二句）。君子之道（自卑）。奋乎百世（起也）。"蓝田珍玉"得"田"字。

［解元］王步陵。

四川：

［试官］侍读⑥吴芳培，霁霏，江南泾县人，甲辰。【吴芳培官至右都御史，降吏部右侍郎，复调刑部、兵部侍郎。道光□⑦京察，休致。】主事魏元煜，升之，直隶昌黎人，癸丑。【魏元煜官至两江总督，改漕运总督，降三品顶带，寻卒。】

［试题］先行其言（二句）。好学近乎（三句）。文王以民（乐之）。"星月动秋山"得"流⑧"字。

［解元］陈兆飏。

广东：

［试官］修撰姚文田，秋农，浙江归安人，己未。中书汤谦，四益，江苏荆溪人，乙卯。

---

① 副都，《清秘述闻续》作"太常寺卿"。

② 堂，《清秘述闻续》作"园"。

③ 子夏之门（别矣），《国朝贡举年表》作"子路问政（一章）"，《清秘述闻》作"子贡问政（一节）"。

④ 编修，《清秘述闻续》作"户部郎中"。

⑤ 编修，《清秘述闻续》作"检讨"。

⑥ 侍读，《清秘述闻续》作"侍讲"。

⑦ 此字模糊难辨。

⑧ 流，《清秘述闻续》作"秋"。

［试题］居则曰不（以哉）。得一善则（之矣）。故苟得其（不消）。"珠藏川自媚"得"珠"字。

［解元］陈昌期。

广西：

［试官］主事汪彦博，潞勋，江苏镇洋人，丁未。中书韩抡衡，擢之，直隶高阳人，丙辰。

［试题］不忮不求（二句）。诗曰衣锦（二句）。可以速而（节）。"山水含清晖"得"秋"字。

［解元］杨①焕云。

云南：

［试官］编修苏兆登，【宴林】②，山东霑化人，己未。中书蔡炯，云桥，江西德化人，丙辰。

［试题］不忮不求（以藏）。时使薄敛（姓也）。其居使之（者乎）。"鹤鸣九皋"得"皋"字。

［解元］苏鳌。

贵州：

［试官］检讨韩克均，德凝【字德嶷，号复堂，一号芸舫】，山西汾阳人，丙辰。【韩克均官至福建巡抚，调云南巡抚。】主事陈云，远雯，顺天宛平人，癸丑。

［试题］君子义以（章）。宪章文武。若火之始（二句）。"诗书义之府"得"敦"字。

［解元］尹作霖。

嘉庆六年辛酉恩科会试

中式一百□③十□④人。

［试官］【兵】侍郎平恕，宽夫，浙江山阴人，壬辰。【礼】尚书达椿，香圃，满洲厢白人，庚辰。【工】尚书彭元瑞，芸楣，江西南昌人，丁丑。【工】侍郎蒋曰纶，霁园，河南睢州人，庚辰。

［试题］尧舜帅天（二句）。百姓足君（四句）。民之为道（为也）。"天临海镜"得"天"字。

［会元］马有章，倬亭，通州，中书。

---

① 杨，《清秘述闻续》作"阳"。
② 光绪五年本校注者补：晏林。《清秘述闻续》亦作"晏林"。
③ 原缺。
④ 原缺。

［鼎甲］顾皋，【□①曾孙，字緘石，晴芬】②，江南金匮人，【户部侍郎，以失察假照案降四品顶带，休致】。刘彬士，【字辅文，筠圃】③，湖北黄陂人，【浙江巡抚、刑部侍郎】。邹家燮，【字秀升，理堂】④，江西乐平人，【御史】。

嘉庆六年辛酉科乡试

奉旨宗室子弟准乡会试，定一场一《四书》文、一诗。

顺天：

［试官］侍郎初彭龄，绍祖，山东莱阳人，庚子。内阁王杰，伟人，陕西韩城人，辛巳。【少】詹事那彦成，韶九，满洲正白人，己酉。

［试题］夫仁者己（节）。忠恕违道（节）。放勋曰劳（德之）。"百川赴巨海"得"收"字。

［解元］胡开益，【仲谦】，宛平，壬戌，【浙江会稽人，官至詹事，降侍讲，又降编修】。

江南：

［试官］侍郎英和，【德保子】，斋堂，满洲正白人，癸丑。【英和官至户部尚书，协办大学士。（再见）】员外汤藩，价人，江西南丰人，丁未。

［试题］卑宫室而（句）。鲜能知味也。放勋曰劳（如此）。"亦在车下"得"旋"字。

［解元］崔锡华，宜兴，己巳。

江西：

［试官］侍郎周兴岱，长五，四川涪州人，辛卯。主事陈廷桂，梦湖，江南和州人，乙卯。

［试题］子夏为莒（章）。草木生之（兴焉）。今夫水博（在山）。"江山多在物华楼"得"秋"字。

［解元］李观立，建昌⑤。

浙江：

［试官］侍郎文宁，【塔他拉氏】，芝厓⑥，满洲正红人，甲辰。【文宁后改文幹，官至兵部尚书，降副都统衔、西藏办事大臣。（宜迻注于乾隆壬子山西主考，上此再见）】中允周兆基，廉堂，湖北江夏人，甲辰。

---

① 此字模糊难辨。
② 光绪五年本校注者补：晴芬。
③ 光绪五年本校注者补：辅文。
④ 光绪五年本校注者补：理堂。
⑤ 建昌，《清秘述闻续》作"新城"。
⑥ 厓，《清秘述闻续》作"崖"。

［试题］子夏曰富（远矣）。今夫天斯（段）。君子引而（从之）。"鱼跃顺流"得"鱼"字。

［解元］陈岱，钱唐，壬戌。

福建：

［试官］修撰姚文田，秋农，浙江归安人，己未。员外吴于宣，【南屿】，浙江石门人，丁未。

［试题］夫子之道（二句）。文武之政（二句）。民事不可（百榖）。"披榛采兰"得"兰"字。

［解元］张翘，建宁①。

湖北：

［试官］编修②施杓，鲤门，顺天大兴人，己酉。助教陆开荣，【桂舟】，浙江嘉兴人，乙卯。

［试题］帝典曰克（句）。君子不以（缁饰）。天下有达（德一）。"良田无晚岁"得"丰"字。

［解元］刘德铨，黄陂，壬戌。

湖南：

［试官］检讨李可端，次云，广东南海人，丙辰。主事谭光祥，君农，江西南丰人，癸丑。

［试题］为政以德（章）。使天下之（祭祀）。禹思天下（段）。"湖光与天远"得"天"字。

［解元］陈世昌，武陵。

河南：

［试官］员外颜培天，江西萍乡人，壬辰。【兵主】③ 慕鳌，【循陔】，甘肃宁州④人，丙辰。

［试题］夫子何为（能也）。时使薄敛（二句）。孟子道性（二句）。"鹿鸣思野草"得"宾"字。

［解元］查崇恩，河内。

山东：

［试官］【学士】⑤ 刘凤诰，金门，江西萍乡人，己酉。【中书】⑥ 叶继雯，云素，湖北汉阳人，庚戌。

---

① 建宁，《清秘述闻续》作"浦城"。
② 编修，《清秘述闻续》作"侍读"。
③ 原作"员外"。《清秘述闻续》作"兵部员外郎"。
④ 宁州，当作"静宁"或"静宁州"。
⑤ 原作"太常"。
⑥ 原作"侍读"。

［试题］天下有道（不议）。宗庙之礼（二句）。民事不可（百穀）。"试院煎茶"得"苏"字。

［解元］邱锡光，青州①。

山西：

［试官］编修张锦枝，四香，江西彭泽人，丙辰。中书吴光悦，见楼，江南阳湖人，丙辰。【吴光悦官至湖北巡抚。】

［试题］君赐食必（节）。宜民宜人（二句）。禹思天下（急也）。"攀桂仰天高"得"天"字。

［解元］任汉亭，阳曲。

陕西：

［试官］编修【靳】② 文锐，【敏斯】③，山东聊城人，丙辰。中书谭元，【琴溪】，顺天宛平人，丙辰。

［试题］好仁者无（句）。今天下车（节）。游于圣人（句）。"鹤立鸡群"得"高"字。

［解元］白健翩，澄城。

四川：

［试官］御史钱杙，甫南，浙江仁和人，戊戌。【刑外】④ 杨健，【刚亭】，湖南清泉人，丙辰。

［试题］子谓子产（章）。舜好问而（二句）。⑤

［解元］陈尹言。

广东：

［试官］编修帅承瀛，士登，湖北黄梅人，丙辰。主事李林松，心庵，江苏上海人，丙辰。

［试题］隐居以求（二句）。则能尽物（句）。尊贤使能（节）。"清节为秋"得"秋"字。

［解元］吴悌⑥，顺德。

广西：

［试官］主事李于培，滋园，山东安邱人，【丙辰】。中书平远，【蕴山】，浙江会稽【山阴】人，【庚子】。

［试题］林放问礼（哉问）。无政也者（句）。梓匠轮舆（二句）。"行不由径"得

---

① 青州，《清秘述闻续》作"安邱"。

② 原作"勒"。光绪五年本校注者亦改为"靳"。

③ 光绪五年本校注者亦补：敏斯。

④ 原作"主事"。

⑤ 此处缺题，《清秘述闻续》作："自得之则 其原"。赋得"清高金茎露"得"金"字。

⑥ "悌"为"梯"之讹。

"贤"字。

［解元］刘简臣，容县。

云南：

［试官］御史叶绍楏，琴柯，浙江归安人，癸丑。主事郑光圻，书南，江南仪征人，庚戌。

［试题］子钓而不（章）。宪章文武。圣人治天（者乎）。"英词润金石"得"英"字。

［解元］张维崒，鹤庆。

贵州：

［试官］编修王引之，【曼卿】①，江南高邮人，己未。编修吴云，润之，江南长洲人，癸丑。

［试题］叶公问政（章）。舟车所至（二句）。以不忍人（掌上）。"山雨欲来风满楼"得"秋"字。

［解元］翟锦观，贵筑，乙丑。

嘉庆七年壬戌科会试

中式二百四十五人。

［试官］阁学王麟，振之，满洲正黄人，乙卯。尚书纪昀，晓岚，直隶献县人，甲戌。左都熊枚，谦山，江西铅山人，辛卯。阁学戴均元，可亭，江西大庾人，乙未。

［试题］为人君止（二句）。道之以德（节）。居天下之（三句）。"山辉川媚"得"藏"字。

［会元］吴廷琛。

［鼎甲］吴廷琛【一字棣华】，震南，江南元和人，【云南按察使，内召以四品京堂用】。李宗昉【一字芝龄】，静远，江南山阳人，【礼部尚书】。朱士彦，【号咏斋】，休承，江南宝应人，【吏部尚书，文定】。

嘉庆九年甲子科乡试

顺天：

［试官］侍郎玉麟，研农，满洲正黄人，乙卯。内阁董诰，柘林，浙江富阳人，癸未。太仆莫晋，锡三，浙江会稽人，乙卯。

［试题］其在宗庙（节）。故君子之（庶民）。知者无不（为务）。"鸿渐于逵"得"时"字。

———————

① 光绪五年本校注者补：伯申。

［解元］谭仲璐，昌黎。

江南：

［试官］侍郎戴均元，恒泰，江西大庾人，乙未。员外涂以辀，瀹庄，江西新城人，己未。

［试题］谨权量审（节）。振河海而（二句）。天之高也（五句）。"春华秋实"得"成"字。

［解元］李兆洛，【申耆】，武进，【乙丑，庶常，知县】。

江西：

［试官］侍郎瑚图礼，景南，满洲正白人，丁未。主事张燮，子和，江南娄县①人，癸丑。

［试题］临之以庄（则劝）。君子素其（句）。公孙丑曰（餐兮）。"一一吹竽"得"人"字。

［解元］梁崑，庐陵。

浙江：

［试官］侍郎潘世恩，槐堂，江苏吴县人，癸丑。员外卢荫【溥】②，霖生，山东德州人，辛丑。

［试题］君子不可（四句）。则可以赞（句）。易其田畴（章）。"试院煎茶"得"泉"字。

［解元］沈毓英，会稽。

福建：

［试官］阁学③茅元铭，耕庭④，江南丹徒人，壬辰。洗马周系英，孟才，湖南湘潭人，癸丑。【周系英官至吏部左侍郎，入直南书房，己卯以奏本籍械斗事，湖南巡抚吴邦庆讦其致书属托，降编修，寻革职，勒令回籍。道光初召入京，以四品京堂候补，授侍讲学士，旋升内阁学士、工部左侍郎。】

［试题］巍巍乎其（二句）。夫孝者善（二句）。壮者以暇（长上）。"玉以瑜润"得"清"字。

［解元］林凤翘，长乐。

湖北：

［试官］庶子王引之，伯伸⑤，江南高邮人，己未。御史贾允升，猷廷，山东黄县人，乙卯。【贾允升官至兵部侍郎。】

［试题］惟仁者能（章）。车同轨书（三句）。民日迁善（二句）。"云中辨江树"

---

① 江南娄县，《清秘述闻续》作"江苏昭文"。
② 原作"蒲"。
③ 阁学，《清秘述闻续》作"詹事"。
④ 耕庭，《清秘述闻续》作"畊亭"。
⑤ 伸，《清秘述闻续》作"申"。

得"城"字。

[解元] 张文玘,蕲州。

湖南:

[试官] 修撰吴廷琛,□□①,江南元和人,壬戌。检讨韩鼎晋,【峐】②霍,四川长寿人,乙卯。

[试题] 子在齐闻(章)。发而皆中(节)。君子反经(矣)。"川岳徧怀柔"得"手③"字。

[解元] 张士醇,临湘,【丁丑】。

【河南】④:

[试官]【中允】鲍桂星,【字双五】,【觉生】⑤,【安徽】⑥ 歙县人,己未。【鲍桂星官至工部右侍郎。嘉庆甲戌十二月,以语言不谨革职,不准回籍,令在京闭门思过,五城御史不时稽察。私著诗文。后赏编修,升詹事。】中书⑦陈希祖,【希曾兄】,玉方,江南【西】宣【新】城人,庚戌。

[试题] 子以四教(章)。天之所覆(句)。人有不为(有为)。"停琴伫凉"得"琴"字。

[解元] 董广益,信阳。

山【东】⑧:

[试官]□⑨承风,卜东,江西义宁人,辛丑。□□□⑩,左田,江南当涂人,庚戌。【黄钺由户部主事改赞善,入直懋勤殿、南书房,官至户部尚书、军机大臣,加太子太保,谥勤敏。】

[试题] 谨权量审(节)。唯天下至(临也)。尧舜之知(贤也)。"鹊华秋色"得"图"字。

[解元] 王馀枚,福山。

山西:

[试官] 编修【狄梦松】⑪,【文涛】,次公,江南溧阳人,癸丑。编修陈崇本,伯

---

① 原被挖去或涂抹。光绪五年本、光绪八年本作"棣华"。
② 原作"虬"。光绪五年本校注者亦改为"峐"。
③ "手"为"年"之讹。
④ 原作"山东"。
⑤ 原作"生觉"。
⑥ 原作"浙江"。
⑦ 中书,《清秘述闻续》作"刑部主事"。
⑧ 原作"西"。
⑨ 原被挖去或涂抹。光绪五年本、光绪八年本作"伍"。光绪五年本校注者将"伍"改为"万"。
⑩ 原被挖去或涂抹,光绪五年本、光绪八年本作"程传原"。案:误,当为"黄钺"。
⑪ 原作"人公"。光绪五年本校注者亦改为"狄梦松"。

忝，河南商邱人，乙未。

[试题] 说之不以（器之）。择乎中庸（之矣）。圭田□□□①。"民生在勤"得"生"字。

[解元] 张和鸣，襄陵。

陕西：

[试官] 编修李宗【昉】②，芝龄，江南山阳人，壬戌。【编修】③ 谢振定，芗泉，湖南湘潭④人，庚子。

[试题] 能行五者（仁矣）。载华岳而（二句）。以友天下（友也）。"东来紫气满函关"得"东"字。

[解元] 康节，会宁。

四川：

[试官]【侍讲】⑤ 施杓，鲤门，顺天大兴人，己酉。编修陈⑥国仁，鹳樵，河南商邱人，己未。

[试题] 上老老而（不倍）。子曰骥不（章）。昏暮叩人（足矣）。"膏泽多丰年"得"丰"字⑦。

[解元] 邹绍观，安岳。

广东：

[试官] 学士陈嵩庆，【字声谷】，荔峰，浙江钱塘人，辛酉。编修陈寿祺，【苇仁】⑧，福建闽县人，己未。

[试题] 康诰曰作（句）。请益曰无倦。学则三代（句）。"琴筑鸣空山"得"琴"字。

[解元] 何惠群，顺德。

广西：

[试官] 侍读⑨吴荩，山尊，江南全椒人，己未。郎中张志绪，石兰，浙江余姚人，乙卯。

[试题] 事君敬其（章）。宜民宜人（二句）。壮者以暇（长上）。"岩泉孕灵秀"待"人"字。

---

① 原被挖去或涂抹。光绪五年本、光绪八年本作"五十亩"。
② 原作"明"。光绪五年本校注者亦改为"昉"。
③ 原作"主事"。
④ "湘潭"为"湘乡"之讹。
⑤ 原作"三事"。"三"为"主"之讹。
⑥ 陈，光绪五年本校注者改为：程。
⑦《清秘述闻续》作："攀桂仰天高"得"高"字。
⑧ 光绪五年本校注者补：恭甫。
⑨ 侍读，《清秘述闻续》作"侍讲"。

［解元］唐维钊，临桂。

云南：

［试官］编修黄焜望，仲民，顺天大兴人，丙辰。检讨李鸿宾，【字象三】，鹿苹，江西德化人，辛酉。

［试题］其在宗庙（节）。柔远人则（畏之）。不违农时（句）。"芾词润金石"得"英"字。

［解元］丁杰，保山。

贵州：

［试官］编修张师泌，【师诚弟】，耐轩，浙江归安人，己未。编修邹家燮，理堂，江西乐平人，辛酉。

［试题］固天纵之（句）。柔远人则（二句）。孟子道性（二句）。"山水有清音"得"音"字。

［解元］刘沐膏①，贵筑。

嘉庆十年乙丑科会试

中式二百三十三人。大兴徐鉴、徐铨，分宜习家驹、家骙兄弟同登。【是科二甲第一名徐松，字显伯，顺天大兴人。官编修、湖南学政，以事革职，戍新疆。起为内阁中书，官至陕西榆林府知府。本浙江上虞籍，乾隆乙未翰林立纲字条甫之从子。】

［试官］侍郎恩普，梦符，蒙古厢黄人，庚戌。内阁朱珪，石君，顺天大兴人，戊辰。尚书戴衢亨，荷之，江西大庾人，戊戌。侍郎英和，树琴，满洲正白人，癸丑。

［试题］子曰老者（三句）。喜怒哀乐（之中）。夫志至焉（其气）。"我泽如春"得"春"字。

［会元］胡敬，【一字书农】，【以庄】，仁和，【学士】。

［鼎甲］彭浚，【字映旌，宝臣】②，湖南衡山人，【府丞，大考由侍讲改员外郎，至奉天府府丞】。徐颋，【直卿】，少鹤，江南长洲人，【阁学】。何凌汉，【一字云门】，仙槎，湖南道州人，【尚书，文安】。

嘉庆十二年丁卯科乡试

顺天：

［试官］【礼】侍郎桂芳，香东，满洲厢蓝人，己未。【户】尚书戴衢亨，莲士，

---

① 刘沐膏，《清秘述闻续》作"刘膏沐"。
② 光绪五年本校注者补：宝臣。

江西大庾人，戊戌。【工】侍郎蒋予蒲，爱亭①，河南睢州人，辛丑。

[试题] 我未见好（其身）。致中和天（节）。我知言我（二句）。"河出荣光"得"光"字。

[解元] 潘楒，【印深，号一巢，大兴籍，浙江会稽人，己巳进士，官至甘肃巡道】。

江南：

[试官]【吏】侍郎刘凤诰，金门，江西萍乡人，己酉。【给事】② 赵慎畛，笛楼，湖南武陵人，丙辰。

[试题] 为君难为（二句）。郊社之礼（二句）。汤以七十（二句）。"白露横江"得"□③"字。

[解元] 程应佐，泰州。

江西：

[试官] 太常胡长龄，西庚，江苏通州人，己酉。修撰王以衔，勿庵，浙江归安人，乙卯。

[试题] 诗可以兴（之各）。执其两端（二句）。人有不为（二句）。"画栋朝飞南浦云"得"秋"字。

[解元] 于旭钟，【泸溪，己巳】。

浙江：

[试官]【礼】侍郎万承风，和圃，江西宁州人，辛丑。御史吴荣光，荷屋，广东南海人，己未。【吴荣光一号殿垣，由编修官至湖南巡抚，降福建布政使。】

[试题] 天何言哉（生焉）。在上位不（无怨）。舜之居深（几希）。"挂席拾海月"得"平"字。

[解元] 陈传钧④，【幼衡，嘉善，甲戌，庶吉士，郎中】。

福建：

[试官]【刑郎】⑤ 彭希濂，修田，江南长洲人，甲辰。【彭希濂字遡周，尚书彭启丰之孙，官至刑部左侍郎。嘉庆二十四年，以从耕失仪，降福建按察使，寻卒。】编修白镕，小山，顺天通州人，己未。

[试题] 公叔文子（章）。朝聘以时。周公思兼（四事）。"骏足思长阪"得"秋"字。

[解元] 郭尚先，【元闻，号兰石，莆田】，己巳。

湖北：

---

① 爱亭，《清秘述闻续》作"沅庭"。
② 原作"御史"。
③ 此字模糊难辨，系影印问题，《清秘述闻续》作"横"。
④ "钧"为"均"之讹。
⑤ 原作"学士"。

[试官]【侍读】① 黄钺，左田，江南当涂人，庚戌。编修葛方晋，稦香，浙江仁和人，壬戌。

　　[试题] 君子有三（节）。舜好问而（扬善）。圣人治天（水火）。②

　　[解元] 刘学霝。

湖南：

　　[试官]【御史】③ 李本榆，【星伯】，山东长山人，己未。编修吴其彦，【烜子】，【美存】④，河南固始人，己未。【吴其彦官至兵部侍郎。】

　　[试题] 其行已也（四句）。言而世为（句）。食之以时（二句）。"共登青云梯"得"登"字。

　　[解元] 贺长龄，【藕庚，善化】，戊辰，【总督】。

河南：

　　[试官] 编修朱士彦，咏斋，江南宝应人，壬戌。编修陈寿祺，【恭甫】⑤，福建侯官人，己未。

　　[试题] 式负版者。吾学周礼（用之）。岁十一月（梁成）。"吏部文章日月光"得"碑"字。

　　[解元] 曹瑾，【河内】。

山东：

　　[试官] 修撰姚文田，秋农，浙江归安人，己未。编修朱珔，玉存，江南泾县人，壬戌。

　　[试题] 求尔何如（节）。好学近乎知（三句）。周公之封（节）。"月华临静夜"得"临"字。

　　[解元] 王惟询，【星辕】，海丰，辛未，【编修、浙江按察使】。

山西：

　　[试官] 编修陆以庄，【莅康】⑥，浙江萧山人，丙辰。编修商载，【仲言】⑦，顺天大兴人，辛酉。

　　[试题] 揖让而升（二句）。其言足以兴。敢问招虞（以旌）。⑧

　　[解元] 李绳宗⑨。

---

① 原作"中允"。

② 此处缺诗赋题，《清秘述闻续》亦缺。

③ 原作"编修"。

④ 光绪五年本校注者亦补：存美。

⑤ 光绪五年本校注者亦补：恭甫。

⑥ 光绪五年本校注者补：平泉。

⑦ 光绪五年本校注者亦补：仲言。

⑧ 此处缺诗赋题，《清秘述闻续》作："云色渡河秋"得"秋"字。

⑨ 李绳宗，《清秘述闻续》作："王锡蒲，文水人，戊辰进士。"《旧典备徵》卷四"祖孙解元"亦称王锡蒲为嘉庆丁卯解元。

陕西：

[试官] 御史程国仁，【济棠】，鹤樵，河南商城人，己未。检讨卓秉恬，【晴波】，海帆，四川华阳人，壬戌。

[试题] 宽则得众（则说）。言而世为（句）。禹之行水（事也）。"地连泰雍川原壮"得"游"字。

[解元] 张锦芳。

四川：

[试官] 编修宋湘，□①之，广东嘉应人，己未。【刑外】② 杨曰鲲，【沧石】，江西分宜人，庚戌。

[试题] 迩之事父（二句）。君子之所（见乎）。其事则齐（二句）。"江汉炳灵"得"英"字。

[解元] 古维哲，【雅州】。

广东：

[试官] 御史花杰，【建标】③，贵州贵筑人，己未。【花杰官至江西布政使。子咏春，字伯雅，己卯庶吉士，改中书，官至云南按察使；谦春，字次江，道光癸巳庶吉士，改主事。】编修何凌汉，仙槎，湖南道州人，乙丑。

[试题] 此谓唯仁（爱人）。揖让而升（君子）。颂其诗读（世也）。④

[解元] 张翱，【大埔，甲戌】。

广西：

[试官]【洗马】⑤ 张锦枝，四香，江西彭泽人，丙辰。中书李振祜，【锡民】⑥，江南太湖人，辛酉。【李振祜官至刑部尚书、太子太傅，谥庄肃。尝以副都御史迁内阁学士，汉人不由庶常为阁学者，近世推仅见。嘉庆甲戌七月，彭希濂由光禄寺卿迁及道光⑦。】

[试题] 蘧伯玉使（何也）。时使薄敛（二句）。有如时雨（句）。⑧

[解元] 陆锡璞。

云南：

[试官] 编修王泽，子卿，江南芜湖人，辛酉。编修方振，容斋，江西南昌人，辛酉。

---

① 原被挖去或涂抹。光绪五年本、光绪八年本作"佑"。
② 原作"郎中"。
③ 光绪五年本校注者补：晓亭。
④ 此处缺诗赋题，《清秘述闻续》作："雨过潮平江海碧"得"平"字。
⑤ 原作"侍读"。
⑥ 光绪五年本校注者亦补：锡民。
⑦ 此处疑有脱文。
⑧ 此处缺诗赋题，《清秘述闻续》作："秋光秀远山"得"秋"字。

贵州：

[试官] 编修易元善，石□①，湖北汉阳人，壬戌。检讨李鸿宾，鹿萃，江西德化人，辛酉。

[试题] 【君子思不出其位。日月所照。原泉混混至四海。"飞鸿响远音"得"楼"字。】

嘉庆十三年戊辰科会试

中式二百五十八人。

[试官] 阁学秀宁，【后避宣宗御名改堃，琪原】②，满洲正蓝人，辛酉。内阁董诰，柘林，浙江富阳人，癸未。尚书邹炳泰，仲文，江南无锡人，壬辰。侍郎③顾德庆，厚斋，山西阳曲人，己酉。

[试题] 德者本也（二句）。如有博施（仁乎）。人伦明于（二句）。"立中生正"得"精"字。

[会元] 刘嗣绾，【醇甫，号芙初】，阳湖，【编修】。

[鼎甲] 吴信中，【云子，一字阅甫】，蔼人，江南吴县人，【学士】。谢阶树，【子玉】，向亭，江西宜黄人，【庶子，学士】。石承藻，【黼廷】④，湖南湘潭人，【御史，给事中，降光禄寺署正】。

嘉庆十三年戊辰万寿恩科乡试

顺天：

[试官] 尚书曹振镛，俪笙，江南歙县人，辛丑。侍郎潘世恩，芝轩，江南吴县人，癸丑。

[试题] 致知在格（二句）。唯仁者能（章）。我学不厌（二句）。"清如玉壶冰"得"冰"字。

[解元] 诸葛光泰，武清。

江南：

[试官] 侍郎陈希曾，【集正】，钟溪，江西新城人，癸丑。学【士】周系英，【孟才】，石芳，湖南湘潭人，癸丑。

[试题] 可与言而（章）。诗曰奏假（节）。孔子曰唐（节）。"云水光中洗眼来"

---

① 此字模糊难辨。
② 光绪五年本校注者补：楚翘。
③ 侍郎，《清秘述闻续》作"内阁学士"。
④ 光绪五年本校注者补：黼庭。《清秘述闻续》作"黼廷"。

得"秋"字。

[解元]顾元熙，【丽丙】，长洲，己巳，【学】。

江西：

[试官]副都莫晋，宝斋，浙江会稽人，乙卯。编修吴云，【润之】，玉松，江南吴县人，癸丑。

[试题]礼之用和（节）。天下国家（句）。颂其诗读（世也）。"天上玉堂森宝书"得"书"字。

[解元]李炳春。

浙江：

[试官]侍郎周兆基，廉堂，湖北江夏人，甲辰。编修李振翥，竹醉，【字云轩】，江南太湖人，壬【戌】①。【李振翥，振祜弟，官至山东按察使。】

[试题]仲弓问仁（大祭）。诗云嘉乐（申之）。见其礼而（二句）。"楼观沧海日"得"观"字。

[解元]朱栻之，【海宁，壬午，礼部郎中】。

福建：

[试官]学士陈嵩庆，荔峰，浙江钱塘人，辛酉。郎中慕鳌，【循陔】，甘肃静宁人，丙辰。

[试题]由也千乘（赋也）。【是故君子不赏而民劝。】树墙下以（二句）。"云霞冠秋岭"得"高"字。

[解元]姚大椿。

湖北：

[试官]编修龚守正，季思，浙江仁和人，壬戌。中书桂龄，香岩，汉军正黄人，癸丑②。

[试题]宽则得众（则说）。忠信重禄（四句）。诗云自西（自北）。"山绕汉阳城"③。

[解元]涂国用，【黄陂，丁丑】。

湖南：

[试官]检讨李鸿宾，鹿苹，江西德化人，辛酉。主事冯大中，正斋，山西汾阳人，己未。

[试题]君子无众（骄乎）。振河海而（句）。谨庠序之（射也）。④

[解元]杨培文⑤。

---

① 原作"辰"。光绪五年本校注者亦改为：戌。

② "癸丑"为"丙辰"之讹。

③ 《清秘述闻续》作："山绕汉阳城"得"秋"字。

④ 此处缺诗赋题，《清秘述闻续》亦缺。

⑤ 文，《清秘述闻续》作"之"。

河南：

[试官] 编修胡开益，【仲谦】，顺天宛平【浙江会稽】① 人，壬戌。编修陈用光，硕士，江西新城人，辛酉。②

[试题] 绘事后素（后乎）。敦厚以崇礼。民事不可（百谷）。③

[解元] 朱其灿。

山东：

[试官] 通政温汝适，实坡，广东顺德人，甲辰。编修程赞清，【晋芳从子，定甫】④，江南仪征人，壬戌。【程赞清官至山西按察使，改四品京堂。】

[试题] 诵诗三百（章）。仲尼祖述（节）。夏曰校殷（三句）。"日照泰岳"得"东"字。

[解元] 张士钦，【长山】。

山西：

[试官] 侍读⑤鲍桂星，觉生，江南歙县人，己未。编修席煜，子远，江南昭文⑥人，辛酉。

[试题] 焕乎其有（句）。自天申之。养老尊贤（二句）。"山疑画里看"得"岚"字。

[解元] 郑起昌，阳曲。

陕西：

[试官] 编修姚元之，【伯昂】，荐青，江南桐城人，乙丑。编修程家督，【国仁子，端林】，小鹤，河南商城人，乙丑。

[试题] 子路问政（劳之）。舟车所至（气者）。滕文公为（孟子）。"牧豕听经"得"宫"字。

[解元] 黄光祖，【宁州，己巳】。

四川：

[试官] 检讨赵未彤，【六滋】，序堂，山东莱阳人，庚戌。【赵未彤官至顺天府府丞。】主事戴聪，【惟宪】，春堂，浙江浦江人，己未。

[试题] 叶公问政（章）。溥博渊泉（出之）。天子适诸（职也）。⑦

[解元] 徐暎台。

---

① 《清秘述闻续》作"顺天宛平"。
② 此二人，原为陈在前，胡在后，李慈铭以对调符改之。
③ 此处缺诗赋题，《清秘述闻续》作："秋分见寿星"得"秋"字。
④ 光绪五年本校注者补：静轩。
⑤ 侍读，《清秘述闻续》作"侍讲"。
⑥ 江南昭文，《清秘述闻续》作"江苏常熟"。
⑦ 此处缺诗赋题，《清秘述闻续》作："攀桂仰天高"得"香"字。

广东：

[试官] 编修沈学厚，【麟伯】，小云，浙江钱塘人，丙辰。主事韦运标，【又庐】，江南芜湖人，己未。

[试题] 礼云礼云（章）。【凡有血气（二句）】。文王之囿（四句）。【"政如农功"得"思"字。】

[解元] 崔嵩①高，【鹤山】。

广西：

[试官] 郎中龚丽正，暗斋，浙江仁和人，丙辰。主事李林松，心斋，江南上海人，丙辰。

[试题] 固天纵之（句）。仁者人也（四句）。圣人治天（水火）。【"民生在勤"得"民"字。】

[解元] 汪能肃。

云南：

[试官] 中允陆以庄，沇康，浙江萧山人，丙辰。中书李振祜，锡民，江南太湖人，辛酉。【李振祜官至刑部尚书，太子太傅，谥庄肃。（再见）】

贵州：

[试官] 编修宋湘，【焕襄】，芷湾，广东嘉应人，己未。中书姚学塽，【晋堂】，浙江归安人，丙辰。

[试题] 【山梁雌雉（二句）】。朝聘以时（二句）。有如时雨化（二句）。"停琴伫凉月"得"琴"字。】

[解元]【周霈】。

嘉庆十四年己巳万寿恩科会试

中式二百四十一人。【侯官廖鸿荃、闽县廖鸿藻】，潍县刘鸿翯、鸿翱【官至湖南巡抚】，兄弟同登。【御史花杰奏参大学士戴衢亨以关节私授洪莹，□②人代作殿试策，夤缘第一。诏洪莹于上书房默写，□③命皇次子监视，朕亲加披阅，□④无不符，且洪莹系朕□⑤一，非读卷大臣所拟。花杰造言污蔑，交部严加议处，降主事。】

[试官] 侍郎英和，煦斋，满洲正白人，癸丑。内阁费淳，筠甫，浙江钱塘人，癸未。尚书王懿修，春圃，江南青阳人，丙戌。阁学贵庆，月山⑥，满洲厢白人，

---

① 嵩，《清秘述闻续》作"崇"。
② 疑影印有脱字。
③ 疑影印有脱字。
④ 此字模糊难辨。
⑤ 疑影印有脱字。
⑥ 山，《清秘述闻续》作"三"。

己未。

[试题] 君子喻于（章）。思知人不（知天）。得天下有（民矣）。"一意同欲"得"同"字。

[会元] 孔传纶，【言如，号兰园】，仁和①，【编修，知府】。

[鼎甲] 洪莹，宾华，江南歙县人，【修撰】。廖金城，【斯和，钰夫】②，福建侯官人，后改名鸿荃。【工部尚书降太常寺卿，致仕，加尚书御，重宴鹿鸣，加太子少保，卒谥文恪。】张岳崧，【子骏，一字翰山】③，广东【定安】④人，【湖北巡抚】。

嘉庆十五年庚午科乡试

顺天：

[试官] 侍郎陈希曾，钟溪，江西新城人，癸丑。内阁刘权之，云房，湖南长沙人，庚辰。侍郎朱理，静斋，江南泾县人，丁未。

[试题] 君子博学（以礼）。君子以人（而止）。其为气也（之间）。"正谊明道"得"明"字。

[解元] 方城，【吴桥】。

江南：

[试官] 侍郎桂芳，香东，满洲厢蓝人⑤。编修饶绚春，【晓升】，江西新城人，戊辰。

[试题] 才难不其（为盛）。射有似乎（其身）。我亦欲正（圣者）。"八月萑苇"得"蚕"字。

[解元] 张深，【号茶农】，丹徒。

江西：

[试官] 侍郎戴联奎，紫垣，江南如皋人，乙未。【吏中】⑥ 毛式郇，【辉祖孙，伯雨】，山东历城人，己未。【毛式郇官至吏部左侍郎。】

[试题] 舜有臣五（才难）。君子之道（自卑）。见其礼而（二句）。"政如农功"得"思"字。

[解元] 汤储璠，【临川】，辛未。

浙江：

---

① 仁和，《清秘述闻续》作"钱塘"。
② 光绪五年本校注者补：更名鸿荃，钰夫。
③ 光绪五年本校注者补：子骏。
④ 原作"安定"。
⑤ 光绪五年本校注者补：己未。
⑥ 原作"主事"。

［试官］侍郎刘环①之，佩循，山东诸城人②。侍读穆彰阿，【子朴】③，满洲厢蓝人，乙丑。

［试题］享礼有容（如也）。人道敏政（卢也）。为我作君（之乐）。"海上涛头一线来"得"楼"字。

［解元］吴成勋，【钱唐】。

福建：

［试官］编修周寿椿，【荫长】④，直隶河间人，乙丑。编修程德楷，【字邦宪】，松亭，湖北麻城人，乙丑。

［试题］诗云其仪（节）。乡人饮酒（二节）。继之以六（用也）。"南中荣橘柚"得"荣"字。

［解元］罗兰⑤孙。

湖北：

［试官］编修沈岐，【鸣周】⑥，江南通州人，戊辰。【沈岐官至左都御史，谥文清。】编修王耀辰，【珙如】⑦，浙江乌程人，戊辰。

［试题］子曰礼云（章）。大哉圣人（万物）。傅说举于（二句）。"清景南楼夜"得"清"字。

［解元］杨霖川，【武昌，丁丑】。

湖南：

［试官］员外程祖洛，梓庭，江南歙县人，己未。【程祖洛官至闽浙总督。】中书沈钦霖，【仲亨】，江南吴县人，辛酉。

［试题］趋进翼如（顾矣）。或安而行（三句）。诗云自西（谓也）。"三十六湾秋月明"得"秋"字。

［解元］易良俶，【黔阳，辛未】。

河南：

［试官］修撰吴信中，【一字阅甫】，蔼人，江南休宁⑧人，戊辰。编修罗家彦，宝田，湖北天门人，戊辰。【罗家彦官至国子监祭酒。】

［试题］子曰听讼（节）。我欲仁斯（句）。附之以韩（远矣）。"披榛采兰"得"求"字。

---

① "环"为"镮"之讹。
② 光绪五年本校注者补：己酉。
③ 光绪五年本校注者补：鹤舫。
④ 光绪五年本校注者补：六泉。
⑤ "兰"为"叶"之讹。
⑥ 光绪五年本校注者补：饴原。
⑦ 光绪五年本校注者补：拱如。
⑧ 江南休宁，《清秘述闻续》作"江苏吴县"。

［解元］沈杰，【新郑】。

山东：

［试官］【光卿】张鹏展，【字从中】，南松，广西上林人，己酉。编修李可琼，【佩修】，广东南海人，乙丑。

［试题］有德者必（章）。文武之政（政举）。一乡之善（六句）。"寰海镜清"得"清"字。

［解元］王宗岳。

山西：

［试官］编修石承藻，【黼廷】①，湖南湘潭人，戊辰。【编修】② 申启贤，镜汀，河南延津人，【壬戌】③。【申启贤官至山西巡抚，谥文恪。】

［试题］子曰刚毅（章）。仲尼祖述（二句）。诸侯耕助（衣服）。"山渎效灵"得"年"字。

［解元］苏捷卿，【文水】。

陕西：

［试官］编修洪占铨，介亭，江西宜黄人，壬戌。编修傅棠，【字继夏】，石坡，浙江诸暨人，辛酉。【傅棠，顺天宛平籍，官至内阁侍读学士。】

［试题］子曰庶矣哉。言其上下（句）。不违农时（三段）。"秦地山川似镜中"得"川"字。

［解元］雷景鹏，辛未。

四川：

［试官］编修史评，【字衡堂】，松轩，山东乐陵人，戊辰。【史评官至礼部侍郎。】编修陶澍，【字子霖】，云汀，湖南安化人，壬戌。【陶澍官至两江总督，加太子太保，谥文毅，入祀贤良祠。】

［试题］乐则韶舞。知天地之（句）。不违农时（二句）。"明④月生秋浦"得"秋"字。

［解元］黎靖，【阆中，庚辰】。

广东：

［试官］编修史谱，【字荫堂，评从兄】⑤，溧源，山东乐陵人，乙丑。【史谱官至兵部侍郎。】编修胡承珙，【字景孟】，墨庄，江南泾县人，乙丑。【胡承珙官至按察使衔，福建台湾道，入《国史·儒林传》。】

［试题］子曰巍巍（章）。日月星辰（句）。天子之卿（子男）。"山明海静"得

---

① 光绪五年本校注者补：黼庭。《清秘述闻续》作"黼廷"。
② 原作"检讨"。
③ 原作"乙丑"。
④ 明，《清秘述闻续》作"凉"，是。
⑤ 光绪五年本校注者补：荫堂。

"时"字。

［解元］黄文海，【南海】。

广西：

［试官］编修彭邦畴，【元瑞子】，锡①九，江西南昌人，乙丑。编修贺长龄，【字耦庚，西崖】②，湖南善化人，戊辰。

［试题］周有大赉（二句）。日月所照（二句）。左右皆曰（用之）。"秋色从西来"得"秋"字。

［解元］吴鼎元。

云南：

［试官］兵科陈中孚【字允臣】，心畬，湖南武昌人，辛酉。【陈中孚官至漕运总督。】编修朱方增，【字寿川】，虹舫，浙江海盐人，辛酉。【朱方增官至内阁学士。】

［试题］足食足兵（之矣）。行而世为（二句）。天之高也（二句）。"广厦构众材"得"材"字。

［解元］刘翶。

贵州：

［试官］编修石葆元，【字聿臻】，镜心，江南宿松人，乙丑。编修聂铣敏，【字晋光，蓉峰】③，湖南衡山人，乙丑。【聂铣敏，镐敏弟，散馆改主事，特授编修，官至绍兴府知府。】

［试题］事君敬其（章）。子庶民则（句）。故观于海（为言）。"山水千万绕"得"行"字。

［解元］张日暄【晟】，【字东升，晓瞻，贵筑，丁丑，云南巡抚。】

嘉庆十六年辛未科会试

中式二百三十七人。固始祝庆蕃、庆扬兄弟同登，旋丁艰。甲戌补殿试。【状元蒋立镛赴国子监释褐，时其父祥墀为祭酒，父受子拜，传为佳话。】

［试官］侍郎胡长龄，西庚，江苏通州人，己酉。内阁董诰，蔗林，浙江富阳人，癸未。尚书曹振镛，俪笙，安徽歙县人，辛丑。侍郎文宁，芝厓④，满洲正红人，甲辰。【文宁后改文幹。】

［试题］中庸之为（矣乎）。知斯三者（修身）。存其心养（天也）。"虚堂悬镜"得"情"字。

---

① 锡，《清秘述闻续》作"范"。
② 光绪五年本校注者补：耦庚。
③ 光绪五年本校注者补：晋光。
④ 厓，《清秘述闻续》作"崖"。

［会元］朱壬林，【礼卿，小云】，平湖，【庶常，改主事，至巡道】。

［鼎甲］蒋立镛，【祥墀子，一字序东】，笙陔，湖北天门人，【阁学】。王毓吴，【一字式似，鞠仁】①，江苏吴县人，后复姓吴，改名【毓】② 英，【编修，改主事】。吴廷珍，【一字士儒，叔琪】③，江苏吴县人，【编修】。

嘉庆十八年癸酉科乡试

福建龚文焕、文炳、文辉兄弟三人同登。

顺天：

［试官］侍郎卢荫溥，南石，山东德州人，辛丑。协办邹炳泰，晓屏，江苏无锡人，壬辰。侍郎果齐斯欢，益亭，满洲镶蓝人，壬戌。

［试题］才难不其（为盛）。修道以仁。有大人者（者也）。"大田多稼"得"多"字。

［解元］郭天庆。

江南：

［试官］工侍茹棻，古香，浙江会稽人，甲辰。编修黄中模，范亭，江西南昌人，己巳。

［试题］子路问政（一章）。肫肫其仁（三句）。春省耕而（二句）。"冷露无声湿桂花"得"香"字。

［解元］沈巍皆，【舜卿】，六安，【丁丑，由编修转御史，改郎中。】

江西：

［试官］侍郎秀宁，【他塔喇氏】，琪原，满洲正白④旗人，【辛酉】。【秀宁后改秀堃，由刑部侍郎、翰林院掌院学士降三等侍卫。】员外⑤蒋云宽，锦桥，湖南永明人，己未。

［试题］子温而厉（而安）。柔远人则（畏之）。诐辞知其（所穷）。"不知谁是谪仙才"得"仙"字。

［解元］罗宜浩，【南丰】，庚辰。

浙江：

［试官］礼侍汪廷珍，瑟庵，江苏山阳人，己酉。编修于德培，子朴，四川营山人，戊辰。

［试题］子曰刚毅（近仁）。车同轨书（同文）。存乎人者（言也）。"会稽竹箭"

---

① 光绪五年本校注者补：菊人。《清秘述闻续》作"鞠人"。
② 原作"敏"。光绪五年本校注者亦改为"毓"。
③ 光绪五年本校注者补：叔琦。
④ 正白，《清秘述闻续》作"正蓝"。
⑤ 员外，《清秘述闻续》作"刑部主事"。

得"南"字。

　　［解元］余钧，遂安①。

福建：

　　［试官］郎中孙汶，望山，山东胶州人，壬戌。编修李德立，升斋，山东济宁人，己巳。

　　［试题］君子义以（一章）。尊其位重（一段）。禹思天下（四句）。"桂林无杂木"得"林"字。

　　［解元］周滨海，【同安】。

湖北：

　　［试官］编修陈玉铭，【希赞】②，福建长乐人，乙丑。主事张辐，【原名玉麒，字瑞绂】，【□□】③，河南洛阳人，辛酉。

　　［试题］隐居以求（语矣）。使天下之（祭祀）。故曰域民（之利）。"年丰廉让多"得"年"字。

　　［解元］周承鉁。

湖南：

　　［试官］中允瞿昂，【羡门，子皋】④，顺天宛平人，壬戌。御史叶申万，六英，福建闽县人，己巳。

　　［试题］菲饮食而（沟洫）。诚者不勉（人也）。礼曰诸侯（衣服）。"八月其获"得"丰"字。

　　［解元］杨延亮，【长沙，庚辰】。

河南：

　　［试官］庶子蔡之定，生甫，浙江德清人，癸丑。修撰蒋立镛，笙亥，湖北天门人，辛未。

　　［试题］席不正不（一节）。从容中道（人也）。天油然作（之矣）。"竹露滴清响"得"丝⑤"字。

　　［解元］阎炘，【新郑，庚辰】。

山东：

　　［试官］学士黄钺，左田，安徽当涂人，庚戌。检讨戚人镜，【一字剑南】，蓉台，浙江钱塘人，己巳。

　　［试题］生之者众（者舒）。事君敬其（其食）。文王以民（灵沼）。⑥

---

①　遂安，《清秘述闻续》作"分水"。
②　光绪五年本校注者补：潼溪。
③　此二字模糊难辨。原作"锦桥"。
④　光绪五年本校注者补：子皋。
⑤　丝，《清秘述闻续》作"然"。
⑥　此处缺诗赋题，《清秘述闻续》作："红见东海云"得"红"字。

［解元］戴金鼎，【平度】。

山西：

［试官］编修吴毓英，【式似】，菊人，江苏吴县人，辛未。编修周之琦，穉圭，河南祥符人，戊辰。【周之琦官至广西巡抚。】

［试题］子使漆雕（一章）。修身则道立。欲知舜与（间也）。①

［解元］谭昌言，【解州】。

陕西：

［试官］郎中史祐，理堂，江苏溧阳人，丙辰。中书陈何龙，山西猗氏人，辛酉。

［试题］迩之事父（二句）。虽柔必强。原泉混混（四句）。"膏泽多丰年"得"年"字。

［解元］翟用章。

四川：

［试官］编修廖鸿藻，【一字斯嘉】，仪卿，福建闽县人，己巳。中书万启昀，【书原】，江西南昌人，己巳。

［试题］冉有曰既（庶矣）。日月星辰（系焉）。无为其所（二句）。"江上诗情为晚霞"得"情"字。

［解元］李培炆，【灌②州，己卯】。

广东：

［试官］编修③张鉴，【一字星朗】，静轩，浙江仁和人，壬戌。编修苏绎，【会人】④，浙江钱塘人，乙丑。

［试题］子曰可也（可也）、宗庙飨之（保之）。晋人以垂（伐虢）。"秋后风光雨后山"得"老"字。

［解元］洪遇春，【潮阳】。

广西：

［试官］编修孔传纶，梦鸥，浙江钱塘人，己巳。主事吴颐，爕堂，江苏长洲人，辛酉。

［试题］子钓而不（射宿）。文武之政（方策）。入其疆则（以地）。"山以仁静"得"仁"字。

［解元］陈守壑【龒，后改继昌】。

云南：

［试官］编修吴廷珍，【一字士儒】，叔琦，江苏吴县人，辛未。中书戴鼎恒，春

---

① 此处缺诗题，《清秘述闻续》作："鸿毛遇顺风"得"贤"字。
② "灌"为"汉"之讹。
③ 编修，《清秘述闻续》作"御史"。
④ 光绪五年本校注者补：子斋。

1278

溪①，浙江乌程人，己巳。

[试题]【子谓韶尽（三句）。朝聘以时，学问之道②（二句）。学问之道（二句）。"辟雍海流"得"流"字。】

贵州：

[试官] 编修郭尚先，兰石，福建莆田人，己巳。编修程伯銮，次坡，四川垫江人，乙丑。

[试题] 或问子产（人也）。君子之所（见乎）。圣人治天（水火）。"敦厚劝农桑"得"敦③"字。

[解元] 胡元音。

嘉庆十九年甲戌科会试

中式二百□④十□⑤人。【仁和陆尧春、以烜父子同登。尧春丁丑补殿试，由庶吉士改知县。以烜，钱唐籍，官至鸿胪寺卿。】

[试官] 礼侍宝兴，【献山】，满洲厢黄人，乙丑。吏尚章煦，桐门，浙江钱塘人，壬辰。工尚周兆基，莲塘，江苏吴县⑥人，甲辰。礼侍王宗诚，莲府，安徽青阳人，庚戌。

[试题] 生之者众（四句）。子曰德之（忧也）。行有不得（归之）。"受中定命"得"中"字。

[会元] 瞿溶，【字仁甫，丽江】，武进，【庶吉士，给事中】。

[鼎甲] 龙汝言，【一字锦珊，子嘉】⑦，安徽桐城人，【修撰，以事革遣，后授中书】。祝庆蕃，【字晋甫，蘅畦】⑧，河南固始人，【礼部尚书，降内阁学士】。伍长华，【一字云卿，实士】⑨，江苏上元人，【湖北巡抚】。

嘉庆二十一年丙子科乡试

【十八年，诏各省驻防满洲官兵子弟，准于本省就近考试。是科江南、浙江、湖

---

① 溪，《清秘述闻续》作"羲"。
② "学问之道"当系衍文。
③ 敦，《清秘述闻续》作"农"。
④ 原缺。
⑤ 原缺。
⑥ 吴县，《清秘述闻续》作"吴江"。
⑦ 光绪五年本校注者补：予嘉。"予"为"子"之讹。
⑧ 光绪五年本校注者补：蘅畦。
⑨ 光绪五年本校注者补：实生。

北、福建、广东、四川、山东、山西、河南、陕甘九省，始编立旗字号，取中不得过三名。】

顺天：

［试官］侍郎黄钺，左田，安徽当涂人，庚戌。内阁董诰，蔗林，浙江富阳人，癸未。侍郎①陆以庄，【苣康】②，浙江萧山人，丙辰。

［试题］子以四教（一节）。唯天下至（其性）。故曰或劳（四句）。"洗心藏密"得"心"字。

［解元］王定甡，【正定】。

江南：

［试官］侍郎汤金钊，【一字励兹】，敦甫，浙江萧山人，己未。郎中③陆言，【一字有章】，心兰，浙江钱塘人，己未。

［试题］殷因于夏（一段）。唯天下至（六句）。夫明堂者（二句）。"其谷宜稻"得"宜"字。

［解元］林端，上元。

江西：

［试官］阁学吴其彦，【美】④存，河南固始人，己未。编修林则徐，【一字石麟】，少穆，福建侯官人，辛未。

［试题］子曰女得（一章）。所求乎子（四句）。傅说举于（五句）。"日照香炉生紫烟"得"烟"字。

［解元］欧阳炳⑤章，【萍乡】。

浙江：

［试官］侍郎顾德庆，【字厚斋】，筼岩，顺天宛平⑥人，己酉。编修李振镛⑦，【叶钟】⑧，安徽太湖人，己巳。【李振镛，振祜、振礉弟，后改振庸，官给事中。】

［试题］夫达也者（四句）。所求乎子（能也）。高子曰禹（一章）。"攀桂仰天高"得"秋"字。

［解元］张嘉金，【鄞县】。

福建：

［试官］编修何彤然，【弨甫】，广西平乐人，乙丑。【何彤然官至内阁学士。】主

---

① 侍郎，《清秘述闻续》作"副都御史"。
② 光绪五年本校注者补：平泉。
③ 郎中，《清秘述闻续》作"刑部员外郎"。
④ 原作"姜"。
⑤ 炳，《清秘述闻续》作"焕"。
⑥ 顺天宛平，《清秘述闻续》作"山西阳曲"。
⑦ 镛，光绪五年本校注者改为：庸。
⑧ 光绪五年本校注者补：枞亭。

事吴孝铭,【伯新】①,江苏武进人,己巳。【吴孝铭官至宗人府府丞。】

　　[试题] 子曰庶矣（三节）。唯天下至（大经）。颂其诗读（四句）。"良玉比君子"得"良"字。

　　[解元] 陈鸣盛【沈捷锋】。

　　湖北:

　　[试官] 修撰龙汝言,【一字锦珊】,子嘉,安徽桐城人,甲戌。给事史谱,【荫堂】②,山东乐陵人,乙丑。

　　[试题] 子夏为莒（一章）。好学近乎（三句）。师旷之聪（三句）。"连山蟠武昌"得"游"字。

　　[解元] 褚于杜。

　　湖南:

　　[试官] 编修黄中模,【一字习之】,范亭,江西南昌人,己巳。检讨李德立,【崇园】③,山东济宁人,己巳。

　　[试题] 兴于诗立（三句）。果能此道（必强）。我亦欲正（圣者）。"洞庭秋月生"④ 得"秋"字。

　　[解元] 周焜,【清泉】。

　　河南:

　　[试官] 侍读瞿昂,子皋⑤,顺天宛平人,壬戌。编修胡敬,【字以庄】,书农,浙江仁和人,乙丑。

　　[试题] 子路曰愿（一节）。莫见乎隐（二句）。谨庠序之教。"一片冰心在玉壶"得"清"字。

　　[解元] 周文斑⑥。

　　山东:

　　[试官] 侍郎⑦汪守和,巽泉,江西乐平人,丙辰。主事吴恩诏⑧,【春甫】,江苏吴县人,戊辰。

　　[试题] 敬事而信（二句）。振河海而（不洩）。游于圣人（一句）。⑨

　　[解元] 刘家麟,【章邱】。

---

　　① 光绪五年本校注者亦补:伯新。
　　② 光绪五年本校注者亦补:荫堂。
　　③ 光绪五年本校注者补:升斋。
　　④ 洞庭秋月生,《清秘述闻续》作"洞庭秋月生湖心"。
　　⑤ 皋,《清秘述闻续》作"高"。
　　⑥ 斑,《清秘述闻续》作"班"。
　　⑦ 侍郎,《清秘述闻续》作"詹事"。
　　⑧ 诏,《清秘述闻续》、《索引》、《清朝进士题名录》作"韶"。
　　⑨ 此处缺诗赋题,《清秘述闻续》作:"香满一轮中"得"香"字。

山西：

[试官] 编修①徐镛，【咏之】②，安徽桐城人，乙丑③。主事汪鉴，【雨泉】，直隶滦州人，辛酉。

[试题] 迩之事父（二句）。舟车所至。故理义之（二句）。"碧畦黄龙"④得"京"字。

[解元] 刘霱⑤，【寿阳】。

陕西：

[试官] 学士顾皋，【字緘石】，晴芬，江苏金匮人，辛酉。员外李振【祜⑥，【锡民】⑦，安徽太湖人，辛酉。【李振祜由中书历官至刑部尚书、太子太傅，谥庄肃。尝以副都御史迁内阁学士。自乾隆以后，汉人不由庶常者不为阁学。又，副宪径升侍郎，亦不转阁学。此仅事也。（三见）】

[试题] 求也为之（三句）。知耻近乎勇。昔者文王（岐也）。"河势抱关来"得"雄"字。

[解元] 谢述孔，【朝邑】。

四川：

[试官] 编修宫焕，【星楣】⑧，安徽怀远人，戊辰。编修孔传纶，【言如】⑨，浙江钱塘人，己巳。

[试题] 政事冉有（二段）。时使薄敛（二句）。晋人以垂（奇谏）。"八月其获"得"秋"字。

[解元] 李芬，【广安，丁丑，知县】。

广东：

[试官] 修撰吴信中，万人，江苏吴县人，己巳⑩。编修钱林，【字东生】，金粟，浙江仁和人，戊辰。

[试题] 天下有道（不议）。文武之政（方策）。君子居是（忠信）。"舟人夜语觉潮生"得"舟"字。

[解元] 倪济远，【南海，丁丑】。

---

① 编修，《清秘述闻续》作"工部郎中"。
② 光绪五年本校注者亦补：咏之。
③ 光绪五年本校注者改为：己巳。
④ 《清秘述闻续》作"碧畦黄陇稻如京"。
⑤ 霱，《清秘述闻续》作"奇"。
⑥ 原作"衣"旁，李慈铭改为"示"旁。
⑦ 光绪五年本校注者亦补：锡民。
⑧ 光绪五年本校注者补：辛楣。
⑨ 光绪五年本校注者补：孟欧。
⑩ "己巳"为"戊辰"之讹。

广西：

[试官] 郎中程祖洛，【梓庭】①，安徽歙县人，己未。编修王赠芳，霞九，江西庐陵人，辛未。

[试题] 书云孝乎（为政）。子庶民则（姓劝）。禹之行水（事也）。"千岸秋风高"② 得"秋"字。

[解元] 谭③武保。

云南：

[试官] 编修郭尚先，【元开】④，福建莆田人，己巳。中书闻人熙，【春台】⑤，浙江会稽人，己巳。

[试题] 请益曰无倦。齐明盛服（身也）。善教得民心。"民生在勤"得"生"字。

[解元] 陈时昌。

贵州：

[试官] 编修黄安涛，霁青，浙江嘉善人，己巳。编修廖鸿藻【荃】，【斯和】⑥，福建闽县人，己巳。

[试题] 赤也束带（二句）。好学近乎（三句）。五谷熟而（人育）。"大厦须异材"得"□"⑦ 字。

[解元] 高发扬。

嘉庆二十二年丁丑科会试

[试官] 刑侍秀宁，楚翘，满洲正白⑧人，辛酉。内阁曹振镛，俪笙，安徽歙县人，辛丑。协办戴均元，可亭，江西大庾人，乙未。户侍姚文田，秋农，浙江归安人，己未。

[试题] 子曰为政（以德）。君子而时中。仁人之安（二句）。"桐生茂豫"得"桐"字。

[会元] 庞大奎，【字云章，星斋】，常熟，【庶吉士，归班，官至同知】。

[鼎甲] 吴其濬，【烜子，字季深，瀹斋】⑨，河南固始人，侍郎巡抚。凌泰封，

---

① 光绪五年本校注者亦补：梓庭。
② 《清秘述闻续》作"千崖秋气高"，是。
③ "谭"为"覃"之讹。
④ 光绪五年本校注者补：兰石。
⑤ 光绪五年本校注者亦补：春台。
⑥ 光绪五年本校注者补：仪卿。《清秘述闻续》作"斯仪"。
⑦ 原缺。《清秘述闻续》作"英"字。
⑧ 正白，《清秘述闻续》作"正蓝"。
⑨ 光绪五年本校注者补：瀹斋。

【字瑞臻，东园】①，安徽定远人，【巡道】。吴清鹏，【锡麒子，字程九，西谷】②，浙江钱塘人，【府丞】。

嘉庆二十三年戊寅恩科乡试

福建主考官张敦颐道病卒。

顺天：

[试官] 侍郎刘镮之，信芳，山东诸城人，己酉。尚书汪廷珍，瑟庵，江苏山阳人，己酉。侍郎周系英，石芳，湖南湘潭人，癸丑。

[试题] 君子和而（不同）。好学近乎（一节）。仁言不如（二节）。"飞云临紫极"得"临"字。

[解元] 边济③贤。

江南：

[试官] 侍郎帅承瀛，仙舟，湖北黄梅人，丙辰。御史卢炳涛，秋槎，浙江东阳人，壬戌。

[试题] 君子和而（一节）。追王大王（二句）。孟子居邹（二段）。"一树百获"得"人"字。

[解元] 冯云路，东流，【庚辰，知县】。

江西：

[试官] 侍郎王以衔，勿庵，浙江归安人，乙卯。中书李彦章，兰卿，福建侯官人，辛未。

[试题] 先有司赦（三句）。必得其名（二句）。君子之守（一节）。"长江接天帆"④ 得"迟"字。

[解元] 赵致和。

浙江：

[试官] 侍郎王引之，伯伸⑤，江苏高邮人，己未。编修李裕堂，惇甫，陕西长安人，甲戌。

[试题] 曰既富矣（一节）。忠信重禄（二段）。民事不可（乘屋）。"芦花风起夜湖来"得"来"字。

[解元] 徐士芬，【辛庵】，平湖，【己卯，吏部侍郎】。

福建：

---

① 光绪五年本校注者补：东园。
② 光绪五年本校注者补：西谷。
③ 济，《清秘述闻续》作"齐"。
④ 《清秘述闻续》作"长江接天帆到迟"。
⑤ 伸，《清秘述闻》作"申"。

［试官］编修张敦颐，晓【沂】①，山西平定人，辛未。中书陈诗，【竹君②】，顺天宛平【籍，浙江山阴】人，己巳。

［试题］无为而治（二句）。明乎郊社（二句）。学则三代（二句）。"文昌气似珠"得"珠"字。

［解元］叶大章，【闽县】。

湖北：

［试官］吏外③余本敦，立堂，浙江西安人，己未。中书刘鸿翱，【希白】④，山东潍县人，己巳。【刘鸿翱官至湖南巡抚。】

［试题］志于道据（一章）。必得其寿。【居天下之广（二句）。】"江边黄⑤鹤楼"得"楼"字。

［解元］赵磊，【黄梅】。

湖南：

［试官］编修觉罗德宁⑥，【字宗维】，满洲正蓝⑦人，甲戌。刑主马毓林⑧，山东商河人，戊辰。

［试题］由也果于（何有）。子产听郑（一节）。中立而不倚。"水亭凉月桂林枝"⑨得"凉"字。

［解元］李荨，【湘乡】。

河南：

［试官］编修杨殿邦，【字翰屏，叠云】⑩，安徽泗州人，甲戌。【杨殿邦官至漕运总督。】刑主戴宗沅，【南江】，安徽来安人，戊辰。

［试题］舜有天下（皋陶）。树墙下以桑。书同文行（二句）。"秋后风光雨后山"得"秋"字。

［解元］刘沂水，【上蔡】。

山东：

［试官］编修马步蟾，【一字广周】，籣云，浙江会稽人，辛未。编修李家蕙，香谷，福建归化人，甲戌。

［试题］宽则得众（四句）。仰不愧于（一节）。庸德之行（敢尽）。"鸿毛遇顺风"

---

① 原作"沂"。
② 君，《清秘述闻续》作"军"。
③ 吏外，《清秘述闻续》作"御史"。
④ 光绪五年本校注者补：次白。
⑤ 黄，《清秘述闻续》作"问"，是。
⑥ 宁，《清秘述闻续》作"厚"。俊案：觉罗德宁改名"觉罗德厚"。
⑦ 正蓝，《清秘述闻续》作"正红"。
⑧ 光绪五年本校注者补：渔山。
⑨ 《清秘述闻续》作"水亭凉月挂渔竿"。
⑩ 光绪五年本校注者补：叠云。

得"贤"字。

［解元］孟毓兰，【长清】。

山西：

［试官］编修王炳瀛，莲洲，四川安岳人，甲戌。传胪①裘元善，春州，江西新建人，甲戌。

［试题］子曰道千（一句）。其始播百谷。体群臣则（姓劝）。【"高掌曙云开"得"阳"字。】

［解元］魏辅仁，【定襄】。

陕西：

［试官］御史谭瑞东，【芝田】②，江苏长洲人，己巳。礼主宋其沅，【湘帆】，山西汾阳人，己未。

［试题］仕而优则学。必得其位（四句）。吾岂若使（三句）。【"太华夜碧"得"诗"字。】

［解元］石扬声③，【富平】。

四川：

［试官］侍讲④顾元熙，耕石，江苏长洲人，己巳。编修颜伯涛【焘】⑤，【鲁舆】⑥，广东连平人，甲戌。【颜伯焘官至闽浙总督。】

［试题］唯求则非（二节）。诗云伐柯（伐柯）。【孟子曰】仁之实事（四句）。【"天船横汉"得"横"字。】

［解元］李嘉秀，【嘉定，己卯】。

广东：

［试官］编修邱家炜，【彤伯】⑦，顺天宛平人，辛未。中书魏茂林，笛生，福建龙石⑧人，己巳。

［试题］君子笃于（二句）。发而皆中（之和）。天之高也（二句）。【"广厦构良材"得"材"字。】

［解元］林桂，【顺德】。

广西：

［试官］编修邱煌，莲舫，贵州毕节人，乙丑。刑给倪琇，【字尚莹】，竹泉，云南

---

① 传胪，《清秘述闻续》作"编修"。
② 光绪五年本校注者补：春生。
③ 扬声，《清秘述闻续》作"声扬"。
④ 侍讲，《清秘述闻续》作"侍读"。
⑤ 涛，光绪五年本校注者改为：焘。《清秘述闻续》亦作"焘"。
⑥ 光绪五年本校注者亦补：鲁舆。
⑦ 光绪五年本校注者补：莲舫。俊案："莲舫"似为是科广西主考邱煌的表字。
⑧ "石"为"岩"之讹。

昆明人，辛酉。

[试题] 为命裨谌（一章）。【官盛任使。】江淮河汉（是也）。【"玉润金声"得"声"字。】

[解元] 李崒，【荔浦，庚辰】。

云南：

[试官] 编修熊常锌【字象于】，【声谷】①，江西铅山人，己巳。【熊常锌，刑部尚书枚孙，官至广东布政使。】编修王统仁，【公弼】，山东乐陵人，甲戌。

[试题] 绥之斯来（二句）。诚身有道（三句）。汤执中【二句】。【"士先器识"得"先"字。】

[解元] 张培【何辰朗】，【南宁】。

贵州：

[试官] 给事周鸣銮，晓坡，山东单县人，己巳。【是科本差编修李逢辰，以丁艰，后差周鸣銮。】刑主张志廉，【秋艇】，直隶南皮人，乙丑。

[试题] 子张问政（以忠）。经正则庶（慝矣）。去谗远色（一段）。【"丰岁欢声动四邻"得"丰"字。】

[解元] 周良卿，【都匀】。

嘉庆二十四年己卯恩科会试

【是科商城周祖植、周祖培兄弟同登。祖植由刑部主事官至江苏、浙江按察使，祖培由翰林至大学士。】

[试官] 礼侍王宗诚【引之】，莲府，安徽青阳【江苏高邮】人，庚戌。协办戴均元，可亭，江西大庾人，乙未。尚书戴联奎，紫垣，江苏如皋人，乙未。正詹那彦成，绎堂，满洲正白人，己酉。

[试题] 曰修己以（一句）。人之为道（二句）。诚身有道（三句）。"敦俗劝农桑"得"敦"字。

[会元] 费庚吉，阳湖。

[鼎甲] 陈沆，【字太初】，秋舫，湖北蕲水人，【修撰】。杨九畹，【字兰畲】，余田，浙江慈溪人，巡道。胡达源，【字清甫，云阁】②，湖南益阳人，【少詹，降侍读】。

嘉庆二十四年己卯科乡试

江宁陈维屏、维垣兄弟同登。

---

① 原作"编修"。光绪五年本校注者亦改为：声谷。
② 光绪五年本校注者补：芸阁。

顺天：

［试官］吏侍恩宁①，兰士，满洲正红人，戊辰。【恩宁后改恩铭。】尚书茹棻，古香，浙江会稽人，甲辰。侍郎王以衔，勿庵，浙江归安人，乙卯。

［试题］君君臣臣（一节）。君子素其（一节）。是故诚者（四句）。"心清闻妙香"得"心"字。

［解元］董瀛山，青县，【庚辰，通副】。

江南：

［试官］侍郎陆以庄，平泉，浙江萧山人，丙辰。编修廖鸿藻，仪卿，福建闽县人，己巳。

［试题］行夏之时（三句）。文理密察（二句）。夫义路也（所视）。"桂馨一山"得"馨"字。

［解元］严保庸，丹徒。

江西：

［试官］少卿张鳞【字绍渠，一字□②夫】，小轩，浙江嘉【长】兴人，己未。编修吴杰，【卓士】，梅梁，浙江会稽人，甲戌。

［试题］友直友谅（益矣）。宜民宜人（二句）。亲亲而仁（二句）。"清江一道月"③ 得"明"字。

［解元］夏清和，【南昌】。

浙江：

［试官］侍郎王鼎，省崖，陕西蒲城人，丙辰。编修伍长华，云卿，江苏上元人，甲戌。

［试题］昔者偃也（四句）。载华岳而（二句）。昏暮叩人（水火）。"圆灵冰镜"得"圆"字。

［解元］王文澜，【会稽】。

福建：

［试官］【庶子】④ 何凌汉，仙槎，湖南道州人，乙丑。编修王赠芳，霞九，江西庐陵人，辛未。

［试题］斯民也三（一节）。宜民宜人（四句）。天子之卿（一节）。"日出川如掌"得"川"字。

［解元］魏本唐。

湖北：

---

① 宁，光绪五年本校注者改为：铭。俊案："恩宁"改名"恩铭"。
② 此字模糊难辨。
③ 《清秘述闻续》作"澄江一道月分明"。
④ 原作"祭酒"。

［试官］庶子吴信中，霭人，江苏长洲人，戊辰。中书边廷瑛①，【育之】，顺天任邱人，甲戌②。

［试题］出门如见（四句）。诚者不勉（二句）。如七十子（一句）。③

［解元］丁德泰。

湖南：

［试官］御史孔传纶，孟欧④，浙江钱塘人，己巳。检讨冯芝，逊【遨】⑤园，山西代州人，戊辰。

［试题］富与贵是（去也）。其唯人之（见乎）。君子引而（如也）。⑥

［解元］陈毓文。

河南：

［试官］御史龚铿，【声甫】，江苏阳湖人，己巳。编修刘斯嵋，【眉生】⑦，江西南丰人，辛未。

［试题］恭己正南（一句）。悠久所以（一句）。省刑罚薄（二句）。"清高金茎露"得"茎"字。

［解元］郑从宽。

山东：

［试官］学士彭邦畴，春农，江西南昌人，乙丑。编修宫焕，【星楮】⑧，安徽怀远人，戊辰。

［试题］晋文公谲（二句）。故大得⑨者（受命）。深耕易耨（长上）。"袖中有东海"得"持"字。

［解元］翟登峨。

山西：

［试官］御史陈鸿，【字又羲】，午桥，浙江钱塘人，己巳。检讨戚人镜，蓉台，浙江钱塘人，己巳。

［试题］君子学道（一句）。果能此道（一节）。贤者在位（政刑）。"岁丰仍节俭"得"丰"字。

［解元］汪【王】士恒【垣】。

---

① "瑛"为"英"之讹。

② "甲戌"为"辛酉"之讹。

③ 此处缺诗赋题，《清秘述闻续》亦缺。

④ 孟欧，《清秘述闻续》作"梦欧"。

⑤ 遨，《清秘述闻续》作"遁"。

⑥ 此处缺诗赋题，《清秘述闻续》作"兰泽多芳草"得"多"字。

⑦ 光绪五年本校注者亦补：眉生。

⑧ 光绪五年本校注者补：辛楣。

⑨ "得"为"德"之讹。

陕西：

[试官] 侍读①陈官俊，【伟堂】②，山东范③县人，戊辰。编修易禧善④，石坪，湖北汉阳人，壬戌。

[试题] 实能容之（二句）。知者乐仁（者寿）。曰无恒产（为能）。"霁日悬高掌"得"晴"字。

[解元] 高步月。

四川：

[试官] 侍讲钱林，【东生】⑤，浙江仁和人，戊辰。【编修杨希铨，研芬，江苏常熟人，辛未。】

[试题] 周有大赉（二句）。车同轨。管夷吾举（二句）。"试院煎茶"得"煎"字。

[解元] 吴晋煃⑥。

广东：

[试官] 修撰吴其濬，【季深】⑦，河南固始人，丁丑。编修郭尚先，兰石，福建莆田人，己巳。

[试题] 君子不可（受也）。言前定则（不给⑧）。相秦而显（三句）。⑨

[解元] 廖翱。

广西：

[试官] 修撰蒋立镛，笙陔，湖北天门人，辛未。编修杨殿邦，【翰屏】⑩，安徽泗州人，甲戌。

[试题] 颜渊问仁（为仁）。宜民宜人（二句）。傅说举于（二句）。"山云备乡霭"得"年"字。

[解元] 梁卓汉。

云南：

[试官] 编修林则徐，少穆，福建侯官人，辛未。编修吴慈鹤，【一字均皋，树萱从子】，巢松，江苏吴县人，己巳。

[试题] 汤之盘铭（一句）。诵诗三百（一句）。其事则齐（一句）。"四面山如碧"

---

① 侍读，《清秘述闻续》作"侍讲"。
② 光绪五年本校注者亦补：伟堂。
③ "范"为"潍"之讹。
④ 禧，《清秘述闻续》作"元"。俊案："易禧善"改名"易元善"。
⑤ 光绪五年本校注者亦补：东生。
⑥ 煃，《清秘述闻续》作"奎"。
⑦ 光绪五年本校注者补：瀹斋。
⑧ "给"为"跲"之讹。
⑨ 此处缺诗赋题，《清秘述闻续》作："山崇川增"得"祥"字。
⑩ 光绪五年本校注者补：叠云。

得"城"字。

　　［解元］李士林，玉城。

　　贵州：

　　［试官］编修祝庆蕃，【晋甫】①，河南固始人，甲戌。编修吴镇【振】②【械】③，仲云，浙江钱塘人，甲戌。【吴振械官至云贵总督。】

　　［试题］夫何为哉（二句）。博厚配地（三句）。时举于秦（相之）。"如日之升"得"长"字。

　　［解元］殷渐逵。

嘉庆二十五年庚辰科会试

　　［试官］侍郎吴芳培，云樵，安徽泾县人，甲辰。尚书卢荫溥，南石，山东德州人，辛丑。尚书黄钺，左田，安徽当涂人，庚戌。侍郎善庆，乐斋，满洲正蓝人，壬戌。

　　［试题］仁者先难（一句）。以善服人（天下）。成己仁也（三句）。"惠泽成丰岁"得"成"字。

　　［会元］陈继昌，原名守壑【壑】。

　　［鼎甲］陈继昌，【字哲臣】，莲史，广西临桂人，【江苏布政使】。许乃晋，【字贞锡，滇生】④，浙江钱塘人，【吏部尚书，文恪】。陈銮，【字玉生，号芝楣】⑤，湖北江夏人，【江苏巡抚】。【案：陈继昌为故大学士宏谋元孙，入学亦第一，是科出郎中王廷绍房。仁宗赋诗次高宗韵有云："国朝百八载，春榜两三元。"】

道光元年辛巳恩科乡试

　　顺天：

　　［试官］尚书那彦成，绎堂，正白旗满洲人，己酉。学士戴均元，可亭，江西大庚人，乙未。阁学顾皋，晴芬，江苏金匮人，辛酉。

　　［试题］上长长而（兴弟）。不可与言（失言）。夫人⑥天之（宅也）。"谦受益"得"谦"字。

　　［解元］查咸勤，大兴。

---

　　①　光绪五年本校注者补：蘅畦。
　　②　镇，光绪五年本校注者亦改为：振。
　　③　原作"域"。《清秘述闻续》作"械"。
　　④　光绪五年本校注者补：滇生。
　　⑤　光绪五年本校注者补：穉梅。
　　⑥　"人"为"仁"之讹。

江南：

［试官］侍郎汤金钊，敦圃，浙江萧山人，己未。编修熊遇泰，东邑，江西新建人，戊辰。

［试题］子曰君子（于章）。郊社之礼（一节）。无为其所（二句）。"所宝惟贤"得"贤"字。

［解元］张海珊，【铁甫】，吴江人，【榜未发，卒】。

江西：

［试官］理寺刘彬士，筠圃，湖北黄陂人，辛酉。编修廖文锦，邵庵，江苏嘉定籍，福建永定人，辛未。

［试题］乐节礼乐。万物并育（一句）。权然后知（为甚）。"湖光朝霁后"得"光"字。

［解元］吴廷珪，浮梁人。

浙江：

［试官］侍郎王引之，伯升①，江苏高邮人，己未。员外吴孝铭，伯新，江苏武进人，己巳。

［试题］节用而爱（二句）。修身则道（二句）。大舜有大（人者）。"月照海门秋"得"秋"字。

［解元］徐廷策。

福建：

［试官］员外彭浚，宝臣，湖南衡山人，乙丑。编修赵柄，斗垣，江苏上海人，丁丑。

［试题］孝弟也者（本与）。斋明盛服（身也）。梓匠轮舆（规矩）。"五星聚奎"得"同"字。

［解元］林文斗。

湖北：

［试官］学士史致俨，望之，江苏江都人，己未。主事素博通额，满州厢蓝旗人，甲戌。

［试题］子曰举直（二句）。修身则道（二句）。无恒产而（为能）。"秋日悬清光"得"光"字。

［解元］靖原钦，黄冈。

湖南：

［试官］御史沈学濂，一士，浙江仁和人，戊辰。编修但明伦，云湖，贵州广顺人，己卯。

［试题］子曰诗三（一节）。宜民宜人（四句）。牛山之木（一句）。"丰年为瑞"

---

① 升，《清秘述闻续》作"申"。

得"年"字。

[解元] 李文耀，益阳。

河南：

[试官] 御史陈鸿，午桥，浙江钱塘人，己巳。员外尹济源，竹农，山东蓬莱①人，戊辰。【尹济源官至山西巡抚。】

[试题] 众恶之（一节）。思之弗得（二句）。夫苟好善（以善）。"清月出岭光入扉"得"清"字。

[解元] 杨京②元，商城。

山东：

[试官] 正詹徐颋，少鹤，江苏长洲人，乙丑。主事何增元，心畲，四川璧山人，乙丑。

[试题] 君子贤其（其利）。射不主皮（二句）。学问之道（二句）。"济治由贤能"得"才"字。

[解元] 周进阶。

山西：

[试官] 司业陈玉铭，【字希赞】，潼溪，福建长乐人，乙丑。编修吴坦，天衢，江苏江宁人，丁丑。

[试题] 君子矜而（一章）。文武之政。辅世长民（为德）。"临风舒锦"得"风"字。

[解元] 康世泰。

陕西：

[试官] 侍读廖鸿荃，斯和，福建侯官人，己巳。编修李煌，【本姓袁，字仲辉】，梢堂，云南昆明人，【祖籍江南上元人】，丁丑。【李煌官至户部左侍郎。】

[试题] 有德者必（二句）。故君子以（一句）。其事则齐（一句）。"贤臣为宝"得"贤"字。

[解元] 高树勋。

四川：

[试官] 编修程恩泽，云芬，安徽歙县人，辛未。【程恩泽，昌期子，官至户部左侍郎。】中书徐瀚，惺③坪，河南鹿邑人，辛未。

[试题] 子曰诗三百。得为圣人（保之）。人有不为（二句）。"浣花草堂"得"诗"字。

[解元] 杨载瀛，达县。

---

① 蓬莱，《清秘述闻续》作"历城"。
② 京，《清秘述闻续》作"景"。
③ 惺，《清秘述闻续》作"松"。

广东：

[试官] 修撰陈沆，秋【舫】①，湖北蕲水人，己卯。编修傅绶，绾卿，云南安宁人，甲戌。

[试题] 为君难为（二句）。博学之审（四句）。孔子尝为（一节）。"海上生明月"得"生"字。

[解元] 区慕濂，肇庆②。

广西：

[试官] 编修韩大信，鹤庄，直隶天津人，己卯。检讨胡国英，啸白，江苏吴县人，丁丑。

[试题] 子路问政（以敬）。故为政在（二句）。学不厌智（圣矣）。"人语中含东③岁声"得"声"字。

[解元] 余绍先。

云南：

[试官] 编修吴敬恒，爱庭④，安徽泾县人，丁丑。御史宋其沅，湘帆，山西汾阳人，己未。

[试题] 君子之于（一章）。修道之谓教。夫仁亦在（已矣）。"天香云外飘"得"香"字。

[解元] 董维城。

贵州：

[试官] 编修王惟询，小华，山东海丰人，辛未。中书【缪】⑤ 玉铭，【薇初】⑥，顺天宛平【籍，江苏江阴】人，己巳。

[试题] 众好之必（二句）。文武之政（政举）。一乡之善（六句）。"山月照弹琴"得"琴"字。

[解元] 杨齐谐。

道光二年壬午恩科会试

中式二百二十三名。

[试官] 侍郎汤金钊，敦圃，浙江萧山人，己未。户尚英和，煦斋，满洲正白人，

---

① 原作"帆"。
② 肇庆，《清秘述闻续》作"高明"。
③ 东，《清秘述闻续》作"乐"，是。
④ 爱庭，《清秘述闻续》作"菱亭"。
⑤ 原作"谬"。
⑥ 原作"徽祠"。

癸丑。尚书汪廷珍，瑟庵，江苏山阳人，己酉。侍郎李宗昉，芝龄，江苏山阳人，辛酉①。

[试题] 子曰学如（失之）。诗云鸢飞（一节）。子贡曰见（其政）。"春风风人"得"风"字。

[会元] 吕龙光，广东归善县人。

[鼎甲] 戴兰芬，【字畹香】，湘浦，安徽天长人，【学士】。郑秉恬，【字性和】，云【堃】，江西上高人，【编修，改知县】。罗文俊，【号萝村，泰瞻】②，广东南海人，【工部侍郎】。

道光二年壬午科乡试

广西主考许乃济、河南主考许乃普兄弟同典试。

顺天：

[试官] 刑左韩文绮，三③桥，浙江仁和人，乙卯。户尚黄钺，左田，安徽当涂人，庚戌。刑右恩铭，兰士，满洲正红人。

[试题] 居之无倦（二句）。是故君子（二句）。国君进贤（一节）。"询于刍荛"得"闻"字。

[解元] 王涤源，大兴④。

江南：

[试官] 户侍穆彰阿，鹤舫，满洲厢蓝人，乙丑。编修徐士芬，松⑤庵，浙江平湖人，己卯。

[试题] 先有司（三句）。德为圣人（二句）。是集义所（四句）。"清云⑥被皋兰"得"兰"字。

[解元] 胡国樑，泾县。

江西：

[试官] 礼侍李宗昉，芝龄，江苏山阳人，辛酉⑦。编修祝庆蕃，衡⑧畦，河南固始人，甲戌。

[试题] 大夫僎与（闻之）。成者物之（无物）。教人以善（之仁）。"秋水长天一

---

① "辛酉"为"壬戌"之讹。
② 光绪五年本校注者补：萝村。
③ 三，《清秘述闻续》作"山"。
④ 大兴，《清秘述闻续》作"大城"。
⑤ 松，《清秘述闻续》作"辛"。
⑥ 云，《清秘述闻续》作"露"，是。
⑦ "辛酉"为"壬戌"之讹。
⑧ 衡，《清秘述闻续》作"蘅"。

色”得“秋”字。

[解元] 胡增瑞。

浙江：

[试官] 工侍顾皋，晴芬，江苏金匮人，辛酉。编修陈銮，芝楣，湖北江夏人，庚辰。

[试题] 巍巍乎舜（一节）。忠恕违道（不远）。书曰丕显（六句）。“湖清霜镜晓”得“需怒”字。

[解元] 竺陈简。

福建：

[试官] 侍读沈维𫓧，鼎甫，浙江嘉兴人，壬戌。【沈维𫓧官至工部侍郎。】编修周之桢，贞木，江西新城人，己巳。

[试题] 子张问明（矣已）。君臣也（五句）。非礼之礼（弗为）。“诗清都为饮茶多”得“清”字。

[解元] 李家辉。

湖北：

[试官] 侍读闻人熙，春台，浙江归安【会稽】人，己巳。主事赵炳言，竹①泉，浙江归安人，丁丑。【赵炳言官至江苏、湖北巡抚。】

[试题] 临之以庄（三句）。序事所以（贤也）。有天爵者（二句）。“树德务滋”得“滋”字。

[解元] 黄经塾，黄梅。

湖南：

[试官] 编修李浩，【因培孙，翘子，字伯扬】，直卿，云南晋宁人，甲戌。中书裴鉴，印川，江苏句容人，己卯。

[试题] 非曰能之（四句）。君臣也（五句）。中天下而（二句）。②

[解元] 黄正心，衡州。

河南：

[试官] 御史杨希铨，研芬，江苏常熟人，辛未。编修许乃普，滇生，浙江仁和③人，庚辰。

[试题] 为人臣止（二句）。好古敏以（者也）。管仲以其（二句）。“流云吐华月”得“流”字。

[解元] 吴宝卿，光州。

山东：

---

① 竹，《清秘述闻续》作“竺”。
② 此处缺诗赋题，《清秘述闻续》作“洞庭玉笛横清秋”得“秋”字。
③ 仁和，《清秘述闻续》作“钱塘”。

［试官］祭酒何凌汉，仙槎，湖南道州人，乙丑。编修牛鉴，【字锦堂①】，雪樵，甘肃武威人，甲戌。【牛鉴官至两江总督，以庚子夷警革职逮问，赦出，效力河南河工，赏主事。】

［试题］畏天命（三句）。去谗远色（贵德）。圣人治天（三句）。"齐鲁青未了"得"秋"字。

［解元］孟毓藻。

山西：

［试官］御史龚绥，若士，云南昆明人，辛未。编修吴文镕，新锸，江苏仪征人，己卯。【吴文镕官至湖广总督，殉粤寇之难，谥文节。】

［试题］周监于二（二句）。曲能有诚。岁十一月（二句）。"桂华侵月"得"山"字。

［解元］张鸿举。

陕西：

［试官］御史吴杰，【梅】②梁，浙江会稽人，甲戌。【吴杰官至工部侍郎。】修撰陈继昌，莲史，广西临桂人，庚辰。

［试题］不患无位（二句）。辟如登高（二句）。尧舜之道（二句）。"书味夜灯知"得"林"字。

［解元］郑士范。

四川：

［试官］编修张岳崧，翰山，广东南海【定安】③人，己巳。编修沈巍皆，舜卿，安徽六安人，丁丑。

［试题］子曰君子（耻其）。尊贤之等。是故贤君（一节）。"穆如清风"得"风"字。

［解元］左廷宾。

广东：

［试官］编修祁寯藻④，春浦，山西寿阳人，甲戌。员外程德润，玉樵，湖北天门人，甲戌。

［试题］知者不惑（三句）。正己而不（一句）。入其疆则（有庆）。"海不扬波"得"波"字。

［解元］周燨。

广西：

---

① 锦堂，《清秘述闻续》作"镜塘"。
② 原作"海"。
③ 定安，《清秘述闻续》作"安定"。
④ "藻"当为"藻"。

［试官］御史①许乃济，叔舟，浙江仁和人，丁丑②。编修陈澧，大云，湖北蕲水人，丁丑。

［试题］民之所好（一句）。畏圣人之言。尧舜之治（天下）。"山川出云"得"先"字。

［解元］卢昌彦。

云南：

［试官］编修周祖培，芝台，河南商城人，己卯。主事朱壬林，小云，浙江平湖人，辛未。

［试题］舜有臣五（一句）。书同文。心之所同（然耳）。"八月其获"得"秋"字。

［解元］卢文选。

贵州：

［试官］编修姜坚，宾甫，江苏甘泉人，己卯。主事③光聪谐，栗园，安徽桐城人，己巳。

［试题］立则见其（二句）。致中和。必有事焉（四句）。"道以神理超"得"超"字。

［解元］吴巨。

道光三年癸未科会试

中式二百四十名。

［试官］吏侍王引之，伯升④，江苏高邮人，己未。大学曹振镛，丽⑤笙，安徽歙县人，辛丑。礼尚汪廷珍，瑟庵，江苏山阳人，己酉。户侍穆彰阿，鹤舫，满洲厢蓝人，乙丑。

［试题］切问而近（中矣）。知远之近（德矣）。人则孝守（之道）⑥。"云随波影动"得"波"字。

［会元］杜受田，【锡之，芝农】，山东滨州人，【协办大学士，赠太师，谥文正】。

［鼎甲］林召棠，【芾南】⑦，广东吴川人，【修撰】。王广荫，【蕢堂】⑧，江苏通州

---

① 御史，《清秘述闻续》作"兵科给事中"。
② "丁丑"为"己巳"之讹。
③ 主事，《清秘述闻续》作"刑部员外郎"。
④ 升，《清秘述闻续》作"申"。
⑤ 丽，《清秘述闻续》作"俪"。
⑥ "守"为"出"之讹。
⑦ 光绪五年本校注者亦补：芾南。
⑧ 光绪五年本校注者亦补：蕢堂。

人，【工部尚书，文慎】。周开麒，【石生】①，江苏江宁人，【浙江按察使，降五品京堂】。②

道光五年乙酉科乡试

顺天：

[试官] 御史姚文田，秋农，浙江归安人，己未。尚书玉麟，研农，满洲正黄人，乙卯。户侍③顾皋，晴芬，江苏金匮人，乙酉④。

[试题] 君子易事（四句）。万物并育（一句）。必使仰足（二句）。"读书有三余"得"余"字。

[解元] 郑阅。

江南：

[试官] 刑侍⑤刘彬士，朴石，湖北黄陂人，辛酉。侍讲陈用光，硕士，江西新城人，辛酉。

[试题] 贤者识其（三句）。宗庙之礼（二句）。壮者以暇（四句）。"海不扬波"得"平"字。

[解元] 张培寿，镇江丹徒人。

江西：

[试官] 主事⑥福申，佑之，满洲厢黄人，辛未。御史李逢辰，馥堂，江苏元和人，甲戌。

[试题] 民可使由（二句）。发而皆中（一句）。学问之道（二句）。"海不扬波"得"平"字。

[解元] 夏淳铺。

浙江：

[试官] 工侍⑦王鼎，省崖，陕西蒲城人，丙辰。给事赵柄，斗垣，江苏上海人，丁丑。

[试题] 子曰知者（三句）。明乎郊社（三句）。文王之囿（四句）。"景星如半月"得"光"字。

---

① 光绪五年本校注者亦补：石生。

② 此二人，原为周在前，王在后，李慈铭以对调符改之。光绪五年本校注者于周右注"探"，于王右注"榜"。

③ 户侍，《清秘述闻续》作"工部侍郎"。

④ "乙酉"为"辛酉"之讹。

⑤ 刑侍，《清秘述闻续》作"礼部侍郎"。

⑥ 主事，《清秘述闻续》作"大理寺卿"。

⑦ 工侍，《清秘述闻续》作"户部侍郎"。

［解元］徐光简。

福建：

［试官］春坊①翁心存，【二铭】②，江苏常熟人，壬午。【翁心存官至体仁阁大学士，谥文端。】编修陈兆熊，【伯元】，江苏崇明人，己卯。

［试题］子曰上好（使也）。义者宜也（二句）。达不离道（于民）。"春草秋更绿"得"秋"字。

［解元］林扬祖，【己丑，甘肃布政】。

湖北：

［试官］侍讲许乃普，【贞锡】③，浙江钱塘人，庚辰。御史王赠芳，霞九，江西庐陵人，辛未。

［试题］迩之事父（三句）。天地之大也。若伊尹莱（二句）。"李杜文章在"得"光"字。

［解元］万时喆。

湖南：

［试官］编修张日晸，【东升】④，贵州贵筑人，丁丑。中书石纶，愚泉，安徽宿松人，甲戌。

［试题］居敬而行（三句）。好学近乎知。卿以下必（一句）。⑤

［解元］张学庭。

河南：

［试官］编修邵正笏，鱼竹，浙江钱塘人，乙卯。编修朱襄，【原名一贯，字以之，唯斋】⑥，安徽芜湖人，庚辰。【朱襄官至河东河道总督。】

［试题］君子不以（二句）。柔远人也（二句）。礼也父召（三句）。⑦

［解元］李玫。

山东：

［试官］礼侍⑧朱方增，虹舫，浙江海盐人，辛酉。侍读⑨文庆，【孔修】⑩，满洲厢红人，壬午。【文庆官至武英殿大学士，谥文端。】

---

① 春坊，《清秘述闻续》作"中允"。
② 光绪五年本校注者亦补：二铭。
③ 光绪五年本校注者补：滇生。
④ 光绪五年本校注者补：晓瞻。
⑤ 此处缺诗赋题，《清秘述闻续》作：赋得"欸乃一声山水绿"得"声"字。
⑥ 光绪五年本校注者补：七云。
⑦ 此处缺诗赋题，《清秘述闻续》作：赋得"八月露华清"得"清"字。
⑧ 礼侍，《清秘述闻续》作"内阁学士"。
⑨ 侍读，《清秘述闻续》作"侍讲"。
⑩ 光绪五年本校注者亦补：孔修。

［试题］事君能致（一句）。故君子居（二句）。省刑罚薄（税敛）。①

［解元］孔继□②。

山西：

［试官］编修冯赞勋，【襄甫】，广西宜化人，庚辰。编修蔡赓飚，云士，浙江德清人，壬午。

［试题］知者乐仁（者寿）。取人以身（一句）。五亩之宅（二句）。③

［解元］王丕显。

陕甘：

［试官］詹事龚守正，季思，浙江仁和人，壬戌。编修李泰交，【大来】，贵州贵阳人，庚辰。

［试题］子在齐闻（一章）。悠久所以（一句）。请野九一（一节）。④

［解元］李培滋。

四川：

［试官］编修李棠阶，【字受庭，一字树南，号文园】，【蕡园】⑤，河南河内人，壬午。【李堂阶官至礼部尚书，军机大臣，谥文清。】郎中周炳绪，敬斋，广西临桂人，丁丑。

［试题］道盛得至（二句）。子谓子夏（子儒）。设为庠序（四句）。⑥

［解元］徐健⑦永。

广东：

［试官］侍读毛树棠，【字萌南】，苇村，河南武陟人，丁丑。给事陶廷杰，子俊，贵州都匀人，甲戌。

［试题］尊五美屏（三句）。齐明盛服（二句）。国人皆曰（四句）。⑧

［解元］王选。

广西：

［试官］编修周作楫，庆⑨岩，江西泰和人，庚辰。编修王煜，【耀堂】，安徽滁州人，壬午。

［试题］其心好之（二句）。主忠信从（德也）。诗云雨我（二句）。⑩

---

① 此处缺诗赋题，《清秘述闻续》作：赋得"石上泉声带雨秋"得"声"字。
② 原缺。当为"猷"。
③ 此处缺诗赋题，《清秘述闻续》作：赋得"篱豆花开蟋蟀鸣"得"鸣"字。
④ 此处缺诗赋题，《清秘述闻续》作：赋得"秋云似罗"得"罗"字。
⑤ 光绪五年本校注者补：树南。
⑥ 此处缺诗赋题，《清秘述闻续》作：赋得"天虚风物清"得"秋"。
⑦ 健，《清秘述闻续》作"建"。
⑧ 此处缺诗赋题，《清秘述闻续》作：赋得"四时花放不知秋"得"时"字。
⑨ 庆，《清秘述闻续》作"梦"。
⑩ 此处缺诗赋题，《清秘述闻续》作：赋得"声音木"得"声"字。

［解元］朱庭芬。

云南：

［试官］编修邵甲名，【冠群】，丹崖①，顺天大兴人，【己卯】②。【邵甲名为山西雁平道庚曾之孙，庚戌进士、知县葆醇之子，官至广西布政使。】中书端木垣③，江苏江宁人，辛未。

［试题］君子欲讷（一节）。犹以为远（一句）。昏暮叩人（与者）。④

［解元］窦埏，己丑，御史。

贵州：

［试官］编修曾元海，少坡，福建闽县人，壬午。主事陆尧松，【荫周】，少庐，浙江平湖人，辛未。

［试题］我欲仁斯（至矣）。及其至也（知焉）。大匠诲人（二句）。⑤

［解元］何燏。

道光六年丙戌科会试

是科会试，有年老举人陆云从，时年一百四岁，系广东人，三场完峻，未经中式，奉旨赏给国子监司业衔。

［试官］尚书⑥王鼎，省崖，陕西蒲城人，丙辰。学士蒋攸铦，汉军厢蓝旗人，甲辰。侍郎汤金钊，敦【甫】⑦，浙江萧山人，己未。【左都】⑧ 陆以庄，平泉，浙江萧山人，丙辰。

［试题］人之有技（好之）。是集义所（馁矣）。无求备于（一人）。

［会元］王庆元，【直隶盐山人】。

［鼎甲］朱昌颐，【吉求，朵山】⑨，浙江海盐人，【修撰，以事降，捐复主事，升御史】。【朱朵山先以嘉庆癸酉拔贡，授户部七品小京官，升主事，既改修撰，甫散馆，以前官户部时失察假照事革职。捐复户部主事，升员外郎，改御史，升给事中，以与同官忿争再革职。咸丰初起用主事，未赴卒。】贾桢，【艺林，筠堂】⑩，山东黄县人，

---

① 崖，《清秘述闻续》作"畦"。
② 原作"庚辰"。
③ "垣"为"坦"之讹。
④ 此处缺诗赋题，《清秘述闻续》作：赋得"红蓼花疏水国秋"得"红"字。
⑤ 此处缺诗赋题，《清秘述闻续》作：赋得"千崖秋气高"得"秋"字。
⑥ 尚书，《清秘述闻续》作"户部侍郎"。
⑦ 原作"圃"。
⑧ 原作"御史"。《清秘述闻续》作"工部尚书"。
⑨ 光绪五年本校注者补：朵山。
⑩ 光绪五年本校注者补：筠堂。

【大学士，文端】。帅方蔚，【叔起，子文】①，江西奉新人，【御史，同治庚午重宴鹿鸣】。

道光八年戊子科乡试

顺天：

［试官］尚书王鼎，省崖，陕西蒲城人，丙辰。协办卢荫溥，南石，山东德州人，辛丑。户侍李宗昉，芝龄，江苏山阳人，壬戌。

［试题］言思忠（二句）。苟不固聪（三句）。曰周公弟（四句）。"檐际雨余逢月色"得"檐"字。

［解元］王松陵，【改名兆松，抚宁，癸巳，鸿少】。

江南：

［试官］刑侍钟昌，仰山，满洲正白旗人，己巳。编修黄爵滋，【字德成】，树斋，江西宜黄人，癸未。【黄爵滋官至刑部左侍郎，罢职，特用员外郎。】

［试题］视其所以（三句）。故天之生（三句）。有友五人（七句）。"雨洗秋山净"得山字。

［解元］潘德【舆】②，【号四农，彦辅】，山阳。

江西：

［试官］詹事胡开益，【牧堂】，浙江会稽③人，壬戌。郎中王贻桂，小山，顺天宛平人【原籍浙江萧山人】，丁丑。

［试题］天下归仁（由已）。或生而知（二句）。天下④适诸（职也）。"心醉六经"得"经"字。

［解元］甘立淞。

浙江：

［试官］工侍李宗瀚，【字公博】，北溟，江西临川人，癸丑。御史但明伦，【一字敦五，号云湖】，【天叙】⑤，贵州广顺人，己卯。

［试题］以服事殷（之德）。诚者非自（四句）。盈科而后（三句）。"湖光尽处天容阔"得"天"字。

［解元］马昱中，温州。

福建：

［试官］修撰戴兰芬，湘圃，安徽天长人，壬午。主事张祥河，诗舲，江苏娄县

---

① 光绪五年本校注者补：子文。
② 原作"与"。
③ 浙江会稽，《清秘述闻续》作"顺天宛平"。
④ "下"为"子"之讹。
⑤ 光绪五年本校注者补：云湖。

人，庚辰。【张祥河官至工部尚书，加太子太保，谥温和。】

[试题] 说之不以（器之）。宪章文武。入其疆土（野治）。"月色随处好"得"秋"字。

[解元] 郭礼图。

湖北：

[试官] 编修吴文镕，【甄甫】①，江苏仪征人，己卯。编修孙瑞珍，【玉庭子】，【符卿】②，山东济宁人，癸未。【孙瑞珍官至户部尚书，赠太子太保，谥文定。】

[试题] 子曰视其（一章）。朝聘以时（二句）。凡有四端（四句）。③

[解元] 杜慰昌。

湖南：

[试官] 编修沈兆澐，【字秋涛】，云【巢】④，直隶天津人，丁丑。【沈兆澐官至浙江布政使，告病归。庚午重宴鹿鸣，赏头品顶带，□□⑤卒。】御史牛鉴，【雪樵】⑥，甘肃武威人，甲戌。

[试题] 子曰举直（二句）。修身也（九句）。自耕稼陶（二句）。⑦

[解元] 李南英。

河南：

[试官] 编修张日晸，晓瞻，贵州贵筑人，丁丑。主事刘梦兰，觉□⑧，湖南武陵人，己卯。

[试题] 色难有事（孝乎）。忠信重禄（二句）。食之以时（二句）。⑨

[解元] 刘世勋。

山东：

[试官] 祭酒何彤然，【弨甫】，广西平乐人，乙丑。编修帅方蔚，子文，江西奉新人，丙戌。

[试题] 择可劳而（四句）。故为政在人。诗云畏天（二句）。⑩

[解元] 李【佐】⑪ 贤，【竹朋，利津，乙未，编修，知府】。

山西：

---

① 光绪五年本校注者补：新镕。
② 光绪五年本校注者补：符卿。
③ 此处缺诗赋题，《清秘述闻续》作：赋得"秋澄万景清"得"清"字。
④ 原作"集"。
⑤ 此二字模糊难辨。
⑥ 光绪五年本校注者补：镜堂。
⑦ 此处缺诗赋题，《清秘述闻续》作：赋得"秋晚岳增翠"得"秋"字。
⑧ 此字模糊难辨。当作"香"。
⑨ 此处缺诗赋题，《清秘述闻续》作：赋得"大木百围生远籁"得"秋"。
⑩ 此处缺诗赋题，《清秘述闻续》作：赋得"百川学海"得"川"字。
⑪ 原作"左"。

［试官］编修吴式敏，【逊甫】，山东海丰人，庚辰。编修继志，【绳其】，汉军正白旗人，壬午。

［试题］子路问政（劳之）。执其两端（二句）。圣人治天（四句）。①

［解元］卫佐尧。

陕西：

［试官］编修池生春，【钥庭】②，云南楚雄人，癸未。中书易长华，江苏上元人，己卯。

［试题］曰然则师（不及）。思修身不可。鲁之春秋（一也）。③

［解元］王禹堂。

四川：

［试官］员外马光澜，【厚庵】，浙江会稽人，丁丑。【马光澜官至山东盐运使】。编修卞士云，【光河】④，江苏仪征人，【癸未】⑤。【卞士云官至浙江布政使，署巡抚。】

［试题］修己以敬（五句）。择乎中庸（一善）。省刑罚薄（忠信）。⑥

［解元］向大成。

广东：

［试官］编修田嵩年，季高，山西孟县人，庚辰。【田嵩年官至顺天府府尹。】编修李钧，梦【韶】⑦，直隶河间人，丁丑。【李钧官至河东河道总督。】

［试题］以能问于（四句）。执其两端（二句）。夫人幼而（二句）。⑧

［解元］郭焕。

广西：

［试官］编修陈宪曾，【兆仑曾孙】，【吉甫】⑨，浙江钱塘人，壬午。【陈宪曾官至詹事。】主事史致蕃，【椒园】，顺天宛平人，癸未。【史致蕃后改归原籍浙江山阴，官至云南布政使。】

［试题］君子去仁（二句）。庸德之行（二句）。人有恒言（二句）。⑩

［解元］李天元。

云南：

---

① 此处缺诗赋题，《清秘述闻续》作：赋得"山月临窗近"得"近"字。
② 光绪五年本校注者补：苍庭。
③ 此处缺诗赋题，《清秘述闻续》作：赋得"蒹葭霜薄雁初飞"得"霜"字。
④ 光绪五年本校注者亦补：光河。
⑤ 原作"己卯"。光绪五年本校注者亦改为：癸未。
⑥ 此处缺诗赋题，《清秘述闻续》作：赋得"峨眉山月半轮秋"得"秋"字。
⑦ 原作"诏"。
⑧ 此处缺诗赋题，《清秘述闻续》作：赋得"欸乃一声山水绿"得"声"字。
⑨ 光绪五年本校注者补：铁桥。
⑩ 此处缺诗赋题，《清秘述闻续》作：赋得"秋色无远近"得"秋"字。

［试官］司业胡达源，云阁，湖南益阳人，己卯。主事瞿溶，【仁甫】①，江苏武进人，甲戌。

贵州：

［试官］编修丁善庆，【尔常】②，顺天宛平人【后改归湖南原籍】，癸未。编修陈官俊，【吁尊】③，山东潍县人，戊辰。

［试题］狷者有所（为也）。义者宜也（为大）。修其孝悌（忠信）。④

［解元］邵凌霄。

道光九年己丑科会试

中式二百□□□□⑤。

［试官］兵侍朱士彦，咏斋，江苏宝应人，壬戌。兵尚玉麟，研农，满洲正黄人，乙卯。大学曹振镛，丽⑥笙，安徽歙县人，辛丑。户侍李宗昉，芝龄，江苏山阳人，辛酉⑦。光寺吴椿，【退旃】⑧，安徽歙县人，壬戌。

［试题］欲速则不（二句）。或生而知（一也）。夏曰校亲（于下）。"春色先从草际归"得"归"字。

［会元］刘有庆，直隶南皮人，【知县，殉难】。

［鼎甲］李振钧，【字仲衡，号海初】⑨，安徽太湖人，【修撰】。钱福昌，【字超衢，号辰田】⑩，浙江平湖人，【内阁侍读学士】。朱兰，【字心如，一字久香】⑪，浙江余姚人，【内阁学士】。

道光十一年辛卯恩科乡试

顺天：

［试官］大学卢荫溥，南石，山东德州人，辛丑。吏侍宝兴，【献山】，满洲厢黄

---

① 光绪五年本校注者补：丽江。
② 光绪五年本校注者补：伊辅。
③ 光绪五年本校注者补：伟堂。
④ 此处缺诗题，《清秘述闻续》作：赋得"潭静秋新"得"新"字。
⑤ 原被挖去或涂抹。光绪五年本、光绪八年本作"二十三名"。
⑥ 丽，《清秘述闻续》作"俪"。
⑦ "辛酉"为"壬戌"之讹。
⑧ 光绪五年本校注者补：大农。
⑨ 光绪五年本校注者补：海初。
⑩ 光绪五年本校注者补：辰田。
⑪ 光绪五年本校注者补：久香。

人，乙丑。户侍①李宗昉，芝龄，江苏山阳人，壬戌。

[试题] 此谓诚于（三句）。躬自厚而（一句）。今之君子（三句）。"圆出于方"得"规"字。

[解元] 董似縠，大兴，【戊戌，司业】。

江南：

[试官] 侍郎申启贤，【子敬】②，河南延津人，壬戌。御史郑瑞玉，【后改名体椿】，【石臣】③，四川广安人，己卯。

[试题] 子曰君子（一章）。凡事豫则立。所以谓人（之心）。"采菊东篱下"得"东"字。

[解元] 汪立权，歙县。

江西：

[试官] 左副毛式郇，【荫南】④，山东历城人，己未。编修钱福昌，【超衢】⑤，浙江平湖人，己丑。

[试题] 或问子产（一节）。中也者天（育焉）。我学不厌（仁也）。"吏部文章日月光"得"光"字。

[解元] 刘宗美，南康。

浙江：

[试官] 侍郎何凌汉，【云门】⑥，湖南道州人，乙丑。侍讲王炳瀛，【莲洲】⑦，四川安岳人，甲戌。

[试题] 可与适道（四句）。诗云鸢飞（二句）。鲁之春秋（则史）。"月点波心一颗珠"得"珠"字。

[解元] 潘恭寿，仁和。

福建：

[试官] 通政文庆，孔修，满洲厢红人，壬午。赞善罗士菁，【宾门】，云南石屏人，庚辰。

[试题] 东里子产（一句）。人十能之（二句）。树艺五谷（二句）。"蟋蟀俟秋吟"得"吟"字。

[解元] 张际青，安溪。

湖北：

---

① 户侍，《清秘述闻续》作"兵部侍郎"。
② 光绪五年本校注者补：镜汀。
③ 光绪五年本校注者补：朗如。
④ 光绪五年本校注者补：伯雨。
⑤ 光绪五年本校注者补：辰田。
⑥ 光绪五年本校注者补：仙槎。
⑦ 光绪五年本校注者补：莲舟。

[试官] 编修李儒郊，【鸿宾子】，东原，江西德化人，壬午。编修费开绶，【佩青】①，江苏武进人，庚辰。【费开绶官至江西巡抚。】

[试题] 夫子之文（二句）。博厚配地（三句）。以不忍人（二句）。"日升月恒"得"明"字。

[解元] 张琅，汉阳。

湖南：

[试官] 吏员汪河，江西新城人，丁丑。编修岳镇南，【文峰】②，山东利津人，壬午。

[试题] 默而识之（三句）。宜民宜人（二句）。入其疆土（有庆）。"江涵秋影雁初飞"得"秋"字。

[解元] 伍泽景，邵阳。

河南：

[试官] 编修俞东枝，【岱青】③，湖南善化人，壬午④，【□□⑤翰林】。编修梁萼涵，【一字棣轩】，【心芳】⑥，山东蓉城人，庚辰。【梁萼涵官至云南、山西巡抚。】

[试题] 以约失之（一节）。必得其禄（二句）。汤之于伊（四句）。"清泉石上流"得"流"字。

[解元] 闫彤恩，固始。

山东：

[试官] 侍讲许乃普，滇生，浙江钱塘人，庚辰。检讨徐思庄，【孟舒】，江西龙南人，壬午。

[试题] 诗书执礼。隐恶而扬（二句）。吾欲观于（三句）。"蝉声驿路秋山里"得"辨⑦"字。

[解元] 谢维岭，郯城。

山西：

[试官] 编修王广荫，蔆堂，江苏通州人，癸未。编修高枚，【卜园】⑧，浙江萧山人，丙戌。

[试题] 非礼勿视（四句）。好学近乎知。尊贤使能（一节）。"秋山极天净"得"山"字。

---

① 光绪五年本校注者补：鹤江。
② 光绪五年本校注者补：正峰。
③ 光绪五年本校注者亦补：岱青。
④ 光绪五年本校注者改：丙戌。
⑤ 此二字模糊难辨。
⑥ 光绪五年本校注者亦补：心芳。
⑦ 辨，《清秘述闻续》作"声"。
⑧ 光绪五年本校注者补：小楼。

［解元］张鹏展，榆次。

陕西：

［试官］修撰林召棠，【爱封】①，广东吴川人，癸未。编修侯桐，叶唐，江苏无锡人，庚辰。【侯桐官至吏部左侍郎。】

［试题］恭宽信敏慧②。陈其宗器（二句）。诸大夫皆（贤焉）。"露下天高秋气清"得"清"字。

［解元］呼延甲，长安。

四川：

［试官］刑【郎】③ 闵受昌，【鹗元孙，思诚子，官至鸿胪寺少卿】，【文甫】④，浙江归安人，丁丑。编修⑤谌厚光，【蕴山】，贵州平逮⑥人，丙戌。

［试题］子谓子产（二句）。见而民莫（三句）。人人亲其（三句）。⑦

［解元］洪锡桓，华阳。

广东：

［试官］编修丁善庆，【自庵】⑧，湖南清泉人，癸未。编修孙日萱，【□⑨卿】，春叔，安徽休宁人，丙戌。

［试题］其养民也（二句）。慎思之明（三句）。所以动心（二句）。"一片冰心在玉壶"得"中"字。

［解元］蔡锦泉，顺德。

广西：

［试官］御史徐广缙，【靖侯】⑩，【一字仲升】，河南鹿邑人，庚辰。【徐广缙官至两广总督，封一等子，咸丰癸丑授钦差大臣，旋以失律革职逮问，免死，遣戌。】中书花咏春，【杰子】，【伯雅】⑪，贵州贵筑人，【己卯】⑫。

［试题］康诰曰作（一节）。恶不仁者（二句）。若曾子则（可也）。"生才作霖雨"得"才"字。

［解元］朱琦，【伯韩】，临桂，【乙未，御史】。

---

① 光绪五年本校注者补：莆南。
② "慧"为"惠"之讹。
③ 原作"部"。《清秘述闻续》作"鸿胪寺少卿"。
④ 光绪五年本校注者补：文敷。
⑤ 编修，《清秘述闻续》作"检讨"。
⑥ "逮"为"远"之讹。
⑦ 此处缺诗赋题，《清秘述闻续》作：赋得"月到天心处"得"心"字。
⑧ 光绪五年本校注者补：伊辅。
⑨ 此字模糊难辨。
⑩ 光绪五年本校注者补：仲绅。《清秘述闻续》作"仲升"。
⑪ 光绪五年本校注者补：思白。
⑫ 原作"癸未"。光绪五年本校注者亦改：己卯。

云南：

[试官] 编修李品芳，【字增美】，春皋，浙江东阳人，癸未。【李品芳官至内阁学士，丁忧归，家居三十余年，□□①重赴鹿鸣，赏头品顶戴，辛巳卒。】主事王藻，【燕镐】②，江苏通州人，壬午。

[试题] 近者说远（二句）。宜民宜人（二句）。孔子登东（二句）。"山月照弹琴"得"琴"字。

[解元] 李种③泰，昭通。

贵州：

[试官] 编修贾桢，【艺林】④，山东黄县人，丙戌。中书彭作邦，山西临汾人，甲戌。

[试题] 见贤思齐（二句）。博学之审（四句）。君子所以（心也）。"冷露无声湿桂花"得"声"字。

[解元] 王在典，安平。

道光十二年壬辰恩科会试

中式二百三名。

[试官] 户侍穆彰阿，鹤舫，满洲厢蓝人，乙丑。吏尚潘世恩，槐堂，江苏吴县人，癸丑。刑侍⑤戴敦元，金溪，浙江开化人，癸丑。兵侍⑥朱士彦，【咏】⑦斋，江苏宝应人，壬戌。

[试题] 君使臣以礼。施诸己而（三句）。乐天者保（三句）。赋得"循名责实"得"诚"字。

[会元] 马学易，吉人，长洲，【主事】。

[鼎甲] 吴钟骏，【颐子】，【吹声、崧甫】⑧，江苏吴县人，【礼部侍郎】。朱凤标，【字建霞，桐轩】⑨，浙江萧山人，【大学士，文端】。季芝昌，【字云书，仙九】⑩，江苏长洲⑪人，【闽浙总督，光绪三年追谥文敏】。【案：是科鼎甲亦盛，吴公、朱公皆直

---

① 此二字模糊难辨。
② 光绪五年本校注者补：菽原。
③ 种，《清秘述闻续》作"钟"。
④ 光绪五年本校注者补：筠堂。
⑤ 刑侍，《清秘述闻续》作"刑部尚书"。
⑥ 兵侍，《清秘述闻续》作"工部尚书"。
⑦ 原作"永"。
⑧ 光绪五年本校注者补：嵩甫。
⑨ 光绪五年本校注者补：桐轩。
⑩ 光绪五年本校注者补：仙九。
⑪ "长洲"为"江阴"之讹。

上书房，季公为军机大臣，皆同时。吴公先卒，季旋以总督告归，朱最后卒，其官九列亦较后。】

道光十二年壬辰科乡试

【湖南左宗植与弟宗棠同中式，宗棠至大学士、一等恪靖伯。】

顺天：

[试官] 左都白镕，【冶源】①，顺天通州人，己未。户尚王鼎，省崖，陕西蒲城人，丙辰。兵尚那清安②，满洲正白人，乙丑。刑侍史致俨，【容庄】③，江苏江都人，己未。

[试题] 不义而富（二句）。故君子和（四句）。仁义忠信（二句）。"万物静观皆自得"得"观"字。

[解元] 郑辉堂，天津。

江南：

[试官] 吏侍汤金钊，敦圃，浙江萧山人，己未。检讨龚文焕，霞城，福建光泽人，丁丑④。

[试题] 兴于诗立（一章）。旅酬下为上。食之以时（二句）。"三峡江声流笔底"得"流"字。

[解元] 潘钟，昆山。

江西：

[试官] 编修罗家彦，【宝田】⑤，湖北天门人，【戊】⑥辰。员外许球，【玉叔】⑦，安徽歙县人，癸未。

[试题] 察其所安。官盛任使（所以）。吾为此惧（二句）。"江清月近人"得"清"字。

[解元] 陈常，南昌⑧。

浙江：

[试官] 户侍李宗昉，【静远】⑨，江苏山阳人，壬戌。御史韩大信，【亦约】⑩，直

---

① 光绪五年本校注者补：小山。
② 光绪五年本校注者补：慎修。
③ 光绪五年本校注者补：望之。
④ 光绪五年本校注者改：己卯。
⑤ 光绪五年本校注者亦补：宝田。
⑥ 原作"庚"。光绪五年本校注者亦改：戊。
⑦ 光绪五年本校注者亦补：玉叔。
⑧ 南昌，《清秘述闻续》作"奉新"。
⑨ 光绪五年本校注者补：芝龄。
⑩ 光绪五年本校注者补：鹤庄。

隶天津人，己卯。

[试题] 举贤才曰（所知）。后世有述（二句）。以遏徂莒（四句）。"因云洒润"得"流"字。

[解元] 朱濂，秀水。

福建：

[试官] 理卿文蔚，露轩，满洲正蓝人，庚辰。工给邵正笏，【鱼】① 竹，浙江钱塘人，己卯。

[试题] 恶缴以为（三句）。诗云桃之（三节）。附于诸侯（附庸）。"诗杂仙心"得"仙"字。

[解元] 吴景禧，侯官。

湖北：

[试官] 编修贾克慎，亮才，山西阳曲人，庚辰。御史卞士云，【竹辰】②，江苏仪征人，癸未。

[试题] 众恶之必（一节）。修道之谓教。桓公之于（三句）。"江城如画里"得"秋"字。

[解元] 罗宗义，武昌。

湖南：

[试官] 刑给徐法绩，【号熙盦，又功】③，陕西泾阳人，丁丑。编修胡鉴，【遴叔】④，浙江鄞县人，庚辰。

[试题] 好仁不好（四句）。中立而不（二句）。故士穷不（二句）。⑤

[解元] 左宗植，湘阴。

河南：

[试官] 侍学冯芝，【厚田】⑥，山西代州人，戊辰。编修龚维琳，【承研】⑦，福建晋江人，丙戌。

[试题] 君子听⑧其（一节）。则可以赞（一句）。继之以不（二句）。"政成在民和"得"民"字。

[解元] 申启元，延津。

山东：

---

① 原作"渔"。
② 光绪五年本校注者补：光河。
③ 光绪五年本校注者补：定夫。
④ 光绪五年本校注者补：藕湾。
⑤ 此处缺诗赋题，《清秘述闻续》作：赋得"学者心之白日"得"白"字。
⑥ 光绪五年本校注者补：逊园。《清秘述闻续》作"遒"。
⑦ 光绪五年本校注者补：春溪。
⑧ "听"为"耻"之讹。

［试官］寺卿郭尚先，【元闻】①，福建莆田人，己巳。庶子②松峻③，【翰生】，满洲正黄人，己卯④。

［试题］民信之矣。来百工则（四句）。能言距杨（墨者）。⑤

［解元］林书奎，栖霞。

山西：

［试官］编修龙瑛，【伯华】⑥，湖南湘潭人，丁丑。中书张延阀，湖南长沙人，甲戌。

［试题］舜有天下（一节）。诗曰嘉乐（君子）。非礼之礼（一节）。"诵诗闻国政"得"诗"字。

［解元］焦炳照，忻州。

陕西：

［试官］编修王玥，【梦湘】，贵州贵筑人，丙戌。编修赵光，【字仲明】，蓉舫，云南昆明人，庚辰。

［试题］曰焉知贤（所知）。舜好问而（一句）。食之以时（二句）。"天外三峰削不成"得"成"字。

［解元］刘维禧，泾阳。

四川：

［试官］侍讲翁心存，遂盦，江苏常熟人，壬午。编修李涵⑦，【丰垣】⑧，顺天宝坻人，壬午。

［试题］荡荡乎民（功也）。莫不尊亲。国人皆曰（四句）。"淡云疏雨过高城"得"清"字。

［解元］阎希哲，顺庆⑨。

广东：

［试官］祭酒程恩泽，春海，安徽歙县人，辛未。编修邢福山，【一字五峰】，【伯衡】，江西新昌人，庚辰。

［试题］子曰君子（一节）。能尽物之（二句）。卿以下必（二节）。"罗浮见日鸡一鸣"得"先"字。

---

① 光绪五年本校注者补：兰石。
② 庶子，《清秘述闻续》作"司业"。
③ "峻"为"莈"之讹。
④ "己卯"为"丙戌"之讹。
⑤ 此处缺诗赋题，《清秘述闻续》作：赋得"五更沧海日三竿"得"光"字。
⑥ 光绪五年本校注者补：白华。
⑦ 涵，光绪五年本校注者改：菡。
⑧ 光绪五年本校注者补：滋圃。《清秘述闻续》作"滋园"。
⑨ 顺庆，《清秘述闻续》作"充县"。

［解元］黄士元，新宁。

广西：

［试官］编修汪世樽，【如洋子，寅禾】①，浙江秀水人，癸未。编修张琴，【仁晖】②，云南安宁人，癸未。

［试题］异乎吾所（三句）。诗曰衣锦（尚絅）。乡党自好（二句）。"半帆斜日一江风"得"林"字。

［解元］卢大亨，宣化。

云南：

［试官］编修费开绶，【鹤汀】③，江苏武进人，庚辰。编修杜受田，【锡之】④，山东滨州人，癸未。

［试题］昔者偃也（一节）。自诚明谓（一句）。禹稷颜子（二句）。"搜岩採幹"得"贤"字。

［解元］萧文蔚，浪穹。

贵州：

［试官］检讨林士傅，【说岩】⑤，福建侯官⑥人，癸未。主事何其兴，江苏上元人，庚辰。

［试题］夫子循循（一节）。子庶民也（二句）。诗云昼尔（四句）。"远山晴更多"得"晴"字。

［解元］余熙怀，黔西。

道光十三年癸巳科会试

中式二百二十二名。

［试官］兵尚那清安，鹤侣，满洲正白人，乙丑。大学曹振镛，丽⑦笙，安徽歙县人，辛丑。大学阮元，芸台，江苏仪征人，己酉。工侍恩铭，兰士，满洲正红人，戊辰。

［试题］古之愚也（二句）。载华岳而（三句）。权然后知（一节）。赋得"以礼制心"得"诚"字。

［会元］许楣，辛木，海宁，【主事】。

---

① 光绪五年本校注者补：寅禾。
② 光绪五年本校注者补：桐厢。
③ 光绪五年本校注者补：鹤江。
④ 光绪五年本校注者补：芝农。
⑤ 光绪五年本校注者补：可舟。
⑥ 侯官，《清秘述闻续》作"闽县"。
⑦ 丽，《清秘述闻续》作"俪"。

[鼎甲] 汪鸣相，【字珏生】，朗渠，江西彭泽人，修撰，【甫散馆，在广东缢死】。曹履泰，【曙三，号树珊】，江西都昌人，【巡道】。蒋元溥，誉侯，湖北天门人，【侍读，江西九江府知府，殉难。】

道光十四年甲午科乡试

顺天：

[试官] 礼尚汪守和，巽泉，江西乐平人，丙辰。协办穆彰阿，鹤舫，满洲厢蓝人，乙丑。礼尚史致俨，望之，江苏江都人，己未。刑侍姚元之，荐青，安徽桐城人，乙丑。

[试题] 君子之仕（二句）。中也者天（四句）。徙①善不足（一句）。"吉人辞寡"得"言"字。

[解元] 李有棠，三河。

江南：

[试官] 侍郎龚守正，季思，浙江仁和人，壬戌。编修赵光，蓉舫，云南昆明人，庚辰。

[试题] 执圭鞠躬（一节）。上律天时（二句）。召太师曰（是也）。"江南江北青山多"得"秋"字。

[解元] 徐元达，昭文。

江西：

[试官] 光禄②吴孝铭，【伯新】③，江苏武进人，己巳。御吏④常大淳，【正夫】⑤，湖南衡阳人，癸未。

[试题] 可与共学（一章）。怀诸侯则（一句）。诗云雨我（一节）。"绕船明月江水寒"得"寒"字。

[解元] 游凌翰，德化。

浙江：

[试官] 户【侍】⑥吴椿，【荫华】⑦，安徽歙县人，壬戌。编修徐宝善，【号廉峰】，东叔，安徽歙县人，庚辰。

---

① "徙"为"徒"之讹。
② 光禄，《清秘述闻续》作"太仆寺卿"。
③ 光绪五年本校注者亦补：伯新。
④ "吏"为"史"之讹。
⑤ 光绪五年本校注者亦补：正夫。
⑥ 原作"部"。
⑦ 光绪五年本校注者补：大农。

［试题］绘事后素（后乎）。发强刚毅（二句）。胶鬲举于（二句）。"云开雁路长"得"长"字。

［解元］高锦，嘉善。

福建：

［试官］修撰吴钟骏，【颐子，姓舫】①，江苏吴县人，壬辰。编修李国杞，【晋卿】，安徽太湖人，己丑。

［试题］荡荡乎民（文章）。吾学周礼（三句）。有孺子歌（五句）。"飞泉漱鸣玉"得"鸣"字。

［解元］林廷祺，侯官。

湖北：

［试官］侍讲侯桐，叶唐，江苏无锡人，庚辰。编修张集馨，【字德吾】，椒云，江苏仪征人，己丑。

［试题］为臣不易。所求乎子（八句）。居仁由义（二句）。"江上晴云杂雨云"得"秋"字。

［解元］张廷璠，汉川。

湖南：

［试官］编修徐云瑞，【吉祥】，江苏甘泉人，己丑。御史许乃安，咏亭，浙江钱塘人，壬辰。

［试题］疑思问忿（三句）。武王缵太（一句）。智譬则巧（外也）。"剪得秋光入卷来"得"诗"字。

［解元］邓庭楠，益阳，【戊戌②，由庶常、主事至福建、广东布政使】。

河南：

［试官］编修③许球，【玉叔】④，安徽歙县人，癸未。编修李光涵，【本名攀龙】，【云浦】⑤，顺天大兴人，己丑。

［试题］学而知之（四句）。来百工则（一句）。所以动心（二句）。"人语中含乐岁声"得"声"字。

［解元］周沐润，祥符，【丙申，浙江山阴人，江苏知县，以同知直隶州□⑥】。

山东：

---

① 光绪五年本校注者补：崧甫。
② 戊戌，《清秘述闻续》作"甲辰进士"。案：甲辰科进士，邓廷楠，广西新宁州人。疑非此邓庭楠。
③ 编修，《清秘述闻续》作"御史"。
④ 光绪五年本校注者亦补：玉叔。
⑤ 光绪五年本校注者补：芝圃。
⑥ 此字模糊难辨。

[试官] 大理①朱嶟，【仰山】②，云南通海人，己卯。【朱嶟官至礼部尚书，谥文端。】侍讲麟魁，【星臣】③，满洲厢白人，【丙戌】④。

[试题] 大学之道（二句）。宗族称孝（二句）。孔子之谓（三句）。"黄河从西来"得"来"字。

[解元] 张莘田，黄县。

山西：

[试官] 编修刘源灏，【鉴泉】⑤，顺天永清人，癸未。【刘源灏官至云贵总督。】编修易长楨，【子潊】⑥，江苏上元人，己丑。

[试题] 可与立未（二句）。慎思之（二句）。孔子曰小（一节）。"山翠万重当槛出"得"楼"字。

[解元] 王焕辰，黎城。

陕西：

[试官] 编修孙日萱，春叔，安徽休宁人，丙戌。户部况澄，少吴，广西临桂人，壬午。

[试题] 子曰君子（不器）。发强刚毅（二句）。为天下得（二句）。"万里无云河汉明"得"秋"字。

[解元] 雷启秀，盩厔。

四川：

[试官] 编修李星沅，【子湘】⑦，湖南湘阴人，壬辰。【李星沅官至两江总督，加太子太保、钦差大臣，谥文恭。】主事彭作邦，荷林⑧，山西临汾人，甲戌。

[试题] 百工居事⑨（一节）。⑩达不离道（二句）。"雄文似相如"得"雄"字。

[解元] 罗文光，成都。

广东：

[试官] 编修朱兰，【心如】⑪，浙江余姚人，己【丑】⑫。郎中徐琪，【贯玉】，安徽歙县人，丁丑。

---

① 大理，《清秘述闻续》作"詹事"。
② 光绪五年本校注者补：俶堂。《清秘述闻续》作"橚堂"。
③ 光绪五年本校注者补：梅谷。
④ 原作"庚辰"。
⑤ 光绪五年本校注者补：监泉。《清秘述闻续》作"涧泉"。
⑥ 光绪五年本校注者补：晴江。
⑦ 光绪五年本校注者补：石梧。
⑧ 林，《清秘述闻续》作"村"。
⑨ "事"为"肆"之讹。
⑩ 此处缺题，《清秘述闻续》作："取人以身"一句。
⑪ 光绪五年本校注者补：久香。
⑫ 原作"未"。

［试题］子谓子夏（子儒）。人道敏政（二句）。仁义礼智（三句）。①

［解元］黄经，【叔济】，顺德，【甲辰，编修，山西河东道】。

广西：

［试官］编修王庆云，【字贤关，一字乐一】，雁汀，福建闽县人，己丑。【王庆云官至四川总督，工部尚书，谥文勤。】主事朱国淳，【醴泉】，浙江嘉善人，己卯。

［试题］择可劳而（二句）。虽愚必明（二句）。邑于岐山（四句）。②

［解元］蒋奇淳③，桂林，【庚子，顺天府府尹】。

云南：

［试官］编修李嘉【端】④，【一字□⑤生，号铁梅】，【吉臣】⑥，顺天大兴人，己丑。【李嘉端官至户部仓场侍郎、安徽巡抚。】编修汪振基，【□⑦驷】⑧，安徽颍上人，己丑⑨。

［试题］施于有政（二句）。天地位焉。奋乎百世（者乎）。"月华临静夜"得"秋"字。

［解元］赵庆龄，广南。

贵州：

［试官］詹事⑩宗室德诚，满洲厢蓝人，丙戌。编修李熙龄，【来□⑪】⑫，江西南城人，己丑。

［试题］子路问政（一章）。君子中庸。天下之言性（二句）。⑬

［解元］陈绍箕，平安⑭。

道光十五年乙未科会试

中式二百六十九名。

---

① 此处缺诗赋题，《清秘述闻续》作："竹梢微响觉风来"得"来"字。
② 此处缺诗赋题，《清秘述闻续》作：赋得"衰露收新稼"得"秋"字。
③ 《清秘述闻续》作"蒋琦龄"。案："蒋琦龄"原名"蒋琦淳"。
④ 原作"瑞"。
⑤ 此字模糊难辨。疑为"庆"。
⑥ 光绪五年本校注者补：铁梅。
⑦ 此字模糊难辨。疑为"兴"。
⑧ 光绪五年本校注者补：艮山。
⑨ 光绪五年本校注者改：壬辰。
⑩ 詹事，《清秘述闻续》作"侍讲"。
⑪ 此字模糊难辨。疑为"泰"。
⑫ 光绪五年本校注者补：芸渠。
⑬ 此处缺诗赋题，《清秘述闻续》作：赋得"文昌气似珠"得"珠"。
⑭ 平安，《清秘述闻续》作"安平"。

［试官］吏侍文庆，【孔修】①，满洲厢红人，壬午。协办穆彰阿，鹤舫，满洲厢蓝人，乙丑。工尚何凌汉，星②槎，湖南道州人，乙丑。兵侍③张鳞，小轩，浙江长兴人，己未。

［试题］大德不逾闲。夫孝者善（一节）。吾身不能（弃也）。"王道平平"得"偏"字。

［会元］张景星，【字庆宸，粲④亭】，浙江，【嵊人，庶常，知县】。

［鼎甲］刘绎，【字景芳，詹岩】⑤，江西永丰人，【修撰，加三品卿衔】。曹联陞⑥，【秀先元孙，原名本基，字子固】，【馨□⑦】，江西新建人，【编修，官江苏知府，降南河同知】。乔晋芳，【字春士，心农】⑧，山西闻喜人，【编修，改主事，长沙府知府】。

道光十五年乙未科乡试

顺天：

［试官］吏侍申启贤，镜汀，河南延津人，壬戌。吏尚汤金钊，敦甫，浙江萧山人，己未。工侍吴杰，梅梁，浙江会稽人，甲戌。少卿毛树棠，芾村，河南武陟人，丁丑。

［试题］未若贫而（二句）。发强刚毅（二句）。且古之君（四句）。"晓霜枫叶丹"得"丹"字。

［解元］李鸣珂，南宫。

江南：

［试官］侍郎⑨卓秉恬，海帆，四川华阳人，壬戌。编修单懋谦，地山，湖北襄阳人，壬辰。

［试题］君子不以（举人）。柔远人则（二句）。有安社稷（二句）。"江面山楼月照时"得"楼"字。

［解元］吴家楣，江浦。

江西：

---

① 光绪五年本校注者亦补：孔修。
② 星，《清秘述闻续》作"仙"。
③ 兵侍，《清秘述闻续》作"吏部侍郎"。
④ 粲，《清秘述闻续》作"灿"。
⑤ 光绪五年本校注者补：詹岩。
⑥ "陞"为"桂"之讹。
⑦ 此字模糊难辨，疑似"山"。《清秘述闻续》作"心"。
⑧ 光绪五年本校注者补：心农。
⑨ 侍郎，《清秘述闻续》作"内阁学士"。

［试官］侍郎姚元之，伯昂，安徽桐城人，乙丑。刑外①王治，【字熙□②】，平轩，陕西三原人，壬午。

　　［试题］摄齐升堂（一节）。子曰射有（二句）。五谷者种（四句）。"白露横江"得"江"字。

　　［解元］魏崇基，泸溪。

浙江：

　　［试官］祭酒翁心存，遂盦，江苏常熟人，壬午。御史张琴，【桐厢】③，云南安宁人，癸未。

　　［试题］不知命无（二节）。博厚则高（物也）。书曰天降（上帝）。"满山寒叶雨声来"得"秋"字。

　　［解元］沈祖懋，【念农】，杭州④，【戊戌，司业】。

福建：

　　［试官］侍讲李煌，【仲辉】⑤，云南昆明人，丁丑。少卿金应麟，【兰汀，亚伯】，浙江钱塘人，丙戌。

　　［试题］行夏之时（六句）。素隐行怪（一节）。域民不以（三句）。"尽日松声杂水声"得"声"字。

　　［解元］曾庆嵩，侯官。

湖北：

　　［试官］御史许球，【玉叔】⑥，安徽歙县人，癸未。编修周铭恩，【印清】，⑦顺天大兴人，壬辰。

　　［试题］君子成人（二句）。果能此道矣。孟子曰（广士众民）。⑧

　　［解元］闵兆联，蕲水。

湖南：

　　［试官］修撰吴钟骏，【崧甫】⑨，江苏吴县人，壬辰。郎中王庭兰，河南固始人，壬午。

　　［试题］季康子问（不正）。天地之道（二句）。既而幡⑩然（之道）。"晓汲清湘

---

① 刑外，《清秘述闻续》作"刑部主事"。
② 此字模糊难辨。
③ 光绪五年本校注者亦补：桐厢。
④ 杭州，《清秘述闻续》作"钱塘"。
⑤ 光绪五年本校注者补：梅堂。
⑥ 光绪五年本校注者亦补：玉叔。
⑦ 光绪五年本校注者补：篠村。
⑧ 此处缺诗赋题，《清秘述闻续》作：赋得"雨过潮平江海碧"得"平"字。
⑨ 光绪五年本校注者亦补：崧甫。
⑩ "幡"为"幡"之讹。

然楚竹"得"然"字。

［解元］何绍基，【子贞】，道州，【丙申，编修】。

河南：

［试官］中允龙元任，【莘田】①，广东顺德人，丁丑。编修张集馨，【香海】②，江苏仪征人，己丑。

［试题］譬如平地（三地）。知耻近乎（一句）。夫尹公之（三句）。"水鸟带波飞夕阳"得"湖"字。

［解元］赵林成，祥符【籍，山阴人，丙申，知县】。

山东：

［试官］编修陆建瀛，【仲白】③，湖北沔阳人，壬午。编修高树勋，【建庵】④，陕西城固人，癸未。

［试题］士志于道。其为物不贰。武王不泄（二句）。⑤

［解元］张尔宇，掖县。

山西：

［试官］编修邓瀛，【登三】，福建杭县【上杭】人，己丑。员外许融，江苏武进人，庚辰。

［试题］孝慈则忠。悠久无疆。盖徵招角（一句）。"长风万里送秋雁"得"秋"字。

［解元］梁学海，汾阳。

陕西：

［试官］编修⑥李儒郊，【宋伯】⑦，江西德化人，壬午。编修成观宣，子旬，江苏宝应人，丙戌。

［试题］因民之所（三句）。舟车所至（一句）。有成德者（二句）。

［解元］赵振甲，武威。

四川：

［试官］编修罗绕典，【兰阶】⑧，湖南安化人，己卯⑨。编修步际桐，【唐封】⑩，

---

① 光绪五年本校注者亦补：莘田。
② 光绪五年本校注者补：椒云。
③ 光绪五年本校注者补：笠夫。
④ 光绪五年本校注者补：南渠。
⑤ 此处缺诗赋题，《清秘述闻续》作：赋得"登高望蓬瀛"得"登"字。
⑥ 编修，《清秘述闻续》作"御史"。
⑦ 光绪五年本校注者补：东原。
⑧ 光绪五年本校注者补：苏溪。
⑨ 卯，光绪五年本校注者改：丑。
⑩ 光绪五年本校注者补：香林。

直隶枣强人，己【丑】①。

　　［试题］夫子欲寡（一句）。体群臣则（一句）。是以论其（二句）。"濯锦江边忆旧游"得"秋"字。

　　［解元］周开忠，简州。

　　广东：

　　［试官］编修赵德潾，【子白】②，江西南丰人，壬辰。中允③何桂馨，一山，江苏吴县④人，庚辰。

　　［试题］学而优则（一句）。宜民宜人（四句）。善人也信（二句）。"云霞出海曙"得"观"字。

　　［解元］罗芳，新会。

　　广西：

　　［试官］修撰汪鸣相，朗渠，江西彭泽人，癸巳。编修贾臻，【运生】⑤，直隶故城人，壬辰。

　　［试题］不忮不求（道也）。天下国家（一句）。有本者如（二句）。"卓荦观群书"得"冲"字。

　　［解元］周作孚，临桂。

　　云南：

　　［试官］庶子花沙纳，【字毓仲，松岑】⑥，蒙古正黄旗人，壬辰。御史⑦朱其镇，【一字又□⑧，九山】⑨，浙江嘉兴人，己丑。

　　［试题］子曰当仁（一节）。忠信重禄（四句）。养心莫善（一句）。⑩

　　［解元］赛仪，永昌。

　　贵州：

　　［试官］御史刘谊，湖北钟祥人，庚辰。郎中狄听，江苏溧阳人，己丑。

　　［试题］服周之冕（二句）。舜其大孝（二句）。禹稷当平（三句）。⑪

　　［解元］王济，遵义。

---

① 原作"卯"。光绪五年本校注者亦改：丑。
② 光绪五年本校注者亦补：子白。
③ 中允，《清秘述闻续》作"内阁中书"。
④ 吴县，《清秘述闻续》作"长洲"。
⑤ 光绪五年本校注者补：滕直。
⑥ 光绪五年本校注者补：松岑。
⑦ 御史，《清秘述闻续》作"编修"。
⑧ 此字模糊难辨。
⑨ 光绪五年本校注者补：九山。
⑩ 此处缺诗赋题，《清秘述闻续》作：赋得"鹭立芦花秋水明"得"秋"字。
⑪ 此处缺诗赋题，《清秘述闻续》作：赋得"疑是银河落九天"得"泉"。

道光十六年丙申科会试

[试官] 侍郎吴文镕【杰】，【甄甫】①，江苏仪征人【浙江会稽人】，己卯【甲戌】。大学潘世恩，槐堂，江苏吴县人，癸丑。协办王鼎，省崖，陕西蒲城人，丙辰。礼部②王植，【字叔培】，晓林，直隶清苑人，丁丑。

[试题] 小人闲居（五句）。子钓而不（二句）。天下在达（德一）。"布德行惠"得"时"字。

[会元] 夏子龄，【百初】，江阴，【主事，改知县】。

[鼎甲] 林鸿年，【号勿邨】③。福建侯官人，【云南巡检，以"逗留"革职】。何冠英，【杰夫】④，福建闽县人，【贵州巡抚】。苏敬衔⑤，【兆登子，鉴堂，号蕉⑥林】⑦，山东霑化人，【四川按察使】。

道光十七年丁酉科乡试

顺天：

[试官] 吏侍陈官俊，【伟堂】⑧，山东潍县人，戊辰。协办王鼎，省崖，陕西蒲城人，丙辰。户侍文庆，孔修，满洲镶红旗人，壬午。

[试题] 夫子之墙（之富）。诗曰不显（刑之）。从许子之（者也）。"窗中海月早知秋"得"清"字。

[解元] 程宇光。

江南：

[试官]【侍】⑨ 郎王植，晓林，直隶青宛人，丁丑。学士柏葰，【静⑩涛】⑪，蒙古蓝旗人，丙戌。

[试题] 博学而笃（二句）。礼仪三百（二句）。昔者有馈（所哉）。"人在镜心"得"人"字。

[解元] 郑经，江阴。

---

① 光绪五年本校注者补：新锴。
② 礼部，《清秘述闻续》作"内阁学士"。
③ 光绪五年本校注者补：勿村。
④ 光绪五年本校注者亦补：杰夫。
⑤ "衔"为"衡"之讹。
⑥ 蕉，《清秘述闻续》作"樵"。
⑦ 光绪五年本校注者补：鉴堂。
⑧ 光绪五年本校注者亦补：伟堂。
⑨ 原作"待"。
⑩ 静，《清秘述闻续》作"听"。
⑪ 光绪五年本校注者亦补：静涛。

江西：

［试官］通政那斯洪阿，蒙古满洲人，丁丑。编修武新亭，【云衢①，后以字行】，山西文水人，癸【巳】②。

［试题］子曰唯仁（一章）。修身则道（二句）。有如时雨（一句）。"万顷江田一鹭飞"得"田"字。

［解元］胡承焕。

浙江：

［试官］通政③吴其濬，【季深】④，河南固始人，【丁丑】状元。编修萧良城，【心如】，湖北黄陂人，癸巳。

［试题］子曰行己（二节）。远之则有（二句）。若伊尹莱（二句）。"十里沙隄明月中"得"隄"字。

［解元］朱旌臣。

福建：

［试官］侍讲⑤倭仁，【仲安】⑥，蒙古红旗⑦人，己丑。编修张廷选，【子青】，甘肃⑧道州人，乙未。

［试题］士而怀居（二句）。诗曰在彼（终誉）。孟子曰求（一节）。"稼穑维宝"得"丰"字。

［解元］刘志博。

湖北：

［试官］侍读贾桢，筠堂，山东黄县人，榜眼。编修李恩庆，【季云】⑨，汉军白旗⑩人，癸巳。

［试题］子曰切切（三句）。辟如四时（二句）。圣人治天（三句）。"烟消目⑪出见渔村"得"楼"字。

［解元］彭焕兴。

湖南：

---

① 云衢，《清秘述闻续》作"芸渠"。
② 原作"未"。光绪五年本校注者亦改：巳。
③ 通政，《清秘述闻续》作"兵部侍郎"。
④ 光绪五年本校注者补：渝斋。
⑤ 侍讲，《清秘述闻续》作"侍读"。
⑥ 光绪五年本校注者补：艮峰。
⑦ 红旗，《清秘述闻续》作"正红旗"。
⑧ 光绪五年本校注者补：狄。
⑨ 光绪五年本校注者亦补：季云。
⑩ 白旗，《清秘述闻续》作"正白旗"。
⑪ "目"为"日"之讹。

［试官］编修喻增高，【字清】①，江西萍乡人，乙未。编修汪元方，【友陈】②，浙江余杭人，癸巳。【汪元方官至左都御史，谥文端。】

［试题］足食足兵（二句）。人一能之（五句）。地之相去（四句）。"秋澄万景清"得"清"字。

［解元］曹德昭。

河南：

［试官］编修车克慎，【意园】③，山东济宁人，癸巳。编修何桂清，【丛山】④，云南昆明人，乙未。

［试题］心也狂狷（三句）。万物育焉。仁人心也（二句）。"秋著芦花一岸霜"得"霜"字。

山东：

［试官］御史黄爵滋，树斋，江西宜黄人，癸未。榜眼朱凤标，【桐轩】⑤，浙江萧山人，壬辰。

［试题］子谓子贱（一章）。语小天下（一句）。周公思兼（四句）。"安得广厦千万间"得"寸"字。

［解元］王余厚。

山西：

［试官］检讨黄铭先，【新甫】⑥，河南商城人，乙未。榜眼何冠英，【杰夫】⑦，福建闽县人，丙申。

［试题］若臧武仲（五句）。故天下生（三句）。仰不愧于（一节）。⑧

［解元］郝西园。

陕西：

［试官］编修彭舒莘，【掬香】⑨，湖南长沙人，【己丑】⑩。探花苏敬衡⑪，山东霑化人，丙申。

［试题］周公谓鲁（二句）。言而世为（一句）。秋省敛而（一句）。⑫

---

① 光绪五年本校注者补：凤冈。
② 光绪五年本校注者补：啸盦。
③ 光绪五年本校注者亦补：意园。
④ 光绪五年本校注者补：根云。
⑤ 光绪五年本校注者亦补：桐轩。
⑥ 光绪五年本校注者亦补：新甫。
⑦ 光绪五年本校注者亦补：杰夫。
⑧ 此处缺诗赋题，《清秘述闻续》作：赋得"稻陇泻泉声"得"声"字。
⑨ 光绪五年本校注者补：棣楼。
⑩ 原作"壬辰"。光绪五年本校注者亦补：己丑。
⑪ 光绪五年本校注者补：鉴堂。
⑫ 此处缺诗赋题，《清秘述闻续》作：赋得"鹏盼青云倦眼开"得"秋"字。

［解元］陈作枢。

四川：

［试官］编修陶恩培，【益之】①，浙江会稽人，乙未。【陶恩培官至湖北巡抚，殉难，谥文节】。主事宗室庆祺，【子安，号云舫，壬辰庶常，正蓝旗人，己丑】②。【庆祺官至直隶总督，谥恭肃。】

［试题］子曰切切（三句）。地道敏树。善教得民心。③

［解元］刘冕。

广东：

［试官］编修黄琼，【矩卿，象坤】④，云南昆明人，丙戌。主事苏应珂，江苏武进人，丙戌。

［试题］子谓伯鱼（二句）。亟其乘屋（二句）。"红蓼花疏水国秋"得"红"字。

［解元］梁国琼，【俪裳，番禺，庚子⑤，编修】。

广西：

［试官］编修史珮玱，【仲和】⑥，湖北汉阳人，癸巳。编修刘浔，【江湄】⑦，河南祥符人，癸巳。

［试题］子贡方人（一章）。耆秦人之（三句）。⑧

［解元］唐遇隆。

云南：

［试官］编修何裕承，【福将，一字启斋，号小笠】，河南祥符人，乙未。编修张云藻，【槐口⑨】，江苏仪征人，乙未。

［试题］其事上也（二句）。好学近乎知。孔子曰为（五句）。⑩

［解元］周爱棠。

贵州：

［试官］编修陈文翥，【彦超】⑪，福建闽县人，癸巳。中书王积顺，若溪，浙江仁和人，癸巳。

---

① 光绪五年本校注者补：问云。
② 光绪五年本校注者补：正蓝旗人，壬辰。
③ 此处缺诗赋题，《清秘述闻续》作：赋得"沙边雁带碧烟横"得"横"字。
④ 光绪五年本校注者补：矩卿。
⑤ "庚子"为"戊戌"之讹。
⑥ 光绪五年本校注者补：鸾坡。
⑦ 光绪五年本校注者补：镜河。
⑧ 此处缺诗赋题，《清秘述闻续》作：赋得"卷得山泉入镜中"得"泉"字。
⑨ 此字模糊难辨。疑为"卿"。
⑩ 此处缺诗赋题，《清秘述闻续》作：赋得"雨添山翠重"得"山"字。
⑪ 光绪五年本校注者补：秋丞。

［试题］子使漆雕（能信）。在上位不（四句）。贤者在位（五句）。①

［解元］吴观乐。

道光十八年戊戌科会试

［试官］礼侍吴文镕②，江苏仪征人，己卯。大学穆彰阿，鹤舫，满洲厢蓝人，乙丑。尚书朱士彦，咏斋，江苏宝应人，壬戌。工侍廖鸿荃，斯和，福建侯官人，己巳。

［试题］言必信行（必果）。万物并育（二句）。诵其诗（友也）。"泉细寒声生夜壑"得"声"字。

［会元］王振纲，【重三】，直隶人。

［鼎甲］钮福保【右申】，松泉，浙江乌程人，【少詹降庶子】。金国均，可亭，湖北黄陂人，【庶子】。江国霖，【晓帆】③，四川大竹人，【广东布政使】。

道光十九年己亥科乡试

顺天：

［试官］侍郎恩桂，【宗室，步蟾】④，满洲厢蓝人，壬午。【内阁】⑤潘世恩，芝轩，江苏吴县人，癸丑。尚书何凌汉，仙槎，湖南道洲人，乙丑。侍郎徐士芬，松⑥庵，浙江平湖人，己卯。

［试题］货悖而入（二句）。好仁不好（四句）。出入无时（三句）。⑦

［解元］沈际清。

江南：

［试官］礼【侍】⑧黄爵滋，树斋，江西宜黄人，癸未。修撰钮福保，松泉，浙江乌程人，戊戌。

［试题］子曰吾之（一章）。动则变（三句）。再命曰尊（二段）。"重与细论文"得"时"字。

［解元］赵世暹，宿松人。

江西：

---

① 此处缺诗赋题，《清秘述闻续》作：赋得"卓荦观群书"得"观"。
② 光绪五年本校注者补：新铭。
③ 光绪五年本校注者补：小帆。
④ 光绪五年本校注者补：小山。
⑤ 原作"学士"。
⑥ 松，《清秘述闻续》作"惺"。
⑦ 此处缺诗赋题，《清秘述闻续》作：赋得"学古有获"得"修"字。
⑧ 原作"部"。《清秘述闻续》作"通政司使"。

［试官］少詹季芝昌，【云书】①，江苏江阴人，壬辰。编修许乃钊，【恂甫】②，浙江钱塘人，乙未。

［试题］荡荡乎民（功也）。其为物不（二句）。孔子曰小（足矣）。"云水光中洗眼来"得"来"字。

［解元］徐朝玺。

浙江：

［试官］刑侍麟魁，【梅谷】③，满洲厢白人，丙辰。编修陶庆增，【寿陔】④，江苏吴县人，乙未。

［试题］季康子问（一章）。故君子居（一句）。仁者如射（二句）。⑤

［解元］俞焕模，【新昌】。

福建：

［试官］编修何绍基，【子贞】⑥，湖南道州人，丙申。翰林蔡家玕，玉山，江西上犹人，己卯。

［试题］子贡欲去（一章）。书同文（三字）。大人者不（者也）。"笔非秋而垂露"得"秋"字。

［解元］叶修昌，【闽县，榜未发卒】。

河南：

［试官］侍读福济，【字汝舟】，修元⑦，满洲厢白人，癸巳。编修劳崇光，【字惺皆】，辛阶，湖南安化⑧人，壬辰。

［试题］抑亦先觉（贤乎）。凡事豫则（一句）。善政民畏（二句）。⑨

［解元］王骧衢。

山东：

［试官］侍读罗文俊，萝邨，广东南海人，壬午。编修许前轸，安徽六安人，进士⑩。

［试题］君子怀德（四句）。其次致曲（二句）。达不离道（二句）。"大木百围生远籁"得"生"字。

---

① 光绪五年本校注者补：仙九。
② 光绪五年本校注者补：洵臣。
③ 光绪五年本校注者亦补：梅谷。
④ 光绪五年本校注者补：吟筼。
⑤ 此处缺诗赋题，《清秘述闻续》作：赋得"数家临水自成村"得"家"字。
⑥ 光绪五年本校注者亦补：子贞。
⑦ "修元"为"元修"之讹。
⑧ "安化"为"善化"之讹。
⑨ 此处缺诗赋题，《清秘述闻续》作：赋得"石上泉声带雨秋"得"秋"字。
⑩ 光绪五年本校注者改：丙戌。

［解元］陈象枢。

　　山西：

　　［试官］侍讲慧成，【裕亭】①，满洲厢黄人，丙申。编修孙铭恩，书常，江苏通州人，乙未。

　　［试题］子曰君子（诸人）。宜民宜人（一句）。充实而有（一句）。"山色上楼多"得"山"字。

　　［解元］张铭西。

　　湖北：

　　［试官］侍讲②何裕承，【小笠】，河南祥符人，乙未。编修李汝峤，少峰，江苏太仓州③人，丙申。

　　［试题］子曰禹吾（一句）。日月所照（三句）。夫仁亦在（一句）。"江涵秋影雁初飞"得"飞"字。

　　［解元］林壬。

　　湖南：

　　［试官］编修邵灿，【沅津】④，浙江余姚人，壬辰。编修桂文耀，【星垣】，广东南海人，己丑。

　　［试题］不忮不求（诵之）。尊为天子（之内）。故居者有（三句）。⑤

　　［解元］冯作槐。

　　陕甘：

　　［试官］御史李方，【镜塘】，河南新安人，壬辰。

　　［试题］务民之义（一句）。必得其名（一句）。则天下之（朝矣）。"经训乃菑畬"得"耕"字。

　　［解元］郑学重。

　　广东：

　　［试官］编修张芾，【黼侯】⑥，陕西泾阳人，乙未。【主事】⑦潘铎，【字振之】，木君，江苏江宁人，丙申⑧。

　　［试题］赐也达于（一句）。若孔子则（一句）。"秋露如珠"得"圆"字。

---

① 光绪五年本校注者亦补：裕亭。
② 侍讲，《清秘述闻续》作"侍读"。
③ 太仓州，《清秘述闻续》作"镇洋"。
④ 光绪五年本校注者补：耀圊。
⑤ 此处缺诗赋题，《清秘述闻续》作：赋得"风竹含疏韵"得"秋"字。
⑥ 光绪五年本校注者补：小浦。
⑦ 原作"编修"。《清秘述闻续》作"兵部郎中"。
⑧ "丙申"为"壬辰"之讹。

［解元］李载熙，【采卿，嘉应，庚子，庶子，赠太仆卿】。

广西：

［试官］编修江国霖①，四川大竹人，戊戌。侍读②阿彦达，满洲正蓝③人，乙未④。

［试题］爱之能勿（二句）。执柯以伐（一句）。圣人治天（二句）。"山翠万重当槛出"得"楼"字。

［解元］周榕森。

四川：

［试官］编修叶觐仪，【黻卿】⑤，江苏六合人，癸巳。编修杨培，【伯深】，贵州贵筑人，癸巳。

［试题］行义以达（一句）。保佑命之（二句）。乐正子强（三段）。⑥

［解元］郭用成。

云南：

［试官］编修⑦和淳，【字信□⑧】，宗室⑨，满州镶蓝人，丙申。编修沈兆霖，子菉，浙江钱塘人，丙申。

［试题］质直而好（一句）。礼仪三百（二句）。古之人所（已矣）。"一片冰心在玉壶"得"心"字。

［解元］萧培英，【改培元，昆明，壬子，中允，山东巡道。】

贵州：

［试官］编修何【桂】⑩清，【根云】⑪，云南昆明人，乙未。编修赵楫，【子舟】⑫，江苏丹徒人，丙申。

［试题］今吾于人（二句）。唯天下至（大经）。上下与天（二句）。"夜泉声在翠微中"得"声"字。

［解元］孙濂，【贵筑，辛丑，主事，至四川巡道。】

---

① 光绪五年本校注者补：雨农。
② 侍读，《清秘述闻续》作"吏部主事"。
③ 满洲正蓝，《清秘述闻续》作"蒙古镶黄旗人"。
④ "乙未"为"壬辰"之讹。
⑤ 光绪五年本校注者补：棣如。
⑥ 此处缺诗赋题，《清秘述闻续》作：赋得"词必己出"得"词"字。
⑦ 编修，《清秘述闻续》作"侍读"。
⑧ 此字模糊难辨。
⑨ 光绪五年本校注者改"宗室"为"兰庄"。
⑩ 原作"贵"。光绪五年本校注者亦改：桂。
⑪ 光绪五年本校注者亦补：根云。
⑫ 光绪五年本校注者亦补：子舟。

道光二十年庚子科会试

[试官] 刑部①隆文，【字存质，云章】，满洲正红人，【戊】② 辰。大学潘世恩，槐堂，江苏吴县人，癸丑。尚书龚守正，季思，浙江仁和人，壬戌。户【侍】③ 王玮庆，【字袭玉】，山东诸城人，甲戌。

[试题] 如琢如磨（修也）。盖均无贫（二句）。用下敬上（尊贤）。"慎修思永"得"谟"字。

[会元] 吴敬羲，【驾六，号薇客，浙江钱塘，赞善。】

[鼎甲] 李承霖，【雨人】④，镇江丹徒人，【内阁学士】。冯桂芬，【林一，一字梦柰，号敬亭】⑤，江苏吴县人，【中允；加三品衔】。张百揆，【号吟舫】⑥，浙江萧山人，【广东按察使】。

道光二十年庚子恩科乡试

顺天：

[试官] 工侍文蔚，【字豹人】，露轩，满洲正蓝人，庚辰。大学王鼎，省崖，陕西蒲城人，丙辰。工侍⑦廖鸿荃，钰夫，福建侯官人，己巳。礼侍贾桢，筠堂，山东黄县人，丙戌。

[试题] 必也临事（二句）。故君子不（而信）。此天之所（夺也）。"秋色墙头数点山"得"山"字。

[解元] 刘日尊，盐山。

江南：

[试官] 户侍文庆，孔修，满洲厢红人，壬午。编修胡林翼，咏芝，湖南益阳人，丙申。

[试题] 论笃是与（一章）。必得其名（二句）。无非事者（不给）。"恭俭惟德"得"心"字。

[解元] 朱荣实，秋园，泾县。

江西：

[试官] 正卿赵光，蓉舫，云南昆明人，庚辰。修撰钮福保，松泉，浙江乌程人，

---

① 刑部，《清秘述闻续》作"户部"。
② 原作"丙"。
③ 原作"部"。
④ 光绪五年本校注者亦补：雨人。
⑤ 光绪五年本校注者补：敬亭。
⑥ 光绪五年本校注者补：吟舫。
⑦ 工侍，《清秘述闻续》作"工部尚书"。

戊戌。

　　［试题］君子学道（一句）。知耻近乎（一句）。管夷吾举（三句）。"江山入好诗"得"秋"字。

　　［解元］刘朝昇，新昌。

浙江：

　　［试官］参议成观宣，子旬，江苏宝应人，丙戌。编修何冠英，【杰夫】①，福建闽县人，丙申。

　　［试题］望之俨然（三句）。知耻近乎（一句）。子不通功（四句）。"山色空濛雨亦奇"得"奇"字。

　　［解元］俞承德，【海宁】②。

福建：

　　［试官］赞善慧成③，满洲厢黄人，丙申。编修路慎庄，子端，陕西盩厔人，丙申。

　　［试题］子曰不知（一章）。日省月试（一段）。尽信书则（二句）。"良玉比君子"得"良"字。

　　［解元］池剑波，闽县。

湖北：

　　［试官］编修劳崇光，辛阶，湖南安化人，壬辰。御史陈岱霖，荫棠，湖南善化人，庚辰。

　　［试题］仁者寿（一句）。君子之中（时中）。有安社稷（二句）。"晓江晴觉蜀波来"得"波"字。

　　［解元］石意恭，汉阳，【甲辰，知县】。

湖南：

　　［试官］兵给周顼，子愉，贵州贵筑人，丙申④。主事王桂，秋卿，江苏甘泉人，己丑。

　　［试题］君子义以（成也）。是故君子（下道）。诗云王赫（五句）。"海水照秋月"得"秋"字。

　　［解元］柳先赓，长沙。

河南：

　　［试官］侍读⑤博迪苏，露庵，蒙古正白人，癸巳。御史汪元方，啸庵，浙江余杭人，癸巳。

---

　　①　光绪五年本校注者亦补：杰夫。
　　②　原作"宁海"。
　　③　光绪五年本校注者补：裕亭。
　　④　"丙申"为"庚辰"之讹。
　　⑤　侍读，《清秘述闻续》作"侍讲"。

［试题］子曰性相（二章）。宜民宜人（二句）。小子听之（一节）。"一片冰心在玉壶"得"中"字。

［解元］凌松林，西华。

山东：

［试官］通政杨殿光①，叠云，安徽泗洲人，甲戌。修撰林鸿年②，福建侯官人，丙申。

［试题］为人臣止（二句）。叶公问政（一章）。五命曰无（一段）。"千里耕桑岁有秋"得"秋"字。

［解元］于如川，济宁。

山西：

［试官］侍读李棠阶，【黄园】③，河南河内人，壬午。郎中有庆，余斋，汉军正白人，丁丑。

［试题］德润身心（二句）。体群臣也（二句）。既竭心思（二句）。"淡烟楼阁数声钟"得"钟"字。

［解元］卫德玉，闻喜。

陕甘：

［试官］编修张锡庚，秋舫，江苏丹徒人，丙申。主事王积顺，若溪，浙江仁和人，癸巳。

［试题］子闻之曰（一节）。体群臣则（一句）。时举于秦（相之）。"雁声新度灞陵烟"得"声"字。

［解元］李正，凤翔。

四川：

［试官］编修沈兆霖，子菉，浙江钱塘人，乙未④。编修罗惇衍⑤，广东顺德人，丙申⑥。

［试题］所谓大臣（二句）。是故君子（铁⑦钺）。附之以韩（一章）。⑧

［解元］张竖⑨猷，三台。

广东：

---

① 光，光绪五年本校注者注：邦。
② 光绪五年本校注者补：勿村。
③ 光绪五年本校注者补：强斋。
④ "乙未"为"丙申"之讹。
⑤ 光绪五年本校注者补：椒生。
⑥ 光绪五年本校注者改：乙未。
⑦ "铁"为"钺"之讹。
⑧ 此处缺诗赋题，《清秘述闻续》作：赋得"谷泉喷薄秋逾响"得"泉"字。
⑨ 竖，《清秘述闻续》作"树"。

[试官] 编修杨能格，季良，汉军正黄①人，丙申。编修②高人鉴，螺舟，浙江钱塘人，壬辰。

[试题] 子贡问为（一章）。宪章文武。既饱以德（二句）。③

[解元] 梁今荣，香山。

广西：

[试官] 郎中黄思④彤，【若度】，山东宁阳人，丙戌。主事林杨⑤祖，福建莆田人，己丑。

[试题] 仁者必有（二句）。体群臣则（一句）。子产听郑（二节）。⑥

[解元] 唐启华，桂林⑦。

云南：

[试官] 编修叶觐仪，样⑧如，江苏六合人，癸巳。员外⑨庆勋，子猷，汉军正白人，己丑。

[试题] 子曰骥不（一节）。行而世为（二句）。诗云雨我（二句）。"雕鹗在秋天"得"秋"字。

[解元] 杨诚，宜良。

贵州：

[试官] 编修蔡振武，麟洲，浙江仁和人（丙申）。检讨夏廷榘，拾珊，江西新建人，癸巳。

[试题] 君子学道（一句）。地道敏树（一句）。文王以民（四句）。⑩

[解元] 周璘⑪，都匀。

道光二十一年辛丑恩科会试

[试官] 户侍杜受田⑫，山东滨洲人，癸未。大学王鼎，省崖，陕西蒲城人，丙

---

① 黄，《清秘述闻续》作"红"。
② 编修，《清秘述闻续》作"御史"。
③ 此处缺诗赋题，《清秘述闻续》作：赋得"江色鲜明海气凉"得"凉"字。
④ "思"为"恩"之讹。
⑤ "杨"为"扬"之讹。
⑥ 此处缺诗赋题，《清秘述闻续》作：赋得"信及豚鱼"得"孚"字。
⑦ 桂林，《清秘述闻续》作"临桂"。
⑧ 光绪五年本校注者改：棣。
⑨ 员外，《清秘述闻续》作"户部郎中"。
⑩ 此处缺诗赋题，《清秘述闻续》作：赋得"松月生夜凉"得"生"字。
⑪ "周璘"为"周振璘"之讹。
⑫ 光绪五年本校注者补：芝农。

辰。户尚祁寯藻，春浦，山西寿阳人，甲戌。工侍①文蔚，露轩，满洲正蓝人，庚辰。

　　[试题] 约我以礼（一句）。君子依乎（一节）。诗云王赫（五句）。赋得"师直为壮"得"平"字。

　　[会元] 蔡念慈，劬荺，浙江，仁和，【编修，入南书房，旋卒】。

　　[鼎甲] 龙启瑞，【字辑五，翰臣】②，广西临桂人，【江西布政使】。龚宝莲，【字印之，静轩】③，直隶大兴人，【詹事】。胡家玉，【字琢勇，小蘧】④，江西新建人，【以编修散馆改主事，官至左都御史。】

道光二十三年癸卯科乡试

　　【是科停止江南等九省驻防，文乡试改试翻译文。】

　　顺天：

　　[试官] 兵尚许乃普，滇生，浙江钱塘人，庚辰。礼尚麟魁，梅谷，满洲厢白人，丙戌。祭酒花沙纳，岑松⑤，蒙古正黄人，壬辰。

　　[试题] 足食足兵（之矣）。曰思无邪。助之长者（三句）。"庭中竹撼一窗秋"得"声"字。

　　[解元] 余尊衔，宛平。

　　江南：

　　[试官] 工侍贾桢，筦堂，山东黄县人，丙戌。编修徐士毅，稼生，江西丰城人，丙申。

　　[试题] 颜渊问仁（为仁）。上律天时（四句）。诗云雨我（公田）。"政如农功"得"农"字。

　　[解元] 陈时升，高邮。

　　江西：

　　[试官] 少詹张芾，小浦，陕西泾阳人，乙未。编修匡源，鹤泉，山东胶州人，庚子。

　　[试题] 依于仁游（于艺）。万物覆焉。尧以不得（二句）。"万壑度尽松风声"得"声"字。

　　[解元] 辛斌，万载。

　　浙江：

　　[试官] 侍郎侯桐，叶堂，江苏无锡人，庚辰。赞善杨能格，季良，汉军正红人，

---

　　① 工侍，《清秘述闻续》作"户部侍郎"。
　　② 光绪五年本校注者补：翰臣。
　　③ 光绪五年本校注者补：静轩。
　　④ 光绪五年本校注者补：小蘧。
　　⑤ "岑松"为"松岑"之讹。

丙申。

[试题] 子曰加我（二章）。文武之政（四句）。是其日夜（濯也）。"兵气销为目①月光"得"光"字。

[解元] 方骏，西安，【癸丑，工部郎中】。

福建：

[试官] 礼侍②博迪苏，露庵，蒙古正白人，癸巳。编修徐相，辅亭，汉军正蓝人，戊戌。

[试题] 子曰桓公（力也）。文理密察（二句）。如智者亦（大矣）。"桂露"得"圆"字。

[解元] 曾照，侯官。

湖北：

[试官] 编修萧时馥，种香，贵州开州人，庚子。编修沈元泰，吉安，浙江会稽人，庚子。

[试题] 古之矜也廉。博厚则高（物也）。秋省敛而（一句）。"江上诗情为晚霞"得"清③"字。

[解元] 费楚玉，汉④阳。

湖南：

[试官] 编修陈枚，琴山，山东昌乐人，庚子。编修甘守先，薪圃，云南白盐人，庚子。

[试题] 子路问事（欺也）。极高明而（一句）。则必使工（二句）。"月满洞庭秋"得"秋"字。

[解元] 余肇镕，长沙。

河南：

[试官] 编修恽光辰⑤，徽⑥叔，顺天大兴人，戊戌。编修范承典，【整孙，字经甫】，小云，顺天大兴人，庚子。

[试题] 畏圣人之言。修身也尊（二句）。壮者以暇（长上）。"霜林落后山争出"得"霜"字。

[解元] 王云昭，信阳。

山东：

---

① "目"为"日"之讹。
② 礼侍，《清秘述闻续》作"副都御史"。
③ "清"为"情"之讹。
④ 汉，《清秘述闻续》作"沔"。
⑤ "辰"为"宸"之讹。
⑥ 徽，《清秘述闻续》作"薇"。

[试官] 侍讲罗惇衍，【兆蕃】①，广东顺德人，乙未。编修钟音鸿，【子宾】②，江西兴国人，戊戌。

　　[试题] 见义不为（二句）。仲尼祖述（二句）。其子弟从（二句）。"半天吟看泰山云"得"天"字。

　　[解元] 王祺海，诸城，【甲辰，由吏部郎中为河南归德府知府】。

　　山西：

　　[试官] 编修方堉，【既堂】③，【浙】④ 江钱塘人，戊戌。编修庄受祺，【卫生】⑤，江苏阳湖人，庚子。

　　[试题] 君子不可（二句）。万物育焉。善教得民心。"振衣千仞冈"得"冈"字。

　　[解元] 郭椿寿，河东。

　　陕西：

　　[试官] 编修王履谦，吉云，顺天大兴人，戊戌。编修吴敬羲，薇客，浙江钱塘人，庚子。

　　[试题] 言未及之（二句）。执柯以伐（三句）。贤者在位（五句）。"秋色重⑥西来"得"来"字。

　　[解元] 郭珍，扶风。

　　四川：

　　[试官] 编修曾国藩，涤生，湖南湘乡人，戊戌。御史赵楫，子舟，江苏丹徒人，丙申。

　　[试题] 不知言无（人也）。体群臣也（二句）。人有不为（二句）。"万点蜀山尖"得"秋"字。

　　[解元] 宋文观，纳溪。

　　广东：

　　[试官] 编修翁同书，祖庚，江苏常熟人，庚子。编修邓尔恒，【廷桢子】，子久，江苏江宁人，癸巳。

　　[试题] 岂不尔思（之有）。诚则明矣（二句）。立贤无方。"橘柚玲珑透夕阳"得"秋"字。

　　[解元] 陈文澜，番禺。

　　广西：

---

① 光绪五年本校注者补：椒生。
② 光绪五年本校注者亦补：子宾。
③ 光绪五年本校注者亦补：既堂。
④ 原作"游"。
⑤ 光绪五年本校注者补：蕙生。
⑥ 重，《清秘述闻续》作"从"，是。

［试官］修撰李承霖，果亭，江苏丹徒人，庚子。郎中钟保①，汉军正黄人，壬辰。

［试题］群而不党。其言足以兴。先立乎其（一句）。"数峰相向绿"得"峰"字。

［解元］蒋英元，全州，【壬子庶吉士，户部主事】。

云南：

［试官］编修龚宝莲，静轩，顺天大兴人，辛丑。编修段大章，果山，四川巴县人，戊戌。

［试题］戈尚志，保山。

贵州：

［试官］编修龙元僖，兰铭②，广东顺德人，乙未。御史王桂，秋卿，江苏甘泉人，己丑。

［试题］乐道人之（二句）。得一善则（三句）。有大人者（二句）。"霜林落后山争出"得"山"字。

［试题］岳韩川，普定。

道光二十四年甲辰科会试

［试官］侍郎徐士芬，松③庵，浙江平湖人，己卯。尚书陈官俊④，山东潍县人，戊辰。侍郎⑤文庆，孔修，满洲厢红人，壬午。

［试题］下学而上（二句）。有所不足（二句）。而以为未（二句）。"白驹空谷"得"人"字。

［会元］焦春宇，太平。

［鼎甲］孙毓溎，【字犀源，梧江】⑥，山东济宁人，【浙江按察使】。周学濬，【字彦深，曼云】⑦，浙江乌程人，【御史】。冯培元，【因伯，号小亭】⑧，浙江仁和人，【光禄寺卿，殉难，赠侍郎，谥文介。】

道光二十四年甲辰恩科乡试

顺天：

---

① 光绪五年本校注者补：鹤侪。
② 铭，《清秘述闻续》作"铭"。
③ 松，《清秘述闻续》作"辛"。
④ 光绪五年本校注者补：伟堂。
⑤ 侍郎，《清秘述闻续》作"左都御史"。
⑥ 光绪五年本校注者补：梧江。
⑦ 光绪五年本校注者补：深甫。
⑧ 光绪五年本校注者补：小亭。

［试官］【刑侍】① 张澧中，兰【沚】②，陕西潼关厅人，丁丑。总宪③杜受田，【芝农】④，山东滨洲人，癸未。侍郎花沙纳⑤，蒙古正黄旗人，壬辰。【案：此误。工侍罗文俊，广东南海人。】

［试题］文献不足（二句）。悠久所以（物也）。王说曰诗（戚焉）。"言去其辨"得"诚"字。

［解元］刘国彦。

江南：

［试官］【工侍】⑥ 徐士芬，【诵清】⑦，浙江平湖人，己卯。编修江国霖⑧，四川大竹人，戊戌。

［试题］对曰有政（事也）。诗曰在彼（如此）。庠者养也（三句）。"枫叶芦花秋兴长"得"秋"字。

［解元］林之望，怀远人，【号远邨，丁未，由翰林历官湖北布政使】。

江西：

［试官］祭酒叶觐仪，【棣如】⑨，江苏六合人，癸巳。编修李佐贤，【仲敏】⑩，山东利津人，乙未。

［试题］见善如不（三句）。子曰武王（一句）。爵一齿一（三句）。"江涵秋影雁初飞"得"秋"字。

［解元］崔斌。

浙江：

［试官］【兵侍】⑪ 朱嶟，【橵堂】⑫，云南通海人，己卯。编修恽光辰⑬，【濬生】⑭，顺天大兴人，戊戌。

［试题］谨权量（一节）。待其人而（二节）。以天下养（二句）。"潮头欲过满江风"得"风"字。

---

① 原作"侍郎"。
② 原作"庄"。
③ 总宪，《清秘述闻续》作"左都御史"。
④ 光绪五年本校注者亦补：芝农。
⑤ 光绪五年本校注者补：松岑。
⑥ 原作"尚书"。
⑦ 光绪五年本校注者补：辛庵。
⑧ 光绪五年本校注者补：小帆。
⑨ 光绪五年本校注者亦补：棣如。
⑩ 光绪五年本校注者补：竹朋。
⑪ 原作"大理"。
⑫ 光绪五年本校注者补：俶堂。
⑬ "辰"为"宸"之讹。
⑭ 光绪五年本校注者补：徽叔。

［解元］魏士龙。

福建：

［试官］侍郎①瑞常，芝生，蒙古厢红旗人，壬辰。编修杨福祺，【心田】，山西历城人，戊戌。

［试题］仁者必有勇。及其广大（四句）。尧舜之知（至末）。"挹露收新稼"得"收"字。

［解元］叶畊心。

湖北：

［试官］【编修】② 仓景恬③，【少坪】④，河南中牟人，戊戌。编修殷兆镛，谱经，江苏吴县人，庚子。

［试题］令尹子文（何如）。天地之大（二句）。况居天下（一节）。"水绕芦花月满船"得"秋"字。

［解元］孙玉田。

湖南：

［试官］【御史】⑤ 李临驯，【葆斋】，江西上犹人，戊戌。【主事】⑥ 乔晋芳，【心农】⑦，山西闻喜人，乙未。

［试题］乐道人之善。地之所载（二句）。圣人既竭（二句）。"人语中含乐岁声"得"声"字。

［解元］王兆骐。

河南：

［试官］编修厉恩官，【研秋】，江苏仪征人，庚子。编修田雨公，【杏轩】⑧，山西孟⑨县人，戊戌。

［试题］好之者不（二句）。体群臣则（二句）。有不虞之（二句）。"诗语入秋高"得"秋"字。

［解元］毛锡畴。

山东：

---

① 侍郎，《清秘述闻续》作"内阁学士"。
② 原作"詹事"。
③ 恬，《清秘述闻续》作"愉"。"仓景愉"原名"仓景恬"。
④ 光绪五年本校注者补：少平。
⑤ 原作"史部"。案："史"为"吏"之讹。《清秘述闻续》作"检讨"。
⑥ 原作"编修"。《清秘述闻续》作"刑部员外郎"。
⑦ 光绪五年本校注者亦补：心农。
⑧ 光绪五年本校注者补：敬轩。
⑨ "孟"为"盂"之讹。

[试官]【编修】① 徐之铭，新斋，贵州开泰人，丙申。② 编修胡应泰，【号怀莊，阶平】，顺天大兴人【祖籍浙江山阴】，乙未。

[试题] 君子无终（一节）。凡事豫则立。亲仁也（一节）。"荡胸生层云"得"云"字。

[解元] 李凌霄。

山西：

[试官]【编修】③ 龙元僖，【仰为】④，广东顺德人，乙未。编修匡源，【鹤泉】⑤，山东胶州人，庚子。

[试题] 攻其恶无（二句）。不诚无物。晋国亦仕（国也）。"红树碧山无限诗"得"诗"字。

[解元] 张定基。

陕西：

[试官]【编修】⑥ 甘守先，薪圃，云南白盐井人，庚子。编修钱宝禾，【嵩庆子，子嘉】⑦，浙江钱塘人，乙未。

[试题] 文莫吾犹（二句）。辟如行远（一句）。诗云迨天（一句）。"且看寒花晚节香"得"花"字。

[解元] 赵于进。

四川：

[试官]【编修】⑧ 钱振伦，楞仙，浙江归安人，戊戌。编修汤云松，鹤树，江西南丰人，庚子。

[试题] 敏而好学（三句）。能尽人之（二句）。景春曰公（全章）。"同工异曲"得"同"字。

[解元] 张德元。

广东：

[试官] 太仆何桂清，【根云】⑨，云南昆明人，乙未。编修龙启瑞，【翰臣】⑩，广西临桂人，辛丑。

[试题] 子曰君子（一章）。洋洋乎发（一节）。壮者以暇（四句）。"泉声清浅出

---

① 原作"内阁"。
② 《清秘述闻续》作："兵部侍郎舒兴阿字云溪，满洲正蓝旗人，壬辰进士。"
③ 原作"刑部"。
④ 光绪五年本校注者补：兰铭。
⑤ 光绪五年本校注者补：鹤泉。
⑥ 原作"学士"。
⑦ 光绪五年本校注者补：子嘉。
⑧ 原作"内阁"。
⑨ 光绪五年本校注者亦补：根云。
⑩ 光绪五年本校注者亦补：翰臣。

岩间"得"泉"字。

[解元] 崔成霖。

广西：

[试官] 编修冯桂芬，【林一】①，江苏吴县人，庚子。编修祁宿藻，春浦，山西寿阳人，戊戌。

[试题] 久要不忘（一句）。诚者物之（终始）。故曰域民（三句）。"蟋蟀俟秋吟"得"贤"字。

[解元] 严寅恭。

云南：

[试官] 【编修】② 晏端书，【同甫】③，江苏仪征人，戊戌。户【主】④ 朱昌颐，【朵山】⑤，浙江海盐人，丙戌。

[试题] 信则民任（二句）。仁者人也（二句）。以有天下（二句）。"晴天养片云"得"晴"字。

[解元] 孙钧。

贵州：

[试官] 学士万青黎⑥，藕【舲】⑦，江西德化人，庚子。编修何绍基⑧，湖南道州人，丙申。

[试题] 父母在（一章）。吾学殷礼（二句）。文王之囿（节末）。"须臾静扫众峰出"得"峰"字。

[解元] 许鸿儒。

道光二十五年乙巳恩科会试

中式二百十二名。

[试官] 侍郎贾桢⑨，山东黄县人，榜眼。内阁穆彰阿，鹤舫，满洲厢蓝人，乙丑。尚书许乃普⑩，浙江钱塘人，庚辰。侍郎周祖培，芝台，河南商城人，己卯。

---

① 光绪五年本校注者亦补：林一。
② 原作"侍郎"。
③ 光绪五年本校注者亦补：同甫。《清秘述闻续》作"彤甫"。
④ 原作"部"。《清秘述闻续》作"户部员外郎"。
⑤ 光绪五年本校注者亦补：朵山。
⑥ "黎"为"藜"之讹。
⑦ 原作"舫"。
⑧ 光绪五年本校注者补：子贞。
⑨ 光绪五年本校注者补：筱堂。
⑩ 光绪五年本校注者补：滇生。

［试题］人焉廋哉（二句）。诗曰妻子（妻帑）。至于治国（玉哉）。"百尔敬有位"① 得"贤"字。

［会元］蒋超伯，【叔起】，江都人，【知府，广东候补道】。

［鼎甲］萧锦忠，【史楼】②，湖南湘乡③人，【修撰，未散馆卒】。金鹤清，【翰皋】④，浙江桐乡人，【编修，入南书房，早卒】。吴福年，【竹岩】⑤，浙江钱塘人，【学士】。

道光二十六年丙午科乡试

顺天：

［试官］户尚祁寯藻，淳甫⑥。山西寿阳人，甲戌。兵尚文庆，孔修，满洲厢红人，壬午。吏侍福济，元修，满洲厢白人，癸未⑦。

［试题］不曰坚乎（四句）。文武之政（政举）。如知其非（来年）。"一行斜字早雁⑧来"得"秋"字。

［解元］王宗海，顺天，【会稽人，知县】。

江南：

［试官］户侍⑨柏葰，静⑩涛，蒙古正蓝人，丙戌。司副黄赞汤，莘⑪农，江西庐陵人，癸巳。

［试题］子贡问师（愈与）。盖曰天之（天也）。王在灵囿（六句）。"半帆斜日一江风"得"风"字。

［解元］汪应森，幹臣，旌德。

江西：

［试官］光禄汪本铨，【衡甫】⑫，江苏阳湖人，己丑。编修汪廷儒，醇【卿】⑬，江苏仪征人，甲辰。

---

① 《清秘述闻续》作"凡百敬有位"。
② 光绪五年本校注者亦补：史楼。
③ 湘乡，《清秘述闻续》作"茶陵"。
④ 光绪五年本校注者亦补：翰皋。
⑤ 光绪五年本校注者补：筑岩。
⑥ 淳甫，《清秘述闻续》作"春浦"。
⑦ "癸未"为"癸巳"之讹。
⑧ 雁，《清秘述闻续》作"鸿"。
⑨ 户侍，《清秘述闻续》作"吏部侍郎"。
⑩ 静，《清秘述闻续》作"听"。
⑪ 莘，《清秘述闻续》作"莘"。
⑫ 原作"衡南"。
⑬ 原作"乡"。

〔试题〕入曰伯夷（何怨）。诗曰神之（度思）。此所谓养（可也）。"兰叶露光秋月上"得"兰"字。

〔解元〕江廷杰，印泉，新城。

浙江：

〔试官〕【□】①　侍周祖培，芝台，河南商城人，己卯。编修王景淳，【本名澄，又以避穆宗御名改景澄，清如】，江西萍乡人，甲辰。

〔试题〕曰有澹台（室也）。子曰武王（周公）。诗云迨天（牖户）。"卓犖观群书"得"观"字。

〔解元〕张庆荣，【廷济子】，廷清人，嘉兴。

福建：

〔试官〕詹事孙葆元，莲塘，直隶盐山人，己丑。编修蔡念慈，【慰曾】，浙江仁和人，辛丑。

〔试题〕君子矜而（二句）。本诸身徵（庶民）。流水之为（不达）。"山路秋啸松柏香"得"香"字。

〔解元〕黄维岳，同安。

湖北：

〔试官〕编修廉师敏，树峰，顺天宁河人，庚子。编修何彤云，【字炳奎，赓卿】②，云南晋宁人，甲辰。

〔试题〕人之生也（一句）。虽愚必明（必强）。能言距杨（徒也）。"江山入好诗"得"秋"字。

〔解元〕邹崇汉，公安。

湖南：

〔试官〕编修萧浚兰，【字仪卿】，芗卿③，江西高安人，甲辰。编修冯培元④，浙江仁和人，甲辰。

〔试题〕居则曰不（一节）。敬大臣也（三句）。昔者窃闻（一体）。"山高无风松自响"得"高"字。

〔解元〕陈敬廷，长沙。

河南：

〔试官〕侍读孙铭恩，兰检，江苏通州人，乙未。员外林映棠，树南，四川奉节人，乙未。

〔试题〕乡人皆好（可也）。所求乎朋（二句）。管仲晏子（二句）。"大法小廉"

---

① 此字模糊难辨，原作"左"。《清秘述闻续》作"刑部侍郎"。
② 光绪五年本校注者补：赓卿。
③ 光绪五年本校注者注：芗泉。
④ 光绪五年本校注者补：小亭。

得"臣"字。

［解元］周嗣敬，怀庆。

山东：

［试官］侍读朱崶，橄堂，云南通海人，己卯。编修吴保泰，【南池】①，河南光州人，庚子。

［试题］道之以德（二句）。官盛任使（二句）。王子垫问（四句）。"湖光摇碧山"得"湖"字。

［解元］马梦龄，阳信。

山西：

［试官］检讨毕道远，【字仲任，东河】②，山东淄川人，辛丑。编修彭涵霖，养田，江西萍乡人，辛丑。

［试题］言语宰我（季路）。德为圣人（一句）。昔者文王（岐也）。③

［解元］杨中桂，屯留。

陕甘：

［试官］侍讲陈宝禾，子嘉，浙江钱塘人，乙未。詹事青麐，【字龙宾】，墨卿，满洲正白人，辛丑。

［试题］不曰坚乎（四句）。则知所以（九经）。天油然作（二句）。"桂枝在手"得"枝"字。

［解元］刘余庆，长安，【丙辰，户部郎中，知府】。

四川：

［试官］编修徐士毅，【稼生】④，江西丰城人，丙申。主事⑤吴嘉淦，江苏吴县人，戊戌。

［试题］夫子圣者（能也）。诚之者择（者也）。吾何修而（事者）。"郊原远带新晴色"得"游"字。

［解元］龙辉廷，黔江。

广东：

［试官］内阁全庆，【字云甫】，小汀，满洲正白人，己丑。编修陈启迈，【字子皋，竹伯】⑥，湖南武陵人，辛丑。

［试题］据于德依（三句）。春秋修其（二句）。子路人告（人同）。"珊瑚碧树交枝柯"得"歌"字。

---

① 光绪五年本校注者补：和庵。
② 光绪五年本校注者补：东河。
③ 此处缺诗赋题，《清秘述闻续》作：赋得"清月出岭光入扉"得"光"字。
④ 光绪五年本校注者亦补：稼生。
⑤ 主事，《清秘述闻续》作"内阁中书"。
⑥ 光绪五年本校注者补：竹伯。《清秘述闻续》作"倬伯"。

［解元］梅梦雄，顺德。

广西：

［试官］编修冯誉骥，【仲良】①，广东高要人，甲辰。编修邹正杰，【云阶】②，湖南浏阳人，庚子。

［试题］唯求则非（之大）。序事所以（贤也）。诗云迨天（道乎）。"已觉气兴嵩华敌"得"山"字。

［解元］苏尔均，义宁。

云南：

［试官］编修潘会③莹，星斋，江苏吴县人，辛丑。编修张炜，晒堂，山西朔州人，辛丑。

［解元］徐修政，昆明。

贵州：

［试官］编修金鹤清④，浙江桐乡人，乙巳。编修吴福年⑤，浙江钱塘人，乙巳。

［试题］其为仁矣（三句）。宜民宜人（二句）。为巨室则（大木）。"雨后山光满郭青"得"晴"字。

［解元］钟宪章，遵义。

道光二十七年丁未会试

［试官］大学潘世恩，芝轩，江苏吴县人，癸丑。工尚杜受用，芝农，山东滨洲人，癸未。吏侍福济，元修，满洲厢白人，癸巳。兵侍朱凤标，桐轩，浙江萧山人，壬辰。

［试题］君子贤其（一句）。盖有之矣（见也）。孟子曰予（已也）。"天心水面"得"知"字。

［会元］许彭寿，【仁山】，仁和人，【二甲一名，内阁学士】。

［鼎甲］张之万，【子青】⑥，直隶南皮人，【闽浙总督】。袁绩⑦懋，【厚安】⑧，顺天宛平人，【编修，特旨改主事，入赀为福建候补道，署延建邵道，殉难，赐恤】。庞

---

① 光绪五年本校注者补：展云。
② 光绪五年本校注者亦补：云阶。
③ "会"为"曾"之讹。
④ 光绪五年本校注者补：翰皋。
⑤ 光绪五年本校注者补：筑岩。《清秘述闻续》作"笔岩"。
⑥ 光绪五年本校注者亦补：子青。
⑦ "绩"为"绩"之讹。
⑧ 光绪五年本校注者亦补：厚安。《清秘述闻续》作"厚庵"。

钟璐，【宝生，一字韫山】①，江苏常熟人，【刑部尚书，文恪】。

国朝贡举考略卷四

道光二十七年丁未会试

[试官] 大学潘世恩，芝轩，江苏吴县人，癸丑。工尚杜受田，芝农，山东滨州人，癸未。吏侍福济，元修，满洲镶白人，癸巳。兵侍朱凤标，桐轩，浙江萧山人，壬辰。

[试题] 君子贤其（一句）。盖有之矣（见矣）。孟子曰予（已也）。"天心水面"得"知"字。

[会元] 许彭寿，仁和②人。

[鼎甲] 张之万，〖子青〗，直隶南皮人。袁〖绩〗③ 懋，〖厚安〗④，顺天宛平人。庞钟璐，〖宝斋〗⑤，江苏常熟人。

道光二十九年己酉科乡试

顺天：

[试官] 户尚孙瑞珍，奇庵，山东济宁人，癸未。工尚王广荫，蔓⑥堂，江苏通州人，癸巳⑦。宗室灵桂，小山，满洲镶红人。

[试题] 为君难为（二句）。小人反中庸。苟能充之（二句）。

[解元] 王汝讷，永平⑧人。

江南：

[试官] 吏侍福济，元修，满洲镶白人，癸巳。庶子杜翮，云巢，山东滨洲人，辛丑〖乙未〗。

[试题] 曾子曰唯（至未）。无若宋人（寡矣）。执其两端（二句）。

[解元] 祝椿年，松江人。

---

① 光绪五年本校注者补：宝生。
② 仁和，《清秘述闻续》作"钱塘"。
③ 原作"绩"。
④ 《清秘述闻续》作"厚庵"。
⑤ 《清秘述闻续》作"宝生"。
⑥ 《清秘述闻续》作"爱"。
⑦ "癸巳"为"癸未"之讹。
⑧ 永平，《清秘述闻续》作"滦州"。

江西：

［试官］赞善田雨公，砚农，山西盂县人，戊戌。编修呼延振，立夫，陕西长安人，乙巳〖甲辰〗。

［试题］能近取譬（也已）。夫义路也（四句）。君子之所（见乎）。

［解元］钟声远，赣州人。

浙江：

［试官］少卿文瑞，叔庵①，满洲厢红人，庚子〖辛丑〗。编修章琼，子仙，安徽庐江人，甲辰〖辛丑〗。

［试题］君子惠而（五句）。居天下之（四句）。正己而不（一句）。

［解元］朱卓②章，金华人。

福建：

［试官］礼侍黄赞汤，〖莘农〗，江西吉安人，戊戌〖癸巳〗。编修史淳，澄园，广东番禺人，辛丑〖庚子〗。

［试题］禹稷躬稼（适出）。景公悦大（不足）。仁者人也（四句）。

［解元］卢纫芳，永定人。

湖北：

［试官］侍讲童华，微③砚，浙江鄞县人，〖戊戌〗。修撰张之万，子青，直隶南皮人，丁未。

［试题］信近于义（辱也）。

［解元］张伯④揆，黄冈人。

湖南：

［试官］中允车顺轨，子庄，陕西郃阳人，辛丑〖庚子〗。编修徐元勋，铭臣，浙江海宁人，乙巳。

［试题］诗云如切（节）。成物知也（二句）。周公思兼（思也⑤）。

［解元］黄维昌，善化人。

河南：

［试官］太仆宋晋，雪门⑥，江苏栗⑦阳人，辛丑〖甲辰〗。编修吴骏昌，可亭，江苏仪征人，乙巳〖甲辰〗。

［试题］曰既庶矣（教之）。原泉混混（如是）。诗云潜虽（二句）。

---

① 《清秘述闻续》作"叔安"。
② 卓，《清秘述闻续》作"倬"。
③ 微，《清秘述闻续》作"薇"。
④ 伯，《清秘述闻续》作"百"。
⑤ "也"为"之"之讹。
⑥ 门，《清秘述闻续》作"帆"。
⑦ "栗"为"溧"之讹。

［解元］张澜光，阳武人。

山东：

［试官］内阁瑞常，芝生，蒙古厢红人，壬辰。编修童以炘，浙江仁和人，甲辰〖辛丑〗。

［试题］子谓子夏（两章）。圣人之忧（一句）。能尽物之（二句）。

［解元］宋季丰，胶州人。

山西：

［试官］编修胡瑞澜，子安，湖北江夏人，乙巳。编修张桐，琴轩，河南祥符人，乙巳〖辛丑〗。

［试题］书云孝乎（有政）。孔子曰为（道乎）。体群臣则（二句）。

［解元］杨淑，崞州人。

陕甘：

［试官］编修葛景莱，〖蓬山〗，浙江仁和人，甲辰〖辛丑〗。编修黄倬，卓人，湖南善化人，乙巳〖庚子〗。

［试题］君子不可（受也）。其地同树（四句）。日月所照。

［解元］乔荫甲，三原人。

四川：

［试官］兵科赵昀①，〖岵存〗，安徽太湖人，辛丑。中书龚自闳，〖养和〗，浙江仁和人，甲辰。

［试题］惠则足以（一句）。昆弟也（二句）。

［解元］王庚，巫山人。

广东：

［试官］侍讲杨式毂，诒②堂，河南商城人，辛丑。赞善何绍基，子贞，湖南道州人，丙申。

［试题］汤之盘铭（节）。孔子曰吾（中矣）。

［解元］何仁山，东莞人。

广西：

［试官］编修孙锵鸣，旭庵，浙江瑞安人，辛丑。刑部丁守存，敬夫，山东日照人，庚子。

［试题］孔子曰才（然乎）。舟车所至。

［解元］周冠，灵川人。

---

① "昀"为"昀"之讹。
② 诒，《清秘述闻续》作"诒"。

云南：

[试官] 编修陈庆松，乔先，顺天大兴人，乙巳〖辛丑〗。工部刘廷检，子恭，顺天通州人，甲辰①。

[试题] 焉知贤才（二句）。君子之于（四句）。

[解元] 石虎臣，昆明人。

贵州：

[试官] 编修孙鼎臣，铭九，湖南善化人，〖乙巳〗。主政王发桂，少峰，直隶清苑人，庚子〖丙申〗。

[试题] 子曰孰谓（一章）。

[解元] 梁光发，瓮安人。

道光三十年庚戌会试

[试官] 学士卓秉恬，海帆，四川华阳人，壬戌。吏尚贾桢，筠堂，山东黄县人，丙戌。户尚花沙纳，松岑，蒙古正黄人，壬辰。兵侍孙葆元，莲塘，直隶盐山人，己丑。

[试题] 所谓诚其（欺也）。子曰泰伯（章）。五十而慕（之矣）。

[会元] 邹石磷②，聊城人。

[鼎甲] 陆增祥，〖星农〗，江苏太仓人。许其光，〖澂③文〗，广东番禺人。谢增，〖梦渔〗，江苏仪征人。

咸丰元年辛亥恩科乡试

顺天：

[试官] 学士杜受田，芝农，山东滨洲人，癸未。吏尚柏俊④，静⑤涛，蒙古正蓝人，丙戌。侍郎舒兴阿，旺山，满洲厢黄〖蓝〗人，戊戌〖壬辰〗。侍郎翁心存，遂盦，江苏常熟人，壬午。

[试题] 已矣乎者也。我亦欲正（己也）。故君子不动（二句）。

[解元] 王题雁，直隶人。

江南：

---

① "甲辰"为"乙未"之讹。
② "磷"为"麟"之讹。
③ 澂，《清秘述闻续》作"涑"。
④ "俊"为"俊"之讹。
⑤ 静，《清秘述闻续》作"听"。

〔试官〕吏侍瑞常，芝笙①，蒙古厢红人，壬辰。编修金国〖均〗②，应三，湖北黄陂人，〖戊戌〗③。

〔试题〕子曰父母之年（一节）。去谗（至）而贵德。斧斤以时入山林（二句）。

〔解元〕汪达元。

江西：

〔试官〕内阁沈兆霖，子菉，浙江钱塘人，丙申。编修龚宝莲，静轩，顺天大兴人，辛丑。

〔试题〕信近于义（四句）。德为圣人。诗云自西（至）谓也。

〔解元〕李镜华，义宁人。

浙江：

〔试官〕阁学吕贤基，鹤田，安徽旌德人，丙申〖乙未〗。编修沈桂芬，小山，顺天宛平人，乙巳〖丁未〗。

〔试题〕必也射乎（三句）。思事亲（一句）。子男五十（子男）。

〔解元〕宋炳琦，□□④人。

福建：

〔试官〕侍读罗惇衍，星斋，广东顺德人，乙未。编修徐士毅，稼生，江西丰城人，丙申。

〔试题〕邦有道危（二句）。诗曰衣锦（日章）。悦周公仲（句）。

湖北：

〔试官〕编修冯培元，小亭，浙江仁和人，甲辰。编修彭涵霖，养田，江西萍乡人，辛丑。

〔试题〕天下有道（二节）。吾学周礼。尊贤使能。

〔解元〕周禾田，□□⑤人。

湖南：

〔试官〕编修乔松年，崔九，山西闻喜人，戊戌⑥。编修吴保泰，和庵，河南光州人，庚子。

〔试题〕天下有道（四句）。今天下车（同伦）。万钟则不（至）加焉。

〔解元〕何泽洪⑦，邵阳人。

河南：

---

① 笙，《清秘述闻续》作"生"。
② 原作"钧"。
③ 原作"庚子"。
④ 原缺。
⑤ 原缺。
⑥ "戊戌"为"乙未"之讹。
⑦ 泽洪，《清秘述闻续》作"洪泽"。

［试官］修撰张之万，子青，直隶南皮人，丁未。主政文格，思庵，满洲厢红人。

［试题］知者不惑（二句）。傅说举于（一句）。言前定则（不疚）。

［解元］张鸿远，祥符人。

山东：

［试官］侍讲德兴，满洲厢蓝人。编修边浴礼，子廉，直隶河间人，辛丑〖甲辰〗。

［试题］其如有容（容之）。修己以敬。经正则庶（慝矣）。

［解元］林元芎，□□①人。

山西：

［试官］编修史淳②，澄园，广东番禺人，辛丑〖庚子〗。编修杜学礼，召棠，湖南临武人，丁未。

［试题］子曰有教无类（二章）。能尽其性（四句）。皆古圣人也（一句）。

［解元］□□□，□□③人。

陕甘：

［试官］编修贡璜，潢之，浙江归安人，辛丑。编修颜培瑚，稼珊，广东顺德人，甲辰〖辛丑〗。

［试题］晏平仲（一节）。事前定则（不困）。皆古圣人（二句）。

［解元］王锐堂，河阳④人。

四川：

［试官］何彤云，子厚，云南昆明人，戊戌〖甲辰〗。编修徐树铭，又梅，湖南长沙人，丁未。

［试题］昔者偃也（是也）。忠信重禄（二句）。孟子居邹（节）。

［解元］常世琯，重庆人。

广东：

［试官］侍读万青藜，耦舫⑤，江西德化人，庚子。编修吕佡孙，兰溪⑥，江苏通州人，庚子〖戊戌〗。

［试题］见善如不（七句）。君子未有（二句）。禹思天下（四句）。

［解元］苏潮，南海人。

云南：

［试官］编修呼延振，立夫，陕西长安人，乙巳〖甲辰〗。编修蔡赓飏，云士，浙江德清人，壬午。

---

① 原缺。
② 淳，《清秘述闻续》作"澄"。"史澄"原名"史淳"。
③ 原缺。
④ 河阳，《清秘述闻续》作"武威"。
⑤ 舫，《清秘述闻续》作"舲"。
⑥ 溪，《清秘述闻续》作"舫"。

［试题］宗族称孝（二句）。人道敏政（节）。孔子圣之（大成）。

［解元］伊建中，昆明人。

贵州：

［试官］编修左瑛，漱六，湖北黄陂人，辛丑〖乙巳〗。编修华祝三，鼎臣，江西瑞安人，甲辰〖丁未〗。

［试题］如有博施（二句）。舜好问而（迩言）。拱把之桐（三句）。

［解元］邢士义，贵筑人。

咸丰二年壬子会试

［试官］协办周祖培，芝台，河南商城人，己卯。户尚载龄，芷庵，满洲正蓝人，庚子〖辛丑〗。侍郎何桂清，树斋，云南昆明人，乙未。侍郎杜翙，云巢，山东滨洲人，辛丑〖乙未〗。

［试题］柴也愚（四句）。楚国无以（二句）。昼尔于茅（四句）。

［会元］孙庆咸，济宁人。

［鼎甲］章鋆，〖采南〗，浙江鄞县人。杨泗孙，〖滨石〗，江苏常熟人。潘祖荫，〖伯寅〗，江苏吴县人。

咸丰二年壬子乡试

顺天：

［试官］工尚麟魁，梅谷，满洲厢白人，丙戌。户尚朱凤标，桐轩，浙江萧山人，壬辰。侍郎吕贤基，鹤田，安徽旌德人，丙申〖乙未〗。

［试题］子曰中庸（一章）。诚者物之终始（二句）。敢问何谓（言也）。

［解元］张之洞，南皮人。

江南：

［试官］侍读沈兆霖，子荩，浙江钱塘人，乙未〖丙申〗。编修葛景莱，蓬山，浙江仁和人，甲辰〖辛丑〗。

［试题］道之以政（至）且格。布在方策。其实皆什（三句）。

［解元］薛春黎，全椒人。

江西：

［试官］阁学曾国藩，涤生，湖南湘乡人，戊戌。编修丁浩，子然，顺天宛平①人，甲辰②。

---

① 顺天宛平，《清秘述闻续》作"河南宝丰"。
② "甲辰"为"戊戌"之讹。

［试题］君子贞而（一句）。或学而知之一也。充实而有光辉之谓大。

［解元］潘先珍，建康人。

浙江：

［试官］赞善锡龄，遐庵，满洲厢黄人，辛丑。编修刘书年，有云，直隶河间人，乙巳。

［试题］知者不失人（二句）。所求乎子（四句）。是地利不（和也）。

［解元］洪秋田。

福建：

［试官］中允毓检，满洲厢蓝人，庚子〖丙申〗。编修黄兆麟，子郊，湖南善化人，丁未〖庚子〗。

［试题］隐居以求其志（二句）。设其裳衣（二句）。有安社稷（臣者）。

［解元］陈翔墀，长乐人。

湖北：

［试官］给事王履谦，步瞻，顺天大兴人，戊戌。编修许其光，耀斗，广东番禺人，庚戌。

［试题］赦小过（二句）。夫焉有所倚（二句）。或以告王良（不可）。

［解元］龚遥峰，江夏人。

河南：

［试官］太常克明，静之，满洲厢黄人，甲辰。编修宋玉珂，映三，山东曹州人，乙巳〖甲辰〗。

［试题］子曰其恕乎（三句）。好学近乎知。尧舜之仁（三句）。

［解元］许贞元，洛阳人。

山东：

［试官］阁学许乃普，滇生，浙江钱塘人，庚辰。编修黄倬，卓人，湖南善化人，乙巳〖庚子〗。

［试题］孝慈则忠（三句）。诗曰奏假（无言）。由汤至于（四句）。

［解元］张树甲。

山西：

［试官］编修袁泳锡，纯之，山东历城人，庚子〖甲辰〗。编修曹登庸，苑仙，河南光州人，丁未。

［试题］先事后得（三段）。国有道（一句）。管仲晏子。

［解元］宋洪蒙①，太谷人。

陕甘：

---

① 蒙，《清秘述闻续》作"业"。

1354

［试官］给事苏仲山，重亭，山东日照人，乙巳〖丁未〗。编修梁〖华〗日新①，旭初，广东肇庆〖江西铅山〗人，壬子〖甲辰〗。〖按《馆选录》有华日新，系江西铅山人，甲辰翰林。梁同新，广东番禺人，丙辰翰林。无梁日新。此误。〗

［试题］其事上也（二句）。诚者物之（二句）。虽然欲常（二句）。

［解元］高岫，三元人。

四川：

［试官］太仆徐继畬，牧田，山西五台人，〖丙戌〗②。编修沈炳垣，斗南，浙江归安人，丁未〖乙巳〗。

［试题］仁远乎哉（节）。时使薄敛（二句）。

［解元］杨涛。

广东

［试官］洗马孙铭恩，书常，江苏通州人，戊戌〖乙未〗。编修胡焯，祯轩，湖南武陵人，甲辰〖辛丑〗。

［试题］由也为之（四句）。辟如天地（二句）。周公之封（四句）。

［解元］李文灿，南海人。

云南：

［试官］编修赵昀，季芝，安徽太和人，辛丑。编修黄经，玮③斋，广东顺德人，丁未〖甲辰〗。

［试题］或曰雍也（二句）。在下位不（援上）。好善足乎（三句）。

贵州：

［试官］编修张衍重，珩秋，山东沂州人，乙巳〖辛丑〗。编修许彭寿，松④山，浙江钱塘人，丁未。

［试题］人而不为（二句）。辟如登高。礼之实节（是也）。

［解元］胡承培。

咸丰三年癸丑会试

［试官］礼尚徐泽醇，〖梅桥〗，汉军厢红人，癸巳。工尚潘曾莹，星斋，江苏常熟人，辛丑。侍郎邵灿，耀圃，浙江余杭人，壬辰。

［试题］子曰听讼（至）讼乎。君子义以为质。孟子道性（二句）。

［会元］吴凤藻，钱塘人。

---

① 《清秘述闻续》作"梁同新"。
② 原作"乙未"。
③ "玮"为"纬"之讹。
④ 松，《清秘述闻续》作"仁"。

［鼎甲］孙如僅，〖松坪〗，山东济宁人。吴凤藻，〖蓉圃〗，浙江钱塘人。吕朝瑞，〖九霞〗，安徽旌德人。

咸丰五年乙卯乡试

顺天：

［试官］学士贾桢，筠堂，山东黄县人，丙戌。户尚花沙纳，松岑，蒙古正黄人，壬辰。侍郎何彤云，子厚，云南晋宁人，甲辰。

［试题］我对曰无违。知人也。虽存乎人者（节）。

［解元］方汝翼，大兴人。

浙江：

［试官］正卿周玉麒，崑麟，湖南长沙人，乙巳〖甲辰〗。编修景其濬，〖剑泉〗，贵州贵筑人，甲辰〖壬子〗。

［试题］子曰道不同不相为谋。诗云伐柯（四句）。为是其智（二句）。

［解元］姚乾高，余姚人。

福建：

［试官］礼侍景廉，隅斋，满洲正黄人，庚戌〖壬子〗。编修吴凤藻，丹山，浙江钱塘人，癸丑。

［试题］子温而厉（三句）。禘尝之义。学问之道。

［解元］刘懿璜。

山东：

［试官］鸿胪张锡庚，秋舫，江苏丹徒人，丙申。编修吕序程，河南罗山人，庚戌〖乙巳〗。

［试题］子曰君子周而不比（二章）。修身之（二句）。有安社稷（句）。

［解元］栗文英，东平人。

山西：

［试官］庶子张金镛，〖海门〗，浙江平湖人，甲辰。编修李鸿藻，兰生，直隶高阳人，壬子。

［试题］君子贞而不谅。言其上下察也。离娄之明（五句）。

［解元］武士选，河东人。

陕甘：

［试官］侍讲殷兆镛，谱经，江苏吴县人，庚子。编修罗嘉福，秬生，顺天大兴人，丁未①。

---

① "丁未"为"乙巳"之讹。

［试题］乐则韶舞（二句）。燕毛所以序齿也。邑于歧①山（五句）。

［解元］石汝湖②，富平人。

四川：

［试官］修撰章鋆，咪谷，浙江鄞县人，壬子。侍读孙楫，子舟，山东济宁人，壬子。

［试题］事君敬其事。人力所通（三句）。由尧舜至（三节）。

［解元］彭润芳，新津人。

广东：

［试官］给事王发桂，少峰，顺天大兴人，庚子〖丙申〗。编修张兴仁，让之，浙江仁和人，〖辛丑〗。

［试题］仁者安仁（合下一章）。德为圣人。傅说举于（六句）。

广西：

补行乡试。

［试官］毕道远，东河，山东淄川人，辛丑。丁绍周，召南，江苏丹徒人，乙巳〖庚戌〗。

［试题］舜有天下远矣。正己而不求于人。

［解元］李璲，苍梧人。

云南：

［试官］侍讲吴存义，礼门，江苏仪征人，甲辰〖戊戌〗。编修张守岱，星农，山东海丰人，丁未〖乙巳〗。

［试题］举善而教（则劝）。言而世为天下则。人性之善（四句）。

［解元］曾彬，建水人。

贵州：

［试官］编修王祖培，〖小霖〗，直隶宝坻人，庚子。编修钱桂森，〖犀庵〗，江苏海州人，丁未。

［试题］仁者安仁。德为圣人。傅说举于（六句）。

湖南：

补行丁巳乡试。

［试官］杨泗孙，滨石，江苏常熟人，壬子。钱桂森，犀庵，江苏海州人，丁未。

［试题］可使足民。春秋。诗云既醉（一段）。

［解元］龙汝翼，湘乡人。

---

① 歧，《清秘述闻续》作“岐”。
② 湖，《清秘述闻续》作“瑚”。

咸丰六年丙辰会试

[试官] 尚书彭蕴章，玉峨①，江苏常熟人，壬辰。尚书全庆，小汀，满洲正白人，己丑。侍郎许乃普，滇生，浙江钱塘人，庚辰。侍郎刘崐，〖韫斋〗，云南景东人，庚子〖辛丑〗。

[试题] 告诸往而知来者。莫如为仁。洋洋乎发育（二句）。

[会元] 马元瑞，临清人。

[鼎甲] 翁同龢，〖叔平〗，江苏常熟人。孙毓汶，〖莱山〗，山东济宁人。洪昌燕，〖张伯〗，浙江钱塘人。

咸丰八年戊午乡试

顺天：

[试官] 学士柏俊②，静③涛，蒙古正蓝旗人，丙戌。户书朱凤标，桐轩，浙江萧山人，壬辰。吏侍程庭④桂，楞香，江苏常熟人，壬午⑤。

[试题] 吾未见刚者。敬其所尊。敢问夫子（节）。

[解元] 弌⑥泰徵，景州人。

浙江：

[试官] 阁学宝鋆，〖佩蘅⑦〗，满洲厢白旗人，丙戌⑧。编修马佩瑶，香谷，河南光州人，辛丑〖庚戌〗。

[试题] 苟志于仁（矣无恶也）。凡为天下（一也）。故天将降（节）。

[解元] 徐锦，嘉兴人。

湖北：

[试官] 编修许彭寿，松⑨山，浙江钱塘人，丁未。编修俞奎光〖垣〗，壁仙，顺天大兴人，壬子。

[试题] 夫达也者（一节）。子庶民也（四句）。诗云迨天之未阴雨（五句）。

[解元] 徐宗一，黄安人。

---

① 玉峨，《清秘述闻续》作"咏莪"。
② "俊"为"葰"之讹。
③ 静，《清秘述闻续》作"听"。
④ 庭，《国朝贡举年表》、《索引》、《清朝进士题名录》作"廷"。
⑤ "壬午"为"丙戌"之讹。
⑥ "弌"为"戈"之讹。
⑦ 蘅，《清秘述闻续》作"珩"。
⑧ "丙戌"为"戊戌"之讹。
⑨ 松，《清秘述闻续》作"仁"。

湖南：

[试官] 编修寻銮炜，〖管香〗，山西荣河人，壬子。编修杜瑞联，棣云，山西太谷人，壬子。

[试题] 知之者不如好之者（一章）。为政在人（一句）。夏后氏五十（三句）。

[解元] 李习昇，长沙人。

河南：

[试官] 编修邵亨豫，〖汴生〗，顺天宛平人，乙巳〖庚戌〗。编修洪昌燕，〖张伯〗，浙江钱塘人，丙辰。

[试题] 多闻择其善者而从之（二句）。舜其大孝（二句）。乐之实（二句）。

[解元] 曹宗礼①。

山东：

[试官] 侍郎郑敦谨，睦轩，湖南长沙人，〖乙未〗。叶廷杰，河南光州人。

[试题] 子曰固天纵之将圣（二句）。事前定则（不困）。其身正多福。

[解元] 赵德毅，博兴人。

山西：

[试官] 彭瑞毓，〖子嘉〗，湖北江夏人，壬子。吕朝瑞，廷云，安徽旌德人，癸丑。

[试题] 君子尊贤而容众（四句）。车同轨。他日由邹（储子）。

[解元] 宋鸿清，定襄人。

陕西：

[试官] 侍讲潘祖荫，少棠，江苏吴县人，壬子。修撰翁同龢，〖叔平〗，江苏常熟人，丙辰。

[试题] 子使漆雕（开仕，三句）。父母其顺矣乎。有安社稷（二段）。

[解元] 康楷，大荔人。

四川：

[试官] 编修李德仪，威之，江苏新阳人，丁未。中书豫师，汉军厢黄旗人，壬子。

[试题] 曰莫春者（点也）。文理密察。周公思兼（节）。

[解元] 唐遇隆，彰明人。

广西②：

[试官] 〖侍讲毕道远，东河，山东淄川人，辛丑。编修丁绍周，召南，江苏丹徒人，庚戌。〗

[试题] 舜有天下（三句）。正己而不求（于人）。壮者以暇日（至）事其长上。

---

① 曹宗礼，《清秘述闻续》作"石连城"。

② 此条系误置。

[解元] 李燧，苍柜①人。

咸丰九年己未会试

[试官] 大学贾桢，筱堂，山东黄县人，丙戌。尚书赵光，蓉舫，云南昆明人，庚辰。侍郎沈兆霖，子莃，浙江钱塘人，乙未。侍郎成琦，满洲正黄旗人。

[试题] 色难有事。今夫天。焉能使予不遇哉。

[会元] 马传煦，会稽人。

[鼎甲] 孙家鼐，〖燮臣〗，安徽寿州人。孙念祖，浙江会稽人。李文田，〖仲约〗，广东顺德人。

咸丰九年己未乡试

顺天：

[试官] 大学周祖培，芝台，河南商城人，〖己卯〗。侍郎梁瀚，陕西鄠县人，〖丙申〗。尚书瑞常，芝生，蒙古厢红旗人，〖壬辰〗。宗室灵桂，小山，满洲正蓝旗人，〖戊戌〗。

[试题] 郁郁乎文（哉吾从周）。鱼跃于渊（二句）。辞十万而（受万）。

[解元] 周溍，宁津人。

江南：

[试官] 侍郎杨式榖，贻堂，河南商城人，辛丑。侍郎皂保，〖荫方②〗，满洲厢黄人，辛丑〖乙巳〗。

[试题] 子谓子夏曰（一节）。武。武王缵太王王继文王之绪。

[解元] 余鉴，婺源人。

江西：

[试官] 侍郎晏端书，〖同③甫〗，江苏仪征人，戊戌。编修赵新，古彝，福建侯官人，丁未〖壬子〗。

[试题] 徙义崇德也。序事（至）逮贱也。且夫枉尺（至）而利亦可为与。

[解元] 许廷桂，金溪人。

浙江：

[试官] 给事钟启岣，岚山，江西吉安〖兴国〗人，〖乙巳〗。编修汪承先〖元〗，江苏〖甘泉〗人，〖癸丑〗。

---

① "柜"为"梧"之讹。

② 荫方，《清秘述闻续》作"吟舫"。

③ 同，《清秘述闻续》作"彤"。

［试题］舜有臣五人（至）乱臣十人。齐庄中正（二句）。有安社稷（一节）。

［解元］朱庚，山阴人。

福建：

［试官］赞善袁希祖，玉方，湖北汉阳人，甲辰①。编修杨泗孙，〖滨石〗，江苏常熟人，壬子。

［试题］大学之道。不以礼节之。地之相去也（二节）。

［解元］周庆丰，漳州人。

湖北：

［试官］编修钱宝青，叶庄，浙江嘉善人，〖辛丑〗。郎中薛书常〖堂〗，〖世香〗，河南灵宝人，〖壬子〗。

［试题］子曰禋谌（一章）。苟不固聪明圣智（二句）。吾岂若使（三句）。

［解元］刘燡，广济人。

河南：

［试官］中允华祝三，无位，江西铅山人，〖丁未〗。编修孙翼谋，鹏九，福建侯官人，〖壬子〗。

［试题］樊迟问仁（知人）。国有道（二句）。

［解元］曹学礼，项城人。

山东：

［试官］正卿郑瑷②诏，〖九丹〗，福建闽县人，〖庚子〗。编修董元醇，河南洛阳人，〖壬子〗③。

［试题］君子欲讷（节）。子庶民则（二句）。禹之行水（二句）。

［解元］王荣珆，乐陵人。

山西：

［试官］庶子钱宝廉，〖湘吟〗，浙江嘉善人，〖庚戌〗。编修张锡荣，子伯，安徽灵壁人，〖癸丑〗。

［试题］巍巍乎其（二句）。发而皆中（节谓之和）。学则三代（二句）。

［解元］韩子泰，曲沃人。

陕甘：

［试官］编修马寿金，松崖，山西介休人〖顺天宛平人〗，〖庚子〗。编修吕耀斗，问云，江苏阳湖人，〖庚戌〗。

［试题］求也退故（四句）。言而世为天（下则）。士何事尚志。

［解元］王贯三，安定人。

---

① "甲辰"为"丁未"之讹。

② "瑷"为"琼"之讹。

③ 原作"丁未"。

四川：

［试官］宗室煜伦①，子常，满洲正红人，〖甲辰〗。编修王道塘，石卿，湖北黄陂人，〖庚戌〗。

［试题］子曰先行（其一言节）。必得其寿。仁者爱人（二节）。

［解元］宋宝械，成都人。

咸丰十年庚申会试

［试官］学士周祖培，芝台，河南〖商城〗人，己卯。尚书全庆，小汀，满洲正白人，己丑。侍郎朱嶟，〖倣②堂〗，云南通海人，己卯。侍郎杜翰，山东滨州人，辛丑〖甲辰〗。

［试题］大学之道。植其枝而（芸至而立）。定于一。

［会元］徐致祥，嘉定人。

［鼎甲］钟骏声，浙江仁和人，〖雨辰〗。林彭年，〖朝珊③〗，广东番禺人。欧阳保极，〖用甫〗，湖北江夏人。

咸丰十一年辛酉乡试

顺天：

［试官］尚书麟魁，梅谷，满洲厢白人，〖丙戌〗。总宪万青藜，耦舫④，江西德化人，庚子。侍郎毕道远，东河，山东淄川人，辛丑。

［试题］不以礼节（之至行也）。肫肫其仁（三句）。非事道与。

［解元］李敬亭。

山西

［试官］修撰孙家鼐，〖燮臣〗，安徽寿州人，己未。编修沈秉成，〖仲复〗，顺庭⑤皖平〖浙江归安〗人，丙辰。

［试题］宽则得众（四句）。仲尼祖述（二句）。有安社稷（臣者）。

陕甘：

［试官］中允何廷谦，地山⑥，安徽怀远⑦人，乙巳。编修唐壬森，根石，浙江余

---

① “伦”为“纶”之讹。
② 倣，《清秘述闻续》作“橄”。
③ 珊，《清秘述闻续》作“三”。
④ 舫，《清秘述闻续》作“舲”。
⑤ “庭”疑为“天”之讹。
⑥ 地山，《清秘述闻续》作“棣珊”。
⑦ 怀远，《清秘述闻续》作“定远”。

杭人，丁未。

[试题] 子路曰愿（之志）。致中和。尧舜性之（四句）。

[解元] 张鉴堂。

广东：

[试官] 编修沈桂芬，小山，顺天大兴人，〖丁未〗。编修周恒祺，〖福陔，湖北黄陂人，壬子〗。

[试题] 齐之以礼（二句）。故天之生物（三句）。卿以下（一节）。

广西：

[试官] 编修洪调纬，湖北江夏人，〖丙辰〗。编修龚家俊，云南昆明人。

[试题] 子张曰子夏（拒之）。义者宜也（二句）。观水有术。

[解元] 唐景松①，灌阳人。

同治元年壬戌会试

[试官] 尚书倭仁，〖艮峰〗，蒙古正红人，己丑。尚书万青藜，耦舫②，江西德化人，庚子。侍郎郑敦谨，〖小珊③〗，湖南长沙人，〖乙未〗。侍郎载龄，〖鹤峰〗，满洲正红人，〖辛丑〗。

[试题] 此谓惟仁至（恶人）。子曰谁能出不由户（一章）。乐民之乐（至）忧以天下。

[会元] 李庆沅。

[鼎甲] 徐郙，〖颂阁〗，江苏嘉定人。何金寿，〖铁生〗，湖北江夏人。温忠翰，〖味秋〗，山西太谷人。

同治元年壬戌乡试

顺天：

[试官] 大学贾桢，筠堂，山东黄县人，〖丙戌〗。尚书罗惇衍，星斋，广东顺德人，〖乙未〗。协办瑞常，芝生，蒙古厢红人，〖壬辰〗。

[试题] 吾斯之未能信（至）子说。及其至也（二句）。保民而王（二句）。

[解元] 陈光瑄④。

江西：

---

① 松，《清秘述闻续》作"崧"。
② 舫，《清秘述闻续》作"舲"。
③ 珊，《清秘述闻续》作"山"。
④ 瑄，《清秘述闻续》作"暄"。

［试官］庶子薛春黎，槐①生，安徽全椒人，【癸】②丑。编修罗嘉福，柜生，顺天大兴人，乙巳。

［试题］子曰爱之（二句）。致广大（三句）。诸侯朝于天子（至）述所职也。

［解元］卢炳炎。

福建：

［试官］侍讲衍秀，满洲正白人，壬子。编修马寿金，【松厓】，顺天大兴【宛平】人，【庚子】。

［试题］为之难（二句）。知远知近（二句）。又尚论古（世也）。

［解元］

湖北：

［试官］编修颜宗仪，【雪庐】，浙江仁和人，【癸丑】。编修谭钟麟，【文卿】，湖南湘潭【茶陵】人，【丙辰】。

［试题］子曰古者言之不出（两章）。柔远人也。乐正子强乎（好善）。

［解元］王赓飏。

湖南：

［试官］阁学【绵】③宜，【佩卿】，满洲厢黄【正蓝旗】人，【壬】④子。主事王堃，顺天宛平人，辛丑。

［试题］其事上也敬（二句）、能尽物之性（至）化育。圣夫百世之思也。

［解元］周绶荣，长沙人。

河南：

［试官］编修吕朝瑞，【九霞】，安徽旌德人，癸丑。编修洪调纬，湖北江夏人，【丙辰】。

［试题］忠焉能尽物诲乎。周公成文武之德（三句）。如智者若（四句）。

［解元］黄绢。

山东：

［试官］少卿潘祖荫，壬子【伯寅】，江苏吴县人，庚戌【壬子】。编修杨泗孙，【滨石】，江苏常熟人，壬子。

［试题］季氏使闵子骞（一章）。设其裳衣。禹闻善言则拜。

［解元］魏培楠。

山西：

［试官］修撰翁同龢，【叔平】，江苏常熟人，丙辰。编修孙念祖，浙江会稽人，

---

① 槐，《清秘述闻续》作"淮"。
② 原作"辛"。
③ 原作"锦"。
④ 原作"庚"。

己未。

[试题] 子曰射不主皮（两章）。性之德也（三句）。禹闻善言（二句）。

[解元] 吴元继①。

广东：

[试官] 学士贺寿慈，〖云甫〗，湖北江夏②人，甲辰〖辛丑〗。编修郭祥瑞，河南祥等③人，壬子。

[试题] 乡也吾见于夫子（三句）。体群臣也（二句）。尊贤使能（二句）。

广西：

[试官] 修撰章鋆，〖采南〗，浙江〖鄞县〗人，壬子。编修赵新，〖古彝〗，福建闽县人，〖壬子〗④。

[试题] 畏天命。修道以仁（三句）。傅说举于版之间（六句）。

[解元] 梁德显。

同治二年癸亥科会试

[试官] 侍郎李棠阶，〖文园〗，河南河内人，壬午。侍郎沈桂芬，小山，顺天大兴人，丁未。尚书毕懋谦，地山，湖北襄阳人，壬辰。侍郎载龄，〖鹤峰〗，满洲正红人，〖辛丑〗。

[试题] 大畏民志（此谓知本）。其养民也（二句）。于是始兴发（至）之乐。

[会元] 黄体芳，瑞安人。

[鼎甲] 翁曾源，〖仲渊〗，江苏常熟人。龚承钧，〖湘浦〗，湖南湘潭人。张之洞，〖孝达〗，直隶南皮人。

同治三年甲子科乡试

顺天：

[试官] 尚书瑞常，芝生，蒙古〖正黄旗〗人，〖壬辰〗。尚书朱凤标，桐轩，浙江萧山人，壬辰。侍郎罗惇衍，星斋，广东顺德人，丙申〖乙未〗。侍郎李棠阶，〖文园〗，河南河内人，壬午。

[试题] 上老老而（一句）。林放问礼（之本二节）。齐人有言（一节）。

[解元] 王弼蕃⑤。

---

① 继，《国朝贡举年表》、《清秘述闻续》作"经"。
② 江夏，《清秘述闻续》作"蒲圻"。
③ "等"疑为"符"之讹。祥等，《清秘述闻续》作"新乡"。
④ 原作"丁未"。
⑤ 蕃，《清秘述闻续》作"藩"。

江南：

[试官] 太仆刘崐①，【韫斋】，云南景东人，庚子【辛丑】②。编修平步青，浙江山阴人，壬【戌】②。

[试题] 弃③公问政（二章）。有余不敢（一句）。汤执中（二句）。

[解元] 江璧，甘泉人。

江西：

[试官] 阁学许彭寿，松④山，浙江钱塘人，丁未。编修蒋彬蔚，【子良】，江苏吴县人，【丙辰】。

[试题] 贤者识其（至）师之有。宜民宜人。易其田畴（三句）。

[解元] 许崇鼎，赣州人。

浙江：

[试官] 宗宗⑤瑞联，睦庵，满洲正蓝人，庚戌⑥。编修董兆奎，【直隶莞县人，壬戌】。

[试题] 君子无众寡（三句）。得一善（三句）。禹思天下（一节）。

福建：

[试官] 编修丁绍周，【召南】，江苏丹往⑦人，【庚戌】⑧。编修丁培镕，顺天大兴【山东黄县】人，壬子。

[试题] 固天纵之（我乎）。发强刚毅（执也）。师旷之聪（五音）。

湖北：

[试官] 编修梁肇煌，【檀浦⑨】，广东番禺人，壬子【癸丑】。编修王珊，河南鹿邑人，庚申。

[试题] 子曰求也千室之邑（三句）。君子而时中。管仲以其君（二句）。

[解元] 余雅祥，麻城人。

湖南：

[试官] 阁学庞钟璐，【宝斋⑩】，江苏常熟人，【丁】⑪ 未。编修【祁】⑫ 世长，

① "崐"为"琨"之讹。
② 原作"子"。
③ "弃"为"叶"之讹。
④ 松，《清秘述闻续》作"仁"。
⑤ "宗宗"为"宗室"之讹。
⑥ 庚戌，《清秘述闻续》作"癸丑"。
⑦ "往"为"徒"之讹。
⑧ 原作"乙巳"。
⑨ 浦，《清秘述闻续》作"圃"。
⑩ 斋，《清秘述闻续》作"生"。
⑪ 原作"己"。
⑫ 原作"祈"。

〖子和〗，山西寿阳人，庚申。

[试题] 如知为君（一节）。舜其大孝也与。仁义礼智至耳矣。

[解元] 曹应祥，长沙人。

河南：

[试官] 学士崑冈，〖筱峰〗，满洲正蓝人，〖壬戌〗。编修王之翰，〖先①屏〗，山东潍县人，〖甲辰〗。

[试题] 敏而好学（三句）。怀诸侯则（天下畏之）。孔子岂不（次也）。

[解元] 周文杰，商城人。

山东：

[试官] 少卿朱梦元，江西贵溪人，庚戌〖甲辰〗。编修童华，薇砚，浙江鄞县人，壬子〖戊戌〗。

[试题] 若圣与仁（五句）。舜好问（二句）。入其疆②（七句）。

[解元] 高锴，章邱人。

山西：

[试官] 编修铭安，鼎臣，满洲厢黄旗人，壬子〖丙辰〗。编修张兴留，山东肥城人。

[试题] 不枝③不求（五句）。故为政在（二句）。欲为君尽（已矣）。

[解元] 都赋三，陵川人。

四川：

[试官] 正卿胡家玉，庚子〖字小蓬〗，江西新建人，庚子〖辛丑〗。编修张晋祺，〖锡甫〗，汉军厢红旗人，辛丑。

[试题] 用之者舒（足矣）。齐之以礼。柳下惠圣（二句）。

[解元] 冯明玉，南充人。

广东：

[试官] 编修郑锡瀛，顺天大兴人。编修惠林，蒙古厢白旗人，〖庚申〗。

[试题] 苟志于仁矣无恶也。有安社稷（二句）。

[解元] 胡来仪，顺德人。

广西：

[试官] 编修黄锡彤，〖晓岱〗，湖南善化人，〖己未〗。编修王祺海，山东诸城人。

[试题] 在邦无怨（四句）。柔远人则（四方归之）。人人亲其（其长）。

[解元] 毛色馨，富川人。

---

① 先，《清秘述闻续》作"次"。
② "彊"为"疆"之讹。
③ "枝"为"忮"之讹。

同治四年乙丑会试

[试官] 大学贾桢，筠堂，山东黄县人，〖丙戌〗。尚书宝鋆，〖佩蘅①，满洲厢白旗人，戊戌〗。侍郎桑春荣，〖柏②斋〗，顺天宛平人。侍郎谭廷襄，〖竹厓③〗，浙江绍兴人。

[试题] 孝慈则忠（至）则劝。必得其寿。不违农时（二句）。

[会元] 廖鹤年，广东人。

[鼎甲] 崇绮，〖文山〗，蒙古正蓝人。于建章，〖殿侯〗，广西人。杨霁，〖子和〗，汉军人。

同治六年丁卯科乡试

顺天：

[试官] 尚书毕懋谦，地山，湖北襄阳人，〖壬辰〗。尚书瑞常，芝生，满洲正黄〖蒙古厢红旗〗人，〖壬辰〗。大学贾桢，筠堂，山东黄县人，〖丙戌〗。侍郎汪元方，肃④庵，浙江余杭人，癸巳。

[试题] 慈者所以使（四句）。文质彬彬（二句）。子产听郑（为政）。

江南

[试官] 主考刘有铭，〖缄三〗，直隶南皮人，丁未。编修王荣琯，山东乐陵人，〖庚申〗。

[试题] 子曰修己（六句）。有弗辨辨（四句）。省刑罚（三句）。

[解元] 颜驯，仪征人。

江西：

[试官] 正卿朱学勤，〖修伯〗，浙江〖仁和〗人，〖癸丑〗。吏主范鸣龢，湖北〖武昌〗人。

[试题] 曰二吾犹不足（至）君孰与不足。明辨之（二句）。奋乎百世（是乎）。

[解元] 胡友梅。

浙江：

[试官] 编修张澋卿，〖霁青〗，浙江山阴⑤人，〖壬子〗。编修张之洞，〖香涛〗，直隶南皮人，〖癸亥〗。

[试题] 吾自卫反（章）。宗庙之礼（二句）。左右皆曰贤（察之）。

---

① 蘅，《清秘述闻续》作"珩"。
② 柏，《清秘述闻续》作"百"。
③ 厓，《清秘述闻续》作"崖"。
④ 肃，《清秘述闻续》作"啸"。
⑤ 浙江山阴，《清秘述闻续》作"云南太和"。

［解元］朱彭年。

福建：

［试官］编修王维珍。编修鄂芳，〖满洲厢白旗人，癸亥〗。

［试题］子路曾皙冉有公西华侍坐。修身也尊（三句）。其为气也（馁也）。

［解元］王赞元。

湖北：

［试官］修撰钟骏声，〖雨辰〗，浙江仁和人，庚申。编修〖中允〗常恩，满洲〖厢黄〗人，〖庚戌〗。

［试题］子曰君子上达（二章）。威仪三千。五亩之宅（饥矣）。

［解元］①

湖南：

［试官］检讨王庆祺，直隶宝坻人，〖庚申〗。编修毕保厘，〖东屏〗，湖北蕲水人，〖庚申〗。

［试题］赐也可使（两段）。譬如登高必（自卑）。中心悦（至）之服孔子也。

［解元］刘人煦②，浏阳③人。

河南：

［试官］修撰徐郙，壬戌〖颂阁〗，〖江苏〗嘉定人，壬戌。编修解煜，〖星垣〗，直隶临榆人，〖癸亥〗。

［试题］仁者安仁（二句）。既禀称事。时子因陈（可也）。

［解元］刘履安。

山西：

［试官］编修夏子铴，〖路门〗，江苏高邮人，〖癸亥〗。编修李端棻，〖苾园〗，四川重庆〖贵州贵筑〗人，〖癸亥〗。

［试题］或问禘之（章）。诗云伐柯（为远）。耕者助而不（税节）。

［解元］常佩衮。

四川：

［试官］编修孙毓汶，〖莱山〗，山东济宁人，丙辰。编修李文田，〖若农〗，广东顺德人，己未。

［试题］子夏曰虽小（章）。君子之所（见乎）。乐正子强乎（六句）。

［解元］刘家谟。

广东：

---

① 光绪八年本校注者补：元廷钟。《清秘述闻续》作"尤长清"。
② 煦，《清秘述闻续》作"熙"。
③ 浏阳，《清秘述闻续》作"长沙"。

[试官] 编修铭安，鼎臣，满洲〖厢黄旗〗人，辛丑〖丙辰〗。编修马恩溥，羽①农，云南昆明〖太和〗人，〖癸丑〗。

[试题] 有美玉于（章）。尊贤之等。伯夷圣之（三句）。

[解元] 邓佐槐。

广西：

[试官] 编修钱宝廉，〖湘吟〗，浙江嘉善人，〖庚戌〗。编修王师曾，山东聊〖城〗②人，〖己未〗。

[试题] 有美玉于（二句）。明辨之（二句）。乃所愿则（子也）。

[解元] 邹仁。

贵州：

[试官] 编修廖坤培，〖西岩③，四川会理人，壬戌〗。编修于建④章，〖殿侯〗，广西〖临桂〗人，〖乙丑〗。

[试题] 君子正其（畏之）。诚者不勉（中道）。君子反经（二句）。

[解元]⑤

同治七年戊辰科会试

[试官] 尚书朱凤标，桐轩，浙江萧山人，壬辰。尚书文祥，蒙古正白〖红〗人，〖乙巳〗。侍郎董恂，〖酝⑥卿〗，江苏甘泉人，〖庚子〗。侍郎继格，满洲正白人，壬子。

[试题] 畏大人畏（圣人之言）。君子未有不如此（二句）。以予观于夫子（二句）。

[会元] 蔡以瑺，浙江人。

[鼎甲] 洪钧，〖文卿〗，江苏吴县人。黄自元，〖董腴⑦〗，湖南安化人。王文在，〖念堂〗，山西稷山人。

同治九年庚午乡试

顺天：

[试官] 学士倭仁，〖艮峰〗，蒙古正红人，〖己丑〗。尚书瑞常，芝生，蒙古厢红

---

① 羽，《清秘述闻续》作"雨"。
② 原作"成"。
③ 岩，《清秘述闻续》作"崖"。
④ "建"为"建"之讹。
⑤ 光绪八年本校注者补：李嗣槐。
⑥ 酝，《清秘述闻续》作"韫"。
⑦ 董腴，《清秘述闻续》作"觐虞"。

人，〖壬辰〗。尚书郑敦谨，〖小珊〗，湖南长沙人，〖乙未〗。侍郎唐壬森，根石，浙江兰溪人，〖丁未〗。

〔试题〕季康子问（二章）。故天之生物（笃焉）。禹稷颜子（皆然）。

〔解元〕李璜纶。

江南：

〔试官〕赞善铭安，鼎臣，满洲厢黄人，壬子〖丙辰〗。编修林天龄，锡三，福建长乐人，丁未。

〔试题〕周公谓鲁公（一人）。修道之谓教（三句）。而况于亲炙者乎。

〔解元〕许时中，荆溪人。

江西：

〔试官〕侍郎彭久余，味〖之〗①，湖北〖江夏〗人，〖丙申〗。编修杨书香，直隶〖武邑〗人，丁未〖庚戌〗。

〔试题〕颜渊曰愿无伐善（至）愿闻子之志。

〔解元〕聂明景，清江人。

浙江：

〔试官〕太仆刘有铭，〖缄三〗，直隶南皮人，〖丁未〗。编修李文田，〖若农〗，广东顺德人，己未。

〔试题〕不以其道（成名）。诗云予怀（有伦）。孔子曰大哉（句）。

〔解元〕②

福建：

〔试官〕编修宝森，满洲〖厢蓝〗人，〖庚申〗。编修刘曾，广西〖临桂〗人，〖癸亥〗。

〔试题〕子贡问曰有一言（一节）。文武之政。至于心独（然乎）。

〔解元〕赵启植。

湖北：

〔试官〕编修曹炜，霞坪，江苏甘泉人，〖癸亥〗。编修蔡逢年，砚麓③，江苏□□④人。

〔试题〕子游为武城（一章）。文理密察（别也）。子路人告（二节）。

〔解元〕夏燨。

湖南：

〔试官〕检讨王绪曾，山东〖临淄〗人，〖癸亥〗。检讨杨泰亨，问衢，浙江慈溪

---

① 原作"三"。

② 光绪八年本校注者补：蒋崇礼。

③ 麓，《清秘述闻续》作"农"。

④ 原缺。《清秘述闻续》作"丹徒"。

人，〖乙丑〗。

［试题］唐虞之际（二句）。吾学殷礼（有宋存焉）。天下之民举安。

［解元］陈葆真，龙阳人。

河南：

［试官］侍郎崇绮，〖文山〗，蒙古正蓝人，〖乙丑〗。检讨王宪曾，浙江慈溪〖陕西清涧〗人，〖壬戌〗。

［试题］子曰古者（章）。中立而不倚。有大人者（二句）。

［解元］王启纶。

山东：

［试官］翰林朱逌然，〖肯夫〗，浙江萧山人，〖壬戌〗。翰林徐致祥，〖季和〗，江苏嘉定人，〖庚申〗。

［试题］有朋自远（二节）。殷礼吾能（二句）。吾闻其以（烹也）。

［解元］王兰界①。

山西：

［试官］编修曹秉濬，〖朗川〗，广东番禺人，〖壬戌〗。翰林黄锡彤，〖晓岱〗，湖北〖南〗善化人，〖己未〗。

［试题］愿闻子之（信也）。舟车所至（三句）。工师得大（任也）。

陕甘：

［试官］翰林陆尔熙，〖广敷，江苏阳湖人，癸亥〗。翰林孙诒谋②。〖孙翼谋，侯方③人，壬子翰林。孙诒经，钱塘人，庚申翰林。无孙诒谋其人。〗

［试题］不得中行（章）。仲尼祖述尧舜。劳心者治人。

［解元］刘登瀛。

四川：

［试官］编修丁绍周，〖召南〗，江苏丹徒人，〖庚戌〗④。编修刘景宸，河南□□⑤人。

［试题］是故君子（四句）。子曰小子何（至）观。此之谓大丈夫。

［解元］傅光弼。

广东：

［试官］编修王祖培，〖小霖〗，直隶宝坻人，庚子。编修谢维藩，〖麇伯〗，湖南巴陵人，〖壬戌〗。

［试题］子曰赐也贯之。庸德之行（四句）。及其闻一（四句）。

---

① "界"为"昇"之讹。
② "谋"为"经"之讹。
③ "方"为"官"之讹。
④ 原作"乙巳"。
⑤ 原缺。《清秘述闻续》作"安阳"。

［解元］刘子鸥①。

广西：

［试官］编修陈振灜，〖子②蓬，顺天宛平〗人，〖癸亥〗。编修马相如，〖襄伯，汉军正蓝〗人，〖壬戌〗。

［试题］子贡曰贫（可也）。而好察迩言。民事不可缓也。

［解元］眭组云，临佳③人。

云南：

［试官］编修王先谦，〖益吾〗，湖南〖长沙〗人，〖乙丑〗。编修汪叙畴，四川〖长寿〗人，〖乙丑〗。

［试题］君子义以（一句）。远之则有（二句）。凡有四端（四海）。

［解元］杨高德。

贵州：

［试官］编修张端卿，〖芷④浦〗，云南太和人，乙丑。编修刘青煦⑤，〖藜仙〗，四川什邡人，〖乙丑〗。

［试题］乡也吾见（言乎）。省刑罚。果能此道矣。

同治十年辛未科会试

［试官］尚书朱凤标，〖桐轩〗，浙江萧山人，〖壬辰〗。尚书毛昶〖熙〗⑥，煦初，河南武陵人，〖乙巳〗。侍郎皂保，〖荫方⑦〗，满洲正黄人，〖乙巳〗。侍郎常恩，满洲厢黄人，〖庚戌〗。

［试题］有子曰信近（一章）。人一能之（至）道矣。天下之善士（二句）。

［会元］李联珠。

［鼎甲］梁耀枢，〖斗南〗，广东顺德人。高嶽松〖岳崧〗，〖子年〗，陕西长安人。郁〖崑〗⑧，〖漱山〗，浙江萧山人。

同治十二年癸酉科乡试

顺天：

---

① 鸥，《国朝贡举年表》作"鸥"，《清秘述闻续》作"鸥"。
② 子，《清秘述闻续》作"紫"。
③ "佳"为"桂"之讹。
④ 芷，《清秘述闻续》作"芝"。
⑤ "煦"为"照"之讹。
⑥ 原作"煦"。
⑦ 荫方，《清秘述闻续》作"吟舫"。
⑧ 原作"昆"。

［试官］学士全庆，小汀，满洲正白人，〖己丑〗。左御胡家玉，〖小蘧〗，江西铅山人，庚子〖辛丑〗。入①侍潘祖荫，〖伯寅〗，江苏常熟人，壬子。工侍童华，微②砚，浙江鄞县人，壬子〖戊戌〗。

［试题］回也其心违仁。凡为天下（二句）。人有恒言在身。

［解元］王岩。

江南：

［试官］副御刘有铭，〖缄三〗，直隶南皮人，丁未。编修黄自元，〖董胅③〗，湖南安化人，戊辰。

［试题］菲饮食（二句）。武王缵太之绪。以天下养至也。

［解元］汪昌黼，休宁人。

江西：

［试官］检讨张道渊，〖秋生〗，云南太和人，〖癸亥〗。侍讲乌拉喜崇阿，满洲厢红〖黄〗人，〖丙辰〗。

［试题］诗云穆穆文王（至）止于敬。夫子之文章可得而闻也。盈科而后（至）有本者如是。

［解元］漆肇元。

浙江：

［试官］侍读徐致祥，〖季和〗，江苏嘉定人，〖庚申〗。侍讲宝廷，满洲蓝旗人，〖戊辰〗。

［试题］人之过也（至）斯知仁矣。天命之谓（三句）。天子适诸（三章）。

［试官］沈寿慈。

福建：

［试官］学士马恩溥，雨农，云南太和人，〖癸丑〗。编修张英麟，〖振清④〗，山东历城人，〖乙丑〗。

［试题］乐节礼乐（四句）。是故居上（以兴）。孟子曰由尧舜（句）。

［解元］方兆福。

湖北：

［试官］编修解煜，〖星垣〗，直隶临揄⑤人，〖癸亥〗。御史吴凤藻，〖丹山〗，浙江钱塘人，〖癸丑〗。

［试题］公叔文子（章）。仲尼君子中庸。耕者助而（二句）。

［解元］闻曾。

---

① "入"为"户"之讹。
② 微，《清秘述闻续》作"薇"。
③ 董胅，《清秘述闻续》作"觐虞"。
④ 清，《清秘述闻续》作"卿"。
⑤ "揄"为"榆"之讹。

湖南：

［试官］编修陈翼，〖芑庭〗，福建闽县人，〖癸亥〗。编修杨泰亨，〖开衢〗，浙江慈溪人，〖乙丑〗。

［试题］道之以德（至）且格。尊其位（四句）。好善足乎天下。

［解元］陈铭鼎，长沙人。

河南：

［试官］编修郑崧①龄，〖芝岩〗，江苏上元人，〖戊辰〗。检讨王庆祺，顺天宝坻人，壬子〖庚申〗。

［试题］信以成之。夫政也者（二句）。尧舜之道（二句）。

山东：

［试官］侍讲杨庆麟，〖振甫〗，江苏吴江人，丁未〖庚戌〗。编修陈学棻，〖桂生〗，湖北〖安陆〗人，〖壬戌〗。

［试题］老者安之（三句）。夫政也者（二句）。

［解元］郭翊廷②。

山西：

［试官］编修洪良品，〖右臣〗，湖北黄陂〖冈〗人，〖戊辰〗。吏主范鸣龢，湖北武昌人。

［试题］夫子之言（二句）。身不失天显名。有如时雨（句）。

［解元］赵履中。

陕甘：

［试官］编修吴宝恕，〖子实〗，江苏吴县人，〖戊辰〗。编修潘衍桐，〖绎庼〗，广东南海人，〖戊辰〗。

［试题］信则民任（三）。古之人所以（句）。贱货而贵（二句）。

［解元］黄③万魁。

四川：

［试官］侍讲钟宝华，〖茌④山〗，浙江余桃⑤〖萧山〗人，〖丙辰〗。编修张之洞，〖香涛〗，直隶南皮人，〖癸亥〗。

［试题］中人以上（四句）。修其祖庙（四）。武丁朝诸（三句）。

［解元］罗肃。

广东：

［试官］尚使夏家镐，江苏江宁人，甲辰。检讨周冠，〖鼎卿〗，广西灵川人，

---

① "崧"，《清秘述闻续》作"嵩"。"嵩"同"崧"。
② 廷，《清秘述闻续》作"庭"。
③ 黄，《清秘述闻续》作"王"。
④ 茌，《清秘述闻续》作"莳"。
⑤ "桃"为"姚"之讹。

〖庚申〗。

[试题] 子游对曰昔者（合下一节）。辟如行远（四句）。夫君子所过（节）。

[解元] 戴鸿慈。

广西：

[试官] 编修崔志道，陕西鄠县人，〖壬戌〗。户主陈毓秀，江苏江阴人。

[试题] 子曰我非生（章）。亦勿施于人。贤者在位（三句）。

[解元] 崔雄飞①，马平人。

云南：

[试官] 学士崑冈，〖筱峰〗，满洲正蓝人，〖壬戌〗。编修王文在，〖念堂〗，山西稷山人，〖戊辰〗。

[试题] 孔子曰才难为盛。所求乎子（四句）。无为其所（已矣）。

[解元]②

贵州：

[试官] 正③卿许庚身，〖星叔〗，浙江钱塘人，〖壬戌〗。侍讲黄体芳，〖漱兰〗，浙江〖瑞安〗人，〖癸亥〗。

[试题] 善人为邦（二句）。日省月试（二句）。吾闻其以（二句）。

[解元] 赵福均。

同治十三年甲戌科会试

[试官] 侍郎魁龄，满洲正红人，〖壬子〗。尚书李鸿藻，兰荪④，直隶高阳人，〖壬子〗。尚书崇实，〖朴山〗，满洲正白〖厢黄〗人，〖庚申〗。尚书万青藜，藕〖舲〗⑤，江西德化人，庚子。

[试题] 君子坦荡荡。孟子曰君仁莫不仁（二句）。自诚明谓之性。

[会元]⑥

[鼎甲] 陆润祥⑦，〖凤石〗，江苏元和人。谭宗〖浚〗⑧，〖叔裕〗，广东番禺〖南海〗人。黄贻楫，〖楫川〗，福建晋江人。

---

① 雄飞，《清秘述闻续》作"飞雄"。
② 光绪八年本校注者补：汤炳塈。
③ 光绪八年本校注者改为"光"。
④ 荪，《清秘述闻续》作"生"。
⑤ 原作"船"。
⑥ 光绪八年本校注者补：秦应逵。
⑦ "祥"为"庠"之讹。
⑧ 原作"凌"。

光绪元年乙亥恩科乡试

顺天：

[试官] 尚书毛昶【熙】①，【煦②初】③，河南武陟人，【乙巳】④。侍郎⑤殷兆镛，绲经，江苏吴县人，【庚子】⑥。侍郎崇绮，【文山】⑦，满洲正蓝人，【乙丑】⑧。侍郎徐桐，【荫轩】⑨，汉军正白人，【庚戌】⑩。

[试题] 子曰有德者（至）不必有言。陈其宗器至（其时食）。老吾老（至）可运于掌。

[解元] 张彭龄。

江南：

[试官] 少卿周瑞清，【鉴湖】⑪，广西临桂人，【己未】⑫。编修王炳，陕西南郑人，【癸亥】⑬。

[试题] 子谓子夏子儒。官盛任使（二句）。王子垫问尚志。

[解元] 万人杰，盐城人。

江西：

[试官] 中允王先谦，【益吾】，湖南长沙人，【戊辰】⑭。编修潘衍桐，【绎庼⑮】，广东番禺人，【戊辰】⑯。

[试题] 不知命（二句）。思修身（至）知人。舜人也（至）为乡人也。

[解元] 涂官俊，东乡人。

浙江：

---

① 原作"煦"。
② 煦，《清秘述闻续》作"旭"。
③ 光绪八年本校注者补：吏。
④ 光绪八年本校注者亦补：乙巳。
⑤ 光绪八年本校注者补：吏。
⑥ 光绪八年本校注者亦补：庚子。
⑦ 光绪八年本校注者补：户。
⑧ 光绪八年本校注者亦补：乙丑。
⑨ 光绪八年本校注者补：礼。
⑩ 光绪八年本校注者亦补：庚戌。
⑪ 光绪八年本校注者补：常少。
⑫ 光绪八年本校注者亦补：己未。
⑬ 光绪八年本校注者亦补：癸亥。
⑭ 光绪八年本校注者补：乙丑。
⑮ 庼，《清秘述闻续》作"琴"。
⑯ 光绪八年本校注者亦补：戊辰。

［试官］侍讲奎润，〖星斋〗①，满洲正蓝人，〖癸亥〗②。编修逢润古，〖子政③〗，山东胶州人，〖乙丑〗④。

［试题］子贡曰贫而无谄（至）好礼者也。忠恕违道（至）亦勿施于人。天下大悦（至）武王烈。

［解元］陈熙绩。

福建：

［试官］学士许应骙，〖筠庵〗，广东番禺人，〖庚戌〗⑤。编修慕容〖荣〗幹，山东〖蓬莱〗⑥人，〖戊辰〗⑦。

［试题］子路问政（二章）。诚者非自物也。有答问者（二句）。

［解元］何咸德。

湖北：

［试官］编修朱福基，江苏无锡人，〖乙丑〗⑧。编修恽彦彬，〖次远〗，江苏阳湖人，〖辛未〗⑨。

［试题］君子尊贤（至）而矜不能。目⑩诚明谓之信。古之人所已矣。

［解元］王之瑞。

湖南：

［试官］编⑪撰梁耀枢，〖斗南〗，广东顺德人，辛未。编修尹琳基，〖琅若〗，山东维县〖日照〗人，〖癸亥〗⑫。

［试题］事父母能竭（至）言而有信。或学而知之（至）一也。是以论其（至）尚友也。

［解元］粟荣晋，长沙人。

河南：

［试官］学士瞿鸿礼，〖子玖〗，湖南〖善化〗⑬人，〖辛未〗⑭。赞善陈翼，〖芑

---

① 光绪八年本校注者补：副宪。
② 光绪八年本校注者亦补：癸亥。
③ 政，《清秘述闻续》作"真"。
④ 光绪八年本校注者亦补：乙丑。
⑤ 光绪八年本校注者补：壬子。案：误，仍应为"庚戌"。
⑥ 光绪八年本校注者亦补：蓬莱。
⑦ 光绪八年本校注者亦补：戊辰。
⑧ 光绪八年本校注者亦补：乙丑。
⑨ 光绪八年本校注者亦补：辛未。
⑩ "目"为"自"之讹。
⑪ 光绪八年本校注者改：修。
⑫ 光绪八年本校注者亦补：癸亥。
⑬ 光绪八年本校注者亦补：善化。
⑭ 光绪八年本校注者亦补：辛未。

庭〗，福建闽县人，〖癸亥〗①。

[试题] 子所雅言（一章）。能尽人之性（二句）。达不离道（一句）。

[解元] 郑寅亮，固始人。

□□②：

[试官] 学士锡珍，蒙古〖厢黄〗③ 人，〖戊辰〗④。侍读黄毓恩⑤，〖泽臣〗，湖北钟祥人，〖乙丑〗⑥。

[试题] 我非生而（二句）。时使薄敛（二句）。伯夷圣之（四句）。

[解元] 攸⑦灿章。

山西：

[试官] 庶子钮玉庚，〖润生〗，顺天大兴人，〖乙丑〗⑧。编修许有麟，〖石卿〗，浙江钱塘人，〖戊辰〗⑨。

[试题] 夫子何为能也。其为物不（二句）。凡有四端始达。

[解元] 胡治安。

陕西：

[试官] 编修顾奎，江苏甘泉人，〖乙丑〗⑩。编修陈启泰，〖伯屏⑪〗，湖南辰沅⑫人，〖戊辰〗⑬。

[试题] 上好礼则如是。射有似乎（三句）。得天下英乐也。

[解元] 阮永立。

四川：

[试官] 编修潘斯濂，〖莲舫〗⑭，广东明德〖南海〗人，〖丁未〗⑮。中允温忠翰，〖味秋〗，山西太谷人，〖壬戌〗⑯。

---

① 光绪八年本校注者亦补：癸亥。
② 原缺。当为"山东"。
③ 光绪八年本校注者补：镶黄。且与"蒙古"划对调符。
④ 光绪八年本校注者亦补：戊辰。
⑤ 光绪八年本校注者注：翰。
⑥ 光绪八年本校注者亦补：乙丑。
⑦ 光绪八年本校注者注：佟。
⑧ 光绪八年本校注者亦补：乙丑。
⑨ 光绪八年本校注者亦补：戊辰。
⑩ 光绪八年本校注者亦补：乙丑。
⑪ 屏，《清秘述闻续》作"平"。
⑫ 辰沅，光绪八年本校注者改：长沙。
⑬ 光绪八年本校注者亦补：戊辰。
⑭ 光绪八年本校注者补：光少。
⑮ 光绪八年本校注者亦补：丁未。
⑯ 光绪八年本校注者亦补：壬戌。

［试题］赐也女以非也。舜其大孝圣也。仁言不如民也。

［解元］袁希章①。

广东：

［试官］学士吴宝恕，〖子实〗，江苏吴县人，〖戊辰〗②。编修朱琛，〖小唐〗，江西贵溪人，〖辛未〗③。

［试题］颜渊问仁（二章）。天地之道久也。周室班爵其详。

［解元］彭进④仪。

广西：

［试官］洗马廖寿恒，〖仲山〗，江苏〖嘉定〗人，〖癸亥〗⑤。编修陆芝祥，广东〖番禺〗人，〖戊辰〗⑥。

［试题］隐居以求其志（至）吾闻其语矣。同其好至亲亲也。非由外铄（至）固有之也。

［解元］张仲良。

云南：

［试官］编修张楷，〖仲模〗，湖北蕲州〖水〗人，〖辛未〗⑦。编修王〖荣〗⑧瑄，山东乐陵人，〖庚申〗⑨。

［试题］夫子之得斯和。诚之者择善者也。

［解元］汤炳堃⑩。

贵州

［试官］编修毕堡⑪鳌，〖东屏〗，湖北蕲水人，〖庚申〗。编修张清华，广东番禺人，〖乙丑〗⑫。

［试题］焕乎其有文章。诗云鸢飞（二句）。入其疆土有庆。

［解元］周汝为。

甘肃：

---

① "章"为"璋"之讹。

② 光绪八年本校注者亦补：戊辰。

③ 光绪八年本校注者亦补：辛未。

④ 光绪八年本注：骏。

⑤ 光绪八年本校注者亦补：癸亥。

⑥ 光绪八年本校注者补：辛未。案：误，仍应为"戊辰"。

⑦ 光绪八年本校注者亦补：辛未。

⑧ 原作"采"。光绪八年本校注者亦改：荣。

⑨ 光绪八年本校注者亦补：庚申。又，于张、王二人划对调符改之。

⑩ 光绪八年本校注者改：王芝瑞。《清秘述闻续》作"王家轼"。

⑪ 光绪八年本校注者改：保。

⑫ 光绪八年本校注者亦补：乙丑。

[试官] 修撰徐郙，〖颂阁〗，江苏嘉定人，〖壬戌〗①。编修②刘瑞祺，江西〖德化〗③ 人，〖壬戌〗④。

　　[试题] 子曰有教无类。必得其禄。皆所以明人伦也。

　　[解元] 安维峻。

　　左宗棠奏请另外开科，自此始。

光绪二年丙子恩科会试

　　[试官] 尚书董恂，〖酝⑤卿〗⑥，江苏甘泉人，〖庚子〗⑦。尚书桑春荣，〖栢⑧斋〗⑨，顺天宛平人，〖壬辰〗⑩。侍郎黄倬，〖恕皆〗⑪，湖南善化人，〖庚子〗⑫。侍郎崇绮，〖文山〗⑬，满洲正白人，〖乙丑〗⑭。

　　[试题] 康诰曰克明德至天之明命。施于有政，是亦为政。惟义所在。

　　[会元] 陆殿鹏，兴化人。

　　[鼎甲] 曹鸿勋，〖竹铭〗，山东潍县人。王赓荣，〖向甫〗，山西朔州人。冯文蔚，〖联堂⑮〗，浙江乌程人。

光绪二年丙子科乡试

　　顺天：

　　[试官] 户尚魁龄，满洲〖正红人，壬子〗。吏侍殷兆镛，〖谱经〗，江苏〖吴县人，庚子〗。

---

① 光绪八年本校注者亦补：壬戌。
② 光绪八年本校注者注：御史。
③ 光绪八年本校注者亦补：德化。
④ 光绪八年本校注者亦补：壬戌。
⑤ 酝，《清秘述闻续》作"韫"。
⑥ 光绪八年本校注者补：户。
⑦ 光绪八年本校注者亦补：庚子。
⑧ 栢，《清秘述闻续》作"百"。
⑨ 光绪八年本校注者补：刑。
⑩ 光绪八年本校注者亦补：壬辰。
⑪ 光绪八年本校注者补：吏。
⑫ 光绪八年本校注者亦补：庚子。
⑬ 光绪八年本校注者补：户。
⑭ 光绪八年本校注者亦补：乙丑。
⑮ 联堂，《清秘述闻续》作"莲塘"。

光绪二年丙子科乡试

顺天：

[试官] 户尚魁龄，满洲正红人，乙巳①。吏侍殷兆镛，江苏吴县人，庚子。侍郎夏同善，〔兵〕，浙江仁和人，丙辰。侍郎麟书，〔藩〕，满洲正红人，癸丑。

[试题] 抑为之不厌（已矣）。是故居上不骄以兴。禹稷当平世（一节）。

[解元] 高炳辰。

江南：

[试官] 阁学龚自闳，浙江仁和人，甲辰。给事边宝泉，〔户〕，汉军厢红人，癸亥。

[试题] 子贡曰有美玉（一章）。秋省敛而助不给。旅酬下为上（四句）。

[解元] 杨黻荣。

江西：

[试官] 通政文澂，满洲厢红人，癸亥。编修刘恩溥，直隶吴桥人，乙丑。

[试题] 樊迟问仁（知人）。申之以孝悌之义（一句）。庸德之行（四句）。

[解元] 曹祖烈。

浙江：

[试官] 少卿潘斯濂，〔光少〕，广东南海人，丁未。中允王先谦，湖南长沙人，乙丑。

[试题] 序爵所以辨贵贱（贤也）。子曰君子不可受也。非圣人而能若是（二句）。

[解元] 戈桂馨。

福建：

[试官] 詹事孙诒经，浙江钱塘人，庚申。主事王绰，〔户〕，江苏无锡人，癸亥。

[试题] 子贡曰君子信（一章）。不大声以色（一句）。人知之亦嚣嚣（一节）。

[解元] 邓瀛洲。

湖北：

[试官] 赞善叶大焯，福建闽县人，戊辰。御史梅启熙，江西南昌人，癸亥。

[试题] 文之以礼乐（二句）。莫见乎隐（二句）。达不离道（二句）。

[解元] 何焕章。

湖南：

[试官] 编修潘衍鋆，广东南海人，乙丑。修撰陆润庠，江苏元和人，甲戌。

[试题] 子曰射不主皮（一章）。今夫天系焉。五亩之宅帛矣。

[解元] 陈鹤曾。

河南：

[试官] 司业汪鸣銮，浙江钱塘人，癸亥。编修杨霁，汉军正红人，乙丑。

---

① "乙巳"为"壬子"之讹。

［试题］孔子于乡党（两节）。义者宜也（四字）。学则三代共之（一句）。

［解元］许文炳。

山东：

［试官］修撰钟骏声，浙江仁和人，庚申。编修曹炜，江苏甘泉人，癸亥。

［试题］天仁者己欲立而立人。宪章文武（一句）。今闻广誉施于身（二句）。

［解元］姚体俊。

山西：

［试官］编修萧晋卿①，湖南长沙人，乙丑。主事冯光勋，〔刑〕，江苏阳湖人，乙丑。

［试题］抑为之不厌（已矣）。附之以韩魏之家（一段）。必得其位（二句）。

［解元］何乃荣〔岳宜兴〕。

陕西：

［试官］修撰洪钧，江苏吴县人，戊辰。编修陈钦，浙江慈溪人，辛未。

［试题］子曰片言可以（二节）。故天将降大任于是人也。宗庙飨之（二句，无忧章）。

［解元］吴光彦。

甘肃：

［试官］侍读黄毓恩，湖北钟祥人，乙丑。御史胡聘之，湖北天门人，乙丑。

［试题］因民之所利而利（一段）。莫不尊亲。夫仁天之尊爵也（二句）。

［解元］包永昌。

四川：

［试官］少卿周家楣，〔仆少〕，江苏宜兴人，己未。编修吴观礼，浙江仁和人，辛未。

［试题］子曰君子贞而不（两章）。得其必有道（三句）。回之为人也择乎中庸。

［解元］王文员②。

广东：

［试官］学士王之翰，山东潍县人，甲辰。编修郁崑，浙江萧山人，辛未。

［试题］人道敏政地道敏树。尝独立（两节）。诗云迨天之未道乎。

［解元］黄燕祥。

广西：

［试官］编修朱文镜，汉军厢红人，辛未。御史李嘉乐，河南光州人，癸亥。

［试题］子谓卫公子荆（二章）。舜好问。其问必有名世者。

［解元］陈时中〔李鸥年〕。

---

① 卿，《清秘述闻续》作"蕃"。"萧晋蕃"原名"萧晋卿"。

② 王文员，《清秘述闻续》作"罗钟玉"。

云南：

[试官] 编修龙湛霖，湖南攸县人，壬戌。编修胡乔年，湖北天门人，戊辰。

[试题] 殷因于夏礼（二段）。知耻近乎勇。孟子居邹（不见储子）。

[解元] 施有奎。

贵州：

[试官] 编修顾奎，江苏甘泉人，乙丑。编修李岷琛，四川安县人，辛未。

[试题] 子游为武城宰（明者）。故天之生物笃焉。有安社稷臣者（一节）。

[解元] 黄树勋。

光绪三年丁丑会试

[试官] 吏部宝鋆，〔中堂〕，满洲厢白人，戊戌。学士毛永①熙，〔吏尚〕，河南武陟人，乙巳。侍郎钱宝廉，〔刑〕，浙江嘉善人，庚戌。阁学崑冈，宗室，正蓝人，壬戌。

[试题] 修己以安百姓（一句）。言而世为天下则。见贤焉然后用之。

[会元] 刘秉哲。

[鼎甲] 王仁堪，丁丑，福建闽县人。余联沅，丁丑，湖北孝感人。孙宗锡、毂，丁丑，湖南善化人②。

光绪五年己卯乡试

顺天：

[试官] 尚书徐桐，〔礼〕，汉军正蓝人，庚戌。侍郎志和，〔总宪〕，满洲正蓝人，壬子。侍郎殷兆镛，〔礼〕，江苏吴江人，庚子。侍郎钱宝廉，〔刑〕，浙江嘉善人，庚戌。

[试题] 子贡曰如有博施于民而能济众（圣乎，七句）。德为圣人尊为天子富有四海之内（三句）。孔子圣之时者也（一句）。

[解元] 张正堉。

江南：

[试官] 侍郎冯誉骥，〔刑侍〕，广东高要人，甲辰。纂修许有麟，〔编〕，浙江仁和人，戊辰。

[试题] 樊迟请学稼焉用稼（一章）。诚者自诚也不诚无物（五句）。犹益之于夏伊尹之于殷也夏后殷周继（五句）。

---

① "永"为"昶"之讹。

② 是科一甲第三名当为华亭朱赓飏，善化孙宗锡、孙宗毂为二甲第一、二名。

〔解元〕翟洪铨①。

江西：

〔试官〕学政汪鸣銮，〔中允〕，浙江钱塘人，乙丑。协修吴树梅，〔编〕，山东历城人，丙子。

〔试题〕凡为天下国家有九经曰修身也（二句）。劳之来之匡之直之辅之翼之（三句）。子曰知之者不如好之者不可以语上也（二章）。

〔解元〕应大猷。

浙江：

〔试官〕监督乌拉喜崇阿，〔兵侍〕，满洲镶黄人，丙辰。协修恽彦彬，〔编〕，江苏阳湖人，辛未。

〔试题〕国有道不变塞焉强哉矫（三句）。诸侯之实②三土地人敏③政事（二句）。子欲善而民善矣君子之德风小人之德草（三句）。

〔解元〕李鹏飞。

福建：

〔试官〕都统文澂，〔刑侍〕，满洲镶红人，癸亥。协修费延厘，〔编〕，江苏吴县人，乙丑。

〔试题〕知天地之化育夫焉有所倚（二句）。我知言我善养吾浩然之气（二句）。子路问成人亦可以为成人矣（一章）。

〔解元〕陈光斗④。

湖北：

〔试官〕总纂陆继辉，〔编〕，江苏太仓人，辛未。协修赵尔巽，〔编〕，汉军正蓝人，甲戌。

〔试题〕子贡曰如有博施于民而能济众（三句）。斯礼也达乎诸侯大夫及士庶人（三句）。执中无权，犹执一也（二句）。

〔解元〕刘寅恭。

湖南：

〔试官〕协修华金寿，〔编〕，直隶天津人，甲戌。修撰曹鸿勋，山东潍县人，丙子。

〔试题〕子华使于齐君子周急不继富（两节）。傅说举于版筑之间百里奚举于市（一节）。所以劝大臣也所以劝百姓也。

〔解元〕谭荻⑤。

---

① 铨，《清秘述闻续》作"诠"。
② "实"为"宝"之讹。
③ "敏"为"民"之讹。
④ 《清秘述闻续》作"傅朝旭"。
⑤ 荻，《清秘述闻续》作"云"。

河南：

［试官］总纂曹炜，〔编〕，江苏甘泉人，癸亥。撰文朱文镜，〔编〕，汉军镶红人，辛未。

［试题］乐道人之善乐多贤友（二句）。俯不怍于人二乐也（二句）。亲亲也敬大臣也体群臣也子庶民也（四句）。

［解元］郭家瑈①。

山东：

［试官］纂修洪钧，〔修撰〕，江苏吴县人，戊辰。编修张百熙，湖南长沙人，甲戌。

［试题］周公未②鲁公曰叔夜叔夏季随季骊（二章）。管仲且犹不可召而况不为管仲者乎（四句）。使天下之人斋明盛服以承祭礼（三句）。

［解元］宋书升〔郑杲〕。

山西：

［试官］编修周晋麟，浙江慈溪人，甲戌。主事吴峒，〔礼〕，山东海丰人，乙丑。

［试题］忠信重禄所以劝士也（二句）。是君臣父子兄弟有也（四句）。子曰知之者不如好之者不可以语上也（二章）。

［解元］郭士璜③。

陕西：

［试官］撰文尹琳基，〔编〕，山东日照人，癸亥。协修陆润庠，〔修撰〕，江苏元和人，甲戌。

［试题］出门如见大宾使民如承大祭（二句）。贤者在位能者在职其政刑（四句）。康诰曰作新民诗曰周虽旧邦其命维新（五句）。

［解元］李资垫④。

甘肃：

［试官］〔侍讲〕⑤ 陈宝琛，福建闽县人，庚辰。编修周开铭，湖南益阳人，乙丑。

［试题］在上位不陵下在下位不援上（四句）。孔子曰为此诗者谁敢侮之（五句）。吾子人与君子人也（二句）。

［解元］匡瀚⑥。

四川：

---

① 瑈，《清秘述闻续》作"瑶"。
② "未"为"谓"之讹。
③ 郭士璜，《清秘述闻续》作"刘振德"。
④ 李资垫，《清秘述闻续》作"刘子焕"。
⑤ 原作"纂修"。
⑥ 匡瀚，《清秘述闻续》作"屈葆才"。

〔试官〕祭酒景善，满洲正白人，癸亥。〔编〕① 修许景澄，浙江嘉兴人，戊辰。

〔试题〕上律天时下袭水土（二句）。谏行言听膏泽下于民（二句）。子谓子产善与人交久而敬之（二章）。

〔解元〕陈顺饷②。

广东：

〔试官〕行走〔光卿〕周瑞清，广西临桂人，己未。编修黄彝年，河南商城人，丙子。

〔试题〕子适卫三年有成（二章）。而况于亲炙之者乎（二句）。诗曰衣锦上絅（二句）。

〔解元〕陈伯陶③。

广西：

〔试官〕编修李联芳，〔辛未〕，陕西本④利人。编修潘宝璜，〔丙子〕，广东番禺人。

〔试题〕官盛任使所以劝大臣也（二句）。傅说举于版筑之间（一句）。子曰孝哉闵子骞孔子以其兄之子妻之（二章）。

〔解元〕孔庆麟。

云南：

〔试官〕编修李郁华，湖南新化人，戊辰。编修黄卓元，贵州顺安人，甲戌。

〔试题〕子曰参乎吾道一以贯之曾子曰唯一（节）。孟子曰非礼之礼非义之义大人弗为（四句）。悠久所以成物也（一句）。

〔解元〕刘承⑤祚。

贵州：

〔试官〕编修涂庆澜，福建蒲⑥田人，甲戌。御史秦钟简，广西灵川人，戊辰。

〔试题〕举直错诸枉则民服（一句）。所求乎朋友先施之未能也（二句）。一国之所慕天下慕之故沛然德教溢乎四海（四句）。

〔解元〕戚人杰。

光绪六年庚辰会试

〔试官〕〔户〕尚书景廉，满洲正白人，癸亥⑦。〔工〕尚书翁同龢，〔江苏常熟人，丙辰〕。〔吏〕侍郎麟书，满洲正红人，癸丑。〔兵〕侍郎许应骙，〔广东番禺人，

---

① 原作"纂"。
② 陈顺饷，《清秘述闻续》作"奚玉麟"。
③ 陶，《清秘述闻续》作"涛"。
④ "本"为"平"之讹。
⑤ 承，《清秘述闻续》作"永"。
⑥ "蒲"为"莆"之讹。
⑦ "癸亥"为"壬子"之讹。

壬子〕。

　　〔试题〕子曰吾与回言终日不违如愚退而省其私亦足以发回也不愚。柔远人则四方归之怀诸侯则天下畏之。又尚论古之人颂其诗读其书不知其人可乎是以论其世也。

　　〔会元〕吴树棻。

　　〔鼎甲〕黄思永，江宁人。曹诒孙，湖南人。谭鑫振，湖南人。

国朝贡举年表三卷

卷首·例言

国朝贡举年表例言

一、国朝自顺治二年乙酉乡试开科始，至今光绪十八年壬辰①会试，正科百七四②，举恩榜三十八，开乡会凡二百十二③科。

一、乡试以省分为提纲，前主司，后首二三题，末举首一人。至会试则略变其例，首列总裁，次列首二三题、会元，又次则鼎甲三人。

一、典试官阶悉照简放时现职，至里居亦遂同分注，以备阅者考证。

一、是表分为三卷，而卷首于典试得谥者几人，由鸿博典试者几人，连典乡、会试自④三科以上者几人，三元及第者几人，解、会登状元者几人，解、会登榜眼、探花者几人，一门鼎甲极盛者几家，均一一标出，以志制科盛事。

一、历科掌故凡散见于他书者，详加搜辑，一概采入，故异数奇荣、遗闻轶事，往往而在。惟咸同以后尚多缺略，容俟续补。

一、表后精选二百十⑤科乡、会文统，挨科编次，文约万首，诚开科以来一大统汇也。考献于此，征文于彼，洵属艺林美事。

一、是表虽因黄崇兰先生《考略》成书，然体例增删，正是补缺，则皆独出心裁，纵不敢谓为积薪，而要不愧为《考略》功成。⑥

---

① 十八年壬辰，积山本作"十二年丙戌"。
② 百七四，积山本作"百七十"。
③ 二百十二，积山本作"二百八"。
④ "自"疑为"至"之讹。
⑤ 二百十，积山本作"二百八"。
⑥ 积山本署"香雨轩谨识"。

国朝贡举年表·卷一

典试得谥考

典试谥文正六人：

谨按：嘉道以前，得谥不易。咸同后，优礼大臣，凡阶一品者悉予谥。例由内阁撰拟，得谥文者拟八字，不得谥文者拟十六字，大学士选进，皆恭候钦定。惟"文正"则不敢拟，悉由特旨，故列于首。

东阁大学士刘统勋，山东诸城人，字延清，一字尔纯，乾隆朝五典乡试，五典礼部试。

体仁阁大学士朱珪，顺天大兴人，字石君，乾隆朝三典乡试，三典礼部试。

武英殿大学士曹振镛，安徽歙县人，字丽笙，文埴子，乾嘉朝三典乡试，五典礼部试。

协办大学士、刑部尚书、赠大学士杜受田，山东滨州人，字芝农，堮子，道光朝三典乡试，两典礼部试。

两江总督、大学士、一等毅勇侯曾国藩，湖南湘乡人，字涤生，道咸朝两典乡试。

工部尚书汤斌，河南睢州人，字孔伯，乾隆朝追谥，康熙朝一典乡试。

文忠三人：

钦差大臣、云贵总督林则徐，福建侯官人，字少穆，嘉庆朝两典乡试。

钦差大臣、湖北巡抚、赠总督胡长翼，湖南益阳人，字咏芝，道光朝一典乡试。

钦差大臣、户部尚书、署陕甘总督沈兆霖，浙江钱塘人，字子菉，咸同朝四典乡试。

文毅七人：

内国史院大学士宁完我，满洲人，字万涵，顺治朝三典礼部试。

文华殿大学士蒋溥，山东临朐人，字孔博，一字易斋，康熙朝两典礼部试。

保和殿大学士魏裔介，直隶柏乡人，字石生，顺康朝一典乡试，一典礼部试。

直隶总督、赠尚书、一等子那彦成，满洲正白旗人，字韶九，嘉道朝两典乡试，一典礼部试。

两江总督陶澍，湖南安化人，字云汀，道光朝一典乡试。

云贵总督劳崇光，湖南安化人，字辛阶，嘉庆朝两典乡试。

都察院左都御史、前江西巡抚张芾，陕西泾阳人，字小浦，道光朝两典乡试。

文恭十六人：

武英殿大学士王顼龄，江南华亭人，字颛士，康熙朝两典乡试，两典礼部试。

东阁大学士陈宏谋，广西临桂人，字汝咨，雍正朝一典乡试。

文渊阁大学士嵇璜，江南无锡人，字尚佐，雍乾朝两典乡试，一典礼部试。

文华殿大学士蔡新，福建漳浦人，字次明，乾隆朝五典乡试，一典礼部试。

文华殿大学士董诰，浙江富阳人，字柘林，乾隆朝三典乡试，两典礼部试。

武英殿大学士潘世恩，江南吴县人，字芝轩，嘉道朝三典乡试，四典礼部试。

吏部尚书励廷仪，直隶静海人，字令式，雍正朝一典礼部试。

刑部尚书秦蕙田，江南无锡人，字味经，乾隆朝两典礼部试。

吏部尚书刘环之①，江南武进人，字莲勺，乾嘉朝三典乡试。

工部尚书陆以庄，浙江萧山人，字平泉，嘉道朝四典乡试，一典礼部试。

礼部尚书龚守正，浙江仁和人，字季思，嘉道朝三典乡试，一典礼部试。

刑部尚书德舆②，满洲厢蓝人，咸丰朝一典乡试。

都察院左都御史、加兵部尚书周煌，四川涪州人，字海山，乾隆朝三典乡试，一典礼部试。

都察院左都御史观保，满洲正白人，字补亭，乾隆朝五典乡试，两典礼部试。

伊黎将军、前兵部尚书玉麟，满洲正黄人，字研农，嘉道朝两典乡试，两典礼部试。

钦差大臣、前两江总督李星沅，湖南湘阴人，道光朝一典乡试。

文敬二人：

吏部尚书徐潮，浙江钱唐人，字来青，康熙朝一典乡试，一典礼部试。

武英殿大学士彭蕴章，江南常熟人，字玉峨，咸丰朝一典礼部试。

文庄四人：

东阁大学士梁诗正，浙江钱唐人，字养仲，雍乾朝三典礼部试。

文渊阁大学士觉罗宝兴，满洲厢黄人，道光朝一典乡试。

户部尚书王际华，浙江钱唐人，字秋瑞③，乾隆朝五④典乡试，一典礼部试。

礼部尚书德保，满州正蓝人，字乾和，乾隆朝五典乡试，五典礼部试。

文端二十四人：

---

① 刘环之，积山本作"刘镮之"，是。案：刘镮之，山东诸城人，字佩循，官吏部尚书，谥文恭。刘种之，江南武进人，字莲勺，官学政、赞善。此处里贯、字号误。

② 德舆，积山本作"德兴"，是。

③ 瑞，积山本作"瑞"，是。

④ 五，积山本作"三"，是。

保和殿大学士杜立德，直隶宝坻人，字敬修，康熙朝两典礼部试。

保和殿大学士吴琠，山西沁州人，字铜川，康熙朝两典礼部试。

东阁大学士熊赐履，湖广孝感人，字素九，康熙朝一典乡试。

武英殿大学士张鹏翮，四川遂宁人，字宽宇，康熙朝一典乡试，五典礼部试。

武英殿大学士田从典，山西阳城人，字克五，康雍朝一典乡试，一典礼部试。

文华殿大学士张英，安徽铜城人，字敦复，康熙朝一典礼部试。

文华殿大学士朱轼，江西高安人，字若瞻，雍正朝一典乡试，三典礼部试。

保和殿大学士、经略、三等襄勤伯鄂尔泰，满州厢蓝人，字毅庵，雍乾朝一典乡试，两典礼部试。

武英殿大学士福敏，满州厢白人，字湘邻，雍乾朝一典乡试，两典礼部试。

吏部尚书、前协办大学士汪由敦，字谨堂，安徽休宁人，乾隆朝三典乡试，一典礼部试。

文华殿大学士、参赞大臣尹继善，字元长，满洲厢黄人，乾隆朝一典礼部试。

东阁大学士王杰，字伟人，陕西韩城人，乾嘉朝四典乡试，五典礼部试。

体仁阁大学士戴衢亨，字连士，江西大庾人，乾嘉朝三典乡试，一典礼部试。

协办大学士、礼部尚书汪廷珍，字瑟庵，江苏山阳人，嘉道朝两典乡试，一典礼部试。

武英殿大学士卓秉恬，字海帆，四川华阳人，嘉道朝两典乡试，一典礼部试。

头品顶戴、光禄寺卿、前协办大学士汤金钊，字敦圃，浙江萧山人，嘉道朝四典乡试，两典礼部试。

武英殿大学士文庆，字孔修，满洲镶红人，道光朝五典乡试，两典礼部试。

协办大学士、兵部尚书麟魁，字梅谷，满洲厢白人，道咸朝五典乡试。

体仁阁大学士翁心存，字遂盦，江苏常熟人，道咸朝四典乡试。

体仁阁大学士祈寯藻①，字春圃，山西寿阳人，道光朝两典乡试，一典礼部试。

体仁阁大学士瑞常，字茂生，蒙古厢红人，道咸朝八典乡试。

礼部尚书朱嶟，云南通海人，字俶堂，道咸朝三典乡试，一典礼部试。

刑部侍郎、加刑部尚书钱陈群，字香树，浙江嘉兴人，雍乾朝三典乡试，一典礼部试。

都察院左都御史汪元方，字肃庵，浙江余杭人，道同朝三典乡试。

文恪二十一人：
保和殿大学士额色赫，满洲人，顺治朝一典礼部试。
文华殿大学士宋德宜，字右之，江苏长洲人，康熙朝两典礼部试。
东阁大学士蒋溥，字质甫，江苏常熟人，乾隆朝一典乡试，两典礼部试。

---

① 祈寯藻，积山本作"祁寯藻"，是。

体仁阁大学士刘权之，字云房，湖南长沙人，乾嘉朝五典乡试，两典礼部试。

工部尚书、前体仁阁大学士费纯，字笃甫，浙江钱塘人，嘉庆朝一典礼部试。

东阁大学士王鼎，字省崖，陕西蒲城人，嘉道朝六典乡试，三典礼部试。

礼部尚书吴士玉，字别山，江苏长洲人，雍正朝一典乡试。

礼部尚书曹秀先，字芝田，江西新建人，乾隆朝四典乡试，一典礼部试。

礼部尚书董邦达，字孚存，浙江富阳人，乾隆朝两典乡试，一典礼部试。

都察院左都御史、加礼部尚书张开泰，字履庵，江苏金匮人，乾隆朝一典礼部试。

礼部尚书钟音，字闻轩，满洲厢蓝人，乾隆朝一典乡试。

户部尚书沈初，字云淑，浙江平湖人，乾嘉朝一典乡试。

兵部侍郎、赠礼部尚书万承风，字下东，江西宁州人，道嘉朝四典乡试。

刑部尚书赵光，字蓉舫，云南昆明人，道咸朝三典乡试，一典礼部试。

太常寺卿、加尚书、前工部尚书廖鸿荃，字斯和，福建侯官人，道光朝两典乡试，一部典礼①试。

吏部尚书许乃普，字滇生，浙江钱塘②人，道咸朝五典乡试，两典礼部试。

户部尚书罗惇衍，字星斋，广东顺德人，道同朝五典乡试。

都察院左都御史胡高望，字希吕，浙江仁和人，乾隆朝五典乡礼，两典礼部试。

詹事府詹事、加礼部侍郎沈荃，字真蕸，江苏青浦人，康熙朝一典乡试。

山西巡抚申启贤，字镜汀，河南延津人，嘉道朝三典乡试。

云贵总督赵慎修，字笛楼，湖南武陵人，嘉庆朝一典乡试。

文安：

户部尚书何凌汉，字仙槎，湖南道州人，嘉道朝五典乡试，一典礼部试。

文良：

户部尚书、三等男高其倬，字章之，奉天厢白人，康熙朝一典乡试。

礼部侍郎、赠尚书胡煦，字苍晓，河南光山人，康熙朝一典乡试。

文康：

内阁掌院大学士宋权，字雨恭，河南商邱人，顺治朝两典礼部试。

文和：

保和殿大学士、三等勤宣伯张廷玉，字衡臣，安徽桐城人，雍正朝一典乡试，三典礼部试。

---

① 部典礼，积山本作"典礼部"。
② 钱塘，积山本作"钱唐"。

工部尚书陈诜永，字学山，浙江海宁人，康熙朝一典乡试。

文肃五人：
内秘书院大学士、一等精奇尼哈番范文程，字宪斗，奉天人，顺治朝三典礼部试。
文华殿大学士蒋廷锡，字南沙，江苏常熟人，雍正朝一典乡试，一典礼部试。
协办大学士、两广总督陈大受，字可亭，湖广祁阳人，乾隆朝一典乡试，一典礼部试。
体仁阁大学士卢荫溥，字南石，山东德州人，乾嘉朝五典乡试，一典礼部试。
吏部尚书王安国，字春圃，江苏高邮人，雍正朝一典乡试。

文简六人：
文渊阁大学士陈元龙，字乾斋，浙江海宁人，康熙朝一典乡试。
文渊阁大学士章煦，字桐门，浙江仁和人，乾嘉朝两乡典①试，一典礼部试。
工部尚书魏廷珍，字君弼，直隶景州人，康熙朝一典乡试。
刑部尚书王士正，字阮亭，山东新城人，康熙朝一典乡试，一典礼部试。
兵部尚书金士松，字亭立，江苏吴江人，乾嘉朝三典乡试，一典礼部试。
工部尚书王引之，字伯申，江苏高邮人，嘉道朝三典乡试，一典礼部试。

文靖三人：
保和殿大学士王熙，字子雍，顺天宛平人，康熙朝一典礼部试。
文渊阁大学士史贻直，字铁崖，江苏溧阳人，康雍乾三朝一典乡试，三典礼部试。
漕运总督邵灿，字耀圃，浙江余杭人，咸丰朝一典礼部试。

文清四人：
保和殿大学士卫周祚，字文锡，山西曲沃人，顺治朝两典礼部试。
体仁阁大学士刘镛，字石庵，山东诸城人，乾隆朝五典乡试，一典礼部试。
礼部尚书李棠阶，河南河内人，道同朝三典乡试，一典礼部试。
都察院左都御史、加尚书沈岐，江苏通州人，嘉庆朝一典乡试。

文节六人：
工部侍郎、赠尚书吕贤基，字鹤田，安徽旌德人，咸丰朝两典乡试。
湖广总督吴文镕，字新铕，江苏仪征人，道光朝两典乡试，两典礼部试。
湖北巡抚、赠总督常大纯，湖南衡阳人，道光朝一典乡试。
安徽学政、三四品京堂、赠内阁学士、前兵部侍郎孙铭恩，字兰检，江苏通州人，

---

① 乡典，积山本作"典乡"。

道光朝三典乡试。

广西学政、左春坊左庶子、赠内阁学士沈炳垣，字斗南，浙江归安人，咸丰朝一典乡试。

湖北巡抚陶恩培，浙江会稽人，道光朝一典乡试。

文悫三人：

协办大学士、吏部尚书陈官俊，山东潍县人，嘉道朝三典乡试，一典礼部试。

礼部侍郎、加礼部尚书沈德潜，字确士，一字归愚，江苏长洲人，乾隆朝一典乡试，一典礼部试。

陕西巡抚邓尔恒，字子久，江苏江宁人。

文僖六人：

文华殿大学士黄机，字次辰，浙江钱塘①人，顺康朝一典乡试，一典礼部试。

武英殿大学士吴正治，字赓庵，湖北汉阳人，康熙朝一典礼部试。

礼部尚书王懿修，字春甫，安徽青阳人，乾嘉朝四典乡试，一典礼部试。

礼部尚书姚文田，字秋农，浙江归安人，嘉道朝四典乡试，一典礼部试。

黑龙江将军、前工部侍郎、宗室果齐斯欢，字益亭，嘉庆朝一典乡试。

云贵总督罗绕典，湖南安化人，道光朝一典乡试。

文贞四人：

文华殿大学士张玉书，字素存，江苏丹徒人，康熙朝一典乡试，一典礼部试。

文渊阁大学士陈廷敬，字子端，山西泽州人，康熙朝三典礼部试。

文渊阁大学士季光地②，字晋卿，福建安溪人，康熙朝两典礼部试。

浙江学政、刑部侍郎张锡庚，字秋舫，江苏丹徒人，玉书孙，道咸朝两典乡试。

文慎一人③：

工部尚书王广荫，字菱堂，江苏通州人，道光朝两典乡试。

文定十人：

内秘书院大学士孙廷铨，字道相，山东益都人，顺治朝一典乡试。

武英殿大学士李天馥，字湘北，安徽合肥人，康熙朝一典礼部试。

---

① 钱塘，积山本作"钱唐"。

② 季光地，积山本作"李光地"，是。

③ 文慎一人，积山本作"文慎"。以下至"恭勤一人"，凡"一人"、"二人"，皆为积山本所无，如"端恪二人"，积山本作"端恪"，不另出校注。

礼部侍郎、加尚书、前署大学士徐元梦，字蝶园，满洲正黄人，康熙朝一典乡试，一典礼部试。

协办大学士、吏部侍郎孙嘉淦，字懿斋，山西兴县人，雍乾朝五典乡试，两典礼部试。

文渊阁大学士刘纶，字绳庵，江苏武进人，乾隆朝三典乡试，两典礼部试。

东阁大学士梁国治，字阶平，浙江会稽人，乾隆朝三典乡试。

礼部尚书衔、前吏部尚书杨名时，字宾实，江苏江宁人，康熙朝一典乡试。

吏部尚书朱士彦，字咏斋，江苏宝应人，嘉道朝两典乡试，三典礼部试。

吏部尚书花沙纳，字岑松，蒙古正黄人，道咸朝四典乡试，一典礼部试。

户部尚书孙瑞珍，字奇庵，山东济宁人，道光朝一典乡试。

文勤五人：
内宏文院大学士季霑①，字坦园，直隶高阳人，顺康朝三典礼部试。

协办大学士、刑部尚书阿克敦，字恒岩，满洲正蓝人，乾康②朝两典乡试，一典礼部试。

文渊阁大学士陈世倌，字秉之，浙江海宁人，康乾朝三典乡试，两典礼部试。

协办大学士、工部尚书彭元瑞，字芸楣，江西南昌人，乾嘉朝四典乡试，一典礼部试。

体仁阁大学士周祖培，字芝台，河南商城人，道咸朝三典乡试，三典礼部试。

文襄二人：
武英殿大学士、经略洪承畴，字享九③，福建同安人，顺治朝一典礼部试。

文华殿大学士于敏中，字耐庵，江苏金坛人，乾隆朝一典乡试，两典礼部试。

文敏七人：
内宏文院大学士冯铨，字伯衡，直隶涿州人，顺治朝两典礼部试。

文华殿大学士、浙闽总督嵇曾筠，字松友，江苏无锡人，雍正朝一典乡试。

吏部尚书杨超曾，字骏骧，湖南武陵人，雍正朝一典乡试。

刑部尚书张照，字得天，江苏娄县人，雍正朝两典乡试。

户部尚书曹文埴，字近薇，安徽歙县人，乾隆朝一典乡试。

刑部侍郎、加礼部尚书叶方蔼，字子吉，江苏昆山人，康熙朝一典乡试。

刑部侍郎、赠尚书钱维城，字幼安，江苏武进人，乾隆朝一典乡试，一典礼部试。

---

① 季霑，积山本作"李霑"，是。
② 乾康，积山本作"康乾"。
③ 享九，积山本作"亨九"，是。

文通一人：

内秘书院大学士金之俊，字岂凡，江苏吴江人，顺治朝一典礼部试。

文达三人：

协办大学士、礼部尚书纪昀①，字晓岚，直隶献县人，乾嘉朝一典乡试，三典礼部试。

体仁阁大学士阮元，字芸台，江苏仪征人，嘉道朝两典礼部试。

工部尚书裘曰修，字叔度，江西新建人，乾隆朝五典乡试，一典礼部试。

文懿一人：

礼部尚书韩菼，字慕庐，江苏长洲人，康熙朝一典乡试。

文介一人：

湖北学政、光禄寺卿、赠侍郎冯培元，字小亭，浙江仁和人，道咸朝两典乡试。

以上凡得谥文者，悉列于前，余仍依会典谥字先后排次。

清献一人：

漕运总督徐旭龄，字元文，浙江钱塘②人，康熙朝一典乡试。

恭宪一人：

都察院参政、赠右承政孙昌龄，字念劬，直隶宁晋人，顺治朝一典乡试。

恭毅一人：

户部尚书赵申乔，字慎旃，江苏武进人，康熙朝一典乡试，两典礼部试。

刚烈一人：

兵部尚书、参赞大臣、袭三等襄勤伯鄂容安，字虚宕，满洲厢蓝人，乾隆朝一典礼部试。

端毅二人：

礼部尚书龚鼎孳，字芝麓，安徽合肥人，康熙朝两典礼部试。

---

① 纪昀，积山本作"纪昀"，是。
② 钱塘，积山本作"钱唐"。

户部尚书隆文，满洲正红人，道光朝一典礼部试。

简敬一人：
闽浙总督程祖洛，字梓庭，安徽歙县人，嘉庆朝两典乡试。

庄恪一人：
吏部尚书甘汝来，字逊斋，江西奉新人，乾隆朝一典礼部试。

忠节一人：
湖广粮储道、赠工部侍郎叶映榴，字炳霞，江苏｜海①人，康熙朝一典乡试。

端恪二人：
刑部尚书姚文然，字若侯，安徽桐城人，顺康朝一典乡试，一典礼部试。
都察院左都御史、赠礼部尚书沈近思，字位山，浙江钱塘②人，雍正朝两典乡试，一典礼部试。

简恪一人：
刑部尚书戴敦元，字金溪，浙江开化人，嘉道朝一典乡试，一典礼部试。

清恪一人：
礼部尚书张百行③，字孝先，河南仪封人，康熙朝一典乡试，一典礼部试。

勤恪一人：
都察院左都御史杨汝穀，字令贻，安徽怀宁人，雍正朝一典乡试，一典礼部试。

温和一人：
工部尚书张祥和④，字诗舲，江苏娄县人，道光朝一典乡试。

庄肃一人：
刑部尚书李振祜，安徽太湖人，嘉庆朝一典乡试。

---

① ｜海，积山本作"上海"。
② 钱塘，积山本作"钱唐"。
③ 张百行，积山本作"张伯行"，是。
④ 张祥和，积山本作"张祥河"，是。

端简二人：

兵部尚书王宏祚，字玉铭，云南永昌人，康熙朝一典礼部试。

吏部侍郎、署直隶总督、赠礼部尚书何世璂，字桐叔，山东新城人，康雍朝两典乡试。

恭肃一人：

直隶总督、宗室庆祺，道光朝一典乡试。

清悫一人：

刑部尚书刘吴龙，字绍闻，江西南昌人，雍乾朝一典乡试，一典礼部试。

勤敏一人：

户部尚书黄钺，字左田，安徽当涂人，嘉道朝五典乡试，一典礼部试。

勤僖一人：

江西巡抚白色纯，满洲人，顺治朝一典乡试。

僖平一人：

兵部尚书李际期，字庚生，河南孟津人，顺治朝一典乡试。

恭定一人：

吏部尚书郝维讷，字敏公，直隶霸州人，康熙朝一典礼部试。

恭勤一人：

兵部尚书那清安，字鹤侣，满洲正白人，道光朝一典乡试，一典礼部试。

以上典试得谥者共一百八十二人。

典试由鸿博考

典试由博学鸿词科者三十三人：

由康熙己未词科典试者自汪东川至严友荪①凡二十二人，由乾隆丙辰词科典试者自刘文定至朱香南凡九人。

汪霦，字东川，浙江钱塘人，康熙辛酉陕西，乙酉顺天。

①　"友荪"为"荪友"之讹。

乔莱，字石林，江苏宝应人，康熙辛酉广西。

秦松龄，字留仙，江苏无锡人，康熙辛酉江西，甲子顺天。

周原清，字浣初，江苏武进人，康熙丁卯山东。

王顼龄，字瑁湖，江苏华亭人，康熙甲子福建，庚午陕西，己未①会试，乙未会试。

徐嘉炎，字华隐，浙江秀水人，康熙庚午贵州。

陆葇，字次友，浙江平湖人，康熙庚午福建。

袁佑，字霁轩，直隶东明人，康西②丙子浙江。

朱彝尊，字竹垞，浙江秀水人，康熙辛酉江南。

汤斌，字荆岘，河南睢州人，康熙庚午福建。

李来泰，字石台，江西临川人，康熙辛酉湖广。

沈珩，字耿岩，浙江海宁人，康熙辛酉顺天。

施闰章，字愚山，安徽宣城人，康熙辛酉河南。

米汉雯，字秀嵓，直隶宛平人，康熙辛酉云南，丁卯江南。

黄与坚，字忽庵，江苏太仓人，康熙甲子贵州。

周庆曾，字屺瞻，江苏常熟人，康熙甲子浙江。

方象瑛，字霞庄，浙江遂安人，康熙辛酉四川。

李澄中，字霄田，山东诸城人，康熙庚午云南。

钱金甫，字越江，江苏上海人，康熙甲子江西。

曹禾，宏③颂嘉，江苏江阴人，康熙辛酉山东。

邵吴远，字戒三，浙江仁和人，康熙辛酉广东。

严绳孙，字友荪④，江苏无锡人，康熙辛酉山东。

刘纶，字春涵⑤，江苏武进人，乾隆三典乡试，己丑、壬辰会试。

诸锦，字襄七，浙江秀水人，乾隆三典乡试。

朱荃，字香南，浙江桐乡人，乾隆甲子云南，丁卯湖北。

陈兆仑，字句山，浙江钱塘⑥人，乾隆辛酉湖北。

夏之蓉，字体谷，江苏高邮人，乾隆甲子福建。

于振，字秋田，江苏金坛人，乾隆戊午江西。

---

① "己未"为"癸巳"之讹。
② 康西，积山本作"康熙"。
③ 宏，积山本作"字"，是。
④ 友荪，积山本作"荪友"，是。
⑤ 春涵，积山本作"眘涵"，是。
⑥ 钱塘，积山本作"钱唐"。

陈士瑶，字鲁廉①，浙江钱塘②人，乾隆辛酉四川。

周长发，字石帆，浙江会稽人，乾隆丁卯江南。

汪士锽，字筠川，安徽休宁人，乾隆甲子四川。③

连典乡试

三典乡试九十八人：

陈世倌，字秉之，浙江海宁人，康西④辛卯山东，甲午广东，庚子顺天。

吕谦恒，字天益，河南新安人，康西⑤丁酉山东，庚子湖广，雍正癸卯浙江。

德龄，字松如，满洲厢黄人，康熙庚子山东，甲辰湖北，雍正癸卯广西⑥。

查嗣庭，字脊木⑦，浙江海宁人，康熙甲午湖广，丙午山⑧西，雍正癸卯山西⑨。

任兰枝，字香谷，江苏溧阳人，雍正癸卯浙江，己酉浙江，壬子顺天。

张廷璐，字宝臣，安徽桐城人，雍正癸卯福建，壬子浙江，乾隆辛酉江西。

许王猷，字宾穆，浙江嘉兴人，雍正己酉山西，壬子湖南，乾隆戊午江南。

邵基，字学址，浙江鄞县人，雍正壬子江西，乙卯江南，乾乾⑩丙辰顺天。

赵大鲸，字横山，浙江仁和人，雍正壬子云南，乙卯湖南，乾隆戊午河南。

沈昌宇，字泰叔，浙江秀水人，雍正乙卯广西，丙辰河南，乾隆戊午山西。

钱陈群，见上，雍正己酉湖南，乾隆丁卯江南，庚子江西。

章大有⑪，字容谷，浙江归安人，雍正己卯⑫福建，乾隆丙辰广东，甲子四川。

梁诗正，见上，雍正壬子山东，壬午顺天，乾隆己卯顺天⑬。

王峻，字良斋⑭，江苏常熟人，雍正己酉浙江，壬子贵州，乾隆丙辰云南。

邓钟岳，字东长，山东东昌人，雍正癸卯江南，乾隆甲子江南，丁卯江南。

嵩寿，字茂永，满洲正黄人，乾隆丙辰山西，庚午顺天，癸酉顺天。

---

① 鲁廉，积山本作"鲁斋"，是。

② 钱塘，积山本作"钱唐"。

③ 此处名单，自刘纶开始，积山本的排序为：刘纶、诸锦、于振、陈兆仑、夏之蓉、汪士锽、陈士瑶、周长发、朱荃。积山本是。

④ 康西，积山本作"康熙"。

⑤ 康西，积山本作"康熙"。

⑥ 此处顺序，积山本为：康熙庚子山东，雍正癸卯广西，甲辰湖北。积山本是。

⑦ 脊木，积山本作"夻木"，是。

⑧ 原旁注：江。积山本亦作"江"。

⑨ 此处顺序，积山本为：康熙甲午湖广，雍正癸卯山西，丙午江西。积山本是。

⑩ 乾乾，积山本作"乾隆"。

⑪ "章大有"为"章有大"之讹。

⑫ 己卯，积山本作"乙卯"，是。

⑬ 此处顺序，积山本为：雍正壬子山东，乾隆己卯顺天，壬午顺天。积山本是。

⑭ 良斋，积山本作"艮斋"，是。

赵青藜，字星阁，安徽泾县人，乾隆戊午浙江，辛酉浙江，丁卯湖南。

王会汾，字晋川，江苏无锡人，乾隆甲子浙江，丁卯浙江，庚午湖北。

刘纶，见前，乾隆辛酉陕西，庚辰顺天，庚寅顺天。

周煌，字绪楚，四川涪州人，乾隆辛酉山东，丁卯云南，庚辰福建。

汪由敦，见前，乾隆丙辰山东，甲子顺天，庚午顺天。

史贻谟，子①又襄，江苏溧阳人，乾隆癸酉贵州，庚辰河南，庚寅陕西。

温敏，字允怀，满洲正白人，乾隆庚午贵州，壬申云南，癸酉湖南。

梁国治，见前，乾隆丙子广东，丁酉顺天，壬辰河南。

钱汝诚，字立之，浙江嘉兴人，乾隆壬申河南，庚辰江南，壬午江南。

王际华，见前，乾隆庚午浙江，庚辰江西，戊子江南。

朱珪，见前，乾隆己卯河南，己亥福建，丙午江南。

景福，字介之，满洲厢白人，乾隆己卯广东，庚辰云南，戊子顺天。

诸锦，见前，乾隆辛酉福建，丁卯山西，庚午贵州。

国柱，字力民，满洲正黄人，乾隆戊子江南，庚寅江西，甲午湖北。

邹弈孝，字念乔，江苏无锡人，乾隆戊子陕西，戊申顺天，己酉顺天。

积善，字宗韩，满洲厢白人，乾隆壬午四川，乙酉广西，辛卯河南。

嵩贵，字抚棠，蒙古正黄人，乾隆乙酉河南，甲午顺天，庚子顺天。

邱庭隆②，字叔大，顺天宛平人，乾隆癸卯浙江，丙午浙江，壬子河南③。

金士松，字亭立，江县④吴江人，乾隆辛卯福建，壬子湖北，乙卯江西。

钱樾，字黼堂，浙江嘉善人，乾隆庚子陕西，己酉江西，乙卯江西。

孙士毅，字致远，浙江仁和人，乾隆戊子四川，庚寅湖南，己酉顺天。

李㮚，字文𬭚，江苏长洲人，乾隆丁酉湖南，庚子四川，甲寅河南。

阿肃，字雨斋，满洲厢白人，乾隆乙酉山西，丁酉顺天，丙午顺天。

程昌期，字阶平，安徽歙县人，乾隆乙酉浙江，壬子广西，甲寅福建。

陈万育，字湘南，浙江石门人，乾隆丙午江西，甲寅山东，乙卯东广⑤。

刘跃云，字青垣，江苏武进人，乾隆庚寅山东，壬子山东，甲寅江西。

王宗诚，字莲府，安徽青阳人，乾隆壬子云南，乙卯四川，嘉庆戊午陕西。

瑚图礼，字和庵，满洲正白人，乾隆壬子顺天，甲寅江南，嘉庆甲子江西。

戴衢亨，字荷之，江西大庾人，乾隆癸卯江南，壬子湖南，嘉庆丁卯顺天。

戈涛，字遄⑥园，直隶献县人，乾隆癸酉江西，丙子云南，戊子福建。

---

① 子，积山本作"字"。
② "隆"为"滢"之讹。
③ "河南"为"山西"之讹。
④ 江县，积山本作"江苏"。
⑤ 东广，积山本作"广东"。
⑥ 遄，积山本作"蓬"，是。

茅元铭，字耕庭，江苏丹徒人，乾隆丁酉福建，戊申广东，嘉庆甲子福建。

秦潮，字步皋，江苏无锡人，乾隆辛卯河南，癸卯陕西，丙午云南。

关槐，字曙笙，浙江仁和人，乾隆丙子湖北，壬子河南，甲寅福建。

缪晋，字申甫，江苏江阴人，乾隆庚子湖北，壬子湖南，乙卯广西。

张翯，字叔举，山东平原人，乾隆戊申陕西，甲寅贵州，乙卯云南。

邹炳泰，字晓屏，江苏无锡人，乾隆戊申浙江，乙卯顺天，嘉庆癸酉顺天。

陈希曾，字巢正，江苏新城人，乾隆甲寅云南，乙卯贵州，嘉庆庚午顺天。

董诰，字雅伦，浙江富阳人，乾隆甲午江南，丙子顺天，嘉庆甲子顺天①。

刘镮之②，见前，乾隆丙午广西，戊寅顺天，嘉庆庚午浙江③。

曹振镛，见前，乾隆壬子浙江，嘉庆戊午湖北，戊辰顺天。

茹棻，字雅葵，浙江会稽人，乾隆戊申山东，嘉庆庚申山西，癸酉江南。

李振祜，字锡民，安徽太湖人，嘉庆丁卯广西，戊辰云南，丙子陕西。

刘凤诰，字金门，江西萍乡人，嘉庆庚申湖北，辛酉山东，丁卯江南。

廖鸿藻，见前，嘉庆癸酉四川，丙子贵州，己卯江南。

王以衔，字勿庵，浙江归安人，嘉庆丁卯江西，戊寅江西，己卯顺天。

吴信中，字蔼人，江苏吴县人，嘉庆庚午河南，丙子广东，己卯湖北。

莫晋，字锡三，浙江会稽人，嘉庆戊午福建，甲子顺天，戊辰江西。

孔传纶，字梦鸥，浙江钱塘④人，嘉庆癸酉广西，丙子四川，己卯湖南。

周系英，字石芳，湖南厢潭⑤人，嘉庆甲子福建，戊辰江南，戊寅顺天。

李鸿宾，字鹿苹，江西德化人，嘉庆甲子云南，丁卯贵州，戊辰湖南。

潘世恩，见前，嘉庆甲子浙江，戊辰顺天，道光乙亥顺天。

龚守正，见前，嘉庆戊辰湖北，乙酉陕西，道光甲午江南。

申启贤，见前，嘉庆庚午山西，道光辛卯江南，乙未顺天。

陈官俊，见前，嘉庆己卯陕西，道光戊子贵州，丁酉顺天。

姚元之，字荐青，安徽桐城人，嘉庆戊辰陕西，道光甲午顺天，乙未江西。

吴孝铭，字伯新，江苏武进人，嘉庆丙子福建，道光辛巳浙江，甲午江西。

史致俨，字望之，江苏江都人，道光辛巳湖北，壬辰顺天，甲午顺天。

朱嶟，见前，道光甲午山东，甲辰浙江，丙午山东。

黄爵滋，字树斋，江西宜黄人，道光戊子江南，丁酉山东，己亥江南。

何绍基，字子贞，湖南道州人，道光己亥福建，甲辰贵州，己酉广东。

---

① 此处顺序，积山本为：乾隆甲午江南，嘉庆甲子顺天，丙子顺天。积山本是。

② 案：刘种之，江苏武进人，乾隆丙戌进士。刘镮之，山东诸城人，乾隆己酉进士。刘种之典试：乾隆己亥山东、丙午广西。刘镮之典试：嘉庆庚午浙江，戊寅顺天。此处误以二人为一人。

③ 此处顺序，积山本为：乾隆丙午广西，嘉庆庚午浙江，戊寅顺天。积山本是。

④ 钱塘，积山本作"钱唐"。

⑤ 厢潭，积山本作"湘潭"。

许球，安徽歙县人，道光壬辰江西，甲午河南，乙未湖北。

孙铭恩，见前，道光己亥山西，丙午河南，壬子广东。

侯桐，字叶唐，江苏无锡人，道光辛卯陕西，甲午湖北，癸卯浙江。

赵光，见前，道光壬辰陕西，甲午江南，庚子江西。

叶覲仪，字样①如，江苏六合人，道光己亥四川，庚子云南，甲辰江西。

何桂清，云南昆明人，道光丁酉河南，己亥贵州，甲辰广东。

杜受田，见前，道光壬辰云南，甲辰顺天，咸丰乙未②顺天。

汪元芳，见前，道光丁酉湖南，庚子河南，同治丁卯顺天。

周祖培，见前，道光甲辰广西③，丙午浙江，咸丰辛亥浙江④。

李棠阶，见前，道光乙酉四川，庚子山西，同治丁子⑤顺天。

沈桂芬，字小山，顺天大兴人，道光壬午云南⑥，咸丰己未顺天⑦，辛酉广东。

何彤云，字子厚，云南昆明人，道光丙午湖北，咸丰辛亥四川，乙卯顺天。

杨泗孙，字滨石，江苏常熟人，咸丰己未福建，乙卯湖南，同治壬戌山东。

钱宝廉，字湘吟，浙江嘉善人，咸丰己未山西，同治丁卯广西，光绪己卯顺天。

铭安，字鼎臣，满洲厢黄人，同治甲子山西，丁卯广东，庚午江南。

翁同龢，字叔平，江苏常熟人，咸丰戊午陕西，同治壬戌山西，光绪乙酉顺天。

亍绍周⑧，字召南，江苏丹徒人，咸丰乙卯广西，同治甲子福建，庚午四川。

刘有铭，直隶南皮人，同治丁卯江南，庚午浙江，癸酉江南。

钱桂森，字稺庵，江苏泰州人，咸丰乙卯贵州，丁巳湖南，光绪乙酉广东。

曹炜，字霞坪，江苏甘泉人，同治庚午湖南，光绪己卯河南，丙子山东。

王先谦，字益吾，湖南长沙人，同治庚午云南，光绪乙亥江西，丙子浙江。

徐桐，字荫轩，汉军正蓝人，光绪乙亥顺天，己卯顺天，壬午顺天。

四典乡试者三十三人：

文岱，字霞青，满洲厢黄人，康熙乙酉湖广，庚子山西，雍正癸卯河南，甲辰福建。

鄂尔奇，字复庵，满洲厢蓝人，康熙丁酉顺天，庚子山西，雍正癸卯山西，己酉顺天。

---

① "样"为"楝"之讹。
② 乙未，积山本作"辛亥"，是。
③ 甲辰广西，积山本作"壬午云南"，是。
④ 辛亥浙江，积山本作"己未顺天"，是。
⑤ 丁子，积山本作"甲子"，是。
⑥ 壬午云南，积山本作"甲辰广西"，是。
⑦ 己未顺天，积山本作"辛亥浙江"，是。
⑧ 亍绍周，积山本作"丁绍周"，是。

刘统勋，见前，雍正己酉湖北，壬子河南，乾隆丁卯顺天，丙子顺天。

介福，字景庵，满洲厢黄人，乾隆壬申顺天，丙子江南，己卯浙江，庚辰顺天。

金德瑛，字慕斋，浙江仁和人，乾隆戊午福建，辛酉江南，庚午福建，丙子江西。

曹秀先，见前，乾隆甲子山东，乙酉浙江，庚寅江南，甲午顺天。

杨述曾，字金山①，江苏阳湖人，乾隆丁卯云南，庚午广东，壬申陕西，乙酉陕西。

庄与存②，字方耕，江苏武进人，乾隆壬申湖北，癸酉湖北，丙子浙江，辛卯浙江。

钱大昕，字竹汀，江苏嘉定人，乾隆己卯山东，壬午湖南，乙酉浙江，甲午河南。

翁方纲，字正三，顺天大兴人，乾隆己卯江西，壬午湖北，己亥江南，癸卯顺天。

彭元瑞，见前，乾隆辛卯江南，丁酉浙江，丙午顺天，乙卯顺天。

蒋攸铦，字颖芳，奉天厢蓝人，乾隆戊申福建，壬子贵州，甲寅陕西，乙卯河南。

戴均元，字可亭，江西大庾人，乾隆庚子江南，戊申湖北，甲寅浙江，嘉庆甲子江南。

王懿修，见前，乾隆辛卯陕西，甲午广东，庚子江西，癸卯广东。

周兴岱，字冠山，四川涪州人，乾隆癸卯山东，己酉陕西，甲寅湖北，嘉庆辛酉江西。

罗修源，字星来，湖南湘潭人，乾隆庚子山东，丙午广西，壬子陕西，乙卯陕西。

赵佑，字鹿泉，浙江仁和人，乾隆庚子山东，戊申江西，己酉江西，嘉庆戊午顺天。

陆以庄，见前，嘉庆庚申湖南，丁卯山西，己卯江南，丙子顺天。

王杰，见前，乾隆壬午湖南，辛卯江西，己亥浙江，嘉庆辛酉顺天。

姚文田，见前，嘉庆庚申广东，辛酉福建，丁卯山东，道光乙酉顺天。

万承风，见前，乾隆乙卯云南，嘉庆戊午江南，甲子山东，丁卯浙江。

郭尚先，字兰石，福建莆田人，嘉庆癸酉贵州，丙子云南，己卯广东，道光壬辰山东。

王引之，见前，嘉庆辛酉贵州，甲子湖北，戊寅浙江，道光辛巳浙江。

汤金钊，见前，嘉庆丙子江南，道光辛巳江南，壬辰江南，乙未顺天。

顾皋，字晴芬，江苏金匮人，嘉庆甲戌陕西，道光辛巳顺天，壬午浙江，乙酉顺天。

童华，字薇研③，浙江鄞县人，道光己酉湖北，同治甲子山东，癸酉顺天，光绪乙酉顺天。

翁心存，见前，道光乙酉福建，壬辰四川，乙未浙江，咸丰辛亥顺天。

---

① 金山，积山本作"企山"，是。
② 庄与存，积山本作"庄存与"，是。
③ 薇研，《国朝贡举考略》、《清秘述闻》作"薇砚"。

潘祖荫，字伯寅，江苏常熟人，咸丰戊午陕西，壬戌山东，同治癸酉顺天，光绪乙酉顺天。

花沙纳，见前，道光乙未云南，癸卯顺天，甲辰顺天，咸丰乙卯顺天。

沈兆霖，见前，道光己亥云南，庚子四川，咸丰辛亥江西，壬子江南。

毕道远，字东河，山东淄川人，道光丙午山西，咸丰乙卯广西，辛酉顺天，光绪壬午顺天。

朱凤标，字桐轩，浙江萧山人，道光丁酉山东，咸丰壬子顺天，戊午顺天，同治甲子顺天。

潘衍桐，广东南海人，同治癸酉陕甘，光绪乙亥江西，壬午贵州，乙酉浙江。

麟魁，字梅谷，满洲厢白人，道光己亥浙江，癸卯顺天，咸丰壬子顺天，辛酉顺天。

五典乡试二十五人：

孙家淦，见前，雍正甲辰江西，乾隆丙辰江南，戊午顺天，壬申顺天，癸酉顺天。

蔡新，字葛山，福建漳浦人，乾隆甲子江西，壬申江西，丙子顺天，己亥顺天，庚子顺天。

裘曰修，见前，乾隆丁卯湖北，庚午浙江，壬申江南，癸酉浙江，己卯江南。

观保，字补亭，满洲正白人，乾隆辛酉云南，己卯顺天，庚辰浙江，壬午顺天，庚寅顺天。

窦光鼐，字元调，山东诸城人，乾隆庚寅山西，壬申湖北，庚子福建，己酉浙江，甲寅顺天。

汪廷玙，字持斋，江苏镇洋人，乾隆庚午河南，壬申湖南，癸酉福建，乙酉湖北，丁酉江西。

刘墉，见前，乾隆癸酉广东，丙子广西，丁酉江南，癸卯顺天，壬子顺天。

汤先甲，字辛斋，江苏宜兴人，乾隆丙子贵州，己卯浙江，乙酉四川，戊子广东，甲午福建。

叶观国，字毅庵①，福建闽县人，乾隆癸酉河南，丙子湖北，庚辰湖广，辛卯云南，癸卯四川。

钱载，字坤一，浙江秀水人，乾隆己卯广西，乙酉江南，甲午江西，己亥江西，庚子江南。

胡高望，见前，乾隆辛卯山东，己亥山东，丙午顺天，戊申江南，己酉江南。

德保，字乾和，满洲正蓝人，乾隆丁卯山东，丙子湖北，庚辰山西，乙酉江西，戊申顺天。

刘权之，见前，乾隆辛卯贵州，甲午江南，乙卯江南，嘉庆庚申顺天，庚午顺天。

陈嗣龙，字绍元，浙江平湖人，乾隆丁酉江西，癸卯湖北，丙午陕西，己酉福建，

---

① 毅庵，积山本作"毅庵"，是。

嘉庆庚申顺天。

卢荫溥，见前，乾隆甲寅山西，嘉庆甲子浙江，道光戊子顺天，癸酉顺天，辛卯顺天。

李宗昉，字静远，江苏山阳人，嘉庆甲子陕西，道光壬午江西，戊子顺天，辛卯顺天，壬辰浙江。

何凌汉，字仙槎，湖南道川①人，嘉庆丁卯广东，己卯福建，道光壬午山东，辛卯浙江，己亥顺天。

许乃普，见前，道光壬午河南，乙酉湖北，辛卯山东，癸卯顺天，咸丰壬子山东。

黄钺，见前，嘉庆甲子山东，丁卯浙江，癸酉山东，丙子顺天，道光壬午顺天。

罗惇衍，见前，道光庚子四川，癸卯山东，辛酉福建，同治壬戌顺天，甲子顺天。

文庆，见前，道光乙酉山东，辛卯福建，丁酉顺天，庚子江南，丙午顺天。

殷兆镛，字谱经，江苏吴县人，道光甲辰湖北，咸丰乙卯陕西，光绪乙亥顺天，丙子顺天，己卯顺天。

六典乡试一人：

王鼎，见前，嘉庆己卯浙江，道光乙酉浙江，戊子顺天，壬辰顺天，丁酉顺天，庚子顺天。

七典乡试三人：

彭启丰，字芝庭，江苏长洲人，雍正己酉河南，壬子云南，乙卯江西，乾隆丙辰山东，辛酉江西，壬午浙江，乙酉顺天。

吴省钦，字冲之，江苏南汇人，乾隆戊子贵州，庚寅广西，辛卯湖北，己亥浙江，壬子江西，甲寅浙江，甲寅②浙江。

贾桢，字筠堂，山东黄县人，道光辛卯贵州，丁酉湖北，庚子顺天，癸卯江南，咸丰乙卯顺天，同治壬戌顺天，丁卯顺天。

八典乡试一人：

瑞常，字芝生，蒙古厢红人，道光甲辰福建，己酉山东，咸丰辛亥顺天，己未顺天，同治壬戌顺天，甲子顺天，丁卯顺天，庚午顺天。

连典礼部试

三典礼部试十七人：

刚林，字公茂，满洲人，顺治丙戌，丁亥，己丑。

---

① 道川，积山本作"道州"，是。
② 甲寅，积山本作"乙卯"，是。

范文程，见前，顺治丙戌，丁亥，己丑。

宁完我，见前，顺治丙戌，丁亥，己丑。

李霨，见前，顺治丙戌，康熙甲辰，丙辰。

陈敬廷①，见前，康熙壬戌，辛未，癸未。

朱轼，见前，雍正癸卯，甲辰，乾隆丙辰。

张廷玉，见前，雍正癸卯，甲辰，乾隆丁巳。

史贻直，见前，雍正甲辰，丁未，乾隆乙丑。

纪昀②，见前，乾隆甲辰，嘉庆丙辰，壬戌。

朱珪，见前，乾隆庚戌，嘉庆己未，乙丑。

戴均元，见前，嘉庆壬戌，丁丑，己卯。

英和，字煦斋，满洲正白人，嘉庆乙丑，己巳，道光壬辰。

朱士彦，见前，道光己丑，壬辰，戊戌。

周祖培，见前，道光乙巳，咸丰壬子，庚申。

王鼎，见前，道光丙戌，丙申，辛丑。

朱凤标，见前，道光丁未，同治壬辰，辛未。

戴龄，字芷庵，满洲正蓝人，咸丰壬子，同治壬戌，癸亥。

四典礼部试四人：

刘统勋，见前，乾隆辛未，丁丑，辛巳，辛卯。

介福，字受兹，满洲厢黄人，乾隆辛未，己丑③，丁丑，庚辰。

潘世恩，见前，道光壬辰，丙申，庚子，丁未。

贾桢，见前，道光乙巳，庚戌，咸丰己未，同治乙丑。

五典礼部试五人：

熊赐履，见前，康熙癸丑，甲戌，丁丑，庚辰，癸未。

德保，见前，乾隆癸未，己丑，庚子，辛丑，甲辰。

王杰，见前，乾隆戊戌，乙未，丁未，己酉，庚戌。

曹振镛，见前，嘉庆辛未，丁丑，道光癸未，己酉，癸巳。

穆彰阿，字鹤舫，满洲厢蓝人，道光癸未，壬辰，乙未，戊戌，乙巳。

三试皆元

三元及第二人：

---

① "敬廷"为"廷敬"之讹。

② 纪昀，积山本作"纪昀"，是。

③ 原旁注：甲戌。积山本亦作"甲戌"。

钱棨，字湘舲，一字振威，江苏长洲人，乾隆己亥解元，辛丑会、状。

陈继昌，字莲史，原名守壑，广西临桂人，嘉庆癸酉解元，庚辰会、状。

会元登状元

会元登状元十人：

韩菼，谥文懿，见前，康熙癸丑。

彭定求，字访濂，江苏长洲人，康熙丙辰。

陆肯堂，字邃升，江苏长洲人，康熙乙丑。

王式丹，字楼村，江苏宝应人，康熙癸未。

彭启丰，字翰文，江苏长洲人，雍正丁未。

陈倓，字定先，江苏仪征人，雍正癸丑。

金甡，字雨甘，浙江仁和人，乾隆壬戌。

蔡以台，字季实，浙江嘉善人，乾隆丁丑。

汪如洋，字润民，浙江秀水人，乾隆庚子。

吴廷琛，字震南，江苏元和人，嘉善壬戌。

解元登状元

解元登状元二人：

胡任舆，字孟行，江苏上元人，康熙辛酉，甲戌。

吴鸿，字颉云，浙江仁和人，乾隆丁卯，辛未。

会元登榜眼

会元登榜眼五人：

戴世名①，字田有，安徽桐城人，康熙己丑。

王安国，谥文肃，见前，雍正甲辰。

沈昌宇，见前，雍正庚戌。

孙辰东，字枫培，浙江归安人，乾隆壬辰。

吴凤藻，字丹山，浙江钱塘②人，咸丰癸丑。

---

① 戴世名，积山本作"戴名世"，是。

② 钱塘，积山本作"钱唐"。

会元登探花

会元登探花五人：

李蔚棠，字贰公，顺天大兴人，顺治丙戌。

秦钺，字克绳，江苏无锡人，顺治乙未。

王露，字戒三，河南柘城人，康熙庚辰。

杨炳，字蔚友，湖广钟祥人，雍正癸卯。

周澧①，字苣东，浙江嘉善人，乾隆辛卯②。

解元登探花四人③：

沈清藻，字鲁田，浙江仁和人，乾隆辛卯，乙未。

陈希曾，字钟溪，江西新城人，乾隆己酉，癸卯。

邹家燮，字理堂，江西乐平人，乾隆甲寅，嘉庆辛酉。

张之洞，字香涛，直隶南皮人，咸丰壬子，同治癸亥。

祖孙会状

祖孙会状：

彭定求，见前，康熙丙辰；彭启丰，见前，雍正丁未。

祖孙鼎甲

祖孙鼎甲：

王安国，谥文肃，见前，雍正甲辰榜眼；王引之，谥文简，见前，嘉庆己未探花。

父子鼎甲

父子鼎甲：

缪彤，字歌起，江苏吴县人，康熙丁未状元；缪曰藻，字文子，康熙乙未榜眼。

任兰枝，字香谷，江苏溧阳人，康熙癸巳榜眼；任端书，字进思，乾隆丁巳探花。

汪廷玙，字衡玉，江苏镇洋人，乾隆乙丑探花；汪学金，字杏江，乾隆辛丑探花。

---

① 周澧，积山本作"周沣"，是。

② "辛卯"为"辛未"之讹。

③ 积山本此叶版心有"解元登探花"字样。

兄弟鼎甲

兄弟鼎甲：

徐文元①，字公肃，江苏昆山人，顺治己亥状元；徐乾学，字源一，康熙庚戌探花；徐秉义，字彦和，康熙癸丑探花。

彭定求，见前，康熙丙辰状元；彭宁求，字文治，康熙壬戌探花。

庄存与，字方耕，江苏武进人，乾隆乙丑榜眼；庄培因，字本纯，乾隆甲戌状元。

潘世恩，谥文恭，见前，乾隆癸丑状元；潘世璜，字黼堂，乾隆乙卯探花。

张之万，字子青，直隶南皮人，道光丁未状元；张之洞，见前，同治癸亥探花。

叔侄鼎甲

叔侄鼎甲：

翁同龢，字叔平，江苏常熟人，咸丰丙辰状元；翁曾源，字仲渊，同治癸亥状元。

国朝贡举年表·卷二②

顺治朝

顺治二年乙酉乡试

《礼部则例》：第一场《四书》三题，五经各四题，士占一经。二场论、诏、诰、表各一，判五。三场策五道。江南、陕西初定，诏十月举行，凡六省。

顺天：

---

① 徐文元，积山本作"徐元文"，是。

② 积山本按语："谨按：取士之法，三代以上出于党庠术序，汉以后出于乡举里选，魏晋以来出于九品中正，隋唐至今出于科举。科举之法，每代不同，而有明一代则皆出于时文。我朝承前明之制，以八股取士，而其盛又突过前代。恭查顺治开科始各省之试曰：乡试取其中式者贡于部，合天下贡士大比之曰会试。凡试有定期，岁在子卯午酉，以八月乡试，丑辰未戌，以三月会试，均于九日、十有二日、十有五日锁闱，三试之。自顺康以迄于今二百四十余年，猗乎盛哉！储才养士之隆，率旧作新之制，其记载于高文典册杂著别集者，盖其详哉！然求其勒成一书，专为制科掌故者，固未有也。爰因《考略》诸书，变其例，正其讹，搜遗补缺，凡列科主司官爵、里居及年分、题目、榜首一人、一甲三名，无不备录，征文考献，以鸣其盛，亦足见国家得士之隆也。旁及濡毡蕊榜之奇、驼起龙乘之瑞，胪次累帙，为制科雅话，遗闻轶事，往往而在，此又所谓不贤者识其小者也。起顺治二年乙酉，至今光绪十二年丙戌，乡会凡二百八科，著为表，以备观览云。"

［试官］侍讲朱之俊，汾阳。检讨罗宪汶，南昌。

［试题］有德此有人。上好信则（一句）。在于王所（不善）。

［解元］郜炳元，长垣。

江南：

［试官］检讨成克巩，太名①。检讨刘肇国，潜江。

［试题］其养民也（二句）。君子而时中。则天下之（朝矣）。

［解元］张九徵，新乡②。

河南：

［试官］员外欧阳烝，潜江。主事吕云藻，临晋。

［试题］舜有天下（皋陶）。行而民莫（一句）。其君子实（之中）。

［解元］邢若鹏，丹徒③。

山东：

［试官］给事向玉轩，通江。员外锁青缙，永宁。

［试题］欲仁而得仁。柔远人则（一句）。周公思兼（四句）。

［解元］于四裳，历城。

山西：

［试官］郎中孙昌龄，宁晋。主事李际期，孟津。

［试题］君子贞而（一句）。尊贤也亲（二句）。省刑罚薄（忠信）。

［解元］朱裴，闻喜。

陕西：

［试官］员外范士楫，定兴。中书上官铉，冀城。

［试题］见善如不及。发而皆中节。周公思兼（一句）。

［解元］刘鸿磐，韩城。

三年丙戌会试

中式四百名，不分南、北、中卷。大拜四人：傅以渐、李霨、魏裔介、冯溥。尚书八人，侍郎十五人。

［试官］内阁刚林，满洲。内阁范文程，奉天。内阁宁完我，满洲。内阁冯铨，涿州。

［试题］百姓足君（一节）。行而民莫（一句）。王道之始也。

［会元］李蔚棠，大兴。

［鼎甲］傅以渐，聊城。吕缵祖，沧州。李蔚棠，大兴。

---

① 太名，积山本作"大名"。

② 新乡，积山本作"丹徒"，是。

③ 丹徒，积山本作"新乡"，是。

三年丙戌再行乡试

大学士刚林等奏，请于本年再行乡试，来年再行会试，以收人才，未归地方投诚者，一体应试。从之。

顺天：

[试官] 检讨胡统虞，武陵。检讨白印谦，阳城。

[试题] 若臧武仲（五句）。宽裕温柔（二句）。急亲贤之（一句）。

[解元] 贾一元，故城。

江南：

[试官] 编修张端，掖县。员外吕崇烈，安邑。

[试题] 礼以行之（三句）。知天地之（一句）。其自任以（一句）。

[解元] 范龙，长洲。

江西：

[试官] 编修魏天赏，遂平。给事郝璧，兰州。

[试题] 巍巍乎其（一节）。及其至也（天地）。民之为道（恒心）。

[解元] 罗绍虞，南昌。

浙江：

[试官] 编修刘正宗，安邱。编修杜立德，宝坻。

[试题] 多闻择其（二句）。唯天下至（其性）。耕者九一（四句）。

[解元] 冯美玉，乌程。

湖广：

[试官] 编修周爱访，宁阳。给事李运长，大兴。

[试题] 夫子之道（已矣）。博厚所以（一句）。今有璞玉（三句）。

[解元] 李尚隆，潜江。

河南：

[试官] 主事步文政，乾州。主事沈润，淄川。

[试题] 巍巍乎其（一节）。好学近乎知。自西自东（谓也）。

[解元] 王赞，睢州。

山东：

[试官] 给事杨时化，阳城。员外李震成，沧州。

[试题] 天下有道（则见）。好学近乎知。善政得民（二句）。

[解元] 王介锡，临清。

山西：

[试官] 员外孙建宗，历城。主事韩昌毅，禹城。

[试题] 据于德依（二句）。道不远人（一句）。圣人百世（一句）。

[解元] 常大忠，太原。

陕西：

[试官] 主事孙廷铨，益都。中书李实秀，汲县。

[试题] 文之以礼乐。好学近乎知。夏后氏五（四句）。

[解元] 刘铉，洛川。

四年丁亥再行会试

中式三百名。大拜五人：吕宫、冯溥、黄机、王熙、李之芳。会元不列馆选。

[试官] 内阁范文程，奉天。内阁刚林，满洲。内阁祁充格，满洲。内阁冯铨，涿州。内阁宁完我，满洲。内阁宋权，商邱。

[试题] 尧舜帅天（二句）。知者不惑（一章）。行天下之（由之）。

[解元] 李人龙，沧洲。

[鼎甲] 吕宫，武进。程芳朝，桐城。蒋超，金坛。

五年戊子乡试

本年江西金声桓乱作，乡试未及举行。福建、广东悉归版图，开科凡九省。

顺天：

[试官] 编修李呈祥，霑化。编修黄志遴，晋江。

[试题] 修己以敬（百姓）。忠信重禄（二句）。又尚论古（三句）。

[解元] 李培初，晋宁。

江南：

[试官] 编修梁清宽，正定。编修傅维鳞，灵寿。

[试题] 夫子循循（一节）。及其广厚（三句）。定四海之（三句）。

[解元] 袁大文，金坛。

浙江：

[试官] 编修陈�，孟津。给事董笃行，洛阳。

[试题] 颜渊季路（一章）。成己仁也（二句）。以善养人（一句）。

[解元] 王嗣皋，慈溪。

福建：

[试官] 编修法若真，胶州。编修杭齐苏，聊城。

[试题] 博我以文（二句）。能尽其性（六句）。劳心者治人。

[解元] 李惟华，邵武。

湖广：

[试官] 编修胡兆龙，山阴。给事常居仁，平乐。

［试题］定而后能静。举贤才曰（所知）。古之人修（二句）。

［解元］胡在恪，江陵。

河南：

［试官］员外吴允谦，内江。员外钟性朴，大兴。

［试题］季康子问（一章）。本诸身徵（二句）。仁义忠信（三句）。

［解元］仝廷举，郔①县。

山东：

［试官］给事姚文然，桐城。员外李仲熊，永平。

［试题］先行其言（二句）。王天下有（二句）。天下之民（一句）。

［解元］伊辟，新城。

山西：

［试官］给事魏裔介，柏乡。主事方若珽，桐城。

［试题］敬事而信（二句）。修道以仁（一句）。诗云雨我（教之）。

［解元］程在绪，长治。

陕西：

［试官］主事李皓，金坛。中书张文炳，阳曲。

［试题］察其所安（一句）。时使薄敛（二句）。天下之善（之人）。

［解元］王惟筹，华州。

六年己丑会试

中式四百名。阁臣七人典试，前代未有。时两广初定，二甲授参议，三甲授知府，进士释褐即官四品。刱例也，然只此一科为然。

［试官］内阁刚林，满洲。内阁祁充格，满洲。内阁范文程，奉天。内阁洪承畴，同安。内阁宁完我，满洲。内阁宋权，商邱。内阁王文烺，山阴。

［试题］汤之盘铭（一章）。天下归仁焉。存其心养（一节）。

［会元］左敬祖，河间。

［鼎甲］刘子壮，黄冈。熊伯龙，汉阳。张天植，嘉兴。

八年辛卯乡试

满洲八旗开科自是科始。是年定已充乡、会房考者，不得再送顺天房考，听吏、礼二部选用，余省各巡抚选用，赋②定内帘。

---

① 郔，当作"郏"。
② 赋，积山本作"阖"。

顺天：

[试官] 检讨李中白，长治，学士鄂密图，满洲。侍郎阿密达，满洲。检讨孙自式，武进。

[试题] 君子不可（受也）。肫肫其仁（一句）。天下之本（三句）。

[解元] 郭藩镇，大兴。

江南：

[试官] 学士高珩，淄川。编修黄机，钱塘。

[试题] 君子学道（一句）。敬大臣也（三句）。思天下之（沟中）。

[解元] 袁孟义，丹徒。

江西：

[试官] 检讨邓旭，寿州。给事周之桂，咸宁。

[试题] 兴于诗立（一章）。唯天下至（临也）。以德行仁（一句）。

[解元] 邓际逢，金溪。

浙江：

[试官] 编修蒋超，金坛。给事李人龙，沧州。

[试题] 好仁者无（其身）。天地位焉（一句）。孔子曰德（一节）。

[解元] 余恂，龙游。

福建：

[试官] 编修王一骥，蓬莱。给事胡之骏，山阳。

[试题] 禹吾无间（一句）。简而文温（二句）。劳之来之（德之）。

[解元] 陈圣泰，侯官。

湖广：

[试官] 检讨庄同生，武进。给事王廷谏，翼城。

[试题] 躬行君子（一句）。率性之谓道。二者皆法（一句）。

[解元] 李奇生，汉阳。

河南：

[试官] 员外宋学洙，江陵。主事张笃行，章邱。

[试题] 君子学以（一句）。天地位焉（一句）。如此然后（一句）。

[解元] 张悌，祥符。

山东：

[试官] 给事杜笃祜，满洲。主事杨时荐，巨鹿。

[试题] 惟仁者能（一章）。知斯三者（二句）。亲亲而仁民。

[解元] 滕国相，乐昌。

山西：

[试官] 主事韩充美，即墨。主事柴望岱，曲周。

[试题] 敏而好学（二句）。舜而大孝（二句）。为人臣者（一句）。

［解元］王恭先，汾阳。

陕西：

［试官］员外范光文，鄞县。主事梁知先，邹平。

［试题］何器也曰（二句）。所求乎臣（二句）。继之以不（一句）。

［解元］萧垣，三原。

四川：

［试官］中书徐兆举，大兴。员外吴南岳，武进。

［试题］文行忠信（一句）。德而圣人（一句）。人人亲其（下平）。

［解元］李之鞸①，铜梁。

广东：

［试官］员外陈衷一，兰阳。中书朱克简，宝应。

［试题］齐之以礼（一句）。择乎中庸（之矣）。学则三代（一句）。

［解元］周继贤。

九年壬辰会试

初分南、北、中卷，四百名中式。大学士范文程等奏，会元文理荒谬，首篇尤悖经注，命革中式，考官降级有差。初分满、汉榜，满榜中式五十人，一甲一名麻勒吉，二名折库纳，三巴海。

［试官］尚书陈泰，奉天。学士胡统虞，武陵。学士成克巩，大名。学士刘清泰，奉天。

［试题］君子有大（二句）。参乎吾道（一章）。经正则庶（一句）。

［会元］程可则，南海。

［鼎甲］邹忠倚，无锡。张永祺，大兴。沈奎，青浦。

十一年甲午乡试

是科熊伯龙、许作楫典试浙江，一榜得三状元：乙未史大成，康熙甲辰严我斯，庚戌蔡启僔②。一时称盛。

顺天：

［试官］编修范周，吴县。学士白色纯，满洲。侍郎渥赫，满洲。编修吴正治，江夏。

［试题］知者动仁（二句）。取人以身（一句）。中心悦而（子也）。

---

① 鞸，积山本作“鞞”，是。
② 蔡启僔，积山本作“蔡启僔”，是。

[解元] 田种玉，宛平。

江南：

[试官] 赞善姜元衡，即墨。编修马华曾，编修①。

[试题] 士不可以（一节）。大哉圣人（一句）。人人亲其（一句）。

[解元] 朱朝幹，句容。

江西：

[试官] 庶子卓彝，武康。给事郭一鹗，洛阳。

[试题] 居之无倦（二句）。悠久所以（一句）。入其疆土（一段）。

[解元] 张士骥，南昌。

浙江：

[试官] 编修熊伯龙，汉阳。给事许作楫，新乡。

[试题] 吾十有五（一章）。怀诸侯则（一句）。我非尧舜（二句）。

[解元] 钟朗，石门。

福建：

[试官] 编修李昌垣，宛平。给事刘榛，大城。

[试题] 瑟兮僴兮（一章）。仁远乎哉（一句）。孔子圣之（一句）。

[解元] 熊臣忠，建宁。

湖广：

[试官] 编修徐致觉，六安。礼给赵进美，益都。

[试题] 子温而厉（一章）。子庶民则（畏之）。汤执中立（二句）。

[解元] 程云飞，天门。

河南：

[试官] 吏外孙宗彝，高邮。礼中张茆，嘉善。

[试题] 事君敬其（一句）。悠久所以（一句）。于此有人（五句）。

[解元] 王纪昭，祥符。

山东：

[试官] 刑给林云京，福清。礼外王天鉴，宣化。

[试题] 务民之义（一句）。舜其大知（一句）。立贤无方（一句）。

[解元] 赵作舟，大嵩。

山西：

[试官] 光少程正揆，孝感。刑外黄自超，秀水。

[试题] 礼云礼云（一章）。言而民莫（一句）。守约而施（二句）。

[解元] 康宏猷。

陕西：

---

① 编修，积山本作"平湖"，是。

［试官］吏外沈焯，乌程。户外陆朝瑛，吴县。

［试题］行之以忠（一句）。君子之所（二句）。禹思天下（四句）。

［解元］雷壮，咸宁。

四川：

［试官］郎中李宗孔，江都。中书蔡琼枝，无锡。

［试题］行有余力（二句）。诚之者择（二句）。易其田畴（一节）。

［解元］冯天培。

广东：

［试官］郎中顾赟，吴县。主事张凤抱，天津。

［试题］动之斯和（一句）。足以有容也。及其闻一（河江①）。

［解元］梁炳宸，高明。

十二年乙未会试

中式三百五十名。满榜亦取五十人，殿试试②一甲一名图尔宸，二名贾勤，三名索泰。自此后，仍合满汉为一榜。

［试官］内阁额色赫，满洲。内阁金之俊，吴江。学士胡兆龙，山阴。侍郎恩国泰，满洲。

［试题］诗可以兴（七句）。考诸三王（二句）。仁言不如（一章）。

［会元］秦钺，无锡。

［鼎甲］史大成，鄞县。戴王纶，沧洲。秦钺，无锡。

十四年丁酉乡试

江南一榜三鼎甲：马世俊、鲍亦祥、叶方蔼。孙光祀典试湖广，得百六人，捷南宫者六十四人，并为艺林盛事。朱绍凤奏河南主考进呈试录，皆由己作，不用闱墨，有违定例，奉旨革职。江南主考亦因事拟问。

顺天：

［试官］庶子曹本荣，黄冈。中允宋之绳，溧阳。

［试题］仰之弥高（一章）。唯天下至（其性）。夫仁天之（二句）。

［解元］万嵩，顺天。

江南：

［试官］侍读方犹，海宁。编修钱开宗，仁和。

---

① 河江，积山本作"江河"。

② 衍一"试"字。

［试题］贫而无谄①（一章）。忠信重禄（四句）。以不忍人（二句）。

［解元］蒋钦宸，丹徒。

江西：

［试官］谕德王绍隆，遂安。吏给王益朋，仁和。

［试题］大哉尧之（则之）。修身则道（一节）。春省耕而（二句）。

［解元］陈以远，南昌。

浙江：

［试官］中允张瑞徵，莱阳。吏给史彪古，鄱阳。

［试题］若圣与仁（一章）。舜好问而（一句）。其为气也（一句）。

［解元］顾鹏，秀水。

福建：

［试官］谕德余恂，龙游。兵给刘鸿儒，迁安。

［试题］物有本末（二句）。因民之所（一句）。孝子之至（二句）。

［解元］吴孟，平海。

湖广：

［试官］检讨薛沄，侯官。给事孙光祀，思城。

［试题］能行五者（敏惠）。则可以赞（五句）。有布缕之（五句）。

［解元］杨辉斗，荆门。

河南：

［试官］史郎黄钺，善化。礼主丁澎，仁和。

［试题］君子食无（一章）。远之则有（二句）。乃若其情（一节）。

［解元］李模，郿②县。

山东：

［试官］户给严沆，余杭。兵郎李世治，束鹿。

［试题］子贡问为（一章）。诗云鸢飞（一节）。民事不可（一句）。

［解元］王士骥，新城。

山西：

［试官］礼中唐赓尧，会稽。工主匡兰馨，胶州。

［试题］既庶矣又（二段）。仲尼祖述（二句）。辅世长民（一句）。

［解元］乔甲观，翼城。

陕西：

［试官］吏主刘祚远，安邱。礼外陈戬，仁和。

［试题］先之劳之（二节）。知所以治（二句）。使天下之（之途）。

---

① "谄"为"谄"之讹。
② "郿"当作"郏"。

［解元］王景晅，汉中。

四川：

［试官］户中解元才，溯州。评事罗光众，新建。

［试题］既庶矣又（一节）。凡有血气（二句）。民事不可缓也。

［解元］蔡其珍，营山。

广东：

［试官］兵中刘澜，霸州。行人黄象雍，鄞县。

［试题］三年学不（一章）。仲尼祖述（二句）。有布缕之（三句）。

［解元］梁佩兰，南海。

广西：

［试官］郎中徐元琪，武进。中书潘瀛选，宜兴。

［试题］节用而爱人。尊贤之等（一句）。于此有人（则弟）。

［解元］何清，临桂。

十五年戊戌会试

中式四百名。头场三题由钦命，是科始，从赵祥星请也。鼎甲三人皆顺天甲午榜。

［试官］内阁傅以渐，聊城。内阁李霨，高阳。

［试题］无为而治（一章）。天命之谓（一章）。君子所性（二节）。

［会元］张贞生，庐陵。

［鼎甲］孙承恩，常熟。孙一致，盐城。吴国对，全椒。

十六年己亥会试

云南底平，复举会试，特典也。中式三百五十名，进士除选庶吉士外，俱以推官、知县用，永著为例。

［试官］内阁刘正宗，安邱。内阁卫周祚，曲沃。

［试题］欲修其身（七句）。道之以德（二句）。为人臣者（接也）。

［会元］朱锦，上海。

［鼎甲］徐文元①，昆山。华亦祥，无锡。叶方蔼，昆山。

十七年庚子乡试

云南贡院未修，学臣未到，乡试定于次年补行。山东主司袁懋德以岁贡典试，此刲

---

① 徐文元，积山本作"徐元文"，是。

典也。

顺天：

[试官] 侍讲庄朝生，武进。检讨熊赐履，孝感。

[试题] 志于道据（一章）。大哉圣人（三节）。禹闻善言（人同）。

[解元] 杨士炌，通州。

江南：

[试官] 编修谭篆，天门。给事谌名臣，南昌。

[试题] 仲弓问仁（一章）。思修身不（六句）。居天下之（三句）。

[解元] 申燧①，长洲。

江西：

[试官] 编修萧惟豫，德州。给事周明新，象山。

[试题] 予欲无言（一章）。博学之审（一节）。其身正而（多福）。

[解元] 曾寅，清江。

浙江：

[试官] 编修张贞生，庐陵。刑给汪之洙，遵化。

[试题] 志于道据（三句）。诗云嘉乐（一节）。知者无不（四句）。

[解元] 张广益，龙游。

福建：

[试官] 学士刘芳躅，宛平。工给刘大谟，沧洲。

[试题] 孝弟也者（二句）。郊社之礼（一节）。夫君子所（二句）。

[解元] 吴道东，侯官。

湖广：

[试官] 检讨邹度琪②，新建。工给薛鼎臣，盐城。

[试题] 樊迟问仁（一章）。博学之审（一节）。心之所同（义也）。

[解元] 黄佳色，攸县。

河南：

[试官] 吏外夏安运，德化。礼中鄢翼明，奉天。

[试题] 君子和而（一句）。宜民宜人（二句）。自得之则（六句）。

[解元] 王鸣球，鄢陵。

山东：

[试官] 兵给袁懋德，香河。郎中赵联元，阳城。

[试题] 君子义以为质。今天下车（一节）。人有不为（一章）。

---

① 申燧，积山本作"申穟"，是。

② 邹度琪，积山本作"邹度珙"，是。

［解元］李嗣真，新城。

山西：

［试官］礼给成肇毅，仁和。刑外王伸，会稽。

［试题］视其所以（三句）。中立而不倚。老吾老以（五句）。

［解元］张邦祚，太原。

陕西：

［试官］吏主尹源进，东莞。刑中陈年榖，奉天。

［试题］有能一日（一节）。其斯以为舜乎。事孰为大（二句）。

［解元］刘廸①，阆中。

四川：

［试官］兵外张光祖，新郑。中书孙象贤，兴县。

［试题］子使漆雕（一章）。柔远人则（二句）。奋乎百世（者乎）。

［解元］梁联馨，平凉。②

□□③

［试官］兵主张登选，奉天。行人刘辉，文登。

［试题］视其所以（三句）。所求乎臣（二句）。禹闻善言（一句）。

［解元］龚章，归善。

广西：

［试官］礼外张易贲，卢氏。行人何元英，秀水。

［试题］其事上也（二句）。序事所以（二句）。乐取于人（一句）。

［解元］仝二戴，灵川。

云南：

［试官］礼外刘铉，洛川。中书张灏，丹阳。

［试题］子所雅言（一章）。万物育焉（一句）。仁者爱人（一句）。

［解元］倪垣，南安。

贵州：

［试官］评事黄敬玑。中书陈祚昌。

［试题］此之谓民（一句）。行之以忠（一句）。事孰为大（二句）。

［解元］顾鼎新，犁平。

---

① 刘廸，积山本作"刘迪"。"迪"同"廸"。

② 此处陕西、四川，试题、解元互窜。"有能一日（一节）。其斯以为舜乎。事孰为大（二句）"当为四川试题，"刘廸，阆中"当为四川解元。"子使漆雕（一章）。柔远人则（二句）。奋乎百世（者乎）"当为陕西试题，"梁联馨，平凉"当为陕西解元。积山本不误。

③ 原缺。积山本作"广东"。

十八年辛丑会试

中式四百名。本年停止刊刻试录，惟于场内缮写题名录，解送进呈。山阳李时谦、时震、铠兄弟三人同登。

［试官］内阁成克巩，大名。内阁卫周祚，曲沃。

［试题］知止而后（一节）。夫子之文（一章）。易其田畴（二节）。

［会元］陈常夏，南靖。

［鼎甲］马世俊，溧阳。李仙根，遂宁。吴光，归安。

康熙朝

康熙二年癸卯乡试

是科，江南得人最盛：鼎甲二人，尚书五人，大学士三人。云南主考蔡驺以拔贡典试，异数也。

顺天：

［试官］检讨白乃贞，清涧。检讨詹养沈，婺源。

［试题］桃之夭夭（三节）。居敬而行（二句）。宰我日以（一节）。

［解元］纪沄，晋州。

江南：

［试官］编修王勗，大兴。工给王日高，茌平。

［试题］女与回也（一章）。仲尼祖述（一节）。取诸人以（二句）。

［解元］马晋锡，六安。

江西：

［试官］学士陈敱永，海宁。吏给刘如汉，巴县。

［试题］知者乐水（一章）。庸德之行（二句）。一乡之善（之人）。

［解元］邹度铺，新建。

浙江：

［试官］学士李仪古，任邱。礼给李鹏鸣，富平。

［试题］生财有大（一节）。子所雅言（一章）。有大人者（一节）。

［解元］屠又良，平湖。

福建：

［试官］检讨熊赐玙，孝感。工给何澄，正定。

［试题］有德此有（四句）。克己复礼（三句）。天子一位（五句）。

［解元］李达可，诏安。

湖广：

［试官］检讨王钟灵，闻喜。户给俞之炎，桐乡。

［试题］可与共学（一章）。修身以道（二句）。始条理者（四句）。

［解元］黄士玚，江陵。

河南：

［试官］考工王士禄，新城。礼给何赓昌，长乐。

［试题］诗三百一（一章）。诚者不勉（人也）。尧舜之知（二段）。

［解元］冉觐祖，中牟。

山东：

［试官］礼给张惟赤，仁和。主事张应瑞，奉天。

［试题］天下归仁（三句）。洋洋乎发（一节）。吾岂若是（三句）。

［解元］李之实，泰安。

山西：

［试官］常少杨瓒，宛平。户中王象天，富平。

［试题］子路有闻（一章）。万物育焉（一句）。使天下仕（二句）。

［解元］贾鸣玺，曲沃。

陕西：

［试官］吏外刘子正，吴桥。户主许畅，江宁。

［试题］仁者先难（二句）。庸德之行（二句）。吾岂若使（二句）。

［解元］杨光训，长安。

四川：

［试官］户中徐谓弟，长垣。中书杜镇，南宫。

［试题］敏于事而（二句）。本诸身征（二句）。居仁由义（二句）。

［解元］李竑邺，渠县。

广东：

［试官］兵中王大成，奉天。行人洪琮，歙县。

［试题］古之学者（一章）。君子之道（自卑）。为其多闻（二句）。

［解元］湛凤光，增城。

广西：

［试官］刑外李为霖，兴化。中书陈廷枢，归安。

［试题］君子尊贤（二句）。子庶民也（二句）。修其身而（一句）。

［解元］唐甲，金州①。

云南：

［试官］兵主蔡骀，江西。行人朱张铭，嘉善。

［试题］乐道人之善。修身也尊（三句）。则天下之（二句）。

---

① 金州，积山本作"全州"，是。

［解元］柳志沆，宜良。

贵州：

［试官］礼外符渭英，金坛。评事易道沛，汉阳。

［试题］近者说远（二句）。发而皆中（之和）。君子用其（二句）。

［解元］王承祯，普安。

三年甲辰会试

中式二百五十名。礼部议覆乡、会停止八股，专用策论，试改二场，以甲辰科始。从之。海宁沈昭子珩以二场《拟上太祖尊号表》最工，中会元。

［试官］吏侍郝惟讷，霸州。内阁李霨，高阳。户尚杜立德，宝坻。阁学王清，海丰。

［试题］修已以敬论。

［会元］沈珩，海宁。

［鼎甲］严我斯，归安。李元振，柘城。秦宏，无锡。

五年丙午乡试

湖广主考曹鼎望、广西曹首望，兄弟同时典试。首望以拔贡充正考，尤奇。吴国龙、国对，亦兄弟同时典试。

顺天：

［试官］侍读张允钦，长洲。礼中沈令式，海宁。

［试题］德不孤（一章）论。

［解元］李开泰，大兴。

江南：

［试官］礼中徐旭龄，钱塘。刑外郑秀，临川。

［试题］诗书执（二句）论。

［解元］储方庆，宜兴。

江西：

［试官］户中钟琇，黄安。刑外祝昌，固始。

［试题］节用而爱（句）论。

［解元］潘翘生，南城。

浙江：

［试官］侍读张玉书，丹徒。礼外刘广国，潜江。

［试题］大哉尧之（句）论。

［解元］徐景范，余洮①。

福建：

［试官］编修吴国对，全椒。户主王汝棐，松阳。

［试题］夫子之道（二句）论。

［解元］蒋奎，邵武。

湖广：

［试官］户中谢观，上元。刑外曹鼎望，丰润。

［试题］莫不尊亲（句）论。

［解元］王永清，安陆。

河南：

［试官］户中熊焯，咸宁。兵外黄宣泰，山阳。

［试题］求为可知（句)② 论。

［解元］杨履泰，孟县。

山东：

［试官］兵给吴国龙，全椒。兵主翁祖望，钱塘。

［试题］文行忠信（句)③ 论。

［解元］魏希徵，郓城。

山西：

［试官］刑中卢易，惠安。行人朱之翰，上元。

［试题］为政以德（句)④ 论。

［解元］王宽，安邑。

陕西：

［试官］检讨郑之谌，咸宁。吏外阎敏伟，徐沟。

［试题］君子学以（句）论。

［解元］杨淑，灵台。

四川：

［试官］户主董朱衮，青城。中书梁遂，鹿邑。

［试题］臣事君以（句）论。

［解元］韩士修，泸州。

广东：

［试官］户主吕正音，新昌。户主王骘，福山。

---

① 余洮，积山本作"余姚"。

② （句），积山本作"也"。

③ 积山本无"（句)"。

④ 积山本无"（句)"。

［试题］民之所好（句）论。

［解元］游定海，程乡。

广西：

［试官］户主曹首望，丰润。中书张为仁，海丰。

［试题］诲人不倦（句）① 论。

［解元］唐象益，灌阳。

云南：

［试官］给事黏木盛②，晋江。中书沈一澄，商城。

［试题］臣事君以（句)③ 论。

［解元］杜道中，邓川。

贵州：

［试官］户主王师夔，南城。户主张萃，蠡县。

［试题］信以成之（句)④ 论。

［解元］章萃，贵阳。

六年丁未会试

中式百五十名。河南进士王曰温与父鸣球同对策大廷，人以为荣。鸣球，庚子解元。

［试官］吏侍冯溥，临朐。户尚王宏祚，永昌。兵尚梁清标，正定。阁学刘芳躅，宛平。

［试题］唯天下至化论。

［会元］黄礽绪，崇明。

［鼎甲］缪彤，吴县。张玉裁，丹徒。董讷，平原。

八年己酉乡试

本年准大学士等议奏，场中仍用八股，照旧例叠试三场，试录准复行刊刻。

顺天：

［试官］学士李元振，柘城。户中兵贞，内江。

［试题］博学而笃（一章）。见而民莫（三句）。万物皆备（一句）。

---

① 积山本无"（句)"。

② 黏木盛，积山本作"黏本盛"，是。

③ （句），积山本作"忠"。

④ 积山本无"（句)"。

［解元］刘元福，大名。

江南：

［试官］光少苏铨，交河。吏外祁文友，东莞。

［试题］君子之于（一章）。庸德之行（五句）。自生民以（二句）。

［解元］牛奎渚，高邮。

江西：

［试官］司业郑端，枣强。行人袠孕秀，封邱。

［试题］巧笑倩兮（一章）。凡事豫则立。乐以天下（一句）。

［解元］刘锡爵，安福。

浙江：

［试官］给事吴愈圣，晋江。中书段昌祚，济源。

［试题］知之者不（一章）。君子之道（一章）。乐民之乐（二句）。

［解元］邵奏平①。

福建：

［试官］刑中王震生，睢州。兵主钟国义，山阴。

［试题］为人君止（一章）。近者悦远（二句）。自得之则（六句）。

［解元］何龙文，晋江。

湖广：

［试官］吏外陈必成，宛平。兵主袁鸿谟，睢州。

［试题］二三子以（一章）。君子之道（夫妇）。如知者若（大矣）。

［解元］简彬，宝庆。

河南：

［试官］侍读杜臻，秀水。吏给王承祖，渭南。

［试题］行己有耻（一句）。君子笃恭（一句）。欲为君尽（一句）。

［解元］周大千，固始。

山东：

［试官］修撰严我斯，归安。兵主虞二球，定海。

［试题］知之者不（一章）。浩浩其天（一句）。见其礼而（二句）。

［解元］潘淑葛，济宁。

山西：

［试官］编修周宏，无锡。兵主吴守案，宜兴。

［试题］先有司赦（三句）。言而世为（一句）。君子深造（二句）。

［解元］郭九会，猗氏。

陕西：

---

① 积山本作：邵奏平，仁和。

［试官］侍读徐元文，昆山。评事迟煊，广宁。

［试题］子曰雍之（一句）。尊贤则不惑。分人以财（三句）。

［解元］周蒲璧，商州。

四川：

［试官］编修詹尔仰，闻喜。礼主白意，澄城。

［试题］在止于至善。仁远乎哉（一章）。夏曰校殷（四句）。

［解元］程崇，遵义。

广东：

［试官］礼中陈景仁，山阴。户外刘源澄，固始。

［试题］子一以贯之。人道敏政（一句）。礼下取于（一句）。

［解元］蓝焯，大埔。

广西：

［试官］兵中王廷伊，介休。礼主吕祚德，金坛。

［试题］好故敏以（一句）。见而民莫（一句）。其为气也（至刚）。

［解元］唐忠弼，全州。

云南：

［试官］编修郑开极，侯官。吏外宋文运，南宫。

［试题］固天纵之（一句）。修身以道（二句）。用下敬上（四句）。

［解元］李上品，河阳。

贵州：

［试官］吏外李宗稷，岐山。户主顾耿臣，嘉善。

［试题］宗族称孝焉（二句）。凡事豫则立。乃所愿则（一句）。

［解元］程春翔，贵阳。

九年庚戌会试

中式三百名。状元蔡启傅①、榜眼孙在丰，皆浙江德清人。山东福山鹿廷瑛、廷垣②兄弟同登。

［试官］吏侍王清，海丰。内阁魏裔介，柏乡。礼尚龚鼎孳，合肥。学士田逢吉，高平。

［试题］巍巍乎惟（名焉）。凡为天下（一节）。有天爵者（二节）。

［会元］宫梦仁，泰州。

---

① 蔡启傅，积山本作"蔡启傅"，是。
② 廷垣，积山本作"廷瑄"，是。

［鼎甲］蔡启僔，德清。孙在丰，德清。徐学乾①，昆山。

十一年壬子乡试

顺天同榜四鼎甲：癸丑韩菼状元，王鸿绪榜眼，丙辰翁叔元探花，己未茆荐馨探花。

顺天：

［试官］修撰蔡启僔，德清。编修徐学乾②，昆山。

［试题］卫公孙朝（一章）。修道之谓教。后稷教民（三句）。

［解元］杨雍，宝坻。

江南：

［试官］刑外詹惟圣，建德。中书沈允范，山阴。

［试题］我非生而（一章）。成己仁也（五句）。夫君子所（二句）。

［解元］陆舆，宜兴。

江西：

［试官］光少于嗣登，安州。中书童钦承，会稽。

［试题］子以四教（一章）。德为圣人（一句）。诗云雨我（一节）。

［解元］彭恪，清江。

浙江：

［试官］侍读沈荃，青浦。评事姚祖顼，宛平。

［试题］如切如磋（六句）。夫子温良（一句）。仁之实事（四句）。

［解元］费之达③，归安。

福建：

［试官］张好奇，朝邑。礼主赵崙，莱阳。

［试题］有一言而（一章）。舜其大孝（之内）。五谷熟而（一句）。

［解元］林甡，漳浦。

湖广：

［试官］给事朱裴，闻喜。行人刘梅，故城。

［试题］知止而后（三句）。君子之道（倦焉）。于是始兴（三句）。

［解元］吴甫生，兴国。

河南：

［试官］编修郭棻，清苑。户主邓秉恒，东昌。

---

① 徐学乾，积山本作"徐乾学"，是。
② 徐学乾，积山本作"徐乾学"，是。
③ "达"为"逵"之讹。

［试题］见贤思齐（一章）。富有四海（一句）。遵先王之（二句）。

［解元］刘观，睢州。

山东：

［试官］检讨杨仙枝，宁山。中书张鹏，丹徒。

［试题］敬事而信（三句）。可以赞天（二句）。圣人人伦（一句）。

［解元］王鼎冕，滨州。

山西：

［试官］行人余国柱，大冶。中书张衡，景州。

［试题］举善而教（一句）。足以有临也。夫仁亦在（一句）。

［解元］杨作桢，绛州。

陕西：

［试官］编修汪肇衍，钱塘。户主叶映榴，上海。

［试题］知之为知（三句）。君子依乎（一句）。言举斯心（二句）。

［解元］王吉相①。

四川：

［试官］户中王士正，新城。工主郑日奎，贵溪。

［试题］老者安之（三句）。此天地之（一句）。文王视民（二句）。

［解元］杨兆龙，蓬溪。

广东：

［试官］户中郭昌，太康。吏主彭襄，中江。

［试题］我不欲人（一章）。序事所以（一句）。可欲之谓（二句）。

［解元］彭洪绩，顺德。

广西：

［试官］刑中陆舜，泰州。礼主毛奎，新昌。

［试题］见贤思齐（一句）。博学之审（二句）。则天下之（朝矣）。

［解元］沈懋才，岑溪。

云南：

［试官］编修董讷，平原。兵主邵嘉，富阳。

［试题］居之无倦（一句）。德为圣人（一句）。召太师曰（之乐）。

［解元］李春葵，昆明。

贵州：

［试官］工外吴元龙，娄县。户主杨西狩，进贤。

［试题］敬事而信（一句）。君子之道（而隐）。设为庠序（一句）。

［解元］李士英，贵阳。

---

① 积山本作：王吉相，邠州。

十二年癸丑会试

中式一百五十名。鼎甲同时皆陟八座：韩菼，礼部尚书；王鸿绪，工部尚书；徐秉义，吏部侍郎。

［试官］刑侍姚文然，桐城。内阁杜立德，宝坻。礼部龚鼎孳，合肥。学士熊赐履，孝感。

［试题］所谓平天（一节）。樊迟问仁（一章）。尽其心者（一节）。

［会元］韩菼，长洲。

［鼎甲］韩菼，长洲。王鸿绪，华亭。徐秉义，昆山。

十四年乙卯乡试

时三逆叛据西南，至壬戌始全行收复，次第补行乡试。广东全省震惊，赵文照①从容校阅，所拔仍皆名流。

顺天：

［试官］修撰韩菼，长洲。编修王鸿绪，华亭。

［试题］子贡问君（一章）。致中和天（一节）。孟子谓万（一章）。

［解元］刘伟，滦州。

江南：

［试官］户中孙昌期，叶县。礼外劳之辨，石门。

［试题］乐其可知（一章）。忠恕违道（一句）。言举斯心（二句）。

［解元］施震铨，吴县。

浙江：

［试官］编修徐秉义，昆山。吏给王垓，长山。

［试题］子谓子产（一章）。知远之近（四句）。以友天下（一节）。

［解元］陈锡嘏，鄞县。

河南：

［试官］礼外纪愈，文安。中书师若琪②，安肃。

［试题］子贡问君（一章）。来百工则（一句）。乐取于人（一句）。

［解元］王梦求，内乡。

山东：

［试官］编修王掞，太仓。刑外桑开运，玉田。

---

① "照"为"煦"之讹。

② 师若琪，积山本作"师若琪"，误。

［试题］民可使由（一章）。修道以仁（一句）。宰我子贡（兼之）。

［解元］李涛，德州。

山西：

［试官］编修王维珍，奉天。工外刘士龙，睢州。

［试题］迩之事父（三句）。察其两端（二句）。夫义路也（三句）。

［解元］史珥，武乡。

广东：

［试官］检讨赵文畟①。吏外卫运扬②。

［试题］夫子圣者（二节）。莫不尊亲（一句）。言近而指（道也）。

［解元］李拱宸，新会。

十五年丙辰会试

中式一百九十名。归安沈涵、三曾兄弟同登，并列词馆。

［试官］宋德宜，长洲。内阁李霨，高阳。礼尚吴正治，汉阳。副使田六善，阳城。

［试题］君子义以（一章）。诚者天之（一节）。人有恒言（一章）。

［会元］彭定求，长洲。

［鼎甲］彭定求，长洲。胡会恩，德清。翁叔元，常熟。

十六年丁巳乡试

是年因军兴，开科有乡试，无会试。江西、湖广附江南，福建附浙江，山东、山西附河南③。仁和沈筠、上海钱金甫同膺荐廷试，授检讨，又同领是科乡、会，两人翰林，儒者荣之。福建乡试至庚申四月补行，主考白梦鼐归至宁波道卒。

顺天：

［试官］修撰彭定求，长洲。编修胡会恩，德清。

［试题］事君敬其（二句）。舜其大知（一章）。孔子之谓（一句）。

［解元］王喆生，青浦。

江南：

［试官］编修沈上镛④，秀水。吏外丁泰⑤，河阳。

---

① 积山本作：赵文畟，胶州。

② 积山本作：卫运扬，韩城。

③ 山西附河南，积山本作"山西、陕西附河南"。

④ "镛"为"墉"之讹。

⑤ 丁泰，积山本作"赵士麟"，是。

［试题］子路问政（无倦）。能尽其性（四句）。亲亲而仁（二句）。

［解元］潘麒生，溧阳。

浙江：

［试官］左庶王尹方，安邑。工给赵士麟①，日照。

［试题］譬如为山（一章）。君子动而（三句）。学不厌知（圣矣）。

［解元］祝琦，海宁。

河南：

［试官］户中张友杰，临川。中书张鸿猷，通州。

［试题］事其大夫（二句）。时使薄敛（二句）。亲亲而仁（二句）。

［解元］屈致懋。

十七年戊午乡试

顺天：

［试官］编修杨瑄，娄县。检讨李皋，山阴。

［试题］事父母能（二句）。敦厚以崇礼。乐正子强（天下）。

［解元］张光豸，南宫。

江南：

［试官］仆寺熊一潇，南昌。刑给李逈②，寿光。

［试题］抑为之不（三句）。诚者非自（二句）。民之为道（二句）。

［解元］宋衡，庐江。

江西：

［试官］工给姚缔虞，黄陂。中书朱射斗，归安。

［试题］子张问仁（三句）。唯天下至（参矣）。善政民畏（四句）。

［解元］王肇珩，金溪。

浙江：

［试官］吏中项一经，汉阳。中书李鸿霈，新城。

［试题］子张问仁③（一章）。知所以修（四句）。及其闻一（御也）。

［解元］叶汝诜，嘉兴。

福建：

［试官］户中刘元勋，咸阳。评事白梦鼐，江宁。

［试题］其心休休（容之）。仕而优则（二句）。既醉以酒（一节）。

---

① 赵士麟，积山本作"丁泰"，是。

② 李逈，积山本作"李逈"。"逈"同"逈"。

③ 仁，积山本作"政"。

［解元］鲁炳，晋江。

湖广：

［试官］吏外王雅，慈溪。中书侯璋，阳曲。

［试题］诗云乐只（一节）。巍巍乎其（二句）。君子以仁（一句）。

［解元］宋敏求，黄梅。

河南：

［试官］吏外王九蕃，咸阳。户主方元启，开化。

［试题］及其使人（一句）。知所以修（治人）。好善足乎（天下）。

［解元］裴若度，洛阳。

山东：

［试官］编修翁叔元，常熟。户外高龙光，长乐。

［试题］不患无位（一章）。父母其顺（一句）。君子居是（忠信）。

［解元］毕世持，淄川。

山西：

［试官］刑外许孙荃，合肥。中书裴充美，昌平。

［试题］抑为之不（三句）。唯天下至（其性）。禹思天下（一节）。

［解元］刘振基，清源。

陕西：

［试官］吏中郑重，建安。刑主俞陈琛，钱塘。

［试题］默而识之（二句）。莫不尊亲（一句）。规矩方员（二句）。

［解元］杨容，华州。

广东：

［试官］礼外钱捷，象山。

［试题］若臧武仲（五句）。从容中道（一句）。自西自东（不服）。

［解元］林开春，南海。

十八年己未会试

中式一百五十名。归允肃授修撰兼日讲官，进讲《周易》、《毛诗》，举止端详，敷奏明畅。汤文正曰："讲筵得人，天下有赖矣。"时三逆初平，云南、贵州、四川、广西逾年始行乡试。朱彝尊典江试①，取中胡任舆、陆肯堂，后俱状元。

［试官］学士叶方蔼，昆山。内阁冯溥，临朐。尚书宋德宜，长洲。副都杨雍建，海宁。

［试题］视其所以（一章）。或生而知（一节）。无为其所（一章）。

---

① 典江试，积山本作"典江南试"。

［会元］马教思，桐城。

［鼎甲］归允肃，常熟。孙卓，宣城。茆荐馨，长兴。

二十年辛酉乡试

顺天：

［试官］修撰归允肃，常熟。编修沈珩，海宁。

［试题］因民之所（二句）。必得其位（四句）。人之所不（四句）。

［解元］王元介，大名。

江南：

［试官］检讨冯云绣，代州。检讨朱彝尊，秀水。

［试题］点尔何如（一节）。人道敏政（一节）。独乐乐与（一节）。

［解元］胡任舆。

江西：

［试官］检讨秦松龄，无锡。中书郑载飏，缙云。

［试题］子张学干（一章）。好学近乎（三句）。民事不可缓也。

［解元］梅之珩，南城。

浙江：

［试官］侍讲汤斌，睢州。礼中于觉世，文登。

［试题］司马牛问（切乎）。淡而不厌（三句）。君子以仁（敬之）。

［解元］蔡彬，德清。

福建：

［试官］吏主孙蕙，淄川。吏主刘始恢，山阳。

［试题］行己有耻（一节）。取人以身（三句）。以德服人（谓也）。

［解元］郑元超，福清。

湖广：

［试官］侍讲李来泰，临川。吏外李含春，通州。

［试题］君子矜而（二句）。如此者不（一节）。善推其所（一句）。

［解元］刘善锡，沔阳。

河南：

［试官］侍讲施闰章，宣城。吏主刘元慧，正定。

［试题］十室之邑（一章）。柔远人则（二句）。礼之实节（一段）。

［解元］宋生，固始。

山东：

［试官］编修曹禾，江阴。刑中林尧英，莆田。

［试题］愿车马衣（二句）。凡有血气（三句）。以天下养（二句）。

[解元] 许琳，曲沃。

山西：

[试官] 检讨严绳孙，无锡。户外张之溢，沔阳。

[试题] 赐也何如（一章）。宽裕温柔（四句）。于是始兴（是也）。

[解元] 孙勷，德州。①

陕西：

[试官] 工给许承宣，江都。编修汪霦，钱塘。

[试题] 子之武城（一节）。天地之道（不贰）。不违农时（二句）。

[解元] 范光宗，郃阳。

四川：

[试官] 编修方象瑛，遂安。吏外王佐②任，黄冈。

[试题] 子与人歌（一章）。言其上下（一句）。尊亲之至（二句）。

[解元] 樊泽达，宜宾。

广东：

[试官] 侍讲邵吴远③，仁和。中书高曰聪，胶州。

[试题] 先有司赦（一节）。宽裕温柔（执也）。劳心者治（义也）。

[解元] 何腾鲲，新会。

广西：

[试官] 编修乔莱，宝应。刑外杨佐国，荆州。

[试题] 文莫吾犹（一章）。时使薄敛（二句）。柳下惠不（一句）。

[解元] 谢明英。

云南：

[试官] 编修米汉雯，大兴。检讨高珩，奉天。

[试题] 足食足兵（三句）。修身则道立。君子所以（心也）。

[解元] 赵节，建水。

贵州：

[试官] 编修沈旭初，吴县。户主陆钟吕，商邱。

[试题] 既庶矣又（一节）。舜其大孝（一句）。其身正而（多福）。

[解元] 刘子章，贵筑。

---

① 此处山东、山西，试题、解元互窜。"愿车马衣（二句）。凡有血气（三句）。以天下养（二句）"当为山西试题，"许琳，曲沃"为山西解元。"赐也何如（一章）。宽裕温柔（四句）。于是始兴（是也）"为山东试题，"孙勷，德州"为山东解元。积山本不误。

② "佐"为"材"之讹。

③ 《国朝贡举考略》作"邵远平"。远平初名吴远。

二十一年壬戌会试

中式二百名。状元蔡升元，庚戌状元启僔从侄。升元及第日，父启贤年四十有六，巍科早掇，色养方长，门祚丰融，海隅①罕俪，有纪恩句云："君恩独被臣家渥，十二年中两状元。"

[试官] 户侍李天馥，合淝②。吏尚黄机，钱塘。工尚朱之弼，大兴。礼侍陈廷敬，泽州。

[试题] 诗云瞻彼（一节）。子张问仁（一章）。圣人治天（四句）。

[会元] 金德嘉，广济。

[鼎甲] 蔡升元，德清。吴涵，石门。彭宁求，长洲。

二十三年甲子乡试

顺天：

[试官] 谕德秦松龄，无锡。编修王沛思，诸城。

[试题] 性相近也（一章）。舟车所至（八句）。天子适诸（一节）。

[解元] 王颛，赵州。

江南：

[试官] 赞善徐潮，钱塘。吏给杨周宪，仁和。

[试题] 述而不作（一章）。舟车所至（配天）。我知言我（二句）。

[解元] 潘宗洛，宜兴。

江西：

[试官] 编修钱金甫，华亭。行人胡永亨，舒城。

[试题] 君子不重（一章）。体群臣则（二句）。朝廷莫如（三句）。

[解元] 魏方泰，广昌。

浙江：

[试官] 编修周庆曾，常熟。行人苏俊，武城。

[试题] 大哉尧之（一章）。送往迎来（三句）。左右皆曰（用之）。

[解元] 陆士炎，平湖。

福建：

[试官] 侍讲王项龄，华亭。中书刘楷，南陵。

[试题] 大哉尧之（一章）。戒慎乎其（二句）。天之生此（一节）。

[解元] 邱坦，延平。

---

① 隅，积山本作"寓"。
② 合淝，积山本作"合肥"。

湖广：

［试官］兵给任辰旦，萧山。中书崔徽璧，长垣。

［试题］孔子于乡（二节）。君子中庸（一句）。既竭心思（三句）。

［解元］宋如辰，黄安。

河南：

［试官］编修田棣①，德州。礼中何需②，崇明。

［试题］居则曰不（一节）。其斯以为舜乎。皆古圣人（二句）。

［解元］毛鹃③，孟县。

山东：

［试官］中允曹鉴伦，嘉善。礼中李孔嘉，景州。

［试题］譬之宫墙（之富）。执其两端（三句）。能言距杨（一节）。

［解元］周世求。

山西：

［试官］编修赵执信，益都。兵主戴玺，玉田。

［试题］为命裨谌（一章）。送往迎来（三句）。或劳心或（七句）。

［解元］刘大绲，蒲州。

陕西：

［试官］侍讲李振玉④，吉水。吏外汪镈，江夏。

［试题］蘧伯玉使（一章）。行而世为（二句）。无非事者（不给）。

［解元］张曾庆，华州。

四川：

［试官］礼中郭茂泰，泾阳。兵主涂铨，潜江。

［试题］言寡尤行（三句）。体群臣则（二句）。民日迁善（一句）。

［解元］高之霖，垫江。

广东：

［试官］户给王又旦，郃阳。工主刘长发，江都。

［试题］君子之道（诬也）。今夫天斯（二段）。善政不如（一句）。

［解元］王沄，南雄。

广西：

［试官］刑外王曰曾，溧阳。评事高层云，华亭。

［试题］依于仁游（三句）。好学近乎知。夫道一而（若是）。

---

① 田棣，积山本作"田需"，是。

② 何需，积山本作"何棣"，是。

③ 鹃，积山本作"鹃"。疑当为"鹃"。

④ "玉"为"裕"之讹。

［解元］戴蕃嵩，马平。

云南：

［试官］编修王化鹤，武陟。吏外李云会，丰城。

［试题］大哉尧之（一句）。博学之审（二句）。善教得民心。

［解元］吕从姬，元江。

贵州：

［试官］编修黄与坚，太仓。户中毛漪秀，掖县。

［试题］述而不作（二句）。修身也尊（三句）。王之者民（二句）。

［解元］项继曾，安顺。

二十四年乙丑会试

中式一百五十名。总裁王鸿绪胞兄九龄充同考官。榜前拟十卷进呈，恭候钦定名次，自此科始。

［试官］户侍王鸿绪，华亭。刑尚张士甄，通州。部宪①董讷，平原。阁学孙在丰，归安。

［试题］颜渊问仁（一节）。仲尼祖述（一章）。圣人百世（一章）。

［会元］陆肯堂，长洲。

［鼎甲］陆肯堂，长洲。陈元龙，海宁。黄梦麟，溧阳。

二十六年丁卯乡试

顺天同考官不用六部员外、主事、中书等官，止取直隶科甲出身知县充用。

顺天：

［试官］编修杨大鹤，武进。检讨王思轼，兴国。

［试题］三年学不（一章）。诚者自成（二句）。言近而指（下平）。

［解元］多时珍，阜城。

江南：

［试官］侍讲米汉雯，宛平。检讨龚章，归善。

［试题］子路曾皙（二节）。有弗学学（五段）。成睍谓齐（一节）。

［解元］张学鹏，华亭。

江西：

［试官］修撰陆肯堂，长洲。户外李振世，长垣。

［试题］衣敝缊袍（一章）。序事所以（三句）。昔者子贡（圣矣）。

---

① 部宪，积山本作"都宪"。

［解元］徐日暄，高安。

浙江：

［试官］编修熊赐瓒，孝感。户外刘廸①，阆中。

［试题］君子谋道（一章）。宽裕温柔（八句）。舜明于庶（四句）。

［解元］伍涵芬，於潜。

福建：

［试官］给事王连瑛，永城。吏外许圣朝，聊城。

［试题］我未见好（一节）。有弗学学（五段）。如知者若（四句）。

［解元］萧宏樑，德化。

湖广：

［试官］户给汪晋徵，休宁。中书冯廷槐，德州。

［试题］禹吾无间（一章）。信乎朋友（三句）。所以动心（二句）。

［解元］李如闿，京山。

河南：

［试官］编修陈捷，新昌。中书曾应星，临川。

［试题］好仁者无（足者）。言而民莫（二句）。圣人之于（其萃）。

［解元］阎锡爵，固始。

山东：

［试官］赞善周清源，武进。礼主柯愿，龙溪。

［试题］子路问曰（怡怡）。人道敏政（二句）。若孔子则（一句）。

［解元］刘炎②，阳谷。

山西：

［试官］工给何金兰③，丹徒。中书徐树毂，昆山。

［试题］百工居肆（一章）。子庶民则（一句）。令闻广誉（二句）。

［解元］陈绰，猗氏。

陕西：

［试官］侍讲高裔，宛平。中书许曰琮，钱塘。

［试题］子禽问于（一章）。凡为天下（一也）。其为人也（天下）。

［解元］孙镡，邠州。

四川：

［试官］编修许汝霖，海宁。户外林麟焜，莆田。

---

① 刘廸，积山本作"刘迪"。"迪"同"廸"。

② "炎"为"琰"之讹。

③ 何金兰，积山本作"何金蔺"，是。

［试题］君子无所（一章）。行而世为（二句）。居天下之（一节）。

［解元］刘鹏骞，万县。

广东：

［试官］常少黄斐，鄞县。吏外何天宠，莆田。

［试题］民之所好（二句）。生而知之（一句）。不违农时（三段）。

［解元］杨元复，高明。

广西：

［试官］刑给刘国黼，宝应。中书卫秦翰，澄城。

［试题］回也非助（一章）。文武之政（二句）。大匠诲人（一章）。

［解元］陆台枢，永康。

云南：

［试官］编修卢昭，凤翔。检讨张发辰，杞县。

［试题］人能宏道（一句）。宽裕温柔（二句）。出乎其类（二句）。

［解元］陈瓒，昆明。

贵州：

［试官］编修赵作舟，东平。检讨金德嘉，广济。

［试题］生而知之（二句）。力行近乎仁。君子存之（一句）。

［解元］周起渭，贵阳。

二十七年戊辰会试

中式一百五十名。海宁查嗣韩以五经乡荐不第，留京攻苦，或劝之，曰："吾非不知，曾梦神赠，有'五色云中第二人'之句。"果验。

［试官］兵侍成其范，乐安。内阁王熙，宛平。刑尚徐学乾①，昆山。工侍郑重，建安。

［试题］樊迟问仁（三节）。舜其大孝（二节）。天下之言（一章）。

［会元］范光阳，鄞县。

［鼎甲］沈廷文，秀水。查嗣韩，海宁。张豫章，青浦。

二十九年庚午乡试

湖广解元陈大华与兄大群同捷。

顺天：

［试官］学士王掞，太仓。编修魏希徵，郓城。

---

① 徐学乾，积山本作"徐乾学"，是。

［试题］君子喻于（一章）。宜民宜人（四句）。大人者不（一句）。

［解元］张伉，完县。

江南：

［试官］学士王尹方，安邑。兵主裴裘，新安。

［试题］先进于礼（一章）。文理密察（二句）。欲贵者人（一章）。

［解元］刘辉祖，安庆。

江西：

［试官］侍读顾藻，崇明。礼中黄轩，大兴。

［试题］子路问成（一节）。悠远则博厚。游于圣人（一句）。

［解元］万俨，丰城。

浙江：

［试官］春坊张希良，黄安。户主臣谦①，永平②。

［试题］君子无所（其极）。子在齐闻（一章）。心之官则（得之）。

［解元］吴筠，仁和。

福建：

［试官］编修陆茱，平湖。行人徐炯，昆山。

［试题］富与贵是（处也）。故天之生（三句）。人能充无（一节）。

［解元］潘金卣，建安。

湖广：

［试官］编修周金然，山阴。吏外周③华盖，揭阳。

［试题］子适卫冉（一章）。诚者天之（四句）。仁之实事（一章）。

［解元］陈大华，江夏。

江南④：

［试官］编修秦宗游，山阴。吏外邱园卜，睢宁。

［试题］四时行焉（一句）。致广大而（一句）。尧舜之道（一句）。

［解元］杨时壮，汤阴。

山东：

［试官］编修余志贞，澄海。工给朱云，吴县。

［试题］愿车马衣（二句）。小德川流（二句）。禹之声尚（一章）。

［解元］苏敬生，安东。

---

① 臣谦，积山本作"王谦"，是。

② 永平，积山本作"永年"，是。

③ "周"为"曾"之讹。

④ 江南，积山本作"河南"，是。

山西：

[试官] 检讨潘麒生，溧阳。评事法坛，灵山。

[试题] 君子以文（一章）。溥博渊泉（二节）。使契为司（如此）。

[解元] 甄昭，平定。

陕西：

[试官] 学士王顼龄，华亭。刑给钱绍隆，嘉兴。

[试题] 吾之于人（一节）。辟如天地（二句）。教以人伦（德之）。

[解元] 郭杞，耀州。

四川：

[试官] 仆少程甲化，莆田。中书王郑，曲周。

[试题] 子路问成（一节）。诚之者择（行之）。汤执中立（二句）。

[解元] 梁再灏，蓬溪。

广东：

[试官] 常少钱三锡，太仓。行人刘深，淄川。

[试题] 事父母能（有信）。率性之谓（二句）。大匠诲人（一章）。

[解元] 梅遇夫，新宁。

广西：

[试官] 吏给王焯，三康。中书蒋德昌，海宁。

[试题] 吾尝终日（一章）。序事所以（二句）。君子之守（一节）。

[解元] 陆应机，河池。

云南：

[试官] 侍讲李澄中，诸城。刑主刘滋，任邱。

[试题] 子贡曰诗（二节）。辟如天地（二句）。尧舜之道（务也）。

[解元] 尹泰，蒙自①。

贵州：

[试官] 谕德徐嘉炎，秀水。中书李有伦，丰润。

[试题] 当独立鲤（三段）。为能经纶（一句）。孔子登东（一节）。

[解元] 管遴，新贵。

三十年辛未会试

中式一百五十名。初拟吴旸第②，戴有祺第二，杨中讷第三，上以鼎甲久无北人，遂拔黄叔琳。

---

① 蒙自，积山本作"蒙目"，误。

② 第，积山本作"第一"。

［试官］兵侍李光地，安溪。内阁张玉书，丹徒。户尚陈廷敬，泽州。兵侍王士正，新城。

［试题］颜渊季路（一章）。博厚所以（一节）。非其义也（诸人）。

［会元］张瑗，祁门。

［鼎甲］戴有祺，金山。吴昺，全椒。黄叔琳，大兴。

三十二年癸酉乡试

是科北闱所得南卷如姜宸英、顾图河、汪绎等，皆登鼎甲。江西解元朱轼，时年二十九，并皆一时之俊。

顺天：

［试官］司业徐倬，德清。编修彭殿元，庐陵。

［试题］文之以礼乐。可以赞天（二句）。设为庠序（四句）。

［解元］李仙楣，大兴。

江南：

［试官］少詹李录予，大兴。户外强兆统，宝鸡。

［试题］畏天命畏（三句）。洋洋乎发（二节）。禹恶旨酒（二句）。

［解元］盛度，靖江。

江西：

［试官］编修宋大业，长洲。户中王大可①，武安。

［试题］季文子三（一章）。王天下有（二句）。穷不失义（四句）。

［解元］朱轼，高安。

浙江：

［试官］检讨颜光敩，曲阜。吏中司铉，赵州。

［试题］众恶之必（一章）。择乎中庸（三句）。附之以韩（一章）。

［解元］寿致润，诸暨。

福建：

［试官］检讨孙勷，德州。中书李承绂，封邱。

［试题］当仁不让（一章）。择乎中庸（三句）。天下之善（二句）。

［解元］郑基生，闽县。

湖广：

［试官］编修孙灝，泾阳。礼中陆舆，宜兴。

［试题］骥不称其（一章）。君子之道（自卑）。有大人之义也。

---

① 王大可，积山本作"王可大"，是。

［解元］周士佃，江夏。

河南：

［试官］编修高曜，娄县。中书房嵩，东阿。

［试题］昔者偃也（是也）。今夫天斯（一段）。食之以时（一节）。

［解元］殷元福，新乡。

山东：

［试官］检讨李朝鼎，东安。行人刘愈，山阳。

［试题］乡人皆好（一章）。思知人不（二句）。水由地中（是也）。

［解元］李嵩麟，武定。

山西：

［试官］检讨鲁瑗，新城。中书成康保，宝应。

［试题］士志于道（一章）。来工百也（一句）。心之所同（然耳）。

［解元］张象蒲，临汾。

陕西：

［试官］编修汪灏，临清。给事王原祁，太仓。

［试题］知者乐仁（二句）。子庶民则（一句）。入其疆土（有庆）。

［解元］萧蕙，邠州。

四川：

［试官］编修宋敏求，黄梅。中书王贯三，考城。

［试题］子贡曰如（一节）。柔远人则（一句）。夫义路也（四句）。

［解元］任尔琼，富顺。

广东：

［试官］编修谢陈常，临晋。行人王奂曾，太平。

［试题］有朋自远（二句）。则可以赞（三句）。附之以韩（一章）。

［解元］陈鹗荐，程乡。

广西：

［试官］编修李懋，寿光。中书张莲，正定。

［试题］文质彬彬（二句）。能尽其性（二句）。居仁由义（二句）。

［解元］唐时楩，灌阳。

云南：

［试官］中允许嗣隆，如皋。吏外谈九乾，德清。

［试题］孟武伯问（仁也）。柔远人则（畏之）。其为气也（与道）。

［解元］田仁渐，思南。

贵州：

［试官］编修宁世簪，颍州。户外陈正，清苑。

［试题］仁远乎哉（一章）。行而民莫（一句）。吾岂若于（一句）。

［解元］谭璜，临安。①

三十三年甲戌会试

中式一百五十名。状元胡任舆，辛酉解元，尝梦登高山手摘香橼二颗，神赠以诗，有"手弄双丸天下小"之句。甲戌大魁，会试题乃"孔子登东山而小鲁，登泰山而小天下"也。

［试官］兵侍王维珍，奉天。吏尚熊赐履，孝感。兵尚杜臻，秀水。工侍徐潮，钱塘。

［试题］大哉尧之（一章）。天命之谓（一节）。孔子登东（一章）。

［会元］裴之仙，丹徒。

［鼎甲］胡任舆，上元。顾图河，江都。顾悦履，海宁。

三十五年丙子乡试

顺天：

［试官］学士曹鉴伦，嘉善。春坊张希良，黄安。

［试题］诗云乐只（一节）。人能宏道（一章）。恻隐之心（耳矣）。

［解元］郝濬，正定。

江南：

［试官］编修张明光，安乡。吏给吕振，新安。

［试题］乡也吾见（言乎）。发而皆中节。人性之善（不下）。

［解元］朱士履，上元。

江西：

［试官］编修郝士钧，霸州。户中陆德先，长洲。

［试题］子贡曰富（二节）。从容中道（二句）。古之人修（二句）。

［解元］邵良杰，都昌。

浙江：

［试官］洗马袁佑，东明。吏主唐孙华，太仓。

［试题］公叔文子（一章）。必得其禄（二句）。见其礼而（一节）。

［解元］王德炘，钱塘。

福建：

［试官］吏给党声振，华州。检讨王者臣，沂州。

---

① 此处云南、贵州解元互窜。"田仁渐，思南"当为贵州解元，"谭璜，临安"当为云南解元。积山本不误。

〔试题〕君子不可（一章）。衣锦尚䌹（二句）。仲尼亟称（一章）。

〔解元〕余正健，古田。

湖广：

〔试官〕编修姚士矗，桐城。户中赵之随，长山。

〔试题〕子游为武（一章）。春秋修其（一节）。原泉混混（一节）。

〔解元〕萧连芳，沔阳。

河南：

〔试官〕编修杨中讷，海宁。兵给戴璠，金州。

〔试题〕敏则有功（二句）。上律天时（四句）。得天下英（一节）。

〔解元〕杨士珣，光州。

山东：

〔试官〕检讨邹士璁，麻城。礼中周爱访，吴江。

〔试题〕子游为武（一章）。凡为天下（一也）。君子之所（一章）。

〔解元〕阎愉，乐昌。

山西：

〔试官〕检讨徐日暄，高安。工外欧阳旭，丹徒。

〔试题〕惟仁者能（一章）。诚之者择（一句）。诗云自西（谓也）。

〔解元〕周锡畴，长治。

陕西：

〔试官〕检讨潘宗洛，宜兴。刑中刘体元，寿光。

〔试题〕子贡问曰（弟焉）。德为圣人（二句）。其为气也（至刚）。

〔解元〕雷御天，商州。

四川：

〔试官〕编修张瑗，祁门。户中陆鸣珂，上海。

〔试题〕惟仁者能（一章）。凡有血气（一节）。放勋曰劳（德之）。

〔解元〕薛景珏，苍溪。

广东：

〔试官〕检讨樊泽远，宜宾。吏中刘曾，临潼。

〔试题〕富与贵是（二节）。日省月试（一段）。上下与天（二句）。

〔解元〕陈国球，遂溪。

广西：

〔试官〕编修吴昺，全椒。礼中曹贞吉，安邱。

〔试题〕诗可以兴（二节）。发强刚毅（二句）。非圣人而（二句）。

〔解元〕刘如晏，临桂。

云南：

〔试官〕编修宋衡，庐江。礼主董思凝，平原。

［试题］兴于诗立（一章）。溥博如天（一节）。令夫麰麦（一节）。

［解元］谢履忠，昆明。

贵州：

［试官］编修汤右曾，仁和。户外万愫，南乐。

［试题］行不由径（三句）。妻子好合（二节）。上下与天（一句）。

［解元］刘有凭，思州。

三十六年丁丑会试

中式一百五十九名。探花姜宸英以古文名世，上久知其名，殿试卷进呈二甲，上问："十卷中有姜某乎？"尚书韩菼对以："宸英在史馆久，臣识其字。某卷当是也。"拔真一甲，时年七十二①。是科北闱有广东贡生黄章，年已百岁，入闱时大书"百岁观场"四字于灯，令其曾孙导于前②。

［试官］左都吴琠，沁州。吏尚熊赐履，孝感。礼尚张英，桐城。兵侍田雯，德州。

［试题］子曰参乎（一章）。天之所覆（尊亲）。禹闻善言（二段）。

［会元］汪士𬭎，吴县。

［鼎甲］李蟠，徐州。严虞惇，华亭。姜宸英，慈溪。

三十八年己卯乡试

顺天：

［试官］修撰李蟠，铜山。编修姜宸英，慈溪。

［试题］君子食无（一章）。载华岳而（三句）。孔子曰大（二段）。

［解元］王③兆凤，高邮。

江南：

［试官］学士张廷枢，韩城。户给姜橚，保德。

［试题］吾未见刚（一章）。唯天下至（临也）。道则高矣（一章）。

［解元］方苞，桐城。

江西：

［试官］谕德查昇，海宁。吏中黄宫柱，南平。

---

① 七十二，积山本作"七十三"。

② 导于前，积山本作"为之前导"。又，黄章一事应置于"三十八年己卯乡试"条中，积山本不误。

③ "王"为"贾"之讹。

[试题] 夫子循循（卓尔）。莫不尊亲（一句）。乐之实乐（舞之）。

[解元] 邓炳，南城。

浙江：

[试官] 祭酒史夔，溧阳。检讨满保，满洲。

[试题] 子贡问曰（文也）。溥博如天（一节）。仰不愧于（二节）。

[解元] 李示①祺，嘉兴。

福建：

[试官] 检讨阿金，满洲。工主潘鹏云，乐陵。

[试题] 君子之言（一节）。夫微之显（一节）。民事不可（百谷）。

[解元] 张远，侯官。

湖广：

[试官] 编修陈梦球，奉天。中书苏伟，武城。

[试题] 饭疏食饮（一章）。顺乎亲有（三句）。人皆有所（一节）。

[解元] 彭源，云梦。

河南：

[试官] 学士陈谕②，海宁。检讨喀尔喀，满洲。

[试题] 质胜文则（一章）。唯天下至（临也）。学问之道（一节）。

[解元] 殷震，鹿邑。

山东：

[试官] 学士张廷瓒，桐城。检讨李象元，嘉应。

[试题] 不知命无（二句）。天地位焉（二句）。其事则齐（一节）。

[解元] 李掌圆，阳信。

山西：

[试官] 洗马周金然，山阴。编修文志鲸，桃源。

[试题] 宽则得众（四句）。简而文温（三句）。仁义忠信（三句）。

[解元] 介孝琛，解州。

陕西：

[试官] 庶子陈元龙，海宁。检讨海宝，满洲。

[试题] 近者悦远（二句）。鸢飞戾天（一节）。尊亲之至（下养）。

[解元] 王鹏程，朝邑。

四川：

[试官] 编修凌绍雯，仁和。礼外刘谦，武强。

[试题] 工欲善其（仁者）。知仁勇三（一也）。居天下之（一节）。

---

① 《清秘述闻》作"永"，是。

② 陈谕，积山本作"陈论"，是。

［解元］李近阳，嘉定。

广东：

［试官］编修胡润，通山。兵中刘凡，颍州。

［试题］子贡曰贫（一节）。天地之大（载焉）。人有不为（一章）。

［解元］洪晨孚，海丰。

广西：

［试官］检讨姜承燨，山阴。刑外陈宗彝，冀州。

［试题］夫子循循（一节）。体群臣也（二句）。禹思天下（四句）。

［解元］张宏，临桂。

云南：

［试官］编修史申义，江都。吏外李钦式，金坛。

［试题］樊迟请学（一章）。君臣也父（五句）。故观于海（二句）。

［解元］郑荣，赵州。

贵州：

［试官］编修王弈清，太仓。户中沈崑，山阴。

［试题］迩之事父（三句）。唯天下至（临也）。人有不为（二句）。

［解元］毛人文，定番。

三十九年庚辰会试

中式三百名。金宪旧不开列，王九龄以金宪典试，自始科始。状元汪绎中丁丑会试，未及对策，以外艰归，庚辰服阙北上。邵青门赠诗云："已看文彩振飞①鸾，重上青霄刷羽翰。往哲绪言吾解说，状元原是旧吴宽。"果大魁天下。

［试官］户侍李枏，兴化。内阁熊赐履，孝感。内阁吴琠，沁州。副都王九龄，华亭。

［试题］知者不惑（一章）。君子之道（天地）。圣人之于（子也）。

［会元］王露，柘城。

［鼎甲］汪绎，常熟。季愈，宝应。王露，柘城。

四十一年壬午乡试

乡试硃墨卷磨勘自是科始。顺天乡试五经监生二人，江南庄令舆、浙江俞长策初以五经违例贴出，旋赐为举人。嗣后愿做五经者听。

顺天：

---

① 飞，积山本作"鹓"。

［试官］詹事徐秉义，昆山。侍讲徐元梦，满洲。

［试题］见贤思齐（一章）。诚者非自（一节）。劳之来之（如此）。

［解元］李堂，大兴。

江南：

［试官］吏中陈汝弼，福山。工给黄鼎楣，宣化。

［试题］知者动仁（四句）。天下莫能（载焉）。为巨室则（任也）。

［解元］吴楚琦①，亳州。

江西：

［试官］御史刘子章，贵筑。检讨陈允恭，平乐。

［试题］吾之于人（一章）。宜民宜人（四句）。口之于味（一章）。

［解元］陈言吉，永新。

浙江：

［试官］御史傅作楫，奉节。检讨呵尔骞②，满洲。

［试题］志于道据（一章）。言而世为（一句）。王者之民（二句）。

［解元］骆奇龄，诸暨。

福建：

［试官］给事许志进，山阳。寺正索柱，满洲。

［试题］君子尊贤（二句）。中也者天（育焉）。求则得之（一章）。

［解元］史大范，晋江。

湖广：

［试官］仆少李旭升，蔚州。评事巴海，满洲。

［试题］知者动仁（四句）。诚者不勉（人也）。大人者言（所在）。

［解元］朱和均，巴东。

河南：

［试官］洗马张豫章，青浦。检讨傅森，满洲。

［试题］君子尊贤（二句）。悠久无疆（一句）。春省耕而（一句）。

［解元］李中，睢州。

山东：

［试官］庶子王思轼，兴国。编修满保，满洲。

［试题］吾未见能（一章）。人一能之（必强）。钧是人也（大者）。

［解元］赵泰临，胶州。

山西：

［试官］检讨岳度，南江。庶子孙致弥，嘉定。

---

① 琦，《国朝贡举考略》、《清秘述闻》皆作"奇"。

② "呵尔骞"为"阿尔赛"之讹。

［试题］子罕言利（一章）。诗曰妻子（二节）。梓匠轮舆（一章）。

［解元］李芸，榆次。

陕西：

［试官］副都张睿，山阳。御史吴甫生，兴国。

［试题］贤哉回也（一章）。君子之所（见乎）。尧舜性之也。

［解元］刘大年，绥德。

四川：

［试官］检讨高其倬，奉天。户主王章①，阳城。

［试题］夫子之于（一章）。今天下车（一节）。易其田畴（一节）。

［解元］寇昂，顺庆。

广东：

［试官］编修汪倓，吴县。吏主张翔凤，富顺。

［试题］信近于义（一章）。诗曰妻子（二节）。周公思兼（一节）。

［解元］邝梦元，从化。

广西：

［试官］编修车鼎晋，邵阳。行人吴一蜚，长泰。

［试题］内省不疚（二句）。今天下车（一节）。友也者友（三句）。

［解元］卿悦，灌阳。

云南：

［试官］检讨阎锡爵，固始。编修黄龙眉，海宁。

［试题］知者不惑（一章）。庸德之行（敢尽）。人人亲其（下平）。

［解元］柴大本，贵阳。

贵州：

［试官］户外郝士錞，霸州。吏主施何牧，崇明。

［试题］夫子之道（一句）。在下位不（友矣）。存乎人者（一章）。

［解元］周於德，保山。②

四十二年癸未会试

中式百五十九名。钦赐殿试三人。王楼村式丹少知名，五十八始领乡荐，癸未捷会、状。当乡试已定解矣，及得吴楚琦卷，改第六，其实吴不逮王。知三元亦前定也。

---

① 王章，积山本作"王璋"，是。

② 此处云南、贵州，试题、解元互窜。云南试题当为："知者不惑（章）。在下位不（友矣）。存乎人者（章）。"解元当为："周於德，保山。"贵州试题当为："夫子之道（句）。庸德之行（敢尽）。人人亲其（下平）。"解元当为："柴大本，贵阳。"积山本不误。

［试官］吏侍吴涵，石门。内阁熊赐履，孝感。吏尚陈廷敬，泽州。礼侍许汝霖，海宁。

［试题］大学之道（一节）。禹吾无间（一句）。原泉混混（一节）。

［会元］王式丹，宝应。

［鼎甲］王式丹，宝应。赵晋，闽县。钱名世，武进。

四十四年乙酉乡试

上谕顺天乡试声名不佳，试卷多未圈加①点，试者执卷示人，其人怨可知，照溺职例革职。

顺天：

［试官］户侍汪霦，钱塘。赞善姚士蘲，桐城。

［试题］吾尝终日（一章）。君子之道（自卑）。禹恶旨酒（一节）。

［解元］张南龄，蠡县。

江南：

［试官］学士王之枢，定州。常少廖腾煃，长乐。

［试题］子谓子夏（一章）。言前定则（四句）。有为者辟（一章）。

［解元］赵音，无锡。

江西：

［试官］编修赵晋，闽县。户主王鹏，善安。

［试题］生而知之（一章）。君子之道（自卑）。仰不愧于人（节）。

［解元］陶成，南城。

浙江：

［试官］检讨周起渭，新贵。吏主谭尚箴，衡山。

［试题］人之过也（一章）。思事亲不（四句）。诗云昼尔（百谷）。

［解元］詹铨吉，遂安。

福建：

［试官］检讨董屺②，通海。礼外何远，安邑。

［试题］夫子圣者（二节）。使天下之（二节）。以友天下（二句）。

［解元］施鸿纶，福清。

湖广：

［试官］编修文岱，满洲。吏外耿悼，虞城。

［试题］衣敝缊袍（一章）。德为圣人（二句）。以德服人（谓也）。

---

① 圈加，积山本作"加圈"。
② "屺"为"屼"之讹。

［解元］夏庆誉，孝感。

河南：

［试官］吏中王升，南充。户主王献廷①，海宁。

［试题］子使漆雕（一章）。诗云鸢飞（二节）。圣人治天（水火）。

［解元］仝轨，郏县。

山东：

［试官］检讨魏方泰，广昌。礼主冯佩实，慈溪。

［试题］荡荡乎民（一句）。君子未有（二句）。宰我子贡（圣人）。

［解元］马纶，诸城。

山西：

［试官］编修严宗溥，闽县。刑主刘侃，沂水。

［试题］子贡方人（一章）。君臣也父（德也）。仰不愧于（一节）。

［解元］乔干②沆，平阳。

陕西：

［试官］中允凌绍雯，仁和。礼主王俊，济河。

［试题］原思为之（二句）。远之则有（二句）。其生色也（五句）。

［解元］王承烈，泾阳。

四川：

［试官］检讨年羹尧，奉天。中书曹鼐，左卫。

［试题］君子之于（一章）。行而民莫（一句）。一乡之善（六句）。

［解元］曹龙文，筠连。

广东：

［试官］编修逢泰，满洲。兵主高名寿③，大兴。

［试题］见义不为（一节）。言而世为（一句）。宰我曰以（一节）。

［解元］周凤来，海阳。

广西：

［试官］检讨孔尚先，海宁。礼主张瓒，襄阳。

［试题］德不孤必（一章）。见而民莫（一句）。中心悦而（谓也）。

［解元］陈元林，荔浦。

云南：

［试官］编修朱启昆，汉阳。中书博尔多，满洲。

［试题］君子谋道（一句）。必得其寿（一句）。菽粟如水（二句）。

---

① 王献廷，积山本作"王廷献"，是。
② "干"为"于"之讹。
③ "高名寿"为"高寿名"之讹。

［解元］陈廷夏，呈贡。

贵州：

［试官］谕德魏学诚，蔚州。光丞戴苏，满洲。

［试题］畏圣人之言。行而世为（一句）。言近而指（四句）。

［解元］陈思蕃，修文。

四十五年丙戌会试

中式三百名。历科总裁皆大学士，是科止侍郎二人。会元以首艺千二百余字违例被削。贾国维以工书侍内廷食俸，圣祖常以内翰呼之。举顺天榜，以冒籍被劾。蒙恩赐复会试，落第。又特赐进士，一体殿试，遂以第三人及第。异数也。

［试官］吏侍李录予，大兴。兵侍彭会淇，溧阳。

［试题］不知命无（一章）。唯天下至（参矣）。设为庠序（一节）。

［会元］尚居易，临潼。

［鼎甲］王云锦，无锡。吕葆中，石门。贾国维，高邮。

四十七年戊子乡试

顺天：

［试官］学士潘宗洛，宜兴。御史李永绍，海宁。

［试题］诗云穆穆（二节）。赦小过举（二句）。公事毕然（二句）。

［会元］朱纶，通州。

江南：

［试官］检讨王景曾，宛平。吏给屠沂，孝感。

［试题］子贡问曰（于人）。嘉乐君子（一节）。七十者衣（三句）。

［解元］惠士奇，吴县。

江西：

［试官］谕德吴廷桢，长洲。户外王澄慧，睢州。

［试题］原思为之（二节）。书同文行（二句）。五谷者种（一章）。

［解元］李绂，临川。

浙江：

［试官］仆卿李先复，南部。御史李绍周，济源。

［试题］大哉尧之（一句）。诚之者择（千之）。孰不为事（一节）。

［解元］陈炳，平湖。

福建：

［试官］御史戴梦龄①，掖县。中书蒋书绅②，故城。

［试题］若臧武仲（五句）。则可以赞（一句）。是集义所（一节）。

［解元］林昂，侯官。

湖广：

［试官］御史王企靖，雄县。中书张如绪，济宁。

［试题］若圣与仁（一章）。见而民莫（三句）。不素餐兮（一章）。

［解元］李澍，永州。

河南：

［试官］理少王度昭，诸城。编修余正建，古田。

［试题］富与贵是（一节）。日省月省（三句）。流水之为（一节）。

［解元］贾牲，叶县。

山东：

［试官］阁学徐元正，德清。刑主高玢，柘城。

［试题］焉知贤才（一节）。宜民宜人（二句）。居天下之（三句）。

［解元］张可举，海丰。

山西：

［试官］兵给鹿佑③，颍州。中书邹球，安福。

［试题］必也狂狷（三句）。舜其大知（一句）。民日迁善（一句）。

［解元］刘灿，孟④县。

陕西：

［试官］庶子顾悦履，海宁。吏外段曦，安宁。

［试题］回也闻一（二句）。保佑命之（二句）。颂其诗读（世也）。

［解元］来文爆，富平。

四川：

［试官］通政刘谦，武强。中书王凤孙，溧阳。

［试题］既庶矣又（二段）。忠恕违道（一节）。岁十一月（一节）。

［解元］向日贞，成都。

广东：

［试官］学士年羹尧，奉天。中书刘曰珪，新郑。

［试题］子闻之曰（多也）。远之则有（二句）。子路人告（一句）。

［解元］李恒焜，程乡。

---

① 戴梦龄，积山本作"戴梦麟"，是。

② 蒋书绅，积山本作"蒋书昇"，是。

③ "佑"为"祐"之讹。

④ "孟"为"盂"之讹。

广西：

[试官] 给事郝林，定州。吏主潘锦，崇安。

[试题] 子贡问为（一章）。莫不尊亲（一句）。民事不可（百谷）。

[解元] 谢济世，全州。

云南：

[试官] 御史吕履恒，新安。兵主宋聚业，吴县。

[试题] 迩之事父（三句）。今天下车（一节）。充实之谓（谓大）。

[解元] 田国珍，通海。

贵州：

[试官] 吏中蔡秉公，南昌。中书李棅，德州。

[试题] 事君敬其（一章）。今夫天斯（一段）。圣人之忧（一句）。

[解元] 王文奇，修文。

四十八年己丑会试

中式三百名。长洲张学贤①、大兴黄叔琬、叔璥兄弟同登。赵熊诏，恭毅公申乔长子也。生前一夕，祖梦神授一轴，云彩蟠结"熊诏"二字，因名之，果中元。

[试官] 内阁李光地，安溪。尚书张廷枢，韩城。

[试题] 知者乐水（一章）。今夫天斯（一段）。孔子之谓（二节）。

[会元] 戴名世，桐城。

[鼎甲] 赵熊诏，武进。戴名世，桐城。缪沅，泰州。

五十年辛卯乡试

江南考官赵晋私通贿赂，多中场商子弟。外有"左邱明两目无珠，赵子龙一身是胆"之联。事觉伏辜。湖广少中举人十名，提调、监试降级有差。顺天一名查为仁倩代中式，事发被削。

顺天：

[试官] 左都赵申乔，武进。中丞江球，金溪。

[试题] 安而后能（二句）。君子无众（三句）。见其礼而（二节）。

[解元] 查为仁，宛平。

江南：

[试官] 副都左必蕃，顺德。编修赵晋，闽县。

[试题] 能行五者（一句）。不息则久（四句）。孔子登东（一节）。

---

① 张学贤，积山本作"张学库、学贤"，是。

［解元］刘捷，桐城。

江西：

［试官］常少周道新，大兴。编修廖赓谟，华亭。

［试题］观其所由（二句）。久则徵微（二句）。诗云雨我（共之）。

［解元］何人龙，广昌。

浙江：

［试官］少詹胡作梅，荆门。编修薄有德，大兴。

［试题］然有是言（一节）。体物而不（二节）。孟施舍似（三节）。

［解元］陈廷璋，仁和。

福建：

［试官］检讨介孝琛，解州。工主刘俨，安邱。

［试题］君子不器（一句）。子庶民则（二句）。乃若其情（一节）。

［解元］许斗，仙游。

湖广：

［试官］理少张德桂，从化。检讨马汝为，元江。

［试题］季康子问（则劝）。诗云鸢飞（一节）。故天将降（一节）。

［解元］李天桂，湘阴。

河南：

［试官］御史徐树庸，昆山。检讨西库，满洲。

［试题］学而时习（二节）。久则徵微（高明）。仲尼之徒（王乎）。

［解元］王柱①，封邱。

山东：

［试官］编修陈世倌，海宁。兵给马之鹏，蒲圻。

［试题］见善如不（一章）。柔远人则（二句）。居天下之（三句）。

［解元］张淳，武定。

山西：

［试官］刑给郭徽祚，武邑。编修万经，鄞县。

［试题］臣事君以忠。诗云鸢飞（一节）。学而不厌（不居）

［解元］臧尔心，太平。

陕西：

［试官］吏给常绅，雄县。编修涂天相，孝感。

［试题］子贡问为（一章）。时使薄敛（二句）②。穷不失义（四句）。

［解元］卢常吉，商州。

---

① 王柱，《国朝贡举考略》、《清秘述闻》作"王桂"。

② 时使薄敛（二句），积山本作"君子之中（句）"，是。

四川：

[试官] 编修俞长策，桐乡。理丞严虞惇，华亭。

[试题] 见善如不及（节）①。君子之中（一句）②。禹思天下（四句）。

[解元] 何行先，涪州。

广东：

[试官] 吏中张为经，济宁。书中③金璞，任邱。

[试题] 衣敝缊袍（二句）。行而民莫（一句）。士何事曰（已矣）。

[解元] 陈春英，澄海。

广西：

[试官] 检讨刘思④恕，宝应。中书阮应商，山阳。

[试题] 孰谓微生（一章）。悠久所以（物也）。附之以韩（一章）。

[解元] 蒋洽秀，永宁。

云南：

[试官] 检讨史贻直，溧阳。吏主黄叔琬，大兴。

[试题] 贤者识其（之有）。久则徵徵（悠远）。尊德乐义（二句）。

[解元] 张旭，呈贡。

贵州：

[试官] 编修宋至，商邱。工外莫象外⑤，恩平。

[试题] 士志于道（一章）。道不远人（为道）。奋乎百世（者乎）。

[解元] 黎昂，贵阳。

五十一年壬辰会试

中式百七十名。钦赐殿试十五人。增云南、贵州、广西进士各一名，从赵申乔请也。

[试官] 礼侍徐元梦，满洲。户尚赵申乔，武进。刑侍胡会恩，德清。

[试题] 事父母能（二句）。溥博渊泉（二节）。由尧舜至（三节）。

[会元] 卜俊民，武进。

[鼎甲] 王世琛，长洲。沈树本，归安。徐葆光，吴县。

---

① 见善如不及（节），积山本作"见善如不（节）"。
② 君子之中（一句），积山本作"时使薄敛（二句）"，是。
③ 书中，积山本作"中书"，是。
④ "思"为"师"之讹。
⑤ 莫象外，积山本作"莫象年"，是。

五十二年癸巳万寿科乡试

山西主司俞斯盐梅奏减官卷额，以五经民卷补之，取孙嘉淦等，俱为名臣。

顺天：

[试官] 吏尚张鹏翮，遂宁。侍讲文志鲸，桃源。

[试题] 子曰克己（仁焉）。肫肫其仁（一句）。君子之言（四句）。

[解元] 霍九锡，东光。

江南：

[试官] 金都吕履恒，新安。户中乔云名，猗氏。

[试题] 富而可求（一章）。其为物不（二节）。宰我曰以（二节）。

[解元] 许逊中，江都。

江西：

[试官] 礼侍胡作梅，荆门。检讨王士钥，奉天。

[试题] 樊迟问仁（一章）。上律天时（覆帱）。中心悦而（二句）。

[解元] 周宏勋。

浙江：

[试官] 学士汪灏，江夏。检讨吴相，宁阳。

[试题] 博我以文（卓尔）。诗云维天（天也）。圣人先得（三句）。

[解元] 罗鼎谦，新城。

福建：

[试官] 编修谢履忠，昆明。工主董之治，天长。

[试题] 居则曰不（五节）。小德川流（二句）。孟子谓章万（章）①。

[解元] 江日昇，同安。

湖广：

[试官] 仆少严虞惇，常熟。检讨李天祚，永平。

[试题] 立于礼成（二句）。唯天下至（别也）。柳下惠不（一句）。

[解元] 金相，孝感。

河南：

[试官] 少詹梅之珩，南城。编修阿克敦，满洲。

[试题] 贫而无谄②（二节）。则可以兴（一句）。仲尼不为（一句）。

[解元] 孟载有，杞县。

山东：

[试官] 吏给卢炳，石屏。编修俞兆晟，海宁。

---

① 孟子谓章万（章），积山本作"孟子谓万（章）"，是。

② "谄"为"谄"之讹。

1462

［试题］唯天为大（二句）。成己仁也（三句）。一乡之善（六句）。

［解元］薛以岫，巨野。

山西：

［试官］给事陈允恭，平乐。编修俞梅，泰州。

［试题］对曰异乎（已矣）。盖曰文王（二句）。今夫麰麦（二节）。

［解元］李徽，崞县。

陕西：

［试官］编修俞长策，桐城。工外李士瑜，永清。

［试题］述而不作（一章）。知所以修（身也）。宰我子贡（圣人）。

［解元］张大本，郃阳。

四川：

［试官］吏给裘君弼，新建。礼主赵守易，完县。

［试题］天下归仁焉。必得其名（二句）。入其疆土（有庆）。

［解元］何淮，忠州。

广东：

［试官］编修查嗣瑮，海宁。礼主邹琠，南丰。

［试题］多闻择其（二句）。必得其寿（一句）。使自得之（二句）。

［解元］庄论，海阳。

广西：

［试官］吏中郭晋熙，新乡。中书卢宏熹，仁和。

［试题］君子矜而（二句）。诚者不勉（人也）。以友天下（四句）。

［解元］王廷铎，灌县。

云南：

［试官］编修周彝，娄县。中书查布札纳，满洲。

［试题］春服既成（一节）。洋洋乎发（二节）。梓匠轮舆（一章）。

［解元］孙士鹤，石屏。

贵州：

［试官］编修潘体震，乐陵。通知常作①，满洲。

［试题］君子喻于义。博也厚也（一节）。工师得大（任也）。

［解元］柴大用，贵筑。

五十二年癸巳万寿科会试

中式一百五十九名。

---

① 常作，积山本作"常住"，是。

[试官] 兵侍李先复，南部。内阁王掞，太仓。工侍王顼龄，华亭。阁学沈涵，归安。

[试题] 敬事而信（二句）。博厚所以（二节）。我善养吾（与道）。

[会元] 孙见龙，乌程。

[鼎甲] 王敬铭，嘉定。任兰枝，溧阳。魏廷珍，景州。

五十三年甲午乡试

顺天同榜三元：汪应铨，戊戌状元；杨尔德、储大文，戊戌、辛丑会元。

顺天：

[试官] 祭酒徐日暄，高安。御史田轩来，山阴。

[试题] 仰之弥高（一节）。远之则有（二句）。集大成也（二句）。

[解元] 陆文焕，宛平。

江南：

[试官] 少詹梅之珩，南城。编修汤之旭，睢州。

[试题] 吾党之小（三句）。温故而知新。耻之于人（一章）。

[解元] 方文炳，丰县。

江西：

[试官] 学士熊苇，涿州。编修郑任钥，侯官。

[试题] 南人有言（一章）。天地之大（载焉）。闲先圣之（得作）。

[解元] 任际虞，上高。

浙江：

[试官] 学士吴垣，宝丰。编修庄令舆，武进。

[试题] 子温而厉（一章）。知仁勇三（乎勇）。资之深则（一句）。

[解元] 张时中，海宁。

福建：

[试官] 通参魏方泰，广昌。编修徐昂发，长洲。

[试题] 狷者有所（一句）。诗云伐柯（为远）。故理义之（二句）。

[解元] 林廷选，同安。

湖广：

[试官] 阁学沈涵，归安。编修查嗣庭，海宁。

[试题] 学也禄在（二句）。知耻近乎勇。诗云雨我（共之）。

[解元] 韩玉锡，黄陵①。

河南：

---

① 黄陵，积山本作"黄陂"。

［试官］郎中陈元，余姚。编修王蓍，太仓。

［试题］行己有耻（次矣）。万物育焉（一句）。民事不可（恒心）。

［试官］王文，睢州。

山东：

［试官］刑中李士瑜，永清。检讨卫昌绩，阳城。

［试题］夫子之言（二句）。及其无穷（二句）。昔者曾子（二节）。

［解元］杭濬，聊城。

山西：

［试官］吏中叶宏绥，昆山。检讨彭维新，茶陵。

［试题］子钓而不（二句）。受禄于天（三句）。诗云不素（一章）。

［解元］康忱，兴县。

陕西：

［试官］侍讲杨名时，江宁。编修索泰，满洲。

［试题］太宰问于（三节）。子庶民也（四句）。舜发于畎（二节）。

［解元］孙昭，安定。

四川：

［试官］户中王弈鸿，太仓。编修沈翼机，海宁。

［试题］夫子焉不（二句）。子庶民也（一句）。既醉以酒（义也）。

［解元］邹宾，邛州。

广东：

［试官］侍讲陈世倌，海宁。编修邹弈凤，金匮。

［试题］樊迟请学（一章）。诚者不勉（行之）。吾为此惧（得作）。

［解元］陈瀚，新宁。

广西：

［试官］鸿少文志鲸，桃源。编修汪汾①，长洲。

［试题］焕乎其有（一句）。有弗思思（二句）。求水火无（水火）。

［解元］郭卫宸，桂林。

云南：

［试官］礼中杨存理，海宁。检讨赵泰临，胶州。

［试题］躬自厚而（一章）。诗云衣锦（著也）。圣人既竭（二段）。

［解元］萨纶锡，楚雄。

贵州：

［试官］理少俞化鹏，寿州。编修林之濬，惠安。

［试题］狷者有所（一句）。莫见乎隐（二句）。故天将降（一节）。

---

① "汾"为"份"之讹。

［解元］张嗣咏，安顺。

五十四年乙未会试

中式百九十名。会元李锦与弟文锐同捷，均列词垣。慈溪裴琏，年七十二，入翰林。宿迁徐徐①侍讲用锡充是科房考，严绝请托，或衔之，耸御史劾其把持科场。圣祖廉得其情，将本还②。

［试官］刑侍蔡升元，德清。吏尚王顼龄，华亭。左部刘谦，武强。工侍王之枢，定州。

［试题］仁者先难（二句）。知斯三者（二节）。口之于味（我口）。

［会元］李锦，长洲。

［鼎甲］徐陶璋，昆山。缪曰藻，吴县。傅王露，会稽。

五十六年丁酉乡试

浙江正考官索泰以房考陈恂嘱托，中其族人素不能文者，杭人大哗。事闻，索、陈俱按治。

顺天：

［试官］户侍张伯行，仪封。编修鄂尔奇，满洲。

［试题］举贤才曰（所知）。大哉圣人（一句）。其为气也（生者）。

［解元］李兰，乐亭。

江南：

［试官］御史连肖先，奉天。编修戚麟祚③，德清。

［试题］巧言令色（矣仁）。及其广厚（四句）。乐正子强（四句）。

［解元］严文在，建平。

江西：

［试官］修撰王敬铭，嘉定。编修泰④道然，无锡。

［试题］夫子焉不（二句）。保佑命之（二句）。今人乍见（然也）。

［解元］刘寅，石城。

浙江：

［试官］编修索泰，满洲。检讨张懋能，奉新。

----

① 徐徐，积山本作"徐"。
② 将本还，积山本作"将本掷还"。
③ 戚麟祚，积山本作"戚麟祥"，是。
④ "泰"为"秦"之讹。

［试题］古之学者（一章）。是故君子（物也）。易其田畴（一节）。

［解元］林昌言，海宁。

福建：

［试官］检讨柯乔年，固始。检讨陆绍琦，嘉兴。

［试题］子曰未之（一节）。思事亲不（一句）。欲知舜与（二句）。

［解元］黄焕章，晋江。

湖广：

［试官］检讨胡煦，光山。常少林宏烈，晋江。

［试题］我欲仁斯（二句）。此天地之（一句）。知譬则巧（二句）。

［解元］秦惟焕，江陵。

河南：

［试官］检讨海宝，满洲。检讨张玢，湘潭。

［试题］我非生而（一章）。故天之生（三句）。为天下得（一句）。

［解元］辛立成，汝阳。

山东：

［试官］编修吕谦恒，新安。检讨朱天保，满洲。

［试题］子贡问师（一章）。文理密察（二句）。饥者甘食（一章）。

［解元］董思恭，寿州①。

山西：

［试官］编修王时鸿，华亭。检讨赛楞额②，海宁。

［试题］畏圣人之言。知仁勇三（二节）。有本者如（二句）。

［解元］马君羽，汾西。

陕西：

［试官］编修王时宪，太仓。检讨陈世侃③，满洲。

［试题］隐居以求（二句）。仁者人也（四句）。非礼之礼（一章）。

［解元］陈世蕴，洛川。

四川：

［试官］检讨杨士徽，武进。户中满宝，满洲。

［试题］学也禄在（二句）。舜其大知（一章）。孔子不得（次也）。

［解元］高承元，铜梁。

广东：

［试官］检讨严思位，平湖。户主吴曹直，宜兴。

---

① 寿州，积山本作"寿□（原缺）"。

② 赛楞额，积山本作"陈世侃"，是。

③ 陈世侃，积山本作"赛楞额"，是。

［试题］一言以蔽（二句）。万物并育（一句）。存乎人者（一章）。

［解元］林茂秀，惠州。

广西：

［试官］检讨黎致远，长江。户主江为龙，桐城。

［试题］知者不失（二句）。中也者天（二句）。五谷熟而（一句）。

［解元］伍福展，永宁。

云南：

［试官］学士李绂，临川。编修张起麟，华亭。

［试题］孔文子何（一章）。君子之所（见乎）。由尧舜至（一节）。

［解元］夏冕，昆明。

贵州：

［试官］刑中张谦，武昌。编修许镇，德清。

［试题］君子食无（三句）。体群臣也（二句）。颂其诗读（世也）。

［解元］汪无限，贵筑。

五十七年戊戌会试

中式一百六十五名。状元汪应铨，未散馆即擢庶子，盖异数也。

［试官］刑侍李华之，诸城。吏尚张鹏翮，遂宁。户尚赵申乔，武进。工侍王懿，胶州。

［试题］君子无众（二段）。必得其位（四句）。昔者子贡（圣矣）。

［会元］杨尔德，嘉善。

［鼎甲］汪应铨，常熟。张廷璐，桐城。沈锡辂，仁和。

五十九年庚子乡试

是科顺天一榜两状元，癸卯于鹤皋振，甲辰陈云倬惠华。

顺天：

［试官］副都屠沂，孝感。侍读陈世倌，海宁。

［试题］孟武伯问（仁也）。能尽人之（四句）。禹思天下（一节）。

［解元］王嘉宾，宛平。

江南：

［试官］侍读魏廷珍，景州。检讨陈会，营山。

［试题］岁寒然后（一章）。百世以俟（二句）。饥者甘食（一章）。

［解元］施陛锦，长洲。

江西：

［试官］詹事李周望，蔚州。右庶鄂尔奇，满洲。

［试题］礼云礼云（一章）。诗云在彼（四句）。人知之亦（二节）。

［解元］晏斯盛，新瑜①。

浙江：

［试官］学士李绂，临川。副都汤之旭，睢州。

［试题］行夏之时（一句）。素隐行怪（二节）。献子之于（四句）。

［解元］邵基，鄞县。

福建：

［试官］刑给蔺惟谦，蒲城。中书春台，满洲。

［试题］论笃是与（一章）。仲尼祖述（二句）。何如斯可（狂矣）。

［解元］谢道承，晋江。

湖广：

［试官］编修惠士奇，吴县。编修吕谦恒，新安。

［试题］乐则韶舞（二节）。素隐行怪（一节）。方里而井（私事）。

［解元］夏力恕，孝感。

河南：

［试官］学士蔡珽，奉天。编修吴应棻，归安。

［试题］其言之不（一章）。有所不足（二句）。柳下惠不（一句）。

［解元］禹殿鳌，汜水。

山东：

［试官］赞善彭廷训，南昌。检讨德龄，厢黄。

［试题］莫春者春（而归）②。中也者天（四句）。故观于海（四句）。

［解元］乔世臣，滋阳。

山西：

［试官］编修文岱，厢黄。检讨何世基③，新城。

［试题］三人行必（一章)④。诚者不勉（必强）。鸡鸣而起（一章）。

［解元］王元勋，临县。

陕西：

［试官］谕德彭维新，茶陵。修撰王世琛，长洲。

［试题］富与贵是（二节）。人道敏政（二句）。凡有四端（四海）。

［解元］李天秀，华阴。

---

① 新瑜，积山本作"新喻"，是。
② 莫春者春（而归），积山本作"三人行必（章）"，是。
③ 何世基，积山本作"何世璨"，是。
④ 三人行必（一章），积山本作"莫春者春（而归）"，是。

四川：

[试官] 检讨张大受，嘉定。检讨世禄，满洲。

[试题] 子击磬于（一节）。足以有容也。民日迁善（同流）。

[解元] 傅亮曳，奉节。

广东：

[试官] 编修俞鸿图，海盐。中书曾用瑛，湘潭。

[试题] 友直友谅（益矣）。诚之不可（一句）。道则高矣（二节）。

[解元] 谢学圣，揭阳。

广西：

[试官] 工给康五瑞，安福。中书韩瑛，通州。

[试题] 起予者商（二句）。其为物不（二句）。民日迁善（一句）。

[解元] 王敏学，富川。

云南：

[试官] 编修李钟侨，安溪。吏主姜朝勋，丹阳。

[试题] 有教无类（一句）。果能此道（一节）。令闻广誉（二句）。

[解元] 缪焕，昆明。

贵州：

[试官] 检讨朱筼，商邱。礼主顾芝，仁和。

[试题] 晏平仲善（一章）。则可以与（一句）。惟君子能（所视）。

[解元] 阮维城，毕节。

六十年辛丑会试

中式一百六十三名。副考官李巨来绂博采名誉，所取皆一时之俊，如宜兴储氏、金溪冯氏均昆季联镳。落第者喧闹盈门，中式者无由入谒。事久，物议始定。

[试官] 户侍张伯行，仪封。内阁张鹏翮，遂宁。户尚田从典，阳城。副都李绂，临川。

[试题] 据于德依（二句）。郊社之礼（四句）。自生民以（二句）。

[会元] 储大文，宜兴。

[鼎甲] 邓钟岳，东昌。吴文焕，长乐。程元章，上蔡。

雍正朝

雍正元年癸卯恩科乡试

三月举行乡试。各省房考向例选州县中科甲出身者，只许入闱一次。是年五月奉上谕，考官以鉴拔为主考①，不论曾否入闱监临，试以时艺一篇，文理优长者入内帘，荒疏者另执事。

顺天：

[试官] 礼尚朱轼，高安。户尚张廷玉，桐城。

[试题] 言思忠事（二句）。惟天下至（大经）。诗云昼尔（百谷）。

[解元] 王峻，常熟。

江南：

[试官] 吏侍黄叔琳，宛平。修撰邓钟岳，东昌。

[试题] 或问禘之（一章）。知天地之（二句）。无为其所（一句）。

[解元] 王晋元，泰州。

江西：

[试官] 侍讲何世璂，新城。编修田嘉榖，阳城。

[试题] 仕而优则（一章）。夫孝者善（二节）。求则得之（一章）。

[解元] 周学健，新建。

浙江：

[试官] 光少吕谦恒，新安。编修任兰枝，溧阳。

[试题] 子华使于（一章）。修道之谓（道也）。徐子曰仲（一章）。

[解元] 陆宗楷，钱塘。

福建：

[试官] 中允张廷璐，桐城。编修朱一凤，涿州。

[试题] 立则见其（二句）。孝之至也（一句）。遵先王之（下矣）。

[解元] 廖学信，泰宁。

湖广：

[试官] 御史漆绍文，新昌。编修景考祥，汲县。

[试题] 有德者必（一句）。道也者不（四节）。若曾子者（可也）。

[解元] 周邦孚，麻城。

河南：

[试官] 金都稽曾筠，无锡。编修文岱，满洲。

[试题] 四十而不（四句）。日省月试（二段）。谨庠序之（不寒）。

[解元] 窦需书，河内。

山东：

[试官] 侍讲王傅，鄱阳。御史柯乔年，固始。

[试题] 子闻之谓（一节）。洋洋乎发（一节）。求则得之（者也）。

[解元] 耿贤举，馆陶。

---

① 主考，积山本作"主"，是。

山西：

[试官] 阁学查嗣庭，海宁。庶子鄂尔奇，满洲。

[试题] 不患人之（二句）。宜民宜人（一句）。子产听郑（一章）。

[解元] 杜首瀛，太谷。

陕西：

[试官] 侍讲王国栋，奉天。编修吴家麒，归安。

[试题] 问知之曰（者直）。设其裳衣（二句）。今夫麰麦（熟矣）。

[解元] 王炎，渭南。

四川：

[试官] 司业庄楷，武进。编修程元章，上蔡。

[试题] 颜渊季路（尔志）。天地位焉（二句）。奋乎百世（三句）。

[解元] 李御，夔州。

广东：

[试官] 工给康五瑞，安福。编修王思训，昆明。

[试题] 惟仁者能（一章）。言其上下（一句）。如七十子（谓也）。

[解元] 谢仲玩①，阳春。

广西：

[试官] 检讨朱曙孙②，嘉定。检讨德龄，满洲。

[试题] 吾之于人（一章）。舜好问而（二句）。立贤无方（一句）。

[解元] 陈宏谋，临桂。

云南：

[试官] 员外鄂尔泰，满洲。检讨胡瀛，宜宾。

[试题] 为人臣止（四句）。求尔何如（之撰）。大舜有大（人同）。

[解元] 许希孔，昆明。

贵州：

[试官] 洗马沈宗敬，华亭。刑外朱崧，吴县。

[试题] 曾子曰唯（已矣）。发而皆中（三句）。民非水火（一节）。

[解元] 沈枢，镇远。

二③年癸卯恩科会试

九月会试，十月殿试，中式二百七十名。上以两总裁持择公允，加太子太傅衔，一

---

① 玩，《国朝贡举考略》作"坈"。

② "孙"为"苏"之讹。

③ 二，积山本作"元"，是。

甲三名俱着在南书房行走。

[试官] 内阁朱轼，高安。吏尚张廷玉，桐城。

[试题] 道之以德（一节）。齐庄中正（二句）。若禹皋陶（一句）。

[会元] 杨炳，钟祥。

[鼎甲] 于振，金坛。戴瀚，上元。杨炳，钟祥。

二年甲辰补行癸卯正科乡试

湖南向无贡院。元年奉上谕，湖南赴湖北必由洞庭，六月七间①风浪尤险，著分两闱。从此湖南多士无秋风涉险之处②。增福建举人四名，从巡抚黄国材请也。吕谦恒与子耀宗同充顺天考官，父子同闱分校，时以为荣。

顺天：

[试官] 内阁田从典，阳城。阁学傅敏，正白。

[试题] 举善而教（一句）。诚者不思（人也）。君子之守（下平）。

[解元] 谢宜相，文安。

江南：

[试官] 学士吴隆元，仁和。检讨李兰，华亭。

[试题] 事君敬其（二句）。致广大而（二句）。未同而言（已矣）。

[解元] 吴绂，宜兴。

江西：

[试官] 阁学吴士玉，长洲。司业孙嘉淦，兴县。

[试题] 孔子于乡（一章）。慎思之明（三句）。民日迁善（一句）。

[解元] 涂学烜，新城。

浙江：

[试官] 阁学李凤翥，建昌。吏中王一导，武昌。

[试题] 斯民也三（二句）。溥博渊泉（一句）。放勋曰劳（如此）。

[解元] 王金绶，慈溪。

福建：

[试官] 侍讲文岱，满洲。庶子张照，娄县。

[试题] 入公门鞠（履阈）。振河海而（一句）。有如时雨（德者）。

[解元] 俞荔，莆田。

湖北：

---

① 六月七间，积山本作"六七月间"，是。

② 处，积山本作"虞"，是。

［试官］侍讲德龄，满洲。工给蔡士舳①，南安。

［试题］在止于至（二句）。绘事后素（二节）。易其田畴（二句）。

［解元］侯执信，公安。

湖南：

［试官］侍讲陈万策，晋江。刑中庄清度，武进。

［试题］樊迟问知（知矣）。能尽人之（二句）。大孝终身（三句）。

［解元］余凤举，邵阳。

河南：

［试官］光少罗其昌，遵义。修撰于振，金坛。

［试题］固天纵之（一节）。人道敏政（在人）。食之以时（二句）。

［解元］黄鹄升②，息县。

山东：

［试官］仆少沈近思，钱塘。御史朱一凤，涿州。

［试题］子以四教（一章）。言其上下（一句）。五亩之宅（一节）。

［解元］王世魁，潍县。

山西：

［试官］编修夏力恕，孝感。侍讲黄鸿中，即墨。

［试题］如有所誉（二句）。天之所覆（四句）。仰而思之（待旦）。

［解元］樊初荀，沁水。

陕西：

［试官］御史陆赐书，长洲。编修徐云瑞，钱塘③。

［试题］毋友不如（二句）。行而民莫（中国）。劳心者治人。

［解元］游得宜，大荔。

四川：

［试官］检讨巩建丰，伏羌。户中许隆远，南靖。

［试题］夫子之文（二句）。莫不尊亲（一句）。圣人治天（二句）。

［解元］杜谧，遵义。

广东：

［试官］学士王国栋，奉天。编修胡产④颖，德清。

［试题］赤尔何如（二节）。国有道其（一句）。庠者养也（六句）。

［解元］陈世运，香山。

---

① 蔡士舳，积山本作"蔡仕舳"。

② 黄鹄升，积山本作"叶鹄升"。

③ 钱塘，积山本作"钱唐"。

④ "产"为"彦"之讹。

广西：

[试官] 庶子李钟峩，通州。侍讲德新，满洲。

[试题] 节用而爱（二句）。行而民莫（一句）。治于人者（义也）。

[解元] 陈朝垣①，鬱林。

云南：

[试官] 御史江芑，汉阳。检讨任际虞，上高。

[试题] 诗书执礼（二句）。万物育焉（一句）。充实之谓（三节）。

[解元] 熊郢宣，昆明。

贵州：

[试官] 吏中王恕，安居。编修曹源郊，嘉兴。

[试题] 事君能致（一句）。言而民莫（二句）。天下之善（之人）。

[解元] 郭石渠，安化。

二年甲辰补行正科会试

中式二百九十名。内阁朱若瞻轼、张衡臣廷玉联主礼闱，主眷之隆，振古罕比。

[试官] 吏侍福敏，满洲。内阁朱轼，高安。内阁张廷玉，桐城。兵侍史贻直，溧阳。

[试题] 能行五者（敏惠）。诚者自成（二句）。菽粟如水（二句）。

[会元] 王安国，高邮。

[鼎甲] 陈惪华，安州。王国安②，高邮。汪德容，钱塘③。

四年丙午乡试

是科奉旨以五经中副榜者准作举人会试。江西奉新甘庄恪公汝来既贵，其父万达、汝④蓬⑤、子禾，均以雍正丙午同领乡荐，三世同榜，实古今罕觏⑥。

顺天：

[试官] 户尚蒋廷锡，常熟。阁学刘师恕，宝应。

[试题] 君子义以（四句）。用其中于民。夏曰校殷（七句）。

[解元] 金相，天津。

---

① 垣，《国朝贡举考略》、《清秘述闻》作"坦"。

② 王国安，积山本作"王安国"，是。

③ 钱塘，积山本作"钱唐"。

④ 汝，积山本作"弟汝"，是。

⑤ 蓬，《国朝贡举考略》、《听雨丛谈》作"逢"。

⑥ 实古今罕觏，积山本作"古今罕觏"。

江南：

［试官］礼侍沈近思，仁和。常少曾元迈，天门。

［试题］赐也女以（一章）。序爵所以（二句）。诗云雨我（一节）。

［解元］黄淮，铜陵。

江西：

［试官］少詹查嗣庭，海宁。洗马俞鸿图，海盐。

［试题］君子不以（一章）。日省月试（一句）。山径之溪①（之矣）。

［解元］丁奭。

浙江：

［试官］学士陈万策，晋江。吏主周有堂，黄冈。

［试题］吾有知乎（一章）。上律天时（二句）。既竭心思（三句）。

［解元］胡彦昇，德清。

福建：

［试官］阁学留保，满洲。编修崔纪，蒲州。

［试题］敏则有功（二句）。柔远人则（一句）。人有不为（二句）。

［解元］吴士拔，建宁。

湖北：

［试官］编修杨超曾，武陵。中书曹仪，太仓。

［试题］卑宫室而（一句）。忠信重禄（二句）。诗云自西（四句）。

［解元］郭振俊，富阳②。

湖南：

［试官］御史刘运鲋，南陵。编修吴启昆，江宁。

［试题］好之者不（一句）。辟如天地（二句）。君子引而（从之）。

［解元］刘高松，衡州。

河南：

［试官］御史段曦，安宁。中书蒋大成，仁和。

［试题］纯如也皦（三句）。用其中于民。无为其所（二句）。

［解元］耿衷丹。

山东：

［试官］刑中李根云，赵州。刑主李同声，江都。

［试题］君子易事（一段）。致广大而（四句）。夏曰校殷（共之）。

［解元］单德谟，高密。

山西：

---

① 溪，积山本作"蹊"，是。
② 富阳，积山本作"当阳"，是。

[试官] 中允姚三辰，仁和。礼主何宗韩，文县。

[试题] 惟尧则之（一句）。人道敏政（二句）。五谷熟而（一句）。

[解元] 史永直，孟①县。

陕西：

[试官] 御史刘嵩龄，宝坻。宗主耿之昌，虞城。

[试题] 诗云如切（二节）。致广大而（一句）。树艺五谷（二句）。

[解元] 唐若时，渭南。

四川：

[试官] 编修邵泰，大兴。工给郑其储，石首。

[试题] 有能一日（一节）。诚者不思（行之）。五亩之宅（帛矣）。

[解元] 胡宏智，巴县。

广东：

[试官] 编修王兰生，交河。编修曹源郊，嘉善。

[试题] 观其所由（二句）。衣锦尚绸（二句）。今夫麰麦（一节）。

[解元] 罗国器，南海。

广西：

[试官] 编修徐杞，钱塘。兵外尹会一，博野。

[试题] 刚毅木讷（一章）。柔远人则（一句）。心之所同（然耳）。

[解元] 蒋偁，临桂。

云南：

[试官] 学士张照，娄县。编修顾仔，安康②。

[试题] 博我以文（吾才）。尚不愧于（一句）。公都子问（一章）。

[解元] 柏守仁，蟭③峨。

贵州：

[试官] 御史赵城，通海。编修戴瀚，上元。

[试题] 子贡问曰（有耻）。天之所覆（尊亲）。至于心独（义也）。

[解元] 路元升，毕节。

五年丁未会试

中式二百十名，又钦赐殿试一人。浙江士习不端，举人停止会试。向例馆选不分省，以致边省多缺，李钟峨疏请上交部议，准行。今省皆有馆选，自钟峨奏始。

---

① “孟”为“孟”之讹。
② “康”为“东”之讹。
③ 积山本作“蟭”，是。

［试官］吏侍沈近思，钱塘①。刑尚励廷仪，静海。兵侍史贻直，溧阳。

［试题］人能宏道（一章）。仲尼祖述（一节）。孔子圣之（一句）。

［会元］彭启丰，长洲。

［鼎甲］彭启丰，长洲。邓启元，德化。马宏琦，通州。

七年己酉乡试

广东主考严民法、贵州主考源焘，父子同时典试，海内荣之。

顺天：

［试官］吏侍杨汝榖，怀宁。礼侍鄂尔奇，满洲。

［试题］子曰参乎（节）。天地位焉（句）。如七十子（不服）。

［解元］杨季②，固安。

江南：

［试官］理少黎致远，长汀。编修李清植，安溪。

［试题］生而知之（句）。徵则悠远（二句）。汤执中立（二句）。

［解元］沈戊③开，金山。

江西：

［试官］编修杨炳，钟祥。编修文④焕然，海宁。

［试题］博学而笃（二句）。从容中道（句）。设为庠序（曰庠）。

［解元］解韬，吉水。

浙江：

［试官］阁学任兰枝，溧阳。编修王俊⑤，常熟。

［试题］事君能致（二句）。诚则明矣（二句）。圣人治天（二句）。

［解元］陈典，仁和。

福建：

［试官］编修吴延熙，乌程。编修陈浩，昌平。

［试题］博学而笃（章）。诚者天之（四句）。善教得民心。

［解元］陆祖与⑥，瓯宁。

湖北：

［试官］编修刘统勋，诸城。检讨张若涵，桐城。

---

① 钱塘，积山本作"钱唐"。
② "季"为"秀"之讹。
③ 戊，《国朝贡举考略》、《清秘述闻》作"戌"。
④ 文焕然，积山本作"□（原缺）焕然"。
⑤ "俊"为"峻"之讹。
⑥ "与"为"新"之讹。

［试题］所谓诚其（二句）。樊迟问仁（知人）。心之所同（我口）。

［解元］宋楚望，富阳①。

湖南：

［试官］少詹钱陈群，嘉兴。刑主永世，满洲。

［试题］其事上也（二句）。力行近乎仁。辅之翼之（得之）。

［解元］郭佑达，桂东。

河南：

［试官］修撰彭启丰，长州②。编修吴应棻，归安。

［试题］畏天命畏（三句）。天地位焉（二句）。中心悦而（一句）。

［解元］陈春芳，郑州。

山东：

［试官］户中潘允敏，溧阳。宗主张钺，上海。

［试题］君子学道（二句）。溥博如天（节）。出乎其类（四句）。

［解元］张永瑗，太原③。

山西：

［试官］赞善许王猷，嘉兴。编修陈宏谋，临桂。

［试题］知者动仁（四句）。言而世为（句）。君子所性（于心）。

［解元］刘大灼④，太原。

陕西：

［试官］户外冯祖悦，代州。编修开泰，满洲。

［试题］畏天命畏（三句）。诚之不可（句）。守约而施（道也）。

［解元］孙龙竹，韩城。

四川：

［试官］检讨吴大受，归安。赞善色诚，满洲。

［试题］樊迟问仁（章）。发而皆中节。五谷熟而（句）。

［解元］陈子鉴，涪州。

广东：

［试官］编修严民法，归安。吏主张梦徵，华亭。

［试题］樊迟问仁（知人）。天地位也（句）。宰我曰以（二句）。

［解元］刘昌五，顺德。

广西：

---

① 富阳，积山本作"当阳"，是。

② 长州，积山本作"长洲"，是。

③ 太原，积山本作"长山"，是。

④ 《国朝贡举考略》、《清秘述闻》作"刘灼"。

［试官］吏外严宗喆，分宜。编修于枋，金坛。

［试题］事君敬其（章）。致中和天（三句）。使自得之（二句）。

［解元］邓维瑚，鬱林。

云南：

［试官］检讨沈文豪，钱塘①。兵中林天中②，阳湖。

［试题］天下归仁焉。忠信重禄（四句）。宰我曰以（二节）。

［解元］杨名扬，石屏。

贵州：

［试官］编修严源焘，归安。礼主邓世杰，无湖③。

［试题］子以四教（章）。万物育焉。圣人治天（二句）。

［解元］王修世④，黄平。

八年庚戌会试

中式三百九十九名。浙江举人准其一体会试。鼎甲三名皆浙人：秀水沈叔泰昌宇由会元登榜眼，而状元周雨甘霝、探花梁养仲诗正，又皆钱塘⑤人，尤奇。

［试官］刑侍孙嘉淦，兴县。内阁蒋廷锡，常熟。兵侍鄂尔奇，满洲。阁学任兰枝，溧阳。

［试题］志于道据（三句）。自诚明谓（章）。见其礼而（节）。

［会元］沈昌宇，秀水。

［鼎甲］周霝，钱塘。沈昌宇，秀水。梁诗正，钱塘⑥。

十年壬子乡试

壬子、乙卯二科皆以邻省举人充乡试同考。王文肃安国典福建试，所得十⑦成进士者四十人，大学士蔡新与焉。

顺天：

［试官］礼侍任兰枝，溧阳。学士杨炳，钟祥。

［试题］一日克己（四句）。诚之不可（句）。取诸仁以（二句）。

---

① 钱塘，积山本作"钱唐"。
② 林天中，积山本作"林天木"，是。
③ 无湖，积山本作"芜湖"，是。
④ 《国朝贡举考略》、《清秘述闻》作"王修士"。
⑤ 钱塘，积山本作"钱唐"。
⑥ 钱塘，积山本作"钱唐"。
⑦ 十，积山本作"士"，是。

［解元］邵大业，大兴。

江南：

［试官］阁学王兰生，交河。侍讲吴大受，归安。

［试题］乡也吾见（三节）。慎思之明（三句）。使自得之（二句）。

［解元］郭长源，江都。

江西：

［试官］通参邵基，鄞县。侍讲喀尔钦，满洲。

［试题］礼以行之（三句）。浩浩其天。孔子之谓（三句）。

［解元］鲁游，新城。

浙江：

［试官］詹事张廷璐，桐城。刑给王瓒，贵筑。

［试题］君子有三（之言）。溥博如天。圣人之于（子也）。

［解元］朱学泗，海宁。

福建：

［试官］编修王安国，高邮。吏给严瑞龙，阆中。

［试题］敬事而信。行而世为（句）。孔子圣之（之也）。

［解元］叶有词，福清。

湖北：

［试官］编修李锦，长洲。编修邓启元，德化。

［试题］畏圣人之言。性之德也。易其田畴（三句）。

［解元］张鳌，福清①，荆门。

湖南：

［试官］学士许大猷，嘉善。修撰周霡，钱塘。

［试题］君子学以（句）。悠远则博（二句）。充寔而有（句）。

［解元］旷敏本，衡山。

河南：

［试官］中允刘统勋，诸城。刑中崔琳，永济。

［试题］直友②友谅（益矣）。仲尼祖述（句）。劳之来之（德之）。

［解元］孙岩，汝阳。

山东：

［试官］编修梁诗正，钱塘③。编修王承尧，沁水。

［试题］好仁者无（足者）。此天地之（句）。又从而振（二句）。

---

① 积山本无"福清"，是。
② 直友，积山本作"友直"，是。
③ 钱塘，积山本作"钱唐"。

［解元］单思迈，高密。

山西：

［试官］编修于辰，金坛。御史原衷戴，蒲城。

［试题］博学而笃（章）。洋洋乎发（句）。序①者养也（六句）。

［解元］安于讪，武乡。

陕西：

［试官］编修吴文焕，长乐。编修李天宝②，南安。

［试题］子游对曰（是也）。诗云鸢飞（一节）。学不厌知（圣人）。

［解元］上官德舆，朝邑。

四川：

［试官］编修吴应龙，武进。编修李重华，吴江。

［试题］子在齐闻（一章）。成己仁也（二句）。诗云雨我（节）。

［解元］胡玉伯，遂生。

广东：

［试官］编修钱本诚，太仓。刑给刘吴龙，南昌。

［试题］畏圣人之言。今夫天斯（一段）。食之以时（二句）。

［解元］郭曰槐，三水。

广西：

［试官］编修邹一桂，无锡。编修范咸，仁和。

［试题］畏圣人之言。宜民宜人。孔子之谓（句）。

［解元］陈仁，武宣。

云南：

［试官］编修彭启丰，长洲。检讨赵大鲸，仁和。

［试题］君子学以（一句）。子庶民则（二句）。学则三代（伦也）。

［解元］龚亮，赵州。

贵州：

［试官］编修王峻，常熟。户中毕谊，娄县。

［试题］文质彬彬（句）。宜民宜人（申之）。诗云雨我（句）。

［解元］陈中荣，绥阳。

十一年癸丑会试

中式三百二十八名。陈倓以广文应礼部试，高掇会、状，友人调以诗，有云"教

---

① "序"为"庠"之讹。
② 李天宝，积山本作"李天宠"，是。

官金榜非难事，难在蓬莱最上头"之句。十一年，奉上谕，庶吉士虽经受职，或数年或十年，朕再加考验。此翰林大考之始。

[试官] 吏侍杨汝毂，怀宁。户尚鄂尔奇，满洲。礼侍任兰枝，溧阳。

[试题] 为君难为（二句）。中也者天（句）。禹恶旨酒（二节）。

[会元] 陈俊。

[鼎甲] 陈俊，仪征。田志勤，大兴。沈文高①，崇明。

十三年乙卯乡试

顺天考官顾景范祖镇、戴举②川瀚俱因事革职。

顺天：

[试官] 工侍顾祖镇，吴县。学士戴瀚，上元。

[试题] 我欲仁斯（二句）。性之德也。有诸己之（三句）。

[解元] 许秉智，大兴。

江南：

[试官] 吏侍邵基，鄞县。修撰周霭，仁和。

[试题] 据于德依（二句）。诚者天之（二句）。天之生此（三句）。

[解元] 吴镇兖，休宁。

江西：

[试官] 中允彭启丰，长洲。御史张士遇，华亭。

[试题] 纯如也皦（以成）。高明所以（句）。其始播百（恒心）。

[解元] 黄冈竹，卢③陵。

浙江：

[试官] 学士陈悳华，安化。御史刘元燮，湘潭。

[试题] 行己有耻（句）。能尽其性（二句）。食之以时（二句）。

[解元] 徐尔燮，德清。

福建：

[试官] 工主章有大，归安。编修金相，天津。

[试题] 知之者不（章）。序爵所以（四句）。知其性则（句）。

[解元] 黄元宽，德清④。

湖北：

---

① "高"为"镐"之讹。
② 举，积山本作"巨"，是。
③ "卢"为"庐"之讹。
④ 德清，积山本作"福清"，是。

［试官］御史卢秉纯，襄陵。刑主苏霖渤，赵州。

［试题］好仁者无（句）。诚者不勉（者也）。原泉混混（四海）。

［解元］李兆钰，钟祥。

湖南：

［试官］编修赵大鲸，仁和。礼中周祖荣，奉天。

［试题］庶矣哉冉（三段）。修道之谓教。强恕而行（节）。

［解元］张汝润，善化。

河南：

［试官］编修李文锐，长洲。御史高显贵，满洲。

［试题］庶矣哉冉（三节）。自诚明谓（句）。圣人治天下。

［解元］郭擢，洛阳。

山东：

［试官］赞善郑江，钱塘①。编修于枋，金匮。

［试题］夫子之道（已矣）。诚者天之（二句）。树艺五谷（二句）。

［解元］丁琪，诸城。

山西：

［试官］谕德嵇璜，吴县。工主吴炜，歙县。

［试题］君子义以（句）。诚者天之（二句）。孔子之谓（句）。

［解元］郭伟人，文水。

陕西：

［试官］编修于辰，金坛。礼中郑石渠②，安化。

［试题］性相近也（章）。大哉圣人（句）。易其田畴（二节）。

［解元］米嘉绩，蒲城。

四川：

［试官］编修杨廷栋，宣城。编修周学健，新建。

［试题］仁远乎哉（章）。凡为天下（一也）。孔子之谓（句）。

［解元］彭遵泗，丹棱。

广东：

［试官］御史钟珩，长兴。刑主王应彩，桐乡。

［试题］仁远乎哉（章）。知所以修（身也）。若孔子则（句）。

［解元］侯彀。

广西：

［试官］编修沈昌宇，秀水。编修王宗灿，奉天。

_____

① 钱塘，积山本作"钱唐"。

② 郑石渠，积山本作"郭石渠"，是。

［试题］人能宏道（句）。极高明而（句）。谨庠序之教。

［解元］潘乙震，东兰。

云南：

［试官］编修张鹏翀，嘉定。御史倪国琏，仁和。

［试题］君子以文（章）。大哉圣人（于天）。盈科而后（四句）。

［解元］彭侣，赵州。

贵州：

［试官］编修周范莲，长洲。刑主熊学鹏，南昌。

［试题］恭宽信敏惠。洋洋乎发（句）。食之以时（节）。

［解元］徐用贤，余庆。

乾隆朝

乾隆元年丙辰会试

中式二百四十四名。是科为高宗登极首科，馆选多至六十七人，名臣如蔡相国新、曹尚书秀先、秦尚书蕙田、金总宪永檀、仲总宪德瑛①、鹤总督年、钟总督音皆出其中，可谓盛矣。

［试官］吏侍邵基，鄞县。内阁鄂尔泰，满洲。内阁朱轼，高安。工侍张廷璩，桐城。

［试题］君子笃于亲。五者天下一也。欲为君尽（五句）。

［会元］赵青藜，泾县。

［鼎甲］金德瑛，仁和。黄孙宪②，曲阜。秦蕙田，无锡。

元年丙辰恩科乡试

特命大臣保举典试者，三月十七日保和殿考定等第，引见记名差用。

顺天：

［试官］左都福敏，厢白。吏左邵基，鄞县。

［试题］务民之义（句）。爱其所亲（句）。君子存之（义也）。

［解元］古之琮，宛平。

江南：

［试官］刑左孙嘉淦，兴县。吏给单德谟，高密。

---

① 金总宪永檀、仲总宪德瑛，积山本作"金总宪德瑛、仲总宪永檀"，是。

② "宪"为"懋"之讹。

［试题］不忮不求（二句）。取人以身（二句）。礼之寔节（二节）。

［解元］梅宣①，宣城。

江西：

［试官］阁学姚三辰，仁和。司业开泰，满洲。

［试题］本立而道（二句）。天地之道（载焉）。继之以不（二句）。

［解元］陈仁。

浙江：

［试官］祭酒李凤翥，建昌。侍讲李清植，安溪。

［试题］抑为之不（学也）。执其两端（三句）。以直养而（与道）。

［解元］岑兆崧②，余姚。

福建：

［试官］编修柏谦，崇明。御史周人骥，天津。

［试题］子贡问为（章）。惟天下至（其性）。召太师曰（是也）。

［解元］蔡云从，漳浦。

湖北：

［试官］编修陶正靖③，钱塘④。吏中刘元燮⑤，上元。

［试题］子谓子贡（章）。春秋修其（二节）。天下之善（之人）。

［解元］程英铭，兴国。

湖南：

［试官］侍讲熊晖吉，新昌。御史倪国琏，仁和。

［试题］其在宗庙（节）。溥博渊泉（二句）。以友天下（之人）。

［解元］张光照。

河南：

［试官］侍讲吴应枚，归安。编修沈昌宇，秀水。

［试题］唐虞之际（二句）。力行近乎仁。故观于海（其澜）。

［解元］张文庄，祥符。

山东：

［试官］常卿汪由敦，休宁。中允彭启丰，长洲。

［试题］才难不其（为盛）。溥博如天⑥（二句）。孔子进以（有命）。

［解元］戴汝槐，莱州。

---

① 梅宣，积山本作"梅理"，是。
② 岑兆崧，积山本作"岑兆松"。
③ 陶正靖，积山本作"孙灏"，是。
④ 钱塘，积山本作"钱唐"。
⑤ 刘元燮，积山本作"陈其凝"，是。
⑥ 溥博如天，积山本作"溥博渊泉"。

山西：

[试官] 侍讲邹升恒，无锡。侍讲嵩寿，满洲。

[试题] 弟子入则（亲仁）。忠信重禄（二段）。人有不为（二句）。

[解元] 齐建中，定襄。

陕西：

[试官] 谕德嵇璜，无锡。检讨阮学浩，山阳。

[试题] 三人行必（章）。体群臣则（二段）。惟圣人然（句）。

[解元] 王章。

四川：

[试官] 编修孙灝①，常熟。御史陈其凝②，湘潭。

[试题] 不患莫己（二句）。诚身有道（三句）。谨序庠之（二句）。

[解元] 陈于端，涪州。

广东：

[试官] 检讨周龙官，山阳。工主章大有③，归安。

[试题] 乐道人之（二句）。时使薄敛（二句）。夫仁④亦在（一句）。

[解元] 谈德。

广西：

[试官] 编修万承苍，南昌。御史薛韫，维南。

[试题] 赐也始可（节）。体群臣则（二句）。以德服人（子也）。

[解元] 王安。

云南：

[试官] 编修王峻，常熟。御史钟衡，长兴。

[试题] 譬如为山（章）。人道敏政（二句）。晬然见于（二句）。

[解元] 刘静轩，河西。

贵州：

[试官] 刑外苏霖渤，赵州。刑主金溶，大兴。

[试题] 学而不厌（二句）。溥博渊泉（三句）。宰我子贡（圣人）。

[解元] 陈允，贵筑。

二年丁巳恩科会试

中式二百二十四名。

---

① 孙灝，积山本作"陶正靖"，是。
② 陈其凝，积山本作"刘元燮"，是。
③ "章大有"为"章有大"之讹。
④ 仁，积山本作"人"，误。

［试官］吏侍姚三辰，仁和。内阁张廷玉，桐城。左都福敏，厢白。副都索柱，正黄。

［试题］既庶矣又（二段）。君子之所（见乎）。人皆有所①（政矣）。

［会元］何其濬②，赣州。

［鼎甲］于敏中，金坛。林枝春，福清。任端书，溧阳。

三年戊午乡试

顺天一邑③两状：己未庄容可有恭，乙丑钱幼安维城。

顺天：

［试官］吏尚孙嘉淦，兴县。礼侍吴家骥④，归安。

［试题］居敬而行简。人道敏政（在人）。规矩方员（节）。

［解元］马锦昌，无锡。

江南：

［试官］刑侍陈悳华，安州。少詹许王猷，嘉善。

［试题］行之以忠（句）。诗云相在（节）。五亩之宅（四段）。

［状元］陶绍景，上元。

江西：

［试官］兵侍凌如焕，上海。编修于振，金坛。

［试题］子游对曰（是也）。见而民莫（三句）。守身守之（句）。

［状元］王廷佐。

浙江：

［试官］阁学陈大受，祁门。编修赵青藜，泾县。

［试题］先行其言（句）。春秋修其（句）。子路人告（人同）。

［解元］吴世英，钱塘⑤。

福建：

［试官］修撰金德瑛，仁和。编修柏谦，崇明。

［试题］德不孤必（章）。尊贤则不惑。分人以财（三句）。

［解元］出科联，惠安。

湖北：

---

① "所"疑为"不"之讹。

② "濬"为"睿"之讹。

③ 邑，积山本作"榜"。

④ "骥"为"骐"之讹。

⑤ 钱塘，积山本作"钱唐"。

［试官］侍讲张映辰①，仁和。检讨仲永檀，济宁。

［试题］见贤思齐（章）。车同轨书（三句）。不违农时（二句）。

［解元］郭维本。

湖南：

［试官］编修徐铎，盐城。工给朱凤英，南昌。

［试题］知者动仁（二句）。中也者天（育焉）。孔子圣之（之也）。

［解元］彭世英，巴陵。

河南：

［试官］侍讲赵大鲸，仁和。吏主金洪铨，嘉定。

［试题］为仁由己（勿动）。春秋修其（节）。以不忍人（二句）。

［解元］张尔铭，嵩县。

山东：

［试官］编修陈其疑②，上元。编修张灏，钱塘③。

［试题］点尔何如（二节）。仲尼祖述（句）。不违农时（二句）。

［解元］郭柯，冠县。

山西：

［试官］学士沈昌宇，秀水。编修杨黼时，大埔。

［试题］其为仁矣（其身）。诚者非自（二句）。用之以礼（句）。

［解元］李邺，榆次。

陕西：

［试官］编修董邦达，富阳。刑主张九钧，湘潭。

［试题］四时行焉（二句）。行而民莫（句）。善与人同（三句）。

［解元］卫学诗，韩城。

四川：

［试官］编修倪师孟，吴县。工外李敏第，夏邑。

［试题］工欲善其（节）。博厚则高明。菽粟如水（者乎）。

［解元］罗文思，合江。

广东：

［试官］编修关棠④，镇阳。御史朱续晫，平阴。

［试题］欲仁而得仁。其为物不（载焉）。义人之正（句）。

［解元］王定九，海康。

---

① 张映辰，积山本作"张暎辰"。"暎"同"映"。
② 陈其疑，积山本作"陈其凝"，是。
③ 钱塘，积山本作"钱唐"。
④ 关棠，积山本作"闻棠"，是。

广西：

[试官] 赞善钱本诚，太仓。检讨胡定，保昌。

[试题] 郁郁乎文哉。君臣也父（二句）。夏曰校殷（伦也）。

[解元] 文兆虁，灵川。

云南：

[试官] 编修张湄，钱塘①。礼外葛德润，安邑。

[试题] 君子学道（句）。力行近乎仁。有如时雨（句）。

[解元] 徐联元。

贵州：

[试官] 编修阮学濬，山阳。刑主朱发，乌程。

[试题] 君使臣以（二句）。用其中于民。游于圣人（句）。

[解元] 田霔，思南。

四年己未会试

中式三百二十八人。乌程费瀛偕子兰先同登。朝考赋得"因风想玉珂"，袁简斋有句云："声疑来禁苑，人似隔天河。"以语涉不庄，将摈之。尹文端独许其用心，后乞假归娶，程文公戏以一绝，有："此日黄姑逢织女，漫言人似隔天河。"

[试官] 户侍留保，满洲。内阁赵国麟，泰安。吏尚甘汝来，奉新。户侍凌如焕，上海。

[试题] 生而知之（二句）。用其中于（二句）。君子所性（于心）。

[会元] 轩辕诰，汶上。

[鼎甲] 庄有恭，番禺。涂震逢，南昌。秦勇均，金匮。

六年辛酉乡试

顺天解元毛帅灏②，后以壬申殿试怀夹③除名。福建解元邱鹏飞以武生除名。

顺天：

[试官] 礼侍刘藻，荷④泽。工侍许希孔，昆明。

[试题] 一日克己（二句）。夫微之显（节）。必有事焉（长也）。

[解元] 毛师灏，大兴。

---

① 钱塘，积山本作"钱唐"。
② 毛帅灏，积山本作"毛师灏"，是。
③ 夹，积山本作"挟"。
④ "荷"为"菏"之讹。

江南：

[试官] 阁学李绂，临川。修撰金德瑛，仁和。

[试题] 饭疏食饮（二句）。朝聘以时。鸡鸣而起（章）。

[解元] 龚锡纯。

江西：

[试官] 礼侍张廷路①，桐城。庶子彭启丰，长洲。

[试题] 一言以蔽（二句）。明乎郊社（二句）。天下之善（之人）。

[解元] 熊为霖，新建。

浙江：

[试官] 内阁蒋溥，常熟。编修赵青藜，泾县。

[试题] 如其礼乐（相焉）。洋洋乎发（句）。人能无以（句）。

[解元] 周逢吉，海盐。

福建：

[试官] 编修诸锦，秀水。检讨郭肇璜，全椒。

[试题] 乐节礼乐（句）。凡为天下（一也）。颂其诗读（四句）。

[解元] 邱鹏飞，侯官。

湖北：

[试官] 侍讲陈兆仑，仁和。编修关棠②，镇洋。

[试题] 女为周南（南）。载华岳而（二句）。敢问何谓（生者）。

[解元] 张梦扬，黄安。

湖南：

[试官] 编修涂逢震，南昌。检讨兴泰，满洲。

[试题] 未之思也（节）。博厚则高明。孩提之童（义也）。

[解元] 欧阳正焕，衡山。

河南：

[试官] 侍讲张鹏翀，嘉定。吏外钱度，武进。

[试题] 君子喻于义。淡而不厌（七句）。傅说举于（五句）。

[解元] 许龙章，商邱。

山东：

[试官] 编修万年茂，黄冈。编修周煌，涪州。

[试题] 公叔文子（节）。有所不足（二句）。夏后氏五（二句）。

[解元] 刘其旋，安邱。

山西：

---

① 张廷路，积山本作"张廷璐"，是。
② 关棠，积山本作"闻棠"，是。

［试官］编修阮学浩，山阳。吏中黄琰，善化。

［试题］知者不失（二句）。唯天下至（大经）。禹思天下（四句）。

［解元］张权。

陕西：

［试官］侍讲刘纶，武进。编修夏廷芝，高邮。

［试题］子路问曰（士矣）。莫见乎隐（二句）。其生色也（五句）。

［解元］梁济漹，兰皋①。

四川：

［试官］中允朱良裘，南汇。户主陈士璠，钱塘。

［试题］师冕见及（章）。言其上下（一句）。谷与鱼鳖（二句）。

［解元］黄坦，涪州。

广东：

［试官］编修沈乐仁，归安。御史陈大玠，晋江。

［试题］子曰举直（言乎）。能尽其性（六句）。诗云雨我（二句）。

［解元］陈炎宗，南海。

广西：

［试官］礼中李治运，吴县。编修胡中藻，新建。

［试题］质直而好（三句）。峻极于天（句）。民非水火（足矣）。

［解元］谢鹏翼，全州。

云南：

［试官］编修观保，满洲。吏外吴联珠，归安。

［试题］不忮不求（二节）。行其礼奏（二句）。若孔子则（甚也）。

［解元］周飏渭。

贵州：

［试官］侍讲潘中立，新城。吏外黄兰谷，休宁。

［试题］诗云乐只（节）。文之以礼（二句）。为天下时（句）。

［解元］王世仕，贵筑。

七年壬戌会试

中式三百十三人。同考十八人皆翰林，为前此所无。榜眼杨二思述曾、探花汤孙书大绅，俱阳湖人。

［试官］兵侍汪由敦，休宁。内阁鄂尔泰，满洲。刑尚刘吴龙，南昌。副都仲永檀，济宁。

----

① 兰皋，积山本作"皋兰"，是。

[试题] 如保赤子（远矣）。子击磬于（节）。所过者化（二句）。

[会元] 金姓。

[鼎甲] 金姓，仁和。杨述曾，阳湖。汤大绅，阳湖。

九年甲子乡试

顺天因搜检乡试逾期，改试期一日。舒少司马赫德上废科目疏，其略云科举不足得士者四。奉旨饬议。时鄂文端为首相，力驳其议，科目之不废，文端公之力也。

顺天：

[试官] 户侍汪由敦，休宁。祭酒崔纪，蒲州。

[试题] 此谓一言（二句）。纣之不善（下流）。士之不托（四节）。

[解元] 冯秉忠，金坛。

江南：

[试官] 礼侍邓钟岳，休宁。詹事叶一栋，新建。

[试题] 乐则韶舞。果能此道（三句）。人知之亦（四节）。

[解元] 薛观光，长洲。

江西：

[试官] 工侍张廷璏，桐城。编修蔡新，漳浦。

[试题] 行不由径（三句）。或困而知之。卿以下必（二句）。

[解元] 龚奏绩，临川。

浙江：

[试官] 少詹王会汾，无锡。编修官献瑶，安溪。

[试题] 诗可以兴（七句）。渊渊其渊（句）。此其大略（节）。

[解元] 张世荦，钱塘①。

福建：

[试官] 检讨夏之蓉，高邮。侍讲万承苍，南昌。

[试题] 里仁为美（章）。保佑命之（二句）。至于心独（义也）。

[解元] 朱士琇，建宁。

湖北：

[试官] 学士沈德潜，长洲。御史西成，满洲。

[试题] 周有八士（章）。人道敏政（二节）。段干木逾（三节）。

[解元] 向来雨。

湖南：

[试官] 编修吴绂，宜兴。刑主周承勃，泾阳。

---

① 钱塘，积山本作"钱唐"。

［试题］齐之以礼（句）。宽裕温柔（二句）。学则三代（句）。

［解元］郭焌，善化。

河南：

［试官］编修宋邦绥，长洲。编修叶西①，桐城。

［试题］十目所视（二句）。知者乐水（四句）。文王视民（句）。

［解元］彭应麟，临漳。

山东：

［试官］侍讲周玉璋②，仁和。编修曹秀先，新建。

［试题］谨权量申（节）。人之为道（治人）。顾为圣人氓。

［解元］吕璿，文登。

山西：

［试官］中允于敏中，金坛。侍读双庆，满洲。

［试题］子游为武（尔乎）。莫见乎隐（二句）。善教民爱之。

［解元］李凌云，太原。

陕西：

［试官］谕德兴泰，满洲。御史钱度，武进。

［试题］富与贵是（一段）。人道敏政（句）。源泉混混（如是）。

［解元］张馨，临潼。

四川：

［试官］编修汪士锽，休宁。工主章大有③，归安。

［试题］行不由径（三句）。知耻近乎勇。分人以财（三句）。

［解元］蒲心豫，蓬溪。

广东：

［试官］修撰金甡，仁和。刑外李本樟，惠民。

［试题］行己有耻（句）。人道敏政（在人）。口之于味（然乎）。

［解元］梁元龙，儋州。

广西：

［试官］编修吴嗣富，钱塘④。编修罗源汉，长沙。

［试题］行不由径（三句）。子曰父母（句）。拔乎其萃（句）。

［解元］刘定逌，武缘。

云南：

---

① "西"为"酉"之讹。

② 周玉璋，积山本作"周玉章"，是。

③ "章大有"为"章有大"之讹。

④ 钱塘，积山本作"钱唐"。

［试官］御史葛德润，安邑。编修朱荃，桐乡。

［试题］立则见其（二节）。可离非道也。鸡鸣而起（章）。

［解元］熊于青，赵州。

贵州：

［试官］侍讲田志勤，大兴。编修何其濬①，贡县。

［试题］仰之弥高（二句）。明辨之笃（二句）。如七十子（句）。

［解元］孙如璧，定蕃。

十年乙丑会试

中式百十三名。会元蒋元益卷进呈列第七，经御览，以第一文大缛，不如第七清真，改第一。是科鼎甲钱维城、王际华官书尚②，庄存与、会元蒋元益官侍郎，一时称盛。

［试官］兵尚彭维新，茶陵。吏尚史贻直，溧阳。刑尚阿克敦，满洲。刑侍钱陈群，嘉兴。

［试题］孰为夫子（而立）。人皆曰予（予知）。于季桓子（三段）。

［会元］蒋元益，长洲。

［鼎甲］钱维城，武进。庄存与，武进。王际华，钱塘③。

十一④年丁卯乡试

甲子、丁卯，邓晦庐钟岳联典江南试，王晋川会汾联典浙江试，所拔俱多名宿。纪文达昀中顺天解元，二场表高华典贵，进呈御览。按：文达年甫弱冠，场中乃有此赡丽之作，洵不愧一代作手。

顺天：

［试官］刑尚阿克敦，满洲。左都刘统勋，诸城。

［试题］言未及之（六句）。如此者不（节）。禹稷颜子（救之）。

［解元］纪昀，献县。

江南：

［试官］礼侍邓钟岳，东昌。学士周长发，会稽。

［试题］巧笑倩兮（章）。春秋修其（所亲）。乃所愿则（句）。

---

① "濬"为"睿"之讹。

② 书尚，积山本作"尚书"，是。

③ 钱塘，积山本作"钱唐"。

④ 十一，积山本作"十二"，是。

［解元］徐步蟾，兴化。

江西：

［试官］刑侍钱维群①，嘉兴。御史冯秉仁，历城。

［试题］子张问明（章）。继绝世举（一段）。执中为近（一也）。

［解元］陈奉兹，德化。

浙江：

［试官］兵侍王会汾，无锡。刑主周溁，溧阳。

［试题］有民人焉（佞者）。得一善者（二句）。柳下惠不（句）。

［解元］吴鸿，钱塘②。

福建：

［试官］洗马韩彦曾，长洲。编修经闻，满洲。

［试题］子钓而不纲。则拳拳服（句）。树墙下以桑。

［解元］黄元吉，侯官。

湖北：

［试官］少詹裘曰修，新建。编修朱荃，桐乡。

［试题］群而不党（党）。使天下之（二节）。故思其次（次也）。

［解元］吴汧，黄安。

湖南：

［试官］御史赵青藜，泾县。侍讲双庆，满洲。

［试题］不知为不（二句）。语小天下（于渊）。有天人之（备矣）。

［解元］罗典，湘潭。

河南：

［试官］给事程钟彦，休宁。编修周正思，闽县。

［试题］赐也贤乎（二句）。父母其顺（句）。是心足以（二句）。

［解元］胡绍南，汝阳。

山东：

［试官］侍讲德保，满洲。御史葛峻起，虞城。

［试题］言中伦行（二句）。礼所生也（句）。岁十一月（节）。

［解元］韩作霖，安平。

山西：

［试官］编修刘炳，任邱。编修诸锦，秀水。

［试题］若臧武仲（四句）。宪章文武（句）。巡狩者巡（句）。

［解元］刘秉钺，平定。

---

① 钱维群，积山本作"钱陈群"，是。
② 钱塘，积山本作"钱唐"。

陕西：

[试官] 检讨程岩，铅山。户中时钧辙，嘉定。

[试题] 子曰骥不（章）。人之为道（为道）。在国曰市（二句）。

[解元] 陈其策。

四川：

[试官] 学士龚渤，赵州。编修张映斗①，乌程。

[试题] 躬行君子（句）。回之为人（一善）。孟施舍之（二句）。

[解元] 岳眊，新津。

广东：

[试官] 礼主陈大复，宝应。御史李清芳，安溪。

[试题] 君子耻其（句）。人莫不饮（节）。不知其人（三句）。

[解元] 劳文谦，顺德。

广西：

[试官] 司业陈世烈，建水。御史冯元钦，长洲。

[试题] 起予者商也。南方之强（二句）。士何事曰（章）。

[解元] 胡德球②，临桂。

云南：

[试官] 编修周煌③。编修杨述曾④。

[试题] 祭如在祭（章）。知远之近（下平）。沧浪之水（四句）。

[解元] 谢宣。

贵州：

[试官] 编修徐炜，德清。检讨奉宽，满洲。

[试题] 刚毅木讷（章）。人道敏政（节）。又纵而振（句）。

[解元] 杜谟，遵义。

十三年戊辰会试

戊辰中式二百六十四名。涿州刘湘、□⑤洵兄弟同登。

[试官] 户侍蒋溥，常熟。吏尚陈大受，祁阳。兵尚鄂容安，满洲。礼侍沈德潜，长洲。

[试题] 好人之所（节）。子曰呜呼（二句）。鲁君之宋（二句）。

---

① 张映斗，积山本作"张暎斗"。"暎"同"映"。

② "球"为"琳"之讹。

③ 周煌，积山本作"周煌，涪州"。

④ 杨述曾，积山本作"杨述曾，阳湖"。

⑤ 原缺。积山本作"刘"。

［会元］郑杅，靖江。

［鼎甲］梁国治，会稽。陈枏①，仁和。汪廷屿②，镇洋。

十五年庚午乡试

庚午江南主试庄有恭、山西主试庄有信，兄弟同时典试。

顺天：

［试官］户侍汪由敦，休宁。礼侍嵩寿，满洲。

［试题］撺其不善（肝然）。发愤忘食（三句）。生之谓性（节）。

［解元］马国果，无锡。

江南：

［试官］户侍庄有恭，番禺。编修钮汝骐，桐乡。

［试题］致远恐泥（二句）。淡而不厌。拱把之桐（章）。

［解元］梅戴，元和。

江西：

［试官］编修钱陈群，嘉兴。编修史贻谟，溧阳。

［试题］君子亦有（节）。莫显乎微。百里奚虞（奇谏）。

［解元］朱能恕，鄱阳。

浙江：

［试官］少詹裘曰修，新建。编修欧阳正焕，衡山。

［试题］乡人皆好（章）。日月所照。有孺子歌（足矣）。

［解元］周天度，钱塘③。

福建：

［试官］少詹金德瑛，仁和。吏外冯成修，南海。

［试题］谨权量审（二句）。视之而弗（二节）。君子反经（节）。

［解元］蓝彩琳，漳浦。

湖北：

［试官］理少王会汾，无锡。学士王际华，钱塘④。

［试题］虽小道必（恐泥）。施及蛮貊（三句）。指不若人（节）。

［解元］董南楚，兴国。

湖南：

---

① 陈枏，积山本作"陈栴"。"枏"同"栴"。
② 汪廷屿，积山本作"汪廷玙"，是。
③ 钱塘，积山本作"钱唐"。
④ 钱塘，积山本作"钱唐"。

1498

［试官］编修蒋元益，长洲。刑主吕际虞，太谷。

［试题］点尔何如（之撰）。诚则形形（三句）。我善养吾（言也）。

［解元］朱景英，武陵。

河南：

［试官］编修汪廷玙，镇洋。礼外李玉鸣，安溪。

［试题］孰先传焉（四句）。修道以仁。故闻伯夷（二段）。

［解元］张家彦。

山东：

［试官］御史张湄，钱塘。刑主段汝舟，武进。

［试题］无适也无（二句）。远之则有望。欲得不屑（次也）。

［解元］栾廷钤，胶州。

山西：

［试官］编修庄有信，番禺。中允窦光鼐，诸城。

［试题］骥不称其（章）。正己而不（句）。人性之善（然也）。

［解元］王新祚，阳曲。

陕西：

［试官］刑给汤聘，仁和。编修李友棠，临川。

［试题］曰礼后乎（商也）。序事所以（句）。使有菽粟（二句）。

［解元］赵文重，正宁。

四川：

［试官］编修陈顾㳉，仁和。刑主孙汉，汉阳。

［试题］辟①如为山（章）。修道则身立。民事不可（恒心）。

［解元］陈三恪，岳池。

广东：

［试官］御史周焘，茶陵。编修杨述曾，阳湖。

［试题］樊迟请学（迟出）。舟车所至。求之有道（三句）。

［解元］潘其勤，南海。

广西：

［试官］司业张九镒，湘潭。检讨梦麟，蒙古。

［试题］子华使于（节）。鲜能知味也。方寸之木（二句）。

［解元］谢廷琛，全州。

云南：

［试官］礼中高景蕃，仁和。检讨陈湺洲，同安。

［试题］仰之弥高（二节）。舟车所至（二句）。其志嗷嗷（者也）。

---

① 辟，积山本作"譬"。

［解元］李宰，大理。

贵州：

［试官］编修诸锦，秀水。司业温敏，满洲。

［试题］依于仁游（二句）。远之则有（二句）。乃若其情（善也）。

［解元］周大成，镇远。

十六年辛未会试

中式二百四十三名。

［试官］吏侍董邦达，富阳。刑尚刘统勋，诸城。工尚孙嘉淦，兴县。礼侍介福，满洲。

［试题］贤者辟世（章）。上焉者虽（一段）。舜之居深（章）。

［会元］周澧①。

［鼎甲］吴鸿，仁和。饶学曙，广昌。周澧②，嘉善。

十七年壬申恩科乡试

本年，皇太后六旬万寿，特开恩科，乡会试一岁举行。

顺天：

［试官］工尚孙嘉淦，兴县。礼侍介福，满洲。

［试题］夫子莞尔（二句）。故天之生（二句）。交闻文王（以长）。

［解元］田玉，无锡。

江南：

［试官］兵侍裘曰修，新建。编修邵树本，钱塘。

［试题］可与言而（章）。地道敏树。大匠诲人（句）。

［解元］仲鹤庆，泰州。

江西：

［试官］阁学蔡新，漳浦。赞善金甡，仁和。

［试题］吾见其人（二句）。可与人德（见乎）。高子曰禹（章）。

［解元］史班，鄱阳。

浙江：

［试官］阁学李因培，晋宁。编修秦镇，金坛。

［试题］上如揖下（五句）。淡而不厌（六句）。诗云雨我（三句）。

---

① "澧"为"沣"之讹。
② "澧"为"沣"之讹。

［解元］李祖惠，秀水。

福建：

［试官］御史李师中，高密。检讨王世仕，贵筑。

［试题］贤者识其（三句）。庸德之行。五亩之宅（二段）。

［解元］蔡廷芳①，晋江。

湖北：

［试官］中允窦光鼐，诸城。编修庄存与，武进。

［试题］不降其志（节）。尚不愧于（句）。他日由邹（二句）。

［解元］张宗琨，咸宁。

湖南：

［试官］编修汪廷玙，歙县。宗主毛永燮，大兴。

［试题］赤也束带（二句）。执其两端。后稷教民（德之）。

［解元］易昆耀②，湘阴。

河南：

［试官］编修钱汝诚，嘉兴。刑中许道基，海宁。

［试题］他日又独（节）。鱼跃于渊。昔者王豹（四句）。

［解元］赵采③章，鹿邑。

山东：

［试官］御史胡蛟龄，泾县。编修徐堂，祥符。

［试题］民之于仁（二句）。文理密察。山径之蹊（四句）。

［解元］张映台④，海盐⑤。

山西：

［试官］编修刘宗魏，赣县。刑外张拜赓，长兴。

［试题］子夏曰富（二节）。上律天时（四时）。闻其乐而（句）。

［解元］史传远，武乡。

陕西：

［试官］侍读张九镒，湘潭。编修杨述曾，阳湖。

［试题］蘧伯玉使（何为）。斯昭昭之（系焉）。五亩之宅（二句）。

［解元］张翼儒，通渭。

四川：

［试官］检讨陈庆升，安平。御史杨勋，嘉应。

---

① 蔡廷芳，《国朝贡举考略》、《清秘述闻》作"蔡庭芳"。
② 易昆耀，积山本作"易昆跃"。
③ "采"为"来"之讹。
④ 张映台，积山本作"张暎台"。"暎"同"映"。
⑤ 海盐"，积山本作"海丰"，是。

［试题］如有所立（句）。自天申之。诗云雨我（二句）。

［解元］曾暎眉，江津。

广东：

［试官］侍读陈大昀①，溧阳。编修李宗文，安溪。

［试题］可使足民（二句）。纯亦不已。以追蠡曰（力与）。

［解元］温元章，东莞。

广西：

［试官］修撰吴鸿，仁和。检讨傅清，满洲。

［试题］文质彬彬。其言足以兴。屋庐子喜（子悦）。

［解元］洪②翊勋，兴安。

云南：

［试官］编修钮汝骐，桐乡。司业温敏，满洲。

［试题］知者乐水（二句）。鲜能知味也。非所以内（三句）。

［解元］袁文佑，永昌。

贵州：

［试官］侍讲良诚，满洲。御史王显绪，福山。

［试题］尊五美。鸢飞戾天。君子引而（二句）。

［解元］曾承唐，遵义。

十七年壬辰③恩科会试

中式三百二十一名。会试榜发，恩命落卷举子年逾耄耋者，给予职衔。当涂徐位山文靖年逾九十，钦赐检讨。位山著作甚富，异□④赡思，前人罕有。

［试官］礼侍嵩寿，满洲。内阁陈世倌，海宁。阁学邹一桂，无锡。

［试题］君子有三（之言）。果能此道（节）。孟子之滕（廋也）。

［会元］邵嗣宗，太仓。

［鼎甲］秦大士，江宁。范棫士，华亭。卢文弨，余姚。

十八年癸酉乡试

江西分宜知县天门陈大经分校乡闱，梦送天榜，送一扁至其家曰："三元及第。"

---

① "昀"为"晫"之讹。

② "洪"为"拱"之讹。

③ 壬辰，积山本作"壬申"，是。

④ 此字模糊难辨，积山本作"才"。

已而本房取中七人，内三人为乐平胡羽尧翘元、大庚戴良圃第元、南昌彭芸楣元瑞，后皆登进士，所谓"三元及第"也。

顺天：

[试官] 吏尚孙嘉淦，兴县。礼侍嵩寿，满洲。

[试题] 岁寒然后（章）。诗云潜虽（不疚）。恶莠恐其（节）。

[解元] 余继坤，溧阳。

江南：

[试官] 阁学梦麟，蒙古。检讨王太岳，定兴。

[试题] 子路宿于（孔氏）。夫政也者（句）。春秋□□①（节）。

[解元] 胡溶，镇洋。

江西：

[试官] 礼侍董邦达，富阳。编修戈涛，献县。

[试题] 色斯举矣（二句）。所求乎臣。当斯时也（得乎）。

[解元] 王元，瑞昌。

浙江：

[试官] 兵侍裘曰修，新建。编修吴鹏南，连江。

[试题] 邦有道危（句）。吾说夏礼（节）。牛山之木（句）。

[解元] 傅学沆，诸暨。

福建：

[试官] 学士汪廷玙，镇洋。御史毛辉祖，历城。

[试题] 及阶子曰（在斯）。行其礼奏（二句）。夫志至焉（其气）。

[解元] 骆天衢，嘉安②。

湖北：

[试官] 侍讲庄存与，武进。御史李玉鸣，安溪。

[试题] 可以为难（二句）。见而民莫（句）。助者藉也（于助）。

[解元] 沈发阡。

湖南：

[试官] 司业温敏，洲满③。御史李承端④，海阳。

[试题] 吾未见能（句）。及其知之（四句）。执中为近（一也）。

[解元] 陈震。

河南：

---

① 原缺。积山本作"无义"。
② 嘉安，积山本作"惠安"，是。
③ 洲满，积山本作"满洲"，是。
④ "端"为"瑞"之讹。

［试官］编修刘星炜，武进。编修叶观国，闽县。

［试题］子路问事（欺也）。今夫天斯（一段）。庆以地。

［解元］李鸣埙，睢州。

山东：

［试官］编修林明伦，贻县。编修张玉①莘，桐城。

［试题］仁者先难（句）。日月所照（四句）。人能充无（二句）。

［解元］褚昕。

山西：

［试官］学士金甡，仁和。宗主睦朝栋，丹徒。

［试题］升车必正（章）。鲜能知味也。流水之为（四句）。

［解元］张荣前②，太原。

陕西：

［试官］理少张暎辰③，钱塘。编修卢明楷，宁都。

［试题］贤者识其（二句）。思事亲不（二句）。有友五人（者也）。

［解元］王大成。

四川：

［试官］侍讲图鼐布，满洲。礼外冯成修，南海。

［试题］夫达也者（节）。足以有容也。君子引而（节）。

［解元］胡翠仁，中江。

广东：

［试官］编修刘墉，诸城。编修谢溶生，仪征。

［试题］樊迟未达（诸枉）。禘尝之义。夫道若大（句）。

［解元］陈圣与。

广西：

［试官］御史温如玉，抚宁。礼中陈大复，宝应。

［试题］吾与女④弗（句）。振河海而（句）。乐正子强（三句）。

［解元］林时蕃，义宁。

云南：

［试官］编修杨方立，瑞金。编修沈栻，常熟。

［试题］何器也曰（二句）。官盛任使。或远或近（已矣）。

［解元］杨中选，寻甸。

---

① "玉"为"裕"之讹。

② 张荣前，积山本作"孙荣前"，是。

③ 张暎辰，《清秘述闻》作"张映辰"。"暎"同"映"。

④ 女，积山本作"汝"。

1504

贵州：

[试官]洗马史贻谟，溧阳。御史李友棠，临川。

[试题]非礼勿听（三句）。以武王为子。民非水火（已矣）。

[解元]韩之显，正安。

十九年甲戌会试

中式三百四十一名。状元庄培因素负才华，其兄存与中乙丑榜眼，调以诗云曰："他年令第①魁天下，始信人间有宋祁。"是科果登状首。

[试官]礼侍介福，满洲。内阁陈世倌，海宁。阁学钱维城，武进。

[试题]唐棣之华（思也）。博厚配地（三节）。且夫枉尺（以利）。

[会元]胡绍鼎，孝慈②。

[鼎甲]庄培因，阳湖。王鸣盛，嘉定。倪承宽，仁和。

二十一年丙子乡试

丙子顺天主考刘统勋、广西刘墉，浙江庄存与、福建庄培因，父子兄弟同时典试。

顺天：

[试官]刑尚刘统勋，诸城。刑侍蔡新，漳浦。

[试题]闵子侍侧（节）。君子之道（而理）。曰若是则（节）。

[解元]李骏，长垣。

江南：

[试官]礼尚介福，满洲。编修冯浩，桐乡。

[试题]摄齐升堂（节）。上祀先公（句）。麒麟之于（二句）。

[解元]柳芳③，丹徒。

江西：

[试官]礼侍金德瑛，仁和。编修陈筌，安州。

[试题]何哉尔所（句）。陈其宗器。道则高矣（章）。

[解元]刘芬，南昌。

浙江：

[试官]阁学庄存与，武进。编修鞠恺，海阳。

[试题]颜渊曰愿（之志）。不可以不（者三）。士无事而（功乎）。

---

① 第，积山本作"弟"，是。

② 孝慈，积山本作"孝感"，是。

③ "芳"为"蓁"之讹。

［解元］高毓生①，乌程。

福建：

［试官］修撰庄培因，武进。吏外范思皇，蕲水。

［试题］揖与所立（二节）。回之为人（一善），惟助为有（句）。

［解元］杨凤腾，连江。

湖北：

［试官］编修叶观光②，闽县。侍讲德保，满洲。

［试题］女器也曰（二句）。淡而不厌。方寸之木（二句）。

［解元］萧德纯③。

湖南：

［试官］修撰吴鸿，仁和。刑主张模，宛平。

［试题］视其所以（三句）。人一能之。诗云昼尔（节）。

［解元］蒋一璁，清良。

河南：

［试官］赞善郑虎文，秀水。编修罗典，长沙。

［试题］不逆诈不（章）。凡有血气（二句）。他日王谓（孟子）。

［解元］赵相临。

山东：

［试官］编修李中节④，任邱。工主魏梦龙，仁和。

［试题］子曰可也（者也）。衣锦尚绚（曰章）。或相倍蓰（三句）。

［解元］左颖发。

山西：

［试官］编修敬华南，华阳。刑主闵鹗元，归安。

［试题］子曰雍之（句）。人一能之（道矣）。夫以百亩（夫也）。

［解元］萧世程。

陕西：

［试官］庶子李宗文，安溪。吏外曹发元⑤，新建。

［试题］愿车马衣（之志）。有弗思思（二段）。胸中正则（眸子）。

［解元］杨启璁⑥。

四川：

———————————

① 高毓生，《国朝贡举考略》、《清秘述闻》作"高毓龙"。
② "光"为"国"之讹。
③ 萧德纯，积山本作"萧学纯"。
④ "节"为"简"之讹。
⑤ 曹发元，积山本作"曹发先"，是。
⑥ 杨启璁，积山本作"杨启聪"。

［试官］御史刘湘，通①州。编修钟兰枝，海宁。

［试题］吾之于人（二句）。天下之达（者三）。昼尔于茅（三句）。

［解元］李藩，绵作②。

广东：

［试官］修撰梁国治，会稽。编修博明，满洲。

［试题］南容三复（句）。君臣也父（二句）。孔子登东（其润）。

［解元］梁尚秉，顺德。

广西：

［试官］编修刘墉，诸城。宗主毛永燹，大兴。

［试题］可得而闻（天道）。言前定则（二句）。学者亦必（句）。

［解元］唐选仪③，全州④。

云南：

［试官］编修戈涛，献县。御史杨方立，瑞金。

［试题］樊迟请学（节）。睨而视之（为远）。君子平其（可也）。

［解元］俞汝夔，定番⑤。

贵州：

［试官］编修杨⑥先甲，宜兴。编修王启绪，福山。

［试题］摄齐升堂（节）。为下不倍。欲得不屑（狷也）。

［解元］杨如溥。

二十二年丁丑会试

中式二百四十二名。是科闱中裁去表判，增用五言八韵得⑦诗一首，永著为令。

［试官］礼侍介福，满洲。刑尚刘统勋，诸城。礼侍金德瑛，仁和。

［试题］臧文仲其（一句）。在上位不（二句）。一箪食一（加焉）。

［会元］蔡以台，嘉善。

［鼎甲］蔡以台，嘉善。梅立本，宣城。邹奕孝，金匮。

---

① "通"为"涿"之讹。

② "作"为"竹"之讹。

③ 唐选仪，积山本作"唐迁仪"。

④ 全州，积山本作"金州"，误。

⑤ "定番"为下一条贵州解元杨如溥的籍贯，此误。

⑥ "杨"为"汤"之讹。

⑦ 得，积山本作"律"，是。

二十四年己卯□①试

秦司寇蕙田进呈磨勘顺天试卷，上阅第四名有"饮君心于江海"之语，上云："揆其意不过如饮和食德常语，而杂凑不成文理，罚停五科。"嗣后磨勘定议甚严，场中之文，斤斤绳墨矣。

顺天：

[试官] 兵尚梁诗正，钱塘②。兵侍观保，满洲。

[试题] 君子亦有（节）。射有似乎（节）。今有场师（节）。

[解元] 边方晋，任邱。

江南：

[试官] 户侍裘曰修，新建。御史钱琦，钱塘③。

[试题] 君子之于（三句）。车同轨书（二句）。孔子不得（节）。

[解元] 孙仝敞，高邮。

江西：

[试官] 工侍钱维城，武进。编修翁文纲，大兴。

[试题] 为之难言（二句）。顺乎亲有（三句）。自得之则（其原）。

[解元] 周肃文，金溪。

浙江：

[试官] 礼侍介福，满洲。御史杨④先甲，宜兴。

[试题] 子游为武（章）。考诸三王（一句）。岁十一月（二句）。

[解元] 姚翀，仁和。

福建：

[试官] 学士王鸣盛，嘉定。御史胡泽潢，宁乡。

[试题] 事君敬其（句）。合外内之（句）。有本者如（二如）。

[解元] 孟超然，闽县。

湖北：

[试官] 庶子沈栻，常熟。工外赵瑗，昆明。

[试题] 子在齐闻（章）。人十能之。孔子尝为（节）。

[解元] 萧芝，汉阳。

湖南：

[试官] 侍讲张若澄，桐城。御史胡绍南，汝阳。

[试题] 樊迟从游（二节）。天地之大（载焉）。其志嘐嘐（之人）。

---

① 原缺。积山本作"乡"。
② 钱塘，积山本作"钱唐"。
③ 钱塘，积山本作"钱唐"。
④ "杨"为"汤"之讹。

［解元］陈①本敬，湘潭。

河南：

［试官］侍讲卢明楷，宁都。学士朱珪，大兴。

［试题］可以为仁（难矣）。执柯以伐（为远）。不揣其本（二节）。

［解元］吴廷坚，睢州。

山东：

［试官］赞善钱大昕，嘉定。户中叶宏，浮梁。

［试题］曰学诗乎（节）。日月星城②（句）。八家皆私（二句）。

［解元］任锡纯③，聊城。

山西：

［试官］编修纪昀，献县。户主周日赞④，金匮。

［试题］曰山梁雌（二句）。素隐行怪（二句）。其徒数十（大悦）。

［解元］冯文正⑤，壶关。

陕西：

［试官］编修邵树本，仁和。编修甘立功，奉新。

［试题］子夏之门（所闻）。舜其大孝（二句）。昏暮叩人（足矣）。

［解元］王勋，大荔。

四川：

［试官］刑外闵鹗元，归安。编修周於礼，嶍峨。

［试题］诗三百一（二句）。及其知之（句）。昼尔于茅（三句）。

［解元］何明礼，崇庆。

广东：

［试官］编修秦黉，甘泉。编修景福，满洲。

［试题］辟⑥如北辰（其所）。戒慎乎其（句）。今有无名（句）。

［解元］卢圣存，东莞。

广西：

［试官］编修钱载，秀水。户主于雯峻，金坛。

［试题］请益曰无倦。人一能之（四句）。皆古圣人（所愿）。

［解元］刘嵘钟，临桂。

云南：

---

① "陈"为"宋"之讹。
② 城，积山本作"辰"，是。
③ 任锡纯，积山本作"任锡锐"。皆误，当为"任锐锡"。
④ 周日赞，积山本作"周曰赞"，是。
⑤ "正"为"止"之讹。
⑥ 辟，积山本作"譬"。

［试官］编修蒋楒，常熟。工主魏梦龙，仁和。

［试题］子路有闻（二句）。鸢飞戾天。为长者折（段）。

［解元］李嵩①龄，临安。

贵州：

［试官］编修秦百里，凤台。御史刘龙光，黄陂。

［试题］蘧伯玉使（何为）。成己仁也（二句）。井九百亩（公田）。

［解元］简贵朝，大定。

二十五年庚戌②会试

中式一百六十四名。

［试官］礼侍介福，满洲。内阁蒋溥，常熟。刑尚秦蕙田，无锡。副都张泰开，金匮。

［试题］既曰而鄙③（已矣）。愚而好自（三句）。诗云忧心（王也）。

［会元］王中孚，诸城。

［鼎甲］毕沅，镇洋。诸重光，余姚。王文治，丹徒。

二十五年庚辰恩科乡试

本年皇太后七旬万寿，又值西域平定，武功告成。诏于庚辰正科会试后举行恩科乡试。

顺天：

［试官］左都刘纶，武进。礼侍介福，满洲。

［试题］瑟兮僴兮（君子）。侍食于君（节）。屋庐子喜（间矣）。

［解元］崔凤集，宁河。

江南：

［试官］刑侍钱汝诚，嘉兴。御史朱丕烈，海盐。

［试题］汤之盘铭曰。黄衣狐裘。吾王不遊（四句）。

［解元］仲嘉德，常熟。

江西：

［试官］兵侍王际华，钱塘④。编修沈业富，高邮。

---

① "嵩"为"松"之讹。

② 庚戌，积山本作"庚辰"，是。

③ 既曰而鄙，积山本作"既而曰鄙"，是。

④ 钱塘，积山本作"钱唐"。

［试题］抑亦先觉（二句）。辟①如天地（句）。原②泉混混（四句）。

［解元］李睿，雩都。

浙江：

［试官］兵侍观保，满洲。编修秦泰钧，金匮。

［试题］樊迟请学（节）。执柯以伐（三句）。今有璞玉（琢之）。

［解元］陈朗，平湖。

福建：

［试官］学士周煌，涪州。户外毛永夑，大兴。

［试题］或曰以德（章）。有余不敢（顾行）。伯夷隘柳（二句）。

［解元］张克绥，晋江。

湖北：

［试官］刑中蔡鸿业，华亭。编修王懿德，满洲。

［试题］赐也女以（非与）。知风之自。拱把之桐（章）。

［解元］梁景阳，麻城。

湖南：

［试官］编修叶观国，闽县。吏主孔毓文，句容。

［试题］可谓仁乎（圣乎）。悠也久也。孟子居邹（节）。

［解元］李材，澧州。

河南：

［试官］洗马史贻谟，溧阳。御史李绶，宛平。

［试题］无小大无（二句）。发而皆中节。不以规矩（二句）。

［解元］张六行，长葛。

山东：

［试官］编修秦黉，甘泉。侍读图赉布，满洲。

［试题］乐节礼乐（二句）。人道敏政。城门之轨（二句）。

［解元］王维垣，诸城。

山西：

［试官］编修蒋楜，常熟。侍读德保，满洲。

［试题］知者乐水（一章）。必因其材（句）。以人性为（章）。

［解元］刘体中，清源。

陕西：

［试官］御史胡绍南，汝阳。编修朱佩莲，海盐。

---

① 辟，积山本作"譬"。
② 原，积山本作"源"。

［试题］行人子羽（二句）。必得其位（笃焉）。谓其台曰（二句）。

［解元］雷尔杰，朝邑。

四川：

［试官］御史周於礼，嵋峨。司业博钦①额，满洲。

［试题］居则曰不（节）。日月星辰（二句）。听其言也（节）。

［解元］王用中，剑州。

广东：

［试官］刑外张模，宛平。编修罗生②春，吉水。

［试题］吾有知乎（如也）。辟③如行远（四句）。有人于此（食也）。

［解元］李高飞，鹤山。

广西：

［试官］吏中李敏行，夏邑。刑中昌光亨，旌德。

［试题］樊迟问仁（节）。保佑命之（二句）。颂其诗读（四句）。

［解元］许其谊，临桂。

云南：

［试官］侍讲景福，满洲。编修饶学曙，广昌。

［试题］敏而好学（三句）。远之则有望。流水之为（节）。

［解元］李根玉，临安。

贵州：

［试官］户中王协和，天长。检讨熊为霖，新建。

［试题］见善如不（二句）。天之所覆（二句）。君子之言（存焉）。

［解元］全④上泗，镇宁。

二十六年辛巳恩科会试

中式二百十七人，大兴邵自镇偕子庚曾同捷南宫。

［试官］户侍于敏中，金坛。内阁刘统勋，诸城。兵侍观保，满洲。

［试题］红紫不以（句）。旅酬下为（四句）。大夫曰何（句）。

［会元］陈步瀛，江宁。

［鼎甲］王杰，韩城。胡高望，仁和。赵翼，阳湖。

---

① "钦"为"卿"之讹。
② "生"为"暹"之讹。
③ 辟，积山本作"譬"。
④ "全"为"余"之讹。

二十七年壬午乡试

吴修撰鸿视学湖南，壬午主司为钱竹汀大昕、王伟人杰。三公皆衡文巨眼也。诸生出闱，以卷呈吴，吴最赏丁甡、丁正心、张德安、石鸿翥、陈圣清，曰："此五卷失一，不复论文矣。"榜发，第六至末仅陈一人。吴旁皇莫释。五魁报至，四生已各魁其经矣，吴大喜。时传为佳话。

顺天：

[试官] 吏尚梁诗正，钱塘①。兵侍观保，满洲。

[试题] 始吾于人（四句）。使天下之（三句）。燔肉不至（三句）。

[解元] 李步青，任邱。

江南：

[试官] 户侍钱汝诚，嘉兴。编修戴第元，大庾。

[试题] 乡人傩朝（节）。禘尝之义。远方之人（为食）。

[解元] 吴珏，歙县。

江西：

[试官] 副都梁国治，会稽。编修梅立本，宣城。

[试题] 颜渊问为邦。洋洋乎如（格思）。江汉以濯（二句）。

[解元] 何飞熊，金溪。

浙江：

[试官] 吏侍彭启丰，长洲。编修李宗宝，闽县。

[试题] 加我数年（二句）。必因其材（二句）。鲁之春秋（则史）。

[解元] 王世勋，镇海。

福建：

[试官] 学士秦大士，江宁。编修毛辉祖，历城。

[试题] 阙党童子（章）。今夫山一（二句）。其日夜之（二句）。

[解元] 赖涛，延平。

湖北：

[试官] 编修翁方纲，大兴。编修彭冠，夏邑。

[试题] 君子易事（一段）。日省月试（二句）。有友五人（牧仲）。

[解元] 蒋方熙，黄梅。

湖南：

[试官] 侍读钱大昕，嘉定。修撰王杰，韩城。

[试题] 必也射乎（三句）。宪宪令德（二句）。今夫麰麦（又同）。

[解元] 丁甡，清泉。

---

① 钱塘，积山本作"钱唐"。

河南：

[试官] 编修罗典，湘潭。御史王中孚，诸城。

[试题] 南人有言（章）。洋洋乎如（射思）。君子平其（二句）。

[解元] 杨如耀，许州。

山东：

[试官] 编修诸重光，余姚。编修卫萧①，济源。

[试题] 如有所誉（二句）。使天下之人。鲁人猎较（二句）。

[解元] 李汶，金乡。

山西：

[试官] 编修施培应，昆明。编修沈业富，高邮。

[试题] 孔子下欲（二句）。远之则有望。始舍之圉（所哉）。

[解元] 薛瑾光，临县。

陕西：

[试官] 御史吴绶诏，歙县。编修王燕绪，福山。

[试题] 不吾知也（二句）。君子以人（句）。太宰知我（者乎）。

[解元] 张埰。

四川：

[试官] 编修积善，满洲。御史丁田树，怀宁。

[试题] 恶不仁者（句）。人力所通。以为无益（二句）。

[解元] 陈子元，仁寿。

广东：

[试官] 御史王懿德，奉天。编修汪新，仁和。

[试题] 有盛馔必（二句）。执柯以伐柯。万章问曰（之野）。

[解元] 钟允彝，东莞。

广西：

[试官] 编修童凤三，山阴。刑主王士棻，华州。

[试题] 多闻择其（次也）。睨而视之（二句）。先立乎其（句）。

[解元] 张以宁，永福。

云南：

[试官] 编修王绍曾，金山。检讨何曰珮，肇庆。

[试题] 有能一日（句）。是故君子（不睹）。入其疆土（段）。

[解元] 张履观，建水。

贵州：

[试官] 御史蒋和宁，阳湖。检讨边继祖，任邱。

---

① "萧"为"肃"之讹。

［试题］求为可知也。必因其材（培之）。他日由邹（二句）。

［解元］袁达德，开泰。

二十八年癸未会试

中式一百八十八人。先是，会榜第三已定张书勋，以论误斥去，于落卷搜秦大成补之。秦登是科状首，而张亦旋于丙戌大魁天下。

［试官］吏侍德保，满洲。刑尚秦蕙田，金匮。户侍王际华，钱塘①。

［试题］宁武子邦（二句）。无忧者其（句）。淳于髡曰去之。

［会元］孙效曾，仁和。

［鼎甲］秦大成，嘉定。沈初，平湖。韦谦恒，芜湖。

三十年乙酉乡试

顺天：

［试官］兵尚彭启丰，长洲。兵侍钟音，满洲。

［试题］孰谓微生（二句）。君子易事（节）。知虞公之（三段）。

［解元］祝堃，大兴。

江南：

［试官］工侍李宗文，安溪。学士钱载，秀水。

［试题］弟子入则（章）。子路问强（三句）。于答是也（三段）。

［解元］孙登标，昆山。

江西：

［试官］吏侍德保，满洲。侍读汪永锡，歙县。

［试题］不践迹亦（二句）。柔远人则（句）。故理义之（句）。

［解元］吴光槐，九江。

浙江：

［试官］祭酒曹秀先，新建。学士钱大昕，嘉定。

［试题］其事上也（二句）。吾学周礼。大而化之（之中）。

［解元］陆飞，仁和。

福建：

［试官］庶子谢墉，嘉善。御史毛辉祖，历城。

［试题］犹天之不（句）。无恶于志。故理义之（二句）。

［解元］王国鉴，安溪。

---

① 钱塘，积山本作"钱唐"。

湖北：

[试官] 少詹汪廷玙，镇洋。吏给陈科捷，安溪。

[试题] 多闻择其（三句）。诗云维天（天也）。故观于海（二句）。

[解元] 李潢，中祥①。

湖南：

[试官] 编修张坦，临潼。员外钱受毂，秀水。

[试题] 质胜文则（彬彬）。君子而时中。则不知足（二句）。

[解元] 罗泽坤，武陵。

河南：

[试官] 侍读嵩贯，蒙古。宗主徐恕，青浦。

[试题] 赤之适齐（三句）。果能此道矣。梓匠轮舆（章）。

[解元] 周世勋②，祥符。

山东：

[试官] 御史秦黉，甘泉。编修戴第元，大庾。

[试题] 揖所与立（后前③）。庶几夙夜。奋乎百世（者乎）。

[解元] 李有基，德州。

山西：

[试官] 侍讲阿肃，满洲。中书陆锡熊，上海。

[试题] 有能一日（二节）。陈其宗器（二句）。尽信书则（二节）。

[解元] 姚秉哲，代州。

陕西：

[试官] 侍讲杨述曾，阳湖。宗主左卫④，桐城。

[试题] 生之者众（四句）。鼓瑟希铿（而作）。既饱以德（二句）。

[解元] 侯章，邠阳。

四川：

[试官] 阁学杨⑤先甲，宜兴。吏主王猷，奉天。

[试题] 辟⑥如平地（往也）。正己而不（句）。非圣人而（二句）。

[解元] 王汝嘉，铜梁。

广东：

[试官] 学士卢文弨，仁和。吏主刘墫，诸城。

---

① 中祥，积山本作"钟祥"，是。
② "勋"为"绩"之讹。
③ 后前，积山本作"前后"，是。
④ "卫"为"衢"之讹。
⑤ "杨"为"汤"之讹。
⑥ 辟，积山本作"譬"。

［试题］子贡问为（其器）。好学近乎（三者）。古之人未（句）。

［解元］梁泉，顺德。

广西：

［试官］御史积善，满洲。吏主孟超然，闽县。

［试题］知者乐水（一句）。序事所以（句）。子游子夏（而微）。

［解元］袁珧，平南。

云南：

［试官］洗马厉守谦①，静海。工主邹梦皋，无锡。

［试题］色取仁而（二句）。相在尔室。欲贵者人（思耳）。

［解元］俞如圣，石屏。

贵州：

［试官］编修李孔阳，清宛。刑主吴岩，乌程。

［试题］耻躬之不（句）。及其广大（二句）。万物皆备（句）。

［解元］宋仁溥，天柱。

三十一年丙戌会试

场偶不戒于火，会试卷有被焚者，经礼部奏明另试，钦命题"由之瑟"二句，补取故卷中式。吴县张西峰书勋以举人就挑得知县，行奉檄出都矣，及榜发，获隽廷对，竟得大魁。以知县中状元，奇遇也。

［试官］吏侍裘曰修，新建。内阁尹继善，满洲。兵侍陆宗楷，仁和。

［试题］君子周急（九百）。诗云相在（而敬）。诐辞知其（四句）。

［会元］胡珊，歙县。

［鼎甲］张书勋，吴县。姚颐，泰和。刘跃云，武进。

三十三年戊子乡试

顺天：

［试官］兵侍陆宗楷，仁和。副都景福，满洲。

［试题］言悖而出（四句）。吾见其居（二句）。观水有术（四句）。

［解元］辛开一，宛平。

江南：

［试官］户侍王际华，钱塘。学士国柱，满洲。

［试题］宪问耻子（句）。诗曰衣锦（句）。晋之乘楚（三句）。

---

① 厉守谦，积山本作"励守谦"，是。

［解元］张曾敫①，桐城。

江西：

［试官］工侍刘星炜，武进。吏外冯晋祚，代州。

［试题］子语鲁大②（句）。洋洋乎发（句）。以笃周祐③。

［解元］张书绅，广丰。

浙江：

［试官］庶子博钦额④，满洲。中书陆锡熊，上海。

［试题］吾何执执（三句）。日省月试。由尧舜至（三节）。

［解元］许祖京，德清。

福建：

［试官］刑给戈涛，献县。中书郭元隆⑤，全椒。

［试题］明日子路（行矣）。曲能有诚。君子之言（存焉）。

［解元］翁汝⑥霖，莆田。

湖北：

［试官］祭酒良诚，满洲。宗主郑步云，归安。

［试题］所谓立之（四句）。地道敏树。如有能信（若人）。

［解元］萧学良⑦，孝感。

湖南：

［试官］学士李中简，任邱。中允彭冠，夏邑。

［试题］因不失其（二句）。其言足以兴。禹掘地而（句）。

［解元］刘工询。

河南：

［试官］御史虞鸣球，金坛。户主孙含中，昌邑。

［试题］翔而后集（四句）。审问之慎（二句）。故观于海（句）。

［解元］乔之劭，宁陵。

山东：

［试官］刑中朱岐，清宛。礼主姚鼐，桐城。

［试题］论笃是与（二句）。文武之政。子未学礼（五句）。

［解元］朱续孜，平阴。

---

① 敫，积山本作"敼"。
② 大，积山本作"太"。
③ "祐"为"祜"之讹。
④ 博钦额，积山本作"博卿额"，是。
⑤ "隆"为"滢"之讹。
⑥ "汝"为"霔"之讹。
⑦ 《国朝贡举考略》、《清秘述闻》作"萧学耷"。

山西：

［试官］御史秦雄飞，无锡。刑外王士棻，华州。

［试题］诵诗三百（二句）。知耻近乎勇。子产郑听①（二节）。

［解元］范三纲，平陆。

陕西：

［试官］学士阿靖阿，满洲。编修邹奕孝，无锡。

［试题］以多问于（二句）。体物而不（句）。有本者如（皆盈）。

［解元］卢梦元，同州。

四川：

［试官］学士孙士毅，仁洲。编修王大鹤，通州。

［试题］子贡方人（乎哉）。有所不足（三句）。孩提之童（章）。

［解元］冷时羲，乐山。

广东：

［试官］阁学杨②先甲，宜兴。编修柯瑾，大冶。

［试题］点尔何如（之撰）。其斯以为（句）。拱把之桐（三句）。

［解元］王应瑜③，东莞。

广西：

［试官］宗主徐恕，青浦。工主李廷扬，沧州。

［试题］迩之事父（二句）。地道敏树（卢也）。中道而立（二句）。

［解元］莫异兰，临桂。

云南：

［试官］侍讲孙效曾。御史胡绍鼎。

［试题］见善如不（节）。正己而不（句）。附之以韩（二句）。

［解元］窦晟，罗平。

贵州：

［试官］侍读吴省钦，南汇。御史孟邵，汉州。

［试题］车中不内（节）。君子以人（而止）。介然用之（句）。

［解元］萧凤翔，贵阳。

三十四年己丑会试

中式一百五十一人。山阴沈诗李、诗杜兄弟同登。

［试官］吏尚刘纶，武进。吏侍德保，满洲。

---

① 子产郑听，积山本作"子产听郑"，是。

② "杨"为"汤"之讹。

③ "瑜"为"遇"之讹。

〔试题〕子在陈曰（狂简）。天地之道（二句）。人之有德（二句）。

〔会元〕徐烺，钱塘①。

〔鼎甲〕陈初哲，元和。徐天柱，德清。陈嗣龙，平湖。

三十五年庚寅恩科乡试

本年皇太后八旬万寿，诏举行恩科乡、会试。顺天主考刘文定纶、山东主考刘伏先跃云父子同时典试，真足与诸城刘文正父子媲美矣。

顺天：

〔试官〕吏尚刘纶，武进。左都观保，满洲。

〔试题〕孟公绰为（章）。是故居上（二句）。他日由邹（二句）。

〔解元〕赵槐符，孿州②。

江南：

〔试官〕吏侍曹秀先，新建。户给汪新，仁和。

〔试题〕六十而耳（二句）。及其广大（四句）。召太师曰（之乐）。

〔解元〕张潮普，丹徒。

江南③：

〔试官〕学士国柱，满洲。学士褚廷璋，长洲。

〔试题〕辟④之宫墙（数仞）。诗云鸢飞（二句）。好名之人（其人）。

〔解元〕熊枚，铅山。

浙江：

〔试官〕阁学全魁，满洲。学士汤继祖⑤，任邱。

〔试题〕赐也女以（非与）。舟车所至（二句）。不得于心（四句）。

〔解元〕卢潮生，仁和。

福建：

〔试官〕学士朱筠，大兴。户主范栻，钱塘⑥。

〔试题〕恶不仁者（其身）。宗庙之礼（二句）。又尚论古（三句）。

〔解元〕钟大受，上杭。

湖北：

---

① 钱塘，积山本作"钱唐"。
② 孿州，积山本作"滦州"，是。
③ 江南，积山本作"江西"，是。
④ 辟，积山本作"譬"。
⑤ 汤继祖，积山本作"边继祖"，是。
⑥ 钱塘，积山本作"钱唐"。

［试官］学士李中简，任邱。宗主冯暎①榴，桐乡。

［试题］衣敝缊袍（耻者）。今夫天斯（系焉）。是以论其（句）。

［解元］朱正常，江陵。

湖南：

［试官］户宗②孙士毅，仁和。礼外姚鼐，桐城。

［试题］施于有政（二句）。悠远则博厚。曰百工之（为与）。

［解元］刘维祖，衡阳。

河南：

［试官］编修谢启昆，南康。刑外曹锡宝，上海。

［试题］子路曾皙（以也）。宜民宜人。圣人治天（二句）。

［解元］曾力行，固始。

山东：

［试官］编修刘耀云③，武进。编修徐光文，歙县。

［试题］孔子于乡党。诗云伐柯（为远）。士无事而（可也）。

［解元］修符，海阳。

山西：

［试官］编修嵇承谦，无锡。编修柯瑾，大冶。

［试题］三子者出（何如）。溥博如天。源泉混混（如是）。

［解元］马佩珩，解州。

陕西：

［试官］洗马史贻谟，溧阳。户外杨嗣曾，海宁。

［试题］君子怀德（章）。子庶民则（句）。颂其诗读（世也）。

［解元］王琳，郃阳。

四川：

［试官］编修祝德麟，海宁。检讨邓文泮，湘乡。

［试题］法语之言（二段）。诗云相在（句）。有贱丈夫（市利）。

［解元］王文权，乐山。

广东：

［试官］宗主陆锡熊，上海。户主简昌麟，邵阳。

［试题］子在齐闻（二句）。悠也久也。求水火无（水火）。

［解元］郑翼亭，顺德。

广西：

［试官］侍读吴省钦，南汇。工主李廷钦，侯官。

---

① "暎"为"应"之讹。

② "宗"疑为"中"之讹。

③ 刘耀云，积山本作"刘跃云"，是。

［试题］乡人饮酒（节）。慎思之明（二句）。季子不得（句）。

［解元］周琢，临桂。

云南：

［试官］侍读王大鹤，通州。礼主沈士①炜，仁和。

［试题］巽与之言（三句）。辟如行远（二句）。梓匠轮舆（人巧）。

［解元］李蔚②，石屏。

贵州：

［试官］编修姚颐，太和。户主孙含中，昌邑。

［试题］知者乐水（二句）。唯圣者能之。公孙丑曰（何也）。

［解元］洪其绅，玉屏。

三十六年辛卯恩科会试

中式一百六十一名。会元邵二云晋涵以知县归班，旋以纂修《四库全书》保举入词林，亦殊荣也。

［试官］左都观保，满洲。内阁刘统勋，诸城。阁学庄存与，武进。

［试题］若臧武仲（四句）。明乎郊社（二句）。今曰性善（二句）。

［会元］邵晋涵，余姚。

［鼎甲］黄轩，休宁。王增，会稽。范衷，上虞。

三十六年辛卯乡试

浙江主考刘中垒校之、贵州主考刘德舆权之，以兄弟同时典试，佳话也。

顺天：

［试官］左都张若渟，桐城。内阁全魁，满洲。

［试题］君子先慎（有人）。问子西曰（节）。仁义礼知（四句）。

［解元］高思敬，顺义。

江南：

［试官］少詹彭元瑞，南昌。吏外陈燮，闽县。

［试题］子所雅言（二句）。言前定则（句）。上农夫食（三句）。

［解元］李景沂，昭文。

江西：

［试官］内阁王杰，韩城。编修曹仁虎，嘉定。

---

① "士"为"世"之讹。

② 李蔚，《清秘述闻》作"李尌"。

［试题］问人于他（二句）。日省月试（二句）。禹恶旨酒。

［解元］陈文澄①，崇仁。

浙江：

［试官］阁学庄存与，武进。检讨刘校之，长沙。

［试题］诵诗三百（章）。或学而知（三句）。故凡同类（二句）。

［解元］沈清藻，仁和。

福建：

［试官］侍读金士松，吴江。礼中袁文观，崇仁。

［试题］夫子循循（吾才）。诗曰嘉乐（二句）。以为无益（四句）。

［解元］倪元宽，侯官。

湖北：

［试官］侍读吴省钦，南汇。编修黄栋良，大兴。

［试题］行不履阈。后世有述（二句）。与其弟辛（之滕）。

［解元］叶奕焜，江陵。

湖南：

［试官］编修沈士骏，元和。御史邵庚曾，大兴。

［试题］子夏之门（未也）。知凡之自。乡人长于（乡人）。

［解元］李光宝。

河南：

［试官］编修秦潮，无锡。御史积善，满洲。

［试题］东里子产（句）。君子未有（句）。入其疆土（五句）。

［解元］阎曾履，孟津。

山东：

［试官］庶子胡高望，仁和。御史印宪曾，宝山。

［试题］在舆则见（句）。一勺之多。以友天下（二句）。

［解元］张予定②，平原。

山西：

［试官］庶子福明安，满洲。赞善彭绍观，长洲。

［试题］立不中门（二句）。辟如登高。莫如为仁（后发）。

［解元］郭在逵，介休。

陕西：

［试官］检讨熊为霖，新建。编修王懿修，青阳。

［试题］所谓平天下。君子哉蘧（句）。能言距杨（二句）。

---

① 《清秘述闻》作“陈元澄”。

② 《清秘述闻》作“张子定”。

［解元］朱谦，临潼。

四川：

［试官］检讨芮永肩，宝坻。户外孙嘉乐，仁和。

［试题］四时行焉（三句）。执柯以伐（视之）。孔子曰大（与焉）。

［解元］葛良杰，泸州。

广东：

［试官］庶子曹文埴，歙县。御史胡翘元，平乐①。

［试题］辟如为山（章）。知风之自。陈良之徒（之滕）。

［解元］陈相伯，香山。

广西：

［试官］编修汪存宽，歙县。吏外尹壮图，云南。

［试题］有澹台于②（由径）。子路问强（三句）。鸡鸣而起（善者）。

［解元］谢天爵，积州③。

云南：

［试官］侍读叶观光④，闽县。刑主陈廷⑤学，宛平。

［试题］回也闻一（二句）。草木生之。大人者不（句）。

［解元］瞿巩祚。

贵州：

［试官］编修刘权之，长沙。中书张培，钱塘。

［试题］晋文公谲（章）。自天申之。陈良之徒（之滕）。

［解元］周人凤，龙里。

三十七年壬辰科会试

中式一百六十三人。咸宁贾策安、治安⑥兄弟同登。

［试官］兵侍奉宽，满洲。内阁刘纶，武进。阁学汪廷玙，镇洋。

［试题］君子求诸（章）。吾说夏礼（四句）。人能充无（不言）。

［会元］孙辰东。

［鼎甲］金榜，歙县。孙辰东，归安。俞大猷，山阴。

---

① "平乐"为"乐平"之讹。
② 于，积山本作"灭"，是。
③ 积州，积山本作"横州"，是。
④ "光"为"国"之讹。
⑤ "廷"为"庭"之讹。
⑥ "治安"为"策治"之讹。

三十九年甲午乡试

顺天：

[试官] 吏侍曹秀先，高阳。阁学嵩贵，歙县。

[试题] 子谓伯鱼（二句）。小德川口①（二句）。由君子观（节）。

[解元] 戴联奎，如皋。

江南：

[试官] 学士董诰，富阳。洗马刘权之，长沙。

[试题] 享礼有容色。其次致曲（二句）。井九百亩（事毕）。

[解元] 章道鸿，青阳。

江西：

[试官] 阁学钱载，秀水。检讨萧广运，黄陂。

[试题] 长沮桀溺（三句）。必得其寿。昏莫②叩人（足矣）。

[解元] 龚应麟，新昌。

浙江：

[试官] 兵侍蒋元益，长洲。编修林时③蕃，闽县。

[试题] 天下有道（子出）。及其无穷（系焉）。诗云周虽（谓也）。

[解元] 翁元圻，余姚。

福建：

[试官] 编修杨④先甲，宜兴。吏主王元焚，诸城。

[试题] 君子欲讷（章）。振河海而（句）。富贵不能（四句）。

[解元] 张枋⑤，侯官。

湖北：

[试官] 学士国柱，满洲。编修陈昌齐，海康。

[试题] 楚书曰楚（节）。苗而不秀（章）。天下之言（凿也）。

[解元] 陈诗，蕲州。

湖南：

[试官] 编修李殿图，高阳。刑主洪朴，歙县。

[试题] 女为君子（章）。使天下之（节）。若夫润泽之。

[解元] 卢达凤，桂阳。

河南：

---

① 原缺。积山本作"流"。

② 莫，积山本作"暮"。

③ "时"为"澍"之讹。

④ "杨"为"汤"之讹。

⑤ 张枋，积山本作"张舫"。

［试官］少詹钱大昕，嘉定。侍讲白麟，满洲。

［试题］非不悦子（二句）。诗曰奏假（二句）。天子之卿（视伯）。

［解元］刘思柔①，邓州。

山东：

［试官］仆卿吉梦熊，丹阳。御史费南英，乌程。

［试题］为命裨谌（章）。则可以赞（句）。以追蠡曰（足哉）。

［解元］赵东周，泰安。

山西：

［试官］庶子李汪度，仁和。洗马梦吉，满洲②。

［试题］居则曰不（知尔）。厚往而薄来。奋乎百世（起也）。

［解元］闰③安寅，朔州。

陕西：

［试官］编修嵇承谦，无锡。宗主姚梁，庆元。

［试题］樊迟问仁（节）。诗曰衣锦（句）。乡人长于（乡人）。

［解元］张绛武，宁夏。

四川：

［试官］编修张焘，宣城。户主戚蓼生，德清。

［试题］又曰新康（二句）。可者与之（所闻）。天之高也（二句）。

［解元］魏傲祖，永州。

广东：

［试官］编修王懿修，青阳。吏主李调元，罗江。

［试题］朝与天下（节）。行同伦。人有鸡犬（二句）。

［解元］郭雄图，番禺④。

广西：

［试官］编修刘锡嘏，通州。工主戴璐，归安。

［试题］子路从而（子乎）。吾学殷礼。孟子居邹（币交）。

［解元］唐峨，全州。

云南：

［试官］御史唐淮，秀水。编修查莹，历城。

［试题］古者言之（句）。子路问强（三句）。时子因陈（可也）。

［解元］谷际岐，西阿。

贵州：

---

① 刘思柔，《国朝贡举考略》、《清秘述闻》作"刘师柔"。

② 满洲，积山本作"满州"。

③ 闰，《清秘述闻》作"闫"。

④ 番禺，积山本作"番禺"。

［试官］御史邵庚曾，大兴。编修杨寿楠，清江。

［试题］百工居肆（章）。送往迎来。鲁欲使乐（不寐）。

［解元］周锡源，雍①安。

四十年乙未会试

中式一百五十八人。

［试官］刑侍王杰，韩城。兵尚嵇璜，无锡。副都阿肃，满洲。

［试题］苟日新日（三句）。仲叔圉治（三句）。敢问何谓（言也）。

［会元］严福，吴县。

［鼎甲］吴锡龄，休宁。汪墉②，历城。沈清藻，仁和。

四十二年丁酉乡试

顺天：

［试官］户侍梁国治，会稽。礼侍阿肃，满洲。

［试题］何哉尔所（句）。回之为人也。其进锐者（二句）。

［解元］王有年，天津。

江南：

［试官］阁学刘墉，诸城。刑主顾震，仁和。

［试题］辟③如为山（章）。恐惧乎其（句）。举时于秦④（二段）。

［解元］吴樗，歙县。

江西：

［试官］阁学汪廷玙⑤，镇洋。编修陈嗣龙，平湖。

［试题］举直错诸（谓也）。能尽人之（二句）。言近而指（四句）。

［解元］刘绍斑，南丰。

浙江：

［试官］工侍彭元瑞，南昌。编修茅元铭，丹徒。

［试题］齐一变至（章）。设其裳衣。子产听郑（二句）。

---

① "雍"为"瓮"之讹。
② "墉"为"镛"之讹。
③ 辟，积山本作"譬"。
④ 举时于秦，积山本作"时举于秦"，是。
⑤ 汪廷玙，积山本作"汪廷屿"，误。

［解元］吴一麒①，钱塘②。

福建：

［试官］编修祝德□③，海宁。御史戈岱，景州。

［试题］因民之所（谁怨）。朝聘以时。百里奚虞（奇谏）。

［解元］赵有成，宁化。

湖北：

［试官］赞善张书勋，吴县。礼给戴第元，大庚。

［试题］君子以文（二句）。悠久所以（句）。不下带而（句）。

［解元］孙谧，安陆。

湖南：

［试官］侍讲王大鹤，通州。中书李棻，长洲。

［试题］三年学不（二句）。大哉圣人（句）。其事则齐（二句）。

［解元］刘定进，武陵。

河南：

［试官］编修项达④，星子。户中戚蓼生，德清。

［试题］富而可求（为之）。本诸身徵（二句）。抱关击柝⑤（二句）。

［解元］范学颐，虞城。

山东：

［试官］阁学汪永锡，歙县。修撰黄轩，休宁。

［试题］可与适道（四句）。荐其时食。盈科而后（皆盈）。

［解元］李光时，济宁。

山西：

［试官］学士褚廷璋，长洲。修撰金榜，歙县。

［试题］述而不作（二句）。王天下有（二句）。其事则齐（二句）。

［解元］秦尚志，寿阳。

陕西：

［试官］修撰陈初哲，元和。户主程世镎，歙县。

［试题］为人臣止（四句）。三子者出（二句）。邑于岐山（人也）。

［解元］奚甲第，白水。

四川：

［试官］侍读许祖京，德清。检讨李台，黄平。

---

① "麒"为"骐"之讹。
② 钱塘，积山本作"钱唐"。
③ 原缺。积山本作"麟"。
④ 项达，积山本作"项家达"，是。
⑤ 柝，积山本作"析"，误。

［试题］荡荡乎民（文章）。明则诚矣。有为者辟（章）。

［解元］李复元，叙州。

广东：

［试官］侍讲童凤三，山阴。侍讲刘亨地，湘潭。

［试题］及其使人（器之）。舜其大知（句）。又尚论古（友也）。

［解元］杨时行，嘉应。

广西：

［试官］检讨龚大万，武陵。宗主姚梁，庆元。

［试题］斯民也三（句）。人十能之。其君用之（忠信）。

［解元］邓文纯，临桂。

云南：

［试官］编修郑际唐，侯官。中书王瑸，镇洋。

［试题］辟①如平地（段）。凡有血气（二句）。求水火无（足矣）。

［解元］杨汝亮，大理。

贵州：

［试官］编修管幹珍，阳湖。中书吕云栋，旌德。

［试题］方六七十（足民）。文武之政。傅说举于（句）。

［解元］王沛霖，贵阳。

四十三年戊戌会试

中式一百五十七名。总裁王伟人杰、于耐圃敏中，皆状元。同考秦澄叙大成、陈永斋初哲、黄小华轩、金辅之榜诸修撰，在京状元无不入闱，极一时之盛事也。

［试官］吏侍王杰，韩城。内阁于敏中，金坛。阁学嵩贵，蒙古。

［试题］其言之不（章）。反古之道。且子食志（食志）。

［会元］缪祖培，泰州。

［鼎甲］戴衢亨，大庾。蔡廷衡，仁和。孙希旦，瑞安。

四十四年己亥恩科乡试

己亥江南一榜四元：钱湘舲棨、石执如韫玉两状元，顾式度珏、马倬亭有章皆会元。

顺天：

［试官］兵尚蔡新，漳浦。礼侍达椿，满洲。

---

① 辟，积山本作"譬"。

［试题］子曰毋。仁者人也。心之所同（然者）。

［解元］井大源，沧州。

江南：

［试官］礼侍谢墉，嘉兴。编修翁方纲，大兴。

［试题］巍巍乎惟（名焉）。日省月试（三句）。后稷教民（二句）。

［解元］钱棨，长洲。

江西：

［试官］阁学钱载，秀水。中书张虎拜，天津。

［试题］为命裨谌（章）。不息则久（二句）。夫子加齐（节）。

［解元］陈上理，南昌。

浙江：

［试官］吏侍王杰，韩城。学士吴省钦，南汇。

［试题］升车必正（节）。一撮土之（二句）。亟其乘屋。

［解元］蒋师爚，钱塘①。

福建：

［试官］学士朱珪，大兴。户外程世镇，歙县。

［试题］或问禘之说。质诸鬼神（句）。君一位卿（六等）。

［解元］张经邦，闽县。

湖北：

［试官］修撰戴衢亨，大庾。中书吴俊，吴县。

［试题］叶公问政（章）。故天之生（三句）。继之以规（用也）。

［解元］许兆棠，云梦。

湖南：

［试官］编修徐立纲，上虞。礼中马人龙，齐河。

［试题］切切偲偲（节）。旅酬下为上。斧斤以时（句）。

［解元］曾承谦，新化。

河南：

［试官］编修严福，吴县。御史戈源，献县。

［试题］诗云乐只（节）。三仕为令（愠色）。孟子去齐（而卧）。

［解元］杨维镕，鲁山。

山东：

［试官］阁学胡高望，仁和。编修刘种之，武进。

［试题］子入太庙（章）。武王缵太（句）。其始播百谷。

［解元］王宁闰，高密。

---

① 钱塘，积山本作"钱唐"。

山西：

[试官] 编修潘曾起，荆溪。刑主刘斌，南丰。

[试题] 朝与下大（节）。盖曰天之（句）。子夏子游（而微）。

[解元] 杨得善，太谷。

陕西：

[试官] 刑外吴敬舆，娄县。编修祝云栋，固始。

[试题] 其行己也（四句）。载华岳而（句）。召太师曰（句）。

[解元] 马钰，咸宁。

四川：

[试官] 刑外顾葵，元和。编修徐如澍，铜仁。

[试题] 子谓子产（四焉）。宜民宜人（申之）。晏子对曰（守也）。

[解元] 钟廷华，金堂。

广东：

[试官] 兵中史梦琦，阳湖。编修汪镛，历城。

[试题] 或问子产（节）。吾学周礼。闻君行圣（人氓）。

[解元] 何其英，香山。

广西：

[试官] 编修萧九成，日照。兵主王宽，金匮。

[试题] 众恶之必（章）。必得其名（二句）。天子适诸（不给）。

[解元] 叶世传①，灵川。

云南：

[试官] 编修韦谦恒，芜湖。御史丁生惠②，太谷。

[试题] 或问子产（节）。舜其大知（句）。圣人百世（章）。

[解元] 尹瑞雁，蒙古③。

贵州：

[试官] 御史黄腾达，休宁。编修周永年，历城。

[试题] 有美玉于（沽诸）。衣锦尚䌹。由射于百（三句）。

[解元] 胡沇，仁怀。

四十五年庚子会试

中式一百五十七人。

[试官] 礼尚曹秀先，新建。礼尚德保，满洲。兵尚周煌，涪州。阁学胡高望，

---

① 叶世传，积山本作"苏世传"，是。

② 丁生惠，积山本作"孟生惠"。孟生惠，《索引》、《清朝进士题名录》作"孟生惠"。

③ 蒙古，积山本作"蒙自"，是。

仁和。

　　[试题] 则众物之（不到）。罔之生也（句）。尽信书则（句）。

　　[会元] 汪如洋。

　　[鼎甲] 汪如洋，秀水。江德量，仪征。程昌期，献县①。

四十五年庚子乡试

　　向例，直省乡试主考正副皆二人。本年顺天特命三人，蔡尚新书②为正，杜侍郎玉林、嵩阁学贵副之。奉上谕，以年逾八十，钦赐举人。

顺天：

　　[试官] 刑侍杜玉林，金匮。兵尚蔡新，漳浦。阁学嵩贵，蒙古。

　　[试题] 问管仲。天之道也。冯妇攘臂（句）。

　　[会元] 李茂，临榆。

江南：

　　[试官] 礼侍钱载，秀水。编修戴均元，大庾。

　　[试题] 辟诸草木（二句）。宜民宜人（申之）。有如时雨（五句）。

　　[解元] 顾问，高邮。

江西：

　　[试官] 编修王懿修，青阳。中书宋镕，长洲。

　　[试题] 赐也达于（何有）。柔远人则（二句）。其子弟从（二句）。

　　[解元] 黄元铎，新城。

浙江：

　　[试官] 左都罗源汉，长沙。检讨温常缓③，太谷。

　　[试题] 乡人饮酒（节）。所以辨贤也。自西自东（二句）。

　　[解元] 汪人宪，仁和。

福建：

　　[试官] 宗丞窦光鼐，诸城。御史刘芬，南昌。

　　[试题] 知之为知（三句）。诗云嘉乐（申之）。以人性为（五句）。

　　[解元] 陈从潮，安溪。

湖北：

　　[试官] 编修缪晋，江阴。中书姚天成，仁和。

　　[试题] 公叔文子（节）。宪章文武。孟子居邹（储□④）。

---

① 献县，积山本作"歙县"，是。
② 蔡尚新书，积山本作"蔡尚书新"，是。
③ "缓"为"绥"之讹。
④ 此字模糊难辨，积山本作"子"。

［解元］万嵩，黄冈。

湖南：

［试官］吏外邵洪，鄞县。编修周琼，临桂。

［试题］君子易事（器之）。诗云鸢飞（二句）。天之生此（觉也）。

［解元］彭运修，宜章。

河南：

［试官］编修于鼎，金坛。户主陈本忠，昌平。

［试题］子曰赐也（来者）。有弗思思（三句）。乐正子强（曰否）。

［解元］李慎先，商水。

山东：

［试官］仆卿赵佑，仁和。编修罗赴源①，湘潭。

［试题］子贡问曰（绚兮）。仲尼祖述（二句）。人知之亦（句）。

［解元］杜汉。

山西：

［试官］御史陈桂森，常熟。编修王嘉曾，金山。

［试题］子谓卫公（章）。执柯以伐（三句）。故天将降（一节）。

［解元］王彭龄。

陕西：

［试官］编修钱樾，嘉善。编修裴谦，阳曲。

［试题］执圭鞠躬（不胜）。凡有血气（二句）。天下之善（未足）。

［解元］柳迈祖，会宁。

四川：

［试官］编修曹锡龄，汾阳。宗主李桀，长洲。

［试题］周有八士。送往迎来（人也）。若夫润泽之。

［解元］寇赟言，渠县。

广东：

［试官］赞善王仲愚，济宁。吏主陈大文，杞县。

［试题］子使漆雕（三句）。道不远人。一人虽听（二句）。

［解元］张锦芳，顺德。

广西：

［试官］编修邵晋涵，余姚。检讨钱澧②，昆明。

［试题］敢问其次（弟焉）。文武之政（二句）。孙叔敖举（二句）。

［解元］梁世喆，崇善。

---

① 罗赴源，积山本作"罗修源"，是。
② "澧"为"沣"之讹。

云南：

[试官] 编修戴联奎，如皋。礼外李翮，金乡。

[试题] 菲饮食而（六句）。言前定则（句）。公明仪曰（我哉）。

[解元] 束本善①，新兴。

贵州：

[试官] 刑中陆有仁，仁和。御史福保，满洲。

[试题] 对曰吾斯（一节）。远之则有（二句）。山径之蹊（不用）。

[解元] 崔承业，婺川。

四十六年辛丑会试

中式一百六十九人。钱棨，鸿博中谐元孙。中谐为编修时，汤文正巡抚江苏，赠以题额曰："奎璧凝晖。"辛丑，棨公车北上，梦五色云中有苍龙直前蟠舞，因持角书"奎璧凝晖"于龙头，□②中会、状。自前明商文毅公辂后三百三十六年来一人，自唐元和张公又新至是九百七十六年中第八人也。

[试官] 兵侍沈初，平湖。礼尚德保，满洲。吏侍谢墉，嘉善。副都吴玉纶，固始。

[试题] 所藏乎身（句）。女奚不曰。待文王而（民也）。

[会元] 钱棨。

[鼎甲] 钱棨，长洲。陈万青，石门。汪学金，镇洋。

四十八年癸卯乡试

癸卯河南主考秦漪园泉、陕西主考秦步皋潮，兄弟同时典试。

顺天：

[试官] 阁学尹壮图，蒙自。吏尚刘墉，诸城。洗马翁方纲，大兴。

[试题] 在人。虽愚必明。舜与益相（句）。

[解元] 斐显相③，清苑。

江南：

[试官] 吏侍谢墉，嘉善。修撰戴衢亨，大庚。

[试题] 周监于二（二句）。宗庙之礼（先也）。天子适诸（守也）。

[解元] 沈清瑞，长洲。

---

① 束本善，积山本作"束本春"。

② 原缺，积山本作"寻"。

③ 斐显相，积山本作"裴显相"，是。

江西：

［试官］编修李尧栋，山阴。中书金光悌，英山。

［试题］节用而爱人。所以劝亲（句）。可传于后（之乎）。

［解元］郭缙光，吉水。

浙江：

［试官］副都吴玉纶，固始。编修邱庭潍，宛平。

［试题］逸民伯夷（节）。所以劝亲（句）。存乎人者（二句）。

［解元］陈锦，杭州。

福建：

［试官］学士褚廷璋，长洲。中书邱桂山，大兴。

［试题］子曰晏平仲。治国其如（句）。城门之轨（二句）。

［解元］张腾蛟，宁化。

湖北：

［试官］编修陈嗣龙，元和。中书张敦培，昭文。

［试题］雅颂各得（句）。官盛任使（四句）。子产听郑（句）。

［解元］郑永江，石首。

湖南：

［试官］侍讲芮永肩，宝坻。中书吴树萱，吴县。

［试题］子曰绘事（后乎）。车同轨。孟子曰尚志。

［解元］陈佑贤，长沙。

河南：

［试官］侍读张焘，宣城。编修秦泉，无锡。

［试题］卑宫室而（句）。必得其寿。心之官则（我者）。

［解元］张克广，商城。

山东：

［试官］侍讲庄承□①，武进。编修周兴岱，涪州。

［试题］太宰问于（能也）。慎思之。游于圣人（二句）。

［解元］周垣，金乡。

山西：

［试官］侍读曹仁虎，嘉定。编修朱攸，历城。

［试题］辞达而已矣。文武之政（二句）。今有璞玉（二句）。

［解元］王钺，保德。

陕西：

［试官］编修秦潮，无锡。编修闵思诚，归安。

---

① 原缺。积山本作"篴"。

［试题］诵诗三百。悠久所以（句）。圣人治天下。

［解元］刘化鹏，武威。

四川：

［试官］学士叶观国，闽县。中书吴凤仪①，吴县。

［试题］子路曰愿（句）。日月所照（二句）。君子引而（句）。

［解元］欧阳曙，温江。

广东：

［试官］学士王懿修，青阳。编修朱绂，新建。

［试题］愿学焉宗（会同）。修道之谓教。公卿大夫（二句）。

［解元］李惠元，新会。

广西：

［试官］侍读吴寿昌，山阴。检讨孙玉庭，济宁。

［试题］语之而不（句）。辟②如行远（二句）。如其自视（二句）。

［解元］岑照。

云南：

［试官］学士费南英，乌程。宗主吴俊，吴县。

［试题］行夏之时（二句）。君子之道（自卑）。召太师曰（二句）。

［解元］李翃，晋宁。

贵州：

［试官］学士德昌，满洲。中书鲍之钟，丹徒。

［试题］小子何莫（二句）。见而民莫（三句）。是集义所（句）。

［解元］雷奋远，遵义。

四十九年甲辰会试

中式一百九十名。

［试官］兵侍纪昀，河间。内阁蔡新，漳浦。礼尚德保，满洲。工侍胡高望，仁和。

［试题］知止而后（节）。不逆诈不（觉者）。吾为之范（获十）。

［会元］侯健融，归安。

［鼎甲］茹棻，会稽。邵英③，余姚。邵玉清，天津。

---

① 吴凤仪，积山本作"毛凤仪"，是。
② 辟，积山本作"譬"。
③ 邵英，积山本作"邵瑛"，是。

五十一年丙午乡试

顺天：

[试官] 阁学阿肃，满洲。礼尚彭元瑞，南昌。阁学胡高望，仁和。

[试题] 夫子之文（章）。而道自道也。季孙曰异（句）。

[解元] 孙鹏越，丰润。

江南：

[试官] 阁学朱珪，大兴。编修戴心亭，大庚。

[试题] 过位色勃（二节）。威仪三千（二句）。请野九一（三节）。

[解元] 张肇瑛，无为。

江西：

[试官] 侍讲陈万青，石门。编修汪学金，镇洋。

[试题] 欲仁而得（二句）。人莫不饮（节）。五谷者种（句）。

[解元] 刘起鸥，新建。

浙江：

[试官] 编修吴省兰，南汇。编修邱庭滏①，宛平。

[试题] 居其所而（句）。武王缵太（句）。段干木逾（二句）。

[解元] 韩文绮，仁和。

福建：

[试官] 内士②毛凤仪，山阴。编修李尧栋，山阴。

[解元] 子曰关雎。语大天下（句）。土地人民。

[鼎甲] 谢淑元，晋江。

湖北：

[试官] 编修吴敬舆，娄县。编修关槐，仁和。

[试题] 乡人饮酒（节）。禘尝之义。陈良楚产（之道）。

[解元] 李钧简，黄冈。

湖南：

[试官] 编修郑际唐，侯官。中书罗锦森，临安。

[试题] 毋自欺也（三句）。四时行焉（二句）。始舍之圉（所哉）。

[解元] 黄友教，长沙。

河南：

[试官] 侍读德昌，满洲。中书吴树萱，吴县。

[试题] 樊迟问仁（知人）。春秋。孟献子百（牧仲）。

---

① 邱庭滏，积山本作"邱庭隆"，误。
② 内士，积山本作"阁学"。

［解元］王命申。

山东：

［试官］修撰汪如洋，秀水。编修邵玉清，天津。

［试题］君子学道（句）。纯亦不已。附之以韩（欲然）。

［解元］宋钧。

山西：

［试官］侍读吴舒帷，震泽。中书陆湘，清苑。

［试题］知其说者（三句）。择其①而固（句）。孔子进以（命有）。

［解元］郭向暄，夏县。

陕西：

［试官］侍讲韦谦恒，芜湖。编修陈嗣龙，平湖。

［试题］因民之所（二句）。舟车所至。民非水火（足矣）。

［解元］侯尔昌，鄜州。

四川：

［试官］侍读颜崇沩，曲阜。中书费振勋，吴江。

［试题］赤也束带（句）。如在其左右。子不通功（余布）。

［解元］卫道凝，郫县。

广东：

［试官］侍读恭泰，满洲。宗主鲍之钟，丹徒。

［试题］行己有耻（君命）。溥博如天（二句）。夫物之不（千万）。

［解元］陈雄思，海阳。

广西：

［试官］编修刘环②之，武进。编修罗修源，湘潭。

［试题］子贡③之门（子张）。官盛任使（二句）。文王以民（乐之）。

［解元］蒋学韩，灵川。

云南：

［试官］编修秦潮，无锡。宗主章煦，仁和。

［试题］舜有天下（二段）。人力所通。农夫岂为（二句）。

［解元］严烺，宣良。

贵州：

［试官］检讨萧九成，日照。中书潘奕儁④，吴县。

［试题］子谓子产（章）。合外内之（句）。管仲以其（二句）。

---

① 其，积山本作"善"，是。

② "环"为"种"之讹。

③ 子贡，积山本作"子夏"，是。

④ "儁"为"隽"之讹。

［解元］高廷瑶，贵筑。

五十二年丁未会试

中式一百九十二名，灵石何元烺、道生兄弟同登。

［试官］刑侍姜晟，元和。内阁王杰，韩城。阁学瑞保，厢黄。

［试题］子路拱之（二句）。君子尊德（三句）。道在迩而（章）。

［会元］顾钰，无锡。

［鼎甲］史致光，山阴。孙星衍，阳湖。董教增，上元。

五十三年戊申预行正科乡试

庚戌恭逢高宗纯皇帝八旬万寿，先期有诏，以戊申乡试、己酉会试为三①科，己酉
乡试、庚戌会试为恩科。

顺天：

［试官］礼侍邹奕孝，无锡。礼尚德保，正白。工侍管幹珍，阳湖。

［试题］子曰不曰（章）。小德川流（二句）。尧舜之知（二句）。

［解元］赵令家，深州。

江南：

［试官］兵侍胡高望，仁和。检讨谢振定，湘潭②。

［试题］巍巍乎其（二句）。日月星辰（句）。孔子登东（四句）。

［解元］季惇大，□□③。

江南④：

［试官］理卿赵佑，仁和。吏主祥庆，满洲。

［试题］曾子曰十（二句）。使于四方（士矣）。子未学礼（三句）。

［解元］朱光宇，清江。

浙江：

［试官］祭酒邹炳泰，无锡。鸿少莫瞻菉，卢氏。

［试题］为命裨谌（章）。言其上下（句）。颂其诗读（二句）。

［解元］史上善，山阴。

福建：

［试官］编修蒋攸铦，奉天。侍读张姚成，仁和。

---

① 三，积山本作"正"，是。

② "湘潭"为"湘乡"之讹。

③ 原缺，系印刷问题。积山本作"泰兴"。

④ 江南，积山本作"江西"，是。

〔试题〕桓公九合（二句）。尊贤之等。以笃周祜。

〔解元〕韩学泰①，龙岩。

湖北：

〔试官〕编修余集，仁和。编修戴均元，大庾。

〔试题〕无情者不（二句）。周有大赉。孙叔敖举（句）。

〔解元〕青②镇，汉阳。

湖南：

〔试官〕检讨蔡拱③武，仁和。刑主潘奕藻，吴县。

〔试题〕夫子圣者（能也）。序爵所以（句）。卿以下必（句）。

〔解元〕罗杰。

河南：

〔试官〕编修甘立猷，奉新。刑主李长森，吴县。

〔试题〕子谓子产（句）。唯天下至（能化）。晋人之④垂（之奇）。

〔解元〕孟藻江，汝州。

山东：

〔试官〕编修茹棻，会稽。编修吴鼎雯，光州。

〔试题〕君子不以（章）。载华岳而（句）。今夫水搏（在山）。

〔解元〕随⑤维烈，寿光。

山西：

〔试官〕编修周兆基，江夏。洗马方炜，定远。

〔试题〕子谓韶尽（三句）。力行近乎仁。欲知舜与（句）。

〔解元〕阎晋镗，文水。

陕西：

〔试官〕学士吴璥，钱塘。检讨张翎⑥，平原。

〔试题〕大哉尧之（句）。人道敏政。人有不为（二句）。

〔解元〕谭淮，咸宁。

四川：

〔试官〕庶子图敏，满洲。刑主胡钧璜⑦，交城。

〔试题〕子贡曰诗（节）。今天下车（二句）。圣人治天（四句）。

---

① 韩学泰，积山本作"韩学秦"，是。
② "青"为"萧"之讹。
③ "拱"为"共"之讹。
④ 之，积山本作"以"，是。
⑤ "随"为"隋"之讹。
⑥ "翎"为"翻"之讹。
⑦ 胡钧璜，积山本作"胡钩璜"。《索引》、《清朝进士题名录》皆作"胡钧璜"。

［解元］崔永福，石柱。

广东：

［试官］庶子茅元铭，丹徒。司业纳麟赏①，满洲。

［试题］学诗乎对（以言）。郊社之礼（四句）。圣人治天下。

［解元］阮源，嘉应。

广西：

［试官］学士平恕，山阴。编修温汝适，顺德。

［试题］骥不称其（章）。得一善则（之矣）。性也有命焉。

［解元］卿祖一，灌阳。

云南：

［试官］编修翟槐，泾县。户主张德懋，满洲②。

［试题］民之之好③（二句）。多识于鸟（句）。大匠诲人（二句）。

［解元］杨国光④，太和。

贵州：

［试官］检讨德生，奉天。礼主李奕畴，夏邑。

［试题］子夏曰可（句）。朝聘以时。前日之不（四句）。

［解元］张履元。

五十四年己酉正科会试

中式一百八十名。

［试官］侍郎铁保，满洲。内阁王杰，韩城。工侍管幹臣，阳湖。

［试题］点尔何如（之撰）。溥博如天（句）。苟为不熟（二句）。

［会元］钱楷，嘉兴。

［鼎甲］胡长龄，通州。汪廷珍，山阳。刘凤诰，萍乡。

五十四年己酉恩科乡试

　　江南试者胡国⑤学高望、贺考功贤知⑥选士公明。闱中向例于万寿节各房考首荐之卷，取中一名曰恩卷。金山令来子沧首荐一卷，主司称赏取中，及填榜拆阅姓名，乃元

---

① 纳麟赏，积山本作"纳麟宝"，是。

② "满洲"为"满城"之讹。

③ 民之之好，积山本作"民之所好"，是。

④ "光"为"棠"之讹。

⑤ "国"疑为"阁"之讹。

⑥ 贤知，积山本作"贤智"，是。

和王寿祺。主司、监临无不额手称庆圣天子寿考作人，与髦士嘉名适符征瑞①也。

顺天：

[试官] 阁学图敏，满洲。兵侍孙士毅，仁和。工侍邹奕孝，无锡。

[试题] 回也闻一（二句）。行而民莫（句）。不得已而（伦也）。

[解元] 曹斌，宛平。

江南：

[试官] 兵侍胡高望，仁和。吏主贺贤智，迁安。

[试题] 务民之义（二句）。书同文。夫义路也（所视）。

[解元] 张祖勋，吴县。

江西：

[试官] 理卿赵佑，仁和。编修钱樾，嘉善。

[试题] 子曰若圣（句）。送往迎来（三句）。虽疏②食菜（饱也）。

[解元] 陈希曾，新城。

浙江：

[试官] 副都窦光鼐，诸城。赞善程昌期，歙县。

[试题] 君子矜而（章）。优优大哉（三句）。则有庆庆（二句）。

[解元] 汪润之，仁和。

福建：

[试官] 侍读陈嗣龙，平湖。工外刘青照，阳湖。

[试题] 敏则有功（二句）。射有似乎（句）。无曲防无（二句）。

[解元] 郑炯，永泰。

湖北：

[试官] 修撰史致光，会稽。中允恭泰，满洲。

[试题] 诗三百一（章）。君子之所（见乎）。庠者养也（二句）。

[解元] 吴海。

湖南：

[试官] 编修徐鉴，奉天。检讨邓再声③，普安。

[试题] 里仁为美（章）。日月所照。人有不为（二句）。

[解元] 陈宏典，长沙。

河南：

[试官] 中允裴谦，阳曲。编修陈万金④，石门。

[试题] 求也退故（四句）。吾学周礼（三句）。则不知足（舞之）。

---

① 征瑞，积山本作"瑞征"。
② 疏，积山本作"蔬"。
③ "声"为"馨"之讹。
④ "金"为"全"之讹。

［解元］周开谟，汜水。

山东：

［试官］光卿冯映①榴，桐城。编修陈廷庆，奉贤。

［试题］道千乘之（章）。潜虽伏矣。引而置之（四句）。

［解元］王余菖，福山。

山西：

［试官］编修秦承业，江宁。庶子李璜②，钟祥。

［试题］举直错错（者直）。旅酬下为（二句）。若火之始（二句）。

［解元］赵谦尊，榆次。

陕西：

［试官］吏外江濬源，怀宁。洗马周兴岱，涪州。

［试题］躬自厚而（二句）。来百工也（二句）。丈夫生而（有之）。

［解元］张绍学，平湖。

四川：

［试官］编修温汝适，顺德。工外刘若璪，长沙。

［试题］兴于诗立（章）。执其两端（二句）。诗云昼尔（百谷）。

［解元］魏德牖，永川。

广东：

［试官］刑中金光悌，英山。工主陈学颖，长乐。

［试题］子适卫冉（矣哉）。必得其名（二句）。为天下得（句）。

［解元］梁念祖，恩平。

广西：

［试官］礼中方维甸，桐城。编修崔景仪，永济。

［试题］三年学不（章）。舜好问而（二句）。学问之道（二句）。

［解元］秦树松，阳朔。

云南：

［试官］编修冯集梧，桐乡。中书刘锡五，介休。

［试题］我非生而（章）。书同文（二句）。姓所同也（二句）。

［解元］张藻，宁州。

贵州：

［试官］庶子萨彬图，满洲。兵外王锟，吴县。

［试题］亦足以发。辟③如登高。善教得民心。

［解元］包锦荣，贵阳。

---

① "映"为"应"之讹。

② 李璜，积山本作"李潢"，是。

③ 辟，积山本作"譬"。

五十五年庚戌恩科会试

中式一百八十名。

[试官] 吏侍朱珪，大兴。内阁王杰，韩城。工侍邹亦孝，无锡。

[试题] 皆自明也。君命召不（二句）。使数人要（于朝）。

[会元] 朱文翰，歙县。

[鼎甲] 石韫玉，吴县。洪亮吉，阳湖。王宗诚，青阳。

五十七年壬子乡试

顺天：

[试官] 刑侍王昶，青浦。吏尚刘墉，诸城。阁学瑚图礼，满洲。

[试题] 大学之道。邦君之妻（章）。公都子不（句）。

[解元] 聂亮采，行唐。

江南：

[试官] 礼侍铁保，满洲。阁学李潢，钟祥。

[试题] 舜有臣五（二节）。父母其顺（句）。无曲防无（三句）。

[解元] 陈宏绪，六合。

江西：

[试官] 工侍吴省钦，满洲。御史王天禄，大兴。

[试题] 朝与下大（节）。辟如行远（二句）。君子平其（济之）。

[解元] 刘绂，彭泽。

浙江：

[试官] 吏侍金士松，吴江。侍讲曹振镛，歙县。

[试题] 君子易事（器之）。悠久所以（句）。文王以民（灵沼）。

[解元] 傅德临，山阴。

福建：

[试官] 修撰石韫玉，吴县。编修蒋师爚，钱塘①。

[试题] 尧舜帅天（句）。将命者出（二句）。我亦欲正（圣者）。

[解元] 吴宏谟，南安。

湖北：

[试官] 编修王锡奎，华亭。刑外范鏊，大兴。

---

① 钱塘，积山本作"钱唐"。

［试题］质胜文则（彬彬）。辟①如行远（二句）。以笃周祜（四句）。

［解元］萧林，汉阳。

湖南：

［试官］修撰戴衢亨，大庾。编修缪晋，江阴。

［试题］舜有臣五（节）。道并行而（句）。大匠诲人（章）。

［解元］蒋湘墉，湘乡。

河南：

［试官］赞善关槐，仁和。编修邱庭隆②，宛平。

［试题］其在宗庙（节）。一卷石之多。为我作君（二句）。

［解元］陈楳本，商邱。

山东：

［试官］礼侍刘跃云，武进。编修吴廷选，荆溪。

［试题］子路无宿诺。万物覆焉。非所以内（三句）。

［解元］徐暲，恩县。

山西：

［试官］荆溪③文宁，洗马④。刑郎章煦，仁和⑤。

［试题］其为仁矣（其身）。射有似乎（句）。昼尔于茅（乘屋）。

［解元］任质淳，平定。

陕西：

［试官］编修施保⑥，大兴。学士罗修源，湘潭。

［试题］康诰曰如（句）。君召使摈。如七十子（不服）。

［解元］淡士涛，大荔。

四川：

［试官］宗主吴树萱，吴县。刑主焦和生，仁和。

［试题］非礼勿视（四句）。伐柯伐柯（三句）。舜发于畎（节）。

［解元］张问彤，遂宁。

广东：

［试官］兵给初彭龄，莱阳。御史邵自昌，大兴。

［试题］临之以庄（三句）。能尽其性。梓匠轮舆（章）。

［解元］宋湘，嘉应。

---

① 辟，积山本作"譬"。
② "隆"为"澄"之讹。又，此处当为"刑郎章煦，仁和"。
③ 荆溪，积山本作"洗马"，是。
④ 洗马，积山本作"满洲"，是。
⑤ 此处当为"编修邱庭澄，宛平"。
⑥ "保"一作"杓"。

广西：

[试官] 赞善程昌期，歙县。吏主康纶钧，兴县。

[试题] 其行己也恭。父母其顺（句）。君子之言（存焉）。

[解元] 朱恒①，临桂。

云南：

[试官] 编修王宗诚，青阳。检讨张鹏展，上林。

[试题] 礼云礼云（章）。尊其位重（句）。子产听郑（章）。

[解元] 梅雨，陆凉。

贵州：

[试官] 编修蒋攸铦，奉天。检讨钱开仕，嘉兴。

[试题] 子路问政（劳之）。其言足以兴。君子引而（四句）。

[解元] 王金，遵义。

五十八年癸丑会试

中式一百八十名。是科五经并试，永著为令。殿撰潘芝轩世恩生于乾隆己丑十二月，诞生前一日，其祖贡湘赠公梦一玉麒麟自空集②于庭，取置掌中，化为婴儿。比长，天姿聪颖，器宇端凝。中癸丑进士第一人，历践清华，年四十，官至尚书。

[试官] 礼侍钱保，满洲。吏尚刘墉，满城。工侍吴省钦，南汇。

[试题] 古者民有（二句）。或生而知（三句）。孔子曰操（三句）。

[会元] 吴贻咏，桐城。

[鼎甲] 潘世恩，吴县。陈云，宛平。陈希曾，新城。

五十九年甲寅恩科乡试

甲寅顺天主试阆峰王③保、冶亭铁保兄弟同时典试。四川省元黄多益场前梦人示以题，为"益者□□④"章，因改名应之，果得榜首。

顺天：

[试官] 兵侍玉保，满洲。左都窦光鼐，诸城。副都方维甸，桐城。

[试题] 周有八士（章）。诗云相在（句）。以不忍人（句）。

[解元] 黄崑⑤望，大兴。

---

① 朱恒，积山本作"朱桓"，是。

② 集，积山本作"降"。

③ "王"为"玉"之讹。

④ 原缺。积山本作"三友"。

⑤ "崑"为"焜"之讹。

江南：

[试官] 阁学瑚图礼，满洲。编修顾德庆，阳曲。

[试题] 公西华曰（二段）。执其两端（二句）。如七十子（句）。

[解元] 陆仁虎，常熟。

江西：

[试官] 礼侍刘跃云，武进。编修钱栻，仁和。

[试题] 樊迟未退①（迟退）。信乎朋友（三句）。上农夫食（五句）。

[解元] 邹家燮，乐平。

浙江：

[试官] 工侍吴省钦，南汇。编修戴均元，大庾。

[试题] 夫子之墙（四句）。纯亦不已。以追蠡②（力与）。

[解元] 汤金钊，钱塘。

福建：

[试官] 赞善程昌期，歙县。侍讲关槐，仁和。

[试题] 贤者识其（三句）。郊社之礼。禹疏九河（二句）。

[解元] 杨惠元，闽县。

湖北：

[试官] 中书周兴岱，涪州。阁学齐嘉绍，天津。

[试题] 君子怀德（章）。喜怒哀乐（句）。巨屦小屦（二句）。

[解元] 王烜，沔阳。

湖南：

[试官] 编修李如筠，大庾。户主谈祖绶，德清。

[试题] 因民之所（二句）。执柯以伐柯。周公之封（节）。

[解元] 谭景韩，衡阳。

河南：

[试官] 吏给李桑，长洲。刑外项家达，星子。

[试题] 工欲善其（二句）。体群臣则（二句）。晋国亦仕（句）。

[解元] 程国仁，商城。

山东：

[试官] 礼侍铁保，满洲。编修陈万青，石门。

[试题] 贤者识其（三句）。莫不尊亲。颂其诗读（四句）。

[解元] 孙珏，临清。

山西：

---

① 退，积山本作"达"，是。

② 以追蠡，积山本作"□（原缺）以追蠡"。

［试官］编修朱理，泾县。工主卢荫蒲①，德州。

［试题］因民之所（一段）。尊贤则不惑。若曾子则（二句）。

［解元］贾履道②，太平。

陕西：

［试官］编修蒋攸铦，奉天。检讨钱开仕，嘉兴。

［试题］惟仁者能（章）。郊社之礼。吾闻观近（二句）。

［解元］孟斗南，泾阳。

四川：

［试官］刑外范鏊，大兴。中允余集，仁和。

［试题］乐道人之（二句）。及其成功（一也）。夫仁亦在（句）。

［解元］黄多益，绵竹。

广东：

［试官］刑外胡克家，鄱阳。修撰钱棨，长洲。

［试题］居是邦也（三句）。王天下有（句）。观水有术（二句）。

［解元］叶钧，嘉应。

广西：

［试官］御史李长森，太湖。刑主亮保，满洲。

［试题］樊迟从游（哉问）。诗云相在（二句）。他日由邹（季子）。

［解元］唐维锡，临桂。

云南：

［试官］刑主冯兆峒，代州。编修陈希曾，新城。

［试题］躬自厚而（句）。是以声名（中国）。皆曰天下（句）。

［解元］那文凤，昆明。

贵州：

［试官］洗马文宁。检讨张翎③。

［试题］如有所立（句）。诗云相在（句）。禹之声尚（言之）。

［解元］黄鹤，清镇。

六十年乙卯恩科会试

中式一百八十名。会元王以镕即状元王以衔之胞弟也，以兄弟同得会、状，亦奇荣也。

［试官］礼侍刘跃云，武进。左都窦光鼐，诸城。兵侍瑚图礼，满洲。

---

① "蒲"为"溥"之讹。
② "道"为"中"之讹。
③ "翎"为"翻"之讹。

［试题］民之所好（二句）。柴也愚①（章）。齐人曰所（知也）。

［会元］王以铻，归安。

［鼎甲］王以衔，归安。莫晋，会稽。潘世璜，吴县。

六十年乙卯恩科乡试

乙卯顺天同榜三鼎甲：顾皋，辛酉状元；苏兆登、王引之，己未榜眼、探花。

顺天：

［试官］兵侍玉保，满洲。工尚彭元瑞，南昌。阁学邹炳泰，无锡。

［试题］巧言令色（矣仁）。子庶民则（句）。不仁者可（句）。

［解元］王廷潚，大兴。

江南：

［试官］礼侍刘权之，长沙。编修钱福胙，嘉兴。

［试题］从之纯如（四句）。旅酬下为上。周人百亩（彻也）。

［解元］李宾，建平。

江西：

［试官］吏侍金士松，吴江。赞善钱樾，嘉善。

［试题］敏则有功（二句）。合外内之（二句）。一人听之（之矣）。

［解元］黄旭，南城。

浙江：

［试官］工侍吴省钦，南汇。编修洪梧，歙县。

［试题］利与命与仁。官盛任使。方里而井（二句）。

［解元］林敷英，永嘉。

福建：

［试官］侍读陈崇本，商邱。学士吴树本，娄县。

［试题］乘殷之辂（二句）。地道敏树（芦②也）。廛无夫里（句）。

［解元］龚正调，邵武。

湖北：

［试官］刑侍谭尚忠，南丰。户外李肖筠，鄱阳。

［试题］巍巍乎惟（则之）。得一善则（二句）。圣人先得（然耳）。

［解元］李之渤，武昌。

湖南：

［试官］御史宋澍，兰山。户主童③守勋，清河。

---

① 柴也愚，积山本作"柴也愚参"。

② "芦"为"卢"之讹。

③ "童"为"章"之讹。

［试题］颜渊问为（韶舞）。有弗学学（四句）。岁十一月（二句）。

［解元］杨丕树，武陵。

河南：

［试官］编修蒋攸铦，奉天。户主周锷，长沙。

［试题］子罕言利（章）。君子素其（二句）。陈良之徒（之滕）。

［解元］周肃雍，济源。

山东：

［试官］仆卿施朝幹，仪征。编修李骥元，绵竹。

［试题］不曰坚乎（四句）。来百工则（句）。能言距杨（句）。

［解元］李方翀，海阳。

山西：

［试官］中书齐嘉绍，天津。吏主薛淇，江阴。

［试题］以约失之（章）。车同轨书同文①。御者且羞（句）。

［解元］黄茂，学县②。

陕西：

［试官］学士罗修源，湘潭。刑主朱文翰，歙县。

［试题］令尹子文（何如）。其为物不贰。金重于羽（钩金）。

［解元］何承煊③，武威。

四川：

［试官］刑中项家达，星子。编修王宗诚，青阳。

［试题］如有博施（仁乎）。德为圣人。交得见于（于门）。

［解元］陈嬗，简州。

广东：

［试官］编修陈万青，石门。刑主言朝标，常熟。

［试题］固天纵之（二句）。时使薄敛（二句）。听其言也（三句）。

［解元］邱作霖。

广西：

［试官］兵中周元鼎，三原。编修缪晋，江阴。

［试题］乐道人之（二句）。朝聘以时（二句）。孔子尝为（四句）。

［解元］邹永阶，临桂。

云南：

［试官］检讨张翎④，平原。检讨万承风，宁州。

---

① 车同轨书同文，积山本作"车同轨书（二句）"。

② 学县，积山本作"夏县"，是。

③ 何承煊，积山本作"何承仙"。

④ "翎"为"翻"之讹。

［试题］执御乎执（二句）。君子之道（庶民）。是求有益（句）。

［解元］赵蘧，晋宁。

贵州：

［试官］编修陈希曾，新城。编修吴烜，固始。

［试题］骥不称其（章）。宝藏兴焉。贤于尧舜（句）。

［解元］费涵，石阡。

国朝贡举考略·卷三

嘉庆朝

嘉庆元年丙辰恩科会试

庚子，赐赵文楷等一百一人进士及第、出身有差。南昌许庭椿、庭阶兄弟同登。

［试官］左都余士松①，吴江。礼尚纪昀，歙②县。兵侍李潢，钟祥。

［试题］虽曰未学（二句）。莫见乎隐（二句）。不愆不忘（二句）。

［会元］袁槐，德清。

［鼎甲］赵文楷，太湖。汪守和，乐平。帅承瀛，黄梅。

三年戊午乡试

顺天：

［试官］吏侍赵佑，仁和。户侍沈初，平湖。礼侍铁保，满洲。

［试题］曾子曰吾（吾身）。是故君子（下平）。然则饮食（外也）。

［解元］丁煦，大兴。

江南：

［试官］阁学童凤三③，山阴。检讨徐志晋④，宁州。

［试题］如斯而已（百姓）。上律天时（二句）。无以。

［解元］黄承吉，江都。

江西：

---

① 余士松，积山本作"金士松"，是。

② "歙"为"献"之讹。

③ 童凤三，积山本作"平恕"，是。

④ 徐志晋，积山本作"万承风"，是。

［试官］常卿平恕①，山阴。中书万承风②，武康。

［试题］兴于诗立（一章）。可以赞天（一句）。同养公田（人也）。

［解元］黄钟奏，金溪。

浙江：

［试官］工侍吴省兰，南汇。编修蒋祥墀，天门。

［试题］周因于殷（段）。燕毛所以（句）。欲得不屑（节）。

［解元］张廷济，嘉兴。

福建：

［试官］侍读莫晋，会稽。编修辛从益，万载。

［试题］唐虞之际（一句）。陈其宗器（一句）。周室班爵（一句）。

［解元］郑兼才，德化。

湖北：

［试官］少詹曹振镛，歙县。中书邵瑛，余姚。

［试题］事其大夫（二句）。故君子以（一句）。孟子曰人（有为）。

［解元］黄道衷。

湖南：

［试官］编修钱福胙，嘉兴。刑外伊秉绶，宁化。

［试题］文之以礼乐。日省月试（工也）。诗曰不素（何也）。

［解元］彭珙。

河南：

［试官］刑外朱文翰，歙县。户主汤藩，南丰。

［试题］仰之弥高（四句）。执柯以伐（为远）。性也有命焉。

［解元］余作新，信阳。

山东：

［试官］祭酒胡长龄，通州。中书曹憙华，新建。

［试题］子谓卫公（一章）。及其成功（一句）。百里奚虞（奇谏）。

［解元］郝茂榕，章邱。

山西：

［试官］中允祝曾，固始。刑主戴敦元，开化。

［试题］兴于诗立（章）。远之则有望。晋人以垂（一句）。

［解元］马钟宛，解州。

陕西：

［试官］编修王宗诚，青阳。刑主王祖武，吴江。

---

① 平恕，积山本作"童凤三"，是。
② 万承风，积山本作"徐志晋"，是。

［试题］选于众举（伊尹）。官盛任使（一句）。耕者九一（二句）。

［解元］王晋墀，会宁。

广东：

［试官］编修吴烜，固始。中书赵良霁①，泾县。

［试题］此之谓絜（一句）。上如揖下（三句）。及其闻一（二句）。

［解元］李汝谦，嘉应。

广西：

［试官］郎中吴树萱，吴县。编修朱绂，新建。

［试题］子曰于止（句）。近之则不（二句）。子产曰得（伪焉）。

［解元］黄体正，桂平。

四川：

［试官］户外钱楷，嘉兴。户外乔远煐，孝感。

［试题］其养民也（二句）。诚之者择（句）。有人于此（患矣）。

［解元］廖家骃。

云南：

［试官］学士钱棨，长洲。刑主陈廷桂，和州。

［试题］民可使由（一章）。舟车所至（一句）。五谷者种（不熟）。

［解元］吴联珠，元江。

贵州：

［试官］侍读王绶，大兴。户主张大维，江夏。

［试题］子路问事（章）。得一善。仁者无不（为务）。

［解元］黄燮，安平。

四年己未会试

四月癸丑，赐姚文田等二百二十人进士及第、出身有差。

［试官］户侍阮元，仪征。吏尚朱珪，大兴。左都刘权之，长沙。阁学文宁，满洲。

［试题］是故君子（失之）。曾子曰慎（一章）。孟子曰尽（天矣）。

［会元］史致俨，江都。

［鼎甲］姚文田，归安。苏兆登，霑化。王引之，高邮。

五年庚申恩科乡试

辛丑奉上谕，前奉敕旨，皇考九旬，特开恩科，本年正月，猝遭大事，所有庆典一

---

① 赵良霁，积山本作"赵良霈"，是。

应停止，并停恩科。复思开科一事，乃皇考嘉惠士林至意，自应仰体圣慈，无庸停止所有恩科，著于庚申举行乡试，辛酉举行会试。

顺天：

[试官] 侍郎英和，满洲。吏尚刘权之，长沙。侍郎陈嗣龙，平湖。

[试题] 大哉尧之（一节）。天命之谓（一节）。大舜有大（一节）。

[解元] 张葆，大兴。

江南：

[试官] 侍郎陈万全，石门。检讨何学林，开州。

[试题] 述而不作（三句）。序爵所以（二句）。景公说大（之乐）。

[解元] 崔瑄，荆溪。

江西：

[试官] 礼侍李钧简，黄冈。编修王麟书，大兴。

[试题] 老者安之（一章）。设其裳衣（二句）。尧舜性者也。

[解元] 关敏文。

浙江：

[试官] 侍郎曹城，歙县。编修黄因琏，新城。

[试题] 昔者先王（臣也）。使天下之（左右）。不知足而（篑也）。

[解元] 崔懋炯，嘉兴。

福建：

[试官] 学士李宗瀚，临川。编修沈乐善，天津。

[试题] 此之谓民（一句）。子曰臧武（于鲁）。庠者养也（二也）。

[解元] 张光浩，霞浦。

湖北：

[试官] 学士刘凤诰，萍乡。编修黄崑望，大兴。

[试题] 古之欲明（一句）。桓公九合（二句）。王曰无畏（姓也）。

[解元] 郑永沆。

湖南：

[试官] 编修陆以庄，萧山。中书赵佩湘，丹徒。

[试题] 舜有天下（远矣）。夫焉有所倚。土地辟田（有庆）。

[解元] 蒋惠舒。

河南：

[试官] 御史萧广运，黄陂。中书董彩凤，洛川。

[试题] 人之有技（容之）。譬之宫墙（及肩）。强恕而行（近焉）。

[解元] 高恒培。

山东：

[试官] 副都恩普，满洲。员外焦以厚，江宁。

［试题］子路问政（一章）。忠信重禄（姓也）。人有不为（有为）。

［解元］李晓林。

山西：

［试官］赞善茹棻，会稽。编修倪思纯①，建水。

［试题］上好礼则（用情）。子庶民则（用足）。人有不为（有为）。

［解元］阎廷瑾。

陕西：

［试官］编修王瑶台，阳城。主事张志绪，余姚。

［试题］不如乡人（二句）。君子之道（自卑）。奋乎百世（起也）。

［解元］王步陵。

四川：

［试官］侍读吴芳培，泾县。主事魏元煜，昌黎。

［试题］先行其言（二句）。好学近乎（三句）。文王以民（乐之）。

［解元］陈兆飏。

广东：

［试官］修撰姚文田，归安。汤谦，荆溪。

［试题］居则曰不（以哉）。得一善则（之矣）。故苟得其（不消）。

［解元］陈昌期。

广西：

［试官］主事汪彦博，镇洋。中书韩抡衡，高阳。

［试题］不忮不求（二句）。诗曰衣锦（二句）。可以速而（一节）。

［解元］杨焕云。

云南：

［试官］编修苏兆登，霑化。中书蔡炯，德化。

［试题］不忮不求（以藏）。时使薄敛（姓也）。其居使之（者乎）。

［解元］苏鏊。

贵州：

［试官］检讨韩克均，汾阳。主事陈云，宛平。

［试题］君子义以（章）。宪章文武。若火之始（二句）。

［解元］尹作霖。

六年辛酉恩科会试

六年奉上谕，禁乡、会试卷引用隐僻子书及书写卦篆字体。赐顾皋等二百七十五人

---

① "纯"为"淳"之讹。

进士及第、出身有差。

[试官] 侍郎平恕，山阴。尚书达椿，满洲。尚书彭元瑞，南昌。侍郎蒋曰纶，睢州。

[试题] 尧舜帅天（二句）。百姓足君（四句）。民之为道（为也）。

[会元] 马有章，通州。

[鼎甲] 顾皋，金匮。刘士彬①，黄陂。邹家燮，乐平。

六年辛酉乡试

奉旨，宗室子弟准其乡、会试。顺天以水灾乡试展期一月。江南解元崔锡华即崔瑄一家。先是，庚申江南解元崔瑄，荆溪人；浙江解元崔懋炯，嘉兴人。系近族分居，占籍两省，同领解首，两科三解元，古今罕有。

顺天：

[试官] 侍郎初彭龄，莱阳。内阁王杰，韩城。詹事那彦成，满洲。

[试题] 夫仁者己（一节）。忠恕违道（一节）。放勋曰劳（德之）。

[解元] 胡开益，宛平。

江南：

[试官] 侍郎英和，满洲。员外汤藩，南丰。

[试题] 卑宫室而（一句）。鲜能知味也。放勋曰劳（如此）。

[解元] 崔锡华，宜兴。

江西：

[试官] 侍郎周兴岱，涪州。主事陈廷桂，和州。

[试题] 子夏为莒（一章）。草木生之（兴焉）。今夫水博（在山）。

[解元] 李观立，建昌。

浙江：

[试官] 侍郎文宁，满洲。中允周兆基，江夏。

[试题] 子夏曰富（远矣）。今夫天斯（一段）。君子引而（从之）。

[解元] 陈岱，钱塘。

福建：

[试官] 修撰姚文田，归安。员外吴于宣，石门。

[试题] 夫子之道（二句）。文武之政（二句）。民事不可（百谷）。

[解元] 张翘，建宁。

湖北：

[试官] 编修施杓，大兴。助教陆开荣，嘉兴。

---

① 刘士彬，积山本作"刘彬士"，是。

［试题］帝典曰克（二句）。君子不以（缊饰）。天下有达（德一）。

［解元］刘德铨，黄陂。

湖南：

［试官］检讨李可端，南海。主事谭光祥，南丰。

［试题］为政以德（一章）。使天下之（祭祀）。禹思天下（一段）。

［解元］陈世昌，武陟①。

河南：

［试官］员外颜培天，萍乡。兵主慕鳌，宁州②。

［试题］夫子何为（能也）。时使薄敛（二句）。孟子道性（二句）。

［解元］查崇恩，河内。

山东：

［试官］太常刘凤诰，萍乡。侍读叶继雯，汉阳。

［试题］天下有道（不议）。宗庙之礼（二句）。民事不可（百谷）。

［解元］邱锡光，青州。

山西：

［试官］编修张锦枝，彭泽。中书吴光悦，阳湖。

［试题］君赐食必（一节）。宜民宜人（二句）。禹思天下（急也）。

［解元］任汉亭，阳曲。

陕西：

［试官］编修勒③文锐，聊城。中书谭元，宛平。

［试题］好仁者无（一句）。今天下车（一节）。游于圣人（一句）。

［解元］白健翮，澄城。

四川：

［试官］御史钱杕，仁和。主事杨健，清泉。

［试题］子谓子产（章）。舜好问而（二句）。

［解元］陈尹言。

广东：

［试官］编修帅承瀛，黄梅。主事李林松，上海。

［试题］隐居以求（二句）。则能尽物（一句）。尊贤使能（一节）。

［解元］吴悌④，顺德。

广西：

［试官］主事李于培，安邱。中书平远，会稽。

---

① 武陟，积山本作"武陵"，是。

② 宁州，当作"静宁"或"静宁州"。

③ "勒"为"靳"之讹。

④ "悌"为"梯"之讹。

［试题］林放问礼（哉问）。无政也者（一句）。梓匠轮舆（二句）。

［解元］刘简臣，容县。

云南：

［试官］御史叶绍楏，归安。主事郑光圻，仪征。

［试题］子钓而不（二句）。宪章文武。圣人治天（者乎）。

［解元］张维崔①，鹤庆。

贵州：

［试官］编修王引之，高邮。编修吴云，长洲。

［试题］叶公问政（章）。舟车所至（二句）。以不忍人（掌上）。

［解元］翟锦观，贵筑。

七年壬戌会试

赐吴廷琛等二百四十八人进士及第、出身有差。

［试官］阁学玉麟，满洲。尚书纪昀，献县。左都熊枚，铅山。阁学戴均元，大庚。

［试题］为人君止（二句）。道之以德（一节）。居天下之（三句）。

［会元］吴廷琛，元和。

［鼎甲］吴廷琛，元和。李宗昉，山阳。朱士彦，宝应。

九年甲子乡试

内阁奉上谕，向来部院各官补授实缺，方准考试试差主②事，候补赞善黄钺现在向未实缺③，著加恩准其一体与考。实异数也。

顺天：

［试官］侍郎玉麟，满洲。内阁董诰，富阳。太仆莫晋，会稽。

［试题］其在宗庙（一节）。故君子之（庶民）。知者无不（为务）。

［解元］谭仲璐，昌黎。

江南：

［试官］侍郎戴均元，大庚。员外涂以辀，新城。

［试题］谨权量审（一节）。振河海而（二句）。天之高也（五句）。

［解元］李兆洛，武进。

江西：

---

① 崔，积山本作"崖"。

② "主"疑为"之"之讹。

③ 向未实缺，积山本作"尚未补缺"。

［试官］侍郎瑚图礼，满洲。主事张燮，娄县。

［试题］临之以庄（则劝）。君子素其（一句）。公孙丑曰（餐兮）。

［解元］梁崑，庐陵。

浙江：

［试官］侍郎潘世恩，吴县。员外卢荫溥，德州。

［试题］君子不可（四句）。则可以赞（一句）。易其田畴（一章）。

［解元］沈毓英，会稽。

福建：

［试官］阁学茅元铭，丹徒。洗马周系英，湘潭。

［试题］巍巍乎其（二句）。夫孝者善（二句）。壮者以暇（长上）。

［解元］林凤翘，长乐。

湖北：

［试官］庶子王引之，高邮。御史贾允升，黄县。

［试题］惟仁者能（一章）。车同轨书（三句）。民日迁善（二句）。

［解元］张文玒，蕲州。

湖南：

［试官］修撰吴廷琛，元和。检讨韩鼎晋，长寿。

［试题］子在齐闻（一章）。发而皆中节。君子反经（一句）。

［解元］张士醇，临湘。

河南：

［试官］编修鲍桂星，歙县。中书陈希祖，宣城。

［试题］子以四教（一章）。天之所覆（一句）。人有不为（有为）。

［解元］董广益，信阳。

山东：

［试官］侍郎万承风，义宁。主事黄钺，当涂。

［试题］谨权量审（一节）。唯天下至（临也）。尧舜之知（贤也）。

［解元］王余枚，福山。

山西：

［试官］编修人公①，溧阳。编修陈崇本，商邱。

［试题］说之不以（器之）。择乎中庸（之矣）。圭田五十亩。

［解元］张和鸣，襄陵。

陕西：

［试官］编修李宗昉，山阳。编修谢振定，湘潭②。

---

① "人公"为"狄梦松"之讹。

② "湘潭"为"湘乡"之讹。

［试题］能行五者（仁矣）。载华岳而（二句）。以友天下（友也）。

［解元］康节，会宁。

四川：

［试官］编修施杓，大兴。编修陈①国仁，商邱。

［试题］上老老而（不倍）。子曰骥不（一章）。昏暮叩人（足矣）。

［解元］邹绍观，安岳。

广东：

［试官］学士陈嵩庆，钱塘。编修陈寿祺，闽县。

［试题］康诰曰作（二句）。请益曰无倦。学则三代（一句）。

［解元］何惠群，顺德。

广西：

［试官］侍读吴蓠，全椒。郎中张志绪，余姚。

［试题］事君敬其（一章）。宜民宜人（二句）。壮者以暇（长上）。

［解元］唐维钊，临桂。

云南：

［试官］编修黄焜望，大兴。检讨李鸿宾，德化。

［试题］其在宗庙（一节）。柔远人则（畏之）。不违农时（一句）。

［解元］丁杰，保山。

贵州：

［试官］编修张师泌，归安。编修邹家燮，乐平。

［试题］固天纵之（一句）。柔远人则（二句）。孟子道性（二句）。

［解元］刘沐膏，贵筑。

十年乙丑会试

赐彭浚等二百四十三人进士及第、出身有差。大兴徐鉴、徐铨，分宜习家驹、家□②兄弟同登。

［试官］侍郎恩普，蒙古。内阁朱珪，大兴。尚书戴衢亨，大庾。侍郎英和，满洲。

［试题］子曰老者（三句）。喜怒哀乐（之中）。夫志至焉（其气）。

［会元］胡敬，仁和。

［鼎甲］彭浚，衡山。徐颋，长洲。何凌汉，道州。

---

① "陈"为"程"之讹。
② 原缺。积山本作"骙"。

十二年丁卯乡试

丁卯夏四月，诏增福建台湾府乡试中额一名。

顺天：

[试官] 侍郎桂芳，满洲。尚书戴衢亨，大庾。侍郎蒋予蒲，睢州。

[试题] 我未见好（其身）。致中和天（三句）。我知言我（二句）。

[解元] 潘栋。

江南：

[试官] 侍郎刘凤诰，萍乡。御史赵慎畛，武陵。

[试题] 为君难为（二句）。郊社之礼（二句）。汤以七十（二句）。

[解元] 程应佐，泰州。

江西：

[试官] 太常胡长龄，通州。修撰王以衔，归安。

[试题] 诗可以兴（之名）。执其两端（二句）。人有不为（二句）。

[解元] 于旭钟。

浙江：

[试官] 侍郎万承风，宁州。御史吴荣光，南海。

[试题] 天何言哉（生焉）。在上位不（无怨）。舜之居深（几希）。

[解元] 陈传钧①。

福建：

[试官] 学士彭希濂，长洲。编修白镕，通州。

[试题] 公叔文子（一章）。朝聘以时。周公思兼（四事）。

[解元] 郭尚先。

湖北：

[试官] 中允黄钺，当涂。编修葛方晋，仁和。

[试题] 君子有三（一节）。舜好问而（二句）。圣人治天（水火）。

[解元] 刘学霳，孝感。

湖南：

[试官] 御史李本榆，长山。编修吴其彦，固始。

[试题] 其行已也（四句）。言而世为（句）。食之以时（二句）。

[解元] 贺长龄。

河南：

[试官] 编修朱士彦，宝应。编修陈寿祺，侯官。

[试题] 式负版者。吾学周礼（用之）。岁十一月（梁成）。

---

① "钧"为"均"之讹。

［解元］曹瑾。

山东：

［试官］修撰姚文田，归安。编修朱珔，泾县。

［试题］求尔何如（一节）。好学近乎（三句）。周公之封（一节）。

［解元］王惟询，海丰。

山西：

［试官］编修陆以庄，萧山。编修商载，大兴。

［试题］揖让而升（二句）。其言足以兴。敢问招虞（以旌）。

［解元］李绳宗。

陕西：

［试官］御史程国仁，商城。检讨卓秉恬，华阳。

［试题］宽则得众（则说）。言而世为（一句）。禹之行水（二句）。

［解元］张锦芳。

四川：

［试官］编修宋湘，嘉应。刑外杨曰鲲，分宜。

［试题］迩之事父（二句）。君子之所（见乎）。其事则齐（二句）。

［解元］古维哲。

广东：

［试官］御史花杰，贵筑。编修何凌汉，道州。

［试题］此谓唯仁（爱人）。揖让而升（君子）。颂其诗读（世也）。

［解元］张翱。

广西：

［试官］侍读张锦枝，彭泽。中书李振祜，太湖。

［试题］蘧伯玉使（何为）。时使薄敛（二句）。有如时雨（一句）。

［解元］陆锡璞。

云南：

［试官］编修王泽，芜湖。编修方振，南昌。

［试题］子路曾皙（侍坐）。

［解元］万华。

贵州：

［试官］编修易元善，汉阳。检讨李鸿宾，德化。

［试题］曾子曰君（其位）。

［解元］黄宪中。

十三年戊辰会试

赐吴信中等二百六十一人进士及第、出身有差。

［试官］阁学秀宁，满洲。内阁董诰，富阳。尚书邹炳泰，无锡。侍郎顾德庆，阳曲。

［试题］德者本也（二句）。如有博施（仁乎）。人伦明于（二句）。

［会元］刘嗣绾，阳湖。

［鼎甲］吴信中，吴县。谢阶树，宜黄。石承藻，湘潭。

十三年戊辰万寿恩科乡试

十三年戊辰春正月，以来岁五旬万寿，诏举恩科乡、会试。江南泰州仲振猷春捷，振履秋捷。父鹤庆，乾隆壬申江南解元，题"亦可与言"章。房师某批振履文后，有"先后同题，是父是子；春秋联捷，难弟难兄"云云。

顺天：

［试官］尚书曹振镛，歙县。侍郎潘世恩，吴县。

［试题］致知在格（二句）。唯仁者能（一章）。我学不厌（二句）。

［解元］诸葛光泰，武清。

江南：

［试官］侍郎陈希曾，新城。学士周系英，湘潭。

［试题］可与言而（一章）。诗曰奏假（一节）。孔子曰唐（一节）。

［解元］顾元熙，长洲。

江西：

［试官］副都莫晋，会稽。编修吴云，吴县。

［试题］礼之用和（一章）。天下国家（一句）。诵其诗读（世也）。

［解元］李炳春。

浙江：

［试官］侍郎周兆基，江夏。编修李振翥，太湖。

［试题］仲弓问仁（大祭）。诗云嘉乐（申之）。见其礼而（二句）。

［解元］朱栻之。

福建：

［试官］学士陈嵩庆，钱塘。郎中慕鳌，静宁。

［试题］由也千乘（赋也）。树墙下以（二句）。

［解元］姚大椿。

湖北：

［试官］编修龚守正，仁和。中书桂龄，汉军。

［试题］宽则得众（则说）。忠信重禄（四句）。诗云自西（自北）。

［解元］涂国用。

湖南：

［试官］检讨李鸿宾，德化。主事冯大中，汾阳。

［试题］君子无众（骄乎）。振河海而（一句）。设为庠序（四句）。

［解元］杨培文。

河南：

［试官］编修陈用光，新城。编修胡开益，宛平。

［试题］绘事后素（后乎）。敦厚以崇礼。民事不可（百谷）。

［解元］朱其灿。

山东：

［试官］通政温汝适，顺德。编修程赞清，仪征。

［试题］诵诗三百（一章）。仲尼祖述（一节）。夏曰校殷（三句）。

［解元］张士钦，长山。

山西：

［试官］侍读鲍桂星，歙县。编修席煜，昭文。

［试题］焕乎其有（一句）。自天申之。养老尊贤（二句）。

［解元］郑起昌。

陕西：

［试官］编修姚元之，桐城。编修程家督，商城。

［试题］子路问政（劳之）。舟车所至（气者）。滕文公为（孟子）。

［解元］黄光祖。

四川：

［试官］检讨赵未彤，莱阳。主事戴聪，浦江。

［试题］叶公问政（一章）。溥博渊泉（出之）。天子适诸（职也）。

［解元］徐映台①。

广东：

［试官］编修沈学厚，钱塘。主事韦运标，芜湖。

［试题］礼云礼云（一章）。文王之囿（四句）。

［解元］崔嵩高。

广西：

［试官］郎中龚丽正，仁和。主事李林松，上海。

［试题］固天纵之（一句）。仁者人也（四句）。圣人治天（水火）。

［解元］汪能肃。

云南：

［试官］中允陆以庄，泲②山。中书李振祜，太湖。

---

① 徐映台，积山本作"徐暎台"。"暎"同"映"。

② "泲"为"萧"之讹。

贵州：

[试官] 编修宋湘，嘉应。中书姚学塽，归安。

十四年己巳万寿恩科会试

赐洪莹等二百四十一人进士及第、出身有差。潍县刘鸿翯、鸿翱兄弟同登。

顺天：

[试官] 侍郎英和，满洲。内阁费淳，钱塘①。尚书王懿修，青阳。阁学贵庆，满洲。

[试题] 君子喻于（二句）。思知人不（知天）。得天下有（民矣）。

[会元] 孔传纶，仁和。

[鼎甲] 洪莹，歙县。廖金城，侯官，后改名鸿荃。张岳崧，安定②。

十五年庚午乡试

十五年八月丁亥，命嗣后凡有指定额驸者，无论贡举各项出身，均不准再与③乡会试，著为令。

顺天：

[试官] 侍郎陈希曾，新城。内阁刘权之，长沙。侍郎朱理，泾县。

[试题] 君子博学（以礼）。君子以人（而止）。其为气也（之间）。

[解元] 方城。

江南：

[试官] 侍郎桂芳，满洲。编修饶绚春，新城。

[试题] 才难不其（为盛）。射有似乎（其身）。我亦欲正（圣者）。

[解元] 张深，丹徒。

江西：

[试官] 侍郎戴联奎，如皋。吏中毛式郇，历城。

[试题] 舜有臣五（才难）。君子之道（自卑）。见其礼而（二句）。

[解元] 汤储璠。

浙江：

[试官] 侍郎刘环④之，诸城。侍读穆彰阿，满洲。

[试题] 享礼有容（如也）。人道敏政（一节）。为我作君（一句）。

---

① 钱塘，积山本作"钱唐"。
② "安定"为"定安"之讹。
③ 与，积山本作"应"。
④ "环"为"镮"之讹。

［解元］吴成勋。

福建：

［试官］编修周寿春，河间。编修程德楷，麻城。

［试题］诗云其仪（一节）。乡人饮酒（二节）。继之以六（用也）。

［解元］罗兰①孙。

湖北：

［试官］编修沈岐，通州。编修王耀辰，乌程。

［试题］子曰礼云（一章）。大哉圣人（万物）。傅说举于（二句）。

［解元］杨霖川。

湖南：

［试官］员外程祖洛，歙县。中书沈钦霖，吴县。

［试题］趋进翼如（顾矣）。或安而行（三句）。诗云自西（谓也）。

［解元］易良俶。

河南：

［试官］修撰吴信中，休宁。编修罗家彦，天门。

［试题］子曰听讼（一章）。我欲仁斯（一句）。附之以韩（一章）。

［解元］沈杰。

山东：

［试官］编修②张鹏展，上林。编修李可琼，南海。

［试题］有德者必（章）。文武之政（政举）。一乡之善（六句）。

［解元］王宗岳。

山西：

［试官］编修石承藻，湘潭。检讨申启贤，延津。

［试题］子曰刚毅（一章）。仲尼祖述（二句）。诸侯耕助（衣服）。

［解元］苏捷卿。

陕西：

［试官］编修洪占铨，宜黄。编修傅棠，诸暨。

［试题］子曰庶矣哉。言其上下（一句）。不违农时（三段）。

［解元］雷景鹏。

四川：

［试官］编修史评，乐陵。编修陶澍，安化。

［试题］乐则韶舞。知天地之（一句）。不违农时（二句）。

［解元］黎靖。

---

① "兰"为"叶"之讹。

② 编修，积山本原缺。

广东：

[试官] 编修史谱，乐陵。编修胡承琪①，泾县。

[试题] 子曰巍巍（一章）。日月星辰（一句）。天子之卿（子男）。

[解元] 黄文海。

广西：

[试官] 编修彭邦畴，南昌。编修贺长龄，善化。

[试题] 周有大赉（二句）。日月所照（二句）。左右皆曰（用之）。

[解元] 吴鼎元。

云南：

[试官] 兵科陈中孚，武昌。编修朱方增，海盐。

[试题] 足食足兵（之矣）。行而世为（二句）。天之高也（二句）。

[解元] 刘翱。

贵州：

[试官] 编修石葆元，宿松。编修聂铣敏，衡山。

[试题] 事君敬其（一章）。子庶民则（一句）。故观于海（为言）。

[解元] 张日暄②。

十六年辛未会试

赐蒋立镛等二百十七人进士及第、出身有差。新进士谒国子师，例得坐受，且新贵展拜时，戒不得动。若头动，于一甲一名不利；左右手动，于二三名不利。是科天门蒋丹林为祭酒，修撰即其子也，父子行此大典，有朝士赠诗云："回忆趋庭学礼时，国恩家庆喜难支。阿翁不敢掀髯笑，怪底郎君拜起迟。"诗谐③，亦佳话也。

[试官] 侍郎胡长龄，通州。内阁董诰，富阳。尚书曹振镛，歙县。侍郎文宁，满洲。

[试题] 中庸之为（矣乎）。知斯三者（二句）。存其心养（三句）。

[会元] 朱壬林，平湖。

[鼎甲] 蒋立镛，天门。王毓吴，吴县，后复姓吴，改名毓英。吴廷珍，吴县。

十八年癸酉乡试

癸酉福建龚文焕、文炳、文辉兄弟三人同登。

顺天：

[试官] 侍郎卢荫溥，德州。协办邹炳泰，无锡。侍郎果齐斯欢，满洲。

---

① 胡承琪，积山本作"胡承珙"，是。

② "暄"为"晟"之讹。

③ 诗谐，积山本作"诗近谐"。

〔试题〕才难不其（为盛）。修道以仁。有大人者（者也）。

〔解元〕郭天庆。

江南：

〔试官〕工侍茹棻，会稽。编修黄中模，南昌。

〔试题〕子路问政（一章）。肫肫其仁（三句）。春省耕而（二句）。

〔解元〕沈巍皆，六安。

江西：

〔试官〕侍郎秀宁，满洲。员外蒋云宽，永明。

〔试题〕子温而厉（三句）。柔远人则（二句）。诐辞知其（四句）。

〔解元〕罗宜诰。

浙江：

〔试官〕礼侍汪廷珍，山阳。编修于德培，营山。

〔试题〕子曰刚毅（一章）。车同轨书（二句）。存乎人者（言也）。

〔解元〕余钧，遂安。

福建：

〔试官〕郎中孙汶，胶州。编修李德立，济宁。

〔试题〕君子义以（一章）。尊其位重（一段）。禹思天下（四句）。

〔解元〕周滨海。

湖北：

〔试官〕编修陈玉铭，长乐。主事张辂，洛阳。

〔试题〕隐居以求（语矣）。使天下之（祭祀）。故曰域民（之利）。

〔解元〕周承铃。

湖南：

〔试官〕中允瞿昂，宛平。御史叶申万，闽县。

〔试题〕菲饮食而（沟洫）。诚者不勉（人也）。礼曰诸侯（衣服）。

〔解元〕杨延亮。

河南：

〔试官〕庶子蔡之定，德清。修撰蒋立镛，天门。

〔试题〕席不正不（一节）。从容中道（人也）。天油然作（之矣）。

〔解元〕阎炘。

山东：

〔试官〕学士黄钺，当涂。检讨戚人镜，钱塘。

〔试题〕生之者众（四句①）。事君敬其（一句②）。文王以民（灵沼）。

---

① 四句，积山本作"者舒"。

② 一句，积山本作"其食"。

［解元］戴金鼎。

山西：

［试官］编修吴毓英，吴县。编修周之琦，祥符。

［试题］子使漆雕（一章）。修身则道立。欲知舜与（问①也）。

［解元］谭昌言。

陕西：

［试官］郎中史祜②，溧阳。中书陈何龙，猗氏。

［试题］迩之事父（二句）。虽柔必强。原泉混混（四句）。

［解元］翟用章。

四川：

［试官］编修廖鸿藻，闽县。中书万启昀，南昌。

［试题］冉有曰既（庶矣）。日月星辰（一句③）。无为其所（二句）。

［解元］李培炊。

广东：

［试官］编修张鉴，仁和。编修苏绎，钱塘。

［试题］子曰可也（可乎）。宗庙飨之（保之）。晋人以垂（伐虢）。

［解元］洪遇春。

广西：

［试官］编修孔传纶，钱塘。主事吴颐，长洲。

［试题］子钓而不（二句④）。文武之政（二句⑤）。入其疆则（以地）。

［解元］陈守輷，临桂。

云南：

［试官］编修吴廷珍，吴县。中书戴鼎恒，乌程。

［试题］子谓韶尽（三句⑥）。

［解元］杨峻。

贵州：

［试官］编修郭尚先，莆田。编修程伯銮，垫江。

［试题］或问子产（人也）。君子之所（见乎）。圣人治天（水火）。

［解元］胡元音。

---

① 问，积山本作"间"，是。
② "祜"为"祐"之讹。
③ 一句，积山本作"系焉"。
④ 二句，积山本作"射宿"。
⑤ 二句，积山本作"方策"。
⑥ 三句，积山本作"善也"。

十九年甲戌会试

赐龙汝言等二百二十六人进士及第、出身有差。奉上谕,宗室乡、会试取中,用一文一诗,已属优异,若不加以覆试,无以鉴别真才,着自本科覆试始,题仍用一文一诗。

[试官] 礼侍宝兴,满洲。吏尚章煦,钱塘。工尚周兆基,吴县。礼侍王宗诚,青阳。

[试题] 生之者众(四句)。子曰德之(忧也)。行有不得(归之)。

[会元] 瞿溶。

[鼎甲] 龙汝言,桐城。祝庆蕃,固始。伍长华,上元。

二十一年丙子乡试

顺天:

[试官] 侍郎黄钺,当涂。内阁董诰,富阳。侍郎陆以庄,萧山。

[试题] 子以四教(一节)。唯天下至(其性)。故曰或劳(四句)。

[解元] 王定甡。

江南:

[试官] 侍郎汤金钊,萧山。郎中陆言,钱塘。

[试题] 殷因于夏(一段)。唯天下至(六句)。夫明堂者(二句)。

[解元] 林端,元上①。

江西:

[试官] 阁学吴其彦,固始。编修林则徐,侯官。

[试题] 子曰女得(一章)。所求乎子(四句)。傅说举于(五句)。

[解元] 欧阳炳章。

浙江:

[试官] 侍郎顾德庆,宛平。编修李振镛②,太湖。

[试题] 夫达也者(四句)。所求乎子(能也)。高子曰禹(一章)。

[解元] 张嘉金。

福建:

[试官] 编修何彤然,平乐。主事吴孝铭,武进。

[试题] 子曰庶矣(三节)。唯天下至(大经)。颂其诗读(四句)。

[解元] 陈鸣盛。

---

① 元上,积山本作"上元",是。
② "镛"为"庸"之讹。

湖北：

[试官] 修撰龙汝言，桐城。给事史谱，乐陵。

[试题] 子夏为莒（一章）。好学近乎（三句）。师旷之聪（三句）。

[解元] 褚于杜。

湖南：

[试官] 编修黄中模，南昌。检讨李德立，济宁。

[试题] 兴于诗立（三句）。果能此道（三句）。我亦欲正（圣者）。

[解元] 周焜。

河南：

[试官] 侍读瞿昂，宛平。编修胡敬，仁和。

[试题] 子路曰愿（一节）。莫见乎隐（二句）。谨庠序之教。

[解元] 周文斑。

山东：

[试官] 侍郎汪守和，乐平。主事吴恩诏，吴县。

[试题] 敬事而信（二句）。振河海而（一句）。游于圣人（一句）。

[解元] 刘家麟。

山西：

[试官] 编修徐镛，桐城。主事汪鉴，滦州。

[试题] 迩之事父（二句）。舟车所至。故理义之（二句）。

[解元] 刘霭。

陕西：

[试官] 学士顾皋，金匮。员外李振祜①，太湖。

[试题] 求也为之（三句）。知耻近乎勇。昔者文王（岐也）。

[解元] 谢述孔。

四川：

[试官] 编修宫焕，怀远。编修孔传纶，钱塘。

[试题] 政事冉有（二段）。时使薄敛（二句）。晋人以垂（奇谏）。

[解元] 李芬。

广东：

[试官] 修撰吴信中，吴县。编修钱林，仁和。

[试题] 天下有道（不议）。文武之政（方策）。君子居是（忠信）。

[解元] 倪济远。

广西：

[试官] 郎中程祖洛，歙县。编修王赠芳，庐陵。

---

① 李振祜，积山本作"李振祐"，误。

［试题］书云孝乎（五句①）。子庶民则（一句②）。禹之行水（二句③）。

［解元］谭④武保。

云南：

［试官］编修郭尚先，莆田。中书闻人熙，会稽。

［试题］请益曰无倦。齐明盛服（身也）。善教得民心。

［解元］陈时昌。

贵州：

［试官］编修黄安涛，嘉善。编修廖鸿藻，闽县。

［试题］赤也束带（二句）。好学近乎（三句）。五谷熟而（一句⑤）。

［解元］高发扬。

二十二年丁丑会试

赐吴其濬等二百五十五人进士及第、出身有差。上谕：向来朝考以论、诏、疏、诗四项命题，其诏题多系拟古，朕思士子试以论、疏、诗，其优劣已见，著裁去诏一道，以论、疏、诗三项命题，著为令。

［试官］刑侍秀宁，满洲。内阁曹振镛，歙县。协办戴均元，大庾。户侍姚文田，归安。

［试题］子曰为政（以德）。君子而时中。仁人之安（二句）。

［会元］庞大奎，常熟。

［鼎甲］吴其濬，固始。凌泰封，定远。吴清鹏，钱塘。

二十三年戊寅恩科乡试

二十三年戊寅春正月，上以来岁六旬万寿，诏举恩科乡、会试。

顺天：

［试官］侍郎刘镮之，诸城。尚书汪廷珍，山阳。侍郎周系英，湘潭。

［试题］君子和而（不同）。好学近乎（一节）。仁言不如（一节）。

［解元］边济贤。

江南：

［试官］侍郎帅承瀛，黄梅。御史卢炳涛，东阳。

---

① 五句，积山本作"为政"。
② 一句，积山本作"姓劝"。
③ 二句，积山本作"事也"。
④ "谭"为"覃"之讹。
⑤ 一句，积山本作"人育"。

［试题］君子和而（一节）。追王大王（二句）。孟子居邹（二段）。

［解元］冯云路，东流。

江西：

［试官］侍郎王以衔，归安。中书李彦章，侯官。

［试题］先有司赦（三句）。必得其名（二句）。君子之守（一节）。

［解元］赵致和。

浙江：

［试官］侍郎王引之，高邮。编修李裕堂，长安。

［试题］曰既富矣（一节）。忠信重禄（二段）。民事不可（乘屋）。

［解元］徐士芬，平湖。

福建：

［试官］编修张敦颐，平定。中书陈诗，宛平。

［试题］无为而治（二句）。明乎郊社（二句）。学则三代（二句）。

［解元］叶大章。

湖北：

［试官］吏外余本敦，西安。中书刘鸿翔，潍县。

［试题］志于道据（一章）。必得其寿。

［解元］赵磊。

湖南：

［试官］编修觉罗德宁，满洲。刑主马毓林，商河。

［试题］由也果于（何有）。中立而不倚。子产听郑（一节）。①

［解元］李蕁。

河南：

［试官］编修杨殿邦，泗州。刑主戴宗沅，东安。

［试题］舜有天下（三句②）。书同文行（二句）。树墙下以（一句）。③

［解元］刘沂水。

山东：

［试官］编修马步蟾，会稽。编修李家蕙，归化。

［试题］宽则得众（四句）。庸德之行（敢尽）。仰不愧于（一节）。④

［解元］孟毓兰。

山西：

［试官］编修王炳瀛，安岳。传胪裘元善，新建。

---

① 中立而不倚。子产听郑（一节）。积山本作"子产听郑（一节）。中立而不倚"。

② 三句，积山本作"皋陶"。

③ 书同文行（二句）。树墙下以（一句）。积山本作"树墙下以桑。书同文行（二句）"。

④ 庸德之行（敢尽）。仰不愧于（一节）。积山本作"仰不愧于（一节）。庸德之行（敢尽）"。

［试题］子曰道千（一句）。体群臣则（姓劝）。其始播百谷。①

［解元］魏辅仁。

陕西：

［试官］御史谭瑞东，长洲。礼主宋其沅，汾阳。

［试题］仕而优则学。必得其位（四句）。吾岂若使（三句）。

［解元］石扬声。

四川：

［试官］侍讲顾元熙，长洲。编修颜伯涛②，连平。

［试题］唯求则非（二节）。诗云伐柯（伐柯）。仁之实事（四句）。

［解元］李嘉秀。

广东：

［试官］编修邱家炜，宛平。中书魏茂林，龙石③。

［试题］君子笃于（二句）。发而皆中（之和）。天之高也（二句）。

［解元］林桂。

广西：

［试官］编修邱煌，毕节。刑给倪琇，昆明。

［试题］为命裨谌（一章）。江淮河汉（是也）。

［解元］李崔④。

云南：

［试官］编修熊常镈，铅山。编修王统仁，乐陵。

［试题］绥之斯来（二句）。诚身有道（三句）。汤执中。

［解元］张培。

贵州：

［试官］给事周鸣銮，单县。刑主张志廉，南皮。

［试题］子张问政（以忠）。经正则庶（慝矣）。去谗远色（一段）。

［解元］周良卿。

二十四年己卯恩科会试

四月，赐陈沇⑤等二百二十四人进士及第、出身有差。丁丑奉上谕，考试试差，自此次始，四书题文二篇，减去一篇，添五经题文一篇，仍用五言八韵诗一首，著为令。

---

① 体群臣则（姓劝）。其始播百谷。积山本作"其始播百谷。体群臣则（姓劝）"。
② "涛"为"焘"之讹。
③ "石"为"岩"之讹。
④ "崔"为"崒"之讹。
⑤ 陈沇，积山本作"陈沇"，是。

［试官］礼侍王宗诚，青阳。协办戴均元，大庾。尚书戴联奎，如皋。正詹那彦成，满洲。

［试题］曰修己以（一句）。人之为道（二句）。诚身有道（三句）。

［解元］费庚吉，阳湖。

［鼎甲］陈沆①，蕲水。杨九畹，慈溪。胡达源，益阳。

二十四年己卯乡试

己卯江宁陈维屏、惟垣兄弟同登。

顺天：

［试官］吏侍恩宁，满洲。尚书茹棻，会稽。侍郎王以衔，归安。

［试题］君君臣臣（一节）。君子素其（一节）。是故诚者（四句）。

［解元］董瀛山，青县。

江南：

［试官］侍郎陆以庄，萧山。编修廖鸿藻，闽县。

［试题］行夏之时（三句）。文理密察（二句）。夫义路也（所视）。

［解元］严保庸，丹徒。

江西：

［试官］少卿张鳞，嘉兴。编修吴杰，会稽。

［试题］友直友谅（益矣）。宜民宜人（二句）。亲亲而仁（二句）。

［解元］夏清和。

浙江：

［试官］侍郎王鼎，蒲城。编修伍长华，上元。

［试题］昔者偃也（四句）。载华岳而（二句）。昏暮叩人（水火）。

［解元］王澜②，会稽。

福建：

［试官］祭酒何凌汉，道州。编修王赠芳，庐陵。

［试题］斯民也三（二句）。宜民宜人（四句）。天子之卿（一节）。

［解元］魏本唐。

湖北：

［试官］庶子吴信中，长洲。中书边廷瑛③，任邱。

［试题］出门如见（四句）。诚者不勉（二句）。如七十子（一句）。

［解元］丁德泰。

---

① 陈沆，积山本作"陈沆"，是。

② 王澜，《国朝贡举考略》、《清秘述闻续》作"王文澜"。

③ "瑛"为"英"之讹。

湖南：

[试官] 御史孔传纶，钱塘。检讨冯芝，代州。

[试题] 富与贵是（去也）。其唯人之（见乎）。君子引而（如也）。

[解元] 陈毓文。

河南：

[试官] 御史龚镗，阳湖。编修刘斯嵋，南丰。

[试题] 恭己正南（一句）。悠久所以（一句）。省刑罚薄（二句）。

[解元] 郑从宽。

山东：

[试官] 学士彭邦畴，南昌。编修宫焕，怀远。

[试题] 晋文公谲（二句）。故大德①者（一句）。深耕易耨（长上）。

[解元] 翟登峨。

山西：

[试官] 御史陈鸿，钱塘。检讨戚人镜，钱塘。

[试题] 君子学道（一句）。果能此道（三句）。贤者在位（政刑）。

[解元] 汪士恒②。

陕西：

[试官] 侍读陈官俊，范③县。编修易禧善，汉阳。

[试题] 实能容之（二句）。知者乐仁（二句④）。曰无恒产（为能）。

[解元] 高步月。

四川：

[试官] 侍讲钱林，仁和。

[试题] 周有大赉（二句）。车同轨。管夷吾举（二句）。

[解元] 吴晋麓⑤。

广东：

[试官] 修撰吴其濬，固始。编修郭尚先，莆田。

[试题] 君子不可（受也）。言前定则（不跲）。相秦而显（三句）。

[解元] 廖翱。

广西：

[试官] 修撰蒋立镛，天门。编修杨殿邦，泗州。

[试题] 颜渊问仁（为仁）。宜民宜人（二句）。傅说举于（二句）。

---

① 德，积山本作"得"，误。

② 《国朝贡举考略》李慈铭校注本作"王士垣"。

③ "范"为"潍"之讹。

④ 二句，积山本作"者寿"。

⑤ 吴晋麓，积山本作"吴晋烽"，是。

［解元］梁卓汉。

云南：

［试官］编修林则徐，侯官。编修吴慈鹤，吴县。

［试题］汤之盘铭（一句）。诵诗三百（一句）。其事则齐（一句）。

［解元］李士林。

贵州：

［试官］编修祝庆蕃，固始。编修吴镇域①，钱塘。

［试题］夫何为哉（二句）。博厚配地（三句）。时举于秦（相之）。

［解元］殷渐逵。

二十五年庚辰会试

赐陈继昌等二百四十六人进士及第、出身有差。榜首陈继昌三元及第，仁宗御制传胪诗有"书香传世德"之句，盖继昌为故大学士陈文恭公宏谋之元孙也。

［试官］刑侍吴芳培，泾县。户尚卢荫溥，德州。尚书黄钺，当涂。工侍善庆，满洲。

［试题］仁者先难（一句）。以善服人（天下）。成己仁也（三句）。

［会元］②

［鼎甲］陈继昌，临桂。许乃普，钱塘。陈銮，江夏。

道光朝

道光元年辛巳恩科乡试

九月庚午，诏开乡会恩科，于道光元年举行乡试，二年举行会试，诏复③未经散馆一甲进士与考试④差例。顺天乡试展期一月，因八月天气尚热，兼行时疫⑤，故有是诏。

顺天：

［试官］尚书那彦成，满洲。学士戴均元，大庾。阁学顾皋，金匮。

---

① "镇域"为"振棫"之讹。
② 原缺。当作"陈继昌"。
③ 疑当作"复诏"。
④ 试，积山本作"使"。
⑤ 兼行时疫，积山本作"兼时疫流行"。

［试题］长上①长而（一句②）。不可与言（失言）。夫仁天之（宅也）。

［解元］查启郮③，大兴。

江南：

［试官］侍郎汤金钊，萧山。编修熊遇泰，新建。

［试题］子曰君子（章）。郊社之礼（一节）。无为其所（二句）。

［解元］张海珊，吴江。

江西：

［试官］理寺刘彬士，黄陂。编修廖文锦，永定。

［试题］乐节礼乐。万物并育（一句）。权然后知（为甚）。

［解元］吴廷珪，浮梁。

浙江：

［试官］侍郎王引之，高邮。员外吴孝铭，武进。

［试题］节用而爱（二句）。修身则道（二句）。大舜有大（人者）。

［解元］徐廷策。

福建：

［试官］员外彭浚，衡山。编修赵柄，上海。

［试题］孝弟也者（本与）。齐明盛服（身也）。梓匠轮舆（规矩）。

［解元］林文斗。

湖北：

［试官］学士史致俨，江都。主事素博通额，满州。

［试题］子曰举直（二句）。修身则道（二句）。无恒产而（为能）。

［解元］靖原钦，黄冈。

湖南：

［试官］御史沈学濂，仁和。编修但明伦，广顺。

［试题］子曰诗三（一章）。宜民宜人（四句）。牛山之木（一句）。

［解元］李文耀，益阳。

河南：

［试官］御史陈鸿，钱塘。员外尹济源，蓬莱。

［试题］众恶之必（一节）。思之弗得（二句）。夫苟好善（以善）。

［解元］杨京元，商城。

山东：

［试官］正詹徐颋，长洲。主事何增元，壁山。

［试题］君子贤其（其利）。射不主皮（二句）。学问之道（二句）。

---

① 长上，积山本作"上长"。

② 一句，积山本作"兴弟"。

③ "启郮"为"咸勤"之讹。

［解元］周进阶。

山西：

［试官］司业陈玉铭，长乐。编修吴坦，江宁。

［试题］君子矜而（一章）。文武之政。辅世长民（为德）。

［解元］康世泰。

陕西：

［试官］侍读廖鸿荃，侯官。编修李煌，昆明。

［试题］有德者必（二句）。故君子以（一句）。其事则齐（一句）。

［解元］高树勋。

四川：

［试官］编修程恩泽，歙县。中书徐瀚，鹿邑。

［试题］子曰诗三百。得为圣人（保之）。人有不为（二句）。

［解元］杨载①，远县②。

广东：

［试官］修撰陈沆，蕲水。编修傅绶，安宁。

［试题］为君难为（二句）。博学之审（四句）。孔子尝为（一节）。

［解元］区慕濂，肇庆。

广西：

［试官］编修韩大信，天津。检讨胡国英，吴县。

［试题］子路问政（以敬）。故为政在（二句）。学不厌智（圣矣）。

［解元］余绍先。

云南：

［试官］编修吴敬恒，泾县。御史宋其沅，汾阳。

［试题］君子之于（一章）。修道之谓教。夫仁亦在（已矣）。

［解元］董维城。

贵州：

［试官］编修王惟询，海丰。中书谬③玉铭，宛平。

［试题］众好之必（二句）。文武之政（政举）。一乡之善（六句）。

［解元］杨齐谐。

二年壬午恩科会试

庚子，赐戴兰芬等二百二十二人进士及第、出身有差。

---

① 杨载，积山本作"杨载瀛"。
② 远县，积山本作"达县"，是。
③ "谬"为"缪"之讹。

［试官］侍郎汤金钊，萧山。户尚英和，满洲。尚书汪廷珍，山阳。侍郎李宗昉，山阳。

［试题］子曰学如（失之）。诗云鸢飞（一节）。子贡曰见（其政）。

［会元］吕龙光，归善。

［鼎甲］戴兰芬，天长。郑秉恬，上高。罗文俊，南海。

二年壬午乡试

壬午广西主司许叔舟乃济、河南主司许滇生乃普兄弟同时典试。

顺天：

［试官］刑左韩文绮，仁和。户尚黄钺，当涂。刑右恩铭，满洲。

［试题］居之无倦（二句）。是故君子（二句）。国君进贤（一节）。

［解元］王涤源，大兴。

江南：

［试官］户侍穆彰阿，满洲。编修徐士芬，平湖。

［试题］先有司（三句）。德为圣人（二句）。是集义所（四句）。

［解元］胡国樑，泾县。

江西：

［试官］礼侍李宗昉，山阳。编修祝庆蕃，固始。

［试题］大夫僎与（闻之）。成者物之（无物）。教人以善（之仁）。

［解元］胡增瑞。

浙江：

［试官］工侍顾皋，金匮。编修陈銮，江夏。

［试题］巍巍乎舜（一节）。忠恕违道（一句①）。书曰丕显（六句）。

［解元］竺陈简。

福建：

［试官］侍读沈维鐈，嘉兴。编修周之桢，新城。

［试题］子张问明（已矣）。君臣也（五句）。非礼之礼（三句②）。

［解元］李家辉。

湖北：

［试官］侍读闻人熙，归安。主事赵炳言，归安。

［试题］临之以庄（三句）。序事所以（一句）。有天爵者（二句）。

［解元］黄经塾，黄梅。

---

① 一句，积山本作"不远"。
② 三句，积山本作"弗为"。

湖南:

[试官] 编修李浩,晋宁。中书裴鉴,句容。

[试题] 非曰能之(四句)。君臣也(五句)。中天下而(二句)。

[解元] 黄正心,衡州。

河南:

[试官] 御史杨希铨,常熟。编修许乃普,仁和。

[试题] 为人臣止(二句)。好古敏以(一句)。管仲以其(二句)。

[解元] 吴宝卿,光州。

山东:

[试官] 祭酒何凌汉,道州。编修牛鉴,武威。

[试题] 畏天命(三句)。去谗远色(二句)。圣人治天(三句)。

[解元] 孟毓藻。

山西:

[试官] 御史龚绥,昆明。编修吴文镕,仪征。

[试题] 周监于二(二句)。曲能有诚。岁十一月(二句)。

[解元] 张鸿举。

陕西:

[试官] 御史吴杰,会稽。修撰陈继昌,临桂。

[试题] 不患无位(二句)。辟如登高(二句)。尧舜之道(二句)。

[解元] 郑士范。

四川:

[试官] 编修张岳崧,南海。编修沈巍皆,六安。

[试题] 子曰君子(其行①)。尊贤之等。是故贤君(一节)。

[解元] 左廷宾。

广东:

[试官] 编修祁嶲②藻③,寿阳。员外程德润,天门。

[试题] 知者不惑(三句)。正己而不(一句)。入其疆土(有庆)。

[解元] 周燧。

广西:

[试官] 御史许乃济,仁和。编修陈沄,蕲水。

[试题] 民之所好(一句)。畏圣人之(一句)④。尧舜之治(天下)。

[解元] 卢昌彦。

---

① 其行,积山本作"耻其"。

② 嶲,积山本作"寯"。

③ 藻,积山本作"藻"。

④ 畏圣人之(一句),积山本作"畏圣人之言"。

云南：

［试官］编修周祖培，商城。主事朱壬林，平湖。

［试题］舜有臣五（一句）。书同文。心之所同（然耳）。

［解元］卢文选。

贵州：

［试官］编修姜坚，甘泉。主事光聪谐，桐城。

［试题］立则见其（二句）。致中和。必有事焉（四句）。

［解元］吴巨。

三年癸未会试

四月甲子，赐林召棠等二百四十六人进士及第、出身有差。

［试官］吏侍王引之，高邮。大学曹振镛，歙县。礼尚汪廷珍，山阳。户侍穆彰阿，满洲。

［试题］切问而近（二句）。知远之近（四句）。入则孝守①（之道）。

［会元］杜受田，滨州。

［鼎甲］林召棠，吴川。周开麒，江宁。王广荫，通州。

五年乙酉乡试

顺天：

［试官］御史姚文田，归安。尚书玉麟，满洲。户侍顾皋，金匮。

［试题］君子易事（四句）。万物并育（一句）。必使仰足（二句）。

［解元］郑阅。

江南：

［试官］刑侍刘彬士，黄陂。侍讲陈用光，新城。

［试题］贤者识其（三句）。宗庙之礼（二句）。壮者以暇②（四句）。

［解元］张培寿，丹徒。

江西：

［试官］主事福申，满洲。御史李逢辰，元和。

［试题］民可使由（二句）。发而皆中（一句）。学问之道（二句）。

［解元］夏淳镛。

浙江：

---

① "守"为"出"之讹。

② 暇，积山本作"暇"，是。

［试官］工侍王鼎，蒲城。给事赵柄，上海。

［试题］子曰知者（三句）。明乎郊社（三句）。文王之囿（四句）。

［解元］徐光简。

福建：

［试官］春坊翁心存，常熟。编修陈兆熊，崇明。

［试题］子曰上好（使也）。义者宜也（二句）。达不离道（于民）。

［解元］林扬祖。

湖北：

［试官］侍讲许乃普，钱塘。御史王赠芳，庐陵。

［试题］迩之事父（三句）。天地之大也。若伊尹莱（二句）。

［解元］万时喆。

湖南：

［试官］编修张日晸，贵筑。中书石纶，宿松。

［试题］居敬而行（三句）。好学近乎知。卿以下必（二句）。

［解元］张学庭。

河南：

［试官］编修邵正笏，钱塘。编修朱襄，芜湖。

［试题］君子不以（二句）。柔远人也（二句）。礼也父召（三句）。

［解元］李玫。

山东：

［试官］礼侍朱方增，海盐。侍读文庆，满洲。

［试题］事君能致（一句）。故君子居（二句）。省刑罚薄（二句①）。

［解元］孔继猷。

山西：

［试官］编修冯赞勋，宜化。编修蔡赓飏，德清。

［试题］知者乐仁（一句②）。取人以身（一句）。五亩之宅（二句）。

［解元］王丕显。

陕甘：

［试官］詹事龚守正，仁和。编修李泰交，贵阳。

［试题］子在齐闻（一章）。悠久所以（一句）。请野九一（一节）。

［解元］李培滋。

四川：

［试官］编修李棠阶，河内。郎中周炳绪，临桂。

［试题］道盛德至（二句）。子谓子夏（子儒）。设为庠序（四句）。

［解元］徐健永。

广东：

［试官］侍读毛树棠，武陟。给事陶廷杰，都匀。

［试题］尊五美屏（三句）。齐明盛服（二句）。国人皆曰（四句）。

［解元］王选。

广西：

［试官］编修周作楫，泰和。编修王煜，滁州。

［试题］其心好之（二句）。主忠信从（德也）。诗云雨我（二句）。

［解元］朱庭芬。

云南：

［试官］编修邵甲名，大兴。中书端木垣①，江宁。

［试题］君子欲讷（一节）。犹以为远（一句）。昏暮叩人（与者）。

［解元］窦垿。

贵州：

［试官］编修曾元海，闽县。主事陆尧松，平湖。

［试题］我欲仁斯（至矣）。及其至也（知焉）。大匠诲人（二句）。

［解元］何熵。

六年丙戌会试

赐朱昌颐等二百六十五人进士及第、出身有差。是科有广东举人陆云从，年一百四岁，三场完峻，未经中式，奉旨赏给国子监司业衔。

［试官］尚书王鼎，蒲城。学士蒋攸铦，汉军。侍郎汤金钊，萧山。御史陆以庄，萧山。

［试题］人之有技（好之）。是集义所（馁矣）。无求备于（一人）。

［会元］王庆元。

［鼎甲］朱昌颐，海盐。贾桢，黄县。帅方蔚，奉新。

八年戊子乡试

顺天：

［试官］尚书王鼎，蒲城。协办卢荫溥，德州。户侍李宗昉，山阳。

［试题］言思忠（二句）。苟不固聪（三句）。曰周公弟（四句）。

---

① "垣"为"坦"之讹。

［解元］王松陵。

江南：

［试官］刑侍钟昌，满洲。编修黄爵滋，宜黄。

［试题］视其所以（三句）。故天之生（三句）。有友五人（七句）。

［解元］潘德与①，山阳。

江西：

［试官］詹事胡开益，会稽。郎中王贻桂，宛平。

［试题］天下归仁（由已）。或生而知（二句）。天子适诸（职也）。

［解元］甘立淞。

浙江：

［试官］工侍李宗瀚，临川。御史但明伦，广顺。

［试题］以服事殷（之德）。诚者非自（四句）。盈科而后（三句）。

［解元］马昱中，温州。

福建：

［试官］修撰戴兰芬，天长。主事张祥河，娄县。

［试题］说之不以（器之）。宪章文武。入其疆土（野治）。

［解元］郭礼图。

湖北：

［试官］编修吴文镕，仪征。编修孙瑞珍，济宁。

［试题］子曰视其（一章）。朝聘以时（二句）。凡有四端（四句）。

［解元］杜慰昌。

湖南：

［试官］编修沈兆沄，天津。御史牛鉴，武威。

［试题］子曰举直（二句）。修身也（九句）。自耕稼陶（二句）。

［解元］李南英。

河南：

［试官］编修张日晸，贵筑。主事刘梦兰，武陵。

［试题］色难有事（孝乎）。忠信重禄（二句）。食之以时（二句）。

［解元］刘世劻。

山东：

［试官］祭酒何彤然，平乐。编修帅方蔚，奉新。

［试题］择可劳而（四句）。故为政在人。诗云畏天（二句）。

［解元］李左②贤。

---

① "与"为"舆"之讹。
② "左"为"佐"之讹。

山西：

[试官] 编修吴式敏，海丰。编修继志，汉军。

[试题] 子路问政（劳之）。执其两端（二句）。圣人治天（四句）。

[解元] 卫佐尧。

陕西：

[试官] 编修池生春，楚雄。中书易长华，上元。

[试题] 曰然则师（不及）。思修身不（一句）①。鲁之春秋（一也）。

[解元] 王禹堂。

四川：

[试官] 员外马光澜，会稽。编修卞士云，仪征。

[试题] 修己以敬（五句）。择乎中庸（一善）。省刑罚薄（忠信）。

[解元] 向大成。

广东：

[试官] 编修田嵩年，孟县。编修李钧，河间。

[试题] 以能问于（四句）。执其两端（二句）。夫人幼而（二句）。

[解元] 郭焕。

广西：

[试官] 编修陈宪曾，钱塘。主事史致蕃，宛平。

[试题] 君子去仁（二句）。庸德之行（二句）。人有恒言（二句）。

[解元] 李天元。

云南：

[试官] 司业胡达源，益阳。主事瞿溶，武进。

[试题] 子所雅言（三句）。

[解元] 秦世英②。

贵州：

[试官] 编修丁善庆，宛平。编修陈官俊，潍县。

[试题] 狷者有所（一句）。义者宜也（二句）。修其孝悌（一句）。

[解元] 邵凌霄。

九年己丑会试

赐李振钧等二百二十一人进士及第、出身有差。会试总裁惟顺治丁巳、己丑两科皆七人，五人者惟此一科。歙县吴大农椿以光禄寺卿典试，异数也。

---

① （一句），积山本作"可"。
② 《清秘述闻续》作"郭履端"。

1586

［试官］兵侍朱士彦，宝应。兵尚玉麟，满洲。大学曹振镛，歙县。户侍李宗昉，山阳。光寺吴椿，歙县。

［试题］欲速则不（二句）。或生而知（一也）。夏日校亲（于下）。

［会元］刘有庆，南皮。

［鼎甲］李振钧，太湖。钱福昌，平湖。朱兰，余姚。

十一年辛卯恩科乡试

十一年辛卯春正月戊午，上以五旬万寿，诏开恩科，于本年八月、十二年三月举行乡、会试，移正科会试于十二年八月、十三年三月举行。

顺天：

［试官］大学卢荫溥，德州。吏侍宝兴，满洲。户侍李宗昉，山阳。

［试题］此谓诚于（三句）。躬自厚而（一句）。今之君子（三句）。

［解元］董似毂，大兴。

江南：

［试官］侍郎申启贤，延津。御史郑瑞玉，广安。

［试题］子曰君子（一章）。凡事豫则立。所以谓人（之心）。

［解元］汪立权，歙县。

江西：

［试官］左副毛式郇，历城。编修钱福昌，平湖。

［试题］或问子产（一节）。中也者天（育焉）。我学不厌（仁也）。

［解元］刘宗美，南康。

浙江：

［试官］侍郎何凌汉，道州。侍讲王炳瀛，安岳。

［试题］可与适道（四句）。诗云鸢飞（二句）。鲁之春秋（则史）。

［解元］潘恭寿，仁和。

福建：

［试官］通政文庆，满洲。赞善罗士菁，石屏。

［试题］东里子产（一句）。人十能之（二句）。树艺五谷（二句）。

［解元］张际青，安溪。

湖北：

［试官］编修李儒郊，德化。编修费开绶，武进。

［试题］夫子之文（二句）。博厚配地（三句）。以不忍人（二句）。

［解元］张琅，汉阳。

湖南：

［试官］吏员汪河，新城。编修岳镇南，利津。

［试题］默而识之（三句）。宜民宜人（二句）。入其疆土（有庆）。

［解元］伍泽景，邵阳。

河南：

［试官］编修俞东枝，善化。编修梁葊涵，荣城。

［试题］以约失之（一节）。必得其禄（二句）。汤之于伊（四句）。

［解元］闫彤恩①，固始。

山东：

［试官］侍讲许乃普，钱塘。检讨徐思庄，龙南。

［试题］诗书执礼。隐恶而扬（二句）。吾欲观于（三句）。

［解元］谢维岭，郯城。

山西：

［试官］编修王广荫，通州。编修高枚，萧山。

［试题］非礼勿视（四句）。好学近乎知。尊贤使能（一节）。

［解元］张鹏展，榆次。

陕西：

［试官］修撰林召棠，吴川。编修侯桐，无锡。

［试题］恭宽信敏惠。陈其宗器（二句）。诸大夫皆（贤焉）。

［解元］呼延甲，长安。

四川：

［试官］刑侍闵受昌，归安。编修谌厚光，平逮②。

［试题］子谓子产（二句）。见而民莫（三句）。人人亲其（三句）。

［解元］洪锡桓，华阳。

广东：

［试官］编修丁庆善，清泉。编修孙日萱，休宁。

［试题］其养民也（二句）。慎思之明（三句）。所以动心（二句）。

［解元］蔡锦泉，顺德。

广西：

［试官］御史徐广缙，鹿邑。中书花咏春，贵筑。

［试题］康诰曰作（一节）。恶不仁者（二句）。若曾子则（可也）。

［解元］朱琦，临桂。

云南：

［试官］编修李品芳，东陈③。主事王藻，通州。

［试题］近者说远（二句）。宜民宜人（二句）。孔子登东（二句）。

---

① 闫，积山本作"间"，误。

② "逮"为"远"之讹。

③ 东陈，积山本作"东阳"，是。

［解元］李种泰，昭通。

贵州：

［试官］编修贾桢，黄县。中书彭作邦，临汾。

［试题］见贤思齐（一句）。博学之审（四句）。君子所以（心也）。

［解元］王在典，安平。

十二年壬辰恩科会试

赐吴钟骏等二百六人进士及第、出身有差。

［试官］户侍穆彰阿，满洲。吏尚潘世恩，吴县。刑侍戴敦元，开化。兵侍朱士彦，宝应。

［试题］君使臣以礼。施诸己而（二句）。乐天者保（三句）。

［会元］马学易，长洲。

［鼎甲］吴钟骏，吴县。朱凤标，萧山。季芝昌，长洲①。

十二年壬辰乡试

四月丙午，简放云贵考官，时特旨命直省督抚将帘官认真考校，其典试各员必将闱中落卷全行校阅，不得仅就荐卷取中。申诫谆至，仰见圣主首重抡才之至意。

顺天：

［试官］左都白镕，通州。户尚王鼎，蒲城。兵尚那清安，满洲。刑侍史致俨，江都。

［试题］不义而富（二句）。故君子和（四句）。仁义忠信（二句）。

［解元］郑辉堂，天津。

江南：

［试官］吏侍汤金钊，萧山。检讨龚文焕，光泽。

［试题］兴于诗立（一章）。旅酬下为（一句）②。食之以时（二句）。

［解元］潘钟，昆山。

江西：

［试官］编修罗家彦，天门。员外许球，歙县。

［试题］察其所安（一句）。官盛任使（一句③）。吾为此惧（二句）。

［解元］陈常，南昌。

浙江：

---

① "长洲"为"江阴"之讹。

② 一句，积山本作"上"。

③ 一句，积山本作"所以"。

［试官］户侍李宗昉，山阳。御史韩大信，天津。

［试题］举贤才曰（所知）。后世有述（二句）。以遏徂莒（四句）。

［解元］朱濂，秀水。

福建：

［试官］理卿文蔚，满洲。工给邵正笏，钱塘。

［试题］恶徼①以为（三句）。诗云桃之（三节）。附于诸侯（附庸）。

［解元］吴景禧，侯官。

湖北：

［试官］编修贾克慎，阳曲。御史卞士云，仪征。

［试题］众恶之必（一节）。修道之谓教。桓公之于（三句）。

［解元］罗宗义，武昌。

湖南：

［试官］刑给徐法绩，泾县。编修胡鉴，鄞县。

［试题］好仁不好（四句）。中立而不（二句）。故士穷不（二句）。

［解元］左宗植，湘阴。

河南：

［试官］侍学冯芝，代州。编修龚维琳，晋江。

［试题］君子耻其（一节）。则可以赞（一句）。继之以不（二句）。

［解元］申启元，延津。

山东：

［试官］寺卿郭尚先，莆田。庶子松峻②，满洲。

［试题］民信之矣（一句）。来百工则（四句）。能言距杨（一句③）。

［解元］林书奎，栖霞。

山西：

［试官］编修龙瑛，湘潭。中书张延阀，长沙。

［试题］舜有天下（一节）。诗曰嘉乐（君子）。非礼之礼（一节）。

［解元］焦炳照，忻州。

陕西：

［试官］编修王玥，贵筑。编修赵光，昆明。

［试题］曰焉知贤（所知）。舜好问而（一句）。食之以时（二句）。

［解元］刘维禧，泾阳。

四川：

---

① 徼，积山本作"缴"。"缴"通"徼"。
② "峻"为"葰"之讹。
③ 一句，积山本作"墨者"。

［试官］侍讲翁心存，常熟。编修李涵①，宝坻。

［试题］荡荡乎民（功也）。莫不尊亲（一句）。国人皆曰（四句）。

［解元］阎希哲，顺庆。

广东：

［试官］祭酒程恩泽，歙县。编修邢福山，新昌。

［试题］子曰君子（一节）。能尽物之（二句）。卿以下必（二节）。

［解元］黄士元，新宁。

广西：

［试官］编修汪世樽，秀水。编修张琴，安宁。

［试题］异乎吾所（三句）。诗曰衣锦（一句）。乡党自好（二句）。

［解元］卢大亨，宣化。

云南：

［试官］编修费开绶，武进。编修杜受田，滨州。

［试题］昔者偃也（一节）。自诚明谓（一句）。禹稷颜子（二句）。

［解元］萧文蔚，浪穹。

贵州：

［试官］检讨林士傅，侯官。主事何其兴，上元。

［试题］夫子循循（一节）。子庶民也（二句）。诗云昼尔（四句）。

［解元］余熙怀，黔西。

十三年癸巳会试

五月辛未，赐汪鸣相等二百二十人进士及第、出身有差。

［试官］兵尚那清安，满洲。大学曹振镛，歙县。大学阮元，仪征。工侍恩铭，满洲。

［试题］古之愚也（二句）。载华岳而（三句）。权然后知（一节）。

［会元］许楣，海宁。

［鼎甲］汪鸣相，彭泽。曹履泰，都昌。蒋元溥，天门。

十四年甲午乡试

十三年十一月丙申，定湖南苗生乡试隔别号舍例。

顺天：

［试官］礼尚汪守和，乐平。协办穆彰阿，满洲。礼尚史致俨，江都。刑侍姚元之，桐城。

---

① "涵"为"菡"之讹。

［试题］君子之仕（二句）。中也者天（四句）。徒善不足（一句）。

［解元］李有棠，三河。

江南：

［试官］侍郎龚守正，仁和。编修赵光，昆明。

［试题］执圭鞠躬（一节）。上律天时（二句）。召太师曰（是也）。

［解元］徐元达，昭文。

江西：

［试官］光禄吴孝铭，武进。御史常大淳①，衡阳。

［试题］可与共学（一章）。怀诸侯则（一句）。诗云雨我（一节）。

［解元］游凌翰，德化。

浙江：

［试官］户部吴椿，歙县。编修徐宝善，歙县。

［试题］绘事后素（后乎）。发强刚毅（二句）。胶鬲举于（二句）。

［解元］高锦，嘉善。

福建：

［试官］修撰吴钟骏，吴县。编修李国杞，太湖。

［试题］荡荡乎民（文章）。吾学周礼（三句）。有孺子歌（五句）。

［解元］林廷祺，侯官。

湖北：

［试官］侍讲侯桐，无锡。编修张集馨，仪征。

［试题］为臣不易。所求乎子（八句）。居仁由义（二句）。

［解元］张廷瑶，汉川。

湖南：

［试官］编修徐云瑞，甘泉。御史许乃安，钱塘。

［试题］疑思问忿（三句）。武王缵太（一句）。智譬则巧（外也）。

［解元］邓庭楠，益阳。

河南：

［试官］编修许球，歙县。编修李光涵，大兴。

［试题］学而知之（四句）。来百工则（一句）。所以动心（二句）。

［解元］周沐润，祥符。

山东：

［试官］大理朱嶟，通海。侍讲麟魁，满洲。

［试题］大学之道（二句）。宗族称孝（二句）。孔子之谓（三句）。

［解元］张莘田，黄县。

---

① 常大淳，积山本作"常大惇"，误。

山西:

[试官] 编修刘源灏,永清。编修易长桢,上元。

[试题] 可与立未(二句)。慎思之(二句)。孔子曰小(一节)。

[解元] 王焕辰,黎城。

陕西:

[试官] 编修孙日萱,休宁。户部况一澄①,临桂。

[试题] 子曰君子(不器)。发强刚毅(二句)。为天下得(二句)。

[解元] 雷启秀,盩厔。

四川:

[试官] 编修李星沅,湘阴。主事彭作邦,临汾。

[试题] 百工居肆②(一节)。达不离道(二句)。

[解元] 罗文光,成都。

广东:

[试官] 编修朱兰,余姚。郎中徐琪③,歙县。

[试题] 子谓子夏(子儒)。人道敏政(二句)。仁义礼智(三句)。

[解元] 黄经,顺德。

广西:

[试官] 编修王庆云,闽县。主事朱国淳,嘉善。

[试题] 择可劳而(二句)。虽愚必明(二句)。邑于岐山(四句)。

[解元] 蒋奇淳,桂林。

云南:

[试官] 编修李嘉瑞④,大兴。编修汪振基,颖上。

[试题] 施于有政(二句)。天地位焉。奋乎百世(者乎)。

[解元] 赵庆龄,广南。

贵州:

[试官] 詹事宗室德诚,满洲。编修李熙龄,南城。

[试题] 子路问政(一章)。君子中庸。天下之言(二句)。

[解元] 陈绍箕,平安。

十五年乙未会试

甲寅,赐刘绎等二百七十二人进士及第、出身有差。

---

① 况一澄,积山本作"况澄",是。
② 肆,积山本作"事",误。
③ 徐琪,积山本作"徐瑆",是。
④ "瑞"为"端"之讹。

［试官］吏侍文庆，满洲。协办穆彰阿，满洲。工尚何凌汉，道州。兵侍张鳞，长兴。

［试题］大德不逾（一句）①。夫孝者善（一节）。吾身不能（弃也）。

［会元］张景星，浙江。

［鼎甲］刘绎，永丰。曹联陞②，新建。乔晋芳，闻喜。

十五年乙未恩科乡试

十五年乙未春正月，上以皇太后六旬万寿，诏开恩科，于本年八月举行乡试，来年三月举行会试。北闱久停覆试之例，是年南海曾公望颜奏称北闱顶冒代倩之弊日甚，请复覆试制。

顺天：

［试官］吏侍申启贤，延津。吏尚汤金钊，萧山。工侍吴杰，会稽。少卿毛树棠，武陟。

［试题］未若贫而（二句）。发强刚毅（二句）。且古之君（四句）。

［解元］李鸣珂，南皮。

江南：

［试官］侍郎卓秉恬，华阳。编修单懋谦，襄阳。

［试题］君子不以（举人）。柔远人则（二句）。有安社稷（二句）。

［解元］吴家楣，江浦。

江西：

［试官］侍郎姚元之，桐城。刑外王治，三原。

［试题］摄齐升堂（一节）。子曰射有（二句）。五谷者种（四句）。

［解元］魏崇基，泸溪。

浙江：

［试官］祭酒翁心存，常熟。御史张琴，安宁。

［试题］不知命无（二节）。博厚则高（物也）。书曰天降（上帝）。

［解元］沈祖懋，杭州。

福建：

［试官］侍讲李煌，昆明。少卿金应麟，钱塘。

［试题］行夏之时（六句）。素隐行怪（三句）。域民不以（三句）。

［解元］曾庆松③，侯官。

湖北：

---

① （一句），积山本作"闲"。

② "陞"为"桂"之讹。

③ 松，《国朝贡举考略》、《清秘述闻续》作"嵩"。

[试官] 御史许球，歙县。编修周铭恩，大兴。

[试题] 君子成人（二句）。果能此道（一句）①。孟子曰广（众民）。

[解元] 闵兆联，蕲水。

湖南：

[试官] 修撰吴钟骏，吴县。郎中王庭兰，固始。

[试题] 季康子问（不正）。天地之道（二句）。既而幡然（之道）。

[解元] 何绍基，道州。

河南：

[试官] 中允龙元任，顺德。编修张集馨，仪征。

[试题] 譬②如平地（三句）。知耻近乎（一句）。夫尹公之（三句）。

[解元] 赵林成，祥符。

山东：

[试官] 编修陆建瀛，沔阳。编修高树勋，城固。

[试题] 士志于道（一句）。其为物不贰。武王不泄（二句）。

[解元] 张尔宇，掖县。

山西：

[试官] 编修邓瀛，杭县。员外许融，武进。

[试题] 孝慈则忠（一句）。悠久无疆（一句）。盖徵招角（一句）。

[解元] 梁学海，汾阳。

陕西：

[试官] 编修李儒郊，德化。编修成观宣，宝应。

[试题] 因民之所（三句）。舟车所至（一句）。有成德者（一句）。

[解元] 赵振甲，武威。

四川：

[试官] 编修罗绕典，安化。编修步际桐，枣强。

[试题] 夫子欲寡（一句）。体群臣则（一句）。是以论其（二句）。

[解元] 周开忠，简州。

广东：

[试官] 编修赵德潾，南丰。中允何桂馨，吴县。

[试题] 学而优则仕。宜民宜人（四句）。善人也信（二句）。

[解元] 罗芳，新会。

广西：

[试官] 修撰汪鸣相，彭泽。编修贾臻，故城。

---

① （一句），积山本作"矣"。

② 譬，积山本作"辟"。

［试题］不忮不求（道也）。天下国家（一句）。有本者如（二句）。

［解元］周作孚，临桂。

云南：

［试官］庶子花沙纳，蒙古。御史朱其镇，嘉兴。

［试题］子曰当仁（一句）。忠信重禄（二句①）。养心莫善（一句）。

［解元］赛仪，永昌。

贵州：

［试官］御史刘谊，钟祥。郎中狄听，溧阳。

［试题］服周之冕（二句）。舜其大孝（二句）。禹稷当平（三句）。

［解元］王济，遵义。

十六年丙申会试

四月丁丑，赐林鸿年等二百七十二人进士及第、出身有差。

［试官］侍郎吴文镕，仪征。大学潘世恩，吴县。协办王鼎，蒲城。礼部王植，清苑。

［试题］小人闲居（五句）。子钓而不（二句）。天下有达（德一）。

［会元］夏子龄，江阴。

［鼎甲］林鸿年，侯官。何冠英，闽县。苏敬衔②，霑化。

十七年丁酉乡试

顺天：

［试官］吏侍陈官俊，潍县。协办王鼎，蒲城。户侍文庆，满洲。

［试题］夫子之墙（之富）。诗曰不显（刑之）。从许子之（者也）。

［解元］程宇光。

江南：

［试官］侍郎王植，青宛。学士柏葰，蒙古。

［试题］博学而笃（二句）。礼仪三百（二句）。昔者有馈（所哉）。

［解元］郑经，江阴。

江西：

［试官］通政那斯洪阿，蒙古。编修武新亨，文水。

［试题］子曰唯仁（一章）。修身则道（二句）。有如时雨（一句）。

---

① 二句，积山本作"四句"。

② "衔"为"衡"之讹。

［解元］胡承焕。

浙江：

［试官］通政吴伯濬，固始。编修萧良城，黄陂。

［试题］子曰行己（二节）。远之则有（二句）。若伊尹莱（二句）。

［解元］朱旌臣。

福建：

［试官］侍讲倭仁，蒙古。编修张廷选，道州①。

［试题］士而怀居（二句）。诗曰在彼（终誉）。孟子曰求（一节）。

［解元］刘志博。

湖北：

［试官］侍读贾桢，黄县。编修李恩庆，汉军。

［试题］子曰切切（三句）。辟如四时（二句）。圣人治天（三句）。

［解元］彭焕兴。

湖南：

［试官］编修喻增高，萍乡。编修汪元芳，余杭。

［试题］足食足兵（二句）。人一能之（五句）。地之相去（四句）。

［解元］曹德昭。

河南：

［试官］编修车克慎，济宁。编修何桂清，昆明。

［试题］心也狂狷（三句）。万物育焉（一句）。仁人心也（二句）。

［解元］赵诚。

山东：

［试官］御史黄爵滋，宜黄。榜眼朱凤标，萧山。

［试题］子谓子贱（一章）。语小天下（一句）。周公思兼（四句）。

［解元］王余厚。

山西：

［试官］检讨黄铭先，商城。榜眼何冠英，闽县。

［试题］若臧武仲（五句）。故天下生（三句）。仰不愧于（一节）。

［解元］郝西园。

陕西：

［试官］编修彭舒蓴，长沙。探花苏敬衔②，霑化。

［试题］周公谓鲁（二句）。言而世为（一句）。秋省敛而（一句）。

［解元］陈作枢。

---

① "道州"为"狄道州"之讹。

② "衔"为"衡"之讹。

四川：

［试官］编修陶恩培，会稽。主事宗室庆祺。

［试题］子曰切切（三句）。地道敏树（一句）。善教得民心。

［解元］刘冕。

广东：

［试官］编修黄琮，昆明。主事苏应珂，武进。

［试题］子谓伯鱼（二句）。亟其乘屋（二句）。

［解元］梁国琮。

广西：

［试官］编修史珮珌，汉阳。编修刘浔，祥符。

［试题］子贡方人（一章）。耆秦人之（三句）。

［解元］唐遇隆。

云南：

［试官］编修何裕承，祥符。编修张云藻，仪征。

［试题］其事上也（二句）。好学近乎（一句）①。孔子曰为（五句）。

［解元］周爱棠。

贵州：

［试官］编修陈文焘，闽县。中书王积顺，仁和。

［试题］子使漆雕（能信）。在上位不（四句）。贤者在位（五句）。

［解元］吴观乐。

十八年戊戌会试

四月丙寅，赐钮福保等一百九十四人进士及第、出身有差。

［试官］礼侍吴文镕，仪征。大学穆彰阿，满洲。尚书朱士彦，宝应。工侍廖鸿荃，侯官。

［试题］言必信行（二句）②。万物并育（二句）。诵其诗读（友也）。

［会元］王振纲，直隶。

［鼎甲］钮福保，乌程。金国均，黄陂。江国霖，大竹。

十九年己亥乡试

顺天：

---

① （一句），积山本作"知"。
② （二句），积山本作"必果"。

1598

［试官］侍郎恩桂，满洲。内阁潘世恩，吴县。尚书何凌汉，道州。侍郎徐士芬，平湖。

［试题］货悖而入（二句）。好仁不好（四句）。出入无时（三句）。

［解元］沈际清。

江南：

［试官］礼侍黄爵滋，宜黄。修撰钮福保，乌程。

［试题］子曰吾之（一章）。动则变（三句）。再命曰尊（二段）。

［解元］赵世暹，宿松。

江西：

［试官］少詹季芝昌，江阴。编修许乃钊，钱塘。

［试题］荡荡乎民（功也）。其为物不（二句）。孔子曰小（足矣）。

［解元］徐朝玺。

浙江：

［试官］刑侍麟魁，满洲。编修陶庆增，吴县。

［试题］季康子问（一章）。故君子居（一句）。仁者如射（二句）。

［解元］俞焕模。

福建：

［试官］编修何绍基，道州。翰林蔡家玕，上犹。

［试题］子贡欲去（一章）。书同文（三字）。大人者不（者也）。

［解元］叶修昌。

河南：

［试官］侍读福济，满洲。编修劳崇光，安化①。

［试题］抑亦先觉（贤乎）。凡事豫则立。善政民畏（二句）。

［解元］王骧衢②。

山东：

［试官］侍读罗文俊，南海。编修许前轸，六安。

［试题］君子怀德（四句）。其次致曲（二句）。达不离道（二句）。

［解元］陈象枢。

山西：

［试官］侍讲慧成，满洲。编修孙铭恩，通州。

［试题］子曰君子（诸人）。宜民宜人（一句）。充实而有（一句）。

［解元］张铭西。

湖北：

---

① "安化"为"善化"之讹。
② 王骧衢，《国朝贡举考略》、《清秘述闻》作"王骧衢"。

［试官］侍讲何裕承，祥符。编修李汝崃，太仓。

［试题］子曰禹吾（一句）。日月所照（三句）。夫仁亦在（一句）。

［解元］林壬。

湖南：

［试官］编修邵灿，余姚。编修桂文耀，南海。

［试题］不忮不求（诵之）。尊为天子（之内）。故居者有（三句）。

［解元］冯作槐。

陕甘：

［试官］御史李方，新安。

［试题］务民之义（一句）。必得其名（一句）。则天下之（朝矣）。

［解元］郑学重。

广东：

［试官］编修张荋，泾阳。编修潘铎，江宁。

［试题］赐也达于（一句）。舟车所至（二句）。若孔子则（一句）。

［解元］李载熙。

广西：

［试官］编修江国霖，大竹。侍读阿彦达，满洲。

［试题］爱之能勿（二句）。执柯以伐（一句）。圣人治天（二句）。

［解元］周榕森。

四川：

［试官］编修叶觐仪，六合。编修杨培，贵筑。

［试题］行义以达（一句）。保佑命之（二句）。乐正子强（三段）。

［解元］郭用成。

云南：

［试官］编修和淳，满州。编修沈兆霖，钱塘。

［试题］质直而好（一句）。礼仪三百（二句）。古之人所（已矣）。

［解元］萧培英。

贵州：

［试官］编修何贵①清，昆明。编修赵楫，丹徒。

［试题］今吾于人（二句）。唯天下至（大经）。上下与天（二句）。

［解元］孙濂。

二十年庚子会试

四月乙酉，赐李承霖等一百八十人进士及第、出身有差。

---

① "贵"为"桂"之讹。

［试官］刑部隆文，满洲。大学潘世恩，吴县。尚书龚守正，仁和。户部王玮庆，诸城。

［试题］如琢如磨（修也）。盖均无贫（二句）。用下敬上（尊贤）。

［会元］吴敬羲，浙江。

［鼎甲］李承霖，丹徒。冯桂芬，吴县。张百揆，萧山。

二十年庚子恩科乡试

是科江南贡院积水，命乡试展期一月，江南正考官私带举人熊少牧入闱，帮同阅卷，部议革职，副考官、监临、监试降级有差。

顺天：

［试官］工侍文蔚，满洲。大学王鼎，蒲城。工尚廖鸿荃，侯官。礼侍贾桢，黄县。

［试题］必也临事（二句）。故君子不（而信）。此天之所（夺也）。

［解元］刘日曫，盐山。

江南：

［试官］户侍文庆，满洲。编修胡林翼，益阳。

［试题］论笃是与（一章）。必得其名（二句）。无非事者（不给）。

［解元］朱荣实，泾县。

江西：

［试官］正卿赵光，昆明。修撰钮福保，乌程。

［试题］君子学道（一句）。知耻近乎（一句）。管夷吾举（三句）。

［解元］刘朝昇，新昌。

浙江：

［试官］参议慧成，满洲。编修路慎庄，盩厔。①

［试题］望之俨然（三句）。知耻近乎（一句）。子不通功（四句）。

［解元］俞承德，海宁。

福建：

［试官］赞善慧成，满洲。编修路慎庄，盩厔。

［试题］子曰不知（一章）。日省月试（一段）。尽信书则（二句）。

［解元］池剑波，闽县。

湖北：

［试官］编修劳崇光，安化。御史陈岱霖，善化。

［试题］仁者寿（一句）。君子之中（时中）。有安社稷（二句）。

---

① 此条当为：参议成观宣，宝应。编修何冠英，闽县。积山本不误。

［解元］石意恭，汉阳。

湖南：

［试官］兵给周顼，贵筑。主事王桂，甘泉。

［试题］君子义以（成也）。是故君子（下道）。诗云王赫（五句）。

［解元］柳先赓，长沙。

河南：

［试官］侍读博迪苏，蒙古。御史汪元方，余杭。

［试题］子曰性相（二章）。宜民宜人（二句）。小子听之（一节）。

［解元］凌松林，西华。

山东：

［试官］通政杨殿光①，泗州。修撰林鸿年，侯官。

［试题］为人臣止（二句）。叶公问政（一章）。五命曰无（一段）。

［解元］于如川，济宁。

山西：

［试官］侍读李棠阶，河内。郎中有庆，汉军。

［试题］德润身心（二句）。体群臣也（二句）。既竭心思（二句）。

［解元］卫德玉，闻喜。

陕甘：

［试官］编修张锡庚，丹徒。主事王积顺，仁和。

［试题］子闻之曰（一节）。体群臣则（一句）。时举于秦（相之）。

［解元］李正，凤翔。

四川：

［试官］编修沈兆霖，钱塘。编修罗惇衍，顺德。

［试题］所谓大臣（二句）。是故君子（铁钺）。附之以韩（一章）。

［解元］张竖猷，二②台。

广东：

［试官］编修杨能格，汉军。编修高人鉴，钱塘。

［试题］子贡问为（一章）。宪章文武（一句）。既饱以德（二句）。

［解元］梁今华③，香山。

广西：

［试官］郎中黄思④彤，宁阳。主事林扬祖，莆田。

［试题］仁者必有（二句）。体群臣则（一句）。子产听郑（二节）。

---

① "光"为"邦"之讹。

② "二"为"三"之讹。

③ 梁今华，积山本作"梁今荣"，是。

④ "思"为"恩"之讹。

［解元］唐启华，桂林。

云南：

［试官］编修叶觐仪，六合。员外庆勋，汉军。

［试题］子曰骥不（一节）。行而世为（二句）。诗云雨我（二句）。

［解元］杨诚，宜□①。

贵州：

［试官］编修蔡振武，仁和。检讨夏廷榘，新建。

［试题］君子学道（一句）。地道敏树（一句）。文王以民（四句）。

［解元］周璘②，都匀。

二十一年辛丑恩科会试

四月，赐龙启瑞等二百二人进士及第、出身有差。五月，谕嗣后新进士朝考阅□③照覆试例，拟定一、二、三等进呈。十二月，谕各直省中式举人，自下科始一体覆试。

［试官］侍郎杜受田，滨洲。大学王鼎，蒲城。户尚祁寯藻，寿阳。工侍文蔚，满洲。

［试题］约我以礼（一句）。君子依乎（一节）。诗云王赫（五句）。

［会元］蔡念慈，仁和。

［鼎甲］龙启瑞，临桂。龚宝莲，大兴。胡家玉，新建。

二十三年癸卯乡试

顺天：

［试官］兵尚许乃普，钱塘。礼尚麟魁，满洲。祭酒花沙纳，蒙古。

［试题］足食足兵（之矣）。曰思无邪。助之长者（三句）。

［解元］余夔衔，宛平。

江南：

［试官］工侍贾桢，黄县。编修徐士毅，丰城。

［试题］颜渊问仁（为仁）。上律天时（四句）。诗云雨我（公田）。

［解元］陈时升，高邮。

江西：

［试官］少詹张芾，泾阳。编修匡源，胶州。

［试题］依于仁游（二句）。万物覆焉。尧以不得（二句）。

［解元］辛斌，万载。

---

① 原缺。积山本作"良"。
② "周璘"为"周振璘"之讹。
③ 此字模糊难辨。积山本作"卷，著"。

浙江：

[试官] 侍郎侯桐，无锡。赞善杨能格，汉军。

[试题] 子曰加我（二章）。文武之政（四句）。是其日夜（濯也）。

[解元] 方骙，西安。

福建：

[试官] 礼侍博迪苏，蒙古。编修徐相，汉军。

[试题] 子曰桓公（力也）。文理密察（二句）。如智者亦（大矣）。

[解元] 曾照，侯官。

湖北：

[试官] 编修萧时馥，开州。编修沈元泰，会稽。

[试题] 古之矜也廉。博厚则高（物也）。秋省敛而（一句）。

[解元] 费楚玉，汉阳。

湖南：

[试官] 编修陈枚，昌乐。编修甘守先，白盐。

[试题] 子路问事（欺也）。极高明而（一句）。则必使工（二句）。

[解元] 余肇镕，长沙。

河南：

[试官] 编修恽光辰①，大兴。编修范承典，大兴。

[试题] 畏圣人之言。修身也尊（二句）。壮者以暇（长上）。

[解元] 王云昭，信阳。

山东：

[试官] 侍讲罗惇衍，顺德。编修钟音鸿，兴国。

[试题] 见善不为（二句）。仲尼祖述（二句）。其子弟从（二句）。

[解元] 王祺海，诸城。

山西：

[试官] 编修方埔，钱塘。编修庄受祺，阳湖。

[试题] 君子不可（二句）。万物育焉。善教得民心。

[解元] 郭椿寿，河东。

陕甘：

[试官] 编修王履谦，大兴。编修吴敬羲，钱塘。

[试题] 言未及之（二句）。执柯以伐（三句）。贤者在位（五句）。

[解元] 郭珍，扶风。

四川：

[试官] 编修曾国藩，湘乡。御史赵楫，丹徒。

---

① "辰"为"宸"之讹。

［试题］不知言无（人也）。体群臣也（二句）。人有不为（二句）。

［解元］宋文观，纳溪。

广东：

［试官］编修翁同书，常熟。编修邓尔恒，江宁。

［试题］岂不尔思（之有）。诚则明矣（二句）。立贤无方。

［解元］陈文澜，番禹。

广西：

［试官］修撰李承霖，丹徒。郎中钟保，汉军。

［试题］群而不党。其言足以兴。先立乎其（一句）。

［解元］蒋英元，全州。

云南：

［试官］编修龚宝莲，大兴。编修段大章，巴县。

［试题］戈尚志，保山。

贵州：

［试官］编修龙元僖，顺德。御史王桂，甘泉。

［试题］乐道人之（二句）。得一善则（三句）。有大人者（二句）。

［试题］岳韩川，普定。

二十四年甲辰会试

辛酉，赐孙毓溎等二百九十人进士及第、出身有差。仁和龚养和自闳、叔雨自关①兄弟同登。

［试官］侍郎徐士芬，平湖。尚书陈官俊，潍县。侍郎文庆，满洲。

［试题］下学而上（二句）。有所不足（二句）。而以为未（二句）。

［会元］焦春宇，太平。

［鼎甲］孙毓桂，济宁。周学濬，乌程。冯培元，仁和。

二十四年甲辰恩科乡试

二十四年甲辰春正月戊辰朔，以来岁皇太后七旬万寿，诏开恩科。于本年举行乡试，来年举行会试。

顺天：

［试官］刑侍张沨中②，潼关。总宪杜受田，滨洲。侍郎花沙纳，蒙古。

---

① 龚养和自闳、叔雨自关，积山本作"龚养和自关、叔雨自闳"。案：是科兄弟同登者为龚自闳、龚自闿。

② 张沨中，积山本、《国朝贡举考略》、《清秘述闻续》作"张澧中"。

［试题］文献不足（二句）。悠久所以（物也）。王说曰诗（戚焉）。

［解元］刘国彦。

江南：

［试官］尚书徐士芬，平湖。编修江国霖，大竹。

［试题］对曰有政（事也）。诗曰在彼（如此）。庠者养也（三句）。

［解元］林之望，怀远。

江西：

［试官］祭酒叶观①仪，六合。编修李佐贤，利津。

［试题］见善如不及（句）②。子曰武王（一句）。爵一齿一（三句）。

［解元］崔斌。

浙江：

［试官］大理朱嶟，通海。编修恽光辰③，大兴。

［试题］谨权量（一节）。待其人而（二节）。以天下养（一句④）。

［解元］魏士龙。

福建：

［试官］侍郎瑞常，蒙古。编修杨福祺，历城。

［试题］仁者必有勇。及其广大（四句）。尧舜之知（至末）。

［解元］叶畔心。

湖北：

［试官］詹事仓景恬，中牟。编修殷兆镛，吴县。

［试题］令尹子文（何如）。天地之大（二句）。况居天下（一节）。

［解元］孙玉田。

湖南：

［试官］吏部李临驯，上犹。编修乔晋芳，闻喜。

［试题］乐道人之善。地之所载（二句）。圣人既竭（二句）。

［解元］王兆骐。

河南：

［试官］编修厉恩官，仪征。编修田雨公，孟⑤县。

［试题］好之者不（二句）。体群臣则（二句）。有不虞之（二句）。

［解元］毛锡畴。

山东：

---

① "观"为"觐"之讹。

② 见善如不及（句），积山本作"见善如不（三句）"。

③ "辰"为"宸"之讹。

④ 一句，积山本作"二句"。

⑤ "孟"为"盂"之讹。

［试官］内阁徐之铭，开泰。编修胡应泰，大兴。

［试题］君子无终（一节）。凡事豫则立。亲仁也（一节）。

［解元］李凌霄。

山西：

［试官］刑部龙元僖，顺德。编修匡源，胶州。

［试题］攻其恶无（二句）。不诚无物。晋国亦仕（国也）。

［解元］张定基。

陕甘：

［试官］学士甘守先，白盐①。编修陈宝禾，钱塘。

［试题］文莫吾犹（二句）。辟如行远（一句）。诗云迨天（一句）。

［解元］赵于进。

四川：

［试官］内阁钱振伦，归安。编修汤云松，南丰。

［试题］敏而好学（三句）。能尽人之（二句）。景春曰公（全章）。

［解元］张德元。

广东：

［试官］大②仆何桂清，昆明。编修龙启瑞，临桂。

［试题］子曰君子（一章）。洋洋乎发（一节）。壮者以暇（四句）。

［解元］崔成霖。

广西：

［试官］编修冯桂芬，吴县。编修祁宿藻，寿阳。

［试题］久要不忘（一句）。诚者物之（终始）。故曰域民（三句）。

［解元］严寅恭。

云南：

［试官］侍郎晏瑞书③，仪征。户部朱昌颐，海盐。

［试题］信则民任（二句）。仁者人也（二句）。以有天下（二句）。

［解元］孙钧。

贵州：

［试官］学士万青黎，德化。编修何绍基，道州。

［试题］父母在（一章）。吾学殷礼（二句）。文王之囿（节末）。

［解元］许鸿儒。

---

① 白盐，积山本作"白盐井"，是。

② 大，积山本作"太"。

③ 晏瑞书，积山本作"晏端书"，是。

二十五年乙巳恩科会试

四月乙卯，赐萧锦忠等二百十七人进士及第、出身有差。

[试官] 侍郎贾桢，黄县。内阁穆彰阿，满洲。尚书许乃普，钱塘。侍郎周祖培，商城。

[试题] 人焉廋哉（二句）。诗曰妻子（妻帑①）。至于治国（玉哉）。

[会元] 蒋超伯，江都。

[鼎甲] 萧锦忠，湘乡。金鹤清，桐乡。吴福年，钱塘。

二十六年丙午乡试

顺天：

[试官] 户尚祁寯藻，寿阳。兵尚文庆，满洲。吏侍福济，满洲。

[试题] 不曰坚乎（四句）。文武之政（政举）。如知其非义（年）②。

[解元] 王宗海，顺天。

江南：

[试官] 户侍柏葰，蒙古。司副黄赞汤，庐陵。

[试题] 子贡问师（愈与）。盖曰天之（天也）。王在灵囿（六句）。

[解元] 汪应森，旌德。

江西：

[试官] 光禄汪本铨，阳湖。编修汪廷儒，仪征。

[试题] 入曰伯夷（何怨）。诗曰神之（度思）。此所谓养（可也）。

[解元] 江廷杰，新城。

浙江：

[试官] 左侍周祖培，商城。编修王景淳，萍乡。

[试题] 曰有澹台（室也）。子曰武王（周公）。诗云迨天（牖户）。

[解元] 张庆荣，嘉兴。

福建：

[试官] 詹事孙葆元，盐山。编修蔡念慈，仁和。

[试题] 君子矜而（二句）。本诸身徵（庶民）。流水之为（不达）。

[解元] 黄维岳，同安。

湖北：

[试官] 编修廉师敏，宁河。编修何彤云，晋宁。

---

① 妻帑，积山本作"妻帑"。"妻帑"同"妻帑"。

② 如知其非义（年），积山本作"如知其非（来年）"。

1608

［试题］人之生也（一句）。虽愚必明（必强）。能言距杨（徒也）。

［解元］邹崇汉，公安。

湖南：

［试官］编修萧浚兰，高安。编修冯培元，仁和。

［试题］居则曰不（一节）。敬大臣也（三句）。昔者窃闻（一体）。

［解元］陈敬廷。

河南：

［试官］侍读孙铭恩，通州。员外林映棠，奉节。

［试题］乡人皆好（可也）。所求乎朋（二句）。管仲晏子（二句）。

［解元］周嗣敬，怀庆。

山东：

［试官］侍读朱嶟，通海。编修吴保泰，光州。

［试题］道之以德（二句）。官盛任使（二句）。王子垫问（四句）。

［解元］马梦龄，阳信。

山西：

［试官］检讨毕道远，淄川。编修彭涵霖，萍乡。

［试题］言语宰我（季路）。德为圣人（一句）。昔者文王（峻①也）。

［解元］杨中桂，屯留。

陕甘：

［试官］侍讲陈宝禾，钱塘。詹事青麐，满洲。

［试题］不曰坚乎（四句）。则知所以（九经）。天油然作（二句）。

［解元］刘余庆，长安。

四川：

［试官］编修徐士縠，丰城。主事吴嘉洤，吴县。

［试题］夫子圣者（能也）。诚之者择（者也）。吾何修而（事者）。

［解元］龙辉廷，黔江。

广东：

［试官］内阁全庆，满洲。编修陈启迈，武陵。

［试题］据于德依（三句）。春秋修其（二句）。子路人告（人同）。

［解元］梅梦雄，顺德。

广西：

［试官］编修冯誉骥②。编修邹正杰③。

［试题］唯求则非（之大）。序事所以（贤也）。诗云迨天（道乎）。

---

① 峻，积山本作"岐"，是。

② 编修冯誉骥，积山本作"编修冯誉骥，高要"。

③ 编修邹正杰，积山本作"编修邹正杰，浏阳"。

［解元］苏尔均，仪宁①。

云南：

［试官］编修潘会②莹，吴县。编修张炜，湖州③。

［解元］徐修政，昆明。

贵州：

［试官］编修金鹤清，桐乡。编修吴福年，钱塘。

［试题］其为仁也（三句）。宜民宜人（二句）。为巨室则（大木）。

［解元］钟宪章，遵义。

二十七年丁未会试

四月癸酉，赐张之万等二百三十一人进士及第、出身有差。

［试官］大学潘世恩，吴县。工尚杜受用，滨洲。吏侍福济，满洲。兵侍朱凤标，萧山。

［试题］君子贤其（一句）。盖有之矣（见也）。孟子曰予（已也）。

［会元］许彭寿，仁和。

［鼎甲］张之万，南皮。袁续④懋，宛平。庞钟璐，常熟。

二十九年己酉乡试

是年水灾，改江南、浙江、湖北文乡试于九月举行，江南复展期一月。

顺天：

［试官］户尚孙瑞珍，济宁。工尚王广荫，通州。宗室灵桂，满洲。

［试题］为君难为（二句）。小人反中庸。苟能充之（二句）。

［解元］王汝讷，永平。

江南：

［试官］吏侍福济，满洲。庶子杜翮，滨洲。

［试题］曾子曰唯（至未）。无若宋人（寡矣）。执其两端（二句）。

［解元］祝椿年，松江。

江西：

［试官］赞善田雨公，孟县⑤。编修呼延振，长安。

---

① 仪宁，积山本作"义宁"，是。
② "会"为"曾"之讹。
③ 湖州，积山本作"朔州"，是。
④ "续"为"绩"之讹。
⑤ 孟县，积山本作"盂县"，是。

［试题］能近取譬（也已）。夫义路也（四句）。君子之所（见乎）。

［解元］钟声远，赣州。

浙江：

［试官］少卿文瑞，满洲。编修章琼，庐江。

［试题］君子惠而（五句）。居天下之（四句）。正己而不（一句）。

［解元］朱卓章，金华。

福建：

［试官］礼侍黄赞汤，吉安。编修史淳，番禺①。

［试题］禹稷躬稼（适出）。景公说大（不足）。仁者人也（四句）。

［解元］卢纫芳，永定。

湖北：

［试官］侍讲童华，鄞县。修撰张之万，南皮。

［试题］信近于义（辱也）。故天将降（一节）。春秋天子（秋乎）。

［解元］张伯揆②，黄冈。

湖南：

［试官］中允车顺轨，邵阳。编修徐元勋，海宁。

［试题］诗云如切（一节）。成物知也（一句）。周公思兼（思也③）。

［解元］黄维昌，善化。

河南：

［试官］太仆宋晋，溧阳④。编修吴骏昌，仪征。

［试题］曰既庶矣（教之）。原泉混混（如是）。诗云潜虽（二句）。

［解元］张澜光，阳武。

山东：

［试官］内阁瑞常，蒙古。编修童以炘，仁和。

［试题］子谓子夏（二章）。圣人之忧（一句）。能尽物之（二句）。

［解元］宋季丰，胶州。

山西：

［试官］编修胡瑞澜，江夏。编修张桐，祥符。

［试题］书云孝乎（有政）。体群臣则（二句）。孔子曰为（道乎）。

［解元］杨淑，崞州。

陕甘：

［试官］编修葛景莱，仁和。编修黄倬，善化。

---

① 番禺，积山本作“番禹”。

② 张伯揆，《清秘述闻续》作“张百揆”。

③ 也，积山本作“之”，是。

④ 溧阳，积山本作“栗阳”，误。

［试题］君子不可（受也）。日月所照。其地同树（四句）。

［解元］乔荫甲，三原。

四川：

［试官］兵科赵昀①，太湖。中书龚自闳，仁和。

［试题］惠则足以（一句）。昆弟也（二句）。

［解元］王庚，巫山。

广东：

［试官］侍讲杨式毂，商城。赞善何绍基，道州。

［试题］汤之盘铭（一节）。孔子曰吾（中矣）。春秋天子（一句）。

［解元］何仁山，东莞。

广西：

［试官］编修孙锵鸣，瑞安。刑部丁守存，日照。

［试题］孔子曰才（然乎）。舟车所至。

［解元］周冠，灵川。

云南：

［试官］编修陈庆松，大兴。工部刘廷检，通州。

［试题］焉知贤才（二句）。君子之于（四句）。既禀称事。②

［解元］石虎臣，昆明。

贵州：

［试官］编修孙鼎臣，善化。主政王发桂，清苑。

［试题］子曰孰谓（一章）。

［解元］梁光发，盐安③。

三十年庚戌会试

［试官］学士卓秉恬，华阳。吏尚贾桢，黄县。户尚花沙纳，蒙古。兵侍孙葆元，盐山。

［试题］所谓诚其（欺也）。子曰泰伯（章）。五十而慕（之矣）。

［会元］邹石磷，聊城。

［鼎甲］陆增祥，太仓。许其光，番禺④。谢增，仪征。

---

① 赵昀，积山本作"赵昀"，误。

② 积山本无"既禀称事"。

③ 盐安，积山本作"瓮安"。

④ 番禺，积山本作"番禹"。

咸丰朝

咸丰元年辛亥恩科乡试

顺天：

[试官] 学士杜受田，滨洲。吏尚柏俊①，蒙古。侍郎舒兴阿，满洲。侍郎翁心存，常熟。

[试题] 已矣乎吾（者也）②。故君子不（二句）。我亦欲正（己也）。

[解元] 王题雁，直隶。

江南：

[试官] 吏侍瑞常，蒙古。编修金国均，黄陂。

[试题] 子曰父母（一节）。去谗远色（贵德）。斧斤以时（二句）。

[解元] 汪达元。

江西：

[试官] 内阁沈兆霖，钱塘。编修龚宝莲，大兴。

[试题] 信近于义（四句）。德为圣人（一句）。诗云自西（谓也）。

[解元] 李镜华，义宁。

浙江：

[试官] 内阁③吕贤基，旌德。编修沈桂芬，宛平。

[试题] 必也射乎（三句）。思事亲（一句）。子男五十（子男）。

[解元] 宋炳琦。

福建：

[试官] 侍读罗惇衍，顺德。编修徐士毅，丰城。

[试题] 邦有道危（二句）。诗曰衣锦（日章）。悦周公仲（一句）。

[解元] 孟曾毂。

湖北：

[试官] 编修冯培元，仁和。编修彭涵霖，萍乡。

[试题] 天下有道（二节）。吾学周礼（一句）。尊贤使能（一句）。

[解元] 周禾田。

湖南：

[试官] 编修乔松年，闻喜。编修吴保泰，光州。

[试题] 天下有道（四句）。今天下车（同伦）。万钟则不（加焉）。

[解元] 何泽洪，邵阳。

---

① "俊"为"隽"之讹。

② 已矣乎吾（者也），积山本作"已矣乎（至）者也"。

③ 内阁，积山本作"阁学"。

河南：

［试官］修撰张之万，南皮。主政文格，满洲。

［试题］知者不惑（二句）。傅说举于（一句）。言前定则（不疚）。

［解元］张鸿远，祥符。

山东：

［试官］侍讲德兴，满洲。编修边浴礼，河间。

［试题］其如有容（容之）。修己以敬（一句）。经正则庶（慝矣）。

［解元］林元芗。

山西：

［试官］编修史淳，番禺①。编修杜学礼，临武。

［试题］子曰有教（二章）。能尽其性（四句）。皆古圣人（一句）。

［解元］张士达。

陕甘：

［试官］编修贡璜，归安。编修颜培瑚，顺德。

［试题］晏平仲（一节）。事前定则（不困）。皆古圣人（二句）。

［解元］王锐堂，河阳。

四川：

［试官］编修何彤云，昆明。编修徐树铭，长沙。

［试题］昔者偃也（是也）。忠信重禄（二句）。孟子居邹（一节）。

［解元］常世珹，重庆。

广东：

［试官］侍读万青藜，德化。编修吕佶孙，通州。

［试题］见善如不（七句）。君子未有（二句）。禹思天下（四句）。

［解元］苏潮，南海。

云南：

［试官］编修呼延振，长安。编修蔡赓飏，德清。

［试题］宗族称孝（二句）。人道敏政（一节）。孔子圣之（大成）。

［解元］伊建中，昆明。

贵州：

［试官］编修左瑛，黄陂。编修华祝三，瑞安。

［试题］如有博施（二句）。舜好问而（迩言）。拱把之桐（三句）。

［解元］邢士义，贵筑。

---

① 番禺，积山本作"番禹"。

二年壬子恩科会试

[试官] 协办周祖培，商城。户尚载龄，满洲。侍郎何桂清，昆明。侍郎杜翔，滨洲。

[试题] 柴也愚（四句）。楚国无以（二句）。昼尔于茅（四句）。

[会元] 孙庆咸，济宁。

[鼎甲] 章鋆，鄞县。杨泗孙，常熟。潘祖荫，吴县。

二年壬子乡试

顺天：

[试官] 工尚麟魁，满洲。户尚朱凤标，萧山。侍郎吕贤基，旌德。

[试题] 子曰中庸（一章）。诚者物之（二句）。敢问何谓（言也）。

[解元] 张之洞。

江南：

[试官] 侍读沈兆霖，钱塘。编修葛景莱，仁和。

[试题] 道之以政（且格）。布在方策。其实皆什（三句）。

[解元] 薛春藜，全椒。

江西：

[试官] 阁学曾国藩，湘乡。编修丁浩，宛平。

[试题] 君子贞而（一句）。或学而知（一也）。充实而有（谓大）。

[解元] 潘先珍，建康。

浙江：

[试官] 赞善锡龄，满洲。编修刘书年，河间。

[试题] 知者不失（二句）。所求乎子（四句）。是地不如①（和也）。

[解元] 洪秋田。

福建：

[试官] 中允毓检，满洲。编修黄兆麟，善化。

[试题] 隐居以求（二句）。设其裳衣（二句）。有安社稷（臣者）。

[解元] 陈翔墀，长乐。

湖北：

[试官] 给事王履谦，大兴。编修许其光，番禺②。

[试题] 赦小过（二句）。夫焉有所倚。或以告王（不可）。

---

① 不如，积山本作"利不"，是。

② 番禺，积山本作"番禹"。

［解元］龚遥峰，江夏。

河南：

［试官］太常克明，满洲。编修宋玉珂，曹州。

［试题］子曰其恕（三句）。好学近乎知。尧舜之仁（三句）。

［解元］许贞元，洛阳。

山东：

［试官］阁学许乃普，钱塘。编修黄倬，善化。

［试题］孝慈则忠（三句）。诗曰奏格①（无言）。由汤至于（四句）。

［解元］张树甲。

山西：

［试官］编修袁泳锡，历城。编修曹登庸，光州。

［试题］先事后得（三段）。国有道（一句）。管仲晏子。

［解元］宋洪蒙，太谷。

陕甘：

［试官］给事苏仲山，日照。编修梁自新②，肇庆。

［试题］其事上也（二句）。诚者物之（二句）。虽然欲常（二句）。

［解元］高岫，三元。

四川：

［试官］太仆徐继畲，五台。编修沈炳垣，归安。

［试题］仁远乎哉（一节）。时使薄敛（二句）。若火之始（四句）。

［解元］杨涛。

广东：

［试官］洗马孙铭恩，通州。编修胡焯，武陵。

［试题］由也为之（四句）。辟如天地（二句）。周公之封（四句）。

［解元］李文灿，南海。

云南：

［试官］编修赵畇，太和。编修黄经，顺德。

［试题］或曰雍也（二句）。在下位不（援上）。好善足乎（三句）。

贵州：

［试官］编修张衍重，沂州。编修许彭寿，钱塘。

［试题］人而不为（二句）。辟如登高。礼之寔节（是也）。

［解元］胡承培。

---

① 格，积山本作"假"。假、格，古通用。
② 梁自新，误。参《国朝贡举考略》光绪五年本校注。

三年癸丑会试

[试官] 礼尚徐泽醇，汉军。工尚潘曾莹，常熟。侍郎邵灿，余杭。

[试题] 子曰听讼（讼乎）。君子义以为质。孟子道性（二句）。

[会元] 吴凤藻，钱塘。

[鼎甲] 孙如僅，济宁。吴凤藻，钱塘。吕朝瑞，旌德。

五年乙卯乡试

顺天：

[试官] 学士贾桢，黄县。户尚花沙纳，蒙古。侍郎何彤云，晋宁。

[试题] 我对曰无违。知人也。虽存乎人（一节）。

[解元] 方汝翼，大兴。

浙江：

[试官] 正卿周玉麒，长沙。编修景其濬，贵筑。

[试题] 道不同不（二章）。诗云伐柯（四句）。为是其智（二句）。

[解元] 姚乾高，余姚。

福建：

[试官] 礼侍景廉，满洲。修撰吴凤藻，钱塘。

[试题] 子温而厉（三句）。禘尝之义。学问之道。

[解元] 刘懿璜。

山东：

[试官] 鸿胪张锡庚，丹徒。编修吴序程①，罗山。

[试题] 子曰君子（二章）。修身也（二句）。有安社稷（一句）。

[解元] 栗文英，东平。

山西：

[试官] 庶子张金镛，平湖。编修李鸿藻，高阳。

[试题] 君子贞而不谅。言其上下察也。离娄之明（五句）。

[解元] 武士选②。

陕甘：

[试官] 侍讲殷兆镛，吴县。编修罗嘉福，大兴。

[试题] 乐则韶舞（二句）。燕毛所以（齿也）。邑于岐山③（五句）。

[解元] 石汝湖，富平。

---

① 吴序程，积山本作"吕序程"，是。

② 积山本作"武士选，河东"。

③ 岐山，积山本作"歧山"。

四川：

[试官] 修撰章鋆，鄞县。侍读孙楫，济宁。

[试题] 事君敬其事。人力所通（三句）。由尧舜至（三节）。

[解元] 彭润芳，新津。

广东：

[试官] 给事王发桂，大兴。编修张兴仁，仁和。

[试题] 仁者安（合下一章）。德为圣人（一句）。傅说举于（六句）。

广西：

补行乡试。

[试官] 毕道远，淄川。丁绍周，丹徒。

[试题] 舜有天下（远矣）。正己而不（于人）。

[解元] 李璲，苍梧。

云南：

[试官] 侍讲吴存义，泰兴。编修张守岱，海丰。

[试题] 举善而教（一句）。言而世为（一句）。人性之同①（四句）。

[解元] 曾彬，建水。

贵州：

[试官] 编修王福培②，宝坻。编修钱桂森，泰州。

[试题] 仁者安（四字）③。德为圣人。傅说举于（六句）。

湖南：

补行丁巳科④。

[试官] 杨泗孙，常熟。钱桂森，泰州。

[试题] 可使足民（君子）。春秋。诗云既醉（一段）。

[解元] 龙汝翼，湘乡。

六年丙辰会试

[试官] 尚书彭蕴章，常熟。尚书全庆，满洲。侍郎许乃普，钱塘。侍郎刘崐，景东。

[试题] 告诸往而（来者）。莫如为仁。洋洋乎发（二句）

[会元] 马元瑞，临清。

[鼎甲] 翁同龢，常熟。孙毓汶，济宁。洪昌燕，钱塘。

---

① 同，积山本作"善"。
② 王福培，积山本作"王祖培"，是。
③ （四字），积山本作"仁"。
④ 丁巳科，积山本作"丁巳乡试"。

八年戊午乡试

顺天：

[试官] 学士柏俊①，蒙古。户书朱凤标，萧山。吏侍程廷桂，常熟。

[试题] 吾未见刚者。敬其所尊②。敢问夫子（一节）。

[解元] 弌③泰徵，景州。

浙江：

[试官] 内阁宝鋆，满洲。编修马佩瑶，光州。

[试题] 苟志于仁（恶也）。凡为天下（一也）。故天将降（一节）。

[解元] 徐锦，嘉兴。

湖北：

[试官] 编修许彭寿，钱塘。编修俞奎光，大兴。

[试题] 夫达也者（一节）。子庶民也（四句）。诗云迫天（五句）。

[解元] 徐宗一，黄安。

湖南：

[试官] 编修寻銮炜，荣河。编修杜瑞联，太谷。

[试题] 知之者不（一章）。为政在人（一句）。夏后氏五（三句）。

[解元] 李习昇，长沙。

河南：

[试官] 编修邵亨豫，宛平。编修洪昌燕，钱塘。

[试题] 多闻择其（二句）。舜其大孝（二句）。乐之实（二句）。

[解元] 曹宗礼。

山东：

[试官] 侍郎郑敦谨，长沙。叶廷杰，光州。

[试题] 子贡曰固（二句）。事前定则（不困）。其身正而（多福）④。

[解元] 赵德毅，博兴。

山西：

[试官] 彭瑞毓，江夏。编修吕朝瑞，旌德。

[试题] 君子尊贤（四句）。车同轨。他日由邹（储子）。

[解元] 宋鸿清，定襄。

陕西：

---

① "俊"为"葰"之讹。

② 敬其所尊，积山本作"敬其所尊（句）"。

③ "弌"为"戈"之讹。

④ 其身正而（多福），积山本作"其身正（多福）"。

［试官］侍讲潘祖荫，吴县。修撰翁同龢，常熟。

［试题］子使漆雕（三句）。父母其顺矣乎。有安社稷（二段）。

［解元］康楷，大荔。

四川：

［试官］编修李德仪，新阳。中书豫师，汉军。

［试题］曰莫春者（点也）。文理密察。周公思兼（一节）。

［解元］唐遇隆，彰明。

广西：

［试官］侍讲毕道远，淄川。编修丁绍周，丹徒。

［试题］舜有天下（三句）。正己而不（于人）。壮者以暇（长上）。

［解元］李燧，苍梧①。

九年己未会试

［试官］大学贾桢，黄县。尚书赵光，昆明。侍郎沈兆霖，钱塘。侍郎成琦，满洲。

［试题］色难有事。今夫天。焉能使予（遇哉）。

［会元］马传煦，会稽。

［鼎甲］孙家鼐，寿州。孙念祖，会稽。李文田，顺德。

九年己未乡试

顺天：

［试官］大学周祖培，商城。侍郎梁瀚，鄞县。尚书瑞常，蒙古。宗室灵桂，满洲。

［试题］郁郁乎文（一节）。鱼跃于渊（二句）。辞十万而（受万）。

［解元］周溍，宁津。

江南：

［试官］侍郎杨式毂，商城。侍郎皂保，满洲。

［试题］子谓子夏（一节）。武王缵大（之绪）。我岂若处（六句）。

［解元］余鉴，婺源。

江西：

［试官］侍郎晏端书，仪征。编修赵新，侯官。

---

① 苍梧，积山本作"苍柜"，皆误。当为"苍梧"。又，此条与前"五年乙卯乡试"广西条重出。

［试题］徙义崇德也。序事（贱也）①。且夫枉尺（为与）。

［解元］许廷桂，金溪。

浙江：

［试官］给事钟启峋，吉安。编修汪承先②。

［试题］舜有臣五（十人）。齐庄中正（二句）。有安社稷（一节）。

［解元］朱庚，山阴。

福建：

［试官］赞善袁希祖，汉阳。编修杨泗孙，常熟。

［试题］大学之道。动之不以礼。地之相去（二节）。

［解元］周庆丰，漳州。

湖北：

［试官］编修钱宝青，嘉善。郎中薛书常③，灵宝。

［试题］子曰裨谌（一章）。苟不固聪（二句）。吾岂若使（三句）。

［解元］刘燡，广济。

河南：

［试官］中允华祝三，铅山。编修孙翼谋，侯官。

［试题］樊迟问仁（知人）。国有道（二句）。曰独乐乐（与众）。

［解元］曹学礼，项城。

山东：

［试官］正卿郑瑷④诏，闽县。编修董元醇，洛阳。

［试题］君子欲讷（一节）。子庶民则（二句）。禹之行水（二句）。

［解元］王荣琯，乐陵。

山西：

［试官］庶子钱宝廉，嘉善。编修张锡荣，灵壁。

［试题］巍巍乎其（二句）。发而皆中（之和）。学则三代（二句）。

［解元］韩子泰，曲沃。

陕甘：

［试官］编修马寿金，介休。编修吕耀斗，阳湖。

［试题］求也退故（四句）。言而世为（下则）。士何事孟（尚志）⑤。

［解元］王贯三，安定。

四川：

---

① 序事（贱也），积山本作"序事（至）贱也"。

② "先"为"元"之讹。

③ "常"为"堂"之讹。

④ "瑷"为"琼"之讹。

⑤ 士何事孟（尚志），积山本作"士何事（至）尚志"。

[试官] 宗室煜伦①，满洲。编修王道埔，黄陂。

[试题] 子曰先行（一节）。必得其寿。仁者爱人（二节）。

[解元] 宋宝械，成都。

十年庚申会试

[试官] 学士周祖培，商城。尚书全庆，满洲。侍郎朱嶟，通海。侍郎杜翰，滨州。

[试题] 大学之道。植其杖而（而立）。定于一。

[会元] 徐致祥，嘉定。

[鼎甲] 钟骏声，仁和。林彭年，番禺②。欧阳保极，江夏。

十一年辛酉乡试

顺天：

[试官] 尚□③麟魁，满洲。总宪万青藜，德化。侍郎毕道远，淄川。

[试题] 不以礼节（行也）。肫肫其仁（三句）。非事道与。

[解元] 李敬亭。

山西：

[试官] 修撰孙家鼐，寿州。编修沈秉成，宛平。

[试题] 宽则得众（四句）。仲尼祖述（二句）。有安社稷臣者。

陕甘：

[试官] 中允何廷谦，怀远。编修唐壬森，余杭。

[试题] 子路曰愿（之志）。致中和。尧舜性之（四句）。

[解元] 张鉴堂。

广东：

[试官] 编修沈桂芬，大兴。编修周恒祺。

[试题] 齐之以礼（二句）。故天之生（三句）。卿以下（一节）。

广西：

[试官] 编修洪调纬，江夏。编修龚家俊，昆明。

[试题] 子张曰子（拒之）。义者宜也（二句）。观水有术。

[解元] 唐景松④，灌阳。

---

① "伦"为"纶"之讹。

② 番禺，积山本作"番禹"。

③ 原缺。积山本作"书"。

④ 唐景松，积山本作"唐景崧"。

同治朝

同治元年壬戌会试

［试官］尚书倭仁，蒙古。尚书万青藜，德化。侍郎郑敦谨，长沙。侍郎载龄，满洲。

［试题］此谓惟仁（恶人）。子曰谁能（一章）。乐民之乐（天下）。

［会元］李庆沅。

［鼎甲］徐郙，嘉定。何金寿，江夏。温忠翰，太谷。

元年壬戌乡试

顺天：

［试官］大学贾桢，黄县。尚书罗惇衍，顺德。协办瑞常，蒙古。

［试题］吾斯之未（子说）。及其至也（二句）。保民而王（二句）。

［解元］陈光瑄。

江西：

［试官］庶子薛春藜，全椒。编修罗嘉福，大兴。

［试题］子曰爱之（二句）。致广大（三句）。诸侯朝于（职也）。

［解元］卢炳炎。

福建：

［试官］侍讲衍秀，满洲。编修马寿金，大兴。

［试题］为之难（二句）。知远之①近（二句）。又尚论古（世也）。

［解元］王彬。

湖北：

［试官］编修颜宗仪，仁和。编修谭钟麟，湘潭。

［试题］其事上也（二章）②。柔远人也。乐正子强（好善）。

［解元］王赓飏。

湖南：

［试官］内阁绵宜③，满洲。主事王堃，宛平。

［试题］子曰古者（二章）④。能尽物之（化育）。圣人百世（一句）。

---

① 之，积山本作"知"。

② 其事上也（二章），积山本作"子曰古者（二章）"。

③ 绵宜，积山本作"锦宜"，误。

④ 子曰古者（二章），积山本作"其事上也（二章）"。

［解元］周绥荣，长沙。

河南：

［试官］编修吕朝瑞，旌德。编修洪调纬，江夏。

［试题］忠焉能勿诲乎。周公成文（三句）。如智者（四句）①。

［解元］黄绢。

山东：

［试官］少卿潘祖荫，吴县。编修杨泗孙，常熟。

［试题］季氏使闵（一章）。设其裳衣。校者教也（一句）。

［解元］魏培楠。

山西：

［试官］修撰翁同龢，常熟。编修孙念祖，会稽。

［试题］子曰射不（二章）。性之德也（三句）。禹闻善言（二句）。

［解元］吴元经②。

广东：

［试官］学士贺寿慈，江夏。编修郭祥瑞，祥符。

［试题］乡也吾见（三句）。体群臣也（二句）。尊贤使能（二句）。

［解元］钟觉黎③。

广西：

［试官］修撰章鋆，鄞县。编修赵新，闽县。

［试题］畏天命。修道以仁（三句）。傅说举于（六句）。

［解元］梁德显。

二年癸亥会试

［试官］侍郎李棠阶，河内。侍郎沈桂芬，大兴。尚书单懋谦，襄阳。侍郎载龄，满洲。

［试题］大畏民志（知本）。其养民也（二句）。于是始兴（之乐）。

［会元］黄体芳，瑞安。

［鼎甲］翁曾源，常熟。龚承钧，湘潭。张之洞，南皮。

三年甲子乡试

顺天：

---

① 如智者（四句），积山本作"如智者若（四句)"。

② 吴元经，《国朝贡举考略》作"吴元继"。

③ 钟觉黎，《清秘述闻续》作"钟觉藜"。

［试官］尚书瑞常，蒙古。尚书朱凤标，萧山。侍郎罗惇衍，顺德。侍郎李棠阶，河内。

［试题］上老老而（一句）。林放问礼（二节）。齐人有言（一节）。

［解元］王弼蕃。

江南：

［试官］太仆刘崐①，东景②。编修平步青，山阴。

［试题］叶公问政（二章）。有余不敢（一句）。汤执中立（二句）。

［解元］江璧，甘泉。

江西：

［试官］阁学许彭寿，钱塘。编修蒋彬蔚，吴县。

［试题］贤者识其（之有）。宜民宜人。易其田畴（三句）。

［解元］许崇鼎，赣州。

浙江：

［试官］宗室瑞联，满洲。编修董兆奎。

［试题］君子无众（三句）。得一善则（三句）。禹思天下（一节）。

［解元］张祥椿。

福建：

［试官］编修丁绍周，丹桂。编修丁培镒，大兴。

［试题］固天纵之（我乎）。发强刚毅（执也）。师旷之聪（五章）。

［解元］郭尚品。

湖北：

［试官］编修梁肇煌，番禺。编修王珊，鹿邑。

［试题］子曰求也（三句）。君子而时中。管仲以其（二句）。

［解元］余雅祥，麻城。

湖南：

［试官］阁学庞钟璐，常熟。编修祁世长，寿阳。

［试题］如知为君（一节）。舜其大孝也与。仁义礼智（耳）。

［解元］曹应祥，长沙。

河南：

［试官］学士崑冈，满洲。编修王之翰，潍县。

［试题］敏而好学（三句·）。怀诸侯则（畏之）。孔子岂不（次也）。

［解元］周文杰，商城。

山东：

---

① "崐"为"琨"之讹。

② "东景"为"景东"之讹。

［试官］少卿朱梦元，贵溪。编修童华，鄞县。

［试题］若圣与仁（五句）。舜好问而（二句）。入其疆土（七句）。

［解元］高铈，章邱。

山西：

［试官］编修铭安，满洲。编修张兴留，肥城。

［试题］不忮不求（五句）。故为政在（二句）。欲为君尽（已矣）。

［解元］都赋三，陵川。

四川：

［试官］正卿胡家玉，新建。编修张晋祺，汉军。

［试题］用之者舒（足矣）。齐之以礼。柳下惠圣（二句）。

［解元］冯明玉，南充。

广东：

［试官］编修郑锡瀛，大兴。编修惠林，蒙古。

［试题］苟志于仁（矣也）。唯天下至（大经）。有安社稷（二句）。

［解元］胡来仪，顺德。

广西：

［试官］编修黄锡彤，善化。编修王祺海，诸城。

［试题］在邦无怨（四句）。柔远人则（归之）。人人亲其（其长）。

［解元］毛色馨，富川。

四年乙丑会试

［试官］大学贾桢，黄县。尚书宝鋆，满洲。侍郎桑春荣，宛平。侍郎谭廷襄，绍州①。

［试题］孝慈则忠（则劝）。必得其寿。不违农时（二句）。

［会元］廖鹤年，广东。

［鼎甲］崇绮，蒙古。于建章，广西。杨霁，汉军。

六年丁卯科乡试

顺天：

［试官］尚书单懋谦。尚书瑞常，满洲。大学贾桢，黄县。侍郎汪元方，余杭。

［试题］慈者所以（四句）。文质彬彬（二句）。子产听郑（为政）。

［解元］刘世骏。

---

① 绍州，积山本作"绍兴"，是。

江南：

[试官] 太仆刘有铭，南皮。编修王荣琯，乐陵。

[试题] 子曰修己（六句）。有弗辨辨（四句）。省刑罚（三句）。

[解元] 颜驯，扬州。

江西：

[试官] 正卿朱学勤。吏主范鸣龢。

[试题] 曰二吾①（与不足）。明辨之（二句）。奋乎百世（是乎）。

[解元] 胡友梅。

浙江：

[试官] 编修张沄卿，山阴。编修张之洞，南皮。

[试题] 吾自卫反（一章）。宗庙之礼（二句）。左右皆曰（察之）。

[解元] 朱彭年。

福建：

[试官] 编修王维珍，天津。编修鄂芳。

[试题] 子路曾晳（侍坐）。修身也尊（三句）。其为气也（馁也）。

[解元] 王赞元。

湖北：

[试官] 修撰钟骏声，仁和。编修常恩，满洲。

[试题] 子曰君②（上达二章）。威仪三千。五亩之宅（饥矣）。

[解元] 亢长青③。

湖南：

[试官] 检讨王庆祺，宝坻。编修毕保厘，蕲水。

[试题] 赐也可使（二段）。譬如登高（自卑）。以德服人（子也）。

[解元] 刘人煦，浏阳。

河南：

[试官] 修撰徐郙，嘉定。编修解煜，临榆。

[试题] 仁者安④（二句）。既禀称事。时子因陈（可也）。

[解元] 刘履安。

山西：

[试官] 编修夏子铀，高邮。编修李端棻，重庆。

[试题] 或问禘之（一章）。诗云伐柯（为远）。耕者助而（税节）。

[解元] 常佩衮。

---

① 曰二吾，积山本作"曰二吾犹"。

② 子曰君，积山本作"子曰君子"。

③ 青，《清秘述闻续》作"清"。

④ 仁者安，积山本作"仁者安仁"。

四川：

[试官] 编修孙毓汶，济宁。编修李文田，顺德。

[试题] 子夏曰虽（一章）。君子之所（见乎）。乐正子强（六句）。

[解元] 刘家谟。

广东：

[试官] 编修铭安，满洲。编修马恩溥，昆明。

[试题] 有美玉于（一章）。尊贤之等。伯夷圣之（三句）。

[解元] 邓佐槐。

广西：

[试官] 编修钱宝廉，嘉善。编修王师曾，聊城。

[试题] 有美玉于（二句）。明辨之（二句）。乃所愿则（子也）。

[解元] 邹仁。

贵州：

[试官] 编修廖坤培。编修于建章。

[试题] 君子正其（畏之）。诚者不勉（中道）。君子反经（二句）。

[解元] 李嗣槐。

七年戊辰会试

[试官] 尚书朱凤标，萧山。尚书文祥，蒙古。侍郎董恂，甘泉。侍郎继格，满洲。

[试题] 畏大人畏（之言）。君子未有（二句）。以予观于（二句）。

[会元] 蔡以璿，浙江。

[鼎甲] 洪钧，吴县。黄自元，安化。王文在，稷山。

九年庚午乡试

顺天：

[试官] 学士倭仁，蒙古。尚书瑞常，蒙古。尚书郑敦谨，长沙。侍郎唐壬森，兰溪。

[试题] 季康子问（二章）。故天之生（笃焉）。禹稷颜子（皆然）。

[解元] 李璜纶。

江南：

[试官] 赞善铭安，满洲。编修林天龄，长乐。

[试题] 周公谓鲁（一人）。修道之谓（三句）。而况于亲（者乎）。

[解元] 许时中，荆溪。

江西：

［试官］侍郎彭久余。编修杨书香。

［试题］颜渊季路（之志）。忠信重禄（二句）。不知其人（二句）。

［解元］聂明景，清江。

浙江：

［试官］太仆刘有铭，南皮。编修李文田，顺德。

［试题］不以其道（成名）。诗云予怀（有伦）。孔子曰大（一句）。

［解元］蒋崇礼。

福建：

［试官］编修宝森，满洲。编修刘曾，临桂。

［试题］子贡问曰（一节）。文武之政。至于心独（然乎）。

［解元］赵启植。

湖北：

［试官］编修曹炜，甘泉。编修蔡逢年。

［试题］子游为武（一章）。文理密察（别也）。子路人告（二节）。

［解元］夏燧。

湖南：

［试官］检讨王绪曾。检讨杨泰亨，慈溪。

［试题］唐虞之际（二句）。吾学殷礼（存焉）。天下之民举安。

［解元］陈葆真，龙阳。

河南：

［试官］侍郎崇绮，蒙古。检讨王宪曾，慈溪。

［试题］子曰古者（一章）。中立而不倚。有大人者（二句）。

［解元］王启纶。

山东：

［试官］翰林朱逌然，萧山。翰林徐致祥，嘉定。

［试题］有朋自远（二节）。殷礼吾能（二句）。吾闻其以（烹也）。

［解元］王兰昇。

山西：

［试官］编修曹秉濬，番禺。翰林黄锡彤。

［试题］愿闻子之（信也）。舟车所至（三句）。工师得大（任也）。

［解元］王庆镛。

陕甘：

［试官］翰林陆尔熙。翰林孙诒谋①。

---

① "谋"为"经"之讹。

［试题］不得中行（一章）。仲尼祖述尧舜。劳心者治人。

［解元］刘登瀛。

四川：

［试官］编修丁绍周，丹徒。编修刘景宸。

［试题］是故君子（四句）。子曰小子（以观）。此之谓大丈夫。

［解元］傅光弼。

广东：

［试官］编修王祖培，宝坻。编修谢维藩，巴陵。

［试题］子曰赐也（贯之）。庸德之行（四句）。及其闻一（四句）。

［解元］刘子鹗。

广西：

［试官］编修陈振瀛。编修马相如。

［试题］子贡曰贫（可也）。而好察迩言。民事不可缓也。

［解元］眭组云，临桂①。

云南：

［试官］编修王先谦，长沙。编修汪叙畴。

［试题］君子义以（一句）。远之则有（二句）。凡有四端（四海）。

［解元］杨高德。

贵州：

［试官］编修张端卿，太和。编修刘青煦②，什邡。

［试题］乡也吾见（言乎）。省刑罚。果能此道矣。

［解元］顾嗣徽③。

十年辛未会试

［试官］尚书朱凤标，萧山。尚书毛昶熙，武陟。侍郎皂保，满洲。侍郎常恩，满洲。

［试题］有子曰信（一章）。人一能之（道矣）。天下之善（二句）。

［会元］李联珠。

［鼎甲］梁耀枢，顺德。高嶽松④，长安。郁昆⑤，萧山。

---

① 临桂，积山本作"临佳"，误。
② "煦"为"照"之讹。
③ 顾嗣徽，积山本作"颜嗣徽"，是。
④ 嶽松，当作"岳崧"。
⑤ 昆，当作"崑"。

十二年癸酉乡试

顺天：

[试官] 学士全庆，满洲。左御胡家玉，铅山。吏侍潘祖荫，吴县。工侍童华，鄞县。

[试题] 回也其心（违仁）。凡为天下（二句）。人有恒言（在身）。

[解元] 王岩。

江南：

[试官] 副御刘有铭，南皮。编修黄自元，安化。

[试题] 菲饮食（二句）。武王缵太（之绪）。以天下养（至也）。

[解元] 汪昌甪，休宁。

江西：

[试官] 检讨张道渊，太和。侍讲乌拉喜，满洲。

[试题] 诗云穆穆（于敬）。夫子之文（闻也）。盈科而后（如是）。

[解元] 漆肇元。

浙江：

[试官] 侍读徐致祥，嘉定。侍讲宝廷，满洲。

[试题] 人之过也（仁矣）。天命之谓（三句）。天子适诸（三章）。

[试官] 沈寿慈。

福建：

[试官] 学士马恩溥，太和。编修张英麟，历城。

[试题] 乐节礼乐（四句）。是故居上（以兴）。孟子曰由（一句）。

[解元] 方兆福。

湖北：

[试官] 编修解煜，临榆。御史吴凤藻，钱塘。

[试题] 公叔文子（一章）。仲尼曰君（中庸）。耕者助而（二句）。

[解元] 闻曾。

湖南：

[试官] 编修陈翼，闽县。编修杨泰亨，慈溪。

[试题] 道之以德（且格）。尊其位（四句）。好善足乎（天下）。

[解元] 陈鼎铭①，长沙。

河南：

[试官] 编修郑崧龄，上元。检讨王庆祺，宝坻。

[试题] 信以成之。夫政也者（二句）。尧舜之道（二句）。

---

① 陈鼎铭，《国朝贡举考略》、《清秘述闻续》作"陈铭鼎"。

［解元］郑思宾。

山东：

［试官］侍讲杨庆龄，吴江。编修陈学棻。

［试题］老者安之（三句）。夫政也者（二句）。其君用之（四句）。

［解元］郭翊廷。

山西：

［试官］编修洪良品，黄陂。吏主范鸣龢，武昌。

［试题］夫子之言（二句）。身不失天（显名）。有如时雨（一句）。

［解元］赵履中。

陕甘：

［试官］编修吴宝恕，吴县。编修潘衍桐，南海。

［试题］信则民任（三句）。古之人所（一句）。贱货而贵（二句）。

［解元］黄万魁。

四川：

［试官］侍讲钟宝华，余姚①。编修张之洞，南皮。

［试题］中人以上（四句）。修其祖庙（四句）。武丁朝诸（三句）。

［解元］罗肃。

广东：

［试官］吏尚夏家镐，江宁。检讨周冠，灵川。

［试题］子游对曰（合下节）。辟如行远（四句）。夫君子所（一节）。

［解元］戴鸿慈。

广西：

［试官］编修崔志道，鄠县。户主陈毓秀，江阴。

［试题］子曰我非（一章）。亦勿施于人。贤者在位（三句）。

［解元］崔雄飞，马平。

云南：

［试官］学士崑冈，满洲。编修王文在，稷山。

［试题］孔子曰才（为盛）。所求乎子（四句）。无为其所（已矣）。

［解元］汤炳堃。

贵州：

［试官］正卿许庚身，钱塘。侍讲黄体芳，瑞安。

［试题］善人为邦（二句）。日省月试（二句）。吾闻其以（二句）。

［解元］赵福均。

---

① 当为"萧山"。

十三年甲戌会试

［试官］侍郎魁龄，满洲。尚书李鸿藻，高阳。尚书崇实，满洲。尚书万青藜，德化。

［试题］君子坦荡荡。孟子曰君（二句）。自诚明谓之性。

［会元］秦应逵。

［鼎甲］陆润庠，元和。谭宗浚，番禺。黄贻楫，晋江。

光绪朝

光绪元年乙亥恩科乡试

顺天：

［试官］尚书毛昶熙，武陟。侍郎殷兆镛，吴县。侍郎崇绮，满洲。侍郎徐桐，汉军。

［试题］子曰有德（有言）。陈其宗器（时食）。老吾老以（于掌）。

［解元］张彭龄。

江南：

［试官］少卿周瑞清，临桂。编修王炳，南郑。

［试题］子谓子夏（子儒）。官盛任使（二句）。王子垫问（尚志）。

［解元］万人杰，盐城。

江西：

［试官］中允王先谦，长沙。编修潘衍桐，番禺。

［试题］不知命（二句）。思修身（事亲）。舜人也（至乡人也）。

［解元］涂官俊，东乡。

浙江：

［试官］侍讲奎润，满洲。编修逢润古，胶州。

［试题］子贡曰贫（一章）。忠恕违道（于人）。天下大悦（王列）。

［解元］陈熙绩。

福建：

［试官］学士许应骙，番禺。编修慕容①干。

［试题］子路问政（二章）。诚者非自（物也）。有答问者（二句）。

［解元］何咸德。

---

① "容"为"荣"之讹。

湖北：

[试官] 编修朱福基，无锡。编修恽彦彬，阳湖。

[试题] 君子尊贤（不能）。自诚明谓之性。古之人所（已矣）。

[解元] 王之瑞。

湖南：

[试官] 修撰梁耀枢，顺德。编修尹琳基，潍县。

[试题] 事父母能（有信）。或学而知（一也）。是以论其（友也）。

[解元] 粟荣晋，长沙。

河南：

[试官] 学士瞿鸿祌。赞善陈翼，闽县。

[试题] 子所雅言（一章）。能尽其性（四句）。达不离道（二句）。

[解元] 郑寅亮，固始。

山东：

[试官] 学士锡珍，蒙古。侍读黄毓恩，钟祥。

[试题] 我非生而（二句）。时使薄敛（一句）。伯夷身①之（四句）。

[解元] 攸②灿章。

山西：

[试官] 庶子钮玉庚，大兴。编修许有麟，钱塘。

[试题] 夫子何为（能也）。其为物不（二句）。凡有四端（始达）。

[解元] 胡治安。

陕西：

[试官] 编修顾奎，甘泉。编修陈启泰，辰沅。

[试题] 上好礼则（如是）。射有似乎（三句）。得天下英（乐也）。

[解元] 阮永立。

四川：

[试官] 编修潘斯濂，明德。中允温忠翰，太谷。

[试题] 赐也汝③以（非也）。舜其大孝（圣也）。仁言不如（民也）。

[解元] 袁希章④。

广东：

[试官] 学士吴宝恕，吴县。编修朱琛，贵溪。

[试题] 颜渊问仁。天地之道（久也）。周室班爵（其详）。

---

① 身，积山本作"圣"，是。
② "攸"为"佟"之讹。
③ 汝，积山本作"女"。
④ "章"为"璋"之讹。

1634

［解元］彭进①仪。

广西：

［试官］洗马廖寿恒。编修陆芝祥。

［试题］隐居以求（语矣）。同其好恶（亲也）。非由外铄（之也）。

［解元］张仲良。

云南：

［试官］编修张楷，蕲州。编修王荣瑄，乐陵。

［试题］夫子之得（斯和）。诚之者择（者也）。

［解元］王家轼。

贵州

［试官］编修毕保厘，蕲水。编修张清华，番禺。

［试题］焕乎其有（文章）。诗云鸢飞（二句）。入其疆土（有庆）。

［解元］周汝为。

□②肃：

［试官］修撰徐郙，嘉定。编修刘瑞祺。

［试题］子曰有教无类。必得其禄。皆所以明（一句③）。

［解元］安维峻。

二年丙子恩科会试

［试官］尚书董恂，甘泉。尚书桑春荣，宛平。侍郎黄倬，善化。侍郎崇绮，满洲。

［试题］康诰曰克（明命）。施于有政（为政）。惟义所在。

［会元］陆殿鹏，兴化。

［鼎甲］曹鸿勋，潍县。王赓荣，朔州。冯文蔚，乌程。

二年丙子乡试

顺天：

［试官］户尚魁龄，满洲。吏侍殷兆镛，吴县。侍郎夏同善，元和。侍郎麟书，满洲。

［试题］抑为之不（已矣）。是故居上（以兴）。禹稷当平（一节）。

---

① "进"为"骏"之讹。
② 原缺。积山本作"甘"。
③ 一句，积山本作"伦也"。

1635

［解元］高炳辰。

江南：

［试官］阁学龚自闳，仁和。给事边宝泉，汉军。

［试题］子贡曰有（一章）。秋省敛而（一句）。旅酬下为（四句）。

［解元］杨黻荣。

江西：

［试官］通政文澂，满洲。编修刘恩溥，吴桥。

［试题］樊迟问仁（知人）。申之以孝（一句）。庸德之行（四句）。

［解元］曹祖烈。

浙江：

［试官］少卿潘斯濂，南海。中允王先谦，长沙。

［试题］序爵所以（贤也）。子曰君子（受也）。非圣人而（二句）。

［解元］戈桂馨。

福建：

［试官］詹事孙诒经，钱塘。主事王绰，无锡。

［试题］子夏曰君子信（一章）。不大声以色。人知之亦（一节）。

［解元］邓瀛洲。

湖北：

［试官］赞善叶大焯，闽县。御史梅启照①，南昌。

［试题］文之以礼（二句）。莫见乎隐（二句）。达不离道（二句）。

［解元］何焕章。

湖南：

［试官］编修潘衍鋆，南海。修撰陆润庠，元和。

［试题］子曰射不（一章）。今夫天斯（系焉）。五亩之宅（帛矣）。

［解元］陈鹤曾。

河南：

［试官］司业汪鸣銮，钱塘。编修杨霁，汉军。

［试题］孔子于乡（二节）。义者宜也。学则三代（一句）。

［解元］许文炳。

山东：

［试官］修撰钟骏声，仁和。编修曹炜，甘泉。

［试题］夫仁者己（立人）。宪章文武（一句）。令闻广誉（二句）。

［解元］姚体俊。

---

① 梅启照，积山本作"梅启熙"，是。

山西：

[试官] 编修萧晋卿，长沙。主事冯光勋，阳湖。

[试题] 抑为之不（已矣）。附之以韩（一段）。必得其位（二句）。

[解元] 何乃荣①。

陕西：

[试官] 修撰洪钧，吴县。编修陈钦，慈溪。

[试题] 子曰片言（二节）。故天将降（人也）。宗庙飨之（二句）。

[解元] 吴光彦。

甘肃：

[试官] 侍读黄毓恩，钟祥。御史胡聘之，天门。

[试题] 因民之所（一段）。莫不尊亲。夫仁天之（二句）。

[解元] 包永昌。

四川：

[试官] 少卿周家楣，宜兴。编修吴观礼，仁和。

[试题] 子曰君子贞（二章）。得其心有（三句）。回之为人（中庸）。

[解元] 王文员。

广东：

[试官] 学士王之翰，潍县。编修郁崑，萧山。

[试题] 人道敏政（二句）。尝独立鲤（二节）。诗云迨天（道乎）。

[解元] 黄燕祥。

广西：

[试官] 编修朱文镜，汉军。御史李嘉乐，光州。

[试题] 子谓卫公（二章）。舜好问。其间必有（一句）。

[解元] 陈时中②。

云南：

[试官] 编修龙湛霖，攸县。编修胡乔年，天门。

[试题] 殷因于夏（二段）。知耻近乎勇。孟子居邹（储子）。

[解元] 施有奎。

贵州：

[试官] 编修顾奎，甘泉。编修李岷琛，安县。

[试题] 子游为武（明者）。故天之生（笃焉）。有安社稷（一节）。

[解元] 黄树勋。

---

① 当为"岳宜兴"。

② 当为"李鸥年"。

三年丁丑会试

[试官] 吏部宝鋆，满洲。学士毛昶熙，武陟。侍郎钱宝廉，嘉善。阁学崑冈，宗室。

[试题] 修己以安（一句）。言而世为（下则）。见贤焉然（用之）。

[会元] 刘秉哲。

[鼎甲] 王仁堪，闽县。余联沅，孝感。孙宗毅，善化①。

五年己卯乡试

顺天：

[试官] 尚书徐桐，汉军。侍郎志和，满洲。侍郎殷兆镛，江吴②。侍郎钱宝廉，嘉善。

[试题] 子贡曰如（七句）。德为圣人（三句）。孔子圣之（一句）。

[解元] 张正墀。

江南：

[试官] 侍郎冯誉骥，高要。纂修许有麟，仁和。

[试题] 樊迟请学（一章）。犹益之于（五句）。诚者自成③（五句）。

[解元] 翟洪铨。

江西：

[试官] 学政汪鸣銮，钱塘。协修吴树梅，历城。

[试题] 凡为天下（二句）。子曰知之（二章）。劳之来之。

[解元] 应大猷。

浙江：

[试官] 监督乌拉喜，满洲。协修恽彦彬，阳湖。

[试题] 国有道不（三句）。子欲善而（三句）。诸侯之宝（二句）。

[解元] 李鹏飞。

福建：

[试官] 都统文澂，满洲。协修费延厘，吴县。

[试题] 知天地之（二句）。子路问成（一章）。我知言我（二句）。

[解元] 陈光斗。

湖北：

[试官] 总纂陆继辉，太仓。协修赵尔巽，汉军。

---

① 是科一甲第三名当为"朱赓颺，华亭"，"孙宗毅，善化"为二甲第二名。

② 江吴，积山本作"吴江"，是。

③ 成，积山本作"诚"。

［试题］子贡曰如（三句）。执中无权（二句）。斯礼也达（三句）。

［解元］刘寅恭。

湖南：

［试官］协修华金寿，天津。修撰曹鸿勋，潍县。

［试题］子华使于（二节）。官盛任使（姓也）。傅说举于（一节）。

［解元］谭荛。

河南：

［试官］总纂曹炜，甘泉。撰文朱文镜，汉军。

［试题］乐道人之（二句）。亲亲也敬（四句）。俯不怍于（二句）。

［解元］郭家珣。

山东：

［试官］纂修洪钧，吴县。编修张百熙，长沙。

［试题］周公谓鲁（二章）。使天下之（三句）。管仲且犹（者乎）。

［解元］宋书升。

山西：

［试官］编修周晋麟，慈溪。主事吴峋，海丰。

［试题］忠信重禄（二句）。子曰知之（二章）。是君臣父（四句）。

［解元］郭士璜。

陕西：

［试官］撰文尹琳基，日照。协修陆润庠，元和。

［试题］出门如见（二句）。康诰曰作（五句）。贤者在位（四句）。

［解元］李资望①。

甘肃：

［试官］纂修陈宝琛，闽县。编修周开铭，益阳。

［试题］在下位不（四句）。吾子人与（二句）。孔子曰为（五句）。

［解元］匡瀚。

四川：

［试官］祭酒景善，满洲。纂修许景澄，嘉兴。

［试题］上律天时（二句）。子谓子产（二章）。谏行言听（二句）。

［解元］陈顺饷。

广东：

［试官］行走周瑞清，临桂。编修黄彝年，商城。

［试题］子适卫冉（二章）。而况于亲（者乎）。诗曰衣锦（二句）。

［解元］陈伯陶。

---

① 李资望，积山本作"李资堃"。

广西：

[试官] 编修李联芳，本①利。编修潘宝璜，番禺。

[试题] 官盛任使（二句）。子曰孝哉（二章）。傅说举于（一句）。

[解元] 孔庆麟。

云南：

[试官] 编修李郁华，新化。编修黄卓元，顺安。

[试题] 子曰参乎（一节）。悠久所以（一句）。孟子曰非（四句）。

[解元] 刘承祚。

贵州：

[试官] 编修涂庆澜，蒲桃②。御史秦钟简，灵川。

[试题] 举直错诸（一句）。一国之所（四句）。所求乎朋（二句）。

[解元] 戚人杰。

六年庚辰会试

[试官] 尚书景廉，满洲。尚书翁同龢，常熟。侍郎麟书，满洲。侍郎许应骙，番禺③。

[试题] 子曰吾与（一章）。柔远人则（四句）。又尚论古（世也）。

[会元] 吴树棻。

[鼎甲] 黄思永，江宁。曹诏孙④，湖南。谭鑫振，湖南。

八年壬午乡试

顺天：

[试官] 礼尚徐桐，汉军。都御乌拉喜，满洲。都御孙家鼐，寿州。都御毕道远，淄川。

[试题] 子曰雍之言然。日省月试（工也）。伯夷圣之（三句）。

[解元] 黄耀奎。

江南：

[试官] 礼侍许庚身，仁和。编修谭宗浚，南海。

[试题] 子曰小子（两章）。尊贤之等（一句）。命也有性（二句）。

[解元] 林介弼。

---

① "本"为"平"之讹。

② 蒲桃，积山本作"蒲田"，皆误。当为"莆田"。

③ 番禺，积山本作"番禹"。

④ 曹诏孙，积山本作"曹诒孙"，是。

江南①：

[试官] 侍读陈宝琛，闽县。编修黄彝年，商城。

[试题] 子曰岁寒（章）。凡有血气（二句）。夫苟好善（以善）。

[解元] 黄英镇。

浙江：

[试官] 兵侍许应骙，番禺。编修朱琛，泾县。

[试题] 后进于礼（先进）。人莫不饮（味也）。关市讥而（二句）。

[解元] 陈翊清。

福建：

[试官] 礼侍宗室宝廷，厢蓝。编修朱善祥，秀水。

[试题] 大学之道（全章）。夫子循循（以礼）。故君子有（胜矣）。

[解元] 郑孝胥。

湖北：

[试官] 检讨陈存懋，赣县。编修管廷鹗，莒州。

[试题] 子与人歌（章）。文武之政（政举）。所谓故国（三句）。

[解元] 张东煜。

湖南：

[试官] 侍讲叶大焯，闽县。编修杨文莹，钱塘②。

[试题] 观过斯知仁矣。诗云嘉乐（申之）。君子平其（一节）。

[解元] 陈嘉言。

河南：

[试官] 编修吴树梅，历城。编修郑嵩龄，上元。

[试题] 君子矜而（二章）。知斯三者（二句）。贤者在位（刑政）。

[解元] 李见荃。

山东：

[试官] 阁学贵恒，厢白。编修檀玑，望江。

[试题] 子曰道千（章）。舜其大孝（二句）。若孔子则（句）。

[解元] 陈傅弼。

山西：

[试官] 编修李联芳，平利。主事龚镇湘，善化。

[试题] 曰礼后乎（已矣）。体群臣则（四句）。曾子子思（皆然）。

[解元] 王廷秀。

陕西：

---

① 江南，积山本作"江西"，是。

② 钱塘，积山本作"钱唐"。

［试官］侍读邵曰濂，余姚。御史李士彬，蕲州。

［试题］学而知之（四句）。不信乎朋（二句）。今夫水搏（四句）。

［解元］白友元。

甘肃：

［试官］侍讲杨颐，茂名。编修江树昀，旌德。

［试题］式负版者。去谗远色贱货。行天下之（由之）。

［解元］刘先丧。

四川：

［试官］侍讲乌拉布，厢黄。编修张人骏，丰润。

［试题］令尹之文（忠矣）。惟天下至（化育）。礼之寔节（是也）。

［解元］谢世珍。

广东：

［试官］府丞吴廷芬，休宁。编修萧晋蕃，长沙。

［试题］无为而治（为哉）。言前定则（不给①）。国家闲暇（政刑）。

［解元］叶思咏。

广西：

［试官］编修胡胜，宝坻。编修庞鸿文，常熟。

［试题］故旧不遗（二句）。不言而信。言饱乎仁义也。

［解元］翁裕珍。

云南：

［试官］张英麟，历城。编修冯金鉴，桐乡。

［试题］立则见其（一节）。今天下车（句）。取诸人以（二句）。

［解元］陈荣昌。

贵州：

［试官］潘衍桐，南海。编修袁善，丹徒。

［试题］君子喻于（二章）。博学之审（五句）。故将大有（二句）。

［解元］阮廷献。

九年癸未会试

［试官］礼尚徐桐，汉军。兵尚瑞联，正蓝。刑尚张之万，南皮。刑侍贵恒，厢②白。

［试题］知其说者（斯乎）。文理密察（二句）。其事则齐（则史）。

---

① 不给，积山本作"不贻"，是。
② 厢，积山本作"镶"。

［会元］宁本瑜，休宁。

［鼎甲］陈冕，宛平。宗室寿耆，正蓝。管廷献，莒州。

十一年乙酉乡试

顺天：

［试官］刑尚潘祖荫，吴县。工尚翁同龢，常熟。都御奎润，厢①蓝。礼侍童华，鄞县。

［试题］寔能容之（利哉）。子华使于（一章）。孔子尝为（一节）。

［解元］刘若曾。

江南：

［试官］寺卿冯尔昌，安邱。编修戴彬元，宁河。

［试题］子夏曰可（不能）。子曰舜其（二句）。使天下仕（之涂）。

［解元］张廷瑞。

江西：

［试官］学士廖寿恒，嘉定。监御王赓荣，朔州。

［试题］子夏曰日（一章）。厚往而薄来。先王有不（四句）。

［解元］赵协莘。

浙江：

［试官］副御向②桓，通州。洗马潘衍桐，南海。

［试题］曰夫子何（使乎）。子曰吾说（一节）。公孙丑问（否乎）。

［解元］陈陔。

福建：

［试官］侍讲陈学棻，安陆。编修张鼎华，番禺。

［试题］子曰骥不（德也）。故君子和（四句）。有孺子歌（二节）。

［解元］童其浚。

湖北：

［试官］少詹承翰，厢③红。编修朱一新，乌义④。

［试题］君子矜而（句）。诚身有道（身矣）。得志与民（丈夫）。

［解元］石振鋆。

湖南：

［试官］编修陈琇莹，侯官。编修谢隽杭，福山。

---

① 厢，积山本作"镶"。
② "向"为"白"之讹。
③ 厢，积山本作"镶"。
④ "乌义"为"义乌"之讹。

［试题］而尽力乎（句）。质诸鬼神（不惑）。故说诗者（得之）。

［解元］王谟①。

河南：

［试官］编修周龄，震泽。盐御曾培祺，正白。

［试题］君子成人之美。见而民莫（不说）。为我作君（是也）。

［解元］萧绍赞②。

山东：

［试官］副御英焕③，厢④黄。编修白遇道，高陵。

［试题］子曰回也（二章）。官盛任使（六句）。稷思天下（急也）。

［解元］林瀛藻。

山西：

［试官］编修林壬，诏安。编修胡泰福，江夏。

［试题］子华使于（二章）。子曰父母（矣乎）。入其疆土（有庆）。

［解元］韩黼国⑤。

陕西：

［试官］编修黄群杰，泰州。工主赵亮熙，宜宾。

［试题］子适卫冉（二章）。行其礼奏（二句）。子将以此（泽者）。

［解元］杨洪桢。

甘肃：

［试官］寺卿文治，厢⑥红。侍御唐铸⑦森，宣化。

［试题］君子不器（二章）。宪宪令德（二句）。君子平其政。

［解元］傅揆远。

四川：

［试官］寺卿沈源森，祥符。编修黄绍箕，瑞安。

［试题］子以四教（忠信）。舟车所至（八句）。汤执中立（之见）。

［解元］桑荫浓。

广东：

［试官］学士钱桂森，泰州。编修周銮贻⑧，永明。

［试题］子谓子产（二章）。舜好问而（于民）。智譬则巧（外也）。

---

① 《清秘述闻续》作"王英"。

② 萧绍赞，积山本作"萧绍郑"。

③ "焕"为"煦"之讹。

④ 厢，积山本作"镶"。

⑤ 韩黼国，积山本作"韩辅国"。

⑥ 厢，积山本作"镶"。

⑦ "铸"为"椿"之讹。

⑧ 周銮贻，积山本作"周銮诒"，是。

［解元］区渐逵。

广西：

［试官］编修檀玑，望江。监御丁振铎，罗山。

［试题］子曰晋文（一节）。所求乎朋（二句）。我亦欲正（圣者）。

［解元］刘明华①。

云南：

［试官］编修朱善祥，秀水。编修庞灵②，代州。

［试题］君子不重（不固）。诗云伐柯（为远）。尧舜之道（已矣）。

［解元］寇仲衡。

贵州：

［试官］编修李桂林，临榆。修撰王仁堪，闽县。

［试题］子曰放于（多怨）。陈其宗器。景春曰公（一节）。

［解元］杜树棻。

十二年丙戌会试

［试官］工侍孙毓汶，济宁。吏尚锡珍，蒙古。都御祁世长，寿阳。户侍嵩申，厢黄。

［试题］子张问行（一章）。中庸不可（一句）。取诸人以（三句）。

［会元］刘培。

［鼎甲］赵以炯，贵阳。邹福保，元和。冯煦，金坛。

十四年戊子乡试

顺天：

［试官］户尚福锟。户尚翁同龢。兵尚许庚身。刑侍薛允升。

［试题］是以大学（其极）。齐一变至（一章）。始条理者（四句）。

［解元］张伻③，直隶。

江南：

［试官］侍读李文田。修撰王仁堪。

［试题］可与共学（二章）。及其广厚（三句）。堂高数仞（为也）。

［解元］姚永概，桐乡。

江西：

---

① 《清秘述闻续》作"刘名华"。
② "灵"为"玺"之讹。
③ 《清秘述闻再续》作"张坪"。

［试官］吏侍景善。编修朱祖谋。

［试题］三年学（一章）。郊社之礼（二句）。不得于心（不可）。

［解元］李政炽，永新。

浙江：

［试官］阁学钱桂森。编修吴树梅。

［试题］述而不作（二句）。今天下（三句）。夏后氏五（三句）。

［解元］王会澧，绍兴。

福建：

［试官］通政黄体芳。编修吕佩芳。

［试题］孝哉闵子（二章）。去谗远色（二句）。然则小固（三句）。

［解元］郑俊陔。

湖北：

［试官］编修冯光遹。给事殷李尧。

［试题］舜有臣五人。以王季为（二句）。无恒产而（二句）。

［解元］毛荫桐，黄州。

湖南：

［试官］编修陈懋侯。编修冯煦。

［试题］君子笃于亲。诚之者择（二句）。千岁之日（二句）。

［解元］康永祥①，慈溪。

山东：

［试官］祭酒盛昱。编修陈与冏。

［试题］节用而爱（一句）。人力所通（一句）。立乎人之（耻也）。

［解元］于霖逢，文登。

山西②：

［试官］学士长萃。编修刘名誉。

［试题］冉有曰既（教之）。果能此道（三句）。汤执中（二句）。

［解元］彭士彦③，夏邑。

河南④：

［试官］学士涂曾澧⑤。编修吴同甲。

［试题］行己有耻（一句）。是故君子（二句）。尧舜之知（三句）。

---

① 《清秘述闻再续》作"康允祥"。

② 当为"河南"。

③ 《清秘述闻再续》作"彭彦"。

④ 当为"山西"。

⑤ "涂曾澧"为"徐会沣"之讹。

［解元］渠本魁①。

陕西：

［试官］编修戴兆春。编修周锡恩。

［试题］子谓仲弓（二句）。天地位焉（二句）。为巨室则（二句）。

［解元］杨懋源。

四川：

［试官］编修张百熙。修撰赵以炯。

［试题］大师挚适（于海）。诗曰妻子（一句）。独孤臣孽。

［解元］曾继光，南溪。

广东：

［试官］学士恽彦彬。编修褚成博。

［试题］夫子循循（也已）。郊社之礼（二句）。天之高也（致也）。

［解元］杨裕芬，南海。

广西：

［试官］司业王祖光。编修崔永安。

［试题］先之劳之（无倦）。诗云鸢飞（一句）。有安社稷（二句）。

［解元］毛荫藩②。

云南：

［试官］编修庞鸿文。编修黄桂清。

［试题］知者动。及其广大（四句）。大公之封（百里）。

［解元］聂培湖。

贵州：

［试官］编修蒯光典。工主赵亮熙。

［试题］侍食于君（二句）。则能尽人（二句）。今有璞玉（一句）。

［解元］孔繁昌。

甘肃：

［试官］编修孔祥霖。编修周克宽。

［试题］定公问君（一章）。则可以赞。

［解元］焦志贤。

十五年己丑会试

［试官］李鸿藻，直隶。宗室崑冈。潘祖荫，吴县。廖寿恒，江苏。

---

① "魁"为"翘"之讹。
② 《清秘述闻再续》作"毛荫蕃"。

〔试题〕子曰行夏（四句）。取人以身（二句）。曰子不通（于子）。

〔会元〕许叶芬，宛平。

〔鼎甲〕张建勋，临桂。李盛铎，德化。刘世安，晋化①。

十五年己丑恩科乡试

顺天：

〔试官〕协尚徐桐。理尚②嵩申。吏侍许应骙。户侍孙诒经。

〔试题〕有若对曰（二句）。言前定则（四句）。人皆有所（二句）。

〔解元〕马长贵③。

江南：

〔试官〕鸿胪李端遇。修撰曹鸿勋。

〔试题〕君子有三（四句）。明乎郊社（四句）。天子适诸（两段）。

〔解元〕方尔咸。

江西：

〔试官〕都御沈源深。编修陆继辉。

〔试题〕在止于至（一句）。百亩之田（两排④）。拜下礼也（一节）。

〔解元〕聂谦吉。

浙江：

〔试官〕少詹李文田。编修陈鼎。

〔试题〕由孔子而（一节）。君子之道（五句）。日月星辰（一句）。

〔解元〕高宝銮。

福建：

〔试官〕都御徐致祥。编修鲍临。

〔试题〕务民之义（一句）。去圣人之（二句）。故君子内（于志）。

〔解元〕陈懋鼎。

湖北：

〔试官〕中书陈璧。编修华辉。

〔试题〕天下有道（子出）。思事亲不（知人）。

〔解元〕艾青。

湖南：

〔试官〕编修高赓恩。修撰陈冕。

---

① 《清秘述闻再续》作"汉军镶黄旗人"。

② 疑误。《清秘述闻再续》作"刑部左侍郎"。

③ 《清秘述闻再续》作"安文澜"。

④ "排"为"段"之讹。

［试题］子曰觚不（一章）。胸中正则无（眊焉）。下袭水土（一句）。

［解元］罗维垣。

河南：

［试官］编修徐致靖。编修李葆实。

［试题］抑为之不（学也）。父作之子（之绪）。为此诗者（侮之）。

［解元］李洪筹。

山东：

［试官］詹事宝昌。编修蒋艮。

［试题］上老老而（四句）。天下之不（寡矣）。

［解元］谭福庆。

山西：

［试官］编修谢隽杭。编修徐琪。

［试题］道千乘之（两章）。后稷教民（二句）。

陕西：

［试官］编修刘传福。户主承荫。

［试题］子在齐闻（一节）。故君子居（一句）。夏曰校殷（共之）。

［解元］陈涛。

广东：

［试官］学士李端棻。修撰王仁堪。

［试题］子所雅言（四章）。来百工则（二句）。离娄之明（二句）。

［解元］周颂声。

广西：

［试官］编修陈同礼。编修潘炳年。

［试题］子曰质胜（一节）。孟子曰柳（其介）。

［解元］杨国桢①。

甘肃：

［试官］编修陈兆文。编修檀玑。

［试题］吾之于人（一章）。设其裳衣（二句）。

［解元］伏衍羲。

四川：

［试官］太仆胡聘之。翰林黄卓元。

［试题］子曰譬如（一章）。齐庄中正（二句）。诗曰嘉乐（含下节）。

［解元］余良遇。

云南：

---

① 《清秘述闻再续》作"阳国桢"。

[试官] 编修李联芳。编修张星炳。

[试题] 所谓大臣（二句）。君子之道（而理）。

[解元] 杨实。

贵州：

[试官] 编修陈如岳。编修刘名誉。

[试题] 隐居以求（四句）。人力所通（一句）。得天下英（二句）。

[解元] 毛缉新。

十六年庚寅恩科会试

[试官] 刑尚孙毓汶。都御贵恒。吏侍许应骙。都御沈源深。

[试题] 子贡曰夫（二章）。知所以治（一句）。霸者之民（四句）。

[会元] 夏增①佑。

[鼎甲] 吴鲁，福建。文廷式，江西。吴荫培，江苏。

十七年辛卯乡试

顺天：

[试官] 兵尚许庚身。工侍徐树铭。户侍廖寿恒。学士宗室霍穆欢。

[试题] 言忠信行（二句）。君子之道（四句）。诗曰天生（懿德）。

[解元] 张玉岢。

江南：

[试官] 侍读金保泰。编修李盛铎。

[试题] 子曰桓公（一节）。考诸三王（不惑）。经界既正（定也）。

[解元] 孙多捷。

江西：

[试官] 学士陈学棻。编修余诚格。

[试题] 子曰攻乎（一章）。今天下车（四句）。孟子曰以（使民）。

[解元] 李结。

浙江：

[试官] 通政李端遇。编修费念慈。

[试题] 子张学干（全章）。旅酬下为（一句）。序者射也（一句）。

[解元] 王万怀。

福建：

---

① "增"为"曾"之讹。

［试官］学士瞿鸿玑。编修段友兰。

［试题］哀公问社（不咎）。道之不行（及也）。我欲中国（矜式）。

［解元］陈君耀。

湖北：

［试官］编修刘启瑞。御史张嘉禄。

［试题］子曰师挚（一节）。天命之为①性。夫明堂者（二句）。

［解元］熊恢鋆。

湖南：

［试官］编修王锡蕃。编修丁立钧。

［试题］子曰为政。获乎上有道。水由地中（二句）。

［解元］劳鼎勋。

河南：

［试官］编修吴同甲。御史褚成博。

［试题］居其所而（共之）。仲尼祖述（四句）。方里而井（人也）。

［解元］吕慰曾。

山东：

［试官］工侍汪鸣銮。编修庞鸿书。

［试题］子语鲁大（一节）。知风之自（一句）。登太山而（为水）。

［解元］周正歧②。

山西：

［试官］编修白遇道。编修曹贻③孙。

［试题］子曰君子（二章）。好学近乎（修身）。乐天者保（天下）。

［解元］李世馨。

陕西：

［试官］编修刘世安。修撰吴鲁。

［试题］子曰古子④（二章）。天下国家（一句）。若夫润泽（二句）。

［解元］高树荣。

甘肃：

［试官］编修熙瑛。编修李联芳。

［试题］子游曰事（全章）。宝藏兴焉（一句）。所以动心（不能）。

［解元］李凤来。

广东：

---

① "为"为"谓"之讹。

② "歧"为"岐"之讹。

③ "贻"为"诒"之讹。

④ "子"为"之"之讹。

［试官］御史徐致祥。编修周树模。

［试题］子曰学而（也已）。燕毛。德之流行（二句）。

［解元］傅维森。

广西：

［试官］编修刘玉珂。编修宋育仁。

［试题］子曰事君（二章）。吾学周礼（从周）。善教得民心。

［解元］张其润。

四川：

［试官］学士李端棻。编修陈同礼。

［试题］唐棣之华（之有）。暗然而日章。百工之事（为与）。

［解元］凌开运。

云南：

［试官］编修戴鸿慈。吏郎王嘉善。

［试题］闵子骞曰（有中）。尊贤曰亲（亲也）。相秦而显（后世）。

［解元］杜灙金。

贵州：

［试官］编修丁仁长。检讨劳肇光。

［试题］君子哉若（二句）。仲尼祖述（一句）。能治其国（二句）。

［解元］张致安。

十八年壬辰会试

［试官］户尚翁同龢。工尚祈世长。礼侍宗室霍穆欢。礼侍李端棻。

［试题］子曰君子（废言）。斯礼也违（庶人）。井九百亩（四句）。

［会元］刘可毅。

［鼎甲］刘福姚，广西。吴士鉴，浙江。陈伯陶，广东。

《中国科举文化通志》书目

历代制举史料汇编

历代律赋校注

七史选举志校注

唐代试律试策校注

八股文总论八种

游戏八股文集成

翰林掌故五种

贡举志五种(上)

贡举志五种(下)

明代科举与文学编年(上)

明代科举与文学编年(中)

明代科举与文学编年(下)

明代状元史料汇编(上)

明代状元史料汇编(下)

四书大全校注(上)

四书大全校注(下)

钦定四书文校注

《游艺塾文规》正续编

钦定学政全书校注

《清实录》科举史料汇编

梁章钜科举文献二种校注

二十世纪科举研究论文选编

《礼部韵略》与宋代科举

科举废止前后的晚清社会与文学

《儒林外史》的现代误读

游戏八股文研究

元明科举与文学考论

明代八股文选家考论

唐代科举与试赋